Business Glossary
English-German

Glossarium der Wirtschaft
Englisch-Deutsch

HANS E. ZAHN

Business Glossary

English-German

updated and much enlarged fourth edition
of the "Glossary of Financial and Economic Terms"

FRITZ KNAPP VERLAG   FRANKFURT AM MAIN

HANS E. ZAHN

Glossarium der Wirtschaft

Englisch-Deutsch

4., vollständig überarbeitete und erweiterte Auflage des
»Glossariums finanzieller und wirtschaftlicher Fachausdrücke«

FRITZ KNAPP VERLAG · FRANKFURT AM MAIN

ISBN 3-8314-2037-8

© 2002 by Verlag Fritz Knapp GmbH, Frankfurt am Main
Satz: Mediapartner Satz und Repro GmbH, Hemsbach
Druck und Verarbeitung: Druckhaus Beltz, Hemsbach
Printed in Germany

PREFACE

Following a few years' absence from the market, the Glossary of Economic and Financial Terms is published in its 4th edition under a new name, and substantially revised in content and form.

The selection of terminology is no longer focussed solely on the financial sector but also on two additional areas, namely sales and marketing on the one hand and trade and industry related legal terminology on the other. Particular attention has been paid to logistics, management of electronic procurement and supply processes, theory and practice of market research, market communications and advertising in connection with sales and marketing terms. Special emphasis has been given to company, insolvency, property and tax law in Great Britain and the United States when selecting the legal terminology. General legal terms are also included inasmuch as they contribute to a better understanding of Anglo-Saxon law.

However, the financial sector remains a cornerstone of the terminology selected. Explanatory notes on institutions, tools and mechanisms of the Anglo-American capital and credit markets have been maintained, terms relating to new regulatory decrees and institutions as well as to GAAP and IAS Statements have been added.The aforementioned focal points are rounded off by a large number of terms and explanatory notes relating to insurance activities, strategic corporate communications, product and project management and workflow management systems. The number of cross-references has also been greatly expanded.

Despite the greatly diversified selection of terms, a glossary as such cannot be considered complete in itself. However, both author and publisher believe that the Business Glossary will serve the needs of businessmen and linguists as well as its predecessors have done not only as a dictionary, but also as a guide to economic activities in Great Britain and the United States.

Frankfurt am Main, October 2002   Hans E. Zahn

NOTES TO THE USER OF THE GLOSSARY

The use of spelling in this glossary aheres in English to the principles of Chambers Twentieth Century Dictionary and, in German, to those of Duden. Particularities in spelling in the United States have, however, been taken into account. The entries follow one another in this glossary in alphabetical order letter by letter.

Where an entry has more than one meaning or varying levels of usage, the relevant translations are preceded by arabic numerals (1,2,3 etc). The letters a,b,c, serve to indicate a further, albeit rare, differentiation of meaning within an Arabic numeral. Brackets have been used for different purposes. Generally, bracketed terms indicate either synonyms or a short explanatory note.

ABBREVIATIONS AND SYMBOLS

i.S. (im Sinne von) in the sense of
i.e.S. (im engeren Sinn) in a narrower sense
i.w.S. (im weiteren Sinn) in a broader sense
pl   plural

□   points to an explanatory note of a German translation

→   is used for cross-references to (a) an entry with the same or an opposite meaning; (b) to a complementary entry or relevant explanatory note; (c) to the full name of an agency, institution or Act, the abbreviation of which has been listed as a separate entry in its correct alphabetical order

VORWORT

Nach einigen Jahren der Abwesenheit vom Büchermarkt erscheint das Glossarium wirtschaftlicher und finanzieller Fachausdrücke in seiner 4. Auflage mit neuem Namen, neuem Layout und einer inhaltlichen Neuausrichtung.

Neuausrichtung des Inhalts insofern, als bei der Begriffsauswahl nicht mehr allein der Finanzsektor, sondern zwei weitere Bereiche in den Mittelpunkt gestellt wurden. Zum einen die Absatzwirtschaft mit ihren Teilbereichen Marketing und Vertrieb, Logistikwirtschaft, einschließlich Planung und Steuerung elektronischer Beschaffungs- und Lieferprozesse, Theorie und Praxis der Marktforschung, Marktkommunikation und Werbung. Zum anderen die wirtschaftsrelevante Rechtsterminologie, und hier im besonderen das Gesellschafts-, Insolvenz-, Liegenschafts-, Produkthaftungs- und Steuerrecht in Großbritannien und den Vereinigten Staaten. Daneben fanden auch allgemeine Rechtstermini Berücksichtigung, die dem besseren Verständnis des angloamerikanischen Rechtssystems dienen.

Unabhängig von der Fokussierung auf zwei neue Bereiche bildet der Finanzsektor nach wie vor einen terminologischen Schwerpunkt. Beibehalten wurden die Begriffserläuterungen zu Institutionen, Instrumentarien und Mechanismen der angloamerikanischen Kredit- und Kapitalmärkte. Zusätzlich aufgenommen wurden Begriffe in Verbindung mit neuen aufsichtsrechtlichen Verordnungen und Organisationen in den genannten Wirtschaftsräumen sowie aufgrund neuer Verlautbarungen zu den US Generally Accepted Accounting Principles und den International Accounting Standards.

Abgerundet wird die schwerpunktmäßige Terminologieauswahl durch eine Vielzahl von Erläuterungen zu Begriffen aus dem Versicherungswesen, den Bereichen strategische Unternehmenskommunikation, Produkt- und Projektsteuerung sowie zu Softwaresystemen für automatisiert ablaufende Geschäftsprozesse. Wesentlich ausgeweitet wurde schließlich die Zahl der Querverweise, um Begriffszusammenhänge transparenter zu machen.

Mit der breit gefächerten Begriffsauswahl wird kein Anspruch auf eine vollständig erfaßte angloamerikanische Wirtschaftsterminologie erhoben. Autor und Verlag sind jedoch überzeugt, dass das Business Glossary wie seine Vorgängerauflagen in Praxis und Studium gute Dienste leisten wird – nicht nur als Wirtschaftswörterbuch, sondern auch als Lexikon zu den Märkten und Wirtschaftsprozessen in Großbritannien und den Vereinigten Staaten.

Frankfurt am Main, Oktober 2002   Hans E. Zahn

HINWEISE ZUR BENUTZUNG

Die Rechtschreibung der englischen Wörter folgt der Schreibung des Chambers Twentieth Century Dictionary, die der deutschen Wörter derjenigen des Duden. Besonderheiten der US-amerikanischen Rechtschreibung wurden berücksichtigt.
Alle Eintragungen sind streng alphabetisch geordnet, d.h. Substantive, Verben, Adjektive, Eigennamen und Abkürzungen werden fortlaufend unter dem entsprechenden Buchstaben eingereiht.

Unterschiedliche Bedeutungen oder verschiedene Anwendungsmöglichkeiten eines englischen Begriffes werden im deutschen durch die Ziffern 1,2,3, etc. gekennzeichnet. Eine weitere, wenn auch seltene Bedeutungsdifferenzierung innerhalb einer arabischen Ziffer erfolgt durch die Buchstaben a,b,c. Bei den in Klammern gesetzten Wörtern und Begriffen handelt es sich entweder um bedeutungsgleiche bzw. bedeutungsverwandte Wörter oder um eine kurze Begriffserläuterung.

ABKÜRZUNGEN UND ZEICHEN

i.S.	im Sinne von
i.e.S.	im engeren Sinn
i.w.S.	im weiteren Sinn
pl	Plural
□	zeigt eine Erklärung zur deutschen Übersetzung an
→	verweist (a) auf einen Begriff mit gleicher oder gegensätzlicher Bedeutung; (b) auf ein ergänzendes Stichwort bzw. eine weiterführende Erklärung; (c) auf die vollständige Bezeichnung einer Institution, Organisation oder Verordnung, deren Abkürzung als Stichwort erscheint.

A

A1 1. erstklassige Klassifizierung eines Seeschiffes durch eine Schiffsklassifizierungs-Gesellschaft 2. Kennzeichen für Waren erster Qualität

A-1/A-2/A-3 Klassifizierungssymbole, die von Standard & Poor's für Schuldtitel mit Laufzeiten bis zu einem Jahr vergeben werden; entsprechen inhaltlich → AAA – AA – A

A2A → administration-to-administration

A2B → administration-to-business

A2C → administration-to-citizen, → administration-to-customer/consumer

AAA/Aaa 1. Symbole, die von den Rating-Agenturen Standard & Poor's (AAA) und Moody's (Aaa) für allererste Kapitalmarktadressen vergeben werden. Titel/Verpflichtungen dieser Emittenten/Kreditnehmer gelten als absolut sichere Anlage. 2. → accumulated adjustments account

AA/Aa zweitbeste Klassifizierung durch die unter → AAA/Aaa genannten Rating-Agenturen, jedoch nur geringfügiger bonitätsmäßiger Abstand zur ersten Gruppe.

A 1. drittbeste Klassifizierung durch die unter → AAA/Aaa genannten Rating-Agenturen für Titel/Verpflichtungen von Unternehmen mit einem guten bis durchschnittlichen Marktstanding. 2. *(Abkürzung für actual, Zusatz bei Unternehmenskennzahlen)* Hinweis, dass es sich um das effektive Jahresergebnis bzw. um Ist-Zahlen handelt.

abandonment 1. Aufgabe eines Rechtsanspruchs, z.B. Abandon des Versicherungsnehmers □ Abtretung des beschädigten oder verschollenen Versicherungsgegenstandes an den Versicherer gegen Zahlung der Versicherungssumme 2. Optionsverzicht □ Nichtausübung des Bezugs- oder Lieferungsrechtes zum vereinbarten Fälligkeitstermin

abandonment option Aufgabeoption, Aufkündigungsrecht, Rücktrittsklausel

abatement 1. Steuernachlass, Minderung der Steuerlast 2. Rabatt, Frachtabschlag 3. anteilsmäßige Reduzierung (a) der Erbanteile, wenn nach Begleichung der Nachlassverbindlichkeiten die testamentarisch vorgesehene Verteilung nicht mehr möglich ist; (b) anteilsmäßige Reduzierung der Gläubigerforderungen in einem Liquidationsverfahren, wenn keine ausreichenden Vermögenswerte zur Verfügung stehen; (c) anteilsmäßige Verringerung von Leistungen 4. mietfreie Monate zu Beginn eines Mietverhältnisses 5. Verfahrensunterbrechung, vorübergehende Aussetzung eines Verfahrens 6. Zollrückvergütung (bei Beschädigung importierter Waren in einem Zolllagerhaus)

abbro(a)chment Aufkauf von Waren mit dem Ziel der Marktkontrolle

ABC → activity based costing

ABC analysis ABC-Analyse; Einordnung von Aktivitäten, Ereignissen, Kunden oder Produkten in der Reihenfolge A, B und C zur Entscheidungsfindung oder Bedarfsermittlung, wobei die kleinste Gruppe der Objekte die größte Bedeutung besitzt. □ z.B. Verfahren zur Kundenklassifizierung: A-Kunden (bringen die höchsten Umsätze, bilden zahlenmäßig aber die kleinste Gruppe); B-Kunden (geringere Umsätze, zahlenmäßig aber größer); C-Kunden (auf sie entfällt der geringste Umsatzanteil, zahlenmäßig jedoch die stärkste Gruppe); oder Verfahren zur Produktklassifizierung: A-Produkte (die für das Unternehmen wichtigsten Produkte – ca. 10% aller Produkte, die jedoch ca. 65% des Einkaufsvolumens ausmachen); B-Produkte (weniger wichtige Produkte – ca. 20% aller Produkte, auf die ca. 25% des Einkaufsvolumens entfallen); C-Produkte (relativ unbedeutende Produkte – ca. 70% aller Produkte, die aber nur ca. 10% des Einkaufsvolumens repräsentieren)

abeyance Hinweis auf einen ruhenden Rechtsanspruch bzw. ungeklärte Eigentumsverhältnisse, Verfügungsstopp bis zur Klärung der endgültigen Eigentumsrechte

ABF → asset-backed financing

ABM → activity based management

above-the-line advertising klassische Werbung □ z.B. Anzeigen in Printmedien, TV-Werbespots, Plakatwerbung → below-the-line advertising

above-the-line cost 1. Kosten für klassische Werbemaßnahmen 2. (Werbe-)Produktionskosten

above-the-line deductions *(i.S. des US-Steuerrechts)* vom Bruttoeinkommen abzugsfähige Betriebsausgaben sowie Verluste aus der Veräußerung von Vermögenswerten

above-the-line items Posten, die in der Gewinn- und Verlustrechnung vor dem Nettogewinn/-verlust ausgewiesen werden. → below-the-line items

absolute assignment Abtretung aller Eigentumsrechte, vollständige und uneingeschränkte Abtretung einer Forderung, d.h. der Zedent überträgt die gesamte Forderung auf den Zessionar und dieser wird der uneingeschränkte Forderungsinhaber.

absolute beneficiary unwiderruflich begünstigte (bezugsberechtigte) Person

absolute bill of sale Kaufvertrag mit uneingeschränkter und endgültiger Eigentumsübertragung, → conditional bill of sale

absolute exclusions absolute Risikoausschlüsse □ Ausschlüsse, die von keinem Versicherer gedeckt werden.

absolute fee simple uneingeschränktes Eigentums-/Besitzrecht

absolute guaranty unbedingte Garantie, selbstschuldnerische Bürgschaft □ Bei einer absolute guaranty kann der Garantiegeber sofort in Anspruch genommen werden, wenn der Hauptschuldner in Verzug gerät. Keine Einrede der Vorausklage. → conditional guaranty

absolute liability uneingeschränkte Haftung, strikte Produkthaftung □ Haftung, auch wenn ein Verschulden oder eine Fahrlässigkeit des Herstellers nicht nachgewiesen werden kann.

absolute priority *(im Konkursverfahren)* Anspruch auf volle Befriedigung aus der Konkursmasse vor allen anderen Gläubigern.

absolute rate Festzins ohne Aufschlag □ Gegensatz: an einen Referenzzins gebundener Zinssatz plus Aufschlag

absolute title uneingeschränkter Rechtstitel, absolutes Eigentum (Eigentumsrecht)

absorption i.e.S.: Zurechnung von Kosten auf die Kostenträger, i.w.S. (Kaufkraft-)Abschöpfung, (Firmen-, Kosten-)Übernahme

absorption costing Vollkostenrechnung, Istkostenrechnung

absorption period der für die Vermietung leerstehender Wohn- oder Büroräume erforderliche Zeitraum

abstract company auf die Erstellung von → abstracts of title spezialisierte Kanzlei

abstract of judg(e)ment Urteilszusammenfassung, Vollstreckungstitel

abstract of title Eigentumsnachweis □ Sammlung aller Registereintragungen (Eigentumsrechte und Belastungen) in Verbindung mit einem Grundstück bzw. Rechtstitel

abstract of trust Trust-Nachweis □ komprimierte Version der Urkunde über die Errichtung eines → inter vivos trust.

abstract plant alle öffentlich zugänglichen Unterlagen zu einem Eigentumstitel

abuse of discretion Überschreiten der Ermessensbefugnisse, Ermessensmissbrauch

abuse of process Missbrauch des Klagerechts, Rechtsbeugung

abuse of rights Rechtsmissbrauch

abusive tax shelter missbräuchliche Inanspruchnahme von Steuervergünstigungen

ACB → Agricultural Credit Bank

accelerated capital allowance (depreciation) Sonderabschreibung, erhöhte Abschreibung

accelerated cost recovery system Abschreibungssystem, das in den Vereinigten Staaten die Möglichkeit einer beschleunigten Abschreibung von Wirtschaftsgütern vorsieht, d.h. die Anschaffungs- bzw. Herstellungskosten bestimmter Wirtschaftsgüter können über einen Zeitraum abgeschrieben werden, der kürzer als die tatsächliche Nutzungsdauer ist. Dieses 1981 mit dem Economic Tax Recovery Act eingeführte System wurde 1986 durch eine modifizierte Regelung (modified cost recovery system) ersetzt.

accelerated depreciation Sonderabschreibung, beschleunigte Abschreibung, über der üblichen linearen Abschreibung liegende Abschreibungsquote

acceleration clause Vorfälligkeitsklausel □ Klausel, die den Kreditgeber bei Zahlungsverzug des Kreditnehmers oder bei Eintritt sonstiger vertraglich spezifizierter Ereignisse berechtigt, einen gewährten Kredit zur sofortigen Rückzahlung fällig zu stellen.

acceleration of the registration statement vorzeitiges Wirksamwerden der Registrierung einer Neuemission, → registration statement

acceleration principle Akzelerationsprinzip □ Grundsatz, der die Beeinflussung (Verstärkung) einer Größe durch die Veränderung einer anderen Größe postuliert.

acceptable collateral bankmäßige Sicherheit, akzeptierbare Sicherheitsleistung

acceptable quality level annehmbarer Qualitätsstandard, der für den Abnehmer noch akzeptierbare Fehleranteil in einer Lieferung

acceptance credit 1. Akzeptkredit □ Beim Akzeptkredit zieht ein Kunde (i.d.R. eine erste Adresse) Wechsel auf eine Bank, die von dieser akzeptiert werden. Der Kunde kann die Abschnitte diskontieren lassen oder als Zahlungsmittel weitergeben. Gleichzeitig verpflichtet er sich, die Wechselbeträge rechtzeitig vor Fälligkeit anzuschaffen. 2. Akzeptakkreditiv □ Verbindung von Akzeptkredit und Dokumentenakkreditiv. Im Gegensatz zum letztgenannten wird jedoch bei einem Akzeptakkreditiv keine direkte Auszahlung vorgenommen. Der Akkreditivbegünstigte (Exporteur) erhält stattdessen ein Bankakzept, das von dem akzeptierenden Kreditinstitut oder einer dritten Bank diskontiert wird. Der Diskontierungserlös wird dem Exporteur zur Verfügung gestellt.

acceptance for honour Ehrenakzept, Ehrenannahme □ Annahme eines notleidenden Wechsels durch die in der Notadresse (address in case of need) genannte Person (Honorant).

acceptance from shareholders Annahme eines Übernahmeangebotes durch die Aktionäre

acceptance of service Annahme der Zustellung (der Klageschrift)

acceptance rate Akzeptanzrate, i.e.S.: Platzierungsquote □ Verhältnis zwischen Emissionsvolumen und der Summe der effektiv platzierten Papiere.

acceptance sampling → discovery sampling

accepted line übernommenes (gezeichnetes) Versicherungsrisiko

access Online-Verbindung, Internet-Zugang

accession to wealth Vermögensbildung, Vermögensmehrung

access key Passwort

accessorial charges 1. Nebenkosten, i.e.S. Kosten des Frachtführers/Spediteurs für zusätzliche Dienstleistungen (z.B. Be- und Entladung, Abholung und Auslieferung) 2. Kostenaufschläge, → additionals

accessory advertising unterstützende Werbemaßnahmen

accessory contract Nebenabrede, Zusatzvertrag □ i.d.R. ein ergänzender Vertrag, z.B. eine Sicherungsvereinbarung in Verbindung mit einem Darlehensvertrag

accessory guarantee akzessorische Garantie, an das Grundgeschäft gebundene Garantie

access privilege Zugangsberechtigung

access provider Bereitsteller eines E-Mail-/Internet-Zugangs

access times Zugriffszeiten

accommodation line Gefälligkeitsdeckung, ausnahmsweise in Deckung genommenes Risiko

accommodation party Gefälligkeitsadresse □ Person, die Wechsel oder Schuldscheine aus Gefälligkeit ausstellt oder akzeptiert.

accommodative monetary policy Politik des leichten Geldes

accompanied shopping Begleitung beim Einkauf □ Form der teilnehmenden Beobachtung in der Marktforschung, d.h. der Interviewer begleitet eine Testperson beim Einkauf.

accord 1. Vergleichsvereinbarung zwischen Schuldner und Gläubiger, i.e.S. Vereinbarung zweier Parteien in einem Rechtsstreit, die weitere Einreden oder Klagebegehren ausschließt. 2. Erfüllung einer Verpflichtung im Vergleichsweg

accord and satisfaction Regulierung einer Forderung/eines Anspruchs im beiderseitigen Einverständnis, i.e.S. Zustimmung zu einer abweichenden Vertragserfüllung

account 1. Benutzerkonto, Konto eines Kunden bei einem Internet Service Provider 2. *(in einer Werbeagentur)* Werbeetat des Kunden

accountant's opinion Prüfungsvermerk, Bestätigungsvermerk des Abschlussprüfers

account development Kundenakquisition, i.w.S.: Pflege und Ausbau einer bestehenden Geschäftsverbindung

accounted for by the equity method zum anteiligen Reinvermögen bilanziert

account executive 1. *(im Kreditgewerbe)* Kundenbetreuer 2. *(in einer Werbeagentur)* Account Executive, Kontakter, Kundenbetreuer

account group betreut in einer Werbeagentur die Beziehungen zu einer bestimmten Kundengruppe

accounting differences Ergebnisunterschiede, → permanent differences, → temporary differences

accounting earnings Bilanzgewinn

accounting entity Einheit für Rechnungslegungszwecke

accounting equation Bilanzgleichung, Übereinstimmung von Aktiva und Passiva einer Bilanz

accounting estimate betriebswirtschaftliche Schätzung, i.e.S. voraussichtlicher Bilanzansatz, Bilanzierungsannahme

accounting exposure → translation exposure

accounting income/loss Ergebnis vor Steuern einer Rechnungsperiode, rechnungsmäßiger Gewinn/Verlust, Bilanzgewinn/-verlust, das im Gegensatz zum steuerlichen Ergebnis in der Handelsbilanz ausgewiesene Ergebnis

accounting insolvency → negative net worth

accounting liquidity Liquidisierbarkeit von Anlagegütern

accounting management Abrechnungsmanagement, Nutzungsmanagement

accounting policies Ansatz- und Bewertungsmethoden

accounting principles Grundsätze der Rechnungslegung, Bilanzierungsgrundsätze

accounting rate of return einfache Investitionsrendite

accounting requirement 1. Bilanzierungsvorschrift 2. Verpflichtung zur Rechenschaftslegung

accounting result Periodenergebnis, in der Handelsbilanz ausgewiesener Gewinn (Verlust), → accounting income

Accounting Standards Board britische (Rechnungslegungs-) Standardisierungs-Kommission, → Financial Reporting Council

account management Kundenmanagement, Kundenbetreuung, → account manager

account manager Kundenbetreuer □ betreut einen oder mehrere Kunden; trägt die Verantwortung für Qualität und Quantität der Geschäftsbeziehung

account penetration Ausbau bestehender Geschäftsverbindungen, Maßnahmen zur Erhöhung des Umsatzes pro Kunde

account planner *(in einer Werbeagentur)* plant and analysiert die Beziehungen zu einem oder mehreren Großkunden

account profile 1. Kundenprofil 2. Anteil eines Kunden am Gesamtumsatz

account profit Kundenerfolg, Kundenrentabilität

account representative → account executive

account sales die mit einem Kunden getätigten Umsätze

accounts chart Kontenrahmen

accounts payable Verbindlichkeiten, Kreditoren

accounts payable, trade Verbindlichkeiten aus Warenlieferungen und Leistungen

accounts qualification Einschränkung des Bestätigungsvermerks des Abschlussprüfers

accounts receivable financing Beleihung von Forderungen, Finanzierung durch Forderungsabtretung

accounts receivable interest income Zinserträge aus Forderungen

accounts receivable loan Zessionskredit, Kredit gegen Abtretung von Forderungen

accounts receivable management Debitoren-Management

accounts receivable, trade Forderungen aus Warenlieferungen und Leistungen

accounts receivable turnover Debitorenumschlag

account stated Rechnung, Rechnungsnachweis, i.e.S. Schuldfeststellung, schuldrechtliche Verpflichtung

accredited dealer zugelassener Wertpapierhändler

accredited investors *(i.S. des US Securities Act)* Banken, Versicherungen, Investmentfonds und informierte Privatanleger, die die in der Regulation D, Section 501 der Securities and Exchange Commission festgelegten Qualifizierungskriterien erfüllen (z.B. Besitz von Vermögenswerten über USD 5 Mio im Fall von Unternehmen/Organisationen, Privatanleger mit einem Vermögen von mindestens USD 1 Mio oder Jahreseinkommen von über USD 200.000). Zeichnungsangebote an accredited investors sind nicht registrierungspflichtig, vorausgesetzt der Gesamtemissionspreis liegt unter USD 5 Mio.

accreting credit Kredit mit einem dem wachsenden Mittelbedarf des Kreditnehmers angepassten, steigenden Dispositionslimit

accretion 1. Wertsteigerung, Wertzuwachs 2. Erhöhung eines Erbanteils durch Erbverzicht von Miterben 3. Differenz zwischen Kaufpreis eines Abzinsungspapiers und dem Rückzahlungswert zum Fälligkeitstermin

accretion accounting (recognition) Bilanzierung (Ausweis) des Wertzuwachses

accrual accounting → accrual basis of accounting

accrual basis of accounting periodengerechte (periodenrichtige) Rechnungslegung (Erfolgsermittlung), Grundsatz der Periodenabgrenzung, auf der Periodenzuordnung von Erträgen und Aufwendungen basierende Gewinnermittlung □ d.h. Erträge und Aufwendungen werden dem Geschäftsjahr zugewiesen, in dem sie entstehen, auch wenn sie erst im folgenden Jahr einen Zahlungsvorgang auslösen. → deferral method

accrual basis taxpayer Steuerzahler, der Einnahmen auf später von ihm zu erbringende Leistungen steuerlich abgrenzen kann.

accrual method → accrual basis of accounting

accrual of the cause of action Entstehung des Klageanspruchs

accrual of income and expenses periodengerechte Zurechnung von Einnahmen und Ausgaben

accrual of an obligation Entstehen einer Verpflichtung, i.e.S.: Zeitpunkt, zu dem eine Verpflichtung erfüllt (eine Leistung erbracht) werden muss.

accrual principle Grundsatz der periodengerechten Gewinnermittlung, Periodisierungsprinzip
accrual rate Steigerungsfaktor
accruals *(Bilanz-Aktivseite)* antizipative Aktiva, *(Bilanz-Passivseite)* Rückstellungen, antizipative Passiva
accruals and deferred income *(Bilanz-Passivseite)* Rückstellungen und Ertragsabgrenzung, → deferred income
accruals for contingencies Rückstellungen für Eventualverbindlichkeiten
accrual swap → accumulation swap
accrual-type bond Aufzinsungsanleihe □ fällige Zinsen werden automatisch dem Nennwert hinzugeschlagen und gelangen erst bei Fälligkeit des Papiers zur Auszahlung
accrued assets transitorische Aktiva
accrued benefit valuation methods Ansammlungsverfahren □ versicherungsmathematische Bewertungsmethoden, die die Kosten der Altersversorgung auf der Basis der bis zum Bewertungsstichtag erbrachten Arbeitsleistungen der Mitarbeiter berechnen.
accrued charges → accrued expenses
accrued claim zugewachsener Anspruch
accrued compensation costs *(Bilanz)* Rückstellungen für Löhne und Gehälter sowie ähnliche Aufwendungen, → accrued liabilities
accrued depreciation 1. Gesamtsumme der Abschreibungen auf einen Vermögenswert seit dem Kauftermin 2. Unterschied zwischen gezahlten Wiederherstellungskosten und Schätzwert
accrued dividends aufgelaufene Dividenden, *(Bilanz)* Rückstellungen für Dividendenzahlungen
accrued expenses (expenditure) aufgelaufene Kosten, *(Bilanz)* aktivischer Rechnungsabgrenzungsposten
accrued income aufgelaufene Erträge, *(Bilanz)* passivischer Rechnungsabgrenzungsposten
accrued liabilities Rückstellungen, i.e.S.: antizipative (transitorische) Passiva, d.h. Aufwendungen, die dem alten Geschäftsjahr zuzurechnen sind, jedoch erst im neuen Geschäftsjahr einen Zahlungsvorgang auslösen.
accrued pension obligations Pensionsrückstellungen
accrued revenue passivischer Rechnungsabgrenzungsposten
accrued rights zugewachsene Rechte, Anwartschaften
accrued taxes angefallene Steuern, Steuerrückstellungen, → accrued liabilities
accruing loans Kredite, die vereinbarungsgemäß zurückgeführt werden. → non-accrual loans
accumulated adjustments account *(i.S. der US-Steuergesetzgebung)* Unternehmensgewinn nach Umwandlung in eine → S Corporation
accumulated audience → audience accumulation
accumulated benefit obligations *(in Verbindung mit einem Pensionsplan)* aufgelaufene Leistungsverpflichtungen
accumulated benefits 1. erdiente Anwartschaften (Leistungsansprüche) der Mitarbeiter 2. → accumulation benefits
accumulated deferred income taxes aufgelaufene Ertragssteuerabgrenzungen
accumulated depreciation and depletion kumulierte (aufgelaufene) Abschreibungen und Substanzverringerungen, geltend gemachter Abschreibungsaufwand
accumulated dividends aufgelaufene, aber noch nicht ausgeschüttete Dividenden
accumulated earnings tax Thesaurierungssteuer □ US-Sondersteuer bei überhöhter Gewinnthesaurierung durch eine Kapitalgesellschaft
accumulated general and specific provisions aufgelaufene Pauschal- und Einzelwertberichtigungen
accumulated losses for income tax purposes aufgelaufene Verlustvorträge, die auf die Ertragssteuer angerechnet werden können.

accumulated other comprehensive income/loss kumuliertes sonstiges Gesamtergebnis, → other comprehensive income
accumulated plan benefits → accumulated benefits
accumulated profits Gewinnvortrag
accumulated surplus aufgelaufener (nicht ausgeschütteter) Gewinn
accumulated valuation allowances aufgelaufene Wertberichtigungen
accumulation *(in der Werbung/Marktforschung)* Kumulation ☐ summierte Brutto-/Nettoreichweiten, Anzahl der durch Mehrfachschaltungen erreichten Personen
accumulation and maintenance trust Trust (Stiftung mit treuhandschaftlichem Charakter), bei dem Ausschüttungen aus dem Trustvermögen erst vorgenommen werden können, wenn der Begünstigte eine bestimmte Altersgrenze erreicht hat.
accumulation benefits zusätzliche Versicherungsleistungen (z.B. bei laufender Policenverlängerung)
accumulation distribution Ausschüttung aufgelaufener Gewinne
accumulation of liability Kumulierung (Anhäufung) von Haftungsrisiken
accumulation period *(bei einer privaten Rentenversicherung)* Prämienzahlungsdauer
accumulation phase 1. Akkumulationsphase, Aufstockung eines Handelsbestandes 2. Eindeckungen durch Anleger zu günstigen Kursen während eines Kursabschwungs oder einer Konsolidierungsphase
accumulation provisions Ansammlungsrückstellungen
accumulation swap Zins-Swap (→ interest rate swap), dessen nomineller Kapitalbetrag im Verlauf der Kontraktlaufzeit angehoben wird.
accumulation trust Trust, bei dem Erträge erst an die Begünstigten ausgeschüttet werden, wenn bestimmte Bedingungen erfüllt wurden.
accumulation units Fondsanteile, auf die keine Ertragsausschüttung erfolgt. ☐ Erzielte Kapitalgewinne und Dividendeneinnahmen werden dem Fondsvermögen hinzugeschlagen. Durch den sich daraus ergebenden Wertzuwachs der Anteile partizipiert der Anleger indirekt an den vereinnahmten Erträgen. → distribution units
accuracy-related penalties *(i.S. der US-Steuergesetzgebung)* Geldbußen bei unangemessenen Wertansätzen (Über- bzw. Unterdotierung, substantielle Bewertungsfehler)
ACD → automated call distribution/automatic call director
acid-test ratio Liquidität ersten Grades ☐ leicht realisierbare Aktiva (Barmittel, Forderungen, Wertpapiere) in Prozent der kurzfristigen Verbindlichkeiten
acknowledgement of service Zustellungsbestätigung
a/c pay. → accounts payable
acquiescence Vermutung der Zustimmung/des Rechtsverzichts, → doctrine of acquiescence
acquiescence bias/acquiescent response style *(Erhebungsfehler)* Neigung von Probanden, gestelle Fragen positiv zu beantworten bzw. zu bejahen (z.B. bei besonderer Freundlichkeit des Interviewers), → yes bias
acquired surplus erworbener Firmenwert, → pooling of interests method
acquiree erworbenes (übernommenes) Unternehmen, → purchase method
acquirer Erwerber, das erwerbende (übernehmende) Unternehmen, → purchase method
acquisition cost (charges) 1. Anschaffungskosten, Anschaffungsaufwand, Gestehungskosten 2. *(bei einem Immobilienerwerb)* Kaufpreis plus Nebenkosten 3. *(bei Versicherungsverträgen)* Abschlussprovision
acquisition debt 1. in Verbindung mit einer Firmenübernahme emittierte Schuldtitel 2. zum Erwerb oder Ausbau von Immobi-

acquisition, development and

lien aufgenommene Fremdmittel (Hypothekendarlehen)
acquisition, development and construction loan Finanzierungspaket für den Erwerb, die Erschließung und Durchführung eines Immobilienprojektes
acquisition evaluation *(im Projektmanagement)* Lieferantenprüfung, Lieferantenbewertung, Kontrolle der Bezugsquellen
acquisition indebtedness 1. *(i.S. der US-Steuergesetzgebung)* Verbindlichkeiten aus dem Erwerb eines Eigenheims 2. → acquisition debt
acquisition investigation → due diligence
acquisition method of accounting Bilanzierung nach der Erwerbsmethode □ d.h. Aktiva und Passiva des erworbenen Unternehmens werden mit ihrem angemessenen Wert zum Zeitpunkt des Erwerbs ausgewiesen.
acquisition plan *(im Projektmanagement)* Beschaffungsplan
acquisition potential Akquisitionspotential, Neukundenpotential
acquisition scouting Suche nach geeigneten Übernahmekandidaten
acquisition value 1. Anschaffungswert, Anschaffungskosten, Kaufpreis 2. Übernahmepreis
acquisitive company übernehmende Gesellschaft
acquisitive prescription Ersitzung
a/c receiv. → accounts receivable
A credit customers erstklassige Kreditnehmer, Kreditkunden mit einem erstklassigen Bonitätsrating
ACRS → accelerated cost recovery system
ACT → advance corporation tax
acting partner geschäftsführender Gesellschafter
action devices Aktionsauslöser □ Werbe-/Promotion-Techniken, die eine unmittelbare Reaktion beim Verbraucher auslösen sollen.
action effect Aktionserfolg
actio negatoria Eigentumsstörungsklage, Klage zur Abwehr von Störungen

action ex contractu → action for breach of contract
action ex delicto Deliktsklage
action for an agreed sum Klage auf Zahlung einer bestimmten Summe
action for breach of contract Klage wegen Vertragsbruch
action for contribution Klage auf Zahlung eines Verschuldensbeitrages □ mit der Klage versucht ein Schadensverursacher, der Schadenersatzzahlungen geleistet hat, von Mitverursachern Ersatz in Höhe ihrer Verschuldensbeiträge zu erhalten.
action for declaratory relief (judgment) Feststellungsklage
action for eviction Räumungsklage
action for money had and received Klage auf Herausgabe des Verkaufserlöses
action for nuisance damages Klage auf Schadenersatz wegen Beeinträchtigung der Nutzung eines Grundstücks
action for possession Besitzklage, Räumungsklage
action for restitution of property Klage auf Herausgabe, Eigentumsklage
action for revocation Widerrufsverfahren
action for specific performance Erfüllungsklage
action in assumpsit Schadensersatzklage wegen Bruch eines formlosen Versprechens
action in negligence Klage wegen eines fahrlässig verursachten Schadens/wegen Verletzung der Sorgfaltspflicht
action in personam persönliche Klage
action in rem dingliche Klage
action to quiet title → quiet title action
action upon the judg(e)ment Vollstreckungsklage
actio pro socio Klage, mit der ein einzelner Gesellschafter Leistungsansprüche der Gesellschaft gegen Dritte/Mitgesellschafter einklagt.
active assets Anlagen des Geschäftsbetriebs
active customers → actives
active income *(i.S. der US-Steuergesetzgebung)* 1. Löhne, Gehälter, erhaltene Provisionen 2. Erträge aus einer Unterneh-

mertätigkeit, → active participation
active inventory (stock) aktiver Lagerbestand ☐ i.e.S. auslieferー/versandbereite Waren, i.w.S. Roh-, Hilfs- und Betriebsstoffe sowie Halb- und Endfertigprodukte, die in einem bestimmten Zeitraum verbraucht oder verkauft sein werden.
active negligence Fahrlässigkeitshaftung des Herstellers
active participation *(i.S. des US-Steuerrechts)* aktive Mitwirkung (a) eines Gesellschafters in der Geschäftsführung (b) eines Immobilieneigentümers in der Verwaltung seines Besitzes. Ist sie gegeben (es genügt Festsetzung der Mietkonditionen, Billigung von Mietverträgen und Reparaturen), können steuerliche Verluste aus diesem Besitz bis zu einer bestimmten Höhe (z.Z. USD 25.000) vom → adjusted gross income des Immobilienbesitzers in Abzug gebracht werden. → material participation
active portfolio management (strategy) aktives Portefeuille-Management, aktive Anlagestrategie ☐ Versuch, eine überdurchschnittliche Performance durch gezielte Anlageentscheidungen zu erreichen.
actives Kunden, die in den zurückliegenden zwölf Monaten einen Auftrag erteilt haben.
activity 1. Aktivität, Vorgang, Prozess, i.e.S. Arbeitsschritt, Teilprozess, → automated activity 2. Börsenumsätze, Handelsvolumen
activity analysis Aktivitätsanalyse, Prozessanalyse ☐ Identifizierung, Beschreibung und Bewertung von Prozessen/Arbeitsschritten unter dem Gesichtspunkt ihres Beitrages zur Wertschöpfung
activity based budgeting auf den Aktivitäten basierende Budgetierung, i.w.S. prozessorientierte Ressourcenbudgetierung
activity based costing Prozesskostenrechnungsmethode ☐ Verfahren zur Verbesserung der Kostenstruktur und Wertschöpfung eines Unternehmens

activity based management Steuerung von Geschäftsprozessen unter dem Gesichtspunkt des → activity based costing zur Optimierung der Unternehmensperformance
activity based management accounting system aktivitätsorientiertes Kostenzuordnungs- und Kostensteuerungssystem
activity description Beschreibung (Definition) einer Aktivität, Vorgangsbeschreibung
activity drivers Aktivitäts-Treiber ☐ zeigen an, in welchem Umfang Aktivitäten bei der Produkterstellung oder in Verbindung mit anderen Kostenobjekten verbraucht werden.
activity duration estimating Schätzung der Vorgangsdauer
activity graph Aktivitätsdiagramm
activity instance Aktivitätsinstanz ☐ die konkrete Ausführung eines Arbeitsschrittes, → workflow management system
activity list Aktivitätenliste, Auflistung von Vorgängen
activity method of depreciation leistungsabhängige Abschreibung
activity network Vorgangs-Netzplan, → network analysis
activity network diagram Netzplandiagramm, graphische Darstellung von Vorgängen, → network analysis
activity-on-arrow network Vorgangspfeil-Netzplan ☐ Netzplan, bei dem die Vorgänge als Pfeile dargestellt werden.
activity-on-node network Vorgangsknoten-Netzplan, → network analysis
activity-oriented network analysis vorgangsorientierte (auf Vorgängen aufbauende) Netzplantechnik, → network analysis, → event-oriented network analysis
activity output Aktivitätsleistung, Leistungsmenge
activity properties Vorgangscharakteristika (Anfangs- und Endzeitpunkte, Ressourceneinsatz, voraussichtliche Kosten)
activity rate Erwerbsquote, Beschäftigungsgrad
activity ratio Aktivitätskennziffer ☐ Relati-

activity reduction

on des Umsatzes zu bestimmten Vermögenswerten
activity reduction Verringerung des Zeit- und Ressourceneinsatzes von Vorgängen
activity relationships Anordnungsbeziehungen der Vorgänge im Netzplan
activity sampling Verfahren zur Ermittlung von Vorgabezeiten bzw. zur Verbesserung bestehender Arbeitsabläufe ☐ basiert auf der Beobachtung von Arbeitnehmern zu zufallsgenerierten Zeitpunkten.
activity scheduling Terminplanung der Aktivitäten
activity sequence Aufgabenfolge, Vorgangsfolge, → logical relationships
activity sequencing Festlegung der Folgebeziehungen zwischen Vorgängen, → logical relationships
activity set Aktivitäten mit gemeinsamen Eigenschaften, → activity properties, → process definition
activity splitting Aufteilung eines Vorganges in zwei oder mehr Teilvorgänge, wenn dadurch ein Vorziehen des geplanten Endzeitpunktes erreicht wird.
activity stretching Verlängerung eines Vorgangs
activity structuring Aktivitätsstrukturierung, Gestaltung von Arbeitstätigkeiten
actual authority Vertretungsmacht des Vertreters, unmittelbare Vertretungsmacht
actual carrier *(bei kombinierten/multimodalen Transporten)* vom contracting carrier (Hauptverfrachter) mit der Durchführung eines Teiltransportes beauftragter Unternehmer
actual cash value 1. effektiver Barwert 2. Marktwert 3. *(im Versicherungsgeschäft)* Zeitwert, Ersatzwert, Wert des versicherten Interesses zum Zeitpunkt des Versicherungsfalles
actual cause tatsächliche Ursache
actual controversy begründeter Rechtsstreit (im Gegensatz zu einer Klage, die lediglich zur Klärung unterschiedlicher Rechtsauffassungen angestrengt wurde)
actual cost basis method 1. Verrechnung auf der Basis der Ist-Kosten (der tatsächlichen Kosten) 2. Bilanzierung nach dem Nominalwertprinzip
actual cost of work performed Ist-Kosten der erbrachten Leistung, effektiv angefallene Kosten, *(im Projektmanagement)* Ist-Projektkosten, Ist-Kosten eines Vorgangs, eines Teil- oder Gesamtprojektes
actual damages 1. der tatsächlich erlittene Schaden 2. Synonym für → compensatory damages
actual fault tatsächliches Verschulden
actual finish/actual start date *(in der Projektablaufplanung)* fester definierter Abschluss/Beginn eines Vorgangs, → network analysis, → logical relationships
actual gross weight Ladungsgesamtgewicht, Gewicht der Ladung plus Eigengewicht des Containers
actual hours worked Ist-Arbeitsstunden
actual output (performance) Ist-Leistung
actual payload Nettoladungsgewicht, tatsächliches Ladungsgewicht, Differenz zwischen dem Container-Gesamtgewicht und seinem Eigengewicht
actual position 1. effektiver Bestand 2. Position am Kassamarkt
actual possession unmittelbarer Besitz, i.S. von tatsächlicher Kontrolle
actuals 1. effektive Stücke (Titel) 2. Effektivware ☐ Instrumente des Kassamarktes, auf denen Terminkontrakte basieren.
actual total cost effektive Gesamtkosten
actual yield 1. effektive Rendite 2. *(in der Standardkostenrechnung)* Ist-Ausbringung
actuarial assumptions (expectations) versicherungsmathematische Annahmen, versicherungsmathematischer Erwartungswert
actuarial gains and losses versicherungsmathematische Gewinne und Verluste
actuarial present value of accumulated plan benefits *(in Verbindung mit einer betrieblichen Altersversorgung)* versicherungsmathematischer Barwert der aufgelaufenen Anwartschaften

actuarial rate voraussichtliche Schadenfrequenz, die sich aus der Schadenhäufigkeit zurückliegender Jahre errechnet.
actuary Versicherungsmathematiker
A customers → ABC analysis
ACV → actual cash value
ACWP → actual cost of work performed
adaptation level Adaptationsniveau, Grad der Gewöhnung an bestimmte Stimuli
adaptive pricing adaptive Preisgestaltung (Konditionenpolitik) □ Anpassung der Preise an die der Marktkonkurrenten
adaptive product Produktadaptation, an spezifische Kundenanforderungen adaptiertes Produkt
adaptive selling individuelle Verkaufsanstrengungen, die dem sozialen Umfeld der Zielgruppe angepasst werden.
ad.ar./ad.dep. → advised arrival/departure
adClick(s) Anzahl der Mausklicks auf einen Werbebanner während eines bestimmten Zeitraums
adClick rate *(Kriterium für die Wirksamkeit einer Online-Werbung)* AdClick-Rate □ dieses Verhältnis von adClicks zu Sichtkontakten (adViews) gibt Aufschluss über die Zahl der Benutzer, die eine Online-Werbung wirklich angeklickt haben.
ADC loan → acquisition, development and construction loan
ad concept testing Durchführung eines Konzepttests, Feststellung der Reaktion einer Zielgruppe auf verschiedene Werbeansätze
added services Zusatzleistungen, z.B. Kundenservice, Garantieleistungen
added value 1. Mehrwert, Wertzuwachs, → value added 2. Steigerung des Unternehmenswertes durch Einbringung von Know-how 3. Zusatznutzen
added-value services Dienstleistungen, die einen Mehrwert schaffen.
added-value statement Wertschöpfungsrechnung
addition *(im Jahresabschluss)* Zuführung, Zugang, Zunahme
additional capital allowance Sonderabschreibung, außerordentliche Abschreibung für eine nicht vorhersehbare Wertminderung
additional cover zusätzliche Sicherheitsleistung (Deckung), Nachschusszahlung
additional deposit privilege Recht auf zusätzliche Einzahlungen (Prämienzahlungen)
additional extended coverage Nachversicherung, erweiterter Versicherungsschutz
additional paid-in capital (eingezahlte) Kapitalrücklage □ aufgrund externer Kapitalzuflüsse
additional pension liability *(in Verbindung mit einer betrieblichen Altersversorgung)* zusätzliche Pensionsverpflichtungen aufgrund einer erhöhten Lebenserwartung
additionals Frachtzuschläge, → bunker, → currency, → inflation adjustment factor, → heavy lift charge, → special equipment additional
additional security fee vom Hypothekenkreditnehmer zu zahlende zusätzliche Sicherheitsmarge, wenn der beantragte Kredit die übliche Beleihungsquote übersteigt.
additional voluntary contributions zusätzliche freiwillige Altersvorsorge in Großbritannien □ der Arbeitnehmer kann entweder Beträge in seine Betriebsrentenversicherung einzahlen oder eine Versicherung bei einem privaten Rentenversicherer abschließen. Im letztgenannten Fall werden die Zahlungen als free-standing additional voluntary contributions bezeichnet.
additions to pension accruals Zuführungen zu den Pensionsrückstellungen
additions to property, plant and equipment Zugänge zum Sachanlagevermögen, → asset additions
additions to surplus Zunahme der offenen Rücklagen
additur Erhöhung der durch die Geschworenen zugesprochenen Schadensersatzsumme durch den Richter
add-on loan Teilzahlungskredit, bei dem

die Zinsen bereits zum Zeitpunkt der Darlehensgewährung vollständig dem Kreditbetrag hinzugeschlagen werden.
add-ons 1. zusätzliche Serviceleistungen 2. Programm- Erweiterungsfunktionen
address in case of need Notadresse, → referee
adds → paid-up additions
ademption Nichtumsetzbarkeit einer testamentarischen Verfügung, da sich der in Frage kommende Vermögenswert zum Zeitpunkt des Ablebens des Erblassers nicht mehr in dessem Besitz befand. Von einer ademption by satisfaction wird gesprochen, wenn der Vermögenswert bereits zu Lebzeiten des Erblassers auf den Begünstigten übertragen wurde. → abatement
ademption by satisfaction → ademption
adequate protection *(in einem Konkursverfahren)* Recht eines Gläubigers, eine angemessene Wahrung seiner Interessen gerichtlich durchzusetzen, wenn der mit der Eröffnung eines Insolvenzverfahrens nach → Chapter 7, 11 oder 13 verbundene vorläufige Stopp aller Forderungsbeitreibungsverfahren den Wert seiner Sicherheit nachhaltig beeinträchtigen würde.
adequate rate covenant Klausel in einem → Revenue-Bond-Emissionsvertrag, die die Erhebung angemessener Abgaben zur Deckung des Schuldendienstes vorschreibt.
ad-hoc workflow systems Systeme zur (elektronischen) Unterstützung von Vorgängen, die sich ad hoc, also aus der laufenden Arbeit ergeben.
adImpressions Anzahl der Sichtkontakte mit einer Bannerwerbung, → adClick rate
adjective law Verfahrensrecht
adjournment sine die Vertagung ohne Festsetzung eines neuen Termins
adjudication 1. richterliche Entscheidung, Zuerkennung, Zusprechung 2. schiedsgerichtliche Beilegung einer Vertrags-/Tarifstreitigkeit
adjudicator Ombudsmann, Schiedsgerichtsstelle

adjunction Erweiterung einer Liegenschaft um eine oder mehrere zusätzliche Parzellen
adjustable fire policy Feuerversicherungspolice, bei der sich die Prämienzahlungen nach dem jeweiligen Lagerbestand richten.
adjustable insurance variable Versicherung □ Prämienanpassung bei steigender/sinkender Schadenhäufigkeit bzw. bei einer qualitativen/quantitativen Veränderung des Risikos
adjustable life insurance flexible Lebensversicherung □ räumt dem Policen-Inhaber das Recht ein, die Versicherungssumme zu erhöhen/zu verringern oder die Laufzeit zu verlängern/zu verkürzen.
adjusted basis 1. berichtigter (steuerlicher) Buchwert □ Anschaffungskosten eines Wirtschaftsgutes abzüglich Abschreibungsaufwand und zuzüglich Investitionen (z.B. Kosten für wertsteigernde Baumaßnahmen, Instandsetzungskosten) 2. (risiko-, saison- oder wechselkurs-) bereinigte Grundlage 3. berichtigtes Betriebsergebnis, berichtigter Gewinnausweis
adjusted book value berichtigter Buchwert, → adjusted basis (1)
adjusted cost (cost base) berichtigte Anschaffungskosten, → adjusted basis (1)
adjusted earnings bereinigter Überschuss
adjusted for the effects of rights issues bezugsrechtsbereinigt
adjusted gross estate *(Grundlage für die Berechnung der Erbschaftssteuer)* Nachlassvermögen nach Abzug der Nachlassverwaltungskosten und der finanziellen Verpflichtungen des Erblassers.
adjusted gross income *(i.S. der US-Steuergesetzgebung)* bereinigtes Bruttoeinkommen □ Bruttoeinkommen (gross income) nach Abzug aller der Einkommenserzielung dienenden Ausgaben (deductions from gross income), jedoch vor Abzug der einzeln geltend gemachten Ausgaben (→ itemized deductions) bzw. des Pauschalbetrages (→ standard deduction(s)) sowie vor Abzug der persönlichen Freibeträge

(personal exemptions)
adjusted present value method der → discounted cash flow method vergleichbare Unternehmensbewertungsmethode, gegenüber letzteren insofern verfeinert, als verschiedene Wertkomponenten getrennt dargestellt werden. Der endgültige Wert errechnet sich aus der Summe der isoliert durchgeführten Bewertungen.
adjusted sales price *(i.S. des US-Steuerrechts)* bereinigter Verkaufspreis □ steuerlicher Verkaufspreis eines Hauses, d.h. Verkaufspreis minus Transaktionskosten und Renovierungskosten im Hinblick auf den bevorstehenden Verkauf
adjusted sample bereinigte Stichprobe
adjusted taxable income bereinigter steuerpflichtiger Unternehmensgewinn □ Gewinn minus Nettozinsaufwand, Verlustvorträge und Abschreibungsaufwand
adjusted tax basis → adjusted basis (1)
adjusted to reflect timing differences berichtigt, um Periodenabgrenzung wiederzugeben
adjuster Regulierer, Regulierungsbeauftragter, Schadensachverständiger
adjusting events wichtige Ereignisse nach dem Bilanzstichtag, die einen Neuausweis des Abschlusses erforderlich machen.
adjustment bond (debenture) Sanierungsanleihe □ in Verbindung mit einer Unternehmenssanierung emittierte Schuldverschreibung; Zinszahlungen erfolgen i.d.R. nur bei entsprechender Gewinnsituation, eine Nachzahlungsverpflichtung besteht nicht.
adjustment expenses (expenditure) Regulierungsaufwand
adjustment interval *(bei einem zinsvariablen Kredit bzw. Hypothekendarlehen)* Zeitraum zwischen den einzelnen Zinsanpassungen
adjustment item 1. Korrekturposten, Ausgleichsposten 2. Wertberichtigung, Wertbereinigung
adjustment period Zeitraum zwischen zwei Zinsanpassungen □ eine zinsvariable Hypothek (adjustable rate mortgage) mit einer adjustment period von z.B. zwei Jahren, wird als two-year ARM bezeichnet.
adjustments at closing beim → closing verrechnete Ausgleichsbeträge
adjustments for consolidation Veränderungen auf Grund von Konsolidierungsvorgängen
adjustment to the consolidated reserves Berichtigung der Konzernrücklagen
adjustment to a taxable equivalent basis Bereinigung um Steuereffekte
ad litem zum Zwecke des Verfahrens
adMail per E-Mail versandte Werbebotschaft
administered estate gerichtlich abgewickelter Nachlass
administered strategic alliance → administered vertical marketing system
administered vertical marketing system vertikales Marketingsystem mit einem starken, die Marketingaktivitäten bestimmenden Kanalkapitän.
administration 1. Insolvenzverwaltung, gerichtliche Verwaltung von Schuldnervermögen □ Verfahren nach dem → Insolvency Act, um einem zahlungsunfähigen Unternehmen die Möglichkeit zu geben, sich nach Erlass eines → administration order für einen gewissen Zeitraum den Forderungen seiner Gläubiger bzw. drohenden Zwangsvollstreckungsverfahren zu entziehen und einen Vergleichs- bzw. Sanierungsversuch (→ company voluntary arrangement) zu unternehmen. Die Führung des Unternehmens wird in dieser Zeit einem → administrator übertragen. Antrag auf eine Insolvenzverwaltung kann durch das Unternehmen selbst oder durch die Gläubiger bei dem zuständigen Gericht gestellt werden. 2. Verfahren vor einem Amtsgericht zur Schuldenregelung einer Privatperson, eine verhältnismäßig niedrige Schuldensumme vorausgesetzt 3. Nachlassverwaltung, Vermögensverwaltung 4. Verwaltung von Netzwerken
administration ad litem Nachlassverwal-

tung zur Wahrnehmung einer Prozessvertretung

administration bond Sicherheitsleistung (Kaution) eines gerichtlich bestellten (Nachlass-, Vermögens-, Insolvenz-)Verwalters bzw. Treuhänders

administration costs per unit of output Verwaltungskosten je Produktionseinheit

administration order 1. gerichtlich angeordnete Insolvenzverwaltung, Insolvenzverwaltungsbeschluss □ Verfahren zur Abwendung eines drohenden Konkurses mit dem Ziel einer Unternehmenssanierung bzw. Vermittlung eines Fortführungsvergleichs. → administration, → administrator 2. Anordnung der Nachlassverwaltung

administration order procedure Insolvenzverwaltungsverfahren, → administration, → administrator

administration overheads Verwaltungsgemeinkosten

administration pendente lite Nachlassverwaltung für die Dauer eines Rechtsstreites

administration-to-administration elektronische Geschäftsbeziehungen/-abläufe zwischen Behörden/öffentlichen Einrichtungen untereinander

administration-to-business elektronische Geschäftsbeziehungen/-abläufe zwischen öffentlichen Einrichtungen und Unternehmen, → business-to-business

administration-to-citizen elektronische Interaktion zwischen Behörden und Bürgern

administration-to-customer/consumer elektronische Geschäftsbeziehungen zwischen öffentlichen Einrichtungen und Endverbrauchern

administrative agent *(bei Kreditsyndizierungen)* für die Abwicklung der Zins- und Tilgungsleistungen sowie für die Überwachung des Engagements zuständige Bank

administrative convenience Verwaltungshilfe

administrative convenience class *(in einem Insolvenzverfahren)* Forderungsgruppe, in der kleine unbesicherte Forderungen zusammengefasst werden.

administrative court Verwaltungsgericht

administrative dissolution Unternehmensliquidation von Amts wegen

administrative expense priority *(im Konkursverfahren)* Vorrang der Massekosten

administrative receiver außergerichtlich, von den Gläubigern bestellter Verwalter zur Verwertung ihrer Sicherheiten, → receivership; nicht zu verwechseln mit einem → administrator

administrator 1. Insolvenzverwalter, Administrator □ Dem im Rahmen einer → administration eingesetzten Insolvenzverwalter wird die Kassenführungsbefugnis und die alleinige Managementkompetenz eingeräumt. Zu seinem Aufgabenbereich zählt ferner die Vermittlung eines Fortführungsvergleichs, um die Lebensfähigkeit der Unternehmung zu erhalten. Scheitert er mit seinen Bemühungen, wird er einen Liquidationsvergleich bzw. eine günstige Verwertung der Unternehmenssubstanz anstreben. 2. gerichtlich bestellter Nachlassverwalter/Testamentsvollstrecker, wenn im Testament kein Testamentsvollstrecker benannt wurde oder die gesetzliche Erbfolge eintritt. 3. Systemverwalter in einem Netzwerk

administrator ad litem/ad prosequendum von einem Gericht bestellter Treuhänder, der die Interessen eines Nachlasses in einem Verfahren vertritt

administrator pendente lite Nachlassverwalter für die Dauer des Verfahrens (Rechtsstreits)

administrator with will annexed (cum testamentio annexo) gerichtlich bestellter Testamentsvollstrecker □ wird bestellt, wenn in einem Testament keine entsprechende Person benannt wurde oder der ursprünglich eingesetzte Testamentsvollstrecker seine Aufgaben nicht mehr wahrnehmen kann.

administrator's bond → administration bond

administrator's deed durch einen gericht-

lich bestellten Nachlassverwalter erstellte Eigentumsübertragungsurkunde
admiralty proceedings Seeprozess
admission of liability Anerkennung der Haftung
admission temporaire freie Einfuhr zollpflichtiger Waren, die nach Bearbeitung bzw. Veredelung wieder exportiert werden
admission to bail Haftentlassung gegen Stellung einer Kaution
admission to the Bar Zulassung als Anwalt
admitted assets gebundenes Vermögen (Deckungsstock) einer Versicherungsgesellschaft
admitted claim anerkannter Schadenersatzanspruch
admitted company durch die Behörden eines US-Bundesstaates zugelassene Versicherungsgesellschaft
adopter Adopter, Übernehmer (Käufer) eines neuen Produktes
adopter category Adopter-Kategorie, Adopter-Klasse, für Produktinnovationen aufgeschlossene Käufer □ Klassifizierung von Verbrauchern nach dem Grad der Bereitschaft bzw. der Schnelligkeit, mit der sie ein neues Produkt akzeptieren. → innovators, → early adopters, → early majority, → late majority, → laggards
adoption Annahme (Akzeptanz) eines neuen Produktes durch die Verbraucher
adoption curve Adoptionskurve □ graphische Darstellung der Adoptionsphase (Zeitraum von der Einführung bis zur endgültigen Akzeptanz eines neuen Produktes)
adoption phase (stage) Adoptionsphase, letzte Phase des Adoptionsprozesses, endgültige Akzeptanz eines neuen Produktes, → adoption process
adoption process Adoptionsprozess □ Verhaltensphasen, die Personen bis zur Akzeptanz neuer Entwicklungen (Ideen, Produkte, Trends) durchlaufen. → awareness phase, → interest phase, → evaluation phase, → trial phase, → adoption phase
adoption rate Adoptionsgeschwindigkeit, Dauer des Adoptionsprozesses □ Schnelligkeit, mit der ein neues Produkt, eine neue Idee durch Verbraucher übernommen wird. → adoption process
adoption rate determinants Determinanten der Adoptionsgeschwindigkeit: Kommunizierbarkeit, Kompatibilität, Komplexität, relativer Vorteil des neuen Produktes
adoption sequence Adoptionsfolge, Phase des Adoptionsprozesses, → adoption process
adoption speed Adoptionsgeschwindigkeit, → adoption rate
ad page exposures Anzahl der Kontakte mit den Werbeseiten eines Print-Mediums, → exposure frequency
ad retention Anzeigenerinnerung
ADR → alternative dispute resolution, → American Depositary Receipts
ADSCR → annual debt service cover ratio
ad tracking research Messung der Werbewirksamkeit von Anzeigenkampagnen
ad valorem property tax auf dem Einheits- oder Marktwert basierende Grundsteuer
ad valorem rate Wertfracht, nach dem Wert berechnete Fracht
advance assignment Vorausabtretung, Vorauszession, Abtretung zukünftiger Forderungen
advance bill Wechsel, der vor der Verladung bzw. Verschiffung ausgestellt wurde.
advance call Voraus einforderung, Prämienvorauszahlung
advance corporation tax Körperschaftsteuervorauszahlung □ die bei einer Dividendenzahlung durch das ausschüttende Unternehmen zu leistende Vorauszahlung, die mit der Körperschaftsteuerschuld der jeweiligen Rechnungsperiode verrechnet wird.
advanced planning and optimization Softwaresystem zur Optimierung des Planungsprozesses, i.e.S. zur Optimierung der Kundenauftragsbearbeitung über die gesamte Wertschöpfungskette, → supply chain management

advanced planning and scheduling Softwaresystem zur Fertigungsplanung unter Berücksichtigung aller Vorgaben/Restriktionen (→ constraints)

advanced pricing agreement Verrechnungspreiszusage

advanced purchase Vorwegkauf □ Bei einem advanced purchase handelt es sich um ein Kopplungsgeschäft, bei dem der Exporteur des Landes A zuerst die Gegenware aus dem Land B erhält. Im Gegenzug wird der Exporteur einen dem Wert dieser Waren entsprechenden Betrag als Sicherheit auf einem Treuhandkonto bei einer gemeinsam ausgewählten Bank hinterlegen. Wenn zu einem späteren Zeitpunkt die Lieferung an den Käufer im Land B erfolgt, kann der Exporteur die auf dem Treuhandkonto hinterlegten Gelder gegen Übergabe der vereinbarten Dokumente zurückfordern. → counterpurchase transactions, → compensation deal

advance freight 1. auf die Frachtkosten zu leistende Vorauszahlung 2. im Voraus zu entrichtende Frachtkosten

advance funding Bildung nicht auflösbarer Rückstellungen für eine betriebliche Altersversorgung

advance payment guarantee Anzahlungsgarantie, Anzahlungsaval, Vorauszahlungsgarantie □ Der Garantiegeber (i.d.R. eine Bank) verpflichtet sich zur Rückerstattung einer vom Käufer (Importeur) geleisteten Vorauszahlung, wenn der Lieferant (Exporteur) seinen Verpflichtungen nicht nachkommt.

advance planning system System zur Planung und Koordinierung der Geschäftsprozesse entlang der Lieferkette, i.w.S. bereichs- oder betriebsübergreifendes Produktions- und Planungssystem, → advanced planning and optimization

advance pricing agreement verwaltungsrechtliche Vereinbarung zwischen dem US-Internal Revenue Service und einem Steuerpflichtigen (bzw. international tätigen Unternehmen) hinsichtlich der Gewinnverrechnung zwischen Konzerngesellschaften

advance profits cover Sonderform einer Betriebsunterbrechungsversicherung □ verzögert sich die Inbetriebnahme einer im Bau befindlichen Anlage durch Montagefehler oder Bauschäden, ersetzt die Versicherung den entgangenen Unternehmensgewinn.

advance ratio *(in Verbindung mit einer → structured trade finance Transaktion)* Verhältnis der bereitgestellten Kreditfazilitäten zum Wert des zu finanzierenden Liefervertrages

advance ruling Vorabentscheidung/Stellungnahme des US Internal Revenue Service zur Besteuerung einer Transaktion, die auf Antrag des Steuerpflichtigen vor der Durchführung dieser Transaktion abgegeben wird.

advance ship note (shipping notice) (elektronisches) Lieferavis, Benachrichtigung des Warenempfängers hinsichtlich des Auslieferungszeitpunktes

advances, less provisions *(Bilanz)* Darlehensforderungen abzüglich Rückstellungen (Wertberichtigungen)

advances received erhaltene Anzahlungen

advances to customers Kundenkredite, Ausleihungen an Kunden

adverse balance negative Abweichung □ zwischen Plan- und Ist-Leistung, z.B. geringere Umsatzerlöse oder höhere Kosten als vorgesehen

adverse balance of payments on current account passive (defizitäre) Leistungsbilanz, passive Bilanz der laufenden Posten

adverse credit 1. Problem-Kreditnehmer 2. Kennzeichnung für einen Zahlungsverzug

adverse interest entgegenstehender Anspruch, Anspruch (Forderung) der Gegenpartei

adverse land use wertmindernde Flächennutzung

adverse opinion eingeschränkter Bestätigungsvermerk des Abschlussprüfers

adverse possession (Erwerb von Eigentum durch) Ersitzung
adverse variance negative Abweichung, → adverse balance
advertisement recognition Wiedererkennung einer Werbung/einer Anzeige
advertising appeal Werbeausstrahlung, Anziehungskraft (einer Werbebotschaft/einer Marke)
advertising audience die durch eine Anzeige erreichten Leser, Hörer, Zuschauer, i.w.S. Werbepublikum
advertising awareness Werbeawareness, Bekanntheit einer Werbekampagne
advertising copy Werbetext
advertising effectiveness test Werbewirksamkeitstest
advertising elasticity Werbeelastizität, Auswirkungen einer Erhöhung/Verringerung des Werbeetats auf den Umsatz
advertising exposure Kontakt mit einem Werbeträger, Werbemittelkontakt, → gross exposure, → net exposure
advertising impact Werbewirksamkeit
advertising media schedule/scheduling Werbestreuplan/-streuplanung
advertising message design Gestaltung der Werbebotschaft
advertising mix Werbe-Mix □ die von einem Unternehmen eingesetzten Werbemittel bzw. -träger
advertising overload Überfrachtung mit Werbung
advertising package Werbeblock □ zusammenhängende Reihe von Werbebotschaften
advertising perception Anzahl der Werbeberührten, Perzeptionszahl
advertising performance evaluation Werbeerfolgskontrolle
advertising reach Werbereichweite
advertising schedule Werbestreuplan
advertising space Werbefläche
advertising substantiation Begründung der Werbeaussage
advertising-to-sales ratio Verhältnis von Werbeaufwand zu Umsatzerlösen
advertising vehicle timing Bestimmung des zeitlichen Einsatzes der Werbemittel
advertising wearout Abnutzung der Werbebotschaft
advertising weight Umfang der werbemäßigen Unterstützung einer Marke, ausgedrückt in Anzahl der Werbespots, Anzeigenschaltungen oder → gross rating points.
advertorial Werbeanzeige mit einem umfangreichen Textteil, der eine grundsätzliche Stellungnahme enthält, z.B. zu einem Thema von öffentlichem Interesse.
adViews Anzahl der Sichtkontakte (mit einem Werbebanner oder einem anderen werbungführenden Objekt)
advised arrival/departure avisierte Ankunft/Abfahrt
advising bank avisierende Bank, Akkreditivstelle, Bank des Exporteurs □ teilt dem Begünstigten die Eröffnung des Akkreditivs mit.
advisory management services Vermögensberatung □ Der Vermögensberater kann Anlageentscheidungen jedoch nur mit der Zustimmung seines Kunden treffen. → discretionary portfolio management
advisory opinion Rechtsgutachten, auf Antrag einer Behörde/einer gesetzgebenden Körperschaft abgegebene, nicht rechtsverbindliche Stellungnahme eines Richters/eines Gerichts
advocacy advertising (promotion) Imagewerbung eines Unternehmens durch Unterstützung öffentlicher Initiativen bzw. Förderung der öffentlichen Bewusstseinsbildung
AEC → architecture, engineering and construction systems
AEI → automatic equipment identification
aerial advertising Luftwerbung
AET → accumulated earnings tax
AF → actual finish date
affective component of attitudes affektive Einstellungskomponente □ Gefühle, die ein Produkt bei einem Verbraucher auslöst. → behavioral component of attitudes

affective referral decision rule affektive Entscheidungsregel □ Methode für die Bewertung von Alternativen auf der Basis des allgemeinen Eindrucks bzw. einer gefühlsmäßigen Einschätzung

affiant Aussteller einer eidesstattlichen Erklärung

affidavit (vor einem Notar oder einem anderen Urkundsbeamten abgegebene) eidesstattliche Versicherung (Erklärung)

affidavit of service eidliche Zustellungsversicherung

affidavit of title eidesstattliche Erklärung des Verkäufers hinsichtlich der Rechtmäßigkeit seiner Eigentumsrechte

affiliate 1. verbundene Gesellschaft, Konzerngesellschaft, *(in der Bilanz: affiliates)* Forderungen gegenüber Konzerngesellschaften 2. *(i.S. des US → Securities Act)* Person, die direkt mit dem Emittenten in Verbindung steht, diesen kontrolliert oder von ihm kontrolliert wird. 3. befreundete Website

affiliation proceedings Familienstandssachen

affinity group die einem Unternehmen nahe stehende (Investoren-)Gruppe

affinity index Affinitäts-Index □ verdeutlicht die Zielgruppennähe eines Werbeträgers

affirmation 1. Erklärung an Eides statt 2. Bestätigung eines Urteils durch die höhere Instanz

affirmative covenants → positive covenants

affirmative defenses *(in einem Zivilverfahren)* Einwendungen des Beklagten, mit denen er seine Haftung/Verantwortung auf Grund gesetzlicher Bestimmungen ausschließt, z.B. Verjährung, fehlende Geschäftsfähigkeit, Ungesetzlichkeit des Geschäftes

affirmative easement Grunddienstbarkeit, die ein Grundstückseigentümer an einem Nachbargrundstück besitzt. → negative easement

affirmative relief Rechtsschutz oder Zahlung einer Entschädigungssumme, auf die das Gericht nach Würdigung der Beweislage erkannt hat.

affixed items Einbauten (in gemieteten Gebäuden)

Affordable Housing Program von den Federal Home Loan Banks (→ Federal Home Loan Bank System) getragenes Wohnbaufinanzierungsprogramm für untere und mittlere Einkommensschichten

affreightment Befrachtung, auftragsgebundene Charterung von Schiffen

AFL → aggregate first loss

AFR → applicable federal rate

after-acquired property 1. von einem Kreditnehmer/Schuldner nach Abschluss einer Sicherungsvereinbarung erworbene Grundstücke und Gebäude □ Diese Vermögenswerte werden automatisch als zusätzliche Sicherheit angesehen, wenn sich die Sicherungsvereinbarung auf das gesamte Schuldnervermögen erstreckt 2. Vermögen, das ein Gemeinschuldner nach Konkurseröffnung erworben hat.

after-call work Nachbearbeitung eines Kundenanrufs in einem → call center

after-discovered evidence nach Urteilsverkündung festgestellte Beweismittel

after-event letter Nachfassbrief (nach einer Werbekampagne)

after image bleibender Eindruck, den eine Werbeaussage bei Verbrauchern hinterlässt.

after-sales advertising Nachkaufwerbung □ Werbung, um Kunden in einer Kaufentscheidung zu bestätigen.

after-sales marketing Nachkaufmarketing □ Marketingaktivitäten, die zu Wiederholungskäufen anregen sollen.

after-tax profit (loss) from operations Betriebsgewinn (Betriebsverlust) nach Steuern

agency agreement 1. Stellvertretungsvertrag, Vermittlungsvertrag, Geschäftsbesorgungsvertrag 2. Agenturvereinbarung (a) zwischen Werbeagentur und Kunde (b) zwischen Reeder und Hafenagent

agency briefing Agenturbriefing, Einweisung einer Werbeagentur durch den Kunden im Vorfeld einer geplanten Werbekampagne
agency by estoppel Duldungsvollmacht
agency by necessity Stellvertretung (Vertretungsmacht) aufgrund zwingender Umstände
agency commission (Werbe-)Agenturvergütung, Courtage, Vermittlungsprovision
agency contract → agency agreement
agency crew nimmt die schiffsseitigen Interessen im Hafen wahr
agency crosses Abschlüsse zwischen Brokern, die ausschließlich im Kundenauftrag tätig sind.
agency factoring offenes Factoring ◻ d.h. die Forderungsbevorschussung wird dem Drittschuldner angezeigt, das Delkredere-Risiko und die Debitorenverwaltung verbleiben jedoch beim Auftraggeber.
agency fee 1. → agency commission 2. → agent's commission
agency law Stellvertretungsrecht
agency letter Agenturbrief, Agenturvertrag, → agency agreement
agency marketing *(Vertriebsform)* Übernahme zur Verkaufsvermittlung
agency orders Kundenaufträge, Geschäfte eines Wertpapierhändlers für Rechnung Dritter
agency pass-throughs von US-Bundesbehörden emittierte → mortgage pass-throughs
agency power Vertretungsbefugnis, Vertretungsmacht
agency rating 1. bonitätsmäßige Beurteilung bzw. Klassifizierung eines Kreditnehmers oder Anleiheschuldners durch Standard & Poor's, Moody's oder eine ähnliche Organisation 2. Festlegung von Versicherungsprämien durch ein → rating bureau
agency theory Wirtschaftstheorie, die sich ausgehend von der Beziehung zwischen dem Beauftragten (Agent) und dem Auftraggeber (Prinzipal) generell mit der Beziehung zwischen zwei Wirtschaftssubjekten beschäftigt.
agent 1. Stellvertreter, Handelsvertreter, Bevollmächtigter ◻ In diesem Zusammenhang ist zu beachten, dass der Begriff des agent im angloamerikanischen Rechtskreis umfassender ist als der deutsche Rechtsbegriff Stellvertreter. In der Regel wird es sich bei dem agent um eine Person handeln, die für eine andere Person handelt oder sie aufgrund einer Vollmacht vertritt. Daneben kann unter einem agent ein reiner Vermittler, ein Handelsvertreter ohne Abschlussvollmacht oder auch ein Eigenhändler verstanden werden, der Geschäfte im eigenen Namen und auf eigene Rechnung abschließt. 2. Agent, Agent-Bank ◻ Konsortialführerin oder Mitglied der Führungsgruppe bei Emissionen oder Kreditsyndizierungen. 3. (Versicherungs-, Immobilien-)Makler 4. Agent, Operator, Mitarbeiter in einem → call center, Telefon(service)-Repräsentant, Tele-Operator 5. intelligenter Agent, Softwaretechnologie zur Verrichtung von Informationsarbeiten oder zur Annahme und Ausführung von Aufträgen 6. Hafenagent
agent ad litem Prozessbevollmächtigter
agent for acceptance of service Zustellungsbevollmächtigter
agent group Kundenbetreuer-Team in einem → call center
agent middleman 1. Kommissionär 2. Makler 3. Absatzmittler
agent's appointment (authority) Bevollmächtigung / Abschlussvollmacht eines Versicherungsvertreters
agent's commission Provisionszahlung des Reeders an den Hafenagenten
agent's lien Zurückbehaltungsrecht (Pfandrecht) eines Handelsvertreters für nicht gezahlte Provisionen
agents of production Produktionsfaktoren
agent technology lernfähige Anwendungen zur Automatisierung regelmäßig wiederkehrender Geschäftsprozesse
aggravated damages kompensatorischer

aggregate(d) annual deductible

Schadenersatz (bei Persönlichkeitsverletzung des Geschädigten)
aggregate(d) annual deductible jährliche addierte Selbstbeteiligung, → aggregate(d) deductible
aggregate(d) deductible Gesamtselbstbeteiligung □ Form der Selbstbeteiligung in der Sach- und Haftpflichtversicherung, bei der alle Schadenfälle eines bestimmten Zeitraumes (i.d.R. eines Kalenderjahres) addiert werden und der Versicherer Schäden erst reguliert, wenn die Schadensumme die vereinbarte jährliche Gesamt-Selbstbeteiligung übersteigt.
aggregate(d) excess of loss reinsurance Jahresüberschadenrückversicherung, → excess of loss reinsurance
aggregate extension clause Klausel, die die Zusammenlegung mehrerer Schäden zu einem Einzelschaden ermöglicht.
aggregate first loss *(in der Kredit-/Delkredereversicherung)* Gesamteigenbehalt
aggregate indemnity maximale Entschädigung, → aggregate limit
aggregate limit Deckungsobergrenze, Haftungsobergrenze, Maximalhaftung (akkumuliertes Haftungslimit) eines Versicherers
aggregate loan portfolio Gesamtausleihungen einer Bank, Kreditvolumen, Kreditportefeuille
aggregate method *(bei der Berechnung des Periodenaufwandes für Pensionspläne)* Bedarfsdeckungsverfahren, Verfahren der technischen Durchschnittsprämie
aggregate policy summarische Versicherung
aggregate products liability limit Deckungsobergrenze in einer Produkthaftpflichtversicherung
aggregate remuneration costs of employees *(Bilanzposten)* Gesamtzahlungen an Beschäftigte der Unternehmung (Löhne, Gehälter, Sozialabgaben, Pensionsaufwendungen, Belegschaftsaktien)
aggregate shipment Sammelladung
aggregate supply/demand curve Gesamtangebots-/-nachfragekurve
aggregation Datenkonsolidierung, Zusammenfassung von Messwerten, z.B. von Daten/Kunden zu Datenbanken/Kundengruppen oder von Einzelgrößen zu einer Gesamtgröße
aggregative economics Makroökonomie
aggregator → consolidator (2)
aggressor's paper eigene Schuldtitel, die ein bietendes Unternehmen (raider) den Aktionären des Zielunternehmens im Tausch bietet.
AGI → adjusted gross income
AG land (im Flächennutzungsplan) als agrarwirtschaftliche Nutzfläche ausgewiesener Grund und Boden
agreed statement Vereinbarung zwischen zwei Verfahrensparteien □ Vereinbarung zur Abkürzung eines Rechtsstreits, mit der sich die beiden Parteien hinsichtlich des Tatbestandes einigen und dem Gericht nur die Urteilsfindung übertragen.
agreed value policy taxierte Police
Agreement Corporation Institut, das sich gegenüber dem Federal Reserve Board verpflichtet hat, seine geschäftlichen Aktivitäten auf die einer → Edge Act Corporation zu beschränken.
agreement for insurance vorläufige Versicherungszusage, Deckungszusage
agreement of intent 1. *(allgemein)* Absichtserklärung 2. i.e.S.: stillschweigende oder schriftliche Vereinbarung (Vorvertrag) hinsichtlich der Errichtung einer Personengesellschaft
agreement of sale Kaufvertrag
agreement on the protection of capital investments Investitionsschutzabkommen
agreement to convey (Eigentums-)Übertragungsverpflichtung
agreement to purchase and sell 1. Kaufvertrag 2. Emissionsübernahmevertrag
agreement to sell Kaufvertrag (ohne sofortigen Eigentumsübergang), Verpflichtung zum Verkauf bei Erfüllung aller Voraussetzungen durch den Käufer
agricultural banks Agrarbanken, → asso-

ciations
Agricultural Credit Bank → Farm Credit System
Agricultural Mortgage Corporation auf die Vergabe langfristiger Agrarkredite spezialisiertes Kreditinstitut
agricultural option Agraroption ☐ Option auf den Kauf oder Verkauf von Agrarerzeugnissen innerhalb eines bestimmten Zeitraumes zu einem bestimmten Preis.
AGV → automated guided vehicle system
AHP → Affordable Housing Program
AHT → average handling time
AIDA Stufenmodell einer optimalen Werbewirkung: Erreichen der Aufmerksamkeit (attention) des Verbrauchers, Wecken eines Interesses (interest), Auslösung eines Wunsches (desire) – Stufen, die zusammen eine Kaufhandlung (action) auslösen.
aided brand awareness gestützter (passiver) Bekanntheitsgrad einer Marke, Erkennen einer Marke mit Gedächtnishilfe
aided recall test *(Methode zur Messung der Werbewirksamkeit)* gestützter Erinnerungstest, Gedächtnistest unter Inanspruchnahme von Gedächtnisstützen
AIMR standards → performance presentation standards der US Association for Investment Management and Research
AIO analysis psychographische Analyse von Verbrauchern, ausgehend von → AIO statements
AIO statements Aussagen befragter Personen zu Aktivitäten (activities), Interessen (interests) und Meinung (opinion)
air cargo tarif Luftfrachttarif
air consolidations Luft-Sammelverkehr, → consolidator (1)
aircraft hull policy (property insurance) Flugzeugkaskoversicherung, Luftkaskoversicherung
air freight forwarder Luftfrachtspediteur
air time Dauer eines Werbespots im Rundfunk oder Fernsehen
ALCO → asset/liability committee
aleatory contract aleatorischer Vertrag, von einem noch unbestimmten Ereignis ab-

hängiger Vertrag
alienation clause 1. Veräußerungsklausel ☐ Klausel, die das Veräußerungsrecht des jeweiligen Titelinhabers regelt. 2. Klausel eines Darlehensvertrages, die bei Veräußerung einer Immobilie die automatische Fälligkeit des Hypothekendarlehens nach sich zieht. 3. Klausel einer Feuer-Versicherungspolice, die bei Veräußerung des Versicherungsobjektes eine automatische Beendigung des Versicherungsverhältnisses vorsieht.
aliquot Teilrecht
A list of contributories Verzeichnis der nachschusspflichtigen Gesellschafter
all-capital earnings rate Gesamtkapitalrentabilität
all-commodity rates Einheitsfrachtraten
all containership reines Containerschiff
all events test *(i.S. der US-Steuergesetzgebung)* Test zur Bestimmung des Realisierungszeitpunktes von Einkünften bzw. Aufwendungen. Demnach gelten Einkünfte als realisiert und Aufwendungen als absetzbar, wenn alle für das Entstehen des Rechtsanspruchs erforderlichen Ereignisse eingetreten sind und der Betrag genau bestimmbar ist.
all holders rule SEC-Bestimmung, derzufolge ein Übernahmeangebot allen Aktionären unterbreitet werden muss.
all-inclusive concept Gesamtrechnungslegungskonzept
all-inclusive income concept Konzept, nach dem alle den Unternehmenserfolg bestimmenden Erträge, also auch periodenfremde oder außerordentliche Posten, ergebniswirksam berücksichtigt werden.
all-inclusive income statement Ergebnisrechnung, in der alle Kapitalerträge bzw. Kapitalaufwendungen ausgewiesen werden. → current operating performance statement
all-inclusive trust deed Gesamthypothek, → trust deed
all-in leasing contracts Leasing-Verträge, die neben der Beschaffung des Leasing-

Objektes ein Dienstleistungspaket vorsehen, das in einer Leasing-Rate kalkuliert und kompakt angeboten wird.

all-in rate Pauschalfracht

all-monies charge Grundpfandrecht, durch das sämtliche Verbindlichkeiten einer Unternehmung gegenüber einem Kreditinstitut abgesichert werden.

allocable costs direkt zurechenbare Kosten, → direct cost

allocated loss adjustment expenses Regulierungsaufwendungen, die einem bestimmten Schaden zugeordnet werden können.

allocated transfer risk reserve Sonderwertberichtigung für Transferrisiken □ dient der Abdeckung von Transferrisiken bei Kreditengagements in hochverschuldeten Ländern. → transfer risk

allocation method 1. (Gewinn-/Verlust-/Kosten-) Umlageverfahren 2. → abstraction method

allocation of income 1. *(im Jahresabschluss)* Gewinnzurechnung 2. Aufteilung vereinnahmter Erträge

allocation of special drawing rights Zuteilung von Sonderziehungsrechten

allocation of tax expense Zuordnung von Steueraufwendungen

allocation of the purchase cost to net assets *(in Verbindung mit Übernahmen und Beteiligungen)* Verminderung der Nettoaktiva um den Kaufpreis

allowable claim zulässiger Anspruch, zulässige Forderung, anmeldbare Konkursforderung

allowable losses steuerlich absetzbare Verluste

allowable sample error zulässiger (keine Verzerrungen bewirkender) Stichprobenfehler

allowable useful life *(in Verbindung mit Abschreibungen)* steuerlich zulässige Nutzungszeit

allowance for contract cancellations Rücklage für Vertragsaufkündigungen

allowance for depreciation Abschreibungsbetrag

allowance for doubtful accounts Wertberichtigung für zweifelhafte Forderungen

allowance for obsolescence Wertberichtigung für Überalterung

allowance of claim Anerkennung der angemeldeten Konkursforderung

allowed alternative treatment alternativ zulässige Bewertungsmethode

allowed assets → admitted assets

all-quantity rate einheitlicher (von Menge/Volumen) unabhängiger Frachttarif

all-risks cover (coverage) Allgefahren-Deckung, volle Deckung (von Schäden bzw. Verlusten, mit Ausnahme der ausdrücklich ausgeschlossenen Risiken), Gesamtversicherung, universale (totale) Versicherung

all the estate das gesamte Eigentum, alle Eigentumsrechte

all water Warentransport ausschließlich zu Wasser

alpha Alpha-Faktor □ Kennzahl für die risikobereinigte Performance eines Anlagefonds bzw. Portefeuilles (→ risk-adjusted performance) gegenüber dem Gesamtmarkt. Je höher der Alpha-Faktor, desto besser die Leistung (die Titelauswahl) der Fondsmanager im Verhältnis zum Referenzindex.

alphabet stock → targeted stocks

Alpha tests interne Produkttests, → beta tests

alteration einseitige (nicht im beiderseitigen Einvernehmen durchgeführte) Vertragsmodifizierung

alteration accounting Bilanzierung von (baulichen) Veränderungen

alteration coverage Versicherungsschutz gegen Fälschungen

alternate beneficiary (payee) (in einer Versicherungspolice, einem Testament genannter) Zweitbegünstigter

alternative accounting rules alternative Bewertungs-/Bilanzierungsregeln, → current cost accounting

alternative dispute resolution alternative

Konfliktlösung, außergerichtliche Beilegung von Rechtsstreitigkeiten, i.d.R. in Form eines Mediationsverfahrens (→ mediation) oder eines → minitrial

alternative liability principle Grundsatz, demzufolge mehrere Beklagte zu gleichen Teilen für Produktmängel haften, wenn der eigentliche Schadensverursacher nicht zweifelsfrei ermittelt werden kann.

alternative minimum tax alternative Bundeseinkommensteuer □ US-Steuer, die zur Anwendung gelangt, wenn durch das Absetzen von Verlusten und die Inanspruchnahme steuerlicher Vergünstigungen ein bestimmter steuerpflichtiger Mindestbetrag unterschritten wird.

alternative pricing alternative Konditionen/Zahlungsmodalitäten

alternative risk transfer alternativer Risikotransfer □ Absicherung unternehmerischer bzw. versicherungswirtschaftlicher Risiken nicht durch traditionelle Versicherungslösungen, sondern über innovative Risikotransferprodukte, z.B. Transfer von Risiken auf die Kapitalmärkte (Verbriefung von Versicherungsrisiken) oder durch Gründung von firmeneigenen Versicherungsgesellschaften, die nur die Risiken der Muttergesellschaft abdecken.

alternative use cost → opportunity cost

AMC → Agricultural Mortgage Corporation

amendment *(zu einer Versicherungspolice)* Versicherungsnachtrag

amenities Vorteile/Vorzüge einer Immobilie, z.B. Swimming-Pool, gute Anbindung an die Autobahn, Nähe zu Einkaufsmöglichkeiten

American Depositary Receipts Zertifikate, die von US-Investment Banks für die bei ihnen hinterlegten ausländischen Dividendenwerte ausgegeben werden. □ Während die Attraktivität der an US-Börsen in Dollar notierten ADRs für US-Anleger darin besteht, dass sie ausländische Werte direkt und ohne Währungsumrechnungen erwerben können, sind ADRs für ausländische Unternehmen insofern interessant, als sie einen Zugang zum US-Markt ohne ein kosten- und zeitintensives Börsenzulassungsverfahren ermöglichen. Bei der Emission von ADRs wird zwischen sponsored und unsponsored issues unterschieden. Im Falle der letztgenannten erfolgt die Emission durch US-Häuser ohne förmliche Vereinbarung mit dem ausländischen Unternehmen, ein nur noch selten praktiziertes Verfahren. Üblicherweise erfolgt die Emission in Form von sponsored issues auf der Basis eines Deposit Agreement zwischen dem ausländischen Unternehmen und der US-Bank (Depositary). Unterschieden wird bei sponsored issues zwischen den folgenden drei Fazilitäten: Sponsored Level I Depositary Receipts, die am US-Freiverkehrsmarkt und an ausländischen Börsen gehandelt werden können; für sie muss das ausländische Unternehmen keine nach den US-Bilanzierungsrichtlinien (GAAP) erstellten Abschlüsse vorlegen und die Publizitätspflichten der → Securities and Exchange Commission nicht erfüllen. Level II oder III Depositary Receipts werden Unternehmen emittieren lassen, die eine Börsennotierung und eine direkte Kapitalaufnahme am US-Kapitalmarkt anstreben. Bei diesen Papieren ist in einem unterschiedlichen Umfang die Einhaltung der Registrierungs- und Berichtspflichten der SEC sowie eine auf den GAAP basierende Bilanzierung vorgeschrieben. Schließlich können ADRs auch im Rahmen einer Privatplatzierung nach → Rule 144A bei institutionellen Anlegern platziert werden.

amicable settlement gütlicher Vergleich

amortisable intangibles abschreibbare immaterielle Anlagewerte

amortisation 1. Tilgung, Amortisation 2. Abschreibung □ im Gegensatz zu depreciation ist unter amortisation in der Regel die Abschreibung immaterieller Anlagewerte zu verstehen 3. Abgrenzung 4. Rückfluss des investierten Kapitals

amortisation election Wahlrecht hinsichtlich der Abschreibung
amortisation of goodwill Abschreibung des Goodwill, → purchase method
amortisation of unearned income Ertragsabgrenzung
amortised cost Buchwert, *(valuation at -)* Bewertung zu den fortgeschriebenen Anschaffungskosten
amortised deferred charges aufgelöste Kostenabgrenzungen
amortising interest rate swap Zins-Swap mit einer regelmäßigen/jährlichen Verringerung des nominellen Kapitalbetrags
amortising mortgage Tilgungshypothek, Annuitätenhypothek, Amortisationshypothek
amount at risk Risikobetrag, Haftungsrisiko, i.e.S. der jeweils niedrigere Betrag von Versicherungssumme oder möglichem Maximalverlust
amount in controversy Streitwert
amount in litigation Streitwert, Wert des Streitgegenstandes im Zivilprozess
amount realised Verkaufserlös, Veräußerungserlös, Verwertungserlös
amount recoverable from the sale der aus dem Verkauf erzielbare Betrag
amounts credited direct to reserve *(Bilanz)* den Rücklagen direkt zugeführte Beträge
amounts due to banks *(Bilanz)* Verbindlichkeiten gegenüber Banken
amounts owed by associated companies *(Bilanz)* Forderungen gegenüber Beteiligungsgesellschaften
amounts receivable (payable) for investment securities traded Forderungen (Verbindlichkeiten) aus Wertpapiergeschäften
amount subject geschätztes maximales Verlustrisiko des Versicherers
amounts written off 1. Abschreibungen 2. als Verlust ausgebuchte (abgeschriebene) Beträge 3. Wertberichtigungen
AMT → alternative minimum tax
anaconda mortgage Hypothek, durch die alle Verbindlichkeiten eines Schuldners gegenüber dem Gläubiger abgesichert werden.
analysis of variance Varianzanalyse □ Verfahren zur Durchführung von Mittelwertvergleichen zwischen mehreren Gruppen
analytical customer relationship management analytisches Kundenbeziehungsmanagement □ Softwareprogramme zur Erhebung und Auswertung von Kundendaten, i.w.S. Auswertung aller CRM-Prozesse, → customer relationship management
anchor tenant der wichtigste Mieter/Pächter in einem Bürogebäude/Shopping Center
ancillary administration → ancillary probate proceedings
ancillary case (suit) Anhangsverfahren
ancillary facilities zusätzliche Kreditfazilitäten □ z.B. Akkreditivbereitstellungszusagen, Garantiezusagen
ancillary injunction unterstützende Verfügung
ancillary jurisdiction Rechtssprechung durch ein US-Bundesgericht in Streitsachen, die eigentlich unter die sachliche Zuständigkeit eines Einzelstaates fallen, wenn das Bundesgericht aber ohne eine entsprechende Entscheidungsfindung nicht in der ihm vorliegenden Hauptsache entscheiden kann.
ancillary obligations Nebenverpflichtungen
ancillary probate proceedings Anhangsnachlassverfahren □ Nachlassverfahren in einem US-Bundesstaat, in dem der Erblasser keinen Wohnsitz, aber Immobilienbesitz hatte.
and reduced → limited and reduced
angel investment Investition (Engagement) eines → business angel
animus contrahendi Kontrahierungsabsicht
annual debt service cover ratio jährliche Schuldendienstdeckungsquote □ Verhältnis zwischen dem zur Verfügung stehenden Cashflow und dem zu leistenden

Schuldendienst
annual exclusion *(i.S. der US-Steuergesetzgebung)* jährlicher (Schenkungs-) Steuerfreibetrag
annual franchise tax → franchise tax
annualised net present value annualisierter Barwert (Gegenwartswert)
annual mortgage (loan) constant *(bei Hypothekendarlehen)* gleichbleibende jährliche Zins- und Tilgungsquote
annual output Jahresproduktion, Jahresausbringung, Jahresleistung
annual return 1. Jahresrendite 2. Jahresausweis einer britischen Kapitalgesellschaft, der beim → Registrar of Companies zu hinterlegen ist. □ Muss in erster Linie Angaben zu den Rechts- und Kapitalverhältnissen der Gesellschaft enthalten. 3. (Jahres-)Steuererklärung
annual statement of condition Jahresabschluss, Jahresbilanz
annuitant Rentenempfänger, Leistungsempfänger, Bezugsberechtigter, → annuity
annuity 1. Annuität, jährliche Zahlung 2. private Rentenversicherung □ der privaten Altersvorsorge dienendes Anlageprodukt einer Bank. Der in einer Summe (single-premium annuity) oder in Form regelmäßiger Zahlungen (periodic level-premium annuity) investierte Betrag wird ab einem bestimmten Alter über einen bestimmten Zeitraum (fixed period annuity) oder auf Lebenszeit des Anlegers (life annuity) zurückgezahlt, wobei die Höhe dieser Leistungen entweder bei Abschluss fest vereinbart wird (fixed annuity/fixed benefit annuity) oder vom Anlageerfolg abhängt (variable annuity).
annuity assurance (contract) → annuity
annuity factor Annuitätenfaktor, Kapitalgewinnungsfaktor
annuity method Annuitätenmethode □ 1. Investitionsrechnungsverfahren zur Ermittlung der durchschnittlichen Annuität (durchschnittlicher, konstanter Jahresüberschuss) einer Investition. Dabei werden die Einnahmen- und Ausgabenströme in periodisch gleich bleibende Raten umgerechnet und einander gegenübergestellt. 2. *(in Verbindung mit Zinszahlungen)* Verbuchung von Zinszahlungen nach dem Kapitalstand der (Darlehens-)Verbindlichkeit zu Lasten der Gewinn- und Verlustrechnung 3. progressives Abschreibungsverfahren
annuity payment Rentenzahlung, Zahlung aus einer privaten Rentenversicherung
annuity policy Rentenversicherungspolice, → annuity
anomaly switching Portefeuilleumschichtung bei ungewöhnlichen Kursschwankungen
ANOVA → analysis of variance
ANPV → annualised net present value
answer Klageerwiderung
antecedent debt *(im Konkursrecht)* vor Stellung des Antrags auf Konkurseröffnung eingegangene Verbindlichkeiten
anticipatory breach of contract vor Fälligkeit der Leistung angekündigte Erfüllungsverweigerung, Vertragsaufsage, avisierte Leistungsverweigerung
anticipatory credit Akkreditivbevorschussung, Vorauszahlung der Akkreditivsumme □ Unter einem anticipatory credit ist ein Akkreditiv zu verstehen, bei dem eine Bank dem Begünstigten vor Einreichung der Dokumente einen Vorschuss einräumen darf, für den jedoch das akkreditiveröffnende Institut haftet.
anticipatory hedging Absicherung einer zukünftigen Position
anticipatory repudiation → anticipatory breach of contract
anticyclical economic policy antizyklische Wirtschaftspolitik
anti-deferral rules *(i.S. der US-Steuergesetzgebung)* Bestimmungen gegen Steueraufschubeffekte
antideficiency legislation Gesetze zum Ausgleich von Steuermindereinnahmen
antidilution (antidilutive) provisions Kapitalverwässerungsschutz □ Garantie, dass der anteilsmäßige Besitz eines Investors in

anti-greenmail provisions

einer Gesellschaft bei einer Vergrößerung der Aktienzahl keine Wertminderung erfährt.

anti-greenmail provisions Bestimmungen einer Gesellschaftssatzung zur Abwehr eines → greenmail-Versuchs

anti-takeover defenses (devices) → defensive measures

anti-takeover provisions Bestimmungen einer Gesellschaftssatzung zur Abwehr (zur Erschwerung) feindlicher Übernahmen, → defensive measures

anti-takeover statutes gesetzliche Regelungen der US-Bundesstaaten, um Übernahmen zu verhindern oder zumindest zu erschweren.

antitrust injury Schaden aufgrund einer Kartellrechtsverletzung durch Dritte

Antitrust Remedies Improvements Act Gesetz zur Verbesserung der Kartellgesetzgebung □ Kernpunkte: Verbesserung der Klagemöglichkeiten sowie des staatlichen Maßnahmenkatalogs bei Verletzung von Kartellbestimmungen, Begrenzung des Spielraums für private Schadenersatzforderungen.

AOA → activity-on-arrow network

A ordinary shares dividendenberechtigte, aber stimmrechtslose Aktien

A/P → authority to purchase

APA → advance pricing agreement

API → application programming interface

APM → average positions manned

apparent low bidder Bieter mit dem nominell niedrigsten Gebot

appeal bond Sicherheitsleistung für die Begleichung der mit einer Berufung verbundenen Kosten

appeals court Rechtsmittelgericht, Berufungsgericht

appellant Rechtsmittelführer, Berufungskläger

appetizing appeal *(Marktforschung)* appetitanregende Ausstrahlung (von Nahrungsmittelanzeigen)

appliance exemption Unpfändbarkeit von Haus- und Küchengeräten in einem Insolvenzverfahren

applicable federal rate US-Bundeszinssatz □ Richtzins, der monatlich auf der Grundlage der Durchschnittssätze für Staatspapiere errechnet wird.

application Anwendung, Anwender-/Anwendungsprogramm, Software zur Lösung bestimmter Aufgaben

application agent Vermittlungsagent, Versicherungsvertreter ohne Abschlussvollmacht

application based routing Anrufweiterleitung in einem → call center nach Anrufgrund

application development Anwendungsentwicklung

application engineering Anwendungstechnik

application ex partes nur durch eine Verfahrenspartei gestellter Antrag

application for winding-up Antrag auf Eröffnung des Liquidationsverfahrens

application hosting Anmietung von Anwendungsprogrammen/Datencentereinrichtungen

application interface Schnittstelle für Anwendungsprogramme

application management Anwendungs-Management, Applikationsverwaltung □ Entwicklung, Einrichtung und Wartung von Anwendungen/Softwareprogrammen

application of funds Mittelverwendung, *(in der Kontoführung)* Unterbringung (Verbuchung) von Geldern

application of profits Gewinnverwendung, Gewinnzuweisung

application portfolio Anwendungs-Portfolio □ alle erworbenen Anwendungen/Informationssysteme

application programming interface Schnittstelle für Anwendungsprogramme, Anwendungsschnittstelle □ ermöglicht die Verknüpfung mit anderen Anwendungen/Systemen

application response measurement Messung der Reaktionen auf Anwendungen

application server Server, auf dem eine An-

wendung läuft.
application service provider Dienstleister, der Anwendungsprogramme zur Anmietung oder umfassende Informationstechnologielösungen anbietet.
application service providing Vermietung von Softwareprogrammen/Anwendungen
application sharing gemeinsame Nutzung von Anwendungsprogrammen
application-specific integrated circuit anwendungsspezifische integrierte Schaltung
application-to-application integration Verknüpfung von zwei oder mehr Anwendungsprogrammen
appointments Einrichtungsgegenstände, die den Wert einer Immobilie erhöhen.
appointment selection consultant auf die Vermittlung von Führungskräften spezialisierter Unternehmensberater
apportioned earnings zweckgebundene Erträge
apportionment formula Aufteilungsschlüssel, (Verlust-/Kosten-)Umlageschlüssel
appraisal capital aus einer Höher- bzw. Neubewertung resultierende Kapitalzuführung
appraisal clause Schätzklausel □ ermächtigt den Versicherer und/oder den Versicherungsnehmer, einen Sachverständigen mit der Schadenfeststellung zu beauftragen.
appraisal interview Beurteilungsgespräch (mit einem Mitarbeiter)
appraisal scheme Mitarbeiterbeurteilung
appraised increment geschätzter Mehrwert (von Vermögenswerten, Anlagen)
appraised value Schätzwert, Taxwert
appreciated property im Wert gestiegene Vermögenswerte, (i.S. der US-Steuergesetzgebung) Vermögenswerte, deren Verkehrs-/Marktwert über ihrer → adjusted basis liegt.
appreciation-type bond → accrual-type bond
appropriate court → forum conveniens
appropriated budget funds bewilligte (bereitgestellte) Haushaltsmittel
appropriated reserves (surplus) zweckgebundene Rücklagen, Sonderrücklagen
appropriation account Gewinnverteilungsrechnung
appropriation for contingencies Rücklagen für Eventualverbindlichkeiten, Rücklagen zur Risikovorsorge
appropriation of budget funds Zuweisung von Haushaltsmitteln, Haushaltsbewilligung
appropriation of profits (of retained earnings) Gewinnverwendung
appropriation power Bewilligungsrecht
appropriations 1. bereitgestellte Gelder (Mittel) 2. bewilligte Investitionen 3. Rücklagen
Appropriations Act Haushaltsbewilligungsgesetz
appropriations committee Bewilligungsausschuss, Investitionsgenehmigungsausschuss
appropriations for contingencies Rücklagen für Eventualverbindlichkeiten, Rücklagen zur Risikovorsorge
appropriations for sinking funds Rücklagen für Tilgungsfonds-Verpflichtungen
appropriations request Antrag auf Mittelbewilligung, Investitionsantrag
appropriations status report Investitionsnachweis
appropriation to the reserve Zuführung an die Rücklage, Einstellung in die Rücklage, Bedienung der Rücklage
appropriation to a special fund Einstellung in einen Sonderfonds (in eine Sonderrücklage)
approved debts *(im Rahmen eines Factoringvertrages)* beleihbare Forderungen
approved depository anerkannte (zugelassene) Hinterlegungsstelle
approved primary dealers Wertpapier-Häuser, über die Schatzwechsel und andere Staatspapiere verkauft werden.
appurtenances zugehörige Rechte □ die mit einer Liegenschaft verbundenen Rechte oder Gegenstände, die bei einer Eigen-

tumsübertragung auf den neuen Eigentümer übergehen.
A product → ABC analysis
APS → advance planning system, → advanced planning and scheduling, → application service provider
APX → ad page exposures
AQL → acceptable quality level
A rates *(im Versicherungsgeschäft)* Beitragssätze, die nicht auf einer Schadensstatistik basieren, sondern aus der Einzelrisikobewertung des Versicherers resultieren.
arbiter durch ein US-Gericht benannter Sachverständiger (Schiedsrichter)
arbitrage Arbitrage □ Ausnutzung von Preis- und Kursunterschieden an verschiedenen Börsenplätzen
arbitrage pricing theory Zinsstrukturtheorie, die von einem Zusammenspiel zwischen der Rendite eines Investments und makroökonomischen Variablen ausgeht.
arbitral settlement schiedsgerichtliche Beilegung
arbitrated rate → cross rate
arbitration regulations (rules) Schieds(gerichts)ordnung
arbs i.w.S. Arbitrageure, Arbitragehändler □ Spekulanten, die sich auf die Ausnutzung örtlicher und zeitlicher Kursdifferenzen spezialisieren, i.e.S. Risiko-Arbitrageure, die mit den Aktien von Übernahmekandidaten spekulieren.
architecture, engineering and construction systems computergestützte Anwendungen für Architektur, Verfahrenstechnik und Anlagenbau
area agreement lokaler bzw. regionaler Tarifvertrag
area bargaining regionale Tarifverhandlungen
area chart Flächendiagramm
area sample Flächenstichprobe, geographische Klumpenstichprobe
area sampling Flächenauswahlverfahren □ Form der zufallsgesteuerten Stichprobenauswahl, bei der ein Raster kleiner Felder über die Landkarte gelegt wird und nach dem Zufallsprinzip einzelne Felder herausgegriffen werden. → probability sample, → non-probability sample
area utilisation Flächennutzung
arm's length investor stiller Teilhaber
arm's length method → arm's length principle
arm's length prices Preise zwischen rechtlich selbständigen Parteien, i.w.S. Marktpreise, Marktkonditionen
arm's length principle 1. Prinzip der rechtlichen Selbständigkeit (z.B. im Verhältnis zwischen Mutter- und Tochtergesellschaft) 2. Besteuerungsprinzip für ausländische Tochtergesellschaften □ Nach diesem Prinzip werden Tochtergesellschaften multinational tätiger Konzerne im ausländischen Sitzland nur nach dem Einkommen besteuert, das sie dort tatsächlich erwirtschaftet haben.
arm's length transaction Geschäft zwischen rechtlich selbständigen Parteien, i.w.S. Transaktion zum Marktpreis (zu Marktkonditionen)
arraignment Sitzung, in der sich der Angeklagte nach Verlesung der Anklageschrift für schuldig oder nicht schuldig erklären muss.
arranged total loss mit Zustimmung des Versicherers festgestellter Totalverlust
arrangement after (before) receiving order gerichtlicher (außergerichtlicher) Vergleich
arrangement of claims Rangfolge der Konkursforderungen
arrangement supervisor Treuhänder, der die Abwicklung eines außergerichtlichen Vergleichs überwacht.
arrangement with creditors außergerichtlicher (freiwilliger) Vergleich, Akkord
arrestment Arrest, Beschlagnahme, Pfändung, → bank arrestment
arrestment order Arrestbeschluss
arrestment schedule Vollstreckungstitel
arrest of judg(e)ment Aussetzung der Urteilsvollstreckung

arrest of a vessel Arrest in ein Seeschiff
arrival note *(im Schiffsverkehr)* Ankunftsavis
arrow diagram Vorgangspfeil-Netzplan, → network analysis
ART → alternative risk transfer
articles of association Gesellschaftssatzung
articles of incorporation Gesellschaftsvertrag
articles of organization Gründungsurkunde
articles of termination Unternehmens-Auflösungsurkunde
artificial person juristische Person
artisan's lien Zurückbehaltungsrecht des Handwerkers
arts sponsorship Kultursponsoring, Förderung kultureller Projekte durch Unternehmen
artwork Werbegrafik
ASAP → as soon as possible
ASB → Accounting Standards Board
ascending yield curve steigende Renditekurve □ d.h. die kurzfristigen Zinsen liegen über den langfristigen Sätzen
ASIC → application-specific integrated circuit
as is provision (condition) Bestimmung eines Kaufvertrages, derzufolge der Käufer ein Haus/eine Ware ›so wie es/sie ist‹ erwirbt, d.h. der Verkäufer haftet nur für vorsätzlich versteckte Mängel.
ASN → advance ship note (shipping notice)
as original *(Policenvermerk)* Weiterversicherung zu den ursprünglich vereinbarten Konditionen
ASP → application service providing
aspirational reference group Anspruchsgruppe □ Bezugsgruppe, der eine Person angehören möchte.
aspiration levels Anspruchsniveau □ 1. eigene Leistungserwartung 2. Erwartungen, die Verbraucher an ein Produkt stellen.
A/S ratio → advertising-to-sales ratio
AS/RS → automated storage and retrieval system
assemblage Zusammenlegung von zwei oder mehr Grundstücksparzellen

assemble-to-order Montage (Konfektionierung) nach Kundenauftrag
assembly line production Serienfertigung, Serienproduktion
assenting creditors zustimmende Gläubiger, Zustimmungsgläubiger □ Gläubiger, die einem Vergleichsvorschlag zustimmen.
assessable income steuerpflichtiger Gewinn (Ertrag)
assessable insurance (policy) → assessment insurance
assessable stock nachschusspflichtige Aktien □ d.h. bei Eintritt vorbestimmter Ereignisse müssen die Aktionäre Nachschusszahlungen auf die schon bestehenden Einlagen leisten.
assessed value 1. Schätzwert 2. Einheitswert, Veranlagungswert
assessment bond Kommunalobligation □ gesichert durch Einnahmen aus kommunalen Abgaben
assessment center method Verfahren für die Auswahl, Beurteilung und Potentialermittlung von Mitarbeitern/Führungskräften □ mehrere Bewerber werden von mehreren Beobachtern bei verschiedenen Tests, Gruppendiskussionen, Rollenspielen sowie in Einzelinterviews beobachtet und bewertet.
assessment company (mutual) Versicherungsunternehmen, das von seinen Versicherungsnehmern keine oder nur geringe Prämienzahlungen, dafür aber Nachschüsse einfordert, i.d.R. ein Versicherungsverein auf Gegenseitigkeit. → assessment insurance
assessment insurance Versicherung mit Nachschusspflicht □ gibt dem Versicherer das Recht, Nachschüsse einzufordern, wenn die jährliche Schadenquote über der prognostizierten Entwicklung liegt.
assessment insurer (mutual) → assessment company (mutual)
assessment of damages (loss) 1. Feststellung des Schadens 2. Bemessung des Schadenersatzes

assessment on income (property) Veranlagung zur Einkommensteuer (Vermögenssteuer)

assessments payable/receivable Nachschussverbindlichkeiten/-forderungen

asset accounting Anlagenrechnung, i.w.S. Anlagenwirtschaft, → asset management

asset accounts Bestandskonten

asset acquisition Erwerb der Aktiva (Wirtschaftsgüter) einer Gesellschaft

asset additions Anlagenzugänge, Zuschreibungen zu Gegenständen des Anlagevermögens, Aktivmehrungen (durch Zukauf von Anlagegütern)

asset administration 1. Verwaltung des Anlagenbestandes 2. Vermögensverwaltung

asset allocation Asset-Allokation, Verteilung des verfügbaren Kapitals auf verschiedene Anlageformen und Länder, → strategic, → tactical asset allocation

asset allocation fund Mischfonds □ Fonds, der anzulegende Mittel auf verschiedene Investmentkategorien verteilt.

asset amortisation Abschreibung von (immateriellen) Anlagegütern, → depreciation

asset and liability method Bilanzansatzverfahren □ Ansatz von Forderungen bzw. Verbindlichkeiten in der Bilanz für die aus zeitlichen Unterschieden (→ temporary differences) resultierenden steuerlichen Vorteile bzw. steuerlichen Mehraufwendungen

asset and liability statement Vermögensaufstellung, Vermögensübersicht, Finanzstatus

asset-backed financing Finanzierung über Wertpapiere, die durch einen Forderungspool unterlegt sind. □ Das die Finanzierung suchende Unternehmen wird ein Forderungsportefeuille auf eine speziell zu diesem Zweck gegründete Finanzierungsgesellschaft (single-purpose company) übertragen, die sich durch die Ausgabe von Wertpapieren refinanziert, die durch diesen Forderungspool unterlegt sind (→ asset-backed securities). Die Platzierung der asset-backed securities erfolgt entweder durch die Zweckgesellschaft selbst oder über ein Bankenkonsortium. Die regelmäßigen Zins- und Tilgungszahlungen an die Käufer der Wertpapiere werden aus dem Cashflow der in den Wertpapieren verbrieften Forderungen bestritten. Emissionen von Großunternehmen werden i.d.R. durch eine Rating-Agentur bewertet, die das Forderungs-Portefeuille und die Bonität aller Beteiligten in ihre Bewertung einbezieht.

asset-backed securities durch einen Forderungspool unterlegte Wertpapiere □ bei den Forderungen wird es sich i.d.R. um Forderungen aus Kraftfahrzeugdarlehen bzw. anderen Verbraucherkrediten, Kreditkartenforderungen oder Forderungen aus Leasingverträgen handeln. → asset-backed financing

asset-based finance durch Vermögenswerte des Schuldners gesicherte Finanzierung, i.e.S. Objektfinanzierung □ Finanzierung, die weitgehend auf den erwarteten Cashflow ausgerichtet ist.

asset class 1. Anlagengattung, Anlagenklasse, Gruppe von Vermögenswerten 2. Anlageform, → strategic asset allocation

asset conversion loan kurzfristiger Kredit, der durch die Umwandlung/Liquidisierung von Vermögenswerten zurückgezahlt wird.

asset cost 1. Anschaffungskosten von Anlagegütern 2. Geldbeschaffungskosten eines Kreditinstitutes

asset cover (coverage) Anlagendeckung, Verhältnis von Eigenkapital zum Anlagevermögen

asset deal Übernahmetransaktion, bei der ein großer Teil des Kaufpreises durch den Verkauf von Anlagegütern des übernommenen Unternehmens aufgebracht wird.

asset depreciation 1. Anlagenabschreibung, Abschreibung von Anlagegütern 2. Wertminderung von Kreditengagements

asset depreciation range system Abschreibungssystem, das Nutzungsrichtwerte für

Anlagegüter enthält.
asset divestiture → divestiture
asset dividend Sachdividende, Dividendenausschüttung in Form von Sachwerten
asset/equity ratio Verhältnis von Gesamtaktiva zu Eigenkapital
asset financing Anlagenfinanzierung, Finanzierung der Erweiterung oder Erneuerung von Anlagen
asset gap aktivische Deckungslücke, → gap analysis
asset impairment Werteinbuße (Wertverlust) von Aktiva, Beeinträchtigung des Anlagevermögens, i.w.S. Betriebsverlust
asset/liability committee Geschäftsführungsausschuss zur Steuerung des Aktiv- und Passiv-Managements, unter besonderer Berücksichtigung des Risikomanagements
asset/liability management Management (Steuerung) der Aktiv- und Passivseite eines Unternehmens
asset life (betriebswirtschaftliche) Nutzungsdauer eines Wirtschaftsgutes
asset lock-up arrangement Anlagenübernahmeoption, Vorkaufsrecht auf Betriebsanlagen
asset maintenance Erhaltung des Anlagenbestandes
asset management 1. *(in einer Bank)* (a) Vermögensverwaltung, Verwaltung von Wertpapieren und anderen Vermögensteilen für Kunden (b) Aktivmanagement, Steuerung des Aktivgeschäftes (der Aktivseite) 2. *(in einem Industrieunternehmen)* (a) Inventar- und Bestandsverwaltung, i.w.S. Anlagenwirtschaft □ Planung des Sachanlagevermögens sowie aller Maßnahmen, die der Leistungsbereitschaft und Werterhaltung der Anlagen dienen (b) die Liquiditätssteuerung sowie die Betreuung der Geld- und Kapitalanlagen einer Unternehmung
asset manager 1. Vermögensverwalter 2. der für die Anlagenverwaltung sowie für die Kontierung von Zu- und Abgängen verantwortliche Mitarbeiter

asset ratio Vermögensstrukturkennzahl □ Anlagenintensität, Verhältnis von Anlagevermögen zur Bilanzsumme
asset realisation reserve Rücklage aus der Realisierung von Vermögenswerten
asset redeployment Umstrukturierungsmaßnahmen (Neuausrichtung von Unternehmensbereichen) zur Verbesserung der Gesamteigenkapitalrendite
asset remeasurement Umbewertung von Vermögenswerten
asset renewal Erneuerung des Anlagenbestandes
asset replacements Anlageerneuerungen, Ersatz (Wiederbeschaffung) von Anlagegütern (Wirtschaftsgütern), → replacement cost, → current cost accounting
asset return → return on assets
asset revaluation reserve Rücklage aus der Neubewertung von Anlagegütern (Vermögenswerten)
asset sale and repurchase agreement Pensionsgeschäft □ Verkauf von Vermögenswerten an einen Dritten für einen bestimmten Zeitraum bei gleichzeitiger Übernahme einer Rückkaufverpflichtung.
asset sales deal → asset deal
asset salvage value Restwert eines Wirtschaftsgutes
assets available for distribution *(im Konkursverfahren)* Teilungsmasse
assets brought into a business in eine Unternehmung eingebrachte Vermögenswerte, Sach- und/oder Bareinlagen
assets depreciated on a composite basis Anlagen (Wirtschaftsgüter), die zu Mischsätzen abgeschrieben werden.
asset securitization Verbriefung von (Kredit-)Forderungen, Umwandlung von Vermögenswerten mit festem Cashflow in neue Finanzierungsquellen, → asset-backed financing
asset service life betriebliche Nutzungsdauer von Anlagen (Wirtschaftsgütern)
assets for use in the supply of goods and services Sachanlagen

asset share Anlagenanteil, Anteil bestimmter Vermögenswerte am gesamten Anlagevermögen

assets held abroad 1. *(allgemein)* Auslandsvermögen, Auslandswerte, Vermögen eines Inländers im Ausland 2. *(im Jahresabschluss)* ausländisches Betriebsvermögen

assets held for disposal *(im Jahresabschluss)* zur Verwertung vorgesehene Anlagegüter

assets held for use in business Gegenstände des Betriebsvermögens

assets in cash Barvermögen, Geldvermögen

assets out on hire or lease *(im Jahresabschluss)* vermietete oder verpachtete Anlagen (Wirtschaftsgüter)

assets-to-sales ratio → asset turnover

asset stripping Ausschlachtung einer Unternehmung □ Aufkauf eines mit Verlust arbeitenden Unternehmens. Nach Einstellung des Produktionsbetriebes werden die wirklichen Vermögenswerte (z.B. unterbewertete Anlagen) veräußert.

assets under custody/under management verwahrte/verwaltete Vermögenswerte, Vermögensverwaltungsvolumen

asset swap Aktivtausch, Aktiv-Swap □ Swap, durch den die Verzinsungs- oder Währungsbasis eines Anlagewertes verändert wird (z.B. ein festverzinsliches Aktivum wird in ein variabel verzinsliches Aktivum transformiert).

asset translation Umrechnung von in Fremdwährungen denominierten Vermögenswerten

asset turn → asset turnover

asset turnover Verhältnis von Umsatz zu Anlagen □ Aktivkennziffer, die die Nutzung der Anlagekapazitäten anzeigt.

asset utilisation Nutzung der Anlagekapazitäten

asset valuation Anlagenbewertung, Vermögensbewertung, Bewertung von Wirtschaftsgütern

asset value shrinkage Wertminderung, Wertverlust, Erosion des Substanzwertes

asset weighting Gewichtung der Ausleihungen eines Kreditinstitutes nach ihrem Risikogehalt

assignable property übertragbare Vermögenswerte, → assignment for the benefit of creditors

assignable risks übertragbare (abtretbare) (Haftungs-)Risiken, → insurance pool

assigned risk Risiko, das ein Versicherer aufgrund gesetzlicher Bestimmungen versichern muss.

assignee 1. Abtretungsempfänger, Zessionar 2. Rechtsnachfolger 3. Liquidator, → assignment for the benefit of creditors

assignment for the benefit of creditors Übertragung der Vermögenswerte eines insolventen Unternehmens auf einen Liquidator/Treuhänder, der diese veräußert und den Erlös unter Berücksichtigung aller Vorrechte an die Gläubiger ausschüttet. Alternative zu einem Konkursverfahren nach Chapter 7 des US-Bankruptcy Code. → Chapter 7 liquidation

assignment of accounts 1. Forderungsabtretung 2. Abtretung (Überlassung) von Kunden

assignment of activities Arbeitsverteilung, Arbeitszuordnung, Zuweisung von Aufgaben

assignment of choses in action Abtretung von forderungsgleichen Vermögensbestandteilen

assignment of income 1. Abtretung von Einkünften 2. steuerliche Zurechnung von Einkünften/Einnahmen, → assignment of income principle

assignment of income principle Grundsatz des US-Steuerrechts, demzufolge noch nicht versteuerte Kapitalerträge/Einkünfte aus erworbenen Rechten bei einer Übertragung bzw. Abtretung durch den Erstempfänger/Ersterwerber versteuert werden müssen.

assignment of interest Abtretung des versicherten Interesses

assignment of property Abtretung von Vermögenswerten, → assignment for the benefit of creditors

assignment of receivables Forderungsabtretung, Forderungszession

assignment with preferences → preferential assignment

assignor 1. Abtretender, Zedent 2. Übertragender, → assignment for the benefit of creditors

assigns → assignee

assimilation vollständige Unterbringung einer Neuemission im Publikum

assisted areas Wirtschaftsfördergebiete in Großbritannien □ Unternehmen in diesen Regionen können eine breite Palette von Zuschüssen in Anspruch nehmen.

associated companies *(Posten der Gewinn- und Verlustrechnung)* Erträge (Verluste) aus verbundenen Unternehmen

associated companies reserve Rücklage für verbundene Unternehmen

associates 1. verbundene Unternehmen 2. *(einer natürlichen Person)* Familienmitglieder, Verwandte, Angestellte sowie juristische Personen, die durch diese natürliche Person kontrolliert werden.

association Personenvereinigung

association captive insurer Versicherungsgesellschaft, die sich im Besitz von zwei oder mehr Unternehmen oder Konzernen befindet und ausschließlich deren Risiken deckt.

association manager Versicherungs-Poolführer, → insurance pool

associations US-Agrarkreditinstitute, → Federal Land Bank Associations, → Federal Land Credit Associations, → Product Credit Associations

association test Assoziationstest □ Test zur Feststellung der Werbewirkung von Wörtern, Sätzen, Bildern bei Verbrauchern. → word association test, → sentence completion test

as soon as possible Hinweis in der Projektablaufplanung, dass ein Vorgang möglichst früh begonnen werden sollte, um Verschiebungen der Folgetermine zu vermeiden.

assorting Aufteilung großer Warenmengen in kleine, vom Kunden gewünschte Mengen

assortment depth Sortimentstiefe, Programmtiefe □ Vielfalt der Typenausführungen und Qualitätsabstufungen innerhalb einer Produktgruppe

assortment length Sortimentslänge □ Lagerbestände in den zum Sortiment zählenden Produkten

assortment mix Sortiments-Mix □ Niveau, Breite und Tiefe eines Sortiments

assortment width Sortimentsbreite, Programmbreite □ Vielfalt der angebotenen Produkte oder Produktgruppen

assumable mortgage übernehmbare Hypothek, → assumption of mortgage

assumed bond Schuldverschreibung, deren Bedienung durch einen Drittschuldner gewährleistet wird.

assumed liability übernommene (vertragliche) Haftung, in Deckung genommenes Risiko

assumed loss ratio Plan-Schadenquote

assumed portfolio in Rückdeckung genommener Versicherungsbestand

assumed reinsurance aktive Rückversicherung, in Rückdeckung genommenes Geschäft, indirektes Geschäft

assuming reinsurer Retrozessionar

assumpsit formloses Leistungs-/Zahlungsversprechen, mündliche Verpflichtung

assumption agreement (Schuld-)Übernahmevertrag

assumption clause 1. Übernahmeklausel □ Klausel einer Hypothekenurkunde, derzufolge eine Hypothek nur mit Zustimmung des Hypothekengläubigers auf einen anderen Schuldner übertragen werden kann. 2. Klausel einer Eigentumsübertragungsurkunde, durch die sich der Zessionar zur Übernahme der Verpflichtungen des Zedenten verpflichtet.

assumption fee Hypothekenübernahmegebühr □ Gebühr, die ein Kreditgeber bei der Übernahme einer bestehenden Hypothek dem neuen Kreditnehmer in Rechnung stellt.

assumption of liability

assumption of liability endorsement Haftungsübernahmeerklärung
assumption of mortgage Übernahme einer bestehenden Hypothek durch einen neuen Haus- bzw. Grundstückseigentümer
assumption of risk defense *(Einwendung des beklagten Herstellers in einem Produkthaftpflichtverfahren)* der Geschädigte setzte den Produktgebrauch fort, obwohl er den Fehler/Mangel erkannt hatte.
assumption reinsurance Rückversicherung, bei der der Rückversicherer die gesamten Verpflichtungen des Zedenten (Erstversicherers) übernimmt.
assumptions Berechnungsannahmen, Kalkulationsgrundlage für Versicherungsleistungen
assurance benefits Versicherungsleistungen
assurance of negotiation *(im Dokumentengeschäft)* Negoziierungszusage, Ankaufsverpflichtung
asynchronous transfer mode Übertragungstechnik für große Datenmengen
at a discount/premium mit einem Abschlag (Deport)/Aufschlag (Report)
at adjusted cost zum berichtigten Anschaffungswert
at amortised cost zu Anschaffungskosten (Gestehungskosten), abzüglich Abschreibungen; zum Buchwert
at and from *(Liefer- bzw. Versicherungsklausel)* Ort und Zeitpunkt des Risikoübergangs
at arm's length relations Geschäftsbeziehungen wie zwischen unabhängigen Marktteilnehmern, → arm's length principle
ATC → automatic termination of cover
at issue memorandum Dokument, in dem die strittigen Punkte zwischen den Vertrags-/Verfahrensparteien festgehalten werden.
ATM → asynchronous transfer mode
ATO → assemble-to-order
A-to-A (A2A) 1. → administration-to-administration 2. → application-to-application integration
ATP → available-to-promise system
ATR → acid-test ratio
at-risk loans risikobehaftete Kredite, i.e.S. Gesamtausleihungen einer Bank abzüglich der Summe der Darlehen, die durch Bürgschaften von US-Bundesbehörden abgesichert sind.
at-risk rules Bestimmungen des US-Steuerrechts, die die Absetzbarkeit von Verlusten aus Kapitalinvestments auf das eingesetzte Kapital begrenzen.
ATRR → allocated transfer risk reserve
at sight bill Sichtwechsel □ Wechsel ohne Fälligkeitsdatum, der bei Vorlage fällig wird.
ATT → average talk time
attaching creditor Pfändungsgläubiger □ Gläubiger, der eine Pfändung erwirkt.
attachment 1. *(attachment of policy)* In-Kraft-Treten des Versicherungsschutzes 2. *(attachment of property)* Pfändung, Beschlagnahme, Sequestrierung, Zugriff in das Vermögen 3. *(attachment of risk)* Risikoübergang, Übernahme der Risikodeckung 4. *(attachment of a security interest)* wirksame Bestellung eines Sicherungspfandrechtes
attachment bond Sicherheitsleistung der die Pfändung/Zwangsvollstreckung betreibenden Partei (für den Fall einer späteren Aufhebung des Pfändungsbeschlusses)
attachment date 1. Zeitpunkt des In-Kraft-Tretens des Versicherungsschutzes, Beginn der Risikodeckung 2. Zeitpunkt des Risikoübergangs
attachment point 1. Schadenhöhe, ab der eine Leistungspflicht des Versicherers besteht. 2. Ort des Risikoübergangs
attained age conversion Umwandlung einer Risiko- in eine Kapitallebensversicherung □ Grundlage der Beitragsbemessung ist das aktuelle Alter des Versicherungsnehmers (attained age)
attendance fee Gebühr des Schiffsagenten
attention value Aufmerksamkeitswert eines Werbeträgers
at the lower of cost or market zum jeweils

niedrigeren Wert von Gestehungskosten oder Marktpreis, zum Niederstwertprinzip

at the lower of cost or net realisable value zum jeweils niedrigeren Wert von Herstellungskosten oder Nettoveräußerungswert

attitude change Einstellungsänderung ☐ Änderung einer bestehenden Einstellung durch externe Stimuli

attitude determinants Verhaltensdeterminanten ☐ alle Faktoren, die ein bestimmtes Verhalten (z.B. das Einkaufsverhalten) von Verbrauchern beeinflussen.

attitude measurement (scaling) Einstellungsmessung ☐ Messung von Einstellungen, Präferenzen oder Motivationen

attitude research Einstellungsforschung, Untersuchung der Entstehung und Veränderung von Einstellungen zu Produkten oder Unternehmen

attitude scale *(in der Marktforschung)* Einstellungsskala ☐ verschiedene Aussagen (Adjektive, Schlagwörter, Sätze) zu einem Produkt oder Unternehmen

attitude scaling Messung von Einstellungen

attitudinal data Daten zu Verbrauchereinstellungen/-meinungen

attorney administration (Nachlass-)Verwaltung durch einen Anwalt

attorney-client privilege Vertraulichkeit der Kommunikation zwischen Anwalt und Mandant (unrechtmäßig erlangte Informationen sind nicht als Beweismittel zugelassen)

attorney-in-fact Bevollmächtigter, Beauftragter

attorney of record prozessbevollmächtigter Anwalt

attorney's lien Zurückbehaltungsrecht (Pfandrecht) eines Anwalts ☐ für nicht regulierte Anwaltshonorare

attorney's opinion of title Gutachten eines Anwalts zur Rechtmäßigkeit eines Eigentumstitels

attornment 1. (explizite oder implizite) Übertragung eines Rechts 2. Fortsetzung eines Vertragsverhältnisses (z. B. eines Mietvertrages unter einem neuen Vermieter) 3. Anerkennung eines anderen Gerichtsstandes

attributable tax zurechenbare Steuer, (auf den Gewinn/die Ausschüttung) entfallende Steuer

attribute importance Wichtigkeit eines Produktmerkmals für den Verbraucher

attributes Produktmerkmale, die den Verbraucher besonders ansprechen.

attribution rules steuerliche Gewinnzurechnungsbestimmungen ☐ bei gemeinschaftlichem Eigentum oder Aktienbeteiligungen einander nahe stehender Personen/Gesellschaften

attrition 1. Teil einer fälligen Anleihe, der zurückgezahlt und nicht umgeschuldet wird 2. natürliche Fluktuation 3. → brand attrition

at will employment jederzeit kündbares Arbeitsverhältnis

A-type reorganization *(i.S. des US-Steuerrechts)* steuerbegünstigter Zusammenschluss zweier Kapitalgesellschaften

auction *(im E-Business)* internetbasierte Auktion, bei der alle Bieter die Angebote der Konkurrenz sehen und sofort unterbieten können.

audi alteram partem Recht auf Anhörung

audience (von einem Werbeträger erreichte) Leser, Zuhörer, Zuschauer, i.w.S. Zielpublikum, Zielgruppe, Reichweite

audience accumulation Leserschaft, Hör-, Sehbeteiligung

audience analysis Leser-, Hörer-, Zuschaueranalyse (unter soziodemographischen Gesichtspunkten)

audience attitudes Leser-, Hörer-, Zuschauereinstellungen

audience composition Leser-, Hörer-, Zuschauerstruktur

audience duplication Personen/Haushalte, die mehrmals durch die gleiche Werbebotschaft berührt wurden.

audience exposure Kontakte von Lesern, Zuhörern, Zuschauern mit einem Werbeträger

audience flow Leser-, Hörer-, Zuschauerbewegungen (zwischen zwei Ausgaben eines Print-Mediums oder zwischen Anfang und Ende einer Hörfunk- oder TV-Sendung)
audience impressions → audience exposure
audience profile Leser-, Hörer-, Zuschauerprofil, demographische Merkmale der Leserschaft, Hörer oder Zuschauer
audience research Leser-, Hörer-, Zuschauerforschung
audience share Marktanteil eines Print-Mediums/eines Senders
audimeter an einem Rundfunk-/TV-Gerät angebrachter Aufzeichnungsmechanismus, → people meter
audiotex computergesteuerter Telefondialog
audit certificate Bestätigungsvermerk, Prüfungsvermerk, Abschlusstestat
audit committee i.e.S. Bilanzprüfungsausschuss, Rechnungslegungsausschuss □ befasst sich mit der Ordnungsmäßigkeit und Zweckmäßigkeit der Rechnungslegung eines Unternehmens; setzt sich zusammen aus Mitgliedern des Board of Directors und ist die erste Anlaufstelle für alle abschlussrelevanten Gespräche. i.w.S. Revisions- und Kontrollorgan
audited accounts geprüfter Jahresabschluss, testierter Abschluss
auditee audiertes (geprüftes)/zu prüfendes Unternehmen
auditing standards Prüfungsrichtlinien
audit management Audit-Management □ Planung und Steuerung aller Audit-Maßnahmen
audit qualification Einschränkung des Bestätigungsvermerkes
audit trail 1. alle, die zeitliche Abfolge einer Transaktion genau belegenden Unterlagen, nachvollziehbare Systemeingabe, protokollierte Arbeitsschritte, Protokollierungsverfahren
augmented product Produkt, dessen Image oder Wert durch Verpackung oder Zusatzleistungen des Herstellers/Händlers (z.B. längerfristige Mängelgarantie, kostenloser Einbau, Kundendienst, Schulungsmaßnahmen) gesteigert wird.
authentification 1. Berechtigungsprüfung, Überprüfung der Identität/der Benutzer- oder Zugriffsrechte, Authentifizierung (über ein Passwort bzw. einen Benutzernamen)
authorised depository zugelassene Hinterlegungsstelle (Depotbank)
authorised insolvency practitioner zugelassener Insolvenzberater, → insolvency practitioner
authorised institutions durch die → Financial Services Authority zugelassene Kreditinstitute
authorised investments Anlagen, die ein Treuhänder nach den Bestimmungen der Treuhandurkunde vornehmen darf.
authoritative precedent (für andere Gerichte) bindende Gerichtsentscheidung, Präzendenzfall
authority to bind the principal Abschlussvollmacht, Vertretungsmacht
authority to inspect the register Genehmigung zur Grundbucheinsicht
authority to purchase i.e.S. Negoziierungsakkreditiv, Ankaufsermächtigung □ Bei dieser Form des Dokumentenakkreditivs ermächtigt die Bank des Importeurs ihre ausländische Korrespondenzbank zum Ankauf der vom Exporteur auf den Importeur gezogenen Tratten; i.w.S. Kaufermächtigung, Ankaufsvollmacht
automated activity automatisierte Aktivität, durch einen Rechner ausgeführter Arbeitsschritt, → activity, → workflow management system
automated attendant automatisierte Anrufentgegennahme, Sprachcomputer
automated call distribution → automatic call distribution
automated flow of activities automatisierter Ablauf von Aktivitäten, → workflow management system
automated guided vehicle system fahrerloses Flurfördergerät (Transportsystem)

automated storage and retrieval system automatisiertes Beschickungs- und Entnahmesystem

automatic call director → automatic call distribution

automatic call distribution automatische Anrufverteilung ☐ leitet die in einem → call center eingehenden Anrufe an den nächsten freien Agenten weiter.

automatic cover policy Versicherungspolice, die einen automatischen Versicherungsschutz für alle neu erworbenen Vermögenswerte vorsieht.

automatic early termination automatische vorzeitige Kontraktauflösung (im Falle der Zahlungsunfähigkeit eines Kontrahenten)

automatic equipment identification automatische Lokalisierung von Ausrüstungen/Fahrzeugen

automatic interaction detection Feststellung von Interaktionen zwischen Variablen

automatic perfection automatische Sicherung der Durchsetzbarkeit eines Sicherungsrechtes, automatischer Rangschutz

automatic premium loan provision Klausel eines Versicherungsvertrages, der zufolge bei einem Prämienverzug automatisch ein Darlehen zur Zahlung der fälligen Prämien gewährt wird.

automatic reinstatement clause *(einer Versicherungspolice)* Wiederinkraftsetzungsklausel

automatic reinsurance automatischer Rückversicherungsschutz, → treaty reinsurance

automatic renewal clause Klausel hinsichtlich der automatischen Vertragsverlängerung (bei Nichtkündigung innerhalb der vorgesehenen Frist)

automatic stay automatischer Verfahrensstillstand, Vollstreckungssperre ☐ automatische Unterbrechung aller Verfahren, die von Gläubigern bei der Beitreibung ihrer Forderungen gegen den Gemeinschuldner eingeleitet wurden. → Chapter 11

automatic storage and retrieval → automated storage and retrieval system

automatic termination of cover automatische Beendigung des Versicherungsschutzes

automatic treaty automatische Rückversicherung, automatische Indeckungnahme bestimmter Risiken

automatic wage adjustment automatische (indexgebundene) Lohnangleichung, automatischer Lohnnachschlag

automation technology Automatisierungstechnik, i.e.S. Robotik

autonomous entity approach *(in der Segmentberichterstattung)* Autonomiemethode ☐ d.h. die Segmente werden als eigenständige Einheiten betrachtet.

auto receivables trust für die Verbriefung von Forderungen aus Kfz-Darlehen/Leasinggeschäften gegründete Zweckgesellschaft, → asset-backed financing

auxiliary capital Investitionsgüter, Produktivkapital

avail(s) 1. (Versteigerungs-)Erlös 2. Wert eines Nachlasses nach Abzug aller Verbindlichkeiten

availability Verfügbarkeit ☐ Zeit (gemessen in Prozent), in der ein System/Element/Anwendung verfügbar (nutzbar) ist.

availability clause Verfügbarkeitsklausel ☐ macht die Kreditgewährung in der vereinbarten Währung von der Verfügbarkeit entsprechender Mittel an den Euromärkten abhängig. I.d.R. ist die Kreditgeberin bei Nichtverfügbarkeit zur Ausreichung in einer anderen Währung berechtigt.

availability of liquid funds Verfügbarkeit flüssiger Mittel, Liquiditätsausstattung, Zahlungsbereitschaft

availability management Verfügbarkeitsmanagement, Verfügbarkeitssicherung ☐ i.e.S. Darstellung des Verfügbarkeitsnachweises, i.w.S. Planung und Steuerung der Verfügbarkeit von Hard- und Software

available earnings verfügbarer Gewinn, i.d.R. Bezeichnung für → earnings per share

available-for-sale securities verkaufsbereiter Wertpapierbestand
available-to-promise system System, das den Anwender in die Lage versetzt, seinen Kunden zuverlässige Angaben hinsichtlich Produktverfügbarkeit und Lieferzeit zu machen.
AVC → additional voluntary contributions
average adjuster Dispacheur □ Sachverständiger, der die Dispache erstellt.
average adjustment Dispache □ Feststellung der bei einer Havarie entstandenen Verluste und Kosten sowie deren Umlegung auf die Beteiligten (Schiff, Fracht und Ladung).
average application Anwendung der → average clause
average assets 1. durchschnittliche Bilanzsumme 2. durchschnittliche Höhe des Kreditportefeuilles
average audience durchschnittliche Leserschaft, Hörer- oder Sehbeteiligung
average bond Havariebond, Havarie-Verpflichtungsschein □ Verpflichtung, durch die ein Ladungsbeteiligter eine Haftung anerkennt.
average call duration durchschnittliche Dauer des Anrufvorgangs in einem → call center
average capital output ratio durchschnittlicher Kapitalkoeffizient
average certificate Havariezertifikat □ Protokoll des Havariekommissars, → average surveyor
average clause 1. Klausel, die im Falle einer Unterversicherung eine anteilsmäßige Reduzierung der Versicherungsleistungen vorsieht. 2. Teilschadenklausel □ Bestimmung, der zufolge bei einem Teilschaden am Schiff der Versicherer nur im Verhältnis der Versicherungssumme zum Wert des Schiffes reguliert.
average collection period durchschnittlicher Inkassozeitraum, i.w.S. durchschnittliche Kapitalbindung
average cost basis (Bewertung nach der) Durchschnittskostenmethode

average cost of funds durchschnittliche Kosten der Mittelbeschaffung
average cost per unit of output Stückkosten, Durchschnittskosten je Produktionseinheit, Summe aus variablen und fixen Kosten geteilt durch Produktionseinheit
average cost pricing Durchschnittskostenrechnung
average cost valuation method → average cost basis
average delay durchschnittliche Wartezeit bei Anrufen in einem → call center
average exposure Anzahl der Durchschnittskontakte, durchschnittliche Zahl der Kontakte einer Person/eines Haushalts mit einem Werbeträger
average handling time durchschnittliche Bearbeitungszeit
average life of fixed assets durchschnittliche Nutzungsdauer von Sachanlagen
average loan loss rate durchschnittliche Kreditausfallquote
average positions manned durchschnittliche Personalbesetzung
average prudent investor Investor, der mit der Sorgfalt eines ordentlichen Kaufmanns handelt.
average rating 1. Durchschnittsbewertung 2. *(bei Rundfunk- und TV-Sendungen)* durchschnittliche Sendungsreichweite, durchschnittliche Hörer- oder Sehbeteiligung
average return on investment method *(Methode der Investitionsrechnung)* Renditemethode
average statement → average adjustment
average stockholders' equity to average total assets Verhältnis der durchschnittlichen Eigenmittel zur durchschnittlichen Bilanzsumme
average surveyor Havariekommissar □ vom Versicherer bestellter Sachverständiger, der die Ursache und Höhe eines Schadens am Havarieort feststellt.
average talk time durchschnittliche Gesprächsdauer in einem → call center
average variable cost durchschnittliche va-

riable Kosten
average weighted bond maturity durchschnittliche gewichtete Anleihelaufzeit □ verdeutlicht die Zinsreagibilität eines Rentenportefeuilles, d.h. je länger die Laufzeit, desto größer die Volatilität des Zinsniveaus
averaging 1. Nachkauf eines Wertpapiers zur Erzielung eines günstigen Durchschnittskurses 2. Senkung der durchschnittlichen Kosten der Mittelbeschaffung durch Umschuldung oder Aufnahme zusätzlicher zinsgünstiger Mittel
AVMS → administered vertical marketing system
avoidance of contract 1. Vertragsauflösung, Vertragsaufhebung □ aufgrund von Ereignissen, die eine Vertragserfüllung unmöglich machen und außerhalb des Ermessensbereiches der Vertragsparteien liegen. 2. Annullierung einer Versicherungspolice
avoidance of the law zulässige Ausschaltung des Rechtsweges durch die Vertragsparteien
award 1. Zuschlag, (Auftrags-, Mandats-) Vergabe 2. bereitgestellte (projektgebundene) Finanzierungsmittel
awareness advertising/marketing Werbung/Marketingmaßnahmen in Verbindung mit einem neuen Produkt oder zur Steigerung des Bekanntheitsgrades einer bereits bestehenden Marke
awareness phase (stage) Wahrnehmungsphase, → adoption process
awareness rate (Marken-)Bekanntheitsgrad, Kenntnis einer Marke bei Befragten
awareness set (Marken-)Bekanntheitsspektrum; Markennamen, die ein Verbraucher kennt.

B

B2B → business-to-business
B2C → business-to-consumer
B2E → business-to-employee
Baa Klassifizierungskennzeichen, das von der Rating-Agentur Moody's für Schuldtitel vergeben wird, die als sichere Kapitalanlage anzusehen sind, stabile wirtschaftliche Verhältnisse des emittierenden Unternehmens vorausgesetzt.
Ba, B Klassifizierungskennzeichen der vorstehend genannten Rating-Agentur für Titel, die aufgrund einer unklaren wirtschaftlichen oder rechtlichen Situation bei ihren Emittenten mit einem gewissen spekulativen Charakter behaftet sind.
back bond 1. aus der Ausübung von Optionsrechten oder Optionsscheinen hervorgegangene Anleihe 2. Rückbürgschaft, Rückgarantie
back call (Prämien-)Nachschussforderung, zusätzliche Prämienforderung bei Ablauf des Vertrages
back-checking Gegenprüfung, → validation
back end 1. Server, der für eine Arbeitsstation bestimmte Funktionen wahrnimmt. 2. → back office (3) 3. *(in einer Wertschöpfungskette)* die Lieferanten von Roh-, Hilfs- und Betriebsstoffen 4. *(im → E-Commerce)* Auftragsabwicklung und Fakturierung, → front end
back-end load → back load
back-end processes Montage- und Endprüfungsprozesse
back-end refund Rückvergütung (Bonuszahlung) für das zurückliegende Geschäftsjahr
back-end systems 1. → back office applications (systems) 2. Altsysteme
backfreight Rückfracht
back haul 1. Rücktransport, Rücklauf 2. Rückfracht
back letter 1. Verpflichtungserklärung, → letter of indemnity 2. zusätzliche, den Hauptvertrag ergänzende vertragliche Vereinbarung
back load 1. Bearbeitungsgebühr bei der Auszahlung einer Versicherungssumme (von Versicherungsleistungen) 2. Rücknahmeabschlag □ bei der Rücknahme von Fondsanteilen erhobene Gebühr
backloaded payments 1. Tilgungsleistungen, die gegen Ende der Kreditlaufzeit deutlich steigen 2. Zahlungen, die erst nach Ablauf der vereinbarten Vertragslaufzeit geleistet werden.
backloaded schemes Altersversorgungssysteme mit stark wachsenden Pensionsansprüchen nach einer längeren Betriebszugehörigkeit
backloading 1. Gebührenberechnung bei der Rücknahme von Fondsanteilen 2. Erhöhung der Tilgungsleistung gegen Ende der Kreditlaufzeit 3. → depreciation backloading
back office 1. *(eines Kreditinstitutes)* Back Office □ zuständig für die technische Abwicklung von Bankgeschäften, d.h. Erstellung von Abrechnungen für getätigte Abschlüsse, Ermittlung und Überwachung von Positionen, Erteilung von Zahlungsanweisungen. 2. *(eines Industrieunternehmens)* Kundenauftragsbearbeitung, i.w.S. die Bereiche Produktion, Materialwirtschaft, Logistik 3. Mitarbeiter eines → call center, die die vom → front office nicht bearbeitbaren Kundenanfragen erledigen.
back office applications (systems) Back-Office-Anwendungen, Softwaretechnologie zur Unterstützung der unternehmensinternen Verwaltungsabläufe
back ratio *(Kennziffer für die Bewertung von Hypothekenkreditanträgen)* monatliche Zins- und Tilgungsbelastung sowie al-

le sonstigen monatlichen Zahlungsverpflichtungen des Kreditantragstellers in Prozent des monatlichen Einkommens
backtesting laufende Kontrolle der einer Risikoquantifizierung zugrunde liegenden Parameter und Verfahren
back-to-back cover Deckungsgleichheit (Konditionenkongruenz) zwischen Erstversicherung und Rückversicherung
back-to-back loan Parallelkredit □ 1. Bei Back-to-back-loans, aus denen sich die Währungs-Swaps (→ currency swaps) entwickelten, vereinbaren zwei multinationale Unternehmen in verschiedenen Ländern, einen in Volumen und Laufzeit gleichen Kreditbetrag der jeweiligen ausländischen Betriebsstätte im Land des Vertragspartners in der eigenen Währung zur Verfügung zu stellen. 2. i.w.S. ist unter einem Back-to-back-loan eine Finanzierungsform zu verstehen, bei der ein international tätiges Unternehmen zur Finanzierung einer ausländischen Betriebsstätte die Zentralbank oder eine Geschäftsbank des Landes einschaltet, in dem die Betriebsstätte ihren Sitz hat. Dabei wird die Konzernzentrale Gelder an die Zentralbank überweisen, deren Gegenwert dann der Betriebsstätte in lokaler Währung zur Verfügung gestellt wird.
backup 1. Datensicherung(skopie) 2. Stützung, Unterstützung
backup contract (Immobilien-)Kaufvertrag, der bei Nichterfüllung einer anderen vertraglichen Vereinbarung wirksam wird.
backup withholding 31%ige Quellensteuer, die in den Vereinigten Staaten zur Gewährleistung der Einkommensbesteuerung automatisch bei Zins- und Dividendenzahlungen einbehalten wird, wenn der Begünstigte/Aktien- oder Anleiheinhaber nicht festgestellt werden kann oder eine falsche Steuernummer angegeben wurde. Die Einbehaltung kann ferner auf Weisung der US-Steuerbehörden bei Vorliegen einer Steuerschuld vorgenommen werden.

backward channel Absatzweg, über den Güter vom Verbraucher an den Hersteller zurückfließen.
backward integration Rückwärtsintegration □ Diversifikation durch die Angliederung von Produkten oder Firmen, die dem bisherigen Leistungsprogramm bzw. Tätigkeitsbereich vorgelagert sind.
backward pass *(in der Netzplantechnik/Projektablaufplanung)* Rückwärtsrechnung □ Berechnung der spätestmöglichen Anfangs- und Endzeitpunkte der Arbeitspakete; dient der Ermittlung des kritischen Weges und der Gesamtpufferzeiten, → critical path, → float
backward scheduling retrograde Terminierung, Rückwärtsterminierung □ Terminplanung vom Endzeitpunkt aus, → forward scheduling
bad debt 1. zweifelhafte (dubiose) Forderungen 2. Risikokredite, notleidende Kredite
bad debt allowance Wertberichtigung
bad debt experience Forderungs-/Kreditausfallquote
bad debt protection Abdeckung der Delkredere-Risiken
bad faith Täuschungsabsicht, bewusste Irreführung
bad title mangelhafter (unzureichend nachgewiesener) Rechtstitel
badwill → negative goodwill
BAF → bunker adjustment factor
bagged cargo abgesackte Ware, Sackgut
bail bond company auf die Stellung von Kautionen (bail bonds) spezialisiertes Unternehmen
bailee Verwahrer (z.B. Kreditinstitut, Frachtführer)
bailee coverage Deckung der Haftpflicht des Verwahrers
bailee's customers insurance Haftpflichtversicherung des Verwahrers, Lagerversicherung
bailee's liability coverage → bailee coverage
bailiff 1. Vollstreckungsbeamter, Gerichts-

vollzieher 2. gerichtlich eingesetzter Verwalter
bailment 1. Hinterlegung, Überlassung von Vermögenswerten zur treuhänderischen Verwahrung 2. Verwahrungsverhältnis 3. die hinterlegten (zur Verwahrung übergebenen) Vermögenswerte
bailment for hire entgeltliche Verwahrung von Vermögenswerten
bailor Hinterleger, Eigentümer der hinterlegten Vermögenswerte
bailout 1. Sanierung (Rettung) eines zahlungsunfähigen Unternehmens 2. Ausstieg aus einem Aktienengagement bei einer kräftigen Abwärtsbewegung 3. (i.S. der US-Steuergesetzgebung) als Kapitalgewinn deklarierte Entnahme von Unternehmensgewinnen
bailout provision Ausstiegsklausel, (bei Versicherungen) Auflösungs- oder Auszahlungsrecht bei Eintritt vorbestimmter Umstände
bait pricing Lockvogelangebote
balanced bond fondsgebundene Lebensversicherung, → insurance bond
balanced scale ausgewogene Antwortskala, gleiche Zahl von Ja- und Nein-Antworten
balanced scorecard ganzheitliches strategisches Steuerungsinstrument □ Managementsystem zur Formulierung und Umsetzung von Strategien in konkrete Aktivitäten und Ziele, die wiederum in kontrollierbare und messbare Kennzahlen (scores) hinsichtlich Finanzen (financial perspective), Kunden (customer perspective), voraussichtliche interne Geschäftsprozesse (process perspective), Lern- und Entwicklungsperspektiven (learning and growth perspective) übersetzt werden können. Balanced scorecards integrieren somit monetäre und nicht-monetäre Daten. Auf der Basis der vorgegebenen Messgrößen kann jeder Mitarbeiter und jeder Unternehmensbereich seine Tätigkeit bewerten und entsprechend ausrichten.
balances due from .../due to ... Forderungen/Verbindlichkeiten gegenüber ...
balance sheet approach (im Hinblick auf den Ausweis von Pensionsverpflichtungen) Bilanzstichtagsansatz
balancing allowance der bei vorzeitiger Beendigung der Nutzungsdauer eines Anlagegutes absetzbare Betrag (Verlust)
balancing charge steuerpflichtige Differenz zwischen Verkaufspreis und Restbuchwert eines Anlagegutes
bale space capacity Laderaumkapazität (für Stückgut unter Deck eines Schiffes)
balloon Anleihe-/Kredit-/Hypothekenrestschuld, abschließende (oft auch einzige) Tilgungszahlung bei Fälligkeit
balloon leasing Leasing-Vereinbarung mit niedrigen monatlichen Leasing-Raten und einer größeren Schlusszahlung bei Ablauf der festgelegten Laufzeit.
BAM → brick and mortar
bank arrestment Zwangsvollstreckung in Bankguthaben oder sonstige bei einer Bank verwahrten Vermögenswerte
banker's acceptance Bankakzept □ Geldmarktpapier, dem ein Akzeptkredit zugrunde liegt. Bei einem Akzeptkredit, der vor allem der kurzfristigen Finanzierung von Import- und Exportgeschäften dient, zieht der Kunde einen Wechsel auf eine Bank. Die Bank akzeptiert und diskontiert diesen Wechsel, der Erlös wird dem Konto des Kunden gutgeschrieben. Da banker's acceptances jederzeit weiterveräußert bzw. rediskontiert werden können, sind sie in den angelsächsischen Ländern ein gefragtes Anlagepapier.
Bank Insurance Fund von der → Federal Deposit Insurance Corporation verwalteter Einlagensicherungsfonds für US-Banken
bankruptcy Konkurs □ In dem für England und Wales geltenden Insolvenzrecht wird der Begriff bankruptcy nur in Verbindung mit Verfahren gegen zahlungsunfähige natürliche Personen verwandt, nicht so im US-Konkursrecht (→ Bankruptcy Code, → Chapter 7 liquidation)

bankruptcy bond Sicherheitsleistung des Konkursverwalters

Bankruptcy Code US-Konkurs- und Vergleichsordnung □ Unter dem Bankruptcy Code wird Teil I des → Bankruptcy Reform Act aus dem Jahr 1978 verstanden. Dieser Teil I, der das materielle Konkurs- und Vergleichsrecht enthält, ist wiederum in acht Kapitel unterteilt (die wichtigsten Kapitel: → Chapter 7, 11, 12, 13). Verfahren nach den genannten Chapters müssen in federal bankruptcy courts abgewickelt werden. Insolvente Schuldner haben jedoch die Möglichkeit, eine Schuldenregelung nach dem Recht des jeweiligen Bundesstaates (state law) zu versuchen. → workout, appointment of a → general receiver/→ special receiver, → assignment for the benefit of creditors

bankruptcy distribution rate Konkursdividende, Konkursquote

bankruptcy exemptions in einem Konkursverfahren nicht pfändbare Vermögenswerte

bankruptcy in the balance sheet/in the equity sense Konkurs bei Vorliegen einer Unterbilanz/einer Zahlungsunfähigkeit

bankruptcy order Konkurseröffnungsbeschluss

Bankruptcy Reform Act Neufassung des US-Insolvenzrechtes (Konkurs- und Vergleichsordnung) aus dem Jahr 1978 □ Der Bankruptcy Reform Act gliedert sich in vier Teile, wobei Teil I das materielle Konkurs- und Vergleichsrecht enthält. Teil II regelt die Befugnisse der Konkursgerichte, Teil III ergänzt bundesstaatliche Gesetze, Teil IV enthält Übergangsregelungen. → Bankruptcy Code

bankruptcy scoring Punktebewertungsmodell zur Ermittlung der Konkurswahrscheinlichkeit eines Schuldners

bank supervision Bankenaufsicht □ Die Bankenaufsicht in den Vereinigten Staaten ist nicht zentral geregelt und wird durch verschiedene Organe wahrgenommen, deren Kompetenzen sich in bestimmten Bereichen überschneiden. Neben dem Federal Reserve Board, der prinzipiell als die höchste Aufsichts- und Regulierungsinstanz gilt, sind das → Office of the Comptroller of the Currency (OCC) und die → Federal Deposit Insurance Corporation (FDIC) die wichtigsten Aufsichtsorgane auf Bundesebene. Während das OCC in erster Linie die Tätigkeit der durch Bundesbehörden zugelassenen National banks überwacht, konzentriert sich das aufsichtsrechtliche Interesse der FDIC auf Kreditinstitute, die nicht dem → Federal Reserve System angeschlossen sind. Die Aufsicht über die thrift institutions (Sparkassen) liegt bei dem → Office of Thrift Supervision, über die Credit Unions (genossenschaftliche Kreditinstitute) bei der → National Credit Union Administration. Zur Koordinierung der Aufsichtsfunktionen der fünf Organe wurde der → Federal Financial Institutions Examination Council ins Leben gerufen. Neben den genannten Bundesorganen bestehen auch in den Einzelstaaten Aufsichtsbehörden (State Banking Departments), deren Kontrollbefugnisse auf die → State banks beschränkt sind.

Die Bankenaufsicht in Großbritannien basierte bis Ende der siebziger Jahre auf dem Prinzip der freiwilligen Selbstkontrolle der Kreditinstitute und Empfehlungen der Bank von England. Erst mit dem Banking Act aus dem Jahr 1979 wurde die gesetzliche Grundlage für eine Aufsicht durch die Bank von England geschaffen, wobei dem Grundsatz der Eigenverantwortlichkeit der Kreditinstitute nach wie vor ein hoher Stellenwert beigemessen wurde. Mit dem Bank of England Act 1998 wurden jedoch alle Aufsichtsaufgaben auf die → Financial Services Authority übertragen.

banner Werbebanner, Website-Werbeeinblendung, anklickbare Werbefläche/Werbebotschaft auf einer Website (i.d.R. eine animierte Grafik)

banner advertising Bannerwerbung
banner space Werbefläche für Bannerwerbung
bar Anwaltschaft
bar chart Balkendiagramm, graphische Darstellung der zeitlichen Anordnung von Projektschritten
bar code Barcode, Strichcode, Balkencode □ aus einer Abfolge von Strichen und Lücken bestehender Code, der numerische und alphanumerische Informationen verschlüsselt.
bareboat charter Charterung eines Schiffes ohne Besatzung und Treibstoff
bare site value reiner Grundstückswert
bare trust Treuhandverhältnis, bei dem der Treuhänder nur Verwahrpflichten erfüllt.
bargain and sale deed Eigentumsübertragungsurkunde □ mit einer bargain and sale deed ist im Gegensatz zu einer → warranty deed keine Garantie gegen Rechtsmängel verbunden.
bargainee Käufer
bargaining agent *(von den zuständigen Behörden anerkannter)* Tarifverhandlungspartner
bargain option Kaufoption, die aufgrund ihrer günstigen Konditionen sehr wahrscheinlich ausgeübt werden wird.
bargainor Verkäufer
bargain purchase option Klausel eines Leasingvertrages, derzufolge der Leasingnehmer den Leasinggegenstand nach Vertragsablauf zu einem Preis erwerben kann, der deutlich unter dem dann geltenden Marktwert liegt. Ist diese Option Teil der Vertragsbedingungen, wird der Leasingvertrag bei dem Leasingnehmer bilanziert. → fair market purchase option
bargain renewal option Option auf Verlängerung des Leasingvertrages zu einer nominellen Leasingrate
bargains struck Transaktionsvolumen, getätigte Abschlüsse
barge Leichter, Schwimmcontainer
barge carrier Leichter-Trägerschiff
barter deal (trade) Tauschhandel □ Unter einem barter deal ist der direkte Tausch von Waren oder Dienstleistungen zu verstehen, d.h. Lieferung und Gegenlieferung erfolgen ohne Fakturierung in einer bestimmten Währung. → countertrade
bar to recovery Hindernisgrund für eine Wiederbeschaffung/Entschädigung
base vom Vermieter/Leasinggeber übernommene Betriebskosten
baseline 1. *(im Projektmanagement)* (Projekt-)Basisplan, Ausgangsbasis □ für Kosten, Dauer der Arbeitsschritte/Vorgänge, etc.; dient als Vergleichsbasis für die Messung des Projektfortschritts 2. Referenzkonfiguration 3. Teil einer Anzeige oder Werbeschrift (i.d.R. die letzte Zeile), die Namen und Anschrift des Unternehmens sowie gegebenenfalls eine zentrale Werbeaussage enthält.
baseline cost estimate Schätzung der Gesamt-Projektkosten auf der Grundlage aller im Projektbasisplan spezifizierten Arbeiten und Tätigkeiten
baseline dates (start/finish dates) *(in der Projektablaufplanung)* die ursprünglich geplanten Anfangs- und Endzeitpunkte der Arbeitsschritte
base period Vergleichszeitraum, Referenzzeitraum
base port Basishafen □ für die Weiterverladung zum Endbestimmungshafen
base probability of loss Wahrscheinlichkeit des Nichterreichens des Renditeziels
base rate tracker mortgage an den Eckzins der Bank of England gekoppelte zinsvariable Hypothek
base stock Mindestlagerbestand, Mindestvorratsvermögen
base stock method Verfahren, nach dem der Mindestlagerbestand zu den Anschaffungskosten bewertet wird.
base term Grundmietzeit (bei Leasingverträgen), Mindestleasingzeit (40% der betriebsgewöhnlichen Nutzungsdauer)
basic balance Grundbilanz □ umfasst die Leistungsbilanz und die Bilanz des langfristigen Kapitalverkehrs

basic coverage form (basic cover) Grunddeckung, Mindestdeckung
basic earnings per share (basic EPS) Grundgewinn (ungeminderter Gewinn) je Aktie □ Quotient aus ausschüttbarem Gewinn und dem gewogenen Durchschnitt der im Umlauf befindlichen Stammaktien (ohne Berücksichtigung des bedingten Kapitals), → diluted earnings per share
basic earnings power Verhältnis von Ertrag vor Zinsen und Steuern zu Gesamtaktiva
basic form → basic coverage form
basic limit (of liability) Mindestdeckungssumme, Mindesthaftung des Versicherers
basic money supply Geldvolumen im engeren Sinne, Bargeld und Sichteinlagen
basic yield 1. Grundrendite, Ausgangsrendite 2. Rendite einer hypothetischen oder risikolosen Kapitalanlage
basing point Ausgangsort für die Berechnung einheitlicher Frachtkosten
basis 1. *(im US-Steuerrecht)* steuerlicher Buchwert □ Anschaffungskosten plus aktivierte Aufwendungen minus Abschreibungen; der für die Berechnung eines Veräußerungsgewinnes maßgebliche Wert 2. Basis □ Unterschied zwischen dem Kassakurs eines Finanztitels und dem Preis des korrespondierenden Future (Preis des jeweils nächstliegenden Liefermonats)
basis adjustment Berichtigung des steuerlichen Buchwertes
basis carryover Übertrag (Vortrag, Fortführung) des steuerlichen Buchwertes
basis for depreciation Abschreibungsgrundlage, Grundlage für die Errechnung der steuerlich zulässigen Abschreibungen, d.h. Kaufpreis plus sonstige Anschaffungskosten
basis increase Erhöhung des steuerlichen Buchwertes (z.B. bei Übergang einer Liegenschaft auf die Erben)
basis in law Rechtsgrundlage
basis of consolidation Konsolidierungskreis
basis rate swap Basis-Swap □ Swap, bei dem nicht feste und variable, sondern ausschließlich variable Zinsverpflichtungen getauscht werden (z.b. auf der → prime rate basierende Verpflichtungen gegen Libor-gebundene Zahlungen). → interest rate swap
basis risk Basis-Risiko □ 1. Gefahr, dass die Entwicklung am Kassa- und Terminmarkt nicht kongruent verläuft. Voraussetzung für ein erfolgreiches Sicherungsgeschäft mit Terminkontrakten ist eine weitgehend gleich bleibende Basis, d.h. gleichgerichtete Veränderungen der Kassa- und Terminkurse 2. Risiko, dass sich zwei zusammenhängende, auf variablen Zinssätzen basierende Positionen ertragsmäßig unterschiedlich entwickeln (z.B. bei Bindung an unterschiedliche Referenzsätze)
basket merger Zusammenschluss mehrerer Gesellschaften zu einem Unternehmen
basket purchase 1. Erwerb verschiedener Wertpapiere zu einem Einheitskurs 2. Aufkauf unterschiedlicher Vermögenswerte zu einem Pauschalpreis
batch Batch, Fabrikationslos, Charge, Stapel, Los, Zusammenfassung mehrerer Aufträge zu einer Einheit
batch job production Kleinserienfertigung
batch mass production Großserienfertigung
batch mode operation Batch-Betrieb, → batch processing
batch picking Batch-Kommissionierung, Optimierung der Kommissionierungsvorgänge durch Zusammenfassung von Aufträgen
batch processing Batch-Betrieb, Stapelbetrieb, sequentielles Abarbeiten von Aufgaben □ d.h. ein Vorgang kann erst begonnen werden, wenn der vorherige beendet ist.
batch production Serienfertigung
batch quantity (size) Losgröße
baton-passing process → relay race process
B/B → breaking bulk
BBB/BB/B Klassifizierungskennzeichen der Rating-Agentur Standard & Poor's □ identisch mit den von Moody's vergebenen →

Baa/Ba/B
BBS → bulletin board system
BCM → business collaboration management
BCP → business contingency planning
B credit customers Kreditkunden mit einem guten bis durchschnittlichen Bonitäts-Rating
B customers → ABC analysis
BCWP → budget cost of work performed
BCWS → budget cost of work scheduled
bearer policy Inhaberpolice □ Urkunde, bei der der Eigentümer namentlich nicht genannt wird, d.h. jeder Inhaber des Papiers kann die verbrieften Rechte geltend machen.
bear hug auf attraktiven Konditionen basierender (i.d.R. feindlicher) Übernahmeversuch
bear position Baisseengagement, Baisseposition, Leerverkauf □ Verpflichtung eines Marktteilnehmers, zu einem späteren Zeitpunkt Wertpapiere oder andere Finanztitel zu einem vereinbarten Kurs zur Verfügung zu stellen. Dabei geht er von der Erwartung aus, dass er sich die Papiere nach einem zwischenzeitlichen Kursrückgang zum Fälligkeitstermin zu einem günstigeren Preis beschaffen kann.
beating the gun Gewinnerzielung durch schnelle Reaktion auf Marktentwicklungen
beauty contest Wettbewerb zwischen verschiedenen Banken/Finanzdienstleistern um den Erhalt eines Mandats (in Form einer gemeinsamen Präsentation mit Vorstellung der jeweiligen Konzepte)
before-tax equity reversion Wiederverkaufserlös vor Steuern
beggar-my-neighbour policy Politik, die auf eine Stärkung der eigenen Position (z.B. im Außenhandel) abzielt und dabei bewusst eine Schlechterstellung der Partnerländer in Kauf nimmt.
beginning cash *(Posten des Kassen- bzw. Liquiditätsplanes)* Zahlungsmittelanfangsbestand, → cash budget

beginning inventory (liabilities) Vorräte (Verbindlichkeiten) zu Beginn einer Rechnungsperiode
behavioral (behavioural) component of attitudes konative Einstellungskomponente □ positive oder negative Einstellung eines Verbrauchers zu einem Produkt
behavioral data Daten zu Verbraucherverhaltensweisen
behaviorally anchored rating scale leistungs-/verhaltensorientierte Beurteilungsskala
behavioral (behavioristic) segmentation → behaviour segmentation
behavior scoring Punktebewertungsmodell zur Ermittlung des Kauf-/oder Zahlungsverhaltens
behavior segmentation Verhaltenssegmentierung, verhaltensorientierte Segmentierung □ Marktsegmentierung, bei der Verbraucher nach bestimmten Verhaltensweisen bzw. Produkteinstellungen in Gruppen unterteilt werden.
below-capacity-working Unterbeschäftigung, unzureichende Kapazitätsauslastung
below-the-line advertising nichtklassische Werbung □ Werbemaßnahmen, die nicht der klassischen Werbung zuzuordnen sind und auf eine direkte Kunden-/Verbraucherreaktion ausgerichtet sind, z.B. Direktwerbung per Post (mit Antwortkupon), Einzel-Produktpräsentationen, Ausstellungen, Rabattaktionen, Broschüren, Telemarketing 2. Werbemaßnahmen, in die eine Werbeagentur nicht eingeschaltet werden muss. → above-the-line advertising
below-the-line cost 1. Kosten für nichtklassische Werbemaßnahmen 2. Produktionsnebenkosten
below-the-line deductions *(US-Steuerrecht)* steuerlich abzugsfähige Sonderausgaben eines Steuerzahlers
below-the-line items Posten, die in der Gewinn- und Verlustrechnung unter dem Strich, d.h. unter dem Nettogewinn/-verlust ausgewiesen werden und die Gewinn-

verwendung bzw. Verlustabdeckung aufzeigen. → above-the-line items.
bench error Fehler während des Fertigungsprozesses
benchmark 1. Richtgröße, Referenzgröße, Vergleichsmaßstab 2. Vergleichsportefeuille, → benchmarking
benchmark contract richtungsweisender Terminkontrakt (i.d.R. der umsatzstärkste Kontrakt einer Terminbörse)
benchmark controlling Benchmark-Controlling, Planung und Steuerung aller Maßnahmen zur Optimierung von Benchmarking-Prozessen
benchmarking Leistungsvergleich, vergleichende Untersuchung (von Unternehmen, Produkten, Prozessen), Festlegung eines Vergleichsmaßstabes, Erstellung von Referenz-/Zielgrößen □ Vergleich eigener Produkte oder Dienstleistungen, eigener Ergebnisse, Kennziffern und Arbeitsabläufe mit denen anderer Unternehmen oder mit vorbestimmten Standards zur Aufdeckung von Schwachstellen und Verbesserungsmöglichkeiten
benchmarking systems Systeme (Softwarelösungen) für kontinuierliche Leistungsvergleiche
benchmark treatment *(bei Anwendung der International Accounting Standards)* bevorzugte Methode
bench trial Urteilsfindung durch einen Einzelrichter
bench warrant richterlicher Haftbefehl
beneficial enjoyment (use) Nießbrauch, Nutznießung, Eigentumsnutzung
beneficial interest 1. Nießbrauch, materieller Eigentumsanspruch (Eigentumsanteil) 2. vermögenswerter Anteil
beneficial owner 1. materieller Rechtsinhaber, wirtschaftlicher Eigentümer, Nießbraucher □ der wirtschaftlich Berechtigte eines Vermögenswertes, der sich rechtlich im Besitz eines Dritten befindet 2. *(i.S. des US Securities Act)* Aktionär/Anteilsinhaber, der über eine Stimmrechtsvollmacht bzw. Vollmacht zum Kauf oder Verkauf von Anteilen verfügt.
beneficial ownership 1. Nießbrauch, Nutznießung 2. *(im Hinblick auf Aktien/Gesellschaftsanteile)* Ausübung des Stimmrechtes für einen Dritten
beneficial share → beneficial interest
beneficiary statement 1. Berechtigungsnachweis des Leistungsempfängers 2. Kreditabschlussrechnung □ Bestätigung eines Kreditinstitutes hinsichtlich Betrag und Konditionen des eingeräumten Hypothekendarlehens
beneficiary under a trust Treuhandbegünstigter
benefit inflation proofing Absicherung von Versicherungsleistungen gegen inflationsbedingte Wertminderungen
benefit obligations Leistungsverpflichtungen, Versorgungs-/Pensionsverpflichtungen
benefit package Gesamtsumme der Nebenleistungen und sozialen Vergünstigungen
benefit period Leistungszeitraum
benefit plan Versorgungs-/Pensionsplan, betriebliche Altersversorgung
benefit segmentation Nutzensegmentierung □ Marktsegmentierung nach den Intentionen der Verbraucher bzw. des von ihnen erwarteten Produktnutzens.
benefits in kind geldwerte Leistungen
benefit society 1. Versicherungsverein auf Gegenseitigkeit 2. Unterstützungskasse, Unterstützungsfonds
benefits sought Nutzen (Vorteile), den (die) Verbraucher beim Kauf eines Produktes suchen.
bene statement → beneficiary statement
bequest Vermächtnis □ bezieht sich auf bewegliche Vermögenswerte (→ personal property); → devise
berth Liegeplatz eines Schiffes
berth cargo zusätzliche Ladung, die ein Linienfrachter zur Füllung des noch verfügbaren Laderaums übernimmt.
berth clause Hinweis, dass die Liegetage ab dem Festmachen des Schiffes am Liegeplatz berechnet werden.

berth terms *(Lieferklausel)* Schiff trägt Kosten für Laden und Löschen

best efforts basis/best efforts selling 1. Übernahme einer Emission zur Verkaufsvermittlung ☐ d.h. die beteiligten Banken werden sich bemühen, die Titel am Markt unterzubringen, übernehmen jedoch keine Platzierungsgarantie. 2. *(in Verbindung mit Kreditsyndizierungen)* Die Konsortialführerin (Arranger) stellt Kreditmittel in Höhe des effektiv am Markt platzierten Volumens zur Verfügung.

best estimate beste Schätzung, höchste Eintrittswahrscheinlichkeit, das wahrscheinlichste Ergebnis

best evidence rule Bestimmung, die die Vorlage von Originaldokumenten in der Beweisführung vorschreibt (Kopien sind nur in Ausnahmefällen zugelassen).

best execution investment rule *(i.S. des → Financial Services and Markets Act)* Bestimmung, derzufolge eine Wertpapieranlage zu einem für den Kunden optimalen Kurs vorzunehmen ist.

best light phenomenon Erhebungsfehler, der durch die Neigung von Probanden entsteht, sich in einem günstigen Licht erscheinen zu lassen.

best of company/best of industry *(Grundlage für Benchmarking-Prozesse)* die besten Einheiten des Unternehmens/die Besten der Branche

best practice 1. beste Vorgehensweise, optimaler Geschäftsablauf 2. bestes Unternehmen in einer Vergleichsgruppe

best price rule Vorschrift der → Securities and Exchange Commission, derzufolge bei einem Übernahmeversuch ein Bieter allen Aktionären den gleichen Preis einräumen muss, d.h. sollte er im Verlauf der Mindestlaufzeit des → tender offer seinen Preis erhöhen, muss der diesen auch jenen Aktionären nachträglich einräumen, die sein Angebot bereits zu den ursprünglichen Konditionen akzeptierten.

Beta Der Beta-Faktor misst die Sensitivität eines Aktienkurses (eines Portefeuilles, eines Anlagefonds) bei Veränderungen des durch einen marktbreiten Index repräsentierten Gesamtmarktes. Liegt der Beta-Faktor bei 1.0, bedeutet dies, dass sich die Aktie im gleichen Umfang wie der Index verändert. Bei Aktien, die stärker als der Marktdurchschnitt steigen oder fallen, liegt das Beta über 1.0. Papiere, die die allgemeine Marktentwicklung in einem geringeren Umfang nachvollziehen, verfügen über ein Beta von unter 1.0, d.h. sie halten sich in einer Baisse besser, bringen aber in der Hausse weniger.

beta tests Produkttests im Markt

better business bureau US-Verbraucherschutzorganisation ☐ Diese auf lokaler Ebene tätigen Organisationen werden überwiegend durch Industrie und Handel finanziert, verstehen sich aber als Selbstüberwachungsorgane der angeschlossenen Unternehmen.

betterment Wertzuwachs, Wertsteigerung (z.B. von Grundbesitz), → betterments

betterment levy (tax) Wertzuwachssteuer

betterments 1. wertsteigernde (Bau-)Maßnahmen 2. *(in der Bilanz)* Um- und Ausbauten, *(in der Gewinn- und Verlustrechnung)* Aufwendungen für Um- und Ausbauten

better mouse trap irreführende Annahme, dass ein technologisch überlegenes Produkt zwangsläufig einen Marktvorteil bringt.

BFP → bona fide purchase/purchaser for value

B.G. → bonded goods

BI → business intelligence

bias 1. Parteilichkeit 2. systematischer Antwortfehler, Verzerrung ☐ Fehler im Antwortverhalten von Testpersonen, die aus der bewussten oder unbewussten Beeinflussung des Befragten resultieren (z.B. durch Verhaltensweisen des Interviewers, Kenntnis des Auftraggebers), → biased response

biased question falsch formulierte Frage ☐

biased response Frage, deren Formulierung das Anwortverhalten des Probanden beeinflusst.

biased response voreingenommenes (verzerrtes) Antwortverhalten, → interviewer bias, → order bias, → Yes bias, → No bias

biased sample fehlerhafte (nicht repräsentative) Stichprobe, → bias, → biased response

bid bond Bietungsgarantie, Ausschreibungsgarantie □ Der Garantiegeber, z.b. ein Kreditinstitut, übernimmt die Gewähr, dass das an einer Ausschreibung partizipierende Unternehmen nicht zu einem späteren Zeitpunkt von seinem Angebot zurücktritt. Kommt es dennoch zu einem Rücktritt, muss das Kreditinstitut die ausschreibende Stelle für alle nachteiligen Folgen entschädigen.

bi-directional bar code bidirektionaler Barcode, vor- und rückwärts lesbarer Barcode, → bar code

bid/quote process → reverse auction

bid-to-cover ratio *(bei Auktionen von Geldmarktinstrumenten)* Verhältnis zwischen erhaltenen und akzeptierten Geboten

BIF → Bank Insurance Fund

bifurcated trials in zwei Abschnitte getrenntes Verfahren, → bifurcation

bifurcation separater Ansatz, i.e.S. Verfahrensaufteilung □ z.B. bei einer Produkthaftungsklage wird zuerst über die Haftung des Herstellers und in einem anschließenden Verfahren über die Höhe des Schadenersatzes befunden.

big bath bewusste Minderung des Gewinnausweises, um im nächsten Geschäftsjahr ein umso höheres Ergebnis erzielen zu können.

big bath accounting Verrechnung von Verlusten aus Restrukturierungsmaßnahmen als außerordentlicher Aufwand

big ticket orders Großaufträge, großvolumige Aufträge

big ticket transactions Transaktionen mit großen Vertragsvolumina

bilateral collateralisation agreement bilaterale Sicherungsvereinbarung □ Sicherungsvereinbarung, bei der beide Kontrahenten eine Sicherheit in Höhe ihrer jeweiligen Verpflichtungen erbringen (z.B. bei einem Swap-Kontrakt).

bilateral operations bilaterale Geschäfte □ Transaktionen zwischen dem Europäischen Zentralbanksystem und Kreditinstituten unter Ausschluss des Tenderverfahrens, → tender procedure

bill and hold agreement Vereinbarung, der zufolge erworbene Produkte vorläufig im Lager des Verkäufers verbleiben, dem Käufer jedoch in Rechnung gestellt werden.

billboard advertising Anschlagwerbung

billing cycle Fakturierungszyklus □ Abstand, in dem ein Lieferant seinen Kunden die gelieferten Waren in Rechnung stellt.

billing insert der einer Rechnung beiliegende Prospekt

billings 1. Werbeagenturumsatz □ Höhe des von einer Werbeagentur betreuten Werbevolumens 2. fakturierte Beträge

billing system rechnergestütztes Abrechnungssystem

billion Milliarde (die deutsche Billion entspricht im Englischen einer trillion)

bill of costs Gebührenrechnung, Kostenrechnung, Honorarrechnung, i.e.S. Prozesskostenrechnung

bill of foreclosure Antrag auf Einleitung des Zwangsversteigerungsverfahrens, → foreclosure sale

bill of lading guarantee Konnossementsgarantie □ liegen nach Ankunft der Waren am Bestimmungsort die zu ihrer Freigabe erforderlichen Dokumente nicht vor, garantiert eine Bank mit ihrer Konnossementsgarantie, dass der Abholer der Waren der rechtmäßige Empfänger ist.

bill of materials Stückliste

bill of particulars Klageschrift

bill of quantities → bill of materials

bill of sale Kaufvertragsurkunde, i.w.S. jede Eigentumsübertragungsurkunde, → absolute/→ conditional bill of sale

bill service provider Dienstleister, der für

Unternehmen die Rechnungsabwicklung übernimmt. → electronic bill presentment and payment

bill-to-bill terms Zahlungsbedingungen, bei denen der Rechnungsbetrag der jeweils letzten Lieferung bei der folgenden Lieferung zur Zahlung fällig wird.

BIMBO Kombination aus → MBI und → MBO ☐ gemeinsame Übernahme eines Unternehmens durch externe Manager/Investoren und das bisherige Management

bimetallism Bimetallismus, Doppelwährung

bimodal distribution bimodale Verteilung ☐ Verteilung mit einer zweigipfligen Häufigkeitskurve

binder 1. verbindliche Erklärung 2. vorläufige Deckungszusage (Versicherungspolice), i.d.R. in Verbindung mit einer Prämienanzahlung 3. Quittung über den Erhalt einer Anzahlung, durch die eine (Immobilien-)Kauf- bzw. Verkaufsverpflichtung begründet wird.

binding authority 1. Abschlussvollmacht 2. Vollmacht zur Abgabe von Deckungszusagen 3. formelle Bindungswirkung

binding character of an order Rechtskraft eines Beschlusses

binding clause 1. Haftungsklausel, Obligoklausel ☐ Klausel, in der der Haftungsumfang einer Vertragspartei (eines Versicherten) festgelegt wird. 2. Klausel hinsichtlich der Rechtsverbindlichkeit

binding offer (quotation) verbindliches Angebot, Festpreisangebot

binding precedent verbindlicher Präzedenzfall ☐ Entscheidung einer höheren Instanz, die von nachgeordneten Gerichten zu beachten ist.

binding receipt (slip) → binder (1)

bipolar adjectives zwei gegensätzliche Adjektive, die die gegensätzlichen Pole einer Antwortskala darstellen.

bipolar scale bipolare Skala ☐ Antwortskala mit zwei Endpunkten (positive und negative Extremwerte) und einem die Idealsituation repräsentierenden Mittelpunkt.

bivariate analysis bivariate Analyse ☐ untersucht die Zusammenhänge zwischen zwei Variablen

bivariate techniques bivariate Techniken ☐ statistische Verfahren zur Analyse der Beziehungen zwischen zwei Variablen

blackbox nicht erkennbare Bewusstseinsvorgänge eines Entscheidungsprozesses (z.B. Überlegungen, Einstellungen, Motivationen eines Käufers)

black knight Investor, der die Übernahme eines Unternehmens durch ein überfallartiges Übernahmeangebot an die Aktionäre zu erreichen versucht. Handelt i.d.R. ohne die Zustimmung des Managements des Zielunternehmens.

blank acceptance Blankoakzept ☐ Wechsel, der vor Eintragung der wesentlichen Bestandteile (z.B. des Betrages) akzeptiert wurde.

blank check company Gesellschaft mit einem unbestimmten Geschäftszweck

blank check preferred stock Blanko-Vorzugsaktien ☐ zur Ausgabe genehmigte Vorzugsaktien, deren individuelle Ausstattung (Stimm-/Dividendenrechte) zu einem späteren Zeitpunkt durch den Board festgelegt wird. Aktien dieser Art werden häufig zur Abwehr von Firmenübernahmen emittiert, da sie i.d.R. nach dem Ermessen des Board zurückgekauft werden können. → defensive measures

blanket agreement (contract) Rahmen-/Standardvertrag (einer Werbeagentur/eines Verlages)

blanket appropriations (authorisations) Pauschalbewilligungen

blanket bond Vertrauensschadenversicherung ☐ schützt gegen Untreue der im Versicherungsschein benannten Vertrauenspersonen (oder Personengruppe).

blanket brand Marken-Familienname ☐ gemeinsamer Name, unter dem die Marken eines Herstellers angeboten werden.

blanket cover (coverage) 1. Pauschaldeckung 2. *(in der Werbung)* vollständige Abdeckung einer Zielgruppe

blanket fidelity bond → blanket bond

blanket insurance Generalpolice, Pauschalversicherung
blanket inventory lien generelles Sicherungspfandrecht □ z.B. im Hinblick auf die gesamten Warenvorräte einer Unternehmung
blanket lease Rahmenleasingvertrag, → leasing
blanket limit Deckungsobergrenze, Haftungsobergrenze
blanket mortgage loan durch zwei oder mehrere Grundstücke gesichertes Hypothekendarlehen, i.e.S. Hypothekendarlehen für den Erwerb einer größeren Liegenschaft, die nach Erschließung in kleine Parzellen aufgeteilt und verkauft wird.
blanket policy → blanket insurance
blanket position bond → blanket bond
blanket rate 1. Pauschalprämie 2. Pauschalfracht, distanzunabhängige Frachtrate
blanket retrocession Weiterrückversicherung des gesamten Versicherungsportefeuilles durch einen Rückversicherer
blanket waybill Sammelfrachtbrief
blank stock Aktien, deren Gattung in der Satzung einer Gesellschaft nicht festgelegt wurde.
blended agent Mitarbeiter in einem → call center, der sowohl eingehende als auch ausgehende Gespräche bearbeitet. → agent
blended cover Rückversicherungsdeckung, die auf Elementen der traditionellen und der alternativen Rückversicherung basiert. → traditional, → non-traditional reinsurance
blended payment kombinierte Zins- und Tilgungszahlung
blended rate Mischzinssatz
blind advertisement Anzeige, aus der die Identität des Inserenten nicht hervorgeht.
blind broking → matched principal transactions
blind pool 1. → blind pool partnership 2. Pool-Investment, bei dem die von den Anlegern bereitgestellten Gelder in Immobilien oder Unternehmensbeteiligungen investiert werden, die einzelnen Objekte den Anlegern aber nicht bekannt sind.
blind pool partnership Kommanditgesellschaft, bei der die limited partners in eine vom General Partner ausgewählte, vorher nicht spezifizierte Gruppe von Immobilien investieren. → limited partnership
blind product test (use test) Blindtest □ Produkttest, ohne dass die Versuchsperson den Markennamen kennt.
blind selling Verkauf von Waren ohne Rückgaberecht des Käufers
blind trust Trust (Stiftung mit treuhandschaftlichem Charakter), bei dem sich der Treugeber ein Aufhebungsrecht vorbehält, ansonsten aber keinen Einfluss auf die Verwaltung nimmt (i.d.R. ein zur Vermeidung von Interessenkonflikten eingerichtetes Treuhandverhältnis)
blind warehousing Blindeinlagerung, Einlagerung von Waren ohne genaue Identifikation
B-list of contributories Verzeichnis der nicht nachschusspflichtigen Gesellschafter
B-loan B-Kredit □ Co-Finanzierungsform, bei der sich die Weltbank an einem von einer Geschäftsbank bereitgestellten Kredit beteiligt und gegebenenfalls ein eigenes Darlehen zur Verfügung stellt.
block 1. Aktienpaket 2. Werbeblock
block coverage Allgefahrendeckung
blocked currency nicht konvertierbare Währung
block floating Gruppenfloating, Blockfloating □ gemeinsames Floaten mehrerer Währungen gegenüber dem Dollar
block offer 1. Paketangebot, Angebot eines größeren Aktienpaketes 2. Ausgabe von Fondsanteilen, die nicht kontinuierlich auf der Grundlage von Angebot und Nachfrage erfolgt, sondern nur zu bestimmten Zeitpunkten und in einer im Voraus festgelegten Höhe.
block sampling Blockstichprobenverfahren
block stacking Blockstapelung

block voting Gruppenabstimmungsverhalten
BLOT build-lease-operate-transfer, → build-own-operate-transfer
BLT → branch level interest tax
blue list 1. Verzeichnis der zum Verkauf angebotenen Wertpapiere der US-Bundesstaaten und der Kommunen 2. → Lloyd's shipping index
BMI → buyer managed inventory
BMS → business management system
BNE → bottleneck engineering
board classification Staffelung der Verwaltungsratsmandate, → staggered board
Board of Directors Verwaltungsrat ☐ Im Gegensatz zum deutschen Recht ist im angloamerikanischen Rechtskreis der Unterschied zwischen Vorstand und Aufsichtsrat nicht bekannt. An der Spitze der Unternehmung steht der Board of Directors, der sich aus den geschäftsführenden Verwaltungsratsmitgliedern (executive directors/inside directors) und den nicht hauptberuflich in dem Unternehmen tätigen Verwaltungsratsmitgliedern (non-executive directors/outside directors) zusammensetzt. Die letztgenannten sind in etwa den Aufsichtsratsmitgliedern nach deutschem Recht vergleichbar. Dem Board of Directors obliegt die Feststellung der Geschäftspolitik, die Organisation der Unternehmensleitung und die Vertretung der Gesellschaft.
Board of Governors of the Federal Reserve System Direktorium des → Federal Reserve System
board of managers Verwaltungsrat oder Vorstand einer US-Sparkasse
board of trustees 1. Stiftungsrat, Treuhänderdirektorium 2. → board of managers
board receipt Bordbescheinigung, Bescheinigung über die an Bord genommene Ware
board system Unternehmensverfassung, bei der Unternehmensleitung und Aufsicht in einem Gremium, dem → Board of Directors, vereinigt wird.

BOD build-own-deliver, → build-own-operate-transfer
bodily injury coverage/liability Deckung von/Haftung für Personenschäden
body copy Textteil einer Anzeige, zentrale Werbeaussage
body corporate juristische Person, Körperschaft, Fließtext
boiler plate Standardvertragsbedingungen
BOL build-operate-lease, → build-own-operate-transfer
BOM → bill of materials
bona fide debt aus einem rechtswirksamen Schuldverhältnis resultierende Zahlungsverpflichtung
bona fide holder gutgläubiger Inhaber
bona fide intention to use ernsthafte Nutzungsabsicht
bona fide purchase gutgläubiger Erwerb
bona fide purchaser for value gutgläubiger Käufer, der den geforderten Kaufpreis entrichtet hat.
bona fide selling price realistischerweise erzielbarer (voraussichtlicher) Verkaufspreis
bona vacantia *(unclaimed property)* herrenlose Güter
bonded goods Zolllagergut, Güter unter Zollverschluss
bonded store Zolllager
bonded warehouse Freilager, Warenlager unter Zollverschluss
bonding 1. Bindung eines Kunden an einen Hersteller/eine Marke 2. Übernahme einer Bürgschaft/Kaution
bonding company Kautionsversicherungsgesellschaft
bonding requirements Zollverschlussvorschriften
bondsman Kautionsbürge, Kautionssteller
bonus adjustment Schadenfreiheitsrabatt, Beitragssenkung aufgrund einer günstigen Schadenentwicklung
bonus certificate Bescheinigung über gezahlte Versichertendividenden
bonus checks Gratifikationszahlungen an Mitarbeiter

bonus shares Gratisaktien, Berichtigungsaktien, Zusatzaktien □ Aktien, die aus einer Kapitalerhöhung (Umwandlung von Rücklagen in Grundkapital) resultieren.
bonus size pack preisgünstige Großpackung
BOO build-own-operate, → build-own-operate-transfer
book cash bilanzierter Kassenbestand
book debts policy Variante einer Forderungsausfallversicherung □ werden Firmenunterlagen durch Feuer oder ein ähnliches Ereignis zerstört, ersetzt die Versicherung den Verlust, der sich aus nicht mehr einziehbaren Forderungen ergibt.
book depreciation buchmäßige Abschreibung
book entry system buchmäßige (stückelose) Übertragung von Wertpapieren/Vermögenswerten
book inventory Buchbestand
book money Buchgeld, Giralgeld
book/tax basis difference Unterschied zwischen den in der Handelsbilanz und den in der Steuerbilanz ausgewiesenen Werten
book-to-bill ratio Verhältnis von Auftragseingängen zu fakturierten Lieferungen □ eine Kennzahl unter 1.0 weist auf einen schleppenden, über 1.0 auf einen regen Auftragseingang hin.
book value method of consolidation Buchwertmethode der Kapitalkonsolidierung
book yield Buchrendite □ auf der Grundlage des Buchwertes und nicht des Kurswertes errechnete Umlaufrendite.
BOOST build-own-operate-subsidise-transfer, → build-own-operate-transfer
boot 1. Ausgleichszahlung (zusätzliche Zahlung zum Wertausgleich) bei einem Tausch von Vermögenswerten oder bei einem Aktientausch nach einer Fusion/Übernahme 2. Unternehmensvermögenswerte, die ein Gesellschafter neben den Gesellschaftsanteilen für seine Einlage erhält 3. Stammaktien, die im Zusammenhang mit einer Anleiheemission als Bonus zugeteilt werden.

BOOT scheme → build-own-operate-transfer
bootstrap Aufbau eines Unternehmens mit einem Minimum an Fremdkapital, i.e.S. Unternehmensübernahme, bei der der Übernehmende den Kauf teilweise mit den liquiden Vermögenswerten des Zielunternehmens finanziert.
BOP → businessowners policy
borrower fallout Rückzug eines Kreditnehmers von einem geplanten Projekt kurz vor dem → closing
borrowing costs Fremdkapitalkosten
BOT build-own-transfer, → build-own-operate-transfer
both dates inclusive einschließlich Tag des Vertragsbeginns und der Vertragsbeendigung
bottleneck engineering Verfahren zur Umsetzung von Kundenanforderungen in Entwicklungsziele
bottom line 1. Endergebnis, Saldo 2. Nettogewinn, Gewinn nach Steuern 3. Preisuntergrenze 4. Grundaussage eines Werbe-Spots
bottom ratio → back ratio
bottom up Entscheidungsfindung von unten nach oben, Ideenentwicklung durch die Mitarbeiter
bottom-up approach to planning Planung von unten nach oben, Entwicklung und Weitergabe von Plandaten von unten nach oben □ Planung, die auf den unteren Hierarchiestufen beginnt und von den jeweils nachfolgenden Stufen nach entsprechender Bearbeitung bis zur ersten Führungsebene zur endgültigen Genehmigung durchgeleitet wird. → top-down approach to planning
bottom-up approach to sales promotion Verkaufsförderung, die sich an den aktuellen Markt- bzw. Standortbedingungen und weniger an geschäftspolitischen Zielen orientiert. → top-down approach to sales promotion
bottom-up cost estimating *(in der Projektplanung)* Kostenschätzung für jede einzel-

ne im Projektstrukturplan aufgelistete Aktivität; die Einzelschätzungen werden anschließend zu einer Schätzung der Gesamtprojektkosten zusammengefasst.

bottom-up equity portfolio management an Einzeltiteln orientiertes Management eines Aktienportefeuilles oder eines Aktienfonds, → bottom-up investment strategy

bottom-up investment strategy Anlagestrategie, bei der Performance und Wachstumspotential von Einzelunternehmen und weniger Branchen bzw. allgemeine Markttrends die Anlageentscheidungen bestimmen.

bottom-up planning process dezentralisierter und partizipativer Planungsprozess, → bottom-up approach to planning

bottom-up strategy Bestimmung der strategischen Ziele von Einzelbereichen, auf deren Grundlage dann die Gesamtstrategie des Unternehmens festgelegt wird.

bought deal 1. Emissionsverfahren, bei dem eine Bank (die spätere Konsortialführerin) dem Emittenten ein festes Angebot für die Übernahme der Emission unterbreitet. Erst nach Annahme des Angebotes wird ein Konsortium gebildet. 2. Firmenübernahme durch direkte Verhandlungen zwischen Investor und Verkäufer ohne Vorabeinbindung des Managements.

bought-out parts für den Produktionsprozess erworbene Fremdmaterialien

boundary spanning Einsetzung bereichsübergreifender Mitarbeiterteams für bestimmte Produktentwicklungsprojekte oder Geschäftsprozesse

boutique Nischenfirma, Nischenanbieter

boutique union Betriebsgewerkschaft

box arbitrage Arbitragegeschäft, das auf dem gleichzeitigen Kauf und Verkauf verwandter Terminkontrakte mit unterschiedlichen Kursen basiert.

box pallet Boxpalette

box rate Containerfracht

BPI → business process improvement

BPM → business performance management

BPO → business process outsourcing

BPR → business process reengineering

B products → ABC analysis

BPT → branch profits tax

BRA → Bankruptcy Reform Act

bracket (Steuer-)Gruppe, Klasse, *(in Verbindung mit Emissionen)* Gruppen, in die die Konsortialbanken je nach Marktstellung bzw. Umfang der übernommenen Quoten oder Aufgaben eingeteilt werden (special, major, sub-major, junior, minor bracket).

bracket creep inflationsbedingtes Vorrücken in eine höhere Steuergruppe

Brady bonds von Schwellenländern (vorwiegend lateinamerikanischen Staaten) emittierte Staatsanleihen, deren Bedienung durch die von den Schuldnerländern erworbenen US-Staatspapiere garantiert wird; benannt nach dem früheren US-Finanzminister Brady, der diese Finanzierungsform (Umwandlung notleidender Kredite in Anleihen) in den achtziger Jahren zur Überwindung der internationalen Schuldenkrise entwickelte.

branch *(i.S. der US-Steuergesetzgebung)* US-Betriebsstätte einer ausländischen Kapitalgesellschaft, die jedoch keine US-Rechtsform angenommen hat.

branching out 1. Eröffnung von Niederlassungen 2. Diversifikation, Ausdehnung in andere Marktbereiche

branching question *(in der Marktforschung)* Frage, die den Fragesteller/Befragten zu einer weiteren Frage führt.

branch level interest tax Zinssteuer, die auf Zins- und Dividendenzahlungen einer US-Betriebsstätte an ihre ausländische Mutter zu entrichten ist.

branch level tax regulations Bestimmungen des US Tax Reform Act, denen zufolge neben der regulären Ertragsbesteuerung einer US-Betriebsstätte, eine → branch level interest tax oder eine → branch profits tax durch die ausländische Muttergesellschaft zu entrichten ist.

branch office → branch
branch profits tax Betriebsstättengewinnsteuer □ Steuer, die eine ausländische Kapitalgesellschaft auf die Gewinne ihrer Betriebsstätte in den Vereinigten Staaten entrichten muss. (Grundlage für die Bemessung dieser 30%igen Steuer bildet der → dividend equivalent amount)
branch warehouse → distribution centre
brand acceptance test Markenakzeptanztest, Test zur Ermittlung der Stärken und Schwächen einer Marke
brand advertising Markenartikelwerbung
brand associations Markenassoziationen □ Verknüpfung bestimmter Vorstellungsinhalte mit einer Marke
brand assortment Markensortiment
brand attributes Markeneigenschaften
brand attrition Nachlassen der Markenloyalität, Verblassen einer Marke
brand awareness Markenbekanntheit, Markenbewusstsein
brand barometer Brand-Barometer, Markenbarometer
brand bonding Markenbindung
brand building Markenkreation, Markenaufbau, Markenbildung
brand choice Markenwahl
brand competence Kompetenzbereich einer Marke
brand conditioning Marketing-Aktivitäten zur Festigung des Markenimage
brand consciousness Markenbewusstsein, Präferenz im Kaufverhalten für Markennamen
brand core values Markenkern, die wesentlichen Merkmale einer Marke
brand coverage Markenreichweite, geographische Reichweite einer Marke (regionaler, nationaler oder internationaler Markt)
brand design Markendesign, physische Erscheinungsform einer Marke
brand determinants Determinanten des Markenwertes, → brand equity
brand differentiation Markendifferenzierung □ Ausstattung einer Marke mit Präsentations- und/oder Qualitätsmerkmalen, durch die sie sich von Konkurrenzmarken abheben kann.
brand dilution Markenverwässerung, Schwächung des Markenimage durch eine zu umfassende (produktlinienübergreifende) Markenausdehnung
brand dimension Markendimension, Markenkomponente
brand drivers (immaterielle) Markenwerte
branded goods Markenartikel, Markenware, Markenprodukte
branded product range Markenartikelsortiment
brand endorsement Unterstützung einer Zweit- oder Drittmarke durch die Hauptmarke
brand equity Markenwert, Kapitalwert einer Marke
brand equity measurement Messung des Markenwertes
brand equity value → brand equity
brand extension Markenausdehnung, Markenerweiterung, Markenexpansion, Ausdehnung des Markennamens durch den Hersteller auf andere Produkte
brand family Markenfamilie □ Erzeugnisse (Produktgruppe), die vom Hersteller unter einem einheitlichen Namen angeboten werden (wird).
brand harmonization Markenharmonisierung, grenzüberschreitende Harmonisierung (Angleichung) der Markenidentität
brand identity Markenidentität, Erscheinungsbild einer Marke in der Öffentlichkeit □ (a) Übereinstimmung der Werbung mit den Inhalten und Ideen einer Marke (b) Merkmale, mit denen sich eine Marke von Konkurrenzmarken unterscheidet.
brand identity equities Wert der verschiedenen Komponenten der Markenidentität für den Markeninhaber
brand image Brand-Image, Markenbild, Markenprofil □ Wert und Bedeutung, die Verbraucher mit einer Marke verbinden.
branding 1. Markenkreation, Etablierung eines Markennamens, i.w.S. Markenfüh-

rung 2. Einprägung einer Marke bei den Verbrauchern 3. Markenschriftzug, Markenbildzeichen
brand leader Markenführer
brand life cycle → product life cycle
brand loyalty Markentreue, Markenverbundenheit, Festhalten der Verbraucher an einer Marke
brand management Brand-Management, Markenmanagement, Markenführung □ alle Maßnahmen zur Profilierung und Positionierung einer Marke am Markt, einschließlich Markeneinführung, Markenpflege, Steigerung des Markenwertes, Streichung von Marken aus dem Produktprogramm
brand manager → product manager
brand mark Markenkennzeichen □ nicht verbal ausdrückbare Kennzeichen (Symbole, Farbgestaltung), → brand name
brand name Markenname □ verbal ausdrückbare Markenkennzeichen (Wörter, Buchstaben)
brand name assets Markenwertdeterminanten □ Markenbekanntheit, -treue, -verbreitung, -zufriedenheit
brand owner Markeneigentümer, Markenhalter
brand parity Markenparität, Markengleichheit, Austauschbarkeit von Marken, vom Verbraucher als gleich empfundene Marken
brand perception Markenwahrnehmung, Markenbewusstsein
brand performance Markenerfolg, Markenbilanz
brand piracy Markenpiraterie
brand plan markenbezogener Marketingplan
brand positioning Markenpositionierung, Positionierung einer Marke am Markt/gegenüber Konkurrenzunternehmen, Ausstattung einer Marke mit einer eindeutigen Identität
brand potential Entwicklungspotential einer Marke
brand profile Markenprofil, → brand image

brand proliferation Markenproliferation, Verbreitung einer Marke
brand properties Markeneigenschaften
brand rating Markenrating, Bewertung der Markenqualität
brand recall Markenerinnerung
brand recognition Wiedererkennung einer Marke
brand reinforcement Festigung des Marktanteils einer Marke
brand relaunch Wiederbelebung einer verblassenden Marke, z.B. durch ein neues Design/neue Verpackung, verbunden mit entsprechenden Promotion-Kampagnen
brand resource management Marken-Ressourcenmanagement □ Steuerung der Aktivitäten aller Bereiche, die an einem Markenentwicklungsprozess beteiligt sind (Design, Verpackung, Werbung, Marketing)
brand share Marktanteil einer Marke
brand spin-off Marken-Spinoff, Einführung einer Untermarke (zu einem etablierten Markennamen)
brand sponsor Markeneigentümer
brand strategy Markenstrategie, wirkungsvolle Präsentation einer Marke
brand strength Markenstärke, Marktposition und Erfolgsfaktor einer Marke
brand stretching Markenausdehnung, Markentransfer
brand switcher Markenwechsler □ Person ohne bestimmte Markenpräferenz
brand switching Markenwechsel
brand transfer Markentransfer, Übertragung eines Markennamens auf Produkte aus einer anderen Produktgruppe
brand valuation Markenbewertung, Ermittlung des Markenwertes
brand valuation model Markenbewertungsmodell, Analyse der Marktposition einer Marke
breach of contract damages Schadenersatz wegen Vertragsbruch
breach of contractual warranty Nichteinhaltung der zugesicherten Produkteigenschaften

breach of covenant Bruch einer Vertragsklausel
breach of duty of loyalty Verstoß gegen die Loyalitätspflicht, i.w.S. Verstoß gegen das Aktionärsinteresse
breach of duty to use reasonable care Verletzung der Sorgfaltspflicht
breach of secrecy Verletzung der Geheimhaltungspflicht, Geheimnisbruch
breach of trust i.e.S. Verletzung der Treuhänderpflichten, i.w.S. Vertrauensbruch
breach of warranty 1. Gewährleistungsbruch 2. Verletzung der Obliegenheiten des Versicherungsnehmers
breakage 1. Bruchschäden 2. Nachlass des Herstellers für Bruchschäden während des Transportvorganges 3. überschießende Beträge, Pence-/Centsbeträge
break bulk cargo Stückgut, nicht containerisierbare Ware (Transport von unverpackten Maschinen, Kisten, Fahrzeugen, etc.), Breakbulk-Ladung
break bulk vessel Stückgutfrachter
break clause (Vertrags-)Kündigungsklausel
breakdown of charges Kostenaufschlüsselung, Kostengliederung
breakdown structure (Projekt-)Strukturplan
breakdown time störungsbedingte Leerzeiten
break-even analysis Nutzschwellenanalyse, Gewinnschwellenanalyse, Deckungspunktanalyse □ Instrument der Gewinnplanung und Kostenkontrolle
break-even chart Break-even-Diagramm □ graphische Darstellung von Kosten, Erlösen, Gewinn und Leistungsmenge
break-even time Zeitraum bis zur Erreichung des Deckungspunktes
break-forward contract Devisentermingeschäft, das vom Kunden zu einem vorher festgelegten Zeitpunkt aufgelöst werden kann, d.h. der Kunde ist im Fall der Auflösung berechtigt, den Währungsbetrag per Kasse zu kaufen oder zu verkaufen. □ Bei einem break-forward contract handelt es sich somit um eine Kombination aus Devisentermingeschäft und Devisenoption.
break-funding costs Gesamtkosten für die vorzeitige Ablösung einer Finanzierung
breaking a syndicate Auflösung eines Konsortiums □ d.h. nach dem »Brechen des Konsortiums« sind die Beteiligten frei in ihrer Preisgestaltung und verbliebene Bestände können von den Konsorten auflagenfrei veräußert werden.
breaking bulk Löschbeginn des Schiffes, i.e.S. Aufteilung einer Sammelladung und Auslieferung der Waren
breaking-in period Anlaufzeit
break point *(im Container-Transport)* Ein- bzw. Ausladestelle
break-up sale Unternehmensliquidation
break-up value per share Liquidationswert je Aktie □ Summe der Vermögenswerte einer Gesellschaft geteilt durch die Anzahl der ausgegebenen Aktien.
brick and mortar 1. traditionelle Handelsunternehmen □ im Gegensatz zu reinen business-to-business Internet-Firmen, i.w.S. Unternehmen der Old Economy 2. traditionelle Geschäfte in Abgrenzung zu virtuellen Transaktionen
bridge financing 1. Überbrückungsfinanzierung, Zwischenfinanzierungsmittel, Gewährung eines kurzfristigen Darlehens bis zur Bereitstellung langfristiger Finanzierungsmittel bzw. bis zum Eingang einer erwarteten Geldsumme, → bridger 2. Bereitstellung finanzieller Mittel zur Vorbereitung eines Börsenganges, d.h. Finanzierung aller Maßnahmen, die im Hinblick auf eine bevorstehende Aktieneinführung erforderlich sind (z.B. Verbesserung der Finanzstruktur/der Eigenkapitalquote) 3. von Venture-Capital-Gesellschaften angebotene Zwischenfinanzierung zur Umsetzung von Geschäftsstrategien
bridger 1. Überbrückungskredit, Zwischenkredit, → bridge financing 2. In Großbritannien werden unter bridgers vor allem Zwischenkredite in Verbindung mit dem gleichzeitigen Kauf und Verkauf eines

Hauses verstanden, d.h. die Bevorschussung der Kaufpreissumme bzw. einer entsprechenden Anzahlung bis zum Eingang des Erlöses aus dem Verkauf. Unterschieden wird zwischen closed bridgers und open-ended bridgers. Die erstgenannten Fazilitäten werden für einen relativ kurzen Zeitraum gewährt, da der Zeitpunkt des Eingangs des Verkaufserlöses bekannt ist. Bei open-ended bridgers hingegen wird die Fazilität für einen zunächst unbestimmten Zeitraum hinausgelegt, da noch kein Käufer für das zu verkaufende Objekt gefunden wurde.

brief 1. schriftliche Beauftragung 2. Schriftsatz eines Anwalts

briefing 1. Briefing, Einsatzbesprechung □ Einweisung einer Werbeagentur durch den Kunden hinsichtlich der sachlichen Aufgabenstellung der von ihm in Auftrag gegebenen Werbekampagne, einschließlich Informationen zu Geschichte und aktueller Marktpositionierung der zu bewerbenden Produkte 2. Verpflichtung eines Anwalts

broad assortment breites Sortiment, → assortment width

broad captive konzerneigene Versicherungsgesellschaft, die sowohl die Risiken der Muttergesellschaft als auch die Risiken branchenfremder Dritter versichert.

broadcast time period (für Werbezwecke buchbare) Sendezeit

broad coverage umfassende Deckung

broad form insurance Vielgefahrenversicherung

broad form property damage endorsement Anhang zu einer Haftpflicht-/Sachversicherung, durch den die Versicherungsdeckung auf Vermögenswerte ausgeweitet wird, die der Versicherungsnehmer für Dritte verwahrt.

broken stowage Stauverlust, Raumverlust durch Staulücken

broker/brokerage firm (house) 1. Wertpapierhändler, Wertpapierhandelsfirma, Broker □ Neben ihrem traditionellen Geschäft, der Ausführung von Wertpapieraufträgen für Dritte, stehen Broker ihren Kunden mit Krediten und einer breiten Palette ergänzender Dienstleistungen zur Verfügung. Zu den letztgenannten zählen: Erstellung von aktuellen Marktberichten, Unternehmens- und Branchenanalysen, Ausarbeitung von Kauf- oder Verkaufsempfehlungen, Entgegennahme von Aufträgen zum Kauf oder Verkauf von Termin- oder Optionskontrakten, Führung von Geld-, Depot- und Terminkonten. Große US Broker-Häuser sind ferner im Emissionsgeschäft tätig, sodass sie eher den Investment Banks zuzuordnen sind.

brother-sister controlled group □ Unternehmenskonstellation, bei der mindestens 80% des Aktienkapitals von zwei oder mehr Gesellschaften durch den gleichen Personenkreis gehalten werden.

BRT build-rent-transfer, → build-own-operate-transfer

B/S → bunker surcharge, → bill of sale

BSC → balanced scorecard, → Building Societies Commission

BSP → bill service provider

b.t. → berth terms

b-t-b → book-to-bill ratio

BTO → build-to-order

B-type reorganization *(i.S. des US-Steuerrechts)* Unternehmensübernahme auf der Grundlage eines steuerfreien Aktientausches □ bei dieser auch als stock-for-stock reorganization bezeichneten Übernahme erwirbt die übernehmende Gesellschaft die Anteile/Aktien der Zielgesellschaft im Tausch gegen eigene Anteile. Die Zielgesellschaft wird eine Tochter der übernehmenden Gesellschaft.

budget 1. *(in der betrieblichen Planung)* Budget, Plan, → budgeting 2. (Staats-) Haushalt, Etat, Haushaltsplan

budget accounting 1. Budgetrechnung, betriebliche Planungsrechnung, Vorschaurechnung, → budgeting 2. Haushaltsrechnung

budget adjustment Planrevision, Berichti-

budget administration 60

gung der Planungsrechnung, Budgetberichtigung
budget administration 1. Budgetverwaltung, → budgetary control 2. Haushaltsgebaren, Haushaltsführung
budget allocation Budget-Allokation, Verteilung des Budgets (z.b. auf Produkte und Marktsegmente)
budget appropriation Bewilligung von Haushaltsmitteln
budget approval 1. Budgetgenehmigung, Plangenehmigung 2. Annahme (Verabschiedung) des Haushalts
budgetary accounting → budget accounting
budgetary control 1. Budgetkontrolle, Plankontrolle, Planungskontrolle, Feststellung von Planabweichungen 2. Haushaltskontrolle
budgetary slack Budgetpolsterung durch zu hoch angesetzte Ausgaben und zu niedrig angesetzte Einnahmen
budget centre budgetierende Stelle, Stelle (Bereich) mit finanzieller Eigenverantwortlichkeit
budget collar Ober- und Untergrenzen eines Budgets
budget committee 1. Budgetausschuss, Planungsrechnungsausschuss □ zuständig für die Ausarbeitung und Kontrolle der betrieblichen Planungsrechnung 2. Haushaltsausschuss
budget cost allowance budgetierter Kostenaufwand
budget cost of work performed Budgetwert der erbrachten Leistung
budget cost of work scheduled Budgetwert der geplanten Leistung
budget cycle Budgetkreislauf, Haushaltskreislauf
budget economies Haushaltseinsparungen
budgeted balance sheet Planbilanz, budgetierte Bilanz
budgeted cost (expenditure) Plankosten, Kostenvorgabe, budgetierte (veranschlagte) Kosten
budgeted figures Planzahlen, Plandaten, Planwerte, Vorgabewerte
budgeted income statement → budgeted profit statement
budgeted order intake Auftragseingangsvorgabe
budgeted overhead Plan-Gemeinkosten
budgeted proceeds Planerlöse, veranschlagte Erlöse
budgeted production geplante Produktion, Produktionsvorgabe
budgeted profit statement Planergebnisrechnung, budgetierte Erfolgsrechnung
budgeted revenue 1. Planeinnahmen, Sollertrag 2. Haushaltseinnahmen, veranschlagte Einnahmen
budgeted sales Planumsätze, Umsatzvorgabe, projizierte Umsatzzahlen
budgeted value Plangröße, budgetierter Wert
budget estimates 1. Planansätze, Budgetansätze, Ansätze in der Planungsrechnung 2. Haushaltsansätze, veranschlagte Einnahmen und Ausgaben
budget estimate sheet Plankostenrechnungsbogen
budget estimating Ermittlung der Budgetansätze
budget figures 1. Planzahlen, Plandaten, Planwerte 2. Haushaltszahlen
budget funds Haushaltsmittel, Etatmittel
budgeting 1. Budgetierung □ Der Terminus budgeting ist in der Literatur und Praxis des angloamerikanischen Sprachraums unterschiedlich weit gefasst. Entsprechend vielfältig sind die deutschen Übersetzungen. In der Regel kann jedoch davon ausgegangen werden, dass unter budgeting i.e.S. die Erstellung eines Budgets (Teilplanes) zu verstehen ist, während sich budgeting i.w.S. auf die gesamte betriebliche Planungsrechnung bezieht, d.h. Festlegung der wert- und mengenmäßigen Unternehmensziele, Erstellung von Ertrags-, Kosten- und Bilanzprojektionen 2. Erstellung des Haushaltsplanes
budgeting principles 1. Budgetierungsgrundsätze, Planungsgrundsätze 2. Haus-

haltsgrundsätze
budget management 1. Budget-Management, Steuerung und Koordinierung der betrieblichen Planungsrechnung 2. Haushaltswirtschaft der öffentlichen Hand
budget manual Budgetierungshandbuch
budget officer Mitarbeiter, der die Budgetarbeiten koordiniert.
budget overruns Planüberschreitungen, Überschreiten der Plan-/Vorgabewerte, Mehraufwand
budget period 1. Budgetperiode, Planungsperiode, Planperiode 2. Haushaltsperiode
budget review Planrevision, Berichtigung der Planungsrechnung, → budget adjustment
budget rollover Planfortschreibung
budget surplus Haushaltsüberschuss
budget system Budgetwesen, betriebliches Planungswesen
budget time-table Budgetierungszeitplan, Zeitplan für die Erstellung der verschiedenen Einzelbudgets bzw. der gesamten Planungsrechnung
budget underruns Planunterschreitungen, Unterschreiten der Plan-/Vorgabewerte
budget variances Planabweichungen
budget year 1. Budgetjahr, Planjahr 2. Haushaltsjahr
buffer 1. *(in der Liquiditätssteuerung einer Unternehmung)* (a) Liquiditätsreserven (b) nicht in Anspruch genommene Kreditfazilitäten 2. Daten-Zwischenspeicher
buffer (buffering) question Pufferfrage ☐ zwischengeschaltete, der Abstandsgewinnung dienende Frage
buffer stock Ausgleichslager zur Stabilisierung der Rohstoffpreise
buffer stock financing facility IWF-Sonderfazilität zur Finanzierung von Rohstoffausgleichslagern ☐ steht Mitgliedern zur Verfügung, die sich an bestimmten, vom IWF gebilligten Rohstoffausgleichslagern beteiligen.
builder buydown loan durch den Bauträger finanzierter → buydown
builder's estimate Baukostenvoranschlag

builder's risks insurance/coverage form Baurisikoversicherung, Haftpflichtversicherung des Bauträgers
builder warranty Gewährleistungsgarantie des Bauträgers/Bauunternehmers
building activity Bautätigkeit, Konjunktur im Bausektor
building and civil engineering Hoch- und Tiefbau
building and loan association Bausparkasse
building block approach Baukastenprinzip
building classifications Klassifikation von Büro- oder Wohnimmobilien nach Lage, Zustand und Vermietungsfläche (in absteigender Reihenfolge von A-D)
building (coverage) form Gebäudeversicherung (für gewerblich genutzte Immobilien)
building cycle → Kuznets cycle
building finance Baugelder, Baufinanzierungskredit
building lien → mechanic's lien
building material exemption Unpfändbarkeit von Baumaterialien in einem Insolvenzverfahren, wenn sie für die Fertigstellung eines Gebäudes benötigt werden.
buildings and permanent fixtures Gebäude und feste Einbauten
Building Societies Commission Selbstregulierungsorgan der britischen Bausparkassen. Nach dem zum Zeitpunkt der Drucklegung laufenden Gesetzgebungsverfahren sollen die Aufgaben der BSC in Zukunft durch die → Financial Services Authority wahrgenommen werden.
building society Bausparkasse ☐ Britische Bausparkassen unterscheiden sich von deutschen Bausparkassen in einer Reihe von Punkten. Neben den traditionellen Hypotheken- und Einlagenprogrammen offerieren building societies eine breite Palette von Finanzdienstleistungen, angefangen von der Einräumung von Überziehungskrediten und der Eröffnung von Kontokorrentkonten, Scheck- und Überweisungsverkehr über Gebäude-, Lebens-

und Kreditversicherungen bis hin zur Wertpapier- und Immobilienvermittlung. Im Gegensatz zu den deutschen Bausparkassen gewähren die building societies Kredite i.d.R. nur gegen erstrangige Sicherheiten, beschränken den Kreis der Kreditnehmer aber nicht auf ihre Anteilseigner (Bausparer). Hauptquellen der Mittelbeschaffung sind die Geld- und Kapitalmärkte sowie die Einlagen, die den Charakter von Anteilen besitzen. Building societies haben einen genossenschaftsähnlichen Charakter, können jedoch mit Zustimmung ihrer Mitglieder in Kapitalgesellschaften umgewandelt werden.

build-out Kosten für den Aus- oder Umbau von Wohn- oder Bürogebäuden nach den Wünschen der Mieter

build-own-operate-transfer Projektfinanzierungskonzept, bei dem Unternehmen Anlagen im Ausland nicht nur errichten (build), sondern auch besitzen (own) und betreiben (operate). Erst nach Rückzahlung aller Kredite und Erwirtschaftung eines angemessenen Gewinns werden die Projekte an das Gastgeberland übertragen (transfer). Weitere Modelle für die Abwicklung von Anlageprojekten: build-operate-deliver (BOD) = bauen-betreiben-übergeben; build-own-operate (BOO) = bauen-besitzen-betreiben; build-operate-lease (BOL) = bauen-betreiben-leasen; build-lease-operate-transfer (BLOT) = bauen-leasen-betreiben-übergeben; build-own-operate-sell (BOOS) = bauen-besitzen-betreiben-verkaufen; build-own-operate-subsidise-transfer (BOOST) = bauen-besitzen-betreiben-bezuschussen-übergeben; build-own-transfer (BOT) = bauen, besitzen, übergeben; build-operate-train-transfer (BOTT) = bauen, betreiben, ausbilden, übergeben; build-rent-transfer (BRT) = bauen, vermieten, übergeben

build strategy auf den Erhalt der erzielten Marktdurchdringung ausgerichtete Strategie

build-to-order Auftragsfertigung □ z.B. Auslieferung eines Rechners mit individuellen Softwarekonfigurationen

build-to-suit Vertrag, mit dem sich ein Bauträger/Grundstückseigentümer zur Errichtung eines Wohn- oder Bürogebäudes nach den Wünschen der Mieter verpflichtet.

build-up approach (method) → bottom-up approach to planning

built-in flexibility automatischer Regelmechanismus

built-in life cover automatischer Lebensversicherungsschutz

built-in obsolescence automatische, technisch bedingte Produktveralterung

bulge bracket Gruppe der Führungsbanken, die über die höchsten Konsortialanteile verfügen.

bulk → bulk cargo

bulk area Lagerfläche für sperrige Güter/ Schüttgut

bulk buyer Großabnehmer

bulk cargo Schüttgut, Massengut, Ladung in loser Schüttung (Getreide, Kohle), Schüttgutladung

bulk carrier Massengutfrachter, Schüttgutfrachter

bulk container Schüttgutcontainer

bulk factoring → in-house factoring

bulk freight car Schüttgutwagen

bulk load Ladung mit einem Bruttogewicht über 1000 Kilo

bulk mailing Massenaussendung (im Rahmen einer Werbe-/Marketingkampagne)

bulk purchase Erwerb eines (Hypotheken-) Forderungsportefeuilles (Pool) durch einen Investor

bulk rate Frachttarif für Schüttgutladungen

bulk sales acts Gesetze der US-Bundesstaaten, die die Übertragung großer Vermögenswerte regeln, um eine Benachteiligung von Gläubigern zu vermeiden (so ist beispielsweise bei einer Unternehmensveräußerung eine öffentliche Anzeige sowie die Unterrichtung aller Gläubiger erforderlich)

bulk solids feste Massengüter, Trockenladung
bulk supply tariff Vorzugstarif für Großabnehmer
bullet annuity mit einer Einmalzahlung erworbene → annuity
bullet bid Übernahmeangebot, bei dem die Aktionäre des Zielunternehmens innerhalb eines sehr knapp bemessenen Zeitraumes über Annahme oder Ablehnung des Angebotes entscheiden müssen.
bulletin board system Internet-Informationsforum
bullet issue Anleihe, die in einer Summe bei Endfälligkeit zurückgezahlt wird.
bullet strategy Fokussierung eines Anleiheportefeuilles auf ein bestimmtes Laufzeitenband oder einen bestimmten Fälligkeitstermin
bullion trade Gold- und Silberhandel, i.w.S. der gesamte Edelmetallhandel
bumbershoot policy Umbrella-Police □ Zusammenfassung verschiedener Einzelrisiken in einer Police
bunching Zusammenfassung und Vorziehen von Zahlungen zur Nutzung steuerlicher Vorteile
bundle offer Kopplungsangebot, Zusammenfassung mehrerer Waren zu einem Angebot und einem Preis
bundle of rights principle (theory) Grundsatz, dem zufolge Immobilieneigentum ein Bündel von Rechten impliziert (Besitz- und Nutzungsrecht sowie das Verkaufs-, Aufgabe-, Übertragungs- und Vermietungsrecht)
bundling 1. Bündelung □ Kombination von Produkten und/oder Dienstleistungen zu einem Leistungspaket, um auf diese Weise höhere Konsumentenrenten als beim Einzelverkauf zu erzielen. → price bundling 2. Zusammenfassung von Kern- und Ergänzungsleistungen zu einem Gesamtangebot
bunker adjustment factor Bunkeröl-Faktor □ Auf- oder Abschlag zum Ausgleich von Preisschwankungen bei den Bunkerölpreisen
bunker surcharge → bunker adjustment factor
burden rate method Umlage indirekter Produktionskosten (→ indirect manufacturing costs) nach dem Verursacherprinzip
burdensome buyout Erwerb eines Leasinggegenstandes zum Ende der Vertragslaufzeit durch den Leasingnehmer zu einem über dem aktuellen Marktwert liegenden Preis.
bureau insurer Versicherungsunternehmen, das Mitglied eines → rating bureau ist.
bureau rates Standardversicherungssätze, von → rating bureaus ermittelte Versicherungsprämien
bureau scoring Punktebewertungsmodell zur Kreditnehmerbeurteilung, das ausschließlich auf Analysen/Berichten von Auskunfteien basiert.
burning cost technische Nettokosten der Rückversicherer □ d.h. regulierte Schäden und Schadenrückstellungen zurückliegender Jahre ausgedrückt in Prozenten der Nettoprämien der Erstversicherer.
burning out *(in Verbindung mit Neugründungen/Wagniskapitalbeteiligungen)* Verdrängung der ursprünglichen Investoren, starke Kapitalverwässerung, → burn-out, → burn-out turnaround
burning ratio Schadenquote (speziell in der Feuer- und Rückversicherung)
burn-in test Dauerbetriebstest □ von Produkten vor ihrer Auslieferung an Kunden
burn-out 1. vollständige Aufzehrung der finanziellen Ressourcen 2. Ausschöpfung der steuerlichen Abschreibungs- oder Steueroptimierungsmöglichkeiten 3. Motivationsverlust 4. stetiger Rückgang der → click-through rate im Verlauf einer Werbekampagne
burn-out turnaround tief greifende Umstrukturierung einer in wirtschaftlichen und finanziellen Schwierigkeiten befindlichen Unternehmung durch neue Investoren
burn rate Liquiditätsabflussrate □ Ge-

burst advertising expenditure

schwindigkeit, mit der das einer Unternehmensneugründung zur Verfügung gestellte Kapital aufgebraucht ist.
burst advertising expenditure zeitlich begrenzter fokussierter Werbeaufwand
business acquisitions erworbene (übernommene, aufgekaufte) Unternehmen
business and personal property coverage form Betriebs- und Wohngebäudeversicherung
business angels Unternehmer, die die Realisierung einer Geschäftsidee oder eine Unternehmensneugründung unterstützen bzw. sich an jungen Wachstumsunternehmen/Neugründungen mit Geld und/oder Fachwissen beteiligen.
business application geschäftsbezogenes Anwendungsprogramm
business bad debts zweifelhafte Forderungen aus der Geschäftstätigkeit, *(i.S. der US-Steuergesetzgebung)* steuerlich absetzbare Forderungsverluste
business collaboration management Planung und Steuerung aller Maßnahmen zur geschäftlichen Zusammenarbeit
business combination Unternehmens-/Firmenzusammenschluss, → pooling of interests method, → purchase method
business contingency planning Ausfallplanung (Krisenmanagement) im Unternehmen, i.e.S. Bestimmung möglicher Prozessausfallzeiten
business corporation US-Kapitalgesellschaft □ wird entweder als → publicly held corporation bzw. public corporation (3) oder als → close company (corporation) bzw. closely held corporation geführt.
Business Corporation Law Kapitalgesellschaftsrecht eines US-Bundesstaates
business critical applications die in einem Unternehmen unbedingt benötigten Softwareanwendungen
business cycle Konjunkturzyklus □ prosperity (Aufschwung), recession (Abschwung), depression (Depression,Talsohle), recovery (Erholung). Allgemein unterscheidet man zwischen den folgenden vier Zyklen: → Kitchin cycle, → Juglar cyle, → Kuznets cycle, → Kondratieff cycle
business debt ratio Verschuldungsgrad der Wirtschaft
business definition → corporate mission statement
business deposits Firmenkundeneinlagen einer Bank
business downturn Konjunkturabschwung
business engineer Betriebsberater
business entity Unternehmen
business excellence 1. Konzept für die Erbringung unternehmerischer Spitzenleistungen, Konzept zur gleichzeitigen Erkennung der eigenen Stärken und des bestehenden Verbesserungspotentials 2. Marktführung durch ein umfassendes Qualitätsmanagement
business expense deduction absetzbare Betriebskosten (Geschäftsaufwendungen)
business finance Unternehmensfinanzen
business fixed investment Anlageinvestitionen
business-format franchise systems → second generation franchise systems
business games → management games
business income 1. Einkommen aus geschäftlicher (unternehmerischer) Tätigkeit, Einkünfte aus Gewerbebetrieb, gewerbliche Einkünfte 2. Geschäftsgewinn, Unternehmensgewinn
business income coverage form → business interruption insurance
business information management Erfassung, Verbreitung und Archivierung aller geschäftsrelevanten Daten
business insurance 1. Geschäftsversicherung, i.e.S. → business interruption insurance 2. → business life insurance
business intangibles tax Steuer auf immaterielle Anlagewerte □ wird in einigen US-Bundesstaaten erhoben
business intelligence geschäftliche Intelligenz □ Software zur Analyse externer und interner Daten zu Kunden, Lieferanten und Geschäftsprozessen sowie zur Einbindung der Analyseergebnisse in den

Entscheidungsprozess eines Unternehmens
business intelligence portfolio Business-Intelligence-Portefeuille ☐ die verschiedenen Programme und Instrumente der → business intelligence
business intelligence solutions gesamtheitliche Unternehmensanalyse und -planung durch den Einsatz von Datenbeständen und Informationssystemen, → business intelligence
business interruption insurance Betriebsunterbrechungsversicherung ☐ deckt entgangenen Geschäftsgewinn bzw. Schäden, die durch Produktionsstörungen verursacht werden.
business inventory Vorräte, Lagerbestand
business inventory investment Lagerinvestitionen
business judg(e)ment rule Beurteilungsspielraum des Unternehmers (der Unternehmensleitung) ☐ Rechtsgrundsatz der freien und vollständigen Wahrnehmung der unternehmerischen Dispositionsbefugnis
business knowledge management Wissensmanagement im Unternehmen, → knowledgement management
business liability insurance Betriebshaftpflichtversicherung
business life insurance Betriebslebensversicherung ☐ 1. Versicherung auf das Leben von Führungskräften. Versicherungsnehmer und Anspruchsberechtigter ist das Unternehmen. 2. Teilhaberversicherung ☐ durch diese Versicherung wird gewährleistet, dass im Falle des Ablebens eines Gesellschafters dem Unternehmen der an die Erben auszuzahlende Betrag zur Verfügung steht.
business line 1. Geschäftszweig, Industriezweig 2. Geschäftsfeld
business logistics → contract logistics
business management system System zur Planung und Steuerung von Geschäftsprozessen
business mapping Datenvisualisierung (z.B. von gebietsbezogenen Umsatzziffern in digitalen Landkarten)
business market Produzentenmarkt, Investitionsgütermarkt
business marketing Investitionsgütermarketing
business marketplace Internet-Handelsplattform, → marketplace
business mission betriebliche Zielsetzung, Unternehmensleitbild, Unternehmensziel, → mission statements
business modelling system System zur Modellierung und Simulation organisatorischer Sachverhalte
business notes (in Verbindung mit dem Verkauf eines Unternehmens ausgestellte oder aus dem allgemeinen Geschäftsverkehr resultierende) Schuldscheine
businessowners policy Allgefahren-Geschäftsversicherung
business performance management Maßnahmen zur (a) Ergebnisoptimierung (b) Verbesserung der Geschäftsabläufe
business plan Unternehmensplan, betriebliche Planungsrechnung, → budgeting
business plant and equipment expenditures Anlageinvestitionen
business pooling Zusammenlegung von Unternehmensbereichen, i.w.S. auch Firmenzusammenschlüsse
business portfolio Geschäftsportfolio ☐ alle Geschäftsfelder einer Unternehmung
business process Geschäftsprozess, i.w.S. Prozesskette, Vorgangskette, d.h. Abfolge von Vorgängen/Teilprozessen in einem Unternehmen, die in einem logischen und zeitlichen Zusammenhang zueinander stehen.
business process improvement Verbesserung (Leistungssteigerung) von Geschäftsprozessen
business process management Planung, Steuerung und Überwachung von Geschäftsprozessen
business process model Geschäftsprozessmodell ☐ Modell, das in grafischer Form eine Folge von Vorgängen darstellt.

business process modelling Geschäftsprozessmodellierung
business process optimisation Geschäftsprozessoptimierung, Verbesserung der bestehenden Geschäftsprozesse
business process outsourcing Outsourcen (Auslagerung) von Geschäftsprozessen
business process redesign Umgestaltung von Geschäftsprozessen, → business process reengineering
business process reengineering Neugestaltung (Optimierung) von Geschäftsprozessen, radikale Neuausrichtung von Arbeitsabläufen und Organisation
business process risk management Risikomanagement von Geschäfts- und Produktionsprozessen
business product sales *(Bilanz)* Umsatzerlöse
business property and liability insurance package → businessowners policy
business ratios betriebswirtschaftliche Kennzahlen
business reengineering 1. Neustrukturierung und Repositionierung der Unternehmensbereiche 2. Schaffung einer neuen Struktur für Unternehmensprozesse, → business process reengineering
business relationship management Geschäftsbeziehungs-Management □ umfasst alle Maßnahmen eines Unternehmens, die auf die optimale Gestaltung und Nutzung seiner Geschäftsbeziehungen ausgerichtet sind.
business reporting Unternehmensberichterstattung
business risk exclusions Risikoausschlüsse in der Geschäftsversicherung, i.e.S. Ausschluss von Verlusten aufgrund der Nichteinhaltung von Qualitätsvorschriften
business segment 1. Geschäftsbereich, Unternehmensbereich, Geschäftsfeld (eines Unternehmens) 2. Industriezweig, Wirtschaftszweig
business situs steuerlicher Geschäftssitz
business tax Gewerbesteuer
business-to-business (B2B) Internetgeschäfte (elektronische Geschäftsabwicklung) zwischen Unternehmen, i.w.S. effiziente Geschäftsabwicklung zwischen Unternehmen durch eine Vernetzung von Produktions- und Vertriebsprozessen
business-to-business marketing auf andere Unternehmen ausgerichtete Marketingaktivitäten
business-to-consumer Internet-Geschäfte mit Endverbrauchern, Geschäftsbeziehungen zwischen Unternehmen und privaten Haushalten, i.w.S. eine auf Privatkunden ausgerichtete → E-Business-Strategie
business-to-employee Geschäfte der Unternehmen mit ihren Mitarbeitern, i.w.S. eine auf die Mitarbeiter ausgerichtete E-Business-Strategie, die auf der Nutzung eines betriebsinternen Netzes (Intranet) basiert.
business transfer payments Einkommensübertragungen der Industrie
business trust US-Unternehmensform (Mischform zwischen Personengesellschaft und Stiftung), bei der das Vermögen auf trustees (Treuhänder) übertragen wird, die es zugunsten der Treugeber verwalten und die Geschäfte führen.
business written (Versicherungs-)Abschlüsse, Summe der Neupolicen
bust-up take-over Übernahme, bei der nach dem Erwerb das Zielunternehmen zerschlagen wird.
buy-and-lease Leasingform, bei der die Leasing-Gesellschaft den Leasinggegenstand (i.d.R. eine Immobilie) erwirbt und an eine dritte Person vermietet.
buy-and-sell agreement Vertrag über den Übergang von Gesellschaftsanteilen bei Eintritt vorbestimmter Ereignisse (z.B. Aufkauf der Anteile eines ausscheidenden oder verstorbenen Gesellschafters durch die Mitgesellschafter)
buyback 1. Aktienrückkauf □ durch das emittierende Unternehmen, → stock buyback 2. Rückerwerb von Gesellschaftsanteilen, z.B. durch die verbleibenden Gesellschafter bei Beendigung des Engage-

ments eines Investors 3. Deckungskauf, Rückkauf von Aktien zur Schließung einer offenen Position
buyback arrangement (agreement) 1. Rückkaufgeschäft ◻ Bei buyback arrangements verpflichtet sich ein Exporteur oder Lizenzgeber, jene Produkte in voller oder teilweiser Höhe des Auftragswertes abzunehmen, die mit den von ihm bereitgestellten Materialien oder aufgrund seines Know-hows im Land des Importeurs bzw. Lizenznehmers gefertigt werden. Für Lieferung und Gegenlieferung werden i.d.R. langfristige Zeiträume vereinbart. 2. Vereinbarung über den Rückkauf von Aktien/Gesellschaftsanteilen, → stock buyback 3. Rückkaufsvereinbarung ◻ der Verkäufer verpflichtet sich zur Rücknahme des verkauften Gegenstandes zu einem vorbestimmten Preis bei Eintritt vorbestimmter Ereignisse.
buyback cover Deckung von Risiken, die üblicherweise unter die Risikoausschlüsse fallen.
buyback deductible Form der Selbstbeteiligung, bei der der Versicherungsnehmer jederzeit während des Policenjahres die Selbstbeteiligung durch Zahlung einer Zusatzprämie verringern kann.
buyback right Recht einer Kapitalgesellschaft, bei Eintritt vorbestimmter Ereignisse ausgegebene Aktien bzw. Gesellschafteranteile zurückzukaufen.
buyback scheme → buyback arrangement
buy class Kaufsituation ◻ i.d.R. wird zwischen den folgenden drei Kaufsituationen unterschieden: Erstkauf (new buy situation), Wiederholungskauf (repeat purchase), modifizierter Wiederholungskauf (modified repeat purchase)
buydown In den Vereinigten Staaten häufige Reduzierung der monatlichen Anfangsbelastung eines Immobilienkäufers/Hypothekenschuldners für einen begrenzten Zeitraum (i.d.R. für drei Jahre) durch eine Sonderzahlung an das kreditgebende Institut ◻ Grund für buydown-Zahlungen,

die i.d.r. durch den Immobilienverkäufer/Bauträger übernommen werden, ist die Schaffung von Anreizen für einen Immobilienerwerb.
buyer dissonance → cognitive dissonance
buyer flow analysis Käuferwanderungsanalyse
buyer focus Käuferfokussierung
buyer involvement Käufer-Involvement, Ich-Beteiligung, persönliches Engagement des Käufers
buyer managed inventory Bestandsmanagement durch den Käufer, → vendor managed inventory
buyer migration analysis Käuferwanderanalyse
buyer remedies Rechtsbehelfe des Käufers
buyer segment Abnehmersegment
buyer site Internet-Plattform für Käufer
buyer sixty contract Vertrag, durch den ein Anleger Wertpapiere zu einem über dem Marktpreis liegenden Kurs erwirbt und dafür ein Zahlungsziel von sechzig Tagen erhält.
buyer's agent (broker) vom Käufer beauftragter Makler
buyer's auction internetbasierte Käufer-Auktion ◻ Vergabe eines Auftrages durch den Käufer im Wege einer Auktion via Internet. Den Auftrag erhält der Bieter (Lieferant) mit der niedrigsten Preisforderung. → seller's auction
buyer's due diligence durch den Käufer vorgenommene → due diligence
buyer's repudiation Leistungsverweigerung des Käufers
buygrid Beschaffungsnetz
buygrid model Modell, das den Beschaffungsprozess in mehrere Stufen unterteilt.
buying agency 1. Einkaufskontor 2. Einkaufskommission ◻ Kommissionsgeschäft, bei dem ein Kommissionär mit dem Einkauf von Waren beauftragt wird.
buying agent Einkaufskommissionär
buying behaviour Einkaufsverhalten, Käuferverhalten
buying center alle am Beschaffungs-/Kauf-

entscheidungsprozess beteiligten Personen (users, influencers, buyers, deciders, gatekeepers)
buying for inventory Käufe für den Eigenbestand
buying in 1. Deckungskäufe (zur Deckung von Leerverkaufspositionen) 2. Rückkauf eigener Aktien (für den Eigenbestand), → stock buyback 3. Ersteigerung von Vermögenswerten durch den ursprünglichen Eigentümer
buying pattern Muster des Einkaufsverhaltens
buying syndicate Einkaufsgemeinschaft
buyout 1. Aufkauf (Übernahme) eines Unternehmens, → management buyout, → leveraged buyout, → employee buyout, i.e.S. Erwerb einer Kontrollmehrheit 2. Abfindung (Auszahlung) eines Gesellschafters
buyout agreement → buyback arrangement
buyout clause Klausel eines Leasingvertrages, die dem Leasingnehmer den Erwerb des Leasinggutes zum Vertragsende zu einem vorbestimmten Preis ermöglicht.

buy-sell agreement → buy-and-sell agreement
buy side 1. Käuferseite 2. stark engagierte institutionelle Anleger
buy side applications Anwendungen (Softwaresysteme) für den Einkauf
B.W. → bonded warehouse
byelaws Satzung □ organisatorischer Teil der Satzung einer Kapitalgesellschaft; enthält Angaben zu: Organisation des Board of Directors, Durchführung von Hauptversammlungen, Vollmachten, etc.
by operation of law von Rechts wegen
bypass income method Umgehung der Gewinn- und Verlustrechnung, i.e.S. Ausklammerung periodenfremder Erfolge in der Gewinn- und Verlustrechnung
bypass trust agreement US-Trust (Stiftung mit treuhandschaftlichem Charakter) zur Minderung der Erbschaftssteuerlast □ Vermögenswerte können auf diesem Weg bis zu einer bestimmten Höhe auf Kinder übertragen werden. Bypass trusts sind unwiderruflich; die Treugeber (Eltern) können sich jedoch ein Nießbrauchrecht einräumen lassen.

C

C2C → consumer-to-consumer

Caa/Ca Klassifizierungskennzeichen der Rating-Agentur Moody's für Schuldtitel mit spekulativem Charakter. Ihre Bedienung ist aufgrund finanzieller Schwierigkeiten der emittierenden Unternehmen nicht immer gewährleistet, sodass sie i.d.R. mit starken Abschlägen vom Nennwert gehandelt werden. Andererseits bestehen im Falle der wirtschaftlichen Gesundung der Emittenten erhebliche Kursspielräume nach oben.

C Klassifizierungskennzeichen der → Rating-Agenturen Standard & Poor's und Moody's für Not leidende Schuldtitel, d.h. Papiere, bei denen eine Einstellung der Zins- und Tilgungszahlungen erwartet wird oder bereits erfolgt ist.

cabotage 1. Küstenschifffahrt, Kabotage 2. von ausländischen Unternehmen im Inland durchgeführte Transporte

CAD → computer-aided design

CADD → computer-aided design and drafting

CAE → computer-aided engineering

CAF → currency adjustment factor

cafeteria system individuelle Auswahl der betrieblichen Zusatzleistungen durch die Mitarbeiter

CAFM → computer-aided facility management

CAGR → compound annual growth rate

CAI → computer-aided inspection systems, → computer-assisted instruction

CAL → computer-aided learning

call by call routing individuelle Weiterleitung der Anrufe in einem → call center, i.e.S. Erfassung und Speicherung der entsprechenden Daten

call center Call Center □ firmeninternes Telekommunikationszentrum, in dem speziell ausgebildete Mitarbeiter Anrufe entgegennehmen und weiterleiten oder selbst Kundenanfragen beantworten; in größeren Unternehmen ausgebaut zu einem → customer interaction center

call center agent Call Center Agent, Telefon-Repräsentant, Mitarbeiter eines → call center

call center routing Weiterleitung von Telefonanrufen in einem Call Center je nach Uhrzeit oder Wochentag

call completions Anzahl der in einem → call center weitervermittelten und abgeschlossenen Gespräche

call contract Kaufoptions-Kontrakt

call control Anrufsteuerung, → call center, → call monitoring

call cotton *(im Warenterminhandel)* Abrufbaumwolle

call deposits Sichteinlagen

called away Hinweis, dass 1. eine Anleihe vor dem Fälligkeitstermin getilgt wurde; oder 2. eine Option ausgeübt wurde, oder 3. ein Leerverkauf beliefert werden musste.

called up share capital eingefordertes Kapital, *(als Bilanzposten auch)* ausgegebene Aktien

call frequency ratio Besuchshäufigkeit □ Häufigkeit der Besuche eines Außendienstmitarbeiters bei einem Kunden.

call handling time durchschnittliche Gesprächsbearbeitungszeit (Gesprächsdauer plus Nachbearbeitungszeit durch den Kundenbetreuer) in einem → call center

calling cycle Kundenbesuchszyklus □ zeitliche Abstände, in denen Kunden aufgesucht werden.

call into formal default offizielle Feststellung des Zahlungsverzugs

call management systems Softwaresysteme zur Steuerung der Telefon-Servicetätigkeit

call monitoring

call monitoring Kontrolle/Mitschnitt des Telefonverkehrs in einem → call center

call-off contracts Verträge, die abrufbare Teillieferungen vorsehen.

call on the capital market Inanspruchnahme des Kapitalmarktes, Aufnahme von Geldern am Kapitalmarkt, Emission eines Schuldtitels

call option 1. Kaufoption □ Mit einer Kaufoption ist für den Erwerber das Recht, nicht aber die Verpflichtung verbunden, einen bestimmten Basiswert (Finanzinstrument, Rohstoff oder Agrarprodukt) innerhalb einer bestimmten Frist (oder zu einem bestimmten Endfälligkeitstermin) zu einem festgelegten Kurs/Preis zu erwerben. → call premium 2. Kündigungsrecht eines (Anleihe-)Schuldners

call plan *(Maßnahme zur Abwehr einer möglichen feindlichen Übernahme)* Aktienbezugsrechtsplan, der die Aktionäre im Falle eines Übernahmeangebotes zum Bezug zusätzlicher Aktien zu besonders günstigen Konditionen berechtigt.

call premium 1. Kaufoptionsprämie □ Prämie, die der Erwerber einer Kaufoption dem Optionsverkäufer (writer) zahlt 2. Tilgungsaufgeld, Kündigungsaufgeld □ Aufschlag, zu dem die Rückzahlung einer Anleihe bei vorzeitiger Kündigung erfolgt.

call routing Weiterleitung der in einem → call center eingehenden Anrufe nach bestimmten Kriterien

call schedule Tilgungsplan

call swaption Swap-Option, deren Erwerber das Recht hat, die festen Zinszahlungen zu leisten und variable Zahlungen zu erhalten. → interest rate swap

call to statutory reserve deposits Einforderung von Mindestreserven

call to submit bids Aufforderung zur Abgabe von Zinsgeboten

call volume Gesamtzahl der in einem → call center bearbeiteten Anrufe

CAM → computer-aided manufacturing

CAMELS (capital, asset quality, management, earnings, liquidity, sensitivity to market risk) Gemeinsames Rating-System der US-Bankenaufsichtsbehörden (→ Federal Financial Institutions Examination Council) zur Beurteilung der Bonität bzw. Zahlungsbereitschaft von Kreditinstituten. Beurteilt werden die Kapitalausstattung, die Qualität des Kreditportefeuilles, das Management, die Ertrags- und Liquiditätslage des jeweiligen Instituts. Bei einem mit 1 eingestuften Institut handelt es sich um eine allererste Adresse, während das am anderen Ende des Spektrums mit 5 klassifizierte Institut als praktisch zahlungsunfähig anzusehen ist.

camera *(trial/hearing held in -)* Verhandlung/Verfahren unter Ausschluss der Öffentlichkeit

campaign evaluation Kampagnenbewertung, Werbewirkungsmessung einer laufenden Marketing-/Werbekampagne

campaign management Planung und Steuerung einer (Marketing-)Kampagne

campaign management systems Softwareprogramme, die der optimalen Abwicklung einer Werbe-/Marketing-Kampagne dienen

campaign response *(in der Werbung)* Aktionsresonanz

cancellable lease kündbarer Leasingvertrag □ Vertrag, der vom Leasingnehmer gekündigt werden kann, jedoch erst nach Ablauf eines festgelegten Prozentsatzes der betriebsgewöhnlichen Nutzungsdauer und i.d.R. gegen Zahlung einer Abschlusszahlung.

cancellation of indebtedness Schulderlass

cancellation period → cooling-off period

canned sales talk vorgegebene Verkaufsargumente

cannibalisation 1. Kannibalisierung, Produkteliminierung □ entweder durch die starke Nachfrage nach anderen ähnlichen Produkten oder durch eine geplante eigene Produkteinführung (planned cannibalisation) 2. Untergrabung des eigenen Markenimage durch Schaffung zu vieler

Untermarken
CAO → computer-aided ordering
CAP → complete automation process, → computer-aided planning
cap Cap, Obergrenze, Begrenzung nach oben □ Unter einem Cap ist i.w.S. jede Form der Begrenzung nach oben zu verstehen, z.b. Obergrenze für Kreditaufnahmen, Auszahlungen und Währungsengagements. I.e.S. handelt es sich bei einem Cap um eine Vereinbarung, durch die der Verkäufer des Cap (i.d.R. eine Bank) dem Käufer (Schuldner) eine Zinsobergrenze für dessen zinsvariable Verpflichtung für einen bestimmten Zeitraum garantiert. Steigt der Marktzins über diese Grenze, muss die Bank dem Schuldner den Differenzbetrag vergüten.
capability mapping graphische Darstellung (Visualisierung) der Fähigkeiten einer Unternehmung
capability maturity model Reifegradmodell □ Modell für einen Entwicklungsprozess, der auf mehreren Qualitätsstufen aufbaut.
capable to promise → available-to-promise system
capacity effect of investments Kapazitätseffekt der Investitionen
capacity management Kapazitäts-Management, Kapazitätswirtschaft
capacity requirements planning Kapazitätsbedarfsplanung
capacity smoothing Kapazitätsausgleich
capacity to borrow Kreditfähigkeit □ Fähigkeit (Berechtigung) zum Abschluss von Kreditverträgen
capacity to contract Geschäftsfähigkeit, Vertragsfähigkeit
capacity to guarantee Garantiefähigkeit □ Fähigkeit (Berechtigung), Garantien rechtswirksam zu übernehmen.
capacity to sue Klagefähigkeit
capacity variance Kapazitätsabweichung, Beschäftigungsabweichung, Differenz zwischen Plan- und Ist-Beschäftigung
cap cost 1. Cap-Kosten, → cap fee 2. Kurzform für kapitalisierte Kosten

CAPE → computer-aided planning and engineering
capesize Schüttgutfrachter mit einer Ladefähigkeit von 80.000 dwt. oder mehr
cap fee Cap-Kosten, Cap-Prämie □ Prämie, die der Erwerber eines Cap dem Verkäufer zahlt. Die Höhe dieser Prämie ergibt sich aus dem Verhältnis zwischen der festgelegten Obergrenze und dem aktuellen Marktsatz.
CAPI/CASI/CATI → computer-aided personal/self-administered/telephone interviewing
capital accumulation 1. Kapitalbildung, Vermögensbildung 2. Kapitalkonzentration, Kapitalakkumulation, Anhäufung von Kapital durch Nettoinvestitionen
capital adequacy directive Kapitaladäquanz-Richtlinie □ legt Mindesteigenkapitalanforderungen für Zinsänderungs- und Aktienkursrisiken aus Wertpapiereigenhandelsgeschäften sowie für Fremdwährungsrisiken fest
capital allowance Abschreibung, Abschreibungsbetrag, Steuerabzug aufgrund von Aufwendungen für Anlagegüter
capital asset pricing model Kapitalmarkt-Gleichgewichtsmodell □ Verfahren zur Ermittlung des Risiko-Rendite-Austauschverhältnisses von Finanzanlagen, bei dem der unterschiedliche Risikogehalt von Finanztiteln berücksichtigt wird.
capital assets Investitionsgüter, Maschinen und maschinelle Ausrüstungen, i.e.S. Kapitalanlagen, Kapitalvermögen
capital at risk → value-at-risk
capital budget i.e.S. Kapitalbudget, Gegenüberstellung von Kapitalbedarf und Kapitalangebot; i.w.S. Investitions- und Finanzierungsprogramm
capital budget allocation Bereitstellung von Investitionsmitteln
capital budgeting i.e.S. Erstellung eines Kapitalbudgets; i.w.S. Sammelbegriff für Investitionsplanung, Investitionsrechnung und Investitionskontrolle
capital clause Klausel des → memorandum

capital consumption

of association, in der die Höhe des Aktienkapitals und die Anzahl der auszugebenden Aktien festgelegt wird.
capital consumption Kapitalverzehr, Wertminderung
capital cost allowance Abschreibung
capital employed investiertes Kapital, für betriebliche Zwecke gebundenes Kapital □ Summe von Eigenkapital und langfristigen Fremdmitteln
capital equipment spending Anlageinvestitionen, Sachinvestitionen □ Erwerb von Grundstücken, Maschinen, Vorräten, etc.
capital expenditure 1. Investitionsausgaben 2. i.S. des US-Steuerrechts ferner alle Aufwendungen zur Verlängerung der betriebswirtschaftlichen Nutzungsdauer oder zur Erhöhung des Wertes von Wirtschaftsgütern
capital expenditure budget Investitionsplan, Investitionsbudget □ Aufstellung über Art und Umfang der in einem bestimmten Zeitraum vorzunehmenden Investitionen.
capital expenditure for the replacement of properties, plant and equipment Investitionen für die Erneuerung von Gegenständen des Anlagevermögens
capital expenditure on uncompleted contracts Investitionsausgaben für unfertige Aufträge
capital fund Kapitalfonds, Gesamtkapitalausstattung einer Unternehmung
capital gains Kapitalgewinne, Gewinne aus dem Verkauf von Kapitalanlagegütern, Veräußerungsgewinne
capital gains tax Kapitalgewinnsteuer, Steuer auf Veräußerungsgewinne
capital gains tax allowance Kapitalgewinnsteuer-Freibetrag
capital goods industry Investitionsgüterindustrie
capital grants Investitionszuschüsse
capital growth fund Kapitalwachstumsfonds, thesaurierender Fonds □ Investmentfonds, dessen Erträge nicht ausgeschüttet, sondern wieder in Fondsanteile angelegt werden.
capital impairment restrictions Bestimmungen zur Verhinderung einer Kapitalunterdeckung bzw. Auszehrung der Kapitalbasis
capital improvements wertsteigernde Maßnahmen, den Immobilienwert steigernde Investitionen, Modernisierungsinvestitionen
capital in excess of par (stated) value 1. Emissionsagio, Aufgeld aus Aktienbegebung 2. Kapitalrücklage (aufgrund externer Kapitalzuflüsse)
capital investment 1. Investition 2. Kapitalanlage 3. Kapitaleinlage
capital investment appraisal method Investitionsrechnungsverfahren, → capital project evaluation techniques
capital investment budget → capital expenditure budget
capitalisation 1. Kapitalisierung, Gesamtkapitalausstattung bzw. kapitalmäßige Struktur einer Unternehmung 2. Umrechnung eines regelmäßigen Ertrages auf den gegenwärtigen Kapitalwert 3. Börsenkapitalisierung □ Börsenbewertung einer Aktiengesellschaft 4. Umwandlung von Rücklagen in Kapital 5. Aktivierung von Kosten
capitalisation issue Emission von Gratisaktien □ Aktien, die den Altaktionären durch die Umwandlung von Rücklagen in Grundkapital zur Verfügung gestellt werden.
capitalisation of borrowing costs Aktivierung von Fremdkapitalzinsen
capitalisation of share premium account Umwandlung von Aktienaufgeldern in Aktienkapital
capitalisation option Aktivierungswahlrecht (z.B. für selbsterstellte Vermögensgegenstände des Anlagevermögens)
capitalisation rate 1. Kapitalisierungszinsfuß 2. Immobilienrendite, Verhältnis der jährlichen Vermietungserträge zum Kaufpreis
capitalisation-weighted index kapitalge-

wichteter Index
capitalised cost aktivierte (Anschaffungs-) Kosten
capitalised lease obligations passivierte Leasing-Verpflichtungen □ Ausweis von Leasingverpflichtungen unter den langfristigen Verbindlichkeiten einer Unternehmung.
capital lease Capital Lease □ Variante eines Finanz-Leasingvertrages, bei der vor Ablauf der vereinbarten Laufzeit das Eigentum auf den Leasingnehmer übertragen wird bzw. der Leasingnehmer die Güter nach Ablauf der Vereinbarung zum vereinbarten Marktpreis erwerben kann. Weitere Charakteristika: Die Vertragslaufzeit entspricht 75% oder mehr der geschätzten wirtschaftlichen Nutzungsdauer des Leasinggutes und die Mindestleasingzahlungen (→ minimum lease payments) entsprechen 90% oder mehr des Marktwertes des Leasinggegenstandes.
capital liabilities Verbindlichkeiten aus der Emission von Schuldverschreibungen, langfristige Verbindlichkeiten
capital loss Kapitalverlust, Verlust aus dem Verkauf von Kapitalanlagegütern, Veräußerungsverlust
capital loss carryover (carryback) steuerlicher Vortrag (Rücktrag) eines Veräußerungsverlustes
capital maintenance requirements Mindestkapitalausstattung, Eigenkapitalauflagen
capital margin Bareinschuss □ in bar zu erbringende Sicherheitsleistung, z.B. im Hinblick auf kreditfinanzierte Wertpapierkäufe, Erwerb von Options- oder Terminkontrakten. → margin trading
capital market Kapitalmarkt □ unter dem Kapitalmarkt ist i.e.S. der Aktien- und Anleihemarkt zu verstehen; i.w.S. umfasst er ferner alle langfristigen Kreditgeschäfte sowie Formen des Beteiligungskapitals
capital market efficiency Kapitalmarkteffizienz □ zeigt an, wie Informationen an den Kapitalmärkten verarbeitet werden.

→ informational efficiency
capital market equilibrium Kapitalmarktgleichgewicht □ ist gegeben, wenn sich Angebot und Nachfrage am Kapitalmarkt im Gleichgewicht befinden.
capital market line die für alle Anleger gleiche Effizienzlinie im Kapitalmarktgleichgewicht
capital net worth Eigenkapital
capital note Schuldschein, Kapitalschuldverschreibung (i.d.R. ein dem nachrangigen Haftkapital zurechenbarer Titel)
capital notes payable Schuldscheinverbindlichkeiten
capital outlay 1. Kapitalaufwand, Kapitaleinsatz 2. Investition, Investitionsausgaben
capital performance wertmäßige Entwicklung des eingesetzten Kapitals
capital pledged Kapitaleinsatz, Kapitalzusage
capital productivity Kapitalproduktivität, Verhältnis von Produktionsmenge zu Kapitaleinsatz
capital profits 1. Einkünfte aus Kapitalvermögen 2. → capital gains
capital project evaluation techniques Investitionsrechnungsverfahren □ Methoden zur Bestimmung der Wirtschaftlichkeit eines Investitionsvorhabens oder -programmes.
capital-protected annuity private Rentenversicherung, bei der im Falle des Ablebens des Versicherungsnehmers vor der vollständigen Rückvergütung des investierten Kapitals die noch fälligen Leistungen in einer Summe an die Erben zur Auszahlung gelangen. → annuity
capital purchases Kauf von Anlagegütern
capital recapture → recapture
capital reconstruction/capital reconstruction scheme Kapitalsanierung □ Sanierung eines in Zahlungsschwierigkeiten befindlichen Unternehmens durch Veränderung des Eigenkapitals.
capital recovery 1. Rückfluss des eingesetzten Kapitals, Amortisation 2. Vereinnahmung abgeschriebener Kapitalbeträge

capital recovery rate Amortisationsrate
capital redemption Kapitalrückzahlung □ 1. Darlehens- oder Anleihetilgung 2. Rückkauf eigener Aktien
capital redemption reserve Rücklage für den Rückkauf eigener Aktien, Tilgungsrücklage
capital return Kapitalrendite, Kapitalrentabilität, Kapitalverzinsung
capital spending budget → capital expenditure budget
capital stock and surplus Eigenkapital □ Grundkapital und Rücklagen
capital stock in treasury Aktien im Eigenbestand
capital stock tax Aktienkapitalsteuer □ ein bestimmter Prozentsatz des Nennwertes aller Stammaktien; wird in einigen US-Bundesstaaten erhoben.
capital sum maximale, im Schadenfall zur Auszahlung kommende Versicherungssumme
capital surplus (Kapital-)Rücklagen
capital transaction 1. steuerpflichtiger Verkauf von Wirtschaftsgütern 2. Kapitaltransaktion mit Anteilseignern
capital turnover Kapitalumschlag □ Verhältnis von Umsatz zu investiertem Kapital
capital unit system fondsgebundene Lebensversicherung, bei der in den ersten beiden Jahren nach Abschluss ein zusätzlicher Ausgabeaufschlag auf die mit den Prämien erworbenen Fondsanteile erhoben wird.
capital user cost Kapitalnutzungskosten □ Opportunitätskosten des Kapitaleinsatzes
capital venture (Wagnis-)Kapitalbeteiligung
capital widening 1. Kapitalerweiterung, Kapitalmehrung 2. Erweiterungsinvestitionen
capital yield Kapitalrendite, Kapitalverzinsung, Kapitalertrag
caplets die einzelnen, auf die Laufzeit des Referenzzinssatzes (z.B. Dreimonats-Euribor) abgestellten Teiloptionen eines Cap
CAPM → capital asset pricing model

capped purchase option Option des Leasingnehmers, den Leasinggegenstand zum Ende der Vertragslaufzeit zu einem nach oben begrenzten Marktwert zu erwerben (d.h. ein bestimmter Prozentsatz der ursprünglichen Anschaffungskosten darf nicht überschritten werden).
capped-style option Option mit einer Gewinnoberbegrenzung □ d.h. die Option wird automatisch ausgeübt, wenn im Falle eines Call der Kurs des Basiswertes ein vorbestimmtes Kurslimit erreicht oder überschreitet oder im Falle eines Put ein Limit erreicht oder unterschreitet.
cap rate Kapitalisierungszinsfuß, Rendite
cap rate loan facility zinsvariable Kreditfazilität mit einer Zinsobergrenze
captive agent Vermittlungsagent, der ausschließlich für ein (Versicherungs-)Unternehmen tätig ist.
captive fund Wagniskapitalfonds, der sich im Besitz einer großen Finanzgruppe befindet. → venture capital fund
captive insurance company konzerneigene (konzerngebundene) Versicherungsgesellschaft
captive investor mehrheitlich zu einem Konzern/einer Gruppe gehörender Investor
captive market Marktsituation, in der Verbraucher oder Händler auf einen bestimmten Lieferanten angewiesen bzw. an diesen gebunden sind.
captive owner Muttergesellschaft einer → captive insurance company
captive product Artikel, der mit einem Hauptprodukt erworben werden muss.
cap writer Verkäufer des → cap; Vertragspartei, die die Zinsobergrenze garantiert.
CAQ → computer-aided quality assurance (control)
CAR → contractors' all risks insurance
care, custody or control clause Klausel einer Sachversicherung, durch die die Haftung des Versicherungsnehmers für die von ihm verwahrten Gegenstände Dritter geregelt wird.
career appraisal Aufstiegsappraisal □ Be-

urteilung eines Mitarbeiters im Hinblick auf Beförderungswürdigkeit
career-average formula (plan) Betriebsrentenversicherung, bei der die Leistungen auf dem durchschnittlichen Verdienst des Mitarbeiters während seiner Betriebszugehörigkeit basieren.
career planning Laufbahnplanung
cargo assembly 1. Zusammenstellung der Ladung 2. Sammelladung
cargo carrying capacity Ladefähigkeit
cargo clauses Versicherungsklauseln des Institute of London Underwriters
cargo consolidator Sammelladungsspediteur
cargo declaration Frachtschein
cargo handling Güterumschlag
cargo handling charges Umschlagskosten, Cargo-Handling-Kosten, Warenumschlagskosten im Hafen
cargo handling equipment Lade-/Hebetechnik, Ladegeschirr
cargo handling facility Umschlagsanlage
cargo inspection Ladungskontrolle
cargo lien Ladungspfandrecht, → carrier's lien
cargo manifest Ladungsmanifest
cargo owner Frachteigner, Ladungseigner
cargo terminal Frachtterminal
cargo tracer Ladesuchanzeige, → tracking and tracing
cargo underwriter Frachtversicherer
cargo unit Frachteinheit
carload Waggonladung, Wagenladung
carousel Umlaufregal, → vertical/→ horizontal carousel
carriage and insurance paid to (... named destination) fracht- und versicherungsfrei bis (... benannter Bestimmungsort) □ Lieferklausel, der zufolge der Verkäufer die Fracht- und Versicherungskosten bis zum vereinbarten Bestimmungsort (Übergabe an den ersten Frachtführer) übernimmt. Ab diesem Zeitpunkt geht die Gefahr auf den Käufer über.
carriage forward Fracht zahlt Empfänger, Fracht zahlbar am Bestimmungsort
carriage paid frachtfrei
carried forward → carryforward
carried interest 1. Aktien oder Aktienbezugsrechte, die ein Unternehmen Investoren in Verbindung mit einer Finanzierungsvereinbarung einräumt. 2. Gewinnbeteiligung der Management-Gesellschaft eines Wagniskapitalfonds an den Gewinnen des Fonds. → venture capital fund
carrier 1. Frachtführer, Transportunternehmen, *(im Seefrachtverkehr)* Verfrachter, 2. Reederei, Luftverkehrsgesellschaft 3. Netzbetreiber, Kommunikationsunternehmen 4. Trägerfrequenz
carrier haulage weiterführender Binnentransport durch den Reeder, Überlandtransport, i.e.S. Landlauf (Vor- oder Nachlauf) eines Containers
carrier manifest Ladungsverzeichnis des Frachtführers/Verfrachters
carrier services Leistungen des Frachtführers/des Netzbetreibers
carrier's capacity Nutzlast
carrier's liability Haftung des Frachtführers, Verfrachter-Haftung
carrier's lien Pfandrecht des Frachtführers für nicht regulierte Transportkosten
carrier's option Option des Frachtführers, die Frachtkosten entweder nach dem Gewicht der beförderten Güter oder nach dem beanspruchten Laderaum zu berechnen.
carrier type document Frachtführerdokument
carrot equity 1. Unternehmensaktien bzw. Kapitalbeteiligungen, die Mitarbeitern als Leistungsanreiz in Aussicht gestellt werden 2. Option eines Wagniskapitalfonds auf die Übernahme zusätzlicher Kapitalanteile, → venture capital fund
carryback 1. Rücktrag; i.e.S. steuerlicher Verlustrücktrag □ Verluste des laufenden Geschäftsjahres werden gegen Gewinne vorangegangener Jahre aufgerechnet. 2. → seller carryback
carryforward Vortrag, Übertrag □ eines Saldos auf die folgende Rechnungsperi-

carrying capacity

ode; i.e.S. steuerlicher Verlustvortrag □ Verluste des laufenden Geschäftsjahres werden mit Gewinnen der folgenden Jahre verrechnet.

carrying capacity Ladefähigkeit, Tragfähigkeit

carrying charges Bearbeitungsgebühr, → carrying cost

carrying cost 1. Lagerhaltungskosten □ Lagerkosten, Versicherungsprämien, Kreditzinsen 2. Bestandshaltekosten □ Zinskosten und Gebühren für die Unterhaltung von Finanzpositionen 3. Kosten für die Unterhaltung brachliegender Liegenschaften 4. Verzugsgebühr, Gebühren für eine verspätete Zahlung 5. Kosten für die Instandhaltung eines Wohn- oder Bürogebäudes

carrying temperature erforderliche Temperatur der Ladung während des Transports

carrying trade grenzüberschreitender Waren- und Dienstleistungsverkehr

carrying value Bilanzwert, Wertansatz

carryover effect 1. Verlagerung der Wirkung auf folgende Geschäftsperioden 2. *(in der Werbung)* Wirkung der Werbung über die Planungs- bzw. Etatperiode hinaus

carryover for net operating loss steuerlicher Vortrag des Nettobetriebsverlustes

carryover funds Mittel, die für eine Rechnungsperiode bereitgestellt wurden, aber auf die nächste Periode übertragen werden.

carry trade Arbitragegeschäft, bei dem ein Marktteilnehmer Mittel zu einem niedrigen Zins in Währung A aufnimmt und die Gelder zu einem höheren Zins in Währung B anlegt.

CARs → certificates of automobile receivables

cartage 1. Frachtzustellung, Rollfuhrdienst 2. Rollgeld (für die Abholung bzw. Zustellung von Frachtgut)

cartage contractor Rollfuhrunternehmer

cartoon tests Tests, bei denen die Probanden um die Fortführung des Dialogs zwischen zwei Personen in einem Cartoon gebeten werden. → thematic apperception test

carveout 1. Ausgliederung und Platzierung eines Unternehmensbereiches an der Börse 2. Abgabe einer Minderheitsbeteiligung (i.d.R. nicht über 20%) über eine Börsenplatzierung

CAS → computer-aided selling, → computer-aided strategy and sales controlling, → cost accounting standards

CASE → computer-aided software engineering, → Committee on Accounting for Smaller Entities

case-based reasoning fallbasierte Argumentation

case law Fallrecht □ vom Richter gesetztes Recht, auf Präzedenzfällen basierende Rechtsfindung

case management → workflow management system

case scenario Fallstudie, für möglich gehaltene Entwicklung

cash accounting concept zahlungsorientiertes Rechnungslegungskonzept, → cash method of accounting

cash and carry clause *(im Exportgeschäft)* Käufer bezahlt Ware in bar und lässt sie von einer von ihm beauftragten Reederei abholen

cash and cash equivalents liquide Mittel und jederzeit liquidisierbare Geldanlageformen

cash and due from banks Kassenbestand und Guthaben bei Kreditinstituten

cash asset ratio → cash ratio

cash assets i.e.S. Kassenbestand; i.w.S. Barvermögen, Barliquidität, Geldvermögen □ Kassenbestand, Bankguthaben, kurzfristige Forderungen, marktfähige Wertpapiere

cash at bank and in hand *(Bilanzposten)* Bankguthaben und Kassenbestand

cash at maturity Barzahlung bei Fälligkeit

cash awards Barleistungen an Mitarbeiter

cash back mortgage Hypothekendarlehen, bei dem der Kreditgeber dem Kreditnehmer eine Zinsrückvergütung oder sonstige Zahlung als Anreiz für einen Vertragsabschluss einräumt.

cash balance 1. Barguthaben, Saldo in bar 2. Kassenbestand 3. i.w.S. → cash assets

cash balance pension plan Betriebsrentenversicherung, bei der Leistungen in bar oder als → annuity zur Auszahlung gelangen.

cash basis *(to bring into income on a -)* nach Zahlungseingang ergebniswirksam vereinnahmen/verbuchen

cash basis delivery → cash delivery

cash basis loans zinslos gestellte Kredite □ Kredite, auf die während eines bestimmten Zeitraumes (i.d.R. drei Monate) keine Zins- und Tilgungszahlungen geleistet wurden. Es erfolgt keine Zinsabgrenzung, sondern ergebniswirksame Verbuchung nach effektivem Zahlungseingang.

cash basis of accounting → cash method of accounting

cash before delivery Kassa vor Lieferung, Barzahlung vor Auslieferung

cash benefits Barleistungen

cash bid 1. *(bei einer Zwangsversteigerung)* Bargebot 2. Barabfindungsangebot an die Aktionäre

cash bond fondsgebundene Lebensversicherung □ Die Höhe der Versicherungsleistungen ist an die Wertentwicklung eines Investmentfonds gekoppelt, dessen Kapital ausschließlich in Festgeldern oder Geldmarktpapieren angelegt wird.

cash budget Kassenplan, Liquiditätsplan, Kassenbudget □ Übersicht über die für einen bestimmten Zeitraum veranschlagten Einnahmen und Ausgaben einer Unternehmung. Cash budgets, die je nach Größe des Unternehmens auf täglicher, monatlicher oder vierteljährlicher Basis erstellt werden, ermöglichen dem Finanzdirektor die Feststellung des kurzfristigen Zahlungsmittelbedarfes bzw. die Planung der Anlage absehbarer Liquiditätsüberschüsse.

cash budgeting Planung der Kassenhaltung, Erstellung eines Liquiditätsplanes

cash burn rate → burn rate

cash centralisation Zentralisierung der Gelddisposition einer Unternehmung

cash commodity Kassa-Ware, Loko-Ware, Effektiv-Ware

cash control i.e.S. Kontrolle der Bargeldbestände; i.w.S. Liquiditätskontrolle

cash deficiency arrangement Vereinbarung, durch die sich Aktionäre oder Projektträger bei Liquiditätsengpässen zu Nachschusszahlungen verpflichten.

cash delivery 1. Lieferung gegen Barzahlung 2. tagggleiche Lieferung gehandelter Wertpapiere

cash dividend option Option auf eine Barausschüttung der Versichertendividende

cash down sale Barverkauf, Verkauf gegen Barzahlung

cash drain Abfluss von Kassenbeständen, Liquiditätsabfluss

cash earnings 1. Kassengewinn, Barerträge 2. Cashflow minus Restbuchwert abgegangener Anlagen

cash earnings margin Quotient aus → cash earnings und Umsatzerlösen

cash equivalents Zahlungsmitteläquivalente, leicht liquidisierbare Wertpapiere, geldnahe Anlagen, z.B. Schatzwechsel, Anteile von Geldmarktfonds

cash flow 1. Cashflow, Finanzüberschuss, erwirtschafteter Zahlungsmittelüberschuss, Nettozugang an flüssigen Mitteln einer Unternehmung □ Diese Kennzahl zur Messung der Ertragskraft bzw. des Innenfinanzierungsspielraumes einer Unternehmung errechnet sich wie folgt: ausgewiesener Reingewinn (Jahresüberschuss nach Steuern) zuzüglich Abschreibungen und Erhöhung der langfristigen Rückstellungen. 2. Cashflow, Immobilien-Nettoertrag □ Mietertrag nach Abzug aller Instandhaltungs- und Reparaturkosten

cash flow before/after taxes 1. Cashflow vor/nach Steuern 2. Nettoertrag aus einer Kapitalanlage/einem Immobilien-Investment vor/nach Steuern

cash flow break-even point Cashflow-Deckungspunkt □ Punkt, von dem an der Cashflow alle Fixkosten deckt.
cash flow broker → cash flow specialist
cash flow CDOs durch einen Sicherheitenpool (collateral pool) unterlegte → collateralised debt obligations, für die der Schuldendienst aus den Cashflows der Pool-Aktiva bestritten wird.
cash flow deal auf den Cashflow abgestellte Finanztransaktion/Firmenübernahme □ d.h. aus dem erwarteten Cashflow wird der Zins- und Tilgungsdienst für die aufgenommenen Fremdmittel bestritten.
cash flow forecast Cashflow-Prognose
cash flow from financing activities/from investing activities Cashflow (Mittelzufluss) aus der Finanzierungstätigkeit/aus der Investitionstätigkeit
cash flow from operating activities (from operations) Cashflow aus der Betriebstätigkeit, Mittelzufluss aus der laufenden Geschäftstätigkeit
cash flow hedge Absicherung absehbarer Geldzuflüsse gegen Wertschwankungen, Absicherung des Cashflow-Risikos
cash flow mapping Auflistung der Cashflows aus Einzelgeschäften nach Zeitpunkten und Beträgen
cash flow matching Cashflow-Kongruenz, Fälligkeitskongruenz der Zahlungsströme
cash flow per share Cashflow je Aktie, Quotient aus Cashflow und Anzahl der ausgegebenen Aktien
cash flow producing assets Cashflow generierende Vermögenswerte
cash flow rate Cashflow Rate, Verhältnis von Cashflow zum Umsatz
cash flow ratio Ertragskennziffer, Verhältnis von aktueller Börsennotierung zu Cashflow je Aktie
cash flow related lending Gewährung von Krediten, die ausschließlich aus dem Cashflow des finanzierten Projektes zurückgezahlt werden.
cash flow return on investment Cashflow Rendite, Verhältnis von Cashflow zu investiertem Kapital, die von einem Unternehmen auf das gesamte investierte Kapital erwirtschaftete Rendite
cash flow risk Cashflow-Risiko □ Risiko von Schwankungen in den erwarteten Mittelzuflüssen und -abflüssen
cash flow specialist Vermittler von Einlagen/Krediten, i.w.S. Finanzintermediär
cash flow statement Cashflow-Rechnung, Geldflussrechnung
cash flow-to-total debt ratio Verhältnis von Cashflow zur Gesamtverschuldung
cash flow underwriting *(im Versicherungsgeschäft)* an den erwarteten Prämieneinnahmen orientierte Zeichnung von (Groß-)Risiken
cash forecast Kassenprognose, Liquiditätsprognose, Liquiditätsvorschau □ Prognose hinsichtlich der künftigen Einnahmen und Ausgaben einer Unternehmung. → cash budget
cash forward transaction Kassageschäft per Termin □ Vereinbarung zwischen Käufer und Verkäufer über Lieferung und Bezahlung einer bestimmten Warenmenge zu einem vereinbarten Termin.
cash fund 1. verfügbare Barliquidität, Summe der liquiden Mittel □ Kassenbestand, Bankguthaben, Besitzwechsel, marktfähige Wertpapiere 2. Investmentfonds, der jederzeit neue Anteile ausgeben kann und nicht an eine Emission in Form von → block offers gebunden ist.
cash futures arbitrage Arbitragegeschäft, das auf der unterschiedlichen Kursentwicklung von Kassainstrument und korrespondierendem Terminkontrakt basiert. □ Obwohl die Entwicklung an den Kassa- und Terminkontraktmärkten in der Regel kongruent verläuft, bieten temporäre Abweichungen den Arbitrageuren durch gleichzeitige Käufe und Verkäufe an beiden Märkten Gewinnmöglichkeiten.
cash generating unit Mittelzuflüsse generierende Einheit
cash inflow Geldeingang, Zahlungseingänge

cash inflows from assets Mittelzuflüsse aus Vermögenswerten

cashing out equity Liquidisierung des in einem Projekt oder in einer Immobilie gebundenen Eigenkapitals

cash instrument Kassapapier, Instrument des Kassamarktes

cash-in value Rückkaufswert einer Versicherungspolice

cash inventory i.e.S. Kassenbestand; i.w.S. Zahlungsmittelbestand

cash management 1. *(in einem Industrieunternehmen)* i.e.S. Kassenhaltung, Gelddisposition, i.w.S. betriebliche Liquiditätsplanung zur Liquiditätsgewährleistung und optimalen Anlage der verfügbaren Mittel 2. *(Bankdienstleistung)* (a) unterschiedliche Service-Angebote, die aktuelle Informationen über Kontostände und Kontobewegungen sowie direkte, i.d.R. computergestützte Dispositionsmöglichkeiten für Firmenkunden vorsehen. Der Begriff Cash Management kann ferner ein maschinelles Übertragsverfahren von Kontoguthaben bzw. die Kompensation von Konten bei verschiedenen Filialen der gleichen Bank einschließen. Ziel ist es, Firmenkunden eine straffe und gewinnorientierte Steuerung der flüssigen Mittel zu ermöglichen. (b) im Privatkundensektor wird unter cash management ein umfassendes Service-Angebot für vermögende Privatkunden verstanden, das nicht nur allgemeine Kontokorrentfazilitäten, sondern auch Anlagen in Geld- und Kapitalmarktpapieren, Lebensversicherungen, etc. vorsieht.

cash management bills kurzfristige Schuldtitel des US Treasury □ den → Treasury Bills vergleichbare Titel, die jedoch im Gegensatz zu diesen in unregelmäßigen Abständen zur Überbrückung kurzfristiger Deckungslücken emittiert werden.

cash management model Kassenhaltungsmodell □ Modell zur optimalen Kassenhaltung

cash market Kassamarkt □ 1. Markt, auf dem Transaktionen mit sofortiger bzw. effektiver Erfüllung vorgenommen werden 2. *(in Verbindung mit Terminkontrakten)* Markt, auf dem die den Kontrakten zugrunde liegenden Instrumente effektiv gehandelt werden.

cash method of accounting 1. Verbuchung von Erträgen und Aufwendungen zum Zeitpunkt des effektiven Zahlungseingangs oder -ausgangs 2. steuerliche Gewinnermittlungsmethode, der zufolge Käufe und Verkäufe steuerlich in dem Geschäftsjahr berücksichtigt werden, in dem sie effektive Zuflüsse oder Abflüsse von Geld auslösen.

cash offer 1. öffentliches Zeichnungsangebot 2. Übernahmeangebot, das eine Barabfindung der vorhandenen Aktionäre vorsieht.

cash-on-cash return 1. Kapitalrendite, Barertrag aus dem investierten Kapital (Verhältnis der Nettobarerträge zum investierten Kapital), Rendite eines Immobilien-Investments 2. Rückfluss an Barmitteln

cash on deposit supporting letters of credit Gelder, die als Sicherheit für gewährte Kreditbesicherungsgarantien hinterlegt wurden.

cash on shipment Barzahlung bei Verschiffung

cash operating deficit (surplus) Zahlungsmitteldefizit (Zahlungsmittelüberschuss) aus der laufenden Betriebstätigkeit

cash or deferred arrangement gibt einem Arbeitnehmer die Wahl zwischen einer zum aktuellen Zeitpunkt steuerpflichtigen Vergütung und der steuerfreien Einzahlung in eine Altersversicherung.

cash-out merger Unternehmensverschmelzung, bei der das übernehmende Unternehmen die Minderheitsaktionäre in bar abfindet.

cash-out refinance Refinanzierung eines Hypothekendarlehens verbunden mit einer Aufstockung des aktuellen Darlehenssaldos

cash-out of vested benefits Auszahlung von Anwartschaftsrechten

cash planning Kassenplanung, kurzfristige Liquiditätsplanung, → cash budgeting
cash pooling Cash-Pooling, Bündelung der liquiden Mittel, Zentralisierung der Liquidität bei einer Bank bzw. auf einem Sammelkonto, i.w.S. unternehmensinterner Liquiditätsausgleich, → cash management
cash position 1. Kassenlage, Kassenposition, Zahlungsmittelbestand, Bestand an liquiden Mitteln □ Summe von Kassenbestand, Bankguthaben und marktfähigen Wertpapieren 2. *(in Verbindung mit einem Investmentfonds)* Prozentsatz des Fondsvermögens, das statutengemäß aus Barmitteln bzw. Geldmarktpapieren bestehen muss.
cash position ratio → cash ratio
cash ratio Barliquidität, Kassenliquidität □ Kassenbestand und marktfähige Wertpapiere in Prozent der kurzfristigen Verbindlichkeiten. → quick ratio, → current ratio
cash realisation Liquidisierung, Umwandlung in Bargeld (Zahlungsmittel)
cash receipts 1. Kasseneingänge, Bareinnahmen 2. *(als Posten eines Kassenplanes)* Kassenzuflüsse, Einzahlungen
cash receipts and disbursements method Einnahmenüberschussrechnung → cash method of accounting
cash receipts from operating/investing/financing activities Cashflow aus der laufenden Geschäftstätigkeit/aus der Investitionstätigkeit/aus der Finanzierungstätigkeit
cash redemption Bartilgung, Rückzahlung in bar
cash reduction Verringerung des Zahlungsmittelbestandes
cash refund annuity private Rentenversicherung (→ annuity), die in einer Pauschalsumme zur Auszahlung gelangt.
cash release i.e.S. Freigabe von Barmitteln, i.w.S. Bewilligung von Geldern, Auszahlungsgenehmigung
cash replenishment Auffüllung des Zahlungsmittelbestandes (Kassenbestandes)

cash report i.e.S. Kassenbericht; i.w.S. Liquiditätsübersicht, Liquiditätsstatus
cash reporting 1. Erstellung eines Kassenberichtes (eines Liquiditätsstatus) 2. Verbuchung (Bilanzierung) der Zahlungsmittelbestände
cash reserves Barreserven, Barmittelrücklagen, *(von Kreditinstituten)* Bareinlagen, kurzfristige Festgelder, Geldmarktpapiere, Schatzwechsel
cash restricted by contract gesperrte (zweckgebundene) Kassenbestände, z.B. in Verbindung mit Kreditverträgen
cash return on capital employed 1. Kapitalrendite, → cash-on-cash return 2. i.e.S. Rendite, um die ein Aktieninvestment einen richtungweisenden Marktzinssatz plus Risikoaufschlag übersteigt.
cash rider Zusatz zu einem Ratenkaufvertrag, der eine Barzahlungsoption enthält.
cash settlement Barausgleich, → contracts for differences
cash surplus 1. Kassenüberschuss 2. Zahlungsmittelüberschuss, Liquiditätsüberschuss
cash surrender value Barrückkaufwert einer Versicherungspolice
cash throw-off → cash flow
cash used in investing activities Mittelabfluss aus Investitionstätigkeit
cash value 1. Barwert 2. Rückkaufwert einer Versicherungspolice
cash value added Wertbeitrag eines Unternehmens in einem Geschäftsjahr
cash value life insurance kapitalbildende (rückkaufsfähige) Lebensversicherung
cash with order Zahlung bei Bestellung
casualty excess of loss reinsurance Schadenexzedentenrückversicherung
casualty insurance i.e.S. Haftpflichtversicherung, i.w.S. Schadenversicherung (in den Vereinigten Staaten schließt casualty insurance i.d.R. Vertrauensschaden- und Betriebsunterbrechungsversicherungen ein)
casualty losses Vermögensverluste
CAT → computer-aided testing

catalogue aggregation Zusammenfassung von Kataloginhalten (im Internet zu Produkt-/Preisvergleichszwecken)

catalogue showroom Ausstellungsraum eines Versandhändlers

catch-up provision *(bei Betriebsrentenversicherungen)* gibt dem Arbeitnehmer die Möglichkeit, in den Jahren vor dem Eintritt in den Ruhestand höhere Beitragszahlungen zu leisten.

categorical scale kategoriale Antwortskala □ Probanden wählen zwischen einer begrenzten Anzahl von Antwortalternativen

categorical variable kategoriale (kategorische) Variable □ auf nicht-metrischen Daten basierende Variable

category Warengruppe, Produktkategorie □ Gruppe verwandter Waren und/oder Dienstleistungen, → category management

category captain Hauptlieferant einer Warengruppe

category development index prozentuales Verhältnis zwischen dem Absatzvolumen, das in einer Produktkategorie in einer bestimmten Region erzielt wurde, und der dortigen Gesamtbevölkerungszahl

category management Warengruppen-Management, ergebnisorientierte Planung eines Sortimentsbereiches □ Konzept, das eine Warengruppe als strategische Geschäftseinheit betrachtet und durch die Koordination von Produktprogrammplanung und den Sortimentsanforderungen des Handels sowie durch gemeinsame Marketingbemühungen von Hersteller und Händler eine Gewinnverbesserung für diese Warengruppe anstrebt.

category manager Warengruppen-Manager, Sortimentsverantwortlicher

causal research Kausalforschung

causa proxima nahe liegende Ursache

causation Kausalzusammenhang

cause of action (ausreichender) Klagegrund, prozessualer Anspruch

caution 1. Vormerkung im Grundbuch □ zur Sicherung der Rechte eines Gläubigers oder einer anderen dritten Person 2. *(im schottischen Recht)* Kaution, Bürgschaft

cautionary obligation Bürgschaft, Bürgschaftsverpflichtung

cautioner (natürliche oder juristische) Person, zu deren Gunsten eine Vormerkung besteht.

caution money 1. Sicherheitsleistung 2. Rücklage, Rücklagenfonds

caveat formeller Hinweis, Warnung

caveat emptor Gewährleistungsausschluss (Mängelausschluss) durch den Verkäufer □ Hinweis an den Käufer, dass er Waren auf eigenes Risiko erwirbt.

caveat subscriptor → caveat vendor

caveat vendor (venditor) Gewährleistungspflicht (Sorgfaltspflicht) des Verkäufers □ Hinweis an den Verkäufer, dass er für Mängel an der verkauften Ware haftet.

CB → corporate behaviour, → Conference Board

c.b.d. → cash before delivery

CBL → corrected bill of lading

CBMS → computer-based message system

CBP → core benefit proposition

CBR → commodity box rate

CBT → computer-based training

CC → call center, → corporate communications, → corporate culture

CCA → capital cost allowance, → current cost accounting

CCAA → Companies' Creditors Arrangement Act

CCB → controlled carrier bill

CCC → care, custody or control clause, → Comptroller of the Currency, → customer care center

CCF → credit conversion factor

CCG → closed customer group

CCIRS → cross currency interest rate swap

cc method → completed contract method

CC&Rs → conditions, covenants and restrictions

C-commerce → collaborative commerce

C Corporation die in den Vereinigten Staaten bevorzugte Gesellschaftsform □ bei C Corporations handelt es sich um Kapitalgesellschaften mit einer von den Aktionären/Anteilseignern getrennten Gewinnbesteuerung (nach Subchapter C des US Internal Revenue Code). Die Rechtsform wird durch die Bezeichnung Inc., Incorporated oder Corp. nach dem Firmennamen vermittelt. → S Corporation

C customers → ABC analysis
CD → corporate design, → cross-docking
CDI → category development index
CDM → compound document management
CDOs → collateralised debt obligations
CE → consumption entry
CEA → Commodity Exchange Act
cease and desist order Unterlassungsverfügung
ceded line rückgedeckter Zeichnungsbetrag, → line
ceded reinsurances passive Rückversicherung, in Rückdeckung gegebenes Geschäft, direktes Geschäft
cedent → ceding company
ceding commission Rückversicherungsprovision, → reinsurance commission
ceding company Zedent, Erstversicherer, Vorversicherer, □ Versicherungsunternehmen, das Risiken in Rückdeckung gibt.
ceding reinsurer Retrozedent, Weiterrückversicherer
ceiling effect 1. Tatsache, dass durch eine frühzeitige Begrenzung einer Bewertungsskala nach oben kein Spielraum für eine später erforderlich werdende höhere Bewertung zur Verfügung steht. 2. Abflachung der Wirksamkeit einer Werbebotschaft/einer Marke mit steigendem Bekanntheitsgrad
cell Unterstichprobe
cell guides Container-Führungsschienen
cellular vessel Container-Schiff
center of excellence unternehmensbezogene Kernkompetenzen
center of gravity Schwerpunkt des Vertragsverhältnisses
centile Zentil □ Aufgliederung einer kumulierten Häufigkeitsverteilung in hundert gleich große Teile

central bank money stock Zentralbankgeldmenge
central cash management zentrale Kassenhaltung, → cash management
central hub zentraler elektronischer Marktplatz
centralisation of authority Zentralisierung der Leitung (der Entscheidungsbefugnisse)
centralised lenders auf die Finanzierung des privaten Wohnungsbaus spezialisierte britische Kreditgeber, die ihre Kreditgeschäfte von einem zentralen Geschäftssitz aus (i.d.R. über Kreditvermittler/Broker) abwickeln, sich also nicht auf ein Niederlassungsnetz stützen; sie refinanzieren sich nicht durch Einlagengeschäfte, sondern über Transaktionen an den Finanzmärkten.
centralised lending operations selbständige Einheiten britischer Geschäftsbanken, die als → centralised lenders fungieren
centralised management *(Charakteristikum für die Besteuerung als Kapitalgesellschaft in den Vereinigten Staaten)* zentralisiertes Management, Geschäftsführung durch Angestellte und nicht durch die Gesellschafter
central processing unit Zentraleinheit (Hauptprozessor) eines Rechners
certificate authority Zertifizierungsstelle, → certification authority
certificated carrier (konzessioniertes) gewerbliches Transportunternehmen
certificate negotiable on the stock exchange börsenfähiges Zertifikat, börsengängiger Anteil
certificate of acceptance *(bei Leasingverträgen)* Abnahmebestätigung, Übernahmebestätigung □ Dokument, in dem der Leasingnehmer die Lieferung, den mängelfreien Zustand und die Betriebsfähigkeit des Leasinggegenstandes bestätigt.
certificate of acknowledgement 1. Empfangsbestätigung 2. schriftliche Bestätigung (vor einer vereidigten Person) 3. notarielle Bestätigung der Vertragsbereitschaft der erschienenen Vertragsparteien

certificate of alternate name Urkunde über die Änderung des Firmennamens
certificate of amendment Bestätigung einer Satzungs- oder Statutenänderung, z.b. Änderung des Geschäftszwecks einer Unternehmung
certificate of analysis Analysenzertifikat □ Warenbegleitdokument im Außenhandel
certificate of authority 1. Konzession, Konzessionsurkunde, Zulassung 2. Berechtigungsnachweis, Abschlussvollmacht 3. Genehmigung der Geschäftstätigkeit einer ausländischen Gesellschaft (wird durch den Secretary of State des jeweiligen Bundesstaates erteilt)
certificate of beneficial interest Anteil an einem → business trust, verbrieftes Anteilsrecht (nach Übertragung von Gesellschaftsanteilen auf einen Treuhänder)
certificate of charge → charge certificate
certificate of claim 1. Forderungsanerkenntnis 2. Verpflichtungserklärung, durch die sich ein Kreditnehmer zur Rückerstattung aller Kosten verpflichtet, die dem Kreditgeber aus einer notwendigen Zwangsvollstreckung entstehen.
certificate of classification Schiffsklassifizierungszertifikat
certificate of conformity Übereinstimmungsnachweis
certificate of convenience zeitlich begrenzte Genehmigung/Zulassung/Bevollmächtigung
certificate of corporate resolution Bestätigung der satzungsgemäßen Fassung eines Unternehmensbeschlusses
certificate of delivery and acceptance Übernahme- und Abnahmebestätigung
certificate of deposit 1. Hinterlegungsschein, Hinterlegungsbestätigung 2. Einlagenzertifikat, Depositenzertifikat □ Unter certificates of deposit sind handelbare Geldmarkt-Zertifikate zu verstehen, die von Banken zum Zwecke der Liquiditätsbeschaffung emittiert werden. CDs werden mit Laufzeiten von 30 bis 180 Tagen emittiert und bei Fälligkeit zum Nennwert zurückgenommen.
certificate of discharge 1. (Hypotheken-) Löschungsbestätigung 2. Entlastungsbestätigung
certificate of eligibility Berechtigungsnachweis
certificate of estoppel → estoppel certificate
certificate of financial responsibility finanzielle Haftungserklärung
certificate of formation (of incorporation) Gründungsurkunde
certificate of good standing Bonitätsbestätigung, i.e.S. Bescheinigung der britischen Unternehmens-Registerbehörde, in der die ordnungsgemäße Gründung und fortdauernde Existenz einer Gesellschaft bestätigt wird.
certificate of inspection Inspektionszertifikat □ Bestätigung einer Warenprüfung vor dem Versand (i.d.R. durch eine dritte neutrale Stelle)
certificate of insurance Versicherungsnachweis, Deckungszusage
certificate of limited partnership Registrierungsbestätigung (Gründungsurkunde) einer Kommanditgesellschaft
certificate of no defense Einverständniserklärung, → estoppel certificate
certificate of non-manipulation Bestätigung der Reederei bzw. der Zollbehörden, dass während des Warenumschlags keine unbefugten Personen Zutritt zu den Waren hatten.
certificate of occupancy (zum Gebäudebezug berechtigende) Abnahmebestätigung der Baubehörde
certificate of participation 1. Anteilschein 2. Betriebsrentenversicherungspolice
certificate of pay and tax deducted Gehalts- und Lohnsteuerbescheinigung
certificate of purchase 1. Kaufbestätigung, Kaufnachweis 2. Ersteigerungsnachweis
certificate of reasonable value Wertnachweis, Bestätigung des Beleihungswertes
certificate of redemption → certificate of satisfaction

certificate of registration 1. Eintragungsbescheinigung, Registrierungsnachweis 2. Bestätigung der Eintragung eines Sicherungspfandrechtes
certificate of registry Schiffsregisterbrief
certificate of reinsurance Rückdeckungszusage
certificate of satisfaction (Hypotheken-)Löschungsbestätigung, Tilgungsbestätigung
certificate of service Zustellungsbestätigung
certificate of shipment 1. Verschiffungsanzeige, Versandanzeige 2. Ladeschein
certificate of summary administration Gerichtsbeschluss zur Eröffnung eines summarischen Konkursverfahrens, → summary administration
certificate of tax deposit verzinsliches Steuerzertifikat ◻ CTDs können von Steuerzahlern (natürlichen und juristischen Personen) bei den Finanzbehörden erworben und mit der später anfallenden Steuerschuld verrechnet werden. Die Verzinsung erfolgt in enger Anlehnung an die Marktsätze.
certificate of title Bestätigung eines rechtsbeständigen Eigentumstitels, Eigentumsnachweis
certificate revocation list Zertifikatssperrliste, → certification authority
certificates of automobile receivables durch Forderungen aus Kfz-Darlehen unterlegte → pass-through securities
certification *(in der Qualitätskontrolle)* Zertifizierung ◻ Bestätigung, dass ein Unternehmen über ein angemessenes Kontrollmanagement-System verfügt.
certification authority Zertifizierungsstelle ◻ vergibt und verwaltet digitale Zertifikate, d.h. öffentliche Schlüssel von Kommunikationspartnern zur Gewährleistung sicherer und einfacher Online-Transaktionen.
certification mark Gütezeichen, Garantiemarke
certification of trust Nachweis über die Errichtung eines Trust (Stiftung mit treuhandschaftlichem Charakter)
certification trademark Gütezeichen, Garantiemarke, Verbandszeichen
certified public accountant Wirtschaftsprüfer, Abschlussprüfer
certiorari → writ of certiorari
cessate grant zusätzliches Darlehen, Verlängerung der Bezuschussung
cesser of interest Erlöschen eines Rechtes
cesser of liability Entlassung aus der Haftung, Beendigung der Haftung
cession 1. Abtretung 2. Rückdeckung, Rückversicherung, in Rückversicherung gegebener Betrag
cessionary bankrupt Gemeinschuldner, der sein Vermögen auf seine Gläubiger überträgt.
cession limit Gesamtsumme, die in Rückdeckung gegeben werden kann.
cession of goods Vermögensübertragung, Vermögensabtretung
cestui que use (trust) Treuhandbegünstigter, Empfänger der aus dem Treuhandvermögen erzielten Erträge
ceteris paribus unter ansonsten gleichen Bedingungen
CF → commodity financing
CFAT → cash flow after taxes
CFB → consumer franchise building
CFBT → cash flow before taxes
CFC → controlled foreign company/foreign corporation
CFE → customer-furnished equipment
CFNAI → Chicago Fed National Activity Index
CFR → cost and freight, → Code of Federal Regulations
CFROI → cash flow return on investment
CFS → container freight station
CFS/CFS → container freight station to container freight station
c/fwd → carryforward
CGL → comprehensive general liability insurance
C.H. → carrier haulage
chainage diagram Kettendiagramm

chain management Steuerung einer Folge von Geschäftsprozessen, → supply chain management
chain of command Instanzenweg
chain of custody Verwahrkette, Kette der Verwahrstellen
chain of title Eigentümerkette, Kette von registrierten Eigentümern (von Rechtstitelübertragungen), → title insurance
challenge 1. Anfechtung ▫ von Rechten, Beweismitteln 2. Einwand, Einspruch 3. *(challenge for cause)* Ablehnung wegen Befangenheit
challenge and response Verfahren zur Benutzeridentifizierung
challenger strategy auf die Herausforderung von Marktführern ausgerichtete Marketing-Strategie
chambers → hearing in chambers
champertor → champerty
champerty Vereinbarung mit einem Kläger, derzufolge eine dritte Partei (champertor) die Finanzierung eines Rechtsstreites bzw. dessen Fortführung gegen die Zusicherung übernimmt, dass sie einen Teils des Prozessgewinnes bei positivem Verfahrensausgang erhält.
champions Personen, die beschlossene Veränderungen im Unternehmen unterstützend begleiten.
chance management Chancen-Management, konsequente Nutzung von Wachstums- und Gewinnpotentialen
changeability technologische Wandelfähigkeit
change agent für betriebliche Veränderungsprozesse zuständige Person
change in accounting method Änderung des Bilanzierungsverfahrens
change management Veränderungsmanagement, Transformationsmanagement, Planung und Steuerung der Veränderungsprozesse in einem Unternehmen, Planung und bewusste Gestaltung des Wandels
change of venue Gerichtsstandswechsel, Verlegung des Verhandlungsortes
change order clause Vertragsanpassungsklausel ▫ regelt die Anpassung des Vertrages an veränderte Umstände.
change request Änderungsanforderung, Forderungen nach Modifizierung der Spezifikation/Konstruktion
changes affecting investment funds zahlungswirksame Veränderungen des Finanzmittelbestandes
changes in equity statement Eigenkapitalveränderungsrechnung
changes in financial position → statement of changes in financial position
changes in inventories of finished goods Bestandsveränderungen an fertigen Erzeugnissen
channel captain Kanalkapitän ▫ Unternehmen, das die Marketingstrategie der anderen Teilnehmer in einem Vertriebskanal/Absatzweg stark beeinflusst.
channel choice → channel selection
channel competition Kanalwettbewerb, Wettbewerb innerhalb eines Vertriebskanals
channel conflict Kanalkonflikt, Konflikte innerhalb eines Absatzkanals oder zwischen verschiedenen Absatzkanälen
channel decision Absatzwegentscheidung
channel length Länge des Absatzweges
channel level Absatzwegstufe
channelling of investments Investitionslenkung
channel management Kanal-Management, Steuerung und Erschließung von Distributionskanälen, Gestaltung der Vertriebswege
channel master → channel captain
channel mix Absatzkanal-Mix, Vertriebswege-Mix, Kombination der einzelnen Absatzkanäle
channel partner Kanalpartner, Partner im Vertriebs- und Distributionsbereich
channel policy Absatzwegepolitik
channel selection Wahl der Absatzwege
channel tyranny Einnahme einer dominierenden Stellung im Absatzkanal
Chapter 7 liquidation/Chapter 7 proceedings ein Konkursverfahren nach Chap-

ter 7 des US → Bankrupty Code kann freiwillig (durch den Schuldner selbst/voluntary bankruptcy) oder unfreiwillig (durch die Gläubiger/involuntary bankruptcy) angestrengt werden. Nach Konkurseröffnung wird ein Konkursverwalter eingesetzt, der die Vermögenswerte liquidiert. Unter der Voraussetzung, dass kein Konkursdelikt festgestellt wurde, endet das Verfahren mit einer Entlastung des Konkursschuldners von seinen Verpflichtungen, → non-dischargeable debt ausgenommen.

Chapter 11 Die Bestimmungen dieses Kapitels des US → Bankrupty Code ermöglichen es einem zahlungsunfähigen Unternehmen, sich für einen gewissen Zeitraum den Forderungen seiner Gläubiger zu entziehen und den Versuch einer Sanierung (→ reorganization) zu unternehmen, d.h. vorbehaltlich der Zustimmung durch das zuständige Gericht, können die Vermögenswerte nicht gepfändet werden und der Schuldner kann bestimmte Zins- und Tilgungsleistungen sowie die Erfüllung bestimmter Verpflichtungen aussetzen. Im Allgemeinen steht dem Schuldner ein Zeitraum von neunzig Tagen für die Ausarbeitung eines Sanierungsplanes mit den Gläubigern zur Verfügung.

Chapter 12 regelt Insolvenzverfahren für kleinere bis mittlere Agrarbetriebe, deren Verbindlichkeiten USD 1.5 Mio nicht überschreiten. Ziel ist die Ausarbeitung eines Sanierungsplanes bzw. Vergleich mit den Gläubigern

Chapter 13 Ein Insolvenzverfahren nach Chapter 13 kann nur freiwillig von Privatpersonen beantragt werden. Ziel ist eine gerichtlich überwachte Schuldenregelung (deutliche Verbilligung der Kreditkosten, Verlängerung der Rückzahlungsfristen). Im Gegensatz zu einem Verfahren nach → Chapter 7 ist i.d.R. die vollständige Rückzahlung der Verbindlichkeiten erforderlich. Kommt der Schuldner seinen Verpflichtungen aus dem Sanierungsplan nicht nach, kann ein Gläubiger das Gericht bitten, das Verfahren in eine Liquidation nach → Chapter 7 umzuwandeln. → conversion

characterization *(i.S. des US-Steuerrechts)* steuerliche Einordnung einer ausländischen Gesellschaft, *(characterization of income)* steuerliche Einordnung von Erträgen

charge 1. Sicherungsrecht, Sicherungspfandrecht □ Eine charge unterscheidet sich von einer mortgage insofern, als bei ihr im Gegensatz zur mortgage keine Übertragung der Eigentumsrechte auf den Gläubiger erfolgt. Dem Letzteren werden nur bestimmte Sicherungsrechte am verpfändeten Gegenstand eingeräumt. → fixed charge, → floating charge 2. Aufwand, Aufwandsposten (i.d.R. ein außerordentlicher Aufwand oder Verlust), Wertberichtigung 3. Schuldvorwurf

chargeable accounting period (Körperschafts-)Steuerjahr, Bemessungszeitraum

chargeable gain steuerpflichtiger (Veräußerungs-)Gewinn

chargeable to capital account aktivierungspflichtig

chargeable weight Ladungsgewicht, Nettogewicht □ das der Frachtberechnung zugrunde gelegte Gewicht

charge account system Teilzahlungskreditsystem, Kaufkreditsystem

charge against the cost of production Anrechnung auf die Produktionskosten

charge and discharge statement Schlussrechnung eines Treuhänders bzw. Vergleichsverwalters

chargeback system Umlage aller Instandhaltungs- und Reparaturkosten auf die Mieter

charge by way of legal mortgage Hypothek(enbestellung) nach dem Law of Property Act 1925

charge certificate 1. Belastungsurkunde, Schuldurkunde 2. Hypothekenbrief (für den Hypothekengläubiger bestimmter) Auszug auf dem britischen Land Registry

chargee Pfandrechtsgläubiger, Inhaber eines Sicherungsrechtes (z.B. am Vermögen der Gesellschaft)

charge-off 1. Abbuchung (Ausbuchung) uneinbringlicher Forderungen oder Kredite 2. Summe der vorgenommenen Wertberichtigungen (Wertreduzierungen)

charge period Berechnungszeitraum

charges forward Einzug von Fracht und Kosten per Nachnahme

charges on income 1. (außerordentliche) Aufwendungen 2. Wertberichtigungen

charges register Lastenverzeichnis □ Teil des → land register, in den Belastungen und Grundpfandrechte eingetragen werden (entspricht in etwa den Abteilungen 2 und 3 des deutschen Grundbuches).

charge upon the assets of the company ein auf den Vermögenswerten der Gesellschaft lastendes Sicherungspfandrecht. → fixed charge, floating charge

charging order 1. Pfändungsbeschluss, Beschlagnahmeverfügung □ gerichtliche Verfügung, durch die ein Gläubiger ein Sicherungspfandrecht erhält. 2. *(i.S. des → Insolvency Act)* gerichtliche Verfügungsbeschränkung (z.B. hinsichtlich der zur Konkursmasse zählenden Vermögenswerte)

charging order absolute endgültiger Pfändungsbeschluss

charging order nisi vorläufiger Pfändungsbeschluss

charging order to show cause vorläufiger Pfändungsbeschluss

charging power Vollmacht zur Belastung des Anlagevermögens

charging resolution Beschluss des Verwaltungsrates hinsichtlich der Belastung von Vermögenswerten

chargor Pfandrechtsgeber

chart analysis Chart-Analyse □ Auswertung von Kursdiagrammen, bei der der Chartist auf der Basis typischer, wiederkehrender Formationen eine Marktanalyse bzw. Signale für Kauf- und Verkaufsempfehlungen abzuleiten versucht. →

chart theory

chartered accountant Wirtschaftsprüfer, Abschlussprüfer

chartered insolvency practitioner durch die zuständige Standesvereinigung zugelassener → insolvency practitioner

charterer pays dues Charterer zahlt die Abgaben

chartering Chartern, Einchartern von Schiffen

chartering broker Befrachtungsmakler

charter option Charter-Option, Option auf Fortsetzung des Chartervertrages zu den vorher vereinbarten Konditionen·

charter party Charterpartie, Chartervertrag, Seefrachtvertrag im Chartergeschäft □ Überlassung von Schiffsfrachtraum oder des gesamten Schiffes durch den Eigentümer an einen Charterer (Mieter) für eine bestimmte Dauer (time charter) oder eine bestimmte Reise (voyage charter).

charter rate Charter-Rate, im Chartervertrag festgelegte Mietzahlung für das Schiff

chart points Chart-Punkte, kritische Punkte (Unterstützungs- bzw. Widerstandslinien) in der → chart theory

chart theory Chart-Theorie □ Theorie, der zufolge die Kursentwicklung von Wertpapieren bestimmten Formationen folgt, von denen auf eine Bestätigung bzw. Umkehr des jeweiligen Trends geschlossen werden kann.

chase demand strategy Produktionsstrategie, die eine Anpassung der Ausbringungsmenge an die jeweilige Nachfragesituation vorsieht.

chaser 1. Erinnerungsschreiben 2. → progress chasers (officers)

chattel → chattels

chattel mortgage Darlehen auf bewegliches Sacheigentum, Pfandrecht an einer beweglichen Sache □ entspricht in etwa der Sicherungsübereignung nach deutschem Recht.

chattel mortgagee Pfandgläubiger, Pfandnehmer

chattel mortgagor Pfandschuldner, Pfandgeber

chattel paper Geldforderungen ☐ i.d.R. handelt es sich bei chattel paper um negoziierbare Instrumente in Verbindung mit einer Sicherungsvereinbarung.

chattels bewegliche Vermögensbestandteile, bewegliches Sacheigentum, Einrichtungsgegenstände, Mobiliarvermögen

chattels corporeal besitzfähige Vermögensbestandteile

chattels incorporeal forderungsgleiche Vermögensbestandteile

chattels personal Personalvermögen, Personalhabe (des Erblassers)

chattels real Immobiliarvermögen, Realhabe (des Erblassers)

CHC → closely held corporation, → cargo handling charges

cheaper-goods strategy Marketing-Strategie, die darauf ausgerichtet ist, neue Marktanteile durch Niedrigpreisangebote zu gewinnen.

checking question *(in der Marktforschung)* Kontrollfrage ☐ Wiederholungsfrage, um die Genauigkeit einer zuvor gegebenen Antwort festzustellen.

check list method Checklistenverfahren, Entscheidungsfindung auf der Grundlage einer Checkliste (Aufstellung aller zu berücksichtigenden Faktoren)

checks and balances *(principle of -)* Prinzip der gegenseitigen Kontrolle

check-the-box rule gibt den in den Vereinigten Staaten steuerpflichtigen natürlichen oder juristischen Personen die Möglichkeit, zwischen einer Besteuerung als corporation (Kapitalgesellschaft), partnership (Personengesellschaft) oder branch (Betriebsstätte) zu wählen.

ch.fwd. → charges forward

Chicago Fed National Activity Index monatliches US-Konjunkturbarometer der Chicago Federal Reserve Bank ☐ gewogener Durchschnitt von 85 makroökonomischen Teilindikatoren

Chief Executive Officer Vorstandsvorsitzender, Generaldirektor

Chief Financial Officer Finanzvorstand

Chief Information Officer Technologievorstand ☐ Aufgaben: Gewährleistung einer optimalen Technologieinfrastruktur/Kommunikationstechnologie im Unternehmen, Gestaltung der Schnittstellen unter technologischen Gesichtspunkten

Chief Investment Officer für Anlageentscheidungen zuständiges Vorstandsmitglied

Chief Knowledge Officer Leiter des Wissen-Managements

Chief Legal Officer Chefsyndikus

Chief Production Engineer Leiter der Fertigungsvorbereitung

Chief Quality Engineer Leiter der Qualitätskontrolle

chief rent durch den Grundstückseigentümer zu tragende Abgabe

chilling gesetzwidrige Preisabsprache von Bietern vor einer Versteigerung

Chinese walls Informationsbarrieren innerhalb eines Unternehmens zur Vermeidung von Insider- oder Interessenkonflikten

Chi square rest Chi-Quadrat-Test ☐ Vergleich der empirischen Häufigkeiten mit den hypothetischen; bei einem zu großen Unterschied hat die Hypothese keinen Bestand.

choice criteria Auswahlkriterien

choice of law clause *(bei internationalen Handelsverträgen)* Rechtswahlklausel

choses in action Forderungsrechte, forderungsgleiche Vermögensbestandteile

choses in possession besitzfähige Vermögensbestandteile

chunks Produktmodule, Bausteine der Produktarchitektur

CHWT → chargeable weight

CI → continuous improvement, → corporate identity

CIC → customer interaction center

c.i.c. → culpa in contrahendo

CID → confidential invoice discounting

CIF → cost, insurance and freight

CIFCI → cost, insurance, freight, commis-

sion, interest
CIF, landed → cost, insurance and freight – landed
CIM → computer-integrated manufacturing
C-Inventory management → collaborative inventory management
CIO → Chief Information Officer
CIP → carriage and insurance paid to, → chartered insolvency practitioner, → continuous improvement process, → Community Investment Programm
CIQ → computer-integrated quality assurance
circuit Gerichtsbezirk, → federal judicial district
Circuit Court of Appeals US-Appellationsgericht, → Court of Appeals
circular combination (trust) Verbindung von horizontaler und vertikaler Unternehmenskonzentration
circular letter of credit Zirkularkreditbrief, Reisekreditbrief
circumstantial evidence Beweise, die sich durch die Umstände ergeben.
circus swap kombinierter Zins- und Währungsswap ☐ d.h. Festzinszahlungen in einer bestimmten Fremdwährung werden gegen zinsvariable (z.B. auf Libor basierende) Zahlungen in USD getauscht.
CIS → customer interaction systems
citation Ladung, Vorladung
City's Take-over Panel Ausschuss der Londoner City zur Überwachung von Firmenzusammenschlüssen
civil action 1. Zivilklage, zivilrechtliche Klage, Zivilsache 2. Privatklage, Nebenklage
civil action for tort deliktische Klage
civil authority clause Klausel einer Brandversicherungspolice, durch die behördlicherseits verursachte Schäden (z.B. zusätzliche Schäden durch Löscharbeiten) abgedeckt werden.
civil defendant Beklagter im Zivilprozess
civil disabilities aberkannte bürgerliche Ehrenrechte

civil jurisdiction Zivilgerichtsbarkeit
civil jury instructions Rechtsbelehrung der Geschworenen in einem Zivilprozess ☐ nach amerikanischem Recht können auch Zivilsachen durch Geschworene entschieden werden.
civil liability zivilrechtliche Haftung
civil litigation zivilrechtliche Streitigkeiten, bürgerliche Rechtsstreitigkeiten
civil proceedings (process) Verfahren in Zivilsachen, Zivilprozess
civil remedy Rechtsbehelf, Rechtsmittel zur Durchsetzung zivilrechtlicher Ansprüche
civil rules → Federal Rules of Civil Procedure
civil suit → civil action
ckd. → completely knocked down
c.l. → carload
claim 1. Forderung, (Kompensations-)Anspruch, Anrecht 2. Klage, Klagebegehren 3. Versicherungsschaden, Schadenfall, Anspruch gegenüber einer Versicherungsgesellschaft 4. Angebotsanspruch, mit einem klaren Produktanspruch verbundene Werbeaussage
claim adjustment Schadenregulierung
claimant 1. Antragsteller, Forderungsberechtigter 2. Klageberechtigter 3. *(im Versicherungsfall)* Geschädigter, Anspruchsteller
claim equalisation fund *(eines Versicherungsunternehmens)* Schwankungsrückstellung
claim for damages Schadenersatzanspruch, Schadenersatzforderung
claim holder 1. Anspruchsberechtigte/r 2. Gläubiger/in 3. Inhaber/in einer Konkursforderung
claim management Nachforderungsmanagement, Bearbeitung von Nachforderungen aus Vertragsabweichungen, i.w.S. Mechanismen zur Behebung von Störungen der Vertragsdurchführung
claim notification Schadenanzeige, Schadenmeldung
claim of lien Pfandrecht eines Subunternehmers

claim of ownership (of title) Eigentumsanspruch
claim of right doctrine Grundsatz, demzufolge Einnahmen in dem Steuerjahr zu versteuern sind, in dem der Steuerzahler uneingeschränkt über sie verfügen kann.
claim particulars Klagebegründung
claim preclusion Ausschluss eines Anspruchs/einer Klage, → doctrine of collateral estoppel
claims adjuster (agent, assessor) Regulierer, Regulierungsbeauftragter
claims arising from current accounts Ansprüche aus laufender Rechnung
claims condition Voraussetzung für eine Schadenregulierung
claims discharge Leistungsfreiheit, Befreiung des Versicherers von der Leistungspflicht
claims escalator clause Leistungsanpassungsklausel
claims expenditure Schadenaufwendungen, Aufwendungen für Versicherungsfälle
claims experience Schadenquote
claims handling Schadenabwicklung, Bearbeitung von Schadenfällen
claims-made basis Leistungsprinzip im Versicherungsgewerbe, demzufolge Ansprüche nur reguliert werden können, wenn sie während der Laufzeit der zugrunde liegenden Police angemeldet werden. → claims-occurrence policy
claims-occurrence policy Versicherungspolice, bei der Schäden auch nach Ablauf einer Police gemeldet werden können, wobei sie aber während des Versicherungszeitraumes eingetreten sein müssen.
claims payable fällige Leistungen
claims procedure Schadenregulierungsverfahren
claims ratio Schadenquote □ Verhältnis von Schadenaufwendungen zu verdienten Beiträgen
claims release Freistellung von Forderungen
claims reported gemeldete Schäden
claims representative → claims adjuster
claims repudiation Ablehnung der Versicherungsleistung
claims reserve Schadenreserve, Schadenrückstellung
claims settlement Schadenregulierung, Schadenfeststellung und Erbringung der Versicherungsleistung
claims settling agent → claims adjuster
claim to possession Anspruch auf Besitzeinräumung
class A and B stock Aufteilung des Stammaktienkapitals einer Gesellschaft in zwei Kategorien, wobei Stimmrechte und sonstige Vorrechte nur mit einer Kategorie verbunden sind.
Class A, B, C, D → building classifications
class action Sammelklage, Gruppenklage □ Kollektivklage, bei der eine oder mehrere Personen einer Gruppe im Namen der Gruppe eine Klage einreichen.
class defendant die bei einer → class action beklagte Partei
class directors Mitglieder eines Board of Directors, deren Mandate zeitlich gestaffelt sind.
classification 1. Klassifizierung, Einteilung in Gruppen 2. Aufgliederung 3. (i.S. des US-Steuerrechts) steuerliche Einordnung einer ausländischen Gesellschaft 4. Klassifikation von Schiffen □ Einstufung von Schiffen in bestimmte Klassen nach Größe, Bauart, Tragfähigkeit und Ladetüchtigkeit. Die Versicherungsprämie richtet sich nach der jeweiligen Klasse. 5. Klassifizierung von Gebäuden, → building classifications
classification certificate Klassifikationsattest, → classification (4)
classification clause Klassifikationsbestimmung □ Klausel einer Seeversicherungspolice, die die Klassifizierung eines Schiffes vorschreibt.
classification of assets risikomäßige Einstufung nicht ordnungsgemäß bedienter Kredite □ erfolgt durch das Office of Thrift Supervision in drei Stufen: substandard (Kredite, bei denen die Bonität des Kreditnehmers oder die Werthaltigkeit der Si-

cherheit nicht ausreichend gewährleistet ist); **doubtful** (Kredite, deren Rückzahlung fraglich bis unwahrscheinlich ist); **loss** (Kredite, die als uneinbringlich abgeschrieben werden müssen).

classification of risk Risikoklassifizierung, Einteilung von Risiken in Gruppen oder Klassen

classification questions Fragen zur demographischen Einordnung von Testpersonen

classification rating Tarifeinstufung

classification register Schiffsklassenregister

classified as nonaccrual *(loan~)* für Not leidend erklärtes Kreditengagement

classified board → staggered board

classified common stock → class A and B stock

classified separately in the income statement gesondert in die Gewinn- und Verlustrechnung eingestellt

classified stock in mehrere Klassen aufgeteilte Stammaktien, z.B. Class-A- und Class-B-Aktien

class meeting Hauptversammlung, zu der die Inhaber (Aktionäre) einer bestimmten Gattung von Wertpapieren einberufen werden. → class A and B stock.

class of business Versicherungssparte

class of creditors Gläubigergruppe □ von einer class of creditors wird gesprochen, wenn die Gläubiger nach der Art der von ihnen gehaltenen Forderungen in verschiedene Gruppen unterteilt werden.

class plaintiffs Kläger im Rahmen einer Gruppenklage, → class action

class premium rate Prämiensatz für eine Risikoklasse

class price (Sonder-)Preis für eine bestimmte Käufergruppe

class rate Gruppentarif, Frachtrate für eine bestimmte Warengruppe/Ladungsart

class rating *(im Versicherungssektor)* Festlegung von gruppenspezifischen Prämienrichtzahlen

class rights die mit einer Aktiengattung verbundenen Rechte

class suit → class action

class voting Stimmrechtsform, bei der nur Inhaber einer bestimmten Aktiengattung stimmberechtigt sind.

claused mit Vorbehalten versehen

clawback 1. Rückforderung □ gewährter Vergünstigungen durch Steuer- oder Zollbehörden 2. Rückforderung von Zahlungen, die ein insolventes Unternehmen nach der Konkurseröffnung an Gläubiger geleistet hat. 3. → clawback application

clawback application Zeichnung neuer Aktien einer Unternehmung durch die alten Aktionäre

clawback provisions Bestimmungen, die Altaktionären ein Vorzugszeichnungsrecht auf neue (junge) Aktien einräumen.

Clayton Act eines der US-Kartellgesetze □ Kernpunkte: Verbot von Zusammenschlüssen, von denen eine wettbewerbsbeschränkende Wirkung ausgeht. Führungspositionen in Unternehmen, die in einem Wettbewerb zueinander stehen, dürfen nicht durch die gleichen Personen besetzt werden.

clean CMO Emission von → collateralised mortgage obligations, bei der auf alle Tranchen regelmäßige Zinszahlungen geleistet werden. Rückzahlungen erfolgen auf jeweils nur eine Tranche. Erst wenn diese getilgt ist, kann mit der Rückzahlung der nächsten Tranche begonnen werden.

clean collection einfaches Inkasso □ Inkasso, dem nur Zahlungspapiere zugrunde liegen, das also nicht von Handelspapieren begleitet wird.

clean-cut provision Bestimmung eines Versicherungsvertrages, der zufolge die Leistungspflicht des Versicherers mit dem Ablauf der Police endet.

clean deposits Einlagen-(Geldhandels-) Geschäfte, denen keine → certificates of deposit zugrunde liegen.

clean opinion uneingeschränkter Bestätigungsvermerk

clean-up 1. (vorübergehende) Rückführung

clearance

eines Kredites 2. Bilanzsanierung (durch Verringerung der Verbindlichkeiten bzw. Umschuldungsmaßnahmen)
clearance 1. Klarierung, Abfertigung eines Schiffes 2. Verzollung
clearance agent Klarierungsmakler, Klarierungsagent □ übernimmt die Schiffsabfertigung
clearance cost Klarierungskosten, Abfertigungskosten
clearance loan kurzfristiges Darlehen zur Einlösung von Verbindlichkeiten aus Wertpapiergeschäften
clearance outward Ausklarierung, Abfertigung eines Seeschiffes
clearance terminal Zollabfertigungsterminal
clear annual value Nettoertragswert per annum
clear chain of title lückenlose Eigentumskette, → title insurance
clear days volle Tage □ z.B. 1. Laufzeit eines Vertrages ohne den Tag des In-Kraft-Tretens und des Ablaufes 2. Zeitraum zwischen dem Tag der Zustellung der Einberufungsbekanntmachung und dem Zusammentreten der Hauptversammlung.
cleared without examination verzollt ohne Ladungskontrolle
clear estate lastenfreier Grundbesitz
clearing instruments/clearings Abrechnungspapiere □ Schecks und sonstige zur Verrechnung eingereichte Papiere
clear market price → fair market value
clear of encumbrances lastenfrei
clear profit Reingewinn
clear reflection of income 1. ordnungsgemäße und vollständige Angabe des zu versteuernden Einkommens 2. *(clear reflection of income and expenditure)* periodengerechte Erfassung von Einnahmen und Ausgaben
clear title rechtsbeständiger und lastenfreier Rechtstitel (Eigentumsanspruch)
Clerk of Court Leiter der Gerichtsgeschäftsstelle
click and mortar Verbindung von traditionellem Einzelhandel und Online-Einkauf
click-through rate Verhältnis zwischen der Anzeigehäufigkeit eines Banners und der Häufigkeit, mit der er angeklickt wurde.
client Klient □ System oder Programm in einem Netzwerk, das die Dienstleistungen eines Servers in Anspruch nimmt.
clienting Aufbau einer persönlichen Beziehung zu den Kunden, i.w.S. alle auf Kundenzufriedenheit und langfristige Kundenbindung ausgerichtete Maßnahmen
client interaction device Gerät, über das mit Kunden kommuniziert wird.
client retention Bindung von Kunden an ein Unternehmen
client server architecture (model) Client/Server Modell □ Datenbankkonzept zu einer Arbeitsteilung zwischen Rechnern: Es sieht vor, dass es sich bei jedem Rechner entweder um einen client handelt, der Dienste nutzt, oder um einen Server, der die Dienste bzw. Ressourcen bereitstellt.
client-solicitor privilege Schweigepflicht des Anwalts
Clifford trust unter Lebenden errichteter Trust, bei dem Vermögenswerte für einen bestimmten Zeitraum auf Dritte übertragen werden, die in den Genuss anfallender Erträge kommen. Nach Ablauf dieses Zeitraumes kann eine Rückübertragung der Vermögenswerte auf die Treugeber erfolgen.
CLM → capital market line
CLN → credit-linked note
CLO → Chief Legal Officer, → collateralised loan obligations
close company (corporation) Gesellschaft, die sich im Besitz von fünf oder weniger Gesellschaftern befindet (i.d.R. handelt es sich bei den Gesellschaftern um Familienmitglieder, die aktiv im Firmenmanagement engagiert sind).
closed bridger → bridger
closed contract → closed insurance contract
closed coverage geschlossene Bauweise
closed customer group → closed user group

closed-ended questions *(in der Meinungsbefragung)* geschlossene (strukturierte) Fragen, Fragen mit vorformulierten Antworten, → open-ended questions

closed-end fund geschlossener Investmentfonds, Investmentfonds mit im Voraus festgelegter Emissionshöhe □ Bei den angloamerikanischen close-end funds handelt es sich um börsennotierte Anlagefonds, d.h. Käufe und Verkäufe von Anteilsscheinen erfolgen über die Börse. Es werden keine auf dem inneren Wert basierende Ausgabe- und Rücknahmepreise ermittelt. Der Kurswert wird durch Angebot und Nachfrage bestimmt.

closed-end issue Emission, bei der der Anleihevertrag eine weitere Emission gegen die gleiche Sicherheit ausschließt.

closed-end lease Leasing-Vertrag, bei dem bei Vertragsabschluss der Restwert der vermieteten Ausrüstungen festgelegt wird, d.h. der Leasinggeber trägt das Risiko einer Wertminderung bzw. eines geringen Restwertes des Leasinggegenstandes (fahrlässig oder vorsätzlich verursachte Schäden ausgenommen).

closed-end management company → closed-end fund

closed-end mortgage Festbetragshypothek, Höchstbetragshypothek □ schließt eine weitere Belastung des zugrunde liegenden Sicherungsgegenstandes aus.

closed-end property fund geschlossener Immobilienfonds, → closed property fund

closed indent → indent

closed insurance contract Versicherung, bei der Bedingungen und Prämiensätze nach Vertragsabschluss nicht mehr abgeändert werden können.

closed interview strukturiertes Vorstellungsgespräch, strukturierte Befragung □ das Gespräch wird auf der Grundlage vorgegebener Fragen geführt. → open interview

closed loop transaction management internetbasierte Steuerung des gesamten Beschaffungsprozesses (vom Einkauf bis zur Abwicklung)

closed mortgage 1. getilgte (gelöschte) Hypothek 2. Hypothek, die nicht oder nur gegen Zahlung einer Vorfälligkeitsentschädigung vorzeitig zurückgezahlt werden kann 3. → closed-end mortgage

closed property fund geschlossener Immobilienfonds □ für den Kauf oder Bau gewerblicher Immobilien werden Anteilsscheine bei einem begrenzten Kreis privater Anleger platziert.

closed sales territory → exclusive sales territory

closed shops Unternehmen, in denen aufgrund von Vereinbarungen zwischen Geschäftsleitung und einer Gewerkschaft nur Mitglieder dieser Gewerkschaft beschäftigt werden konnten. Vereinbarungen dieser Art wurden mit dem → Taft Hartley Act für rechtswidrig erklärt.

closed system geschlossenes (unternehmensspezifisches) System

closed user group geschlossene Nutzergruppe □ d.h. ein Anbieter stellt seine Produkte nur einer genau definierten Nutzergruppe zur Verfügung

closed vented container geschlossener belüfteter Container

closely held corporation → close company (corporation)

close-out 1. Glattstellung 2. zwangsweise Liquidation einer Wertpapier-/Terminposition durch eine Bank oder ein Broker-Haus bei Zahlungsverzug des Kunden

close-out netting Liquidationsnetting □ im Falle der Insolvenz eines Kontrahenten erfolgt die Verrechnung aller Forderungen und Verbindlichkeiten aus Einzelgeschäften zu einem einzigen Saldo

close-out phase Schlussphase, letzte Phase im Projektlebenszyklus

closing Kauf-/Vertragsabschluss, Abschluss einer Finanztransaktion (z.B. Kauf/Verkauf einer Immobilie, Abschluss eines Hypotheken-/Kredit-/Emissions- oder Übernahmevertrages □ Zusammenkunft der Vertragsparteien (z.B. Käufer und Verkäu-

closing agent

fer oder Kreditgeber und Kreditnehmer), bei der die Zahlung aller fälligen Beträge, einschließlich der mit der Transaktion verbundenen Kosten (→ closing costs) sowie der Rechtsübergang bzw. Austausch der Eigentumsurkunden erfolgt. Der Termin der Vertragsunterzeichnung (signing) kann, muss aber nicht mit dem des closing identisch sein. Erfolgen beide gleichzeitig, spricht man von einem simultaneous closing, folgt das closing erst einige Zeit nach dem signing, von einem deferred closing.

closing agent Bevollmächtigter, der für eine Vertragspartei das → closing abwickelt.

closing arguments → closing statements

closing balance sheet Schlussbilanz, Abschlussbilanz, i.e.S. Abwicklungsbilanz, Schlussrechnung des Konkursverwalters

closing costs Kaufabschlusskosten, Transaktionskosten □ die bei dem Erwerb einer Immobilie bzw. bei Inanspruchnahme eines Hypothekendarlehens zu zahlenden closing costs beinhalten die Kreditausreichungsgebühr (origination fee), Zinsvorauszahlung (→ discount points), die Schätzkosten (appraisal fee), Notariatsgebühren, Grundbuch-/Registrierungsgebühren, Maklerprovision, Kosten für die Überprüfung bzw. Versicherung von Rechtstiteln (→ title insurance) und für die Einholung von Kreditauskünften (summarisch auch als non-recurring closing costs bezeichnet) sowie gegebenenfalls Zahlungen auf das → escrow account (letztere auch prepaid items genannt). I.d.R. liegen die closing costs bei 3-6% des Hypothekenbetrages.

closing fees → closing costs

closing inventory Endbestand, Warenbestand (Vorräte) am Ende einer Rechnungsperiode

closing out an insurance Policierung, Ersatz einer Deckungszusage durch eine endgültige Police

closing rate method Bilanzstichtagsmethode □ Verfahren für die Fremdwährungsumrechnung im Konzernabschluss, bei dem die Abschlüsse ausländischer Tochtergesellschaften mit dem zum Bilanzstichtag geltenden Wechselkurs umgerechnet werden. → temporal method

closing statement Abschlussrechnung, Aufstellung der → closing costs

closing statements Schlussbemerkungen der Anwälte

closing technique Abschlusstechnik □ Art und Weise, in der ein Verkaufsgespräch abgeschlossen wird.

closing to the reserves Ausbuchung über die Rücklagen

closure → closing

closure cost Kosten für Betriebsstilllegungen

cloud on title Mängel, mit denen ein Rechtstitel behaftet ist □ hierbei kann es sich um den fehlenden Nachweis einer Hypothekeneintragung, Dokumentationsfehler bei vorangegangenen Eigentumsübertragungen zurückliegender Jahre, um ungeklärte Wegerechte, etc. handeln.

CLP → container load plan

club deal Emissionsübernahme bzw. Syndizierung durch einige wenige große Geschäfts- bzw. Investmentbanken, d.h. es wird keine → underwriting group zusammengestellt.

cluster 1. Klumpen, Gruppe, zusammengefasste Elemente 2. Rechnergruppe mit gemeinsamen Laufwerken

cluster analysis Clusteranalyse □ statistisches Verfahren zur Ermittlung von Gruppen mit identischen oder weitgehend gleichen Eigenschaften/Verhaltensweisen/Merkmalen (z.B. Alter, Hobbies)

clustering 1. Clusterbildung, Strukturierung und Zusammenfassung von Informationen zu Gruppen, Verbrauchersegmentierung nach bestimmten Kriterien 2. Verbindung unterschiedlicher Systeme zu einem System, Verbund mehrerer Server

cluster policy *(in der Lebens- und privaten Altersversicherung)* Gesamtpolice □ eines Versicherungsnehmers, die sich aus mehreren, individuell verfügbaren Einzelpoli-

cen zusammensetzt.
cluster risk Klumpenrisiko ☐ von einem Klumpenrisiko wird im Bankgeschäft gesprochen, wenn ein hoher Anteil der Aktiv- oder Passivbestände auf einen Laufzeitenbereich, auf ein Land oder eine Währung konzentriert ist.
cluster sampling Klumpenauswahlverfahren, Klumpenstichprobe ☐ Form der zufallsgesteuerten Stichprobenauswahl. Die Grundgesamtheit wird in kleinere Gruppen (Klumpen) aufgeteilt. Aus diesen Gruppen wird dann eine Stichprobe gezogen. → sampling, probability sample, non-probability sample
cluster system Rechnerverbund
CLV → customer lifetime value
CLV-M → customer lifetime value management
CM → campaign management, → category management, → content management
CMI → computer media integration
CML → capital market line
CMM → capability maturity model
CMMS → computerised maintenance management system
CMS → content management systems
C/N → consignment note
CNC → computerised numerical control
CNEE → consignee
COA → contract of affreightment
coaching Coaching ☐ 1. individuelles Mitarbeitertraining; Beratung, Unterstützung und Motivierung von Mitarbeitern 2. Unterstützung junger Unternehmen durch Branchenkenner
co-agent Co-Agentbank, → agent
coalition bargaining *(im Tarifwesen)* Lohnverhandlungen, bei denen mehrere Gewerkschaften eine Tarifgemeinschaft bilden.
coalition of bricks and mortars Zusammenschluss traditioneller Firmen zur Bildung einer gemeinsamen Internet-Plattform
coaster Küstenmotorschiff, Kümo
CoBAM → coalition of bricks and mortars
co-bookrunner Mitkonsortialführer

co-branding Co-branding ☐ Kreditkartenunternehmen/Kreditinstitute und Großunternehmen geben gemeinsam eine Karte heraus
co-carrier Beiladespediteur ☐ besorgt den Transport von Einzelsendungen zum Sammelladungsspediteur
Code of Federal Regulations Sammlung der US-Bundesverordnungen und Verwaltungsvorschriften
Code of professional responsibility Ehrenkodex einer Standesorganisation
codes of fair competition Wettbewerbsregeln in einigen US-Bundesstaaten
codicil Testamentsnachtrag, Kodizill
coding notice → notice of coding
coefficient of variation Variationskoeffizient ☐ Standardabweichung dividiert durch das arithmetische Mittel
COF → cost of funds
co-financing Co-Finanzierung ☐ gemeinsame Finanzierung bzw. Kreditausreichung durch Geschäftsbanken und supranationale Organisationen
COFR → certificate of financial responsibility
cognitive capacity kognitive Kapazität, Fähigkeit zur Informationsverarbeitung (Denken und Erkennen)
cognitive concept auf Denken und Erkennen ausgerichtetes Konzept
cognitive dissonance kognitive Dissonanz, Widersprüche im Einstellungssystem (zwischen einzelnen Wahrnehmungen oder Werten einer Person) ☐ z.B. Verunsicherung nach einer Kaufentscheidung, wenn der Käufer Informationen zu dem erworbenen Objekt erhält, die im Widerspruch zu den ursprünglichen Einstellungen oder Wahrnehmungen stehen.
cognitive note Anerkennung einer Urteilsschuld
cognitive processing kognitive Verarbeitung ☐ mentaler Prozess, der während der Verarbeitung von Informationen stattfindet.
cognitive responses kognitive Reaktion ☐

Gedanken/Wahrnehmungen nach Aufnahme neuer Informationen
cognovit judgement → confession of judgement
COGS → cost of goods sold
cohort study Kohortenanalyse ☐ Analyse der Verhaltensweisen/Einstellungen einer Kohorte, d.h. einer Gruppe von Personen mit einem gemeinsamen Merkmal, z.B. gleicher Geburtsjahrgang
COI → community of interest
coinsurance 1. Mitversicherung ☐ mehrere Versicherer beteiligen sich an einem Risiko, wobei jeder eine bestimmte Quote übernimmt. 2. Mindestversicherungsschutz, → coinsurance requirement
coinsurance clause → coinsurance requirement, coinsurance penalty
coinsurance penalty anteilsmäßige Reduzierung der Entschädigungssumme im Falle einer Unterversicherung.
coinsurance percentage → coinsurance requirement
coinsurance requirement Klausel einer Versicherungspolice, der zufolge ein bestimmter Prozentsatz des Wertes des Versicherungsgegenstandes versichert sein muss, damit Schäden in voller Höhe reguliert werden. → coinsurance penalty
co-investment Co-Investment, Kapitalbeteiligung, Übernahme eines Minderheitsanteils, → co-lead investment
COLA → cost of living allowance
cold calling Kaltakquise, unangemeldeter Besuch bei potentiellen Kunden, Telefonakquisition
cold comfort letter → comfort letter (3)
cold list Datenbank der bislang noch nicht kontaktierten Kunden
co-lead investment Co-Lead Investment ☐ umfangreiche Kapitalbeteiligung eines Beteiligungsfinanziers; entspricht in der Höhe weitgehend der des konsortialführenden Investors
collaborative commerce kooperative Abwicklung von Geschäftsprozessen zwischen Geschäftspartnern, Verbindung der Softwaresysteme verschiedener Partner entlang der Lieferkette (d.h. zwischen Lieferanten und Kunden), netzwerkgestützte unternehmensübergreifende Kooperation
collaborative customer relationship management kollaboratives Kundenbeziehungsmanagement ☐ Maßnahmen zum Ausbau und zur effizienten Nutzung der Kommunikationskanäle zwischen einem Unternehmen und seinen Kunden
collaborative inventory management kollaboratives (gemeinsames) Bestandsmanagement von Hersteller/Lieferant und Händler
collaborative planning kollaborative (kooperative, elektronisch gestützte) Planung ☐ z.B. gemeinsame Planung der Bedarfsvorschau durch Kunde und Lieferant
collaborative planning, forecasting and replenishment kollaborative Planung, Prognose und Warenversorgung ☐ gemeinsame (elektronisch gestützte) Bemühungen) von Handelspartnern in einer Lieferkette zur Gewährleistung eines effizienten Bestandsmanagements und zur Senkung der Lieferkosten
collaborative product commerce netzwerkbasierte Systeme zur Unterstützung aller Abläufe im Produktlebenszyklus
collaborative (support, work) systems Softwaresysteme zur gemeinsamen Datennutzung und Entscheidungsfindung, i.w.S. kollaborative Technologien ☐ Systeme, die ein kooperatives Arbeiten ermöglichen.
collapsible corporation *(i.S. der US-Steuergesetzgebung)* Unternehmen, das vor Erzielung umfangreicher steuerpflichtiger Gewinne verkauft wird (innerhalb von drei Jahren nach seiner Gründung). Der bei Verkauf oder Liquidation erzielte Gewinn ist als ordinary income durch die Anteilseigner zu versteuern.
collared loan zinsvariabler Kredit mit einem nach oben und unten begrenzten Zinssatz
collateral 1. Sicherheit, Sicherungsgegen-

stand, Sicherungsgut ◻ Während im US-Sprachgebrauch collateral und security bedeutungsgleich sind, wird in Großbritannien unter collateral i.d.R. eine zusätzliche Sicherheit verstanden, d.h. eine Sicherheit, die der Schuldner neben seinem Rückzahlungsversprechen oder der von ihm selbst zur Verfügung gestellten Sicherheit (security) durch eine dritte Person erbringen lässt. 2. in Verbindung mit Leasingverträgen auch das Leasinggut 3. unterstützendes Verkaufsmaterial

collateral assignment Sicherungsübereignung

collateral assurance → collateral undertaking

collateral borrower Zedent ◻ Schuldner (Kreditnehmer), der Eigentumsrechte als Sicherheit abtritt.

collateral contract Nebenvertrag, Nebenabrede, Begleitvertrag

collateral creditor Zessionar ◻ Gläubiger (Kreditgeber), an den Rechte abgetreten werden.

collateral estoppel → doctrine of collateral estoppel

collateralisation Sicherheitsleistung, Stellung einer Sicherheit, Besicherung, Unterlegung eines Kredites durch eine Sicherheit

collateralised debt obligations durch einen Sicherheitenpool (Kreditforderungen) unterlegte Schuldtitel ◻ CDOs werden i.d.R. in drei Tranchen (senior, mezzanine, equity tranches) begeben, wobei aufgrund der rangmäßigen Nachordnung eine Tranche erst bedient werden kann, wenn die übergeordnete Tranche voll getilgt ist.

collateralised loan obligations weitgehend den → collateralised mortgage obligations vergleichbar, jedoch durch Kreditforderungen unterlegt.

collateralised mortgage obligations Hypothekenschuldtitel, die durch einen Pool gleich gearteter Hypothekenforderungen unterlegt sind. CMOs sind in einzelne Tranchen aufgeteilt, die unterschiedliche Laufzeiten aufweisen und nacheinander getilgt werden. Die Cash Flows aus den Forderungen werden zur Bedienung der Titel verwendet.

collateral life wirtschaftliche Nutzungsdauer eines Sicherungsgegenstandes

collateral liquidation Verwertung eines Sicherungsgegenstandes

collateral loan dinglich gesicherter Kredit, durch eine dingliche Sicherheit unterlegter Kredit

collateral mortgage Hypothek, die der Besicherung einer Schuldscheinverpflichtung oder als zusätzliche Sicherheit dient.

collateral note dinglich gesicherter Schuldschein

collateral order eine die Hauptsache nicht berührende Verfügung

collateral pool Sicherheitenpool ◻ Finanzaktiva, die als Sicherheit für eine Emission von → asset-backed securities dienen.

collateral sale → collateral liquidation

collateral security dingliche Sicherheit

collateral security margin Sicherheitsmarge ◻ Unterschied zwischen dem Marktwert eines Sicherungsgegenstandes und der Kreditsumme

collateral undertaking akzessorische Verpflichtung

collateral valuation Bewertung eines Sicherungsgegenstandes

collateral warranty Garantie eines Rechtstitels (Eigentumsanspruches) durch einen Dritten

collection at source Quellenbesteuerung, Einbehaltung an der Quelle

collection risk Inkassorisiko ◻ 1. Risiko eines Verlustes der Forderungspapiere auf dem Postweg 2. Risiko der Nichtdurchsetzbarkeit einer Forderung

collections lagged one month *(Posten in einem Kassen- bzw. Liquiditätsplan)* Forderungseingänge, die auf den im Vormonat getätigten Umsätzen basieren.

collections of accrued interest *(im Jahresabschluss)* Begleichung von Zinsforderungen

collections of principal *(im Jahresabschluss)* Tilgungen (Rückzahlungen) auf Kredite
collective agreement 1. Tarifvertrag 2. Preisabsprache
collective bargaining Tarifverhandlungen □ In den angelsächsischen Ländern werden Tarifverträge auf Branchen- oder Betriebsebene abgeschlossen.
collective goods Kollektivgüter
collective mark Warenzeichen oder Handelsmarke einer Genossenschaft oder Ladenkette
collective trust fund → common trust fund
collision clause Kollisionsklausel □ regelt die Kollisionshaftung, → collision liability
collision liability Kollisionshaftung □ Haftung des Reeders für die von seinem Schiff bei einem Zusammenstoß verursachten Schäden
collusion 1. Kollusion, kollusives Zusammenwirken (der Prozessparteien, um ein bestimmtes Urteil zu erreichen) 2. geheime Absprache (in betrügerischer Absicht, z.B. Versicherungsbetrug), → collusive action, → collusive bidding
collusive action Scheinklage □ Vortäuschung eines Rechtsstreites zur Erwirkung einer Präzedenzentscheidung
collusive bidding (tendering) Preisabsprache bei der Abgabe von Angeboten, Bieterabsprache
co-loading Beiladung
COM → customer operations management
comaker 1. Mitaussteller/Mitunterzeichner eines Schuldscheines 2. Garantiegeber
comaker loan Darlehen, bei dem eine Schuldmitübernahme durch eine dritte (besonders kreditwürdige) Person erfolgt.
combi Kombi-Schiff □ 1. kombiniertes Fracht-/Passagierschiff 2. → combination carrier
COMBIDOC → combined transport document
combination carrier Kombischiff, Combo-Schiff □ Frachter, der sowohl Container als auch andere Ladung befördert.

combination matching Kongruenz sowohl von Fristigkeiten als auch von Zahlungsströmen
combination policy gebündelte (kombinierte) Versicherung, Sammelpolice, z.B. kombinierte Lebensversicherung, die Elemente einer kapitalbildenden Lebensversicherung und die einer Risikolebensversicherung miteinander verbindet.
combination production Kuppelproduktion
combination rate kombinierter Frachttarif
combined call Stopp in einem Hafen, in dem das Schiff Ladung löscht, gleichzeitig aber auch an Bord nimmt.
combined lines gebündelte (kombinierte) Versicherungen
combined ratio *(Kennzahl bei Versicherungsunternehmen)* kombinierte Schaden-/Kostenquote, Summe aus Schadenquote und Kostenquote
combined return kombinierte Einkommensteuererklärung, → unitary income tax
combined shipment Versand (Güterbeförderung) mit unterschiedlichen Transportmitteln, → combined transport
combined single limit kombiniertes Deckungslimit, kombinierte Haftungsobergrenze für Sach- und Personenschäden, → split limit
combined transport kombinierter (multimodaler) Transport □ Beförderung von Waren mit mindestens zwei unterschiedlichen Transportmitteln
combined transport bill of lading Konnossement für den kombinierten Überseeverkehr (für einen kombinierten Transport)
combined transport document kombiniertes Transportdokument, Dokument des kombinierten Transports
combined transport operator Spediteur, der einen kombinierten Transport durchführt.
combining companies sich zusammenschließende Unternehmen, → pooling of interests method
comfort letter 1. Patronatserklärung, → letter of comfort 2. *(in Verbindung mit einem Börsengang)* Bericht eines Wirt-

schaftsprüfers, in dem die in dem Börsenprospekt gemachten finanziellen Angaben der emittierenden Unternehmung bestätigt werden. 3. informelle Bestätigung eines Wirtschaftsprüfers, der zufolge im zurückliegenden Geschäftsjahr keine, das Unternehmensergebnis negativ beeinflussenden Ereignisse eingetreten sind.

comity → principles of comity

comment letter *(in Verbindung mit dem Antrag auf Registrierung einer Wertpapieremission)* Schreiben, in dem die → Securities and Exchange Commission dem Emittenten bzw. der Emissionsbank ihre zusätzlichen Anforderungen mitteilt. → registration statement

commerce chain management → supply chain management im → E-Commerce

Commerce Clause Klausel der US-Verfassung, der zufolge die Zuständigkeit für die Außenwirtschaftsgesetzgebung beim Bund liegt.

commerce platform System für den → E-Commerce

commerce service provider Diensteanbieter für den → E-Commerce

commercial accounts Firmenkunden

commercial agency Inkassobüro und/oder Auskunftei

commercial agent Handelsvertreter (selbständiger Gewerbetreibender)

commercial arbitration rules Schiedsordnung

commercial blanket bond gewerbliche Vertrauensschadenversicherung

commercial broker Gewerbe-Immobilienmakler

commercial business *(aus der Sicht einer Bank)* Firmenkundengeschäft; *(einer Versicherung)* gewerbliches Versicherungsgeschäft

commercial code → Uniform Commercial Code

commercial credit Handelskredit, Warenkredit, kurzfristiger Geschäftskredit

commercial credit company US-Finanzierungsinstitut ☐ wichtigste Geschäftsbereiche: Factoring, Teilzahlungsfinanzierung, Gewährung von Krediten an Einzelhändler

commercial credit insurance Warenkreditversicherung, Delkredereversicherung, Forderungsausfallversicherung

commercial debt collection Einzug von Forderungen aus Warenlieferungen

commercial development gewerbliches Bauvorhaben

commercial domicile Firmensitz

commercial due diligence → due diligence, die sich in erster Linie mit der Produktpalette, der Marktpositionierung und den Wettbewerbern befasst.

commercial excess cover Schadenüberschussversicherung

commercial expenses Summe der Verwaltungs-, Vertriebs- und Werbungskosten

commercial exposure handelsübliches Verlustrisiko

commercial financing 1. Handelsfinanzierung 2. Abtretung oder Verkauf von Forderungen mit Regressmöglichkeit gegenüber dem Verkäufer

commercial frustration Vertragserfüllung, die aufgrund unvorhergesehener Umstände nicht möglich ist.

commercial general liability policy Unternehmenshaftpflichtversicherung

commercial guarantee insurance → commercial blanket bond

commercial impracticability → impracticability of performance

commercial impressions Sichtkontakte, Reichweite ☐ Gesamtzahl der Personen, die mit einem TV-Werbespot Kontakt hatten.

commercial income gewerbliche Erträge

commercial insolvency procedure Insolvenzverfahren gegen ein zahlungsunfähiges Unternehmen

commercial instruments i.w.S. Kreditpapiere der Privatwirtschaft, i.e.S. → commercial paper

commercial letter of credit Handelskreditbrief ☐ Der CLC unterscheidet sich vom

Dokumentenakkreditiv (→ documentary credit) insofern, als er nicht an ein Kreditinstitut, sondern an den Begünstigten adressiert ist, der ermächtigt wird, von Dokumenten begleitete Tratten auf die ausstellende Bank zu ziehen, deren Akzeptierung/Zahlung durch dieses Institut garantiert wird.

commercial liability insurance Betriebs- und Berufshaftpflichtversicherung

commercial lines 1. gewerbliche (industrielle) Versicherungssparten, Versicherungen für Unternehmen 2. gezeichnete gewerbliche Risiken

commercial loan book Firmenkreditportefeuille einer Bank, Gesamtausleihungen an Firmenkunden

commercial loan company auf kleinere Firmenkredite und Verbraucherdarlehen spezialisiertes Kreditinstitut

commercial mortgage-backed securities Schuldtitel, die durch Hypotheken auf gewerblich genutzte Grundstücke und Gebäude unterlegt sind. → mortgage-backed securities

commercial mortgage loan gewerblicher Hypothekenkredit

commercial multiple peril policy Vielgefahrengeschäftsversicherung, Vielgefahrenversicherung (All-risks-Deckung) für Unternehmen □ Versicherungspolice, durch die verschiedene Einzelgefahren abgedeckt werden.

commercial package policy → commercial multiple peril policy

commercial paper 1. kurzfristige Schuldtitel, die von erstklassigen Industrie- und Bankadressen begeben werden □ Die Titel, deren Verzinsung i.d.R. knapp über den Geldmarktsätzen liegt, werden auf abgezinster Basis verkauft und zum Nennwert zurückgenommen. Ihre Platzierung bei Anlegern erfolgt entweder direkt durch das emittierende Unternehmen oder über eine Wertpapier-Händlerfirma. 2. i.w.S. Handelspapiere □ d.h. alle Wertpapiere und Dokumente, die dem Handelsverkehr dienen.

commercial policy 1. Handelspolitik 2. Geschäftsversicherung 3. → business life insurance

commercial prime → prime rate

commercial property gewerblich genutzte Grundstücke und Gebäude, Gewerbe-/Industrieimmobilien

commercial property form gebündelte Geschäftsversicherung

commercial proposal Vergleichsvorschlag eines insolventen Unternehmens nach dem kanadischen Insolvenzrecht

commercial puffery → puffery/puffing

commercial reasonableness wirtschaftliche Angemessenheit

commercials 1. Nutzfahrzeuge 2. Werbespots

commercial sample Warenmuster

commercial set die vier wichtigsten Verschiffungsdokumente: Rechnung, Konnossement, Wechsel, Versicherungspolice

commercial site Website, über die Geschäfte abgewickelt werden können.

commercial surety bond gewerbliche Vertragserfüllungsbürgschaft

commercial underwriting gewerbliches Versicherungsgeschäft

commercial usage 1. Handelsusancen, Handelssitten, Handelsbräuche 2. gewerbliche Nutzung

commercial vehicle market Nutzfahrzeugmarkt

commercial weight Handelsgewicht

commercial write-offs *(im Bankgeschäft)* Wertberichtigungen auf Firmenkundenkredite

commingled trust fund Treuhandfonds, unter dessen Dach die Vermögenswerte mehrerer Fonds zusammengefasst werden.

commingling of assets Zusammenlegung von Vermögenswerten □ z.B. der Vermögenswerte der Unternehmung und ihrer Anteilseigner

commission broker Kommissionsmakler □ i.w.S. Broker, der gegen eine Vergütung Waren für Kundenrechnung kauft und verkauft, → **commission house**, i.e.S. Broker, der an einer Wertpapierbörse Aufträge für Kunden anderer Brokerhäuser durchführt.

Commissioner for Oaths (of Deeds) Urkundsbeamter

Commissioner of Inland Revenue britische Berufungsinstanz in Steuersachen □ setzt sich zusammen aus den General Commissioners (ungebundenen Experten) und den Special Commissioners (beamteten Steuerexperten).

Commissioner of Insurance Versicherungsaufsichtsbehörde eines US-Bundesstaates

commissioners' values Werte, zu denen Aktien und Anleihen in den Bilanzen der US-Versicherungsunternehmen angesetzt werden.

commission house i.e.S. Brokerhaus, das an den Börsen Wertpapiere, Rohstoffe oder Terminkontrakte für Kundenrechnung kauft und verkauft; i.w.S. jeder Kommissionär

commission merchant Kommissionär □ kauft und verkauft Waren im eigenen Namen, aber für fremde Rechnung.

commission of authority Vollmachtsurkunde, Abschlussvollmacht

commission split Provisionsteilungsvereinbarung

commitments and contingencies *(im Jahresabschluss)* Haftungsverhältnisse, → contingent liabilities

commitments for future delivery Terminengagements, Terminpositionen

commitments in respect of contracts placed Verpflichtungen (Obligo) aus Vertragsabschlüssen

committed costs eingegangene Kostenverpflichtungen; i.e.S. Kosten, die nach dem Projektfertigstellungstermin anfallen und zu regulieren sind.

committed equity Kapitaleinsatz, eingebrachtes Kapital

committee of inspection Gläubigerausschuss

Committee of Lloyd's Direktorium der → Lloyd's Versicherungsbörse

Committee on Accounting for Smaller Entities Ausschuss des → Accounting Standards Board für die Ausarbeitung der Rechnungslegungsgrundsätze für kleinere Unternehmen (FRSSEs)

commodities 1. Waren, Rohstoffe und Halbfertigprodukte □ unterschieden wird zwischen hard commodities (Metalle, Erze) und soft commodities (Getreide, Baumwolle, Reis, Zucker, Kaffee, Tabak, Holz, etc.) sowie Energieerzeugnissen (Erdöl, Gas) 2. hoch standardisierte Produkte oder Dienstleistungen

commodity advance Warenlombard, Warenbevorschussung, Warenbeleihung

commodity arbitrage Waren-(Rohstoff-)Arbitrage

commodity basket Warenkorb □ Güter, auf denen die Berechnung eines Preisindexes basiert.

commodity box rate warenspezifische Container-Pauschalfracht

Commodity Credit Corporation Agentur des US-Landwirtschaftsministeriums zur Förderung der Agrarexporte

commodity dividend Sachdividende □ in Form von Sachwerten ausgeschüttete Dividende

commodity exchange Warenbörse □ Börse für den Handel in standardisierten Gütern (Rohstoffe, Metalle, Tiere, Agrarerzeugnisse)

Commodity Exchange Act US-Bundesgesetz, das den Handel in Optionen, Waren- und Terminkontrakten regelt.

commodity financing (Rohstoff-)Handelsfinanzierung, → commodity trade financing, → structured trade finance

commodity fund 1. Rohstoff-Fonds der UNCTAD, → common fund for commodities 2. Rohstoff-Fonds, Warenfonds □ Investmentfonds, der sein Vermögen in Rohstoffen oder in Aktien von Unternehmen anlegt, die sich mit der Förderung, der Verarbeitung oder dem Vertrieb von Rohstoffen befassen.

commodity futures contract

commodity futures contract Warenterminkontrakt ☐ Bei einem Warenterminkontrakt handelt es sich um die vertragliche Vereinbarung zwischen zwei Parteien, bestimmte Waren, die nach Menge und Liefertermin standardisiert sind, zu einem vereinbarten Preis zu kaufen oder zu verkaufen. Da die entsprechenden Kontrakte börsenmäßig handelbar sind, werden die ihnen zugrunde liegenden Geschäfte i.d.R. physisch nicht erfüllt, d.h. sie werden vor Fälligkeit durch entsprechende Gegengeschäfte glattgestellt. Wird eine Position während der Kontraktlaufzeit jedoch nicht liquidiert, werden Bezug oder Lieferung der Waren zum vereinbarten Termin fällig.
commodity futures exchange Warenterminbörse
Commodity Futures Trading Commission US-Aufsichtsbehörde für den Terminhandel ☐ überwacht sowohl den Handel in Waren- als auch in Finanzterminkontrakten
commodity index Warenpreisindex
commodity rate Artikeltarif, warenbezogener Frachttarif
Commodity Research Bureau private US-Organisation, die die Entwicklung auf den internationalen Rohstoff- und Finanzmärkten analysiert und entsprechende Indizes erstellt.
commodity restriction scheme Produktionskartell, Quotenkartell
commodity spot prices Spotpreise an den Rohstoffmärkten
commodity standard Warengeldsystem
commodity substitution Gütersubstitution
commodity terms of trade warenmäßiges Austauschverhältnis
commodity trade financing (Rohstoff-)Handelsfinanzierung, Commodity-Finanzierung, Finanzierung des Rohstoffbeschaffungs- und -verteilungsprozesses (→ commodities) ☐ Während beim klassischen commodity trade financing weniger Einzeltransaktionen, sondern die Deckung des Finanzierungsbedarfs von Produzent/Exporteur bzw. Abnehmer/Importeur im Vordergrund stand, wird heute dem transaktionsbezogenen → structured trade finance der Vorzug gegeben.
commodity trading Rohstoffhandel
commodity trust → commodity fund
common area Gemeinschaftsanlagen (im Besitz einer Haus-Eigentümergemeinschaft)
common assurances rechtsverbindliche Formen der Eigentumsübertragung
common average → particular average
common carrier Verkehrsunternehmen, Transportunternehmen, Fuhrunternehmer ☐ betreibt gewerbsmäßig die Beförderung von Personen und Gütern.
common control gemeinschaftliche Kontrolle ☐ ist nach der US-Steuergesetzgebung gegeben, wenn fünf oder weniger Personen mehr als 50% der Kapitalanteile eines Unternehmens besitzen.
common cost → overhead cost (overheads)
common elements Gemeinschaftseinrichtungen, gemeinschaftlich genutzte Teile einer Eigentumswohnungsanlage
common equivalent stock Stammaktienäquivalente
common external tariff gemeinsamer Außenzolltarif
common fund for commodities Gemeinsamer Rohstoff-Fonds ☐ Aufgaben des von der UNO-Konferenz für Handel und Entwicklung aufgelegten Fonds: Stabilisierung der Rohstoffpreise, Förderung von Forschung und Entwicklung im Rohstoffsektor, Reduzierung der Rohstoffabhängigkeit der Dritten Welt durch eine Diversifizierung der Volkswirtschaften dieser Länder.
common law Richter- und Gewohnheitsrecht
common law trademarks im geschäftlichen Verkehr benutzte, aber nicht registrierte Warenzeichen, → registered trademark
common law trust → business trust
common law voting Form der Stimmabga-

be bei Hauptversammlungen, bei der jeder Aktionär, unabhängig von der Zahl der in seinem Besitz befindlichen Aktien, nur eine Stimme hat.
common policy Standardpolice
common pricing Preisabsprache, Kalkulationskartell
common size analysis Unternehmensanalyse □ basiert auf den Quotienten aus einzelnen Bilanzpositionen und der Bilanzsumme sowie aus G+V-Positionen und Umsatzerlösen.
common-size statement → one hundred percent statement
common stock equivalents Stammaktienäquivalente, in Stammaktien wandelbare Papiere (z.B. Wandelschuldverschreibungen, Aktienbezugsrechte/-optionsscheine)
common stock in treasury, at cost Stammaktien im Eigenbesitz zu Anschaffungskosten
common stock ratio Verhältnis der Stammaktien zum gesamten Aktien- und Anleihekapital
common tenancy → tenancy in common
common trust fund als Investmentfonds organisierter Treuhandfonds
communication behaviour Kommunikationsverhalten □ Art und Weise, in der Menschen Informationen aufnehmen und weitergeben.
communication center Kommunikations-Zentrum □ → call center, in dem alle Kommunikationskanäle zusammenlaufen.
communication controlling Kommunikations-Controlling □ Messung der Kommunikationsergebnisse anhand der Kommunikationszielsetzung
communication level Kommunikationsebene (innerhalb eines Kommunikationsprozesses)
communications logistics Kommunikationslogistik
communications management Kommunikations-Management □ strategische Gestaltung, Steuerung und Bewertung der internen und externen Unternehmenskommunikation
communications mix Kommunikationsmix, Kommunikationsinstrumente eines Unternehmens □ Werbung, Verkaufsförderung, Public Relations
communications policy Kommunikationspolitik □ Unternehmenskommunikation nach innen und nach außen, Werbung, Verkaufsförderung
communications protocol Kommunikationsprotokoll, Standards für Kommunikationsverbindungen
communication strategy Kommunikationsstrategie □ umfasst schwerpunktmäßig die Erstellung des optimalen Kommunikationsmix, das effiziente Timing der Kommunikationsaktivitäten.
community association *(bei einer Eigentumswohnungsanlage)* Eigentümergemeinschaft
community center Einkaufszentrum, das bis zu vierzig Einzelhandelsgeschäfte umfassen kann. → neighbourhood center
Community Investment Program von den Federal Home Loan Banks (→ Federal Home Loan Bank System) getragenes Wohnbaufinanzierungsprogramm für untere und mittlere Einkommensschichten
community lease Rahmen-Leasingvertrag □ kleinere Leasingverträge, die zu einem Vertrag zusammengefasst wurden.
community of interest (Web-)Interessengemeinschaft
community of profits Gewinngemeinschaft
community of property (eheliche) Gütergemeinschaft
community property Gesamtgut, gemeinschaftliches Eigentum der Ehegatten
Community Reinvestment Act Gesetz zur Förderung des lokalen Kreditgeschäftes der US-Kreditinstitute. Ziel ist vor allem die Deckung des Kreditbedarfs niedriger und mittlerer Einkommensschichten.
community relations Beziehungen eines Unternehmens zu Institutionen und privaten Haushalten in seiner Region
commutation rights Umwandlungsrechte

Companies Act

☐ z.B. des Aktionärs, des Versicherungsnehmers
Companies Act britisches Gesellschaftsrecht
Companies' Creditors Arrangement Act dem → Chapter 7 vergleichbarer Teil des kanadischen Insolvenzrechtes
Companies House (companies registration office) zentrale Registrierungsstelle für englische und walisische Unternehmen in Cardiff
company agreement 1. Gesellschaftsvertrag 2. Haustarifvertrag
company borrowing requirements Kreditbedarf der Unternehmen
company charge Sicherungsrecht am Vermögen einer Gesellschaft, → fixed charge, → floating charge
company default i.e.S. Zahlungsverzug, Leistungsverzug; i.w.S. Einstellung sämtlicher Zahlungen durch ein Unternehmen
company director Mitglied des Verwaltungsrates einer Unternehmung, → Board of Directors
Company Directors Disqualification Act Gesetz, das die gerichtliche Amtsenthebung von Unternehmensvorständen bei rechtswidrigem Handeln regelt.
company division Unternehmensbereich
company image Erscheinungsbild einer Unternehmung
company law Recht der Kapitalgesellschaften in England und Wales
company limited by guarantee Gesellschaft mit beschränkter Nachschusspflicht → d.h. die Haftung der Gesellschafter im Liquidationsfall ist auf einen bestimmten Betrag begrenzt.
company meeting Gesellschafterversammlung, Aktionärsversammlung
company member Gesellschafter
company mission Gesellschaftszweck, → corporate mission
company net worth Eigenkapital einer Unternehmung
company officers leitende Angestellte einer Unternehmung, i.e.S. Angestellte, die die Gesellschaft vertreten.

company promoters → promoters
company reconstruction 1. Umstrukturierung (Neuorganisation) einer Unternehmung 2. → reorganization
company register of charges betriebsinternes Verzeichnis aller auf den Vermögenswerten lastenden Sicherungspfandrechte (Grundpfandrechte)
company solicitor Syndikus
company's risk *(Frachtvermerk)* auf Gefahr der Gesellschaft
company treasury management Management der Unternehmensfinanzen, Gelddisposition und Liquiditätssteuerung in einer Unternehmung, → treasury management
company union Betriebsgewerkschaft, Betriebsvertretung
company voluntary arrangement Vergleichsvereinbarung nach dem englischen Insolvenzrecht zwischen einem zahlungsunfähigen Unternehmen (Kapitalgesellschaft) und seinen Gläubigern. Ziel eines CVA ist die Erhaltung des Unternehmens und die Verhinderung einer drohenden → liquidation. Ein Vergleichsvorschlag muss auf einer Gläubigerversammlung von 50% der anwesenden oder vertretenen Gläubiger gebilligt werden, die gleichzeitig mindestens 75% des Forderungsvolumens vertreten müssen. Die Umsetzung des Vergleichsvorschlages wird durch einen → supervisor überwacht.
comparability principle *(im Rechnungswesen)* Grundsatz der Vergleichbarkeit der Daten
comparable companies approach → comparables concept
comparables concept 1. Vergleichswertmethode ☐ Unternehmensbewertungsansatz, bei dem das zu bewertende Unternehmen auf der Basis bestimmter Kennziffern mit branchenverwandten Firmen verglichen wird, die ähnliche Größencharakteristika aufweisen. 2. → comparative product analysis
comparable transaction approach Analyse

einer Finanztransaktion, bei der vergleichbare Transaktionen zugrunde gelegt werden.
comparative advertising vergleichende (komparative) Werbung
comparative balance sheet (financial statements) Vergleichsbilanz, Vergleichsabschluss
comparative company approach → comparables concept
comparative credit analysis vergleichende Bonitätsanalyse
comparative negligence Mitverschulden (des Klägers)
comparative negligence rule Grundsatz, dem zufolge sich Schadenersatzzahlungen bei einem Mitverschulden des Geschädigten anteilsmäßig verringern.
comparative product analysis Produktvergleichsanalyse
comparative scale vergleichende Skala, → paired comparison
comparison between budgeted and actual cost Soll-/Ist-Kostenvergleich
comparison of performance against budget Soll-/Ist-Leistungsvergleich
compensating balances Deckungsguthaben, Kompensationsguthaben ◻ bestimmter Prozentsatz eines Kredites, der bei der kreditgewährenden Stelle bis zur Rückzahlung der geschuldeten Summe als unverzinsliches Guthaben zu hinterlegen ist.
compensation and benefit system (funktions- und leistungsorientiertes) Vergütungssystem für Mitarbeiter
compensation commitments Kompensationsverpflichtungen, Gegengeschäftsverpflichtungen, → compensation transactions
compensation deal Kompensationsgeschäft, → compensation transactions
compensation for loss of earnings Ersatz des Verdienstausfalls
compensation fund Ausgleichsfonds, Entschädigungsfonds
compensation insurance → worker's (workmen's) compensation insurance
compensation package Gesamtvergütung, Gehalt und Nebenleistungen
compensation trade Kompensationshandel, Kompensationsgeschäfte, → compensation transactions
compensation transactions Kompensationsgeschäfte ◻ Unter Kompensationsgeschäften sind Außenhandelsgeschäfte zu verstehen, bei denen der Verkauf von Waren oder Dienstleistungen an ein Land in irgendeiner Form an Bezüge aus diesem Land gekoppelt ist. Lieferung und Gegenlieferung werden in einem Vertrag geregelt. Im Gegensatz zu barter transactions, bei denen es zu einem direkten und zeitgleichen Warenaustausch ohne Fakturierung in einer bestimmten Währung kommt, erfolgt bei Kompensationsgeschäften eine Bewertung in Geldeinheiten, d.h. Lieferung und Gegenlieferung werden in einer vereinbarten Währung fakturiert. Die Regulierung erfolgt durch Verrechnung der Forderungen und, falls erforderlich, durch Leistung einer Ausgleichszahlung. → full compensation deal; → partial compensation deal.
Für die Erfüllung von Kompensationsverpflichtungen kann ein Zeitraum bis zu drei Jahren eingeräumt werden. Kompensationsgeschäfte können auch zwischen mehr als zwei Vertragsparteien vereinbart werden (→ triangular compensation deal). Eine weiter führende Form der compensation transactions sind die so genannten → counterpurchase transactions. Zu beachten ist, dass in den Vereinigten Staaten unter compensation deals oft auch industrielle Kooperationsverträge in Form von → buyback arrangements verstanden werden.
compensatory benefit plan (i.S. der → Regulation F) Gewinnbeteiligungs-, Aktienbezugsrechts- oder Pensionsplan für Führungskräfte und/oder Mitarbeiter eines Unternehmens
compensatory budgeting kompensatorischer Budgetausgleich

compensatory damages Schadenersatz in Höhe des nachgewiesenen Schadens, → punitive damages

compensatory decision rule kompensatorische Entscheidungsregel □ Methode für die Bewertung von Alternativen, bei der negative Erkenntnisse durch positive Wahrnehmungen ausgeglichen werden können.

compensatory duty → countervailing duty

compensatory facility Sonderfazilität des IWF □ kann von Rohstoff exportierenden Ländern in Anspruch genommen werden, wenn ihre Exporterlöse sich ohne ihr Verschulden wesentlich verringert haben.

competence center Kompetenz-Zentrum, Kundenservice-Center

competency management Kompetenz-Management □ Planung und Steuerung der Kernkompetenzen einer Unternehmung

competency to stand trial Verhandlungsfähigkeit

competent geschäftsfähig

competent evidence entscheidendes Beweisstück

competent party geschäftsfähige Vertragspartei

Competition Act britisches Wettbewerbs- und Verbraucherschutzgesetz

Competition Commission britische Wettbewerbs- und Kartellaufsichtsbehörde

competitive-based pricing konkurrenzorientierte Preisbestimmung

competitive offering Emission im Bietungsverfahren

competitor analysis Konkurrentenanalyse, Analyse der tatsächlichen und potentiellen Konkurrenten am Markt

compilation statement Bestätigung eines Wirtschaftsprüfers, in der lediglich die rechnerische Genauigkeit der Abschlussziffern bestätigt wird.

complainant Beschwerdeführer, Kläger

complaint 1. Klageschrift (im Zivilprozess), Anklageschrift (im Strafprozess) 2. Mängelrüge 3. (Versicherungs-)Schadenanzeige

complaint ownership Zuständigkeit für die Abwicklung von Beschwerden

complaints evaluation Beschwerdeauswertung, Ursachenanalyse

complaints handling (processing) Beschwerdebearbeitung

complaints management Beschwerdemanagement □ Erarbeitung von Richtlinien für die Bearbeitung von Kundenbeschwerden sowie Planung und Kontrolle aller diesbezüglichen Einzelmaßnahmen

complaints reporting Beschwerde-Reporting □ Aufarbeitung von Beschwerdeinformationen, Weiterleitung an Zielpersonen bzw. Entscheidungsträger

complementary goods Komplementärgüter, komplementäre (ergänzende) Güter □ Güter, die nur zusammen mit anderen Gütern genutzt werden können, z.B. Auto und Benzin.

complementary pricing 1. Festlegung der Preise für Komplementärgüter 2. Preisstrategie, bei der die Basisprodukte zu niedrigen, die Komplementärgüter zu hohen Preisen verkauft werden (oder umgekehrt).

complete automation process ganzheitliche betriebliche Automatisierung

completed calls → outbound calls, die zu einem konkreten Ergebnis führten.

completed contract method *(im Hinblick auf die Bewertung langfristiger Fertigungsaufträge)* Gewinnrealisierung nach Fertigstellung/bei vollständiger Leistungserfüllung, d.h. Gewinne oder Verluste aus diesen Verträgen werden in jenem Jahr in die Bilanz gestellt, in dem die vertraglichen Leistungen vollständig erbracht wurden.

completed operations insurance Bauträger-/Unternehmerhaftpflichtversicherung für Projekte/Arbeiten, die im Auftrag des Bauträgers durch Subunternehmer ausgeführt wurden.

completely knocked down vollständig zerlegt

completes per hour *(in der Marktforschung)*

Anzahl der Befragungen pro Stunde, → completion rate, → completions

completion 1. Abschluss, Fertigstellung 2. *(bei Immobiliengeschäften in Großbritannien)* Übergang der Eigentumsrechte vom Verkäufer auf den Käufer durch Zahlung des Kaufpreises und Aushändigung der Übertragungsurkunden; vergleichbar dem → closing in den Vereinigten Staaten

completion guarantee Fertigstellungsgarantie ☐ Lieferungsgarantie des Auftragnehmers für Arbeiten, die nach dem Liefertermin noch nicht beendet sind. Im Rahmen einer Projektfinanzierung kann die completion guarantee auch die Verpflichtung des → sponsor enthalten, Mehrkosten (overruns) zu decken.

completion rate Fertigstellungsquote, Prozentsatz der abgeschlossenen Interviews bzw. ausgefüllten Fragebogen

completion risk Fertigstellungsrisiko

completions ausgefüllte Fragebögen oder abgeschlossene Befragungen

completion statement notarielle Kaufpreisabrechnung

completion technique Ergänzungstechnik ☐ Probanden werden gebeten, einen unvollständigen Vorgang zu ergänzen.

completion undertaking 1. (Projekt-) Fertigstellungsverpflichtung/-garantie 2. Verpflichtung zur Ablösung der Projektverbindlichkeiten

compliance 1. Einhaltung von Gesetzen, Verordnungen und Richtlinien 2. Abteilung in einem Unternehmen (Kreditinstitut), die die vertrauliche Behandlung von Informationen und die Einhaltung der Insider-Bestimmungen gewährleisten soll.

compliance audit (auditing) Prüfung der Unternehmensprozesse auf Einhaltung der gesetzlichen und betriebsinternen Vorschriften sowie auf Erfüllung aller vorgeschriebenen Qualitätsstandards

compliance certificate Übereinstimmungsnachweis, Prüfbescheid

compliance officer Mitarbeiter eines Unternehmens, der für die Einhaltung gesetzlicher Vorschriften innerhalb des Unternehmens verantwortlich ist.

compliant rechtmäßiger Nutzer einer Software

component depreciation Einzelabschreibung, Abschreibung einzelner Gebäudeteile

component financing Einzelfinanzierung, Teilprojektfinanzierung

componentware komponentebasierte Anwendungssysteme

composite basis → assets depreciated on a composite basis

composite demand Gesamtnachfrage, gesamtwirtschaftliche Nachfrage

composite insurance company (office) Universalversicherungsgesellschaft, Komposit-Versicherer

composite rate depreciation Abschreibung auf der Basis von Mischsätzen

composite system of taxation Mischsteuersystem ☐ basiert auf direkten und indirekten Steuern

composition arrangement (agreement, deed) Vergleichsvereinbarung, → voluntary arrangement, → voluntary settlement

composition in bankruptcy Zwangsvergleich

compound accreted value Gesamtwert, Kapitalwert plus aufgelaufener Zinsen

compound annual growth rate Gesamtwachstumsrate ☐ aus einem längeren Zeitraum (drei bis zehn Jahren) ermittelte jährliche Wachstumsrate eines Unternehmens oder Wertsteigerung eines Investments

compound arbitrage Mehrfacharbitrage ☐ Arbitrage, die auf Transaktionen an drei oder mehr Börsenplätzen basiert.

compound discount pauschaler Mengenrabatt

compound document kombiniertes Dokument, Dokument mit Informationen in unterschiedlichen Formaten

compound document management Unternehmens-Dokumentenmanagement, → document management

compound duty Mischzoll ☐ Kombination aus Wertzoll und Gewichtszoll

compound effect Zinseszins-Effekt, Erzielung eines größeren Wertzuwachses durch Wiederanlage von Zinsen/Ausschüttungen im Vergleich zu einer effektiven Auszahlung

compound financial instruments Finanzinstrumente, die aus einer Fremdkapital- und einer Eigenkapitalkomponente bestehen.

compounding 1. Einigung (Vergleich) mit den Gläubigern, → company voluntary arrangement, → composition arrangement 2. Verzinsung aufgelaufener Zinsen, → compound effect, → compound interest 3. automatische Wiederanlage aller Ausschüttungen, → compound yield 4. Dynamisierung ☐ laufende, automatische Anpassung an eine Steigerungsrate

compounding creditors die einem Vergleich zustimmenden Gläubiger

compounding interval (period) zeitlicher Abstand, in dem Zinseszinsen ermittelt wurden.

compound interest Zinseszins, Verzinsung angefallener Zinsen

compound option Option auf den Erwerb einer zusätzlichen Option zu einem vorbestimmten Kurs

compound risk Kumulrisiko

compound tariff → compound duty

compound value Gesamtwert, → compound yield

compound yield Rendite, die 1. unter Berücksichtigung der zwischenzeitlich erfolgten Kurssteigerungen ermittelt wurde oder 2. auf der Wiederanlage aller Ausschüttungen basiert.

comprehensive general liability insurance (policy) gebündelte Betriebs- und Produkthaftpflichtversicherung

comprehensive income Gesamtergebnis, umfassendes Unternehmenseinkommen ☐ Nettogewinn (net income) plus sonstige gesamtergebnisrelevante Posten (→ other comprehensive income)

comprehensive income statement Gesamtergebnisrechnung, umfassende Unternehmensergebnisrechnung, → comprehensive income

comprehensive policy 1. Universalpolice, Vollkasko-Versicherungspolice 2. Ausfuhrsammelbürgschaft der → Export Credits Guarantee Department ☐ Durch eine comprehensive policy werden die gesamten Exportforderungen einer Unternehmung für einen bestimmten Zeitraum abgedeckt.

compromise Vergleich mit Gläubigern, → compromise settlement

compromised settlement → compromise settlement

compromised total loss mit Zustimmung des Versicherers festgestellter Totalverlust (Totalschaden)

compromise settlement außergerichtlicher Vergleich, bei dem die Gläubiger einer substantiellen Reduzierung ihrer Forderungen zustimmen. Mit dieser → out-of-court business reorganization soll bei einer weitgehenden Insolvenz die Fortführung der Unternehmenstätigkeit gesichert werden.

COMPS → contracted-out money purchase scheme

Comptroller of the Currency → Office of the Comptroller of the Currency

compulsory arbitration Zwangsschlichtung

compulsory composition Zwangsvergleich

compulsory counterclaim zwingende Widerklage

compulsory disclosure gerichtlich angeordnete Offenlegung, Offenlegungspflicht, Publizitätspflicht

compulsory insurance Pflichtversicherung

compulsory joinder gerichtlich verfügter Verfahrensbeitritt

compulsory liquidation zwangsweise (gerichtlich angeordnete) Liquidation eines insolventen Unternehmens ☐ Nach den Bestimmungen des → Insolvency Act erfolgt die Einsetzung eines Konkursverwalters (official receiver), der die Geschäfte

des insolventen Unternehmens führt, und eines Liquidators (liquidator). Letztgenannter wird durch die vom official receiver einberufene Gläubigerversammlung bestellt und ist für Verwertung der Unternehmenswerte zuständig.
compulsory sale → forced sale
compulsory winding-up Zwangsliquidation
compulsory winding-up order Gerichtsbeschluss zur zwangsweisen Liquidation einer Gesellschaft
computer-aided design computergestützte Konstruktion und Entwicklung
computer-aided design and drafting Konstruktion und Entwurf durch grafische Datenverarbeitung, Erstellung von Konstruktionszeichnungen unter Einsatz von Softwaresystemen
computer-aided engineering computergestützte Ingenieurarbeiten □ Oberbegriff für → computer-aided design/planning/ manufacturing/quality/testing
computer-aided facility management computergestütztes Betriebsflächenmanagement, → facility management
computer-aided inspection systems rechnerunterstützte Messsysteme im Rahmen der Qualitätssicherung
computer-aided learning computergestütztes Lernen, Zugang zu neuen Lerninhalten durch den Computer
computer-aided manufacturing computergestützte Fertigungssteuerung, rechnergestützte Steuerung von Produktionsprozessen
computer-aided ordering computergestütztes, automatisiertes Bestellen □ d.h. automatisch ausgelöste Warenbestellung bei Unterschreitung einer bestimmten Lagermindestmenge
computer-aided personal / self-administered / telephone interviewing rechnergestützte persönliche/schriftliche/telefonische Befragung □ Antworten werden direkt in einen Computer eingegeben und verarbeitet.
computer-aided planning (and engineering) computergestützte Arbeitsplanung/Fertigungsvorbereitung
computer-aided quality assurance (control) computergestützte Qualitätssicherung (Qualitätskontrolle)
computer-aided selling computergestützter Vertrieb von Produkten
computer-aided software engineering computergestützte Softwareentwicklung
computer-aided strategy and sales controlling computergestützte Strategie- und Vertriebssteuerung □ Geschäftssteuerungssystem, das auf der Verarbeitung zukunfts- und marktorientierter Informationen, z.B. Produktanforderungen, Marktanteile, geplante Absatzstückzahlen, etc. basiert.
computer-aided testing computergestützte Testverfahren (Testprüfsysteme) im Rahmen der Qualitätssicherung
computer-assisted instruction (teaching) computerunterstützter Unterricht, → computer-aided learning
computer-based message system computergestütztes Mitteilungssystem
computer-based training computergestützte Bildungsmaßnahmen/-prozesse, rechnergestützte Ausbildungssysteme (Wissensvermittlung)
computer-enhanced creativity rechnergestützte Kreativität, Softwareprogramme zur Steigerung des Produktentwicklungsprozesses
computer exchange Computerbörse, Bildschirmhandel
computer-integrated manufacturing computerintegrierter Gesamtfertigungsprozess □ Unter diesem System ist eine Fortentwicklung der computerunterstützten Konstruktions- und Fertigungssysteme zu verstehen, d.h. alle Einzelfunktionen, wie Konstruktion, Arbeitsvorbereitung, Produktionsplanung und Produktionsausführung werden in ein Konzept einbezogen.
computer-integrated quality assurance rechnerintegrierte Qualitätssicherung
computer interactive survey rechnerge-

stützte (Verbraucher-)Befragung ☐ Probanden werden gebeten, Fragen am Bildschirm zu beantworten. Der Computer ist auf eine Fragestellung programmiert, die sich aus den Antworten auf vorangegangene Fragen ergibt.

computerised maintenance management system rechnergestütztes Instandhaltungs-Managementsystem

computerised numerical control (computergesteuerte) numerische Maschinensteuerung, i.w.S. softwaregestützte Produktionstechniken

computer leasing Computer-Leasing, EDV-Leasing ☐ Unter dem Computer-Leasing ist das Vermieten von Computern oder kompletter EDV-Anlagen zu verstehen. I.d.R. wird die Leasing-Gesellschaft ihren Kunden vertraglich die Option einräumen, das Gerät während der Laufzeit des Vertrages auszutauschen oder aufzurüsten. → leasing

computer media integration auf E-Mail, Fax und Internet erweiterte → computer telephony integration

computer-supported cooperative work computerunterstützte Gruppenarbeit, Softwarelösungen zur Unterstützung von Gruppenarbeit. → groupware, → document management

computer telephony integration Vernetzung digitaler Telekommunikationsanlagen und Datenbanken

conative component of attitudes konative Einstellungskomponente, → behavioral component of attitudes

concave interest rate curve konkave Zinskurve, nach innen gewölbte Zinskurve

concealed reserves versteckte (stille) Rücklagen

concentrated marketing konzentriertes (fokussiertes) Marketing, auf bestimmte Märkte oder Verbrauchergruppen ausgerichtete Marketingmaßnahmen

concentrated portfolio konzentriertes Portefeuille, fokussierte Anlagestrategie

concept development phase Konzeptentwicklungsphase, → stage-gate process

concept generation Konzeptgenerierung

concept mapping graphische Darstellung miteinander verbundener Begriffsinhalte, Darstellung von Konzepten in digitalen Landkarten

concept of enterprise entity Grundsatz, der davon ausgeht, dass rechtlich selbständige Teile einer Unternehmensgruppe unter bestimmten Umständen für den Jahresabschluss als eine Einheit anzusehen sind.

concept of separate corporate identity Grundsatz der Existenz rechtlich selbständiger Gesellschaften innerhalb einer Firmengruppe

concept phase Konzeptphase, erste Phase im Projektlebenszyklus

concept statement kurze Beschreibung einer neuen Produkt- oder Dienstleistungsidee

concept test Konzepttest, Test zur Feststellung der Akzeptanz einer Produktidee ☐ Untersuchung der Wirksamkeit eines Produktkonzeptes bei der Verbraucherzielgruppe, Feststellung von Verbraucherreaktionen auf eine Produktbeschreibung

concept-to-cash Zeitspanne von der Generierung einer Produktidee bis zur Marktreife

conceptual framework zentrale US-Rechnungslegungsgrundsätze

concerted action theory *(Rechtsinstitut in der Produkthaftung)* Grundsatz der Mittäterschaft/Mithaftung, gesamtschuldnerische Unternehmenshaftung

concert party Zusammenschluss von Investoren mit dem Ziel des Erwerbs einer Kontrollmehrheit, Zusammenschluss von zwei oder mehr Anlegern mit dem Ziel der Kursbeeinflussung

concession agreement Vereinbarung über die Errichtung einer Betriebsstätte ☐ zwischen einem ausländischen Unternehmen und einer nationalen Regierung

conciliator Schlichter ☐ der in einen Tarifstreit eingeschaltete conciliator ist i.d.R. ein Regierungsvertreter, ein mediator eine Privatperson

conclusion of fact Zusammenfassung der Beweismittel
conclusive action schlüssiges (konkludentes) Handeln
conclusive evidence schlüssiger Beweis
concomitant variation Parallelvariation (von zwei Variablen)
concurrency 1. Gleichzeitigkeit, i.e.S. parallele Durchführung einzelner Phasen in einem Produktentwicklungsprozess, → staged product development 2. Doppel- oder Mehrfachdeckung (von Versicherungsrisiken)
concurrent causation gleichzeitige (zusammenwirkende) Verursachung, Kausalzusammenhang
concurrent consideration gleichzeitig zu erbringende Leistung, Gegenleistung
concurrent engineering → simultaneous engineering
concurrent estates → joint tenancy, → tenancy in common
concurrent insurance Doppel- oder Mehrfachversicherung
concurrent jurisdiction konkurrierende (gleichzeitige) Zuständigkeit von zwei oder mehr Gerichten
concurrent processing parallele Abarbeitung von Aktivitäten innerhalb eines Vorgangs (→ activity), gleichzeitige Be-/Verarbeitung
concurrent validity parallele Gültigkeit, Feststellung der Zuverlässigkeit neuer Messsysteme durch Vergleich mit den bestehenden Verfahren
concurrent with discharge (Bezahlung der Frachtkosten) Zug um Zug mit der Entladung
concurring opinion zustimmendes Richtervotum (jedoch mit einer von der Mehrheit abweichenden Meinung)
condemnation money Enteignungsentschädigung, Entschädigungssumme
condemnatory decree Enteignungsbeschluss
condensed balance sheet komprimierte Bilanz, Bilanzzusammenfassung, Kurzbilanz
conditional bill of sale Kaufvertrag mit einem Eigentumsvorbehalt des Verkäufers, bedingte Eigentumsübertragungsurkunde (bei einer sicherheitshalber erfolgten Übereignung), → conditional sales contract, → absolute bill of sale
conditional fee arrangement Vereinbarung mit einem Anwalt, der zufolge das vereinbarte Honorar nur im Erfolgsfall zur Zahlung fällig wird.
conditional guaranty bedingte Garantie □ Bei der conditional guaranty ist die Inanspruchnahme des Garanten an bestimmte Bedingungen geknüpft, z.B. kann der Garant berechtigt sein, von dem Gläubiger die Vorausklage gegen den Hauptschuldner zu verlangen. → absolute guaranty
conditionality Konditionalität □ Auflagen, an die die Gewährung einer Kreditfazilität durch den Internationalen Währungsfonds gekoppelt ist.
conditional receipt bedingte Deckungszusage
conditional routing Weiterleitung der in einem → call center eingehenden Anrufe nach bestimmten Kriterien
conditional sales contract Vorbehaltsverkauf, bedingter Verkaufsvertrag □ Vertrag mit Eigentumsvorbehalt des Verkäufers bis zur Erfüllung aller Vertragsverpflichtungen
conditional sales lease Abzahlungskauf, Mietkauf
conditional use permit bedingte Nutzungsgenehmigung (für eine vom Flächennutzungsplan abweichende Nutzung)
conditional vesting bedingte (an die Erfüllung bestimmter Voraussetzungen gekoppelte) Anwartschaftsrechte, → deferred vesting, → vesting of pension benefits
condition-based maintenance management Instandhaltungs-Management auf der Basis der verfügbaren → MRO-Ressourcen
conditioned loan konditionierter (mit Auflagen versehener) Kredit des Internationalen Währungsfonds

conditioning Aufbereitung von Daten, *(Lerntechnik)* Konditionierung, Prägung

conditions concurrent gleichzeitige Bedingungen, parallel zu erbringende Leistungen der beiden Vertragsparteien

conditions, covenants and restrictions Bedingungen, Bestimmungen und Beschränkungen hinsichtlich der Grundstücksnutzung

conditions for qualification Zulassungs-/Berechtigungskriterien, Voraussetzung für die Auszahlung von Versicherungsleistungen

conditions precedent Vorbedingungen ☐ 1. Voraussetzungen, an deren Erfüllung die Rechtswirksamkeit von Verträgen gebunden sein kann (z.B. Zustimmung bestimmter Gremien, Erteilung behördlicher Genehmigungen, noch zu erbringende Gutachten, etc.) 2. Auszahlungsvoraussetzungen; Voraussetzungen, die vor Valutierung des Kredites erfüllt sein müssen.

condition subsequent auflösende Bedingung ☐ Ereignis, das eine Leistungspflicht oder einen Anspruch aufhebt.

condominium (Wohneigentum in Form von) Eigentumswohnungen

condominium by(e)laws Satzung der Eigentümergemeinschaft

condominium interest Miteigentumsanteil

condominium owners association Eigentümergemeinschaft

condominium unit Eigentumswohnung

conduit agent (entity) (aus Bilanzierungs- und/oder Steuergründen) zwischengeschaltete Person/Gesellschaft ☐ leitet z.B. Gewinnausschüttungen an Gesellschafter weiter oder übernimmt bei bestimmten Schuldtitelemissionen die Durchleitung von Ertragsausschüttungen und/oder Tilgungsleistungen an die Inhaber der Papiere.

conference Konferenz ☐ Zusammenarbeit mehrerer Linienreeder in einem bestimmten Fahrtgebiet.

Conference Board größtes US-Wirtschaftsforschungsinstitut ☐ veröffentlicht regelmäßig eine Vielzahl von Berichten, Untersuchungen und Studien zu allen Bereichen der US-Wirtschaft. Eine nicht auf Gewinn ausgerichtete Organisation, die sich aus Mitgliedsbeiträgen finanziert.

conference calls Analystentreffen mit den Vorständen großer Kapitalgesellschaften

conference carrier Linienreederei, die einer Schifffahrtskonferenz angeschlossene Reederei

conference line Konferenzlinie ☐ Seeschifffahrtsgesellschaften, deren Schiffe nach festgesetzten Fahrplänen auf festen Routen verkehren.

conference market (trade) Tagungs-(Veranstaltungs-)markt

conference terms Konferenzbedingungen, Konditionen der Linienreedereien

confession of judg(e)ment Anerkenntnis einer Urteilsschuld ☐ Dokument, in dem der Beklagte seine Haftung anerkennt, sich zur Zahlung des vereinbarten Schadenersatzes verpflichtet und gleichzeitig die Einleitung eines Zwangsvollstreckungsverfahrens bei Nichterfüllung seiner eingegangenen Verpflichtungen akzeptiert.

confidence interval Vertrauensintervall, Konfidenzintervall

confidential factoring stilles Factoring, nicht notifiziertes Factoring ☐ Beim confidential factoring muss die die Forderung verkaufende Gesellschaft (Anschlussfirma) ihre Kunden nicht über den Verkauf der Forderungen an die Factoring-Gesellschaft unterrichten. → factoring

confidential invoice discounting dem → confidential factoring vergleichbare Bevorschussung von Handelsrechnungen

confidentiality agreement Vertraulichkeitsvereinbarung

configuration 1. Konfiguration, Netzkonstellation 2. Spezifikationen für Entwicklung, Betrieb und Unterstützung eines Systems

configuration audit Prüfung, ob Produkte mit der Konfigurationsdokumentation

übereinstimmen.
configuration control Konfigurationsüberwachung □ systematische Überwachung aller Änderungen der Ausgangskonfiguration
configuration management Konfigurations-Management □ 1. Planung und Steuerung von Programmänderungen 2. Verwaltung von Software-Tools
configuration systems Software zur Erstellung von Produktkonfigurationssystemen für den Kunden
configure-to-order Variantenfertigung
confirmed credit 1. bestätigte Kreditzusage 2. bestätigtes Akkreditiv □ z.B.: Das Akkreditiv einer ausländischen Bank zugunsten eines deutschen Exporteurs wird durch eine deutsche Bank bestätigt.
confirmed reimbursement *(im Akkreditivgeschäft)* bestätigter Rembours, Rembourszusage
conforming mortgage loan Hypothekenkredit, der die von den Aufsichtsbehörden festgelegten Ausreichungskriterien bzw. alle Voraussetzungen für einen Ankauf durch die → Federal National Mortgage Association oder → Federal Home Loan Mortgage Corporation erfüllt.
conformity with generally accepted accounting principles Übereinstimmung mit den anerkannten Bilanzierungsgrundsätzen
congestion surcharge Frachtzuschlag bei überlangen Wartezeiten im Hafen
conglomerate Mischkonzern, Konglomerat
conglomerate merger konglomerater Zusammenschluss, diagonale Fusion, Zusammenschluss von nicht miteinander konkurrierenden Firmen aus unterschiedlichen Branchen, → horizontal oder → vertical merger
conjoint analysis Conjoint Analyse, Verbundmessung
conjoint measurement *(in der Marktforschung)* Verbundmessung, Messung der relativen Wertigkeit □ Ermittlung des Stellenwertes bestimmter Produkteigenschaften durch Messung der Nutzenbeiträge bzw. Feststellung der Merkmale, die die Kaufentscheidung am stärksten beeinflussen.
connected contract Reihengeschäft, Kettengeschäft
connected persons verbundene Personen □ Board-Mitglieder oder die mit ihnen verbundenen Personen (→ associates)
connecting carrier Zwischenspediteur, Anschlussspediteur
connecting road haulage Rollfuhrdienst
consensus ad idem Konsens zwischen den Vertragsparteien
consensus decision process konsensorientierte Entscheidungsfindung
consensus-oriented consultation konsensorientiertes Befragungsverfahren, → Delphi technique
consensus rating Konsens-Rating, Durchschnitt der Bonitätseinstufungen für eine Emission/ein Unternehmen
consent decree (settlement) 1. Vergleich, Vergleichsvereinbarung 2. förmliche Zusage (z.B. der zuständigen Behörden zu einer Firmenübernahme)
consent judg(e)ment Gerichtsbeschluss, der auf der Einigung zwischen den beiden Parteien eines Rechtsstreites basiert.
consent jurisdiction vertragliche Vereinbarung eines Gerichtsstandes
consent requirements Zustimmungspflichten
consent resolution im Umlaufverfahren gefasster Beschluss
consequential damages Folgeschäden
consequential loss insurance (policy) Folgeschäden-Versicherung
conservator 1. Pfleger, Vormund (einer geschäftsunfähigen Person) □ häufige Unterteilung in conservator of the estate (zuständig für Vermögensverhältnisse) und conservator of the person (zuständig für die persönlichen Lebensumstände) 2. Person oder Personengruppe, die von einer Regulierungsbehörde mit der Fortführung der Geschäfte oder Liquidation eines in

Zahlungsschwierigkeiten befindlichen Unternehmens beauftragt wird.
consideration 1. Kaufpreis, Vertragspreis, Entgelt 2. Vertragsleistung, Gegenleistung, Gegenwert
consideration clause Klausel eines Vertrages (einer Versicherungspolice), in der Leistung und Gegenleistung (Versicherungszweck und Prämienzahlungen) geregelt werden.
consideration set Marken, die ein Käufer bei einem Kauf in Erwägung zieht.
consignee 1. *(allgemein)* Empfänger 2. Kommissionär 3. Konsignator, ausländischer Verkaufskommissionär, → consignment trade
consignment contract 1. Geschäftsbesorgungsvertrag 2. Konsignationsvertrag, → consignment trade
consignment goods 1. Kommissionsware 2. Konsignationsware, → consignment trade
consignment instructions Versandanweisungen
consignment inventory Kommissionswarenbestand, Konsignationslager
consignment manufacturing Lohnfertigung
consignment note Frachtbrief
consignment sale Verkauf auf Kommissionsbasis, Konsignationsverkauf
consignment stock Konsignationslager
consignment tracking Sendungsverfolgung, → tracking and tracing
consignment trade Konsignationshandel □ Kommissionsgeschäfte im Außenhandel, bei denen ein inländischer Auftraggeber (Konsignant/consignor) seinem ausländischen Beauftragten (Konsignator/consignee) Waren in Kommission auf Konsignationslager liefert. Dieser ausländische Verkaufskommissionär wird sie in eigenem Namen, aber für Rechnung des Konsignanten gegen Provision verkaufen.
consignor 1. *(allgemein)* Absender, Ablader, Verlader 2. Kommittent 3. Konsignant, → consignment trade
consistency concept (principle) Prinzip der Bilanzkontinuität, Stetigkeit der Bilanzie-

rungs- und Bewertungsmethoden
consistency of valuation Bewertungsstetigkeit
consistency principle Stetigkeitsprinzip, Grundsatz der Stetigkeit in der Datenerhebung
consolidated accounting principles Grundsätze der Konzernrechnungslegung
consolidated accounts Konzernabschluss, konsolidierter Geschäftsabschluss, Konzernrechnung, konsolidierte Finanzausweise
consolidated airfreight Sammelluftfracht
consolidated assets 1. Konzernvermögen 2. Konzernbilanzsumme
consolidated bill of lading Sammelkonnossement
consolidated cargo Sammelladung □ mehrere, zu einem Sammeltransport zusammengefasste Ladeeinheiten
consolidated cargo service Sammelgutverkehr
consolidated container service Containersammelgutverkehr
consolidated debt konsolidierte (fundierte) Schuld, → consolidation of debt
Consolidated Fund ordentlicher Staatshaushalt □ Zentraler Fonds (gleichnamiges Konto der britischen Regierung bei der Bank von England), in den der größte Teil der Steuereinnahmen fließt und aus dem alle Staatsausgaben bestritten werden.
consolidated group accounts → consolidated accounts
consolidated house bill of lading Haus-Sammelkonnossement
consolidated loan konsolidierte (fundierte) Anleihe, → consolidation of loan stock
consolidated obligations Schuldtitel (Anleihen und Abzinsungspapiere) der Federal Home Loan Banks, die über das → Office of Finance platziert bzw. verkauft werden.
consolidated retained earnings Konzernbilanzgewinn
consolidated sales Gruppenumsatz, Kon-

zernumsatz
consolidated services Sammelgutverkehr
consolidated shipment Sammelladung
consolidated statement of cash flows Konzern-Cashflow-Rechnung
consolidated statement of changes in financial position Konzern-Kapitalflussrechnung
consolidated statement of changes in stockholders' equity Konzern-Eigenkapitalspiegel
consolidated statement of income konsolidierte Gewinn- und Verlustrechnung, Konzern-Gewinn- und Verlustrechnung
consolidation 1. Konsolidierung, Zusammenfassung von Einzelbilanzen zur Konzernbilanz 2. Zusammenfassung mehrerer Ladeeinheiten zu einem Sammeltransport, *(pl)* Sammelverkehr 3. Konzentrierung von Rechnungen, → consolidator
consolidation centre Konsolidierungszentrum □ Ort, an dem Einzelaufträge zu Sammeltransporten zusammengefasst werden.
consolidation of actions Klageverbindung
consolidation of corporations Fusion, Verschmelzung □ von zwei Unternehmen zu einer neuen Gesellschaft, die unter neuem Namen und neuer Rechtsform geführt wird.
consolidation of debt Schuldenkonsolidierung □ 1. Umwandlung kurzfristiger Verbindlichkeiten in eine langfristige, meist hypothekarisch gesicherte Schuld 2. Eliminierung aller konzerninternen Forderungen und Verbindlichkeiten
consolidation of income and expenses Aufwands- und Ertragskonsolidierung □ Aufrechnung aller Aufwendungen und Erträge aus Lieferungen und Leistungen zwischen Konzernunternehmen
consolidation of loan stock Ablösung und Zusammenfassung mehrerer kurz- und mittelfristiger Schuldtitel zu einer neuen Anleihe
consolidation point → consolidation centre
consolidator 1. Sammelladungsspediteur, Sammelverkehrs-Spediteur □ auf die Zusammenstellung kleinerer Stückgutladungen spezialisierter Spediteur 2. Dienstleister, der für einen bestimmten Rechnungsempfänger als Sammelstelle für verschiedene Rechnungssteller fungiert.
consolidator's bill of lading Konnossement des Sammelladungsspediteurs
consortia operations Konsortialgeschäfte □ Börseneinführungen, Wertpapieremissionen, Kreditsyndizierungen, Projektfinanzierungen auf internationaler Ebene
consortium bank 1. Konsortialbank □ an einem Konsortium beteiligte Geschäftsbank 2. auf internationale Projektfinanzierungen spezialisiertes Kredit- bzw. Finanzierungsinstitut □ i.d.R. eine Gemeinschaftsgründung großer Geschäftsbanken
conspiracy gemeinschaftliches Begehen einer Straftat, geheime Absprache zwischen Herstellern
constant costs konstante (gleich bleibende) Kosten, fixe Gesamtkosten, feste durchschnittliche Produktionskosten
constant net payment mortgage Tilgungsdarlehen, Hypothekendarlehen mit für die gesamte Laufzeit gleich bleibenden Tilgungsraten
constant returns to scale konstant bleibende Skalenerträge, konstante Niveaugrenzproduktivität
constant sum scale *(in der Marktforschung)* konstante Summenskala □ d.h. die befragte Person kann eine fest gelegte Punktzahl auf verschiedene Produkte verteilen.
constituent meeting konstituierende Sitzung, Gründungsversammlung der Aktionäre
constitution/constitutional provisions *(im Gesellschaftsrecht)* Satzung; Bestimmungen, die das Innen- und Außenverhältnis einer Gesellschaft regeln.
constraints 1. Restriktionen/Einschränkungen (z.B. terminierte Verfügbarkeit von Ressourcen) 2. Abhängigkeiten (z.B. von Fahrzeug- bzw. Umschlagskapazitäten) 3. Vorgaben (z.B. hinsichtlich der Anfangs-

construct

und Endzeitpunkte von Vorgängen in der Projektplanung)
construct *(in der Marktforschung)* (Marketing-)Konstrukt □ z.b. Involvierung, Intelligenz, Einstellung (des Verbrauchers)
constructional works cover (guarantee) Bauleistungsdeckung (Sonderdeckung der → Export Credits Guarantee Department)
construction canons Auslegungsregeln
construction contract 1. Anlageerrichtungsvertrag, Vertrag zwischen der Projektgesellschaft und dem Anlagenbauer 2. *(im Jahresabschluss: construction contracts)* langfristige Aufträge
construction cy-près Auslegung einer nicht umsetzbaren testamentarischen Verfügung (z.b. Schenkung an eine nicht mehr existierende Organisation) durch ein Nachlassgericht in einer Art und Weise, die den Intentionen des Erblassers weitgehend entspricht.
construction in process/in progress unfertige Leistungen/Anlagen in Bau
construction interest (abzugsfähige) Baudarlehenszinsen
construction mortgage kurzfristiges Baudarlehen in Form einer → deed of trust
construction of law (of statutes) Gesetzesauslegung
construction output Bauvolumen, Bauleistung
construction overhead Konstruktionsgemeinkosten
construction retainage → retainage
construction surety bond Baufertigstellungsgarantie, Auftragserfüllungsbürgschaft
constructive assent unterstellte Zustimmung □ aufgrund eines bestimmten Verhaltens
constructive authority unterstellte Vollmacht □ aufgrund einer vorangegangenen anderen Ermächtigung
constructive condemnation enteignungsäquivalente Maßnahme
constructive condition gesetzlich begründete vertragliche Verpflichtung

constructive delivery Übergabe (Lieferung) der effektiven Instrumente
constructive dismissal einer Entlassung gleichzusetzende Maßnahme
constructive dividend verdeckte Dividendenzahlung □ z.b. in Form einer überhöhten Gehalts-/Honorarzahlung oder persönlichen Nutzung von Gesellschaftsvermögen
constructive fraud Verletzung der aus einem Vertrauensverhältnis resultierenden Pflichten
constructive notice zurechenbares Wissen, z.b. aufgrund einer öffentlichen Bekanntmachung
constructive notice principle Rechtsgrundsatz, dem zufolge eine Person als informiert gilt, wenn der sie betreffende Tatbestand in einem Amtsblatt oder amtlichen Register veröffentlicht wurde.
constructive obligation faktische Verpflichtung
constructive owner mittelbarer Besitzer; i.S. des US-Steuerrechts: natürliche oder juristische Person, der Kapitalerträge steuerlich zugerechnet werden.
constructive performance unterstellte Ausführung/Erfüllung
constructive possession mittelbarer Besitz
constructive receipt angenommener Erhalt, → constructive receipt doctrine
constructive receipt doctrine (receipt of income concept) Bestimmung des US-Steuerrechts, der zufolge Erträge in dem Jahr steuerpflichtig werden, in dem sie dem Empfänger zur Verfügung gestellt werden, also möglicherweise bevor sie von ihm effektiv entgegengenommen oder abdisponiert werden.
constructive sale Übertragung des wirtschaftlichen Eigentums
constructive total loss einem Totalverlust gleichkommender Teilverlust, wirtschaftlicher Totalverlust
constructive trust Treuhandverhältnis von Rechts wegen, kraft Rechtssprechung (Gesetz) entstandenes Treuhandverhältnis

constructive use fingierte Nutzung
construct validity Konstruktvalidität ☐ Messung der Übereinstimmung von Testergebnissen und Realität
consular charges Manifestgebühren, Gebühr für die Beglaubigung eines Manifests
consultative selling approach beratender Verkaufsansatz, auf einer kundenindividuellen Beratung und Betreuung basierender Verkauf
consumer attitudinal study Analyse der Verbrauchergewohnheiten
consumer buying behaviour Kaufverhalten der Konsumenten
consumer-centered database verbraucherfokussierte Datenbank
Consumer Confidence Index vom → Consumer Research Center veröffentlichter Index zum Konsumklima in den Vereinigten Staaten. Wichtiger Konjunkturindikator.
consumer confusion study Studie hinsichtlich der Markenverwechslung durch Verbraucher
Consumer Credit Protection Act US-Konsumentenkreditgesetz ☐ verpflichtet Banken, Finanzierungsinstitute und Einzelhändler zur Offenlegung der effektiven Kreditkosten. Das Gesetz regelt ferner Lohn- und Gehaltspfändungen sowie Kreditkartengeschäfte.
consumer demand Verbrauchernachfrage, konsumptive Nachfrage, Konsumentennachfrage
consumer expenditure Konsumausgaben, konsumptive Ausgaben, Verbraucherausgaben
consumer finance receivables Forderungen aus Teilzahlungsgeschäften
consumer focussing Konzentration (der Marketingaktivitäten) auf eine begrenzte Anzahl von Verbrauchern/Verbrauchergruppen
consumer franchise Verbraucherbindung, → consumer franchise building
consumer franchise building auf eine langfristige Verbraucher-/Markenbindung ausgerichtete Verkaufsförderung (z.B. Gutscheine, Geschenke, kostenlose Proben/Beratung, Zugaben)
consumer goods logistics Konsumgüterlogistik, → efficient consumer response
consumer income Konsumenteneinkommen
consumer jury Konsumentenjury ☐ testet und bewertet Produkte im Rahmen eines → panel survey
consumer loan company Teilzahlungskreditinstitut
consumer marketing auf den Endverbraucher ausgerichtete Marketingmaßnahmen
consumer outlays → consumer expenditure
consumer panel Konsumenten-Panel, (regelmäßig befragte) Verbraucher-Testgruppe
consumer perception Wahrnehmung (z.B. einer Marke) durch den Verbraucher, → perceptual mapping
consumer price index Verbraucherpreisindex
Consumer Product Safety Act US-Verbraucherschutzgesetz
Consumer Product Safety Commission US-Behörde, die für die Sicherheit von Konsumgütern zuständig ist. Sie kann landesweit geltende Sicherheitsstandards erlassen und gefährliche Produkte verbieten.
consumer profile Verbraucherprofil, soziodemographische Merkmale einer Verbrauchergruppe
consumer proposal Vergleichsvorschlag einer natürlichen Person nach dem kanadischen Insolvenzrecht (kann nur von insolventen Schuldnern in Anspruch genommen werden, deren Zahlungsverpflichtungen, auf den Hauptwohnsitz lastende Hypotheken ausgenommen, C$ 75.000 nicht übersteigen).
Consumer Research Center Unterorganisation des → Conference Board, die sich vor allem mit der Verbrauchsgüterforschung beschäftigt.
consumer-to-consumer elektronische Geschäftsabwicklung zwischen Verbrauchern/Endkunden
consumer trade practices Usancen in Ver-

consumption entry bindung mit Warenlieferungen oder Leistungen an Verbraucher
consumption entry Einfuhrerklärung
consumption ratio Konsumquote ▢ Verhältnis zwischen Konsumausgaben und dem verfügbaren Konsumenteneinkommen
contact management Kontaktmanagement, Steuerung aller Maßnahmen zur Kundenansprache
contact management systems Softwaresysteme zur Gestaltung von Kontakten mit Kunden und Lieferanten
container chassis Container-Fahrgestell
container control Container-Bestandskontrolle
container depot Container-Depot, Lager für Leercontainer
container freight station Container-Packstation
container freight station to container freight station von Container-Packstation (Station am Abgangsort) an Container-Packstation (Station am Bestimmungsort)
container gantry crane Containerbrücke
container handling Container-Umschlag, Container-Handling, Container-Behandlung
container handling charges Container-Handling-Kosten, Gebühren für das Container-Handling (für das Auf- bzw. Absetzen von Containern)
container handling facility/system Containerumschlags-/Verladesystem
container haulage Container-Transport, Container-Verkehr
container load plan Container-Belegungsplan, Container-Stauplan (einschließlich Angaben zur Ladefolge)
container manifest Container-Ladungsverzeichnis, Container-Manifest
container operator Container-Operator, Containerdienst
container packing list Container-Packliste
container rate(s) Containertarif
container service charges Container-Umschlagskosten, Kosten für die landseitige Container-Behandlung
container slot Container-Stellplatz
container steering computergestützte Container-Disposition
container tracking Ortung bzw. Nachverfolgung von (Leer-)Containern
container yard Container-Yard, Anliefer- und Empfangsstelle für beladene und leere Container
container yard to container yard von Container Yard an Container Yard
contemporaneous exchange gleichzeitiger Austausch, Austausch von Leistung und Gegenleistung
contemporaneous ownership rule *(bei Schadenersatzklagen)* Grundsatz, demzufolge der Kläger zum Zeitpunkt der Schädigung Eigentümer der beschädigten Sache gewesen sein muss.
contempt of court Missachtung des Gerichts
content Inhalt (Text- und Bildmaterial) einer Website, Webinhalt
content analysis *(in der Marktforschung)* Inhaltsanalyse, Aussageanalyse
content creators Personen, die Inhalte erstellen oder zu ihrer Erstellung beitragen.
content frame Inhaltsbereich
content life cycle Lebenszyklus von Webseiten/Webinhalten
content management Administration von Webinhalten
content management systems Website-Verwaltungssysteme, Softwaresysteme zur Administration (Erstellung und Pflege) von Website-Inhalten
content mining Gewinnung von Informationen aus Websites
content provider Inhalte-Anbieter ▢ Dienstleister, der Anwender beim Aufbau von Inhalten im Internet unterstützt.
content services Bereitstellung geschäftsspezifischer Informationen
contents insurance Inhaltsversicherung, Mobiliarversicherung
content syndication Handel mit Website-Inhalten, → content syndicator

content syndicator Dienstleister, der Website-Inhalte zwischen Produzenten und Abnehmern vermittelt.

content validity Inhaltsvalidität, inhaltliche Validität □ Messung der Übereinstimmung von Testergebnissen und tatsächlichen Verhaltensweisen

contestable clause Klausel einer Versicherungspolice, die den Zeitraum und/oder die Umstände festlegt, unter denen der Versicherungsnehmer die Versicherung rückgängig machen kann.

contested debt (liability) Verpflichtung, die Gegenstand eines schwebenden Gerichtsverfahrens ist.

context awareness Fähigkeit eines Computersystems zur Nutzung umgebungs-/situationsbezogener Informationen

contingencies Eventualverbindlichkeiten, Erfolgsunsicherheiten, drohende Verluste, *(im Jahresabschluss)* Haftungsverhältnisse

contingencies reserve → contingency reserve

contingency 1. Eventualverbindlichkeit, Eventualfall 2. Voraussetzung für die Rechtswirksamkeit eines Vertrages

contingency bond → contingency insurance

contingency budgets Eventualbudgets □ zur Berücksichtigung nicht vorhersehbarer Unternehmensentwicklungen

contingency contract bedingter Vertrag □ Vertrag, dessen Erfüllung von dem Eintritt eines bestimmten Ereignisses bzw. der Erfüllung bestimmter Leistungen abhängt.

contingency facility Abrufkredit, Abruffazilität

contingency fee Erfolgshonorar, an den Klageerfolg gekoppeltes Anwaltshonorar

contingency insurance Risikoversicherung

contingency payment 1. bedingte Zahlung □ Zahlung, die unter bestimmten Umständen erfolgt. 2. Erfolgsprämie □ Prämie für leitende Angestellte, deren Zahlung an bestimmte Unternehmensergebnisse gekoppelt ist.

contingency planning Vorsorge- und Ausfallplanung

contingency question *(im Rahmen einer Befragung)* mögliche Zusatzfrage □ wird gestellt, wenn eine vorbestimmte Antwort auf eine vorangegangene Frage gegeben wird.

contingency reserve (surplus) Schadenreserve

contingent allowances *(in Verbindung mit Arbeitszeitstudien)* sachliche Verteilzeiten

contingent assets 1. mögliche Vermögenswerte 2. *(im Kreditgewerbe)* Eventualforderungen

contingent beneficiary 1. Zweit-Bezugsberechtigte/r 2. Person, die eine Schenkung, ein Vermächtnis oder sonstige Zahlungen/Eigentumsrechte nur bei Eintritt eines bestimmten Ereignisses oder Erfüllung bestimmter Voraussetzungen erhält.

contingent business interruption insurance Betriebsunterbrechungsversicherung □ deckt Gewinnausfälle bei Geschäftsstörungen im eigenen Unternehmen oder bei Drittfirmen

contingent claim Eventualforderung, bedingter Anspruch

contingent commission Gewinnmarge des Erstversicherers bei der Weitergabe von Versicherungen in Rückdeckung

contingent consideration bedingte Anschaffungskosten

contingent debt → contingent liabilities

contingent deferred sales charge Rücknahmeabschlag □ bei der Rücknahme von Fonds-Anteilen in Rechnung gestellte Gebühr

contingent exposure Verlustrisiko, möglicher Verlust

contingent fee → contingency fee

contingent financing clause Klausel eines Kaufvertrages, die dem Käufer ein Recht auf Vertragsrücktritt einräumt, wenn er keine angemessene Finanzierung finden kann.

contingent financing facility Kredithilfe des Internationalen Währungsfonds für Entwicklungsländer, deren Anpassungsprogramme durch Entwicklungen des Weltmarktes gefährdet sind.

contingent fund

contingent fund Rücklage für Sonderrisiken, Rücklage für nicht vorhersehbare Aufwendungen, → contingent liability fund
contingent gains Eventualgewinne
contingent interest 1. bedingter Anspruch, bedingtes Eigentumsrecht 2. bedingter Gewinnanteil □ z.b. Gewinnbeteiligung nur bei Erreichen einer bestimmten Umsatzgrenze
contingent liabilities 1. Eventualverbindlichkeiten, bedingte Verpflichtungen, *(im Jahresabschluss)* Haftungsverhältnisse □ Aval- und Bürgschaftsverpflichtungen, Regressverpflichtungen, Schadenersatzansprüche Dritter aus Prozessen 2. mögliche (nicht vorhersehbare) Aufwendungen
contingent liability → vicarious liability
contingent liability fund Rücklage für Haftpflichtansprüche (Regressverpflichtungen)
contingent line of credit Abrufkredit
contingent losses Eventualverluste, → contingent liabilities
contingently issuable shares bedingtes Aktienkapital (Wandlungs- und Bezugs-/Optionsrechte)
contingent payee Zweitbegünstigter
contingent payment debt instruments Schuldtitel, deren Rückzahlung an den Eintritt bestimmter Ereignisse gekoppelt ist.
contingent remainder bedingtes Anwartschaftsrecht
contingent rental bedingte Mietzahlung
continuance Vertagung eines Verfahrens/einer Sitzung
continuation clause Verlängerungs-/Prolongationsklausel
continuation statement 1. (eintragungspflichtige) Erklärung hinsichtlich der Verlängerung eines Sicherungsrechtes 2. Erklärung hinsichtlich der Verlängerung der Deckungszusage
continuing agreement (contract) 1. weiterlaufender Vertrag 2. Vertrag, der regelmäßig wiederkehrende Leistungen über einen bestimmten Zeitraum hinweg vorsieht.
continuing business → continuing operations
continuing director provision → dead hand provision
continuing guarantee auch künftige Forderungen einschließende Garantie, i.w.S. unbefristete Garantie
continuing operations 1. laufende Geschäftstätigkeit 2. aktive (bestehende) Unternehmensbereiche
continuity discount Nachlass für laufende Anzeigenschaltungen
continuity of business enterprise Unternehmenskontinuität, Fortführung der Unternehmenstätigkeit eines übernommenen Unternehmens □ i.S. der US-Steuergesetzgebung die Voraussetzung für eine steuerfreie Übertragung von Vermögenswerten der Zielgesellschaft auf die übernehmende Gesellschaft
continuity of interest Aufrechterhaltung eines Gesellschafteranteils, Fortbestehen eines kapitalmäßigen Engagements der bisherigen Eigentümer im Falle einer Firmenübernahme; neben der → continuity of business enterprise Voraussetzung für eine steuerfreie Übertragung von Vermögenswerten
continuity of life Fortbestehen einer Gesellschaft, → continuity of business enterprise
continuous bar code kontinuierlicher Barcode □ Barcode, bei dem auch die Trennlücken Informationen enthalten.
continuous budget rollierendes Budget □ Zwölfmonatsbudget, das bei Ablauf des laufenden Kalendermonats um einen weiteren Monat verlängert wird.
continuous compounding fortlaufende (tägliche) Berechnung von Zinseszinsen, → compound interest
continuous easement Grunddienstbarkeit, die kein aktives Tun (z.B. Antragstellung) seitens des Nutzers erforderlich macht. → non-apparent easement
continuous improvement laufende Optimierung der Unternehmensprozesse, kon-

tinuierliche Generierung von Verbesserungsvorschlägen
continuous improvement process kontinuierlicher Verbesserungsprozess, ständiges Bemühen um eine Optimierung der Geschäftsprozesse
continuous inventory method/inventory updating laufende Fortschreibung des Lagerbestandes
continuous learning activity laufende Prüfung des Produktentwicklungsprozesses unter Verbesserungsgesichtspunkten
continuously contemporary accounting → current cost accounting
continuous ownership rule Grundsatz der andauernden Besitzes/des fortbestehenden Gesellschafterverhältnisses
continuous planning kontinuierliche (rollierende) Planung
continuous premium whole life policy Todesfallversicherung mit laufenden gleichbleibenden Prämienzahlungen
continuous production Fließfertigung
continuous random variable stetige Zufallsvariable
continuous rating scale → graphic rating scale
continuous replenishment (program) i.e.S. automatische Belieferung eines Zentrallagers; i.w.S. kontinuierliche Warenversorgung □ d.h. weitgehende Integration der Hersteller in die Auftrags- und Lieferplanung des Handels durch einen ständigen Austausch von Bestands- und Nachfragedaten; Ziel ist die Minimierung der Versorgungskosten.
continuous tender panel Gruppe von Banken, die Schuldtitel auf kontinuierlicher Basis im Rahmen eines auktionsähnlichen Bietungsverfahrens erwirbt und weiterplatziert.
continuous transport chain durchgängige Transportkette
contract bond Vertragserfüllungsbürgschaft, Ausführungsbürgschaft □ vor allem im Baubereich übliche Bürgschaft, die die Ausführung eines Bauvorhabens garantiert.
contract carrier Speditionsunternehmen, Frachtführer □ schließt den Beförderungsvertrag; kann den Transport selbst ausführen oder einem → actual carrier überlassen.
contract closing (close-out) 1. Vertragsabschluss 2. vollständige Leistungs-/Vertragserfüllung 3. Schließung einer Finanzposition
contract completion Auftragsfertigstellung, Leistungserfüllung, *(stage of contract completion)* Fertigungsstand, Fertigungsfortschritt
contract constraints einschränkende Vertragsklauseln
contract costing Auftragskostenrechnung
contract cost(s) Auftragskosten (bei langfristigen Fertigungsaufträgen)
contract currency 1. Vertragswährung 2. Vertragslaufzeit
contract developer externer Dienstleister für Produktentwicklung
contract discharge 1. Vertragserfüllung 2. Entlassung aus einer vertraglichen Verpflichtung
contracted-out money purchase scheme an die Stelle der staatlichen Rentenversicherung getretene private Altersversicherung
contracted price Vertragspreis, vertraglich vereinbarter Preis
contract expense (jährliche) Bearbeitungs-/Policengebühr
contract for deed (Grundstücks-)Kaufvertrag □ sieht einen Eigentumsvorbehalt des Verkäufers bis zur vollständigen Zahlung des Kaufpreises durch den Käufer vor.
contract for purchase and sale Kaufvertrag
contract for skill and labour/for labour and materials Werklieferungsvertrag
contract guarantee → contract bond
contract holder Policen-Inhaber
contract impracticability Undurchführbarkeit eines Vertrages □ bedingt durch den Wegfall der Geschäftsgrundlage
contracting 1. Abschluss von Verträgen, Kontrahierung, i.w.S. Beschaffung von

Materialien oder Dienstleistungen 2. vertragliche Ausgestaltung von Beteiligungsverhältnissen 3. Contracting □ vor allem im Energiebereich bekanntes Konzept, bei der die Planung, Errichtung und der Betrieb von Anlagen durch einen Dritten/externen Investor (contractor) übernommen wird.
contracting carrier vertraglicher Verfrachter, Frachtführer, Vertragsspediteur □ Spediteur, der die Verantwortung für die Durchführung eines Transportes übernimmt. → actual carrier
contracting out 1. Übertragung von Aufgaben/Leistungen auf einen Dritten/einen anderen Anbieter (z.B. Teile der Produktion an Zulieferanten) 2. Befreiung von Beiträgen zur staatlichen Rentenversicherung (→ state earnings related pension scheme), wenn der Arbeitgeber über eine eigene Altersversicherung verfügt.
contracting policy Vertragspolitik, Kontraktpolitik, Festlegung von Einkaufskonditionen
contracting work in progress *(im Jahresabschluss)* unfertige Aufträge
contraction in profits Verengung der Gewinnspannen, Verschlechterung der Ertragslage
contraction of business i.e.S. Umsatzrückgang, i.w.S. konjunktureller Abschwung
contract logistics Kontraktlogistik □ 1. umfangreiches Angebot logistischer Dienstleistungen (einschließlich Lagerhaltung, Kommissionierung, Distribution) 2. Übertragung logistischer Aufgaben auf einen Logistikdienstleister (häufig auf der Grundlage eines langfristigen Vertrages)
contract management Beschaffungsmanagement
contract manager für Vertragserstellung und -verhandlungen verantwortlicher Mitarbeiter
contract manufacturing Auftragsfertigung
contract-market damages *(nach der Zurückweisung mangelhafter Waren)* Schadenersatz in Höhe der Differenz zwischen Kauf-/Vertragspreis und Marktpreis
contract not to compete Wettbewerbsklausel, Konkurrenzklausel □ vertragliche Verpflichtung des Arbeitnehmers gegenüber seinem Arbeitgeber, nach Beendigung des Arbeitsverhältnisses nicht für eine Konkurrenzfirma tätig zu werden. I.d.R. eine zeitlich oder geographisch begrenzte Verpflichtung.
contract of affreightment Befrachtungsvertrag, → affreightment
contract of agency Stellvertretungsvertrag, → agency agreement, → agent
contract of agreement for sale Vorvertrag
contract of bailment Verwahrungsvertrag
contract of carriage Beförderungsvertrag, Frachtvertrag, Speditionsvertrag
contract of indemnity Freistellungsvertrag, Schadlosbürgschaft
contract of partnership Gesellschaftsvertrag
contract of sale Kaufvertrag
contract of suretyship Bürgschaftsvertrag
contractor 1. Bauunternehmer, Generalunternehmer 2. Auftragnehmer, → contracting (3) 3. Kontrahent
contractor's liability insurance Bauunternehmerhaftpflichtversicherung, Werkunternehmerversicherung, Hersteller-/Betriebshaftpflichtversicherung, i.e.S. Versicherung der Haftpflicht von Subunternehmern
contractors' all risks insurance Allgefahrenversicherung für Bauunternehmen
contract receivables Vertragsforderungen, vertraglich abgesicherte Forderungen
contract research Auftragsforschung
contract revenue Auftragserlöse (aus langfristigen Fertigungsaufträgen)
contract rights i.w.S. vertragliche Rechte; i.e.S. Zahlungsansprüche (Forderungen) aus einem Vertrag
contract services Fremdleistungen
contracts for differences Differenzgeschäfte □ derivative Kontrakte, die bei Fälligkeit durch einen Barausgleich reguliert werden. → cash settlement

contracts receivable Forderungen aus Lieferungen und/oder Leistungen
contractual frustration → frustration of contract
contractual joint venture vertrags- bzw. schuldrechtliche Absprache zwischen zwei Unternehmen □ Joint Venture i.S. einer vertraglich geregelten Zusammenarbeit (Risiko-, Kosten- und Gewinnaufteilung) zwischen zwei Unternehmen; kein Gemeinschaftsunternehmen mit eigener Kapitalausstattung (equity joint venture)
contractual landlord's lien vertragliches Pfandrecht des Vermieters
contractual liability 1. vertragliche Haftung (Haftpflicht) 2. Verpflichtung aus einem Vertrag
contractual liability insurance Vertragshaftpflichtversicherung
contractual lien Vertragspfandrecht, Zurückbehaltungsrecht am Pfandgegenstand, vertragliches Zurückbehaltungsrecht
contractually established damages → liquidated damages
contract under seal gesiegelter Vertrag
contract work vertraglich zu erbringende Leistungen
contract work breakdown structure Projektstrukturplan
contract works policy Lieferanten-Risikoversicherung
contra fiscum Ablehnung eines Steueranspruchs, Entscheidung zugunsten des Steuerpflichtigen
contra proferentem rule Rechtsgrundsatz, dem zufolge unklare Vertragsklauseln zu Lasten der Vertragspartei ausgelegt werden, die den Vertrag erstellt hat.
contributed surplus Rücklagen
contributing shares nachschusspflichtige Aktien (Anteile)
contribution 1. Beitrag, Beitragszahlung 2. Einbringung, → contributions in kind 3. Deckungsbeitrag, → contribution margin 4. Verschuldensbeitrag, Mitverschuldensquote, Mitverursachungsanteil, → action for contribution

contribution accounting (Erstellung der) Deckungsbeitragsrechnung
contribution amounts Dotationsmittel
contribution analysis Deckungsbeitragsanalyse
contribution claim Beitragsforderung, → action for contribution, i.e.S. Ausgleichsanspruch eines in Anspruch genommenen Mitgaranten gegen die anderen Mitgaranten
contribution clause 1. Selbstbeteiligungsklausel 2. → coinsurance clause 3. *(bei Doppelversicherungen)* Umlegungsklausel □ im Versicherungsfall werden die zu erbringenden Leistungen anteilsmäßig auf die einzelnen Versicherer umgelegt.
contribution for betterment Ausgleichszahlung, die der Versicherungsnehmer an den Versicherer leisten muss, wenn die Regulierung des Schadenfalls zu einer Wertsteigerung des Versicherungsgegenstandes führt.
contribution holiday beitragsfreie Jahre
contribution income statement Deckungsbeitragsrechnung
contribution margin Deckungsbeitrag □ Betrag, um den die Erlöse eines Leistungsbereiches die zurechenbaren Kosten übersteigen.
contribution margin ratio Verhältnis von Deckungsbeitrag zu Umsatzerlösen
contribution of property Einbringung von Vermögenswerten (Wirtschaftsgütern) in eine Gesellschaft
contribution per product Produkt-Deckungsbeitrag, → contribution margin
contribution rate 1. Deckungsbeitrag, → contribution margin 2. Beitragssatz
contribution requirement Beitragspflicht, i.e.S. → coinsurance requirement
contributions in kind (of properties) Sacheinlagen □ in eine Unternehmung eingebrachte Vermögenswerte in Form von Grundstücken, Gebäuden, Maschinen
contribution targets Deckungsbeitragsziele
contributory 1. beitragspflichtige Person 2.

contributory benefits

leistungspflichtige Person/Partei 3. *(bei einer Liquidation)* nachschusspflichtiger Gesellschafter
contributory benefits beitragsbezogene Leistungen
contributory negligence 1. Mitverschulden (des Klägers), Beitrag zu erlittenen Schäden durch Fahrlässigkeit bzw. eigene fehlende Sorgfalt 2. fahrlässig herbeigeführter Schaden
contributory reinsurance → quota share reinsurance
contributory value of improvements Beitrag von → improvements zum Marktwert einer Immobilie
contrived observation Laboratoriumsbeobachtung ◻ Beobachtung von Konsum- bzw. Verhaltensgewohnheiten in einer künstlich geschaffenen Umgebung, → natural observation, → observation techniques
control gates Kontrollpunkte am Ende von Projekt- oder Produktentwicklungsphasen; gleichzeitig Freigabetermine für die folgende Phasen; i.d.R. mit den Projekt-Meilensteinen identisch, → rigid gates, → permeable gate, → milestones
control group *(bei Labor-/Feldexperimenten)* (Stichproben-)Kontrollgruppe
controllable costs steuerbare Kosten
controllable variance steuerbare Abweichung (zwischen Soll- und Ist-Leistung)
controlled carrier bill → combined transport bill of lading
controlled foreign companies ausländische Konzernunternehmen ◻ Gesellschaften mit Sitz außerhalb der jeweiligen nationalen Steuergesetzgebung, die jedoch von Gesellschaften mit Sitz in dieser nationalen Steuergesetzgebung beherrscht werden.
controlled foreign companies (CFC) rules Bestimmungen einer nationalen Steuergesetzgebung zur Verhinderung der Verlagerung von Unternehmensgewinnen auf Tochtergesellschaften in Niedrigsteuerländern.
controller 1. Controller ◻ für das Controlling bzw. Reporting-System sowie für die Erstellung von Budgets und Investitionsplanung zuständiger Mitarbeiter 2. in manchen US-Unternehmen auch der Finanzdirektor
controllership Controller-Tätigkeit
controlling Controlling, gewinnorientierte Unternehmenssteuerung ◻ Planungs- und Steuerungsinstrumente zur Unterstützung in der Entscheidungsfindung, z.B. Entwicklung von Planungs-, Rechnungs- und Informationssystemen, Erstellung von Ergebnisanalysen, Vorschlägen zur Schwachstellenbeseitigung, Wirtschaftlichkeitsstudien, Kosten- und Leistungssteuerung, Koordinierung der Unternehmenspläne.
controlling financial interest Beherrschung, aktive Einflussnahme auf die Unternehmensführung
convenience goods Güter des täglichen Bedarfs, Güter mit einem geringen Beschaffungsaufwand
convenience of termination clause Vertragsklausel, die einer Vertragspartei die Beendigung des Vertrages jederzeit erlaubt.
convenience sample willkürliche Stichprobe, → convenience sampling, → probability sample, → non-probability sample
convenience sampling willkürliche Stichprobenauswahl, Stichprobenerhebung aufs Geratewohl ◻ es wird eine bestimmte, jedoch beliebig zusammengesetzte Personengruppe angesprochen.
convenience store Nachbarschaftsladen
convenience termination clause fakultative Kündigungsklausel
convenient court → forum conveniens
convenient remedy zweckdienlicher Rechtsbehelf
convening period Zeitraum, innerhalb dessen eine Versammlung (z.B. der Gläubiger) einberufen werden muss.
conventional cargo Stückgut
conventional (mortgage) loan 1. Standardhypothek ◻ d.h. Festsatz-Hypothekardarlehen mit fester Laufzeit und/oder einer

Beleihungsquote von nicht über 75% 2. in den Vereinigten Staaten ferner jedes Hypothekendarlehen, das nicht durch die Garantie einer staatlichen Organisation unterlegt ist.

conventional pass-throughs → mortgage pass-throughs, die nicht von US-Bundesbehörden emittiert wurden. → federal agency securities

conventional services Stückguttransporte, Stückgutverkehr

conventional ship Stückgutschiff

convention blank (statement) der bei der Registrierungsbehörde eines US-Bundesstaates zu hinterlegende Jahresabschluss oder Finanzstatus einer Versicherungsgesellschaft

convention examination Prüfung eines Versicherungsunternehmens (durch die Aufsichtsbehörde des US-Bundesstaates, in dem das Unternehmen seinen Sitz hat)

convention values → commissioners' values

convergence Konvergenz □ 1. Zusammenwachsen von Informationstechnologien 2. Annäherung von Futures-Preis und Kassakurs des Basiswertes mit dem Näherrücken des Kontrakt-Liefertermins

convergence validity Konvergenzvalidität

conversation time Gesprächsdauer (bei Anrufen in einem → call center)

conversion 1. Konvertierung, Umrechnung, Umtausch (von Währungen) 2. Umwandlung □ z.B. von Anleihen in Aktien, von Bankkrediten in Risikokapital oder in eine andere Finanzierungsform 3. unrechtmäßige Aneignung, Veruntreuung 4. Änderung der Rechtsform einer Unternehmung 5. Umwandlung der Eigentums- oder Nutzungsform (z.B. Umwandlung von Miet- in Eigentumswohnungen), → involuntary conversion 6. Umwandlung eines bestehenden Versicherungsvertrages in einen neuen Vertrag 7. Umwandlung eines Insolvenz- bzw. Sanierungsverfahrens nach → Chapter 11 oder → Chapter 13 in ein Konkursverfahren nach → Chapter 7, wenn sich die Einhaltung der eingegangenen Verpflichtungen als nicht möglich erweist.

conversion rate Umwandlungsverhältnis → von Besuchern eines Einzelhandelsgeschäftes/einer Website zu effektiven Käufern

convertible life insurance → convertible term insurance

convertible term insurance (policy) Risikolebensversicherung, die in eine Kapitallebensversicherung umgewandelt werden kann.

convex interest rate curve konvexe Zinskurve, nach oben gebogene Zinskurve

convexity Konvexität □ Veränderung der → duration bei Veränderung der Zinssätze.

conveyance deed (Eigentums-)Übertragungsurkunde

conveyance of freehold Übertragung uneingeschränkter Eigentumsrechte

conveyancer auf die Abwicklung von Eigentumsübertragungen spezialisierter Dienstleister

conveyancing Eigentumsübertragung, Übertragung von Eigentumsrechten

Cooke ratios Cooke-Kennziffern □ Kennziffern zur Erfassung der Kredit- und Marktrisiken von Kreditinstituten, die vom Basler Ausschuss für Bankenaufsicht erarbeitet wurden.

cooling-off period 1. Bedenkzeit, Überdenkungsperiode, Rücktrittsfrist □ Zeitraum, in dem das Widerrufsrecht nach Vertragsabschluss geltend gemacht werden kann. 2. Streikabkühlungsfrist

cooperation agreement (contract) → buyback arrangement

cooperation fee *(in der Marktforschung)* Vergütung für die Mitwirkung an einer Befragung

cooperative Genossenschaft, i.e.S. Form des genossenschaftlichen Wohneigentums in den Vereinigten Staaten

cooperative advertising Gemeinschaftswerbung, gemeinsame Finanzierung von Werbe-/Marketingaktivitäten, kooperative Anzeigenwerbung

cooperative negligence → contributory negligence
cooperative ownership genossenschaftliches Wohneigentum
co-opetition Zusammenarbeit zwischen Konkurrenzunternehmen
coordination-of-benefits provision Klausel hinsichtlich der Aufteilung bzw. Umlegung von Versicherungsleistungen im Falle einer Doppelversicherung
co-ownership Miteigentum
co-partnership scheme Gewinnbeteiligungsplan für Betriebsangehörige
copy Werbetext, Anzeigentext
copy briefing Zielvorgabe hinsichtlich des Werbetextes, → briefing
copy platform Werbekonzept
Copyright, Design and Patents Act englisches Urheber-, Geschmacksmuster- und Patentrecht
copy test Copy-Test □ Untersuchung der Werbewirksamkeit einer Werbebotschaft/ eines Werbemittels
core benefit proposition zentraler Produktvorteil
core capabilities (competencies) Kernkompetenzen, Schlüsselqualifikationen
core corporate values zentrale Werte eines Unternehmens
core objectives Kernziele eines Unternehmens
core process Kernprozess □ der die Wertschöpfung eines Unternehmens bestimmende Prozess
core rigidities starre Führungsstrukturen einer Unternehmung, die Innovationsprozesse erschweren.
cornering künstliche Marktverengung
corporate accounting betriebliches Rechnungswesen
corporate adjustment Unternehmenssanierung
corporate advertising Imagewerbung eines Unternehmens
corporate agent Vertreter der Gesellschaft □ Person, die die Befugnis zur Vertretung der Gesellschaft besitzt.

corporate appraisal Unternehmensbewertung, → valuation
corporate articles → articles of association
corporate attorney Syndikus
corporate behaviour Unternehmensverhalten, Verhalten aller Mitarbeiter eines Unternehmens nach innen und nach außen □ Gesamtheit der Grundsätze und Leitbilder zum Auftritt des Unternehmens, seiner Führung und seiner Mitarbeiter in der Öffentlichkeit. Ziel ist ein einheitliches Auftreten des Unternehmens gegenüber Dritten.
corporate bond 1. Industrieschuldverschreibung, Industrieobligation 2. Vertrauensschadenversicherung
corporate brand Unternehmensmarke (i.d.R. die Dachmarke eines Unternehmens), → unit brand
corporate branding Aufbau und Führung einer Unternehmensmarke
corporate budget Unternehmensbudget, Unternehmensplan, → budgeting
corporate business association Unternehmensform
corporate buying of stock Rückkauf eigener Aktien durch eine Unternehmung, → stock buyback
corporate byelaws → byelaws
corporate capital requirements Kapitalbedarf der Unternehmen
corporate capital spending Investitionstätigkeit der Unternehmen
corporate cash management → cash management
corporate cash requirements Liquiditätsbedarf der Unternehmen
corporate citizenship Engagement des Unternehmens für gesellschaftliche Belange
corporate communications mix Unternehmenskommunikations-Mix □ Gesamtheit der kommunikationspolitischen Grundsätze und kommunikativen Maßnahmen eines Unternehmens (Werbung, Marketing und Öffentlichkeitsarbeit)
corporate compliance guidelines Richtlinien, durch die die Einhaltung gesetzlicher

Vorschriften durch die Mitarbeiter eines Unternehmens sichergestellt werden soll. → compliance officer
corporate conglomerate Mischkonzern
corporate constraints satzungs- oder geschäftspolitisch bedingte Begrenzung des Gesellschaftszwecks
corporate controller → controller
corporate culture Unternehmenskultur □ Gesamtheit der Grundsätze, Denkhaltungen und Wertvorstellungen eines Unternehmens
corporate defendant beklagtes Unternehmen
corporate design Unternehmenserscheinungsbild, Unternehmenssymbole □ visuelle Kommunikation eines Unternehmens; zum corporate design, einem Teilbereich der → corporate identity, zählen in erster Linie Form- und Farbgebung der Produkte, Logos, typografische Raster
corporate domicile Gesellschaftssitz; i.e.S. US-Bundesstaat, in dem die Gründung einer Unternehmung erfolgte.
corporate earnings position Ertragslage der Unternehmen (einer Unternehmung)
corporate entrepreneurship → corporate venturing
corporate establishment 1. Betriebsstätte 2. Unternehmensgründung
corporate excellence herausragende Methoden in der Unternehmensführung
corporate expenses Unternehmensaufwand
corporate finance 1. Unternehmensfinanzierung 2. Technik der Unternehmensfinanzierung, Finanzierungslehre 3. Geschäftsfeld einer Bank mit den folgenden Aufgabengebieten: Konzeption und Begleitung von Börseneinführungen, Konzeption und Abwicklung von Firmenübernahmen und Fusionen, Erstellung von Aktienrückkaufs- und Mitarbeiterbeteiligungsprogrammen. Je nach Organisationsform können zur Corporate Finance auch Beteiligungs-, Leasing- und Projektfinanzierungen zählen.
corporate franchise tax Konzessionssteuer, Geschäftssteuer □ Steuer, die in einigen US-Bundesstaaten zusätzlich zur Körperschaftssteuer erhoben wird.
corporate funds Gesellschaftsmittel, Betriebsmittel; i.w.S. Kapitalausstattung einer Unternehmung
corporate governance Unternehmensverfassung □ Leitungs- und Kontrollstrukturen in einem Unternehmen, Verfahren zur Bestellung von Management und Aufsichtsgremien, Mitwirkungs- und Mitspracherechte der Aktionäre
corporate hedging requirements Kurssicherungsbedarf einer Unternehmung (der Unternehmen)
corporate identity Unternehmensidentität, Selbstverständnis des Unternehmens □ bestimmt den Auftritt (das Denken und Handeln) eines Unternehmens nach innen und nach außen; umfasst die Bereiche → corporate behaviour, → corporate communications, → corporate design; Ziel aller Corporate-identity-Bemühungen ist die einheitliche Darstellung und Profilierung einer Unternehmung am Markt.
corporate image rating Image-Rating von Unternehmen (auf der Basis von Produktqualität, Kundenorientierung)
corporate IOU Schuldanerkenntnis einer Unternehmung, Unternehmensschuldschein
corporate liability Haftung eines Unternehmens, Haftung juristischer Personen
corporate liquidity reserve management Liquiditätsreservehaltung der Unternehmen
corporate logistics Unternehmenslogistik, Ausrichtung aller logistischen Prozesse auf das Unternehmensziel
corporate memory Unternehmensgedächtnis, gesammelte Unternehmenserfahrung, Dokumentation der Unternehmensgeschäfte in Datenbanken, i.w.S. Gesamtheit der verfügbaren Datenbanken
corporate mission Unternehmensleitbild, Unternehmensphilosophie, → mission statements; Teil der → corporate identity
corporate mission statement Unterneh-

mensleitbild, Bereichsleitbild □ beschreibt die Aufgabenstellung eines Unternehmens oder eines Geschäftsbereiches
corporate name 1. (eingetragener) Firmenname 2. Industrieadresse, Emittent am Kapitalmarkt
corporate network 1. Unternehmensverbund, → corporate networking 2. Daten- und Sprachkommunikationsnetz eines Unternehmens
corporate networking 1. Zusammenarbeit mehrerer Unternehmen, Schaffung eines Unternehmensverbundes 2. Zusammenfassung mehrerer unternehmenseigener → local area networks zu einem einzigen unternehmensweiten Netz
corporate office Planungs- und Führungsstab einer Unternehmung
corporate officers vertretungsberechtigte Personen der Gesellschaft
corporate opportunity 1. Gelegenheit zum Geschäftsabschluss 2. Insiderwissen
corporate opportunity doctrine US-Rechtsdoktrin, der zufolge die sich einem Unternehmen bietenden geschäftlichen Möglichkeiten nicht durch die Mitarbeiter zu deren eigenem Vorteil genutzt werden dürfen.
corporate organisation Betriebsorganisation
corporate organisation cost Gründungskosten
corporate payroll Löhne und Gehälter, Lohnsumme
corporate pension fund Betriebsrentenversicherung, Pensionskasse
corporate plan betrieblicher Gesamtplan, Unternehmensplan
corporate planning model computergestütztes Planungsmodell zur Ermittlung der Auswirkungen von Marktentwicklungen und Unternehmensentscheidungen auf eine Unternehmung
corporate power Befugnis zur Vertretung der Gesellschaft, Vertretungsbefugnis
corporate property 1. Betriebsvermögen 2. → corporate real estate

corporate purpose Gesellschaftszweck, Gegenstand des Unternehmens
corporate raid überfallartiger Versuch einer Firmenübernahme (ohne die Zustimmung des Managements der betroffenen Unternehmung)
corporate real estate (real property) Grundstücke und Gebäude einer Unternehmung
corporate real estate management Unternehmensimmobilien-Management, Flächenmanagement, Management des Immobilienportefeuilles (An- und Verkauf von Immobilien)
corporate real estate portfolio Unternehmens-Immobilienbestand
corporate reconstruction Umstrukturierung eines Unternehmens, Unternehmenssanierung, → corporate restructuring
corporate re-engineering Umbau der Arbeitsabläufe/Geschäftsprozesse in einem Unternehmen
corporate relations officer zuständig für die Corporate Communications einer Unternehmung
corporate reorganization 1. Umorganisation (organisatorische Neuausrichtung) eines Unternehmens 2. *(i.S. des US-Steuerrechts)* steuerneutrale Unternehmensumwandlung/Fusion □ Voraussetzung für die Steuerbefreiung ist die Verpflichtung der übernehmenden Gesellschaft zur weitgehenden Fortführung des Betriebs der übernommenen Gesellschaft.
corporate report Geschäftsbericht
corporate repurchase of stock Rückkauf eigener Aktien am freien Markt, → stock buyback
corporate resolution Sitzungsbeschluss des Verwaltungsrates
corporate resources interne Unternehmensressourcen, intern verfügbare Arbeits- und Sachmittelleistungen
corporate restructuring 1. Neustrukturierung eines Unternehmens, Umbau der Unternehmens-/Konzernstruktur 2. Umstrukturierung eines übernommenen Un-

ternehmens ☐ durch Kostensenkungsprogramme, Personalabbau, Verkauf von Unternehmensbereichen oder unterbewerteten bzw. leicht liquidisierbaren Aktiva 3. → corporate reorganization (2) 4. starke Fremdmittelaufnahme durch ein Unternehmen vor dem Hintergrund einer drohenden Übernahme (zur Ausschüttung von Sonderzahlungen, Zuteilung von Bonusrechten an die Aktionäre, Erwerb von Anlagen), um das Unternehmen für einen Bieter unattraktiv zu machen.

corporate shareholder Aktionär, bei dem es sich um eine juristische Person handelt.

corporate signatures list Verzeichnis der für eine Gesellschaft unterschriftsberechtigten Personen

corporate social responsibility gesellschaftliche Verantwortung der Unternehmung, Verantwortung eines Unternehmens gegenüber seinen Mitarbeitern und der Gesellschaft insgesamt

corporate stakeholders Anspruchsgruppen, → internal stakeholders, → external stakeholders

corporate strategy planning Festlegung der langfristigen Unternehmensziele (Unternehmensstrategie)

corporate surety bond Vertrags-/Auftragserfüllungsbürgschaft

corporate surety bonding Übernahme von Vertragserfüllungsbürgschaften, Bietungsgarantien, Zahlungsbürgschaften für Unternehmen

corporate suretyship 1. Vertrauensschadenversicherung 2. Garantie (Bürgschaft) einer Gesellschaft

corporate tax Körperschaftssteuer

corporate taxation Unternehmensbesteuerung

corporate tax shelter → tax shelter, tax shelter company

corporate treasurer Finanzdirektor

corporate treasury Finanzabteilung eines Unternehmens, → treasury management

corporate venture Unternehmensneugründung (oft eine Gemeinschaftsgründung), um eine neue Produktidee, ein größeres Projekt oder ein neues Unternehmenskonzept durchzusetzen.

corporate venture capital Beteiligungskapital, das etablierte Unternehmen jungen und hoch innovativen Neugründungen zur Verfügung stellen.

corporate venture capital company konzerneigene Kapitalbeteiligungsgesellschaft

corporate venturing Wagniskapitalfinanzierung (Bereitstellung von Beteiligungskapital) durch ein Unternehmen, Erwerb von Kapitalbeteiligungen an jungen Unternehmen entweder direkt oder über eine eigene Beteiligungsgesellschaft

corporate voluntary arrangement → company voluntary arrangement

corporation Unternehmen, Unternehmung (US) ☐ Dabei kann es sich um eine Unternehmung in privat-rechtlicher Form (private corporation) oder um eine Unternehmung in öffentlich-rechtlicher Form (public corporation) handeln. Im allgemeinen Sprachgebrauch wird corporation jedoch i.S. von Aktien- oder Kapitalgesellschaft verwendet.

Corporation Commissioner Aufsichts- und Regulierungsbehörde für Unternehmen in einigen US-Bundesstaaten

corporation franchise Gründungssteuer ☐ wird in einigen US-Bundesstaaten bei der Zulassung von Unternehmen erhoben.

corporation income steuerpflichtiges Einkommen einer Unternehmung

corporation life insurance → business insurance

Corporation of Lloyd's Gesellschaft, die die verwaltungsmäßigen und technischen Fazilitäten für die Lloyd's Versicherungsbörse zur Verfügung stellt. Versicherungen werden nicht bei ihr, sondern nur bei den Mitgliedern (Einzelversicherern) abgeschlossen. → Lloyd's

corporation statute(s) Gesellschaftsrecht eines US-Bundesstaates

corporation tax Körperschaftssteuer, durch Kapitalgesellschaften zu entrichtende Ertragssteuer

corporators 1. (Gründungs-)Gesellschafter 2. Gremium, das den Vorstand bzw. Verwaltungsrat einer US-Sparkasse bestellt.
corporeal property dingliche Vermögenswerte, z.B. Gebäude und Anlagen
corrected bill of lading berichtigtes Konnossement
correlation analysis Korrelationsanalyse, Datenanalyseverfahren zur Ermittlung des Zusammenhangs zwischen mehreren Variablen
correlation coefficient Korrelationskoeffizient □ Kennzahl, die die Parallelität zweier Größen (Variablen) misst, z.B. die wertmäßige Entwicklung eines Vermögenswertes (Aktie) oder eines Marktes (Kassamarkt) im Verhältnis zu einem Vergleichsmaßstab (Aktienindex) oder einem Parallelmarkt (Terminmarkt). Bei einem Korrelationskoffizienten von +1 verläuft die Entwicklung parallel (positive correlation). Verläuft sie unterschiedlich (negative correlation) wird der Korrelationskoeffizient bei -1 liegen. Ein Korrelationskoeffizient von 0 sagt aus, dass zwischen den beiden Variablen keine lineare Beziehung besteht.
correlation risk Korrelationsrisiko, Risiko einer auseinander laufenden Entwicklung, → basis risk
corroborating evidence zusätzliche Beweismittel
corroboration Bestätigung einer Zeugenaussage oder sonstigen Tatsache
COSA → cost of sales adjustment
co-sale right Recht eines Investors, seine Aktien zu den Konditionen zu verkaufen, die dem Mehrheitsaktionär eingeräumt wurden.
co-shippership langjährige Zusammenarbeit zwischen Hersteller und Frachtführer
cosigner Mitunterzeichner (eines Kreditvertrages, eines Schuldscheines), → payment guaranteed
cost accounting standards Kostenbudgetierungsgrundsätze
cost accruals Kostenabgrenzungen, Kostenrückstellungen, → accruals
cost allocation Kostenumlage, Kostenverrechnung, Verteilung (Verrechnung) von Kosten auf Kostenstellen bzw. -träger
cost and freight (... named port of destination) Kosten und Fracht (... benannter Bestimmungshafen) □ Lieferort ist das Schiff im Verschiffungshafen. Der Verkäufer trägt Kosten und Fracht für die Beförderung der Waren bis zum benannten Bestimmungshafen. Gefahrenübergang auf den Käufer erfolgt bei Überschreitung der Schiffsreling im Verschiffungshafen, der Kostenübergang im Bestimmungshafen. Diese Klausel findet in erster Linie im See- oder Binnenschiffsverkehr Anwendung.
cost approach Bestimmung des Wertes eines Vermögensgegenstandes/einer Immobilie auf der Basis des aktuellen Wiederbeschaffungswertes/der aktuellen Baukosten
cost audit i.e.S. Prüfung der Kostenstellen- und Kostenträgerrechnung, i.w.S. Prüfung des innerbetrieblichen Rechnungswesens
cost baseline Kostenausgangsbasis, ursprünglicher Kostenrahmen
cost basis Wertansatz zu den Gestehungskosten
cost/benefit analysis Kosten-Nutzen-Analyse, Vergleich von Kosten und Nutzen in monetären Einheiten
cost/benefit controlling Kosten-Nutzen-Controlling □ hat die Aufgabe, die Kosten- und Nutzeneffekte von Arbeitsabläufen/ Systemen abzuschätzen.
cost bill (Gerichts-)Kostenrechnung
cost bond Sicherheitsleistung für die Begleichung der Gerichtskosten
cost budgeting Kostenplanung □ Erstellung von Kostenprojektionen im Rahmen der betrieblichen Planungsrechnung, → budgeting
cost center Kostenstelle, kostenverantwortliche Unternehmenseinheit □ organisatorisch abgegrenzter Tätigkeits- bzw. Verantwortungsbereich, der kostenrechne-

risch selbständig abgerechnet wird.
cost center accounting Kostenstellenrechnung ☐ Verteilung der Kosten auf die Kostenstellen nach dem Verursacherprinzip, → cost center
cost center overheads Kostenstellengemeinkosten
cost classification Aufteilung der Kosten nach Kostenarten
cost deferment Kostenabgrenzung, → deferral
cost-effectiveness analysis Kosten-Effektivitätsanalyse, Nutzen des Mitteleinsatzes
cost efficiency Kosteneffizienz, Wirksamkeit des Mitteleinsatzes
cost escalation cover Versicherung gegen Kostensteigerungen
cost-income ratio Aufwands-/Ertragsquote, Aufwandsrentabilität, Kostendeckungsgrad, Verhältnis von Aufwand zu Ertrag
cost in excess of net assets of business acquired Firmenwert des erworbenen Unternehmens
costing methods Kostenrechnungsverfahren
costing scheme Kalkulationsschema
costing study Kostenrechnungsanalyse
costing theory Kostenlehre
cost, insurance and freight (... named port of destination) Kosten, Versicherung und Fracht (... benannter Bestimmungshafen) ☐ bis auf die Bestimmung, dass der Verkäufer zusätzlich die Transportversicherungskosten übernehmen muss, die gleichen Regelungen wie bei → cost and freight.
cost, insurance and freight – landed Preisklausel, der zufolge der Verkäufer neben den unter → cost, insurance and freight genannten Kosten auch die Kosten für Löschung, Leichterung und Verbringung an Land tragen muss.
cost, insurance, freight, commission, interest Preisklausel, der zufolge der Verkäufer neben den unter → cost, insurance and freight genannten Kosten auch die Vertreterprovisionen und Zinsen übernehmen muss.
cost inventory method Bewertung von Vorräten zu den Anschaffungskosten
cost less accumulated depreciation Gestehungskosten abzüglich aufgelaufener Abschreibung
cost management Kostenmanagement ☐ Planung, Steuerung und Kontrolle der Kosten
cost method Anschaffungswertprinzip, Anschaffungskostenmethode, Kostenmethode, → cost model
cost minimisation analysis Kostenminimierungsanalyse, Untersuchung zur Feststellung der kostengünstigsten Option
cost model Anschaffungskostenansatz ☐ Bewertung von Wirtschaftsgütern zu den Anschaffungskosten, → fair value model
cost object Kostenobjekt, Kostenträger ☐ Produkt, Projekt, Abteilung oder sonstige Leistung/Einheit, der Kosten zugeordnet werden.
cost of asset replacement Wiederbeschaffungskosten, Wiederbeschaffungspreis von Wirtschaftsgütern
cost of completion Fertigstellungskosten (aufgrund einer vorangegangenen Leistungsverweigerung/unzureichenden Vertragserfüllung)
cost of conversion 1. Wandlungskosten 2. Herstellungskosten
cost of delay Wartezeitkosten, Kosten der Wartezeit in einem → call center
cost of discharging Löschkosten
cost of distribution Distributionskosten, Vertriebskosten
cost of equity capital (finance) Kosten des Aktienkapitals, Aktienfinanzierungskosten
cost of external supplies Fremdleistungskosten
cost of fixed assets Anschaffungskosten des Anlagevermögens
cost of fixed-rate funding Festfinanzierungskosten
cost of funds in the money market Geldbeschaffungskosten am Geldmarkt
cost of goods purchased Wareneinstandskosten, Bezugspreis ☐ Aufwendungen für

Roh-, Hilfs- und Betriebsstoffe sowie für bezogene Waren

cost of goods sold Herstellungskosten, → cost of sales

cost of handling Umschlagskosten

cost of inventories Anschaffungskosten von Vorräten, Warenbestandskosten, → cost of goods purchased

cost of living allowance Vergütung für höhere Lebenshaltungskosten, Ortszuschlag

cost of loading Ladekosten

cost of operations Betriebskosten

cost of outstanding liabilities *(im Versicherungsgewerbe)* Kosten der noch nicht regulierten Schadenfälle

cost of replacement Wiederbeschaffungskosten, Wiederbeschaffungswert

cost of revenue direkte Vertriebskosten

cost of sales Herstellungskosten, Kosten der umgesetzten Leistung, Kosten der verkauften Erzeugnisse und Leistungen

cost of sales accounting method Umsatzkostenverfahren

cost of sales adjustment *(in Verbindung mit → current cost accounting)* Berichtigung der Kosten verkaufter Erzeugnisse und Leistungen (angesichts zwischenzeitlicher Preisänderungen)

cost of sales method Umsatzkostenverfahren

cost of supplies Materialkosten, Beschaffungskosten

cost or market, whichever is lower Niederstwertprinzip □ Bewertung mit dem niedrigeren Wert, der sich bei einer Gegenüberstellung von Anschaffungs- bzw. Herstellungskosten und Marktpreis ergibt.

cost per call Kosten je Anruf (der in einem → call center eingehenden Anrufe)

cost per click *(Preis für eine Website-Anzeige)* Kosten pro Seitenbesucher

cost per contact Kosten pro Kundenkontakt

cost per customer purchasing Marketing-/Werbekosten je Neukunde/-auftrag □ Messzahl zur Messung der Werbewirksamkeit einer Anzeige

cost per lead Kosten pro generierter Adresse

cost performance index Kostenvergleichsindex □ ergibt sich aus dem Verhältnis zwischen erbrachter Leistung und dem damit verbundenen Kostenaufwand; verdeutlicht die Abweichung der Ist- gegenüber den Plankosten.

cost per impression Kosten je Sichtkontakt

cost per order 1. Kosten je Auftrag 2. Marketingaufwand pro Bestellung, → cost per customer purchasing

cost per rating point Prozent-Kontakte-Preis □ zeigt an, wie viel der Kontakt einer Werbebotschaft mit 1% der Zielgruppe kostet.

cost per thousand Tausender-Preis, Tausend-Kontakte-Preis □ Werbeträgerkosten pro tausend Leser eines Printmediums/pro tausend Zuschauer eines TV-Werbespots/ pro tausend Kontakte mit einem Werbebanner

cost per unit of output Kosten je Produkteinheit

cost planning Kostenplanung, → cost budgeting

cost-plus contract Kosten plus prozentuale oder fixe Marge □ Auftrag, bei dem der Auftragnehmer die abrechenbaren Kosten sowie eine feste Marge vergütet bekommt.

cost plus pricing (system) *(Form der kostenorientierten Preisbestimmung)* Kosten-Plus-System □ der Verkaufspreis ergibt sich aus den Kosten der erbrachten Leistung plus Gewinnzuschlag

cost price Selbstkostenpreis, Einkaufspreis, Einstandspreis

cost principle Anschaffungskostenprinzip, → full cost principle

cost projections Kostenprojektionen, Kostenvorgaben

cost recovery 1. Kostenrückerstattung 2. Abschreibung, → accelerated cost recovery system

cost recovery method *(Verfahren zur Bewertung von Teilzahlungsgeschäften)* Ergebnisrealisierung nach Deckung der Kosten durch vereinnahmte Erträge

cost-reimbursement grant Zuschuss in Höhe der anfallenden Kosten

cost reporting Erstellung von Kostenberichten

costs and expenses applicable to sales Herstellungs- und Umsatzkosten

cost sharing agreement Kostenumlagevertrag

costs incurred in securing the contract vorvertragliche Kosten

costs of conversion Kosten der Be- und Verarbeitung von Produktionseinheiten

costs of investments Anschaffungskosten von Finanzanlagen

cost-to-completion (Projekt-)Restkosten

cost-to-cost method Kostenvergleichsverfahren □ Bewertung langfristiger Projekte durch den Vergleich zwischen bisher angefallenen Kosten und geschätzten Gesamtkosten

cost unit Kostenträger □ Leistungseinheit (Produkt, Produktgruppe, Dienstleistung), auf die Kosten verrechnet werden.

cost unit accounting Kostenträgerrechnung □ Zurechnung der Kosten auf die Kostenträger und Ermittlung der Kosten für die einzelne betriebliche Leistung

cost value method Bewertung von Beteiligungen nach der Anschaffungskostenmethode, → equity method (of accounting)

cost/value ratio Verhältnis zwischen Kosten und Wert eines Produktes

cost variance Kostenabweichung □ Differenz zwischen Plan-/Vorgabekosten und Ist-Kosten

cost-volume-profit analysis → break-even analysis

cotenancy Gemeinschaftseigentum

Council of Lloyd's Vorstand (oberstes Kontroll- und Führungsorgan) der Lloyd's-Versicherungsbörse

counter-biasing Maßnahmen zur Vermeidung von Befragungsfehlern, → bias

counterparty 1. Kontrahent (bei einer Finanztransaktion) 2. Kreditinstitut, das an den Offenmarktgeschäften des Europäischen Systems der Zentralbanken über → standard tender teilnehmen bzw. die ständigen Fazilitäten (→ permanent facilities) des ESZB in Anspruch nehmen kann.

counter-plea Gegeneinrede

counterpurchase transactions Kopplungsgeschäfte □ Unter counterpurchase transactions sind Außenhandelsgeschäfte zu verstehen, bei denen der Verkauf von Waren an ein Land an Bezüge aus diesem Land gekoppelt ist. Counterpurchase transactions unterscheiden sich von den → compensation deals vor allem dadurch, dass alle Warenbewegungen auf zwei getrennten Verträgen basieren, die unabhängig voneinander erfüllt werden müssen. Bei einem parallel deal, der klassischen counterpurchase transaction, verpflichtet sich ein Exporteur, Waren im Land des Importeurs in Höhe des Auftragswertes zu kaufen. Erfüllt der Exporteur seine Gegenkaufverpflichtungen nicht innerhalb der vereinbarten Frist, muss er i.d.R. eine vertraglich festgelegte Pönale entrichten, die bis zu 50% des Auftragswertes betragen kann. Mit Zustimmung des Importeurs kann der Exporteur seine Gegenkaufverpflichtungen auf eine dritte Partei übertragen. Zur Gruppe der counterpurchase transactions zählen ferner → advanced purchases und → linked deals.

countertrade/countertrade deals (transactions) Gegengeschäfte □ Countertrade ist der Oberbegriff für Außenhandelsgeschäfte, bei denen der Verkauf von Waren oder Dienstleistungen an ein Land mit der Verpflichtung zum Kauf von Waren oder Dienstleistungen aus diesem Land gekoppelt ist. Wurden Gegengeschäfte ursprünglich im Ost-West-Handel abgeschlossen, werden sie in den letzten Jahren in zunehmendem Maße von Entwicklungsländern gewünscht. Mit der steigenden Bedeutung der countertrade deals hat sich eine Fülle von Varianten herausgebildet, die in drei Gruppen unterteilt werden können: → counterpurchase transactions,

→ compensation transactions, → industrial cooperation arrangements, die i.d.R. als → buyback arrangements abgeschlossen werden. Countertrade transactions dürfen nicht mit → barter deals verwechselt werden, bei denen der direkte Tausch von Waren oder Dienstleistungen ohne Fakturierung in einer bestimmten Währung erfolgt. Zu beachten ist ferner, dass Begriffsvermischungen in der Praxis häufig vorkommen.

countervailing duty Grenzausgleichsabgabe
country asset allocation strategische Verteilung des verfügbaren (anlagebereiten) Kapitals auf mehrere Länder
country damage Landschadenklausel ☐ Schäden, die während eines Überlandtransportes vor oder nach der Verschiffung entstehen.
country debt provisioning Rückstellungen (Risikovorsorge) für Länderkredite
country domain Länder-Domain, → first level domain
country exposure 1. Länderkredit, Länderengagement 2. Gesamtsumme der Ausleihungen eines Kreditinstitutes an ein bestimmtes Land 3. Länderrisiko, Länderobligo, → country risk
country of origin Ursprungsland (der Waren)
country of provenance Land, von dem aus Versand/Verschiffung der Waren in das Land des Exporteurs erfolgen.
country risk Länderrisiko (bei Kreditausreichungen an ausländische Kunden oder bei Direktinvestitionen im Ausland) ☐ Unter dem Länderrisiko ist zum einen die Gefahr zu verstehen, dass vertraglich vereinbarte Zins- und Tilgungszahlungen aufgrund staatlicher Verfügungen, Überschuldung oder Devisenknappheit nicht mehr geleistet werden, zum anderen die Möglichkeit, dass gegen ein Tochterunternehmen im Ausland Maßnahmen ergriffen werden, die die Vermögens- und Gewinnsituation beeinträchtigen bzw. die Aufgabe der Unternehmung zur Folge haben.

County Regierungsbezirk eines US-Bundesstaates
County Court erstinstanzliches Gericht für zivilrechtliche Streitigkeiten von geringer Bedeutung bzw. mit einem niedrigen Streitwert, → High Court
county property records Grundbuch
court-annexed arbitration bei einem ordentlichen Gericht angesiedeltes Schiedsverfahren
court-appointed attorney Offizialverteidiger
court-appointed trustee (receiver) gerichtlich bestellter Treuhänder (Verwalter/Liquidator)
court bond Prozessbürgschaft, Kaution
court composition Zwangsvergleich
court in (of) bankruptcy Konkursgericht
Court of Appeals Berufungsgericht ☐ 1. einer der dreizehn United States Court of Appeals, bei denen Berufung gegen Urteile der → District Courts eingelegt werden kann. → Federal Court System. Courts of Appeals sind ferner Rechtsmittelinstanz für Entscheidungen des → United States Court of Federal Claims/of International Trade 2. die erste Berufungsinstanz im Rahmen der einzelstaatlichen Gerichtsbarkeit, → Supreme Court
court of chancery Kanzleigericht, Billigkeitsgericht
court of competent jurisdiction zuständiges Gericht
Court of Conciliation gerichtliche Schlichtungsstelle
court of execution Vollstreckungsgericht
Court of Federal Claims → United States Court of Federal Claims
Court of International Trade → United States Court of International Trade
court of original jurisdiction 1. erstinstanzliches Gericht 2. ursprünglicher Gerichtsstand
Court of Records Registeramt
court reporter Protokollführer bei Gericht
court trial Verhandlung vor Gericht, i.e.S. Verhandlung ohne Geschworene, Urteils-

findung durch einen Einzelrichter

court trust durch Gerichtsbeschluss begründetes Treuhandverhältnis

covariance Kovarianz □ Zusammenhang zwischen zwei oder mehr metrischen Merkmalen; Umfang, in dem sich zwei oder mehr variable Größen während eines bestimmten Zeitraumes gemeinsam verändern. Je kleiner beispielsweise die Kovarianz zwischen den einzelnen Portefeuilletiteln ist, desto geringer sind die Ertragsschwankungen des Gesamtportefeuilles.

covenant Vertragsklausel, vertragliche Abrede (Verpflichtung), → covenants

covenant against incumbrances Gewährleistung der Lastenfreiheit einer Liegenschaft

covenanted payment vertraglich vereinbarte Zahlung

covenantee Vertragspartei, die Zusicherungen erhält; die begünstigte Vertragspartei

covenant for further assurance vertragliche Verpflichtung des (Grundstücks-)Verkäufers, alle Maßnahmen zu ergreifen, die der Käufer in angemessener Weise zur Sicherung seiner neu erworbenen Eigentumsansprüche verlangt.

covenant not to compete → contract not to compete

covenant not to sue Verzicht auf ein Klagerecht

covenant of good faith Gebot von gutem Glauben

covenant of quiet enjoyment Zusicherung der ungestörten Nutzung

covenant of right to convey Bestätigung der Übertragungsbefugnis

covenantor Vertragspartei, die Zusicherungen abgibt; die verpflichtete Vertragspartei

covenants 1. *(bei Kreditausreichungen)* Auflagen (Unterlassungsverpflichtungen) für den Kreditnehmer, → loan covenants 2. *(bei Projektfinanzierungen)* Auflagen für die Projektgesellschaft, z.B. keine Änderung der Projektverträge ohne Zustimmung der kreditgebenden Banken, kein Gesellschafterwechsel sowie Aufteilung der gegebenenfalls anfallenden Cashflow-Überschüsse unter Banken und Sponsoren 3. *(i.S. der britischen Steuergesetzgebung)* (steuerlich absetzbare) Zahlungsverpflichtungen □ i.d.R. Zahlungen, die über mehrere Jahre hinweg an karitative Einrichtungen oder unterhaltsberechtigte Familienangehörige erfolgen.

covenants running with the land/title 1. (a) Flächennutzungsbestimmungen, Bebauungsvorschriften, Nutzungsbeschränkungen in Verbindung mit einem Grundstück (b) Grunddienstbarkeiten 2. i.w.S. alle vertraglichen Abreden, die mit einem Eigentumstitel verbunden sind.

covenant to convey Übertragungsverpflichtung

covenant to renew vertraglich vereinbarte Verlängerungsoption

co-venturing Co-Venturing, gemeinsame Wagniskapitalbeteiligung, Beteiligung an einem Unternehmen durch mehrere Investoren, Finanzierung größerer Investitionsvorhaben durch zwei oder mehr Kapitalbeteiligungsgesellschaften

coverage 1. (Versicherungs-)Deckung 2. Reichweite □ Personen (Prozentsatz oder absoluter Wert), die mit einem Werbespot oder einer Anzeige Kontakt hatten.

coverage error Erfassungsfehler, Stichprobenfehler, → sampling error

coverage extension Erweiterung des Deckungsschutzes

coverage rate Abdeckungsquote, Abschöpfungsquote, Prozentsatz der bei der Befragung einer Zielgruppe tatsächlich erreichten Personen

coverage ratio Deckungsverhältnis □ 1. Verhältnis von Währungsreserven zur umlaufenden Geldmenge 2. Verhältnis von kurzfristigem Umlaufkapital zu den kurzfristigen Verbindlichkeiten 3. Verhältnis der Kreditrückstellungen zur Gesamtsumme der Not leidenden Kredite

cover damages *(nach Zurückweisung mangelhafter Waren)* Schadenersatz in Höhe

der Differenz zwischen Kauf-/Vertragspreis und den Kosten für einen Deckungskauf
covered occurrence gedeckter Schadenfall
covered participant 1. Versicherte/r 2. Anwartschaftsberechtigte/r
cover level Deckungsumfang
cover note Deckungszusage, Gewährung eines vorläufigen Deckungsschutzes
cover position (Anzeige auf der) Titelseite einer Publikation
cover ratio 1. Ergebniskennzahl/Bilanzrelation, deren Einhaltung durch die → covenants vorgeschrieben ist. 2. → times interest earned 3. → coverage ratio
cover shortage Unterversicherung
C/P → carriage paid, → charter party
CPA → certified public accountant
CPC → cost per click, → collaborative product commerce
CPD → charterer pays dues
CPFR → collaborative planning, forecasting and replenishment
CPH → completes per hour
CPI → consumer price index, → cost per impression, → cost performance index
CPL → container packing list
CPO → cost per order
CPP → commercial package policy
CPR → cost per rating point
C products → ABC analysis
CPSA → Consumer Product Safety Act
CPSC → Consumer Product Safety Commission
CPT → cost per thousand
CPU → central processing unit
CPV → current principal value
C/R → company's risk, → continuous replenishment
CRA → Community Reinvestment Act
cram down provision Bestimmung des → Bankruptcy Code, die die anteilsmäßige Verringerung von Gläubigerforderungen durch das zuständige Gericht sowie die Annahme eines Vergleichs- bzw. Sanierungsvorschlages (→ reorganization) gegen den Widerstand einer Gläubigergruppe ermöglicht.
crash costs (im Projektmanagement) Kostenaufwand für die Verringerung der Vorgangsdauer (i.d.R. durch erhöhten Ressourceneinsatz, → resource planning)
crashing (in der Projektablaufplanung) Verkürzung der Vorgangsdauer durch zusätzlichen Ressourceneinsatz
crate rate Frachttarif für Lattenkisten
CRB → Commodity Research Bureau
cream-skimming pricing Abschöpfungspreispolitik
creation of a security interest Bestellung eines Sicherungsrechtes
creativity phase Kreativitätsphase, erste Phase des Produktentwicklungsprozesses, → staged product development
creativity techniques Kreativitätstechniken □ Verfahren zur Generierung innovativer Lösungsansätze
creator Treugeber, Begründer einer Stiftung/eines Trust
credence goods Vertrauensgüter □ Produkte, deren Eigenschaften zum Zeitpunkt des Erwerbs nicht bekannt sind.
credible commitments glaubwürdige Verpflichtungen der Vertragsparteien
credit conversion Kreditkonversion, Umrechnung bilanzunwirksamer Geschäfte in Kreditäquivalente, → credit equivalents
credit conversion factor Kreditumrechnungsfaktor, Konversionsfaktor, → credit equivalents
credit default swap Kreditderivat (→ credit derivatives) zur Absicherung von Forderungen, bei dem der Sicherungsgeber im Falle eines spezifizierten Kreditereignisses (Forderungsausfall) dem Sicherungsnehmer einen vereinbarten Betrag zahlt. Bei dieser Ausgleichszahlung kann es sich um einen fest vereinbarten Betrag oder um einen Differenzausgleich zu dem Wert eines Referenzaktivums zum Zeitpunkt des Forderungsausfalls handeln. Im Gegenzug zahlt der Sicherungsnehmer dem Sicherungsgeber einmalig oder

in bestimmten Zeitabständen eine Prämie.

credit derivatives Kreditderivate □ derivative Finanzinstrumente, die die Übertragung der mit Darlehen, Anleihen und anderen Kreditpositionen verbundenen Kreditrisiken auf eine andere Person (Sicherungsgeber) ermöglichen. Die die Kreditrisiken veräußernde Partei wird als Sicherungsnehmer bezeichnet. Unterschieden wird bei Kreditderivaten zwischen den folgenden drei Grundformen: → total return swap, → credit default swap und → credit-linked notes

credit equality gleichmäßige Behandlung der Gläubiger

credit equivalents Kreditäquivalente □ bilanzunwirksame Geschäfte werden mittels Konversionsfaktoren in Kreditäquivalente umgerechnet, je nach Vertragspartner gewichtet und in die Risikobegrenzungsnorm einbezogen.

credit gearing Quotient aus Kreditobergrenze und Eigenmitteln

credit-linked note Kreditderivat zur Absicherung von Ausfallrisiken, das auf einer Kombination von → credit default swap und einer Schuldverschreibung basiert. Letztere wird von einem Sicherungsnehmer emittiert und vom Sicherungsgeber gegen die Zusage laufender Zinszahlungen zum Nennwert erworben. Tritt ein spezifizierter Forderungsausfall bei dem Referenzaktivum ein, wird die Rückzahlung des Titels um den entsprechenden Verlust reduziert. Tritt kein Ausfall ein, erfolgt die Rückzahlung bei Fälligkeit zum Nennwert.

credit management 1. *(eines Kreditinstitutes)* Kreditmanagement □ Steuerung der Kreditvergabe (des Kreditportefeuilles) 2. *(einer Industrieunternehmung)* Steuerung und Überwachung der Kundenkredite, Festlegung von Kreditlimits und Bonitätsanforderungen

creditor control Form des außergerichtlichen Vergleichs, bei der die Geschäftsführung bis zur Befriedigung aller Gläubigeransprüche durch einen Gläubigerausschuss wahrgenommen wird.

creditor days ratio durchschnittlich in Anspruch genommenes Zahlungsziel

creditor management → creditor control

creditor payment ratio durchschnittliches Zahlungsziel, das eine Unternehmung bei ihren Gläubigern in Anspruch nimmt.

creditors Kreditoren, *(creditor amounts falling due within one year)* Verbindlichkeiten aus Warenlieferungen mit einer Laufzeit von maximal einem Jahr

creditors voluntary liquidation freiwillige Liquidation eines insolventen Unternehmens □ erfolgt auf Beschluss der Gesellschafter/Aktionäre durch einen von den Gläubigern eingesetzten Liquidator. → members/shareholders voluntary liquidation, → compulsory liquidation

credit repository Auskunftei

credit sale agreement Teilzahlungsgeschäft, bei dem die Eigentumsrechte sofort auf den Käufer übergehen.

credit to income ergebniswirksame Verbuchung, Einstellung in die Gewinn- und Verlustrechnung

credit unions US-Raiffeisenbanken, genossenschaftliche Kreditinstitute, → National Credit Union Administration

creeping take-over bid/tender offer schleichender Übernahmeversuch □ Übernahmestrategie durch den stufenweisen Aufkauf von Aktien des Zielunternehmens bzw. Erwerb eines möglichst großen Aktienpaketes vor Bekanntgabe des Übernahmeangebotes.

CREM → corporate real estate management

criterion variable Kriteriumsvariable, abhängige Variable

critical activity *(in der Netzplantechnik)* kritischer Vorgang, Vorgang ohne Pufferzeit (float), → critical path

critical chain → critical path unter Berücksichtigung der Ressourcenverfügbarkeit

critical path kritischer Pfad (Weg), der kürzeste Weg vom Projektbeginn bis zum Projektende □ auf dem kritischen Weg lie-

gen alle Vorgänge ohne Pufferzeit, d.h. zeitlich nicht verschiebbare Vorgänge.
CRM → customer relationship management
CRO → corporate relations officer
CROCE → cash return on capital employed
CRP → capacity requirements planning, → continuous replenishment program
cross-border leasing grenzüberschreitende Leasing-Geschäfte □ Leasinggeber bzw. Leasinggesellschaft und Leasingnehmer domizilieren in unterschiedlichen Ländern.
cross-claim Gegenklage, Widerklage
cross-collateralization Verbundbesicherung □ mehrere, von einem Kreditgeber für verschiedene Objekte bereitgestellte Kredite werden durch jedes der auf die einzelnen Objekte eingetragenen Grundpfandrechte besichert, d.h. im Sinne einer reziproken Verzugsklausel (→ cross default clause) haftet jedes Grundstück für die Nichterfüllung der Schuldendienstverpflichtungen aus einem Kredit.
cross currency interest rate swap kombinierter Zins- und Währungs-Swap □ basiert auf einer Kombination von Zins- und Währungs-Swap (→ interest rate swap, → currency swap), d.h. feste und zinsvariable Währungspositionen werden getauscht.
cross default clause reziproke Verzugsklausel, Drittverzugsklausel □ Diese Klausel gibt einer kreditgebenden Bank das Recht, einen Kreditvertrag zu kündigen, wenn der Kreditnehmer mit seinen Verpflichtungen aus einem anderen Kreditvertrag bzw. mit einer sonstigen Verpflichtung gegenüber Dritten in Verzug gerät. → events of default
cross-docking An- bzw. Auslieferung von Waren ohne Ein- und Auslagerungsprozesse (ohne Zwischenlagerung in einem Handels-Zentrallager) □ d.h. die nach Vorkommissionierung durch den Lieferanten am Umschlagplatz/Transitlager (cross docking point) eingehenden Waren werden nicht eingelagert, sondern direkt an die Filialen weitergeleitet.
cross-docking point Transitlagerhaus
cross domain management → umbrella management
cross elasticity of demand Kreuzpreiselastizität □ Reaktion der Nachfrage nach einem Produkt in Abhängigkeit von den Preisbewegungen eines anderen Produktes
cross holdings kapitalmäßige Überkreuzverflechtung
cross impact analysis Verfahren zur Analyse von Wechselwirkungen
crossing Situation, in der ein Makler sowohl für den Käufer als auch für den Verkäufer tätig wird.
cross-libel Widerklage
cross-market trading segmentüberschreitender Handel, Angebot des gleichen Produktes in unterschiedlichen Marktsegmenten
cross parity Kreuzparität, → cross rate
cross-petition Widerklage
cross purchase agreement (plan) Vertrag, durch den sich die Gesellschafter einer Personengesellschaft verpflichten, bei einem Ausscheiden aus dem Unternehmen ihre Anteile nur an die Mitgesellschafter zu veräußern.
cross-purchasing 1. unzulässiges Aufrechnen von Wertpapierkauf- und -verkaufsaufträgen durch einen Broker 2. → cross purchase agreement (plan)
cross rate Usance-Kurs □ Austauschverhältnis von zwei ausländischen Währungen an einem Devisenplatz in einem Drittland
cross section (cross-sectional) analysis Querschnittsanalyse
cross selling Verbundgeschäfte □ Nutzung einer bestehenden Kundenbeziehung zur Unterbreitung anderer Produkt-/Dienstleistungsangebote, Absatz verschiedener Produkte über gemeinsame Vertriebskanäle
cross-selling product Verbundprodukt
cross-stage plan *(in der Projektsteuerung)*

Einzelplan, der sich über mehrere Projektphasen erstreckt.
cross-tabulation Kreuztabellierung
cross trade Schiffsverkehr, der das Land, in dem das Schiff registriert ist, nicht berührt.
cross trading Aufbau gegenläufiger Finanzpositionen
cross validation Kreuzvalidierung
crosswise storage Quereinlagerung
crown jewel options Vorkaufsrechte für besonders werthaltige Vermögensteile (dienen in erster Linie der Abwehr unerwünschter Übernahmeversuche).
CRP → continuous replenishment (program)
CRS → constant returns to scale
crystallisation Konkretisierung eines Sicherungsrechtes, Umwandlung einer schwebenden Belastung (→ floating charge) in eine feste Belastung (→ fixed charge)
CSC → container service charges
CSCW → computer-supported cooperative work
CSL → combined single limit
CSR → corporate social responsibility
CSS → customer service system
CSV → cash surrender value
c.t. → conference terms
CT → corporation tax
CT-B/L → combined transport bill of lading
CTD → combined transport document
CTF → commodity trade financing
CTI → computer telephony integration
CTL → constructive total loss
CTO → combined transport operator
CTP → capable to promise, → continuous tender panel
CTR → click-through rate
C-type reorganization *(i.S. des US-Steuerrechts)* Bei dieser auch als stock-for-asset bezeichneten Unternehmensübernahme erwirbt die übernehmende Gesellschaft das Vermögen des Zielunternehmens im Tausch gegen eigene Anteile. Die Zielgesellschaft wird liquidiert.
cubicle company Briefkastenfirma

CUG → closed user group
culpa in contrahendo Verschulden bei Abschluss des Vertrages, Verletzung von Sorgfalts- oder Aufklärungspflichten bei Vertragsabschluss
culpa lata grobe Fahrlässigkeit
cume → cumulative rating
cumulative audience (cover) kumulierte Hör- oder Sehbeteiligung, kumulierte Reichweite □ addierte Zahl der durch Mehrfachbelegung/Mehrfachschaltungen eines Werbeträgers erreichten Personen/Haushalte
cumulative effect kumulierte Wertänderung, kumulative Erfolgsänderung
cumulative effects of changes in accounting principles Ergebnis aus Veränderungen der Rechnungslegungsverfahren
cumulative foreign exchange translation adjustments kumulierte Umrechnungsdifferenzen aus Fremdwährungen
cumulative fund thesaurierender Fonds □ Investmentfonds, der Erträge laufend wieder anlegt.
cumulative liability Kumulhaftung
cumulative loss Kumulschaden □ Summe der Schäden, die mehreren Versicherern aus dem gleichen Schadenereignis entstanden sind.
cumulative rating kumulierte Reichweite, → cumulative audience
cumulative risk Kumulrisiko □ Risiko, dass ein bestimmtes Ereignis (z.B. Naturkatastrophe) zu Schadenersatzansprüchen durch eine Vielzahl von Versicherungsnehmern führt.
cumulative translation adjustments kumulierte Unterschiedsbeträge aus der Währungsumrechnung
cumulative trust Investmentfonds, der alle anfallenden Erträge/Rechte (Dividenden, Sonderausschüttungen, Berichtigungsaktien) dem Fondsvermögen hinzuschlägt.
cumulative voting *(bei Hauptversammlungen von Kapitalgesellschaften)* Stimmenhäufung, kumulative Stimmrechtsabgabe. Jeder Aktionär verfügt über eine Stim-

curable depreciation

menzahl, die sich aus der Anzahl der von ihm gehaltenen Aktien, multipliziert mit der Zahl der zu wählenden Board-Mitglieder, ergibt; die Stimmen kann der Aktionär nach seinem Ermessen auf die zu wählenden Mitglieder verteilen.

curable depreciation reversible Wertminderung

cure period Zeitraum für die Behebung eines Leistungsverzugs

currency accounts Fremdwährungsabschluss

currency adjustment factor Währungsausgleichsfaktor □ Frachtaufschlag des Frachtführers zum Ausgleich von Währungsschwankungen, → additionals

currency future Währungs-Future, Währungs-Terminkontrakt □ standardisierte und börsenmäßig handelbare Verpflichtung, einen Währungsbetrag zu einem bestimmten Kurs und zu einem bestimmten Termin zu kaufen oder zu verkaufen. Die Kontrakte müssen physisch jedoch nicht erfüllt werden, d.h. sie können vor dem Liefertermin durch entsprechende Gegengeschäfte glattgestellt werden.

currency option 1. Option eines Kreditnehmers bzw. Anleiheschuldners, die Währung für seine Zins- und Tilgungszahlungen zu bestimmen. 2. Devisenoption □ Mit der Devisenoption ist gegen Zahlung einer Optionsprämie das Recht, nicht aber die Verpflichtung verbunden, einen bestimmten Währungsbetrag zu einem vereinbarten Kurs zu kaufen (call option) oder zu verkaufen (put option).

currency overlays Einsatz von Währungsderivaten zur Absicherung (oder Renditesteigerung) von Wertpapierportefeuilles oder sonstigen Finanzpositionen.

currency swap 1. Devisenswap □ Kombination eines Devisenkassageschäftes mit einem Devisentermingeschäft, z.B. Verkauf von Devisen per Kasse und Rückkauf per Termin. 2. Währungs-Swap □ Tausch von Kapitalbeträgen in unterschiedlichen Währungen, einschließlich der damit verbundenen Zinszahlungen. Der Rücktausch erfolgt am Fälligkeitstag zu dem ursprünglich vereinbarten Kurs.

currency translation method Währungsumrechnungsverfahren, → current rate method, → current-noncurrent (translation) method

current asset depreciation Abschreibungen auf das Umlaufvermögen

current asset management Planung und Steuerung des Umlaufvermögens

current cost Wiederbeschaffungskosten

current cost accounting Rechnungslegung zu den Wiederbeschaffungskosten, Substanzerhaltungsrechnung □ Bilanzierungsmethode, die eine Berichtigung der historischen Anschaffungskosten um spezifische Preisänderungen vorsieht.

current cost adjustments Berichtigungen, die im Rahmen der Rechnungslegung zu Wiederbeschaffungskosten erforderlich werden. → cost of sales adjustment

current cost earnings per share Gewinn je Aktie bei Ansatz von Wiederbeschaffungskosten

current cost financial statements Tageswertbilanz

current cost method Wiederbeschaffungskostenmethode, → current cost accounting

current cost of property, plant and equipment Wiederbeschaffungswert des Sachanlagevermögens

current cost principle Wiederbeschaffungskostenprinzip □ Grundsatz, demzufolge Aktiva mit dem Betrag in der Bilanz angesetzt werden, der zur Wiederbeschaffung des entsprechenden Wertes zum gegenwärtigen Zeitpunkt aufgewendet werden müsste.

current cost profit Gewinn bei Ansatz von Wiederbeschaffungskosten

current cost profit attributable to shareholders ausschüttbarer Gewinn bei Ansatz von Wiederbeschaffungskosten

current cost reserve Neubewertungsrücklage □ Unter diesem Posten werden alle

Überschüsse oder Defizite ausgewiesen, die sich aus der Neubewertung von Wirtschaftsgütern ergeben.
current debt kurzfristige Verbindlichkeiten
current debt ratio Quotient aus kurzfristigen Verbindlichkeiten und Eigenmitteln
current deferred tax assets/liabilities kurzfristige aktivische/passivische Steuerlatenzen
current domestic value gegenwärtiger Inlandswert, Verzollungswert
current earnings (expenditure) laufende Erträge (Ausgaben)
current fiscal budget allocation Budgetmittel für das laufende Geschäftsjahr
current income tax payments laufender Ertragssteueraufwand
current indicated yield Marktrendite, aktuelle Rendite
current instalment due kurzfristig fälliger Teilbetrag
current investments kurzfristige Finanzanlagen, Wertpapiere des Umlaufvermögens □ leicht realisierbare Finanzanlagen mit einer beabsichtigten Haltedauer von bis zu einem Jahr
current items kurzfristige Positionen
current liabilities kurzfristige Verbindlichkeiten
current maturities of long-term debt Teil der langfristigen Verpflichtungen, der im kommenden Geschäftsjahr zur Rückzahlung fällig wird.
current maturity 1. fällig werdende Tranche 2. Restlaufzeit
current monetary assets monetäres Umlaufvermögen
current-noncurrent (translation) method Fristigkeitsverfahren für die Währungsumrechnung von Jahresabschlüssen ausländischer Tochtergesellschaften. □ Bei diesem Verfahren werden kurzfristige Positionen zum Stichtagskurs und langfristige Positionen zu den historischen Kursen umgerechnet. Unter dem Stichtagskurs ist i.d.R. der Wechselkurs zum Bilanzstichtag und unter dem historischen Kurs der

Wechselkurs zum Zeitpunkt der Anschaffung zu verstehen.
current operating performance statement Gewinn- und Verlustrechnung, in die nur Erträge und Aufwendungen aus dem Produktionsbetrieb aufgenommen werden.
current order book aktueller Auftragsbestand
current portion of long-term debt kurzfristig fällig werdender Teil der langfristigen Verbindlichkeiten
current principal value derzeit ausstehender Kapitalbetrag, aktuelle Restschuld
current rate method Verfahren für die Währungsumrechnung von Abschlüssen ausländischer Tochtergesellschaften, bei dem der zum Bilanzstichtag geltende Wechselkurs zugrunde gelegt wird.
current ratio Liquidität dritten Grades □ Quotient aus Umlaufvermögen (current assets) und kurzfristigen Verbindlichkeiten (current liabilities), → quick ratio
current receivables innerhalb eines Jahres fällig werdende Forderungen
current replacement cost Wiederbeschaffungskosten
current securities Wertpapiere des Umlaufvermögens
current service cost 1. laufender Aufwand 2. *(in Verbindung mit einer betrieblichen Altersversorgung)* Dienstzeitaufwand, Barwert der in einem Geschäftsjahr erdienten Pensionsansprüche
current tax laufende Steuern □ die auf das Periodenergebnis geschuldeten Steuern
current tax charge Steuerbelastung für das laufende Geschäftsjahr, → deferred taxes
current use value Gebrauchswert
current valuation Bewertung zu den Wiederbeschaffungskosten, Bewertung auf der Grundlage der Marktpreise
current value accounting Rechnungslegung auf der Basis der Marktpreise
custodian trustee Treuhänder, der das Treuhandvermögen in seinem Namen verwaltet.
custody bill of lading Lagerhalter-Konnossement

custom

custom 1. Kunden, Kundenstamm 2. Usance, Handelsgewohnheit, Verkehrssitte im Handelsverkehr

customary pricing Preisgestaltung, die auf ein möglichst langes Festhalten an einem vertrauten Preis ausgerichtet ist.

customer bonding Kundenbindung, Bindung des Kunden an eine Marke/ein Unternehmen, → customer relationship management

customer care Kundenbetreuung, Kundenpflege, → customer care management, Teil des → customer relationship management

customer care and billing systems Softwareprogramme für Kundenbetreuung und Fakturierung

customer care center Kundenbetreuungs-Center, Kundenkontaktzentrum, → customer interaction center

customer care excellence herausragende Techniken in der Kundenbetreuung

customer care management Steuerung aller Maßnahmen (Analyse, Planung, Umsetzung, Kontrolle), die der ständigen Verbesserung von Kundenbeziehungen dienen.

customer care systems → customer care and billing systems

customer-centric approach Kundenfokussierung, Fokussierung aller Geschäftsprozesse im Unternehmen auf den Kunden; Entscheidungsfindung, in deren Mittelpunkt immer der Kunde steht.

customer centricity → customer-centric approach

customer contact management Kundenkontaktmanagement, → contact management, → customer care management

customer data base Kundendatenbank

customer departmentation Unternehmensgliederung nach Kundengruppen

customer-driven production kundenbestimmte (an den Kundenerfordernissen orientierte) Produktion

customer-furnished equipment durch den Kunden bereitgestellte Materialien/Ausrüstungen

customer interaction Kundeninteraktion, ständiger Dialog mit dem Kunden, → customer interaction systems

customer interaction center Kundeninteraktions-Zentrum, zentrales Kundenservice-Center (Kundenschnittstelle) des Unternehmens □ nimmt die telefonisch, per Fax oder E-Mail eingehenden Kundenanfragen entgegen und leitet sie an die zuständigen Kundenbetreuer weiter.

customer interaction systems Kundeninteraktionssysteme □ Softwaresysteme, die Kundendaten aus allen Unternehmensbereichen und Absatzkanälen sammeln und auswerten, i.w.S. Systeme zur Steuerung sämtlicher Kommunikationsprozesse mit Kunden innerhalb des Unternehmens

customer involvement Kundeneinbindung

customer lifetime value langfristiger Kundenwert (Wert einer Kundenbeziehung), Gewinnbeitrag eines Kunden während der voraussichtlichen Dauer dieser Kundenbeziehung

customer lifetime value analysis Bewertung der Wirtschaftlichkeit einer Kundenbeziehung auf der Basis des → customer lifetime value

customer lifetime value concept Marketingansatz, der den langfristigen Wert einer Kundenbeziehung in den Mittelpunkt stellt.

customer lifetime value management Ausrichtung aller Marketing- und Vertriebsmaßnahmen (einschließlich Kundenbeziehungsmanagement) am Kundenwert.

customer maintenance care Pflege von Altkunden-Beziehungen

customer mix Kunden-Mix, Zahl und Art der Kunden

customer operations management Steuerung der Kundenbeziehungen, i.e.S. Einsatz neuer Informationstechnologien in der Kundenbetreuung

customer payment/service provider Dienstleister, der für Unternehmen die (elektronische) Abwicklung von Zahlungsvorgän-

gen oder andere Dienstleistungen übernimmt.
customer perspective Kundenperspektive, → balanced scorecard
customer pick-up Werksabholung, Abholung der Ware durch den Kunden
customer portfolio analysis Kundenportfolio-Analyse
customer profiling Erstellung von Kundenprofilen
customer profitability Kundenerfolg, Kundenrentabilität
customer profitability accounting Kundenerfolgsrechnung
customer pyramid Kundenpyramide ⃞ Kundenkategorien, in die ein Markt/Marktbereich unterteilt wurde.
customer rating Kundenbeurteilung, Bewertung der Kreditwürdigkeit eines Kunden
customer relationship analysis Kundenbeziehungsanalyse, Analyse zur Erkennung der Kundenbedürfnisse und zur Verstärkung der Kundenbindung
customer relationship management Kundenbeziehungs-Management ⃞ Aufbau von Kundenbeziehungen mit dem Ziel einer langfristigen Kundenbindung, u.a. durch Produktlösungen, die auf die Bedürfnisse des Kunden zugeschnitten sind. i.w.S. Sammelbegriff für alle Aktivitäten in Produktion, Marketing und Vertrieb, die der Pflege und Kontrolle einer effizienten Kundenbeziehung dienen.
customer relationship management concept Konzept, das den Kunden in den Mittelpunkt stellt und alle Prozesse auf ihn ausrichtet.
customer relationship management systems Softwarelösungen zur Unterstützung eines optimalen Kundenbeziehungsmanagements
customer restraints Kundenbindungen i.S. einer vertikalen Vertriebsbindung
customer retention Bindung von Kunden an ein Unternehmen
customer retention level Kundenbindungsgrad

customer satisfaction measurement Messung der Kundenzufriedenheit
customer service center 1. Kundenservice-Center 2. auf Kundenbetreuung spezialisierter Dienstleister
customer service system Softwarelösungen zur Steuerung und Unterstützung des Kundendienstes
customer value analysis Kundenwertanalyse
customer value management Gewinnung und Aufbau profitabler Kundenbeziehungen
customer value proposition Leistungsversprechen des Kunden gegenüber dem Unternehmen
customisation 1. Individualfertigung, Individualisierung von Produkten 2. unternehmensspezifische Anpassung von Standard-Software
customised marketing kundenindividuelles Marketing, personalisierte Marketingaktivitäten
customised marketing mix auf bestimmte Absatzgebiete/Zielgruppen zugeschnittener Marketing-Mix
customised products individualisierte Produktlösungen, nach Maß (nach den Wünschen des Kunden) hergestellte Erzeugnisse
customising Erstellung maßgeschneiderter Problemlösungen, Anpassung von Produkten an kundenindividuelle Anforderungen, i.e.S. Anpassung von Standardsoftwareprogrammen an unternehmensspezifische Anforderungen
custom production Auftragsproduktion, Bestellproduktion
customs bond Zollbürgschaft ⃞ von einer Bank übernommene Bürgschaft für die Zollschuld eines Kunden
customs house broker Zollagent
customs store/warehouse Zollniederlage, Zollgutlager ⃞ unter Zollverschluss stehende Räume
CVA → cash value added, → company voluntary arrangement

CVC → corporate venture capital
CVL → creditors voluntary liquidation
CVM → customer value management
CVP analysis → cost-volume-profit analysis
CVR → certificate of reasonable value
cw → commercial weight
CWO → cash with order
CY → container yard
cybercash virtuelles Geld, Cybergeld
cybermarketing Online-Marketingaktivitäten
cybermediaries Cybermediäre, Absatzmittler im Cyberspace
cyberspace durch Computernetzwerke geschaffene virtuelle Realität, globale interaktive Datennetze
cycle billing Fakturierung nach einem bestimmten Rhythmus
cycle time Durchlaufzeit □ Zeitraum von der Auftragsbestellung bis zur Auslieferung beim Kunden, Zeitraum zwischen Beginn und Ende eines Geschäftsprozesses
cyclical stocks zyklische Werte □ Aktien von Unternehmen aus Branchen, die traditionell zyklischen Schwankungen ausgesetzt sind.
CY/CY → container yard to container yard
cy-près → construction cy-près

D

D Klassifizierungskennzeichen der Rating-Agentur Standard & Poor's für Not leidende Schuldtitel
DAF → delivered at frontier
daily earnings at risk die für einen Tag und bei einer vorgegebenen Wahrscheinlichkeit maximal mögliche negative Abweichung vom erwarteten Ertragswert
daily impressions Tagesreichweite □ addierte Zahl aller Kontakte mit einem Werbeträger pro Tag
damage assessment Schadensfeststellung
damage (cargo) report Schadensbericht, Bericht über Schäden an der Ladung
damages at large Gesamtsumme aller Schadenersatzzahlungen
damages for breach of warranty Schadenersatz wegen Gewährleistungsbruch
damages for non-acceptance Schadenersatz wegen Annahmeverweigerung/nicht gerechtfertigter Zurückweisung gelieferter Waren, Anspruch eines Verkäufers auf Ersatz seines Erfüllungsinteresses
damages for repudiation Schadenersatz wegen Vertragsaufhebung
danger list Verzeichnis von Unternehmen, die sich in finanziellen Schwierigkeiten befinden.
dangerous articles tariff Frachttarif für Gefahrgut
dangerous (and hazardous) cargo Gefahrgutladung
dangerous goods declaration Gefahrguterklärung (des Herstellers hinsichtlich des zur Beförderung übergebenen Gefahrgutes)
dangerous goods logistics Gefahrgut-Logistik
dangerous goods regulations Gefahrgutbestimmungen
dangle Projektaktivität ohne vorangehenden oder nachfolgenden Vorgang

DAPS → days all purposes
DAT → dangerous articles tariff
data access protocol Datenzugriffsprotokoll
data agent → agent (4)
data aggregation Datenzusammenfassung
database access Zugriff auf eine Datenbank
database administrator Datenbank-Administrator
database care Datenbankpflege, Pflege von Kundendaten
database management systems Datenbank-Management-Systeme □ Systeme (Softwarelösungen) für die Planung und Steuerung von Datenbanken
database marketing datenbankgestützte Marketingaktivitäten (für eine zielgerichtete Kundenansprache, z.B. in Form von Telefonanrufen oder Direkt-Mailings)
database recovery Wiederherstellung einer Datenbank
data binding Einbindung (Integration) von Daten
data cleansing (clean-up) Datenbereinigung, Bereinigung von Datenbeständen
data compression Datenkompression, Datenverdichtung, Umwandlung von Daten in eine verkürzte Form, Verdichtung von Datenpaketen
data conditioning Datenaufbereitung
data dissemination Weitergabe (Austausch) von Daten
data encryption standard Datenverschlüsselungsstandard, Standards für die Verschlüsselung und Authentifizierung von Daten
data flow sheet Datenflussplan, Flussdiagramm
data history ursprüngliche Daten, Entwicklung einer Datenbank
data integrity Datenintegrität, Datenkonsistenz und Datengenauigkeit

data linking Datenverknüpfung

data mart kleines Datenlager mit einem spezifischen Datenbestand, auf eine Abteilung ausgerichtetes oder themenorientiertes Datenlager, → data warehouse

data migration Übertragung von Daten auf andere Systeme (von einer Plattform auf eine andere)

data mining Daten-Exploration, Analyse und Verknüpfung großer Datenbestände, Durchforstung von Datenbanken zur besseren Bewertung von Einkaufsgewohnheiten, Kundengruppen und Märkten, zur Früherkennung von Kundenbedürfnissen oder Markttrends.

data networking Vernetzung von Datenbeständen

data pool → data warehouse

data query Datenanfrage

data repository Datenspeicher, i.w.S. Informations- und Wissensspeicher

data retrieval Wiederherstellung (Auffinden) von Daten

data screening Datenkontrolle

data sharing gemeinsame Nutzung von Datenbanken durch vernetzte Arbeitsstationen

data transformation Datentransformation, Datenmodifizierung

data warehouse Datenlager, großes Datenarchiv, Datenpool □ aus einer Vielzahl unterschiedlicher Quellen themenorientiert aufgebauter Datenbestand zur Entscheidungsunterstützung

data warehouse management Haltung entscheidungsrelevanter Daten, i.w.S. Gewährleistung eines schnellen Zugriffs auf interne und externe Unternehmensdaten

data warehouse system Softwaresystem zur Speicherung und Verwaltung großer Datenmengen

data warehousing Sammlung, Bereitstellung und Verarbeitung großer Datenbestände, Errichtung und Betrieb eines → data warehouse

date matching requirements Transaktionen, die zur Herstellung einer Laufzeitkongruenz erforderlich sind.

date of accounts Bilanztermin, Bilanzstichtag

date of bankruptcy Tag, an dem der Konkurseröffnungsbeschluss ergangen ist. → date of cleavage

date of cleavage Tag der Einreichung des Konkurseröffnungsantrages, Stichtag für die Feststellung von Konkursforderungen

dawnraid aggressives Überraschungsmanöver, überfallartiger Aufkauf von Aktien an der Börse zur Erlangung der Kontrolle über eine Unternehmung.

day after recall test Test am Tag nach der Ausstrahlung eines Werbespots im Rundfunk oder Fernsehen zur Feststellung des Erinnerungserfolges

daycount Ermittlung der Kalendertage in einer Zinsperiode □ Bei der Zählpraxis (convention) 30/360 wird von 30 Tagen im Monat und 360 Tagen im Jahr ausgegangen, bei der actual/360 convention von der effektiven Zahl der Tage des jeweiligen Monats und von 360 Tagen im Jahr. Bei der actual/actual convention wird die tatsächliche Zahl der Tage der jeweiligen Zinsperiode bzw. des Jahres zugrunde gelegt.

days all purposes Gesamtzahl der für Be- und Entladung zur Verfügung stehenden Tage

days beyond term Anzahl der Tage, um die ein Zahlungsziel überschritten wurde.

days in inventory durchschnittliche Lagerdauer

days in receivables durchschnittlicher Inkassozeitraum

days of grace Nachfrist □ zusätzliche Frist, die für eine Leistungserfüllung eingeräumt wurde; *(im Wechselrecht)* Respekttage

days of short notice nicht eingehaltene Kündigungsfrist

DBA → database administrator, → doing business as

DBFO design-build-finance-operate, → design-build-operate-maintain

DBM → database marketing

DBMS → database management system
DBO → defined benefit obligation
DBOM → design-build-operate-maintain
DBOT design-build-operate-transfer, → design-build-operate-maintain
DBT → days beyond term
DC → distribution center
DCF → discounted cash flow
DCO → development change order
D-Commerce Vertrieb von Produkten unter Einsatz digitaler Technologie
DCR → debt coverage ratio
D credit rating Kreditkunden mit einem unterdurchschnittlichen Bonitäts-Rating
DD → design and development phase
DDB → double declining balance depreciation
DDP → delivered duty paid
DDU → delivered duty unpaid
DEA → dividend equivalent amount
dead assets wertlose Aktiva, uneinbringliche Forderungen
dead book Register der erloschenen Gesellschaften
dead capital 1. ungenutzte Mittel, totes Kapital 2. → dead stock
dead freight Leerfracht, Fehlfracht
dead hand provision Bestimmung eines → shareholder rights plan, der zufolge die Rücknahme von Vorzugsrechten nur mit Zustimmung eines amtierenden Board-Mitgliedes erfolgen kann, der bereits bei Verabschiedung des Planes im Amt war.
deadheading 1. Rücksendung von Leergut, Transport von Leercontainern, Leerfuhre 2. Bevorzugung jüngerer Mitarbeiter bei Beförderungen
dead implements and machinery totes Inventar
dead rent 1. Miete für nicht genutzte Gebäude und Grundstücke 2. jährlicher Festbetrag, der in der Regel bei Vereinbarung ertragsabhängiger Lizenzgebühren zu entrichten ist.
dead space nicht genutzter Lade-/Stauraum
dead stock unverkäufliche Lagerbestände
dead time durch Betriebsstörungen bedingter Arbeitszeitverlust
deadweight, deadweight capacity Tragfähigkeit eines Schiffes
deadweight tonnage (tons) (Brutto-)Ladefähigkeit, höchstzulässige Ladefähigkeit eines Schiffes
deal breakers Umstände, die das Scheitern einer Transaktion oder eines Projektes bewirken.
dealer aid unterstützendes Verkaufsmaterial für Händler, Händlerunterstützung
dealer brand Handelsmarke
dealer floor plan lending Lagerbestandsfinanzierungen für Händler
dealer incentives (leads) Anreize für Händler
dealer leasing Leasingvertrag, bei dem eine Händlerorganisation als Leasinggeber auftritt.
dealer listing Händlernennung in einer Produktanzeige
dealer margin Händlerspanne, Händlergewinn
dealership contract Vertragshändlervereinbarung
deal flow 1. Anzahl der abgewickelten Transaktionen/der übernommenen Mandate 2. Anzahl der bei einer Kapitalbeteiligungsgesellschaft eingehenden (jährlichen) Beteiligungs-/Investmentanfragen
deals at arm's length prices Abschlüsse auf der Basis des Marktwertes, Abschlüsse zu Konditionen, die zwischen rechtlich selbständigen Parteien üblich sind.
deal stocks Aktien von Unternehmen, die im Mittelpunkt von Aufkaufspekulationen stehen.
deal structuring Strukturierung einer Transaktion, Erstellung des Finanzierungskonzeptes und der Vertragsdokumentation
dear-money policy Hochzinspolitik
debenture certificate 1. Anleihezertifikat 2. Schuldanerkenntnis, Schuldschein 3. Bescheinigung über die Bewilligung einer Zollrückvergütung oder einer Exportprämie
debenture deed Sicherungsvertrag

debenture goods Rückwaren
debenture holder 1. Anleiheinhaber 2. Inhaber eines Sicherungsrechtes, Gläubiger, → fixed, → floating rate charge
debenture indenture 1. Anleihevertrag 2. Sicherungsvereinbarung
debenture register 1. Register der Anleiheinhaber 2. Verzeichnis bestehender Sicherungsvereinbarungen
debenture security Sicherungsgut
debenture stock das aus Schuldverschreibungen bestehende Kapital
debenture valuation Sicherheitenbewertung, Bewertung des Sicherungsgutes
debit life insurance Kleinlebensversicherung
debranding Entfernung der Markenbezeichnungen □ z.B. bei einem Blindtest
debrief(ing) Vorlage der Untersuchungsergebnisse
debt abatement Schuldverringerung (durch teilweisen Forderungsverzicht der Gläubiger)
debt-adjusted market capitalization Marktkapitalisierung plus Nettoverschuldung
debt adjustment Schuldenregelung, Umschuldung, Sanierung der finanziellen Verhältnisse
debt arrangement scheme Schuldenbereinigungsplan, Einigungsplan
debt asset ratio Quotient aus Gesamtverbindlichkeiten und Gesamtaktiva
debt cover/debt coverage ratio 1. Schuldendeckung, Schuldendeckungsgrad □ Verhältnis von langfristiger Nettoverschuldung zu → earnings before interest and taxes 2. → debt service coverage
debt defeasance Schuldentilgung, → defeasance
debt displacement durch Leasinggeschäfte oder bilanzneutrale Finanzierungen reduzierte Fremdmittelaufnahme
debt/equity ratio 1. Verschuldungsgrad, Verschuldungskoeffizient, Kapitalanspannung □ Verhältnis von Fremdkapital zu Eigenkapital einer Unternehmung 2. → debt-to-income ratio

debt forgiveness income durch den Schuldner als Gewinn zu versteuernder Schuldverzicht
debt-for-nature swap Schuldverzicht (durch Industrieländer) gegen Umweltschutzprojekte (der begünstigten Entwicklungsländer)
debt investor → hands-off investor
debt issuance cost 1. Kosten einer Schuldtitelemission 2. Kosten der Fremdmittelaufnahme
debt management 1. außergerichtliche Schuldenbereinigung (Schuldenregulierung), → debt arrangement scheme 2. Schuldenmanagement, Schuldenverwaltung 3. → debtor management
Debt Management Office Emissionsstelle für britische Staatstitel
debt management ratio → debt ratio
debt option 1. Option auf Umwandlung eines Kredites in einen Schuldtitel 2. Zinsoption □ auf einem Schuldtitel basierende Zinsoption
debtor in bankruptcy Konkursschuldner, Gemeinschuldner
debtor in default säumiger Schuldner, in Zahlungsverzug (Leistungsverzug) geratener Schuldner
debtor-in-possession financing Finanzierungs-/Sanierungsplan, den ein in Zahlungsschwierigkeiten geratenes Unternehmen (debtor in possession) bei einer → reorganization nach → Chapter 11 des US Bankruptcy Code dem Gericht unterbreitet.
debtor management Verwaltung der Kundenforderungen (einschließlich Durchführung des Mahnwesens)
debtor period durchschnittliche Laufzeit der Außenstände
debtors after deducting provisions for doubtful accounts Forderungen nach Rückstellungen für zweifelhafte Forderungen
debtors for goods supplied and services rendered Forderungen aus Lieferungen und Leistungen

debtor turnover Debitorenumschlag ☐ Verhältnis von Debitoren zu Umsatzerlösen
debt placement 1. gleichmäßige Verteilung der Konzernverbindlichkeiten auf alle Unternehmen der Gruppe 2. Unterbringung von Schuldtiteln am Markt
debt ratio Fremdkapitalquote, Verschuldungsgrad
debt registration Registrierung einer Wertpapieremission bei der → Securities and Exchange Commission
debt relief 1. Steuervergünstigungen für aufgenommene Kredite (z.b. Absetzbarkeit der Schuldzinsen) 2. Konzessionen von Kreditgebern aus Industriestaaten gegenüber Schuldnern in Entwicklungsländern. Dabei kann es sich um einen vollständigen oder teilweisen Zinsverzicht, um die Umwandlung von Krediten in Beteiligungskapital oder um einen vollständigen Schuldverzicht handeln.
debt rescheduling 1. Umschuldung, Umwandlung kurzfristiger Kredite in langfristige Verbindlichkeiten 2. Umwandlung von Krediten in Beteiligungskapital
debt securities held for investment *(im Jahresabschluss)* fest und variabel verzinsliche Schuldtitel des Anlagevermögens
debt securitisation Verbriefung (wertpapiermäßige Unterlegung) von Verbindlichkeiten
debt service coverage (cover ratio) Schuldendienstdeckung ☐ Quotient aus Cash Flow und Schuldendienstaufwand
debt-to-income ratio Verhältnis zwischen monatlichem Einkommen und finanziellen Verpflichtungen
debt waiver Forderungsverzicht, Schuldenerlass, i.e.S. Erlassvergleich ☐ durch einen teilweisen Forderungsverzicht soll einem in finanzielle Bedrängnis geratenen Unternehmen eine Sanierung ermöglicht werden.
decay effect Abnutzungseffekt, im Zeitverlauf nachlassende Wirkung
deceit Täuschung, arglistige Falschbehauptung
decentralisation of authority Dezentralisierung der Entscheidungs-/Weisungsbefugnisse
decentralised purchasing dezentralisierter Einkauf
deceptive advertising (pricing) irreführende Werbung (Preisauszeichnung)
decertification Aberkennung der Zulassung
decile Dezil ☐ Aufgliederung einer kumulierten Häufigkeitsverteilung in zehn gleich große Teile
decile rank Performance-Bewertung auf einer Skala von eins bis zehn
decision accounting Entscheidungsrechnung
decision ex aequo et bono Entscheidung nach dem Fair- und Gleichheitsprinzip
decision-making authority Entscheidungsbefugnis
decision-making cycle Entscheidungskreislauf ☐ Planung, Umsetzung und Kontrolle von Entscheidungen
decision-making unit Entscheidungseinheit
decision model Entscheidungsmodell
decision support system Entscheidungsunterstützungssystem, Softwaresystem zur Unterstützung der Entscheidungsfindung
decision theory Entscheidungstheorie, quantitative Techniken zur Reduzierung komplexer Probleme
decision tree Entscheidungsbaum ☐ graphische Darstellung aller Entscheidungen und Ergebnisse
decision usefulness Nutzungsgehalt einer Entscheidung
deck cargo Deckladung, an Deck gestaute Ladung
declaration 1. Erklärung 2. Klageschrift 3. Deklaration ☐ Aufgabe der im Rahmen einer laufenden Police zu versichernden Gegenstände bzw. Aufgabe des jeweiligen Wertes bei regelmäßigen Wertschwankungen 4. *(bei gemeinschaftlichem Wohneigentum)* Teilungserklärung
declaration clause Deklarationsklausel ☐

declaration duty

Klausel einer Sachversicherungspolice, die die Aufgabepflicht des Versicherungsnehmers und die Folgen bei fehlerhaften oder nicht rechtzeitig abgegebenen Deklarationen regelt. → declaration (3)
declaration duty Deklarationspflicht, Aufgabepflicht (Anzeigepflicht) gegenüber dem Versicherer
declaration fire policy → adjustable fire policy
declaration of condominium ownership Teilungserklärung
declaration of homestead Antrag eines Gemeinschuldners, in dem er die Pfändungsfreiheit des Eigenheims gemäß den Bestimmungen des US → Bankruptcy Code geltend macht. → homestead exemption
declaration of restrictions Erklärung hinsichtlich der Flächennutzungsbeschränkungen/Grunddienstbarkeiten
declaration of solvency Solvenzerklärung □ Erklärung der Unternehmensführung, dass alle Verbindlichkeiten der Gesellschaft beglichen werden können (Voraussetzung für einen Beschluss zur freiwilligen Liquidation der Gesellschaft). → members/shareholders voluntary liquidation
declaration of trust 1. Treuhanderklärung, Trust-Errichtungsurkunde, Bestätigung eines Treuhandverhältnisses 2. Bestätigung einer Person, dass sie Eigentum als Treuhänder hält.
declaration policy laufende (offene) Police
declaration under open cover → declaration (3)
declaratory judg(e)ment Feststellungsurteil
declaratory order Feststellungsentscheidung
declaratory product knowledge subjektives Produktwissen
declaratory relief Feststellung der Rechte der Vertragsparteien
declared liabilities ausgewiesene Verbindlichkeiten
declared reserves offene Rücklagen
declared value Wertangabe, aufgegebener (Waren-)Wert, Verzollungswert

decline stage Rückgangsphase, → product life cycle
declining balance depreciation method geometrisch degressive Abschreibung
deconsolidation centre Dekonsolidierungszentrum □ Ort, an dem Gütersendungen entgegengenommen, umgepackt und ausgeliefert werden.
decrease in assets Aktivminderungen
decrease in debtors Debitorenrückgang, Abnahme der Forderungen aus Lieferungen und Leistungen
decreasing marginal utility abnehmender Grenznutzen
decreasing returns to scale fallende Skalenerträge, abnehmende Niveaugrenzproduktivität
decreasing term life insurance befristete Lebensversicherung (mit einer während der Laufzeit sinkenden Versicherungssumme)
decreasing term policy Risikolebensversicherung mit fallenden Leistungen bei zunehmender Laufzeit
decrease in liabilities Passivminderungen, Rückgang (Verringerung) der Verbindlichkeiten
decree of distribution Nachlassteilungsbeschluss □ im Falle einer Auseinandersetzung der Erbengemeinschaft
decree of foreclosure and sale Zwangsvollstreckungsverfügung, Vollstreckungstitel (hinsichtlich der Darlehensrestschuld)
decree of insolvency gerichtliche Feststellung der Zahlungsunfähigkeit, i.e.S. gerichtliche Feststellung der Überschuldung eines Nachlasses
dedicated capital Gesamtnennwert der ausgegebenen Aktien
dedicated carrier Gebietsspediteur
dedicated logistics Speziallogistik
dedication unentgeltliche Übertragung von privatem Grund und Boden in kommunalen/staatlichen Besitz
deductible Selbstbeteiligung, Selbstbehalt des Versicherungsnehmers
deductible coverage → deductible insurance
deductible expenses (steuerlich) absetzbare

Kosten
deductible insurance Versicherung mit Selbstbeteiligungsklausel
deductible temporary differences abzugsfähige temporäre Unterschiede, latente Steuern aufgrund aktiver Unterschiedsbeträge □ abzugsfähig bei der Ermittlung des steuerpflichtigen Einkommens zukünftiger Rechnungsperioden, → temporary differences
deductions steuerlich absetzbare Beträge, Werbungskosten und Sonderausgaben
deductions from gross income/deductions from adjusted gross income 1. vom Bruttoeinkommen absetzbare Beträge □ d.h. Ausgaben zur Einkommenserzielung, z.B. Werbungskosten und Sonderausgaben 2. Abzug von Betriebsausgaben, vom Bruttoeinkommen (aus unternehmerischer Tätigkeit) absetzbare Aufwendungen
deed 1. Urkunde, Vertrag 2. i.e.S. Rechtsdokument, mit dem einseitig oder gegenseitig Verpflichtungen begründet werden, z.B. Schuldurkunde oder Grundstückskaufvertrag
deed absolute → deed in fee
deed book Grundbuch
deed covenants mit Grundbesitz verbundene (Verfügungs-/Nutzungs-)Beschränkungen bzw. Grunddienstbarkeiten
deed description Parzellenbeschreibung, Flurstücksbeschreibung
deed in fee Vollrechtsübertragungsurkunde
deed in lieu of foreclosure Verhinderung der Zwangsvollstreckung durch Übertragung der Eigentumsrechte vom zahlungsunfähigen Hypothekenschuldner auf den Kreditgeber
deed in trust Urkunde, mit der Grundbesitz auf einen Treuhänder übertragen wird.
deed of absolute assignment Bestätigung des Eigentumswechsels
deed of accession Zustimmungserklärung der Gläubiger zu einem außergerichtlichen Vergleich
deed of arrangement Vergleichsvereinbarung, Treuhandvergleich □ Bei dem manchmal auch als deed of assignment bezeichneten deed of arrangement handelt es sich um eine Vereinbarung zur Abwendung eines Konkurses, bei dem der Schuldner sein Vermögen auf einen Treuhänder überträgt, der es zugunsten der Gläubiger verwertet. In England und Wales weitgehend abgelöst durch → company/→ individual voluntary arrangement
deed of assignment 1. Abtretungsurkunde, Sicherstellungsvertrag, Sicherungsübereignungsvereinbarung 2. → deed of arrangement
deed of charge Pfandrechtsurkunde
deed of company arrangement Vergleichsvereinbarung, Sanierungskonzept, → deed of arrangement, → company voluntary arrangement
deed of conveyance (Eigentums-)Übertragungsurkunde
deed of covenant 1. *(allgemein)* Verpflichtung in Urkundenform 2. Urkunde, durch die sich eine Person zu regelmäßigen Zahlungen an eine karitative Organisation oder einen Familienangehörigen verpflichtet.
deed of discharge → deed of release
deed of distribution 1. Urkunde über die Aufteilung von Vermögenswerten 2. Nachlassteilungsurkunde
deed of gift Schenkungsurkunde
deed of grant Eigentumsübertragungsurkunde
deed of incorporation Gründungsurkunde
deed of indemnity Ausfallbürgschaft, Schadloshaltungs-/Freistellungsvereinbarung
deed of inspectorship Vergleichsvereinbarung (auf deren Grundlage das Unternehmen des Schuldners durch einen Gläubigerausschuss liquidiert wird)
deed of ownership → deed of title
deed of partnership Gesellschaftsvertrag
deed of postponement 1. Rangrücktrittserklärung 2. Prolongationsvereinbarung
deed of reconveyance Urkunde, durch die

deed of release

Eigentumsrechte zurückübertragen werden (z.B. von einem Treuhänder/Kreditgeber auf den Treugeber/Schuldner), → deed of release

deed of release Löschungsbewilligung, (Hypotheken-)Löschungsurkunde ☐ Mit dieser Urkunde erfolgt die Rückübertragung des Eigentumstitels auf den ursprünglichen Eigentümer. → mortgage, → right of redemption

deed of surrender Übertragungsurkunde

deed of title Besitzurkunde, Eigentumsübertragungsurkunde

deed of transfer → deed of conveyance

deed of trust Grundpfandrechtsurkunde, Hypothekenbestellungsurkunde ☐ Mit einer deed of trust werden die Eigentumsrechte an einer Immobilie zur Sicherstellung der Rückzahlung einer Schuld auf einen oder mehrere Treuhänder übertragen. Aufgabe des Treuhänders ist es, bei Erfüllung der Verpflichtungen durch den Schuldner die Rückübertragung des Titels vorzunehmen oder bei einem Leistungsverzug die Vermögenswerte durch einen außergerichtlichen Verkauf zu verwerten.

deed poll einseitige vertragliche Verpflichtung

deed recording fees Registrierungsgebühr (für Eigentumsurkunden), Grundbuchgebühr

deed release fee (Hypotheken-)Löschungsgebühr

deed restrictions in einer Eigentumsurkunde/einem Vertrag enthaltene Beschränkungen, → deed covenants

deeds register Verzeichnis der Eigentumsübertragungsurkunden

deed stock Namenspapiere

deed without warranty Bei dieser Form einer Eigentumsübertragungsurkunde erklärt der Veräußerer lediglich die Übertragung der Rechte, welche er im Zeitpunkt der Übertragung selbst besitzt. Er gibt keine der in einer → general oder special warranty deed enthaltenen Zusicherungen.

deep loading line Ladelinie, Lademarke

deep pocket defendants Beklagte, die auf Grund ihrer Vermögenssituation zu höheren Schadenersatzleistungen verurteilt werden.

deep rock doctrine Grundsatz, dem zufolge Gesellschafterdarlehen allen Mittelbereitstellungen durch externe Kreditgeber nachgeordnet sind.

default 1. Zahlungsverzug, Nichtzahlung 2. Leistungsverzug, Leistungsstörung, Nichterbringung der Leistungen zum vereinbarten Zeitpunkt, Nichterfüllung einer Verpflichtung 3. Nichterscheinen vor Gericht

default action Versäumnisklage

defaulted bond Not leidende Anleihe ☐ Anleihe, auf die keine Zins- und Tilgungszahlungen geleistet werden.

defaulter 1. in Zahlungsverzug geratener (säumiger) Schuldner, in Leistungsverzug geratene Vertragspartei 2. nicht erschienene Partei

default insurance on bonds Versicherung gegen den Zahlungsverzug von Emittenten

default judg(e)ment Versäumnisurteil

default of defense fehlende Klagebeantwortung

default right and remedies vertraglich und gesetzlich vorgesehene Rechte einer Vertragspartei bei Zahlungsverzug der anderen Vertragspartei

default summons Zahlungsbefehl, Verfahren zur Beitreibung von Geldforderungen ☐ Der Kläger kann ohne mündliche Verhandlung ein Urteil erlangen, wenn der Beklagte nicht innerhalb einer bestimmten Frist Widerspruch erhebt.

defeasance 1. Aufhebung, Annullierung, Erlöschen von Rechten, → defeasance clause 2. Nichtigkeit eines Vertrages wegen Sittenwidrigkeit 3. Bilanzverkürzung, Umwandlung von Fremdmittelaufnahmen/Anleiheemissionen in bilanzneutrale Verpflichtungen, Verlagerung von Geschäftsaktivitäten in den Off-Balance-

Sheet Bereich, → defeasing a debt in substance

defeasance clause Annullierungsklausel □ 1. Vertragsklausel, der zufolge der Vertrag ganz oder teilweise ungültig wird, wenn ein bestimmtes Ereignis eintritt oder nicht eintritt. 2. Rückfallklausel □ Klausel eines Hypothekenvertrages, die die Rückübertragung von Eigentumsrechten an den Schuldner nach Erfüllung aller Zahlungsverpflichtungen vorsieht. → equity of redemption

defeasible deed Eigentumsübertragungsurkunde, die bei Erfüllung einer bestimmten Leistung die Rückübertragung des Eigentumstitels bzw. die Nichtigkeit der ursprünglichen Übertragung vorsieht.

defeasible estate (fee) → fee simple defeasible

defeasible title annullierbarer Rechtstitel

defeasing a debt in substance 1. Umwandlung einer Schuld in eine bilanzneutrale Verbindlichkeit, wobei die eigentliche Zahlungsverpflichtung weiterbesteht 2. i.e.S. Umwandlung einer Wertpapieremission in eine bilanzunwirksame Verbindlichkeit □ Diese Umwandlung erfolgt, indem das emittierende Unternehmen in gleicher Höhe mündelsichere Wertpapiere, i.d.R. US-Schatzpapiere, erwirbt und sie bei einem Treuhänder hinterlegt. Nach erfolgter Hinterlegung muss das Unternehmen seine Verpflichtungen aus der eigenen Emission nicht mehr in der Bilanz ausweisen. Die Bedienung seiner Titel ist durch den Cash Flow aus den hinterlegten Schatzpapieren gewährleistet.

defective execution 1. Vertragsausfertigung, die nicht den gesetzlichen Formvorschriften entspricht. 2. unzureichende Vertragserfüllung

defective goods inventory Retouren-Bestand, zurückgesandte mangelhafte oder beschädigte Waren

defectives Ausschussstücke

defective title mit Mängeln behafteter Rechts- bzw. Eigentumstitel, fehlerhafter Titel

defendant bond Sicherheitsleistung des Beklagten (i.d.R. ein → appeal bond)

defense 1. Einwendung, Einwand, Einlassung □ ist von Amts wegen zu beachten; → plea 2. Klagebeantwortung, Verteidigung, (pl) Entlastungsgründe, Verteidigungsmöglichkeiten, Verteidigungsmittel

defense of set-off Einrede der Prozessaufrechnung

defensive acquisition Versuch der Abwehr einer Firmenübernahme durch Firmenaufkäufe □ d.h. das Management des Zielunternehmens kauft unter Inanspruchnahme hoher Kredite andere Gesellschaften auf, um durch die hohe Fremdverschuldung feindliche Bieter abzuschrecken. → defensive measures (strategies)

defensive borrowing Kreditaufnahme durch ein ausländisches Unternehmen in der Währung des Landes, in dem es eine Betriebsstätte unterhält. (Ziel einer solchen Kreditaufnahme ist häufig die Absicherung gegen Wechselkursverluste)

defensive measures (strategies) Abwehrmaßnahmen, Maßnahmen eines Unternehmens zur Abwehr einer feindlichen Übernahme, → defensive acquisition, → golden parachutes, → golden share, → people pill, → shareholder rights plan, → staggered board, → supermajority provisions, → call plan, → put plan

defensive merger Fusion zur Abwehr einer Firmenübernahme

defensive portfolio Wertpapierportefeuille, bei dem die Sicherheit des investierten Kapitals im Vordergrund steht, d.h. es setzt sich aus relativ risikoarmen bzw. konjunkturunabhängigen Werten zusammen.

defensive spread vorsichtige (breite) Streuung von Anlagen

deferral zeitliche Abgrenzung (von Zahlungen)

deferral method Abgrenzungsmethode, Abgrenzungsverfahren □ Methode für die Darstellung latenter Steuern in der Bilanz,

deferral of debt

bei der die Ergebnisperiodisierung im Vordergrund steht. → liability method

deferral of debt repayments Zahlungsaufschub, Verlängerung der Rückzahlungsfristen, Moratorium

deferral of income (of taxes on income) Verschiebung der Einkommensbesteuerung auf einen späteren Zeitpunkt

deferral of losses Abgrenzung von Verlusten, Übertrag von Verlusten auf folgende Geschäftsjahre

deferred account agreement Ratenzahlungsvertrag

deferred annuity private Rentenversicherung, bei der der Versicherungsnehmer bei Abschluss des Vertrages den vollen Kaufpreis entrichtet; die Leistungen werden nach Ablauf einer vereinbarten Anzahl von Jahren aufgenommen.

deferred benefits 1. aufgeschobene Leistungen 2. Vermögenszuwächse, über die erst in Zukunft verfügt werden darf.

deferred charges aktive Rechnungsabgrenzungsposten, Kostenabgrenzungen □ Beträge, die im Voraus entrichtet wurden, jedoch erst der nächsten Wirtschaftsperiode als Aufwendungen zuzurechnen sind.

deferred closing → closing

deferred common stock financing Finanzierungsform, die eine Aktienfinanzierung zu einem späteren Zeitpunkt impliziert, z.B. Emission von Wandelschuldverschreibungen oder Optionsanleihen.

deferred compensations 1. auf einen späteren Zeitpunkt verschobene Zahlungen 2. Vergütungen bzw. Leistungen, die nicht zum Zeitpunkt ihrer Gewährung, sondern erst bei der effektiven Auszahlung steuerpflichtig werden.

deferred credits passive Rechnungsabgrenzungsposten, abgegrenzte Erträge, Ertragsabgrenzung

deferred debt nicht bevorrechtigte (nachrangige) Forderung

deferred depreciation auf die folgenden Geschäftsjahre zurückgestellte Abschreibung

deferred dividends 1. auf einen späteren Zeitpunkt verschobene Dividendenzahlungen 2. (in der Bilanz) abgegrenzte Dividendenerträge, Dividendenabgrenzungen

deferred equity Titel (z.B. Wandelschuldverschreibungen), die erst zu einem späteren Zeitpunkt in Aktienkapital umgewandelt werden können.

deferred expenditure (expenses) → deferred charges

deferred income passivische Abgrenzungsposten, abgegrenzte Erträge, Ertragsabgrenzungen □ Beträge, die im Voraus empfangen wurden, jedoch erst der nächsten Wirtschaftsperiode als Erträge zuzurechnen sind.

deferred income taxes → deferred taxes on income

deferred intercompany transactions abgegrenzte zwischengesellschaftliche Transaktionen

deferred interest 1. gestundete Zinszahlungen 2. abgegrenzte Zinserträge, Zinsabgrenzungen

deferred interest mortgage Hypothek, bei der die Zinszahlungen erst zu einem späteren Zeitpunkt aufgenommen werden.

deferred items Abgrenzungsposten, → deferred income, → deferred charges

deferred lease Leasingvertrag, bei dem erst nach Ablauf eines bestimmten Zeitraumes (i.d.R. nach 3 oder 6 Monaten) die monatlichen Leasingzahlungen aufgenommen werden.

deferred liabilities transitorische Passiva

deferred liability bedingte Verpflichtung

deferred life annuity aufgeschobene Leibrente □ private Rentenversicherung, bei der durch regelmäßige Beitragszahlungen ein Leistungsanspruch für einen späteren Zeitpunkt erworben wird.

deferred payment sale Ratenkauf, Ratenzahlungskauf

deferred revenue Umsatzabgrenzungsposten, → deferred income

deferred shares (stock) Nachzugsaktien □ Aktien, die nicht mit den gleichen Rechten wie die üblichen Stammaktien ausgestattet sind, z.B. fehlende Stimmrechte oder bedingte Dividendenrechte. Im letztgenannten Fall bedeutet dies, dass eine Dividendenzahlung erst nach Bedienung aller anderen Aktien erfolgt.

deferred tax asset accounting Bilanzierung aktivischer latenter Steuern

deferred tax assets aktivische latente Steuern, aktive Steuerabgrenzungen, aktivische Steuerlatenzen, latente Steuerforderungen ☐ ungenutzte steuerliche Verlustvorträge, ungenutzte Steuergutschriften

deferred taxation latente Steuern, → deferred taxes

deferred taxation provided in the accounts im Jahresabschluss ausgewiesene latente Steuern

deferred taxes latente Steuern ☐ resultieren aus Abweichungen zwischen Handelsbilanzen und den entsprechenden Steuerbilanzen, → deferred tax assets, deferred tax liabilities

deferred taxes on income abgegrenzte Ertragssteuern, Ertragsteuerabgrenzungen

deferred tax liabilities passivische latente Steuern, passive Steuerabgrenzungen, latente Steuerverbindlichkeiten ☐ Ertragsteuerbeträge, die in den Folgeperioden aufgrund steuerpflichtiger temporärer Differenzen (→ temporary differences) gezahlt werden müssen; diese Differenzen entstehen, wenn Aufwendungen vor bzw. Erträge nach ihrer Erfassung in der Handelsbilanz steuerlich wirksam werden.

deferred vesting zu einem späteren Zeitpunkt erfolgende Einräumung von Anwartschaftsrechten (nach Erreichen eines bestimmten Mindestalters oder einer bestimmten Anzahl von Dienstjahren), → vesting of pension benefits

deficiency account Konkursbilanz, Konkursstatus

deficiency amendment Änderung des Antrages auf Registrierung einer Wertpapieremission gemäß den Hinweisen der Securities and Exchange Commission. → deficiency letter

deficiency appropriations Nachtragsbewilligungen

deficiency guarantee Ausfallbürgschaft

deficiency judg(e)ment Ausfallurteil ☐ Vollstreckungstitel, der nach einer Zwangsversteigerung die Beitreibung der durch den Versteigerungserlös nicht gedeckten Restschuld ermöglicht.

deficiency letter Schreiben der → Securities and Exchange Commission, in dem diese in Verbindung mit der beantragten Registrierung einer Wertpapieremission zusätzliche Informationen anfordert, auf die Nichteinhaltung bestimmter Vorschriften hinweist oder Änderungen hinsichtlich des Inhalts des Emissionsprospektes vorschlägt. Die Registrierung der Emission und somit ein Zeichnungsangebot können erst nach Behebung dieser Mängel erfolgen.

deficiency provisions Rückstellungen für Mindereinnahmen

deficiency supply bill Nachtragshaushalt

deficit in net worth Unterbilanz

deficit on disposal of fixed assets Verlust aus dem Abgang von Sachanlagen

deficit spending Defizitfinanzierung, nicht durch laufende Haushaltseinnahmen gedeckte Staatsausgaben ☐ auf das deficit spending wird zurückgegriffen, wenn durch staatliche Maßnahmen (öffentliche Investitionen und/oder Steuersenkungen) einem Konjunkturabschwung entgegengewirkt werden soll.

defined benefit liability Pensionsrückstellung

defined benefit obligation Barwert der leistungsorientierten Verpflichtung

defined benefit (pension) plan leistungsorientierter Pensionsplan, Betriebsrente mit definierten Leistungen ☐ betriebliche Altersversorgung, bei der dem Arbeitnehmer durch das Unternehmen und/oder dem Pensionsfonds eine bestimmte, auf Gehalt und Dauer der Betriebszugehörig-

defined contribution plan

keit basierende Betriebsrente zugesagt wird. → defined contribution plan

defined contribution plan beitragsorientierter Pensionsplan ☐ betriebliche Altersversorgung, bei der sich das Unternehmen lediglich zur Zahlung von Beiträgen an einen Pensionsfonds oder an eine Versicherungsgesellschaft verpflichtet; spätere Leistungen errechnen sich aus den geleisteten Beiträgen und den damit erwirtschafteten Erträgen. → defined benefit (pension) plan

defined contributions system → defined contribution plan

deflation Deflation ☐ Rückgang des Preisniveaus mangels Nachfrage/durch eine Verringerung des Geldvolumens

deflationary gap deflationistische Lücke, volkswirtschaftliche Nachfragelücke

defunct company erloschene Gesellschaft

degree of operating leverage prozentuale Veränderung des Gewinns bei einer Veränderung der Umsatzerlöse

degroupage Aufteilung einer Sammelladung in einzelne Ladungsteile

Delaware Corporation im Bundesstaat Delaware gegründete Gesellschaft ☐ wird in den Vereinigten Staaten aufgrund einfacher Formvorschriften und niedriger Gebühren als Gründungsstaat bevorzugt.

delay Wartezeit in einem → call center

delay clause Klausel einer Versicherungspolice, die 1. eine Wartezeit bis zur Beleihbarkeit einer Police oder 2. eine Ausfallzeit bis zum Einsetzen der Leistungspflicht des Versicherers vorsieht.

delayed calls Anrufe in einem → call center, die in die Warteschleife geleitet werden mussten.

delayed cap Zinsobergrenze, die erst nach einer bestimmten Frist in Kraft tritt.

delayed payment clause → delay clause

delayed quotation pricing endgültige Preisangabe erst zum Zeitpunkt der Lieferung

delayed recognition verzögerte Erfassung von Gewinnen/Verlusten, Erfassung über einen längeren Zeitraum

delayed start cap Zinsbegrenzungsvereinbarung, die nicht bei Abschluss, sondern erst zu einem späteren Zeitpunkt wirksam wird.

delayering Straffung der Führungsstruktur, Verringerung der Anzahl der Führungsebenen

delaying resource *(im Projektablauf)* Ressource (Mensch oder Material), die einen Vorgang verzögert.

delay in startup insurance Versicherung gegen einen verzögerten Projektbeginn

delegatus non potest delegare Vergabe von Untervollmachten durch den Bevollmächtigten ist ausgeschlossen.

de lege ferenda *(what the law ought to be)* nach wünschenswertem (zukünftigem) Recht

de lege lata *(what the law is)* nach geltendem Recht

deliberate tort absichtliche Schädigung, dolose Handlung

delinquency 1. Zahlungsverzug, nicht regulierte Zahlungsverpflichtung 2. nicht beglichene Steuerschuld

delinquency experience Ausfallquote bei Forderungen, Ausfallquote im Kreditgeschäft einer Bank

delisting 1. Aufhebung der Börsennotierung 2. Streichung aus dem Leistungsprogramm (Produktangebot)

deliverable Leistung, die in Erfüllung der vertraglichen Verpflichtungen bzw. im Hinblick auf die Projektfertigstellung erbracht werden muss.

deliverables management Planung, Koordinierung und Kontrolle des Projekt-Outputs

deliver alongside ship Außenbordlieferung

delivered at frontier geliefert Grenze ☐ Der Verkäufer hat seine Verpflichtungen erfüllt, wenn die Ware am vereinbarten Grenzort zur Verfügung gestellt wurde.

delivered duty paid geliefert verzollt ☐ Der Verkäufer hat seine Verpflichtungen erfüllt, wenn die zur Einfuhr abgefertigten Waren am benannten Bestimmungsort im

Einfuhrland zur Verfügung gestellt wurden.

delivered duty unpaid geliefert unverzollt
☐ Die am Bestimmungsort fälligen Zölle werden durch den Käufer entrichtet, ansonsten die gleichen Regelungen wie bei → delivered duty paid.

delivered ex quay geliefert ab Kai ☐ Lieferort sowie Punkt des Kosten- und Gefahrenübergangs ist der Kai des Bestimmungshafens.

delivered ex ship geliefert ab Schiff ☐ Lieferort sowie Punkt des Kosten- und Gefahrenübergangs ist das Schiff, d.h. der Verkäufer hat seine Verpflichtungen erfüllt, wenn die Waren an Bord des Schiffes im Bestimmungshafen zur Verfügung gestellt wurden.

delivered pricing Preiskalkulation, bei der der Endpreis die Frachtkosten einschließt.

delivering carrier Auslieferungsspediteur

deliver-or-pay contract Vertrag, der den Rohstofflieferanten zu Ausgleichszahlungen an die Projektgesellschaft verpflichtet, wenn bestimmte Rohstoffe nicht vereinbarungsgemäß geliefert werden können.

delivery 1. Lieferung, Auslieferung, i.e.S. Ablieferung, Übergang des Eigentums an der Ware auf den Empfänger 2. Übergabe, Aushändigung (der Vertragsurkunde) 3. *(in Verbindung mit Options- und Terminkontrakten)* Andienung ☐ Lieferung der vereinbarten Basismenge bei Fälligkeit

delivery appointment vereinbarter Lieferzeitpunkt

delivery berth Anlieferkai, Liegeplatz für die Anlieferung.

delivery chain Lieferkette, → supply chain

delivery contract Liefervertrag, i.e.S. Vertrag, bei dem der Erfüllungsort identisch mit dem Empfangsort ist.

delivery note Lieferschein

delivery order 1. Lieferauftrag 2. Lieferschein, Konnossements-Teilschein

delivery party Empfänger

delivery point Andienungsort, → delivery (3)

delivery repo Pensionsgeschäft (repurchase agreement), bei dem die Lieferung der Wertpapiere an den Pensionsnehmer gegen Zahlung erfolgt. Die beiden Kontrahenten übernehmen selbst Abwicklung und Überwachung des Geschäftes. → tri-party repo, → hold-in-custody repurchase agreement

delivery schedule management Lieferplanung, Tourenplanung

delivery to line/to stock Lieferung direkt in die Fertigung/an Lager

Delphi technique Delphi-Technik, konsensorientiertes Verfahren zur Prognose künftiger Ereignisse oder Entwicklungstrends durch die Befragung ausgewählter Experten (mit Hilfe formalisierter Fragebögen).
☐ I.d.R. wird in einer ersten Phase eine größere Zahl von Experten um eine Prognose/Stellungnahme gebeten. In einer zweiten Phase werden diese Experten mit den Aussagen anderer Fachleute zur gleichen Thematik konfrontiert und gegebenenfalls um eine Angleichung ihrer ersten Prognose gebeten. Bei größeren Unterschieden können weitere Umfragen solange angesetzt werden, bis sich eine weitgehend übereinstimmende Prognose abzeichnet.

demand-backward pricing endgültige Preisbestimmung nach einer Nachfrageverhaltensanalyse

demand chain Bedarfskette, → supply chain aus der Sicht des Kunden/des Nachfragers

demand clause Bestimmung eines Schuldscheines, die den Gläubiger bei einem Zahlungsverzug des Schuldners berechtigt, den gesamten Betrag zur sofortigen Rückzahlung fällig zu stellen.

demand collaboration Zusammenarbeit zwischen Hersteller und Lieferanten zur Optimierung der Bedarfsprognose, → collaborative commerce

demand density Nachfragedichte, Bedarfsdichte

demand factors Bedarfsfaktoren

demand forecast Bedarfsvorhersage

demand letter Mahnschreiben (i.d.R. die letzte Zahlungsaufforderung vor Einleitung rechtlicher Schritte)
demand management 1. Regulierung (Steuerung) der Nachfrage 2. unternehmensinterne Bedarfsvorplanung
demand master notes jederzeit rückzahlbare Schuldscheine
demand notice 1. Aufforderung durch eine Behörde, amtliche Mitteilung 2. Steuerfestsetzungsbescheid
demand payment bond → straightforward performance bond
demand planning Bedarfsplanung
demand-pull inflation Nachfrageinflation, nachfrageinduzierte Inflation ☐ durch einen Nachfrageüberhang ausgelöste Preissteigerungen
demand requirement Voraussetzung für die Erhebung einer Aktionärs-/Gesellschafterklage: der Kläger muss zuvor die Durchsetzung seines Anspruches beim Verwaltungsrat (Board of Directors) erfolglos versucht haben.
demand shift Nachfrageverlagerung, Nachfrageverschiebung
demand side Nachfrageseite, i.e.S. Einkaufs- und Merchandisingabteilung
demand theory Nachfragetheorie, Analyse von Nachfragedeterminanten und Verbraucherpräferenzen
de-marketing De-Marketing, Reduktionsmarketing ☐ Marketingaktivitäten zur Reduzierung der Nachfrage nach bestimmten Produkten (z.B. im Rahmen einer Käuferfokussierungsstrategie, zur Gewährleistung eines bestimmten Service-Niveaus oder zur Verringerung des Konsums gesundheitsschädlicher Produkte)
dematerialisation Umwandlung effektiver Stücke in Bucheinträge
dem.chg. → demurrage charges
de-merit goods demeritorische Güter ☐ Güter, deren Nachfrage durch den Staat gewollt gedrosselt wird. → merit goods
de minimis rule Bestimmung, der zufolge kleine Beträge von der jeweils relevanten Gesetzgebung ausgenommen sind, z.B. kleinere geldwerte Vorteile für Mitarbeiter (de minimis fringe benefits) müssen nicht versteuert werden.
demise zeitlich begrenzte Grundstücksübertragung, Erbpacht
demise charter → bare boat charter, bei der jedoch dem Schiffseigner gegen Entgelt die Ausrüstung des Schiffes bzw. die Stellung der Schiffsführung übertragen werden.
demised premises vermietete Grundstücke und Gebäude
demographic segmentation demographische Marktsegmentierung ☐ Marktsegmentierung nach sozio-ökonomischen Kriterien wie Altersgruppe, Geschlecht, Klein- oder Großfamilien, etc.
demurrage 1. Überliegezeit, Überliegetage, Überschreitung der Be- bzw. Entladezeit 2. → demurrage charges
demurrage charges 1. (Über-)Liegegeld, Überliegekosten, Standkosten ☐ Vergütung, die an den Verfrachter/Reeder (a) bei Überliegezeit eines Schiffes oder (b) bei verlängerter Lagerung von Containern auf dem Terminal bzw. bei Inanspruchnahme von Reederei-Equipment über die vereinbarte Zeit hinaus zu entrichten ist.
demurrage lien Pfandrecht des Verfrachters für nicht gezahltes Überliegegeld
demurrer Antrag auf Klageabweisung wegen Unschlüssigkeit, Antrag des Klägers auf Zurückweisung einer Klage wegen fehlender Rechtsgrundlage oder unzureichender Beweisstücke.
demutualisation Umwandlung eines genossenschaftlichen Instituts oder Versicherungsvereins auf Gegenseitigkeit in eine Kapitalgesellschaft
denial of discharge Verweigerung der Entlastung
de novo branching Aufbau eines Filialnetzes durch eigene Filialgründungen, → interstate banking
depalletisation Ent-/Depalettierung, Palettenentladung

departmental budget Teilplan, Teilbudget, → budgeting

departmentation Unternehmensgliederung, Spartenorganisation

departmentation by customers/by function/ by markets Unternehmensgliederung nach Kundengruppen/nach funktionalen Gesichtspunkten/nach Märkten

departmentation by process or equipment/ by products/by territory Unternehmensgliederung nach Verfahren oder maschinellen Anlagen/nach einzelnen Produkten oder Produktgruppen/nach Ländern bzw. Regionen

dependence analysis Dependenzanalyse, Analyse von Abhängigkeiten, → dependence techniques

dependence techniques Dependenztechniken □ statistische Analyseverfahren, die die Beziehung zwischen mehreren abhängigen Variablen untersuchen.

dependency Abhängigkeit (zwischen Vorgängen im Netzwerk), → logical relationships

dependency links Verknüpfungen der Vorgänge im Netzplan

dependency management Steuerung der Abhängigkeiten im Netzplan, Minimierung der Abhängigkeiten

dependent conditions → dependent covenants

dependent contract → contingency contract

dependent covenants bedingte Vereinbarungen (Verpflichtungen)

dependent coverage Ausdehnung des Versicherungsschutzes auf unterhaltspflichtige Familienangehörige

dependent float bedingte Pufferzeit, bedingte Dispositionsreserven, → float

dependent variable abhängige Variable □ Variable, die durch die Varianz der unabhängigen Variablen bestimmt wird.

depletion allowance Abschreibung für Substanz-/Wertminderung

depletion reserve Rücklage für Substanzminderungen

deployment chart (graph) Einsatz- und Verteilungsdiagramm

deponent 1. der/die Erklärende 2. unter Eid aussagender Zeuge

Depositary Receipts → American Depositary Receipts

deposit bridger Zwischenfinanzierungskredit, durch den die auf einen Kaufpreis zu leistende Anzahlung (deposit) finanziert wird.

deposit broking Vermittlung von Einlagen

deposit certificate Einlagenzertifikat, → certificate of deposit

deposit creation Giralgeldschöpfung

deposit facility Einlagefazilität □ ständige Fazilität (→ permanent facilities) des Europäischen Systems der Zentralbanken, die von einem Kreditinstitut genutzt werden kann, um bei einer nationalen Zentralbank Guthaben bis zum nächsten Geschäftstag anzulegen.

deposit fund Investmentfonds, dessen Vermögenswerte ausschließlich in Geldmarktpapieren angelegt werden.

deposition Zeugenaussage unter Eid (außerhalb des Gerichtssaals), beeidete Erklärungen einer Partei oder eines Zeugen zu den von der Gegenseite gestellten Fragen

deposit leverage Verhältnis von Einlagen zum Kapital eines Kreditinstitutes

deposit of title deeds Hinterlegung der Eigentumsurkunden (beim Kreditgeber zur Absicherung einer Kreditaufnahme)

depository bond Garantie einer Depotbank

depository institutions Kreditinstitute □ Zu den depository institutions zählen in den Vereinigten Staaten die commercial/money center banks (Geschäftsbanken), savings and loan associations (Spar- und Darlehenskassen), credit unions (Genossenschaftsbanken) sowie die Niederlassungen ausländischer Banken.

deposit premium erste Prämienzahlung, Prämiendepot, Prämienanzahlung □ bei Versicherungsbeginn gezahlte Prämie, die am Ende des Versicherungszeitraums der zwischenzeitlichen Schadenentwicklung angepasst wird.

Deposit Protection Scheme britischer Einlagensicherungsfonds □ deckt 90% der Gesamtverpflichtungen eines Kreditinstitutes gegenüber einem Einlagenkunden ab, jedoch nur bis zu einem Maximalbetrag von GBP 18.000.
depot Lagerhaus, Container-Lager
depreciable amount Abschreibungsvolumen
depreciable assets abschreibbares (abnutzbares) Anlagevermögen □ Wirtschaftsgüter, die einer Wertminderung durch Abnutzung unterworfen sind.
depreciable balance abschreibbarer Restbetrag eines Wirtschaftsgutes
depreciable life Nutzungsdauer für Abschreibungszwecke
depreciated replacement cost Wiederbeschaffungskosten unter Berücksichtigung der Abschreibungen
depreciation 1. Abschreibung □ auf Sachanlagen; im Gegensatz zu amortization (Abschreibung auf immaterielle Anlagewerte) 2. Wertminderung, Wertverlust
depreciation account Abschreibungsrechnung
depreciation adjustment *(in Verbindung mit → current cost accounting)* Berichtigung der Abschreibungen □ ergibt sich aus dem Unterschied zwischen den in die Gewinn- und Verlustrechnung eingestellten Abschreibungen und den auf den effektiven Wiederbeschaffungskosten des Anlagevermögens basierenden Abschreibungen.
depreciation age Abschreibungszeitraum
depreciation allowance (jährlicher) Abschreibungsbetrag, Absetzung für Abnutzung
depreciation backloading zeitliche Verlagerung der Abschreibung
depreciation basis → basis for depreciation
depreciation charge (expense) Abschreibungsaufwand, Abschreibungsbetrag
depreciation charged to the profit and loss account in die Gewinn- und Verlustrechnung eingestellte Abschreibung
depreciation deduction → depreciation allowance

depreciation expense Abschreibungsaufwand
depreciation for wear and tear Abschreibung für Verschleiß (Abnutzung), Gebrauchsabschreibung
depreciation indemnity *(bei Leasingverträgen)* Garantie gegen Wertminderung, Restwertgarantie
depreciation insurance Neuwertversicherung, i.e.S. zusätzliche Brandversicherung □ deckt den Unterschied zwischen dem von der Versicherungsgesellschaft ausgezahlten Betrag und dem Neuanschaffungswert.
depreciation of (on) assets held under leasing agreements Abschreibungen auf geleaste Sachanlagen
depreciation of (on) financial assets/fixed assets Abschreibungen auf Finanzanlagen/auf Sachanlagen
depreciation of goods in stock Warenbestandsabschreibung
depreciation of property, plant and equipment Abschreibungen auf Grundstücke, Gebäude und Maschinen
depreciation on a rising scale progressive Abschreibung
depreciation on a straight line basis lineare Abschreibung
depreciation on diminishing values degressive Abschreibung
depreciation recapture rules Bestimmungen des US-Steuerrechts, nach denen Gewinne aus dem Verkauf abschreibungsfähiger Wirtschaftsgüter, die auf frühere Abschreibungen zurückzuführen sind, steuerlich als Einkommen gelten.
depreciatory transaction Transaktion, durch die eine Wertminderung herbeigeführt wird.
depressed level of investments rückläufige (stagnierende) Investitionstätigkeit
depth interview Tiefeninterview □ Befragung zur Feststellung verborgener Verbraucherwünsche/-neigungen
DEQ → delivered ex quay
derecognition Ausbuchen aus der Bilanz

derivative action Aktionärsklage, → derivative suit
derivative conveyance Bestätigung, Erweiterung oder Einschränkung einer bereits erfolgten Eigentumsübertragung
derivative deposits Buchgeld
derivative fund Derivate-Fonds ◻ Fonds, der in erster Linie in derivative Finanzinstrumente investiert.
derivative suit Aktionärsklage, Gesellschafterklage ◻ Verfahren, mit dem Aktionäre bei Pflichtverletzungen von Vorstandsmitgliedern Verfahren gegen diese Personen im Namen der Gesellschaft einleiten. → personal action
derogatory clause Abänderungsklausel
DES → data encryption standard, → delivered ex ship
descendibility of title Vererbbarkeit eines Eigentums- bzw. Rechtstitels
description of works Leistungsbeschreibung
descriptive memorandum kurzer Angebotsprospekt (bei einer Befreiung von der Prospektpflicht)
descriptive research deskriptive (erläuternde) Forschung ◻ Erstellung von Studien zum besseren Verständnis von Marktsituationen, z.B. Marktanteilsstudien, Umsatzanalysen
design and development phase Entwicklungs- und Konstruktionsphase
design-build-operate-maintain *(Betreibermodell für die Abwicklung von Anlageprojekten)* entwerfen-bauen-betreiben-warten; *(weitere Modelle)*: design-build-operate-transfer (DBOT) = entwerfen-bauen-betreiben-übergeben; design-build-finance-operate (DBFO) = entwerfen-bauen-finanzieren-betreiben
Design Copyright Act britisches Geschmacksmusterrecht
design defect Konstruktionsfehler, Fabrikationsfehler
design failure, mode and effects analysis von einem Konstruktions-Team erstellte Fehler-Analyse zur besseren Erfassung von Problemen vor ihrer Entstehung
design for manufacturability and assembly Produktgesamtkonzept zur Optimierung der Verbindung von Entwurfs-, Herstellungs- und Montagefunktionen.
design management Integration von Design-Konzepten in Unternehmensabläufe zur Optimierung des Produkterfolgs
design maturity Entwicklungsreife
design pattern Entwurfsmuster
design process cost Entwicklungskosten
design review Design-Review, (laufende) Überprüfung der Konstruktions-/Entwicklungsaktivitäten
design-to-cost/design-to-budget Konstruktion unter Beachtung eines festen Kosten-/Budgetlimits
design-to-order auftragsbezogene Konstruktion, Konstruktion nach Kundenwunsch
design validation Design-Validierung, → validation
design verification (abschließende) Design-Prüfung, → design review
desinvestment Freisetzung investierten Kapitals
desk jobber im Streckenhandel tätiger Großhändler
desk research mittelbare Forschung, Sekundärforschung ◻ am Schreibtisch erfolgende Auswertung von sekundär-statistischem Material
desktop mapping Datenvisualisierung in digitalen Landkarten
desktop publishing Erstellen von graphischen Dokumenten am Computer
despatch days Tage, die durch das vorzeitige Beenden von Be- oder Entladung gewonnen werden. → despatch money
despatch money Eilgeld, Bonus für das vorzeitige Beenden von Be- oder Entladung, Vergütung für nicht genutzte Liegetage, → demurrage
destination contract Vertrag, der den Gefahrenübergang auf den Käufer bei Übergabe der Waren am Bestimmungsort vorsieht.

destocking Lagerabbau, Reduzierung der Lagerbestände
destructible title Rechtstitel, der bei einem vorbestimmten Leistungsverzug null und nichtig wird.
destructible trust Treuhandverhältnis, das bei Eintritt vorbestimmter Umstände automatisch aufgelöst wird.
destuffing Auspacken von Containern
detailed network diagram Feinnetzplan, → network analysis (techniques)
detailed resource plan Einzelkapazitätsplan, Ressourcenplan für eine bestimmte Projektphase, → resource planning
detailed scheduling Feinplanung der Produktion (der Arbeits-/Produktionsschritte), detaillierte Zeit- und Reihenfolgeplanung
detection risk Risiko, dass ein Wirtschaftsprüfer wesentliche Unregelmäßigkeiten übersieht.
detention charges Container-Standgebühr, → demurrage charges
determinable agreement kündbare (zeitlich befristete) Vereinbarung
determination letter verbindliche Stellungnahme der US-Steuerbehörde
deterministic network deterministischer Netzplan ☐ Netzplan, bei dem alle Vorgangszeiten als gesichert angesehen werden.
detinue Vorenthaltung des Besitzes
devanning Container-Entladung
developer Bauträger, Projektträger, Projektentwicklungsgesellschaft ☐ Developers übernehmen Entwicklung, Planung, Bau und Vermietung von Gewerbeimmobilien.
developmental marketing Marketing-Aktivitäten zur Steigerung der Nachfrage
development area wirtschaftliches Fördergebiet
development capital Beteiligungskapital, Kapital zur Finanzierung der Geschäftsentwicklung, → development finance
development change order Änderungsanforderung, Wunsch auf Modifizierung des Entwicklungsprozesses
development committee Produktentwicklungsausschuss
development density Bebauungsdichte
development expenditure 1. Entwicklungsaufwand 2. Projektkosten
development finance Investitionsmittel, Investitionskredite, Darlehen/Kapital zur Finanzierung der Geschäftsentwicklung, Projektfinanzierungsmittel
development land tax auf den Wertzuwachs von Grundstücken zu entrichtende Kapitalgewinnsteuer (wird bei Erschließung oder Verkauf des Grundstückes fällig)
development plan Flächennutzungsplan
development process design Gestaltung eines Entwicklungsprozesses
development project Bauvorhaben, Projekt
development rights Erschließungs- und Bebauungsrechte des Grundstückseigentümers
development stage enterprise in der Aufbauphase befindliches Unternehmen
development value Wertzuwachs eines Grundstückes, → development land tax
deviation clause *(in der Seeversicherung)* Klausel, die in bestimmten Fällen Abweichungen von der vorgezeichneten Route zulässt, ohne dass sich die Haftung des Versicherers verringert.
deviation doctrine Doktrin der Zulässigkeit von Abweichungen ☐ z.B. von den Bestimmungen eines Treuhandvertrages, wenn durch ein Festhalten an diesen Bestimmungen der Zweck des Treuhandverhältnisses gefährdet würde.
deviation permit schriftliche Genehmigung zur Abweichung von den Spezifikationen bzw. sonstigen Design-Vorgaben
deviation warranty Klausel einer Seeversicherungspolice, in der garantiert wird, dass das Schiff nicht von der vorgezeichneten Route abweicht.
devise letztwillige Verfügung, Vermächtnis ☐ bezieht sich ausschließlich auf Realvermögen (Grundstücke und/oder Gebäude)
devisee Vermächtnisnehmer ☐ Person, die Grundstücke oder Gebäude als Vermächt-

nis erhält.
devolution 1. Übergang ☐ von Rechtstiteln oder Grundbesitz durch Vererbung 2. Übergang von Ämtern oder Vollmachten
d/f → dead freight
DfMA → design for manufacturability and assembly
DFMEA → design failure, mode and effects analysis
DGR → dangerous goods regulations
D&H → dangerous (and hazardous) cargo
diad *(in der Marktforschung)* umfassende Befragung einer Person durch einen Interviewer, → triad
diadic test → paired comparison
diagramming method Darstellung von Vorgängen, Zeiträumen und Abhängigkeiten in einem Netzplan, → network analysis, → logical relationships
dialogue marketing Dialog-Marketing ☐ Marketingbemühungen mit dem Ziel eines Dialogaufbaus zwischen Anbieter und möglichen Kunden
diary method Tagebuchmethode, → diary panel
diary panel Tagebuchpanel ☐ Gruppe von Haushalten, die in einem strukturierten Tagebuch ihre Käufe bestimmter Produkte festhalten.
DIC coverage → difference-in-conditions coverage
dichotomisation Dichotomisierung, Aufteilung in zwei getrennte Gruppen
dichotomous question dichotome Frage ☐ geschlossene Frage, auf die es nur zwei mögliche Antworten (ja oder nein) gibt. → closed-ended, → open-ended/multiple choice question
dichotomous scale dichotome Skala ☐ Werteskala, die nur zwei Ausprägungen kennt.
DID → disclosed invoice discounting
difference-in-conditions coverage (insurance) Konditionsdifferenzversicherung, Bedingungsdifferenzversicherung ☐ Versicherung, die 1. Lücken in Grunddeckungen/Standardpolicen oder 2. bei einer länderübergreifenden Risikoabdeckung Unterschiede in den Deckungskonzepten der jeweiligen Länder ausgleicht.
difference-in-value damages Entschädigung für den Minderwert einer Ware
differential accounting vergleichende Bilanzierung ☐ Bilanzierung auf der Basis unterschiedlicher Kostenansätze, z.B. → current cost und → historical cost accounting
differential advantage wahrgenommener Produktnutzen
differential costing (cost statement) Differenzkostenrechnung ☐ vergleichende Kostenanalyse, bei der die Kosten- und Ertragsunterschiede mehrerer Alternativen untersucht werden.
differential duty Differentialzoll ☐ Waren werden je nach Herkunftsland unterschiedlich besteuert.
differential price-rate payment scheme Differential-Stichlohnsystem
differential pricing differenzierte Preisgestaltung, Festsetzung unterschiedlicher Preise für das gleiche Produkt je nach Verbrauchergruppe, Zeitpunkt des Kaufs, etc.
differential rates Staffeltarif
differential swap Form eines Basis-Swaps (→ basis rate swap), bei dem das Zinsdifferential unterschiedlicher Geldmärkte genutzt werden kann.
differentiated marketing differenziertes Marketing, auf ein bestimmtes Marktsegment zugeschnittene Marketingaktivitäten
differentiated product positioning differenzierte Produktpositionierung ☐ Produktpositionierung, bei der sich ein Hersteller durch das Hervorheben spezifischer Produktvorteile (gegebenenfalls der Einzigartigkeit, → unique selling position) von der Konkurrenz abzuheben versucht.
differentiated selling differenzierte (auf die jeweilige Verbrauchergruppe abgestellte) Verkaufstechnik
differentiation strategy Differenzierungsstrategie ☐ Strategie zur Abhebung eines

Produktes von Konkurrenzangeboten, → differentiated product positioning, → market segmentation

diffusion process Diffusionsprozess, Ausbreitung einer innovativen Technologie oder eines neuen Produktes am Markt bzw. innerhalb einer Zielgruppe

digital cash bargeldlose Zahlung im Internet

digital imaging digitale Bildaufzeichnung, elektronisches Erfassen und Speichern von Bildern/Dokumenten

digital marketing Digital-Marketing, elektronische Marketingunterstützung

digital mock-up assembly Simulation des Montageprozesses

digital signature digitale Signatur, elektronische Unterschrift

dilatory defense dilatorische (rechtshindernde) Einwendung

dilatory plea dilatorische Einrede, hemmende (aufschiebende) Einrede

diligence 1. Prüfung der finanziellen und wirtschaftlichen Lage eines Unternehmens, → due diligence 2. *(im schottischen Recht)* Pfändung

diligence stopper gerichtlich angeordnete Aussetzung des Pfändungsverfahrens

diluted capital Kapital unter Einbeziehung der Wandlungs- und Optionsrechte

diluted earnings per share (diluted EPS) Gewinn je Aktie unter Berücksichtigung des bedingten Kapitals ☐ Quotient aus ausschüttbarem berichtigtem Gewinn (adjusted income available for common shares) und dem gewogenen Durchschnitt der im Umlauf befindlichen Stammaktien plus bedingtem Kapital (Wandlungs- plus Optionsrechte)

dilution of capital Kapitalverwässerung durch die Ausübung von Wandlungs- und Optionsrechten

dilution of voting power Stimmrechtsverwässerung

dilutive effect verwässernder Effekt, → dilution of capital

diminished utility verringerter Nutzwert, i.e.S. aufgelaufene Abschreibung

DIP financing → debtor-in-possession financing

direct access storage device Online-Datenspeicher

direct accounts von Mitarbeitern der Zentrale/von Führungskräften betreute Großkunden

direct-action selling auf den kurzfristigen Verkaufserfolg ausgerichtete (aktionsorientierte) Verkaufstechnik

direct additionals Direktzuschläge, → additionals

direct advertising Direktwerbung ☐ Werbung in Form von E-Mails, Katalogen, Prospekten, Werbebriefen

direct charge-off method direkte Abbuchung (Ausbuchung) ☐ Verminderung des Bilanzwertansatzes von Forderungen um die uneinbringlichen Forderungen

direct comparison approach vergleichende Unternehmensbewertung, → market multiples approach

direct competitive advertising Direktwerbung, die zum sofortigen Kauf anregen soll.

direct constant expenses direkt zurechenbare fixe Kosten

direct consumer stimulants direkt auf den Verbraucher abgestellte Verkaufsförderung

direct corporate venture capital Beteiligungskapital, das etablierte Unternehmen jungen Unternehmen direkt oder über konzerneigene Beteiligungsgesellschaften zur Verfügung stellen. → indirect corporate venture capital

direct cost 1. direkte Kosten, Einzelkosten, (einer Leistung/einer Produkteinheit) direkt zurechenbare Kosten 2. → hard costs

direct costing Grenzkostenrechnung, Proportionalkostenrechnung ☐ Kostenrechnungsmethode, bei der nur die proportionalen Kosten in den Herstellungskostenwertansatz einbezogen werden.

direct damages Schadenersatz in Höhe des verursachten Schadens

direct depreciation direkte Abschreibung

☐ Verminderung des Bilanzwertansatzes von Vermögenswerten um die jeweiligen Abschreibungsbeträge

directed interview → guided interview

directed verdict richterliche Verfügung

direct evidence unmittelbarer Beweis

direct expenses → direct cost

direct financing Direktfinanzierung, Finanzierung ohne Inanspruchnahme des Kapitalmarktes

direct insurance Direktversicherung, Erstversicherung ☐ alle Versicherungen im Gegensatz zur Rückversicherung

direct investments 1. Direktinvestitionen im Ausland, z.B. Errichtung von Betriebsstätten, Erwerb von Beteiligungen oder Immobilien 2. direkte Geldanlagen

direct investor 1. Direktanleger, → direct investments 2. Leasinggeber in einem Direkt-Leasingvertrag, → direct leasing

directional medium Werbeträger, der ausschließlich der Informationsübermittlung dient (z.B. Gelbe Seiten).

direction regarding title → title direction

directive probe Befragung potentieller Kunden unter dem Gesichtspunkt eines besseren Kundenverständnisses

direct leasing Hersteller-Leasing, Direkt-Leasing ☐ Vermietung von Wirtschaftsgütern direkt durch den Hersteller, → indirect leasing

direct mail Direktwerbung per Post (Werbebriefe, Prospekte, Kataloge)

direct mailing Direktwerbung, gezielte postalische/elektronische Zustellung von Werbemitteln

direct market comparison approach → market data approach, → comparables concept

direct marketing Direktmarketing, alle auf die direkte Kommunikation zwischen Anbietern und Verbrauchern oder auf die direkte Ansprache bestimmter Zielgruppen ausgerichtete Marketingmaßnahmen (z.B. Direktwerbung, Response-Werbung sowie alle persönlichen und schriftlichen Kontakte, einschließlich Telefonverkauf)

direct material Direktmaterialien ☐ Werkstoffe, die direkt in der Fertigung eines Unternehmens Verwendung finden oder zum Zweck des Weiterverkaufs erworben werden.

direct materials budget Einkaufsbudget ☐ Teil der betrieblichen Produktionsplanung; enthält das projizierte Einkaufsvolumen für direkte Materialien. → direct materials stores

direct materials cost Materialeinzelkosten

direct materials stores Roh-, Hilfs- und Betriebsstofflager sowie Fertigwarenlager

direct negotiation 1. direkte Negoziierung 2. Privatplatzierung, → private placement

direct observation direkte (unmittelbare) Beobachtung ☐ Beobachtungstechnik in der Marketingforschung, bei der zum Zwecke der Informationsgewinnung Personen in spezifischen Situationen (z.B. beim Einkauf) beobachtet werden. → indirect observation, → observation techniques

Directors' and Officers' (liability) insurance Managerhaftpflichtversicherung, Haftpflichtversicherung für Führungskräfte, Organhaftpflichtversicherung ☐ deckt Vermögensschäden aus Pflichtverletzungen leitender Mitarbeiter

directors' emoluments Gesamtbezüge der Mitglieder des Verwaltungsrates, → Board of Directors

directors' fees Tantiemen der Mitglieder des Verwaltungsrates

directors' qualification shares → qualification shares

directors' report Lagebericht des Verwaltungsrates

directors' valuation of investments Festlegung des Beteiligungswertansatzes durch den Verwaltungsrat

direct overheads Fertigungsgemeinkosten

direct placement (placing) Direktplatzierung ☐ Emission, die direkt bei den Anlegern platziert wird.

direct premiums written Prämieneinnahmen aus dem direkten Geschäft, d.h. ohne Ab-

direct product cost

zug des in Rückdeckung gegebenen Geschäfts
direct product cost direkte Produktkosten, einem Produkt direkt zurechenbare Kosten
direct production wages Einzelkosten-Fertigungslöhne
direct product profit Produktgewinn nach Abzug der direkten Produktkosten
direct product profitability Produktdeckungsbeitrag
direct product profit calculation Ermittlung des direkten Produktgewinns durch Zurechnung genauer Gewinnkostenanteile
direct public offering direktes öffentliches Zeichnungsangebot □ Verkauf neu zu emittierender Wertpapiere in den Vereinigten Staaten an Anleger ohne Einschaltung von underwriters (Konsortialbanken). → SCOR offerings
direct purchase fund Investmentfonds, der seine Anteile direkt, d.h. ohne Einschaltung eines Brokers, an Anleger verkauft.
direct questioning techniques direkte Fragetechnik □ z.B. persönliche oder telefonische Befragung
direct response advertising/marketing Direkt-Response-Werbung/Marketing, Direktwerbung mit einem Antwortmechanismus □ Werbung/Marketingmaßnahmen, die so angelegt sind, dass potentielle Abnehmer sofort auf Angebote reagieren können.
direct selling Direktverkauf, Direktvertrieb
direct services Datenbanken, in denen Verweise zu Diensten abgespeichert werden.
direct squeeze-out Ausschluss von Kleinaktionären/Minderheitsgesellschaftern im Rahmen einer Fusion
direct store delivery Direktbelieferung des Einzelhandels durch die Lieferanten, direkte Filialbelieferung
direct suit Klage aus eigenem Recht, → derivative suit
direct taxation Direktbesteuerung, Erhebung direkter Steuern (Vermögenssteuer, Einkommensteuer, Körperschaftssteuer),

→ indirect taxation
direct tracing direkte Zuordnung (z.B. von Kosten)
direct workers in der Produktion tätige Mitarbeiter
direct writer 1. Erstversicherer, der seine Produkte ausschließlich über eigene Agenten oder direkt an Versicherungsnehmer verkauft. 2. Rückversicherer, der Verträge mit Erstversicherern direkt, also ohne Einschaltung eines Brokers abschließt.
dirty bill of lading unreines Konnossement □ Konnossement, das Mängelvermerke hinsichtlich der übernommenen Güter enthält.
DIs → depository institutions
disability benefit clause Klausel einer Lebensversicherungspolice, der zufolge der Policen-Inhaber bei Erwerbsunfähigkeit von weiteren Prämienzahlungen freigestellt ist.
disability compensation (benefits) 1. Erwerbsunfähigkeitsrente 2. Rente wegen verminderter Erwerbsfähigkeit
disaggregated market stark segmentierter Markt
disaggregation approach *(in der Segmentberichterstattung)* Aufteilungsmethode □ Aufteilung der Abschlussposten auf die Segmente
disallowance Nichtabzugsfähigkeit
disallowed interest payments nicht abzugsfähige Zinszahlungen
disappearing deductible Eigenbehalt, der sich mit steigender Schadenssumme verringert und gegebenenfalls ganz entfällt.
disaster clause Klausel eines Kreditvertrages, die den Kreditnehmer bei Eintritt vorbestimmter Umstände zur sofortigen Rückführung der Fazilität verpflichtet.
disbursement account Hafenkostenabrechnung, Abrechnung des Hafenagenten
disbursement charges Auslagen (Hafengebühren, Zollgebühren, Staukosten), die ein Agent der Reederei bzw. die Reederei dem Importeur in Rechnung stellt.
discharge afloat Löschung wasserseitig

discharge by performance Vertragserfüllung durch Leistung
discharge cargo Löschgut, zu entladendes Stückgut
discharge of a bankrupt Schuldbefreiung □ Entlassung eines Konkursschuldners aus seiner Haftung für alle vor der Konkurseröffnung entstandenen Forderungen. → non-dischargeable debt
discharge of cargo Löschen der Ladung
discharge of contract 1. Vertragserfüllung, vertragsgemäße Leistungserfüllung, Erfüllung der vertraglichen Verpflichtungen 2. Erlöschen eines Vertrages
discharge of debt Schuldbefreiung, → non-dischargeable debt
discharge of a guarantor Entlassung eines Garantiegebers (Bürgen) aus seiner Haftung
discharge of a lien (pledge) Löschung eines Pfandrechtes, Pfandfreigabe
discharge of performance Entbindung von der Leistungspflicht
discharge of a trustee Entlastung eines Treuhänders
discharge port Löschhafen
discharging period Löschfrist
disclaimer of interest Zinsverzicht, Zinserlass
disclaimer of liability Haftungsausschluss
disclaimer of opinion Verweigerung des Bestätigungsvermerkes durch einen Buchprüfer
disclosed assignment offene Zession □ die Abtretung wird dem Drittschuldner angezeigt
disclosed group accounts publizierter Konzernabschluss
disclosed invoice discounting → agency factoring
disclosed principal Geschäftsherr, dessen Identität bekannt ist bzw. vom Vertreter (agent) offen gelegt wurde.
disclosed profits (losses) ausgewiesene Gewinne (Verluste)
disclosure 1. Offenlegung □ der effektiven Kreditkosten durch eine Bank oder der wirtschaftlichen Verhältnisse eines Kreditnehmers 2. Publizität, Offenlegung des Jahresabschlusses einer Unternehmung und sonstiger unternehmensrelevanter Informationen, → disclosure rules 3. Anzeige einer Forderungsabtretung 4. Selbstanzeige bei den Steuerbehörden 5. (disclosures) offen gelegte Haftungsrisiken
disclosure duty 1. Verpflichtung zum Ausweis in der Bilanz 2. Offenlegungspflicht, Erläuterungspflicht
disclosure letter Haftungsrisikoerklärung, Offenlegung von Haftungsrisiken
disclosure of share interests Offenlegung von Aktienbeteiligungen □ ist nach dem britischen Companies Act erforderlich, wenn die Beteiligung an einer Unternehmung 5% übersteigt.
disclosure provisions → disclosure rules
disclosure requirements Publizitätserfordernisse
disclosure rules Offenlegungsvorschriften, Publizitätsvorschriften □ umfassen in den Vereinigten Staaten nicht nur die öffentliche Vorlage von Quartals- und Jahresergebnissen einer Kapitalgesellschaft; jede materielle Veränderung, die den Aktienkurs beeinflussen könnte, muss der → Securities and Exchange Commission gemeldet werden.
disclosure system Publizitätswesen
disclosure under compulsion of law gesetzliche Offenlegungspflicht
DISCO → domestic international sales corporation
disconnect rate Anzahl der in einem → call center abgebrochenen Anrufe
discontinuance of business Einstellung einer Geschäftstätigkeit, → discontinued operations
discontinued operations aufgelöste Unternehmensbereiche, nicht weitergeführte (eingestellte) Geschäftsaktivitäten
discontinuous activity *(in der Netzplantechnik)* Aktivität, bei der die Zeitspanne zwischen Anfangs- und Endzeitpunkt überschritten werden kann, wenn dies zur

discontinuous easement

Einhaltung anderer Anordnungsbeziehungen erforderlich ist. → logical relationships

discontinuous easement → non-apparent easement

discontinuous innovation Innovation, die zu einer nachhaltigen Veränderung des Verbraucherverhaltens führen kann.

discount 1. Diskont □ Zinsabzug beim Ankauf von Wechsel- oder Handelsforderungen 2. Damnum, Disagio □ Unterschied zwischen dem Nominalbetrag einer Hypothek oder eines Krediles und dem Betrag, der effektiv an den Kreditnehmer zur Auszahlung gelangt. 3. Disagio □ Unterschied zwischen dem Nennwert und dem Ausgabekurs eines Schuldtitels 4. Abzinsungsbetrag, Zinsabschlag 5. Nachlass, (Barzahlungs-)Rabatt 6. Sicherheitsabschlag □ z.B. bei der Berechnung künftiger Cash Flows 7. *(im Devisenhandel)* Deport □ Abschlag einer Termindevise gegenüber der Kassadevise, d.h. der Terminkurs liegt unter dem Kassakurs

discount bonds Abzinsungspapiere □ Schuldtitel, die mit einem sehr niedrigen Kupon und einem hohen Abschlag vom Nennwert begeben werden. Die Rückzahlung erfolgt bei Fälligkeit zu pari.

discount brand Niedrigpreismarke

discount broker Broker-Haus, das Kauf- oder Verkaufsorders lediglich ausführt und keine Anlageberatung bietet. Wesentlich niedrigere Gebühren als bei einem → full-service broker

discount chain Discounter-Kette, Discount-Ladenkette

discount company Factoring-Gesellschaft, → factor

discount credit (Wechsel-)Diskontkredit □ Kredit, den die Bank einem Kunden durch den Ankauf von Wechseln zur Verfügung stellt.

discount deducted from the principal Disagio, Auszahlungsdisagio, Auszahlungsverlust, → discount (2)

discounted cash flow *(auf den Betrachtungszeitpunkt)* abgezinster Cashflow

discounted cash flow concept (method) Unternehmensbewertungsmethode, die auf der Kapitalisierung künftiger freier Cashflows basiert □ d.h. der Wert der erwarteten freien Cashflows während eines bestimmten Zeitraumes (Planperiode/Bewertungshorizont) wird mit den gewichteten durchschnittlichen Kapitalkosten (Eigen- und Fremdkapitalkosten) diskontiert.

discounted future net cash flow Barwert zukünftiger Netto-Cashflows

discounted loan (Hypotheken-)Kreditforderung, die mit einem Abschlag im US-Hypotheken-Sekundärmarkt verkauft wurde.

discounted note abgezinster Schuldschein, abgezinste Kassenobligation, → discount bonds

discounted products Waren, die unter dem Markt- bzw. Listenpreis verkauft werden.

discounted rate of return Diskont-Amortisationssatz

discounted security Abzinsungspapier, → discount bonds

discounted value of future net cash inflows diskontierter Wert künftiger Netto-Einzahlungen

discounter 1. Diskontgeber, diskontierende Bank 2. Discounter □ Einzelhandelsbetrieb, der durch einfache Ladenausstattung, schnellen Warenumschlag, niedrige Vorratshaltung etc. seine Verkaufspreise sehr niedrig kalkulieren kann.

discount factor Diskontierungsfaktor, Abzinsungsfaktor □ Faktor, der eine zukünftige Zahlung auf ihren heutigen Wert abzinst.

discount houses 1. auf Factoring-Geschäfte und/oder Teilzahlungskredite spezialisierte US-Finanzierungsinstitute 2. Diskontläden, Discounter, → discounter (2)

discounting 1. Diskontierung □ Ankauf von Kundenwechseln/von Kundenforderungen unter Abzug von Zinsen durch eine Bank/Forfaitierungsgesellschaft 2. Diskontierung □ Bestimmung des Barwertes künftiger Zahlungen durch die Abzinsung dieser Zahlungen auf den gegenwärtigen Zeitpunkt 3. Escomptierung ☐ Vorwegnahme bestimmter Ereignisse, die auf die Kursentwicklung Einfluss nehmen können. 4. Ermittlung eines Abschlages, Abzinsung 5. Gewährung eines Nachlasses 6. Erwerb einer Option, deren Preis niedriger als ihr Substanzwert ist. → intrinsic value

discount loan Abzinsungsdarlehen ☐ Kreditgewährung, bei der Zinsen und Kosten bei Auszahlung vom Kreditbetrag in Abzug gebracht werden. Der Kreditnehmer tilgt den vollen Betrag.

discount market Diskontmarkt ☐ Markt für Wechselkredite, Schatzwechsel, Transaktionen in kurzfristigen Staats- und Industrieschuldtiteln, Privatdiskonten.

discount method Abzinsungsverfahren, → discounting (2), → discounted cash flow concept

discount operations 1. Ankauf (Diskontierung) von Wechseln und/oder Forderungen 2. Betrieb von Discountläden, → discounter

discount period 1. Diskonttage, Diskontierungszeitraum, Abzinsungszeitraum 2. Niedrigzinsperiode zu Beginn der Laufzeit eines Hypothekendarlehens

discount points Hypothekenabschlussgebühr, bei Inanspruchnahme eines Hypothekendarlehens zu leistende Zahlung ☐ Bei den Hypothekenangeboten von US-Kreditinstituten werden die discount points (1 point entspricht 1% des Darlehensbetrages) i.d.R. zusammen mit dem Zinssatz angegeben (z.B. 6% plus two points). Der jeweilige Betrag wird entweder direkt vom Darlehensnehmer an den Darlehensgeber gezahlt, als Disagio von der Darlehenssumme in Abzug gebracht oder durch Aufschlag auf den Darlehensbetrag finanziert. Nicht selten wird der Verkäufer sich bei den Verkaufsgesprächen zur Übernahme aller oder einiger Points verpflichten. Ferner hat der Darlehensnehmer i.d.R. die Möglichkeit, durch die Zahlung zusätzlicher Points seinen effektiven Zinssatz zu verringern.

discount pricing Einräumung starker Preisnachlässe, Verkauf unter den üblichen Marktpreisen

discount rate 1. Diskontsatz ☐ Zinsfuß der Banken für den Ankauf von Kundenwechseln 2. Diskontsatz ☐ Zinsfuß einer Zentralbank für den Rediskont von Wechseln 3. Abzinsungsfaktor, Diskontfaktor, Kapitalisierungszinsfuß ☐ zur Bestimmung des Barwertes (present value)

discount retailing 1. Vertrieb über Discounter 2. Errichtung von Discountläden, → discounter

discount selling Verkauf von Waren unter dem üblichen Listen- oder Marktpreis

discount window Lombardfenster, Refinanzierungsstelle (Refinanzierungsfazilität) einer Zentralbank

discovery Beweisermittlung, Verfahrensvorbereitung ☐ Unter dem im angloamerikanischen Rechtskreis bekannten Rechtsinstitut des discovery ist ein Verfahren zu verstehen, bei dem jede Verfahrenspartei die andere Partei über Dokumente informiert, die sich in ihrem Besitz befinden und in Verbindung mit dem Streitgegenstand stehen, gleichgültig, ob diese Dokumente eine vor- oder nachteilige Wirkung auf ihre Sache ausüben. Ferner haben die Parteien die Möglichkeit, im Rahmen des discovery außer der Gegenpartei auch deren Zeugen und Sachverständige zu befragen.

discovery of debtor's property Feststellung der Konkursmasse

discovery period Zeitraum, in dem ein Schaden/Betrug entdeckt werden muss, damit er durch die Versicherungsgesellschaft reguliert wird.

discovery phase Beweisermittlungsverfahren, → discovery

discovery sampling Stichproben zur Feststellung der Einhaltung interner Revisionsvorgaben

discrepancy letter of credit Akkreditiv, bei dem keine den Akkreditivbedingungen

discrete bar code

entsprechende Dokumente vorgelegt wurden.

discrete bar code diskreter Barcode □ Barcode, der mit einem Balken beginnt und endet, d.h. die Zwischenräume enthalten keine Informationen.

discrete effort definierte und kontrollierbare Aufgabe in der Projektführung, Projektvorgang mit einem messbaren Ergebnis

discrete milestones zeitlich fest fixierte Meilensteine (Ereignisse im Projektablauf), → milestones

discrete random variable diskrete Zufallsvariable

discrete variable diskrete Variable □ Variable mit wenigen Ausprägungen, d.h. Werten, die sie annehmen kann.

discretionary clause Kannvorschrift

discretionary content Ermessensspielraum

discretionary costs diskretionäre Kosten □ auf Einzelentscheidungen basierende Kosten (z.B. Werbe-, Forschungs- und Entwicklungskosten)

discretionary error Ermessensfehler

discretionary income frei verfügbares Einkommen, verfügbares Einkommen in der engeren Abgrenzung □ d.h. disposable income (Einkommen aus unselbständiger Tätigkeit nach Steuern und Sozialversicherungsbeiträgen), von dem ferner alle festen Zahlungsverpflichtungen wie Ratenzahlungen, Hypothekentilgungsleistungen oder Lebensversicherungsbeiträge in Abzug gebracht wurden.

discretionary portfolio management Form der Vermögensverwaltung, bei der der Vermögensverwalter aufgrund der ihm erteilten Vollmacht Käufe und Verkäufe von Wertpapieren sowie sonstige Dispositionen ohne vorherige Rücksprache mit seinem Kunden vornehmen kann.

discretionary purchasing power → discretionary income

discretionary trust Trust (Stiftung mit treuhandschaftlichem Charakter), bei der Verfügungen über Vermögenswerte oder Kapitaleinkünfte allein durch die Treuhänder getroffen werden.

discriminant analysis Diskriminanzanalyse, multivariates Verfahren der Datenanalyse, Verfahren zur Analyse von Abhängigkeiten

discriminating pricing Preisdiskriminierung, Preisdifferenzierung, unterschiedliche Preisgestaltung für Waren gleicher Qualität

diseconomies of scale Nachteile, die sich aus einer Betriebsgrößenerweiterung ergeben.

disembodied knowledge explizites Wissen, → explicit knowledge, → knowledge category/management

disencumbrance proceedings Entschuldung(sverfahren), Löschung einer Belastung

disguised dividend distribution verdeckte Dividendenzahlung, → constructive dividend

disguised observation verdeckte Beobachtung (einer Testperson, bestimmter Konsum- und Verhaltensgewohnheiten), → undisguised observation, → observation techniques

disguised questioning versteckte Fragestellung (die Testperson kennt den wahren Zweck der Frage nicht)

dishonoured bond Not leidender Schuldtitel

disincentives Maßnahmen, die eine Verringerung der Leistungsbereitschaft auslösen.

disincorporation 1. Auflösung einer Unternehmung 2. Ausgliederung eines Unternehmensbereiches

disinflation → deflation

disinterested directors Verwaltungsratsmitglieder ohne Eigeninteresse, d.h. Verwaltungsratsmitglieder, die nicht mit ihrem persönlichen Vermögen für die Verbindlichkeiten der Gesellschaft haften.

disinterested party unbeteiligte (neutrale) Vertragspartei

disinterested vote neutrales Votum

disintermediation Desintermediation □ (a)

Umgehung der traditionellen Absatzwege, Herstellung einer Direktverbindung von Herstellern zu Endabnehmern (b) Industrieclearing ohne Beteiligung der Kreditinstitute, Abwicklung des Zahlungsverkehrs und/oder des Kreditgeschäftes an den Banken vorbei (c) Verlagerung der Einlagen bei Banken und Sparkassen in kurzfristige und höher verzinsliche Staatspapiere (d) Wegfall von Lieferstufen

disinvestment 1. Desinvestition, Verkauf von Anlagen zur Freisetzung von Kapital bzw. Rückgewinnung liquider Mittel 2. Beteiligungsverkauf, Veräußerung eines Unternehmensteils

dismissal and nonsuit Einstellung eines Verfahrens

dismissal compensation Entlassungsabfindung

dismissal of a petition Ablehnung eines Antrages

dismissal with/without prejudice Klageabweisung (Einstellung eines Verfahrens) mit/ohne der/die Möglichkeit, eine ähnliche Klage zu einem späteren Zeitpunkt wieder anstrengen zu können.

disparagement Herabsetzung, → malicious disparagement

disparagement of goods or services Herabsetzung von Waren oder Leistungen, Anschwärzung

disparagement of title Beeinträchtigung eines Eigentums- bzw. Rechtstitels durch falsche Behauptungen

dispatch 1. Versand 2. Arbeitsverteilung in der Fertigungsvorbereitung

dispatch order sheet Transportkarte, → job set

displacement Wasserverdrängung eines Schiffes

displays Displays, Display-Material □ Aufsteller, die als Waren- und Informationsträger dienen, z.B. Verkaufsständer, Bodenaufsteller, Thekenaufsteller, Deckenhänger, etc.

disposable personal income verfügbares Einkommen, Einkommen aus unselbständiger Tätigkeit nach Steuern und Sozialversicherungsbeiträgen. → discretionary income

disposal by will testamentarische Verfügung

disposal logistics Entsorgungslogistik

disposal losses Verluste aus Anlageabgängen

disposal of assets clause Klausel eines Kreditvertrages, in der sich der Kreditnehmer verpflichtet, keine wesentlichen Vermögenswerte ohne Zustimmung des Kreditgebers zu veräußern.

disposition 1. testamentarische Verfügung 2. (of investments) Veräußerung von Beteiligungen

dispossess v. die Besitz-/Eigentumsrechte entziehen, den Schuldner vom Grundstück entsetzen

dispossession Besitzverlust, Entzug der Eigentumsrechte, Zwangsvollstreckung

dispossession proceedings Zwangsvollstreckungsverfahren, Räumungsklage

disproportionate distributions Ausschüttungen an (Entnahmen durch) Gesellschafter, die das Verhältnis der Anteile unter den Gesellschaftern verändern.

disproportionate stratified sample disproportional geschichtete Stichprobe

disputable presumption widerlegbare Mutmaßung

disqualification 1. Ausschluss eines Gesellschafters, Kaduzierung 2. Aberkennung der Fähigkeit, einen Vorstandsposten zu bekleiden (disqualification of directors) □ kann nach den Bestimmungen des Company Directors Disqualification Act auf Antrag des Department of Trade and Industry durch ein Gericht ausgesprochen werden.

disqualified from voting nicht stimmberechtigt

disqualified interest expense steuerlich nicht absetzbarer Zinsaufwand

disqualifier Proband, der sich durch eine gegebene Antwort von einer weiteren Befragung ausschließt.

disregard of rights Missachtung von Rechten

dissenting creditors Gläubiger, die einen Vergleichsvorschlag ablehnen.
dissociative reference group negative Referenzgruppe
distinctive competence unterscheidende Kompetenz, Kernkompetenz eines Unternehmens
distress Sachpfändung
distress borrowing zusätzliche Kreditaufnahme ◻ zur Finanzierung von Zinszahlungen auf bereits aufgenommene Kredite
distressed company in großen Zahlungsschwierigkeiten befindliches Unternehmen
distressed goods 1. beschädigte Waren 2. gepfändete Waren (Vermögenswerte), → distress property
distressed securities strategy Anlagestrategie, bei der ein spekulativ ausgerichteter Marktteilnehmer Not leidende Wertpapiere in der Erwartung erwirbt, dass der in Liquiditätsschwierigkeiten geratene Emittent saniert werden kann.
distress freight Fracht, die zur vollständigen Auslastung des Schiffsraums zu sehr niedrigen Raten hereingenommen wird.
distress property Schuldnervermögen, das im Wege der Zwangsversteigerung verwertet wird; Vermögen, in das die Zwangsvollstreckung erfolgt.
distress sale/distress selling 1. Zwangsverkauf, Versteigerung, Notverkauf 2. Räumungsverkauf wegen Geschäftsaufgabe 3. Panikverkäufe an der Börse
distress warrant Vollstreckungsbefehl
distributable investment income ausschüttungsfähige Kapitalerträge
distributable net income ausschüttbarer Nettogewinn
distributable property *(im Konkursverfahren)* Teilungsmasse
distributable reserves 1. ausschüttbare Rücklagen 2. offene Rücklagen
distributed corporate income an die Anteilseigner ausgeschüttete Unternehmensgewinne
distributed database (auf mehrere Rechner) verteilte Datenbank
distributee 1. Ausschüttungs-/Dividendenempfänger 2. Kapital entnehmender Gesellschafter 3. Erbe, erbberechtigte Person
distribution 1. Aufteilung, Verteilung (von Vermögenswerten) 2. (Gewinn-/Dividenden-/Ertrags-)Ausschüttung 3. Platzierung (Verkauf) von Wertpapieren, Zeichnungsangebot 4. i.e.S. Vertrieb, Verkauf; i.w.S. Distribution ◻ d.h. alle Tätigkeiten der Güterzuführung bzw. -bereitstellung
distribution agreement Gewinnverteilungsabrede
distribution-based pricing strategy an den Distributionskosten orientierte Preisgestaltung
distribution bonds Lebensversicherungen, bei denen während der Policenlaufzeit regelmäßige Ertragsausschüttungen an die Versicherungsnehmer erfolgen.
distribution centre Distributions-Center, zentrales Auslieferungslager ◻ Ort, an dem Waren kurzfristig gelagert sowie kundenspezifisch zur Auslieferung zusammengestellt werden.
distribution chain Distributionskette ◻ alle Betriebe, die am Fluss der Produkte beteiligt sind.
distribution channel Distributionskanal, Vertriebsweg, Absatzweg
distribution chart Distributionsdiagramm, graphische Darstellung der Absatzstruktur
distribution check Befragung zur Ermittlung der Distributionseffizienz
distribution clause → pro rata distribution (liability) clause
distribution control Distributionskontrolle, Vertriebskontrolle, Kontrolle über die Absatzwege
distribution cost Distributionskosten, Vertriebskosten
distribution density Distributionsdichte, Vertriebsdichte ◻ zeigt den Umfang an, in dem ein Anbieter den jeweiligen Gesamtmarkt abdeckt.
distribution economies Einsparung von Distributionskosten

distribution evaluation Absatzanalyse
distribution in kind Sachausschüttung, Ausschüttung in Form von Sachwerten
distribution-innovation strategy Marketing-Strategie, die darauf ausgerichtet ist, neue Marktanteile durch innovative Absatzwege zu gewinnen.
distribution intensity Distributionsgrad, Distributionsintensität, Grad der Marktabdeckung (der Verfügbarkeit eines Produktes), → intensive distribution, → selective distribution
distribution logistics Distributionslogistik □ alle Aktivitäten, die mit der Verteilung der Produkte vom Lager bis zum Kunden zusammenhängen, i.w.S. Planung, Steuerung und Kontrolle der Material- und Informationszuflüsse vom Unternehmen zum Kunden
distribution management Distributionsmanagement, Steuerung der Distributionsaktivitäten, Distributionswirtschaft, Absatzwirtschaft
distribution missions Zielsetzung in der Distributionspolitik
distribution mix Distributions-Mix □ Gesamtheit der Anwendungen zur Gewährleistung einer effizienten physischen Distribution
distribution mix management Gestaltung der Absatzwege bzw. des Vertriebssystems
distribution of assets → distribution of property
distribution of the bankrupt's estate 1. Befriedigung der Massegläubiger aus der Konkursmasse 2. Schlussverteilung im Konkursverfahren, Verteilung der verfügbaren Teilungsmasse unter die Gläubiger
distribution of income 1. Einkommensverteilung 2. Gewinnausschüttung, Ausschüttung von Kapitalerträgen
distribution of paper Platzierung (Verteilung) von Schuldtiteln im Markt
distribution of property 1. *(allgemein)* Verteilung von Vermögenswerten 2. → distribution of the bankrupt's estate
distribution operation Vertriebsniederlassung
distribution of realised gains Ausschüttung von Kapitalzuwächsen an die Investoren
distribution outlet Absatzstelle
distribution overheads Vertriebsgemeinkosten
distribution policy Distributionspolitik, Vertriebspolitik
distribution requirements planning Planung und Koordinierung der Distribution, Bestandsplanung für die Distributionszentren
distribution resource planning Planung des für die Distribution erforderlichen Ressourcenbedarfs (Mensch, Material, Kapital)
distribution rights 1. Vertriebsrechte 2. Ausschüttungsansprüche
distribution statutes gesetzliche Erbfolgebestimmungen
distribution stock Aktien, die zur Sicherstellung eines stabilen Marktkurses nicht im Rahmen einer einmaligen Transaktion, sondern über einen längeren Zeitraum hinweg an den Markt abgegeben werden.
distribution units Fondsanteile, auf die im Gegensatz zu den → accumulation units Erträge ausgeschüttet werden.
distribution warehouse Auslieferungslager, Distributionslager □ auf die kurze Einlagerung von Gütern ausgerichtetes Lagerhaus, → storage warehouse
distributive channel → distribution channel
distributive clause Bestimmung eines Treuhandvertrages, durch die die Verteilung von Erträgen und Vermögenswerten geregelt wird.
distributive competition Vertriebsformenwettbewerb
distributive costing Vertriebskostenrechnung
distributive fund ausschüttender Fonds □ Investmentfonds, der erzielte Erträge und realisierte Kapitalgewinne mehrheitlich an seine Anteilsinhaber ausschüttet.

distributive share Anteil □ (a) eines Erben im Rahmen der gesetzlichen Erbfolge (b) eines Gesellschafters bei Abwicklung einer Handelsgesellschaft (c) eines Gläubigers bei der Verwertung von Vermögenswerten des Schuldners.
distributive trades Absatzwirtschaft
distributor 1. Vertriebsfirma, Vertriebsgesellschaft 2. Handelszentrallager 3. Distributor, Distributeur, Händler □ jedes Unternehmen oder jede Person, die eine Handelsfunktion in der Absatzkette zwischen Hersteller und Käufer erfüllt.
distributor brand → distributor's brand
distributor-managed replenishment durch den Distributor/Spediteur durchgeführte Warenversorgung
distributor marketing Händlermarketing □ auf Händler (Distributoren) ausgerichtete Marketingaktivitäten eines Herstellers
distributor promotions Handelspromotions □ Verkaufsförderung, die sich an Handelsunternehmen wendet.
distributor's brand Handelsmarke, Marke eines Handelsbetriebs
distributor's discount Händlerrabatt
distributorship 1. Vertriebsrecht, Vertriebskonzession 2. Tätigkeit als Vertriebsfirma
district bank Distrikt-Bank, → Federal Reserve System, → Federal Home Loan Bank System
district center → community center
District Court erstinstanzliches US-Bundesgericht □ in jedem US-Bundesstaat befindet sich mindestens ein District Court; in den größten Bundesstaaten mehrere.
District Land Registry → Land Registry
disturbance Besitzstörung
divergent acquisition Unternehmenserwerb, durch den Zugang zu einem neuen Marktbereich gewonnen wird.
divergent marketing → differentiated marketing
diversification into another line 1. Programmerweiterung, Aufnahme neuer Produktarten in das Fertigungs-/Leistungsprogramm 2. Aufkauf von Betrieben aus einer anderen Branche, → horizontal, → vertical, → lateral diversification
diversification of investments Anlagenstreuung
diversification of products Produktdiversifizierung, Erweiterung des Leistungsprogrammes/der Produkt- und/oder Dienstleistungspalette
diversification profile Diversifikationsprofil, Spektrum der Tätigkeitsbereiche einer Unternehmung
diversified fund Investmentfonds mit breiter Anlagenstreuung □ ein Investmentfonds wird i.d.R. als diversified fund bezeichnet, wenn er nicht mehr als 5% seiner Vermögenswerte in Wertpapiere einer Gesellschaft investiert.
diversified group Mischkonzern
diversified portfolio of marketable securities breit gestreutes Portefeuille börsengängiger Wertpapiere
diversified sourcing gestreute Beschaffung
diversion clause → deviation clause
diversion privilege Recht einer Reederei, die für den Transport von Waren vorgesehene Reiseroute zu ändern.
diversity cases Rechtsstreitigkeiten, bei denen Kläger und Beklagter aus unterschiedlichen Bundesstaaten kommen.
diversity jurisdiction konkurrierende Zuständigkeiten, i.e.S. Berechtigung der US-Bundesgerichte zur Entscheidungsfindung in Rechtsstreitigkeiten zwischen Parteien mit Wohnsitz in unterschiedlichen Bundesstaaten. Voraussetzung ist, dass ein bestimmter Streitwert gegeben ist.
diversity of citizenship ist in einem Verfahren vor einem US-Gericht gegeben, wenn die Parteien aus unterschiedlichen Bundesstaaten kommen.
divestiture 1. Desinvestition, Verkauf eines Unternehmens oder von Unternehmensteilen, Beteiligungsverkauf 2. Aberkennung von Eigentumsrechten
divest strategy Desinvestitionsstrategie □ auf das Abstoßen unrentabler Produktlini-

en oder Betriebseinheiten ausgerichtete Strategie

divided coverage Versicherung, bei der die Risiken von mehreren Versicherern getragen werden.

dividend 1. Dividende 2. Versichertendividende, Prämienrückerstattung (Beitragsrückgewähr) aufgrund einer günstigen Schadenentwicklung

dividend accumulation 1. Auflaufen von Dividendenzahlungen 2. verzinsliche Ansammlung von Versichertendividenden

dividend additions → paid-up additions

dividend clawback 1. Dividendenrückforderung 2. *(in der Projektfinanzierung)* Vereinbarung, mit der sich die Sponsoren eines Projektes verpflichten, bei Liquiditätsengpässen erhaltene Ausschüttungen als Kapital einzubringen.

dividend covenant Dividendenklausel □ Klausel eines Kreditvertrages, die Auflagen zur Dividendenpolitik des kreditnehmenden Unternehmens enthält.

dividend cover Dividendendeckung □ Verhältnis zwischen dem ausschüttbaren Gewinn einer Unternehmung und der von ihr gezahlten Dividende. Durch diese Kennzahl wird angezeigt, wie oft die Dividende durch den Gewinn überdeckt ist.

dividend equivalent amount ausschüttungsgleicher Betrag □ Grundlage für die Ermittlung der → branch profits tax; ergibt sich aus dem ausschüttbaren Betrag, der direkt mit der Geschäftstätigkeit eines ausländischen Unternehmens in den Vereinigten Staaten in Verbindung steht (effectively connected earnings and profits), d.h. der Gewinn einer Tochtergesellschaft/Betriebsstätte nach Steuern und nach Abzug der in den Vereinigten Staaten reinvestierten Gewinne.

dividend exclusion *(i.S. der Bestimmungen der US-Finanzverwaltung)* Steuerbefreiung für Dividendeneinnahmen einer inländischen Kapitalgesellschaft

dividend on investments 1. Dividendenausschüttungen auf Wertpapiere 2. Erträge aus Beteiligungen

dividend option 1. Option auf Dividendenzahlungen 2. Option des Versicherungsnehmers, sich seine Versicherendividende mit der nächsten Prämienzahlung verrechnen oder in bar auszahlen zu lassen.

dividend payout ratio Prozentsatz der Erträge, die als Dividende zur Ausschüttung gelangen.

dividend price ratio Verhältnis der Dividende zum Börsenkurs einer Aktie

dividend privilege Dividendenrecht, Dividendenberechtigung

dividend restrictions Dividendenbeschränkungen, z.B. hinsichtlich der Dividendenhöhe; → covenant

dividends accrued and proposed *(in der Bilanz)* Rückstellungen für Dividendenzahlungen

dividend scrip Dividendenberechtigungsschein □ wird von einer Aktiengesellschaft ausgegeben, wenn die Ertragslage keine Gewinnausschüttung erlaubt. Einlösung erfolgt je nach Gewinnsituation zu einem späteren Zeitpunkt.

dividends on investment securities Dividendenzahlungen auf Wertpapiere des Anlagevermögens

dividends-paid deduction Abzug für gezahlte Dividenden □ bei der Berechnung der Strafsteuer auf thesaurierte Gewinne, → accumulated earnings tax

dividends-received deduction *(im US-Steuerrecht)* Freibetrag, den US-Unternehmen auf vereinnahmte Dividenden geltend machen können.

dividend stripping 1. Dividenden-Stripping, Umwandlung von Dividenden in Kursgewinne □ Verkauf von Aktien vor dem Dividenden-Ausschüttungstermin und Rückkauf der Papiere nach diesem Termin zu einem um den Dividendenabschlag reduzierten Kurs. Ziel ist die Vermeidung einer Besteuerung von Kapitalerträgen 2. Erwerb einer Mehrheitsbeteiligung an einem Unternehmen mit einem hohen Rücklagenpolster durch einen Investor.

Nach erfolgtem Erwerb löst er die Rücklagen auf und lässt sich eine hohe Dividende auszahlen.

dividend withholdings tax Kuponsteuer, auf Dividenden zu zahlende Kapitalertragssteuer

divisia money Geldmengenaggregat, bei dem jede Geldmengen-Komponente nach dem Umfang gewichtet wird, in dem sie Zahlungsmittelfunktionen erfüllt.

divisible contract teilbarer Vertrag □ Vertrag, der Teilleistungen/-erfüllungen zulässt, d.h. der Verstoß gegen eine Einzelbestimmung beeinträchtigt nicht die Rechtswirksamkeit des Gesamtvertrages.

divisible obligation teilbare (Vertrags-)Verpflichtung

divisible surplus ausschüttbarer Gewinn, an die Versicherungsnehmer ausschüttbarer Überschuss

divisional autonomy Eigenständigkeit (eigene Ergebnisverantwortung) eines Geschäftsbereiches

divisional breakdown Gliederung nach Geschäftsbereichen (Sparten) □ d.h. nach Produktgruppen, Kundengruppen oder Regionen

divisional earnings Spartenerträge

divisional income statement Spartenerfolgsrechnung, Erfolgsrechnung eines Geschäftsbereiches

divisionalisation Divisionalisierung, Divisionalorganisation, Spartenorganisation □ Gliederung einer Unternehmung in relativ autonome Geschäftsbereiche (Divisionen) mit eigener Ergebnisverantwortung. Diese Gliederung kann nach einzelnen Produkten, Produktgruppen, Kundengruppen, Märkten oder Ländern erfolgen.

divisional manager Spartenleiter, Leiter eines Geschäftsbereiches

divisional merger Zusammenlegung von Geschäftsbereichen

divisional organisation → divisionalisation

divisional performance Spartenergebnis, (Betriebs-)Ergebnis eines Geschäftsbereiches

divisional plan Spartenplan

divisional profit accounting Ermittlung des Periodengewinns eines Geschäftsbereiches

divisional profits breakdown Aufgliederung der Gewinne nach Unternehmensbereichen

divisional security issue zweckgebundene Wertpapieremission □ i.d.R. eine Emission zur Finanzierung eines bestimmten Projektes

divisional statements Abschluss eines Geschäftsbereiches, Spartenabschluss

divisional structure Spartenstruktur, Aufgliederung nach Unternehmensbereichen, → divisionalisation

divisive reorganization *(i.S. der Bestimmungen der US-Finanzverwaltung)* steuerfreie Abspaltung eines Unternehmensbereiches, → D-type reorganization

DMO → Debt Management Office

DMR → distributor-managed replenishment

DMS → document management systems

DMU → decision-making unit

DNI → distributable net income

D&O → Directors' and Officers' (liability) insurance

docket (elektronisches) Verzeichnis aller Verfahrens-Schriftsätze und/oder kurze Zusammenfassung aller Gerichtsverfahren

dock receipt Kai-Empfangsschein

dock warrant Kai-Lagerschein

doctrine of acquiescence Doktrin, der zufolge ein Kläger sein Recht nicht mehr durchsetzen kann, wenn sein Verhalten auf einen Rechtsverzicht hindeutet.

doctrine of collateral estoppel verbietet die Wiederverhandlung eines Tatbestandes, der in einem früheren Verfahren rechtskräftig entschieden wurde.

doctrine of frustration of purpose Doktrin von dem Wegfall der Geschäftsgrundlage □ erlaubt in einem solchen Fall die Vertragsaufhebung

doctrine of implied terms Doktrin vom ver-

muteten (mutmaßlichen) Parteiwillen
doctrine of laches Verwirkungseinwand ◻ Doktrin, der zufolge Rechtsansprüche innerhalb eines angemessenen Zeitraumes angemeldet werden müssen; ansonsten gehen sie ganz oder teilweise verloren.
doctrine of reciprocity Doktrin von der gegenseitigen Anerkennung von Gerichtsurteilen
doctrine of stare decisis Doktrin von der Rechtsbindung von Präzedenzfällen
doctrine of unclean hands Grundsatz, dem zufolge ein Kläger, dem unrechtmäßiges Handeln oder unzureichende Vertragserfüllung (unclean hands) nachgewiesen wird, keinen (oder nur einen teilweisen) Entschädigungsanspruch besitzt.
doctrine of unconscionability Doktrin der Unbilligkeit ◻ erlaubt die Aufhebung eines Vertrages, wenn unbillige, auf die Unterdrückung einer Vertragspartei ausgerichtete Klauseln vorliegen.
doctrine of warranty Doktrin, der zufolge der Versicherungsnehmer bei einer Verletzung seiner durch Gesetz oder Police auferlegten Obliegenheiten seine Rechtsposition aus dem Versicherungsvertrag gefährdet.
documentary collateral Sicherheit in Form von Dokumenten; Dokumente, die Geldforderungen verbriefen.
documentary collection Dokumenteninkasso ◻ Einzug des Gegenwertes einer Exportlieferung durch eine Bank, die die Verschiffungsdokumente dem Käufer nur gegen Zahlung (documents against payment) oder gegen Akzeptierung einer auf ihn gezogenen Tratte (documents against acceptance) aushändigt. In beiden Fällen kann die Bank die Dokumente ankaufen, d.h. der Einreicher/Exporteur kann nach Abzug einer Ankaufsprovision sofort über den Inkassobetrag verfügen.
documentary credit Dokumentenakkreditiv ◻ Verpflichtung der akkreditiveröffnenden Bank (Akkreditivbank, Bank des Importeurs) zur Auszahlung des Akkreditivbetrages an den Exporteur gegen Vorlage der im Akkreditiv genannten Dokumente. I.d.R. wird im Land des Exporteurs eine avisierende Bank eingeschaltet, die ihm die Akkreditiveröffnung mitteilt und gegebenenfalls eine Zahlungsverpflichtung übernimmt.
documentation agent *(bei Kreditsyndizierungen)* die für die Aufbereitung der Kreditdokumentation zuständige Bank
documentation risk Dokumentationsrisiko ◻ Risiko von Rechtsstreitigkeiten bei einer unzureichenden oder unvollständigen Dokumentation
documented discount notes dem → commercial paper vergleichbare abgezinste Schuldtitel, die von mittleren Unternehmen emittiert werden und durch eine Bankgarantie unterlegt sind.
document imaging Erstellung computergenerierter Images (Abbilder) von Papierdokumenten
document management Dokumenten-Management, Schriftgutmanagement, Steuerung der Erstellung und Publikation aller geschäftsprozessrelevanten Dokumente, i.w.S. elektronisches Dokumenten-Handling
document management systems Dokumenten-Management-Systeme, Systeme zur Verwaltung elektronisch gespeicherter Daten ◻ Archivierungssysteme, die die Speicherung großer Dokumentenmengen und einen schnellen, bedarfsgerechten und standortunabhängigen Zugriff auf die darin enthaltenen Informationen ermöglichen.
document request Aufforderung zur Vorlage verfahrensrelevanter Unterlagen
document retrieval systems Systeme zum Wiederauffinden von Dokumenten
documents against acceptance Dokumente gegen Akzept, → documentary collection
documents against payment Dokumente gegen Zahlung, → documentary collection
document sharing Dokumenten-Teilung,

documents of title

gleichzeitiges Bearbeiten einer Datei durch mehrere Personen und mehrere PCs
documents of title 1. *(allgemein)* Eigentumsurkunden 2. *(im Handelsverkehr)* Traditionspapiere, Dispositionspapiere, handelsrechtliche Inhaberpapiere □ Papiere, die einen Herausgabeanspruch bzw. ein dingliches Recht an einer Ware verbriefen, z.b. Konnossemente, Orderlagerscheine, Ladescheine. Ihre Übergabe entspricht einer Übertragung der Eigentumsrechte an den Waren.
document supply chain Dokumenten-Wertschöpfungskette, Erstellung und Archivierung von Dokumenten
document warehouse großes Datenarchiv
dog 1. verlustbringende Kapitalanlage bzw. -beteiligung 2. schwer verkäufliches Produkt, Langsamdreher
dog and pony show etwas abwertende Bezeichnung für eine Unternehmenspräsentation durch die Emissionsbanken bei einer bevorstehenden Wertpapieremission
doing business as tätig unter dem Namen ...
DOL → degree of operating leverage
dollar averaging regelmäßige Käufe von Dollarbeträgen oder von dollar-denominierten Wertpapieren während eines längeren Zeitraums zur Erzielung eines günstigen Durchschnittskurses.
dollar clause Dollarklausel □ Bestimmung eines Kreditvertrages, die den Kreditnehmer zur Rückführung des aufgenommenen Betrages in US-Dollar verpflichtet.
dollar investments 1. Dollarkapitalanlagen (Wertpapiere oder Einlagen) 2. Beteiligungen an US-Unternehmen
dollarized currency/economy an den US-Dollar gekoppelte Währung/Wirtschaft
dollar parity Dollarparität □ Außenverhältnis einer Währung zum US-Dollar
dollar sovereigns von hoheitlichen Schuldnern (Regierungen) begebene Dollarschuldtitel
domain Domain □ i.e.S. der letzte Teil der Internet-Adresse, → first level domain, i.w.S. Domain-Name, d.h. der vollständige Name des Internet-Servers (first und → second level domain)
domestic assets 1. inländische Vermögenswerte 2. *(im Kreditgewerbe)* Inlandsausleihungen, Inlandskredite
domestication 1. *(in Verbindung mit einer Forderungsbeitreibung)* Registrierung eines Urteils in dem Wohnsitz-Bundesstaat des Schuldners, wenn das Urteil in einem anderen Bundesstaat ergangen ist. 2. Registrierung einer Stadt als Unternehmenssitz
domestic bill 1. Inlandswechsel 2. *(in den Vereinigten Staaten)* Wechsel, bei dem Ausstellungsort und Zahlstelle im gleichen Bundesstaat liegen.
domestic business 1. Inlandsgeschäft 2. *(in einem Versicherungsunternehmen)* die Bereiche Lebens-, Gebäudeschutz- und Hausratversicherungen
domestic business activity Binnenkonjunktur
domestic international sales corporation *(i.S. der Bestimmungen des US-Steuerrechts)* inländische Kapitalgesellschaft, deren Einkünfte nahezu vollständig aus einer Exporttätigkeit resultieren. Eine DISC ist nicht steuerpflichtig; erzielte Gewinne werden erst bei Ausschüttung dem steuerpflichtigen Einkommen der Anteilseigner hinzugerechnet.
domestic leasing Leasing-Transaktion, bei der Leasing-Geber und Leasing-Nehmer ihren Firmensitz im gleichen Land haben. → cross-border leasing
domestic relations Familienstandssachen
domestic relations court Familiengericht
domestic relations jurisdiction gerichtliche Zuständigkeit in Familienstandssachen
domestic shipments ausgeführte Inlandsaufträge
domestic sourcing Beschaffung im Inland
domestic trade investments Inlandsbeteiligungen
domestic value Wert der Waren im Herkunftsland
domicile 1. *(i.S. des US-Steuerrechts)* (a) ers-

ter (gewöhnlicher) Wohnsitz eines Steuerpflichtigen (b) Gesellschaftssitz, Gründungsort einer Kapitalgesellschaft 2. *(i.S. des britischen Steuerrechts)* erster Wohnsitz eines Steuerpflichtigen □ d.h. es wird unterschieden zwischen dem vorübergehenden Wohnsitz (residence) in Großbritannien und dem Wohnsitz im Heimatland (domicile), in das zurückzukehren er beabsichtigt. 3. *(bei Schecks oder Wechseln)* Domizilstelle, Zahlstelle

domicile clause Unternehmenssitzklausel im → memorandum of association

dominant tenement herrschendes Grundstück □ Grundstück, zu dessen Gunsten eine Grunddienstbarkeit besteht. → servient tenement, → non-apparent easement

domination 1. Beherrschung eines Marktes/einer Gesellschaft 2. Fokussierung des Promotion-Aufwandes auf ein Produkt oder eine Region zur Erzielung eines hohen Marktanteils

donated assets (stock, surplus) von Gesellschaftern bzw. Aktionären in eine Unternehmung eingebrachte Vermögenswerte oder Aktien (häufig im Tausch gegen Sachleistungen)

donative trust im Rahmen einer Schenkung errichtetes Treuhandverhältnis

door-to-door container Haus-Haus-Container □ Die Verantwortung für Verpackung und Entladung trägt der Ablader bzw. Empfänger der Ware.

door-to-door transports Haus-Haus-Transporte (-Verkehr)

dormant accounts Kunden, die seit geraumer Zeit keine Aufträge erteilt haben.

dormant execution ausgesetzte Zwangsvollstreckung

dormant partner stiller Teilhaber, Kommanditist

dormant right ruhendes Recht

dotcoms junge Internet-Unternehmen

double-A-rating → AA

double banking zwei Seeschiffe, die nebeneinander an einem Liegeplatz vor Anker gegangen sind.

double-barrelled question Frage, die von dem Befragten zwei Antworten verlangt.

double blind test (study) Doppelblindtest □ Blindtest, bei dem weder dem Researcher noch der Testperson die Produktidentität bekannt ist.

double budget Doppelbudget □ Kostenbudget, in dem die Ansätze für ordentliche und außerordentliche Aufwendungen getrennt ausgewiesen werden.

double commission Provision, die sowohl vom Käufer als auch vom Verkäufer zu zahlen ist.

double creditor Gläubiger, der mit einem Sicherungspfandrecht unterschiedliche Forderungen abdeckt.

double damages zweifacher Schadenersatz, → treble damages

double declining balance depreciation degressive Abschreibung □ Abschreibung vom Restbuchwert mit einem konstanten Prozentsatz, der doppelt so hoch wie der bei der linearen Methode zur Anwendung gelangende Satz sein kann.

double derivative suit Gesellschafterklage, in die neben der Mutter- auch eine Tochtergesellschaft einbezogen wird. → derivative suit

double dip 1. → double dip recession 2. doppelter Schuldzinsenabzug

double-dip leasing Doppelaktivierungs-Leasing, doppelte Aktivierung des Leasing-Gegenstandes sowohl beim Leasinggeber als auch beim Leasingnehmer □ i.d.R. in Verbindung mit grenzüberschreitenden Leasingverträgen aufgrund unterschiedlicher steuerlicher Gesetzgebungen

double-dip recession Rezession, bei der auf eine zwischenzeitliche Erholung ein erneuter Konjunkturabschwung folgt.

double idemnity clause Klausel einer Versicherungspolice, der zufolge bei bestimmten Schadenfällen die doppelte Versicherungssumme zur Auszahlung gelangt.

double insurance Doppelversicherung □ Versicherung eines Gegenstandes bzw. Interesses bei mehr als einem Versicherer.

double jeopardy Grundsatz der US-Verfassung, nach dem eine Anklage wegen eines bestimmten Straftatbestandes nur einmal erhoben werden kann. □ entspricht dem im deutschen Recht bekannten Strafklageverbrauch.

double-loop learning organisatorische Lernprozesse in Unternehmen durch Austausch der individuellen Lernprozesse

double net lease → net lease

double option lease Leasingvertrag, der sowohl eine Kaufoption des Leasingnehmers (purchase option, call option) als auch ein Andienungsrecht des Leasinggebers (put option) enthält.

double-protection policy gemischte Lebensversicherung □ Kombination von Todesfall- und Erlebensfallversicherung

double standard Doppelwährung, Bimetallismus

double taxation convention Doppelbesteuerungsabkommen □ Abkommen zwischen zwei Staaten zur Vermeidung einer Doppelbesteuerung natürlicher oder juristischer Personen.

double taxation of corporate earnings Doppelbelastung der Gewinne von Kapitalgesellschaften durch die von einem Unternehmen zu zahlende Körperschaftssteuer und die von den Dividendenempfängern zu zahlende Einkommensteuer

double taxation relief Steuernachlass (Rückerstattung) aufgrund eines Doppelsteuerungsabkommens

double will gegenseitige Erbeinsetzung

doubling option Verdopplungsoption □ Klausel eines Kredit-/Anleihevertrages, die dem Schuldner/Emittenten eine Verdoppelung der Tilgungsraten/Rückzahlungen erlaubt.

doubtful accounts receivable zweifelhafte (dubiose) Forderungen

downer and curtesy → taking against the will

downgrade risk Risiko einer bonitätsmäßigen Herabstufung

down market Markt für niedrigpreisige Konsumgüter

downperiod Betriebsschließung wegen Reparatur- oder Wartungsarbeiten, Leerlaufzeit, Stillstandszeit

downside leverage negative Hebelwirkung, → negative leverage

downside risk Verlustrisiko, i.e.S. Risiko einer Verfehlung des Renditeziels, Risiko einer ertragsmindernden Abweichung vom erwarteten Ergebnis

downsizing Verkleinerung, Verringerung, i.e.S. Personalabbau

downstream 1. Durchleitung von oben nach unten 2. Datenempfang, Datenfluss vom Provider/Datenübertragungsnetz zum Kunden, → upstream

downstream activities auf den Endnutzer ausgerichtete Tätigkeiten, (im Mineralölbereich) alle Geschäfte von der Raffinerie bis zur Tankstelle, d.h. Verarbeitung, Transport, Verkauf

downstream funding Finanzierung einer Tochtergesellschaft durch die Muttergesellschaft

downstreaming → downstream

downstream merger Verschmelzung der Mutter- auf die Tochtergesellschaft

downstream processes Fertigungs- und Auslieferungsprozesse

downstream sales Lieferungen und Leistungen der Muttergesellschaft an die Tochterunternehmen

downstream transactions Zahlungen/Gewinn- oder Vermögenstransfers von der Mutter- an/auf die Tochtergesellschaft

downstream unit (level) nachgelagerte Einheit (Ebene)

downswing in economic activity Konjunkturabschwung

downtime Ausfallzeit, Stillstandszeit

downtime management Stillstands-Management

downward stretch(ing) Erweiterung des Leistungsprogrammes (der Produktpalette) um niedrigpreisige Güter bzw. Waren von geringerer Qualität

DPC → direct product cost

DPO → direct public offering

DR → Depositary Receipts, → dock receipt
draft budget 1. vorläufiges Budget, Budgetentwurf, vorläufige Planungsrechnung, → budgeting 2. Haushaltsentwurf
drag along requirement (vertragliche) Verpflichtung eines Gesellschafters, bestimmte Schritte/Maßnahmen der Mitgesellschafter (z.b. Verkauf von Anteilen) nachzuvollziehen. Ziel einer solchen Bestimmung ist es, einem potentiellen Käufer die Übernahme aller Anteile zu ermöglichen.
drag along rights Recht eines (Mehrheits-)Aktionärs auf Übernahme der Aktien anderer Aktionäre
Dragnet clause Pauschalpfandrechtsklausel ☐ Klausel eines Hypothekenvertrages, durch die nicht nur die laufenden Kreditverpflichtungen, sondern auch alle zurückliegenden und künftigen Verpflichtungen besichert werden.
drain on the reserves starke Inanspruchnahme der Rücklagen
drawback 1. Rückzoll, Zollrückvergütung 2. Steuerrückvergütung 3. Nachlass, Rabatt
drawdown currency Währung, in der ein Kredit in Anspruch genommen wird.
drawing authorisation 1. Verfügungsberechtigung 2. Kontovollmacht 3. *(im Dokumentengeschäft)* Ziehungsermächtigung ☐ Bei einer drawing authorisation ermächtigt der Importeur den Exporteur, von Dokumenten begleitete Tratten auf ihn oder auf seine Bankverbindung zu ziehen und einem Kreditinstitut zum Kauf anzubieten.
drawing by lots Auslosung ☐ Form der Anleihetilgung. Es gibt keinen festen Rückzahlungstermin; der Anleiheschuldner tilgt in regelmäßigen Zeitabständen, wobei die einzulösenden Stücke durch das Los ermittelt werden.
drawing power Attraktivität, Anziehungskraft (von Produkten)
drayage 1. Frachtzustellung, i.e.S. Rollfuhrdienst, LKW-Transport von Bahnfrachtgut zwischen Güterbahnhof und Empfänger 2. Rollgeld (für die Abholung und Zustellung von Frachtgut) 3. Kosten für den Landlauf von Containern
drayage agent Rollfuhrunternehmer; Spediteur, der den Landlauf von Schiffs-Bahn-Containern übernimmt.
DRC → depreciated replacement cost, → dual resident company
DRD → dividends-received deduction
drill-down/drill-up Verfahren in der multidimensionalen Datenanalyse zur Anzeige der Daten in einer tieferen/höheren Hierarchieebene
drip Werbekampagne mit einer relativ langen Laufzeit
drivers Treiber, Antriebskräfte (z.B. für ein bestimmtes Kaufverhalten)
DRM → direct response marketing
drop-dead date absolute Deadline ☐ Termin, zu dem eine Transaktion abgeschlossen sein muss oder rechtsunwirksam wird.
drop error Produktaufgabe, die sich im Nachhinein als Fehler herausstellt.
droplock clause Klausel, die die Umwandlung eines zinsvariablen Kredites in eine Festsatzverbindlichkeit vorsieht, wenn das Zinsniveau eine bestimmte Untergrenze erreicht hat.
drop-off charges (cost) (Container-)Anliefer- bzw. Rückführungsgebühren
drop shipment Streckengroßhandel
drop shipper Streckengroßhändler ☐ leitet Aufträge des Einzelhandels an den Hersteller weiter, der die Auslieferung der Produkte an die Einzelhändler selbst übernimmt.
DRP I → distribution requirements planning
DRP II → distribution resource planning
dry bulk cargo Schüttgut, feste Massengüter
dry bulk carrier Schüttgutfrachter, Massengutfrachter
dry cargo Trockenladung
dry cargo shipping Trockenschifffahrt
dry lease Leasen von Flugzeugen ohne Besatzung und Treibstoff, → wet lease

dry mortgage Hypothekendarlehen, bei dem der Kreditgeber im Fall des Zahlungsverzugs seine Forderungen nur aus dem ihm übereigneten Grundstück befriedigen kann, d.h. er kann den Schuldner nicht persönlich haftbar machen.

dry receivership Konkursverfahren, bei dem keine Konkursmasse zur Befriedigung der nicht bevorrechtigten Forderungen zur Verfügung steht.

dry trust Treuhandverhältnis, bei dem der Aufgabenbereich des Treuhänders auf die Abwicklung einiger weniger Formalitäten beschränkt ist.

dry van container Stückgutcontainer

DSC → document supply chain

DSCR → debt service cover ratio

DSD → direct store delivery

DSS → decision support system

DTO → design-to-order

D-type reorganization *(i.S. der Bestimmungen der US-Finanzverwaltung)* steuerfreie Einbringung von Vermögenswerten in eine neu gegründete Tochtergesellschaft bzw. in einen abgespaltenen/ausgegründeten Unternehmensbereich

dual agent Vermittler (Bevollmächtigter), der für zwei Vertragsparteien gleichzeitig handelt.

dual banking system Dual-Bankensystem, Trennbankensystem □ Unter dem Dual-Bankensystem der Vereinigten Staaten ist die Trennung zwischen commercial and investment banks einerseits sowie zwischen National und State banks andererseits zu verstehen. → Glass Steagall Act

dual carrier operation Transportunternehmen, das sowohl als → common als auch als → contract carrier tätg ist.

dual class plan *(Maßnahme zur Abwehr einer feindlichen Übernahme)* Ausgabe von Mehrstimmrechtsaktien an einen der Unternehmensleitung nahe stehenden Personenkreis. → defensive measures

dual distribution zweigleisiger Vertrieb □ Vertriebssystem, bei dem ein Hersteller seine Produkte sowohl über Händler als auch über eigene Vertriebsfilialen vertreibt.

dual moderator group Gruppendiskussion mit zwei Diskussionsleitern, die unterschiedliche Aufgaben wahrnehmen.

dual pay system Tarifsystem, bei dem der zu vergütende Lohn entweder nach der Arbeitszeit oder nach der Arbeitsleistung berechnet wird, je nachdem welche Alternative für den Arbeitnehmer günstiger ist.

dual rate system Doppeltarifsystem, Berechnung unterschiedlicher Frachtraten

dual resident company *(i.S. der US-Steuergesetzgebung)* in den Vereinigten Staaten gegründete, jedoch im Ausland tätige bzw. kontrollierte Unternehmung

dual sourcing zweigleisige Beschaffungspolitik □ Beschränkung auf zwei Lieferanten pro Beschaffungsobjekt, Beschränkung in der Beschaffung von Werkstoffen und Betriebsmitteln auf zwei Quellen

duces tecum → subpoena duces tecum

due consideration 1. angemessener Kaufpreis 2. entsprechende Gegenleistung

due course holder → holder in due course

due diligence Tragfähigkeitsprüfung □ detaillierte Prüfung und Bewertung der finanziellen, wirtschaftlichen, steuerlichen und rechtlichen Situation eines Unternehmens in Verbindung mit einem Börsengang, einer geplanten Anleihemission, Kreditausreichung oder einer Übernahme durch den Käufer bzw. durch die die Transaktion begleitenden Banken, gegebenenfalls in Zusammenarbeit mit Wirtschaftsprüfern. Ziel dieser Prüfung ist es, möglichst umfassende Informationen über die Gesellschaft und insbesondere über verborgene Risiken und Belastungen zu gewinnen, um die Vermögens- und Ertragslage zutreffend einschätzen zu können. → financial/→ market/→ tax/→ legal/→ commercial due diligence

due diligence report Due-Diligence-Bericht, Analyse der bei einer → due diligence gewonnenen Erkenntnisse.

due diligence requirement Bestimmung des

US → Securities Act, derzufolge Emissionsbanken die finanzielle und wirtschaftliche Lage emittierender Unternehmen genau überprüfen müssen. Sie müssen ferner gewährleisten, dass den Käufern einer Neuemission alle relevanten Unternehmensinformationen zur Verfügung stehen. → due diligence

due execution formgerechte Ausfertigung (Erstellung)

due from group companies Forderungen gegenüber Konzerngesellschaften

due-on-encumbrance (sale) clause Klausel, der zufolge ein Kredit bei einer weiteren Belastung (bei einem Verkauf) des als Sicherheit dienenden Grundstücks sofort zur Rückzahlung fällig gestellt werden kann.

due process förmliches Verfahren

due process clause verfassungsrechtliche Klausel, die faire und gerechte Gerichtsverfahren sicherstellen soll.

due process of law verfassungsrechtliches Gebot eines fairen Gerichtsverfahrens

due to group companies Verbindlichkeiten gegenüber Konzerngesellschaften

dummy activity *(in der Netzplantechnik)* Scheinaktivität, Scheinvorgang □ wird i.d.R. durch eine gepunktete Linie dargestellt; nimmt weder Zeit noch Ressourcen in Anspruch.

dummy corporation Scheingesellschaft

dummy incorporator vorgeschobenes Gründungsmitglied

dunnage Staumaterial

duplicate coverage → double insurance

duplicate sample Parallelstichprobe

duplication Mehrfachkontakte (mit einer Werbebotschaft), Reichweitenüberschneidung

durable consumer (economic) goods langlebige Konsumgüter (Wirtschaftsgüter)

durable power of attorney Vollmacht, die auch nach einer Geschäftsunfähigkeit des Vollmachtgebers in Kraft bleibt.

duration 1. mittlere Kapitalbindungsdauer □ Die Duration gibt die durchschnittliche Restlaufzeit eines Schuldtitels unter Einbeziehung sämtlicher Zahlungen (Zinszahlungen, Kapitalrückzahlungen) wieder. 2. Die Duration zeigt aber auch, wie sich der Kurswert von Schuldtiteln bei Verschiebungen des Zinsniveaus verändert. Eine fünfjährige Duration beispielsweise bedeutet, dass ein Festsatztitel um ungefähr 5% an Wert verliert, wenn das allgemeine Zinsnviuau um 1% steigt. Aufgrund dieser Beziehung zwischen Duration und Zinssensitivität werden bei steigenden Zinsen die Kapitalverluste und bei sinkenden Zinsen die Kapitalgewinne desto stärker ausfallen, je höher die Duration ist.

duration compression *(in der Projektablaufplanung)* Verkürzung von Vorgangslaufzeiten

Dutch auction Versteigerung (Verkaufsofferte), bei der für die zu versteigernden (zu verkaufenden) Vermögenswerte ein über dem Marktwert liegender Preis angesetzt wird. Dieser Preis wird nach und nach reduziert, bis ein Verkauf zustande kommt.

dutiable goods zollpflichtige Güter

duties of detraction Abgaben, die bei dem Transfer von Nachlasswerten von Bundesstaat A nach Bundesstaat B zu entrichten sind.

duty drawback Erstattung entrichteter Zölle bei Wiedereinfuhr von Waren

duty of care Sorgfaltspflicht

duty of loyalty Treuepflicht

duty of mitigation Schadenminderungspflicht

duty-paid contracts → ex-ship-Verträge, bei denen der Verkäufer auch Importzölle und gegebenenfalls Lagerhausgebühren übernimmt.

duty to cure Verpflichtung zur Nachbesserung bzw. Nachlieferung, Verpflichtung zur Rückgängigmachung (Wiedergutmachung) einer Vertragsverletzung

duty to file Registrierungs-/Anzeigepflicht

DW → dock warrant

dwelling and contents insurance/dwelling form verbundene Wohngebäudeversicherung
DWH → data warehouse
DWT → deadweight tonnage
dyadic communication interaktiver Dialog zwischen zwei Personen (Verkäufer und Käufer)
dynamic asset allocation dynamische (laufend den aktuellen Marktbedingungen angepasste) Asset-Allokation, → asset allocation

E

E *(Zusatz bei Unternehmenskennzahlen)* Hinweis, dass es sich um das geschätzte Ergebnis/Plan-Zahlen (estimates) handelt.
E2E enterprise-to-enterprise
EA → efficient administration, → efficient assortment, → environmental assessment
EAC → Edge Act Corporations, → estimate at completion, → Export Assistance Centers
EAD → exposure at default
E-Administration elektronische/internetbasierte Geschäftsabwicklung mit der öffentlichen Verwaltung
EAI → enterprise application integration
EAN → European Article Number
earlier maturity rule (principle) Grundsatz, der bei einer unzureichenden Konkursmasse die Erfüllung von Verbindlichkeiten aus gleichrangig besicherten Anleihen in der Reihenfolge ihrer Fälligkeit vorsieht.
earlies *(bei Geldmarktpapieren)* Titel mit Fälligkeiten bis zum 15. des jeweiligen Monats
earliest start time of activities *(in der Netzplantechnik)* früheste Lage eines Vorganges
early adopters frühe Übernehmer □ Personen, die eine neue Idee oder ein Produkt relativ früh übernehmen, d.h. neuen Entwicklungen gegenüber besonders aufgeschlossen sind. Adopter-Klasse mit der zweithöchsten Adoptionsgeschwindigkeit. → adopter category
early bird früher Besteller
early buy-out option Option auf eine vorzeitige Übernahme, z.B. des Leasinggegenstandes vor Ablauf der Vertragslaufzeit
early cash-in penalty Kosten bei vorzeitiger Rückgabe (Kündigung)
early exercise option Option auf vorzeitige Ausübung eines Rechtes
early finish date *(in der Projektablaufplanung/Netzplantechnik)* frühester Endzeitpunkt eines Vorganges, → logical relationships, → network analysis
early majority frühe Mehrheit, frühe Folgekäufer □ Personengruppe, die unter dem Gesichtspunkt der Adoptionsgeschwindigkeit den → innovators and → early adopters folgt. Ist in der Übernahme neuer Ideen oder Produkte zurückhaltender als diese beiden Adopter-Klassen, aber weniger konservativ als → late majority und → laggards.
early return vorzeitige Rückgabe (Andienung), z.B. des Leasinggegenstandes, → put option
early sales indicators Frühindikatoren der Umsatzentwicklung
early stage financing Frühphasenfinanzierung, Finanzierung der Frühentwicklungsphase eines Unternehmens, Finanzierung des Aufbaus bis zum Start der Produktion
early start *(in der Netzplantechnik)* frühester Starttermin
early termination vorzeitige Beendigung (Aufkündigung), z.B. eines Kredit- oder Leasingvertrages, → termination schedule
early termination payoff bei der vorzeitigen Beendigung fälliger Restbetrag
earned benefits verdiente Leistungsansprüche, von der Dauer der Betriebszugehörigkeit abhängige Leistungen
earned burden gedeckter Betriebsaufwand
earned earnings verdiente Erträge, aus einer vollständigen Auftrags-/Leistungserfüllung resultierende Erträge
earned income Arbeitseinkommen, Erwerbseinkommen, Einkünfte aus nichtselbstständiger Arbeit oder Unternehmertätigkeit
earned premium *(im Versicherungsgeschäft)*

earned services

verdiente Prämie □ die einem Geschäftsjahr zuzurechnende Prämie einschließlich Prämienübertrag.

earned services erbrachte Leistungen

earned surplus einbehaltene Gewinne, thesaurierte Gewinnrücklagen

earned surplus account aus einbehaltenen Gewinnen gebildetes Rücklagenkonto

earned value monetärer Wert des Projektfortschritts, → earned value analysis, → earnings value

earned value analysis Ertragswertanalyse, Arbeitswertanalyse, Anlyse des Projektfortschritts auf der Basis eines Vergleichs zwischen Plan- und Ist-Leistung

earned value cost control Vergleich zwischen Plan- und Ist-Kosten bezogen auf den Projektfortschritt

earnest money deposit (bei Abschluss eines Kaufvertrages geleistete) Anzahlung, Angeld, Draufgeld

earnings 1. Ertrag, Erträge 2. Gewinn 3. Verdienst, Bezüge □ Der Begriff earnings wird in Literatur und Praxis des angloamerikanischen Sprachraums nicht einheitlich verwandt. Zum einen können unter earnings Erträge verstanden werden, die einer Unternehmung aus der Erstellung von Gütern oder Dienstleistungen zufließen. Zum anderen kann sich earnings auf den an die Aktionäre ausschüttbaren Gewinn beziehen. Schließlich wird earnings im Sinne von Gesamtbezüge verwandt, d.h. die gesamten Einkünfte, die eine Person aus einer nichtselbstständigen Tätigkeit erhält.

earnings and profits wirtschaftliches Einkommen

earnings arrestment Lohn- und Gehaltspfändung

earnings assessment Analyse der Ertragslage

earnings at risk → value-at-risk

earnings before depreciation and taxes Ergebnis vor Abschreibungen und Steuern

earnings before interest and after taxes Ergebnis vor Zinsen und nach Ertragssteuern

earnings before interest and taxes Ergebnis vor Zinsen und Ertragssteuern, operatives Ergebnis, Betriebsergebnis

earnings before interest, taxes, depreciation and amortization Ergebnis vor Zinsen, Ertragssteuern und Abschreibungen (Abschreibungen auf Sachanlagen und Amortisation auf immaterielle Anlagen), operativer Cashflow

earnings before taxes Ergebnis vor Steuern

earnings from continuing operations Gewinn der aktiven Unternehmensbereiche

earnings from current operations Gewinn aus dem laufenden Geschäft, laufende Erträge

earnings from ordinary activities Ergebnis der gewöhnlichen Geschäftstätigkeit

earnings lag Bezeichnung für den Zeitraum zwischen dem Entstehen von Gewinnen und ihrer Ausschüttung

earnings less reserve deduction Gewinn nach Dotierung der Rücklagen

earnings multiple → price-earnings ratio

earnings on net worth Kapitalverzinsung, Kapitalrentabilität

earnings per diluted ordinary share Gewinn je Stammaktie unter Einbeziehung aller bestehenden Wandlungs- und Optionsrechte

earnings per share Gewinn je Aktie □ Nettogewinn, geteilt durch die Anzahl der ausgegebenen Aktien

earnings position Ertragslage

earnings ratio Gewinnkennzahl einer Unternehmung, z.B. Dividendensatz, Kapitalverzinsung

earnings-related contributions gehaltsbezogene (einkommensabhängige) Beiträge

earnings report → earnings statement

earnings retained in the business einbehaltene Gewinne, Gewinnvortrag

earnings slump starker Ertragsrückgang

earnings statement Erfolgsrechnung, Gewinnausweis, Gewinn- und Verlustrechnung

earnings stripping 1. Begrenzung der steu-

erlichen Abzugsfähigkeit von Zinszahlungen zwischen verbundenen Unternehmen 2. Maßnahmen zur Reduzierung des körperschaftssteuerpflichtigen Gewinns
earnings to sales ratio Umsatzrendite □ Verhältnis von Gewinn zu Umsatz
earnings value Ertragswert (zukünftige Zahlungsmittelüberschüsse)
earnings value method Ertragswertverfahren □ Ermittlung des Unternehmenswertes durch Diskontierung der zukünftig erwarteten Erträge
earnings yield Gewinn je Aktie (auf der Basis der letzten zwölf Monate) in Prozent des aktuellen Aktienkurses
earn-out arrangement 1. an den Unternehmenserfolg gekoppelte Vergütungsregelung für Führungskräfte 2. → earn-out provision
earn-out concept Unternehmensbewertungsmethode, bei der sich der Verkaufspreis aus einem Basispreis und den zukünftigen Erträgen errechnet.
earn-out payment Umsatz-/Gewinnbeteiligung, → earn-out provision
earn-out provision vertragliche Vereinbarung, der zufolge der Verkäufer eines Unternehmens für einen bestimmten Zeitraum nach dem Verkauf einen Anspruch auf eine prozentuale Gewinnbeteiligung besitzt.
earn-up Gewinnbeteiligung
easement Grunddienstbarkeit, dinglich gesichertes Recht an einem Grundstück, → affirmative easement, → negative easement
easement by necessity zwingende (sich durch die Parzellenlage ergebende) Grunddienstbarkeit
easement by prescription sich aus dem Gewohnheitsrecht ergebende Grunddienstbarkeit, Grunddienstbarkeit (Wegerecht) durch Ersitzung
easement of access Grunddienstbarkeit, die den freien Zugang sicherstellt.
EBDT → earnings before depreciation and taxes

EBIAT → earnings before interest and after taxes
EBIT → earnings before interest and taxes
EBITDA → earnings before interest, taxes, depreciation and amortization
EBITDA margin EBITDA-Margin □ Quotient aus → EBITDA und Umsatzerlösen
EBO → employee buyout
E-Bonding internetbasierte Kundenbindungsbemühungen
EBPP → electronic bill presentment and payment
E-Branding internetbasierte Markenführung, digitale Markenführung
E-Brokerage Wertpapierhandel über elektronische Medien
EBT → earnings before taxes
E-Business E-Business, elektronische Geschäftsabwicklung; Geschäftsprozesse, die im Netz abgewickelt werden.
E-Business intelligence elektronische Zusammenführung und Analyse von Kundendaten
EC → extended coverage
ECA → export credit agency
e-cash elektronische Zahlungsmittel (Zahlungssysteme)
ECB → express cargo bill
ECC → estimated costs to complete
ECE&P → effectively connected earnings and profits
eCFM → electronic customer fulfillment management
ECGD → Export Credits Guarantee Department
ECH → equipment handover charge
ECI → effectively connected income
ECN → electronic communications network
ECOA → Equal Credit Opportunity Act
eco-management Öko-Management, betriebliches Umweltmanagement, → environmental management
eco-management and audit scheme EG-Öko-Audit, System für das Umweltmanagement und die Umweltbetriebsprüfung

E-Commerce (e-Commerce)

E-Commerce (e-Commerce) E-Commerce, Internet-Handel, Handel mit Gütern und Dienstleistungen über das Internet
economic accrual wirtschaftliche Wertsteigerung
economic age-life method of depreciation lineare Abschreibungsmethode
economic appraisal Bewertung der Vermögenssituation, Wirtschaftlichkeitsrechnung
economic asset Wirtschaftsgut
economic benefits wirtschaftlicher Nutzen
economic cost 1. → opportunity cost 2. Ist-Kosten, effektive Kosten
economic depreciation Wertminderung von Wirtschaftsgütern
economic disequilibrium wirtschaftliches Ungleichgewicht
economic double taxation → double taxation of corporate earnings
economic duress wirtschaftlicher Zwang
economic efficiency appraisal Wirtschaftlichkeitsberechnung
economic entity wirtschaftliche Einheit
economic feasibility study Wirtschaftlichkeitsbetrachtung
economic input Faktoreinsatz, mengenmäßiger Einsatz an Betriebsmitteln
economic life test Nutzungsdauertest □ Entspricht die Grundmietzeit des Leasingvertrages 75% der geschätzten Nutzungsdauer des Leasingobjektes, wird der Leasingvertrag bei dem Leasingnehmer bilanziert.
economic loss Vermögensschaden, wirtschaftlicher Schaden, i.w.S. volkswirtschaftlicher Schaden
economic lot size → economic order quantity
economic opportunity loan Kredit der → Small Business Administration
economic order quantity optimale Bestellmenge
economic output Faktorertrag, mengenmäßiger Ertrag (Ausstoß, Produktion)
economic ownership wirtschaftliches Eigentum

economic performance wirtschaftliche Erfüllung (Leistungserbringung)
economic risk cover Deckung des wirtschaftlichen Risikos
economics 1. Volkswirtschaft, Volkswirtschaftslehre, Ökonomie 2. Wirtschaftlichkeit
economic sacrifice wirtschaftliche Verpflichtung, Vermögensbelastung
economic surplus wirtschaftlicher Mehrwert, Unterschied zwischen dem Marktwert der Vermögenswerte und den Verpflichtungen einer Unternehmung
economic tort wirtschaftlicher Schaden, Wirtschaftsdelikt
economic trough wirtschaftliche Talsohle, Konjunkturtief
economic upswing (upturn) Konjunkturaufschwung, konjunktureller Auftrieb
economic value wirtschaftlicher Wert, Nutzwert
economic value added ökonomischer Mehrwert, erwirtschafteter Mehrwert, Geschäftswertbeitrag □ Differenz zwischen der Rendite des eingesetzten Kapitals (Eigen- und Fremdkapital) und den durchschnittlichen gewichteten Kapitalkosten des Unternehmens
economies of bulk buying Einsparungen durch Großeinkäufe
economies of centralisation Einsparungen durch Konzentration
economies of scale 1. Skalenerträge, Verringerung der Stückkosten durch Steigerung der Ausbringungsmenge 2. Größenvorteile □ Vorteile, die sich aus einer Betriebsgrößen- bzw. Leistungsprogrammerweiterung ergeben.
economies of scope Verbundvorteile □ ökonomische Vorteile durch die Zusammenlegung und Nutzung gemeinsamer Ressourcen
economy measures Sparmaßnahmen
E-Consulting elektronische Beratungsdienstleistungen
E-Cooperation gemeinsamer Betrieb bzw. gemeinsame Nutzung elektronischer Res-

sourcen/Systeme
ECR → efficient consumer response
E-CRM (eCRM) → electronic customer relationship management
E-Customer Care Kundenbetreuung unter Einsatz elektronisch gestützter Informationstechnologie, → customer care center
E-Customising → customising unter Nutzung elektronischer Medien
E-Design internetbasierte Produktentwicklung
EDGAR → Electronic Data Gathering, Analysis and Retrieval System
Edge Act Corporations Institute (Tochtergesellschaften von US-Banken oder Niederlassungen ausländischer Banken), die sich in den Vereinigten Staaten mit der Finanzierung und Durchführung internationaler Handelsgeschäfte befassen. Dabei können sie alle außenhandelsrelevanten Einlagen- und Kreditgeschäfte tätigen und Beteiligungen an ausländischen Finanzierungs- und Leasinggesellschaften erwerben. Edge Act Corporations, die durch den Federal Reserve Board zugelassen werden, unterliegen nicht den Bestimmungen des → McFadden Act, d.h., sie können landesweit Niederlassungen unterhalten.
EDIFACT → Electronic Data Interchange for Administration, Commerce and Transport
EDM → engineering data management, → enterprise data/document management, → electronic document management
education management Bildungsmanagement
edutainment systems Softwareprogramme für eine spielerische Wissensvermittlung
EF → early finish date
EFF → extended fund facility
effective cost Ist-Kosten, effektive Kosten
effective date Tag der Inkraftsetzung
effective duration Kurs-/Preisveränderung bei einer einprozentigen Zinsänderung, → duration
effective life wirtschaftliche Nutzungsdauer

effective load Nutzlast
effectively connected earnings and profits/ effectively connected income *(i. S. der US-Steuergesetzgebung)* Einkünfte, die einer gewerblichen Tätigkeit in den Vereinigten Staaten zuzurechnen sind. → dividend equivalent amount
effective rating (reach) wirksame Reichweite (aus der Sicht des Werbungtreibenden), → audience exposure, rating
effective tax rate effektiver Steuersatz
effective value tatsächlicher Wert
effective yield Effektivrendite, Effektivverzinsung □ der auf den Kurswert eines Wertpapiers bezogene Zinsertrag
effects doctrine Doktrin, nach der die sachliche Zuständigkeit des Rechts der Vereinigten Staaten begründet wird, wenn direkte Auswirkungen in den Vereinigten Staaten vorliegen bzw. zu erwarten sind.
efficiencies of scale → economies of scale
efficiency auditing → operational audit
efficiency loss Effizienzverlust, *(bei der Performance-Bewertung eines Portfolios)* entgangener Ertrag und/oder unnötige Risiken
efficiency rating Leistungsbeurteilung
efficiency ratio 1. Rentabilitätskennzahl □ z.B. Umsatzrendite, Eigenkapitalrente 2. Verhältnis von Gesamtfläche zu vermietbarer Fläche einer Immobilie 3. → cost-income ratio
efficient administration effiziente Zusammenarbeit (zwischen den Partnern einer Handelskette)
efficient assortment effiziente (optimale) Sortimentsgestaltung, i.w.S. gemeinsame Sortimentsplanung durch Hersteller und Händler (mit dem Ziel einer Verbesserung der Sortimentsproduktivität)
efficient consumer response Initiative von Groß- und Einzelhändlern, die durch eine starke Orientierung am Endverbraucher zu größerer Kundenzufriedenheit und somit zu Umsatzsteigerungen bei den beteiligten Unternehmen führen sollen. Im Zentrum dieser Maßnahmen steht die Op-

efficient frontier

timierung der Waren- und Informationsströme durch Implementierung neuer Abläufe bei Hersteller und Handel.

efficient frontier Kurve, auf der optimale Portefeuilles (→ efficient portfolio) als Punkte dargestellt werden. Punkte unterhalb dieser Kurve repräsentieren ineffiziente Portefeuilles (→ efficiency loss).

efficient market theory Markteffizienztheorie □ Theorie, der zufolge sich alle verfügbaren Informationen sofort in der Kursbildung niederschlagen.

efficient portfolio optimales (effizientes) Portefeuille □ Wertpapierportefeuille, mit dem bei einem gegebenen Risiko eine optimale Rendite bzw. bei einer vorgegebenen Rendite ein minimales Risiko verbunden ist.

efficient product introduction effiziente Produkteinführung □ Zusammenarbeit zwischen Herstellern und Händlern bei der Einführung neuer Produkte, einschließlich der Erstellung gemeinsamer Konzepte für eine optimale Preis-, Markt- und Regalpositionierung

efficient product launch and development effiziente Produktentwicklung und -einführung, → efficient product introduction

efficient promotion effiziente Verkaufsförderung □ Zusammenarbeit von Herstellern und Einzelhändlern zur Optimierung der Verkaufsförderung

efficient replenishment effizientes Bestandsmanagement, effiziente Nachlieferungen, effiziente Warenversorgung, kontinuierliche Bestandsauffüllung durch ein automatisiertes Bestellwesen □ Ziel ist die Reduzierung von Lagerbeständen, eine niedrigere Kapitalbindung durch höheren Lagerumschlag sowie letztendlich die Synchronisation von Kundennachfrage und Produktion.

efficient set of portfolios verschiedene Portefeuilles auf einer → efficient frontier

efficient store assortment effiziente Sortimentsgestaltung und Regalflächennutzung, → efficient assortment

efficient unit load 1. effiziente Liefermenge (z.B. vollständige Lkw-Ladung) 2. effizienter (standardisierter) Transport- und Verpackungsträger

effluxion of time durch den normalen Zeitablauf und nicht durch ein Sondereignis ausgelöste Vertragsbeendigung

efflux of liquidity Liquiditätsabfluss

effort *(in der Projektplanung)* die für die Durchführung eines Projektvorganges erforderliche Anzahl an Arbeitsstunden oder -tagen

effort-driven activity Projektvorgang, dessen Dauer durch den Ressourceneinsatz bestimmt wird.

EFR → external finance (funding) requirements

EFTPOS → electronic funds transfer at the point of sale

E-Fulfillment Services Logistikdienstleistungen für den E-Commerce, → fulfillment services mit Hilfe elektronischer Systeme/des Internets

EGM → extraordinary general meeting, → estimated gross margins

E-Government Kommunikation der öffentlichen Verwaltung mit den Bürgern über elektronische Medien

EGP → estimated gross profits

egress Zugang von einer Parzelle zu einer öffentlichen Straße

EHA → equipment handover agreement

E-hub Internet-Marktplatz, internetbasierte Plattform für Güter- und Dienstleistungsangebote

eighty-twenty rule 80-20-Regel □ Regel, dass der größte Teil des Gesamterfolgs mit einem kleinen Teil des Gesamtaufwandes realisiert wird, z.B. dass 80% des Gesamtumsatzes auf 20% der Gesamtkundschaft entfallen.

EIN → employer identification number

EIR → equipment interchange receipt

EIS → enterprise investment scheme, → environmental impact statement, → executive information system

elasticity of demand (substitution) Nach-

frage(-Substitutions-)elastizität
E-Learning Lernen mit Hilfe elektronischer Medien/Informationstechnologien
elective resolution Wahlbeschluss
electronic bill presentment and payment elektronische/internetbasierte Rechnungslegung mit integrierter Zahlungsmöglichkeit
electronic brainstorming Brainstorming einer Personengruppe über das Netz
electronic commerce → E-Commerce
electronic communications network elektronisches Kommunikationsnetz; elektronisches Handelssystem, das Kauf- und Verkaufsaufträge bei spezifizierten Preisen/Kursen automatisch zusammenführt.
electronic customer fulfillment management (System für ein) elektronisches → fulfillment management
electronic customer relationship management (System für ein) elektronisches Kundenbeziehungsmanagement, → customer relationship management
Electronic Data Gathering, Analysis and Retrieval System elektronisches Dokumenten-Handling-System der → Securities and Exchange Commission
electronic data interchange elektronischer Datenaustausch, elektronische Übertragung von vorformatierten Dokumenten
Electronic Data Interchange for Administration, Commerce and Transport Datenaustauschstandard für den digitalen Geschäftsverkehr, Austausch von Handelsnachrichten in einheitlichen Formaten
electronic document management elektronisches Dokumentenmanagement, Digitalisierung von Dokumenten, → document management
electronic funds transfer at the point of sale elektronischer Zahlungsverkehr in Verbindung mit einem POS-System □ Das System ermöglicht die scheck- bzw. bargeldlose Begleichung von Kassabeträgen in Einzelhandelsgeschäften oder ähnlichen Verkaufsstellen. Mit Hilfe einer Chip-Karte wird der Kassenbetrag dem Konto des Karteninhabers elektronisch belastet und dem Konto des Verkäufers gutgeschrieben.
electronic inventory management elektronische (computergesteuerte) Bestandsführung
electronic learning tools elektronische Lerninstrumente
electronic marketplace elektronischer Marktplatz □ internetbasierte Einkaufs- und Absatz-Plattform für Handelsunternehmen; ermöglicht u.a. eine Bündelung von Einkaufs- und Logistikprozessen
electronic point of sale elektronischer Verkaufspunkt
electronic procurement → E-Procurement
electronic public offering elektronisches Zeichnungsangebot, Ansprache möglicher Investoren über elektronische Medien/das Internet
electronic reporting elektronisches Berichtswesen
electronic repository elektronische Bibliothek
electronic sale → E-Sale
electronic shopping Einkauf über das Internet
electronic statement presentment Dokumenten-Präsentation über das Internet
electronic supply chain management elektronisches → supply chain management
electronic tracking system elektronisches Rückverfolgungssystem
eligibility certificate Berechtigungsnachweis
eligibility requirements Berechtigungskriterien, vom Leistungsempfänger/vom Versicherungsnehmer zu erfüllende Voraussetzungen
eligible assets 1. refinanzierungsfähige Sicherheiten □ Sicherheiten, auf denen Kreditgeschäfte des Europäischen Systems der Zentralbanken basieren müssen, → tier one/→ tier two eligible assets 2. liquide Mittel und erstklassige Ausleihungen □ gemäß den Liquiditätsrichtlinien des → Federal Reserve System müssen diese as-

eligible respondent

sets die Fremdverpflichtungen der Banken mit einem bestimmten Prozentsatz überdecken.

eligible respondent *(in der Marktforschung)* Testperson, die die Untersuchungskriterien erfüllt.

eligible small business *(i.S. der US-Steuergesetzgebung)* kleinere Unternehmen, die bestimmte Steuervergünstigungen in Anspruch nehmen können (Voraussetzungen: maximal 30 Ganztagesbeschäftigte, ein Gewinn von maximal USD 1 Mio im zurückliegenden Steuerjahr)

eliminate *(to be eliminated in consolidation)* vollständing in der Konsolidierung aufgehen

elimination period Ausfallzeit, Wartezeit □ Zeitraum zwischen Beginn des Versicherungsfalles und dem Einsetzen der Leistungspflicht des Versicherers

eliminations 1. *(im Rechnungswesen)* Ausbuchungen 2. (Risiko-)Ausschlüsse

E-Logistics elektronisch unterstützte logistische Prozesse, elektronisch gestützte Planung, Steuerung und Kontrolle der Material-, Waren- und Informationsflüsse

ELS → economic lot size

EMA → enterprise marketing automation

E-Mall elektronisches Einkaufszentrum

E-Marketing elektronisches Marketing, z.B. Marketingaktivitäten im Internet, Werbe-E-Mails

E-Marketplace elektronischer/Internet-Marktplatz □ führt Dienstleister und Anbieter zusammen

embedded derivatives eingebundene Derivate □ derivative Instrumente, die Bestandteil anderer Verträge sind.

embedded option implizite (eingebaute) Option □ z.B. auf vorzeitige Kündigung einer Anleihe/einer Versicherung, auf Zeichnung später zu emittierender Papiere

embedded systems integrierte Systeme (Anwendungen)

embedding 1. *(Form der unterschwelligen Werbung)* Einbringung bestimmter Bilder in eine Produktwerbung, die unbewusste Gefühle des Verbrauchers auslöst. 2. Einbinden von Programmen/Dokumenten

embodied knowledge implizites Wissen, durch Erfahrung generiertes Wissen, → tacit knowledge, → knowledge category/management

embrained knowledge konzeptionelles Wissen, → knowledge category/management

emergency field order *(im Projektmanagement)* Genehmigung außerplanmäßiger Arbeiten durch den Auftraggeber

emerging market fund Investmentfonds, der ausschließlich in Schuldtitel von Schwellenländern investiert.

E-Messaging elektronischer Nachrichtentransfer

eminent domain → power of eminent domain

EMIS → environmental management information systems

EML → estimated maximum loss

emotional appeal advertising Produktwerbung, die an Emotionen appelliert.

emotional appeals Werbebotschaften, die Emotionen ansprechen.

emphyteusis Erbpachtrecht

employee benefits freiwillige Unternehmensleistungen

employee benefits plan betriebliche Altersversicherung

employee business expenses abzugsfähige Sonderausgaben eines Arbeitnehmers

employee buyout Übernahme eines Unternehmens durch die Mitarbeiter

employee development Mitarbeiterentwicklung

employee dishonesty coverage Veruntreuungsversicherung

employee pension mortgage scheme → pension mortgage

employee performance rating → employee rating

employee population Mitarbeiterzahl, Beschäftigtenzahl

employee profit sharing scheme Gewinn-

beteiligungsplan für Mitarbeiter
employee rating Personalbeurteilung, Mitarbeiterbeurteilung
employee referrals Vermittlung neuer Mitarbeiter durch bereits im Unternehmen tätige Arbeitskräfte
employee relations director Arbeitsdirektor
employee requisition Personalanforderung
Employee Retirement Income Security Act regelt die betrieblichen Kranken- und Rentenversicherungen in den Vereinigten Staaten
employee selection Personalauswahl
employee share option scheme Belegschaftsaktienprogramm
employee stock options Mitarbeiteraktienoptionen
Employee Stock Ownership Plan Belegschaftsaktienplan ☐ I.d.R. handelt es sich bei einem ESOP um einen Pensionsfonds, da die Mitarbeiter ihre Aktien nur bei Erreichen der Pensionsgrenze bzw. nach einem vorzeitigen Ausscheiden aus dem Berufsleben verkaufen können.
employee termination benefits Abgangsentschädigungen (Abfindungszahlungen) für Mitarbeiter
employee turnover Personalfluktuation
employee welfare costs Sozialleistungen
employee withholdings von den Bezügen eines Angestellten einbehaltene Steuern und Sozialversicherungsbeiträge
employer identification number Kennnummer eines Arbeitgebers bei der US-Steuerverwaltung
employer's liability Arbeitgeberhaftpflicht, Unternehmerhaftpflicht
employment agency Arbeitsvermittlung
employment at will jederzeit kündbares Arbeitsverhältnis
employment contract Arbeitsvertrag, Anstellungsvertrag
employment incomes Einkommen aus unselbstständiger Tätigkeit
employment interview Einstellungsgespräch
employment practices liability coverage Arbeitgeberhaftpflichtversicherung
Employment Protection (Consolidation) Act britisches Arbeitnehmerschutzgesetz
employment setback Beschäftigungsrückgang im produzierenden Gewerbe
employment stock ownership plan Belegschaftsaktienprogramm ☐ i.d.R. im Rahmen eines → defined contribution plan
employment tribunal Arbeitsgericht
empowerment concept Motivation von Mitarbeitern durch Erweiterung ihrer Handlungsbefugnisse/Verantwortungsbereiche
empowerment principle Prinzip der Delegierung von Entscheidungsbefugnissen auf untere Hierarchieebenen, Einbeziehung aller Mitarbeiter in die Geschäftsprozesse
empties Leergut
empty leg Leerfahrt
empty rep (repositioning) Leercontainer-Stellung
empty running Leerfracht
enablement concept → empowerment concept
enabling declaration *(bei einer Eigentumswohnungsanlage)* Teilungserklärung
enabling provider Dienstleister, der vorgelagerte Leistungen für andere Dienstleister erbringt.
enabling techniques → projective techniques
enabling technologies Schlüsseltechnologien zur effizienten Abwicklung des Geschäftsverkehrs (elektronischer Datenaustausch/Geschäftsverkehr)
encirclement attack Umzingelung ☐ Marktstrategie, bei der ein Unternehmen die Vorherrschaft eines Marktführers zu brechen versucht, indem er ihn von verschiedenen Seiten angrifft (z.B. mit einer differenzierten Produkt-, Preis- oder Vertriebspolitik)
encoded knowledge kodiertes Wissen, → knowledge category/knowledge management
encouragement probe → directive probe

encroachment Beeinträchtigung des Nachbargrundstücks
encryption Kryptographierung, Datenverschlüsselung, softwaregestütztes Verschlüsselungsverfahren
end activity Endvorgang, Projektaktivität ohne Nachfolgevorgang, → logical relationships
ending backlog Auftragsbestand per Ende des Geschäftsjahres
ending cash *(im Kassen- bzw. Liquiditätsplan)* Zahlungsmittelendbestand
ending inventory Lagerendbestand, Lagerbestand am Ende einer Rechnungsperiode
endless chain method Schneeballmethode, progressive Akquisitionsmethode
end loan endültiges (langfristiges, die Zwischenfinanzierung ablösendes) Hypothekendarlehen
end-of-life products Produkte, die ein Hersteller nach und nach aus dem Markt nimmt.
endorsement Anhang zu einer Versicherungspolice, mit dem ein Policen-Inhaber (a) seine Eigentumsrechte an einer Lebensversicherungspolice oder Leibrente auf eine dritte Person überträgt oder (b) den Namen der anspruchsberechtigten Person ändert.
endorsement form Produkthaftpflichtversicherung durch den Verkäufer/Exporteur
endorsements Produktempfehlungen (in Anzeigen durch Personen des öffentlichen Lebens)
endowment insurance (policy) Kapital bildende Lebensversicherung(spolice) ◻ wird in Großbritannien häufig auch als Kreditsicherheit verwandt.
endowment mortgage (an eine Kapitallebensversicherung) gekoppelte Hypothek ◻ der Hypothekeninhaber leistet während der Hypothekenlaufzeit Zins-, aber keine Tilgungszahlungen. Er wird sich hingegen verpflichten, monatlich einen bestimmten Betrag in eine Lebensversicherung zu investieren, der so bemessen ist, dass am Ende der Laufzeit die Darlehenssumme mit dem angesparten Betrag zurückgezahlt werden kann.
end piling *(in Verbindung mit Befragungen)* Konzentration der Antworten auf das untere Ende einer Werte-/Messskala
end-stage assessment Projektevaluation am Ende einer Projektphase
end-to-end management durchgängiges Management, durchgängige Planung und Steuerung von Geschäftsprozessen
end-to-end solution Softwarelösung, die alle Aspekte eines Geschäftsprozesses von Anfang bis Ende berücksichtigt.
end-to-end transaction → closed loop transaction management
enduring involvement beständiges Interesse eines Verbrauchers
enduring power of attorney Vollmacht, die auch bei einer späteren Geschäftsunfähigkeit des Vollmachtgebers in Kraft bleibt.
energy futures contract Energie-Terminkontrakt
energy performance contracting Energiespar-Contracting, Maßnahmen/Investitionen eines Contractors (→ contracting) zur Senkung der Energiekosten
enforceability of security interests Vollstreckbarkeit von Sicherungsrechten
enforceable judicial act Vollstreckungstitel, vollstreckungsfähige gerichtliche Entscheidung
enforcement 1. Durchsetzung, Geltendmachung/Einklagen eines Anspruchs 2. Vollstreckung einer Gerichtsentscheidung 3. Beitreibung einer Forderung
enforcement of a charge Verwertung eines Sicherungspfandrechtes, Zugriff auf die Sicherheitsleistung
enforcement of a judgement Urteilsvollstreckung
enforcement order Vollstreckungsbescheid
enfranchisement *(im Aktienrecht)* Umwandlung stimmrechtsloser Aktien (A ordinary shares) in stimmberechtigte Papiere
engagement letter Mandatsdokument ◻ Vereinbarung bei Kapitalmarkttransaktionen (z.B. IPOs) oder M&A-Transaktionen

über Rechte und Pflichten der beteiligten Parteien
engine → workflow engine
engineered cost vorausberechnete Kosten
engineering Planung, Design und Konstruktion
engineering consequential loss policy (Maschinen-)Betriebsunterbrechungsversicherung
engineering cost estimate Schätzung der (a) Konstruktionskosten (b) des Kostenaufwands für die gewünschten technischen Änderungen
engineering data management Konstruktionsdaten-Management
engineering design Entwicklung, Konstruktion
engineering insurance Maschinenversicherung
engineering procurement and construction contract Anlageerrichtungsvertrag, Generalunternehmervertrag
engineering-to-order Fertigung/Auftragsausführung nach Kundenwunsch, auftragsbezogene Konstruktion
engrossement unterzeichnungsreifer (Kauf-)Vertrag
enhanced indexing Anlagestrategie, mit der eine über der Indexentwicklung liegende Performance angestrebt wird.
enhanced issue Wertpapieremission, für die die Auffang- bzw. Deckungslinie eines Kreditinstitutes zur Verfügung gestellt wurde.
enhanced product → augmented product
Enhanced Structural Adjustment Facility erweiterte Strukturanpassungsfazilität ◻ Kreditfonds des Internationalen Währungsfonds zur Unterstützung von Mitgliedsländern mit hohen Exporterlösausfällen bzw. Schwierigkeiten aufgrund einer für sie negativen Veränderung des allgemeinen Zinsniveaus.
enhancement line Bankaval, durch das Zahlungsverpflichtungen eines Kunden abgedeckt werden. ◻ Ziel dieses Avals ist es, die Kreditwürdigkeit des Kunden gegenüber Dritten zu erhöhen.
enhancement package Summe der (a) monetären Vorteile (b) der Sicherheitenverstärkungen
enjoining richterliche/behördliche (Unterlassungs-)Verfügung
enjoyment retained einbehaltenes Nutzungsrecht
ENP → expected net profit
Enterprise Agencies staatlich geförderte Beratungsstellen für die mittelständische Wirtschaft
enterprise application integration Integration der die einzelnen Geschäftsprozesse unterstützenden Einzelanwendungssysteme
enterprise applications Anwendungen (Softwaresysteme) für Unternehmen
enterprise counsellors Industrieberater ◻ selbstständige Unternehmensberater bzw. im Ruhestand lebende Führungskräfte großer Konzerne, die im Auftrag der Regierung kleinere mittelständische Unternehmen beraten.
enterprise customer management systems Softwareprogramme zum Aufbau interaktiver Kundenbeziehungen
enterprise data management Datenmanagement im Unternehmen
enterprise data management systems Softwarelösungen zur Steuerung und Integration von Daten in einem Unternehmen
enterprise document management Unternehmens-Dokumentenmanagement, → document management
enterprise entity → concept of enterprise entity
enterprise integration application Integration von verschiedenen Softwaresystemen im Unternehmen
enterprise investment scheme Programm zur Förderung von Kapitalbeteiligungen in Großbritannien ◻ räumt privaten Anlegern, die in Neugründungen/jungen Wachstumsunternehmen investieren (maximal GBP 150.000 pro Jahr), umfangreiche Steuervergünstigungen ein. Voraus-

setzung ist, dass das Kapital mindestens fünf Jahre investiert bleibt. Bei einem Investitionsempfänger muss es sich um eine unquoted company handeln, d.h. das Unternehmen darf nicht im ersten Börsensegment notiert werden.
enterprise liability Produzentenhaftung, → market share liability
enterprise market Unternehmenskundenmarkt
enterprise marketing automation Softwareprogramme zur Automatisierung von Marketingaktivitäten
enterprise multiples Unternehmenskennzahlen
enterprise network unternehmensinternes Netzwerk, Sprach- und Datennetz eines Unternehmens, *(pl)* Wertschöpfungspartnerschaften zwischen Unternehmen
enterprise portal Unternehmensportal
enterprise relationship management (systems) (Softwaretechnologie zur) Steuerung geschäftlicher Beziehungen zwischen Unternehmen
enterprise reporting unternehmensweites Berichtswesen, Unternehmens-Reporting, i.w.S. Verbreitung elektronischer Informationen im Unternehmen
enterprise resource management Management der Unternehmens-Ressourcen, → enterprise resource planning
enterprise resource planning unternehmensweite Ressourcenplanung □ Planung und Steuerung der zentralen Unternehmensfunktionen Produktion, Logistik, Vertrieb, Finanzen, Personal auf der Basis einer Vereinheitlichung der innerbetrieblichen Geschäftsprozesse und Verbindung aller relevanten Systeme
enterprise resource planning systems Softwarelösungen für die unternehmensweite Ressourcenplanung
enterprise-to-enterprise unternehmensübergreifende Integration
enterprise value Unternehmenswert □ Summe aus Eigenkapital und verzinslichem Fremdkapital abzüglich liquider Mittel

enterprise-wide asset management (Systeme zur) unternehmensweiten Verwaltung von Vermögenswerten
enterprise zone property trusts steuerbegünstigte geschlossene Immobilienfonds, die in den staatlichen Industrieförderungszonen Großbritanniens in Gewerbeimmobilienprojekte investieren.
entertainment allowance Aufwandsentschädigung
entire contract clause Vertragsklausel, die die Vollständigkeit aller vertraglichen Abreden zwischen den Vertragsparteien unterstreicht.
entire interest ungeteilter Anteil (Anspruch)
entire output contract Vertrag über die vollständige Überlassung der Produktion an einen Dritten
entire tenancy ungeteilter Besitz
entitlement issue Bezugsrechtsemission
entitlement to commence business Zertifikat, das von dem → Registrar of Companies ausgestellt wird und eine Kapitalgesellschaft zur Aufnahme der Geschäftstätigkeit berechtigt.
entitlement to dividend payments Dividendenberechtigung, Ausschüttungsberechtigung
entitlement to land dingliches Recht an einem Grundstück
entity 1. Einheit 2. Rechtsträger, Rechtsgebilde, juristische Person 3. Organisation, Unternehmen 4. Entität □ Informationseinheit in einer Datenbank, zusammengefasste Daten 5. Entität □ Bezeichnung für das zu untersuchende Objekt, d.h. Gegenstand oder Person (Verbraucher, Kunde)
entity agreement → buy-and-sell agreement
entity classification system (bestimmten US-Unternehmen offen stehendes) Wahlrecht zur steuerrechtlichen Klassifizierung als Personen- oder Kapitalgesellschaft
entity concept Rechnungslegungskonzept, das alle in den Konzernabschluss einbezogenen Gesellschaften als eine Einheit an-

sieht.
entity relationship diagram grafische Darstellung der Beziehungen in einer Datenbank
entity set Entitätengruppe, Gruppe aller gleichartigen Entitäten
entity-specific valuation unternehmensspezifische Bewertung
entrance requirements 1. Voraussetzungen für den Beginn einer Produktentwicklungsphase 2. vor Beginn einer Projektphase zu erstellende Dokumentationen/vorzunehmende Prüfungen
entrepot i.e.S. Zollniederlage □ unter Zollverschluss stehende Räume, i.w.S. Lagerhaus, Warenauslieferungslager
entrepreneurial culture unternehmerische Kultur
entrepreneurship Unternehmertum
entry form Einfuhrerklärung
entry for warehousing Einlagerungsschein
entry of judg(e)ment Ausfertigung des Urteils durch den Gerichtsbeamten
entry-of-judgement rule Bestimmung einer Schiedsvereinbarung, die die Zuständigkeit eines ordentlichen Gerichts zur möglicherweise notwendigen Durchsetzung eines Schiedsspruches festschreibt.
environmental accounting Umweltrechnungslegung
environmental analysis Umweltverträglichkeitsanalyse
environment(al) assessment Bewertung (Einschätzung) der potenziellen Umweltwirkung
environmental audit Umwelt-Audit, Öko-Audit, Umweltbetriebsprüfung
environmental compliance statement Erklärung zur Einhaltung von Umweltbestimmungen
environmental effects evaluation → environmental impact statement(s)
environmental hazards Umweltrisiken
environmental impact Umweltwirkungen, Umwelteinflüsse
environmental impact statement(s) 1. Umweltgutachten, Stellungnahme zu den potenziellen Umweltwirkungen □ Anträgen auf Genehmigung größerer Bauprojekte müssen in den Vereinigten Staaten environmental impact statements beigefügt werden, in denen die Auswirkungen des Projektes auf das ökologische Gleichgewicht erläutert werden 2. i.w.S. Umweltbilanz, Öko-Bilanz
environmental impairment liability insurance Umwelthaftpflichtversicherung
environmental management betriebliches Umweltmanagement □ Planung und Steuerung aller Maßnahmen zur betrieblichen Umweltpolitik
environmental management information systems Umweltmanagement-Informationssysteme
environment(al) marketing umweltorientiertes Marketing
EOL → end-of-life products
EON → event-oriented network analysis
EOQ → economic order quantity
EP → efficient promotion
EPA → enduring power of attorney
EPBOs → expected post-retirement benefit obligations
EPC → engineering procurement and construction contract
EPCA → Employment Protection (Consolidation) Act
EPI → efficient product introduction
EPLD → efficient product launch and development
EPO → electronic public offering
EPOS → electronic point of sale
E-Procurement elektronische Beschaffung, elektronisch gestützte Beschaffungsprozesse □ Einkauf von Werkstoffen und Betriebsmitteln auf der Basis von Softwarelösungen/internetbasierten Systemen, die den Zugang zu elektronischen Marktplätzen sowie einen direkten Produkt- und Lieferantenvergleich ermöglichen.
EPS → earnings per share
E-Public Relations Public Relations unter Einsatz elektronischer Medien

E-Purchasing internetbasierter Einkauf, → E-Procurement
equal-chance probability sampling zufallsgesteuerte Stichprobenauswahl □ jede Einheit der Grundgesamtheit hat die gleiche Chance, in die Stichprobe aufgenommen zu werden. → sampling
Equal Credit Opportunity Act US-Gesetz zur Nichtdiskriminierung von Kreditnehmern
equalisation of taxes 1. Steuerausgleich 2. Erstellung einer einheitlichen Veranlagungsgrundlage
equalising duty Ausgleichszoll
equal lien gleichrangiges Pfandrecht
equally spaced bond portfolio Rentenportefeuille, bei dem die Laufzeiten der Titel gleichmäßig über einen längeren Zeitraum hinweg verteilt sind.
equal protection clause Gleichbehandlungsgrundsatz im US-Verfassungsrecht
equipment 1. Ausrüstung, Ausrüstungsgüter 2. Reederei-Equipment (Container, Chassis) 3. i.w.S. Transportträger □ der von Frachtführern in der Güterbeförderung eingesetzte rolling stock (Lkws, Schiffe, Flugzeuge, Eisenbahnwaggons) 3. *(im Jahresabschluss)* Betriebs- und Geschäftsausstattung
equipment damage report → damage (cargo) report
equipment expense *(in der Gewinn- und Verlustrechnung)* Aufwendungen für Betriebs- und Geschäftsausstattung
equipment goods Investitionsgüter
equipment handover Container-Bereitstellung
equipment handover agreement Übergabevereinbarung, → equipment interchange receipt
equipment handover charge Container-Stellgebühr
equipment interchange receipt Container-Übergabeschein (bei der Übergabe von Containern von einem Frachtführer bzw. von einem Container-Depot zum anderen)
equipment leasing Investitionsgüter-Leasing, Vermietung von Investitionsgütern □ kann unterteilt werden in das Mobilien-Leasing (Vermietung beweglicher Anlagegüter, z.b. Büromaschinen, Baufahrzeuge, Nutzfahrzeuge) und in das Immobilien-Leasing (Vermietung von Bürogebäuden, Lagerhallen etc.).
equipment positioning Container-Bereitstellung am genannten Bestimmungsort
equipment spending Investitionsgüteraufwand, Ausrüstungsinvestitionen
equitable adjustment Berichtigung im gleichen Verhältnis
equitable assignment Forderungsabtretung zu Sicherungszwecken □ formlose Abtretung durch Hinterlegung einer Eigentumsurkunde; Abtretung, bei der im Gegensatz zu einer gesetzlich geregelten Abtretung (legal assignment) weder Schriftform noch Mitteilung an den Schuldner erforderlich ist.
equitable charge gewillkürtes Pfandrecht
equitable claim auf dem Billigkeitsrecht beruhender Anspruch
equitable conversion auf dem Billigkeitsrecht beruhender Eigentumsübergang
equitable distribution of tax burdens gerechte (gleichmäßige) Verteilung der Steuerlast
equitable estoppel einklagbares Leistungsversprechen
equitable interests billigkeitsrechtliche Ansprüche, Billigkeitsrechte, durch Begründung eines Treuhandverhältnisses entstehende Rechte
equitable lien aus Billigkeitsgründen anerkannte Grundstücksbelastung
equitable mortgage aus dem Billigkeitsrecht abgeleitete Hypothek □ kann vor Gericht aus Billigkeitsgründen anerkannt werden, auch wenn kein Grundpfandrechtsbestellungsvertrag vorliegt.
equitable ownership Besitz, der sich aus dem Billigkeitsrecht ableitet.
equitable real estate mortgage → equitable mortgage
equitable relief auf dem Billigkeitsrecht

basierender Rechtsbehelf, Rechtsschutz aus Billigkeitsgründen
equity rights Rechte, die sich aus dem Billigkeitsrecht ableiten.
equitable subordination rangmäßige Nachordnung der Gesellschafterdarlehen
equitable title Eigentums-Anrecht (z.B. bei einer Anzahlung oder Ratenzahlung). Die vollen Eigentumsrechte (legal title) werden erst nach Leistung des vollständigen Kaufpreises bzw. aller Ratenzahlungen erworben.
equities portfolio Aktienportefeuille, Aktiendepot
equity 1. (Eigen-)Kapital, Eigenmittel 2. Beteiligungskapital 3. Anteil am Reinvermögen, → equity method (of accounting) 4. Billigkeitsrecht 5. in einer Immobilie gebundenes Eigenkapital, Marktwert einer Immobilie/eines Vermögenswertes nach Abzug aller Belastungen
equity accounted profits *(im Jahresabschluss)* Gewinnanteile nach der → equity method (of accounting)
equity adjustments Veränderungen des Eigenkapitals
equity annuity private Rentenversicherung, bei der der Kaufpreis bzw. die Prämienzahlungen in Aktien angelegt werden.
equity approach → discounted cash flow concept (method)
equity banking 1. Wahrnehmung von Beteiligungsgeschäften durch ein Kreditinstitut 2. der zuständige Geschäftsbereich
equity-based ratios eigenkapitalbasierte Kennzahlen
equity bond fondsgebundene Lebensversicherung ⏹ Die Höhe der Leistungen ist an die Wertentwicklung eines Investmentfonds gekoppelt, dessen Kapital in Aktienwerten angelegt wird.
equity branding Imagesteigerung börsennotierter Unternehmen
equity cap (agreement) Differenzgeschäft, bei dem es zu einer Ausgleichszahlung in bar kommt, wenn zu einem festgelegten Zeitpunkt ein Aktienkurs oder ein Index über einem bestimmten Niveau liegt.
equity carve-out Platzierung des Kapitalanteils an einem Tochterunternehmen (i.d.R. maximal 20%) an der Börse
equity claim Kapitalforderung, Anspruch auf eine Kapital-/Gewinnbeteiligung
equity collar gleichzeitiger Kauf eines → equity cap und Verkauf eines → equity floor
equity compensation benefits Kapitalbeteiligungsleistungen
equity consolidation Kapitalkonsolidierung ⏹ Aufrechnung der Beteiligungen an Konzernunternehmen gegen deren Eigenkapital
equity contract note Schuldtitel mit Eigenkapitalcharakter
equity correction Betrag, um den sich der Kapitaleinsatz im Berichtsjahr verändert hat (z.B. aufgrund von Währungseinflüssen).
equity cushion i.w.S. Kapitalpolster, Kapitalreserven, i.e.S. Differenz zwischen dem Marktwert eines Sicherungsgegenstandes (z.B. aktueller Grundstückswert) und dem Betrag der eingetragenen Belastung
equity/debt ratio Verhältnis von Eigenkapital zu Fremdkapital
equity dividend/equity dividend rate 1. Kapitalrendite 2. Immobilienrendite, → cash-on-cash return
equity earnings Beteiligungserträge ⏹ Anteil an den Gewinnen von Beteiligungsgesellschaften
equity equivalents Eigenkapitaläquivalente, in Eigenkapital wandelbare Papiere, → common stock equivalents
equity filer Unternehmen, das bei der → Securities and Exchange Commission die Registrierung einer Aktienemission beantragt hat.
equity financing 1. Aktienfinanzierung ⏹ Finanzierung durch die Emission von Aktien 2. Eigenkapitalfinanzierung, Beteiligungsfinanzierung ⏹ Einbringung von Eigenkapital in eine Unternehmung durch

equity/fixed asset

vorhandene oder neu hinzukommende Gesellschafter.

equity/fixed asset ratio Anlagendeckung

equity floor (agreement) Differenzgeschäft, bei dem es zu einer Ausgleichszahlung in bar kommt, wenn zu einem festgelegten Zeitpunkt ein Aktienkurs oder ein Index ein bestimmtes Niveau unterschritten hat.

equity hybrid Wertpapier, das Merkmale einer Aktie und einer Anleihe in sich vereinigt.

equity income 1. Kapitaleinkünfte 2. → equity earnings

equity in net earnings Anteil am Reingewinn

equity in operating profit anteiliger Betriebsgewinn

equity instrument Eigenkapitalinstrument □ jedes Papier, das einen Anteil am Nettovermögen eines Unternehmens nach Abzug aller Verbindlichkeiten verbrieft.

equity interest 1. Eigentümerinteresse 2. → equitable interests

equity in undistributed earnings Anteil an den nicht ausgeschütteten Gewinnen

equity investment audit Beteiligungsprüfung

equity investors Wagniskapitalgeber, Beteiligungskapital bereitstellende Investoren

equity joint venture rechtlich selbstständiges Gemeinschaftsunternehmen mit eigener Eigenkapitalausstattung, → contractual joint venture

equity kicker Option auf einen Eigenkapitalanteil □ Option eines Kredit- oder Kapitalgebers, Anteile an der von ihm (mit-)finanzierten Gesellschaft zu erwerben.

equity law gewohnheitsrechtlich anerkanntes Billigkeitsrecht

equity-linked life assurance aktiengebundene Lebensversicherung

equity-linked products 1. kapitalmarktbasierte Finanzierungsinstrumente 2. Wertpapiere mit Beteiligungscharakter

equity losses Beteiligungsverluste, Anteil an den Verlusten von Beteiligungsgesellschaften

equity method (of accounting) Equity-Methode □ Bewertungsmethode für Anteile an Beteiligungsunternehmen, bei der der anteilige Jahresüberschuss/-fehlbetrag des Unternehmens in den Buchwert der Beteiligung eingeht.

equity multiplier Eigenkapitalmultiplikator, Quotient aus Bilanzsumme und Eigenkapital

equity of redemption Rückgewähranspruch □ Recht eines Schuldners, einen Sicherungsgegenstand gegen Zahlung des geschuldeten Betrages auszulösen.

equity option 1. Aktienoption □ mit einer Aktienoption ist das Recht verbunden, eine bestimmte Anzahl von Aktien während eines vereinbarten Zeitraumes zu einem festgelegten Kurs zu kaufen oder zu verkaufen. 2. Aktienbezugsrecht □ Recht eines Anlegers, für Wandelschuldverschreibungen Aktien in einem bestimmten Verhältnis und zu einem festgesetzten Kurs beziehen zu können. 3. Option auf Umwandlung eines langfristigen Kredites in eine Kapitalbeteiligung.

equity participant i.w.S. (Wagnis-)Kapitalgeber, Investor, i.e.S. Leasinggeber oder Mitglied eines Konsortiums von Leasinggebern

equity participation mortgage Hypothekenvertrag, der eine Beteiligung des Hypothekengläubigers an der Wertsteigerung der belasteten Immobilie vorsieht.

equity pie umgangssprachlich für die Gesamtsumme aus Stammaktien und Vorzugsaktien

equity profile Anteil der Aktien an einem Wertpapierportefeuille

equity ratio Eigenkapitalquote, Verhältnis von Eigenkapital zur Bilanzsumme einer Unternehmung

equity receiver gerichtlich bestellter Treuhänder bzw. Vergleichsverwalter

equity-related loan 1. durch einen Aktienbestand unterlegte Darlehensausreichung 2. kapitalähnliches Darlehen; Darlehen, das zu einem späteren Zeitpunkt in eine

Kapitalbeteiligung umgewandelt werden kann.
equity reorganization Neuordnung der Kapitalverhältnisse
equity results *(im Jahresabschluss)* das anteilige Ergebnis aus einer Beteiligung
equity return 1. Kapitalverzinsung 2. Aktienrendite
equity securities 1. Aktienwerte, Dividendenwerte 2. i.w.S. Gesellschaftsanteile, Anteilsrechte
equity securities held for investment Beteiligungspapiere, Aktienwerte des Anlagevermögens
equity story *(bei einer Börseneinführung publizierte)* Unternehmensgeschichte (Unternehmensentwicklung), i.w.S. Argumente für den Erwerb von Aktien dieses Unternehmens
equity turnover 1. Kapitalumschlag □ Verhältnis von Umsatz zu durchschnittlich investiertem Kapital 2. Umsätze am Aktienmarkt
equity value Marktwert des Eigenkapitals
ER → efficient replenishment
ERISA → Employee Retirement Income Security Act
ERM → enterprise relationship management, → enterprise resource management
ERP → enterprise resource planning, → extended reporting period
error detection and correction Fehlererkennung und automatische Fehlerkorrektur
error in objecto Irrtum über die Identität des Geschäftsgegenstandes
error probability Irrtumswahrscheinlichkeit
errors and omissions insurance Berufshaftpflichtversicherung, Vermögensschaden-Haftpflichtversicherung für Selbstständige
errors and omissions, net *(Restposten der US-Zahlungsbilanz)* nicht erfasste Posten und statistische Ermittlungsfehler
ES → early start
ESA → efficient store assortment
ESAF → Enhanced Structural Adjustment Facility
E-Sale elektronischer Verkauf, Verkauf von Waren/Dienstleistungen über elektronische Absatzkanäle
escalated base pricing der Inflationsentwicklung angepasster Ausgangspreis
escalating swap → accumulation swap
escalator adjustment automatische (Kosten-/Zins-)Anpassung
escape clause Angstklausel, Freizeichnungsklausel, Rücktrittsklausel, *(im Kreditgeschäft)* Klausel, die bei Eintritt vorbestimmter Ereignisse die sofortige Fälligstellung eines Kredites ermöglicht oder die Bank von ihren Verpflichtungen gegenüber dem Kreditnehmer entbindet.
escheat → right of escheat
E-SCM → electronic supply chain management
escrow account 1. (Notar-)Anderkonto, Treuhandkonto 2. in Verbindung mit einer Eigenheimfinanzierung beim (Hypotheken-)Kreditgeber zu eröffnendes Sonderkonto zur Begleichung fälliger Grundsteuern und Versicherungsprämien □ das Guthaben für diese Zahlungen, die durch den Kreditgeber für den Kreditnehmer (Eigenheimbesitzer) abgeführt werden, wird durch Letzteren entweder bei Abschluss des Darlehensvertrages in Form einer Einmalzahlung oder zusammen mit der monatlichen Zins- und Tilgungsleistung angewiesen. 3. *(bei Projektfinanzierungen)* Treuhandkonto in einem Drittland, auf das die Projekterlöse überwiesen werden.
escrow accumulation Guthaben eines → escrow account
escrow agent Treuhänder, Notar, → escrow closing
escrow analysis Überprüfung des → escrow account
escrow closing Abwicklung eines Immobilienverkaufs (→ closing) durch einen Treuhänder. Der Kaufpreis wird zunächst auf ein Anderkonto (escrow account) eingezahlt und erst nach Ausfertigung eines

escrow collections

neuen → abstract of title an den Verkäufer überwiesen. Bezeichnung für den Closing-Vorgang in Bundesstaaten, in denen Grundpfandrechte durch deeds of trust und nicht durch mortgages besichert werden.
escrow collections → escrow funds (2)
escrow deposit → escrow funds (2)
escrow depository als Treuhänderin fungierende Hinterlegungsstelle (Depotbank)
escrow disbursements Zahlungen zu Lasten eines → escrow account (2)
escrow funds 1. treuhänderisch verwaltete Gelder 2. *(bis zur Erfüllung bestimmter Voraussetzungen)* auf einem Treuhandkonto (Anderkonto) hinterlegte Gelder
escrow holder → escrow agent
escrow payment Zahlung aus den Mitteln des → escrow account (zur Begleichung fälliger Abgaben und Versicherungen)
escrow provisions 1. Treuhandbestimmungen 2. Verpflichtung der Altaktionäre, ihre Papiere nur bei Erfüllung bestimmter Bedingungen zu verkaufen.
escrow security *(bei Projektfinanzierungen)* in einem Drittland hinterlegte Sicherheit in Form eines Bar- oder Wertpapierdepots
E-Shop Internet-Laden, Online-Shop □ Website, auf der eine Firma Waren oder Dienstleistungen anbietet.
E-Shopping Warenvertrieb/-einkauf über elektronische Medien
E-Shopping mall Internet-Einkaufszentrum
ESOP → Employee Stock Ownership Plan
ESP → electronic statement presentment
established place of business/establishment Betriebsstätte, Niederlassung
established rights erworbene Ansprüche
estate 1. (Grund-)Besitz, Besitzrechte, Eigentum, Vermögen 2. Nutzungsrecht, Nießbrauch 3. Nachlass 4. Konkursmasse
estate assets Nachlassvermögen, Nachlasswerte
estate at sufferance widerrechtliche Nutzung eines Grundstückes/einer Immobilie nach Ablauf des Miet-/Pachtvertrages
estate at will zugestandener Besitz □ Nutzungs-/Pachtrechte, die nach dem Ermessen einer Vertragspartei jederzeit gekündigt werden können.
estate by the entireties (by entirety, in entirety) eheliche Gütergemeinschaft
estate contract i.e.S. Grundstückskaufvertrag, i.w.S. jeder Vertrag, der die Übertragung von Vermögenswerten bzw. Besitzrechten zum Gegenstand hat.
estate for life lebenslanges Nutzungsrecht, auf die Lebenszeit des Rechtsinhabers beschränkter Besitz
estate for years → estate from period to period
estate from period to period zeitlich begrenztes Nutzungsrecht, dingliche Rechte an Immobilien für eine bestimmte Anzahl von Jahren mit automatischer Verlängerung bei Nichtkündigung
estate in common Gemeinschaftseigentum
estate in expectancy dingliche Anwartschaft
estate in fee simple absolute unbeschränkte Eigentumsrechte
estate in land Rechte an Grund und Boden
estate in reversion Recht auf Wiederbesitznahme einer Immobilie durch den Eigentümer nach Ablauf eines eingeräumten, zeitlich begrenzten Nutzungsrechtes
estate in tail erbrechtlich beschränktes Eigentum, → fee tail
estate in term of years zeitlich begrenzte Besitzrechte
estate inventory Nachlassverzeichnis
estate of freehold Eigentumsrechte an Grundbesitz
estate owner 1. Besitzer, (Grundstücks-)Eigentümer 2. Inhaber eines Nießbrauchs
estate sur autre vie Besitz während der Lebenszeit eines Dritten
estate upon condition bedingte Besitzrechte
esteem needs → hierarchy of needs
estimate at completion geschätzte Gesamtkosten eines Vorganges/eines Projektes zum Zeitpunkt der Fertigstellung (auf der Basis der Ausgangsspezifikationen/des

Planergebnisses)
estimated costs to complete geschätzte Kosten bis zur Fertigstellung
estimated/expected time of arrival voraussichtlicher/erwarteter Ankunftstermin bzw. Einlaufzeitpunkt
estimated/expected time of departure/time of sailing voraussichtlicher/erwarteter Abfahrts- bzw. Auslauftermin
estimated expenditure veranschlagte Ausgaben, geschätzte Kosten, Kostenvoranschlag
estimated fair value geschätzter Verkehrswert
estimated gross margins/profits geschätzte Bruttogewinnspannen/Bruttogewinne
estimated market penetration erwarteter Marktdurchdringungsgrad
estimated maximum loss geschätzter Höchstschaden (Maximalverlust)
estimated useful life (im Hinblick auf Anlagegüter) geschätzte wirtschaftliche Nutzungsdauer
estimates (im Haushalt) Ausgabenansätze
estimate to complete (to completion) geschätzter Kosten- und/oder Zeitaufwand bis zum Abschluss des Projektes (einschließlich Kostenaufwand für zusätzliche Aktivitäten)
estimating department i.e.S. Kalkulationsabteilung, i.w.S. Produktionsplanungsabteilung
estimation sampling Stichprobenerhebung zur Ermittlung eines Schätzwertes
estoppel 1. Rechtsverwirkung, → estoppel by laches 2. → estoppel certificate 3. → promissory estoppel 4. → doctrine of collateral estoppel
estoppel by laches Verwirkung von Rechtsansprüchen wegen Nichtgeltendmachung innerhalb eines angemessenen Zeitraumes
estoppel certificate (notariell beglaubigte) Erklärung, mit der die ausfertigende Partei einen Sachverhalt bestätigt und sich zu dessen Beachtung verpflichtet □ z.B. 1. Erklärung einer Hypothekenbank in Verbindung mit einem anstehenden Immobilienverkauf, in der diese der Übernahme der Verkäuferhypothek durch den Erwerber zustimmt 2. (a) Erklärung eines Mieters, in der dieser gegenüber der (Hypotheken-)Bank den Fortbestand des Mietverhältnisses bei einem Eigentümerwechsel oder (b) die Erfüllung aller Verpflichtungen durch den bisherigen Eigentümer/Vermieter bestätigt.
estoppel letter → estoppel certificate
E-Submission elektronische Ausschreibung
E-Supply elektronische Anlieferung, i.w.S. netzbasierte Steuerung der Beschaffungslogistik
ETA → estimated/expected time of arrival, → event tree analysis
ETC → estimate to complete
et con. (executed by Mrs. AB et con./et conjunx) ausgefertigt durch Frau AB und Ehemann
ETD → estimated/expected time of departure
ETO → engineering-to-order
E-Transformation Übergang zu elektronischen/internetbasierten Geschäftsprozessen
E-Treasury Automatisierung/elektronische Abwicklung aller Treasury-Aktivitäten
ETS → estimated/expected time of sailing
et ux. (executed by Mr. AB et ux./et uxor) ausgefertigt durch Herrn AB und Ehefrau
EUL → efficient unit load
Euromarket Euromarkt □ Unter einem Euromarkt ist ein Finanzplatz zu verstehen, an dem Währungen außerhalb ihres jeweiligen nationalen Geltungsbereiches gehandelt werden.
European Article Number Europäische Artikelnummer □ Artikelnummern-/Strichcodierungssystem zur Identifikation eines Konsumartikels oder einer Dienstleistung
European System of Central Banks Europäisches System der Zentralbanken □ setzt sich zusammen aus der Europäischen Zentralbank und den nationalen Zentralbanken der EU-Mitgliedsstaaten
European Zone Charge Reederei-Tarif für

Container-Vor- und Nachläufe, → merchant's haulage
EUV → existing use value
EV → earned value, → earnings value, → economic value, → enterprise value, → expected value
EVA → economic value added
evaluability assessment Evaluierbarkeitsprüfung
evaluation factor Bewertungsfaktor, Wertzahl
evaluation phase (stage) Bewertungsphase □ Phase, in der Verbraucher entscheiden, ob sie ein neues Produkt benötigen. → adoption process
evaluative criteria Bewertungskriterien, Vergleichskriterien für die Bewertung mehrerer Unternehmen
evasion of a law rechtswidrige Umgehung eines Gesetzes
EV/EBITDA Quotient aus → enterprise value und → earnings before interest, taxes, depreciation and amortization □ Kennzahl zur Messung der operativen Ertragskraft
even dates/even date transactions Geldhandelsgeschäfte, bei denen Abschluss und Fälligkeitstermin auf den gleichen Monatstag fallen.
event-driven strategy Anlagestrategie, die sich an bestimmten Ereignissen bzw. (Unternehmens-)Entscheidungen orientiert.
event knowledge Ereigniswissen
event management Analyse und Kontrolle von Ereignissen in Telekommunikations- und Datennetzen
event map(ping) grafische Darstellung wichtiger Ereignisse/Meilensteine, → milestones
event marketing Event-Marketing, Veranstaltungsmarketing, anlassbezogenes Marketing, Verkaufsförderung durch Verbindung des Firmennamens mit einem besonderen Anlass/Ereignis
event-on-node network diagramming Ereignisknoten-Netzplan
event-oriented network analysis ereignisorientierte (auf Ereignissen aufbauende) Netzplantechnik, → network analysis
event promotion Bekanntmachung und Werbung für eine Veranstaltung
event risk Risiko unerwarteter Ereignisse, Risiko unerwarteter Verluste durch Einzelereignisse □ Risiko, dass Zins- und Tilgungsleistungen aufgrund nicht vorhersehbarer Ereignisse (neue staatliche Verordnungen, Übernahme, Sanierung, Naturkatastrophe) nicht geleistet werden können.
events after the balance sheet date unternehmens-/bilanzrelevante Ereignisse nach dem Bilanzstichtag
events of default 1. Ereignisse, die einen Zahlungsverzug auslösen 2. i.w.S. Kreditkündigungsgründe □ bei syndizierten Krediten zählen zu den events of default nicht nur der Tatbestand des Zahlungsverzugs, sondern auch die Nichterfüllung der Auszahlungsvoraussetzungen, Nichteinhaltung bestimmter Kennzahlen (→ covenants), Verstoß gegen die → negative pledge oder → pari passu clause, signifikante Verschlechterung der wirtschaftlichen Verhältnisse des Kreditnehmers.
event tree analysis Ereignisablaufanalyse
even yield curve Renditekurve, die für kurz- und langfristige Schuldtitel die gleiche Rendite anzeigt.
evergreen clause Klausel, die eine automatische Vertragsverlängerung in bestimmten Zeitabständen vorsieht, wenn keine vertragsgemäße Kündigung erfolgt.
evergreen fund 1. offener Fonds ohne vorbestimmte Laufzeit und Volumen 2. Wagniskapitalfonds, der Unternehmen nicht mit einer einzigen Kapitalspritze, sondern nach einem bestimmten Finanzierungsplan kontinuierlich unterstützt. → venture capital fund
evergreen revolving financing trust für die Verbriefung von Forderungen aus revolvierenden Kreditfazilitäten gegründete Zweckgesellschaft, → asset-backed securities
evidence accounts Evidenzkonten □ Evi-

dence accounts werden in Verbindung mit Gegengeschäften eingerichtet, bei denen sich ein Exporteur des Landes A für einen bestimmten Zeitraum zu Käufen aus dem Land B verpflichtet. Käufe und Verkäufe werden auf diesen evidence accounts registriert, die im beiderseitigen Einvernehmen bei Banken in den jeweiligen Ländern eröffnet wurden. → countertrade

evidence clause verpflichtet den Versicherungsnehmer zur Vorlage aller für die Schadensbeurteilung relevanten Beweisstücke und zur Mitwirkung an allen gegebenenfalls erforderlich werdenden Untersuchungen

evidence of cover Deckungsnachweis, Versicherungsnachweis

evidence of title Eigentumsnachweis

evidence rules Verfahrensregeln zur Beweisführung

evidential burden of proof Beweisführungslast

evidential matter elektronische und schriftliche Unterlagen eines Unternehmens (z.B. Schecks, Rechnungen, Verträge), die in eine Buchprüfung einbezogen werden.

evoked set *(in der Marktforschung)* Marken, die einem Verbraucher in einer Kaufsituation geläufig sind.

E-Warehousing Warenangebot und -verkauf über elektronische Medien/das Internet.

EWCP → export working capital program

EWMA → exponentially weighted moving average

ex aequo et bono → decision ex aequo et bono

examination of judg(e)ment debtor Offenbarungsverhandlung

ex ante demand ex ante Nachfrage □ Nachfrage (Bestellvolumen), die (das) bei einem bestimmten Preis erwartet wird.

ex ante risk im Voraus ermitteltes Risiko/ermittelte Volatilität

excellence → corporate excellence

excepted perils clause Freizeichnungsklausel

excepted risks (exceptions) Risikoausschlüsse, ausgenommene (nicht versicherte) Risiken

except-for opinion eingeschränkter Bestätigungsvermerk des Buchprüfers (da bestimmte Unterlagen bzw. Bereiche nicht zugänglich waren)

exceptional items einmalige Aufwendungen und/oder Erträge

exception rate Ausnahmetarif

exceptions clause (Haftungs-)Freistellungsklausel

exception to title Eigentumsvorbehalt

excess Schadenüberschuss

excess application Überzeichnung einer Wertpapieremission

excess capacities Überkapazitäten

excess capital allowance Sonderabschreibung

excess cash überschüssige Kassenmittel, *(im Kassen- bzw. Liquiditätsplan)* Zahlungsmittelüberschuss

excess cost of acquisition den Substanzwert der Unternehmung überschreitende Übernahmekosten, Firmenwert

excess coverage Deckung eines Schadenüberschusses, → excess of loss

excess credit position steuerlicher Anrechnungsüberhang

excess demand Nachfrageüberhang, Übernachfrage

excess demand inflation durch Übernachfrage induzierte Inflation

excess foreign tax credit nicht genutzter → foreign tax credit

excess insurance Exzedentenversicherung, Deckung eines Schadenüberschusses

excessive gearing zu hoher Fremdkapitalanteil einer Unternehmung

excessive monetary supply Geldüberhang

excessive purchasing power Kaufkraftüberhang

excessive wear and use charge Gebühr für übermäßige Abnutzung des Leasinggutes

excess liability policy Zusatzhaftpflichtversicherung

excess limit Schadenüberschuss, der Gegenstand einer separaten Versicherung ist.

excess loss cover Deckung eines Schadenüberschusses, → excess of loss reinsurance
excess of acquired assets over cost negativer Goodwill, Badwill
excess of line reinsurance Summenexzedentenrückversicherung ☐ Bei dieser Form der Rückversicherung werden Zeichnungsüberschüsse abgedeckt, d.h. alle eine bestimmte Versicherungssumme überschreitenden Beträge werden von dem Erstversicherer in Rückdeckung gegeben. → excess of loss reinsurance
excess of loss Schadenüberschuss, Exzedent ☐ Teil des Schadens, der den Selbstbehalt des Erstversicherers (Priorität) übersteigt; kann sich auf Einzelschäden (excess per risk reinsurance) oder auf die Summe aller Schäden eines bestimmten Zeitraumes beziehen.
excess of loss reinsurance Schadenexzedentenrückversicherung ☐ Versicherung des Erstversicherers gegen Schadenüberschüsse, d.h., der Rückversicherer trägt alle die Priorität übersteigenden Schäden. → excess of line reinsurance
excess of tax over book depreciation Betrag, um den die steuerliche die buchmäßige Abschreibung übersteigt.
excess per risk Einzelschadenexzedent
excess per risk reinsurance Einzelschadenrückversicherung, → excess of loss
excess policy 1. Zusatzversicherung für die im Rahmen der Standardpolicen nicht versicherbaren Betriebs-/Haftpflichtrisiken 2. → excess of loss reinsurance
excess profits tax Mehrgewinnsteuer
excess return Überschussrendite, → excess yield
excess supply Angebotsüberschuss, Überangebot
excess yield Überschussrendite ☐ (a) die über eine sichere Geldmarktanlage hinausgehende Verzinsung (b) Mehrrendite eines Investments/Portefeuilles im Vergleich zu einer ähnlichen Kapitalanlage, i.e.S. Risikoprämie des Anlegers, d.h. Portfoliorendite minus risikoloser Marktzins
exchange differences Währungsumrechnungsdifferenzen, Kursdifferenzen aus der Umrechnung von Fremdwährungen
exchange fund Investmentfonds, der Anlegern den Umtausch von im Wert gestiegenen Aktienbeständen in Fondsanteile anbietet. Ziel ist die Vermeidung der → capital gains tax.
exchange gains 1. Währungsgewinne ☐ z.B. Wertzuwachs bei Kapitalanlagen oder Kreditengagements durch die Verschiebung von Währungsparitäten 2. Währungsumrechnungsgewinne, Gewinne aus der Umrechnung von Währungspositionen bzw. Fremdwährungs-Aktiva.
exchange losses 1. Währungsverluste 2. Währungsumrechnungsverluste
exchange of contracts *(in Verbindung mit einer Immobilientransaktion)* Austausch rechtsverbindlicher Verträge (der Eigentumsurkunden) zwischen Käufer und Verkäufer
exchange of pleadings formeller Schriftsatzwechsel
exchange profits (surplus) 1. → exchange gains 2. Devisenüberschüsse
exchange tender offer Übernahmeangebot, bei dem den Aktionären der Zielgesellschaft ein Tausch ihrer Aktien/Anteile in Aktien des übernehmenden Unternehmens offeriert wird.
exchange traded fund börsennotierter Fonds (i.d.R. ein Indexfonds, der Branchen- oder Marktindizes nachbildet)
exchange translation Währungsumrechnung
excise drawback Rückvergütung von Verbrauchssteuern
excise duties Verbrauchssteuern
excise lieu property tax Steuer, die von bestimmten Versicherern auf Prämieneinnahmen zu entrichten ist.
excise tax Verkehrsteuer, Verbrauchssteuer, Konzessionsabgabe
excluded property 1. → exempt property 2. Vermögenswerte, die nicht der Erbschafts-

steuer unterliegen.
exclusion 1. (Risiko-)Ausschluss 2. Steuerbefreiung, Nichtbesteuerung 3. steuerfreie Einkommensteile
exclusionary behaviour wettbewerbsfremdes Verhalten
exclusionary principle (rule) Grundsatz der Nichtzulässigkeit unrechtmäßig erlangter Beweismittel
exclusion agreement Ausschlussvereinbarung, i.e.S. vertragliche Vereinbarung über den Ausschluss der ordentlichen Gerichtsbarkeit
exclusion clause Risikoausschlussklausel
exclusion from coverage Risikoausschluss
exclusion from the revenue results ergebnisneutrale Verrechnung
exclusion of benefits Leistungsausschluss
exclusive agency agreement Alleinvertretungsvertrag, Vereinbarung über ein Alleinvertretungsrecht (Alleinvertriebsrecht)
exclusive buying requirements contract Vertrag, durch den ein Käufer verpflichtet wird, seinen Bedarf an bestimmten Waren nur bei einem bestimmten Lieferanten zu decken.
exclusive contract → exclusive dealing contract
exclusive dealing (dealership) 1. *(allgemein)* Alleinvertrieb 2. i.S. des US → Clayton Act: eine gesetzwidrige Ausschließlichkeitsbindung
exclusive dealing contract 1. *(allgemein)* Alleinvertriebsabkommen 2. Bezugsbindung eines Käufers, Abnahmeverpflichtungsvertrag
exclusive distribution Alleinvertrieb ☐ im Gegensatz zum → exclusive dealing ist unter exclusive distribution i.d.R. die rechtlich zulässige Vereinbarung zwischen einem Hersteller und einem Großhändler zu verstehen, durch die dem Händler die ausschließlichen Vertriebsrechte für ein bestimmtes Vertragsgebiet eingeräumt werden.
exclusive distribution agreement Alleinvertriebsvertrag, Alleinvertriebsabkommen
exclusive distribution clause Alleinvertriebsklausel, Alleinvertriebszusage
exclusive distributor Alleinvertreter; Unternehmung, die über Alleinvertriebsrechte verfügt.
exclusive distributorship Alleinvertrieb, Alleinvertriebsrecht, → exclusive distribution
exclusive franchise Alleinvertriebsrecht, Alleinverkaufsrecht
exclusive licensee Inhaber einer Alleinlizenz
exclusive listing Alleinbeauftragung eines Maklers, wobei jedoch der Auftraggeber (Eigentümer, Verkäufer) das Recht hat, das Objekt selbst zu verkaufen oder zu vermieten, ohne dass der Makler eine Provision geltend machen kann. → exclusive right to sell listing
exclusive product franchise → exclusive franchise
exclusive representation Alleinvertretung
exclusive right to sell Alleinverkaufsrecht, Alleinvertriebsrecht
exclusive right to sell listing Alleinbeauftragung eines Makler, wobei sich der Auftraggeber (Eigentümer, Verkäufer) jedoch zur vollen Provisionszahlung an den Makler für den Fall verpflichtet, dass er das Objekt selbst vermieten oder verkaufen sollte.
exclusive sales territory Alleinvertriebsgebiet; Absatzgebiet, für das ein Händler die Alleinvertriebsrechte erhält.
exclusivity clause Ausschließlichkeitsklausel
exclusory clause Ausschlussbestimmung, Risikoausschlussklausel
ex contractu aus dem Vertrag(sverhältnis) resultierend
exculpatory clause Freistellungsklausel, Haftungsausschlussklausel, Freizeichnungsklausel, i.e.S. Klausel eines Hypothekenvertrages, die dem Kreditnehmer das Recht einräumt, eine persönliche Haftungsfreistellung durch Übertragung der Eigentumsrechte auf den Kreditgeber zu erwirken.
excusable delays nicht durch den Auftrag-

nehmer zu verantwortende Projektverzögerungen ☐ trägt der Auftraggeber die Verantwortung, besitzt der Auftragnehmer einen Anspruch auf Schadenersatz und Verlängerung des Fertigstellungstermins (excusable compensable delays); trägt keine der beiden Seiten die Verantwortung, besteht nur ein Fristverlängerungsanspruch (excusable non-compensable delays)

excussio (Einrede der) Vorausklage ☐ Recht eines Bürgen, vor seiner Inanspruchnahme von einem Gläubiger die Ausschöpfung sämtlicher Rechtsmittel gegen den Hauptschuldner zu verlangen.

EX DEC Kurzfassung für → shipper's export declaration

executed consideration erbrachte Gegenleistung, → executory consideration

executed contract 1. ausgefertigter Vertrag 2. durch die Vertragsparteien vollständig erfüllter Vertrag

execution against the land Zwangsvollstreckung in den Grundbesitz

execution against wages Lohn- oder Gehaltspfändung

execution and levy Zwangsvollstreckung und Pfändung

execution creditor Vollstreckungsgläubiger

execution debtor Vollstreckungsschuldner

execution instance Ausführungsinstanz

execution lead time Ausführungszeit, Zeitraum für die Abwicklung/Durchführung von Aufträgen/Vorgängen/Projekten

execution of contract 1. Vertragsausfertigung 2. Vertragserfüllung

execution of contract policy → performance bond

execution of judgement Zwangsvollstreckung

execution of policy Policierung, Ausfertigung einer Police

execution of will Testamentsvollstreckung

execution sale Zwangsversteigerung

executive agency regulations US-Bundesverordnungen und Verwaltungsvorschriften

executive appraisal (merit rating) Leistungsbeurteilung von Führungskräften

executive director Mitglied des Verwaltungsrates (Board of Directors), das hauptberuflich in der Unternehmensleitung tätig ist.

executive incentive scheme Prämiensystem für leitende Angestellte

executive information system Führungsinformationssystem ☐ rechnergestütztes Informations- und Berichtssystem für die erste und zweite Führungsebene

executive officers 1. leitende Angestellte einer Unternehmung 2. Vollstreckungsbeamte

executive option (warrant) scheme Aktienoptionsplan (Aktienbezugsrechte) für Führungskräfte

executive summary Zusammenfassung der Projekt-/Untersuchungsergebnisse/der wichtigsten Punkte/der Erkenntnisse aus einem Prüfungsverfahren

executor/executrix testamentarisch bestellter/bestellte Testamentsvollstrecker/-in, → administrator (2)

executory consideration noch zu erbringende Leistung, → executed consideration

executory contract noch zu erfüllender (erfüllungsbedürftiger, nicht vollständig erfüllter) Vertrag

executory contract to sell (executory sale) bedingter Kaufvertrag

executory trust bedingtes Treuhandverhältnis

executory warranty bedingte Garantie ☐ die volle Wirksamkeit ist abhängig von der Erfüllung bestimmter Leistungen durch den Begünstigten

exemplary damages → punitive damages

exemplification of probate Duplikat eines Testamentsvollstreckerzeugnisses

exempt agreements Kredit- und Darlehensverträge, die nicht den Bestimmungen des Verbraucherschutzgesetzes unterliegen ☐ z.B. Bausparkassendarlehen, Hypothekenkredite, durch Versicherungs-

gesellschaften oder öffentliche Stellen ausgereichte Kredite.
exempt company von Steuer- und/oder Registrierungsvorschriften befreites Unternehmen
exemption 1. Freistellung, Haftungsbefreiung 2. Steuerbefreiung 3. Unpfändbarkeit von Vermögenswerten, → homestead exemption, → implement exemption
exemption clause 1. Freistellungsklausel 2. Haftungsausschlussklausel, Haftungsfreistellungsklausel
exemption from disclosure requirements Freistellung von den Publizitätsvorschriften, Befreiung von der Offenlegungspflicht
exemption from performance Leistungsbefreiung, Befreiung von der Leistungs-/Vertragserfüllungspflicht
exemption from registration Befreiung von der Registrierungspflicht, → Regulation D (2), → SCOR offerings
exemption from taxation Steuerfreiheit, Steuerbefreiung
exemption laws gesetzliche Bestimmungen der US-Bundesstaaten zur Unpfändbarkeit von Vermögenswerten bzw. zu Pfändungsfreigrenzen.
exemption limit Freigrenze
exemption list *(in einem Konkursverfahren)* Verzeichnis der nicht pfändbaren Vermögenswerte
exempt private stock offering von der Registrierungspflicht befreites Aktienzeichnungsangebot, → SCOR offerings
exempt property 1. pfändungsfreie Vermögenswerte 2. Vermögenswerte, die nicht unter die Konkursmasse fallen.
exempt receipts steuerfreie Einnahmen
exempt trust Trust (Stiftung mit treuhandschaftlichem Charakter), dessen Vermögenswerte und Kapitaleinkünfte keiner Besteuerung unterliegen.
ex gratia adjustment Kulanzregulierung, Kulanzleistung
ex gratia payment 1. Kulanzzahlung, Kulanzleistung 2. Bonuszahlung, Sonderzahlung

ex gratia settlement → ex gratia adjustment
exhibit Beweisstück
Ex-Im Bank → Export-Import Bank
existing operations → continuing operations
existing use value Wert bei bestehender Nutzung
exit Ausstieg aus einem Investment, Aufgabe einer Beteiligung durch einen Investor, → exit channels
exit barriers Vorkehrungen zur Verhinderung eines (vorzeitigen) Ausstiegs der Investoren
exit bonds Anleihen, durch die Kreditverpflichtungen abgelöst werden. □ Umschuldungstechnik, bei der Gläubigerbanken für ihre ausstehenden Engagements handelbare Anleihen des Schuldners/Schuldnerlandes erhalten.
exit channels Ausstiegsoptionen, Möglichkeiten für einen Ausstieg aus einem Investment, → buyback, → going public, → secondary purchase, → trade sale
exit interview Abgangsinterview □ Gespräch der Personalabteilung mit einem ausscheidenden Mitarbeiter
exit options → exit channels
exit rate vereinbarter Satz, zu dem ein Termingeschäft aufgelöst werden kann.
exit requirements Voraussetzungen für den Abschluss einer Produktentwicklungs-/Projektphase (z.B. zu erstellende Dokumentationen/vorzunehmende Prüfungen)
exit routes Ausstiegsmöglichkeiten, → exit channels
exit value Veräußerungswert, Liquidationswert
exoneration clause Freizeichnungsklausel
expansion financing Expansionsfinanzierung, Erweiterungsfinanzierung □ Bereitstellung von Geldern zur Produktdiversifikation oder Marktausweitung
expansion pricing Expansionspreisstrategie, Festlegung niedriger Preise bei Produkteinführung zur Erhöhung des Marktanteils

expansion stage financing Wachstums- und Expansionsfinanzierung für ein junges und innovatives Unternehmen
ex parte nur durch eine Seite/eine Verfahrenspartei
expectancy Anwartschaft
expectancy confirmation Bestätigung der Produkterwartungen
expectation bias Erwartungseffekt □ Erwartungshaltung des Interviewers, die das Antwortverhalten des Probanden beeinflussen kann.
expectation value Erwartungswert
expected monetary value monetärer Erwartungswert, Ergebniserwartungswert
expected net profit erwarteter Nettogewinn
expected post-retirement benefit obligations voraussichtliche Verpflichtungen aus betrieblichen Sozialleistungen an pensionierte Mitarbeiter
expected product performance (vom Verbraucher) erwartete Produktleistung
expected return erwartete Rendite (Verzinsung), geschätzter Ertrag, Renditeerwartungswert
expected return method → expected value method
expected value Schätzwert, Erwartungswert, der gewogene Durchschnitt einer Wahrscheinlichkeitsverteilung
expected value method Erwartungswertmethode □ Preiskalkulation in einem Ausschreibungsverfahren, bei der sich die Höhe des Gebots an der Höhe des erwarteten Gewinns und der Wahrscheinlichkeit des Zuschlags orientiert.
expenditure authority (Kosten-)Bewilligungsvollmacht
expenditure estimate *(in der Projektplanung)* Aufwandsschätzung, Schätzung des individuellen Ressourcenaufwandes
expenditure for capital facilities and tooling Ausrüstungsinvestitionen für Sach- und Finanzanlagen
expenditure lag Ausgabenverzögerung □ Zeitraum zwischen Anfall und Verwendung von Erträgen

expenditure on capital goods Investitionsgüteraufwand
expenditure on investment Investitionsausgaben, investive Ausgaben
expenditure reserves Aufwandsrückstellungen
expenditure to budget Vergleich oder Unterschied zwischen Ist- und Planausgaben
expense *(to – as incurred)* Kosten zum Zeitpunkt ihres Anfalls als Aufwand verbuchen, in laufender Rechnung als Aufwand verbuchen
expense *(to – through the profit and loss account)* ergebniswirksam verrechnen
expense accruals Kostenrückstellungen
expense allocation Kostenaufteilung, Kostenumlage
expense budget Kostenplan, Kostenbudget, → budget, budgeting, i.w.S. Kostenvoranschlag
expense category Aufwandskategorie
expense item Aufwandsposten
expense loading alle neben dem Schadenaufwand anfallenden Kosten einer Versicherungsgesellschaft
expense prepayments → prepaid expenses
expense ratio Aufwandsquote, Kosten-/Ertragsverhältnis, *(einer Versicherungsgesellschaft)* Kostenquote, Kostensatz □ Verhältnis von Betriebskosten (Summe aus Provisionen, Verwaltungsaufwand, Aufwand für Überschuss- und Gewinnanteile) zu Beitragseinnahmen (Nettoprämien)
expenses of a capital nature aktivierungsfähige Aufwendungen
expense-stop clause Klausel eines Mietvertrages, der zufolge alle Gebäudeinstandhaltungskosten, die ein bestimmtes Limit übersteigen, anteilmäßig an die Mieter weitergegeben werden.
expensing 1. Aufwandsverrechnung 2. *(i.e.S.)* nach den Bestimmungen der US-Steuergesetzgebung können Kosten für den Erwerb geschäftsmäßig genutzter Vermögenswerte, die üblicherweise über mehrere Jahre hinweg abgeschrieben wer-

den, bis zu einer bestimmten Höhe (zZ. USD 20.000) den laufenden, sofort steuerlich absetzbaren Betriebskosten hinzugerechnet werden

experience adjustments Anpassungen für Abweichungen zwischen den tatsächlichen und den rechnungsmäßigen Parametern, z.b. nachträgliche Wertkorrekturen, die aufgrund von Unterschieden zwischen den früheren versicherungsmathematischen Annahmen und der tatsächlichen Entwicklung vorgenommen werden.

experience advantages → experience effects

experience characteristics Erfahrungsmerkmale, → experience qualities

experience curve Erfahrungskurve, Lernkurve □ grafische Darstellung der Produktionskostenverringerung bei steigender Produktion

experience curve pricing auf den Erkenntnissen der Erfahrungskurve basierende Preisgestaltung

experience effects Erfahrungsvorteile, Lernvorteile □ Erfahrungswerte, die zu einer höheren Effizienz bzw. Kostenverringerung führen (z.B. in der Produktion).

experience qualities erfahrbare Eigenschaften □ Produkteigenschaften, die erst nach einem Kauf schlüssig beantwortet werden können.

experience rating Beitrags-/Prämienfestsetzung auf der Grundlage der Schadenvergangenheit (der beim Versicherungsnehmer festgestellten Schadenhäufigkeit)

experience refund Prämienrückvergütung bei positiver Schadenentwicklung

experience survey Befragung von Personen, die mit einer bestimmten Thematik gut vertraut sind.

experiential decision (perspective) Kaufentscheidung, der Gefühle und Neigungen und weniger eine rationale Entscheidung zu Grunde liegen.

experimental conditions (level) Experimentbedingungen, Ebene der Experiment-

variablen (z.B. schwach, mittelstark, stark)

experimental design experimentelle Versuchsanordnung

experimental group Experiment(al)gruppe, Versuchsgruppe

experimental method Beschaffung von Informationen aus Experimenten

experimental research method experimentelle Marktforschungstechnik

experimental variable Experimentvariable □ Variable, deren kausale Wirkung auf eine abhängige Variable untersucht wird.

expert forecasting survey Expertenbefragung zur Erstellung einer Prognose

expert (opinion) survey Expertenbefragung

expert testimony Aussage eines Sachverständigen, Sachverständigengutachten

expert witness von einer Verfahrenspartei benannter Sachverständiger

explanatory statement Begründung (z.B. für einen eingeschränkten Bestätigungsvermerk)

explanatory variable → experimental variable

explicit knowledge explizites (direkt verfügbares) Wissen, dokumentiertes und leicht zugängliches Wissen (z.B. in Nachschlagewerken enthaltenes Wissen, Wissen zugänglich über Datenbanken, elektronische Medien), → tacit knowledge

exploration study Erkundungsstudie

exploratory research explorative Forschung □ erster Einblick in die Untersuchungsthematik; Beginn der eigentlichen Primärforschung (field research)

exponentially weighted moving average auf gleitenden Durchschnittswerten basierendes Prognoseverfahren

exponential smoothing exponentielle Glättung □ statistisches Verfahren/Zeitreihenverfahren zur Erstellung kurzfristiger Prognosen/Trendbestimmung, bei dem neue Daten stärker als ältere gewichtet werden.

export agent Exportkommissionär

Export Assistance Centers Exportberatungszentren des US-Handelsministeriums

export bounty

export bounty Exportprämie, Ausfuhrprämie □ (staatliche) Vergütung für die Ausfuhr bestimmter Waren
export credit agency Exportkreditagentur
export credit insurance Ausfuhrkreditversicherung, Exportkreditversicherung □ versichert das Risiko der Zahlungsunfähigkeit ausländischer Kunden; in Großbritannien durch die → Export Credits Guarantee Department, in den Vereinigten Staaten durch die → Export-Import Bank und die Foreign Credit Insurance Association.
Export Credits Guarantee Department staatlicher britischer Exportkreditversicherer □ übernimmt die Abdeckung der wirtschaftlichen und politischen Risiken bei Geschäften britischer Exporteure mit ausländischen Kunden (Insolvenz-, Transfer-, Kriegsrisiken); gewährt Bürgschaften für Kredite, die britische Banken ausländischen Abnehmern zur Verfügung stellen.
export declaration Ausfuhrerklärung
export drop shipper → export jobber
export factor Export-Factoring-Gesellschaft, → export factoring
export factoring Export-Factoring, Ankauf kurzfristiger Forderungen aus Exportgeschäften □ Form der Absatzfinanzierung, bei der die Factoring-Gesellschaft (export factor) Forderungen ihres Kunden aus Exportgeschäften unter Übernahme des Ausfallrisikos erwirbt. Der Factor überweist seinem Kunden einen vereinbarten Prozentsatz des Rechnungsbetrages (i.d.R. 80–90%, je nach Bonität des Importeurs). Diese im Domiziland des Exporteurs tätigen Export-Factoring-Gesellschaften arbeiten mit Korrespondenzgesellschaften im Ausland (import factors) zusammen, die dann die Forderungen bei dem Käufer der Waren einziehen.
export guarantee Ausfuhrbürgschaft, Ausfuhrgarantie □ Instrument zur Abdeckung der wirtschaftlichen und politischen Risiken aus Exportgeschäften.
export house → export merchant

Export-Import Bank Exportfinanzierungsbank der US-Regierung □ Aufgaben: Finanzierung von US-Im- und Exporten; Finanzierung von US-Entwicklungshilfeprogrammen einschließlich der Vergabe langfristiger Darlehen an Entwicklungsländer; Übernahme von Ausfuhrbürgschaften, hier im Besonderen die Abdeckung der politischen Risiken.
export jobber Spekulationshändler in Rohstoffen
export leasing Export-Leasing □ unterschiedliche Ausgestaltungsmöglichkeiten: 1. Der Exporteur (Hersteller) verkauft die zu exportierenden Güter an eine inländische Leasing-Gesellschaft, die sie an den ausländischen Importeur verleast. Zur Ausschaltung von Kredit- und Währungsrisiken kann diese Leasing-Gesellschaft das Geschäft auch an eine Korrespondenzgesellschaft im Land des Importeurs abtreten. 2. Im Rahmen des Hersteller-Leasing werden die zu exportierenden Güter direkt vom Exporteur an den ausländischen Benutzer verleast.
export merchant Ausfuhrhändler □ tätigt Exportgeschäfte im Gegensatz zum export agent (Exportkommissionär) auf eigene Rechnung
export quotation Stellung von Exportpreisen, → CIF, CIFCI, FOB
export ratio Ausfuhrquote, Exportquote □ Anteil der exportierten Waren und Dienstleistungen am Sozialprodukt, → export sales ratio
export receivables Exportforderungen, Forderungen aus Exportgeschäften
export sales ratio Verhältnis der Ausfuhren zur gesamten Inlandsproduktion
export working capital program Exportkreditgarantie-Programm der → Small Business Administration □ garantiert bis zu 90% der von Geschäftsbanken gewährten Exportkredite
ex post risk im Nachhinein ermitteltes Risiko/ermittelte Volatilität
exposure 1. Risiko, Obligo, Engagement 2.

Kontakt mit einem Werbeträger
exposure at default erwartete Höhe des Forderungsausfalls
exposure frequency Kontakthäufigkeit □ Anzahl der Werbemittelkontakte (der Kontakte einer Person/eines Haushaltes mit einer Werbebotschaft/einem Werbeträger)
exposure group 1. Risikogruppe 2. Kontaktklasse, → exposure frequency
exposure indicator Gefährdungsindikator
exposure in equities 1. Engagement in Aktienwerten 2. das mit Aktienanlagen verbundene Risiko
exposure in foreign exchange Fremdwährungsengagement(s), offene Währungspositionen, Obligo aus Fremdwährungspositionen, Währungsrisiken
exposure management Risikomanagement, Risikosteuerung
exposure rating Prämienfestsetzung auf der Basis des in Deckung zu nehmenden Risikos
express assumpsit ausdrückliches Leistungs-/Zahlungsversprechen
express authority ausdrückliche Vertretungsmacht
express cargo bill dem Konnossement vergleichbares Verschiffungspapier
express consent ausdrückliche Einwilligung
expressive projective technique Drittpersonentechnik □ Methode der indirekten Befragung, bei der die Testperson zur Meinung einer Drittperson (Nachbar/Kollege) hinsichtlich eines Produktes/Gegenstandes befragt wird. Ziel ist es durch die Projektion auf eine dritte Person die tatsächliche Meinung des Befragten zu erhalten. → projective techniques
express reservation ausdrücklicher Eigentumsvorbehalt
express trust Trust, dem die ausdrückliche Willenserklärung eines Treugebers zu Grunde liegt. → resulting trust
express warranties ausdrückliche Zusicherungen
express warranty ausdrückliche Gewährleistungshaftung (hinsichtlich der Qualität des verkauften Produktes)
ex quay ab Kai □ Der Verkäufer muss dem Käufer die Waren am Kai des vereinbarten Bestimmungshafens zur Verfügung stellen. Bis zu diesem Ort muss der Verkäufer alle Lieferkosten tragen.
ex quay, duty on buyer's account ab Kai unverzollt (Einfuhrabfertigung der Waren übernimmt der Käufer)
ex quay, duty paid ab Kai, verzollt (Einfuhrabfertigung der Waren übernimmt der Verkäufer)
EXS → ex ship
ex ship ab Schiff □ Der Verkäufer muss dem Käufer die Waren an Bord des Schiffes im vereinbarten Löschungshafen zur Verfügung stellen. Bis zu diesem Punkt trägt er alle Risiken und Lieferkosten.
extended coverage erweiterter Versicherungsschutz
extended credit facilities erweiterte Kreditfazilitäten, die den US-Banken bei einer → Federal Reserve Bank zur Verfügung stehen.
extended facility erweiterte (Kredit-)Fazilität des Internationalen Währungsfonds □ steht Mitgliedsländern mit strukturellen Wirtschafts- bzw. Zahlungsbilanzproblemen zur Verfügung.
extended fund facility Kreditprogramm des Internationalen Währungsfonds für besonders hoch verschuldete Entwicklungsländer (Laufzeiten in der Regel bis zu vier Jahren)
extended reporting period erweiterte Anzeigefrist □ Zeitraum nach Policenverfall, in dem noch Schäden gemeldet werden können. → claims-made basis
extended term agreement Vereinbarung hinsichtlich der Verlängerung eines Kredit- oder Leasingvertrages
extended warranty erweiterte Gewährleistung
extended warranty exposure erweiterte Haftungsrisiken
extension agreement 1. Vereinbarung über

die Verlängerung eines Vertrages/eines Zahlungsziels, Prolongationsvereinbarung 2. Stundungsvergleich □ Form des außergerichtlichen Vergleichs, dessen Kernstück eine langfristige Stundung fälliger Zahlungen ist. Als Gegenleistung werden den Gläubigern umfangreiche Sicherungsrechte sowie Kontrollrechte im Hinblick auf die weitere Geschäftsführung des Schuldners eingeräumt.

extension of coverage 1. Erweiterung des Deckungsschutzes, Verlängerung der Deckungszusage 2. Einbeziehung zusätzlicher Objekte in eine bestehende Sicherungsvereinbarung

extension of a line Sortimentserweiterung, Erweiterung einer Produktgruppe

extension on repayments Tilgungsaufschub, Tilgungsstreckung

extent of interest Umfang des versicherten Interesses

external acccounting externe Rechnungslegung

external analysis Analyse des externen Umfelds

external benchmarking externes Benchmarking, Vergleich mit anderen Produkten/Dienstleistungen

external capital Fremdkapital, Mittel aus der Außenfinanzierung

external commitments Auslandsverbindlichkeiten

external constraints 1. externe Einflüsse (z.B. Marktnachfrage) 2. externe Vorgaben, die die Vorgänge im Netzplan beeinflussen. → constraints

external convertibility Ausländerkonvertibilität, externe Konvertibilität □ auf Guthaben von Gebietsfremden beschränkte Konvertibilität einer Währung

external deficit defizitäre Zahlungsbilanz, Zahlungsbilanzdefizit

external effects Externalitäten, externe Konsum-/Produktionseffekte, → externalities

external environment *(bei der Entscheidungsfindung)* zu berücksichtigendes externes Umfeld

external finance (funding) requirements Fremdmittelbedarf, erforderliche Fremdfinanzierung

external indebtedness Auslandsverschuldung

externalities 1. externe Faktoren, (positive oder negative) äußere Einflüsse 2. Ereignisse/Umstände, die außerhalb des Ermessensbereiches des Auftragnehmers/des Projektmanagement-Teams liegen.

externalization Externalisierung □ alle Maßnahmen, die implizites Wissen in explizites Wissen transformieren, → explicit, → implicit knowledge, → knowledge-ment management

external linkages für die Wertschöpfungskette relevante Verbindungen zu Lieferanten und Kunden

external market Außenmarkt, → Offshore-Markt

external reconstruction Sanierung durch eine Veränderung der Gesellschafterverhältnisse

external recruitment channels externe Personalbeschaffungswege (Stellenanzeigen, Einschaltung von Personalberatern, Arbeitsämtern)

external reporting externes Berichtswesen, Berichterstattung nach außen

external responsiveness externe Reaktionsfähigkeit (Reaktion auf neue Marktentwicklungen)

external revenues → external sales

external sales Außenumsatzerlöse, Umsätze mit externen Unternehmen, → internal sales

external sales forecast auf allgemeinen Konjunktur- und Marktdaten basierende Umsatzprognose, → internal sales forecast

external stakeholders externe Anspruchsgruppen eines Unternehmens (z.B. Lieferanten, Kunden, Mitbewerber am Markt, Kreditgeber, Behörden)

external sterling balances Sterling-Guthaben von Gebietsfremden

external stimuli *(in der Werbung)* externe Stimuli (Plakate, Anzeigen, Promotion-Material in Einzelhandelsgeschäften)
external surplus aktive Zahlungsbilanz, Zahlungsbilanzüberschuss
external trade surplus Außenhandelsüberschuss
external validity externe Gültigkeit ☐ Kriterium für die Bewertung eines Feldexperiments, d.h. Umfang, in dem die Erkenntnisse auf ein anderes Umfeld übertragen werden können.
external value of a currency Außenwert (internationale Kaufkraft) einer Währung
extra-contractual damages zusätzliche Schadenzahlungen, die ein Versicherer an einen Versicherungsnehmer aufgrund eines Gerichtsurteils leisten muss.
extraneous evidence → parol evidence
extranet Extranet, auf andere Firmen/Handelspartner ausgeweitetes Daten- und Kommunikationsnetz eines Unternehmens
extraordinary credits (debits) außerordentliche Einnahmen (Aufwendungen)
extraordinary general meeting außerordentliche Hauptversammlung
extraordinary item Sonderposten, außerordentlicher Ertrag oder Aufwand
extraordinary items, net of tax (less applicable tax) außerordentliche Erträge, abzüglich der darauf entfallenden Steuern
extraordinary repairs außerordentlicher Erhaltungsaufwand
extraordinary resolution Beschluss, der bei einer Haupt- oder Gesellschafterversammlung mit Dreiviertelmehrheit gefasst wurde.
extraordinary retirements außerordentliche Abgänge des Anlagevermögens
extraordinary writedown 1. außerordentlicher Verlust 2. außerordentliche Wertminderung
Extraterritorial Income Exclusion *(i.S. der US-Steuergesetzgebung)* teilweise Steuerbefreiung von Einkünften aus dem Export bestimmter Wirtschaftsgüter, → FSC Repeal and Extraterritorial Income Exclusion Act
extra works zusätzlicher Arbeitsaufwand
extrinsic obsolescence → locational obsolescence
EXW → ex works
ex works ab Werk (ab Fabrik) ☐ Incoterm-Klausel, der zufolge die Verpflichtungen des Verkäufers erfüllt sind, wenn die Waren auf seinem Werksgelände dem Käufer zur Verfügung gestellt wurden.
eye movement (observation) camera Kamera, die den Blickverlauf einer Testperson beim Verfolgen von Werbespots/Lesen von Anzeigen festhält.
eye pupil dilation test Pupillendilationstest, pupillometrischer Test ☐ Technik zur Messung des Verbraucherinteresses durch Feststellen der Pupillenerweiterung. Letztere lässt auf steigendes Verbraucherinteresse schließen.
eye tracking research Untersuchung des Blickverlaufs
EZC → European Zone Charge
E-Zine elektronisches Magazin, im Internet veröffentlichte Zeitschrift
EZT → enterprise zone property trust

F

f.a.a. → free of all average
FAC → final acceptance certificate, → forwarding agent's commission
face validity Augenscheinvalidität
facilitating channel institution Absatzmittler, i.w.S. jede Person oder Unternehmung, die Dienstleistungen in der Distribution von Gütern erbringt (z.B. Spedition, Versicherung).
facilitative employee services Sozialeinrichtungen einer Unternehmung
facilities and administrative (F&A) costs indirekte Kosten, Gemeinkosten
facilities maintenance Flächeninstandhaltung, → facility management
facilities maintenance cost Flächeninstandhaltungskosten
facility agent Facility-Agent, Konsortialführerin oder Mitglied der Führungsgruppe bei einer Kreditsyndizierung oder Fazilität zur Begebung von Schuldtiteln. Der Facility-Agent übernimmt je nach Aufgabenverteilung in der Führungsgruppe die Vertragsgestaltung und/oder die technische Abwicklung der Emission.
facility consolidation expenditure Aufwendungen für die Zusammenlegung von Betriebsanlagen
facility layout → plant layout
facility management 1. Immobilienmanagement, Optimierung der Verwaltung einer Einzelimmobilie, i.w.S. integriertes Immobiliendienstmanagement, d.h. Flächen- und Raumplanung sowie die Bewirtschaftung und Verwaltung gewerblicher Immobilien 2. *(in einer Unternehmung)* Betriebsflächen-Management □ Ziel ist die Schaffung einer optimalen Arbeitsumgebung zur Steigerung der Produktivität der Mitarbeiter
facility monitoring Flächenmonitoring, Kontrolle der Gebäude-und Raumbelegung

factor 1. Faktor, Factoring-Gesellschaft 2. Kommissionär
factorage 1. → factoring charge 2. Kommissionsgeschäft 3. Provision des Kommissionärs
factoral terms of trade faktorales Austauschverhältnis
factor analysis Faktorenanalyse
factor cost Faktorkosten, Kosten der Produktionsfaktoren, → factors of production
factor distribution of income funktionelle Einkommensverteilung
factor endowments Qualität und Quantität der Produktionsfaktoren, → factors of production
factor income Faktoreinkommen □ den Produktionsfaktoren (Arbeitskräfte, Boden, Kapital) zufließende Entgelte (Löhne/Gehälter, Mieten, Zinsen)
factoring Factoring, Ankauf von Forderungen aus Warenlieferungen und Dienstleistungen □ Form der Absatzfinanzierung, bei der eine Factoring-Gesellschaft einmalig oder laufend Forderungen ihres Kunden aus Lieferungen oder Leistungen sofort oder Valuta Verfalltag sowie mit oder ohne Übernahme des Ausfallrisikos erwirbt. → old-line factoring, → with-recourse factoring, → maturity factoring, → export factoring
factoring charge Factoring-Gebühr, Provision der Factoring-Gesellschaft
factoring client Anschlussfirma, Anschlusskunde, Kunde einer Factoring-Gesellschaft
factoring company Factoring-Gesellschaft
factor input Faktoreinsatzmenge
factor loading Faktorladung □ Korrelation zwischen einer Variablen und einem Faktor
factor mobility Faktormobilität □ räumliche und sektorale Mobilität der Produktionsfaktoren, → factors of production

factor output Faktorertragsmenge
factor's fee → factoring charge
factors of production Produktionsfaktoren, *(auf Unternehmensebene)* Arbeitsleistung der Mitarbeiter, Maschinen, Roh-, Hilfs- und Betriebsstoffe, *(gesamtwirtschaftlich)* alle im Produktionsprozess eingesetzten Güter und Leistungen bzw. die entsprechenden Bestandsfaktoren – Arbeit, Boden und Kapital.
factor weighting Faktorengewichtung
factory agreement Haustarifvertrag, Werktarifvertrag ◻ Tarifvertrag zwischen einem einzelnen Arbeitgeber und einer Gewerkschaft
factory burden Fertigungsgemeinkosten
factory expense budget Gemeinkostenbudget
factory inspection Gewerbeaufsicht
factory layout Fabrik-Layout ◻ Anordnung von Gebäuden, Betriebsmitteln und Arbeitsplätzen
factory mutual auf die Versicherung von Werksanlagen spezialisierter Versicherungsverein auf Gegenseitigkeit
factory overheads Fertigungsgemeinkosten
facultative reinsurance fakultative (freiwillige) Rückversicherung ◻ d.h. der Rückversicherer kann ein zur Rückdeckung angebotenes Risiko des Erstversicherers ablehnen; umgekehrt steht es dem Erstversicherer frei, ob und bei welchem Rückversicherungsunternehmen er sein Risiko abdeckt. Gegensatz: → treaty reinsurance
facultative treaty → facultative reinsurance
FAD → funds available for distribution
fade-out joint venture Gemeinschaftsunternehmen, bei dem die Anteile des ausländischen Partners nach und nach durch den/die inländischen Partner übernommen werden.
FAF → Financial Accounting Foundation, → fuel adjustment factor
failing-company-defense gegen ein Fusionsverbot geltend gemachte Einrede, der zufolge das Zielunternehmen ohne den Zusammenschluss insolvent würde.
fails Wertpapiere, die in Verbindung mit Repo-Geschäften nicht fristgemäß geliefert wurden.
failure fee arrangement Entschädigung, die bei Nichterreichen einer bestimmten Umsatzhöhe gezahlt wird.
failure mode and effects analysis Fehlermöglichkeits- und -einflussanalyse, Fertigungsrisiko-Analyse
failure of a company Insolvenz (Konkurs) einer Unternehmung, Unternehmenszusammenbruch
failure of consideration Nichtentrichtung des Kaufpreises, Nichtbringung (Verweigerung) der vertraglichen Leistung
failure of essential purpose Wegfall der Geschäftsgrundlage
failure of performance Nichterfüllung, Leistungsverzug, fehlende Leistungserfüllung
failure of title Nichtbringung eines rechtsfähigen Titels
failure to state cause of action → demurrer
fair and reasonable value → fair market value
fair average quality *(Warenbezeichnung)* gute, gesunde Durchschnittsware
fair averaging Festlegung eines angemessenen Durchschnittswertes (-preises)
fair cash value angemessener Marktpreis (Barwert)
fair competition fairer (freier) Wettbewerb
fair consideration angemessener Kaufpreis (Gegenwert)
Fair Credit Reporting Act US-Gesetz zum Auskunfteiwesen ◻ Kernpunkte: Kreditauskunfteien sind zu sorgfältigen Recherchen verpflichtet. Natürliche und juristische Personen sind berechtigt, Einblick in die über sie erstellten Berichte zu verlangen und gegebenenfalls Schadenersatz für fehlerhafte Angaben zu fordern.
fair equivalent → fair consideration
fair expenses statutes *(i.S. der US-Steuergesetzgebung)* Verordnungen, die die Absetzbarkeit von Sonderausgaben regeln.
Fair Labor Standards Act US-Gesetz, das be-

stimmte Bereiche des Arbeitsschutzes auf Bundesebene regelt, z.b. Festlegung von Mindestlöhnen und maximalen Arbeitszeiten, Verbot von Kinderarbeit.

fair market purchase option Klausel eines Leasingvertrages, der zufolge der Leasingnehmer den Leasinggegenstand bei Vertragsablauf zu dem dann gültigen Marktwert erwerben kann.

fair market renewal option Option auf Verlängerung des Leasingvertrages auf der Basis einer marktgerechten Leasingrate

fair market value Marktwert, Verkehrswert, marktgerechter Wert, ein durch Angebot und Nachfrage zu Stande gekommener Preis

fair market value purchase option Option auf den Erwerb des Leasinggegenstandes zu einem angemessenen Marktwert.

fair merchantable Kurzform für gute Durchschnittsware

fairness test auf Billigkeits- und Fairnesskriterien abgestellter Test

fairplay and justice (Grundsätze eines) fairen und gerechten Verfahrens

fair presentation klare und übersichtliche Darstellung der wirtschaftlichen Lage des bilanzierenden Unternehmens, ordnungsgemäße Bilanzierung

fair pricing provision 1. Bestimmung hinsichtlich der Festsetzung marktgerechter Preise (Konditionen) 2. Klausel einer Unternehmungssatzung, die die Gleichbehandlung aller Aktionäre im Falle einer Firmenübernahme vorsieht. → two-tier bid

Fair Trading Act britisches Gesetz gegen den unlauteren Wettbewerb

fair value Marktwert, Verkehrswert, üblicher Preis zwischen abschlussbereiten Vertragsparteien

fair value accounting vom Verkehrswert ausgehende Rechnungslegung, Bilanzierung zum Marktwert

fair value approach Verkehrswertansatz, Bewertung von Anlagen zum Verkehrswert, → cost model

fair value hedge Absicherung gegen Schwankungen des Verkehrswertes bilanzierter Akiv- oder Passivpositionen

fair value model → fair value approach

fairway sichere (navigierbare) Route

faithful representation → true and fair view

faithful representation principle Grundsatz der wahrheitsgemäßen Darstellung

FAK → freight of all kinds

fall back Verlustbetrag, der die vom Rückversicherer zu tragende Schadenquote übersteigt und an den Erstversicherer »zurückfällt«, d.h. von diesem zu übernehmen ist.

false billing 1. falsche Fracht- oder Gewichtsangaben in den Verschiffungsdokumenten 2. fehlerhafte Fakturierung

family brand Familienmarke, Marke für die gesamte Produktlinie ◻ gemeinsamer Name, unter dem die Marken eines Herstellers angeboten werden.

family partnership *(i.S. der US-Steuergesetzgebung)* Personengesellschaft, der nur Mitglieder einer Familie als Gesellschafter angehören.

Fannie Mae umgangssprachlich für die → Federal National Mortgage Association

FAQ → fair average quality, → free alongside quay

FAR → floor area ratio

Far Eastern interest clause Klausel in Verbindung mit einer → authority to purchase ◻ Diese Klausel verpflichtet den Importeur zu Zinszahlungen ab dem Tag der Trattenziehung oder Negoziierung der Dokumente. Die Bezeichnung Far Eastern ist auf die Tatsache zurückzuführen, dass authorities to purchase sehr oft im Handel mit Ländern des Fernen Ostens eingesetzt werden.

farm capital grant scheme Agrarsubventionsprogramm

Farm Credit Administration Regulierungsorgan und Aufsichtsbehörde für die in das → Farm Credit System eingebundenen US-Agrarkreditinstitute

Farm Credit Bank US-Agrarkreditinstitut ◻

Farm Credit Council

Die Farm Credit Banks (→ Farm Credit System) gingen 1987 aus der gesetzlich vorgeschriebenen Fusion der Federal Land Banks und der Federal Intermediate Credit Banks hervor.

Farm Credit Council Verband (Interessenvertretung) der in das → Farm Credit System eingebundenen Institute

Farm Credit System Das Agrarkreditsystem der Vereinigten Staaten setzt sich zusammen aus (a) sechs → Farm Credit Banks, die für eine Vielzahl von Agrarkreditinstituten (Product Credit Associations, Agricultural Credit Associations und Federal Land Credit Associations) als Zentralkasse bzw. Refinanzierungsstelle fungieren, (b) der einer Farm Credit Bank gleichgestellten Agricultural Credit Bank mit ihren Niederlassungen und (c) verschiedenen Finanzierungsinstituten, von denen die → Federal Farm Credit Banks Funding Corporation und die → Federal Agricultural Mortgage Corporation zu den wichtigsten zählen. Aufsichtsbehörde für alle Institute ist die Farm Credit Administration.

Farm Credit System Insurance Corporation Wertpapiersicherungsfonds des → Farm Credit System □ garantiert die Zins- und Tilgungszahlungen, die auf die von FCS-Instituten emittierten Wertpapiere zu leisten sind.

Farmer Mac → Federal Agricultural Mortgage Corporation

farm incomes Agrareinkommen

farming out Auftragsvergabe an Unterlieferanten

farming stock landwirtschaftliches Vermögen

FAS Financial Accounting Standards, → free alongside ship

FASAB → Federal Accounting Standards Advisory Board

FASB → Financial Accounting Standards Board

fast mover/fast-moving consumer goods Schnelldreher, schnell drehende Konsumgüter, Artikel mit einer hohen Umschlagshäufigkeit

fat client → thick client

fault management Fehlermanagement, Fehlererkennung und Fehlerbehebung

fault tolerance Fehlertoleranz

fault tree analysis Fehlerbaumanalyse, exakte Risikoidentifizierung

favourable variance positive Abweichung □ zwischen Plan- und Ist-Leistung, z.B. höhere Umsatzerlöse oder niedrigere Kosten als vorgesehen

Faz-BEE umgangssprachlich für FASB, → Financial Accounting Standards Board

f.b. → freight bill

FBL → FIATA bill of lading, → forwarder's bill of lading, → full barge load

FBOOT → finance-build-own-operate-transfer

FCA → Farm Credit Administration

FCB → Farm Credit Bank

FCC → Farm Credit Council, → fully cellular containership

FCF → free cash flow

FCL → full container load

FCR → forwarder's certificate of receipt

FCS → Farm Credit System

f.c. and s. free of capture and seizure

FCSIC → Farm Credit System Insurance Corporation

FCSR&CC → free of capture, seizure, riots and civil commotion

FCT → forwarder's certificate of transport

FD → free delivery to dock, → free discharge

F&D → freight and demurrage

FDIC → Federal Deposit Insurance Corporation

feasibility budget Etat für die Erstellung einer Durchführbarkeitsstudie

feasibility study Durchführbarkeitsstudie, Machbarkeitsstudie

features and benefits selling Verkaufsstrategie, bei der in erster Linie die Merkmale und Vorteile eines Produktes herausgestellt werden.

Federal Accounting Standards Advisory Board erarbeitet Rechnungslegungsgrundsätze für die US-Bundesregierung

Federal Advisory Council US-Zentralbankbeirat □ berät den Board of Governors of the Federal Reserve System

federal agency securities von US-Bundesbehörden emittierte Schuldtitel □ sehr oft werden diesen Papieren auch jene Schuldtitel zugerechnet, die von federally sponsored (government-sponsored) agencies emittiert werden. Bei den letztgenannten handelt es sich um frühere Bundesbehörden, die inzwischen in Aktiengesellschaften umgewandelt wurden, aber immer noch unter Bundesaufsicht tätig sind, z.B. die → Federal Home Loan Banks oder die → Federal National Mortgage Association.

Federal Agricultural Mortgage Corporation Refinanzierungsinstitut für Agrarhypothekengeber; garantiert den Schuldendienst für Wertpapiere, die durch erststellige Hypotheken auf landwirtschaftlich genutzte Grundstücke und Gebäude unterlegt sind; vergleichbar der → Federal National Mortgage Corporation, → Farm Credit System

federal appropriations Bundesmittel

federal bankruptcy law Bundeskonkursrecht, → Bankruptcy Reform Act

federal chartering Zulassung durch Bundesbehörden

federal court jurisdiction Zuständigkeit der US-Bundesgerichte

Federal Court System Gerichtsbarkeit in den Vereinigten Staaten auf Bundesebene □ Die Bundesgerichtsbarkeit basiert in den Vereinigten Staaten auf drei Stufen: District Courts (erstinstanzliche Bundesgerichte), United States Court of Appeals (Bundesberufungsgerichte, insgesamt dreizehn) und dem Supreme Court of the United States (höchstes Bundesgericht).

federal debt 1. Staatsschuld 2. staatliche Schuldtitel

Federal Deposit Insurance Corporation US-Einlagensicherungsinstitut □ Durch die beiden Einlagensicherungsfonds der FDIC, dem Bank Insurance Fund und dem Savings Association Insurance Fund, werden Kundeneinlagen bei allen Geschäftsbanken sowie Spar- und Darlehenskassen bis zu einem Betrag von USD 100.000 versichert. Die von den angeschlossenen Instituten zu entrichtenden Prämien richten sich nach Kapitalausstattung (Unterteilung in hochkapitalisierte, ausreichend und unterkapitalisierte Institute), Risikoeinstufung und der allgemeinen Schadensentwicklung. Neben den genannten Einlagensicherungsfonds verwaltet die FDIC noch einen dritten Fonds, den FSLIC Resolution Fund, der die Verpflichtungen der aufgelösten Federal Savings and Loan Insurance Corporation sowie der Resolution Trust Corporation übernahm.

Die FDIC ist jedoch nicht nur der Garant von Kundeneinlagen, sondern nimmt eine Reihe weiterer Aufgaben wahr: Sie fördert die Bonität und Liquiditätsbereitschaft der versicherten Institute durch Kontrollen und ist gleichzeitig Regulierungsorgan für ca. 6000 Geschäftsbanken und Sparkassen, die nicht dem → Federal Reserve System angeschlossen sind. Sie überwacht die Einhaltung von Verbraucherschutzgesetzen durch die Kreditinstitute und erstellt Auffangprogramme für in Zahlungsschwierigkeiten geratene Banken.

An der Spitze der FDIC steht ein fünfköpfiges Direktorium. Drei seiner Mitglieder werden durch den Präsidenten nach Abstimmung mit dem Senat ernannt. Bei den beiden anderen handelt es sich um den → Comptroller of the Currency und den Director of the → Office of Thrift Supervision.

Federal Farm Credit Banks Funding Corporation Platzierungs- und Vertriebsorganisation für Wertpapiere, die Agrarkreditinstitute zur Refinanzierung ihrer Ausleihungen emittieren. → Farm Credit System

Federal Farm Credit Board Vorläuferorganisation der → Farm Credit Administration

Federal Financial Institutions Examination Council Bankenprüfungsrat □ setzt sich aus Vertretern der fünf Regulierungsbehörden für das Kreditgewerbe zusammen, der → Federal Deposit Insurance Corporation, dem → Federal Reserve Board, der → National Credit Union Administration, dem → Office of the Comptroller of the Currency, dem → Office of Thrift Supervision. Aufgabe des Council ist die Erstellung einheitlicher Prüfungsrichtlinien für alle Aufsichtsbehörden sowie der Aufbau eines einheitlichen Berichtswesens.

Federal Financing Bank Bundesfinanzierungsbank □ koordiniert die Finanzierungsprogramme sowie die Kreditvergabe des Bundes

Federal Home Loan Bank → Federal Home Loan Bank System

Federal Home Loan Bank Board Vorläuferorganisation des → Federal Housing Finance Board

Federal Home Loan Bank System Primäre Aufgabe des 1932 durch den Federal Home Loan Bank Act geschaffenen Federal Home Loan Bank System (FHLBS) ist die Förderung der privaten Wohnungsbaufinanzierung und des Wohneigentums in den Vereinigten Staaten. Es setzt sich zusammen aus den Federal Home Loan Banks und ihren Mitgliedsinstituten, dem Office of Finance (Emissionsstelle) und dem Finance Board (Regulierungs- und Aufsichtsorgan). Das Federal Home Loan Bank System ist in zwölf Distrikten organisiert mit jeweils einer Federal Home Loan Bank an der Spitze.

Für die dem System angeschlossenen Institute (Spar- und Darlehenskassen, Kreditgenossenschaften, aber auch Geschäftsbanken und Versicherungsgesellschaften) ist die für ihre Region zuständige Federal Home Loan Bank Kapitalbeschaffungs- bzw. Refinanzierungsinstitut. Voraussetzung für die Mitgliedschaft im FHLBS ist, dass Hypothekenausleihungen einen Schwerpunkt der Geschäftstätigkeit bilden (10% des Geschäftsvolumes müssen auf private Wohnbauhypotheken entfallen). Ihre Mittel beschaffen sich die FHLBs durch die Begebung von Schuldtiteln an den Geld- und Kapitalmärkten. Aufgrund ihrer zweifelsfreien Bonität (AAA) gelten diese Titel als erstklassige Kapitalanlage.

Federal Home Loan Mortgage Corporation (Freddie Mac) → Federal National Mortgage Association (Fannie Mae)

Federal Housing Administration Division des US Department of Housing and Urban Development □ gewährt bzw. vermittelt preisgünstige Hypothekendarlehen für den privaten Wohnungsbau

Federal Housing Finance Board (Kurzfassung Finance Board) Regulierungs- und Aufsichtsbehörde für die Federal Home Loan Banks (→ Federal Home Loan Bank System)

Federal Intermediate Credit Bank → Farm Credit Bank

federal judicial district Gerichtsbezirk □ im Hinblick auf die Rechtssprechung auf Bundesebene sind die Vereinigten Staaten in 94 judicial districts unterteilt; diese wiederum in 13 circuits mit je einem Court of Appeals an der Spitze.

federal labor union Gewerkschaft, die dem US-Gewerkschaftsdachverband angeschlossen ist.

Federal Land Bank Associations fungieren als Durchleitungsstellen für Agrarkredite (in erster Linie für langfristige Hypothekendarlehen) der → Farm Credit Banks, d.h. im Gegensatz zu den → Federal Land Credit Associations reichen sie keine eigenen Kredite aus.

Federal Land Credit Associations vergeben kurz- und langfristige Kredite an Landwirte/Agrarbetriebe; refinanzieren sich bei den → Farm Credit Banks

federal loan guaranty Bundesbürgschaft für einen Kredit

federally chartered durch eine Bundesbehörde zugelassen

federally sponsored agency securities von → government-sponsored agencies emittierte Schuldtitel

Federal Mediation and Conciliation Service Bundesschlichtungskommission für Tarifauseinandersetzungen

Federal National Mortgage Association Die Federal National Mortgage Association (Fannie Mae) und Federal Home Loan Mortgage Corporation (Freddie Mac) sind die beiden größten Realkreditinstitute der Vereinigten Staaten. Sie selbst reichen keine Hypothekenkredite aus, sondern fungieren als Refinanzierungsinstitute für Hypothekengeber, d.h. sie erwerben am Sekundär-Hypothekenmarkt von Geschäftsbanken, Genossenschaftsbanken, Spar- und Bausparkassen ausgereichte Wohnbauhypotheken, die sie entweder in ihren eigenen Portefeuilles halten oder in Wertpapieren verbriefen. Erworben werden diese Titel sowohl von privaten als auch institutionellen Anlegern.

Obwohl es sich sowohl bei der Fannie Mae als auch bei der Freddie Mac um government-sponsered enterprises handelt und sie somit einen öffentlichen Auftrag erfüllen (Gewährleistung eines liquiden Marktes für Wohnbauhypotheken, Förderung des privaten Wohneigentums), sind sie privatwirtschaftlich organisiert. Bei einer weitgehend identischen geschäftlichen Ausrichtung unterscheiden sich die beiden Institute lediglich durch ihre Marktstrategien und ihre unterschiedlich strukturierten Wertpapieremissionen.

Federal Open Market Committee Offenmarkt-Ausschuss des → Federal Reserve System

federal question *(cases involving a federal question)* Fälle bzw. Rechtsstreitigkeiten, die Bundesrecht bzw. Bundesverfassungsrecht berühren.

Federal Reserve accommodation Kreditgewährung durch eine Federal Reserve Bank

Federal Reserve Bank → Federal Reserve System

Federal Reserve Bank loan Kredit einer Federal Reserve Bank an eine Mitgliedsbank

Federal Reserve Board Kurzform für Board of Governors of the → Federal Reserve System

Federal Reserve City Stadt, in der sich eine der zwölf Federal Reserve Banks befindet.

Federal Reserve District regionaler Zuständigkeitsbereich einer Federal Reserve Bank □ insgesamt gibt es zwölf Distrikte mit jeweils einer Federal Reserve Bank an der Spitze, → Federal Reserve System

Federal Reserve margin requirements Vorschriften des → Federal Reserve System hinsichtlich der Mindestdeckung bei Effektenkrediten

Federal Reserve Open Market Committee Ausschuss für Offenmarktpolitik des → Federal Reserve System

Federal Reserve System Zentralbankensystem der Vereinigten Staaten □ Das Federal Reserve System setzt sich zusammen aus zwölf regionalen Federal Reserve Banks, dem Board of Governors of the Federal Reserve System und dem Federal Open Market Committee.

Die Federal Reserve Banks nehmen die üblichen Zentralbankaufgaben wahr, d.h. Ausgabe von Banknoten, Übernahme von Clearing-Funktionen, Festsetzung der Diskontsätze, Abwicklung von Finanztransaktionen im Auftrag der Regierung bzw. der Gebietskörperschaften, Entgegennahme der von den Banken auf ihre Einlagen zu unterhaltenden Mindestreserven, Gewährung von Refinanzierungsfazilitäten für die angeschlossenen Mitgliedsbanken. Neben diesen traditionellen Zentralbankaufgaben offerieren die FRBs noch eine Vielzahl weiterer Dienstleistungen: Verwahrung und Übertragung von Schuldtiteln, Inkasso bargeldloser Zahlungsinstrumente, Verkauf und Einlösung von US-Schatzpapieren.

An der Spitze des Systems steht der Board of Governors of the Federal Reserve System, der die Tätigkeit der Federal Reserve Banks kontrolliert, die nationale Geld- und Währungspolitik in entscheidender

Weise mitbestimmt, die Eigenkapitalquoten und die Mindestreserven festsetzt und eine umfassende Bankenaufsicht über die dem Federal Reserve System angeschlossenen Institute (member banks) ausübt. Die vom Board erlassenen Verordnungen sind für alle member banks verbindlich. Der Board selbst setzt sich aus sieben Personen zusammen, die durch den Präsidenten der Vereinigten Staaten ernannt werden. Ihre Bestellung muss jedoch durch den Senat gebilligt werden.
Der dritte wichtige Bestandteil des Federal Reserve System ist das Federal Open Market Committee, das die Richtlinien für die Offenmarktgeschäfte des Systems bestimmt, d.h. Kauf und Verkauf von kurz-, mittel- und langfristigen Staatspapieren zur Regelung des Geldmarktes bzw. zur Beeinflussung des Geldumlaufes. Dieser Offenmarktausschuss, der ferner Devisenmarktinterventionen und die Liquidität im Bankensystem steuert, setzt sich aus den sieben Mitgliedern des Board of Governors und fünf Federal Reserve Bank Präsidenten zusammen. Traditionsgemäß wird der Chairman of the Board of Governors auch zum Vorsitzenden des Open Market Committee gewählt.
Dem Federal Reserve System müssen alle nach dem Bundesrecht zugelassenen National Banks angehören. Die nach einzelstaatlichem Recht zugelassenen State banks können, müssen aber nicht Mitglied sein.
federal revenue sharing Bundesfinanzausgleich
Federal Rules of Civil Procedure US-Zivilprozessordnung □ für Verfahren vor Bundesgerichten
Federal Rules of Evidence US-Verfahrensregeln für die Beweisführung
federal savings association durch das → Office of Thrift Supervision zugelassene Sparkasse
federal tender offer law US-Bundesrecht, das Übernahmeangebote regelt.

Federal Trade Commission US-Wettbewerbsaufsichtsbehörde
fee geerbtes oder vererbbares Grundstücksrecht, → fee simple absolute
fee appraiser auf Honorarbasis arbeitender Schätzer
feedback value Rückkoppelungsqualität
fee/commission combination *(Vergütungssystem)* Kombination von festem Honorar und (Erfolgs-)Provision
feeder additional Feeder-Aufschlag, Zuschlag bei Inanspruchnahme eines Feeders, → additionals
feeder service Zubringerdienst
feeder vessel Feeder, Zubringerschiff
feedforward control problemorientierte/ vorausschauende Kontrolle
fee owner Grundstücksbesitzer, Inhaber von Eigentumsrechten
fee simple absolute/fee simple estate absolutes, alleiniges Eigentum
fee simple co-ownership unbeschränktes Miteigentum an Grundbesitz
fee simple defeasible (determinable) Eigentumsrecht, das auf unbegrenzte Zeit gewährt wird, jedoch bei Eintritt oder Nicht-Eintritt eines bestimmten Ereignisses erlöschen kann.
fee simple qualified eingeschränkte Eigentumsrechte
fee simple subject to a condition subsequent/to an executory limitation → fee simple defeasible
fee tail nur an Nachkommen in gerader Linie vererbbares Grundstücksrecht
fencing Abschirmung eines Produkt-/Kundensegments
FEU → forty foot equivalent unit
feuhold → freehold im schottischen Recht
FFB → Federal Financing Bank
FFIEC → Federal Financial Institutions Examination Council
FFP → firm fixed price contract
FGI → finished goods inventory
FHLB → Federal Home Loan Bank
FIATA bill of lading (einem Durchkonnossement vergleichbares) Transportdoku-

ment für die Abwicklung von Akkreditivgeschäften
FIATA warehouse receipt Lagerschein der Internationalen Spediteurs-Vereinigung FIATA
FIB → free into barge
FICO score Bonitätskennziffer eines Kreditantragstellers □ Zahl zwischen 350 und 850, die sich aus ca. 45 verschiedenen Bewertungskriterien errechnet; je höher die Punktzahl, desto besser die Kreditkonditionen.
fidelity bond Vertrauensschadenversicherung □ neben dem üblichen Schutz gegen Unterschlagung/Veruntreuung von Geldern durch Mitarbeiter schließen manche fidelity bonds auch Schutz gegen Raub, Diebstahl und Erpressung ein.
fidelity exclusion Bestimmung einer Haftpflichtversicherung, die die Deckung von Schäden ausschließt, denen ein Veruntreuungstatbestand seitens des Versicherungsnehmers zu Grunde liegt.
fidelity insurance → fidelity bond
fiduciary/fiduciary agent Treuhänder
fiduciary bond i.e.S. Treuhänder-Haftpflichtversicherung, i.w.S. Vertrauensschadenversicherung
fiduciary company Treuhandgesellschaft, Fiduziargesellschaft
fiduciary contract Treuhandvertrag
fiduciary currency → fiduciary issue
fiduciary debtor Treunehmer
fiduciary duty Treuepflicht (des Treuhänders), treuhänderische Verpflichtung
fiduciary duty of care treuhänderische Sorgfaltspflicht
fiduciary issue fiduziärer Notenumlauf, ungedeckte Notenausgabe der Bank von England
fiduciary liability coverage → fiduciary bond
fiduciary loan ungedeckter Kredit, Blankokredit □ Kreditgewährung, die allein auf der absoluten Bonität des Schuldners basiert.
fiduciary relationship Treueverhältnis, Vertrauensverhältnis
fiduciary standard of money Papiergeldwährung
field applications engineer Anwendungstechniker im Außendienst
field experiment Feldexperiment □ Experiment (Marktforschung) unter realen Bedingungen, Untersuchung in natürlichen Situationen
field logistics Außenlogistik
field map Katasterplan
field market survey (Primär-)Datenerhebung, → field research
field order → emergency field order
field organisation Außendienstorganisation
field research Primärforschung, Feldforschung, unmittelbare Forschung, demoskopische Forschung, → field experiment, → desk research
field sales force/field staff Verkaufsaußendienst, Mitarbeiter im Außendienst
field service manager Außendienstleiter
field supervisor Feld-Supervisor □ Mitarbeiter, der für die Datenerhebung bzw. Auswahl und Ausbildung von Interviewern verantwortlich ist.
field survey → field experiment, field market survey
field testing Produkttest bei Nutzern des Zielmarktes
field warehousing externe Lagerung, Fremdlagerung, → in-plant warehousing
fieldwork 1. Feldarbeit, Erhebung von Daten durch persönliche Befragungen 2. Prüfung eines Buchprüfers vor Ort
fieri facias → writ of fieri facias
Fifo → first-in, first-out
FII → franked investment income
file transfer protocol Dateiübertragungsprotokoll □ technischer Kommunikationsstandard, der die schnelle Übertragung großer Dateimengen zwischen Rechnern ermöglicht.
filing relief from creditors Beanspruchung von Gläubigerschutz aufgrund von Chapter 11 des → Bankruptcy Code
filter question Filterfrage □ den Befragungsablauf steuernde Frage, z.B. zum

final acceptance Ausschluss von Personen, die nicht zur Zielgruppe gehören

final acceptance Endabnahme

final acceptance certificate endgültiges Abnahmeprotokoll

final accounting Erstellung einer Schlussrechnung oder Abschlussbilanz

final average plan Betriebsrentenversicherung, bei der die Versicherungsleistungen durch die Bezüge bestimmt werden, die der Mitarbeiter im Durchschnitt in den letzten Jahren seiner Betriebszugehörigkeit erhalten hat. → career-average formula (plan)

final dividend 1. Schlussdividende für ein Geschäftsjahr (im Falle von Dividenden, die quartalsweise zur Ausschüttung gelangen) 2. endgültige Konkursquote

final salary scheme betriebliche Altersversorgung, die so strukturiert ist, dass die späteren Versicherungsleistungen weitgehend dem zuletzt bezogenen Gehalt des Mitarbeiters entsprechen. → money purchase scheme

final sales forecast endgültige Umsatzprognose □ Zusammenfassung der → external und internal sales forecast

final utility → marginal utility

finance branch ausländische Tochtergesellschaft für konzerninterne Finanzierungen

finance-build-own-operate-transfer *(Betreibermodell für die Abwicklung von Anlageprojekten)* finanzieren-bauen-besitzen-betreiben-übergeben

finance leasing Finanzierungs-Leasing □ Kennzeichen: Das Leasinggut wird nur einmal und nicht wiederholt verleast, der Leasingvertrag ist während der Laufzeit i.d.R. unkündbar. Bei den Verträgen handelt es sich um Vollamortisationsverträge, d.h. Laufzeit und Höhe der Leasingraten sind so bemessen, dass der Leasinggeber seine Investitionskosten für das Leasingobjekt aus den Leasingraten amortisieren kann und einen Gewinn erzielt.

finance subsidiaries, at underlying equity *(im Jahresabschluss)* Beteiligungen an Finanzierungsgesellschaften, konsolidiert mit dem Anteil am Reinvermögen.

financial accounting (externe) Rechnungslegung (schließt i.w.S. das aufsichtsrechtliche Berichtswesen ein)

Financial Accounting Foundation unabhängiges Organ, das die Mitglieder des → Financial Accounting Standards Board und des → Governmental Accounting Standards Board (einschließlich der entsprechenden Advisory Councils) bestellt sowie die Tätigkeit dieser Organisationen überwacht.

financial accounting income (loss) *(in der Handelsbilanz)* ausgewiesener Gewinn (Verlust)

Financial Accounting Standards Rechnungslegungsgrundsätze des US → Financial Accounting Standards Board

Financial Accounting Standards Board regelt die Rechnungslegung von Unternehmen des Privatsektors in den Vereinigten Staaten; seine Rechnungslegungsstandards werden von der → Securities and Exchange Commission als verbindlich anerkannt; es handelt sich um eine unabhängige Organisation, die sich aus Vertretern von Wirtschaftsprüfungsfirmen, Industrieunternehmen und Wissenschaft zusammensetzt.

financial agent 1. Finanzierungsmakler, Finanzmakler 2. Finanzintermediär

financial aggregates Kredit- und Geldmengenaggregate

financial assets Finanzaktiva, Finanzanlagen, Finanzanlagevermögen □ Beteiligungen, Wertpapiere, langfristige Darlehens- und Hypothekenforderungen

financial auditing Prüfung des betrieblichen Finanz- und Rechnungswesens □ Prüfungsgebiete: Jahresabschluss, Finanzplanung, Anlagenverwaltung, Lohn-, Gehalts- und Frachtabrechnung, Kostenrechnung, Zahlungsverkehr

financial award gerichtlich zuerkannte Summe

financial backers Finanziers, Geldgeber, i.e.S. auf die Eigenkapitalfinanzierung von Management Buyouts/von Projekten spezialisierte Investoren, z.b. Venture-Capital-Gesellschaften oder Investmentbanken

financial backstop finanzielle Sicherheit, Auffanglinie

financial bailout Stützungsaktion für ein zahlungsunfähiges Unternehmen, Übernahme der Verbindlichkeiten

financial benchmarking Vergleich des eigenen Finanzergebnisses mit dem von Konkurrenzunternehmen

financial budget Finanzbudget □ Übersicht über die projizierten Zuflüsse und Abflüsse an Finanzmitteln

financial burden-sharing finanzielle Lastenverteilung

financial close Bereitstellung der Finanzierungsmittel, i.e.S. Zeitpunkt, zu dem diese Mittel verfügbar sein müssen.

financial close-out Finanzierungsabschluss, abschließende Prüfung einer finanziellen Transaktion

financial closing → financial close

financial controller Finanz-Controller □ trägt Verantwortung für die Unternehmensfinanzierung (Planung und Durchführung), Bilanzierung, Unternehmensbesteuerung, → controller

financial covenants 1. finanzielle Sicherungsklauseln (Auflagen, Kennzahlen), zu deren Einhaltung sich der Kreditnehmer in dem Kreditvertrag verpflichtet. → debt/equity ratio, → minimum net worth 2. Verpflichtungen zu bestimmten (i.d.R. regelmäßig wiederkehrenden) Zahlungen

financial disclosure Offenlegung der finanziellen Verhältnisse, Veröffentlichung von Bilanzen und Ertragsrechnungen

financial disclosure requirements Publizitätsvorschriften

financial due diligence Teil einer Unternehmensprüfung (→ due diligence), bei der die finanzielle Situation sowie das Bilanz- und Rechnungswesen des Unternehmens im Mittelpunkt stehen.

financial flow statement Finanzflussrechnung

financial forecast *(im Rahmen der betrieblichen Planungsrechnung)* Finanzprognose, finanzielle Vorschaurechnung □ z.b. projizierte Bilanz, Vorschau-Gewinn- und Verlustrechnung

financial futures contract Finanz-Terminkontrakt, Terminkontrakt auf einen Finanztitel □ Bei einem Finanz-Terminkontrakt handelt es sich um die vertragliche Vereinbarung zwischen zwei Parteien, zu einem bestimmten Zeitpunkt eine dem Geld-, Kapital- oder Devisenmarkt zuzuordnende Basisgröße, die nach Menge und Liefertermin standardisiert ist, zu einem bestimmten Kurs oder Preis zu kaufen oder zu verkaufen. I.d.R. werden die den Kontrakten zu Grunde liegenden Transaktionen physisch jedoch nicht erfüllt. Sie werden vor Fälligkeit durch Gegengeschäfte glattgestellt, d.h. durch den Verkauf erworbener Kontrakte bzw. durch den Rückkauf leer verkaufter Kontrakte.

financial futures fund Terminbörsenfonds □ Investmentfonds, der seine Vermögenswerte in Finanzterminkontrakten investiert.

financial gearing → gearing/gearing ratio

financial hedging Finanzhedging, Absicherung finanzieller Risiken

financial holding Finanzholding □ beschränkt sich auf das Management der Finanzanlagen, greift nicht in das operative Geschäft der Konzerneinheiten ein.

financial income Finanzertrag

financial investments 1. Kapitalanlagen 2. Finanzinvestitionen □ Erwerb von Forderungs-und Beteiligungsrechten, Anlage liquider Mittel in Wertpapieren und Beteiligungen

financial leverage ratios Verschuldungskennzahlen, finanzielle Hebelkennzahlen, → leverage

financial leverage risks finanzierungsseitige Risiken

financial liability Finanzpassivum

financial management i.e.S. Finanzdisposition ☐ Steuerung der Ein- und Ausgaben, Deckung des Finanzbedarfs, Anlage überschüssiger Mittel, i.w.S. Finanz-Management, finanzielle Planung und Steuerung einer Unternehmung

financial mix Korb verschiedener Finanzierungsformen

Financial Modernization Act Gesetz zur Modernisierung des US-Finanzdienstleistungssektors ☐ mit diesem Gesetz aus dem Jahr 1999 wurde die seit 60 Jahren bestehende Trennung von Bank-, Wertpapier- und Versicherungsgeschäften in den Vereinigten Staaten praktisch aufgehoben und das Allfinanzgeschäft genehmigt.

financial networking gemeinsames Angebot finanzieller Dienstleistungen durch mehrere Kreditinstitute

financial packaging Zusammenstellung eines Finanzierungspaketes

financial performance Finanzergebnis

financial perspective finanzielle Perspektive, → balanced scorecard

financial plan Finanzplan ☐ Aufstellung über die Abflüsse und Zuflüsse an Finanzmitteln einer Unternehmung; dient der Ermittlung der kurz-, mittel- oder langfristigen Liquidität.

financial planning statement 1. → financial plan 2. Finanzierungsbilanz

financial position statement Finanzstatus, Finanzausweis

financial pump priming finanzielle Unterstützung, Kapitalspritze

financial reinsurance Finanzrückversicherung ☐ Rückversicherung über die Finanzmärkte, bei der eine Kombination von Risikotransfer und Risikofinanzierung im Vordergrund steht. → traditional reinsurance, non-traditional reinsurance

financial reporting Rechnungslegung, Bilanzierung

Financial Reporting Council Britischer Rechnungslegungs-Rat ☐ setzt sich aus Vertretern der Londoner City und der britischen Regierung zusammen; steuert und kontrolliert die Rechnungslegung und Bewertungsmethoden in Großbritannien über die ihm angeschlossenen Institutionen → Accounting Standards Board und → Financial Reporting Review Panel

Financial Reporting Review Panel überwacht im Auftrag des → Financial Reporting Council die Rechnungslegung britischer Unternehmen und die Einhaltung der relevanten Bestimmungen des Companies Act

Financial Reporting Standards Rechnungslegungsgrundsätze der britischen Standardisierungs-Kommission (Accounting Standards Board)

Financial Reporting Standards for Smaller Entities Rechnungslegungsgrundsätze des ASB für kleinere Unternehmen (mit einem Jahresumsatz bis zu GBP 2.8 Mio)

financial requirements budget Kapitalbedarfsrechnung

financial risk management Absicherung finanzieller Risiken (Zins- und Währungsrisiken)

Financial Services and Markets Act britisches Finanzmarkt-Regulierungsgesetz aus dem Jahr 2000 ☐ regelt die Regulierungs- und Kontrollbefugnisse der → Financial Services Authority

Financial Services Authority Aufsichts- und Regulierungsbehörde für die britischen Finanzmärkte ☐ Die 1997 aus dem Securities and Investments Board hervorgegangene FSA nimmt in Großbritannien alle Überwachungs- und Regulierungsaufgaben nach dem Financial Services Act aus dem Jahr 1986 und dem Banking Act aus dem Jahr 1987 wahr. Sie übernahm u.a. die Bankenaufsicht von der Bank of England und fungiert als Zulassungsbehörde für Kreditinstitute und im Auftrag des Treasury als Aufsichtsbehörde für Versicherungsunternehmen. Nach der zum Zeitpunkt der Drucklegung laufenden Gesetzgebung soll sie auch die Aufgaben der verschiedenen, bislang selbstständigen Selbstregulierungsorgane im Finanzsektor übernehmen. Ihr Board wird durch den britischen Schatzkanzler bestellt.

financial statement Vermögens- und Einkommensnachweis eines Hypotheken-/Kreditantragstellers, *(pl)* Bilanz, (Jahres-)Abschluss

financial trust Investmentfonds, dessen Vermögen vornehmlich in Werten des Banken- und Versicherungssektors angelegt wird.

financial viability Tragbarkeit (Durchführbarkeit) unter finanziellen Gesichtspunkten

financing statement 1. Erklärung über die Begründung eines Sicherungsrechtes (→ perfection of a security interest), die bei der zuständigen Registerbehörde zu hinterlegen ist. 2. Finanzstatus, Finanzausweis

fine print das Kleingedruckte

fine-tuning operations Feinsteuerungsoperationen □ Offenmarktgeschäfte des Europäischen Systems der Zentralbanken zur Steuerung der Marktliquidität, insbesondere zur Glättung von Zinsausschlägen aufgrund unerwarteter Liquiditätsschwankungen

finish date *(in der Projetkablaufplanung)* Endzeitpunkt, Projektfertigstellungstermin

finished goods inventory/finished goods in stock Fertigwarenbestände, Fertigwarenlager

finished manufactures verarbeitete Fertigerzeugnisse

finish float Pufferzeit (→ float) zwischen dem Endzeitpunkt eines Vorganges und dem Anfangszeitpunkt des folgenden Vorganges

finishing activity abschließender Vorgang, letzter Vorgang im Projektablaufplan

finish-to-finish/finish-to-start relationship Ende-Ende/Ende-Anfang-Beziehung, → logical relationships

finite limited partnership → limited partnership mit begrenzter Laufzeit

finite loading kapazitätskonforme Beladung/Belegung

finite-risk reinsurance Rückversicherung mit beschränkter Risikoübernahme seitens des Rückversicherers und Beitragsrückgewähr an den Erstversicherer; Form der Finanzrückversicherung (→ financial reinsurance)

FIO → free in and out

FIOS → free in, out and stowed

FIOT → free in, out and trimmed

fire insurance rate Prämienrichtzahl □ Multiplikator zur Errechnung der Feuerversicherungsprämien

fire policy Feuerversicherungspolice

fire sale 1. übereilte Positionsglattstellung (überstürzter Verkauf) nach starken Kursverlusten 2. Notverkauf von Anlagegütern aufgrund großer Liquiditätsschwierigkeiten

firewall elektronische Sicherheitsbarriere, System zum Schutz einer Datenbank/von Netzwerken vor dem Zugriff durch Unbefugte

firm commitments vertragliche Verpflichtungen, bindende Verträge

firm fixed price contract Festpreisauftrag

firm planned order bedingter Auftrag, der in einen Festauftrag umgewandelt wurde.

firm value → enterprise value

FIRPTA → Foreign Investment in Real Property Tax Act

first amendment lease Leasingvertrag mit einer Kaufoption des Leasingnehmers, d.h. er kann das Leasingobjekt nach Ablauf der Vertragslaufzeit zum Marktwert oder zu einem festgelegten Mindestpreis erwerben, je nachdem welcher Wert höher ist. → fixed price purchase option

first cost Gestehungskosten, Anschaffungskosten

first-dollar coverage Versicherung, die eine Volldeckung von Schäden bis zur vereinbarten Versicherungssumme vorsieht (keine Selbstbeteiligung). → first loss cover

first debenture erstrangige Schuldverschreibung

first deed of trust erststelliges Grundpfandrecht

first excess reinsurance → excess of line reinsurance

first generation franchise systems Franchising-Systeme der ersten Generation □ Tankstellen, Abfüller alkoholfreier Getränke, → second generation franchise systems, → franchising

first generation space der bei Erstbezug eines Gebäudes zur Verfügung stehende Mietraum

first-hand leasing Vermietung neuer Wirtschaftsgüter

first-in, first-out zuerst eingekauft – zuerst verkauft □ Verfahren zur Bewertung des Vorratsvermögens, bei dem davon ausgegangen wird, dass die zuerst eingekauften Waren auch zuerst verbraucht werden, d.h. die Bewertung basiert auf den Preisen der jeweils letzten Einkäufe.

first layer erste Deckungstranche, → layering

first level domain Endung eines Domain-Namens (Internet-Adresse), z.B. .de für Deutschland, .com/kommerzielle Einrichtungen/Unternehmen, .net/Internet-Einrichtungen, .edu/Bildungseinrichtungen, .orga/öffentliche Einrichtungen, → second level domain

first lien mortgage loan erststelliges Hypothekendarlehen

first loss 1. Erstrisiko 2. Eigenbehalt des Versicherungsnehmers

first loss cover (insurance, policy) Erstrisikoversicherung □ jeder Schaden ist bis zur Höhe der Versicherungssumme ohne Berücksichtigung des Versicherungswertes zu regulieren.

first loss retention → net loss retention

first mortgage debt durch eine erststellige Hypothek besicherter Schuldtitel

first mover advantages Vorteile des Unternehmens, das zuerst auf einen erkennbaren Trend reagiert.

first named insured der an erster Stelle genannte Versicherungsnehmer □ gilt als Zustelladresse bei mehreren Versicherungsnehmern

first option clause Vorkaufsrechtsklausel

first outlay Gründungskosten

first party coverage Versicherung, bei der nur eigene Schäden und nicht die Dritter abgedeckt werden.

first position security interest erststelliges Sicherungsrecht, → security interest

first stage capital Kapital, das in der ersten Finanzierungsrunde bereitgestellt wird.

first stage financing erste Finanzierungsrunde für ein junges/wachstumsstarkes Unternehmen

first surplus reinsurance → excess of line reinsurance

first telecast Tag, an dem ein Werbespot zum ersten Mal ausgestrahlt wird.

first-tier company *(i.S. des US-Steuerrechts)* Tochtergesellschaft, → second-tier, → third-tier company

first-to-market 1. der erste Hersteller am Markt 2. Produkt, mit dem eine neue Produktgattung geschaffen wird.

first-year allowance → initial allowance

fiscal agent 1. Fiscal Agent □ Bank, die die technische Abwicklung einer Emission übernimmt bzw. als Zahlstelle fungiert 2. Vermögensverwalter, Treuhänder

fiscal period-end exchange rate Wechselkurs am Ende des Geschäftsjahres

fit and proper (fitness and probity) Nachweis der persönlichen und fachlichen Eignung, den britische Regulierungsbehörden von Wertpapierhändlern der Londoner City verlangen.

fitness for a particular purpose Eignung für einen bestimmten Gebrauch (für den vertragsgemäßen Zweck)

fixed alternative questions Fragen mit festen vorgegebenen Anworten, Mehrfachauswahlfragen

fixed amount option Auszahlungsoption bei einer Lebensversicherungspolice, d.h. der Erlös plus Zinsen kann in festen regelmäßigen Beträgen zur Auszahlung gelangen.

fixed annuity private Rentenversicherung (→ annuity), bei der regelmäßig ein fester Betrag zur Ausschüttung gelangt.

fixed asset additions, less disposals Zuschreibungen zu Gegenständen des Anlagevermögens, abzüglich Abgänge
fixed asset investments Sachinvestitionen, Anlageinvestitionen
fixed asset restatement reserve Neubewertungsrücklage □ umfasst alle Gewinne/Verluste aus der Neubewertung von Sachanlagen
fixed assets i.e.S. Sachanlagen, i.w.S. Anlagevermögen □ unterteilbar in tangible assets (Sachanlagen, materielle Gegenstände des Anlagevermögens) und intangible assets (immaterielle Gegenstände des Anlagevermögens)
fixed asset-to-equity capital ratio Verhältnis von Sachanlagen zu Grundkapital □ Kennzeichen zur Bewertung der Rückzahlungsfähigkeit langfristiger Verbindlichkeiten
fixed asset turnover Verhältnis von Umsatz zu Sachanlagen vor Abschreibung
fixed benefit annuity → fixed annuity
fixed benefits feste Versicherungsleistungen
fixed budgeting starre (feste) Plankostenrechnung □ nicht veränderbar während der Budgetperiode, → budgeting, → flexible budgeting, → contingency budgets
fixed capital Anlagekapital
fixed capital investments (spending) Anlageinvestitionen, Kapitalbeteiligungen
fixed charge 1. dingliche Sicherung an Grundstücken, Gebäuden oder Maschinen □ d.h. Belastung eines bestimmten Objektes im Gegensatz zu einer Sicherung an ständig wechselnden Vermögenswerten einer Unternehmung 2. → fixed charges
fixed-charge coverage Fixkostendeckung
fixed charges feste Kosten (Lasten), regelmäßig wiederkehrende Kosten
fixed cost(s) fixe Kosten, Fixkosten, Festkosten □ Teil der Gesamtkosten, dessen Höhe sich bei Veränderung der Ausbringungsmenge, nicht verändert.
fixed cost charge Fixkostenbelastung
fixed cost per unit of output Fixkosten je Produktionseinheit

fixed/current assets ratio Verhältnis von Anlage- zum Umlaufvermögen
fixed debt 1. langfristige Verschuldung 2. festverzinsliche Schuldtitel, Anleiheverbindlichkeiten
fixed disbursements fixe Auszahlungen, konstante (von der Ausbringungsmenge unabhängige) Auszahlungen
fixed-duration scheduling *(in der Projektplanung)* Ablaufplanung, bei der die Vorgangsdauer unabhängig vom Faktoreinsatz ist.
fixed expense → fixed cost(s)
fixed fund Investmentfonds □ Investmentfonds, dessen Vermögenswerte in festverzinslichen Wertpapieren angelegt werden.
fixed income arbitrage Arbitrage in festverzinslichen Wertpapieren, bei der ein spekulativ ausgerichteter Marktteilnehmer Fehlbewertungen bei Festsatztiteln (z.B. nicht dem Emittenten-Rating entsprechende Bewertungen) durch Käufe der unterbewerteten Titel und (Leer-)Verkäufe der überbewerteten Titel zu nutzen versucht.
fixed indebtedness → fixed debt
fixed instalment depreciation lineare Abschreibung
fixed interest bond 1. Festsatzanleihe, Festsatzbond 2. fondsgebundene Lebensversicherung □ Die Höhe der Leistungen ist an die Wertentwicklung eines Investmentfonds gekoppelt, dessen Kapital in festverzinslichen Werten angelegt wird.
fixed investments 1. Sachinvestitionen 2. langfristige Kapitalanlagen
fixed level annuity → fixed annuity
fixed mortgage loan festverzinsliches Hypothekendarlehen, Festzinshypothek
fixed order quantity feste Bestellmenge
fixed overhead (expenses) feste Fertigungsgemeinkosten, fixe Gemeinkosten
fixed overhead variance Unterschied zwischen Plan- und Ist-Fertigungsgemeinkosten
fixed payment lease Leasingvereinbarung mit einer für die gesamte Laufzeit festen Leasingrate

fixed penalty bond Bürgschaft, bei der die Haftung des Bürgen auf einen bestimmten Betrag begrenzt ist.

fixed period annuity → annuity

fixed position feste (garantierte) Sendezeit für die Ausstrahlung eines Werbespots

fixed price offer Festpreisverfahren □ Platzierungsverfahren, bei dem der Kurs der zu platzierenden Aktien auf der Grundlage einer Unternehmensbewertung und der allgemeinen Marktlage zu Beginn der Verkaufsfrist festgelegt wird.

fixed price purchase option Option des Leasingnehmers auf Erwerb des Leasinggutes nach Ablauf der Vertragslaufzeit zu einem vor Vertragsbeginn festgelegten Preis.

fixed pricing option Option auf Umwandlung eines zinsvariablen Kredites oder Schuldtitels in eine Festsatzverpflichtung

fixed production overhead fixe Fertigungsgemeinkosten □ indirekte, relativ konstant bleibende Produktionskosten (Abschreibungen und Unterhaltskosten für die Produktionsanlagen)

fixed property Grundstücke und Gebäude

fixed rate foreign exchange swap tender Devisen-Swap im Wege eines Mengentenders □ Kreditinstitute bieten den Währungsbetrag, zu dem sie auf der Basis des von der Zentralbank festgelegten Swapsatzes (Differenz zwischen dem Wechselkurs der Kassatransaktion und dem der Termintransaktion) zu kaufen und zu verkaufen (bzw. zu verkaufen und zurückzukaufen) bereit sind. → foreign exchange swap

fixed rate provider Vertragspartei, die bei einem Zins-Swap (→ interest rate swap) Festsatzverbindlichkeiten auf eine zinsvariable Basis umstellt, indem sie feste Zinsverpflichtungen zur Verfügung stellt und variable Zinszahlungen übernimmt.

fixed rate taker Vertragspartei, die bei einem Zins-Swap zinsvariable Mittel auf eine Festsatzbasis umstellt, indem sie variable Zinsverpflichtungen zur Verfügung stellt und feste Zinszahlungen übernimmt.

fixed rate tender Mengentender □ Tenderverfahren (Ausschreibungsverfahren), bei dem Kreditinstitute den Geldbetrag bieten, zu dem sie auf der Basis des von der Zentralbank vorgegebenen Zinssatzes kaufen oder verkaufen wollen. → variable-rate tender

fixed sample feststehende Stichprobe □ wiederholte Beobachtung der gleichen Gruppe von Testpersonen während eines längeren Zeitraumes

fixed spot Werbespot mit einer festen Sendezeit

fixed tangible assets Sachanlagen

fixed trust 1. → fixed fund 2. Treuhandverhältnis (Stiftung), bei dem die Befugnisse des Treuhänders genau definiert und i.d.R. begrenzt sind.

fixed/worth Verhältnis von Sachanlagen (fixed assets) zum Eigenkapital (net worth)

fixture filing Registrierung eines → financing statement hinsichtlich betrieblicher Ausrüstungen

fixtures 1. feste Bestandteile von Grund und Boden □ bewegliches Sacheigentum (feste Einrichtungsgegenstände), das Teil einer zum Verkauf angebotenen Immobilie ist. 2. (fixtures and fittings) Geschäftsausstattung, dem Betriebszweck dienendes Zubehör 3. Festzinskredite, die nicht vor Fälligkeit gekündigt werden können.

fixturing period Zeitraum der mietfreien Nutzung einer Immobilie zu Beginn eines Mietvertrages bis zum Abschluss der vertraglich vereinbarten Einbauten durch den Mieter

flag of convenience Billigflagge

flanker brand zusätzliche Markeneinführung zur Festigung oder Vergrößerung eines Marktanteils

flanking attack/defense strategy Flankenangriffs-/Verteidigungsstrategie □ Marketingaktivitäten, die auf Schwachpunkte der Konkurrenten in bestimmten Regionen bzw. Marktsegmenten oder auf die Behebung eigener Schwachpunkte abzie-

len.
flat bed trailer Flachtrailer, Tieflader
flat benefits Grundleistungen
flat cancellation vollständige Annullierung, i.e.S. Annullierung einer Versicherungspolice vor ihrem In-Kraft-Treten (z.B. bei Nichtzahlung der Erstprämie)
flat car Flachwagen, offener Wagen für Spezialtransporte
flat commission Pauschal-/Festprovision
flat deductible genereller (regelmäßig zur Anwendung kommender) Eigenbehalt
flat fee broker (Immobilien-)Makler, der für seine Vermittlungstätigkeit eine Pauschalgebühr in Rechnung stellt.
flat lease Mietvertrag, der regelmäßige Mietzahlungen in gleicher Höhe vorsieht.
flat line reinsurance Rückversicherung □ Form der Rückversicherung, bei der alle vom Erstversicherer gezeichneten Risiken voll rückgedeckt werden.
flat policy Versicherungspolice ohne Selbstbeteiligungsklausel
flat rack Flach-Container, Container für Schwergut und überbreite Ladung (ermöglicht die Beladung von oben oder von der Seite)
flat rate (contribution) fester Beitragssatz, Einheitsbeitrag, Grundbeitrag
flat rate lease → fixed payment lease
flat schedule fester Beitragssatz für die gesamte Versicherungslaufzeit
FLBAs → Federal Land Bank Associations
FLCAs → Federal Land Credit Associations
fleet deployment Flottendisposition, Fahrzeugdisposition
fleet leasing Flotten-Leasing, Vermietung kompletter Fuhrparks
fleet management Flotten-Management, Fuhrparkverwaltung, i.w.S. Organisation und Steuerung des Vertriebs- und Auslieferungssystems einer Unternehmung
fleet management company Unternehmen, i.d.R. eine Mietwagenfirma oder eine Leasing-Gesellschaft, die die Verwaltung von Fuhrparks übernimmt bzw. komplette Fuhrparks vermietet.

fleet operating costs Fuhrparkkosten
flexed budget (budget allowance) angepasstes Budget
flexible budget variables (variierbares) Budget □ Budget, das sich proportional (progressiv oder degressiv) mit der Ausbringungsmenge verändert. → flexed budget
flexible budgeting flexible (rollierende) Budgetierung, flexible Plankostenrechnung □ ermöglicht eine Anpassung an Beschäftigungs- oder Plandatenänderungen bzw. an aktuelle Markt- oder Unternehmensentwicklungen
flexible features variable Konditionen, z.B. Möglichkeit der Aufstockung oder Verringerung der monatlichen Tilgungsleistungen
flexible fund (trust) Investmentfonds, der Anteile in unbeschränkter Höhe ausgeben und seinen Wertpapierbestand jederzeit verändern kann. → fixed fund
flexible gate flexibler Kontrollpunkt, → permeable gate
flexible mortgage Hypothek, die Sondertilgungen oder die Inanspruchnahme zusätzlicher Gelder in einem begrenzten Umfang zulässt.
flexible-premium annuity private Rentenversicherung (→ annuity) mit variablen Beitragszahlungen
flexible resources flexible Einsatzmittel □ Arbeitskräfte/Sachmittel, die je nach Bedarf angeworben/erworben werden können.
flex space gewerblicher Mietraum mit unterschiedlichen Nutzungsmöglichkeiten
flight auf einen kurzen Zeitraum beschränkte, intensive Werbekampagne
flip 1. schneller Weiterverkauf erworbener Wertpapiere oder Immobilien 2. kurzfristiges, zeitlich begrenztes Kapitalengagement in einem neuen Unternehmen
flip-in right → call plan
flip-over right → put plan
float 1. → float profit 2. Pufferzeit, zeitliche Dispositionsreserve am Anfang oder

floater

Ende eines Vorganges □ Zeitspanne, um die ein Projektvorgang verschoben werden kann, ohne dass sich dadurch der Projektfertigstellungstermin verzögert. → network analysis

floater 1. zinsvariabler Schuldtitel 2. offene Police, → floating policy

float expenses 1. Gründungskosten 2. Börseneinführungskosten

floating assets (capital) Umlaufvermögen, i.e.S. Warenvorräte, Forderungen

floating charge schwebende Belastung, Sicherungsrecht am Vermögen einer Unternehmung □ Mit diesem Sicherungsinstrument können das Gesamtvermögen einer Unternehmung oder bestimmte Vermögensteile belastet werden. Die Eigentums- bzw. Verfügungsrechte verbleiben beim Sicherungsgeber. Die floating charge konkretisiert sich erst bei Eintritt des Sicherungsfalles.

floating debenture durch eine → floating charge besicherter Schuldschein (besichertes Schuldversprechen)

floating debt → floating liabilities

floating liabilities schwebende Schulden, i.w.S. kurzfristige Verbindlichkeiten

floating lien Sicherungsrecht an einem sich durch Zu- und Abgänge ständig verändernden Bestand an Sicherungsobjekten. → floating charge

floating payments variable Zahlungen

floating pledge → floating lien

floating points variable → discount points; bedeutet, dass ein Kreditgeber zum Zeitpunkt eines Zinsangebotes die Höhe der discount points offen lässt und sie erst unmittelbar vor dem → closing festlegt.

floating policy laufende (offene) Versicherung □ die Versicherung wird um die jeweils deklarierten Beträge abgeschrieben.

floating prime rate variabler Zinssatz für erstklassige Adressen, der an die Entwicklung eines Referenzzinssatzes gekoppelt ist.

floating rental variable Leasingrate

floating task Projektvorgang, der ohne Beeinträchtigung der Projektlaufzeit vorgezogen oder verschoben werden kann.

float profit Floatgewinn, valutarischer Gewinn, Wertstellungsertrag, Wertstellungsgewinn □ Zinsertrag, der durch den Unterschied zwischen der wertmäßigen Belastung des Kontos des Zahlenden und der wertstellungsmäßigen Gutschrift auf dem Konto des Zahlungsempfängers entsteht.

float time Zahlungsfloat □ Zeitspanne zwischen Kontobelastung und Kontogutschrift, → float profit

floor 1. Zinsuntergrenze 2. Zinsgarantievereinbarung, mit der sich der Verkäufer des Floor (i.d.R. ein Kreditinstitut) verpflichtet, dem Erwerber des Floor den Betrag zu zahlen, um den ein bestimmter Referenzzinssatz zu einem bestimmten Zeitpunkt die vertraglich festgelegte Zinsuntergrenze (floor rate) unterschreitet.

floor area ratio Verhältnis von Gesamtgeschossfläche zur Grundstücksfläche

floorlets Teiloptionen eines → floor, → caplets

floor limit *(im Kreditkartengeschäft)* genehmigungsfreie Höchstgrenze

floor plan 1. Grundriss 2. → floor plan financing

floor plan financing Lagerfinanzierungskredit, Beleihung von Lagerbeständen (ein bestimmter Prozentsatz des jeweiligen Lagerbestandes dient als Sicherheit für eine eingeräumte Kreditlinie)

floor plan insurance Versicherung von Waren, die als Sicherheit für einen Lagerfinanzierungskredit dienen.

floor pricing Mindestpreiskalkulation

floor-ready merchandise verkaufsbereite (vorkommissionierte) Ware; ermöglicht ein schnelles Durchschleusen, → crossdocking

floor-to-ceiling loan Zweistufen-Immobilienkredit, dessen erste Tranche (i.d.R. 50–70%) bei Fertigstellung des Rohbaues und dessen zweite Tranche nach vollständiger Vermietung und Erfüllung bestimmter Ertragskriterien zur Auszahlung gelangt.

flowback Rückfluss von Titeln nach der Platzierung
flow chart Ablaufdiagramm, Flussdiagramm
flow of funds statement Kapitalflussrechnung, Zahlungsstromrechnung, Aufstellung über die Herkunft und Verwendung von Geldmitteln eines Unternehmens während eines Geschäftsjahres
flow of goods Güterstrom, Warenverkehr
flow organisation Ablauforganisation
flow process chart Fertigungsablaufdiagramm
flow production Fließfertigung
flow-through distribution → cross-docking
flow-through entity 1. Durchleitungsinstitut 2. (i.S. der US-Steuergesetzgebung) juristische Person (Objektgesellschaft), deren Erträge an die Anteilseigner »durchfließen« und von diesen versteuert werden.
FLSA → Fair Labor Standards Act
FMA → Financial Modernization Act, → first mover advantages
FMCG → fast-moving consumer goods
FMEA → failure mode and effects analysis
FMV → fair market value
FNMA → Federal National Mortgage Association
FO → free out
FOA → free on aircraft
FOB → free on board
FOB/FOB → free on board/free off board
FOC → flag of convenience
focus group (in der Marktforschung) Fokusgruppe, Gruppendiskussion □ ca. zehn Personen, die in einer Diskussionsrunde ein Produkt, ein Problem oder einen Lösungsansatz diskutieren.
focus group interview fokussiertes Gruppeninterview, Befragung einer Gruppe zu einem bestimmten Produkt oder Thema
focussed channel system fokussiertes Absatzwegesystem □ Mehrkanalsystem, bei dem verschiedene Absatzkanäle getrennt auf verschiedene Kundengruppen ausgerichtet werden.
focussed interview fokussierte (zentrierte) Befragung
focussed marketing konzentriertes Marketing □ Konzentration der Marketingaktivitäten auf ausgewählte Marktbereiche
fod → free of damage
folder 1. gefalzter Prospekt, gefaltetes Prospektblatt 2. Informationsmappe, Angebotsfolder
folder test Folder-Test, Anzeigenmappentest □ Test zur Feststellung des Erinnerungswertes von Anzeigen durch gezielte Befragung von Probanden, die zuvor gebeten wurden, eine Mappe mit zahlreichen Anzeigen durchzublättern.
folio Grundbuchblatt
following form Folgepolice, die auf den Konditionen der ursprünglichen Versicherung basiert.
following reinsurer Mit-Rückversicherer, Mitglied eines Rückversicherungspools
follow-in-the form clause Klausel, die für Rückversicherungen die Übernahme der Erstversicherungs-Konditionen vorsieht.
follow-on public offer (auf einen Börsengang folgendes) zweites Zeichnungsangebot
follow-the-leader pricing Preisbildung, die sich an den Preisen des Marktführers orientiert.
follow-the-sun principle kontinuierlicher, zeitzonenübergreifender Service
follow-up advertising Erinnerungswerbung, Anschlusswerbung, Nachfasswerbung
follow-up training Auffrischungstraining
FOMC → Federal Open Market Committee
foothold firms Unternehmen, die sich auf die Bearbeitung bestimmter Kundengruppen oder Marktnischen konzentrieren.
footnote disclosure (im Jahresabschluss) gesonderter Ausweis als Fußnote zur Bilanz, Erläuterung/Auflistung im Bilanzanhang im Rahmen der erweiterten Offenlegungspflichten
for(e)bearance 1. Duldung 2. Verzicht auf die Geltendmachung eines Rechts (z.B. seitens des Kreditgebers), die Erfüllung entsprechender Verpflichtungen/Zusagen

forced adjustment

(z.B. des Schuldners) vorausgesetzt. 3. Zahlungsaufschub, Einräumung einer zusätzlichen Frist zur Erfüllung von Vertragsverpflichtungen (gegebenenfalls Aussetzung eines Zwangsvollstreckungsverfahrens)

forced adjustment Zwangsvergleich

forced-choice rating Bewertung (Beurteilung) auf der Grundlage vorgegebener Fragen und Antworten

forced conversion 1. Zwangsumwandlung 2. erzwungene Wandlung, Kündigung eines wandlungsfähigen Schuldtitels durch den Emittenten, wenn die zugrunde liegende Aktie deutlich über dem Wandlungskurs gehandelt wird.

forced liquidation value Wert im Falle einer zwangsweisen Liquidation

forced rating scale Bewertungsskala, die keine neutrale Aussage zulässt. → forced-choice rating

forced sale Zwangsversteigerung, → foreclosure sale

forcing methods direkt auf den Verbraucher abgestellte Verkaufsförderung

forecast Prognose, *(in Verbindung mit der betrieblichen Planungsrechnung auch)* Vorschau, Vorschaurechnung

forecast at completion der bis zum Abschluss eines Vorgangs/Projekts prognostizierte Kostenaufwand

forecast balance sheet Prognosebilanz, Vorschaubilanz

forecast-based agreement auf Planziffern/Schätzvolumina basierender Vertrag

forecasted transactions erwartete (zukünftige) Geschäftsvorfälle

forecasting Prognostizierung, Erstellung einer Vorschaurechnung, Prognoserechnung

forecasting methods Prognoseverfahren, Vorschaumethoden

forecast management systems Softwaresysteme für Absatzprognose und -planung

forecast source and application of funds Prognosekapitalflussrechnung

foreclosing bank die die Zwangsvollstreckung betreibende Bank, → foreclosure sale

foreclosure Zwangsvollstreckung, i.e.S. der klageweise erlangte Ausschluß aller Einlösungsrechte (→ equity of redemption) des Sicherungsgebers.

foreclosure property zwangsversteigertes Vermögen

foreclosure sale Zwangsversteigerung, Zwangsvollstreckung, Verwertung des Sicherungsgutes (des belasteten Grundstücks) durch Verkauf

foregone revenue entgangener Ertrag

foreign bill 1. Auslandswechsel, Fremdwährungswechsel 2. *(in den USA)* Dollar-Wechsel, bei dem Zahlstelle und Ausstellungsort nicht im gleichen Bundesstaat liegen.

foreign corporation 1. ausländische Unternehmung, *(i.S. der US-Steuergesetzgebung)* US-Betriebsstätte einer ausländischen Kapitalgesellschaft 2. auswärtige Gesellschaft □ Gesellschaft, die in einem anderen Bundesstaat als dem Gründungs-Bundesstaat tätig ist.

foreign credit exposure 1. Auslandskreditrisiko 2. Kreditengagement(s) im Ausland, Ausleihungen an ausländische Kunden

foreign currency cash flow hedge Absicherung künftiger Zahlungsströme in einer fremden Währung

foreign currency translation exposure Umrechnungsrisiko, Verlustrisiko aus Währungsumrechnungen

foreign debt exposure 1. → foreign credit exposure 2. Risiko aus Fremdwährungsschuldtiteln

foreign direct investment ausländische Direktinvestition, Gründung oder Erwerb einer Tochtergesellschaft im Ausland

foreign exchange exposure Währungsrisiken, eingegangene Kursrisiken, Risikoposition im Fremdwährungsbereich

foreign exchange netting i.w.S. Aufrechnung von Fremdwährungsforderungen gegen Fremdwährungsverbindlichkeiten, i.e.S. computergestütztes → cash management, bei dem der Finanzchef eines international tätigen Konzerns fällige Fremdwährungszahlungen innerhalb des Konzerns periodisch verrechnen und Währungsrisiken überwachen kann.

foreign exchange risk management Wechselkurssicherung, Devisenkurssicherung, Steuerung und Überwachung von Währungsrisiken, Kurssicherungsmaßnahmen

foreign exchange swap Devisenswapgeschäft ☐ Kauf (Verkauf) einer Währung per Kasse und gleichzeitiger Verkauf (Rückkauf) per Termin

foreign investment disclosure vorgeschriebene Publizität für umfangreiche ausländische Investitionen in den Vereinigten Staaten

Foreign Investment in Real Property Tax Act steuerliche Vorschriften für den Verkauf von Grundbesitz in den Vereinigten Staaten durch Gebietsfremde (Besteuerung von Veräußerungsgewinnen)

foreign operation ausländisches Tochter-, Beteiligungs- oder Gemeinschaftsunternehmen

foreign personal holding company von ausländischen Anteilseignern kontrollierte ☐ personal holding company

Foreign Sales Corporations ausländische Tochtergesellschaften von US-Kapitalgesellschaften, über die Exportgeschäfte steuerbegünstigt abgewickelt werden konnten. ☐ Dieses Steueroptimierungsmodell wurde mit dem → FSC Repeal and Extraterritorial Income Exclusion Act 2000 weitgehend aufgehoben und durch neue Regelungen ersetzt.

foreign source income *(i.S. der US-Steuergesetzgebung)* Erträge aus Quellen außerhalb der Vereinigten Staaten

foreign tax credit Steuergutschrift für im Ausland entrichtete Steuern, anrechenbare Auslandssteuer

foreign tax credit limitation *(i.S. der US-Steuergesetzgebung)* Bestimmung, der zufolge der foreign tax credit nur auf die Steuer angerechnet werden kann, die Unternehmen im Inland auf ihre im Ausland erzielten Einkünfte entrichten müssen.

forfaiting Forfaitierung ☐ Form der Außenhandelsfinanzierung, bei der der Forfaiteur Forderungen oder Wechsel seines Kunden (Exporteur) ohne die Möglichkeit des Rückgriffs auf diesen erwirbt. Der Forfaiteur übernimmt nicht nur das Ausfallrisiko, sondern auch das Transfer- und Währungsrisiko. Durch den Verkauf der Forderungen schaltet der Exporteur seine Risiken aus und verfügt zudem über sofortige Liquidität.

forfeitable right verfallbares Recht

forfeited shares kaduzierte Aktien, für verfallen erklärte Gesellschaftsanteile (Gesellschaftsrechte)

forfeiture clause Verfallklausel, Verwirkungsklausel

forfeiture of stock (shares) Einziehung von Anteilen

forfeiture of vested benefits Verwirkung von Anwartschaftsrechten

forgery coverage Versicherungsschutz gegen Fälschungen

forgivable loans Kredite, die unter bestimmten vertraglich fixierten Bedingungen nicht rückzahlbar sind.

forgiveness Verzicht, (Schulden-)Erlass

for-hire carrier Fuhrunternehmer, → common carrier, i.e.S. Bedarfsspediteur

form 1. Versicherung, Versicherungspolice 2. Rechtsform einer Unternehmung

Form A-1 Dokument für die Anmeldung von Wertpapieremissionen nach → Regulation A der → Securities and Exchange Commission

Form D Dokument für die Anzeige einer Wertpapieremission nach → Regulation D

Form N-1A Dokument für die Registrierung offener Investmentfonds bei der → Securities and Exchange Commission

Form S-1 Dokument für die Registrierung einer Wertpapieremission bei der → Securities and Exchange Commission; identisch mit dem → registration statement

Form SB-1/SB-2 vereinfachte → registration statements für → small business Emittenten. Formular SB-1 findet bei der Registrierung von Emissionen bis zu USD 10 Mio Verwendung, SB-2 bei Emissionen in unbegrenzter Höhe. Die mit einer SB-1/SB-2-Registrierung verbundenen Publizitätsvorschriften sind weniger extensiv als bei einer S-1-Registrierung.

Form S-4 Dokument für die Registrierung von Wertpapieremissionen in Verbindung mit Fusionen und Aktientauschtransaktionen

Form S-8 Dokument für die Registrierung von Emissionen im Rahmen von Belegschaftsaktienprogrammen

Form 3 bei der → Securities and Exchange Commission (SEC) einzureichendes Dokument, wenn Verwaltungsratsmitglieder, Führungskräfte oder Aktionäre 10% oder mehr des umlaufenden Kapitals einer Aktiengesellschaft besitzen.

Form 4 bei der SEC einzureichendes Dokument, wenn sich hinsichtlich des in → Form 3 genannten 10%igen Aktienbesitzes Veränderungen ergeben.

Form 8-K bei der SEC einzureichendes Dokument, wenn es bei einer börsennotierten Gesellschaft zu wesentlichen Veränderungen kommt (Veränderung des Firmennamens, Fusion, Übernahme, Konkurs)

Form 10 nach den Bestimmungen des → Companies Act erforderliche Erklärung hinsichtlich des Sitzes und den leitenden Angestellten eines neu gegründeten Unternehmens

Form 10-K jährlicher Geschäftsbericht, den berichtspflichtige Unternehmen bei der SEC neunzig Tage nach Beendigung eines Geschäftsjahres einreichen müssen (Form 10-KSB für → small business Emittenten).

Form 10-Q bei der SEC einzureichender vierteljährlicher Geschäftsbericht (Form 10-QSB für → small business Emittenten)

formal default *(in Verbindung mit hoheitlichen Schuldnern)* offizielle Feststellung eines Zahlungsverzugs. Diese Feststellung ist Voraussetzung für die Einleitung eines Verfahrens zur Beschlagnahme des Vermögens des Schuldnerlandes im Gläubigerland.

form report besonderes Formular zur Vorlage eines Schätzgutachtens (vorgeschrieben von öffentlichen Finanzierungsinstituten und anderen Kreditgebern in den Vereinigten Staaten)

formula plan Anlageplan □ planmäßiger Erwerb von Wertpapieren durch periodische Einzahlungen

formula pricing Formelpreisgestaltung □ Preis-/Konditionenfestsetzung für ein Produkt oder eine Dienstleistung nach einer bestimmten Formel

formula prime Zinssatz für erstklassige Adressen, der an die Entwicklung eines anderen Satzes gekoppelt ist □ z.b. jeweils 0,25% über dem Zinssatz für erstklassiges → commercial paper.

formulary apportionment Aufteilung (Zuordnung) nach einem bestimmten Schlüssel

forty foot equivalent unit Vierzig-Fuß-Containereinheit (Standard-Containergröße)

forum Gerichtsstand

forum conveniens Rechtsgrundsatz, dem zufolge ein Gericht im Interesse der Rechtssprechung einen Fall trotz fehlender Zuständigkeit übernehmen kann.

forum non conveniens rule Rechtsgrundsatz, dem zufolge ein Gericht trotz Zuständigkeit einen Fall an ein anderes Gericht abgeben kann, wenn es in diesem den geeigneteren Gerichtsstand sieht.

forum selection clause Gerichtsstandsabrede, Gerichtsstandsklausel

forum shopping Versuch des Klägers, einen für ihn besonders günstigen Gerichtsstand zu finden.

forward commodities Terminware

forward deal Termingeschäft □ Unter einem Termingeschäft ist die Verpflichtung zu verstehen, eine bestimmte Basismenge zu einem festen Kurs/Preis und zu einem festgelegten Termin zu kaufen oder zu verkaufen.

forwarder (Versand-)Spediteur

forwarder's bill of lading Spediteurs-Konnossement, von einer Speditionsfirma ausgestelltes Transportdokument

forwarder's (forwarding agent's) certificate of receipt Spediteur-Übernahmebescheinigung

forwarder's certificate of transport internationaler Spediteur-Durchfrachtbrief

forward exchange deal (contract) Devisentermingeschäft ☐ Unter einem Devisentermingeschäft ist die Verpflichtung zu verstehen, einen bestimmten Fremdwährungsbetrag zu einem festen Kurs und zu einem festgelegten Termin zu kaufen oder zu verkaufen. Im Gegensatz zu einem Devisenterminkontrakt (currency futures contract) müssen die Verpflichtungen aus dem Devisentermingeschäft erfüllt werden, d.h. ein vorzeitiger Verkauf des Vertrages ist nicht möglich.

forward exposure 1. Risiko bei Terminabschlüssen 2. Obligo aus Termingeschäften, Summe der Terminengagements

forwarding agent's commission Provision des Spediteurs

forward integration Vorwärtsintegration ☐ Diversifikation durch die Angliederung von Produkten oder Firmen, die dem bisherigen Leistungsprogramm bzw. Tätigkeitsbereich nachgelagert sind, z.B. ein Textilhersteller erwirbt eine Kette von Textileinzelhandelsläden. → backward integration

forward pass *(in der Netzplantechnik)* Vorwärtsrechnung ☐ d.h. es wird für jeden Vorgang/jedes Arbeitspaket ein frühestmöglicher Anfangs- und Endzeitpunkt errechnet.

forward price/earnings ratio Kurs/Gewinn-Verhältnis errechnet auf der Basis der für das folgende Geschäftsjahr budgetierten Erträge.

forward scheduling progressive Terminierung, Vorwärtsterminierung, vom Projektstart ausgehende Projektterminierung, →

backward scheduling

forward swap Terminvereinbarung auf den Abschluss eines Swap, d.h. die Vertragsparteien kommen überein, zu einem in der Zukunft liegenden Termin in einen nach Nominalbetrag, Laufzeit und Zinssatz genau spezifizierten Swap einzutreten.

FOS → free on steamer

FOT → free on truck

four PL (4PL) → fourth-party logistics provider

four Ps (4Ps) die vier Grundpfeiler aller Marketingaktivitäten: product (Produkt), price (Preis), promotion (Verkaufsförderung), place (Standort)

fourth-party logistics provider Logistikdienstleister, der für andere Unternehmen die Logistikplanung übernimmt; im Gegensatz zu einem → third-party logistics provider setzt er keine eigenen Fahrzeuge ein. → second-party logistics provider

FP → floating policy

FPA → free of particular average

FPHC → foreign personal holding company

fractionalisation clause Klausel eines Kredit- oder Leasingvertrages, die dem Kredit- oder Leasingnehmer die Vergabe von Unterbeteiligungen erlaubt.

fractional shares (units) Spitzen, Anteilsbruchteile ☐ Wertpapierrechte (Kleinstbeträge), die durch vorhandene Stücke nicht dargestellt werden können.

fractional voting rights Bruchteilsstimmrechte

franchise 1. Franchise, Selbstbehalt, Eigenbehalt des Versicherungsnehmers ☐ Form des Selbstbehalts, bei der der Versicherer den gesamten Schaden trägt, wenn eine bestimmte Schadensumme überschritten wird. → deductible 2. Franchise, Konzession 3. Kundenbindung

franchise agreement Franchise-Vertrag, → franchising

franchise clause (deductible) Franchise-Klausel, → franchise (1)

franchised business Geschäft, das auf Franchise-Basis betrieben wird.

franchised dealer konzessionierter Händler, Franchise-Nehmer, → franchising

franchisee Franchise-Nehmer □ handelt im eigenen Namen und für eigene Rechnung

franchise fee Franchise-Gebühr □ einmalige Zahlung (Einstandsgebühr), die der Franchise-Nehmer bei Abschluss des Vertrages leistet. → franchise royalty

franchise insurance Versicherung, bei der die Mitarbeiter eines Unternehmens oder Mitglieder einer Vereinigung Einzelversicherungsschutz erhalten, die Konditionen aber für alle Versicherungsnehmer gleich sind.

franchise operator Franchise-Unternehmer

franchise outlet Franchise-Filiale

franchise package Franchise-Paket □ Unter dem Franchise-Paket sind die Leistungen des Franchise-Gebers zu verstehen, d.h. Bereitstellung eines Beschaffungs- und Organisationskonzeptes, Schulung und fortlaufende Beratung des Franchise-Nehmers, gegebenenfalls finanzielle Unterstützung.

franchise retail group Einzelhandelsgruppe, die ihre Produkte über Franchise-Nehmer absetzt.

franchise royalty laufende Gebühr, die an den Franchise-Geber zu zahlen ist (i.d.R. handelt es sich dabei um einen bestimmten Prozentsatz des Nettoumsatzes des Franchise-Nehmers).

franchise strategy Franchise-Strategie □ Strategie des Franchise-Gebers, die ein systemkonformes Verhalten aller Franchise-Nehmer gewährleisten soll.

franchise tax Konzessionssteuer, die Unternehmen in einigen US-Bundesstaaten entrichten müssen.

franchising Franchising □ Absatzsystem, bei dem ein selbstständiger Unternehmer (franchisee, Franchise-Nehmer) Waren oder Dienstleistungen unter Verwendung des Warenzeichens des Franchise-Gebers (franchisor) in einem bestimmten Gebiet anbietet. Die entsprechenden Vereinbarungen enthalten u.a. die folgenden Bestimmungen: Der Verkauf erfolgt nach den Richtlinien und unter Kontrolle des Franchise-Gebers. Der Letztgenannte verpflichtet sich zur Ausbildung und fortlaufenden Unterstützung des Franchise-Nehmers. Gegebenenfalls werden auch Betriebsausstattung und Lagerhaltung durch den Franchise-Geber finanziert. Für die Einräumung der Franchise wird der Franchise-Nehmer eine Einstandsgebühr (franchise fee) und regelmäßige, auf den Nettoumsatz bezogene Abgaben (franchise royalty, continuing payments) entrichten.

franchisor Franchise-Geber □ I.d.R. ein Markenartikelhersteller, Großhändler oder Dienstleister, der über ein eingetragenes Warenzeichen bzw. eine Handels- oder Dienstleistungsmarke verfügt.

franked dividends/franked investment income Dividenden/Kapitalerträge, die (a) bereits durch die ausschüttende Gesellschaft versteuert wurden und daher steuerfrei sind oder (b) mit einem entsprechenden Steueranrechnungsguthaben an die Aktionäre ausgeschüttet werden.

fraud management Aufdeckung und Verhinderung von Betrugsfällen

fraudulent concealment arglistiges Verschweigen

fraudulent conveyance betrügerische Vermögensübertragung mit dem Ziel der Gläubigerbegünstigung

fraudulent intent Betrugsabsicht, Täuschungsabsicht

fraudulent misrepresentation Falschdarstellung in betrügerischer Absicht, bewusste Irreführung, arglistige Täuschung

fraudulent preference Gläubigerbegünstigung, betrügerische Gläubigerbevorteilung

fraudulent trading betrügerisches Handeln, → fraudulent conveyance

fraudulent transfer → fraudulent conveyance

FRB → Federal Reserve Bank

FRC → free carrier, → Financial Reporting Council

Freddie Mac → Federal Home Loan Mortgage Corporation

free alongside quay frei Längsseite Kai des Abgangshafens, → free alongside ship

free alongside ship (... named port of shipment) frei Längsseite Schiff (... benannter Verschiffungshafen) ☐ Incotermklausel (Lieferklausel), der zufolge der Verkäufer alle Kosten und Gefahren bis zur Verbringung der Ware längsseits des Schiffes am Kai des Abgangshafens trägt.

free and clear property lastenfreier (unbelasteter, hypothekenfreier) Grundbesitz

free and clear title rechtsmängelfreier Eigentumstitel, rechtsbeständiger und lastenfreier Titel

free assets frei verfügbare Vermögenswerte

free association → free word association test

free astray kostenlose Rücksendung einer fehlgeleiteten Sendung

free balances Einlagen von Firmen- und Privatkunden, die eine Bank nach Berücksichtigung der entsprechenden Mindestreserveverpflichtungen Gewinn bringend anlegen kann.

free banking kostenlose Führung eines Bankkontos

free carrier (... named place) frei Frachtführer (... benannter Ort) ☐ Incoterm-Klausel, der zufolge der Verkäufer seine Lieferverpflichtungen erfüllt hat, wenn er die Waren dem vom Käufer benannten Frachtführer an dem festgelegten Ort bzw. Hafen zur Verfügung gestellt hat.

free cash flow freier (frei verfügbarer) Cashflow ☐ die zur Ausschüttung an die Aktionäre/Kapitalgeber verfügbaren Mittel; Geldflüsse, über die frei disponiert werden kann.

free delivery to dock frei Dock

free discharge freies Löschen, kostenlose Entladung

free float *(in der Projektablaufplanung, Netzplantechnik)* freie Pufferzeit, freie Dispositionsreserven im Netzplan ☐ Zeitraum, um den ein Ereignis/Vorgang verschoben werden kann, ohne dass ein anderes Ereignis/anderer Vorgang ebenfalls verschoben werden muss. → float, → total float

free from all claims in respect of partial losses frei gegenüber Teilschäden, → free of particular average

free from average unless the vessel be stranded frei von Havarie, außer im Strandungsfall

freehold uneingeschränktes Eigentumsrecht, Grundeigentum

freehold covenant in Verbindung mit einem Eigentumsrecht bestehende Nutzungsbeschränkung

freeholder Grundeigentümer, uneingeschränkter Eigentümer

freehold estate → freehold

freehold land and buildings *(im Jahresabschluss)* eigene Grundstücke und Gebäude

freehold land cost *(im Jahresabschluss)* Kosten für eigene Grundstücke

freehold property Grundbesitz, Grundeigentum

freehold property at cost *(im Jahresabschluss)* Grundbesitz zu Anschaffungskosten

freeholds → freehold land and buildings

free house unclear frei bis zum benannten Bestimmungsort – unverzollt

free in and out (FIO) frei ein und aus, frei Ein- und Ausladung, d.h. der Verfrachter trägt keine Lade- und Löschkosten; *(in Verbindung mit Charterverträgen)* Vertragsklausel, der zufolge die Kosten für Be- und Entladung nicht vom Reeder, sondern vom Befrachter bzw. Empfänger getragen werden.

free in, liner out *(Transportbedingung)* Ladekosten zahlt der Befrachter, Löschkosten der Verfrachter, → liner in/free out

free in, out and stowed → FIO-Klausel, die zusätzlich eine Befreiung des Verfrachters von den Kosten des seemäßigen Stauens/Ausbalancierens des Schiffes vorsieht.

free in, out and trimmed → FIO-Klausel,

die zusätzlich eine Befreiung des Verfrachters von den Kosten des Ausbalancierens des Schiffes vorsieht.
free-in-store pricing Festsetzung eines Preises frei Ladengeschäft
free into barge frei in Leichter □ Lieferklausel, der zufolge der Verkäufer alle Kosten und Gefahren bis zur Verbringung der Ware in Leichterschiffen trägt.
free list Freiliste □ Liste der Waren, die zollfrei eingeführt werden können.
free loading freie Belastung □ d.h. der Ablader übernimmt die Ladekosten.
free look period Vertragsrücktrittsfrist □ z.B. die dem Versicherungsnehmer zur Verfügung stehende Antragsprüfungsfrist
free merchandise kostenlose Produktbeigabe
free of all average frei von jedem Schaden, frei von jeder Havarie
free of brokerage courtagefrei, franco Courtage
free of capture, seizure, riots and civil commotion frei von jedem Risiko bei gewaltsamer Wegnahme, Beschlagnahme, Aufruhr und Revolution
free of damage schadenfrei
free of particular average *(in der Seeversicherung)* frei gegenüber Teilschäden □ d.h. Ausschluss aller Schadenersatzansprüche, soweit es sich nicht um einen größeren Schaden bzw. Totalverlust handelt.
free of wharfage frei von Kaigebühren
free on aircraft frei an Bord des Flugzeuges □ vergleichbar mit → free on board
free on board (... named port of shipment) frei an Bord (... benannter Verschiffungshafen) □ Lieferort ist das Schiff im Verschiffungshafen. Kosten und Gefahr gehen vom Verkäufer auf den Käufer über, wenn die zur Ausfuhr abgefertigte Ware die Schiffsreling überschritten hat.
free on board – airport → free on aircraft
free on board/free off board frei an Bord und frei von Bord
free on rail frei Waggon-Abgangsort, frei Schiene □ Lieferklausel, der zufolge der Verkäufer seine Verpflichtungen erfüllt hat, wenn er die Ware in einen Eisenbahnwaggon am vereinbarten Abgangsort verladen hat.
free on steamer frei Schiff, → free on board
free on truck 1. frei Lkw Abgangsort, frei Lkw ab Lager des Verkäufers □ Warenpreis einschließlich Transportkosten bis zur Abfertigung mit Lastwagen 2. → free on rail
free on waggon → free on rail
free out Klausel, die den Verfrachter von den Löschkosten im Empfangshafen befreit. → liner in/free out
free positioning kostenlose Container-Stellung
free response interview offene Befragung (ohne vorgegebene Fragen und Anworten)
free slack freie Rückwärtspufferzeit □ Zeitspanne, um die ein Projektvorgang verzögert werden kann, ohne dass es zu einer Verschiebung des Projektfertigstellungstermins kommt.
free standing policy individuell formulierte Police
free standing stuffer mehrseitige Werbebeilage
free-standing additional voluntary contributions → additional voluntary contributions
free storage freie (chaotische) Lagerung, keine feste Lagerplatzzuteilung
free surplus freie Rücklagen
free time verfügbare (kostenfreie) Zeit (für die Be- und Entladung, für die Nutzung von Containern etc.) □ d.h. nach Ablauf dieser Zeit werden Überliegegelder in Rechnung gestellt (→ detention charges, → demurrage).
free trade zone 1. Freihandelszone 2. *(im US-Versicherungsgeschäft)* Region, in der Versicherungsabschlüsse nicht den gesetzlich festgelegten Prämienobergrenzen unterliegen.
free word association test Assoziationstest, bei dem die Testperson gebeten wird, nach Nennung von Namen/Sätzen die Wörter/Gedanken wiederzugeben, die ihr zuerst in

den Sinn kommen.
freeze-out Versuch von Mehrheitsaktionären einer Aktiengesellschaft einen oder mehrere Minderheitsaktionäre zum Verkauf ihrer Anteile zu bewegen.
freight account Frachtkostenabrechnung
freight allotment Zuteilung von Frachtraum
freight and carriage → freight or carriage paid to
freight and demurrage Fracht und Liegegeld
freight bill 1. Frachtbrief 2. Frachtkostenaufwand 3. Frachtrechnung
freight broker Frachtenmakler
freight collect (payable at destination) Frachtnachnahme, Fracht trägt Empfänger der Ware (zahlbar am Bestimmungsort)
freight conference Frachtenausschuss, Schifffahrtskonferenz
freight consolidator Sammelladungsspediteur
freight contingency insurance Frachtversicherung, Versicherung gegen Ausfälle bei Frachteinnahmen
freight forward → freight collect
freight forwarding industry Speditionsgewerbe, verladende Wirtschaft
freight hauling Güterbeförderung, Güterkraftverkehr
freight-in vom Käufer übernommene Frachtkosten
freight index futures contract Terminkontrakt auf einen Frachtratenindex, der auf dem Durchschnitt der Frachtraten für die meistbefahrenen internationalen Schifffahrtsrouten basiert.
freight manifest Frachtmanifest, Ladungsverzeichnis
freight note Frachtkostenrechnung
freight of all kinds warenunabhängiger Frachttarif (bezieht sich i.d.R. auf komplette •Container-Ladungen mit unterschiedlichen Gütern)
freight or carriage paid to Fracht bezahlt
□ Lieferklausel, der zufolge die Fracht- oder Lieferkosten bis zum vereinbarten Bestimmungsort durch den Verkäufer getragen werden.
freight prepaid Fracht vorausbezahlt, Fracht trägt der Absender
freight release Freigabe der Ladung nach Bezahlung der Frachtkosten
freight transportation business gewerblicher Güterverkehr
frequency → exposure frequency
frequency density Häufigkeitsdichte
frequency discount Nachlass für die Mehrfachnutzung eines Werbeträgers (für häufige Anzeigenschaltungen)
frequency distribution Häufigkeitsverteilung
friendliness effect → acquiescence bias
friendly suit Verfahren, das von zwei Parteien zur Klärung einer Rechtsfrage angestrengt wurde.
friendly suitor Investor, der einer Unternehmensleitung als neuer Kapitaleigner willkommen ist.
friendly takeover Übernahme eines Unternehmens mit Zustimmung der Unternehmensleitung des betroffenen Unternehmens
friendship pair interview *(in der Marktforschung)* persönliche Befragung von zwei miteinander bekannten Personen – gleichzeitig und zum gleichen Thema
fringe benefits betriebliche Vergünstigungen, freiwillige Leistungen des Arbeitgebers, geldwerte Vorteile
fringe time Stunden vor oder nach der Hauptsendezeit (prime time); early fringe 16–19:30, late fringe nach 23 Uhr
FRM → floor-ready merchandise
frontage assessment kommunale Abgabe, deren Höhe auf der Straßenfront eines Gebäudes basiert.
front desk → front office
front end 1. Anfangsphase in einem Projektplan, die ersten Prozessschritte 2. (im → E-Commerce) Gestaltung von Websites, Optimierung der Sortiments-Präsentation 3. → front office
front-end fee 1. Abschlusskosten, bei Abschluss einer Finanztransaktion einmalig

front-end load

zu zahlende Kosten/Gebühren 2. Ausgabeaufschlag □ Aufschlag, der von Investmentfonds bei der Ausgabe von Anteilen erhoben wird. 3. Vergütung, die ein Unternehmen einem neuen Mitarbeiter für die durch den Arbeitsplatzwechsel entgangenen Tantiemen zahlt.
front-end load → front-end fee
front-end loaded tender offer Übernahmeangebot, das für die im Rahmen der ersten Stufe (front end) abzufindenden Aktionäre besonders günstige Konditionen vorsieht. → two-tier offer
front-end loading 1. Erhebung einer → front-end fee (front-end load) 2. Aufzinsung □ Die bei einem Kredit anfallenden Zinsen werden entweder der Darlehenssumme hinzugeschlagen oder sind in einem Betrag zu Beginn der Kreditlaufzeit zu entrichten 3. Festsetzung hoher Zins- und Tilgungszahlungen für die ersten Jahre der Kreditlaufzeit
front-end tools Softwaresysteme für den Einsatz am Arbeitsplatz
front-end processes Produktions- und Fertigungsprozesse
fronter → fronting company
front fee Straßenfront (Frontbreite) einer Immobilie
fronting Vorzeichnung eines Versicherungsrisikos, → fronting company
fronting agreement Vorzeichnungsvereinbarung
fronting company (underwriter) Vorzeichnungsgesellschaft, Erstversicherer □ Versicherungsgesellschaft, die ein Risiko zeichnet, sich das Geschäft aber mit anderen Versicherern teilt bzw. in Rückversicherung gibt. Die fronting company haftet jedoch direkt für alle Schadenersatzansprüche des Versicherungsnehmers.
frontloaded schemes Altersversorgungssysteme mit stark wachsenden Pensionsansprüchen in den ersten Jahren der Betriebszugehörigkeit
front matter dem Hauptdokument vorangestellte Seiten (Titelei, Inhaltsverzeichnis)
front money 1. Anzahlung 2. Mindestkapitaleinsatz, Eigenleistung 3. i.e.S. Gelder (Finanzierungsmittel) zur Durchführung einer Projektstudie, → seed financing
front office 1. Front Office, Marketing und Vertrieb, i.w.S. alle Einrichtungen, die dem direkten Kundenkontakt dienen 2. Mitarbeiter eines → call center, die Anrufe entgegennehmen und gegebenenfalls sofort bearbeiten.
front office applications Front-Office-Anwendungen □ Softwaretechnologie zur Unterstützung des direkten Kundenkontaktes
front office system öffentlich zugängliches Computer-System eines Unternehmens
front ratio *(Kennziffer für die Bewertung von Hypothekenkreditanträgen)* monatliche Zins- und Tilgungsbelastung plus sonstige hausrelevante Abgaben in Prozent des monatlichen Einkommens des Kreditantragstellers
front running 1. Aufbau einer Position in Erwartung einer bestimmten Marktentwicklung 2. unzulässige Geschäftspraxis, bei der Broker nach Eingang größerer Kundenaufträge vor deren Ausführung selbst entsprechende Käufe oder Verkäufe tätigen, um von der erwarteten Kursentwicklung zu profitieren.
front-to-end chain Gesamtprozesskette
frozen account eingefrorenes (gesperrtes) Konto
frozen capital festliegende Gelder, gesperrte Guthaben
FRRP → Financial Reporting Review Panel
FRS → Federal Reserve System, → Financial Reporting Standards
FRSSEs → Financial Reporting Standards for Smaller Entities
frustration of a bid Abwehr einer Übernahme
frustration of business (of purpose) Wegfall der Geschäftsgrundlage
frustration of contract Unmöglichkeit der Vertragserfüllung (auf Grund nicht vor-

hersehbarer Umstände oder einer nicht mehr vorhandenen Geschäftsgrundlage) **frustration of execution** 1. Vollstreckungsvereitelung 2. → frustration of contract
FS finish-to-start, → finish-to-finish/finish-to-start relationship
FSAVCs → free-standing additional voluntary contributions
FSBO (for sale by owner) Immobilienangebot von Privat
FSC Repeal and Extraterritorial Income Exclusion Act US-Gesetz aus dem Jahr 2000, mit dem das Steueroptimierungsmodell der → Foreign Sales Corporations weitgehend abgelöst wurde. Die neuen Bestimmungen sehen eine teilweise Steuerbefreiung von Exporteinkünften vor, wenn mindestens 50% des Marktwertes der exportierten Güter aus einer Produktion in den Vereinigten Staaten herrühren (qualified US-origin goods).
FSCs → Foreign Sales Corporations
FSLIC Resolution Fund von der → Federal Deposit Insurance Corportion verwalteter Fonds, der die Verpflichtungen der aufgelösten Einlagenversicherung der Sparkassen (Federal Savings and Loan Insurance Corporation/FSLIC) sowie Aktiva und Passiva der Resolution Trust Corporation (RTC) übernommen hat.
FSMA → Financial Services and Markets Act
FTA → fault tree analysis
FTC → Federal Trade Commission, → foreign tax credit
FTL → full truck load
FTP → file transfer protocol
fuel adjustment factor → bunker adjustment factor
fulfillment 1. administrative Nachbearbeitung von Direkt-/Telemarketingaktivitäten bzw. Werbekampagnen (Versand von Katalogen oder Produktbeschreibungen, Erledigung von Kundenreklamationen), → inbound , → outbound telemarketing 2. → fulfillment services
fulfillment management Erfüllung logistischer Prozesse, → fulfillment services
fulfillment piece Marketingmaterial, das auf Grund einer Kundenanfrage übersandt wird.
fulfillment services vollständige Auftragsabwicklung durch einen (Logistik-)Dienstleister □ d.h. neben Lagerung, Transport und Auslieferung auch beispielsweise Kundendienst und Inkasso-Service
full accrual basis *(to restore lendings on a –)* Ausleihungen wieder als zinstragende Aktiva ausweisen
full and complete cargo clause Klausel, in der sich der Charterer verpflichtet, den gesamten Laderaum eines Schiffes zu nutzen.
full and open competition vollständige und offene Ausschreibung
full barge load komplette Leichterladung
full charter Ganzcharter, Vollcharter □ Anmietung des Schiffes plus Ausrüstung und Besatzung, → bareboat charter
full compensation deal Vollkompensationsgeschäft □ Außenhandelsgeschäft, bei dem der Verkauf von Waren oder Dienstleistungen an ein Land zu 100% an Bezüge aus diesem Land gekoppelt ist. Die Regulierung erfolgt durch Verrechnung der Forderungen. Die Übertragung der Kompensationsverpflichtung auf Dritte gegen Zahlung einer Stützungsprämie kann vereinbart werden. Gegensatz: → partial compensation deal, → counterpurchase transactions.
full container load volle Container-Ladung, *(zur Verfrachtung übernommener)* kompletter (voll beladener) Container, Komplettladung, → door-to-door container
full contribution mortgage clause Klausel einer Feuerversicherungspolice, durch die sich der Versicherer verpflichtet, im Schadenfalle zuerst die Ansprüche der Hypothekengläubiger zu befriedigen.
full costing Vollkostenrechnung
full cost principle Vollkostenprinzip □ Prinzip der vollständigen Deckung der durch ein Produkt verursachten Kosten
full covenant deed → warranty deed

full coverage 1. volle (uneingeschränkte) Deckung, Deckung ohne Selbstbeteiligung 2. vollständige Abdeckung eines Marktes

full crew rule Klausel eines Haustarifvertrages, die den Arbeitgeber verpflichtet, für bestimmte Aufgaben eine festgesetzte Zahl von Arbeitern zu beschäftigen.

full disclosure vollständige Offenlegung, volle Kennzeichnung

full factoring → full-service factoring

full faith and credit bond Kommunalobligation, die nur durch die Kreditwürdigkeit bzw. Finanzhoheit der emittierenden Behörde gedeckt ist.

full function wholesaler Großhändler, der alle Distributionsfunktionen wahrnimmt.

full funding *(in Verbindung mit einem Pensionsplan)* vollständige Deckung des Plans durch Vermögenswerte oder Rücklagen

full interest admitted *(in der Transportversicherung)* Bestätigung des Versicherers, dass im Schadenfalle allein der Versicherungsnehmer einen Regulierungsanspruch besitzt.

full-line company Vollsortimenter

full-line forcing Bezeichnung für eine Situation, in der eine Gesellschaft, die bei einem Produkt eine Monopolstellung besitzt, ihre Kunden auch zur Abnahme ihrer anderen Erzeugnisse zwingt (Knebelungsvertrag).

full-line strategy Marketing-Strategie, die darauf ausgerichtet ist, Marktanteile durch das Angebot einer kompletten Produkt- und Dienstleistungspalette abzusichern bzw. zu erweitern.

full load Komplettladung ▫ Ladung, die ein Transportmittel komplett auslastet.

full of interest Bezeichnung für einen Wertpapierkurs, in dem ein relativ hoher Dividenden- oder Zinsbetrag enthalten ist.

full payout lease Vollamortisationsvertrag ▫ Leasingvertrag, der so ausgestaltet ist, dass die während der Grundmietzeit gezahlten Leasingraten die Anschaffungskosten des Leasinggebers sowie dessen Gewinnspanne decken.

full recourse factoring → with-recourse factoring

full recourse loan (Hypotheken-)Darlehen, bei dem der Darlehensnehmer über den Sicherungsgegenstand hinaus persönlich haftet.

full replacement cost Neuwert

full replication *(in der Portefeuillezusammensetzung)* vollständige Nachbildung eines Index beim Aufbau eines Portefeuilles (durch den Kauf aller in einem Index enthaltenen Titel entsprechend ihrer Indexgewichtung), → passive portfolio management

full-reporting clause → declaration clause

full requirements contract Vertrag, durch den sich eine Firma verpflichtet, ihren Bedarf an Fremdmaterialien bei einem Hersteller zu decken.

full-service broker Broker-Haus, das im Gegensatz zu einem discount broker neben der Ausführung von Kauf- und Verkaufsorders auch Anlageberatung bietet.

full-service factoring Verkauf von Forderungen an einen Factor, der das Delkredere-Risiko sowie alle relevanten Dienstleistungen (Inkasso, Mahnwesen) übernimmt.

full-service leasing Full-Service-Leasing ▫ Bei Full-Service-Leasingverträgen kann der Leasingnehmer in Verbindung mit dem Leasingobjekt eine Vielzahl von Dienstleistungen in Anspruch nehmen, z.B. Wartung, Instandhaltung, Versicherung und Verwaltung der Objekte sowie die Stellung von Ersatzobjekten bei technischen Defekten. Nicht selten beinhalten die Verträge die vollständige Herstellung des Objektes von der Planung bis zur schlüsselfertigen Übergabe an den Leasingnehmer.

full-service wholesaler Full-Service-Großhändler ▫ Großhändler, der sämtliche Distributionsfunktionen wahrnimmt.

full set clean on board bills of lading voller Satz reiner Seekonnossemente

full status required Hinweis, dass eine vollständige Offenlegung der Vermögensverhältnisse des Kreditnehmers erforderlich ist.

full tail unbegrenzter Zeitraum für eine Schadensmeldung

full truck load komplette Lkw/Waggon-Ladung, Komplettladung □ Gütermenge, die den Lkw/Eisenbahnwaggon voll auslastet. Transport direkt vom Lieferanten zum Empfänger.

full truck load transportation Komplettladungsverkehr

full underwriting vollständige Übernahme □ entweder des Kreditbetrages im Rahmen einer Kreditsyndizierung oder des Anleihebetrages bei einer Emission.

full value → fair market value

full vesting uneingeschränkte Anwartschaftsberechtigung, → deferred vesting

fully cellular container ship Voll-Containerschiff

fully diluted capital Kapital unter Annahme einer Kapitalverbreiterung □ d.h. unter Einbeziehung aller Aktien, die durch Ausübung ausstehender Wandlungs- und Optionsrechte auf Aktien entstehen können.

fully diluted earnings (net income) per share Gewinn (Jahresüberschuss) je Aktie bei unterstellter Ausübung sämtlicher Bezugs-, Wandlungs- und Optionsrechte □ d.h. es wird unterstellt, dass alle Wandelschuldverschreibungen gewandelt, alle im Umlauf befindlichen Optionsrechte auf Aktien ausgeübt und alle im Rahmen von Belegschaftsaktienplänen oder leistungsbezogenen Prämienprogrammen ausgegebenen Aktien gezeichnet werden.

fully funded pension plan Pensionsplan, der vollständig durch ein angesammeltes Treuhandvermögen oder durch Rücklagen gedeckt ist.

fully good middling Bezeichnung für sehr gute Durchschnittsqualität

fully negotiable promissory notes umlauffähige Schuldscheine

fully performing loan ordnungsgemäß bedienter Kredit, → non-performing loans

fully signed line vollständig gezeichnetes Risiko

fully tax-supported obligations US-Kommunalobligationen, die durch die Finanzhoheit der emittierenden Behörde gedeckt sind.

functional authority fachliches (funktionales) Weisungsrecht, Anordnungsbefugnis

functional authority structure → functional organisation

functional benchmarking funktionelles Benchmarking, Benchmarking gleichartiger Prozesse, → benchmarking

functional budget Funktionen-Etat, Budget für einen betrieblichen Teilbereich, Teilplan, Bereichs-Etat

functional budgeting funktionale Teilplanung, Erstellung von Einzelbudgets (von Teilplänen)

functional cost Funktionskosten, Verwaltungs- und Vertriebskosten

functional currency funktionale Währung □ Währung des primären Umfelds, in dem ein Unternehmen tätig ist.

functional currency concept Konzept der funktionalen Währung (für die Umrechnung von Vermögenswerten und Verpflichtungen ausländischer Tochterunternehmen)

functional departmentation Unternehmensgliederung nach funktionalen Gesichtspunkten

functional discount Funktionsrabatt □ Preisnachlass für die Wahrnehmung von Distributionsaufgaben

functional distribution of incomes funktionelle Einkommensverteilung

functional executive/functional manager Funktionsträger

functional food Lebensmittel mit gesundheitsfördernder Wirkung

functional middlemen Absatzmittler □ Makler, Kommissionäre oder Händler, die keine Eigentumstitel an den Waren erwerben.

functional organisation funktionale Organisation, verrichtungsorientierte Organisationsform

functional plan

functional plan Funktionenplan, → functional budget
functional product attributes funktionale (instrumentelle) Produkteigenschaften
functional product consequences erfahrbare Produktergebnisse
functional product differentiation Produktdifferenzierung durch Hervorheben der funktionalen Produkteigenschaften
functional product features funktionale (instrumentelle) Produktmerkmale
function mapping visualisierte Funktionszuordnung
function point model Modell zur Aufwandsschätzung
fund *v.* 1. (re)finanzieren 2. umschulden 3. *(in Verbindung mit einem Pensionsplan)* ein Sonder-/Treuhandvermögen bilden, → funded pension plan, → pension costs are funded as accrued
fundamental analysis Fundamentalanalyse, Bewertung auf der Basis fundamentaler Daten bzw. spezifischer Kennzahlen □ Analyse eines Unternehmens auf der Basis der Bilanzergebnisse und betriebswirtschaftlichen Kennzahlen (Gewinn, Ertragskraft, Kostenstruktur, Liquiditätsgrad, Wachstumsaussichten, Qualität der Unternehmensleitung)
funded debenture interest Zinsen auf Schuldverschreibungen, die nicht in bar, sondern in Form einer Zuteilung zusätzlicher Titel zur Auszahlung gelangen.
funded debt langfristige Verpflichtungen
funded operations 1. finanzierte (refinanzierte) Geschäfte 2. Geschäftsvorfälle, für die ein Sondervermögen gebildet wurde. → funded pension plan
funded option Option auf die Bereitstellung eines festverzinslichen Schuldtitels oder einer Termineinlage zu einem vorher festgelegten Zinssatz.
funded pension plan vorfinanzierter Pensionsplan □ d.h. es wurden Rückstellungen für die erwarteten Leistungen gebildet oder ein Treuhandvermögen geschaffen (im letztgenannten Fall wird die Verwaltung und Anlage der Mittel i.d.R. einem externen Fonds übertragen)
funded retirement plan/funded scheme vorfinanzierter Pensionsplan, → funded pension plan
funding 1. Finanzierung 2. Refinanzierung (z.B. funding mortgage lendings through the wholesale market – Refinanzierung des Hypothekengeschäfts über Kapitalmarktemissionen) 3. Fondsdotierung, Dotierung eines Pensionsplans, Bildung von Rückstellungen oder die unwiderrufliche Übertragung von Vermögenswerten auf einen externen Fonds, um künftigen Verpflichtungen aus Altersversorgungszusagen nachkommen zu können.
funding agency 1. Finanzierungsagentur, finanzierende Behörde 2. Organisation, die die Verwaltung eines Pensionsplanes (Verwaltung der Mittel, Einzug der Beitragszahlungen, Auszahlung der Leistungen) übernommen hat. → funded pension plan
funding ratio *(bei einer Altersversorgungseinrichtung)* Deckungsgrad
funding requirements plan Kapitalbedarfsrechnung
funding risk Refinanzierungsrisiko □ Risiko einer nicht möglichen Refinanzierung oder Risiko einer Refinanzierung langfristiger Aktiva durch kurzfristige Passiva
fund manager 1. Fonds-Manager, Verwaltungsgesellschaft eines Investmentfonds 2. Vermögensverwalter
fund of funds Dachfonds □ 1. Investmentfonds, der seine Mittel in Anteilen anderer Fonds anlegt. 2. Fonds, der Gelder privater Investoren anwirbt und diese Mittel in verschiedene Zielfonds investiert, die sie wiederum jungen, wachstumsträchtigen Unternehmen zur Verfügung stellen.
fund picking 1. Wahl eines Fonds für ein Investment 2. i.w.S. Vermögensverwaltung auf Fondsbasis
fund-raising Geld-/Kapitalbeschaffung, i.w.S. Akquisition von Investoren/Eigenkapitalgebern

funds 1. Mittel, Gelder, Kapital 2. *(im Jahresabschluss)* liquide Mittel □ Kassenbestand, Bankguthaben und kurzfristig realisierbare, erstklassige Wertpapiere 3. für einen Pensionsplan gebildete Rücklagen oder treuhänderisch verwaltete Vermögenswerte, funding (3)
funds analysis → funds flow statement
funds applied (employed) Kapital-/Mitteleinsatz, *(in der Kapitalflussrechnung)* Mittelverwendung
funds available for distribution ausschüttbare Gelder
funds endowment Dotierung des Sondervermögens (der Sonderrücklagen), → funding (3)
funds flow statement Finanzfluss-/Kapitalflussrechnung, Bewegungsbilanz □ Gegenüberstellung von Mittelverwendung und Mittelherkunft einer Rechnungsperiode
funds from continuing operations Mittel aus laufender Geschäftstätigkeit
funds from operations i.w.S. Zahlungseingänge aus dem operativen Geschäft, i.e.S. Nettogewinn, Cashflow
funds held in trust treuhänderisch verwaltete Gelder, Treuhandvermögen
funds management Haushaltsmanagement
funds provided *(in der Kapitalflussrechnung)* Mittelherkunft
funds purchased *(im Jahresabschluss)* aufgenommene Gelder
funds sold *(im Jahresabschluss)* Ausleihungen
funds statement ratios Kennzahlen der Kapitalflussrechnung
funds used in operations *(in der Kapitalflussrechnung)* Mittelverwendung
fund switching Fondswechsel, Fondstausch □ Umschichtung von Anlagegeldern von einem Fonds in einen anderen
funnel approach Trichteransatz, Trichterbefragung □ Befragung, bei der von allgemeinen auf immer spezifischere Fragen übergegangen wird.
fun shopping Erlebniskauf
furniture and fittings Betriebs- und Geschäftsausstattung
furniture, fixtures and equipment at cost, less depreciation Betriebs- und Geschäftsausstattung zu Anschaffungskosten, abzüglich Abschreibung
future acquired property später erworbene Vermögensteile, → after-acquired property
future economic benefit zukünftiger wirtschaftlicher Nutzen, wirtschaftliches Nutzenpotenzial
future estate zukünftiges Besitzrecht
future increase option Option auf Aufstockung der Versicherungssumme
future purchase option benefit Option auf den Erwerb zusätzlicher Versicherungsleistungen
futures contract Terminkontrakt □ Bei einem Terminkontrakt handelt es sich um die vertragliche Vereinbarung zwischen zwei Parteien, zu einem bestimmten Zeitpunkt eine bestimmte Basisgröße (Waren oder Finanztitel), die nach Menge und Liefertermin standardisiert ist, zu einem börsenmäßig zu Stande gekommenen Kurs oder Preis zu kaufen oder zu verkaufen. I.d.R. wird ein Kontrakt jedoch physisch nicht erfüllt, d.h. die Transaktion wird vor oder zum Liefertermin durch den Verkauf eines erworbenen Kontraktes oder durch den Rückkauf eines leerverkauften Kontraktes glattgestellt.
futures fund Terminbörsenfonds, Futures-Fonds □ Investmentfonds, der den größten Teil seines Vermögens in börsennotierten Terminkontrakten anlegt.
FWR → FIATA warehouse receipt

G

GAAP → generally accepted accounting principles
GAAS → generally accepted auditing standards
GAB → General Arrangements to Borrow
G&A expense → general and administrative expense
gain for financial reporting purposes Bilanzgewinn, in der Handelsbilanz ausgewiesener Gewinn
gain for tax purposes in der Steuerbilanz ausgewiesener Gewinn
gain on sale of investments Gewinn aus dem Verkauf von Beteiligungen
gain recognition 1. Gewinnfeststellung, Gewinnausweis 2. Besteuerung eines Veräußerungsgewinnes
gains and losses 1. Kapitalgewinne/-verluste, Gewinne/Verluste aus Wertpapiertransaktionen 2. i.w.S. Gewinne/Verluste aus außerbetrieblichen Transaktionen □ d.h. Transaktionen, die nicht mit dem Kerngeschäft der Gesellschaft zusammenhängen, z.B. Erlöse aus der Veräußerung von Gegenständen des Anlagevermögens, in Abgrenzung zu → revenue and expenses.
gains and losses from extinguishment of debt Gewinne/Verluste aus der (vorzeitigen) Ablösung von Schulden
gain sharing Beteiligung der Mitarbeiter am Gewinn bzw. an Produktivitätsfortschritten
Gantt Chart Balkendiagramm □ stellt zeitliche Verknüpfungen grafisch dar
gap 1. Deckungslücke □ Differenz zwischen den Volumina an Festzins-Aktiva und Festzins-Passiva 2. Differenz zwischen Soll- und Ist-Zahlen.
gap analysis Lückenanalyse □ 1. Analyse des Unterschieds zwischen Plan-/Ist-Ziffern bzw. zwischen erwarteter und tatsächlicher Unternehmensentwicklung 2. von der Zinsbindungs-Bilanz ausgehende Feststellung des Unterschiedes zwischen Festzins-Aktiva und -Passiva pro Laufzeitenband
gap creditors Gläubiger, die einem insolventen Unternehmen Kredite zur Fortführung seiner Geschäfte gewährt haben.
gap loan 1. Überbrückungskredit (bis zur Bereitstellung einer endgültigen Finanzierung) 2. Geschäftsfortführungskredit, → gap creditors
gap position monitoring Überwachung von (Fristen-)Inkongruenzen
garnishee Drittschuldner, → garnishee order
garnishee order Forderungspfändungsbeschluss □ von einem Gläubiger erwirkter Gerichtsbeschluss, durch den ein Drittschuldner angewiesen wird, Geldforderungen des Gläubigers zu erfüllen. Beispiel: A schuldet B USD 5000, während C den gleichen Betrag an A zu zahlen hat. Durch den garnishee order wird C angewiesen, den Betrag direkt an B zu zahlen.
garnishment Forderungspfändung, Lohn-/Gehaltspfändung, Beschlagnahme beim Drittschuldner
GASB → Governmental Accounting Standards Board
gate → control gates
gatekeepers Gatekeeper □ Personen, die einen Informationsfluss kontrollieren oder am Anfang eines Entscheidungsprozesses stehen. I.w.S. Personen an der Schnittstelle zwischen Unternehmen und Umwelt
gateway 1. Übergang (Schnittstelle, Brücke) zwischen zwei unabhängigen Netzwerken 2. Punkt, an dem in der Transportkette ein Wechsel zwischen Frachtführern oder Verkehrsträgern erfolgt.
gateway protocol Zugangsprotokoll

GCR → general cargo (commodity) rates
GDP → gross domestic product
geared profit durch Fremdmitteleinsatz erhöhter Gewinn
gearing/gearing ratio 1. Fremdkapitalanteil, Verhältnis von Fremd- zu Eigenkapital, Verschuldungsgrad 2. Aufnahme von Fremdmitteln zur Erzielung eines höheren Gewinns
General Accounting Office US-Bundesrechnungshof
general agency business Generalagentur
general agent 1. Generalagent, Bevollmächtigter mit unbeschränkten Vollmachten 2. Abschlussagent, Versicherungsvertreter mit Abschlussvollmacht 3. selbstständiger Handelsvertreter, der für eine Vielzahl von Unternehmen Geschäfte vermittelt bzw. abschließt.
general aggregate limit Gesamthaftungslimit
general and administrative expense Sachkosten
general appearance Prozesseinlassung
General Arrangements to Borrow Allgemeine Kreditvereinbarungen ◻ Vereinbarungen zwischen dem Internationalen Währungsfonds und der Zehnergruppe, denen zufolge der Fonds im Bedarfsfall zusätzliche Gelder von den Staaten dieser Gruppe erhält.
general assignment Globalzession, Abtretung aller gegenwärtigen und zukünftigen Forderungen
general assignment (for the benefit of creditors) → assignment for the benefit of creditors
general average große (gemeinschaftliche) Havarie, Havarie grosse ◻ Bezeichnung für alle Schäden und Aufwendungen, die auf Anweisungen des Schiffsführers zur Abwendung von Gefahren für Schiff und/oder Ladung zurückzuführen sind, z.B. Schäden, die durch Feuerlöscharbeiten an Bord entstanden, Überbordwerfen der Ladung. Diese Schäden sind gemeinsam von Schiff, Fracht und Ladung bzw. deren Versicherer zu tragen.
general average bond Havarie-grosse-Verpflichtungsschein, Havariebond ◻ Verpflichtung eines Havariebeteiligten zur Übernahme des auf ihn entfallenden Betrages.
general average clause Havarie-grosse-Klausel ◻ Klausel, durch die sich ein Versicherer zur vollständigen Übernahme von Havarie-grosse-Schäden verpflichtet.
general average contribution Beitragsanteil ◻ Betrag, der im Falle einer → general average durch die Beteiligten zu übernehmen ist.
general average deposit Einschuss ◻ Sicherheit, die ein Havarie-Beteiligter im Hinblick auf den durch ihn zu übernehmenden Betrag in bar erbringen muss; wird später mit dem durch die Dispache (general average statement) festgestellten Betrag verrechnet. Dieser Einschuss ist Vorbedingung für die Aushändigung von Waren an den Empfänger.
general average deposit receipt Havarie-grosse-Einschussquittung, → general average deposit
general average loss Havarie-grosse-Schaden ◻ Schäden an Schiff und Ladung, Kosten für die Rettung von Schiff und Ladung, Frachtausfälle
general average statement Dispache, Verteilungsplan ◻ Feststellung des Havarie-grosse-Schadens und seine Umlegung auf die Beteiligten
general bill of lading Sammelkonnossement
general cargo Stückgut, Stückgutladung
general cargo container Stückgut-Container
general cargo haulage Stückgutbeförderung
general cargo (commodity) rates Stückgutfrachttarif
general commodities carrier 1. Stückgutfrachter 2. auf Stückguttransporte spezialisierter Frachtführer
general consent allgemein veröffentlichte Zustimmung
general contingency reserves freie Rücklagen

general contractor Generalunternehmer
general corporate income (expenses) allgemeine Erträge (Aufwendungen) einer Unternehmung
general cost Gemeinkosten
general counsel Unternehmens-Syndikus
general cover Generalpolice
general creditor nachrangiger Gläubiger, nicht bevorrechtigter Konkursgläubiger
general damage cover volle Deckung von Sachschäden ◻ d.h. abgesehen von den ausdrücklich ausgeschlossenen Gefahren, werden alle Sachschäden abgedeckt.
general damages allgemeiner Schadenersatz ◻ für betragsmäßig nicht exakt kalkulierbare Schäden; schließt Schmerzensgeld bzw. Entschädigung für immaterielle Schäden ein. → compensatory, → punitive, → treble damages
general disclosures allgemeine (offen gelegte) Haftungsrisiken
general fund nicht zweckgebundene (freie) Rücklagen
general government expenditure Gesamtausgaben der öffentlichen Hand
general grant nicht zweckgebundenes Darlehen, → grant
general guarantee allgemeine Garantie ◻ Garantie, bei der ein Garantieversprechen gegenüber einem unbestimmten Personenkreis abgegeben wird.
general hedge pauschale Absicherung von Zins- und Währungsrisiken (keine Absicherung von Einzelpositionen)
general insurance company Versicherungsunternehmen, das alle Versicherungsarten mit Ausnahme von Lebensversicherungen anbietet.
general jurisdiction Zuständigkeit eines US-Gerichts für alle Rechtsstreitigkeiten. → specific jurisdiction
general legacy allgemeines Vermächtnis
general liability exposures (insurance) allgemeine Haftpflichtrisiken (-versicherung)
general lien allgemeines Pfandrecht, generelles Zurückbehaltungsrecht ◻ dient als Sicherheit für alle Verbindlichkeiten aus einer Geschäftsbeziehung. → particular lien
general listing → open listing
generally accepted accounting principles allgemein anerkannte Bilanzierungs-/Rechnungslegungsgrundsätze ◻ US-amerikanische Standards für die Bilanzierung, Bewertung und Offenlegung von Unternehmensinformationen; vorgeschrieben für börsennotierte Unternehmen.
generally accepted auditing standards allgemein anerkannte Buchprüfungsrichtlinien
general merchandise Stückgut
general merchandise wholesaler Sortimentsgroßhändler
general mortgage Gesamthypothek ◻ hypothekarische Belastung des gesamten Grundbesitzes des Kreditnehmers zur Sicherung aller bestehenden und zukünftigen Forderungen des Kreditgebers.
general operating expenditure allgemeine Betriebsausgaben
general partner Komplementär, Vollhafter, persönlich (unbeschränkt) haftender Gesellschafter
general partnership Offene Handelsgesellschaft
general policy offene Police
general provisions 1. freie Rückstellungen 2. Sammelwertberichtigungen
general proxy allgemeine Vertretungsvollmacht
general purchasing power approach allgemeines Kaufkraftkonzept ◻ Anpassung von Bilanzposten an Preisniveauänderungen
general purpose container Standardcontainer
general receiver Insolvenzverwalter ◻ von dem Gericht eines US-Bundesstaates eingesetzter Insolvenzverwalter mit umfassenden Vollmachten zur Verwaltung eines insolventen Unternehmens. Sollte sich eine Sanierung als unmöglich erweisen, wird er die Unternehmenswerte zu Gunsten der Gläubiger liquidieren. Die Einset-

general resource allocation

zung eines receivers nach state law ist eine Alternative zu einem Konkurs nach → Chapter 7. → special receiver
general resource allocation and scheduling program Variante der Netzplantechnik, → network analysis
general staff Assistenz ☐ Stabsabteilung mit bereichsübergreifenden Aufgaben; ist i.d.R. den obersten Instanzen einer Unternehmung zugeordnet. → specialised staff
general survey Basiserhebung, allgemeine Erhebung
general tax bond US-Kommunalanleihe, die nur durch die Finanzhoheit der emittierenden Gebietskörperschaft gesichert ist.
general valuation allowance Sammelwertberichtigung, Pauschalwertberichtigung
general verdict Urteil eines Geschworenengerichtes, bei dem allgemein für eine Seite entschieden wird. → special verdict
general warranty deed Eigentumsübertragungsurkunde ☐ Die general warranty deed bietet dem Käufer von Grundbesitz den weitreichendsten Schutz. Der Verkäufer garantiert, dass der Eigentumstitel keine Mängel aufweist, und verpflichtet sich, den Käufer von sämtlichen Inanspruchnahmen Dritter im Hinblick auf den verkauften Grund und Boden freizustellen. → special warranty deed, → deed without warranty
generation-skipping transfer tax US-Steuer, die auf Nachlässe oder Schenkungen an Enkel/Urenkel erhoben wird.
generic advertising Gattungswerbung ☐ Werbung zur Steigerung der Nachfrage nach einer bestimmten Produktgattung
generic brand Gattungsmarke, Gattungsbezeichnung ☐ auf die Produktgattung hinweisende Warenbezeichnung
generic class Produktgattung, Produktklasse
generic demand generische Nachfrage, Nachfrage nach einem allgemeinen Bedürfnis (Grundbedürfnis)
generic name → generic brand
generic products (generics) namenlose Produkte ☐ Produkte, die in neutralen (wei-

ßen) Verpackungen ohne Markenzeichen verkauft werden.
geographical departmentation (divisionalisation) Unternehmensgliederung nach Ländern bzw. Regionen
geographical information systems Softwarelösungen zur geografischen Datenanalyse
geographical pricing an den räumlichen Entfernungen (Frachtkosten) orientierte Preisgestaltung
geographical segmentation geografische Marktsegmentierung, Marktsegmentierung nach geografischen Gesichtspunkten
geographical specialist auf die Belieferung bestimmter Regionen spezialisiertes Unternehmen
gerrymandering *(in Verbindung mit einem Insolvenzverfahren nach* → *Chapter 11)* eine bewusst unsachgemäße Klassifizierung von Konkursforderungen, um die Billigung des Sanierungsplanes zu gewährleisten.
gestation period *(bei Investitionsgütern)* Zeitraum, der zwischen einer Anfrage und der sich anschließenden Auftragserteilung verstreicht.
g.f.a. → good fair average
GGE → general government expenditure
GIC → guaranteed investment contract
gift inter vivos Schenkung unter Lebenden
gift over Schenkung an einen Zweitbegünstigten (wird bei Eintritt eines bestimmten Ereignisses wirksam, z.B. Tod des Erstbegünstigten)
gift tax exclusion Schenkungssteuerfreibetrag
gilt-edged stock (gilts) (festverzinsliche oder an die Entwicklung eines Referenzsatzes gebundene) britische Staatspapiere ☐ Gilts werden als short gilts (Kurzläufer) mit Laufzeiten bis fünf Jahren, als Medium Gilts mit Laufzeiten zwischen 5 und 15 Jahren oder als Long Gilts (Langläufer) mit Laufzeiten von 15 Jahren und mehr emittiert.
Ginnie Mae umgangssprachlich für → Government National Mortgage Association

GIPS → global investment performance standards
GIS → geographical information systems
giveaways Streuartikel, Massenwerbeartikel
give time → grace period
give-up 1. Renditeverlust bei Portefeuilleumschichtungen 2. Teil der Maklercourtage, die mit Zustimmung des Kunden an einen zweiten Makler abgeführt wird.
glass ceiling künstliche Barriere, die qualifizierten/weiblichen Mitarbeitern den Aufstieg im Unternehmen verwehrt.
Glass Steagall Act US-Gesetz aus dem Jahr 1933, das die Trennung zwischen dem Wertpapier- und Emissionsgeschäft der Investment Banks und dem Kredit- und Einlagengeschäft der Commercial Banks festschrieb. Nachdem bereits in den 70er- und 80er-Jahren verschiedene Gesetzesinitiativen und eine Vielzahl innovativer Produkte zu einer Aufweichung der restriktiven Bestimmungen führten, erfolgte mit dem → Financial Modernization Act aus dem Jahr 1999 die praktische Aufhebung des Gesetzes.
gliding rates (tariff) Gleitzoll
global assignment Globalzession, Globalabtretung, Abtretung aller gegenwärtigen und zukünftigen Forderungen
global branding weltweite Verwendung eines Markennamens
global campaign einheitliche weltweite Werbekampagne
Global Depositary Receipts identisch mit → American Depositary Receipts
global insurance Allgefahrenversicherung, Pauschalversicherung
global investment performance standards länderübergreifende Mindeststandards zur Präsentation von Anlageergebnissen. Ziel dieser Standards ist es, die internationale Vergleichbarkeit zu gewährleisten.
global knowledge economy globale Wissensgesellschaft
global sourcing weltweite Beschaffungsaktivitäten, weltweiter Einkauf von Produkten und Dienstleistungen, Aufbau eines globalen Beschaffungsnetzes
global sourcing management Planung und Steuerung der weltweiten Beschaffungsmaßnahmen
g.m. → good merchantable quality
G/N → gross for net
GNMA → Government National Mortgage Association
g.o.b. → good ordinary brand
GOI → gross operating income
going business gesundes (florierendes) Unternehmen
going concern lebensfähiges Unternehmen
going-concern principle Grundsatz der Unternehmensfortführung □ Prinzip, dem zufolge bei der Bilanzbewertung von der Fortführung der Unternehmenstätigkeit ausgegangen wird.
going-concern value aktueller Unternehmenswert, wirtschaftlicher Wert des lebensfähigen Unternehmens, → gone-concern value
going out of business sale Liquidationsverkauf
going private Umwandlung einer Publikumsgesellschaft in ein Privatunternehmen, Privatisierung (häufig in der Form eines → leveraged buyout)
going public Gang an die Börse, Umwandlung eines Privatunternehmens in eine Publikumsgesellschaft
going rate pricing Preispolitik, die sich an den Preisen der Mitbewerber am Markt orientiert.
going value → going-concern value
gold cover Golddeckung □ Deckung des Papiergeldes durch Goldbestände der Zentralbank
golden boot die mit einer Vorruhestandsregelung verbundenen finanziellen Anreize
golden good-bye Gratifikationen (Gefälligkeitsgeschenke) an Spitzenmanager, die in den Ruhestand treten
golden greeting card Vergütung, die ein Unternehmen einem neuen leitenden Mit-

golden handcuffs

arbeiter für die durch den Arbeitsplatzwechsel entgangenen Gratifikationen zahlt.

golden handcuffs Vergünstigungen für einen Mitarbeiter (leitenden Angestellten), die langfristig angelegt sind und ihn auf diese Weise an ein Unternehmen binden sollen (z.B. Aktienbezugsrechte, die im Falle eines vorzeitigen Ausscheidens verwirkt werden).

golden handshake → golden parachutes

golden hello Einstandszahlung an einen abgeworbenen Spitzenmanager, → golden greeting card

golden parachutes großzügige Abfindungszahlungen, die Führungskräften bei einem erzwungenen vorzeitigen Ausscheiden aus dem Unternehmen gezahlt werden.

golden share Kapitalanteil, mit dem besondere Vorrechte verbunden sind und der in seiner Bedeutung einer Sperrminorität entspricht.

gold standard Goldstandard, Goldwährung □ Währungssystem, bei dem entweder Goldmünzen als gesetzliches Zahlungsmittel dienen oder der Umtausch anderer Zahlungsmittel in Gold jederzeit möglich ist.

gone-concern value Liquidationswert, Wert der nicht mehr lebensfähigen Unternehmung, → going-concern value

good and marketable title → good title

good/bad analysis Verhältnis von ordnungsgemäß bedienten Krediten zu Problemengagements während eines bestimmten Zeitraums.

good cause (for -) aus wichtigem Grund

good delivery Hinweis, dass die Beschaffenheit von Wertpapieren oder Waren den Vorschriften der Börsenbehörden/Clearingorganisationen oder den Usancen des Handels entspricht.

good fair average (Warenbezeichnung) gute Durchschnittsqualität

good faith amount (deposit) Sicherheitsleistung, als Sicherheit zu hinterlegender Barbetrag, Vertragserfüllungsgarantie, Bietungsgarantie

good faith estimate Schätzung in gutem Glauben, i.e.S. Schätzung der → closing costs, die ein US-Kreditgeber spätestens drei Tage nach Kreditantragstellung dem Kreditnehmer übergeben muss.

good faith purchaser gutgläubiger Käufer

good merchantable quality (Warenbezeichnung) handelsübliche Qualität

good middling (Warenbezeichnung) gute, mittlere Qualität

good ordinary brand (Warenbezeichnung) gute, gewöhnliche Sorte

good receipt Warenempfangsschein (gültige Quittung), → shipping receipt

good root of title lückenloser Eigentumsnachweis

goods advance Warenlombard, Beleihung von Waren

goods and chattels bewegliches Vermögen

goods carrier Frachtführer

goods in process Halbfertigerzeugnisse, unfertige Erzeugnisse

goods in stock Lagerbestand, Warenbestand, Vorratsvermögen, Vorräte

goods on commission Kommissionsware

goods payable Warenverbindlichkeiten

goods receivable Warenforderungen

goods received note (Waren-)Eingangsmeldeschein

goods returned note Retourenquittung

goods to man (Kommissionierprinzip) Ware zum Mann, dynamische Bereitstellung □ d.h. die zur Auftragserfüllung benötigte Ware wird zu einer bestimmten Stelle transportiert. → man to goods, → picking

goods traffic Warenverkehr, Güteraustausch

good title einwandfreier Rechtsanspruch, rechtsbeständiger Titel

goodwill Goodwill, Firmenwert, Geschäftswert, immaterieller Mehrwert □ aktiver Unterschiedsbetrag zwischen dem für den Erwerb eines Unternehmens gezahlten Kaufpreis und dem Nettovermögenswert

goodwill written off against reserves zu Lasten der Rücklagen ausgebuchter Firmenwert

gore lot Grundstücksparzelle in der Form eines Dreiecks

government agency issues → federal agency securities

Governmental Accounting Standards Board regelt die Rechnungslegung öffentlicher Stellen in den Vereinigten Staaten.

government assistance Beihilfen der öffentlichen Hand

government bond 1. Staatsanleihe 2. Bürgschaft der US-Regierung oder einer Bundesbehörde

government floating debt kurzfristige staatliche Schuldtitel, die auf revolvierender Basis refinanziert werden (z.B. Schatzwechsel).

government grants Zuschüsse der öffentlichen Hand

Government National Mortgage Association (Ginnie Mae) US-Realkreditinstitut ☐ Die dem Department of Housing and Urban Development angegliederte GNMA ist mit ihren Ginnie Mae Mortgage-Backed Securities (durch Hypothekenforderungen unterlegte Wertpapiere) eine wichtige Hypotheken-Refinanzierungsquelle in den Vereinigten Staaten. Die Papiere werden jedoch von der GNMA nicht selbst emittiert, sondern durch von ihr anerkannte private Kreditinstitute, die die zu Grunde liegenden Hypotheken entweder selbst ausgereicht oder im Hypotheken-Sekundärmarkt erworben haben (secondary mortgage market). Die GNMA übernimmt gegenüber den Anlegern, die diese Papiere erwerben, die Garantie für eine ordnungsgemäße Bedienung.

government obligations → government stock

government security collateral Sicherheit in Form von Staatstiteln

government-sponsored enterprises im Auftrag der US-Regierung tätige oder mit deren Unterstützung arbeitende privatwirtschaftliche Unternehmen

government stock Staatstitel, Staatspapiere ☐ Der Begriff umfasst im britischen Sprachgebrauch neben den von der Regierung emittierten Gilts auch Kommunalobligationen sowie Schuldtitel öffentlich-rechtlicher Unternehmen.

government transfer payments staatliche Einkommensübertragungen

GPC → general purpose container

GPP → group personal pension

grace period 1. Nachfrist ☐ Frist, die nach Fälligkeit noch zur Erfüllung von Zahlungsverpflichtungen eingeräumt wird (z.B. bei fälligen Versicherungsprämien/Leasingraten). 2. Respektfrist, Respekttage ☐ zusätzliche Frist für die Erfüllung von Wechselverbindlichkeiten 3. Zeitraum zwischen der Auszahlung der Darlehensvaluta und der ersten Rückzahlung 4. Zeitraum nach Ablauf eines Steuerjahres, in der noch dem alten Steuerjahr zurechenbare Transaktionen abgewickelt werden können. 5. Zeitraum für die Rückgängigmachung eines Kaufvertrages

grace period provision Nachfristklausel, → grace period

grade 1. Güteklasse, Qualitätsstandard 2. Klassifizierungsstufe bei Schuldtiteln, → rating

graded-premium policy Versicherungspolice mit gestaffelten Beitragszahlungen

grading system Klassifizierungssystem, → job grading system

graduated lease Miet-/Leasingvertrag mit gestaffelten (im Zeitverlauf steigenden) Mietzahlungen/Leasingraten

Gramm-Leach-Bliley Act → Financial Modernization Act

grandfathered activities gesetzlich untersagte Geschäftstätigkeit, der aber weiter nachgegangen werden kann, weil sie bereits vor In-Kraft-Treten des entsprechenden Gesetzes rechtmäßig ausgeübt wurde.

grandfathering Besitzstandswahrung, Befreiung bestehender Verträge/Regelungen von einer Gesetzesänderung

grandfathering clause Besitzstandswahrungsklausel, Bestandsschutzklausel

grant 1. Zuschuss 2. Eigentumsübertragung, Bewilligung eines Rechts
grant deed Eigentumsübertragungsurkunde
grantee 1. Abtretungsempfänger, Übertragungsempfänger, Verfügungsempfänger 2. Begünstigte/r (in einem Trust) 3. Bevollmächtigter 4. (Immobilien-)Käufer
granting clause Veräußerungsklausel, i.e.S. Klausel hinsichtlich der Gewährung eines Sicherungsrechtes bzw. der Übertragung von Vermögensteilen
grant of administration Testamentvollstreckerzeugnis
grant of letters patent Patentgewährung
grant of probate Testamentsvollstreckerzeugnis
grant of representation gerichtliche Vertretungsermächtigung
grantor 1. (der/die) Abtretende, Übertragende 2. Treugeber, Errichter eines Trust (Treuhandverhältnisses) 3. Vollmachtgeber 4. (Immobilien-)Verkäufer
grantor-retained income trust → grantor trust
grantor's lien Zurückbehaltungsrecht des Verkäufers/Treugebers
grantor's title Rechtstitel des Verkäufers/Treugebers
grantor trust unwiderruflicher Trust (Stiftung mit treuhandschaftlichem Charakter), bei der der Treugeber die Vermögenswerte in den Trust einbringt, jedoch ein Nießbrauchrecht für einen bestimmten Zeitraum behält. Erträge werden ihm steuerlich zugerechnet. → non-grantor trust
grants related to assets Investitionszuschüsse, Zuschüsse der öffentlichen Hand zum Erwerb von Vermögenswerten
grants related to income ertragsbezogene Zuschüsse
graphic rating scale grafische Werteskala □ d.h. die Probanden bewerten Produkte durch Setzen von Punkten auf einer Linie
GRASP → general resource allocation and scheduling program
gratuitous bailment unentgeltliche Verwahrung von Vermögenswerten, → bailment for hire
gratuitous transfer of property unentgeltliche Vermögensübertragung
green accounting Umweltrechnungslegung
green equipment umweltfreundliche Transportträger
greenfield finance → venture capital
green investing umweltbewusstes Investieren
greenmail Kombination der Worte blackmail (Erpressung) und greenback (umgangssprachlich für US-Dollar) □ Der Begriff kennzeichnet eine Situation, in der ein Unternehmen die drohende Übernahme durch einen Investor durch seine Bereitschaft abwehrt, die von diesem gehaltenen Aktien zu einem überhöhten Preis zurückzukaufen
greenshoe Platzierungsreserve □ Der Emittent gewährt den Konsorten eine Option auf weitere Aktien zu Originalkonditionen, sollte es zu einer großen Nachfrage im Rahmen des Preisermittlungsverfahrens (bookbuilding) kommen.
grey market 1. grauer Markt 2. unreglementierter Handel in einer Neuemission vor ihrer Begebung
GRI → grantor-retained income trust
grid (Verhaltens-)Gitter, → managerial grid
gridlock schwierige Marktsituation, i.e.S. Handelseinstellung
grid organisation → matrix management/organisation
grievance procedure Schlichtungsverfahren, i.e.S. Verfahren zur Beilegung von Tarifstreitigkeiten
grieving party beschwerdeführende Partei
gross appreciation Kapitalwertzuwachs vor Steuern
gross area Bruttogeschossfläche einer Immobilie
gross audience Bruttoreichweite, → gross exposure
gross cash flow Brutto-Cashflow, Cashflow vor Steuern
gross charter Brutto-Charter (Lade-/Löschkosten gehen zu Lasten des Verfrachters)

gross cover (coverage) Bruttoreichweite, Bruttokontakte, → gross exposure
gross current cost Bruttowert bei Ansatz von Wiederbeschaffungskosten
gross discharge Bruttolöschung (Löschkosten gehen zu Lasten des Verfrachters)
gross displacement Wasserverdrängung des beladenen Schiffes
gross domestic product Bruttoinlandsprodukt
gross earnings Bruttoertrag, Rohertrag
gross earnings form Ertragsausfallversicherung □ die Beitragsbemessung basiert auf dem Bruttobetriebsgewinn des Versicherungsnehmers
grossed-up dividend Bruttodividende □ um die anfallende Steuergutschrift hochgerechnete Dividende
grossed-up gift Erhöhung einer Schenkung um die zu zahlende Schenkungssteuer
gross estate Bruttonachlasswert, Nachlassvermögen vor Abzug der Erbschaftssteuer
gross exposure Bruttoreichweite □ Anzahl (Prozentsatz oder absoluter Wert) der von einem Werbeträger erreichten Personen, einschließlich Mehrfachkontakte (d.h. es wird auch bei mehreren Kontakten mit einer Person jeder Kontakt gezählt). → net exposure
gross fixed capital formation/gross fixed investment Bruttoanlageinvestitionen
gross for net brutto für netto
gross freight Frachtrate inklusive Zuschläge, → additionals
gross impressions *(in der klassischen Print- und Medienwerbung sowie Bannerwerbung)* Bruttosichtkontakte, Bruttoreichweite, → gross exposure
gross income 1. Bruttogewinn 2. Bruttoeinkommen 3. Bruttokapitalerträge 4. Bruttoeinnahmen einer Werbeagentur □ Summe der Honorare für Beratungs-, Gestaltungs- und Produktionsleistungen
gross income derived from business Bruttoeinkommen (Rohgewinn) aus der unternehmerischen Tätigkeit.
grossing up Ermittlung des Bruttobetrages, Hochrechnung um die jeweilige Steuergutschrift, → grossed-up dividend, gross premium
gross investment basis das in ein Unternehmen oder Projekt investierte Kapital
gross investment income 1. Kapitalerträge vor Steuern 2. Bruttoerträge aus Finanzanlagen
gross investment in the lease Bruttoinvestitionswert aus dem Leasingverhältnis □ Summe aus Mindest-Leasingzahlungen (→ minimum lease payments) und nicht garantiertem Restwert.
gross lease Mietvertrag, bei dem der Vermieter alle mit der Immobilie verbundenen Kosten (Abgaben, Versicherungsprämien, Reparaturkosten) übernimmt. → net lease, → triple net lease
gross leasing → full-service leasing
gross line Bruttorisikobetrag □ gezeichnetes Risiko des Erstversicherers vor Abzug der in Rückdeckung gegebenen Summe, → net line
gross liquidity Bruttoliquidität □ liquide Mittel plus Wertpapiere
gross loss *(im Rückversicherungsgeschäft)* Bruttoverlust, Bruttoschaden □ vom Erstversicherer zu regulierende Schadensumme, d.h. Zahlungen aus der Rückversicherung sind noch nicht berücksichtigt.
gross margin Bruttogewinnspanne, Rohertrag in Prozent des Umsatzes, i.w.S. Bruttoergebnis, Gewinn vor Steuern
gross margin on sales Umsatzerlöse minus Herstellungskosten
gross method Bruttomethode, Erfassung von Rechnungsbeträgen ohne Nachlässe
gross national product at factor cost (at market prices) Bruttosozialprodukt zu Faktorkosten (zu Marktpreisen)
gross operating income Bruttobetriebsgewinn
gross operating revenue Bruttobetriebserträge
gross opportunities to see Bruttokontaktchancen mit einem Werbespot oder einer Anzeige, → gross exposure

gross output Bruttoproduktion, Bruttoförderung
gross plant additions Bruttosachinvestitionen
gross premium Bruttoprämie, *(bei britischen Lebensversicherungen)* Nettoprämie zuzüglich der dem Versicherungsnehmer zustehenden Steuergutschrift
gross premiums written Brutto-Beitragseinnahmen, Beitragseinnahmen vor Rückversicherungsprämien
gross profit Bruttogewinn, Rohgewinn ☐ Umsatzerlöse minus Wareneinsatz, Differenz zwischen Einkaufs- und Verkaufspreis
gross profit margin Bruttogewinnspanne, Bruttomarge, Verhältnis von Bruttogewinn zu Umsatz
gross profit on sales Bruttoumsatzerlöse
gross purchases *(in der Gewinn- und Verlustrechnung eines Handelsbetriebes)* Bruttoaufwendungen für bezogene Waren; Waren- und Materialeinsatz, brutto
gross rating points prozentuale Bruttoreichweite, → gross exposure
gross reach Bruttoreichweite, → gross exposure
gross redemption yield Rückzahlungsrendite vor Steuern
gross registered tons Bruttoregistertonnen
gross rental Mieterrag vor Steuern, Abgaben und Reparaturaufwand
gross rental area Bruttomietfläche
gross rent multiplier Bruttomietmultiplikator ☐ Ermittlung des Marktwertes einer Immobilie durch Multiplikation des jährlichen Bruttomietertrages mit einem von Art und Lage der Immobilie abhängigen Faktor (i.d.R. die vom Investor erwartete Bruttorendite).
gross replacement value 1. Bruttowiederbeschaffungswert 2. Kontraktwert vor Saldierung aller Forderungen und Verpflichtungen gegenüber dem gleichen Kontrahenten
gross return on assets Gesamtkapitalrendite
gross return on sales Bruttoumsatzrendite

☐ Verhältnis von Gewinn plus Fremdkapitalkosten zu Umsatz
gross revenues Bruttoerträge
gross sales Bruttoumsatz, Bruttoumsatzerlöse
gross sample Bruttostichprobe ☐ schließt alle ausgewählten Elemente einer Stichprobe ein, also auch Ausfälle. → non-response errors
gross terms Konditionen, die den Verfrachter zur Übernahme sämtlicher Kosten verpflichten. → gross charter, → gross discharge
gross trading profit Bruttobetriebsgewinn
gross weight of container Brutto-Containergewicht, Containergewicht plus Ladung
gross working capital Umlaufvermögen
ground floor erste Stufe eines Investitionsvorhabens
ground lease Nutzungsrecht an einem Grundstück, i.d.R. Erbbaurecht
ground rent Bodenpacht, i.w.S. Kosten der Nutzung von Grund und Boden
ground-up loss Bruttoschadensumme ☐ zu regulierender Schaden vor Abzug der Selbstbeteiligung des Versicherungsnehmers oder – in der Rückversicherung – vor Abzug der Priorität
groupage agent Sammelladungsspediteur
groupage cargo Sammelladung
groupage centre Sammelladungszentrum; Ort, an dem die Zusammenstellung von Einzelladungen zu einer Sammelladung erfolgt.
groupage container Sammelladungs-Container
groupage operations (services) Sammelgutverkehr
groupage shipment Sammelexport
group annuity contract private Gruppen-Rentenversicherung, Betriebsrentenversicherung, → annuity (2)
group captive für mehrere Unternehmen tätige → insurance captive
group certificate Gruppenversicherungsschein

group companies being consolidated Konsolidierungskreis
group consolidation Konzernkonsolidierung, Zusammenfassung von Einzelbilanzen zur Konzernbilanz
group currency translation Fremdwährungsrechnung im Konzern
group net income for the year Konzernjahresüberschuss
group personal pension private Gruppen-Altersversicherung
group policy Gruppen(lebensversicherungs)police
group profit after taxation, less minority interests in subsidiary companies Konzerngewinn nach Steuern, abzüglich konzernfremden Gesellschaftern zustehender Anteil am Gewinn
group profit attributable to ordinary shareholders den Stammaktionären zustehender Konzerngewinn
group-related companies Konzerngesellschaften, Tochter- und Beteiligungsgesellschaften
group relief Möglichkeit, die Gewinne einer Konzerngesellschaft mit den Verlusten einer anderen Konzerngesellschaft zu verrechnen.
group shareholders' (stockholders') funds Konzerneigenmittel, Eigenmittel (Kapital und Rücklagen) des Konzerns
group statement of condition Konzernbilanz, konsolidierte Bilanz
groupware Gruppenarbeit unterstützende Anwendungssysteme, Softwareprogramme zur Vernetzung von Personen/Gruppen bzw. für die gemeinsame Nutzung von Datenbanken
growing equity mortgage Hypothekendarlehen, bei dem sich die in dem Eigenheim investierten Eigenmittel (equity) des Hypothekenschuldners/Hauseigentümers durch eine jährliche Anhebung der monatlichen Tilgungsraten kontinuierlich erhöhen.
growth stage Wachstumsphase, → product life cycle
GRP → gross rating points
gr.wt. → gross weight of container
GSE → government-sponsored enterprises
GST → generation-skipping transfer tax
GT → gross terms
G-type reorganization *(i.S. des US-Steuerrechts)* steuerfreie Übertragung der Vermögenswerte eines zahlungsunfähigen Unternehmens auf eine andere Gesellschaft im Rahmen eines Insolvenzverfahrens nach → Chapter 11
guarantee 1. Garantie, Bürgschaft, Gewähr 2. Garantienehmer, Bürgschaftsnehmer, Sicherungsnehmer
guarantee association (society) Garantieversicherungsgesellschaft
guaranteed annuity private Rentenversicherung, bei der im Falle des Ablebens des Versicherungsnehmers die noch fälligen Leistungen in einer vertraglich vereinbarten Form an die Erben zur Auszahlung gelangen.
guaranteed bond durch eine Garantie unterlegte Anleihe □ d.h. nicht die emittierende Gesellschaft, sondern eine dritte natürliche oder juristische Person hat die Garantie für die Zins- und Tilgungszahlungen übernommen.
guaranteed investment contract Anlagevertrag mit einer Kapitalwertgarantie
guaranteed residual value garantierter Restwert □ d.h. ein bestimmter Restwert des Leasinggutes wird dem Leasinggeber durch den Leasingnehmer oder durch eine dritte Partei garantiert.
guarantee reserves Garantierücklagen, Rücklagen für übernommene Garantien
guarantor Garantiegeber, Sicherungsgeber □ Bürge, der die Einrede der Vorausklage geltend machen kann.
guaranty of title insurance Rechtstitelversicherung □ im Wesentlichen identisch mit einer → title insurance, im Unterschied zur letztgenannten jedoch ohne Maximalbegrenzung.
guardian ad litem 1. gerichtlich bestellter Vormund 2. prozessualer Stellvertreter, Prozesspfleger

guardianship Vormundschaft, Pflegschaft
guided interview 1. strukturiertes Vorstellungsgespräch ☐ das Gespräch wird auf der Grundlage vorgegebener Fragen geführt. 2. *(in der Marktforschung)* gelenkte Befragung

H

habendum clause Klausel eines Immobilienkaufvertrages/einer Übertragungsurkunde, in der die Eigentumsrechte des neuen Besitzers definiert werden.
habitual decision-making habitualisierte Kaufentscheidung
half-way open-end lease → partial open-end lease
half-year tax convention Bestimmung, derzufolge für alle im Verlauf eines Jahres erworbenen abschreibungsfähigen Güter die Jahresmitte als steuerlicher Erwerbszeitpunkt gilt.
hall test an einem zentralen Punkt stattfindende Befragung
halo effect 1. Ausstrahlungseffekt □ (a) Übertragung eines positiven Markenimages auf andere Produkte des gleichen Unternehmens (b) Gewinnung von Verbrauchervertrauen durch gesellschaftspolitisches Engagement 2. kumulierte Wirkung □ Stichprobenfehler, der Eingang in spätere Kalkulationen findet und diese verfälscht.
hammock *(in der Projektablaufplanung)* Zusammenfassung mehrerer Aktivitäten oder Meilensteine (→ activity, → milestones) zu einem Vorgang
handling charges Umschlagskosten
handling unit Handhabungseinheit (Kiste, Karton, Palette)
handover phase Übergabephase □ letzte Phase im Projektlebenszyklus
handover shipment Ladung, die von einem Spediteur an einen anderen übergeben wurde.
hands-off investment Kapitalbeteiligung, mit der keine weiteren Unterstützungsleistungen seitens des Investors/Eigenkapitalgebers verbunden sind.
hands-off investor Investor (Wagnisfinanzier), der eine stille Beteiligung an einem Unternehmen erworben hat.
hands-on investor Investor, der eine aktive Rolle in der Geschäftsleitung des Unternehmens übernimmt, an dem er eine Beteiligung erworben hat. → venture capital
hanger Hänger, Bruch in einem Netzwerkpfad
harbour dues Hafengeld, Hafenkosten
hard assets umgangssprachlich für Sachanlagen
hard capital rationing erzwungene Kapitalrationierung (bedingt durch eine Engpasssituation)
hard commodities metallische Rohstoffe
hard core loyals fester Kundenstamm
hard costs effektive Baukosten (einer Immobilie), effektiver Kaufpreis (für ein Unternehmen)
hard dollars 1. Gelder, die ein Investor aus den eigenen Rücklagen bereitstellt. 2. Darlehensvaluta; Darlehensbetrag, der effektiv an den Darlehensnehmer zur Auszahlung gelangt.
hard goods langlebige Wirtschaftsgüter
hard loan Kredit der Weltbank, der in einer konvertierbaren Währung zurückgezahlt werden muss und zu Marktsätzen verzinst wird.
hard selling aggressive Verkaufsmethoden
hardship exemption Befreiung in Härtefällen
hard top container Container mit abnehmbarem Stahldach
harmless error unbedeutender Verfahrensfehler, der keinen Berufungsgrund darstellt.
Hart-Scott-Rodino (Antitrust Improvements) Act US-Gesetz gegen Monopole und Wettbewerbsbeschränkungen □ sieht die Billigung von Firmenübernahmen/Unternehmenszusammenschlüssen durch US-Justizministerium und Federal Trade Com-

mission sowie die Einhaltung bestimmter Wartefristen vor; anzeigepflichtig sind nach den premerger notification requirements dieses Gesetzes alle Transaktionen im Wert von USD 50 Mio und mehr.
harvesting strategy → skimming strategy
haulage Gütertransport, i.e.S. Landlauf (Vor- und Nachlauf) eines Containers
haulage contract Speditionsvertrag
haulage contractor (operator) Transportunternehmer, Fuhrunternehmer
haulage trade Speditionsgewerbe
HAWB → house airwaybill
hazardous goods logistics Gefahrgutlogistik
HCA → historical cost accounting
head mortgage *(bei der Vergabe von Hypothekenbeteiligungen)* Ausgangshypothek, ursprüngliche Hypothek
head office charges Regiekosten, Konzernumlage □ Kosten für Dienstleistungen, die die Zentrale für die gesamte Unternehmensgruppe erbringt.
head-on-head strategy Konfrontationsstrategie, stark wettbewerbsorientierte Marketingstrategie
heads of agreement Vorvertrag, Absichtserklärung
health benefit organisation private Krankenversicherung
health certificate Gesundheitszertifikat □ Warenbegleitdokument im Außenhandel
hearing mündliche Verhandlung
hearing de novo neue Verhandlung
hearing evidence Beweisaufnahme
hearing in chambers Anhörung im Amtszimmer des Richters
hearsay rule Grundsatz, dass Zeugenaussagen, die sich auf Angaben Dritter stützen, nicht als Beweismittel zugelassen sind.
heavily front-loaded loan facility 1. Kreditfazilität, bei der hohe Zins- und Tilgungszahlungen in den ersten Jahren der Kreditlaufzeit vorgesehen sind. 2. Kreditvertrag, bei dessen Abschluss eine hohe Pauschalprovision (front-end fee) zu zahlen ist.
heavily leveraged company → highly leveraged company
heavy cargo forwarding Schwergutspedition
heavy haul(age) Beförderung von Schwergut, Schwerguttransport
heavy lift Schwerguttransport, i.e.s. einzelnes Ladungsteil, für dessen Verladung eine spezielle ladetechnische Ausrüstung erforderlich ist.
heavy lift cargo Schwergut
heavy lift charge (additional) Schwergewichtszuschlag, → additionals
heavy users Intensivkäufer
HECM → home equity conversion mortgage
hedge accounting Bilanzierung der Erfolgs- und Verlustbeiträge aus Absicherungsgeschäften □ d.h. eine zeitgleiche erfolgswirksame Verbuchung von Gewinnen/Verlusten aus Hedge-Positionen mit den kompensierenden Verlusten/Gewinnen aus den abgesicherten Markt-/Kassapositionen
hedge accounting provisions Rechnungslegungsvorschriften für Sicherungsgeschäfte
hedge design Ausgestaltung eines Sicherungsgeschäftes
hedge funds spekulativ ausgerichtete Investmentfonds, die rasche Gewinne bzw. einen schnellen Vermögenszuwachs durch spekulative Geschäfte und ein häufiges Umschichten der Anlagen sowie durch den Einsatz von Fremdmitteln, Leerverkäufen, Arbitragegeschäften, Derivate-Transaktionen zu erreichen versuchen. Hedge funds sind häufig in Offshore-Zentren ansässig und unterliegen dann nicht der Aufsicht durch nationale Regulierungsbehörden.
hedge position loss (profit) Sicherungsverlust (Sicherungsgewinn)
hedging strategy Absicherungsstrategie, Maßnahmen zur Sicherung einer Marktposition
held-to-maturity investments/securities bis zu Endfälligkeit gehaltene Anlagen/

Wertpapiere

hell-or-high water clause Klausel, die eine Vertragspartei zur Einhaltung ihrer Verpflichtungen auch unter widrigen Umständen verpflichtet. □ z.b. der Leasingnehmer muss das vereinbarte Leasingentgelt unabhängig von Veränderungen entrichten, die sich während der Vertragslaufzeit im Hinblick auf den Leasinggegenstand ergeben.

helter-skelter buying and selling of securities Börsentohuwabohu

hereditament vererbbarer Vermögenswert

heterogeneous shopping goods heterogene Güter □ Güter, die sich in Art und Qualität deutlich unterscheiden. Der Preis ist demzufolge weniger wichtig für die Kaufentscheidung.

hidden assets versteckte Vermögenswerte (aufgrund einer Unterbewertung in der Bilanz)

hidden charges stille Lasten, Lasten auf Grund einer Unterbewertung von Passiva

hidden devaluation versteckte Abwertung

hidden issue questioning → disguised questioning

hidden load versteckte Abschlussgebühr

hidden observation *(in der Marktforschung)* verdeckte Beobachtung (von Verhaltensweisen, z.B. durch Videokameras)

hidden quality costs versteckte Qualitätskosten □ aus unzureichender Qualität resultierende Opportunitätskosten

hidden reserves stille Rücklagen, Bewertungsreserven □ resultierend aus einer Unterbewertung von Vermögenswerten oder durch den Ausweis überhöhter Passivposten

hierarchical planning hierarchische Planung □ Planungsansatz, bei der jede Führungsebene die Planziele für die unmittelbar folgende Führungsebene festlegt.

hierarchization Hierarchisierung, Festlegung von Über-und Unterordnungsverhältnissen

hierarchy of needs *(unter dem Gesichtspunkt des Käuferverhaltens)* Bedürfnishierarchie/-pyramide Theorie des Pschyologen Maslow, der zufolge Menschen Bedürfnisse in der folgenden Reihenfolge befriedigen: 1. physiological needs (physiologische Bedürfnisse) 2. safety needs (Sicherheitsbedürfnisse) 3. love, affection and belongingness needs (Zugehörigkeitsbedürfnisse) 4. esteem needs (Bedürfnisse nach sozialer Anerkennung) 5. self-actualization needs (Bedürfnisse nach Selbstverwirklichung). Ein Stufenwechsel wird erst vorgenommen, wenn die in der Hierarchie tiefer liegenden Bedürfnisse befriedigt sind.

Hifo → highest-in-first-out

high bay storage system Hochregallagersystem

high bay warehouse Hochregallager

high benefit users Verbraucher, die hohe Anforderungen an Produkte stellen.

high-capacity freight car Großraumgüterwagen

high-class credit erstklassige Adresse am Kredit- oder Kapitalmarkt

High Court erstinstanzliches britisches Gericht für zivilrechtliche Streitigkeiten von grundsätzlicher Bedeutung bzw. für Zivilsachen mit einem höheren Streitwert. Daneben ist der High Court Rechtsmittelgericht für → County Courts.

high-end goods hochpreisige bzw. qualitativ hochwertige Güter, Spitzenprodukte

highest and best use study Studie zur Ermittlung der bestmöglichen Nutzung einer Immobilie (unter Renditegesichtspunkten)

highest-in-first-out Verfahren zur Bewertung des Vorratsvermögens □ dabei wird von der Annahme ausgegangen, dass die teuersten Waren zuerst verbraucht werden, d.h. Vorräte werden zu den niedrigsten Preisen bilanziert.

high-flyer 1. Aktie mit einem rasanten Kursanstieg 2. sehr erfolgreiche Unternehmens- oder Produktidee

high-grade(d) goods hochwertige Waren

high-involvement products Produkte der

oberen und mittleren Preisklassen, die bewusst bzw. nach sorgfältiger Abwägung gekauft werden; hochwertige Anschaffungsgüter, → low-involvement goods
high level of employment 1. hoher Beschäftigungsstand 2. hohe Kapazitätsauslastung
high leverage 1. hoher Fremdkapitalanteil 2. hohe Hebelwirkung, → leverage
highly geared → highly leveraged
highly leveraged company Unternehmen, das mit einem hohen Fremdkapitalanteil arbeitet.
highly leveraged takeovers Übernahmen unter Inanspruchnahme umfangreicher Fremdmittel
highly leveraged tender offers vorwiegend mit Fremdmitteln finanzierte Übernahmen, die später durch Auflösung der Zielgesellschaft zurückgezahlt werden.
highly protected risks Risiken, die auf Grund besonderer Schutzmaßnahmen des Versicherungsnehmers die Voraussetzungen für niedrige Tarife erfüllen.
high margin business Geschäfte mit hohen Gewinnspannen
high pay-out company Unternehmen, das eine hohe Dividende ausschüttet.
high pay settlement hoher Tarifabschluss
high pressure selling aggressive Verkaufstätigkeit
high-price strategy → premium pricing
high profile media klassische Medien
high return on capital hohe Kapitalverzinsung
high-risk start-up risikoreiche Unternehmensneugründung
high-speed management Planung und Steuerung der Maßnahmen zur zeitlichen Optimierung der Leistungserstellung
high-status merchandise Prestigeprodukte □ Produkte, die für ihre Erwerber Prestigeobjekte (Statussymbole) sind.
high turnover items Schnelldreher, Waren mit einem hohen Umschlag
high volume market Volumenmarkt, volumenreicher Markt

high yield bonds i.w.S. hochrentierliche Anleihen, i.e.S. nachrangige Anleihen, die neben klassischen Kreditinstrumenten bei Großfinanzierungen (z.B. → management buyouts) zur Fremdkapitalbeschaffung emittiert werden. I.d.R. sind auf die Papiere während ihrer Laufzeit keine Tilgungszahlungen zu leisten.
hire-purchase agreement Ratenkreditvertrag, Teilzahlungsvertrag
histogram Histogramm □ grafische Darstellung der relativen Häufigkeiten (der Häufigkeitsverteilung einer stetigen Variablen)
historical cost accounting/historical cost basis Bewertung (Bilanzierung, Ansatz) zu den Anschaffungskosten/historischen Kosten
historical cost concept (convention) Anschaffungskostenprinzip, → historical cost principle
historical cost information Unterschied zwischen einem Ausweis zu den Anschaffungskosten und einem Ausweis zu den Wiederbeschaffungskosten
historical cost principle Anschaffungskostenprinzip, Prinzip der historischen Kosten □ Grundsatz, dem zufolge Aktiva zu den Anschaffungskosten in der Bilanz angesetzt werden.
historical earnings Gewinne (Erträge) der zurückliegenden Geschäftsjahre
historical exchange rate historischer Kurs, Wechselkurs zum Zeitpunkt der Anschaffung oder Herstellung von Wirtschaftsgütern
historical interest rate volatility Schwankungsintensität der Zinsen in der Vergangenheit
historical loss experience Schadenhäufigkeit zurückliegender Jahre
historical rate → historical exchange rate
historic purchase price Einstandspreis
hitchment cargo Ergänzungsladung, Huckepackladung
hit list die wichtigsten Kunden einer Unternehmung
hit rate Anzahl der einem Verkauf voran-

gegangen Anfragen
hits Anzahl der Zugriffe auf die Dateien einer Website
HL → heavy lift
HMDA → Home Mortgage Disclosure Act
HoA → heads of agreement
hold Schiffsraum, Laderaum
holdback 1. einbehaltene Summe, z.B. zur Deckung von Gewährleistungsansprüchen Dritter 2. Darlehensteil, der erst bei Erfüllung bestimmter Voraussetzungen zur Auszahlung gelangt.
holder in due course (in good faith) gutgläubiger (redlicher) Inhaber
hold harmless agreement Haftungsfreistellungsvereinbarung □ Vereinbarung über die Freistellung einer Vertragspartei bei Schadenersatzansprüchen Dritter
hold harmless clause Freistellungsklausel, Schadloshaltungsklausel
hold-in-custody repurchase agreement Pensionsgeschäft (repurchase agreement), bei dem die Wertpapiere nicht an den Pensionsnehmer ausgeliefert werden, sondern beim Pensionsgeber bzw. dessen Depotbank verwahrt werden. Die beiden Kontrahenten sind für die Abwicklung und Überwachung des Geschäftes verantwortlich. → tri-party repo, → delivery repo
holding costs Haltekosten, → carrying cost
holding gains/losses noch nicht realisierte Gewinne/Verluste, Wertsteigerungen/Wertverluste am ruhenden Vermögen
holding out Kennzeichnung einer Situation, in der der Anschein erweckt wird, dass ein aus einem Unternehmen ausgeschiedener Gesellschafter dem Unternehmen noch angehört.
holding period 1. Besitzdauer, Haltedauer, Zeitraum zwischen Erwerb und Verkauf eines Wirtschaftsgutes/einer Finanzposition 2. Sperrfrist, Zeit der Nichtveräußerbarkeit
holding period yield Rendite während der Besitzdauer
holdover tenancy Weiterführung eines Mietverhältnisses nach Ablauf des Vertrages im beiderseitigen Einverständnis
hold strategy Haltestrategie □ Festhalten an Produkten/an Finanzpositionen
holistic campaign evaluation ganzheitliche Bewertung einer Marketing-/Werbekampagne
holistic organisational design ganzheitliche Organisationsgestaltung
holistic test ganzheitlicher Produkttest
holograph will eigenhändig geschriebenes (holographisches) Testament
home equity conversion Umwandlung des in einem Eigenheim gebundenen Eigenkapitals in ein zusätzliches Darlehen
home equity conversion mortgage auf ein unbelastetes Eigenheim aufgenommenes Hypothekendarlehen, das entweder als Rente auf Lebenszeit in regelmäßigen Zeitabständen zur Auszahlung gelangt oder als Dispositionskredit genutzt werden kann. Die Rückzahlung erfolgt spätestens beim Verkauf des Hauses.
home equity loan (line of credit) hypothekarisch gesicherter Dispositionskredit □ die i.d.R. zu einem bereits bestehenden Hypothekendarlehen aufgenommenen und durch ein nachrangiges Grundpfandrecht abgesicherten home equity loans bieten alle Vorteile eines üblichen Dispositionskredites. Ihr Vorteil zu den üblichen Kontokorrentkrediten liegt darin, dass gezahlte Zinsen steuerlich absetzbar sind.
home improvements loan Modernisierungsdarlehen
home inspection Immobiliengutachten, Substanzbewertung durch einen Gutachter
home inspector Sachverständiger für die Beurteilung der Bausubstanz einer Immobilie
Home Loan Bank → Federal Home Loan Bank System
Home Mortgage Disclosure Act Hypotheken-Publizitätsgesetz □ verpflichtet Kreditgeber zur Vorlage eines Jahresberichtes über ihr Hypothekengeschäft.
home mortgage interest deduction Hypothekenzinsenabzug für eigengenutztes Wohneigentum

home mortgage life insurance Hypothekenversicherung, Restschuldversicherung
Homeowners Loan Corporation Finanzierungsinstitut, das sich auf die Gewährung von Zusatzkrediten an in Zahlungsschwierigkeiten geratene Hauseigentümer spezialisiert hat.
homeowner's policy verbundene Hausratversicherung
homeowner's warranty insurance Baumängelversicherung für Hauseigentümer
homestead Wohneigentum einer Familie (einschließlich dem dazugehörigen Grundstück), → homestead exemption
homestead association Bezeichnung für eine Bausparkasse in einigen US-Bundesstaaten
homestead declaration gerichtlich angemeldete Geltendmachung einer → homestead exemption
homestead deed grundbuchamtlich eingetragene Erklärung, mit der eine → homestead exemption geltend gemacht wird.
homestead estate Bezeichnung für den pfändungsfreien Grundbesitz in einigen US-Bundesstaaten
homestead exemption 1. (vollständige oder teilweise) Pfändungsfreiheit eines Familien-Eigenheims □ während in einigen Bundesstaaten das Eigenheim grundsätzlich nicht pfändbar ist (unlimited exemption), besteht in den meisten Bundesstaaten eine betraglich begrenzte statutory homestead exemption, d.h. ein bestimmter Prozentsatz des bei einer Zwangsversteigerung erzielten Erlöses muss als nicht pfändbarer Betrag an den Schuldner zurückgegeben werden.
homestead right Recht auf Verbleib im eigengenutzten Haus bzw. auf Geltendmachung einer → homestead exemption
homestead society US-Bausparkasse
homestead tax exemption (in einigen US-Bundesstaaten übliche) Grundsteuerbefreiung bei Eigennutzung eines Einfamilienhauses
homogeneous goods homogene (gleichartige) Güter □ Produkte oder Marken, die der Verbraucher als weitgehend identisch bzw. austauschbar ansieht.
honesty clause → declaration clause
honeycomb store Wabenlager, Lager für die Tiefeneinlagerung von Langgut
HOQ → house of quality
horizon analysis auf einem bestimmten Zeitraum basierende Performance-/Gewinnanalyse
horizon return Gesamtrendite während eines bestimmten Zeitraums
horizontal carousel Horizontalkarussell □ Lagersystem mit horizontal umlaufenden Trageinheiten
horizontal channel conflict horizontaler Absatzweg-/Kanalkonflikt, kanalinterner Konflikt □ Interessenkonflikt zwischen Mitgliedern des gleichen Vertriebskanals, z.B. zwischen Großhändlern
horizontal combination → horizontal merger
horizontal competition horizontaler Wettbewerb □ Wettbewerb zwischen Unternehmen der gleichen Wirtschaftsstufe/ zwischen Wettbewerbern mit der gleichen Angebotspalette
horizontal cooperation horizontale Kooperation, Kooperation zwischen Unternehmen der gleichen Produktions- oder Handelsstufe
horizontal cooperative advertising kanalinterne Gemeinschaftswerbung, Gemeinschaftswerbung durch Mitglieder des gleichen Absatzweges
horizontal diversification horizontale Diversifikation □ 1. Diversifikation durch die Angliederung von Produkten oder Firmen, die zum bisherigen Leistungsprogramm bzw. Tätigkeitsbereich in einer direkten Beziehung stehen. 2. Programmerweiterung innerhalb des bisher bedienten Marktbereiches
horizontal marketing management horizontales Marketing-Management □ Koordinierung der Marketingaktivitäten unabhängiger Unternehmen des gleichen Ab-

satzweges zur Erzielung von → economies of scale
horizontal merger horizontale Fusion □ Fusion von Unternehmen der gleichen Wirtschaftsstufe, Zusammenschluss von Unternehmen der gleichen Branche oder von Gesellschaften mit ähnlichen Produktlinien.
horizontal price fixing horizontale Preisbindung □ Vereinbarung von Herstellern des gleichen Produktes, ihre Produkte zum gleichen Preis zu verkaufen.
horizontal product differentiation horizontale Produktdifferenzierung □ der Produktkern bleibt erhalten, Veränderungen erfolgen im Hinblick auf das Produktäußere.
horizontal publication Veröffentlichung, die auf Personen mit gleichen Interessen oder Aufgaben zielt.
horizontal restraints horizontale Wettbewerbsbeschränkungen □ wettbewerbsbeschränkende Absprachen zwischen Beteiligten der gleichen Wirtschaftsstufe; in erster Linie direkte und indirekte Preisabsprachen.
horizontal rotation Ausstrahlung von Werbespots im Rundfunk an verschiedenen Wochentagen zu einer bestimmten Zeit
horizontal selling horizontaler Vertriebsansatz □ Konzentration auf den Gesamtmarkt
horizontal VAR branchenübergreifend tätiger → value added reseller
host access Zugriff auf einen Großrechner/Server
host contract 1. Hauptvertrag 2. *(bei derivativen Instrumenten)* das zu Grunde liegende Kassainstrument, Basiswert
hostile bid (offer, tender offer) unerwünschtes Übernahmeangebot, feindliche Übernahmeofferte
hostile takeover feindliche Übernahme, Übernahme eines Unternehmens gegen den Willen der Unternehmensleitung
hosting Bereitstellung von Internet-Speicherplatz
hot assets Vermögenswerte (Wirtschaftsgüter), deren Veräußerung eine hohe Besteuerung nach sich ziehen würde.
house hierarchische Rangfolge
house airwaybill Haus-Luftfrachtbrief □ von einer Speditionsfirma bei Luftfrachtsammelsendungen ausgestelltes Transportdokument
house bill of lading Haus-Konnossement, Spediteur-Konnossement
house brand Eigenmarke
house closing → closing
householder's policy gebundene Hausratversicherung
household goods exemption Unpfändbarkeit von Haus- und Küchengeräten in einem Insolvenzverfahren
house of quality Stufenauflistung der Kundenanforderungen
house policy → householder's policy
house style Firmenzeichen
house-to-house Haus-Haus-Verkehr □ (Container-)Transport vom Abgangsort bis zum Bestimmungsort
house-to-port Haus-Pier-Verkehr □ (Container-)Transport vom Abgangsort bis zum Löschhafen
housing bonds durch Wohnbauhypotheken unterlegte Anleihen
housing interest (abzugsfähige) Baufinanzierungskosten
HPRs → highly protected risks
HR → human resources
HSR Act → Hart-Scott-Rodino Act
hub 1. zentrale Umschlagstelle, zentrales Sortier-und Auslieferungslager, → hub principle 2. Internet-Marktplatz, Plattform für Produkt-und Dienstleistungsangebote im E-Commerce 3. → hub firm
hub firm das in einem Unternehmensverbund führende Unternehmen
hub planning Umschlagspunktplanung
hub port Basishafen
hub principle Nabe-Speicherprinzip □ Prinzip zur Bündelung und Verteilung von Warenströmen bzw. Ladungen in einer zentralen Umschlagstelle
hubs and spokes Kennzeichnung der Bezie-

hungen zwischen einem großen Unternehmen (hub/Nabe) und kleineren Unternehmen (spokes/Speichen)
hull damage Kaskoschaden
hull insurance (policy) (Schiffs-)Kaskoversicherung, Kaskopolice
hull syndicates auf die Versicherung von Schiffs- oder Flugzeugrisiken spezialisierte Versicherungssyndikate
hull time policy zeitlich befristete Schiffskaskopolice
human capital Humankapital, Arbeitsvermögen □ Kapital, das die Mitarbeiter eines Unternehmens mit ihren Fähigkeiten und ihrer Leistungsbereitschaft verkörpern.
human engineering Ergonomie, Arbeitswissenschaft
human observation Marktforschungsmethode, bei der Aufschluss über Konsum- bzw. Verhaltensgewohnheiten durch den Einsatz von Beobachtungspersonen gewonnen wird. → mechanical observation, observation techniques
human resources 1. Humanvermögen, personelle Ressourcen, Leistungspotenziale der Mitarbeiter 2. Personal 3. Personalabteilung, i.w.S. Personalwesen
human resources accounting Erfassung des betrieblichen Humanvermögens
human resources demand forecast Personalbedarfsprognose
human resources department Personalabteilung
human resources executives leitende Mitarbeiter der Personalabteilung
human resources management Personalmanagement, Steuerung des Personalwesens
human resources management system Personalmanagementsystem □ auf Softwarelösungen basierendes Personalmanagementsystem, das personalspezifische Prozesse (z.B. Einstellung, Weiterbildung, Beurteilung von Mitarbeitern) abdeckt.
human resources officer Mitarbeiter der Personalabteilung
human resources planning Personalplanung, i.e.S. Personalbestandsplanung

human resources requirements Personalbedarf
hurdle rate 1. erforderliche Verzinsung, Mindestrendite, Mindest-Renditeerwartung, von einem Investor geforderte Rendite (Kapitalperformance), Mindestrentabilität eines Investitionsprojektes 2. notwendiger Deckungsbeitrag 3. Mindestvergütung, Basisvergütung
hurt money persönliches finanzielles Engagement
husbanding Wahrnehmung schiffsseitiger Interessen im Hafen
hybrid compensation scheme Programm, bei dem die Mitarbeiter einer Unternehmung zwischen verschiedenen betrieblichen Nebenleistungen wählen können.
hybrid entities hybride Unternehmen □ US-Unternehmen, die in verschiedenen Bundesstaaten steuerlich unterschiedlich eingestuft werden.
hybrid financing instruments hybride Finanzierungsinstrumente □ Finanzierungsinstrumente, die Elemente des Geld-, Kredit- und Kapitalmarktes sowie der Derivate-Märkte miteinander verbinden.
hybridization Bündelung von Finanzinstrumenten zu hybriden Finanzierungsinstrumenten
hybrid loan Darlehen mit Eigenkapitalelementen
hybrid method kombiniertes Rechnungslegungsverfahren □ z.B. Ausweis von Erträgen nach der → accrual method und von Ausgaben nach der → cash method of accounting
hybrid mortgage agreement Hypothekenvereinbarung, mit der dem Kreditgeber eine Beteiligung an den Erträgen eingeräumt wird, die aus dem von ihm finanzierten Immobilienprojekt erzielt werden.
hybrid question Hybridfrage □ Frage, bei der der Proband mit einer der Antwortvorgaben, aber auch mit eigenen Worten antworten kann.
hybrid securities 1. Wertpapiere, die sowohl den Dividendenwerten als auch den Fest-

verzinslichen zugerechnet werden können, z.B. Vorzugsaktien, Wandelschuldverschreibungen. 2. i.w.S. Emissionen, die traditionelle Wertpapierformen mit derivativen Instrumenten verbinden.

hybrid system Mischsystem, Hybridsystem □ verbindet Elemente verschiedener Systeme

hypercritical activities Vorgänge mit einer negativen Pufferzeit (→ negative float)

hypothecation Verpfändung (ohne Übertragung der Eigentumsrechte an dem Sicherungsgut)

I

IAS → International Accounting Standards
IASC → International Accounting Standards Committee
IBC → International Business Corporation
IBNR → incurred but not reported losses
IBO → institutional buyout
IBT → income before taxes
IC → intellectual capital
ICB → international competitive bidding
ICC → Institute Cargo Clauses
ICD → inland clearance depot
ICR → industry condition report
ICS → Investors Compensation Scheme
ICTF → Intermodal Container Transfer Facility
IDB → Interamerican Development Bank
idea generation phase Ideen-Entwicklungsphase, Konzeptphase, Kreativitätsphase, erste Phase in der Produktentwicklung
idea management Ideen-Management □ (a) Steuerung der Ideengenerierung (b) Formulierung operativer und strategischer Organisationsziele
idea marketing auf die Förderung einer Idee/eines Anliegens ausgerichtete Marketingaktivitäten
idea merit index unternehmensinterne Bewertungsskala für Produktideen
idea phase → idea generation phase
idea screening → initial screening
idea to market Zeitspanne zwischen (Produkt-)Ideengenerierung und Marktreife
identifiable assets 1. einzeln bestimmbare (bilanziell greifbare) Vermögenswerte 2. *(in Verbindung mit einem Unternehmenserwerb)* veräußerbare Aktiva □ d.h. Aktiva, die veräußert werden können, ohne dass das Unternehmen als Ganzes verkauft werden muss.
identifiable liabilities einzeln bestimmbare Verbindlichkeiten
identified cost basis → valuation on a specific identified cost basis
identure of apprenticeship Lehrvertrag
idiosyncratic risk idiosynkratisches (unsystematisches) Risiko
idle capacities freie (brachliegende) Kapazitäten
idle funds totes Kapital, unverzinsliche Gelder
idle money 1. → idle funds 2. ungenutzte Überschussreserven
idle time Brachzeit, Leerzeit
idle-time cost Stillstandskosten, Leerkosten
IDRs → International Depositary Receipts
IFA → independent financial adviser, → International Finance Corporation
IFB → invitation for bid
IFC → international financial and banking centre
if clauses Bedingungen/Ereignisse, deren Eintritt eine Beendigung der Deckungszusage/des Versicherungsverhältnisses auslöst.
IFM → inward foreign manifest
IIPO → Internet Initial Public Offering
i/j numbers Vorgangskennzeichen in einem Vorgangspfeil-Netzplan, → activity-on-arrow network
illegality 1. Rechtswidrigkeit, Ungesetzlichkeit 2. Sittenwidrigkeit
ill-founded presumption unbegründete Mutmaßung
illiquidity Illiquidität, unzureichende flüssige Mittel
illustration Modellrechnung, die die monatlichen Zins- und Tilgungsleistungen sowie alle Nebenkosten beinhaltet.
image analysis Image-Analyse □ Analyse der Stärken und Schwächen eines Firmen-/Marken-Image
image building/campaign Imagepflege/Image-Kampagne, → image marketing
image congruence hypothesis Imagekon-

image management

gruenz-Hypothese ☐ Hypothese, dass Verbraucher i.d.R. Produkte erwerben bzw. in Läden einkaufen, mit denen sie sich identifizieren können.
image management Image-Management, Steuerung aller Maßnahmen zur Sicherung oder Verbesserung des Unternehmens- oder Markenimages
image map Internet-Grafik mit einer anklickbaren Fläche
image marketing Image-Marketing, Maßnahmen zur Steigerung des Produkt- oder Unternehmensprofils beim Verbraucher
image-oriented change strategy Wettbewerbsstrategie, die darauf ausgerichtet ist, ein bestimmtes Markenimage im Zeitverlauf neuen Gegebenheiten/Marktsituationen anzupassen.
image pricing auf dem Markenimage bzw. dem hohen Qualitätsanspruch eines Produktes basierende Preisgestaltung
imagery Imagery ☐ Bilder und Symbole, durch die in der Werbung Gefühle oder Stimmungen zum Ausdruck gebracht werden sollen.
image transfer Imagetransfer, Übertragung eines bestimmten Vorstellungsbildes von einer Marke/einem Produkt auf einen anderen Artikel, i.d.R. mit Hilfe eines gemeinsamen Markennamens.
IMF → International Monetary Fund
immediate activity *(in der Projektablaufplanung)* Vorgang, der zum frühestmöglichen Zeitpunkt gestartet werden muss, auch wenn dies eine Überbelastung der eingesetzten Ressourcen bedeutet.
immediate annuity private Rentenversicherung (→ annuity), bei der sofort oder spätestens ein Jahr nach Entrichtung des Kaufpreises in Form einer Einmalprämie regelmäßige Leistungen an den Versicherungsnehmer erfolgen.
immediate cover sofortiger Versicherungsschutz
immediate holding company Holding-Gesellschaft, die über direkte Mehrheitsbeteiligungen verfügt.
immediate notice 1. sofortige Kündigung 2. sofortige (Schaden-)Anzeige
immediate participation guarantee contract → immediate annuity
immediate vesting sofortige Anwartschaftsberechtigung, → deferred vesting
immovables/immovable property unbewegliche Sachen, unbewegliches Vermögen, Immobilien
IMO → International Maritime Organization
impact assessment Wirkungsabschätzung, → environmental impact statement(s)
impact measurement Werbewirkungsmessung
impact test Test zur Messung der Werbewirkung
impaired capital situation Kapitalunterdeckung
impaired credit 1. zweifelhafte Kreditforderung 2. beeinträchtigte Bonität, Bonitätsminderung 3. in Verzug geratener oder zahlungsunfähiger Kreditnehmer
impaired risk 1. Versicherungsnehmer, der ein erhöhtes Risiko darstellt. 2. Problemkredit
impairment Wertminderung *(i.S. der IAS/GAAP-Standards)* nachhaltige Wertbeeinträchtigung von Vermögenswerten, erforderliche Wertberichtigung
impairment loss Verlust durch Wertminderung, Abwertungsverlust
impairment of assets Wertminderungen von Vermögenswerten/Wirtschaftsgütern
impairment of long-lived assets Wertverluste bei Sachanlagen, i.e.S. Wertberichtigungsbedarf auf das Anlagevermögen, nicht planmäßige Abschreibung und Amortisation von Sachanlagen
impairment of long-lived investments Wertberichtigungen auf langfristige Finanzaktiva
impairment test Wertberichtigungstest ☐ Prüfung von Aktiva im Hinblick auf einen erforderlichen Wertberichtigungsbedarf
imparity principle Imparitätsprinzip
impediment to contract performance Hin-

dernis für die Vertragserfüllung, Erfüllungshindernis, Leistungshindernis, der Erfüllung der Leistungspflicht im Wege stehender Tatbestand
imperfect competition unvollständiger Wettbewerb, monopolistische Konkurrenz, ungleiche Wettbewerbsbedingungen
imperfect entry unvollständige Zollerklärung
imperfect title mit Mängeln behafteter Rechtstitel
impersonal account Sachkonto
impersonal security Sachsicherheit
impleader Drittklage, Klage (eines Beklagten) gegenüber einem Dritten, Streitverkündung □ z.B. Versuch der in einem Produkthaftpflichtverfahren beklagten Partei, einen Mitverursacher in das Verfahren einzubeziehen.
impleading a third party → impleader
implementation phase Durchführungsphase, die dritte Phase des Projektlebenszyklus
implement exemption Unpfändbarkeit von Gegenständen, die der persönlichen Arbeitsleistung dienen.
implicit knowledge implizites Wissen, Erfahrungswissen
implicit knowledge assumption Annahme, dass alle Befragten über das gleiche Wissen zum Untersuchungsgegenstand verfügen.
implicit warranty implizite Gewährleistungsbürgschaft
implied agency stillschweigende Vertretungsmacht
implied assumpsit aus den Umständen abgeleitetes Leistungs-/Zahlungsversprechen
implied authority stillschweigende (implizite) Vollmacht, unterstellte Vertretungsmacht
implied choice of law dem mutmaßlichen Parteiwillen entsprechendes Recht
implied conditions as to quality and fitness stillschweigend eingeschlossene Bedingungen bezüglich Beschaffenheit und Gebrauchsfähigkeit der gelieferten Waren
implied consent stillschweigende Zustimmung
implied easement auf Gewohnheitsrecht beruhende Grunddienstbarkeit
implied guarantee → implied warranty
implied intent implizierte (mutmaßliche) Absicht
implied knowledge implizites Wissen, → tacit knowledge, → knowledge category/ management
implied power rechtlich vermutete Befugnis, → implied authority
implied term gesetzlich vorgesehene oder handelsübliche Laufzeit
implied terms 1. → implied conditions 2. mutmaßlicher Parteiwillen, → doctrine of implied terms
implied trust durch Rechtsvermutung entstandenes Treuhandverhältnis
implied volatility angenommene Volatilität, unterstellte Kursschwankungsintensität
implied warranty stillschweigende (eingeschlossene) Garantie, gesetzlich vorgesehene Gewährleistungshaftung, vertragsrechtlicher Gewährleistungsanspruch □ ergibt sich aus den Erklärungen oder Übereinkünften der Vertragsparteien, *(implied warranties)* stillschweigende Zusicherungen.
import factor Import-Factoringgesellschaft, → export factoring
import factoring Import-Factoring □ Factoring, bei dem die inländische Factoring-Gesellschaft dem ausländischen Korrespondenzinstitut die Zahlungsfähigkeit des Abnehmers garantiert.
import finance facility Importkredit, Importfinanzierungsfazilität
import list Verzeichnis über Einfuhrzölle, Einfuhrbestimmungen und Verzollungsregeln
import penetration ratio Importquote, Verhältnis der Einfuhren zur Gesamtleistung eines Wirtschaftssektors
import ratio → import penetration ratio

imports on open general licence lizenzfreie Einfuhr

import surcharge Einfuhrsteuer, Importabgabe

imposed start/finish *(in der Projektablaufplanung)* durch externe Einflüsse (Notwendigkeiten) erzwungener Beginn/Abschluss eines Vorganges

impossibility of performance Unmöglichkeit der Leistungs-/Vertragserfüllung □ sieht eine Befreiung von vertraglich übernommenen Leistungspflichten vor, → impracticability of performance

impost 1. Abgabe, Steuer 2. zolltarifliche Klassifizierung von Importwaren

impound account Rücklagenkonto, Reservefonds, einbehaltene (treuhänderisch verwaltete) Gelder □ Betrag, den ein kreditgebendes Institut bei der Auszahlung der Darlehensvaluta an den Hypothekenschuldner einbehält und zur Zahlung der Steuern und sonstigen Abgaben verwendet, die im Hinblick auf die belastete Liegenschaft anfallen.

impounding gerichtlich angeordnete Beschlagnahme

impracticability of performance Erfüllung der Leistungspflicht, die wirtschaftlichen Grundsätzen widersprechen würde. → impossibility of performance

impressions Sichtkontakte, Werbemittelkontakte □ Gesamtzahl der Personen, die mit einem Werbeträger Kontakt hatten.

improper books and records unzureichende Rechnungslegung

improved land Grundbesitz, einschließlich Erschließung und sonstiger baulicher Verbesserungen, → improved value, improvements

improved-services strategy Marketingstrategie, die darauf ausgerichtet ist, neue Marktanteile durch neue und verbesserte Kundendienstleistungen zu gewinnen.

improved value Wert einer Liegenschaft, einschließlich Erschließung und wertsteigernder Baumaßnahmen □ diese Baumaßnahmen können Um- und Einbauten einschließen.

improvement 1. Verbesserung, Werterhöhung, Wertsteigerung, → improvements 2. Melioration, Bodenverbesserung, Steigerung der Ertragsfähigkeit landwirtschaftlich genutzten Bodens 3. (Produkt-)Veredelung

improvement bond Kommunalobligation □ emittiert zur Finanzierung von Infrastrukturmaßnahmen

improvement expenditure wertsteigernde Aufwendungen, Aufwendungen für Um- und Einbauten bzw. für Modernisierungsarbeiten

improvement fund Fonds, aus dem die Schuldendienstzahlungen für ein → improvement bond bestritten werden.

improvement grant 1. Darlehen für Um- und Einbauten, Modernisierungsdarlehen 2. Meliorationskredit, → improvement (2)

improvement in performance Leistungsverbesserung, Verbesserung des Geschäftsergebnisses

improvement lien Pfandrecht der öffentlichen Hand für vorgenommene Erschließungs- oder ergänzende Infrastrukturmaßnahmen

improvement management Verbesserungsmanagement □ Maßnahmen zur Verbesserung von Geschäftsprozessen auf der Grundlage von Fehleranalysen und Fortschrittskontrollen

improvements 1. Erschließung und sonstige wertsteigernde Baumaßnahmen, → improvements to buildings/to land/on land 2. *(in der Bilanz)* Um- und Einbauten, aktivierte Modernisierungsarbeiten 3. *(in der Gewinn- und Verlustrechnung)* Aufwendungen für Um- und Einbauten

improvements and betterments → improvements (1)

improvements on land errichtete Gebäude

improvements to buildings (wertsteigernde) Um- und Einbauten, Modernisierungsarbeiten

improvements to land Kanalisation, Straßen, Grünanlagen

impulse buying impulsives Kaufverhalten, Impulskäufe, → impulse goods
impulse goods Impulsgüter, spontan gekaufte Waren
imputation system Anrechnungsverfahren □ zur Vermeidung der Doppelbesteuerung von Dividendenzahlungen
imputed answers mutmaßliche Antworten □ bei einer Erhebung nicht abgegebene Antworten/Stimmen, die der Mehrheitsmeinung zugerechnet werden.
imputed corporation tax angerechnete Körperschaftssteuer
imputed cost kalkulatorische (zugeschriebene) Kosten □ Kosten, die keinen Geldaufwand erforderlich machen.
imputed depreciation kalkulatorische Abschreibung
imputed income im Wege der Schätzung ermittelte Einkünfte
imputed interest 1. angerechnete Zinsen 2. Zinsertrag aus Abzinsungspapieren/Nullkuponanleihen
inadequate capital base unzureichende Kapitalausstattung
inadequate collateral unzureichende Sicherheit
inadequate coverage unzureichender Versicherungsschutz, Unterversicherung
inadmitted assets Vermögenswerte, die nicht dem Deckungsstock eines Versicherers hinzugerechnet werden können.
inadvertent investment company Unternehmen, das 40% oder mehr seiner Vermögenswerte in Beteiligungen investiert hat.
inalienable interests nicht übertragbare (veräußerbare) Anteile
inalienable title nicht übertragbarer Eigentumstitel
in-and-out handling charges Ein- und Auslagerungskosten
inappropriate court → forum non conveniens rule
in bond *(Auftragsvermerk)* Waren sind unter Zollverschluss zu lagern
inbound call center die für eingehende Anrufe zuständigen Mitarbeiter eines → call center
inbound calls eingehende (passive) Anrufe
inbound logistics alle dem Produktionsprozess dienenden logistischen Maßnahmen
inbound telemarketing passives Telemarketing, Inbound-Telemarketing □ Angebot einer Kunden-Hotline zum Nulltarif; die Aktivitäten in Verbindung mit eingehenden Anrufen können von der reinen Annahme von Bestellungen bis zu Beratungsleistungen reichen. → outbound telemarketing
Inc. → incorporated
incapacitated geschäftsunfähig
incapacity to contract Geschäftsunfähigkeit
incentive marketing auf die Verbesserung des kurzfristigen Absatzes ausgerichtete Marketingaktivitäten (Zusatzanreize für Käufer, z.B. Reisen, Gewinnspiele, Zugabeartikel etc.)
incentive packs (zur Verkaufsförderung eingesetzte) attraktive, wiederverwendbare Verpackungen
incentive pay Leistungslohn
incentive payment system Lohnanreizsystem, Prämienlohnsystem
incentive stock option plan Aktienoptionsplan, → incentive stock options
incentive stock options steuerbegünstigte, nicht übertragbare Aktienoptionen für Mitarbeiter □ d.h. es werden bei Einräumung oder Ausübung der Optionsrechte keine Steuern fällig. Nur Veräußerungsgewinne beim Verkauf der erworbenen Aktien sind steuerpflichtig.
incentives to invest Investitionsanreize, Maßnahmen zur Förderung der Investitionstätigkeit
inception date Vertragsbeginn, Tag des In-Kraft-Tretens
inchoate instruments 1. unvollständige Urkunden □ z.B. Schecks bzw. Wechsel ohne Empfänger- bzw. Bezogenenangabe oder noch nicht unterzeichnete Verträge 2. registrierungspflichtige Urkunden, die noch nicht registriert sind.

inchoate right noch nicht rechtswirksamer Anspruch, der jedoch bereits einen einstweiligen Rechtsschutz genießt □ z.B. angemeldete Erfindung während der Patentprüfung.
incidence of claims *(im Versicherungssektor)* Schadenhäufigkeit
incidence of taxation Steuerinzidenz, Steuerlast, Begründung eines steuerpflichtigen Ereignisses
incidental damages 1. Begleitschäden 2. Schadenersatz für alle sich aus einem Vertragsbruch ergebenden handelsüblichen Nebenkosten
incidental expenses Nebenkosten
incidental injunction ergänzende Verfügung
incidental to the policy Teil der Police, unter die Deckung fallend
incidents of ownership sekundäre Rechte des Versicherungsnehmers, z.B. Beleihung der Versicherungspolice, Änderung des Begünstigten, vorzeitige Rückgabe der Police
includable gross income for tax purposes steuerlich dem Bruttoeinkommen zurechenbarer Betrag
inclusion at cost or valuation Bilanzierung (Bewertung) zu den Anschaffungskosten oder auf der Basis relevanter Gutachten
inclusion in creditors (debtors) Zurechnung zu den Kreditoren (Debitoren)
inclusion in the results on ordinary activities Verrechnung im ordentlichen Ergebnis
inclusion in the revenue results ergebniswirksame Verrechnung
inclusive rates Pauschaltarif
income applicable to minority interests rechnerischer Gewinnanteil der Minderheitsbeteiligungen
income approach Ertragswertverfahren, Bewertung nach dem Ertragswert, ertragsbezogener Ansatz □ Unternehmensbewertungsmethode, bei der der Wert eines Objektes auf der Basis der erwarteten Erträge errechnet wird.
income averaging *(bei der Festsetzung des steuerpflichtigen Einkommens)* Verteilung außerordentlicher steuerpflichtiger Einkünfte über einen Zeitraum von mehreren Jahren
income basis Form der Renditeermittlung, bei der neben dem Zinssatz der Marktkurs und nicht der Nominalwert zu Grunde gelegt wird.
income before extraordinary items Gewinn vor außerordentlichen Erträgen und Aufwendungen
income before securities gains (losses) Gewinn vor Erträgen bzw. Verlusten aus dem Wertpapiergeschäft
income before taxes Gewinn vor Steuern
income beneficiary Empfänger von Einkünften aus Kapitalvermögen
income chargeable to corporation tax körperschaftsteuerpflichtiger Gewinn
income concept 1. Konzept für den Ausweis von Gewinnen bzw. die Verteilung von Überschüssen, → percentage-of-completion method 2. → income approach
income-consumption function Einkommen-Konsum-Funktion, Beziehung zwischen Einkommen und Konsum
income deferral Verschiebung von Einkünften auf das folgende Steuerjahr
income derived from business gewerbliche Einkünfte
income derived from economic activities Einkommen aus Unternehmertätigkeit
income distribution 1. Einkommensverteilung, Verteilung des Volkseinkommens 2. Gewinnausschüttung
income earned to date zum Stichtag angefallene Erträge (Gewinne)
income effect Einkommenseffekt □ Wirkung von Preisveränderungen auf die Realeinkommen und somit auf die Nachfrage
income elasticity Einkommenselastizität □ Messgröße für Nachfragebewegungen bei Einkommensveränderungen der Nachfrager
income equivalent to interest zinsähnliche Erträge
income from associates Ertrag aus Betei-

ligungen an assoziierten Gesellschaften
income from capital Einkünfte aus Kapitalvermögen
income from continuing operations Ergebnis der gewöhnlichen Geschäftstätigkeit vor Steuern, Gewinn aus laufender Geschäftstätigkeit
income from disposition of capital assets Einkünfte aus der Veräußerung von Kapitalvermögen
income from employment Einkünfte aus nichtselbstständiger Arbeit
income from investments 1. Einkünfte aus Kapitalvermögen 2. Erträge aus Beteiligungen
income from investment securities Erträge aus Wertpapieren des Anlagevermögens, Erträge aus Anlagewerten
income from invisible items Erträge aus unsichtbaren Ausfuhren
income from labour and services unfundiertes Einkommen, aus Arbeit und Dienstleistungen resultierendes Einkommen
income from loans Erträge aus Darlehen, Erträge aus dem Kreditgeschäft
income from operations Betriebsgewinn
income from property and investments Erträge aus Grundbesitz und Kapitalanlagen, fundiertes Einkommen
income from securities 1. Wertpapiererträge, Kupon- und Dividendenzahlungen 2. Erträge aus dem Wertpapiergeschäft
income from trade investments Beteiligungserträge
income fund Investmentfonds, dessen Anlagepolitik auf die Erzielung hoher Ausschüttungen ausgerichtet ist.
income gearing 1. Verhältnis von Gewinn vor Steuern und Zinsen zum Bruttozinsaufwand 2.*(bei privaten Haushalten)* Verhältnis von Einkommen zu Zinszahlungen 3. Erhöhung des Fremdkapitaleinsatzes zur Steigerung der Eigenkapitalrendite
income increment Einkommenssteigerung, Einkommenszuwachs
income in kind Sachbezüge, Naturaleinkünfte, Einkünfte in Form von Sachgütern
income policy Leistungen aus einer Kapitallebensversicherung, die in monatlichen Zahlungen und nicht in einer Pauschalsumme zur Auszahlung gelangen.
income profits Einkommen aus Kapitalvermögen □ im Gegensatz zu Einkommen aus Arbeit
income property vermietete Grundstücke und Gebäude, Renditeimmobilien
income recognition erfolgswirksame Verbuchung, Einstellung in die Gewinn- und Verlustrechnung, Ertragserfassung, Vereinnahmung von Erträgen
income redistribution Einkommensumverteilung, Einkommensredistribution, Umverteilung des Volkseinkommens
income repatriation Rückführung von Gewinnen
income reporting Erfolgsausweis, Gewinnausweis
incomes cycle Einkommenskreislauf □ Entstehung, Verteilung, Umverteilung und Verwendung von Einkommen
incomes differential Einkommensgefälle, Einkommensdisparität
income shares → distribution units
incomes level Einkommensniveau, Höhe der Einkommen
incomes policy Einkommenspolitik
income statement Ergebnisrechnung, Gewinn- und Verlustrechnung, Ertragsrechnung
income statement forecast Vorschau-Ergebnisrechnung, projizierte Ergebnisrechnung
income statement presentation 1. Erstellung der Gewinn- und Verlustrechnung 2. Ausweis in der Gewinn- und Verlustrechnung
income statement projection → income statement forecast
income stream laufende Erträge, regelmäßige Geldleistungen, regelmäßiger Cashflow
income subject to capital gains tax kapitalgewinnsteuerpflichtige Erträge
income tax Einkommensteuer, *(in Unternehmensabschlüssen)* Ertragssteuer

income tax allowance Einkommensteuerfreibetrag
income tax bill (load) zu zahlende Einkommensteuer, Ertragssteueraufwand, Einkommensteuerbelastung
income tax credit Einkommensteuergutschrift
income tax deferred due to accelerated capital allowances Ertragssteuerabgrenzung auf Grund von Sonderabschreibungen
income tax liability Einkommensteuerpflicht
income tax management service Steuerberatungs-Service einer Bank für Privat- und Firmenkunden
income tax relief Einkommensteuernachlass
income tax reporting Aufnahme in die Einkommensteuererklärung, i.e.S. Deklarierung von Kapitalerträgen
income terms of trade Einkommensaustauschverhältnis
income trust Investmentfonds, dessen Anlagepolitik auf die Ausschüttung angemessener Erträge ausgerichtet ist. Orientierungspunkt ist i.d.R. die Umlaufrendite bei Festverzinslichen.
income units → distribution units
income velocity Einkommenskreislaufgeschwindigkeit
incoming call center → inbound call center
incompetent geschäftsunfähig
incompetent evidence nicht zulässige Beweisstücke
incomplete gift unabhängige Schenkung □ Trust (Stiftung mit treuhandschaftlichem Charakter), bei dem sich der Treugeber das Recht vorbehalten hat, die Liste der Begünstigten zu verändern.
incontestable (incontestability) clause Vertragsklausel, der zufolge nach Ablauf eines bestimmten Zeitraumes gemachte Angaben nicht mehr angefochten werden können (häufig Bestandteil von Versicherungspolicen).

inconvenient court → forum non conveniens rule
incorporated body juristische Person
incorporated (Inc.) Zusatz zum Firmennamen einer Kapitalgesellschaft
incorporation 1. Gründung/Registrierung einer Gesellschaft (als Kapitalgesellschaft) 2. Angliederung, Eingliederung □ z.b. in einen Konzernverbund 3. Einbeziehung (Aufnahme) in einen Vertrag 4. Zugehörigkeit zu einem Berufsverband 5. *(incorporation in full)* volle Einbeziehung in die Konsolidierung
incorporator Gründungsmitglied, Gründer
incorporeal chattels forderungsgleiche Vermögensbestandteile, z.B. Urheber-, Patent-, Warenzeichenrechte
incorporeal hereditaments mit Grundbesitz verbundene immaterielle Rechte, z.B. Grunddienstbarkeiten
incorporeal property 1. immaterielle Vermögenswerte (Rechte), z.B. Patente, Lizenzen, Urheberrechte 2. Dienstbarkeiten, Rechte an Grundstücken, → corporeal property
Incoterms → International Commercial Terms
increased cost cover Versicherung gegen Mehrkosten
increase in assets Zunahme der Aktiva, Aktivmehrungen
increase in creditors (debtors) Zunahme der Verbindlichkeiten (Forderungen) aus Lieferungen und Leistungen
increase in gearing Erhöhung des Fremdkapitalanteils
increase in liabilities Zunahme der Passiva, Passivmehrungen
increase in the cost of funds Verteuerung der Refinanzierungskosten (Geldbeschaffungskosten)
increase in volume sales Mengenzuwachs
increasing annuity Form der privaten Rentenversicherung, bei der eine regelmäßige Erhöhung der Versicherungsleistungen vorgesehen ist. → annuity
increasing life insurance Risikolebensver-

sicherung mit einer während der Versicherungsdauer steigenden Versicherungssumme
increasing marginal cost steigende Grenzkosten, → marginal cost
increasing marginal returns zunehmende Grenzerträge
increasing returns to scale steigende Skalenerträge, zunehmende Niveaugrenzproduktivität
increasing term policy → increasing life insurance
increment 1. Zunahme, Wertzuwachs, Wertsteigerung 2. Aufschlag auf einen Referenzzinssatz 3. Erweiterung einer Produktlinie
incremental borrowing rate Grenzfremdkapitalkostensatz
incremental budget Budget, das auf den aktuellen Ergebniskennzahlen basiert.
incremental cost i.e.S. Grenzkosten, → marginal cost, i.w.S. zusätzliche Kosten, Mehrkosten
incremental gain Kapitalgewinn, Kapitalzuwachs, Wertzuwachs
incremental gearing ratio Verhältnis zwischen Fremd- und Eigenkapital bei den in einem Geschäftsjahr vorgenommenen Zusatzfinanzierungen
incremental improvement marginale Verbesserung, leichte Produktveränderung zur Erhaltung der Produktattraktivität
incremental output ratio marginaler Kapitalkoeffizient
incremental tax Wertzuwachssteuer
incremental value Wertzuwachs, Wertsteigerung
incubation Realisierung einer Geschäftsidee (Unterstützung einer Unternehmensgründung) durch Bereitstellung von Kapital, Know-how und Infrastruktur durch einen Dienstleister und/oder Investor
incubation period → probationary period
incubator fund Investmentfonds, dessen Anteile dem allgemeinen Anlagepublikum nicht zugänglich sind.
incubator strategy Strategie zur Unterstützung von Neugründungen
incurred but not reported losses eingetretene, aber noch nicht angezeigte Schäden/Verluste
incurred but not reported loss reserves Spätschadenrücklagen
incurred losses eingetretene (regulierte und noch nicht regulierte) Versicherungsschäden
incurred loss ratio Schadenquote, → loss ratio
indebtedness to related parties langfristige Verbindlichkeiten gegenüber verbundenen Unternehmen
indefeasible claim nicht annullierbarer (unverjährbarer) Anspruch
indemnification clause 1. Schadloshaltungsklausel 2. Freistellungserklärung
indemnification fund Garantiefonds
indemnification letter Schadloshaltungserklärung, Schadloshaltungszusage
indemnifier → indemnitor
indemnitee entschädigungsberechtigte Partei, der Begünstigte im Rahmen eines Freistellungsvertrages
indemnitor der Verpflichtete im Rahmen eines Freistellungsvertrages, zur Entschädigung verpflichtete Partei, Schadlosbürge, Ausfallbürge
indemnity agreement 1. Schadloshaltungsvereinbarung, Vereinbarung über eine Haftungsfreistellung (Haftungsentbindung) 2. → indemnity bond (2, 3)
indemnity bond 1. Freistellungserklärung, Schadlosbürgschaft ☐ Durch ein indemnity bond wird der Begünstigte gegen die Inanspruchnahme aus Forderungen Dritter abgesichert. 2. Schadenausgleichsverpflichtung 3. Forderungs-/Ertragsausfallversicherung 4. Deckungslinie (Auffanglinie) einer Bank für nicht platzierte Schuldtitel 5. Berufshaftpflichtversicherung
indemnity claim 1. Anspruch auf Freistellung aus der Haftung 2. Entschädigungsanspruch, Anspruch auf eine Schadenausgleichszahlung, Rückgriffsanspruch, z.B. gegen den Hauptschuldner

indemnity clause 1. Freistellungsklausel, Schadloshaltungsklausel 2. Entschädigungsklausel 3. *(in Kreditverträgen)* Klausel, durch die sich der Kreditnehmer zum Ersatz bestimmter Kosten verpflichtet.
indemnity contract → indemnity agreement
indemnity cover → indemnity bond
indemnity letter → indemnity bond
indent (Beschaffungs-)Antrag □ Außenhandelsgeschäft, bei dem ein ausländisches Unternehmen (der Indentgeber) einem inländischen Exporthändler (dem Indentnehmer, z.B. Indent House/Confirming House) den Auftrag erteilt, bestimmte Waren zu spezifizierten Konditionen zu beschaffen. Wird neben den Waren auch ein bestimmter Hersteller genannt, spricht man von einem closed indent. Liegt die Wahl des Herstellers jedoch im Ermessen des Indentnehmers, liegt ein open indent vor.
Indent House Indentnehmer, → indent
indenture agreement/indenture deed 1. Anleihevertrag 2. Treuhandvertrag 3. Hypothekenurkunde
indenture trustee 1. Anleihetreuhänder 2. *(in Verbindung mit* → *leveraged leases)* Treuhänder, der die Sicherungsrechte der Kreditgeber bei einem Leistungsverzug des Schuldners wahrnimmt. Zudem wird er i.d.R. den Einzug der Leasingzahlungen und die Weiterleitung an Kreditgeber bzw. Leasinggeber übernehmen.
independent adjuster unabhängiger Regulierer (Schadensachverständiger)
independent agent unabhängiger Versicherungsvertreter, i.w.S. Versicherungsmakler
independent contractor selbstständiger (unabhängiger) Unternehmer, i.w.S. unabhängig handelnder Dritter
independent demand (von der allgemeinen Nachfrageentwicklung) unabhängige Nachfrage
independent directors → outside directors
independent financial adviser durch die → Financial Services Authority zugelassener Finanzberater, der im Gegensatz zu einem → tied agent die Produkte vieler Finanzdienstleister vertreten kann.
independent float unabhängige Pufferzeit, unabhängige Dispositionsreserven im Netzplan, vorgangseigene Flexibilität, Unabhängigkeit vom vorangehenden oder folgenden Vorgang
independent fund → independent venture capital fund
independent lessor 1. unabhängige Leasinggesellschaft 2. Leasing-Broker, Leasing-Vermittler
independent sample unabhängige (nicht von den Ergebnissen einer anderen Stichprobe abhängige) Stichprobe
independent software vendor (von einem Computer-Hersteller) unabhängiger Entwickler und Verkäufer von Software
independent tort eigenständige deliktische Schädigung
independent trading exchange elektronischer Marktplatz
independent trustee unabhängiger Treuhänder □ Treuhänder, der mit dem Treugeber nicht verwandt ist und in keinem Abhängigkeitsverhältnis zu ihm steht.
independent variable abhängige Variable □ Variable, die von einer anderen variablen Größe abhängig ist.
independent venture capital fund unabhängiger Wagniskapitalfonds □ Unabhängigkeit ist gegeben, wenn kein Anteilsinhaber mehr als 20% des Kapitals hält und/oder keine kapitalmäßige oder sonstige finanzielle Verbindung zu einer großen Finanzgruppe besteht. → captive fund, → venture capital fund
indeterminate bond Schuldtitel mit unbestimmter Laufzeit
indeterminate premium life insurance Versicherung, bei der Beitragsanpassungen während der gesamten Laufzeit möglich sind (nach oben oder unten, wobei jedoch i.d.R. ein bestimmter Mindest- oder Maximalbetrag nicht unter- oder überschritten werden darf).

index amortizing note Schuldschein, dessen Rückzahlungszeitraum sich in Abhängigkeit von der Entwicklung eines Referenzzinssatzes verlängert (bei einem Zinsanstieg) oder verkürzt (bei einem Zinsrückgang).

index clause Indexklausel, Wertsicherungsklausel

index divergence Divergenz (fehlende Konvergenz) zwischen zwei verwandten Indizes

indexed insurance Versicherung mit einer parallel zu einem spezifizierten Index steigenden oder fallenden Versicherungssumme

indexed investments indexierte Anlagen □ Anlagen, die ausschließlich in die von einem repräsentativen Börsenindex erfassten Aktien vorgenommen werden.

indexed repayment Rückzahlung eines Schuldtitels, die durch die Bindung an einen Index der Geldentwertung angepasst ist.

index fund Indexfonds □ legt sein Vermögen nur in Aktien an, die in dem zu Grunde gelegten Index enthalten sind. Die Gewichtung der im Fonds enthaltenen Aktien entspricht der Indexgewichtung, um eine Entwicklung der Anlagen parallel zur Entwicklung des jeweiligen Leitindexes zu ermöglichen.

indexing Nachbildung eines Index, → passive investment strategy

indexing plus Anlagestrategie, mit der eine über die Indexentwicklung liegende Performance angestrebt wird.

index method Berechnung der Wiederherstellungskosten/des Wiederbeschaffungswertes durch Multiplikation der Gestehungskosten mit der aus einem Index abgeleiteten Preissteigerungsrate

index of industrial producer prices Index der Erzeugerpreise industrieller Produkte

index of leading economic indicators monatlich vom US-Handelsministerium veröffentlichter Index der wichtigsten Konjunkturindikatoren (Trendbarometer der US-Wirtschaft)

index of members Aktionärsregister, Gesellschaftsregister

index of multiple correlation multipler Korrelationsindex

index of retail prices Einzelhandels-Preisindex

indicative offer 1. erstes, vorläufiges Angebot 2. indikative Kursstellung

indifference curve analysis Indifferenzkurvenanalyse

indirect agency unmittelbare Stellvertretung

indirect corporate venture capital Beteiligungskapital, das etablierte Unternehmen jungen Unternehmen indirekt, d.h. über einen Wagniskapitalfonds, zur Verfügung stellen. → direct corporate venture capital

indirect distribution cost Vertriebsgemeinkosten

indirect exports (imports) → invisible exports (imports)

indirect initial cost *(bei Leasinggeschäften)* Vertragsabschlusskosten

indirect investment indirekte Investitionen, Portefeuille-(Portfolio-)Investitionen

indirect labour cost Gemeinkostenlöhne

indirect leasing indirektes Leasing □ Vermietung von Wirtschaftsgütern durch herstellerabhängige Leasinggesellschaften, → direct leasing

indirect loss coverage Deckung (Absicherung) von Folgeschäden

indirect manufacturing costs Fertigungsgemeinkosten

indirect materials cost Materialgemeinkosten

indirect materials store Sonder- und Nebenlager

indirect observation indirekte (mittelbare) Beobachtung □ Marktforschungsmethode, bei der Schlussfolgerungen aus aufgezeichneten Verhaltensweisen gezogen werden. → direct observation

indirect parity → cross rate

indirect production cost Fertigungsgemeinkosten

indirect squeeze-out indirekter Ausschluss von Minderheitsgesellschaftern, z.b. durch Nichtausschüttung von Gewinnen, Ausschluss aus dem Board of Directors
indirect taxation indirekte Besteuerung □ Erhebung von indirekten Steuern, d.h. von Verbrauchs- und Verkehrssteuern, → direct taxation
indirect wages → indirect labour cost
indisputability clause → incontestable (incontestability) clause
individual accounts Einzelabschluss einer Konzerngesellschaft
individual activity cost Kosten eines Einzelvorgangs
individual assessment 1. Einzelbewertung 2. Einzelveranlagung
individual assets → individual property
individual bargaining Einzeltarifverhandlungen
individual brand name Einzelmarke, Monomarke
individual cost Einzelkosten
individual debts private (persönliche) Verbindlichkeiten eines Gesellschafters (im Gegensatz zu den Verbindlichkeiten der Unternehmung)
individual depreciation Einzelabschreibung
individual goods Individualgüter, allein genutzte Güter
individual income Individualeinkommen
individual insurance Einzelversicherung, Privatversicherung, Individualversicherung
individual investor Privatanleger
individual loan Personaldarlehen, persönlicher Kredit
individual marketing direkte Ansprache der Endverbraucher
individual open licence Importlizenz, durch die einem Importeur die unbeschränkte Einfuhr einer bestimmten Ware gestattet wird.
individual panel Einzelpersonenpanel, Individualpanel, → panel
individual property Privatvermögen eines Gesellschafters (im Gegensatz zum Betriebsvermögen)
individual proprietorship Einzelfirma, Einzelunternehmen
individual provisioning 1. Bildung von Rückstellungen für bestimmte abgrenzbare Risiken 2. Einzelwertberichtigung
individual retirement account steuerbegünstigte Spar- bzw. Wertpapieranlage in den Vereinigten Staaten, die der privaten Altersvorsorge dient.
individual stop-loss coverage Einzelschadenüberschussversicherung
individual valuation principle Einzelbewertungsprinzip
individual voluntary arrangement Vergleich(sverfahren) nach dem → Insolvency Act zwischen einer natürlichen Person und ihren Schuldnern □ Antrag auf Eröffnung eines entsprechenden Verfahrens und Erlass eines → interim order muss der Schuldner mit Unterstützung eines Insolvenzberaters (→ insolvency practitioner) bei dem zuständigen Gericht stellen. Ergeht ein interim order, wird ein Nominee bestellt, der den Vergleichsvorschlag prüft und mit einer entsprechenden Empfehlung an das Gericht weiterleitet. Gibt das Gericht seine Zustimmung, wird der Nominee eine Gläubigerversammlung einberufen. Der Vorschlag gilt als angenommen, wenn ihm persönlich anwesende oder vertretene Gläubiger zustimmen, die mindestens 75% des Forderungsvolumens vertreten, und in den folgenden 28 Tagen keine Einwände durch eine beteiligte Partei gerichtlich geltend gemacht werden. Anschließend wird der Nominee als Supervisor die Durchführung des Vergleichs überwachen.
individual work plan Aufgaben- und Verantwortungsbereiche der einzelnen Mitglieder des Projektteams
induced consumption induzierter Konsum □ durch erhöhte Investitionstätigkeit bedingter Anstieg der Konsumausgaben
induced investments induzierte Investitionen □ aus erhöhten Konsumausgaben re-

sultierende Neuinvestitionen
inducement to breach of contract Verleitung zum Vertragsbruch
induction courses betriebsinterne Lehrgänge (Einführungsprogramme) für neue Mitarbeiter
induction planning Einarbeitungsplanung, Planung der Einarbeitung neuer Mitarbeiter
inductive approach induktiver Ansatz □ Verfahren, bei dem von Einzelereignissen auf allgemeine Entwicklungen geschlossen wird.
industrial accounting industrielles Rechnungswesen, Betriebsabrechnung
industrial action Arbeitskampf-/Streikmaßnahmen
industrial advertising Investitionsgüterwerbung
industrial assets i.e.S. Sachanlagen einer Unternehmung; i.w.S. das gesamte Industrievermögen
industrial building allowance Sonderabschreibung für Industrieanlagen
industrial buying process industrielle Kaufentscheidung
industrial combination Unternehmenskonzentration
industrial conciliation Vermittlung bei Arbeits- bzw. Tarifstreitigkeiten
industrial design i.e.S. Gebrauchsmuster, i.w.S. industrielle Formgebung
Industrial Disputes Tribunal Schiedsstelle zur Beendigung von Tarifstreitigkeiten
industrial distribution Distribution von Industriegütern
industrial distributor (auf Industriegüter) spezialisierter Großhändler □ erwirbt das Eigentum an den zum Weiterverkauf übernommenen Waren; beliefert in erster Linie Fertigungsunternehmen.
industrial engineer Wirtschaftsingenieur
industrial engineering Arbeitsvorbereitung, Anlagen- und Ablaufplanung, technische Produktionsplanung, arbeitswissenschaftliche Organisationsgestaltung, z.B. Entwicklung von innerbetrieblichen Informationssystemen, Managementtechniken, Planungsmodellen etc.
industrial enterprise applications Softwaresysteme für Geschäftsprozesse
industrial goods marketing Industriegüter-/Investitionsgütermarketing
industrial grievance Arbeitskonflikt
industrial injury Arbeitsunfall, Betriebsunfall
industrial life assurance Kleinlebensversicherung □ Lebensversicherung mit niedrigen Versicherungssummen
industrial management 1. Unternehmensführung 2. industrielle Produktionswirtschaft 3. Industriebetriebslehre
industrial management services → industrial engineering
industrial market Markt für industrielle Erzeugnisse, Industriegütermarkt, Investitionsgütermarkt
industrial marketing Industriegütermarketing
industrial order intake Auftragseingänge in der Industrie
industrial output industrielle Erzeugung (Leistungserstellung), Leistung des produzierenden Gewerbes
industrial payroll Lohn- und Gehaltsaufwendungen des privaten Sektors
industrial peace Arbeitsfrieden, sozialer Frieden
industrial producer prices Industrieerzeugerpreise, Erzeugerpreise industrieller Produkte
industrial production management industrielle Produktionswirtschaft
industrial property 1. Industriegrundstücke, Industrieimmobilien 2. gewerbliches Eigentum
industrial property form gebündelte Geschäftsversicherung für Industrieunternehmen
industrial property rights gewerbliche Schutzrechte
industrial property yield Rendite bei Industrieimmobilien
industrial relations director Arbeitsdirektor
Industrial Revenue Bonds projektgebunde-

industrial safety

ne US-Kommunalobligationen □ IRBs werden von kommunalen Stellen zur Finanzierung von Industrieprojekten bzw. Investitionen privater Unternehmen in Zusammenarbeit mit Kreditinstituten emittiert. Zins- und Tilgungszahlungen erfolgen ausschließlich aus den Einkünften des Projektes. Unter bestimmten Voraussetzungen ist eine IRB-Finanzierung bis zur Höhe der Gesamtprojektkosten möglich. Für Anleger ergibt sich die Attraktivität der IRBs aus der Steuerfreiheit der Kapitalerträge, für Unternehmen aus der Tatsache, dass ihre Investitionen zu günstigen Konditionen gefördert werden.
industrial safety Arbeitssicherheit, Betriebssicherheit
industrial sales Umsatzerlöse bei industriellen Erzeugnissen, Investitionsgüterabsatz
industrial services co-ordinator Betriebsorganisator
industrial tribunal Arbeitsgericht
industry bargainers Tarifpartner
industry benchmarking brancheninternes Benchmarking, → benchmarking, → best of industry
industry captive von mehreren Unternehmen der gleichen Branche gegründete Versicherungsgesellschaft zur Abdeckung ihrer Risiken
industry condition report Finanzbericht/Status, der von Sparkassen beim → Office of Thrift Supervision zu hinterlegen ist.
industry information system Brancheninformationssystem □ gemeinsames Informationssystem von Unternehmen der gleichen Wirtschaftsbranche
industry-oriented pricing branchenorientierte Preisbestimmung
industry sales Branchenumsatz
industry-specialised fund Branchenfonds
industry supply chain exchange branchenspezifischer elektronischer Marktplatz
inefficient portfolio ineffizientes Portefeuille □ Wertpapierportefeuille, mit dem bei einem gegebenen Risiko eine zu niedrige Rendite bzw. bei einer vorgegebenen Rendite ein zu hohes Risiko verbunden ist.
inequality of incomes Ungleichgewicht in der Einkommensverteilung
inexcusable delays durch den Auftragnehmer zu verantwortende Verzögerungen des Fertigstellungstermins, → excusable delays
in fee unbeschränktes Eigentum
inferior court unterinstanzliches Gericht
inferior goods inferiore Güter □ Güter, die bei steigendem (sinkendem) Einkommen weniger (stärker) nachgefragt werden. → normal goods
inflation accounting inflationsbereinigte Rechnungslegung (Bilanzierung), Ergänzung der Abschlussunterlagen um Zahlen, die die Veränderung des Preisniveaus berücksichtigen.
inflation-adjusted earnings inflationsbereinigte Erträge
inflation-adjusted net income for the year inflationsbereinigter Jahresüberschuss
inflation adjustment Inflationsbereinigung, Bereinigung um die Inflationsrate
inflation adjustment factor Inflationsausgleichsrate, → additionals
inflationary gap inflationistische Lücke, Sparlücke
inflationary push Inflationsschub
inflationary state of the economy inflationäre Konjunktur
inflation endorsement Versicherungsanhang, der die automatische Anpassung der Versicherungssumme an einen Kostenindex vorsieht.
inflation guard coverage (clause) Summenanpassungsklausel □ Anpassung der Versicherungssumme an eine inflationsbedingte Veränderung der Kaufkraftverhältnisse
inflation-proofing Absicherung gegen inflationsbedingte Wertminderungen (Verluste)
inflight advertising Flugzeugwerbung
inflow of liquidity Liquiditätszuflüsse
influencers Personen mit einem direkten

Einfluss auf den Beschaffungsprozess in einem Unternehmen
infomediary Informations-Vermittler, Informations-Broker
infomercials Verknüpfung von Informationen und Werbespots
in-force business Policenbestand eines Versicherers
informational efficiency Informationseffizienz □ Schnelligkeit und Genauigkeit, mit der sich neue Unternehmensnachrichten bzw. alle öffentlichen und nicht-öffentlichen Informationen im Kurs eines Wertpapiers/im Preis eines Wirtschaftsgutes widerspiegeln. Je nach Effizienzgrad spricht man von einer weak (schwachen), semistrong (mittelstarken) oder strong form efficiency (starken Informationseffizienz)
informational influence Informationseinfluss □ 1. Ausmaß, in dem Informationen das Verbraucherinteresse gewinnen können. 2. Einfluss, den Dritte mit ihren Informationen auf das Individuum ausüben.
information channel(l)ing Informationskanalisierung, gezielte Steuerung von Informationen
information influence → informational influence
information management Informationsmanagement □ Planung und Koordinierung aller Maßnahmen zur Steuerung des Informationsflusses und des Kommunikationsaustausches in einem Unternehmen
information overload Informationsüberlastung, nicht verarbeitbare Informationen, informative Überfrachtung
information processing Informationsverarbeitung
information superhighway Datenautobahn
information supply chain Informations-Wertschöpfungskette, Informationsbereitstellungskette, Bereitstellung von Daten für die firmeninterne Informationsverarbeitung
information warehouse großes Datenarchiv

informed consent principle Grundsatz, dem zufolge schlecht informierte Personen nicht an einer Befragung teilnehmen sollten.
infotainment/infotisement Verknüpfung von Information und Werbung
infrastructural assets Infrastrukturvermögen
infrastructure-financing loan Infrastrukturkredit
ingredient brand Subsidiärmarke
inherent authority inhärente Vertretungsmacht □ Vertretungsmacht, die sich aus der Natur einer Beziehung/eines Vertragsverhältnisses ergibt.
inherent drama Werbeansatz, der dramatische Elemente zur Betonung von Produktvorteilen einsetzt.
inherent gain Buchgewinn, stille Reserven
in-house audit Innenrevision, betriebsinterne Revision
in-house counsel Syndikus, Justitiar
in-house factoring Factoring, bei dem das Debitoren-Management beim Lieferanten verbleibt.
in-house fleet werkseigener Fuhrpark
in-house fund Investmentfonds, der von einer Brokerfirma bzw. einer Investment Bank für einen bestimmten Kundenkreis eingerichtet wurde.
in-house placing power eigene Platzierungsmöglichkeiten
in-house solution innerbetriebliche Lösung
initial allowance Erstjahresabschreibung □ In Großbritannien hat die initial allowance den Charakter einer Sonderabschreibung, da sie besonders hoch angesetzt werden kann.
initial consolidaton Erstkonsolidierung
initial cost Anschaffungskosten, Ankaufspreis
initial directors Gründungsmitglieder oder andere Personen, die die Rechtsfähigkeit einer Unternehmung herbeiführen. Die initial directors tragen die Verantwortung bis zur Bestellung des ersten → Board of Directors.

initial disclosure event Zeitpunkt der erstmaligen Offenlegung
initial dividend Interimsdividende, Abschlagsdividende □ Ausschüttung, die i.d.R. nach Abschluss des Geschäftsjahres zur Auszahlung gelangt. Die Restdividende wird nach der Hauptversammlung ausgeschüttet.
initial financing → seed financing
initial inventory → initial stock (1)
initial lead group erste Gruppe der Führungsbanken (in einem Konsortium)
initial premium 1. Erstprämie, erste Prämienzahlung 2. Prämienanzahlung □ vorläufige Prämienzahlung, wenn der endgültige Prämienbetrag nicht bekannt ist.
initial public offering Börsengang, Zeichnungsangebot für neu an der Börse eingeführte Aktien, das erstmalige öffentliche Angebot von Aktien
initial recognition *(im Rechnungswesen)* Ersterfassung, Erstverbuchung, erstmalige Bilanzierung
initial screening Prüfphase (in einem Produktentwicklungsprozess)
initial stock 1. (Lager-)Anfangsbestand, Eröffnungsbestand 2. Anfangskapital, Gründungskapital, Gründeraktien
initial valuation erstmalige Bewertung
initial value Ausgangswert, Anschaffungswert
Initial Web Offering Börsengang unter Einschaltung des Internets für die Ansprache potenzieller Investoren/Zeichner
injunction richterliche Verfügung, gerichtlich angeordnete Unterlassung
injunction bond Klägerbürgschaft in Verbindung mit einer beantragten einstweiligen Verfügung □ sollte die Verfügung abgewiesen werden, wird die Bürgschaft zum Ausgleich von Verlusten verwandt, die der beklagten Partei aus der Klageeinreichung entstanden sind.
injunction pendente lite Verfügung, die bis zum Abschluss eines Verfahrens Gültigkeit besitzt.
injunction request Antrag auf Erlass einer einstweiligen Verfügung
injunctive relief vorläufiger Rechtsschutz, Unterlassungsverfügung
injurious falsehood Anschwärzung, wahrheitswidrige (Vermögensschäden verursachende) Herabsetzung von Waren
injury 1. (Sach-/Personen-)Schaden, Verletzung 2. Beeinträchtigung
injury of person and property Körperverletzungen und Eigentumsbeschädigungen
in kind clause Klausel einer Versicherungspolice, die den Versicherer im Schadenfall zu Sachleistungen (z.B. Bereitstellung neuer oder gleichwertiger Wirtschaftsgüter) anstelle von Barleistungen berechtigt.
inland carrier inländischer Frachtführer, der den Transport von Frachtgut/Containern zum Ladehafen oder vom Löschhafen zum Bestimmungsort übernimmt; auf Hinterlandtransporte spezialisierter Frachtführer
inland clearance Verzollung im Inland, Einklarierung
inland clearance depot inländische Verzollungsstelle für Container(ladung), Zollabfertigungsstelle für Importgüter
inland haulage (Container-)Inlandstransport
inland hull policy Flusskaskopolice
inland marine insurance *(in Großbritannien)* Flusstransportversicherung, *(in den Vereinigten Staaten)* die gesamte Binnentransportversicherung
inland revenue 1. Steueraufkommen, Steuereinnahmen 2. *(Inland Revenue)* Finanzverwaltung, Finanzamt
inland transit risks Binnentransportrisiken
in limine → motion in limine
in-magazine recall test Erinnerungstest zur Messung der Werbewirksamkeit □ Testpersonen werden gebeten, eine Zeitschrift durchzublättern und danach die Anzeigen zu nennen, an die sie sich erinnern.
INMS → integrated network management systems
inner-directed consumers Verbraucher, die sich von eigenen Wertvorstellungen und weniger von den Verhaltensweisen ihrer

Umwelt leiten lassen. → need-directed consumers, outer-directed consumers
inner relations unternehmensinterne Kommunikationsbeziehungen/-prozesse
inner reserves stille Rücklagen
innocent misrepresentation unbewusste Irreführung
innocent purchaser → good faith purchaser
innovation acceptance Innovationsakzeptanz, → innovators, early adopters, early majority, late majority, laggards
innovation-adoption model mentale Prozesse, die der Verbraucher bis zur Annahme eines neuen Produktes durchläuft. Nach diesem Modell gibt es die folgenden fünf Prozesse: awareness (Wahrnehmung), interest (Interesse), evaluation (Bewertung), trial (Versuch) und adoption (Annahme)
innovation lag Zeitraum für die Umsetzung einer innovativen Produktidee in ein vertriebsbereites Produkt
innovation management Innovationsmanagement, Entwicklung und Vermarktung von Innovationen
innovation marketing Innovationsmarketing, alle Aktivitäten zur Vermarktung von Innovationen
innovation potential analysis Innovationspotenzial-Analyse, Ermittlung des Innovationspotenzials in einem Unternehmen
innovators Innovatoren, Pioniere, Neurer □ die ersten Personen, die eine neue Idee oder ein neues Produkt übernehmen. → adoption process
i node Knoten zu Beginn eines Vorgangs in einem Vorgangspfeilnetzplan, → activity-on-arrow network
in pari delicto gleiches Verschulden der Parteien
in personam jurisdiction → personal jurisdiction
in personam rights persönliche Rechte
in-plant training innerbetriebliche Schulung (Ausbildung)
in-plant warehousing innerbetriebliche Lagerung
in-process products unfertige Erzeugnisse

input 1. Input, Einsatz, Einsatzmenge 2. Vorleistungen 3. i.w.S. Ressourceneinsatz (Materialien, Arbeit, Kapital)
input tax Vorsteuer
in rem jurisdiction Zuständigkeit eines Gerichts bei Auseinandersetzungen um dingliche Rechte an beweglichen oder unbeweglichen Sachen, d.h. die Zuständigkeit ist gegeben, wenn sich der Streitgegenstand im Zuständigkeitsbereich des Gerichtes befindet. → personal jurisdiction, → long arm statutes
in rem rights dingliche Rechte
inscribed shares (stock) Wertrechte, urkundenlose Aktien
insecurity clause Klausel, die die Fälligstellung eines Kredites bei Gefährdung der Rückzahlungsfähigkeit des Schuldners ermöglicht.
in-service training → in-plant training
inside director → executive director
inside money endogenes Geld, Innengeld
insider 1. Insider, → insider information, insider trading 2. *(im US-Konkursrecht)* Handelt es sich bei dem Gemeinschuldner um eine natürliche Person, sind unter insiders alle Familienmitglieder, Verwandte sowie Geschäftspartner oder Personengesellschaften zu verstehen, die zu ihm in einer engen Verbindung stehen. Handelt es sich hingegen bei dem Gemeinschuldner um eine juristische Person, gelten als insider die Gesellschafter, die Führungskräfte sowie die diesem Personenkreis nahe stehenden Personen.
insider information Insiderinformationen, der Öffentlichkeit nicht zugängliche Informationen □ Für die Börsenbewertung einer Unternehmung relevante Informationen, die Personen auf Grund ihrer beruflichen Stellung oder Tätigkeit zugänglich sind (z.B. Veränderungen in der Ertrags- oder Liquiditätslage, Dividenden- und Kapitalerhöhungen, neue Produktentwicklungen, Veränderungen in der Aktionärs- oder Beteiligungsstruktur, etc.).
insider trading Insiderhandel □ 1. gesetz-

Insolvency Act

widrige Käufe und Verkäufe von Wertpapieren, die durch Insiderinformationen ausgelöst bzw. von Insidern vorgenommen wurden. 2. I.e.S. kennzeichnet der Begriff eine Situation, in der leitende Mitarbeiter einer börsennotierten Unternehmung, die 10% oder mehr des Aktienkapitals besitzen, neue Unternehmensaktien hinzukaufen oder Papiere aus ihrem Besitz verkaufen.

Insolvency Act *(in England und Wales geltendes)* Insolvenzrecht □ für insolvente natürliche oder juristische Personen sieht der Insolvency Act aus dem Jahr 1986 verschiedene Optionen zur Erhaltung bzw. Liquidation des Unternehmens vor; *(für Kapitalgesellschaften)* → administration, → company voluntary arrangement, → receivership, → liquidation, *(für Personengesellschaften)* → partnership administration, → partnership voluntary arrangement, → winding up, *(für natürliche Personen)* → individual voluntary arrangement, → bankruptcy

insolvency order Beschluss zur Eröffnung eines Insolvenzverfahrens

insolvency practitioner Insolvenzberater, Insolvenzsachverständiger □ kann nach den Bestimmungen des → Insolvency Act als → administrator, → liquidator, → nominee, → supervisor oder → trustee tätig werden. Die Zulassung als insolvency practitioner, bei dem es sich i.d.R. um einen Anwalt oder einen Wirtschaftsprüfer handeln wird, erfolgt durch das Department of Trade and Industry. Das eigentliche Anerkennungsverfahren übernimmt die jeweilige Standesvertretung (z.B. Law Society, Institute of Chartered Accountants)

insolvency rules Insolvenzordnung, → Insolvency Act

Insolvency Services Account Konto bei der Bank von England, auf das Erlöse aus der Verwertung der Konkursmasse überwiesen werden.

insourcing Verlagerung bisher extern erbrachter Dienstleistungen in das Unternehmen

inspection committee Gläubigerausschuss

inspection of documents Urkundeneinsicht

installation qualification Nachweis für die spezifikationskonforme Installation

instal(l)ment debtors → installment receivables

installment land contract Grundstücksratenkauf □ Der Verkäufer bleibt bis zur vollständigen Entrichtung des Kaufpreises Eigentümer des Grundstücks.

installment method 1. Ratensystem, Teilzahlungssystem 2. *(i.S. der US-Steuergesetzgebung)* Verteilung des steuerpflichtigen Gewinns aus Teilzahlungsverkäufen auf mehrere Steuerjahre, d.h. die Veräußerungsgewinne werden entsprechend dem Eingang der Raten steuerlich berücksichtigt. 3. *(bilanzmäßige Bewertung von Teilzahlungsgeschäften)* Gewinnrealisierung auf der Basis des Zahlungseingangs

installment plan Teilzahlungsplan, Ratenplan, Ratenkaufvertrag

installment receivables Forderungen aus Teilzahlungsgeschäften

installment refund annuity private Rentenversicherung, die in Raten an den Versicherungsnehmer oder im Fall seines Ablebens an die zweitbegünstigte Person zur Auszahlung gelangt.

installment sales floater Teilzahlungskreditversicherung

installments certain garantierte Auszahlung der Versicherungssumme in gleichen Raten während eines bestimmten Zeitraumes

instance Instanz, → activity instance, → process instance

instant certificate vorläufiger Versicherungsschein □ bis zur Ausfertigung der endgültigen Police

instant vesting Aufrechterhaltung der Betriebsrentenansprüche bei einem Arbeitsplatzwechsel

Institute Cargo Clauses Seeversicherungs-Klauseln □ Klauseln des London Institute

of Underwriters
institutional buyout Übernahme eines Unternehmens durch einen institutionellen Investor
institutional household Anstaltshaushalt (Schule, Krankenhaus, Altersheim etc.)
institutional investors institutionelle Anleger (Pensionskassen, Versicherungsunternehmen, Vermögensverwaltungsgesellschaften)
institutionalization Institutionalisierung, Dominierung der Finanzmärkte durch institutionelle Anleger
institutional lending Ausleihungen durch Banken und Versicherungen
institutional market 1. Geschäft mit institutionellen Anlegern 2. *(für Industriegüter)* Anstaltsmarkt □ Schulen, Krankenhäuser, militärische Anlagen
in-store communication/promotion (Marketing-)Kommunikation/Verkaufsförderung am Verkaufsort (beim Einzelhändler)
in-store media Werbeträger im Ladengeschäft
instructions *(jur.)* Belehrung der Geschworenen
instrumental capital Investitionsgüter
instrumental conditioning instrumentelles (operantes) Konditionieren
instrument debt Schuldbrief, Schuldtitel
instrument error Befragungsfehler, Erhebungsfehler □ entsteht durch falsch formulierte Fragen, mangelhaft informierte Testpersonen, etc.
instrument of title Besitzurkunde, Besitztitel
instrument of transfer Übereignungsurkunde, Übertragungsurkunde
in-substance defeasance → defeasing a debt in substance
insulated container Isolier-Container
insurable value Versicherungswert, Wert des versicherten Interesses
insurance against natural hazards Elementarschadenversicherung
insurance against redemption risks Versicherung gegen Kursverluste bei der Tilgung

insurance agent Versicherungsagent, Versicherungsvertreter (mit oder ohne Abschlussvollmacht)
insurance association Versicherungs-Pool, → insurance pool
insurance attachment → attachment (1)
insurance band → layer
insurance benefits Versicherungsleistungen
insurance bond fondsgebundene Lebensversicherung britischer Versicherungsunternehmen □ Die Höhe der Leistungen wird weitgehend durch die Wertentwicklung des zu Grunde liegenden Fonds bestimmt, in dem Kundengelder mit dem gleichen Anlageziel zusammengefasst werden. Insurance bonds verfügen über unterschiedliche Ausstattungsmerkmale (einmalige oder regelmäßige Einzahlungen, feste oder unbestimmte Ansparzeiten, jederzeitige Rückzahlung oder Teilrückzahlungen zu bestimmten Zeitpunkten, regelmäßige Gewinnausschüttungen oder Auflaufen der Erträge und Auszahlung mit Gewinnbeteiligung zum Ende der Vertragslaufzeit). Aus dem Namen des Bond wird zudem der Anlageschwerpunkt ersichtlich. Zu den wichtigsten Instrumenten zählen equity bonds (Anlage der Kundengelder in Aktien), fixed-interest bonds (Anlage in festverzinslichen Wertpapieren), gilt bonds (Anlage in britischen Staatspapieren), money bonds (Anlage in geldmarktnahen Instrumenten), property bond (Anlageschwerpunkt Büroimmobilien), mixed/balanced/multiple/managed bonds (breit gestreute Anlagen).
insurance broker Versicherungsmakler, Assekuranzmakler
insurance captive firmen-/konzerneigene Versicherungsgesellschaft □ versichert in erster Linie Risiken der Muttergesellschaft und im besonderen Risiken, für die auf dem traditionellen Markt keine Deckung erhältlich ist.
insurance carrier Versicherungsgesellschaft, Versicherungsträger
insurance certificate 1. Versicherungsschein,

insurance commissioner

Nachweis über den Abschluss des Versicherungsvertrages 2. (aufgrund einer laufenden Versicherungspolice ausgestellte) Einzelpolice
insurance commissioner Vertreter einer Versicherungsaufsichtsbehörde
insurance company's letter of credit Gewährleistungsgarantie eines Versicherungsunternehmens (z.B. in Verbindung mit einer Wertpapieremission)
insurance cover (coverage) Versicherungsdeckung, Versicherungsschutz
insurance derivatives Versicherungsderivate □ Terminkontrakte, die auf Indizes basieren, die die Schadenentwicklung bestimmter Risiken nachbilden; sie ermöglichen die Absicherung schwer versicherbarer Risiken und somit eine vorhersehbare Entwicklung des Schadenaufwandes.
insurance exposure Verbindlichkeiten aus dem Versicherungsgeschäft, Versicherungsrisiko
insurance for account of whom it may concern Versicherung für wen es betrifft □ die Versicherung kann für eigene oder fremde Rechnung abgeschlossen werden; auf diese Weise können mehrere Personen nacheinander Versicherte sein.
insurance for less than full value Teilwertversicherung
Insurance Guaranty Acts bundesstaatliche Gesetze, die die Garantiemittel der Versicherungsunternehmen regeln.
insurance holder Versicherungsnehmer
insurance income statement Versicherungs-Erfolgsrechnung
insurance line Versicherungszweig, Versicherungssparte
insurance note vorläufige Deckungszusage
insurance pool Versicherungspool (dessen Mitglieder feste Anteile der gezeichneten Risiken übernehmen), Versicherungsgemeinschaft, Risikoaufteilungsgemeinschaft
insurance portfolio Versicherungsbestand, Versicherungsportefeuille, Bestand an Versicherungsverträgen

insurance rating Festlegung von Prämienrichtzahlen
insurance rating agency → rating bureau
insurance regulation gesetzliche Regelung des Versicherungswesens
insurance to value 1. angemessene Versicherung 2. Verhältnis von Versicherung zum Wert des versicherten Gegenstandes 3. Mindestversicherungsschutz, → coinsurance requirement
insurance underwriter Versicherer, Versicherungsunternehmen
insured benefits versicherte Pensionsansprüche
insured plan versicherter Pensionsplan, durch Lebensversicherungsprodukte unterlegter → defined benefit (pension) plan
insured value Versicherungswert, Wert des versicherten Interesses
insuring clause Klausel einer Versicherungspolice, in der die versicherten Personen und/oder Gegenstände benannt werden.
intangible assets immaterielle Anlagewerte (Wirtschaftsgüter), immaterielles Anlagevermögen □ Patente, Lizenzen, Konzessionen, Urheberrechte
intangible benefits immaterielle Leistungen
intangible cost immaterielle (nicht monetäre) Kosten
intangible damage immaterieller Schaden, Nichtvermögensschaden
intangible goods immaterielle Güter, → intangible assets
intangible investments immaterielle Investitionen □ Forschungs-, Entwicklungs-, Ausbildungsinvestitionen
intangible losses immaterielle Schäden
intangible personal property immaterielles persönliches Vermögen
intangible product attributes immaterielle Produktmerkmale (Qualität, Stil, Ästhetik)
intangibles → intangible assets
intangible tax Steuer auf immaterielle Vermögenswerte
integrated carrier Frachtführer, der Güter mit eigenen Schiffen/Flugzeugen beför-

dert. i.w.S. Frachtführer, der zusätzlich zum Gütertransport logistische Dienstleistungen bzw. einen kompletten Transportservice anbietet.

integrated coverage Allgefahrendeckung

integrated network management systems Softwareprogramme zur Steuerung von integrierten Sprach-und Datennetzen

integrated services Verbund-Dienstleistungen

integrated workflow management systems in sich geschlossene → workflow management systems

integration Integration, Eingliederung, Einbindung, Unternehmenskonzentration, → horizontal, → vertical integration

integration clause Vertragsklausel, die auf die Vollständigkeit aller Absprachen zwischen den Vertragsparteien hinweist.

integration management Integrations-Management, Koordinierung der Integrationsaufgaben bei Firmenübernahmen

integrative growth Wachstum durch vertikale Diversifikation, → vertical integration

intellectual capital Wissenskapital, Knowhow der Mitarbeiter

intelligent call processing → automatic call distribution

intended sampling bewusstes Auswahlverfahren

intensity analysis Intensitätsanalyse, Analyse der Werbeintensität

intensive distribution intensive Distribution, hoher Distributionsgrad, breit gefächertes Vertriebssystem, Führung der Produkte in möglichst vielen Outlets

intentional disregard vorsätzliche Missachtung

intentional interference vorsätzlicher Eingriff

intentional interference with a contractual relationship Verleitung zum Vertragsbruch

intentional overvaluation of assets vorsätzliche Überbewertung von Vermögenswerten

intentional tort vorsätzliche rechtswidrige Handlung, vorsätzliche deliktische Schädigung

intent to use *(bei Stellung eines Patentantrages)* ernsthafte Nutzungsabsicht

interaction Interaktion, Dialoge/Kommunikation (z.B zwischen Unternehmen und Verbrauchern) und die daraus resultierende wechselseitige Beeinflussung

interactive marketing interaktives Marketing □ Marketingaktivitäten, die auf eine Interaktion (Kommunikation) zwischen Anbieter und Käufer ausgerichtet sind. Kombination unterschiedlicher Marketing- und Kommunikationssysteme.

interactive media interaktive Werbeträger □ Medien, die eine Kommunikation zwischen Verbraucher und dem Auftraggeber der Werbebotschaft ermöglichen.

interactive response computergestützter (interaktiver) Sprachdialog; ermöglicht Kunden das selbstständige Abrufen von Informationen.

interactive selling systems interaktive Verkaufssysteme □ die zur Unterstützung von Verkaufsgesprächen (z.B. elektronische Konfigurationssysteme) eingesetzt, gegebenenfalls vom Kunden auch selbst bedient werden können.

interactive systems dialogfähige Systeme

interactive voice response → interactive responce

Interamerican Development Bank Interamerikanische Entwicklungsbank □ Die IDB, Tochter der Weltbank, unterstützt mit ihren Finanzierungen den Aufbau der Schwellenländer Lateinamerikas. Obwohl in erster Linie eine Politik der projektbezogenen Kreditvergabe verfolgt wird, werden auch Darlehen unter makroökonomischen Gesichtspunkten ohne Projektbindung vergeben. Bei der Interamerican Development Bank handelt es sich um eine allererste Kapitalmarktadresse.

interbank market Interbank(en)markt □ Unter dem Interbankmarkt ist im engeren Sinne der Geldhandel unter Banken zu

verstehen. Er dient vor allem dem Liquiditätsausgleich unter den Banken und der Refinanzierung ihrer Ausleihungen. Im weiteren Sinne umfasst dieser Begriff auch alle Devisen- und Wertpapiergeschäfte zwischen Banken.
interbrand competition Wettbewerb zwischen verschiedenen Produkten
interchange Übergabe von Containern von einem Verkehrsträger an einen anderen
interchange point Übergabeort □ Ort, an dem die Übergabe von Frachtgut/Containern von einem Verkehrsträger zum anderen erfolgt.
interchange receipt → equipment interchange receipt
intercommodity substitution Gütersubstitution
intercompany accounts and transactions Verrechnungen und Geschäfte zwischen Konzernunternehmen
intercompany clearing Verrechnung von Zahlungen (Forderungen und Verbindlichkeiten) zwischen den einzelnen Konzerngesellschaften
intercompany contra items aufrechenbare zwischengesellschaftliche Posten
intercompany lendings Geldausleihungen (Kreditbeziehungen) zwischen Konzerngesellschaften
intercompany profits zwischengesellschaftliche Gewinne
intercompany relationship Verflechtung von Unternehmen, Überkreuzverflechtung
intercompany transactions zwischengesellschaftliche Transaktionen, Umsätze zwischen Konzerngesellschaften, *(i.S. des US-Steuerrechts)* Transaktionen zwischen Unternehmen, deren Ergebnisse einem konsolidiert zu versteuernden Einkommen hinzugerechnet werden.
intercorporate transactions → intercompany transactions
intercreditor agreement Vereinbarung zwischen verschiedenen Gläubigern
interdependence analysis Interdependenz-Analyse, Analyse wechselseitiger Beziehungen
interdict Unterlassungsverfügung
interdivision sales Konzerninnenumsatz
interest and other financial charges Zinsen und zinsähnliche Aufwendungen
interest and other income Zinsen und sonstige Erträge
interest as creditor Anspruch als Gläubiger, schuldrechtlicher Anspruch
interest assumption Zinsvorgabe, unterstellter Zinssatz
interest at the short (long) end of the market Zinsen im kurz-(lang-)fristigen Bereich
interest-bearing debt ratio Quotient aus der Summe aller Verbindlichkeiten gegenüber Finanzinstituten zum → tangible net worth
interest bill (burden) Zinsaufwendungen, Zinslast
interest cover Zinsdeckungsverhältnis, Zinsdeckungsquote, Verschuldungstragfähigkeit □ Verhältnis zwischen dem Gewinn einer Unternehmung vor Zinsen und Steuern und den zu leistenden Zinszahlungen. Durch diese Kennzahl wird angezeigt, wie oft die Zinszahlungen durch den Gewinn überdeckt sind. Je höher die Deckung, desto größer die Sicherheit.
interest differentiation Zinsdifferenzierung □ kennzeichnet eine Situation, in der verschiedene Gruppen von Kreditnehmern für gleichartige Kredite unterschiedliche Zinsen zahlen.
interested directors Mitglieder des Board of Directors, die an Transaktionen ihrer Gesellschaft mit einem eigenen finanziellen Engagement beteiligt sind.
interest exclusion Nichtbesteuerung von Zinseinkünften
interest income net of interest expense Nettozinserträge, Zinsertrag minus Zinsaufwand
interest in land Grundstücksrecht, Grundstücksanteil, Immobilienanteil
interest-in-possession trust Trust (Stiftung mit treuhandschaftlichem Charakter), bei

dem der Trust-Errichter einen vollständigen oder teilweisen Anspruch auf die Kapitalerträge aus den Vermögenswerten behält.

interest in realty Recht an Grundbesitz

interest margin Zinsspanne, Zinsmarge einer Bank □ Differenz zwischen Zinsertrag (den Kreditnehmern in Rechnung gestellte Schuldzinsen) und dem Zinsaufwand (Refinanzierungskosten) der Bank

interest on investment securities Zinserträge aus Wertpapieren des Anlagevermögens

interest phase (stage) Interessephase □ Phase, in der das Interesse der Verbraucher für ein neues Produkt geweckt wird. → adoption process

interest rate differential 1. Zinsgefälle (z.B. zwischen zwei Ländern) 2. *(bei vorzeitig zurückgezahlten Festsatzdarlehen)* der durch den Kreditnehmer zu tragende Unterschied zwischen dem bei Vertragsbeginn vereinbarten Zinssatz und dem aktuellen Zinssatz, zu dem der Kreditgeber die Tilgungssumme wieder ausreicht.

interest rate implicit in a lease Zinssatz, auf dem ein Leasingverhältnis basiert.

interest rate management Zinsmanagement, Steuerung der Zinsrisikosituation des Unternehmens

interest rate swap Zins-Swap □ Bei einem Zins-Swap kommt es zu einem Tausch von festen und variablen Zinsverpflichtungen auf identische und währungskongruente Kapitalbeträge, d.h. A übernimmt variable Zinsverpflichtungen von B, während B in die festen Zinsverpflichtungen von A eintritt. Ohne dass ein Tausch der zu Grunde liegenden Kapitalbeträge erfolgt, erreichen beide Partner durch den Swap die angestrebte Zinsbasis.

interests Anteile, Beteiligungen, dingliche Nutzungsrechte

interest-sensitive financial instruments zinsreagible Finanzinstrumente □ Finanzinstrumente, deren Kurse/Preise stark durch die allgemeine Zinsentwicklung beeinflusst werden.

interests in chattels and goods sachenrechtliche Ansprüche

interests in equity shares *(im Jahresabschluss)* Aktienkapitalbeteiligungen

interests in subsidiaries not consolidated *(im Jahresabschluss)* Beteiligungen an nicht konsolidierten Tochtergesellschaften

interest tax shield Reduzierung der Einkommensteuerlast auf Grund der steuerlichen Absetzbarkeit von Schuldzinsen/Finanzierungskosten

interface management Schnittstellenmanagement □ Planung und Steuerung der Übergänge zwischen Elementen und Systemen

interference of possession Besitzstörung

interference with contractual relations Einmischung in Vertragsbeziehungen, Eingriff in Vertragsverhältnisse, → intentional interference with a contractual relationship

interfirm comparison zwischenbetrieblicher Vergleich

interim accounts Zwischenbilanz, Zwischenabschluss

interim dividend Zwischendividende, Interimsdividende, Abschlagsdividende, Vorauszahlung auf eine noch festzusetzende Dividende

interim financial reporting Zwischenberichterstattung

interim order 1. einstweilige Verfügung 2. *(i.S. des englischen Insolvenzrechtes)* einstweilige Verfügung eines Gerichtes, die es insolventen natürlichen oder juristischen Personen ermöglicht, sich für einen gewissen Zeitraum den Forderungen ihrer Gläubiger zu entziehen (Schutz gegen Konkurseröffnung oder Zwangsvollstreckungsmaßnahmen) und den Versuch einer Sanierung zu unternehmen.

interim receiver gerichtlich bestellter vorläufiger Insolvenzverwalter □ für die Zeit zwischen Eingang des Antrages auf Eröffnung des Konkursverfahrens und dem In-

Kraft-Treten des entsprechenden Beschlusses.
interim relief Erlass einer einstweiligen Verfügung
interim reporting 1. Zwischenberichterstattung 2. Zwischenbilanzierung, Erstellung eines Zwischenausweises
interim return Zwischenausweis einer Bank
interim trustee vorläufiger (bis zur ersten Gläubigerversammlung bestellter) Insolvenzverwalter
interindustry benchmarking branchenübergreifendes Benchmarking, → benchmarking, → best of industry
inter-insurance exchange gegenseitige Rückversicherungen
interline Transportkette, Güterbeförderung durch zwei oder mehr Transportunternehmen
interlineation Ergänzung eines Vertrages/eines Dokumentes nach Unterzeichnung (nur rechtsverbindlich, wenn sie von allen Vertragsparteien paraphiert wurde)
interline freight Frachtgut, für dessen Beförderung zwei oder mehr Frachtführer eingeschaltet werden.
interlocking directorate (directorships) Mandatsverflechtung, Überkreuzverflechtung der Verwaltungsrats-/Vorstandsmandate □ d.h. eine Person ist in den Führungsgremien von zwei oder mehr Unternehmen vertreten.
interlocking stock ownership Kapitalverflechtung, i.w.S. Konzernverflechtung
interlocutory appeal Berufung wegen fehlender juristischer Existenzgrundlage
interlocutory injunction einstweilige Verfügung
interlocutory judgement Zwischenurteil
interlocutory judgement in default vorläufiges Versäumnisurteil
interlocutory notice Zwischenbescheid
interlocutory order einstweilige Verfügung
intermedia advertising intermediale Werbung
intermedia comparison Intermedia-Vergleich, Vergleich verschiedener Werbeträger
intermediary 1. Mittler, Vermittler 2. Zwischenhändler, Zwischenglied im Absatzweg, Absatzmittler
Intermediate Credit Bank → Federal Intermediate Credit Bank
intermediate goods Zwischenprodukte, Zwischenerzeugnisse, Halbfertigerzeugnisse
intermediate holding company Zwischenholding
intermediate warehousing Zwischenlagerung
intermittent production → batch production
Intermodal Container Transfer Facility intermodale Containerumschlagsanlage (von Schiff auf Bahnwaggons/Lkws)
intermodal rate Durchgangsfrachtrate, → intermodal transport
intermodal transport (transportation) kombinierter Transport (Verkehr) □ Waren-/Containertransport mit mehreren (unterschiedlichen) Verkehrsträgern
internal affairs Innenbeziehungen einer Gesellschaft, Rechtsbeziehungen zwischen der Gesellschaft (Unternehmensleitung) und ihren Anteilseignern
internal affairs rule Grundsatz, dem zufolge die Innenbeziehungen einer US-Gesellschaft nur durch das Gesellschaftsrecht eines einzigen Bundesstaates geregelt werden können.
internal audit Innenrevision, betriebsinterne Revision
internal benchmarking unternehmensinternes Benchmarking, Vergleich mit anderen Abteilungen/Aktivitäten innerhalb des Unternehmens
internal channel conflict kanalinterner Konflikt □ Wettbewerb zwischen Mitgliedern des gleichen Vertriebskanals
internal cost allocation innerbetriebliche Leistungsverrechnung
internalisation 1. Internalisierung □ alle Maßnahmen, die explizites Wissen in implizites Wissen transformieren. → explicit, → implicit knowledge, → knowledge

management 2. interne Abwicklung □ Abwicklung von Wertpapieraufträgen durch ein Broker-Haus über den eigenen Bestand

internal linkages Verbindungen zwischen internen Geschäftsprozessen

internally generated funds eigene Mittel; finanzielle Mittel, die der Unternehmung aus dem betrieblichen Leistungsprozess zufließen.

internal measure Anzahl der Tage, in denen der Produktionsbetrieb ohne Zahlungsmitteleingänge aufrechterhalten werden kann.

internal rate of return method interne Zinsfuß-Methode □ finanzmathematische Methode zur Errechnung der effektiven Rentabilität eines Investments.

internal ratings-based approach auf internen Ratings basierender Ansatz

internal reconstruction Sanierung durch eine Veränderung der Kapitalstruktur

internal recruitment channels interne Personalbeschaffungswege, → job posting, → employee referrals, → external recruitment channels

internal reporting internes Berichtswesen

internal requisitions betriebsinterne Materialanforderungen

internal revenue 1. Steueraufkommen 2. *(internal revenues)* Innenumsätze

Internal Revenue Code US-Steuergesetzgebung

Internal Revenue Service oberste US-Steuerbehörde/Finanzverwaltung

internal sales Innenumsatzerlöse, Erlöse aus dem Verkauf von Waren oder Dienstleistungen an Konzernunternehmen, → external sales

internal sales forecast auf den Produktionskapazitäten und den Umsatzerwartungen des Außendienstes basierende Umsatzprognose, → external sales forecast

internal services innerbetriebliche Leistungen

internal stakeholders Eigentümer und Mitarbeiter eines Unternehmens, → external stakeholders

internal value chain interne Wertschöpfungskette □ alle Aktivitäten, die mit der Entwicklung, Herstellung und dem Vertrieb eines Produktes/einer Dienstleistung zusammenhängen.

internal value of a currency Binnenwert einer Währung

internal welfare benefits zusätzliche Sozialleistungen eines Unternehmens

International Accounting Standards Internationale Rechnungslegungsgrundsätze □ werden vom International Accounting Standards Committee aufgestellt und laufend aktualisiert.

International Accounting Standards Committee Das IASC hat sich zum Ziel gesetzt, die Rechnungslegung weltweit zu harmonisieren und dadurch Unternehmensabschlüsse international vergleichbarer zu machen.

International Business Corporation nach dem Unternehmensrecht einer Steueroase gegründete Gesellschaft, die dort jedoch keine Geschäftstätigkeit ausüben darf.

International Commercial Terms (Incoterms) Lieferklauseln im internationalen Handel □ regeln die grundsätzlichen Käufer- und Verkäuferverpflichtungen, d.h. die Zahlung des vertraglich vereinbarten Kaufpreises sowie Ort und Zeitpunkt des Gefahrenübergangs vom Verkäufer auf den Käufer, Lieferort und Transportart.

international competitive bidding internationale Ausschreibung

International Depositary Receipts Zertifikate, die von inländischen Banken für die bei ihnen hinterlegten ausländischen Dividendenwerte ausgegeben werden. → American Depositary Receipts

International Finance Corporation Internationale Finanz-Corporation □ zur Weltbankgruppe zählendes internationales Finanzierungsinstitut. Hauptaufgabe: Förderung privatwirtschaftlicher Initiativen in Entwicklungsländern.

international financial and banking centre internationales Finanzzentrum □ nicht selten die euphemistische Bezeichnung für eine Steueroase

international fund *(i.S. der US-Gesetzgebung)* Investmentfonds, der nur außerhalb der Vereinigten Staaten investieren kann.

international haulage grenzüberschreitender Güterverkehr

International Maritime Organization internationale Schifffahrtsorganisation

International Monetary Fund Internationaler Währungsfonds □ Aufgabe des IWF ist die Förderung der internationalen Zusammenarbeit auf dem Gebiet der Währungspolitik sowie die Gewährung von Kreditmitteln an Mitgliedsländer mit Zahlungsbilanzproblemen. Der IWF finanziert sich in erster Linie aus den Einzahlungen (Subskriptionen), die die Mitgliedsländer an den Fonds leisten müssen. Die Einzahlungsverpflichtungen ergeben sich aus einer in Sonderziehungsrechten ausgedrückten Quote, deren Höhe sich nach bestimmten volkswirtschaftlichen Daten des jeweiligen Mitgliedslandes richtet. Benötigt der Fonds mehr Mittel, hat er die Möglichkeit, Sonderziehungsrechte an die Mitgliedsländer gegen deren Landeswährung zu verkaufen oder Gelder an den internationalen Kapitalmärkten aufzunehmen.

international procurement office internationale Beschaffungs-(Einkaufs-)Agentur

International Standards Organisation Internationale Dachorganisation nationaler Normierungsgremien

International Trade Commission regierungsunabhängige US-Behörde, die sich mit Fragen des Außenhandels beschäftigt. □ Erstellt Marktberichte, führt Felduntersuchungen durch, veranstaltet Hearings, trägt zur handelspolitischen Entscheidungsfindung bei.

internet-based tendering internetbasierte Ausschreibung/Andienung

internet-based training internetbasierte Lernangebote

Internet Initial Public Offering → Initial Web Offering

internet mall Internet-Einkaufszentrum, gemeinsamer Internet-Auftritt mehrerer Cyber-Shops

internet protocol Internet-Protokoll □ regelt den Informationsfluss in einem Kommunikationssystem

internet service provider Bereitsteller des Internet-Zugangs

interoperability Interoperabilität; Fähigkeit eines Systems, mit anderen Systemen zusammenzuarbeiten.

inter partes zwischen den Parteien

interrogatory Befragung der Parteien

intersegment transactions Umsätze zwischen den einzelnen Unternehmensbereichen

interstate agreements Vereinbarungen zwischen zwei oder mehr US-Bundesstaaten

interstate banking Erweiterung des Filialnetzes eines US-Kreditinstituts über die Grenzen des Bundesstaates hinaus, in dem die Zentrale ihren Sitz hat. □ War die geografische Expansion der US-Kreditinstitute durch den McFadden Act viele Jahre auf den Heimatbundesstaat begrenzt, wurden die strengen Bestimmungen dieses Gesetzes im Rahmen der allgemeinen Deregulierung der US-Kreditwirtschaft durch den Interstate Banking Efficiency Act des Jahres 1994 gelockert. Banken können nun ihre Geschäftstätigkeiten auf andere Bundesstaaten ausdehnen, entweder durch Zusammenschlüsse mit anderen Banken, Zusammenlegung bereits bestehender Tochtergesellschaften zu einem Filialnetz oder Aufbau eines neuen Filialnetzes (de novo branching). Bei der letztgenannten Option ist jedoch eine entsprechende gesetzliche Regelung durch den jeweiligen Bundesstaat erforderlich.

Interstate Banking Efficiency Act → interstate banking

interstate commerce 1. Geschäftsverkehr

zwischen den einzelnen US-Bundesstaaten 2. zwischenstaatlicher Wirtschaftsverkehr, Handelsbeziehungen zwischen den Vereinigten Staaten und dem Ausland
interval Intervall, Abstand zwischen zwei Messobjekten (Skalenwerten)
interval ownership Besitzrechte, die von mehreren Personen abwechselnd für kurze Zeiträume gehalten werden.
interval scale Intervallskala □ lässt eine Aussage über Summen und Differenzen von Messwertpaaren zu.
interviewer bias Interviewereffekte, Interviewer-Einfluss, Interviewer-Bias □ bewusste oder unbewusste Beeinflussung des Antwortverhaltens einer Testperson durch die Anwesenheit, Einstellung oder Handlung des Fragestellers.
interviewer effect (error) → interviewer bias
interviewing method Befragungsmethode □ Methode der Marketingforschung, bei der Informationen über Konsum- und Verhaltensgewohnheiten durch Befragungen gewonnen werden. → mail interview, → personal interview, → structured/unstructured interview
inter vivos gift Geschenk unter Lebenden
inter vivos trust Trust (Stiftung mit treuhandschaftlichem Charakter) unter Lebenden
intimation of assignment Abtretungsanzeige
into warehouse *(Lieferklausel)* Der Verkäufer trägt alle Frachtkosten bis zur Einlagerung der gelieferten Waren in einem bestimmten Lagerhaus.
intrabrand competition Wettbewerb zwischen Anbietern (Händlern) der gleichen Markenware
intracorporate entrepreneurship → corporate venturing
intraday credit Innertageskredit □ Kreditgewährung des Europäischen Zentralbankensystems für einen Geschäftstag
intranet firmeneigenes Informationsnetz
intrapreneur Mitarbeiter, der unternehmerisch denkt und handelt, i.w.S. leitender Angestellter, der einen Unternehmensbereich unabhängig und eigenverantwortlich steuert.
intrapreneurship Übertragung von Ergebnisverantwortung auf die Mitarbeiter
intrastate commerce 1. Binnenhandel 2. Geschäftsverkehr innerhalb eines US-Bundesstaates, → interstate commerce
intrastate offering auf einen US-Bundesstaat beschränktes Zeichnungsangebot
intrinsic value 1. Substanzwert, innerer Wert □ der auf Grund des Nettovermögens eines Unternehmens errechnete Wert einer Aktie 2. innerer Wert einer Option □ Differenz zwischen Kassakurs bzw. Marktpreis des Basiswertes und dem Options-Basispreis.
introducer Kreditvermittler □ Broker oder → independent financial adviser, der Kontakte zwischen Kreditgebern und Kreditnehmern vermittelt.
introduction stage Einführungsphase im Produktlebenszyklus, → product life cycle
introductory advertising Einführungswerbung
introductory rebate Einführungsrabatt
inure *(v.)* wirksam werden, in Kraft treten, zugute kommen
invariable charges Festkosten, Fixkosten
invariable dividend gleich bleibende Dividende
invariable marginal cost konstante Grenzkosten
inventoriable costs Kosten, die bei der Bewertung von Lagerbeständen/langfristigen Fertigungsaufträgen berücksichtigt werden können.
inventoried costs die in den Vorräten aktivierten Herstellungskosten
inventories 1. Lagerbestand, Vorratsvermögen 2. Lagergüter 3. *(im Jahresabschluss)* Vorräte
inventories, stated at the lower of cost or market nach dem Niederstwertprinzip bewertete Vorräte
inventory adjustment *(im Jahresabschluss)* Korrektur des Vorräte-Ansatzes

inventory age Lagerdauer
inventory assets Vorratsvermögen
inventory card *(im Personalwesen)* Personalkarte, Personalstammblatt
inventory carrying cost Kosten der Lagerhaltung
inventory changes Bestandsveränderungen, Veränderung in den Beständen des Vorratsvermögens
inventory collaboration Zusammenarbeit zwischen Lieferanten und Produzenten zur Optimierung des Bestandsmanagements
inventory control Lagerkontrolle, Bestandskontrolle, Qualitäts- und Mengenkontrolle der Lagerbestände
inventory controlling Bestandscontrolling
inventory cycles Lagerzyklen, Zyklen in der Lagerhaltung, → Kitchin cycle
inventory date Tag der Bestandsaufnahme
inventory depreciation Wertminderung der Vorräte (Lagerbestände)
inventory financing Finanzierung der Lagerbestände, Lagerfinanzierung, Vorratsfinanzierung
inventory increase Aufstockung der Vorräte (des Lagerbestandes), Bestandserhöhung, Vorrätemehrung
inventory investment 1. Lagerinvestitionen, Investitionen in Vorratsvermögen 2. das in die Lagerbestände investierte Kapital
inventory investment return Lagerzinssatz, Verzinsung des in die Lagerbestände investierten Kapitals
inventory items Gegenstände des Vorratsvermögens
inventory level Lagerbestand(shöhe)
inventory list Warenbestandsliste
inventory loan Lagerfinanzierungskredit, Kredit zur Vorratsfinanzierung
inventory logistics Lagerlogistik □ alle Aktivitäten in Verbindung mit Lagerplanung und -verwaltung
inventory losses Lagerverluste □ Verluste durch Diebstahl, Wertminderung oder Veralten von Lagerbeständen
inventory mangement i.e.S. Lagerhaltung, i.w.S. Lager- und Bestandsmanagement, Lagerwirtschaft
inventory model Lagerhaltungsmodell □ Modell zur Ermittlung des optimalen Lagerbestandes bei minimalen Kosten
inventory obsolescence Veralten von Lagerbeständen
inventory of property Vermögensaufstellung, Vermögensverzeichnis
inventory optimization Bestandsoptimierung □ Bestandsreduzierung bei gleichzeitiger Gewährleistung der Materialverfügbarkeit
inventory organisation Lagerorganisation, Organisation der betrieblichen Vorrats- und Fertigwarenlager
inventory planning Lagerplanung, Vorratsplanung
inventory policy Lagerpolitik □ alle Maßnahmen im Hinblick auf eine rationelle Vorratshaltung
inventory pricing 1. Ermittlung der Lagerkosten 2. Vorratsbewertung
inventory ratios Lagermesszahlen
inventory records Lageraufzeichnungen
inventory reduction Verringerung (Abbau) der Vorräte, Bestandskürzung, Vorräteminderung
inventory replenishment Lagerauffüllung, Auffüllung des Lagerbestandes
inventory reserve Rücklage für Lagerwertminderung
inventory revaluation Neubewertung der Lagerbestände (Vorräte)
inventory risk Lagerrisiko, → inventory losses
inventory sales Verkauf von Vorratsvermögen
inventory service costs Lagerverwaltungskosten
inventory spending Lagerinvestitionen, Investitionen in Vorratsvermögen
inventory taking Inventur, Bestandsaufnahme, Lageraufnahme, Erstellung eines Bestandsverzeichnisses
inventory turnover Lagerumschlag, Umschlagshäufigkeit des Warenlagers □ Verhältnis von Umsatz zu durchschnittlichem

Lagerbestand
inventory valuation Vorratsbewertung, Warenbestandsbewertung, Bewertung der Lagerbestände (Vorräte)
inventory valuation adjustment Berichtigung (Erhöhung oder Verminderung) des Vorräte-Ansatzes
inventory valuation at the lower of cost or market Bewertung der Vorräte zu dem jeweils niedrigeren Wert von Anschaffungs- bzw. Herstellungskosten und Marktwert
inventory value Lagerbestandswert, Inventarwert
inventory velocity Lagerumschlagsgeschwindigkeit
inventory warehoused eingelagerte Warenbestände
inventory write-downs (writeoffs) Abschreibungen auf Lager-/Warenbestände, Bestandsabschreibungen
inverse condemnation indirekte Enteignung □ starke Wertminderung eines Grundstückes auf Grund staatlicher oder kommunaler Baumaßnahmen
inverse demand pattern Nachfrage, die nicht durch das traditionelle Gesetz von Angebot und Nachfrage bestimmt wird.
inverted funnel approach umgekehrter Trichter-Befragungsansatz □ erst werden spezifische Fragen, dann eine allgemeine Abschlussfrage gestellt. → funnel approach
inverted market umgekehrter Markt
inverted takeover Übernahme einer größeren Gesellschaft durch eine kleinere Unternehmung
inverted yield structure inverse Renditestruktur □ Der Begriff kennzeichnet eine Situation, in der Kurzläuferrenditen über den Langläuferrenditen liegen.
investable balances Einlagen von Firmen- und Privatkunden, die einer Bank nach Berücksichtigung der entsprechenden Mindestreserveverpflichtungen für ihr Aktivgeschäft zur Verfügung stehen.
invested capital investiertes Kapital □ Summe aus Eigenkapital und langfristigen Fremdmitteln
investee Beteiligungsunternehmen
investigation of title Überprüfung der Eigentumsrechte, Prüfung der Rechtsbeständigkeit eines Besitztitels (Rechtstitels)
investment acquisition Erwerb einer Beteiligung
investment additions *(im Jahresabschluss)* Beteiligungszugänge
investment adjustment Berichtigung (Erhöhung oder Verminderung) des Beteiligungswertansatzes
investment appraisal 1. Investitionsbeurteilung, Bewertung eines Investitionsvorhabens 2. Anlagebewertung, Bewertung einer Kapitalanlage
investment appraisal method (technique) Verfahren zur Bestimmung der Wirtschaftlichkeit eines Investitionsvorhabens
investment appreciation Kapitalzugewinn
investment budget Investitionsplan, Investitionsbudget, → capital expenditure budget
investment center Investment-Center □ Unternehmenseinheit, die Investitionsvorhaben weitgehend selbständig beschließt und abwickelt.
investment control Investitionskontrolle
investment controlling Kapitalanlage-Controlling
investment cost 1. Investitionsaufwand, Investitionskosten 2. Aufwand für den Beteiligungserwerb 3. Aufwendungen für Kapitalanlagen
investment cycle → Juglar cycle
investment discretion Dispositionsbefugnis (Kauf-/Verkaufsvollmacht) in Verbindung mit Kapitalanlagen
investment flows Cashflows aus dem Erwerb/Verkauf von Anlagen
investment fluctuation reserve Rücklage für Wertschwankungen bei den Beteiligungen
investment goods industry → capital goods industry
investment grade Hinweis auf eine erst-

investment hedge 302

klassige Bonität bzw. Anlagequalität bzw. auf keine erkennbaren Ausfallrisiken
investment hedge Absicherung einer Beteiligung
investment income 1. Kapitalerträge, Einkünfte aus Kapitalvermögen 2. Beteiligungserträge
investment interest expense(s) Zinsaufwand für den kreditfinanzierten Erwerb von Finanz-/Vermögensanlagen
investment interest limitation *(i.S. des US-Steuerrechts)* Begrenzung der steuerlichen Absetzbarkeit von → investment interest expense(s) auf die aus diesen Anlagen vereinnahmten Kapitalerträge.
investment memorandum 1. → investment qualification memorandum 2. Zeichnungsverpflichtung
investment outlay 1. Investitionsaufwand 2. Kapitaleinsatz
investment performance Anlageerfolg, Erfolg (Ertrag aus) einer Kapitalanlage ☐ errechnet sich aus dem Wertzuwachs, den vereinnahmten Dividenden und Zinserträgen
investment planning Anlageplanung, Investitionsplanung, → capital budgeting
investment portfolio 1. Kapitalanlagen, Gesamtsumme aller Anlagen 2. Beteiligungsbesitz, Beteiligungsportefeuille, Beteiligungsvermögen
investment profitability 1. Anlagerendite 2. Investitionsrentabilität
investment programming → investment planning
investment properties 1. Anlageobjekte, Renditeobjekte, Renditeimmobilien 2. *(im Jahresabschluss)* Anlagen in Grundstücken oder Gebäuden, die im Wesentlichen nicht für betriebliche Zwecke bestimmt sind.
investment qualification memorandum Investitionsentscheidungsvorlage, Analyse eines Übernahme- oder Beteiligungsvorhabens
investment ratio Investitionsquote ☐ Anteil der Investitionen am Sozialprodukt
investment reserve *(im Jahresabschluss)* Wertberichtigung auf Beteiligungen
investment sale Beteiligungsverkauf, Veräußerung von Beteiligungen
investments at amortised cost *(im Jahresabschluss)* Beteiligungen/Finanzanlagen zum Buchwert
investments at cost less amounts written off and provisions Beteiligungen/Finanzanlagen zum Ankaufswert (zu Einstandspreisen) abzüglich Abschreibungen und Rückstellungen
investments at cost, unquoted nicht börsennotierte Finanzanlagen zum Ankaufswert
investments at equity zum anteiligen Nettovermögen ausgewiesene Finanzanlagen
investments by trustee unter treuhänderischer Verwaltung stehende Finanzanlagen
investment securities, at cost or less Wertpapiere des Anlagevermögens zum Ankaufswert oder darunter
investment securities, at current value Wertpapiere des Anlagevermögens zum Marktwert
investments in and advances to associated companies Beteiligungen und Darlehen an verbundene Gesellschaften
investments in associates Beteiligungen an assoziierten Unternehmen
investments in fixed assets Sachinvestitionen
investments in inventories Lagerinvestitionen, Investitionen in Vorratsvermögen, das in den Lagerbestand investierte Kapital
investments in land and buildings Anlagen in Grundstücken und Gebäuden
investments in machinery and equipment Ausrüstungsinvestitionen
investments in subsidiaries Anteile an Tochterunternehmen
investments in unconsolidated subsidiaries Beteiligungen an nicht konsolidierten Tochtergesellschaften
investment spending 1. Investitionsausgaben 2. Erhöhung des Werbeaufwandes in Erwartung höherer Umsätze bzw. Gewinne
investment standing Emissionskredit, Emis-

sionsstanding, Standing eines emittierenden Unternehmens am Kapitalmarkt
investment swap Tausch von Anlagewerten (Kapitalanlagen)
investment tax credit Steuergutschrift für Investitionen, steuerliche Investitionszulage □ in Form einer Sofortabschreibung auf Investitionsgüter (bestimmter Prozentsatz der Anschaffungskosten)
investment turnover Verhältnis der Investitionen zu der Summe aus Eigenkapital und langfristigen Verbindlichkeiten
investor protection scheme Einlagensicherungsfonds
investor relations Investor Relations, Meinungs- und Beziehungspflege □ alle Maßnahmen, die der Bildung von Vertrauen bei Aktionären und breitem Anlagepublikum gegenüber einer Unternehmung dienen.
investor relationship management Kommunikationssteuerung zu Aktionären/Anlegern (einschließlich Aufbau einer langfristigen Investorenbindung)
Investors Compensation Scheme britische Einlagenschutzversicherung □ durch das ICS werden Anlagen privater Anleger im Grundsatz bis GBP 50.000 abgesichert (100% der ersten GBP 30.000 und 90% der folgenden GBP 20.000; somit GBP 48.000 im Versicherungsfall)
investor sophistication standards Anleger-Qualifizierungskriterien □ Richtlinien der → Securities and Exchange Commission hinsichtlich der von Anlegern (natürlichen und juristischen Personen) zu erfüllenden Vermögens- und Erfahrungskriterien. → accredited investors
invisible balance Dienstleistungsbilanz □ Gegenüberstellung der unsichtbaren Einfuhren und Ausfuhren, d.h. Leistungen, die entweder gegenüber Staaten erbracht wurden (invisible exports) oder von diesen zur Verfügung gestellt wurden (invisible imports). Dazu zählen: Transportleistungen im Eisenbahn-, Schiffs- und Luftverkehr, Leistungen bzw. Zahlungen in den Bereichen: Banken, Versicherungen, Fremdenverkehr u. Ä.
invisible exports/imports unsichtbare Ausfuhren/Einfuhren, → invisible balance
invisible income (receipts) Erträge aus unsichtbaren Ausfuhren
invisibles unsichtbare Ein- und Ausfuhren
invitatio ad offerendum Aufforderung zur Abgabe von Angeboten
invitation for bid Ausschreibung
invoice discounting Bevorschussung von Forderungen □ Variante des Factoring, bei der ein Lieferant seine Forderungen gegenüber Kunden von einer Bank oder Finanzierungsgesellschaft bevorschussen lässt. Eine Abtretungsanzeige erfolgt nicht; das Delkredere-Risiko verbleibt bei dem die Forderungen verkaufenden Lieferanten.
involuntary adjustment → involuntary reorganization
involuntary alienation → involuntary conveyance
involuntary bankruptcy proceedings von Gläubigern angestrengtes Konkursverfahren, → Chapter 7
involuntary conversion unfreiwilliger Vermögensschaden, Besitzentzug durch Enteignung oder Zerstörung durch Natureinwirkung
involuntary conveyance gerichtlich angeordnete Übertragung von Vermögenswerten
involuntary lien erzwungenes Pfandrecht, zwangsweise Grundstücksbelastung, auf Grund einer behördlichen Verfügung eingetragenes Grundpfandrecht, → voluntary lien
involuntary petition von Gläubigern gestellter Konkursantrag
involuntary reorganization von Gläubigern beantragtes gerichtliches Vergleichs- bzw. Sanierungsverfahren, → reorganization
involuntary transfer → involuntary conveyance
inward cargo manifest Einfuhr-Ladungsverzeichnis

inward charges Einklarierungsgebühren (z.B. Lotsengeld)
inward customs clearance Einklarierung eines Schiffes
inward (foreign) manifest → inward cargo manifest
inward(s) reporting Erledigung der Einklarierungsformalitäten
IP → insolvency practitioner
ipso jure von Rechts wegen
IRA → individual retirement account
IRB → internal ratings-based approach
IRC → Internal Revenue Code
IRD → interest rate differential
IRM → investor relationship management
IRR → internal rate of return method
irredeemable debenture 1. Schuldverschreibung ohne festen Rückzahlungstermin 2. nicht ablösbarer Schuldtitel
irrevocability date Datum, bis zu dem ein Angebot verbindlich ist.
irrevocable beneficiary *(bei Versicherungspolicen/Stiftungen)* Begünstigter, dessen Anspruchsberechtigung nicht widerrufen werden kann.
irrevocable proxy unwiderrufliche Abstimmungsvollmacht
irrevocable trust unwiderruflicher Trust, bei dem der Treugeber auf alle Abänderungsrechte verzichtet hat.
IRS → Internal Revenue Service
ISA → Insolvency Services Account
ISC → information supply chain
island position Alleinstellung einer Anzeige
ISO → International Standards Organisation, → incentive stock options

isolated commercial einzeln (nicht in Verbindung mit anderen Commercials) gesendeter Werbespot
issue(s) management Themenmanagement, Steuerung der Meinungsbildung im Unternehmen bzw. in der Gesellschaft
issue preclusion Ausschluss einer Klage, → doctrine of collateral estoppel
issue tender offer statement → Schedule 13E-4
issuing carrier ausstellender (ausfertigender) Frachtführer
ISV → independent software vendor
ITC → investment tax credit, → International Trade Commission
ITE → independent trading exchange
item analysis Aufgabenanalyse
item costing Stückkalkulation
itemized appropriations spezifizierte (zweckgebundene) Bewilligung von Geldern
itemized deductions einzeln geltend gemachte abzugsfähige Ausgaben, spezifizierte Abzüge (Werbungskosten und Sonderausgaben)
itemized rating scale Antwortskala mit vorgegebenen Wertungen
item non response → non-sampling error
items equivalent to cash 1. Quasi-Liquidität 2. Geldsurrogate
iteration wiederholte Ausführung eines Vorgangs, Programmwiederholung, → workflow management system
IVA → individual voluntary arrangement
IVR → interactive voice response
IWO → Initial Web Offering

J

JIS → just-in-sequence delivery
JIT → just-in-time
JIT II → just-in-time II
job *(in der Projektplanung)* Vorgang, Aufgabe
job action Schwerpunktstreik
job activation *(in der Projektablaufplanung)* Vorgangsaktivierung
job analysis Arbeitsanalyse, Untersuchung von Arbeitsabläufen, i.e.S. Arbeitsplatzanalyse, Aufgabenanalyse
job assignment Aufgabenverteilung, Stellenbesetzung
job class Tätigkeitsbeschreibung für strukturell ähnliche Arbeiten, die in einer Gruppe zusammengefasst werden.
job classification → job grading
job commissioning Auftragskommissionierung
job content Stelleninhalt, Arbeitsinhalt, auszuführende Tätigkeit
job costing Auftragskostenrechnung
job costs Auftragskosten
job creation Arbeitsbeschaffung, Schaffung von Arbeitsplätzen
job delay Verzögerung eines Projektvorganges
job description Stellenbeschreibung, Arbeitsplatzbeschreibung
job design Arbeitsgestaltung □ Gestaltung von Arbeitsplätzen, -abläufen und -umgebung, i.e.S. Arbeitsplatzgestaltung
job enlargement Erweiterung des Aufgabenbereiches (der Arbeitsaufgaben), horizontale Aufgabenerweiterung durch strukturell gleichartige Aufgaben, → job enrichment
job enrichment Aufgabenbereicherung, Arbeitsbereicherung, vertikale Aufgabenerweiterung durch neue Aufgaben und Erweiterung der Dispositionsbefugnisse des Stelleninhabers. → job enlargement

job evaluation Arbeitsbewertung, → job grading
job factors *(in der Arbeitsbewertung)* Anforderungsarten, Anforderungsfaktoren
job grading Arbeitsbewertung, Einstufung, Stellenklassifizierung □ Einteilung von Tätigkeiten in Stufen oder Lohngruppen (job grades), die die unterschiedlichen Schwierigkeitsgrade bzw. Verantwortungsbereiche zum Ausdruck bringen.
job grading system Arbeitsbewertungsverfahren, Stufenverfahren
job incumbent Stelleninhaber
job lot Partieware
job management Auftragsverwaltung, Steuerung der Auftragsabwicklung
job management systems rechnergestützte Systeme zur Auftragsabwicklung
job measurement → job evaluation
job opening zu besetzende Stelle, freie Stelle
job order Fabrikationsauftrag
job order costing Auftragskostenrechnung
job-order production Auftragsfertigung
job organisation Arbeitsplanung
job performance Arbeitsergebnis, Arbeitsleistung
job performance criteria Leistungskriterien, Stellenziele
job posting betriebsinterne Stellenausschreibung
job production Einzelfertigung, Auftragsfertigung
job profile Stellenbeschreibung, Stellenanforderungsprofil
job quality Arbeitsplatzqualität
job ranking → job grading
job rater Arbeitsbewerter
job rating Arbeitsbewertung, → job evaluation
job reengineering Änderung der Stellenanforderungen, Anpassung des Arbeits-

inhaltes an die Qualifikation der Mitarbeiter

job release scheme Vorruhestandsregelung

job requirements Stellenanforderungen, Tätigkeitsanforderungen, Leistungserfordernisse, Anforderungen an den Stelleninhaber

job responsibilities Stellenverantwortung, die einer Stelle zugeordnete Verantwortung

job retraining Umschulung

job rotation Job-Rotation, systematischer Arbeitsplatz-und Aufgabenwechsel, geplanter regelmäßiger Stellenwechsel □ System der Vorbereitung von Mitarbeitern auf Führungsaufgaben

job routing Fertigungssteuerung

job satisfaction Arbeitszufriedenheit, Zufriedenheit am Arbeitsplatz

job scheduling Arbeitsvorbereitung, Fertigungsplanung

job security Arbeitsplatzsicherheit

job seniority (Dauer der) Betriebszugehörigkeit

job set alle Fertigungsunterlagen, → job ticket, → route sheet, → dispatch order sheet, etc.

job sharing Jobsharing □ Form der Arbeitsvertragsgestaltung, bei der sich zwei Arbeitnehmer einen Arbeitsplatz teilen.

job shop production Einzelfertigung

job shop scheduling Produktionsfeinplanung, Planung aller Arbeitsschritte

job shop specialist Unternehmen, das sich auf die Kunden-Auftragsfertigung spezialisiert hat.

job specification Arbeitsplatzbeschreibung i.e.S. Stellenanforderungsprofil

job study Arbeitsplatzstudie, Untersuchung hinsichtlich der Gestaltung des Arbeitsplatzes

job summary zusammenfassende Stellenbeschreibung, → job description

job ticket Arbeitskarte für einen Produktionsvorgang

job time Auftragszeit

job title Stellenbezeichnung

job title code Nummern-(Kurzzeichen-)System für die Stellen einer Unternehmung

job value → job worth

job worth Arbeitswert □ wird im Rahmen der Arbeitsbewertung ermittelt. → job evaluation

joinder Zusammenschluss, Verbindung

joinder of claims Klagehäufung

joinder of parties Streitgenossenschaft, aus mehreren Parteien bestehende Kläger- oder Beklagtenseite

joint advertising Gemeinschaftswerbung, Verbundwerbung

joint agency Gesamtvertretung, Kollektivvertretung

joint and several bond (note) issue Schuldtitelemission, bei der der Schuldendienst durch zwei oder mehrere natürliche oder juristische Personen gesamtschuldnerisch gewährleistet wird. → joint and several debtors

joint and several contract Vertrag, in dem sich die Vertragsparteien gesamtschuldnerisch verpflichten.

joint and several debtors Gesamtschuldner □ Schuldner, die sich gesamtschuldnerisch (gemeinsam und einzeln) verpflichten, d.h. der Gläubiger kann die Leistung nach Belieben von den Schuldnern gemeinsam oder von jedem einzelnen Schuldner verlangen.

joint and several guarantee gesamtschuldnerische Bürgschaft (Garantie), → joint and several debtors

joint and several liability gesamtschuldnerische Haftung □ die Beteiligten haften gesamtschuldnerisch, d.h. jeder Einzelne für den vollen Betrag.

joint and survivor annuity Ehegattenversicherung, Überlebensversicherung

joint cargo Sammelladung

joint consultation Arbeitgeber-Arbeitnehmer-Gespräche, konzertierte Aktion

joint cost allocation *(in Verbindung mit einer Kuppelproduktion)* Zurechnung der Kosten auf die Teilprodukte

joint creditor Mitgläubiger, Gesamthand-

gläubiger □ ein Schuldner kann Zahlungen mit schuldbefreiender Wirkung nur an die Gläubiger gemeinsam leisten.
joint debt gemeinschaftliche Schuld, Gesamthandschuld, → joint debtors
joint debtors Mitschuldner, Gemeinschaftsschuldner, Gesamthandschuldner □ die Schuldner sind nur gemeinsam zur Leistung verpflichtet; Gegensatz: → joint and several debtors
joint-demand goods → complementary goods
Joint Economic Committee Gemeinsamer Wirtschaftsausschuss beider Häuser des US-Kongresses
joint estate → joint property
joint holder Gemeinschaftsinhaber, Mitinhaber, → joint property
joint liability gemeinsame Haftung □ jeder Bürge haftet für die gesamte Hauptschuld. Zur Geltendmachung muss der Gläubiger aber gegen alle Bürgen vorgehen.
joint liability in tort gemeinsame deliktsrechtliche Haftung
jointly and severally liable gesamtschuldnerisch haftbar
jointly owned property → joint property
joint merchandising Sortimentsverbund
joint owner Mitbesitzer, Miteigentümer, Gemeinschaftseigentümer, → joint property
joint policy 1. Gruppenpolice, → group insurance 2. → joint and survivor annuity
joint power gemeinschaftliche Bevollmächtigung □ d.h. die Bevollmächtigten können nur gemeinschaftlich verfügen.
joint products Kuppelprodukte, verbundene Produkte □ verschiedene Produkte, die im gleichen Produktionsprozess erstellt werden.
joint property gemeinschaftliches Eigentum, Gesamthandeigentum, Gesamthandvermögen □ d.h. die Eigentümer besitzen einen Vermögenswert gemeinsam und können nur gemeinsam über ihn verfügen.
joint rates 1. Verbundtarif 2. Durchgangsfrachtraten, → intermodal rate
joint return gemeinsame Steuererklärung der Ehegatten
joint statement of interest gemeinsame Absichtserklärung
joint stock corporation US-Unternehmensform, die Merkmale einer Personen- und Kapitalgesellschaft auf sich vereinigt. Die Gesellschafter haften unbegrenzt für die Verbindlichkeiten, die die Unternehmung während des Zeitraumes ihrer Gesellschaftertätigkeit eingegangen ist. Gesellschaftsanteile sind frei übertragbar, d.h. die Zustimmung der anderen Gesellschafter zu einem Verkauf oder einer Übertragung ist nicht erforderlich.
joint tenancy Miteigentum, gemeinschaftliches Eigentum □ Im Gegensatz zu einer → tenancy in common ist bei einer joint tenancy keine Vererbung der Miteigentumsanteile möglich, d.h. im Falle des Todes eines Miteigentümers geht dessen Anteil auf den oder die verbleibenden Miteigentümer über.
joint tortfeasors gemeinschaftliche Schädiger
joint venture Joint Venture, Gemeinschaftsunternehmen □ Kooperation von Firmen zur Gründung einer gemeinsamen Unternehmung bzw. Durchführung eines bestimmten Projekts, → equity joint venture, → contractual joint venture
journey cycle Besuchszyklus eines Verkaufsrepräsentanten
judg(e)ment bond durch den Berufungskläger zu erbringende Prozessbürgschaft
judgement by consent von den Verfahrensbeteiligten akzeptierter Vergleichsvorschlag des Gerichts
judgement creditor Urteilsgläubiger, siegreiche Partei
judgement debt Judikatsschuld, Judikatsforderungen
judgement debtor Judikatsschuldner
judgement for payment of money Zahlungsurteil
judgement in default Versäumnisurteil □

kann erwirkt werden, wenn eine Partei nicht zur Hauptverhandlung erscheint oder anderen Verpflichtungen nicht nachkommt.

judgement in terms of the award Urteil, durch das ein Schiedsspruch für vollstreckbar erklärt wird.

judgement issued by default → judgement in default

judgement lien Zwangshypothek, gerichtlich verfügtes (Grund-)Pfandrecht

judgement note Schuldschein des Urteilsschuldners ☐ Schuldschein, der bei Nichteinlösung sofort einklagbar ist.

judgement notwithstanding the verdict (non obstante verdicto) Antrag auf eine von der Geschworenenentscheidung unabhängigen richterlichen Entscheidung

judgement on the merits Sachurteil

judgement pro confesso Anerkenntnisurteil

judgement roll sämtliche Unterlagen eines Gerichtsverfahrens, einschließlich Urteilsbegründung

judgement sample Beurteilungsstichprobe, bewusste Stichprobe

judgement sampling willkürliches Auswahlverfahren ☐ Stichprobenauswahl, bei der die Einheiten der Grundgesamtheit nach dem Ermessen einer Person bestimmt werden. → probability sampling

judicial act Gerichtsentscheidung

judicial bond Prozessbürgschaft, Kaution, prozessuale Sicherheitsleistung

judicial circuit Gerichtsbezirk, → federal judicial district

judicial determination Feststellung durch das Gericht

judicial dissolution (Unternehmens-)Auflösung durch ein Gericht

judicial district Gerichtsbezirk, → federal judicial district

judicial foreclosure gerichtliches Zwangsvollstreckungsverfahren (Verwertungsverfahren), → statutory foreclosure

judicial lien Zwangspfandrecht

judicial review Überprüfung (einer Schiedsvereinbarung) durch ein Gericht, Normenkontrollverfahren

judicial sale Zwangsversteigerung

judicial settlement gerichtlicher Vergleich

judicial trustee gerichtlich bestellter Treuhänder

judiciary Justiz, Richterstand

Juglar cycle Konjunkturzyklus mit einer Laufzeit von 7–11 Jahren; wird auch als investment cycle bezeichnet, da er die übliche wirtschaftliche Nutzungsdauer von Ausrüstungsgütern widerspiegelt. → Kitchin cycle, Kuznets cycle, Kondratieff cycle

jump bonds Anleihen, bei denen bei Eintritt bestimmter Ereignisse bestimmte Optionen wirksam werden.

junctim deal Junktimgeschäft, → linked deal

junior board Nachwuchsführungskräfte, die an der Entscheidungsfindung in einem Unternehmen beteiligt werden.

junior bond nachrangiger Schuldtitel, nachgestellte Schuldverschreibung, → junior securities

junior class of creditors rangniedrigere Gläubigergruppe, → class of creditors

junior financing Finanzierung auf der Basis nachrangiger Sicherheiten

junior interest nachrangiges (subsidiäres) Recht

junior lien nachrangiges Pfandrecht, subsidiäres Sicherungsrecht

junior lien loans nachrangige Hypothekendarlehen

junior management unteres Management, unterste Leitungsebene

junior mortgage nachrangige (zweite) Hypothek

junior mortgagee nachrangiger Hypothekengläubiger

junior securities nachrangige Wertpapiere, Nachzugswertpapiere ☐ d.h. die Inhaber dieser Papiere verfügen im Hinblick auf die Verteilung des Reingewinns und der Vermögenswerte im Falle einer Liquidation nur über nachrangige Ansprüche.

junior subordinated debt nachrangiges Haftkapital, Schuldtitel mit Eigenmittelcharakter □ Diese Titel können bei der Ermittlung der Höchstausleihegrenzen eines Kreditinstitutes dem Kapital hinzugerechnet werden.

junior title nachrangiger (Vollstreckungs-)Titel

junk bonds hochspekulative und hochverzinsliche Schuldtitel □ Junk Bonds dienen i.d.R. der Finanzierung von Firmenübernahmen und werden durch die Aktiva der zu übernehmenden Gesellschaft abgesichert.

jurisdictional amount Streitwert

jurisdictional dispute Kompetenzstreitigkeit, (Rechts-)Streit hinsichtlich des zuständigen Gerichtsstandes

jurisdiction clause Gerichtsstandsklausel, Zuständigkeitsklausel, Gerichtsstandsvereinbarung

jurisdiction of a subject matter sachliche Zuständigkeit eines Gerichts

jurisdiction of the Federal Courts Zuständigkeit der Bundesgerichte, Bundesgerichtsbarkeit

jury award durch die Geschworenen zugesprochener Schadenersatz

jury court Geschworenengericht

jury equity Rechtsfindung durch die Geschworenen

jury instruction Unterrichtung der Geschworenen hinsichtlich der maßgeblichen/der zu beachtenden Rechtsnormen, einschließlich Würdigung der Beweis- und Rechtslage durch den Richter.

jury of executive opinion Prognoseverfahren, das auf den Erwartungen der ersten und zweiten Führungsebene basiert.

jury selection Auswahl der Geschworenen

just cause *(for -)* aus berechtigtem Grund

just compensation angemessene Entschädigung (Abfindung)

just debt rechtsverbindliche Verpflichtung

just-in-sequence delivery reihenfolgegenaue Anlieferung (z.B. an ein Montageband)

just-in-time rechtzeitiger Beginn und Abschluss aller logistischen Prozesse, → just-in-time delivery, just-in-time production

just-in-time II ein → just-in-time weiterführendes Konzept, das auch die vor-Ort-Einbindung von Mitarbeitern des Lieferanten beim Kunden vorsieht.

just-in-time delivery Just-in-time Anlieferung □ (computergesteuerte) Anlieferung von Waren zu den Zeitpunkten, zu denen sie in der Fertigung bzw. im Handel benötigt werden; Ziel ist die Gewährleistung eines kontinuierlichen Materialflusses ohne Lagerhaltung oder zumindest eine Reduzierung von Durchlaufzeiten und Lagerhaltungskosten.

just-in-time development and production Just-in-time-Konzept für Entwicklung und Produktion

just-in-time manufacturing Fertigung auf Abruf, Fertigung nur bei Bedarf und in der vom Kunden gewünschten Menge

just-in-time marketing Anbieten von Produkten zum richtigen Zeitpunkt, d.h. wenn der entsprechende Bedarf beim Kunden gegeben ist.

just-in-time production Just-in-time-Produktion, Produktion auf der Basis einer zeitgenauen Anlieferung der für den Fertigungsprozess benötigten Materialien zur Vermeidung oder weit gehenden Reduzierung der Lagerhaltung

just title → clear title

just value → fair market value

K

Kaizen *(aus dem Japanischen übernommener Begriff für eine)* kontinuierliche Ideengenerierung zur Verbesserung von Geschäftsprozessen
keelage Ankergebühren
keep-out pricing Niedrigpreisstrategie, um Mitbewerber vom Markt fern zu halten.
Keough plan steuerbegünstigte private Altersvorsorge für Selbstständige in den Vereinigten Staaten
key account management Großkunden-Management, individuelle Betreuung von Großkunden
keyage Kaigebühr
key industry Schlüsselindustrie
key influence people Meinungsbildner
key informant technique Expertenbefragung
key man insurance → business life insurance (1)
key performance indicator Schlüsselerfolgsindikator
key rates Leitsätze, Leitzinsen
key relationship bank Hauptbankverbindung
key results analysis 1. analytische Arbeitsergebnisbewertung 2. Analyse der Unternehmensziele
keystone pricing Verkauf einer Ware zu einem hohen Preis, um dem Verbraucher durch eine spätere beträchtliche Preisreduzierung ein Sonderangebot zu suggerieren.
kicker 1. *(allgemein)* Sonderleistung, Vergünstigung, Anreiz 2. Sonderleistungen, mit denen ein Kreditnehmer die Kreditbereitschaft einer Bank bzw. eines Finanzierungsinstitutes honoriert, □ z.B. Zahlung von Sonderprovisionen oder eines bestimmten Prozentsatzes des Jahresüberschusses, Einräumung einer Kapitalbeteiligung (equity kicker). 3. Sonderleistungen, mit denen ein Emittent die Übernahmeverpflichtung oder Deckungslinie einer Bank honoriert.
kick-off presentation Startveranstaltung □ z.b. erste Präsentation eines Unternehmens vor einem Börsengang, Veranstaltung zu Beginn von Produktkampagnen etc.
kinked demand curve abknickende Nachfragekurve □ Form der Nachfragekurve, wenn z.b. ein überdurchschnittlicher Preisanstieg einen kräftigen Nachfragerückgang auslöst.
KIP → key influence poeple
KISS principle *(keep it simple and straightforward)* Werbemittel müssen einfach zu verstehen sein.
Kitchin cycle mit einem Zeitraum von 3-5 Jahren kürzester Konjunkturzyklus, → Juglar cycle, → Kuznets cycle, → Kondratieff cycle
kite 1. Kellerwechsel □ auf eine nicht existierende juristische oder natürliche Person gezogener Wechsel 2. ungedeckter Scheck 3. Genehmigungsvermerk des britischen Normenausschusses
kitting Zusammenfassung einzelner Ladungsteile zu einer einzigen Partie
knocked-down *(Liefer- bzw. Rechnungsvermerk)* die Maschinen wurden zur Verschiffung in Einzelteile zerlegt.
knock-for-knock agreement Vertrag über interne Schadensregulierungen zwischen Versicherungsgesellschaften (jede Gesellschaft übernimmt unabhängig von der Schuldzuweisung den Schaden an dem von ihr versicherten Gegenstand)
knocking competition Herabsetzung der Produkte von Mitbewerbern
knocking copy Anzeige, in der ein Konkurrenzprodukt diskreditiert wird.
knockout agreement Vereinbarung, durch

knowing enterprise 312

die sich ein Unternehmen gegen Zahlung einer bestimmten Summe zur Nichtbeteiligung an Ausschreibungen oder Auktionen verpflichtet.
knowing enterprise Unternehmen, das sich seiner Stärken, Schwächen, Ressourcen und Möglichkeiten bewusst ist.
knowledgeable parties sachverständige Vertragsparteien
knowledge administration Wissensverwaltung
knowledge attic Wissensspeicher
knowledge audit Wissens-Audit, Prüfung des Wissens-Managements im Unternehmen
knowledge base Wissensbasis, themengesteuerter Informationspool, → knowledge map
knowledge bazaar informelle Wissensbörse
knowledge category Wissenskategorie, → explicit, → tacit, → embrained, → procedural knowledge
knowledge controlling Wissens-Controlling ◻ Überwachung aller Prozesse zur Wissensverarbeitung im Unternehmen
knowledge cycle Wissenszyklus, Wissenskreislauf im Unternehmen ◻ Generierung, Identifikation, Nutzung, Verteilung von Wissen im Unternehmen
knowledge database Wissensdatenbank
knowledge discovery Aufdeckung unternehmensinterner Wissensbestände, → data mining
knowledge distribution Wissensverteilung
knowledge generation Wissensgenerierung
knowledge inventory Wissensbestand
knowledge management Wissens-Management, Wissens- und Informationsökonomie eines Unternehmens ◻ zentrale Aufgaben: (a) Erkennen und Sicherung des Wissensbedarfs im Unternehmen, (b) Formulierung von Wissenszielen, (c) Steuerung der Lernprozesse im Unternehmen, (d) Nutzung und Austausch von unternehmmensintern erworbenem Wissen
knowledge manager Wissens-Manager
knowledge map Wissenslandkarte, grafische Darstellung der Wissensbasis (Wissensverteilung, Wissensbausteine) in einem Unternehmen
knowledge mapping Wissensvisualisierung, → knowledge map
knowledge market Wissensmarkt, organisierte Wissensbörse
knowledgement Entwicklung, Erwerb, Nutzung und Weitergabe von Wissen, → knowledge management
knowledge networking Wissensvernetzung ◻ Vernetzung von Wissen, Informationen, Datenbanken
knowledge officer Wissensbeauftragter
knowledge pump Auswertung der gesammelten Unternehmenserfahrung
knowledge sharing Wissensteilung, Wissensaustausch im Unternehmen
knowledge transfer Wissenstransfer
known loss vor dem Auslauftermin des Schiffes bekannter bzw. zu diesem Zeitpunkt entdeckter Schaden/Verlust
known value items Markenprodukte, deren Preise dem Verbraucher i.d.R. bekannt sind.
Kondratieff cycle Konjunkturzyklus mit einer Laufzeit von 45–60 Jahren, → Kitchin cycle, → Juglar cycle, → Kuznets cycle
KPI → key performance indicator
Kuznets cycle Konjunkturzyklus mit einer Laufzeit von 15–25 Jahren; wird analog zum Abschreibungszeitraum für Gebäude auch als building cycle bezeichnet. → Kitchin cycle, → Juglar cycle, → Kondratieff cycle
KVI → known value items

L

laboratory experiment Laborexperiment, → field experiment
laboratory tests Labortests, Ermittlung von Verbraucherreaktionen unter hypothetischen Bedingungen
labor bargaining Tarifverhandlungen, *(i.w.S. in den Vereinigten Staaten)* alle Verhandlungen zwischen Unternehmensleitungen und Interessenvertretungen der Belegschaft
labor codes Bezeichnung für Arbeitsschutzgesetze in einigen US-Bundesstaaten
labor contract (Einzel-, Haus-)Tarifvertrag, i.w.S. jede Betriebsvereinbarung oder kollektivvertragliche Regelung
labor-management relations Beziehungen zwischen Unternehmensleitung und Belegschaft
Labor-Management Relations Act → Taft-Hartley Act
Labor-Management Reporting and Disclosure Act → Landrum Griffin Act
labor organization Gewerkschaft, i.w.S. jede Interessenvertretung von Arbeitnehmern
labor standards US-Richtlinien für angemessene Arbeitsbedingungen, Arbeitsschutz, → Fair Labor Standards Act
labour cost Lohnkosten, i.w.S. Personalkosten, Arbeitskosten □ Löhne, Gehälter, Aufwendungen für Sozialleistungen und Sozialeinrichtungen
labour force Zahl der Erwerbstätigen
labour input Arbeitseinsatz, Arbeitsinput
labour market receptivity Aufnahmefähigkeit des Arbeitsmarktes
labour mobility Arbeitsmobilität, Arbeitskräftemobilität □ Bereitschaft von Arbeitnehmern, einen Arbeitsplatz zu wechseln
labour performance Arbeitsleistung, Arbeitsergebnis
labour piracy Abwerbung von Arbeitskräften
labour productivity Arbeitsproduktivität, Arbeitsergiebigkeit
labour rate variance *(in der Projektabwicklung)* Unterschied zwischen Plan-und Ist-Mitarbeiterzahl
labour requirements Arbeitskräftebedarf, Personalbedarf
labour shedding Reduzierung der Mitarbeiterzahl, Personalabbau
labour sources Mitarbeiterherkunft, Beschaffungsquellen für Mitarbeiter
labour supply 1. Angebot an Arbeit, Arbeitsangebot 2. Angebot an Arbeitskräften
labour surplus Arbeitskräfteüberschuss
labour theory of value Arbeitswertlehre
labour turnover Personalfluktuation
laches fahrlässig unterlassene Nichtgeltendmachung von Ansprüchen innerhalb der vorgesehenen Zeit. → doctrine of laches
lack of subject matter jurisdiction fehlende sachliche Zuständigkeit eines Gerichtes
ladder *(in der Projektplanung)* Folge von Parallelvorgängen (Parallelität im Hinblick auf Anfangs- und Endzeitpunkte)
ladder activities sich überschneidende Aktivitäten im Netzplan
ladder code Leitercode □ vertikal aufgedrucktes, Leitersprossen vergleichbares Balkendiagramm. → bar code
laddering 1. Festlegung einer hierarchischen Bedeutungsstruktur 2. Befragungstechnik zur Sichtbarmachung kognitiver Strukturen, z.B. Verknüpfung von Verbraucherwissen/Wertesystemen und Kaufmotiven
laden vessel beladenes Schiff
lag Wirkungsverzögerung, i.e.S. Zeitspanne zwischen dem Anfangs- oder Endpunkt eines Vorgangs und dem Beginn oder Ende der folgenden Aktivität

laggards 1. *(Adoptorkategorie, Akzeptanztypen)* Zauderer, Nachzügler, Traditionalisten □ Personen, die zu den Letzten gehören, die ein neues Produkt übernehmen. Gruppe mit der niedrigsten Adoptionsgeschwindigkeit, → adoption process 2. Underperformers □ Aktien, die hinter der Indexentwicklung zurückbleiben.
lagged response (effect) verzögerte Verbraucherreaktion auf eine Werbekampagne
lagging indicators Indikatoren, die in ihrer wirtschaftlichen Aussagekraft der konjunkturellen Entwicklung hinterherhinken.
lagging/lags Verzögerung fälliger Zahlungen bzw. Verlängerung von Zahlungsterminen im Außenhandel
lag time → lag
LAN → local area network
land and buildings, less accumulated depreciation Grundstücke und Gebäude, abzüglich aufgelaufener Abschreibung
land and land improvements *(im Jahresabschluss)* Grundstücke und Grundstücksausbauten
land assessed to betterment levy zur Bodenwertzuwachssteuer veranlagter Grundbesitz
Land Bank Association → Federal Land Bank Associations
land banking Erwerb von Grundstücken als Kapitalanlage oder im Hinblick auf eine spätere Bebauung
land bridge Landbrücke, Hinterlandtransport/Binnentransport von Waren/Containern vor oder nach der Seeverladung
land capitalization rate Rendite einer Liegenschaft
land certificate (Grundstücks-)Eigentumsurkunde, Besitzurkunde □ Die dem deutschen Grundbuchauszug in etwa vergleichbare Urkunde wird in Großbritannien durch das → Land Registry erstellt. Wie das → Land Register gliedert sich das land certificate in drei Abteilungen, aus denen Lage, Größe, Eigentumsverhältnisse und Belastungen des Grundstücks hervorgehen. Das in den Vereinigten Staaten bekannte land certificate enthält im Wesentlichen die gleichen Angaben, wird dort jedoch i.d.R. nur bei einem Verkauf von staatlichem Grundbesitz ausgefertigt.
land charge deed Urkunde über die Bestellung eines Grundpfandrechtes, Hypothekenbrief, → land charges
land charges Grundpfandrechte □ Hypotheken und andere dingliche Belastungen eines Grundstücks, z.B. Grunddienstbarkeiten, persönliche Dienstbarkeiten, Vorkaufsrechte, → land registration
Land Charges Department/Office für die Führung des → Land Charges Register zuständige Behörde
Land Charges Register Grundlastenregister □ Verzeichnis, in das Belastungen nicht registrierter Grundstücke eingetragen werden. → land registration
land classification Parzellenklassifizierung nach dem Flächennutzungsplan
land collateral Sicherheit in Form von Grundstücken, hypothekarische Sicherheit
Land Compensation Act Gesetz über die Zahlung von Entschädigungen bei Grundstücksenteignungen.
land consolidation Flurbereinigung
land contract 1. Grundstückskaufvertrag 2. i.e.S. Immobilien-Teilzahlungsvertrag □ Grundstückserwerb auf der Basis eines Teilzahlungsgeschäftes, bei dem der Verkäufer bis zur vollständigen Bezahlung alle Eigentumsrechte behält.
land conveyance 1. Grundstücksübertragung 2. Beförderung (Transport) auf dem Landweg
land credit Hypothekenkredit, Hypothekarkredit
land credit company Hypothekenbank, Realkreditinstitut
land damages 1. Enteignungsentschädigung 2. Entschädigung für die Wertminderung von Grundeigentum
land development company Bauträger,

Grundstückserschließungsgesellschaft
landed *(Liefervermerk)* Der Verkäufer trägt alle Frachtkosten bis zur Entladung des Schiffes.
landed cost Kaufpreis einschließlich Frachtkosten bis zum benannten Bestimmungsort
landed estate → landed property
landed interests Anteile (Rechte) an Grundbesitz
landed price → CIF-Preis, einschließlich Kosten für Entladung, gegebenenfalls Lagerung, sowie Verzollung
landed property Grundbesitz, Grundeigentum, Grundvermögen, Liegenschaften
landed property and equivalent titles to land Grundstücke und grundstücksgleiche Rechte
landed securities hypothekarische Sicherheiten, Hypotheken und sonstige Grundpfandrechte
landed weight das angelieferte Gewicht
land encumbrance Grundstücksbelastung, Grundpfandrecht
land grant Übertragung staatlichen Grund und Bodens an Privatpersonen
land improvement 1. Melioration, Bodenverbesserung, Steigerung der Ertragsfähigkeit landwirtschaftlich genutzten Bodens 2. *(Pluralform)* wertsteigernde Grundstücksausbauten, → improvements
land improvement cost Aufwendungen für Grundstücksausbauten
land improvement loan Meliorationskredit
landing agent vertritt die Interessen des Reeders im Ankunftshafen
landing charges Kosten für die Verbringung der Ware an Land
land input Bodeneinsatz
land jobbing Bodenspekulation
land law Grundstücksrecht, Liegenschaftsrecht
land lease Erbpacht, Erbbaurecht
landlocked parcel Grundstücksparzelle ohne Zugang zu einer öffentlichen Straße
landlord's lien Pfandrecht des Vermieters
land mortgage agreement Hypothekenkreditvertrag
Land Office Behörde für die Verwaltung und den Verkauf staatlichen Grundbesitzes
land option Option auf den Erwerb von Grundstücken
land, plant and equipment, at cost Grundstücke und Anlagen zum Ankaufspreis
land records Grundbuch □ Ein Vergleich der land records in den Vereinigten Staaten mit den deutschen Grundbüchern ist nur bedingt möglich. Zum einen sind Art und Umfang der vorgenommenen Eintragungen in den einzelnen Bundesstaaten sehr unterschiedlich, zum anderen verleiht die Eintragung nach amerikanischem Recht nicht den Schutz, der mit einer deutschen Grundbucheintragung verbunden ist. Die Rechtsbeständigkeit von Eigentumstiteln wird daher vor dem Erwerb von Grundbesitz durch Anwälte untersucht bzw. durch → title insurances gewährleistet.
land register Grundbuch – Das britische land register gliedert sich in drei Abteilungen: (1) property register – gibt Auskunft über Lage und Größe der Grundstücke (2) proprietorship register □ enthält Angaben zu den Besitzverhältnissen (Namen, Anschriften der Eigentümer) sowie alle zur Bewertung der Eigentumstitel erforderlichen Informationen (3) charges register – gibt Aufschluss über alle Grundstücksbelastungen, → land charges
land registration Registrierung von Grundstücken □ Im Gegensatz zur Bundesrepublik besteht in Großbritannien keine landesweite Registrierungspflicht für eintragungsfähige Rechte. Die Eintragung von Grundstücken und Belastungen in das → land register ist nur in bestimmten Gebieten, vor allem in den industriellen Ballungsgebieten, vorgeschrieben. Der Kreis der Gebiete mit Registrierungspflicht wird jedoch kontinuierlich erweitert. Der Beweis für den Bestand der eingetragenen Rechte geht aus dem → land certificate,

Land Registration Act

einer dem deutschen Grundbuchauszug in etwa vergleichbaren Urkunde, hervor. Im Falle der nicht registrierten Grundstücke befinden sich die Eigentumsurkunden und alle anderen relevanten Dokumente, einschließlich der in den zurückliegenden Jahren erstellten Kauf- und Verkaufsverträge, im Besitz der jeweiligen Grundstückseigentümer. Belastungen dieser Grundstücke werden auf Veranlassung der jeweiligen Grundpfandrechtsinhaber im → Land Charges Register eingetragen.

Land Registration Act Gesetz, das die Registrierung von Grundbesitz in Großbritannien regelt.

Land Registry Zentrales Grundbuchamt für England und Wales □ gliedert sich in 24 District Land Registries, → land registration

Land Registry General Ordinance Map Katasterplan

land rent Bodenrente, Grundrente

land rights Grundstücksrechte, Besitzrechte an Grund und Boden

Landrum Griffin Act Ziel dieses US-Gesetzes ist es, die Aktivitäten der Gewerkschaften durch eine Reihe von Offenlegungsvorschriften transparenter zu machen.

land sale contract → land contract

land tax Grundsteuer (für unerschlossene Grundstücke)

land tenure system Bodenordnung, Bodenrecht

land title Eigentumsrechte an Grundbesitz, Besitzrechte an Grund und Boden

land transfer Übertragung (Veräußerung) von Grundbesitz

land trust Immobilien-Trust, Immobilien-Treuhänderschaft □ Treuhänder, der Immobilien für Dritte erwirbt und verwaltet, ohne dass der eigentliche Eigentümer in Erscheinung tritt. Land Trusts werden eingesetzt, wenn sich Gemeinschaftseigentümer gegen mögliche Urteile, Zwangsvollstreckungs- oder Konkursverfahren schützen wollen, die einen Miteigentümer betreffen.

land use Bodennutzung, Flächennutzung

land use control Flächennutzungskontrolle

land use plan (map) Flächennutzungsplan

land use planning Bauleitplanung

land use regulations Flächennutzungsbestimmungen, Flächennutzungsverordnung

land valuation Grundstücksbewertung

land value Bodenwert, Grundstückswert

land valued at cost zu den Anschaffungskosten bewertete Grundstücke

Lanham Act US-Gesetz, das den Warenzeichenschutz auf Bundesebene sowie die Registrierung von Warenzeichen regelt.

lapse 1. Erlöschen (Verfall) von Rechten/Ansprüchen 2. Verfall einer Versicherungspolice aufgrund eines anhaltenden Prämienverzugs

lapsed gift hinfällig gewordene Schenkung

lapse ratio Zahl der in einem Geschäftsjahr erloschenen oder verfallenen Versicherungspolicen im Vergleich zu der entsprechenden Vorjahresziffer.

lapse restriction zeitlich begrenzte Ein-/Beschränkung

large accounts Großkunden, → direct accounts

large management buyout → management buyout mit einem hohen Transaktionsvolumen

large multiple retailer Filialunternehmung □ Einzelhandelsunternehmen mit mehr als zehn Filialen

large-scale production Serienfertigung, Massenproduktion

LASFE → local authority self-financed expenditure

LASH → lighter aboard ship

lashed, secured and dunnaged *(Kostenklausel)* Kosten einschließlich Laschen, Sichern und das seemäßige Blocken der Ladung

lashing Laschen, Festbinden (Festzurren) der Ladung

last days Anzahl der Tage, die Eigner und Charterer eines Schiffes für die Be- und

Entladung vereinbaren.
last-in-first-out zuletzt eingekauft – zuerst verbraucht ☐ Methode zur Bewertung des Vorratsvermögens, bei der davon ausgegangen wird, dass die zuletzt eingekauften Waren zuerst verbraucht werden, d.h. in der Bilanz wird der erste Einstandswert zu Grunde gelegt.
last survivor annuity Ehegattenversicherung, Überlebensversicherung
late dates *(in der Projektplanung)* spätester Anfangs-und Endzeitpunkt eines Vorganges
late delivery penalty Konventionalstrafe bei Lieferverzögerung
late event date *(in Verbindung mit einer Vorwärtsrechnung)* spätester Eintritt eines Ereignisses. → forward pass
late majority *(Adoptorkategorie, Akzeptanztypen)* späte Folgekäufer, späte Mehrheit ☐ Personen, die neuen Entwicklungen gegenüber zurückhaltend sind oder ein neues Produkt erst erwerben, wenn es sich fest am Markt etabliert hat. → early majority, → adoption process
latent defects versteckte Mängel
latent devaluation schleichende Abwertung
latent knowledge latentes Wissen ☐ bekanntes, aber nicht zugängliches Wissen, → knowledge category
latent partner stiller Gesellschafter, nach außen nicht in Erscheinung tretender Gesellschafter
latent reserves → hidden reserves
lateral combination → lateral merger
lateral diversification Diversifikation in völlig neue, branchenfremde Tätigkeitsbereiche; Programmerweiterung durch Eindringung in bisher nicht bediente Marktbereiche
lateral merger Zusammenschluss von Unternehmen, die unterschiedlichen Wirtschaftszweigen angehören.
lateral organisation funktionale Organisation, verrichtungsorientierte Organisationsform

later stage financing Spätphasenfinanzierung ☐ durch eine → venture capital company, d.h. Finanzierung von Expansionsvorhaben oder Übernahmen, → early stage financing
late start/finish date *(in der Projektablaufplanung/Netzplantechnik)* spätester Anfangs-/Endzeitpunkt eines Vorganges, → logical relationships, → network analysis
latest event time späteste Lage eines Ereignisses im Netzplan, → network analysis
latitudes of acceptance and rejection Akzeptanz- und Ablehnungstoleranzen
law firm Sozietät
lawful damages gesetzlich vorgesehener Schadenersatz
lawful discharge *(im Konkursverfahren)* Schuldbefreiung, Entlassung des Gemeinschuldners aus der Haftung
lawful money → legal tender
law of agency Vertreterrecht
law of contract Vertragsrecht
law of diminishing marginal utility/diminishing returns Gesetz vom abnehmenden Grenznutzen, → marginal utility
law of evidence Beweisrecht
Law of large numbers *(Grundsatz der Wahrscheinlichkeitsrechnung)* Gesetz der großen Zahl ☐ je größer die Stichprobe, desto besser die Prognosegenauigkeit bzw. je größer die beobachtete Masse desto geringer die Bedeutung von Zufälligkeiten
law of property Sachenrecht
Law of Property Act Receivership Zwangsverwaltung nach dem Law of Property Act aus dem Jahr 1925, → receivership
law of real property Liegenschaftsrecht
law of supply and demand Gesetz von Angebot und Nachfrage
law of suretyship Bürgschaftsrecht
law of torts Haftungs- und Deliktsrecht
law of trust Treuhandrecht
lawsuit Prozess, Rechtsstreit
layaway agreement (plan) zum späteren Kauf bzw. Verkauf verpflichtende Reservierungsvereinbarung ☐ Teilzahlungskaufvertrag, bei dem die Waren erst nach

Abschluss aller Ratenzahlungen an den Käufer ausgehändigt werden.
layaway deposit bei einem → layaway agreement zu leistende Anzahlung
LAYCAN → laydays/cancelling date
laydays Liegetage, i.e.S. Andienungszeitraum, → laydays/cancelling date
laydays/cancelling date Zeitspanne, innerhalb derer ein Schiff dem Befrachter zur Verfügung zu stellen ist (Andienungszeitraum). Wird der Zeitraum überschritten, hat Letzterer das Recht auf Rücktritt vom Vertrag.
layer Deckungstranche, Haftungsabschnitt, → layer concept
layer concept Deckungskonzept für Großrisiken □ Der Gesamtbetrag der zu versichernden/in Rückdeckung zu gebenden Risiken wird in einzelne Haftungsabschnitte (layers) unterteilt, für die mehrere hintereinander geschaltete Verträge/Policen mit getrennten Haftungslimits, aber ähnlichen Konditionen erstellt werden. Der Hauptversicherer (lead insurer) übernimmt die erste, i.d.R. die größte Tranche (first layer). Schäden, die die jeweilige Deckungssumme übersteigen, werden durch die Folgetranchen (subsequent layers) gedeckt.
layering → layer concept
layer of management Führungsebene
laying the venue Vorschlag hinsichtlich des Gerichtsstandes
lay-off pay Entlassungsabfindung
laytime Liegetage
lay-up clause Liegeklausel, → lay-up refund
lay-up refund *(in der Seeversicherung)* Prämienrückvergütung, wenn das Schiff über eine bestimmte Frist hinaus stillliegt.
lay-up warranty Erklärung des Versicherungsnehmers hinsichtlich der Überliegezeit eines Schiffes
LBO → leveraged buyout
LCA → life cycle analysis
LCC → life cycle cost
LCL → less than container load

LCL/FCL → less than container load/full container load
LCL/LCL → less than container load/less than container load
l.d.d. → loss during discharge
l.d.l. → loss during loading
lead 1. Lead (a) Anschrift eines Interessenten/potenziellen Kunden □ Kontaktadresse, die der Verbraucher bei einer Kuponwerbung/einem Gewinnspiel/einer Umfrage angegeben hat. (b) Kundenkontakt □ z.B. Person, die von einem Drittunternehmen als potenzieller Kunde genannt wurde. 2. Besucher einer Website 3. → lead manager 4. *(in der Netzplantechnik)* Vorziehen des nachfolgenden Vorganges □ besteht beispielsweise bei einer Ende-Anfang-Beziehung (→ logical relationships) eine fünftägige lead, kann der folgende Vorgang fünf Tage vor dem Ende des vorangehenden Vorganges begonnen werden.
lead bank → lead manager
lead conversion rate Zahl der aus 100 Leads (→ lead) resultierenden Neukundenverbindungen.
leadership behaviour Führungsverhalten
leadership style Führungsstil
lead generation Lead-Generierung, Interessentenbeschaffung, Interessentenfindung, Herstellung von Kundenkontakten.
lead generation techniques Techniken zur Generierung von Kundenkontakten/Adressen (z.B. durch Couponanzeigen, Preisausschreiben, Verlosungen, etc.)
leading case Präzedenzfall
leading (economic) indicators US-Konjunkturbarometer
leading question Suggestivfrage
leading underwriter 1. → lead manager 2. Führer eines Lloyd's Versicherungssyndikats
lead insurer Konsortialführer, Führer eines Versicherungskonsortiums bzw. -Pools, Konsortialführer, i.e.S. Versicherer, der die erste Deckungstranche übernimmt. → insurance pool, → layer concept

lead investor konsortialführender Investor □ steht einem aus mehreren Kapitalgebern bestehenden Konsortium vor; hält i.d.R. den größten Anteil

lead management Konsortialführung, Führungsgruppe □ mehrere Unternehmen, die an der Spitze eines Banken- oder Versicherungskonsortiums stehen.

lead manager Konsortialführer(in) □ (a) Führungsbank, Führungshaus □ Die bei einer Schuldtitelemission oder Kreditsyndizierung federführende Bank. Sie ist zuständig für die Konditionengestaltung und die Vertragsdokumentation. Sie muss ihre Entscheidungen jedoch mit den anderen Mitgliedern der Führungsgruppe (falls vorhanden) abstimmen. (b) federführendes Versicherungsunternehmen, → lead insurer

lead measures → performance drivers

leads and lags Vorauszahlungen und Stundungen im Auslandszahlungsverkehr, Vorziehen oder Verzögern von Fremdwährungs-Transaktionen auf Grund von Auf- und Abwertungserwartungen

lead time Durchlaufzeit, Vorlauffrist, Vorlaufzeit, Zeitraum zwischen Auftragserteilung und Eintreffen der bestellten Waren, Zeitraum von Beginn bis Abschluss eines Geschäftsprozesses

lead tracking Verfolgen der Reaktion (des Verhaltens) von Kaufinteressenten

lead underwriter → lead insurer

lead user Großkunde, dessen Kaufverhalten Rückschlüsse auf einen Markttrend zulässt.

leakage Verlust durch Leckschaden, Leckage

leakage and breakage Leckage und Bruchverlust

lean management schlankes Management □ schlankes, auf Effizienz ausgerichtetes Konzept der Unternehmensführung, Verschlankung der Unternehmensorganisation durch Ausdünnung der Hierarchie-/Führungsebenen

lean production schlanke Produktion □ Verschlankung der Produktion durch Konzentration auf Kernbereiche, Verringerung der Fertigungstiefe; Rationalisierung von Fertigungsprozessen auf der Basis von → just-in-time, → continuous improvement, → total quality management

lean reporting Straffung des Berichtswesens, Reduzierung von Berichtsmengen durch Konzentration auf wesentliche Informationen

lean retailing Verschlankung der Geschäftsprozesse im Einzelhandel, Verbesserung der Warenflüsse zwischen Hersteller und Handel

lean selling schlanker Vertrieb □ Konzept zur Reduzierung des Akquisitionsaufwandes und der Beratungszeiten

leap-frog financing Finanzierung durch die mehrmalige Tilgung und erneute Emission von Schuldtiteln oder durch Rückführung von Krediten und erneute Kreditaufnahme

learning curve Lernkurve, Erfahrungskurve □ grafische Darstellung des Rückgangs der Produktionskosten je Stückeinheit mit zunehmender Erfahrung

learning curve concept Lernkurven-Konzept □ Bewertungskonzept, das von einer Kostendegression bei sich ständig wiederholenden Produktionsvorgängen ausgeht.

learning organisation lernende Organisation □ anpassungsfähiges, sich ständig weiterentwickelndes Unternehmen

lease 1. zeitlich befristetes Besitzrecht, dingliches Mietrecht, Erbpacht 2. Mietverhältnis, Mietvertrag, Pachtvertrag 3. Vermietung, Verpachtung

lease accounting Bilanzierung von Leasingverträgen, Bilanzierung zeitlich befristeter Besitzrechte

lease asset servicing → vendor leasing

leaseback (sale and leaseback) Verkauf und Rückmiete □ Verfahren, bei dem eine Gesellschaft firmeneigene Investitionsgüter an eine Leasinggesellschaft verkauft und sie von dieser dann wieder zurückmietet.

lease commitments *(im Jahresabschluss)* Miet- und Leasingverpflichtungen
lease continuation Fortführung des Leasingverhältnisses
lease contract receivables Forderungen aus Leasingverträgen
lease conveyance Übertragung zeitlich befristeter Besitzrechte, Erbpachtübertragung
leased asset Leasingobjekt, Leasinggegenstand, geleaster Vermögenswert, vermietetes Wirtschaftsgut, *(Pluralform im Jahresabschluss)* aktivierte Leasinggegenstände
lease deed Mietvertrag, Pachtvertrag
leased equipment 1. *(aus der Sicht des Leasingnehmers)* geleaste (angemietete) Ausrüstungen 2. *(des Leasinggebers)* Vermietvermögen
leased fee vermieteter Grundbesitz, i.e.S. Rechte des Vermieters
leased premises (property) angemietete/vermietete Grundstücke und Gebäude
leased property improvements → leasehold improvements
lease duration Dauer des Mietverhältnisses
lease extension Verlängerung des Mietverhältnisses
lease fee → leased fee
leasehold 1. dingliche Mietrechte, dingliches Landpachtrecht, Erbpacht 2. geleaste Grundstücke und Gebäude, Mietbesitz
leasehold encumbrance Belastung dinglicher Mietrechte
leasehold estate → leasehold
leasehold improvements Einbauten in gemieteten (geleasten) Objekten, Mietereinbauten
leasehold interest insurance Mietausfallversicherung
leasehold interests dingliche Mietrechte, vertraglich zugesicherte Nutzungsrechte des Mieters
leasehold land gepachtete Grundstücke, Pachtland
leasehold land and buildings *(im Jahresabschluss)* geleaste Grundstücke und Gebäude
leasehold mortgage hypothekarische Belastung dinglicher Mietrechte, Hypothek an Erbbaurechten
leasehold profit interest Gewinn aus untervermieteten Grundstücken und Gebäuden
leasehold property geleaste Grundstücke und Gebäude, Mietbesitz
leasehold reversion Rückfall dinglicher Mietrechte, → reversion
leasehold title dingliches Mietrecht, Pachtrecht
leasehold value Wert dinglicher Mietrechte
lease inception Beginn des Leasingverhältnisses
lease line 1. Kreditlinie des Leasinggebers bei seiner Bank für den Erwerb zu verleasender Ausrüstungen 2. Rahmenleasingvertrag □ erlaubt die Anmietung zusätzlicher Ausrüstungen zu den ursprünglichen Konditionen. 3. eingeräumtes Leasingvolumen
lease payments receivable Forderungen aus Leasingverträgen, zu vereinnahmende Leasingraten
lease period 1. Laufzeit eines Leasingvertrages 2. Zeitraum, für den eine Mietzahlung erfolgt.
lease periodicity Zeitabstände, in denen Leasingraten gezahlt/vereinbart werden.
lease purchase/lease-purchase agreement Mietkauf □ Erscheinungsform des Leasings, bei dem einem Kunden Wirtschaftsgüter zunächst leihweise überlassen werden. Gleichzeitig wird ihm die Option eingeräumt, diese Güter nach Ablauf einer Mindestfrist unter Verrechnung der geleisteten Mietzahlungen käuflich zu erwerben.
lease rate factor die monatliche Leasingrate (netto) in Prozent der Anschaffungskosten des Leasinggegenstandes
lease rental Leasingrate, Mietzahlung
lease reporting → lease accounting
lease security deposit Mietkaution

lease syndication Syndizierung großer Leasing-Transaktionen
lease term Grundmietzeit bei einem Leasingvertrag
lease-up Vermietung, Zeitraum von der Errichtung bis zur vollständigen Vermietung eines Gebäudes
leasing Leasing, Vermietung; Leasen, Anmietung □ Unter Leasing ist die Vermietung (aus der Sicht des Leasinggebers/lessor) bzw. die Anmietung (aus der Sicht des Leasingnehmers/lessee) von Wirtschaftsgütern (Leasingobjekten) zu verstehen. Für die Anmietung entrichtet der Leasingnehmer eine periodische Zahlung (Leasingrate/lease rental). Grundsätzlich lassen sich Leasingverträge nach der Stellung des Leasinggebers und dem Verpflichtungscharakter des Vertrages unterscheiden. Bei dem auch als Hersteller-Leasing bezeichneten Direkt-Leasing (direct leasing) erfolgt die Vermietung durch den Hersteller selbst, während sie beim indirekten Leasing (indirect leasing) durch eine Leasinggesellschaft erfolgt. Nach dem Verpflichtungscharakter bzw. der Laufzeit kann eine Aufteilung in kurzfristige, jederzeit kündbare Leasingverträge (operating leases) und in langfristige Verträge (financial leases) vorgenommen werden. Ergänzende Unterteilungen bzw. weitere Erscheinungsformen des Leasing werden unter den jeweiligen Begriffen erklärt: → computer leasing, equipment leasing, export leasing, fleet leasing, full payout lease, full-service leasing, leveraged leasing, net leasing, non-full payout lease, plant leasing, revolving leasing.
leasing assets Vermietvermögen
leasing renewal option Mietverlängerungsoption, Leasingvertrag mit Verlängerungsoption
least-cost equilibrium kostenminimales Gleichgewicht
Least Cost Estimating and Scheduling Netzplantechnik, → network analysis
least-cost factor combination Minimalkostenkombination
least less developed countries die ärmsten Entwicklungsländer der Welt, Vierte Welt
leave of the court 1. Genehmigung (Erlaubnis) durch das Gericht 2. Vollstreckbarkeitserklärung
leave to issue execution Vollstreckbarkeitserklärung
leaving indemnity Entlassungsabfindung
legacy veraltete Computer-Anwendung, die aus Kompatibilitätserfordernissen weiterverwendet werden muss.
legacy systems 1. ältere, teilweise überholte Systeme/Awendungen, → legacy 2. das Know-how der Mitarbeiter, die seit vielen Jahren in einem Unternehmen tätig sind.
legal aid 1. juristischer Beistand 2. Prozesskostenhilfe
legal assets Nachlasswerte, die für die Ablösung von Verbindlichkeiten des Erblassers haften.
legal assignment Sicherungsabtretung, Forderungsabtretung zu Sicherungszwecken □ sie muss dem Schuldner schriftlich angezeigt werden und räumt dem Zessionar (Abtretungsempfänger) einen direkten Anspruch gegen den Schuldner ein. → equitable assignment
legal audit Rechts-Audit, Überprüfung aller getätigten Transaktionen unter juristischen Gesichtspunkten
legal capacity to contract Geschäftsfähigkeit
legal capital Grundkapital, haftendes Kapital
legal charges 1. Anwaltsgebühren, i.w.S. Rechtskosten 2. gesetzlich verankerte Grundstücksbelastungen/-rechte (Grunddienstbarkeiten, Grundpfandrechte)
legal choses in action gesetzlich verankerte Forderungen und Rechte
legal claim Rechtsanspruch
legal completion date Zeitpunkt, zu dem der Eigentumstitel vom Verkäufer einer Immobilie auf den Käufer übergeht. Wird bei dem → exchange of contracts festgelegt.

legal description grundbuchamtliche Kennzeichnung einer Liegenschaft
legal disability Geschäftsunfähigkeit
legal due diligence → due diligence
legal entity 1. geschäftsfähige Person 2. juristische Person, Rechtspersönlichkeit
legal estate Grundbesitzrecht, Volleigentum an einem Grundstück
legal expenses → legal charges
legal expenses insurance Rechtsschutzversicherung
legal implications rechtliche Konsequenzen (Tragweite)
legal incapacity Geschäftsunfähigkeit
legal injury Verletzung eines gesetzlich verbrieften Rechts
legal interest 1. gesetzliches Anrecht 2. dingliches Recht 3. Sicherungsrecht, das mit Tilgung der Schuld erlischt. 4. gesetzlich zulässiger Höchstzinssatz
legal liability claims gesetzliche Haftpflichtansprüche
legal lien gesetzliches Zurückbehaltungsrecht
legally constituted debt gerichtlich festgestellte (Zahlungs-)Verpflichtung
legally enforceable right rechtlich durchsetzbarer Anspruch
legally separate unit rechtlich getrennte Einheit
legal mortgage Sicherungshypothek □ Hypothek, durch die der Hypothekengläubiger das Eigentum an der als Sicherheit dienenden Liegenschaft erwirbt. Gleichzeitig besteht ein Anspruch des Schuldners auf Rückübereignung/Wiederinbesitznahme bei Erfüllung des Sicherungszwecks.
legal notice 1. amtliche Bekanntmachung 2. gesetzliche Kündigungsfrist
legal opinion Rechtsgutachten
legal owner rechtlicher Eigentümer
legal ownership rechtliches Eigentum
legal personality Rechtspersönlichkeit
legal process Vorladung vor Gericht
legal remedy Rechtsbehelf, Rechtsmittel
legal reserve life insurance US-Lebensversicherungsgesellschaft, die die nach den einzelstaatlichen Gesetzen vorgeschriebenen Mindestrücklagen unterhält.
legal reserves 1. gesetzliche Rücklagen 2. Mindestrücklagen, → legal reserve life insurance
legal right of set-off das gesetzlich oder vertraglich gesicherte Recht eines Schuldners, einen von ihm geschuldeten Betrag ganz oder teilweise mit Forderungen gegenüber dem entsprechenden Gläubiger zu verrechnen.
legal rights gesetzliche Rechte, aus dem → common law abgeleitete Rechte
legal risk Rechtsrisiko □ beschreibt die Gefahr möglicher Verluste durch vertragliche Unklarheiten
legal settlement Zwangsvergleich
legal tender gesetzliches Zahlungsmittel
legal title Rechtstitel, Eigentumstitel, formelles (gesetzlich verbrieftes) Eigentumsrecht
legal valuation gesetzlich vorgeschriebene Bewertung
legatee Vermächtnisnehmer □ von beweglichem Vermögen, → devisee
legislated coverage Versicherungsdeckung durch entsprechende Gesetzgebungsprogramme
legislative risk Gesetzgebungsrisiko □ Risiko einer Ergebnisminderung/eines Kapitalwertverlustes durch gesetzgeberische Maßnahmen
lender loss payable clause → loss payable clause
lendings at matching maturities laufzeitkongruente Ausleihungen
lending value Beleihungswert
lending without recourse Kreditgewährung ohne die Möglichkeit des direkten Rückgriffs auf den Schuldner, z.B. bei Projektfinanzierungen; die künftigen, aus dem Projekt erzielten Gewinne bilden die einzige Sicherheit.
length overall Länge über alles (eines Schiffes)
leniency clause Klausel eines Schuldscheines, in der der Kreditgeber seine Bereit-

schaft erklärt, bei finanziellen Schwierigkeiten des Schuldners die Tilgungsleistungen zu verringern oder auszusetzen.
LES → logistic execution system
LESOP → leveraged employee stock ownership plan
lessee 1. Leasingnehmer, Mieter 2. Leasinganwender, Leasingkunde 3. Inhaber dinglicher Mietrechte, Erbpachtberechtigter
lessor Leasinggeber, Vermieter
lessor estoppel certificate notariell beglaubigte (für einen Kreditgeber bestimmte) Erklärung eines Gebäudeeigentümers hinsichtlich der von ihm vorgenommenen Vermietungen
less than container load Stückgutsendung, Stückgutladung, Sammelcontainerfracht □ Sendungen (verschiedener Absender/Exporteure), die in Sammelcontainer geladen werden.
less than container load/full container load *(Transportbezeichnung)* Stückgut/Vollcontainer-Ladung □ mehrere für den gleichen Empfänger eingehende Stückgutpartien werden in der Packstation (container yard) in einem einzigen Container untergebracht.
less than container load/less than container load *(Transportbezeichnung)* Stückgut/Stückgut-Ladung □ mehrere Stückgutpartien werden in Container verpackt und als Stückgut wieder ausgeliefert.
less than freehold estate 1. dingliche Mietrechte, Mietbesitz, gemietete Grundstücke und Gebäude 2. Erbbaurechte
less than truckload Stückgut-/Teilwaggonladung
less-than-truckload carrier Sammelladungsspediteur
letter of attorney Vollmacht, Bevollmächtigung
letter of attornment Hinweis des bisherigen Vermieters an Mieter, dass Mietzahlungen nach dem Verkauf einer Immobilie an den neuen Eigentümer zu leisten sind.
letter of awareness Wohlwollenserklärung □ 1. in Verbindung mit Kreditausreichungen wird durch den letter of awareness zum Ausdruck gebracht, dass die Möglichkeit der Kreditverlängerung über die im Kreditvertrag festgelegte Laufzeit hinaus vorgesehen ist. 2. je nach Kontext kann es sich bei einem letter of awareness auch um die abgeschwächte Form eines → letter of comfort handeln.
letter of comfort Patronatserklärung □ Erklärung, die die Muttergesellschaft gegenüber der Kreditgeberin ihrer Tochtergesellschaft abgibt. I.d.R. verpflichtet sich die Muttergesellschaft in dieser Erklärung, die Beteiligungsverhältnisse nicht zu verändern, die Tochter mit den notwendigen finanziellen Mitteln auszustatten und sie zur Erfüllung ihrer Verpflichtungen aus dem aufgenommenen Kredit anzuhalten.
letter of credit 1. Kreditbesicherungsgarantie □ im internationalen Kreditverkehr übliche Garantie; sie wird beispielsweise von einer US-Bank einem US-Kunden gewährt, wenn dieser oder seine Tochtergesellschaft bei einer Bank in der Bundesrepublik einen Kredit aufnehmen will. 2. im angloamerikanischen Rechtskreis übliche Bezeichnung für ein Dokumentenakkreditiv, → documentary credit
letter of estoppel → estoppel certificate
letter of hypothecation 1. Verpfändungserklärung 2. → trust receipt
letter of indemnity 1. Ausfallbürgschaft, Schadlosbürgschaft, Entschädigungsgarantie □ Erklärung, durch die sich eine Partei zur Übernahme möglicher Schäden verpflichtet 2. Konnossementsgarantie □ erforderlich für die Freigabe von Waren, wenn diese vor den Originaldokumenten am Bestimmungsort eingetroffen sind oder wenn die Originaldokumente verloren gegangen sind.
letter of instruction Ermächtigung des Importeurs an den Exporteur, auf ihn selbst oder seine Hausbank gezogene, von Dokumenten begleitete Tratten auszustellen.
letter of intent 1. Absichtserklärung □ Der im angloamerikanischen Rechtskreis be-

kannte Letter of Intent ist ein im deutschen Recht unbekanntes Rechtsinstitut. In der Regel bildet der LOI mit genauer Transaktionsbeschreibung, Angaben zu Kaufpreis und Zahlungsmodalitäten sowie Vereinbarungen hinsichtlich des weiteren Vorgehens die Grundlage für den später abzuschließenden Vertrag. Die individuelle Ausgestaltung eines LOI bestimmt auch die rechtliche Bindungswirkung der in ihm enthaltenen Vereinbarungen, d.h. ein LOI kann, muss aber nicht zum Abschluss des Hauptvertrages verpflichten. 2. *(in Verbindung mit IWF-Krediten)* Schriftstück, in dem die wirtschaftlichen Maßnahmen und Auflagen zusammengefasst werden, an die die Gewährung eines Kredites des Internationalen Währungsfonds gekoppelt ist.

letter of licence 1. Lizenzvereinbarung 2. Urkunde, in der ein Schuldner einem Vergleichsvorschlag zur Abwendung des Konkursverfahrens zustimmt. Gleichzeitig ermächtigen die Gläubiger den Schuldner mit dieser Urkunde zur Fortführung seiner Geschäftstätigkeit.

letter of lien 1. Pfandrechtsurkunde, Verpfändungserklärung 2. Dokument, mit dem sich der Treuhänder zur Beachtung der Auflagen des Treugebers verpflichtet.

letter of non-hindrance/of non-interference *(bei Projektfinanzierungen)* Nichteinmischungserklärung der Regierung des Gastlandes

letter of preparedness Absichtserklärung, → letter of intent

letter of renunciation Verzichtserklärung, i.e.S. Verzicht auf die Ausübung von Zeichnungsrechten; gleichzeitig kann der Aktionär mit diesem Dokument seine Rechte auf eine dritte Person übertragen.

letter of request Rechtshilfeersuchen
letter of responsibility → letter of comfort
letter of transmittal 1. Begleitschreiben (z.B. zu einem Gutachten) 2. Übertragungsvordruck für Wertpapiere
letter of trust → trust receipt

letter of undertaking Verpflichtungserklärung, Schuldübernahme
letter of wishes allgemeine Richtlinien eines Treugebers (nicht immer bindend für den Treuhänder)
letter ruling schriftliche Stellungnahme des US Internal Revenue Service zu einem bestimmten Sachverhalt
letters rogatory Rechtshilfeersuchen
letter stock 1. → targeted stocks 2. nicht börsengängige Aktien einer Unternehmung □ Der Begriff wurde aus der Bedingung abgeleitet, der zufolge der Emittent der → Securities and Exchange Commission versichern muss, dass diese Titel nicht für den Weiterverkauf bestimmt sind.
level 1. *(levels of an organisation)* Führungsebenen (hierarchische Stufen) einer Unternehmung 2. Deckungstranche, → layer concept
level charge plan Anlageplan eines Investmentfonds, bei dem die Verwaltungsgebühren nicht bei Abschluss des Vertrages in einer Summe, sondern zusammen mit den regelmäßigen Wertpapieranlagekäufen zu entrichten sind.
level of activity Beschäftigungsgrad
level of authority Kompetenzebene
level of decision Entscheidungsebene
level of incomes Einkommenshöhe, Einkommensniveau
level output strategy auf ein konstantes Produktionsniveau ausgerichtete Strategie
level playing field rule Grundsatz der Chancengleichheit für alle Wettbewerber/Bieter
level premium life insurance Lebensversicherung mit gleich bleibenden Beitragszahlungen
level term life insurance policy Risikolebensversicherung mit einer während der gesamten Vertragslaufzeit gleich bleibenden Deckungssumme
leverage 1. Einsatz von Fremdmitteln zur Steigerung der Unternehmensrendite bzw. des Ertrags aus einer Kapitalanlage 2. Verhältnis von Fremdkapital zur Gesamtkapi-

talisierung 3. Hebel, Hebelwirkung □ Faktor, um den (a) die Rendite durch den Einsatz von Fremdmitteln angehoben wird oder (b) ein derivatives Instrument stärker fällt oder steigt als der Basiswert. → leverage effect

leveraged buildup → leveraged buyout, der Ausgangsbasis für weitere Übernahmen ist.

leveraged buyout Übernahme eines Unternehmens durch eine Investorengruppe unter Inanspruchnahme einer hohen Fremdfinanzierung, wobei die Vermögenswerte des Unternehmens als Sicherheit dienen und die Kreditaufnahmen durch den zukünftigen Cashflow des übernommenen Unternehmens bedient werden. I.d.R. wird sich diese Investorengruppe aus dem Top-Management und externen Kapitalgebern zusammensetzen.

leveraged employee stock ownership plan mit Fremdmitteln finanzierter → Employee Stock Ownership Plan

leveraged finance 1. Finanzierung unter Inanspruchnahme umfangreicher Fremdmittel 2. Finanzierung eines → leveraged buyout 3. die entsprechenden Geschäftsaktivitäten einer Bank

leveraged investment Kapitalanlage unter Einsatz von Fremdmitteln, → leverage

leveraged lease (leasing) Leasingtransaktion, bei der der Erwerb des Leasinggegenstandes durch den Leasinggeber finanziert wird. □ Leasing-Variante, deren Besonderheit darin zu sehen ist, dass der Leasinggeber wohl Eigentümer der zu verleasenden Gegenstände ist, aber nur einen bestimmten Prozentsatz (z.B. 20–40%) des Kapitals bereitstellt, das für den Erwerb der Güter erforderlich ist. Die Restsumme wird fremdfinanziert. Bei den bereitgestellten Mitteln wird es sich immer um non-recourse loans handeln, d.h. im Verzugsfall haben die Kreditgeber keine direkte Rückgriffsmöglichkeit auf den Leasinggeber. Ihre Sicherheit besteht in erstrangigen Sicherungsrechten an den Leasinggegenständen und/oder Abtretung der Leasingzahlungen. Leveraged leases finden bevorzugt Einsatz bei der Finanzierung von Großinvestitionen im Transportbereich und Telekommunikationssektor. Der Vorteil für den Leasinggeber ist darin zu sehen, dass er trotz seines geringen Kapitaleinsatzes alle Steuervorteile in Anspruch nehmen kann, die mit den jeweiligen Anlagegütern verbunden sind.

leveraged management buyout von dem bisherigen Management ausgehender → leveraged buyout

leveraged partial disposition Variante eines → leveraged buyout, bei dem eine Unternehmung einen Unternehmensbereich oder eine Tochtergesellschaft an eine neu gegründete Gesellschaft verkauft, an der sie selbst in einem größeren Umfang beteiligt ist.

leveraged required return Renditeerfordernis bei Fremdkapitaleinsatz

leveraged stock portfolio fremdfinanzierter Aktienbestand

leverage effect 1. Hebelkraftwirkung auf die Rendite des investierten Kapitals durch Einsatz von Fremdmitteln, Steigerung der Eigenkapitalrendite mit zunehmender Fremdfinanzierung von Investitionen 2. Vervielfachungswirkung bei Derivaten □ d.h. der Inhaber eines derivativen Instruments wird im Vergleich zu seinem Kapitaleinsatz überproportional an Kursgewinnen, aber auch an Kursverlusten des Basiswertes (des zu Grunde liegenden Kassainstrumentes) partizipieren.

leverage fund spekulativ ausgerichteter Investmentfonds, der durch die Aufnahme von Krediten einen schnellen Wertzuwachs seiner Vermögenswerte zu erreichen versucht.

leverage leasing → leveraged lease (leasing)
leverage ratio → leverage (2, 3)
leverage rebalancing Rückführung der Fremdverschuldung auf einen wünschenswerten Prozentsatz.
leverage risk Leverage-Risiko □ Risiko, das

leveraging 326

sich aus der finanziellen Hebelwirkung ergeben kann. → leverage (3)
leveraging Aufnahme von Fremdmitteln, Fremdfinanzierung
levered capital spending vollständig oder teilweise fremdfinanzierte Investitionen
levy 1. Umlage, Abgabe 2. Beschlagnahme, Beitreibung einer Forderung im Wege der Zwangsvollstreckung
lex domicilii Recht des Wohnorts
lex loci actus Recht des Tatortes
lex loci contractus das am Ort des Vertragsabschlusses geltende Recht
lex loci solutionis das am Erfüllungsort geltende Recht
lex situs Recht der Liegenschaft
LFD late finish date, → late start/finish date
L/I → letter of indemnity
liabilities and stockholders' equity Passiva; Verbindlichkeiten und Eigenkapital
liabilities for goods and services Verbindlichkeiten aus Lieferungen und Leistungen
liabilities for vested pension benefits Verbindlichkeiten aus Pensionsansprüchen
liabilities from warranties Verbindlichkeiten aus Gewährleistungsverträgen
liabilities having general priority bevorrechtigte Konkursforderungen ☐ Steuern, Löhne, soziale Abgaben
liabilities having special priority besonders bevorrechtigte Konkursforderungen ☐ Konkursverfahrenskosten, Vergütungen für Auszubildende, Beiträge zu Versicherungsvereinen auf Gegenseitigkeit
liabilities held for trading purposes Handelspassiva
liabilities of discontinued operations Verbindlichkeiten aus nicht weitergeführten Tätigkeiten
liabilities provable in bankruptcy anmeldbare Konkursforderungen
liability accounting Verbindlichkeitsbilanzierung
liability additions Passivmehrungen, Zuwachs der Verbindlichkeiten
liability arising in contract vertragliche Haftung, Produkthaftung
liability bond Garantieerklärung, Haftungserklärung
liability coverage Abdeckung von Haftpflichtrisiken, Haftpflichtversicherung
liability cuts Passivminderungen, Abbau von Verbindlichkeiten
liability discharge Haftungsfreistellung, Haftungsbefreiung, Enthaftung
liability exposures Haftungsrisiken
liability for claim adjustment expenses Rückstellung für Regulierungskosten
liability for compensation (damages) Schadenersatzpflicht
liability for future policy benefits Deckungsrückstellung
liability for negligence Fahrlässigkeitshaftung, Haftung für die Nichtbeachtung von Sicherheitsbestimmungen
liability for terminal dividends Rückstellung für Überschussbeteiligungen
liability for unpaid claims Rückstellung für noch nicht abgewickelte Schadenfälle
liability funding strategy Liquiditätsmanagement, das darauf abzielt, Zahlungsverpflichtungen durch den Cashflow aus Investments zu decken.
liability gap passivische Deckungslücke, → gap analysis
liability insurance Haftpflichtversicherung
liability in tort deliktsrechtliche Verantwortung, Deliktshaftung
liability layer Haftungsabschnitt, → layer concept
liability line Haftpflichtversicherungssparte
liability management Passivsteuerung, Management der Passivseite, Passiv-Management
liability method Verbindlichkeitsmethode ☐ Methode für die Darstellung latenter Steuern in der Bilanz, bei der latente Steuern (→ deferred tax assets/liabilities) als Verbindlichkeiten angesehen werden, die bei Auflösung von Ergebnisdifferenzen (→ timing differences) fällig werden.
liability on a bill Wechselhaftung, Wech-

selobligo
liability on payments guaranteed Haftung aus Zahlungsgarantien, Avalobligo
liability period Haftzeit □ Zeitraum, für den ein Versicherer Leistungen erbringt.
liability policy Haftpflichtversicherungspolice
liability retention Haftungseinbehalt, Eigenbehalt des Erstversicherers
liability risk Haftungsrisiko, Haftpflichtrisiko
liability swap Passiv-Swap □ Swap, bei dem es zu einem Tausch von Bilanz-Passivpositionen kommt, z.B. von Verbindlichkeiten aus aufgenommenen Krediten oder aufgelegten Anleihen.
liability to assessments Nachschusspflicht □ Verpflichtung, zusätzliche Einzahlungen auf Kapitalanteile zu leisten.
liability underwriting income Beitragseinnahmen aus der Haftpflichtversicherung
liability waiver clause Haftungsverzichtsklausel
liability without fault verschuldensunabhängige Haftung
liable for damages schadenersatzpflichtig
liable to contribute to the assets nachschusspflichtig, → liability to assessments
liberal construction großzügige (weite) Auslegung von Gesetzes-/Vertragstexten
license 1. Lizenz, Zulassung 2. persönliches Nutzungsrecht, Wegerecht
license bond Lizenzbürgschaft □ garantiert, dass Verpflichtungen des Lizenznehmers aus dem Lizenzvertrag erfüllt werden.
licensing 1. Lizenzierung 2. Vermarktung von Nutzungsrechten
lien Pfandrecht, Zurückbehaltungsrecht
lien affidavit eidesstattliche Erklärung hinsichtlich der auf einem Grundstück lastenden Pfandrechte
lien clause Pfandrechtsklausel
lienee (Grund-)Pfandschuldner
lien holder/lienor (Grund-)Pfandgläubiger
lien of record eingetragenes Pfandrecht
lien on goods Zurückbehaltungsrecht (i.d.R. der Eigentumsvorbehalt) des Verkäufers

lien on land (upon real property) Grundpfandrecht
lien-theory states US-Bundesstaaten, in denen mit der Bestellung eines Grundpfandrechtes in Form eines lien keine Eigentumsübertragung auf den Gläubiger verbunden ist. → title-theory states
lien waiver Verzicht auf die Geltendmachung eines Pfandrechtes
lieu days Urlaubstage für unbezahlte Mehrarbeit
life annuity certain Leibrente, bei der im Falle des Ablebens des Empfängers vor Abschluss der garantierten Mindestzahlungen die Restsumme an die Erben ausgezahlt wird.
life beneficiary Inhaber eines Nießbrauchs (Bezugsberechtigter) auf Lebenszeit
life business Lebensversicherungsgeschäft
life company pension scheme von einem Lebensversicherer angebotene private Rentenversicherung
life cover protection Sicherheitenstellung in Form einer Lebensversicherungspolice
life cycle analysis (assessment) Beurteilung der Umweltwirkung eines Produktes/Produktsystems während seines Lebenszyklus
life cycle boundaries Anfangs-und Endzeitpunkte einer Phase im Produkt-/Projektlebenszyklus
life cycle cost Lebenszykluskosten □ Kosten, die während der erwarteten Nutzungsdauer eines Produktes anfallen.
life cycle costing concept Kalkulations-/Kostenrechnungskonzept, das Herstellungs-, Betriebs- und Entsorgungskosten berücksichtigt. → product life cycle, → project life cycle
life cycle management Lebenszyklussteuerung
life cycle profiling Überwachung der Lebenszyklen von Produkten, damit bei erforderlichen Produkteliminierungen ein adäquater Ersatz bereitsteht.
life cycle stretching Lebenszyklusverlängerung, Verlängerung der Marktpräsenz
life estate Nießbrauch auf Lebenszeit, auf

life estate pour | 328

die Lebenszeit des Rechtsinhabers beschränktes Besitzrecht
life estate pour autre vie Nießbrauch (Besitzrecht) auf die Lebenszeit eines Dritten
life expectancy 1. Lebenserwartung 2. wirtschaftliche Nutzungsdauer
life income option Option auf Auszahlung der Lebensversicherungssumme in regelmäßigen Beträgen
life interest lebenslänglicher Nießbrauch
life or nonrefund annuity Leibrente, bei der im Falle eines vorzeitigen Ablebens des Empfängers die Restsumme nicht an die Erben ausgezahlt wird. Gegensatz: → life annuity certain
life policy loan Policendarlehen, durch die Abtretung einer Lebensversicherungspolice besichertes Darlehen
life stage buying power segmentation Aufteilung des Marktes in Gruppen von Verbrauchern, die über die für einen bestimmten Lebensabschnitt charakteristische Kaufkraft verfügen.
lifestyle analysis → AIO analysis
lifestyle segmentation Lebensstil-Segmentierung □ Aufteilung des Marktes in Verbrauchergruppen mit spezifischen Lebensstilen oder Konsumgewohnheiten
life tenant Inhaber eines lebenslangen Nießbrauchrechtes, → tenancy for life
lifetime value Kundenwert, Wert der lebenslangen Kundenbeziehung □ geschätzter oder realisierter Barwert der Erträge aus einer Kundenverbindung
lifetime value analysis 1. Kundenwertanalyse 2. Kundenverweildauer-Analyse
LIFO → liner in/free out
lifting a freeze Aufhebung einer Sperre
lifting device (system) Hebe-/Hubvorrichtung, Verladesystem
lifting the veil Durchgriff auf die Gesellschaft, Durchgriffshaftung
lift on/lift off Laden und Löschen durch Hafen- oder bordeigene Kräne
lift on/lift off charges Gebühren für das Aufsetzen/Absetzen der Ladung oder Container

light cargo leichte Güter
lighter Leichter, schwimmender (schwimmfähiger) Großbehälter
lighter aboard ship Leichter, die an Bord genommen werden können (werden im kombinierten See-und Binnenwassertransport eingesetzt).
lighterage 1. Leichterkosten, Kosten für die Beförderung durch Leichter 2.→ lightering
lightering Leichterung □ 1. Umladung von Frachtgut von Seeschiffen auf Leichter, Beförderung von Frachtgut zwischen Schiff und Ufer oder umgekehrt 2. Verringerung des Tiefgangs eines Schiffes durch Teillöschung der Ladung
light haul Beförderung von Leichtgut
lightly geared company mit einem geringen Fremdkapitalanteil arbeitendes Unternehmen
light users *(in der Marktforschung)* seltene Nutzer
light viewers *(in der Marktforschung)* Gelegenheitszuschauer
lightweight Leichtgewicht, Gewicht des unbeladenen Schiffes
like-kind exchange steuerfreier Austausch von in Art/Charakter und Qualität identischen Vermögenswerten
like-kind property gleichartige Vermögenswerte
limine → motion in limine
limitation on asset dispositions Begrenzung von Anlageverkäufen, → loan covenants
limitation on charges/on liens Begrenzung von Belastungen/Pfandrechtsbestellungen, → loan covenants
limitation period 1. Ausschlussfrist 2. Verjährungsfrist
limitations *(bei Versicherungen)* Deckungsbeschränkungen, Risikoausschlüsse
limited administration/agency zeitlich oder gegenständlich beschränkte Nachlassverwaltung/Bevollmächtigung
limited and reduced Ergänzung des Firmennamens, die auf eine kürzlich erfolgte Kapitalverringerung hinweist.

limited branch banking eingeschränktes Filialbankensystem □ Filialgesetzgebung einzelner US-Bundesstaaten, die Filialgründungen in der Kreditwirtschaft nur in einem beschränkten Umfang zulässt.

limited dividend corporation Unternehmen, dessen Dividendenzahlungen durch → covenants (2) begrenzt werden.

limited-function wholesaler Großhändler, der nicht alle Distributionsfunktionen (i.d.R. nur eine disponierende oder vermittelnde Funktion) wahrnimmt.

limited guarantee (örtlich oder zeitlich) eingeschränkte Garantie

limited letter of credit Reisekreditbrief (Zirkularkreditbrief), bei dem der Reisende nur in bestimmten Städten Geld abheben kann.

limited liability company US-Gesellschaft mit beschränkter Haftung □ Sowohl die LLC als auch die → limited liability partnership zeichnen sich dadurch aus, dass sie die steuerlichen Vorteile einer Personengesellschaft (partnership) mit der begrenzten Gesellschafterhaftung verbinden. Anteile sind, vorbehaltlich möglicher Vorkaufsrechte, frei übertragbar.

limited liability company (LLC) interests/ members Gesellschaftsanteile/Gesellschafter einer → limited liability company

limited liability company (LLC) operating agreement Gesellschaftsvertrag einer → limited liability company

limited liability company (LLC) statutes Rechtsvorschriften der US-Bundesstaaten zur → limited liability company

limited liability corporation gelegentlich verwandte, aber ungenaue Bezeichnung für → limited liability company

limited liability partnership Partnerschaft mit beschränkter Haftung □ Der Haftungsumfang der Gesellschafter ist auf ihre Kapitaleinlage begrenzt und sie haften nur für eigenes Fehlverhalten, nicht für die Fehler oder Verpflichtungen der Mitgesellschafter.

limited liability reinsurance Rückversicherung mit beschränkter Risikoübernahme des Rückversicherers, → financial reinsurance, → finite-risk insurance

limited-line retailer (department store) Einzelhändler (Kaufhaus) mit einer geringen Sortimentsbreite, aber i.d.r. hohen Sortimentstiefe

limited-line strategy Fokussierung eines Herstellers auf wenige Produktvarianten

limited loss clause 1. Schadenbegrenzungsklausel 2. Haftungsbegrenzungsklausel □ Klausel, durch die bei einer Forderungsabtretung das Delkredererisiko des Abtretenden begrenzt wird.

limited partnership Kommanditgesellschaft □ Auch wenn eine US Limited Partnership in ihrer rechtlichen Konstruktion einer deutschen Kommanditgesellschaft vergleichbar ist, unterscheidet sie sich von der Letztgenannten vor allem dadurch, dass sie nur für einen begrenzten Zeitraum gegründet wird, nach dessen Ablauf die Erwerber der Anteile (Kommanditisten) ausgezahlt werden. Bei Limited Partnerships handelt es sich in erster Linie um Projektgesellschaften, die in Immobilien oder in das Leasing von Ausrüstungsgütern investieren. Sie werden aber auch zur Durchführung von Forschungs- und Entwicklungsvorhaben gegründet, da ein Teil der von den Investoren bereitgestellten Gelder für diese steuerlich absetzbar ist. Schließlich kann es sich bei einer Limited Partnership um eine Fondsgesellschaft (einen geschlossenen Beteiligungsfonds) handeln, die (der) Beteiligungen an jungen Unternehmen vermittelt.

limited partnership agreement Kommanditvertrag

limited partnership certificate Dokument, das bei der Gründung einer → limited partnership bei den zuständigen Behörden zu hinterlegen ist; muss Angaben zu den Gesellschaftern und der finanziellen Ausstattung enthalten.

limited partnership unit Kommanditanteil

limited-pay life

limited-pay life insurance Lebensversicherung mit begrenzter Prämienzahlungsfrist
limited policy 1. Einzelschadenversicherung 2. Versicherungspolice mit einer Reihe von Haftungsausschlüssen
limited preferred stock Vorzugsaktien, bei denen die Dividendenzahlungen auf den bei der Emission festgelegten Satz beschränkt sind.
limited recourse begrenzter (abgestufter) Rückgriff
limited recourse financing Finanzierung mit eingeschränktem Rückgriff, *(in der Projektfinanzierung)* Bankkredite mit beschränktem Rückgriff auf die Projektsponsoren
limited-service wholesaler Großhändler, der nur begrenzte Dienstleistungen offeriert, z.B. Abholgroßhandel.
limited useful life zeitlich begrenzte Nutzungsdauer
limited warranty begrenzte Gewährleistungshaftung
limit of liability rule Grundsatz der anteilsmäßigen Haftung
line 1. (Kredit-)Linie 2. Branche, Geschäftszweig, Sparte, Tätigkeitsbereich 3. Leitungsinstanz, Leitungsstelle, Stelle mit Leitungsaufgaben, Linieninstanz, → line organisation 4. i.e.S. Produktgruppe, i.w.S. Produktpalette, Sortiment 5. *(im Versicherungsgeschäft)* (a) Versicherungssparte, Versicherungszweig, (b) von einem Versicherer gezeichnetes Risiko (übernommener Risikoanteil), (c) Höhe der Deckungssumme, (d) Obergrenze für Risikozeichnungen (für die Übernahme von Risiken in einer bestimmten Risikoklasse), (e) Priorität, Eigenbehalt des Erstversicherers in einem Rückversicherungsvertrag
line and functional organisation → line and staff organisation
line and staff organisation Stablinienorganisation □ Linienorganisation, bei der den Leitungsstellen Stabsstellen zugeordnet sind, die beratende, verwaltende oder kontrollierende Aufgaben wahrnehmen. →

line organisation, functional organisation
linear bar code linearer Barcode □ aus einer Zeile mit Balken und Zwischenräumen bestehender Barcode
linear programming lineare Programmierung (Planungsrechnung), Linearplanung
linear responsibility chart lineares Verantwortungsdiagramm □ grafische Darstellung der organisatorischen Zusammenhänge zwischen einzelnen Funktionsbereichen
linear risks lineare Risiken □ (z.B. bei Derivaten) Risiken, die unmittelbar aus einer Preisveränderung des Basiswertes resultieren.
linear tax cut lineare Steuersenkung
line authority Leitungsbefugnis, Leitungskompetenz
line average Branchendurchschnitt
line cancellation Aufkündigung der Deckung, Annullierung des gezeichneten Risikoanteils, → line (5)
line closing Abschluss der Zeichnung von Versicherungsrisiken □ im Falle der Deckung umfangreicher Risiken, bei der mehrere Versicherer von einem Broker eingeschaltet werden; i.w.S. ist unter dem Begriff auch die Ausfertigung einer Police (Policierung) zu verstehen.
line department Linienabteilung, → line functions
line executives → line managers
line extension 1. Erweiterung einer Produktlinie, Markenausdehnung 2. Sortimentserweiterung
line filling Abrundung einer Produktlinie
line functions Linienfunktionen □ Beschaffung, Produktion, Vertrieb
line graph grafische Darstellung einer bestimmten Entwicklung
line-haul/line-haul shipments Güterfernverkehr, Gütertransport über Entfernungen von mehr als 1000 Meilen
line item 1. → order line 2. *(pl)* Positionen der Gewinn- und Verlustrechnung
line limit Zeichnungsobergrenze des Versicherers für ein bestimmtes Risiko

line management Linienmanagement
line managers Inhaber von Linienfunktionen, Führungskräfte für die Bereiche: Beschaffung, Produktion, Vertrieb
line of authority → line of command
line of balance method Vorlaufzeitverfahren
line of command Befehlsweg, Instanzenweg
line of insurance → line (5)
line organisation Linienorganisaton, Einliniensystem □ Organisationsform mit einem klaren Instanzenweg von oben nach unten, d.h. jede nachgeordnete Stelle erhält ihre Weisungen nur von einer übergeordneten Stelle, eine eindeutige Kompetenzabgrenzung und Linienführung ist somit gewährleistet. → line and staff organisation, → functional organisation
line pricing einheitliche Preisgestaltung für eine Produktgruppe
line production *(Kurzform für assembly line production)* Fließbandfertigung
line pruning Produktionsaussonderung, (Leistungs-)Programmbereinigung, Auslistung
liner agency Linienagentur □ örtliche Vertretung einer Linienreederei
liner bill of lading Konnossement einer Linienreederei
liner discharged → liner out
line relationship instanzielle Rang- und Weisungsbeziehungen
liner in *(Umschlagskostenregelung)* Klausel, der zufolge der Verfrachter/Reeder die Kosten für das Laden übernimmt.
liner in/free out *(Umschlagskostenregelung)* bedeutet, dass sich die Frachtrate inklusive Ladekosten, aber ausschließlich Löschkosten versteht, d.h. Ladekosten zahlt der Verfrachter/die Reederei, die Löschkosten der Empfänger. → free in, liner out
liner out *(Umschlagskostenregelung)* im Gegensatz zur → liner in Regelung übernimmt hier der Verfrachter/Reeder die Kosten beim Löschen.
liner shipping company Linienreederei

liner terms Transportbedingungen der Linienreedereien, Linienschifffahrtsbedingungen, z.B. → liner in/free out
line stretching → line extension
line subordinate untergeordnete Linieninstanz, nachgeordnete Instanz
line superior übergeordnete Linieninstanz, vorgeordnete Instanz
lines written gezeichnete Risiken, → line (5)
line system Leitungssystem, → line organisation, → line and staff organisation, → functional organisation
linked bar chart vernetzter Balkenplan □ Balkenplan (→ bar chart), der die Anordnungsbeziehungen zwischen Vorgängen darstellt.
linked deal Junktimgeschäft □ Gegengeschäft, bei dem ein Exporteur durch die Regierung des Importeurs zur Abnahme von Waren oder Dienstleistungen aus dem Importland verpflichtet wird. Abnahmeverpflichtungen dieser Art sind i.d.R. auf andere Exporteure übertragbar. → counterpurchase transactions, → compensation transactions
linked financing 1. zweckgebundene Finanzierung 2. Vermittlung von brokered deposits, d.h. einem Kreditinstitut werden durch Vermittlung eines Dritten Einlagen zur Verfügung gestellt, die jedoch zur Kreditvergabe an einen bestimmten Kunden verwendet werden müssen. 3. Finanzierung, bei der ein Kreditnehmer die erforderlichen Deckungsguthaben (→ compensating balances) bei einem anderen Kreditinstitut aufnimmt.
linked life company Lebensversicherungsgesellschaft, die fondsgebundene Policen anbietet.
linked pension scheme fondsgebundene private Rentenversicherung
linked projects *(in der Projektplanung)* verknüpfte Projekte □ Projekte, die auf die gleichen Ressourcen zurückgreifen.
linked transactions verbundene Geschäfte
links *(in der Netzplantechnik)* Verknüpfun-

liquid assets

gen, Anordnungsbeziehungen, → logical relationships
liquid assets flüssige (liquide) Mittel, Barvermögen
liquidated assets veräußerte Vermögenswerte
liquidated damages pauschalierter (vertraglich vereinbarter) Schadenersatz, Schadenersatz bei Nichterfüllung des Vertrages
liquidated damages clause Schadenersatzklausel
liquidated debt 1. beglichene Schuld 2. Verbindlichkeit(en) eines Gemeinschuldners, deren Rechtmäßigkeit oder Höhe zweifelsfrei feststeht.
liquidated positions glattgestellte Positionen
liquidating agent Liquidator
liquidating partner als Liquidator fungierender Gesellschafter
liquidation 1. Abwicklung, Auflösung, Verkauf 2. Verwertung (Realisierung) von Sicherheiten 3. Glattstellung von Finanzpositionen 4. Rücknahme von Fondsanteilen 5. Unternehmensliquidation ☐ (a) in Großbritannien: nach dem → Insolvency Act wird zwischen einer → members/shareholders liquidation, einer → creditors voluntary liquidation, und einer → compulsory liquidation unterschieden. (b) in den Vereinigten Staaten erfolgt eine Unternehmensliquidation entweder nach dem US-Bankruptcy Code als → Chapter 7 liquidation oder in Form einer außergerichtlichen Liquidation. → assignment for the benefit of creditors
liquidation by assignment → assignment for the benefit of creditors
liquidation committee Gläubigerausschuss, der die Liquidation einer Unternehmung überwacht.
liquidation period 1. Liquidationszeitraum, Abwicklungsfrist 2. Auszahlungszeitraum ☐ Zeitraum, in dem Zahlungen an den Versicherungsnehmer geleistet werden. Gegensatz: → accumulation period
liquidation preferences Vorzugsrechte (bevorzugte Auszahlungsansprüche) bei der Liquidation einer Unternehmung
liquidation price Preis, der bei der zwangsweisen Versteigerung eines Sicherungsgegenstandes erzielt wird.
liquidation procedure (proceedings) Liquidationsverfahren, → liquidation (5)
liquidation proceeds Verwertungserlös
liquidation statement 1. Abwicklungs(schluss)bilanz 2. Schlussrechnung des Konkursverwalters
liquidator Liquidator, Abwickler, → insolvency practitioner
liquid bulk cargo flüssige Massengüter
liquid bulk carrier Frachter, der flüssige Massengüter befördert.
liquid cargo Flüssigladung
liquidified natural gas carrier Flüssiggastanker
liquidity budgeting Liquiditätsrechnung, → cash budget
liquidity buffer Liquiditätsreserven, ungenutzte Kreditlinien
liquidity diversification Diversifikation (Streuung) der liquiden Mittel
liquidity ratio Liquiditätskennziffer, Liquiditätsgrad, Verhältnis von Zahlungsverpflichtungen zu flüssigen Mitteln, → cash ratio, → quick ratio, → current ratio
lis pendens anhängiges Verfahren
list broker Listbroker, Adressenvermittler, Adressverlag
list broking Vermittlung/An- und Vermietung von Adressdateien/Anzeigenlisten für Direktwerbezwecke
listed property *(i.S. der US-Steuergesetzgebung)* abschreibbare Vermögenswerte, die sowohl für private als auch für geschäftliche Zwecke genutzt werden können.
listing 1. Börsenzulassung, Börsennotierung 2. Registrierung als steuerpflichtige Vermögenswerte 3. Aufnahme eines Produktes in ein Sortiment 4. Immobilienangebot eines Maklers, zum Verkauf angebotenes Grundstück oder Haus, Beauftragung eines Immobilienmaklers ☐ zu un-

terscheiden ist in diesem Zusammenhang zwischen dem → open oder general listing, → exclusive listing, → exclusive right to sell listing und dem → multiple listing.
listing agreement (contract) Vereinbarung zwischen Verkäufer und Makler
listing broker (agent) (mit dem Verkauf einer Immobilie) beauftragter Makler
list management Adressenmanagement, Organisation und Verwaltung/laufende Pflege von Adressdateien
list rental Anmietung von Adressenlisten
literal construction strikte (wörtliche) Auslegung
litigated issues streitig verhandelte Punkte
litigation Rechtsstreit, Prozess
litigation bond Prozessbürgschaft
living trust → inter vivos trust
Lkg. & Bkg. → leakage and breakage
LLC → limited liability company
LLCR → loan life cover ratio
Lloyd's Londoner Versicherungsbörse □ Bei Lloyd's of London handelt es sich um einen Zusammenschluss britischer Einzelversicherer (Lloyd's underwriters), die unter ihrer jeweiligen Alleinhaftung Versicherungsgeschäfte aller Art börsenmäßig betreiben und nahezu alle Risiken abdecken (Ausnahmen: langfristige Lebensversicherungen und einige Kreditversicherungen). Getragen wird diese Versicherungsbörse von ihren Mitgliedern (members/names), d.h. den erwähnten Einzelversicherern, die in ca. 108 Syndikaten (Lloyd's syndicates) organisiert sind. Diese Einzelversicherer, die nur über Makler (Lloyd's brokers) Abschlüsse mit Versicherungsnehmern vornehmen, haften persönlich und unbegrenzt für die gezeichneten Risiken. Als Sicherheit für die Erfüllung ihrer Verpflichtungen müssen sie beim Börsenvorstand bestimmte Rücklagen unterhalten.
Lloyd's agents natürliche oder juristische Personen, die weltweit für die Mitglieder von Lloyd's arbeiten, vor allem als Havariekommissare. Zudem liefern sie die Nachrichten für die vielfältigen Publikationen von Lloyd's.
Lloyd's association Zusammenschluss natürlicher oder juristischer Personen zur Abdeckung von Risiken, wobei jede Person eine bestimmte Risikoquote übernimmt – analog zu, aber ohne jede Verbindung zu → Lloyd's (of London).
Lloyd's broker (bei → Lloyd's akkreditierte) Versicherungsmakler □ nur über die Lloyd's broker können Geschäfte zwischen den Mitgliedern von Lloyd's (underwriters) und den Versicherungsnehmern abgeschlossen werden.
Lloyd's correspondents (im Ausland ansässige) Korrespondenzmakler von Lloyd's of London □ werden tätig, wenn ausländische Versicherungsnehmer ihren Versicherungsbedarf bei Lloyd's platzieren wollen.
Lloyd's list Tageszeitung, die über alle Ereignisse berichtet, die von besonderer Relevanz für die internationale Schifffahrt sind (in geringerem Umfang auch Luftfahrt), z.B. über Schiffsbewegungen, Schiffsunfälle, Schiffsbehinderungen, Käufe und Verkäufe, Neubauten, Streiks sowie über sonstige wirtschaftliche oder politische Risiken.
Lloyd's of London → Lloyd's
Lloyd's register of shipping unabhängige Schiffs-Klassifizierungsgesellschaft
Lloyd's shipping index tägliche Publikation, die ein alphabetisches Verzeichnis der meisten Seeschiffe und eine Vielzahl relevanter Informationen enthält, z.B. Standorte und Bewegungen der Schiffe.
Lloyd's syndicate Lloyd's Syndikat □ Die Mitglieder von Lloyd's sind in Gruppen (Syndikaten) organisiert. Diese Syndikate können sich aus einigen wenigen oder mehreren hundert Mitgliedern zusammensetzen.
Lloyd's underwriter Lloyd's angeschlossener Einzelversicherer, → Lloyd's
Lloyd's underwriters' claims office Schadenregulierungsstelle bei Lloyd's. □ I.d.R.

werden hier nur Großbritannien betreffende Schadensfälle reguliert. Im Ausland erfolgt die Regulierung über die Lloyd's agents.
Lloyd's underwriting agent Bevollmächtigter bzw. Führer eines → Lloyd's syndicate
Lloyd's underwriting deposits Gelder, die die Mitglieder von Lloyd's beim Börsenvorstand (Council of Lloyd's) hinterlegen müssen.
Lloyd's underwriting member → Lloyd's underwriter
LLP → limited liability partnership
LMBO → leveraged/→ large management buyout
LNG carrier → liquidified natural gas carrier
LOA → length overall
load chart Maschinenbelegungsplan
load consolidation Ladungskonsolidierung, Zusammenlegung einzelner Ladungsteile
load displacement Ladetonnage
loaded draft Tiefgang des beladenen Schiffes
loaded question Suggestivfrage
load factor Ladefaktor, Belegungsgrad, Ladungskoeffizient
load factor management Belegungs-Management, alle Maßnahmen zur optimalen Auslastung des Laderaums
loading 1. Beladung 2. Kapazitätsbelegung 3. Festlegung eines Auf-/Zuschlages 4. Aufschlag auf den Beitrags-/Prämiensatz (für Sonderkosten des Versicherers oder für einen erweiterten Deckungsschutz)
loading allowance Frachtvergütung des Verfrachters (z.B. bei Übernahme der Beladung durch den Ablader bzw. Entladung durch den Empfänger)
loading capacity Ladefähigkeit
loading cargo Ladegut, zu verladendes Stückgut
loading charge (fee) Ausgabeaufschlag bei Fondsanteilen
loading for contingencies Risikozuschlag
loading gauge Lademaß
loading gear Ladegeschirr

loading line Lademarke, Ladelinie
loading objective *(Ziel einer Verbraucher-Promotion)* Absatzsteigerung durch Gewährung besonderer Incentives
loading period Ladefrist
loading platform Ladeplattform
loading port Ladehafen
load management Ladungsoptimierung, Ausarbeitung einer optimalen Ladungskonfiguration
load tender Ladungsandienung
load-to-load arrangement Vereinbarung, der zufolge ein Kunde die Rechnung der jeweils letzten Lieferung bei Eingang der neuen Lieferung reguliert.
loan capital 1. Anleihekapital 2. i.w.S. langfristiges Fremdkapital □ die einer Unternehmung in Form von langfristigen Krediten und Anleihen zur Verfügung stehenden Mittel
loan covenants *(in Verbindung mit einer [syndizierten] Kreditausreichung)* Sicherungsklauseln bzw. Auflagen (Unterlassungsverpflichtungen) für den Kreditnehmer, z.B. Nichtveräußerung von Anlagen, Ranggleichstellung, keine weitere Belastung des Sicherungsgutes (→ negative pledge clause), Beachtung von Liquiditätskennzahlen, Gewährleistung eines positiven Cashflows, restriktive Dividendenpolitik, Einhaltung einer bestimmten Verschuldungsobergrenze. Zu den loan covenants zählen ferner die Gründe für eine mögliche Kündigung des Kreditverhältnisses, z.B. Veränderung des Geschäftszweckes, der Gesellschafterstruktur oder Verschlechterung der wirtschaftlichen Lage des Unternehmens, reziproker Verzug (→ cross default clause).
loan facility i.e.S. Kredit, Kreditfazilität, Kreditvereinbarung, i.w.S. Rahmenkreditfazilität, die dem Kreditnehmer eine Liquiditätsbeschaffung über unterschiedliche Finanzierungsinstrumente ermöglicht, z.B. durch die Aufnahme kurzfristiger Bankkredite, Diskontierungslinien oder Begebung kurzfristiger Schuldtitel.

loan life cover/loan life cover ratio Überdeckung des ausstehenden Kreditbetrages durch den Barwert des prognostizierten Cashflows

loan participation Kreditbeteiligung, Beteiligung an einer Kreditausreichung, Kreditanteil □ ein Kreditinstitut überträgt gegen Zahlung einer vereinbarten Summe auf eine andere Bank eine Unterbeteiligung an einem von ihr gewährten Kredit. Im Gegenzug erwirbt die übernehmende Bank einen Anspruch auf eine anteilige Beteiligung an den Zins-und Tilgungszahlungen des Schuldners, der jedoch in keine Rechtsbeziehung zu dem Übertragungsempfänger eintritt.

loans and obligations under finance leases *(im Jahresabschluss)* Darlehen und Verpflichtungen aus Finanzleasingverträgen

loan securitisation Verbriefung von Kreditforderungen, Substitution von Bankkrediten durch handelbare Wertpapiere

loans in process fest zugesagte, aber noch nicht ausgezahlte Kredite

loans on a non-current basis (Summe der) langfristigen Ausleihungen

loans put (placed) on a non-accrual basis zinslos gestellte Kredite, nicht zinstragende Aktiva □ Ausleihungen, auf die keine Zinszahlungen geleistet werden.

loans receivable *(im Jahresabschluss)* Forderungen aus Krediten und Darlehen

loans secured by charges over property (by real estate liens) grundpfandrechtlich gesicherte Darlehen, Hypothekendarlehen

loans stated at cost *(im Jahresabschluss)* zum Auszahlungsbetrag ausgewiesene Darlehen

loan stock Anleihekapital eines Unternehmens

loan-to-value ratio Beleihungswert

local action Klage, die in dem Ort erhoben wird, in der der Beklagte wohnt.

local area network lokales (firmeneigenes) Rechnernetzwerk

local authority search Einsicht in den kommunalen Flächennutzungsplan

local authority self-financed expenditure kommunale Eigenfinanzierung

local bargaining Verhandlungen über einen Haustarifvertrag

local content Anteil (Beteiligung) nationaler Lieferanten

local currency outstandings auf Inlandswährung lautende Forderungen (Außenstände)

local government issue kommunaler Schuldtitel

localised advertising strategy individuelle, auf eine bestimmte Region zugeschnittene Werbung

local marketing Standortmarketing, regional begrenzte Marketingaktivitäten

local rates 1. kommunale Abgaben (Steuern) 2. US-Frachttarif für Stückgutsendungen zwischen Städten, die an der gleichen Eisenbahnstrecke liegen.

local rules Prozessordnungen der einzelnen US → District Courts und → Courts of Appeals

local search → local authority search

local service carrier 1. Gebietsspediteur □ führt für den Hauptfrachtführer Zulieferungen durch 2. regionales Verkehrsunternehmen

local sourcing Beschaffung von Werkstoffen und Betriebsmitteln vor Ort (im Inland)

locational obsolescence Wertverlust einer Immobilie durch die negative Veränderung der Standortbedingungen

location clause Klausel einer Transportversicherungspolice, die den Versicherungsschutz auf einen bestimmten Standort beschränkt.

location planning Standortplanung

location-specific advantage Standortvorteil

location study Standortstudie

location union 1. Ortsverband einer US-Gewerkschaft 2. Gewerkschaft mit einem lokalen bzw. regionalen Wirkungskreis

lock-box arrangement Einzug von Forderungen bzw. Versicherungspapieren durch die Bank im Auftrag eines Firmenkunden

locked-in investment 1. langfristige, nicht liquidisierbare Kapitalanlage 2. Börsenposition, bei der eine Gewinnrealisierung aus steuerlichen Gründen unzweckmäßig erscheint.
locked-in points Festangebot eines Kreditgebers hinsichtlich der → discount points, → floating points
lock-in arrangement Festsatzvereinbarung, Festzinsvereinbarung, → lockup arrangement
lock-in fee Gebühr für die Gewährung eines Festzinssatzes oder eines Festzinsangebotes
lock-in period 1. Festschreibungszeitraum 2. Gültigkeitsdauer des Festzinsangebotes eines Kreditgebers, → lockup period
lockout period 1. Ausschlussfrist 2. (Tilgungs-)Freijahre □ Zeitraum, innerhalb dessen ein Investor keine Rückzahlungsforderungen geltend machen kann bzw. keine vorzeitige Tilgung eines gewährten Darlehens durch den Kreditnehmer möglich ist. 3. Wartefrist bei → asset-backed securities □ während dieses Zeitraumes werden Rückzahlungen auf die zugrundeliegenden Kredite nicht effektiv als Tilgungsleistungen an die Käufer der Papiere weitergeleitet, sondern in den Ankauf zusätzlicher Forderungen investiert.
lockup arrangement (agreement) 1. Vereinbarung hinsichtlich einer Mindesthaltefrist, → lockup period 2. Vereinbarung über die Einräumung von Vorkaufsrechten oder Übernahmeoptionen
lockup debt nicht handelsfähige Schuldtitel (Verwahrung im Portefeuille bis zur Fälligkeit)
lockup period 1. (a) Haltefrist, Mindestbehaltezeitraum, Sperrfrist für die Veräußerung von Aktien(paketen) □ Zeitraum, in dem Anteilseigner nach einem Börsengang oder einer sonstigen Kapitalmarkttransaktion ihre Papiere nicht veräußern können. Mit einer solchen Vereinbarung soll gewährleistet werden, dass nach einer Platzierung keine zusätzlichen Aktien in den Markt gelangen und die Kursentwicklung belasten. (b) Bestimmung der → Securities and Exchange Commission, der zufolge Mitarbeiter eines Unternehmens mit Insiderwissen Unternehmensaktien frühestens sechs Monate nach einem Börsengang veräußern dürfen. 2. Festlegungszeitraum, Bindungsfrist
LOCOM → lower of cost or market
loco price Preis der Waren ab Fabrik
lodg(e)ment of a proof Anmeldung einer Konkursforderung
logical diagram Projektnetzplan
logical framework mehrstufiges Planungsverfahren
logical relationships *(in der Projektablaufplanung, Netzplantechnik)* Anordnungsbeziehungen (logische Beziehungen, Abhängigkeiten) zwischen Vorgängen/Aufgaben. Man unterscheidet zwischen den folgenden vier Anordnungsbeziehungen: Ende-Anfang-Beziehung (finish-to-start relationship), d.h. Vorgang 1 muss abgeschlossen sein, damit Vorgang 2 (Folgevorgang) beginnen kann; Ende-Ende-Beziehung (finish-to-finish relationship), d.h. Vorgang 1 und Vorgang 2 enden zum gleichen Zeitpunkt; Anfang-Anfang-Beziehung (start-to-start relationship), d.h. Vorgang 1 und Vorgang 2 beginnen zum gleichen Zeitpunkt; Anfang-Ende-Beziehung (start-to-finish relationship), d.h. das Ende von Vorgang 2 ist vom Anfang des Vorganges 1 abhängig, → network analysis, → float, → critical path
logic links Anordnungsbeziehungen zwischen Projektvorgängen, → logical relationships
logistical control span logistische Kontrollspanne □ Umfang des Verantwortungsbereiches für eine bestimmte Phase des Warentransportes
logistical costs Logistikaufwand
logistic execution system System zur Koordinierung und Optimierung logistischer Prozesse
logistics accounting Logistikrechnung □

Erfassung und Verrechnung der Kosten aller Logistikprozesse
logistics chain Logistikkette, aufeinander folgende Logistikaktivitäten
logistics controlling Steuerung und Kontrolle der Logistikabläufe
logistics cost(s) Logistikkosten
logistics cost accounting → logistics accounting
logistics data interchange computergestützter Austausch logistischer Daten
logistics flow plan Logistikablaufplan
logistics management Logistikmanagement □ Steuerung der logistischen Abläufe in einem Unternehmen
logistics processes Logistikprozesse, Logistikabläufe
logistics provider Logistikdienstleister
LOI → letter of intent
lo/lo → lift on/lift off
lo/lo charges → lift on/lift off charges
London Code of Conduct Richtlinien der → Financial Services Authority für die Abwicklung von Geschäften an den Londoner Geld- und Kapitalmärkten
London Commodity Exchange Londoner Rohstoffbörse □ fusionierte 1996 mit der → London International Financial Futures and Options Exchange
London Gazette Staatsanzeiger für England und Wales
London Instruments am Finanzplatz London gehandelte Papiere, von denen die → Financial Services Authority erwartet, dass sie bestimmten Richtlinien und Standards entsprechen.
London Interbank Offered Rate Zinssatz, zu dem sich international operierende Banken am Finanzplatz London Gelder bei anderen Banken beschaffen. LIBOR wird für Tagesgeld und verschiedene Standardlaufzeiten (z.B. Dreimonats-LIBOR, Sechsmonats-LIBOR) ermittelt.
London International Financial Futures and Options Exchange Londoner Futures- und Optionsbörse
long arm statutes Gesetze der US-Bundesstaaten, aufgrund derer die Zuständigkeit ihrer Gerichtsbarkeit für natürliche und juristische Personen auch nach einem Wegzug aus dem jeweiligen Bundesstaat weiterbesteht.
long bond langfristige Anleihe □ der Begriff bezieht sich in den Vereinigten Staaten auf das als Indikator für die Kapitalmarktentwicklung geltende 30-year US government bond.
longer-term refinancing operations längerfristige Refinanzierungsgeschäfte des Europäischen Zentralbankensystems □ Offenmarktgeschäfte, die der Bereitstellung längerfristiger Refinanzierungsmittel dienen. Werden von den nationalen Zentralbanken in Form monatlicher Standardtender (→ standard tender) durchgeführt.
longevity pay nach der Dauer der Betriebszugehörigkeit gestaffelte Gehaltszulage
long-form bill of lading Konnossement, bei dem alle Bestimmungen und Bedingungen ausgedruckt wurden.
long-form merger Fusion, die der Zustimmung der Aktionäre der beteiligten Unternehmen bedarf. → short form merger
long haulage Güterfernverkehr
long lease zeitlich unbegrenzte Erbpacht, → long leaseholds
long leaseholds langfristige dingliche Mietrechte, Erbpacht, *(im Jahresabschluss)* langfristig geleaste Grundstücke und Gebäude
long length additional Längenzuschlag (bei Überlänge von Ladungsteilen), → additionals
long-lived capital goods langlebige Investitionsgüter
long-run budgeting langfristige Plankostenrechnung
long-run public debt langfristige Staatsverschuldung
long-service award supplement Dienstalterszulage
long/short equity arbitrage Arbitragestrategie, bei der ein spekulativ ausgerichteter

Investor Unterschiede in der Bewertung einzelner Aktien zu nutzen versucht, indem er unterbewertete Aktien kauft und überbewertete Aktien leer verkauft.

long size cargo Langgut

long-tail business Versicherungsgeschäft mit langjähriger Schadenabwicklung

long-tail liability Haftungsrisiken, die für den Versicherer auch nach Ablauf des Versicherungsvertrages noch bestehen.

long-term assets Sachanlagen, Anlagevermögen

long-term business *(im Versicherungssektor)* Lebens- und Krankenversicherungen, langfristiges Geschäft

long-term capital account Bilanz des langfristigen Kapitalverkehrs

long-term capital employed eingesetztes langfristiges Kapital □ Eigenmittel plus langfristiges Fremdkapital

long-term capital gain/capital loss langfristiger Veräußerungsgewinn/-verlust, *(i.S. der US-Steuergesetzgebung)* Gewinn/Verlust aus der Veräußerung von Wirtschaftsgütern nach einer Besitzdauer von mehr als zwölf Monaten

long-term (construction) contracts langfristige Fertigungsaufträge, *(im Jahresabschluss)* Lieferungen aus langfristigen Verträgen

long-term debt capital 1. langfristiges Fremdkapital □ Schuldverschreibungen und langfristige Darlehen 2. i.e.S. langfristige Schuldtitel (z.B. in Form von → subordinated debt), die unter bestimmten Voraussetzungen dem Haftungskapital hinzugerechnet werden können.

long-term debt ratio langfristiger Verschuldungsgrad □ Verhältnis von langfristigen Verbindlichkeiten zur Summe aus langfristigen Verbindlichkeiten, Stamm- und Vorzugsaktienkapital

long-term forecasting langfristige Prognoserechnung

long-term institutions institutionelle Anleger, die vornehmlich in langfristigen Papieren investieren.

long-term investments 1. langfristige Finanzanlagen, i.w.S. Beteiligungen 2. langfristige Kapitalanlagen

long-term land contract → installment land contract

long-term loan exposure langfristige Kreditengagements, Obligo aus langfristigen Kreditengagements

long-term profit *(im Versicherungsgewerbe)* Gewinn aus dem langfristigen Geschäft

long ton 2.240 lbs (pounds), → short ton, → metric ton

long wave → Kondratieff cycle

loose insert lose Werbebeilage

loss adjuster (Schaden-)Regulierer, Regulierungsbeauftragter

loss adjustment Schadenregulierung, Schadenfeststellung und Erbringung der Versicherungsleistung

loss adjustment expenses Schadenregulierungsaufwand

loss advice Schadenanzeige, Anzeige des Versicherungsfalles

loss assessment Schadenfeststellung

loss assessor (Schaden-)Sachverständiger

loss bordereau detaillierte Schadenliste

loss carryback/carryforward (carryover) steuerlicher Verlustrücktrag/Verlustvortrag

loss corporation Verlustzuweisungsgesellschaft

loss corridor *(im Rückversicherungsgeschäft)* Verlustanteil des Zedenten (Erstversicherers)

loss coverage Schadendeckung, Abdeckung von Verlusten (Schäden)

loss development Schadenentwicklung eines Versicherungsunternehmens, Differenz zwischen Plan- und Ist-Schadenergebnis

loss during discharge (loading) Verlust (Schaden) während der Entladung (Beladung)

losses arising *(Klausel einer Transportversicherungspolice)* Deckung erstreckt sich auf alle Schäden/Verluste, die unabhängig

vom Versand-/Verschiffungstermin während der Laufzeit der Police entstehen.
losses attaching Deckung erstreckt sich auf Transportschäden während der Laufzeit der Police, auch wenn diese Schäden erst nach dem Ablauf der Police festgestellt wurden.
losses incurred entstandene Verluste, i.e.S. Summe der gemeldeten Schäden
losses outstanding (gemeldete, aber) noch nicht regulierte Schäden
losses paid Schadenaufwand, Summe der regulierten Schäden
loss event Schadenereignis
loss expectancy Schadenerwartung
loss frequency Schadenhäufigkeit, Schadenfrequenz
loss from continuing (discontinued) operations Verlust aus aktiven (aufgelösten) Unternehmensbereichen
loss incidence Schadenbelastung
loss in excess of policy limit die Versicherungssumme übersteigender Verlust, i.e.S. Verlust, der die Deckung durch die Schadenexzedentenrückversicherung übersteigt, z.B. auf Grund eines Gerichtsurteils gegen den Erstversicherer.
loss-leader pricing Unterpreisstrategie, Mischkalkulation □ Preispolitik, die darauf abzielt, durch das Angebot bestimmter Artikel zum Selbstkostenpreis oder darunter (Lockvogelangebote) das Kundeninteresse an einem Produkt oder Verkaufsgeschäft zu wecken.
loss mitigation duty Schadenminderungspflicht □ Verpflichtung der geschädigten Partei zur angemessenen Minimierung des entstandenen Schadens
loss of earnings Verdienstausfall
loss of profit Gewinnverlust, Gewinnausfall, entgangener Gewinn
loss of profit/income insurance Ertragsausfallversicherung
loss of use insurance Nutzungsverlustversicherung
loss on disposal of assets Verlust aus Anlageabgängen
loss on disposal of business operations Verlust aus der Veräußerung von Betrieben (Unternehmensbereichen)
loss on exchange Wechselkursverlust, Währungsumrechnungsverlust
loss on translation of foreign assets Verlust aus der Umrechnung von im Ausland befindlichen Vermögenswerten
loss payable clause Klausel hinsichtlich des Begünstigten im Versicherungsfall, → loss payee
loss payee Begünstigter im Schadenfall, soweit es sich nicht um den Policeninhaber handelt (z.B. bei Abtretung von Versicherungsansprüchen an einen Kreditgeber).
loss payments Zahlungen für gemeldete Schäden, erbrachte Versicherungsleistungen
loss per share *(im Jahresabschluss)* Fehlbetrag je Aktie
loss portfolio reinsurance Rückversicherung eines Schadenportefeuilles
loss portfolio transfer Abgabe (Transfer) eines Schadenportefeuilles □ Form der → finite-risk reinsurance, bei der der Erstversicherer Schadenportefeuilles vollständig auf den Rückversicherer überträgt.
loss prevention Schadenprävention
loss rate 1. Abwanderungsrate, Anzahl beendeter Kundenverbindungen 2. → loss ratio
loss rating Prämienfestsetzung auf der Basis der Schadenhäufigkeit
loss ratio 1. *(im Versicherungsgewerbe)* Schadenquote, Verhältnis der Schadenaufwendungen zu den verdienten Nettoprämien 2. *(im Kreditgewerbe)* Kreditausfallquote
loss recognition Ausweis (Verbuchen) eines Verlustes
loss record *(eines Versicherungsnehmers)* Schadenvergangenheit
loss relief Steuererleichterung für Betriebsverluste, steuerliche Absetzbarkeit von Kapitalverlusten
loss reserve Schadenreserve □ Rücklagen

für gemeldete, aber noch nicht regulierte Schadenfälle
loss retention Eigenbehalt des Versicherungsnehmers im Schadenfall
loss settlement Schadenregulierung
loss severity Höhe des Schadens, i.e.S. Auswirkungen der Schadenleistungen auf das Unternehmensergebnis
loss subsidiaries Tochtergesellschaften mit Verlustvorträgen
loss trending Prognose hinsichtlich der zu erwartenden Schadenquote auf der Basis der zurückliegenden Schadenentwicklung
lost account ratio Anzahl beendeter Kundenverbindungen
lost instrument bond Verlust-Revers □ Erklärung, mit der der Inhaber eines verloren gegangenen Wertpapiers oder sonstigen Dokuments bei Ausstellung eines Ersatzpapiers den Emittenten/die Bank/die Versicherungsgesellschaft von Schadenersatzansprüchen Dritter freistellt.
lost policy release Policen-Verlustrevers, → lost instrument bond
lot 1. (Waren-/Ladungs-)Partie, Los, Posten 2. Parzelle
lot line Parzellenabgrenzung
lot production → batch production
lot splitting Aufteilung einer Partie auf mehrere Schiffe
LOU → letter of undertaking
love period Sperrfrist für Aktienverkäufe der Altgesellschafter, → lockup period
low-end goods niedrigpreisige Güter bzw. Güter von geringer Qualität
lower of cost or market Niederstwert (der jeweils niedrigere Wert) von Gestehungskosten und Marktwert
lower-tier company Untergesellschaft
lowest-in-first-out Methode zur Bewertung des Vorratsvermögens, bei der davon ausgegangen wird, dass die am billigsten eingekauften Waren zuerst verbraucht werden.
lowest responsible bidder niedrigster Bieter mit einwandfreier Bonität
low-grade goods minderwertige Waren

low-involvement products Produkte, die gewohnheitsmäßig gekauft werden, die keinen hohen Stellenwert für den Käufer haben und mit denen er sich nicht identifiziert (häufig niedrigpreisige Massenprodukte). → high-involvement products
low leverage niedriger Fremdkapitalanteil, → leverage
low-payout company Unternehmen, das nur eine geringe Dividende ausschüttet.
low price-earnings ratio effect Beobachtung, dass Aktienportefeuilles mit einem durchschnittlich niedrigen KGV im Vergeich zu Portefeuilles mit einem hohen KGV tendenziell besser abschneiden.
low-start mortgage Hypothek, bei der in den ersten zwei bis drei Jahren keine oder nur geringe Zins- und Tilgungszahlungen zu leisten sind.
loyalty objective Ziel einer Werbe-Kampagne: Steigerung der Kunden-/Markenbindung
loyalty program (scheme) Kundenbindungsprogramm
LPA receivership → Law of Property Act Receivership
LPD → leveraged partial disposition
LPT → loss portfolio transfer
LRC → linear responsibility chart
LRF → lease rate factor
LSD late start date, → late start/finish date, → lashed, secured and dunnaged
L/T → letter of transmittal
LTCG/LTCL → long-term capital gain/capital loss
LTD → liability for terminal dividends
LTL → less than truckload
LTL carrier → less-than-truckload carrier
Ltge. → lighterage
LTV → lifetime value, → loan-to-value ratio
lucrative capital Geldkapital, Erwerbskapital
lucrative title Eigentumsrechte, die als Geschenk oder zu einem deutlich unter dem Marktwert liegenden Preis auf eine andere Partei übergingen.

lumping Unterstützung des Frachtführers bei der Be- und Entladung

lump sum annuity private Rentenversicherung (→ annuity), die in einer Summe zur Auszahlung gelangt (lump-sum distribution).

lump sum appropriation Pauschalzuweisung

lump sum rate Pauschalfracht ◻ schließt alle Zuschläge (→ additionals) ein.

M

M Abkürzung für 1000 (MM Abkürzung für Million, MMM für Milliarde)
M2M machine-to-machine
M.A. → Misrepresentation Act
M&A → mergers and acquisitions
machine hour rate Maschinenstundensatz, Kosten einer Maschine je Laufstunde
machine idle time Maschinenleerzeit
machine loading Maschinenbelegung, Maschinenbelastung
machinery and equipment *(im Jahresabschluss)* Maschinen und maschinelle Anlagen
machine-to-machine Verbindung zwischen Telekommunikationsgeräten
macro marketing Makro-Marketing, gesamtwirtschaftlicher Marketingansatz
MAD → mean absolute deviation
magic pricing → odd pricing theory
Magistrates' Court *(in England und Wales)* unteres Strafgericht, in erster Linie Familien- und Jugendgericht
mailing Mailing, Mailing-Aktion, → direct mailing
mailing risk *(im Akkreditivgeschäft)* Postversandrisiko □ Risiko eines Verlustes von Dokumenten
mailing shot einmalige Mailing-Aktion
mail interview (survey) Befragung auf dem Postweg
main carriage → principal carriage
main carrier Hauptfrachtführer, Hauptverfrachter
mainframe Großrechner, Hauptrechner mit angeschlossenen Arbeitsstationen
main-line operator auf den Hauptschifffahrtsrouten tätige Reederei
main refinancing operations Hauptrefinanzierungsgeschäfte □ der Liquiditätszuführung dienende Offenmarktgeschäfte (Transaktionen mit einer Laufzeit von zwei Wochen) des Europäischen Zentralbankensystems. Werden von den nationalen Zentralbanken in Form wöchentlicher Standardtender (→ standard tender) durchgeführt.
mainstream activities Hauptgeschäftstätigkeit, das traditionelle Geschäft
mainstream corporation tax Körperschaftssteuer, reduziert um die im Voraus entrichtete → advance corporation tax.
maintained prices gebundene Preise
maintenance activity 1. Wartungsarbeiten 2. Produktentwicklungsaufgaben zur Lösung von Nutzerproblemen
maintenance bond Wartungsgarantie, Garantie zur Sicherung der Serviceleistungen des Lieferanten, i.e.S. Mängelgewährleistungsbürgschaft
maintenance budget Instandhaltungskostenbudget
maintenance chain Wartungskette
maintenance cost Instandhaltungskosten, Kosten für die Instandhaltung von Gebäuden und maschinellen Anlagen
maintenance engineering Anlagenunterhaltung
maintenance leasing Leasing-Variante, bei der die Wartung bzw. Instandhaltung des Leasingobjektes vom Leasinggeber übernommen wird. Das maintenance leasing wird auch als Teilservice-Leasing bezeichnet. Gegensatz: → full-service leasing
maintenance margin Mindesteinschuss, den ein Kunde bei einer offenen Terminkontraktposition oder bei einem kreditfinanzierten Wertpapiererwerb auf seinem Brokerkonto unterhalten muss. → margin rules
maintenance marketing Erhaltungsmarketing □ Marketingaktivitäten zur Stabilisierung des vorhandenen Kundenpotenzials und Steigerung der Kundenbindung

maintenance of resale

maintenance of resale prices Preisbindung der zweiten Hand
maintenance of rights accrued Aufrechterhaltung der Anwartschaft
maintenance of value adjustments *(im Jahresabschluss)* Berichtigungen zur Werterhaltung
maintenance reserves Rücklagen für Wartungskosten
maintenance scheduling Terminplanung der Wartungs- und Instandhaltungsarbeiten
maintenance selling Fokussierung der Absatzbemühungen auf den vorhandenen Kundenkreis
maintenance strategy Erhaltungsstrategie, auf die Sicherung des vorhandenen Marktanteils ausgerichtete Strategie, → maintenance marketing
major breach of contract wesentlicher Vertragsbruch
major equipment langlebige Wirtschaftsgüter
majority fallacy Trugschluss der Mehrheit, *(im Marketingbereich)* Irrtum, dass auf das stärkste Marktsegment ausgerichtete Aktivitäten den höchsten Gewinn bzw. Umsatz bringen.
majority holding (stake) Mehrheitsbeteiligung
majority verdict mit qualifizierter Mehrheit gefasster Beschluss eines Geschworenengerichtes
majority vote Mehrheitsbeschluss
majors 1. Großunternehmen 2. Führungsbanken 3. Standardwerte, Aktien von Großunternehmen
make-or-buy Entscheidung hinsichtlich Eigenerstellung oder Fremdbezug
make-to-order Fertigung/Auftragsausführung nach Kundenwunsch
make-to-stock Fertigung für den Lagerbestand, sodass Kundenwünsche weitgehend aus dem bestehenden Lagerbestand erfüllt werden können.
mala fide *(Vorgehen/Aussage)* in Täuschungsabsicht/betrügerischer Absicht

malfeasance rechtswidriges Handeln (Verhalten), → misfeasance, → misdemeanour
malice Arglist, Schädigungsabsicht
malicious disparagement (falsehood) böswillige Herabsetzung von Personen/Waren, böswillige Rufschädigung
malicious mischief vorsätzliche Sachbeschädigung, Vandalismus
mall → shopping mall
mall intercept Befragung in Kundenzentren
malpractice fehlende (mangelnde) berufliche Sorgfaltspflicht, ärztlicher Kunstfehler
malpractice insurance Berufshaftpflichtversicherung
malpractice liability Haftung für berufliche Kunstfehler
malus adjustment Beitragserhöhung auf Grund einer ungünstigen Schadenentwicklung
MAN → metropolitan area network
managed account professionell verwaltetes Portefeuille □ i.d.R. ist mit dem account eine Vollmacht für den Vermögensverwalter verbunden, Wertpapierkäufe und -verkäufe sowie sonstige Dispositionen ohne Rücksprache mit dem Kunden vornehmen zu können.
managed bond fondsgebundene Lebensversicherung □ Die Höhe der Versicherungsleistungen ist an die Wertentwicklung eines Investmentfonds gekoppelt, dessen Kapital sowohl in Aktien und festverzinslichen Wertpapieren als auch in Immobilien angelegt wird. → insurance bond
managed costs diskretionäre Kosten
managed floating system kontrolliertes (gesteuertes) Floaten □ System frei schwankender Wechselkurse, bei dem jedoch über freiwillige Zentralbankinterventionen (Kauf oder Verkauf von Devisen) Einfluss auf die Kursbildung genommen werden kann.
managed gold standard gelenkter Goldstandard

management accounting Kosten- und Leistungsrechnung □ Der Begriff ist in Literatur und Praxis des angloamerikanischen Sprachraums unterschiedlich weit gefasst. Zudem variieren die Aufgaben des management accounting aufgrund der unterschiedlichen Voraussetzungen in den einzelnen Unternehmen. I.d.R. kann man jedoch von den folgenden Aufgaben ausgehen: Mitwirkung an der betrieblichen Planung (Budgetierung), Koordinierung der Aufwands- und Investitionskontrolle, Erstellung von Rentabilitätsrechnungen und Finanzberichten, Bereitstellung interner Steuerungsinformationen.

management accounts interner Zwischenabschluss

management agreement Verwaltungsvertrag

management appraisal 1. Systemprüfung der Managementleistung, → operational audit 2. Leistungsbeurteilung von Führungskräften

management approach auf der Führungsstruktur basierender Ansatz

management audit Prüfung der Einhaltung der vorgegebenen geschäftspolitischen Strategien und Führungsanweisungen

management banks *(in Verbindung mit Wertpapieremissionen bzw. Kreditsyndizierungen)* Führungsbanken, Führungsgruppe

management bonus plan Gratifikationen für Mitglieder der Unternehmensleitung

management buy-in Firmenübernahme durch externe Investoren □ Übernahmetransaktion, bei der im Gegensatz zum → management buyout die Initiative vom Management eines Fremdunternehmens ausgeht.

management buyout Übernahme einer Unternehmung durch das eigene Firmenmanagement □ überwiegend fremdfinanzierte Übernahme eines Unternehmens oder Unternehmensteils unter maßgeblicher Beteiligung der Führungskräfte, die bisher das Unternehmen geleitet haben.

management by communication and participation partizipatives Management, Einschaltung der Mitarbeiter in den Entscheidungsprozess

management by delegation Führung durch Delegierung von Befugnissen □ Entscheidungsbefugnis in Sachfragen wird auf Mitarbeiter delegiert

management by exception dezentralisierte Unternehmensführung □ Konzentration auf Regelabweichungen, alltägliche Entscheidungen treffen die nachgeordneten Stellen.

management by insight Führungsprinzip, das die regelmäßige Information der Mitarbeiter vorsieht, um auf diese Weise ihr Verständnis für die Belange der Unternehmung zu fördern.

management by motivation Führung durch Motivation

management by objectives Führung durch Zielvorgaben

management by participation partizipatives Management, Einschaltung der Mitarbeiter in den Entscheidungsprozess

management by profit Unternehmensführung, bei der das Gewinnstreben im Vordergrund steht.

management by results ergebnisorientiertes Management, Unternehmensführung durch Erfolgsmessung

management by system Unternehmensführung durch Systematisierung, Unternehmensführung durch starre Reglementierung

management by wandering around Führungskonzept, das regelmäßige Rundgänge leitender Mitarbeiter in dem Unternehmen vorsieht.

management company Verwaltungsgesellschaft □ z.B. eines Investmentfonds

management control point → control gates

management development Management-Entwicklung □ Förderung eines qualifizierten Nachwuchses für Führungsaufgaben

management development plan

management development plan Management-Entwicklungsplan ☐ erfasst Aufstiegspotenzial und Entwicklungsschritte für Nachwuchsführungskräfte.
management due diligence → due diligence Verfahren hinsichtlich der Mitglieder der Unternehmensleitung
management duties Leitungsaufgaben, Führungsaufgaben
management/employee buyout → management buyout unter Einbeziehung von Mitarbeitern als künftige Gesellschafter/Aktionäre
management fee 1. Führungsprovision, Provision der Konsortialführerin 2. Verwaltungsgebühr, Verwaltungskosten 3. Regiekosten, Konzernumlage ☐ Kosten für Dienstleistungen, die die Zentrale für die gesamte Unternehmensgruppe erbringt.
management games Planspiele
management group Führungsgruppe, Gruppe der Führungsbanken
management guide Leitfaden für Führungskräfte
management holding company Management-Holding ☐ legt die Konzernstrategie fest, jedoch keine Einmischung in das operative Geschäft bzw. in Einzelstrategien der Tochterunternehmen.
management information systems Führungs-/Management-Informationssysteme, Softwaresysteme für Planungs-, Entscheidungs- und Kontrollzwecke
management mobility Mobilität von Führungskräften
management of accounts receivable Debitoren-Management, Debitorenkontrolle
management of inventories i.e.S. Lagerhaltung; i.w.S. Beschaffung und Lagerhaltung, Lagerwirtschaft
management overheads Verwaltungsgemeinkosten
management policy 1. Politik der Unternehmensleitung, i.w.S. Arbeitgeberpolitik 2. Anlagepolitik
management position planning Positionsplanung für Führungskräfte ☐ gibt Auskunft über beabsichtigte Dispositionen und Nachfolgeüberlegungen.
management process Führungsprozess ☐ gewährleistet die prozess- und bereichsübergreifende Steuerung eines Unternehmens
management pyramid Managementpyramide, Instanzenpyramide
management ratio Verhältnis zwischen der Zahl der Führungskräfte und der Gesamtbeschäftigtenzahl einer Unternehmung
management record Management-Leistung, Management-Erfolg
management reserve Management-Sonderrücklage zur Deckung eines unvorhergesehenen Ausgabenbedarfs
management result accounts Management-Erfolgsrechnung
management science Managementlehre
management's discussion and analysis *(im Geschäftsbericht)* Analyse und Kommentierung des Betriebsergebnisses durch die Unternehmensleitung
management service provider Anbieter von Serviceleistungen in den Bereichen System- und Netzwerkmanagement
management services → industrial engineering
management shares (stock) 1. Aktien einer Gesellschaft, die sich im Besitz der Unternehmensleitung befinden. 2. mit besonderen Vorrechten ausgestattete Aktien 3. i.e.S. Gründeraktien
management succession Nachfolge in Führungspositionen, → managerial succession planning
management support system entscheidungsunterstützendes Informationssystem für Führungskräfte
management techniques Führungstechniken, Managementtechniken
management tools Führungsinstrumente, Instrumente der Unternehmensführung
managerial accounting → management accounting
managerial appraisal → management appraisal

managerial budgeting Organisation finanzwirtschaftlicher Entscheidungsprozesse in Unternehmen; Erstellung von Planungsrechnungen, auf denen unternehmenspolitische Entscheidungen basieren.
managerial economics volkswirtschaftliche Entscheidungslehre
managerial grid Verhaltensgitter, aus dem Führungsstile abgeleitet werden.
managerial job evaluation Arbeitsbewertung von Führungspositionen
managerial recruitment Beschaffung (Einstellung) von Führungskräften
managerial selection Auswahl von Führungskräften
managerial succession planning Planung der Nachfolge in Führungspositionen □ zur Gewährleistung der Management-Kontinuität
mandamus gerichtliche Verfügung, → writ of mandamus/of mandate
mandatary 1. Bevollmächtigter, Beauftragter 2. Auftragnehmer
mandated bank mit der Durchführung einer Transaktion beauftragte Bank, → arranger
mandated financial disclosure Publizitätspflicht, Offenlegungspflicht
mandate to arrange a loan Auftrag zur Konsortialführung
mandator 1. Vollmachtgeber 2. Auftraggeber
mandatory arbitration zwingendes Schiedsverfahren
mandatory capitalisation Aktivierungspflicht, Verpflichtung zum Ausweis auf der Aktivseite der Bilanz
mandatory delivery commitment 1. feste Lieferverpflichtung 2. Verpflichtung des Kreditgebers zur Mittelbereitstellung zum vereinbarten Zeitpunkt
mandatory injunction gerichtliche Anordnung, gerichtlicher Handlungsbefehl
mandatory valuation reserve vorgeschriebene Wertminderungsrücklage
man-hours Mann-Arbeitsstunden
manifest Ladeliste, Ladungsverzeichnis

man-months Mann-Arbeitsmonate
manning level Personalstärke, Zahl der Beschäftigten
manpower audit Personal-Audit
manpower development Personalentwicklung
manpower inventory planning Personalbestandsplanung
manpower planning i.e.S. Personalbedarfs- und/oder Personalbeschaffungsplanung, i.w.S. die gesamte Personalplanung einer Unternehmung
manpower potential Arbeitskräftepotenzial, verfügbare Arbeitskräfte, Beschaffungspotenzial
manpower recruitment Personalbeschaffung, Beschaffung von Arbeitskräften
manpower requirements forecast Personalbedarfsprognose
manpower requirements planning Personalbedarfsplanung
manpower requisition Personalanforderung
manpower resourcing → manpower recruitment
manpower saving Einsparung von Arbeitskräften
manpower scheduling Stellenbesetzung, Arbeitsplatzbelegung, i.w.S. Personalplanung
manpower smoothing gleichmäßige Auslastung der Belegschaft, Vermeidung von Spitzenbelastungen einzelner Abteilungen
manpower turnover Personalfluktuation
man to goods *(Kommissionierprinzip)* Mann zur Ware, statische Bereitstellung □ d.h. der Kommissionierer begibt sich zum Regal/Lagerfach, um dort die Ware zu entnehmen. → goods to man, → picking, → pick(ing) by light, by voice
manufactured exports Ausfuhr von gewerblichen Gütern
manufactured goods Fertigwaren, gewerbliche Güter, Industrieerzeugnisse
manufacturer-initiated promotion Hersteller-Promotion, Verkaufsförderung durch den Hersteller

manufacturer-owned brand → manufacturer's brand
manufacturer's agent Vertreter eines Unternehmens, der im Namen des Auftraggebers tätig wird (Vermittlungsvertreter) □ i.d.R. handelt es sich bei dem manufacturer's agent um einen Werksvertreter/ eine Vertriebsfirma.
manufacturer's (and contractor's) liability insurance Betriebshaftpflichtversicherung
manufacturer's brand Herstellermarke, → distributor's brand
manufacturer's output policy Versicherung für Maschinen/Vermögenswerte, die sich nicht auf dem Gelände des Herstellers/ Versicherungsnehmers befinden.
manufacturer's price Herstellerpreis
manufacturer's representative → manufacturer's agent
manufactures → manufactured goods
manufacturing account → manufacturing statement
manufacturing automation pool in der Fertigung eingesetztes Datenübertragungsverfahren, das die Kommunikation zwischen Computern und Fertigungszellen ermöglicht.
manufacturing budget Fertigungsbudget, Fertigungsplan
manufacturing changeover cost Produktionsumrüstungskosten
manufacturing concern Fertigungsbetrieb
manufacturing control 1. Fertigungskontrolle 2. Fertigungssteuerung, Arbeitssteuerung, Steuerung des Fertigungsprozesses
manufacturing costs Fertigungskosten, Herstellungskosten □ Summe aus Fertigungseinzelkosten und Fertigungsgemeinkosten
manufacturing defect Fabrikationsfehler
manufacturing depth Fertigungstiefe
manufacturing division Fertigungsbereich, Fertigungsabteilung
manufacturing execution systems Softwaresysteme zur Steuerung, Planung und Optimierung des Fertigungsprozesses
manufacturing industry Fertigungsindustrie, verarbeitendes Gewerbe
manufacturing insurance Betriebsunterbrechungsversicherung
manufacturing output Produktion des verarbeitenden Gewerbes, Industrieproduktion
manufacturing overhead(s) Fertigungsgemeinkosten □ Kosten, die neben den direkten Kosten, wie Lohn und Material, während des Fertigungsprozesses anfallen.
manufacturing planning Fertigungsplanung, Arbeitsvorbereitung
manufacturing plant Produktionsstätte, Anlage
manufacturing process Fertigungsverfahren, Fertigungsvorgang, Fertigungsprozess
manufacturing productivity Produktivität in der Industrie □ Produktivität i.S. des Verhältnisses von Input zu Output
manufacturing profitability Rentabilität in der Industrie
manufacturing resource planning Ressourcen-Einsatzplanung für die Fertigung
manufacturing review Arbeitsbericht
manufacturing statement Produktionsergebnisrechnung
manufacturing unit labour costs Lohnstückkosten in der Industrie, Lohnkosten je Produkteinheit
manufacturing wages Fertigungslöhne
manufacturing work in progress (im Jahresabschluss) unfertige Erzeugnisse
manuscript policy auf den besonderen Versicherungsbedarf des Kunden zugeschnittene Police, z.B. zur Abdeckung von Risiken, die nicht in einer Standardpolice enthalten sind.
MAP → manufacturing automation pool
mapping Erstellung einer Wahrnehmungslandkarte, Visualisierung, → function mapping, → knowledge mapping, → perceptual mapping
MaR → money at risk
Mareva injunction gerichtliche Verfügung,

durch die im Falle einer eingeleiteten Zwangsvollstreckung die Veräußerung von Vermögenswerten bzw. ihre Verbringung ins Ausland durch den Schuldner untersagt wird.

margin Spanne, Marge ☐ 1. Zinsspanne, Spanne zwischen Zinsertrag und Zinsaufwand 2. Spanne zwischen Devisenan- und -verkaufskurs 3. *(im Handel)* Gewinnspanne, Spannenertrag 4. Aufschlag, Marge, Margenaufschlag ☐ Aufschlag auf den Referenz-Zinssatz einer Kreditfazilität; dieser Aufschlag richtet sich zum einen nach der Bonität des Kreditnehmers und zum anderen nach der Laufzeit der Fazilität. 5. Margin, Einschuss, Sicherheitsleistung, Deckungssumme ☐ Betrag, der in bar vor Inanspruchnahme eines Effektenkredites zu hinterlegen ist. Eigene Mittel, die ein Marktteilnehmer bei Effektenkäufen auf Kreditbasis einsetzt. 6. Einschuss, Einschusszahlung ☐ Betrag, der bei Eröffnung von Terminkontraktpositionen (Waren- oder Finanzterminkontrakten) als Sicherheit für die Vertragserfüllung zu hinterlegen ist.

marginal analysis Marginalanalyse, Grenzbetrachtung ☐ Analyseform, bei der die Auswirkungen kleiner Änderungen bestimmter wirtschaftlicher Größen auf andere Wirtschaftseinheiten oder Größen untersucht werden.

marginal benefit zusätzlicher Gewinn/Ertrag durch den Einsatz ergänzender Investitionen oder Maßnahmen

marginal borrower Grenzkreditnehmer ☐ Kreditnehmer, der einen bestimmten Zinssatz gerade noch akzeptiert.

marginal buyer Grenzkäufer, Marginalkäufer ☐ Käufer, der einen gegebenen Preis gerade noch zu zahlen bereit ist.

marginal capital-output ratio marginaler Kapitalkoeffizient

marginal consumption ratio marginale Konsumquote, Grenzneigung zum Konsum ☐ zeigt den Umfang an, in dem sich die Verbrauchsausgaben mit Einkommensvariationen verändern.

marginal cost Grenzkosten, Marginalkosten, variable Leistungskosten einer zusätzlichen Einheit ☐ Gesamtkostenzuwachs, der durch die Erhöhung der Produktionsmenge um eine Einheit bewirkt wird.

marginal cost analysis Grenzkostenanalyse ☐ Verfahren zur Ermittlung des Zusammenhangs zwischen steigenden Kosten und den damit verbundenen Effektivitätssteigerungen

marginal costing 1. Grenzkostenrechnung 2. Spannenrechnung

marginal desirability → marginal utility

marginal earnings value of investments Grenzertragswert der Investitionen

marginal efficiency of capital Grenzleistungsfähigkeit des Kapitals ☐ Zinssatz, bei dem die erwarteten und auf den Gegenwartswert diskontierten Nettoerlöse einer Investition deren Anschaffungskosten entsprechen.

marginal firm → marginal producer

marginal interest rate Zinssatz, bei dem das gewünschte Zuteilungsvolumen im Tenderverfahren errreicht wird. → tender procedure

marginal lender Kreditgeber, der keine Gelder unter dem von ihm festgesetzten Mindestsatz ausleiht.

marginal lending facility Spitzenrefinanzierungsfazilität ☐ ständige Fazilität des Europäischen Zentralbankensystems, die von cinem Kreditinstitut genutzt werden kann, um sich Übernachtliquidität bei einer nationalen Zentralbank gegen refinanzierungsfähige Sicherheiten (→ eligible assets) zu beschaffen. → permanent facilities

marginal liquidity Grenzliquidität ☐ Liquidität, die gerade noch die Unternehmenssolvenz gewährleistet.

marginal loss of utility Grenznutzenverlust, → marginal utility

marginal pairs Grenzpaare ☐ Käufer- und Verkäuferpaare, deren höchste bzw. nied-

rigste Wertschätzung den Konkurrenzpreis bestimmen.
marginal producer Grenzbetrieb ☐ Unternehmen, das gerade noch kostendeckend arbeiten kann.
marginal product Grenzprodukt, → marginal productivity
marginal productivity Grenzproduktivität ☐ zeigt an, um wie viel die Ausbringung steigt, wenn ein Produktionsfaktor (Boden, Kapital, Arbeit) um eine Einheit erhöht wird.
marginal productivity of capital/of labour Grenzproduktivität des Kapitals/der Arbeit, marginale Kapitalproduktivität/Arbeitsproduktivität, → marginal productivity
marginal propensity to consume → marginal consumption ratio
marginal propensity to save → marginal savings ratio
marginal rate of substitution Grenzrate der Substitution
marginal revenue Grenzerlös, Grenzumsatzprodukt ☐ Zuwachs der Gesamterlöse, der durch die Erhöhung des Absatzes um eine Einheit bewirkt wird.
marginal savings ratio marginale Sparquote, Grenzneigung zum Sparen ☐ zeigt den Umfang an, in dem sich die Ersparnisse mit Einkommensvariationen verändern.
marginal seller Grenzverkäufer, Marginalverkäufer ☐ Verkäufer, der einen bestimmten Preis gerade noch akzeptiert.
marginal supplier Grenzanbieter, Marginalanbieter ☐ Unternehmen, das zu einem bestimmten Preis gerade noch am Markt bleibt.
marginal unit die jeweils letzte Einheit
marginal utility Grenznutzen ☐ Gesamtnutzenzuwachs, der durch die Erhöhung des Konsums eines Gutes um eine kleine Einheit bewirkt wird.
margin call Einschussforderung, zu leistende Nachschusszahlung ☐ Aufforderung eines Brokers an seinen Kunden, zusätzliche Mittel zur Verfügung zu stellen, wenn

die Mindestdeckung bei einem Effektenkredit oder einer Futures-/Optionsposition unterschritten wird.
margined position kreditfinanzierte Position
margin flexibility Spannenelastizität ☐ Verhältnis von Mengen- zu Spannenänderungen
margin management *(im Handel)* alle die Spannenerträge beeinflussenden Leistungs- und preispolitischen Maßnahmen, i.w.S. Maximierung der Spannenerträge
margin of loading Prozentsatz der Abschlusskosten bzw. Verwaltungsgebühren
margin of market values over cost Betrag, um den die Marktwerte über den Anschaffungskosten liegen.
margin of profit Gewinnspanne
margin of solvency Solvenzspanne, Verhältnis von Aktiva zu Passiva
margin-oriented pricing spannenorientierte Preispolitik, Spannendenken
margin planning → margin management
margin regulations → margin rules
margin return *(im Handel)* Spannenertrag
margin rules Bestimmungen des → Federal Reserve Board für den kreditfinanzierten Erwerb von Wertpapieren (Broker-Häuser können ihre eigenen margin rules erlassen; diese müssen jedoch den Mindesterfordernissen des FRB entsprechen). Der Mindesteinschuss (margin), den der Käufer aufbringen muss, liegt i.d.R. bei 60% (50% sind durch die Regulation T der FED vorgeschrieben), d.h. erwirbt der Kunde Wertpapiere in Höhe von $ 10000, beläuft sich der von ihm aufzubringende margin auf $ 6000, während $ 4000 von seiner Bank oder seinem Broker bereitgestellt werden. Die Papiere selbst dienen als Sicherheit für den eingeräumten Kredit.
margin trading kreditfinanzierter Erwerb von Wertpapieren, → margin rules
marine bill of lading Seekonnossement
marine insurance Seeversicherung, Transportversicherung ☐ Der Begriff marine insurance ist in Literatur und Praxis des

angloamerikanischen Sprachraums unterschiedlich weit gefasst. In Großbritannien wird unter marine insurance die Seeversicherung verstanden, die sich in die Schiffskaskoversicherung (hull insurance) und die Seegüterversicherung (cargo insurance) gliedert. In den Vereinigten Staaten hingegen schließt marine insurance alle Arten der Transportversicherung ein, wobei i.d.R. eine Unterteilung in die Seeversicherung (ocean marine insurance) und die Binnentransportversicherung (inland marine insurance) erfolgt.

marine transports Seetransporte, Seeverkehre, seewärtige Verkehre
marine underwriter Seeversicherer
maritime claims Seeforderungen ◻ Forderungen aufgrund von Ladungs- oder Kollisionsschäden; ausstehende Zahlungen, z.B. für Lotsen- und Schleppdienste, Reparaturkosten, Umschlagsgelder, Heuerforderungen
maritime lien Seepfandrecht
maritime lien on cargo Ladungspfandrecht
maritime transport document Konnossement
marketable collateral verwertbare Sicherheit
marketable debt börsengängiger Schuldtitel, fungibles Wertpapier
marketable equity securities marktgängige Beteiligungspapiere
marketable investments, at cost *(im Jahresabschluss)* kurzfristige Kapitalanlagen (börsengängige Schuldtitel), zu Anschaffungskosten
marketable securities börsengängige Wertpapiere, *(im Jahresabschluss)* Wertpapiere des Umlaufvermögens
marketable title lastenfreier und frei veräußerlicher (Rechts-/Eigentums-)Titel
market approach Marktwertansatz, Marktwertverfahren, Unternehmensbewertung auf der Grundlage der am Markt erzielbaren Preise, → market multiples approach
market atomisation starke Marktzersplitterung, Aufteilung des Marktes in viele kleine Segmente
market attrition Markenabnutzung im Markt
market-based marketing organisation an Märkten (und nicht an Produkten) ausgerichtete Marketingorganisation
market basket Warenkorb
market broadening Markterweiterung, Marktexpansion
market capitalisation Börsenkapitalisierung, Marktkapitalisierung ◻ Gesamtzahl der ausgegebenen Aktien, multipliziert mit dem Kurs je Aktie
market capitalisation/sales ratio Verhältnis von Marktkapitalisierung zum Umsatz
market challenger Marktherausforderer ◻ Unternehmen, das in einen direkten Wettbewerb zum Marktführer tritt
market comparison approach → market data approach
market connection Marktbindung, Verankerung im Markt
market constraints Marktanspannung, Marktenge, Zwänge des Marktes
market coverage 1. Marktabdeckung, Absatzreichweite 2. Reichweite, → coverage
market data approach Bestimmung des Marktwertes von Vermögenswerten durch Vergleich mit den aktuellen Verkaufspreisen vergleichbarer Objekte
market delineation Marktabgrenzung, geografische Abgrenzung der Nachfrage
market departmentation marktorientierte Unternehmensgliederung, Gliederung nach Märkten
market-driven innovations marktbestimmte Innovationen
market due diligence Teil einer Unternehmensprüfung (→ due diligence), bei der die Positionierung des Unternehmens am Markt sowie die voraussichtliche Marktentwicklung im Mittelpunkt stehen
market entry barriers Markteintrittsbarrieren (für neue Anbieter)
market extraction method Ermittlung des abschreibungsbedingten Wertverlustes

market follower 352

auf der Basis der Verkaufspreise vergleichbarer Objekte

market follower Marktmitläufer □ 1. Unternehmen, das keinen Wettbewerb mit dem Marktführer sucht (→ market challenger). 2. Unternehmen, das sich in seiner Preispolitik am Marktführer orientiert.

market forecast Marktprognose, Prognose hinsichtlich der erwarteten Marktnachfrage, Marktvolumensprognose

market fragment Untersegment, Unterteilung eines Marktsegments

market fund Investmentfonds, der seine Vermögenswerte in die von einem renommierten Börsenindex erfassten Wertpapiere anlegt.

market-geared pricing → market-oriented pricing

marketing audit Marketing-Audit, Marketing-Erfolgskontrolle, Marketing-Revision □ Überprüfung aller Planungs- und Realisationsprozesse im Marketingbereich

marketing automation Marketingautomatisierung, → marketing automation systems

marketing automation systems Marketing-Automationssysteme □ Software-Lösungen zur Steuerung und Unterstützung der Marketingaktivitäten (u.a. zur Speicherung jener Produkt-, Leistungs- und Kundeninformationen, die für die verschiedenen Marketing- und Verkaufsprozesse benötigt werden).

marketing chain Marketingkette, verbundene Marketingaktivitäten

marketing channel Distributionskanal

marketing channel departmentation Unternehmensgliederung nach Vertriebskanälen

marketing communications mix Marketing-Kommunikations-Mix, Kombination/Einsatz der Kommunikationsinstrumente (Werbung, Verkaufsförderung, persönlicher Verkauf, Öffentlichkeitsarbeit)

marketing contract 1. Vertriebsvertrag 2. Vorvertrag in Verbindung mit einer Immobilientransaktion

marketing cycle Marketing-Zyklus □ Planung, Ausführung und Kontrolle der Marketing-Aktivitäten

marketing effectiveness rating Marketing-Effizienzanalyse

marketing environment Marketingumfeld/-umwelt □ Faktoren, die Einfluss auf die Marketingpolitik nehmen.

marketing expense to sales ratio Verhältnis des Marketingaufwandes zu Umsatzerlösen

marketing implementation Implementierung (Umsetzung) der Marketingstrategie

marketing intermediaries Absatzmittler

marketing mix Marketing-Mix □ Kombination der absatzpolitischen Instrumente

marketing organisation Marketingorganisation, Organisation der Marketingaktivitäten

marketing performance Marketingleistung, Marketingerfolg

marketing performance assessment Marketingerfolgskontrolle

marketing research brief Informationen des Herstellers hinsichtlich Produkt, zu untersuchender Zielgruppe, Budget und Zeitplan

marketing study Marketing-Analyse, Absatzanalyse

marketing submix Marketing-Submix □ Unterteilung der im Marketing-Mix enthaltenen absatzpolitischen Instrumente

marketing syndicate Vertriebskonsortium, Platzierungskonsortium

market interdependence Marktverflechtung, Marktinterdependenz

market life Marktperiode, marktliche Lebensdauer eines Produktes

market makers Marktmacher □ Händler, die einen Markt für Finanzinstrumente (Wertpapiere, Devisen, Options- oder Terminkontrakte) gewährleisten, indem sie Geld- und Briefkurse stellen und jederzeit zu Abschlüssen bereit sind.

market maturity Marktreife

market measurement Marktanalyse, Analyse des Marktpotenzials (Marktvolumens)

market minimum Absatzvolumen, das ohne Werbe-/Marketingaufwand erreicht werden kann.

market multiple Marktmultiplikator ◻ Verhältniskennzahl für eine Branche, auf der eine Unternehmensbewertung basiert. Von einer Reihe vergleichbarer Unternehmen werden beispielsweise die Kurs/Gewinn-Verhältnisse (P/E ratios) ermittelt. Der Durchschnitt aller ermittelten Ratios ergibt das market multiple (→ market multiples approach). Neben diesem und anderen, auf dem Eigenkapital basierenden market multiples, können auch Marktvergleichsgrößen herangezogen werden, die sich am → enterprise value (→ EV/EBITDA) oder an der Anzahl der Kunden orientieren.

market multiples approach Marktmultiplikator-Ansatz, Multiplikatorverfahren ◻ Unternehmensbewertungsmethode, bei der sich der Wert eines Unternehmens aus der Multiplikation einer Ergebnisgröße (z.B. Gewinn, Umsatz, Eigenkapital) mit einem Marktmultiplikator errechnet.

market niching Bearbeitung von Marktnischen

market opportunity analysis Analyse der Marktchancen

market-oriented pricing marktorientierte (konkurrenz- und branchenorientierte) Preisbestimmung

market partitioning 1. Marktaufteilung 2. Marktabgrenzung

market pattern Marktstruktur, Marktgefüge

market penetration Marktdurchdringung, Erhöhung der Verwendungsintensität eines Produktes auf dem bestehenden Markt, Ausschöpfung des Marktpotenzials

market penetration policy Vertriebskonzept, bei dem ein Hersteller eine Marktdurchdringung möglichst schnell über günstige Preise zu erreichen versucht.

marketplace Marktplatz, → business marketplace

market portfolio Marktportfolio ◻ setzt sich aus den in einem Börsenindex erfassten Aktien zusammen (gewichtet mit ihrem Marktwert). → modern portfolio theory

market potential Marktpotenzial, Marktvolumen, optimale Absatzmenge

market pull/market pull innovations Market Pull/Market-Pull-Innovationen ◻ durch den Markt (die Marktnachfrage) ausgelöste Produktinnovationen

market purchase Erwerb am freien Markt (an der Börse)

market rating Marktstellung, bonitätsmäßige Einstufung (Klassifizierung) am Markt

market reach Marktreichweite, → gross cover

market receptivity Marktaufnahmefähigkeit, Aufnahmebereitschaft des Marktes

market-related values marktbezogene Wertansätze

market research Marktforschung, Markterkundung, Marktuntersuchungen

market resilience Marktflexibilität, Elastizität des Marktes

market saturation level Marktsättigungsgrad, Verhältnis von Marktvolumen zu Marktpotenzial

market segment Marktsegment, Marktbereich, Teilmarkt

market segmentation Marktsegmentierung, Aufteilung eines Gesamtmarktes in Teilmärkte, z.B. in Abnehmer-/Verbrauchergruppen, → behavior, → benefit, → demographic, → lifestyle segmentation

market share liability marktanteilige Haftung ◻ weiterführende Herstellerhaftung im US-Recht; wurde das einen Schaden verursachende Produkt von mehreren Herstellern vertrieben, haftet jeder Hersteller entsprechend seinem Marktanteil.

market share objectives Marktanteilsziele

market share pricing 1. am Marktanteil ausgerichtete Preisfestsetzung 2. Preisgestaltung, die auf die schnelle Erreichung eines hohen Marktanteils ausgerichtet ist.

market share variance Gewinnverände-

market skimming rung aufgrund des Unterschieds zwischen Plan- und Ist-Marktanteil

market skimming Festsetzung eines hohen Einführungspreises für ein neues Produkt □ Ziel ist eine Gewinnmaximierung, bevor der Wettbewerb den Preis nach unten drückt.

market tiering Marktaufteilung, Aufteilung von Unternehmen in Gruppen je nach Standing und Bonität

market-to-book ratio Verhältnis zwischen Markt- und Buchwert einer Aktie

market value added Marktwertsteigerung □ zeigt an, um welchen Betrag der Marktwert des Eigenkapitals (Anzahl der Aktien × Kurs) den Buchwert des gesamten investierten Kapitals (Eigen- und Fremdkapital) übersteigt.

market-value clause Versicherungsklausel, die eine Schadenregulierung zum Marktwert vorsieht.

market value of quoted investments Marktwert von Beteiligungen an börsennotierten Unternehmen

marking cost (Waren-)Auszeichnungskosten

marking to market 1. Neubewertung von Aktiva und Passiva an jedem Bilanzstichtag zu dem dann gültigen Verkehrswert 2. tägliche Neubewertung einer Finanzposition

mark-to-hedge accounting erfolgswirksame Erfassung aller Wertveränderungen des abgesicherten Vermögensgegenstandes, wenn dieser in der Bilanz zum Marktwert angesetzt wird.

markup in fixed assets Höherbewertung der Sachanlagen

markup pricing Preisbestimmung durch Erhöhung des Einstandspreises um einen Gewinnzuschlag, Vollkostenprinzip

markup ratio Gewinnspanne, Handelsspanne

marlin rate Verhältnis zwischen den Kosten einer Werbezeile und dem Umsatz, der durch diese Werbung erzielt wird.

marshalling area Stellfäche, → container yard .

Maslow's hierarchy of needs → hierarchy of needs

Massachusetts Trust → business trust

mass consumer goods Massenverbrauchsgüter

mass customization kundenauftragsorientierte Serienproduktion, individualisierte Produktlösungen in der Massen- und Serienfertigung

mass marketing Massenmarketing, einheitliche Marketingaktivitäten für den Gesamtmarkt

mass merchandiser Verbrauchermarkt

mass production Massenfertigung, Massenproduktion

master agreement 1. Rahmenvertrag, Rahmenvereinbarung, Hauptvertrag 2. Manteltarifvertrag □ Tarifvertrag, auf dem der Abschluss von Haustarifverträgen basiert.

master airwaybill Luftfrachtbrief für eine Sammelladung

master budget Gesamtbudget, → summary budget

master container freight station zentrale Container-Packstation

master contract (policy) *(bei Gruppenversicherungen)* Rahmenpolice

master deed *(für eine Eigentumswohnungsanlage)* Teilungserklärung

master employment clause Klausel, die die kaufmännische Weisungsbefugnis des Charterers gegenüber dem Kapitän regelt.

master lease 1. Rahmen-Leasingvertrag, → lease line 2. Mustermietvertrag

master limited partnership weitgehend identisch mit einer → limited partnership; im Gegensatz zur Letztgenannten sind die Anteile jedoch leicht übertragbar bzw. börsenmäßig handelbar.

master planning sheet Planungskarte, Auftragsstammkarte □ Teil der Fertigungsunterlagen

master policy Rahmenvertrag, Rahmenpolice

master reseller landesweit operierender → value added reseller

master schedule Projektstrukturplan, i.e.S. Auflistung der wichtigsten Vorgänge (activities) und Ereignisse (milestones)

matched pairs approach Aufrechnung von Positionen, deren Zinssätze und Zinsbindungsfristen weitgehend übereinstimmen.

matched principal transactions Kundenkauf- und -verkaufsorders für die gleiche Wertpapiergattung, die miteinander verrechnet werden können.

matched sample gepaarte Stichprobe, Parallelstichprobe

matching concept Aufrechnungskonzept □ Rechnungslegungskonzept, bei dem Erträge und Aufwendungen (bzw. Zahlungsströme) sich gegenseitig ausgleichen.

matching deal korrespondierendes Gegengeschäft □ d.h. Gegengeschäft mit identischem Betrag, gleicher Laufzeit und Währung

matching duty Ausgleichszoll

matching of the loan book fristenkongruente Refinanzierung der Ausleihungen (des Kreditportefeuilles)

matching principle 1. Kongruenzprinzip, Grundsatz der kongruenten Deckung 2. Zuordnungsgrundsatz, Prinzip der Periodenzuordnung □ Grundsatz, nach dem Aufwendungen der Periode zuzuordnen sind, in der der damit verbundene Ertrag entstanden ist. Umgekehrt sind Zahlungseingänge in der Periode als Ertrag zu erfassen, in der auch die entsprechenden Aufwendungen anfallen. 3. Grundsatz, demzufolge Aufwendungen für abschreibungsfähige Wirtschaftsgüter über die betriebswirtschaftliche Nutzungsdauer zu verteilen sind.

Mate's Receipt Bordbescheinigung □ Bestätigung des Ladungsoffiziers hinsichtlich der übernommenen Waren

material adverse change wesentliche Verschlechterung der wirtschaftlichen Verhältnisse des Kreditgebers, → events of default

material alteration wesentliche (substanzielle) Änderung

material breach of contract wesentlicher Vertragsbruch

material damage insurance (policy) Sachschadensversicherung

material error wesentlicher Irrtum (Fehler)

material evidence relevante Beweismittel

material flow system Softwaresystem zur effektiven Steuerung des Materialflusses

materiality principle Grundsatz der Wesentlichkeit im Rechnungswesen

materialmen's lien Pfandrecht von Baumaterial-Lieferanten

material overheads Materialgemeinkosten

material participation 1. größerer Kapitalanteil 2. Beteiligung, mit der eine aktive Rolle in der Unternehmensführung verbunden ist; i.S. des US-Steuerrechts: ein Engagement von mindestens 500 Stunden pro Jahr

material(s) accounting Materialbuchführung, Materialrechnung, Materialverrechnung

material(s) analysis Materialverbrauchsanalyse

materials and supplies Roh-, Hilfs- und Betriebsstoffe

material(s) budget → direct materials budget

material(s) control 1. Materialkontrolle, Materialbestandskontrolle 2. Materialprüfung

material(s) cost Materialaufwand, Materialkosten □ Summe aus Materialeinzelkosten und Materialgemeinkosten

material(s) costing Materialkostenrechnung, Materialrechnung

material(s) flow Materialfluss □ Transport, Lagerung und Bereitstellung von Materialien (Roh-, Hilfs- und Betriebsstoffen)

material(s) flow analysis Materialflussanalyse

material(s) flow control Materialflusssteuerung

material(s) flow cost Materialflusskosten □ direkte Transportkosten plus indirekte Kosten, z.B. Kapitalbindungskosten

material(s) flow design Materialflussgestaltung

material(s) handling cost Materialtransportkosten, → materials flow cost
material(s) handling equipment (Material-)Transportorganisation, Transportsystem
material(s) inspection unit Materialprüfstand
material(s) issued Materialabgänge, Materialentnahmen
material(s) management Materialwirtschaft ☐ Materialbedarfsplanung, Einkauf, Bestandsführung, Lagerverwaltung, Inventurabwicklung
material(s) mix Materialmischung, Anteile der verschiedenen Materialien an einem Produkt
material(s) mix variance Materialmischungsabweichung ☐ Differenz zwischen vorgegebener und tatsächlicher Materialmischung, → material(s) mix
material(s) movement Materialtransport, der physische Materialfluss
material(s) movement schedule innerbetriebliche Transportführung
material(s) oncost → material(s) overheads
material(s) overheads Materialgemeinkosten, Kosten für die Beschaffung und Bereitstellung von Materialien
material(s) price variance Materialkostenabweichung, Unterschied zwischen Material-Ist- und Plankosten
material(s) procurement Materialbeschaffung
material(s) received Materialeingänge
material(s) received note (Material-)Eingangsmeldeschein
material(s) requirements planning Materialbedarfsplanung ☐ umfasst neben der Bedarfsermittlung i.w.S. alle Maßnahmen, die mit der Beschaffung, Bereitstellung und Lagerung der für die Fertigung erforderlichen Roh-/Betriebsstoffe zusammenhängen.
material(s) requisition Materialanforderung
material(s) resource planning Material(ressourcen)planung
material(s) returned note Materialrückgabeschein
material(s) scheduling Planung der Beschaffung und Bereitstellung von Materialien (Roh-, Hilfs- und Betriebsstoffen)
material(s) supply 1. Materialbereitstellung 2. Materialangebot
material(s) supply analysis Materialbereitstellungsanalyse
material(s) transfer note Lagerverkehrsschein ☐ Umlagerung von Materialien zwischen verschiedenen Lagern
material(s) usage Materialverbrauch, Verbrauch an Roh-, Hilfs- und Betriebsstoffen
material(s) usage variance Materialverbrauchsabweichung ☐ Differenz zwischen Planverbrauch (vorgegebenem Verbrauch) und Ist-Verbrauch
material(s) value Materialwert
material(s) yield variance Materialausbringungsabweichung
mating of divisions Zusammenlegung von Unternehmensbereichen
matrix deed *(in Verbindung mit einer Eigentumswohnungsanlage)* Teilungserklärung
matrix management/matrix organisation Matrix-Organisation, zweidimensionale Organisationsform, Verbindung von horizontalem und vertikalem Gliederungssystem ☐ Organisationsform, bei der die nach Funktionen gegliederte Organisation von einer produkt- bzw. projektorientierten Organisation überlagert wird.
matrix project organization Matrix-Projektorganisation ☐ Verteilung der Projektverantwortung auf Projekt-Manager und die beteiligten Linienfunktionen.
matter of right Rechtsanspruch
maturation error Experimentalfehler ☐ auf Grund von Veränderungen der Ausgangsbasis im Zeitverlauf
mature policy *(im US-Versicherungswesen)* eine seit mindestens fünf Jahren bestehende Police
maturity factoring Fälligkeits-Factoring, Ankauf von Forderungen Valuta Verfall-

tag □ Das Fälligkeits-Factoring unterscheidet sich vom echten Factoring (→ old-line factoring) dadurch, dass die Factoring-Gesellschaft wohl Forderungen aus Lieferungen und Leistungen ihres Kunden erwirbt, aber keine Bevorschussung der eingereichten Rechnungen gewährt, d.h. die Factoring-Gesellschaft zahlt an den Kunden erst bei Fälligkeit der jeweiligen Forderung.

maturity fund Laufzeitfonds □ Fonds mit vorab festgelegter Laufzeit. Zum Ablauftermin wird das Fondsvermögen an die Inhaber ausgeschüttet.

maturity intermediation → maturity transformation

maturity spread Fälligkeitsfächer, Fälligkeitsunterschied, Laufzeitenband

maturity stage Reifephase, → product life cycle

maturity transformation Fristentransformation, Laufzeitentransformation

maturity value 1. Fälligkeitswert, Wert am Fälligkeitstermin, Nennwert 2. Ablaufleistung □ Betrag, der bei Fälligkeit einer Police zur Auszahlung gelangt.

maturity yield Fälligkeitsrendite □ Verzinsung einer Wertpapieranlage, bezogen auf den jeweiligen Fälligkeitstermin.

MAWB → master airwaybill

maximal perception (awareness) maximale Wahrnehmung □ Punkt, an dem ein Verbraucher positiv auf eine Werbebotschaft reagiert.

maximum credit exposure maximales Kreditrisiko, i.e.S. maximales Eindeckungsrisiko

maximum foreseeable/possible loss vorhersehbarer/möglicher Maximalverlust

maximum line (im Versicherungsgewerbe) maximale Zeichnungssumme, → line

maximum percentage of defectives zulässige Ausschussquote

maximum possible/probable loss der mögliche/wahrscheinliche Höchstschaden

maximum principle Maximumprinzip, Gewinnmaximierung mit den verfügbaren Mitteln

maximum resource limit (in der Projektplanung) maximaler Ressourceneinsatz, → resource planning

maximum slippage (in Verbindung mit → venture capital Finanzierungen) maximaler Zeitraum, um den der für das Erreichen der Rentabilitätsschwelle gesetzte Zeitpunkt überschritten werden darf.

maximum transmission unit maximale Übertragungseinheit

maxi tail unbegrenzte → extended reporting period

MBCA → Model Business Corporation Act

MBI → management buy-in

MBO → management buyout

M-Business mobile business

M&C → manufacturer's (and contractor's) liability insurance

MCA Depository Institutions Deregulation and Monetary Control Act, → State bank

McFadden Act Kernpunkt dieses US-Gesetzes aus dem Jahr 1927: Verbot bundesstaatenübergreifender Filialgründungen von Kreditinstituten. Durch die Beschränkung des Filialnetzes einer Bank auf den Heimatbundesstaat sollte eine ausgeprägte Machtkonzentration einzelner Institute verhindert werden. Die umfassenden Deregulierungsmaßnahmen und vielschichtigen Veränderungen, die in den 80er-Jahren die Entwicklung in der US-Kreditwirtschaft prägten, führten auch zu einer Aufweichung der strikten Bestimmungen des McFadden Act. → interstate banking

MCFS → master container freight station

M-Commerce mobiler Handel, Handel über das Mobilfunknetz

M-CRM → mobile/→ multichannel customer relationship management

MD&A → management's discussion and analysis

MDBMS → multidimensional database management system

MDS → multidimensional scaling

mean absolute deviation absolute, mittlere Abweichung

mean return durchschnittliche Verzinsung
means test Prüfung der Vermögensverhältnisse
mean value method Mittelwertverfahren □ auf dem Mittelwert zwischen Ertrags- und Substanzwert basierende Unternehmenswertberechnung
measured work Arbeiten, für die Vorgabezeiten ermittelt wurden.
measurement allowance Maßabschlag
measurement concept Bewertungskonzept, Bewertungsgrundsätze
measurement date Bewertungsstichtag
measurement goods Maßgut, nach Maß abgerechnete Güter
measurement on initial recognition Bewertung bei erstmaliger Erfassung
measure of damages Grundlage für die Bemessung von Schadenersatzzahlungen
measure of dispersion Streuungsmaß
MEBO → management/employee buyout
mechanical observation Beobachtungstechnik, die auf apparativen Verfahren basiert. □ Einsatz von Aufzeichnungsgeräten, Zählgeräten, Kameras, → human observation, → observation techniques
mechanic's lien Bauhandwerkerpfandrecht, Pfandrecht eines Lieferanten von Baumaterial
mechanistic organization Unternehmen mit einer rigiden Führungsstruktur
media commission Mittlerprovision, die eine Werbeagentur von einem Werbeträger für die Anzeigenflächen oder Werbezeit erhält, die sie im Auftrag von Kunden bucht.
media coverage Medienreichweite, Reichweite eines Werbeträgers, → gross cover
media exposure Medienexposition, Kontakte mit Werbeträgern
media mix Medien-Mix □ Auswahl und Einsatz der verschiedenen Mediagattungen (Printmedium, Rundfunk, Fernsehen, Film, Internet)
media plan Media-Plan, Medienstreuplan, Übersicht über Kosten und Einsatzzeitpunkte der verschiedenen Medien

media reach → media coverage
media relations management Aufbau und Pflege der Beziehungen zu Medien
media response analysis Medienresonanzanalyse
media schedule Mediaplan, Streuplan
media schedule cost Streuplankosten
media selection Medienauswahl, Auswahl der Werbeträger(gruppen)
mediation Mediationsverfahren, Schlichtungsverfahren □ alternatives Konfliktlösungsverfahren (alternative dispute resolution) durch einen Mediator, → minitrial
mediation panel/mediator Schlichtung/Schlichtungsstelle, → conciliator
media vehicle Werbeträger
medium-range cash forecast mittelfristige Liquiditätsvorschau, → cash forecast
medium-sized enterprises mittlere Unternehmen, → small and medium-sized enterprises
medium-term notes mittelfristige Schuldtitel, die von Kapitalmarktadressen (Industrieunternehmen, Banken, Staatsschuldnern oder supranationalen Organisationen) im Rahmen eines Emissionsprogrammes in mehreren Tranchen, quasi als Daueremission begeben werden. Die Titel mit Laufzeiten zwischen zwei und zehn Jahren können in Größenordnungen und Fälligkeiten begeben werden, die auf den Finanzierungsbedarf bzw. die Refinanzierungserfordernisse der Emittenten zugeschnitten sind.
meeting of the minds Kauf und Verkauf, vollständige Einigung der Vertragsparteien
membership certificate Gesellschafternachweis
membership interest Gesellschafteranteil
members' liability Haftung der Gesellschafter
members/shareholders voluntary liquidation freiwillige Liquidation eines solventen Unternehmens durch die Gesellschafter/Aktionäre □ Dieses Verfahren nach dem → Insolvency Act setzt voraus, dass die

Gesellschaft alle ihre Verbindlichkeiten innerhalb eines Zeitraumes von zwölf Monaten zurückzahlen kann und dass ein entsprechender Auflösungsbeschluss auf einer Gesellschafterversammlung durch mindestens 75% der persönlich anwesenden oder vertretenen Gesellschafter gefasst wird. Die Liquidation erfolgt durch einen von den Gesellschaftern eingesetzten Liquidator (→ liquidator). → creditors voluntary liquidation, → compulsory liquidation

members' shareholdings Anteile der Gesellschafter

memo bill Konnossement mit Ladungsverzeichnis

memorandum Schriftsatz eines Anwalts

memorandum and articles of association Der britische Gesellschaftsvertrag gliedert sich in zwei Teile. Während die articles of association das Innenverhältnis der Gesellschaft regeln, bestimmt das memorandum of association das Außenverhältnis (Name, eingetragener Sitz, Gesellschaftszweck, zur Ausgabe genehmigtes Kapital, Haftungsbegrenzung)

memorandum articles Waren, für die keine Haftung übernommen wird. → memorandum clause

memorandum basis → record, *to - on a memorandum basis*

memorandum clause Klausel einer Seetransportversicherungspolice, durch die die Haftung des Versicherers auf Schäden begrenzt wird, die einen bestimmten Prozentsatz des Frachtwertes übersteigen.

memorandum of agreement Einverständniserklärung

memorandum of association Gründungsurkunde, → memorandum and articles of association

memorandum of costs Gerichtskostenrechnung

memorandum of deposit 1. Hinterlegungsbestätigung 2. Verpfändungserklärung, Abtretungserklärung

memorandum of incorporation Gründungsurkunde

memorandum of insurance vorläufige Deckungszusage

memorandum of law Schriftsatz eines Anwalts

memorandum of partnership Gesellschaftsvertrag

memorandum of pledge Verpfändungserklärung

memorandum of understanding 1. Absichtserklärung, Grundsatzvereinbarung, Vorvertrag 2. Vereinbarung im zwischenstaatlichen Verkehr

memorandum of wishes → letter of wishes

memorandum sale Verkauf unter Eigentumsvorbehalt

mercantile agent 1. Handelsvertreter 2. Kommissionär

mercantile contract Handelsvertrag

merchandise Handelsware ☐ im Gegensatz zu → supplies

merchandise broker 1. Produktenmakler 2. Kommissionär

merchandise cost Warenbezugspreis, Einstandspreis

merchandise management i.e.S. Sortimentssteuerung, i.w.S. Steuerung der → Merchandising-Aktivitäten

merchandise purchase program financing Finanzierung von Warenankaufsprogrammen ☐ Form der strukturierten Exportvorfinanzierung (→ pre-export financing), bei der einem Rohstoff-Produzenten revolvierende Finanzierungsmittel zur laufenden Förderung/Herstellung gegen die Verpflichtung zur Verfügung gestellt werden, dass laufende Lieferungen in einem vorbestimmten Umfang erfolgen.

merchandiser 1. Merchandiser ☐ für die Warenpräsentation in den Verkaufsräumen des Einzelhandels zuständiger Repräsentant eines Markenartikelherstellers, i.e.S. Regalpfleger ☐ für die Regalauffüllung zuständiger Verkaufsrepräsentant 2. Non-Food-Einzelhändler

merchandise range Warensortiment, Warenangebot

merchandise receivables Warenforderungen
merchandise turnover ratio Lagerumschlag
merchandising 1. Verkaufsunterstützung des Händlers durch den Hersteller oder Großhändler am Ort des Verkaufs □ Präsentation von Waren im Verkaufsraum, einschließlich Regalpflege und Verkaufsberatung des Einzelhändlers 2. i.w.S. Gesamtheit der abverkaufsfördernden Maßnahmen, Marketinglogistik 3. Vermarktung von Nutzungsrechten
merchant 1. Merchant □ Vertragsunternehmen einer Kreditkartenorganisation 2. *(in der Schifffahrt)* jede Person, die Eigentümer der Ware (Ablader, Warenempfänger) und Kontrahent des Verfrachters/Reeders ist.
merchant appraiser Schätzer, Taxator
merchant inspired carrier haulage Container-Inlandstransport, der vom Ablader/ Warenempfänger veranlasst wurde, jedoch vom Frachtführer bezahlt wird.
merchant's haulage Organisation und Durchführung von Container-Inlandstransporten
merchant wholesaler Großhandelsbetrieb □ Großhändler, der Geschäfte im eigenen Namen und für eigene Rechnung tätigt. I.d.R. erwirbt er das Eigentum an den zum Weiterverkauf übernommenen Waren.
merger accounting Rechnungslegung bei Fusionen, → pooling of interests method, → purchase method
merger arbitrage Arbitragestrategie, bei der ein spekulativ ausgerichteter Investor Aktien eines Übernahmekandidaten erwirbt und Titel des vermutlich übernehmenden Unternehmens leer verkauft. Er geht dabei von der Annahme aus, dass der Aktienkurs des Zielunternehmens durch spekulatives Interesse steigen, der des Übernehmenden sinken wird.
merger broking Vermittlung von Fusionen, → mergers and acquisitions
merger facilities von Banken bereitgestellte Kreditfazilitäten und Finanzierungsgarantien in Verbindung mit Unternehmenszusammenschlüssen
merger method of accounting Interessenzusammenführungsmethode □ d.h. Aktiva und Passiva des übernommenen Unternehmens werden in den nächsten Abschluss des übernehmenden Unternehmens mit den in den Büchern des übernommenen Unternehmens ausgewiesenen Zahlen aufgenommen.
mergers and acquisitions Geschäftsfeld einer Bank, das folgende Bereiche umfasst: Konzeption und Begleitung von Unternehmenskäufen und -verkäufen, von Fusionen, Übernahmen und Ausgliederungen, Ausarbeitung von Nachfolgeregelungen
merger surplus Fusionsgewinn
merit assessment form Personalbeurteilungsbogen
merit award (bonus) Leistungszulage, Leistungsprämie
merit goods meritorische Güter □ Güter, deren Nachfrage durch den Staat bewusst gefördert wird. → de-merit goods
merit money → merit award
merit pay scheme leistungsbezogene Tarifvereinbarung
merit payment Prämienlohn
merit rating 1. Leistungsbeurteilung, Personalbeurteilung 2. Festsetzung von Versicherungsprämien auf der Grundlage der Schadenhäufigkeit
MES → manufacturing execution systems
message content Inhalt (Informationsgehalt) der Werbebotschaft
message design Gestaltung der Werbebotschaft
message execution kommunikative Umsetzung der Werbebotschaft
message handling agent Softwaretechnologie, die Anfragen entgegennimmt und gegebenenfalls bearbeitet.
message measurement (selection) Bewertung der (Auswahl unter den) zur Verfügung stehenden Werbebotschaften
message perception Wahrnehmung (Per-

zeption) einer Werbebotschaft
messaging Übermittlung von Informationen durch elektronische Medien (z.b. via E-Mail, Intranet, Internet)
messenger-at-arms Vollstreckungsbeamter
meta-data Daten über/hinter Daten
metallic backing Edelmetalldeckung
metamediary Absatzmittler, der eine Vielzahl zusätzlicher Dienstleistungen offeriert.
metered ratings durch Zählgeräte (Aufzeichnungsmechanismen in den Empfangsgeräten) ermittelte Einschaltquote
method of proportional consolidation Quotenkonsolidierungsverfahren
methods engineering Ermittlung von Arbeitsablaufstudien
methods time measurement Methoden-Zeitermittlung (Zeitmessung) □ auf bestimmten Bewegungsabläufen basierendes System vorbestimmter Zeiten
method study Bewegungsstudie
me-too-product Produkt, das sich an einem erfolgreichen Konkurrenzprodukt orientiert.
metra potential method auf einem Vorgangsknotennetz basierende Netzplantechnik, → network analysis
metric benchmarking metrisches Benchmarking, Vergleich auf der Basis von Kennzahlen, → benchmarking
metric ton metrische Tonne (1000 kg oder 2204,68 Pounds)
metropolitan area network Netzwerk, das einen Ballungsraum abdeckt.
mezzanine capital Mezzanin-Kapital □ Finanzierungsmittel zwischen Eigen- und Fremdkapital
mezzanine financing Mezzanin-Finanzierung □ Finanzierung durch die Gewährung festverzinslicher nachrangiger Darlehen, partiarischer Darlehen, Emission von Genussscheinen oder Vorzugsaktien, Ansprüchen auf eine spätere Erfolgsbeteiligung, gegebenenfalls auch Kaufpreisstundungen, i.e.S. die dritte Finanzierungsrunde für ein junges Unternehmen,

in der vor allem Kapazitätserweiterungen finanziert werden.
MFL/MPL → maximum foreseeable/possible loss
MFN → most-favoured nation clause
MH → man-hours, → merchant's haulage
micro marketing Mikro-Marketing, verbrauchergruppen- oder unternehmensspezifischer Marketingansatz
mid-cap fund Fonds, der seine Mittel vor allem in mittelgroßen börsennotierten Unternehmen anlegt.
middle layers of management mittlere Führungsebenen
middleman Zwischenhändler, Absatzmittler
middlemen's brands Handelsmarken □ eigene Marken von Handelsunternehmen, → manufacturer's brand
middle-of-the-road trust Investmentfonds, dessen Anlagepolitik sowohl auf Kapitalzuwachs als auch auf Ertragsausschüttungen ausgerichtet ist.
middleware Software zur Verbindung von Systemplattformen und Anwendungen; erleichtert die Kommunikation unterschiedlicher Anwendungssysteme
middling *(Warenbezeichnung)* Durchschnittsqualität, mittlere Güte
mid-month convention Abschreibungsregel für Wirtschaftsgüter, der zufolge sowohl für den Monat des Ankaufs als auch des Verkaufs ein halber Monat als Abschreibung geltend gemacht werden kann.
mid-tail business → extended reporting period bis zu fünf Jahren
mid-term capital gain Veräußerungsgewinn bei einer Besitzdauer zwischen zwölf und achtzehn Monaten
mid-year convention (rule) sieht vor, dass im ersten Jahr des Erwerbs eines abschreibungsfähigen Wirtschaftsgutes – unabhängig vom Kaufmonat – Abschreibung für sechs Monate geltend gemacht werden kann.
MIG → mortgage indemnity guarantee (policy)

MIGA → Multilateral Investment Guarantee Agency

migration rate → loss rate

milestone plan (schedule) Meilensteinplan □ gibt einen Überblick über die Kernpunkte der Projektplanung und zeigt die Resultate an, die zu einem bestimmten Termin vorliegen müssen.

milestones Meilensteine □ 1. wichtige Zeitpunkte im Projektablauf, Entscheidungsgrundlagen 2. herausragende Ereignisse in der Unternehmensentwicklung 3. Vergleichskriterien für die Performance-Messung

milking strategy Abschöpfungsstrategie, → skimming strategy

millage rates Abgabensätze in den Vereinigten Staaten, die in mills (Zehntel eines Cents) angegeben werden.

Miller Act US-Gesetz, das Auftragserfüllungsbürgschaften (surety bonds) für alle öffentlichen Aufträge über USD 100.000 vorschreibt.

mind mapping Kreativitätstechnik zur Optimierung von Denk- und Arbeitsgewohnheiten durch die Sichtbarmachung vernetzter Systeme und Prozesse, wobei alle Überlegungen zu einem bestimmten Problem-/Themenkomplex je nach Wichtigkeit als Hauptäste mit Nebenzweigen dargestellt werden.

minimax criterion Kriterium, um das günstigste aller ungünstigen Ergebnisse zu erreichen.

minimum cash balance *(als Posten eines Kassen- bzw. Liquiditätsplanes)* Mindestkassenhaltung

minimum frequency Mindestkontakthäufigkeit, → exposure frequency

minimum funding standard Mindestbeitrag eines Arbeitsgebers zu einem Pensionsplan, → defined contribution plan

minimum lease payments Mindest-Leasingzahlungen □ alle während der Vertragslaufzeit zu entrichtenden Leasingraten zuzüglich eines dem Leasinggeber gegebenenfalls garantierten Restwertes

minimum liability 1. Mindesthaftung 2. *(in Verbindung mit einem Pensionsplan)* Mindestrückstellung (für den Überhang an Pensionsansprüchen)

minimum net worth Mindesteigenkapitalhöhe, häufig ein → loan covenant in Kreditverträgen

minimum principle Minimumprinzip, Zielverwirklichung mit einem geringstmöglichen Mitteleinsatz

minimum regulatory capital requirements Mindesteigenkapitalerfordernisse für Kreditinstitute

minimum reserve requirements Mindestreserveanforderungen

minimum retention Mindesteigenbehalt

minimum stock eiserner Bestand, Mindestbestand

minimum tax → alternative minimum tax

mini tail → extended reporting period bis zu 60 Tagen

mini tender offer Übernahmeangebot für weniger als 5% der Aktien eines Unternehmens

minitrial Minitrial □ kein gerichtliches Verfahren, sondern ein außergerichtliches, alternatives Konfliktlösungsverfahren, bei dem die Unternehmensleitungen unter Einschaltung eines neutralen Dritten (neutral advisor) eine Konfliktlösung anstreben; es ist stärker strukturiert als das Mediationsverfahren und setzt sich aus je einem Vertreter der beiden streitenden Parteien/Unternehmen und einem neutralen Dritten (neutral advisor) zusammen.

minor breach of contract unwesentlicher Vertragsbruch

minor fixed assets geringwertige Anlagegüter

minority discount *(bei Unternehmensbewertungen)* Abschlag für Minderheitsbeteiligungen

minority interest(s) 1. Minderheitsbeteiligung(en) 2. *(im Jahresabschluss)* Anteile im Fremdbesitz, Gewinnanteil der Minderheitsaktionäre

minority stockholder (shareholder) Min-

derheitsaktionär
minority stockholders' equity in net income *(im Jahresabschluss)* Anteil der Minderheitsaktionäre am Reingewinn, konzernfremden Gesellschaftern zustehender Gewinn
MIP → mortgage insurance premium
Miranda Rule gesetzliche Bestimmung, der zufolge Geständnisse nur anerkannt werden können, wenn der Beschuldigte zuvor auf seine Rechte hingewiesen wurde.
MIRAS → mortgage interest relief at source
mirror corporations aus einer Unternehmensaufteilung hervorgegangene Gesellschaften (Mutter und Tochter) mit identischer Geschäftszielsetzung
mirror subsidiary → mirror corporations
misappropriation rechtswidrige Aneignung
misbehaviour Amtspflichtverletzung
miscellaneous accruals *(im Jahresabschluss)* sonstige Rückstellungen
miscellaneous income/operating expenditure sonstige Erträge/Betriebskosten
misdemeanour Fehlverhalten, *(i.S. der US-Gesetzgebung)* Vergehen, das mit einer Geldstrafe oder Gefängnisstrafe bis zu einem Jahr geahndet wird, → misfeasance, → malfeasance
misfeasance fehlerhafte Amtsführung
misjoinder 1. fälschliche Benennung einer Person als Verfahrenspartei 2. unzulässige Zusammenfassung von Klagen
misleading statements → misrepresentation
misrepresentation irreführende (falsche) Angaben, Falschdarstellung
Misrepresentation Act Verbraucherschutzgesetz □ berechtigt zum Vertragsrücktritt bei irreführenden Angaben des Verkäufers
missing units Ausfälle, die das Stichprobenergebnis verzerren können.
mission Geschäftsauftrag, Unternehmensauftrag
mission statements Unternehmensleitsätze □ zur Einstellung des Unternehmens gegenüber Kunden, Lieferanten, Mitbewerbern am Markt und Mitarbeitern sowie

ganz allgemein zur Stellung des Unternehmens in Gesellschaft und Wirtschaft
mistake of fact Tatsachenirrtum
mistake of law Rechtsirrtum
mistrial nichtiges Verfahren (auf Grund eines Verfahrensfehlers oder sonstiger Unregelmäßigkeiten)
misuse defense *(Einwendung des beklagten Herstellers in einem Produkthaftpflichtverfahren)* Fehlgebrauch des Produktes durch den Geschädigten
mitigation of damage (Verpflichtung zur) Geringhaltung des Schadens
mixed bond fondsgebundene Lebensversicherung, → insurance bond
mixed carload rate Stückguttarif
mixed economy ökonomisches Mischsystem
mixed goods Mischgüter
mixed insurance company 1. US-Versicherungsunternehmen, das im Hinblick auf Rechtsform und Geschäftsausrichtung sowohl Elemente eines Versicherungsvereins auf Gegenseitigkeit als auch einer Aktiengesellschaft auf sich vereinigt. 2. Versicherungsunternehmen, das sowohl Kranken- als auch Lebensversicherungen anbietet.
mixed perils insurance kombinierte (gemischte) Versicherung
mixed policy *(in der Seeversicherung)* kombinierte Zeit- und Reiseversicherungspolice
mixed tariff Mischzoll, kombinierter Mengen- und Wertzoll
mix variance Mischungsabweichung, → material(s) mix variance
M-M → man-months
MMC → multicurrency management center
MOA → memorandum of agreement
MOB → manufacturer-owned brand, → make-or-buy
mobile business mobiler Geschäftsverkehr, Geschäftsabwicklung über mobile Telekommunikationsmittel (z.B. vom Handy aus)
mobile commerce über mobile Endgeräte abgewickelter → E-Commerce

mobile customer relationship management mobiles Kundenbeziehungsmanagement, Kundenkontakte über mobile Endgeräte
mobile payment Zahlung per Handy
mobile racking system Verschieberegalsystem
mobility of labour Arbeitskräftemobilität
mobility products die Mobilität der Menschen unterstützende Produkte
mock-up → digital mock-up assembly
model-based learning Lernen am Modell
Model Business Corporation Act von der National Conference of Commissioners of Uniform State Laws erarbeitetes Mustergesetz, auf dem das Kapitalgesellschaftsrecht der meisten US-Bundesstaaten basiert.
moderation Moderation, Lenkung des Ablaufes von Entscheidungsprozessen
modern portfolio theory Theorie des Nobelpreisträgers Harry Markowitz zur Optimierung des Verhältnisses von Marktrisiko zu erwarteter Rendite. Sie basiert auf der Annahme, dass bei richtiger Portefeuillemischung das Risiko des Gesamtportefeuilles geringer ist als die Summe der Risiken der Einzelpositionen.
modification by the proof of custom Änderung durch nachgewiesenes Gewohnheitsrecht
modified accounts modifizierter Jahresabschluss
modified book value Marktwert
modified duration modifizierte Duration □ gibt die prozentuale Veränderung des Kurswertes bei einer marginal kleinen Veränderung der aktuellen Marktrendite an.
modified rebuy (repeat purchase) modifizierter Wiederholungskauf, → buy class
modular package modular strukturiertes Konzept
modular solution Baukastenlösung
MOF → multiple option facility
MOLAP → multidimensional online analytical processing
monadic evaluation monadischer Test □ Studie, bei der eine Testperson jeweils nur einen Stimulus (Produkt, Anzeige) bewertet und ihn nicht mit anderen Stimuli vergleicht.
monadic test monadischer Produkttest □ nur das Produkt wird getestet, d.h. es erfolgt kein Leistungsvergleich mit anderen Produkten.
monetary (financial) assets monetäre Aktiva □ Kassenbestände, Bankguthaben, Besitzwechsel, marktfähige Wertpapiere, kurzfristige Forderungen, i.w.S. Geldvermögen
monetary items monetäre Posten, → monetary assets
monetary-nonmonetary translation method Verfahren für die Währungsumrechnung von Abschlüssen ausländischer Tochtergesellschaften □ Bei diesem Verfahren werden monetäre Posten zum Stichtagskurs (Wechselkurs zum Bilanzstichtag), nicht-monetäre Posten (Sachanlagen) zum historischen Kurs (Wechselkurs zum Zeitpunkt der Anschaffung) umgerechnet.
monetary value 1. monetärer Wert, Kaufwert 2. Umsatzbeitrag
monetary working capital monetäre Aktiva (Vermögensteile), → net monetary working capital
monetisation of assets Monetisierung, Liquidisierung von Vermögenswerten
money aggregates Geldmengenaggregate, → money supply
money assets → monetary assets
money at risk Modell zur Messung der Marktpreisrisiken aus Handelsgeschäften
money bond fondsgebundene Lebensversicherung □ Die Höhe der Versicherungsleistungen ist an die Wertentwicklung eines Investmentfonds gekoppelt, dessen Kapital ausschließlich in Festgeldern oder Geldmarktpapieren angelegt wird.
money center banks große US-Geschäftsbanken □ finanzieren sich weniger über Einlagen, sondern in erster Linie über die nationalen und internationalen Geld- und Kapitalmärkte

money flow analysis Geldstromanalyse □ Analyse der Zahlungs- und Kreditvorgänge in einer Volkswirtschaft

money judgement Zahlungsurteil □ Urteil, das einen Zahlungsanspruch bzw. eine -verpflichtung festschreibt.

money measure Geldmengengröße, monetäre Größe, → money supply

money-over-money lease Leasingtransaktion, bei der der Leasinggeber die Leasingraten ausschließlich unter dem Gesichtspunkt seiner Einstandskosten (also ohne steuerliche Gesichtspunkte) festlegt.

money purchase scheme betriebliche Altersversorgung, bei der der Arbeitgeber (und gegebenenfalls der Arbeitnehmer) regelmäßige Einzahlungen in einen Fonds leisten, aus dem der angesparte Betrag später zur Auszahlung gelangt. Die Summe, die ein Arbeitnehmer bei Eintritt in den Ruhestand erhält, wird demzufolge entscheidend durch die Wertentwicklung der investierten Gelder bestimmt. → final salary scheme

money substitutes Geldsurrogate

money supply Geldmenge, Geldvolumen □ Menge des in einer Volkswirtschaft umlaufenden Buch- und Bargeldes. Sowohl in Großbritannien als auch in den Vereinigten Staaten werden die Geldmengengrößen nicht selten neu abgegrenzt, wobei naturgemäß die Geldmengensituation bzw. die Intentionen der jeweiligen Administration eine wichtige Rolle spielen. I.d.R. kann jedoch von den folgenden Aggregaten ausgegangen werden:
In Großbritannien: *(M0)* Geldmenge in der engen Definition – bestehend aus dem Bargeldumlauf und den Guthaben der Kreditinstitute bei der Bank of England. *(M4)* Geldmenge in der weitesten Abgrenzung – bestehend aus dem Bargeldumlauf, den Sicht- und Termineinlagen des privatwirtschaftlichen Sektors bei Kreditinstituten und Bausparkassen. *(M 4 lending)* Kreditvergabe der britischen Kreditinstitute an Gebietsansässige (Kredite an öffentlich-rechtliche Unternehmen und Bank-an-Bank-Ausleihungen ausgenommen)
In den Vereinigten Staaten: *(M1)* Geldmenge in der engeren Abgrenzung – bestehend aus Bargeldumlauf und Sichteinlagen im Bankensektor, Reiseschecks sowie Einlagen auf verzinslichen Kontokorrentkonten. *(M2)* Das Aggregat M-2 umfasst: M-1 plus Spareinlagen, kleine bis mittelgroße Termingeldkonten, Eurodollar-Tagesgelder, Geldmarktfondsanteile der nicht-institutionellen Anleger sowie Tages-Pensionsgeschäfte bzw. Rückkaufsvereinbarungen. *(M3)* Das Aggregat M-3 setzt sich zusammen aus: M-2 plus großvolumige Termingeldpositionen und Rückkaufsvereinbarungen sowie Geldmarktfondsanteile im Besitz institutioneller Anleger.

monitor Insolvenzsachverständiger, der die Geschäfte eines zahlungsunfähigen Unternehmens bis zum Abschluss einer möglichen Vergleichsvereinbarung überwacht. → insolvency practitioner

monitoring frequency Kontrollrate, Kontrollhäufigkeit (im Produktionsprozess)

monoline policy Versicherungspolice, durch die nur ein Risiko abgedeckt wird.

Monopolies and Mergers Commission wurde 1999 durch die → Competition Commission ersetzt.

monopoly supplier Angebotsmonopolist □ ein großer Anbieter, dem zahlreiche kleine Nachfrager gegenüberstehen.

monthly reporting form offene (laufende) Versicherung mit monatlicher Deklarationspflicht

mood conditioning Schaffung einer anregenden Verkaufsatmosphäre

moot case (point) Frage, die keiner gerichtlichen Klärung bedarf (da sie entweder rein akademischer Natur bzw. für die Entscheidung in der Sache nicht relevant ist oder bereits zu einem früheren Zeitpunkt entschieden wurde).

mootness Nichtzulassung einer Klage (da ein → moot case vorliegt)

moral consideration moralische Gegenleistung (Verpflichtung)

moral hazard Persönlichkeitsrisiko, moralisches Risiko □ Lebensführung bzw. Verhaltensgewohnheiten eines Kredit- oder Versicherungsnehmers, die das Verlustrisiko erhöhen. → morale hazard

morale hazard Verlustrisiko aufgrund einer mangelnden Schadenprävention

moratorium 1. Moratorium, Stillhalteabkommen 2. Aussetzung eines Verfahrens

more-favourable-terms clause Klausel eines Haustarifvertrages, durch die sich eine US-Gewerkschaft gegenüber einem Arbeitgeber verpflichtet, für die Mitarbeiter von Konkurrenzfirmen keine günstigeren Bedingungen auszuhandeln.

morphological market analysis morphologische Marktforschung □ Analyse von Märkten und Verbrauchern mittels tiefenpsychologischer Methoden

morphological product research morphologische Produktforschung □ Feststellung der Motive für eine bestimmte Produktnutzung

mortgage Hypothek □ Die mortgage des britischen Rechtskreises unterscheidet sich von der Hypothek des deutschen Rechts in einem wesentlichen Punkt: Während mit der deutschen Hypothek die Belastung einer Liegenschaft verbunden ist, das Eigentum jedoch beim Sicherungsgeber verbleibt, kommt es bei der mortgage zu einer Vollrechtsübertragung. Mit anderen Worten: Der Hypotheken- bzw. Grundpfandgläubiger (mortgagee) wird formal Eigentümer der belasteten Liegenschaft, wobei anerkannt ist, dass er das Eigentum nur zu Sicherungszwecken erhält. Der Hypotheken- bzw. Grundpfandschuldner hat nur einen Anspruch auf Rückübertragung der Eigentumsrechte bei Tilgung der Schuld bzw. Erfüllung des Sicherungszweckes. Diese Rechtsauffassung wurde in den Vereinigten Staaten im Wesentlichen rezipiert.

mortgage approvals bewilligte Hypothekenkredite, *(im Jahresabschluss)* Hypothekenneugeschäft

mortgage assumption Hypothekenübernahme, Übernahme bestehender Hypotheken durch den neuen Grundstücks- bzw. Hauseigentümer

mortgage-backed claim hypothekarisch gesicherter Anspruch

mortgage-backed securities (paper) durch Hypotheken unterlegte Schuldtitel □ MBS resultieren regelmäßig aus einer securitisation, d.h. der Umwandlung langfristiger Hypothekenkredite in handelbare Wertpapiere. Die Titel werden durch eine nur für diesen Zweck gegründete Gesellschaft (single-purpose company) emittiert, auf die die Hypothekenforderungen der ursprünglichen Gläubiger übertragen wurden. Die Zahlungseingänge auf die Darlehensforderungen werden zur Bedienung der Titel verwendet. Mortgage-backed securities weisen zahlreiche Parallelen zu deutschen Pfandbriefen auf, unterscheiden sich von Letztgenannten sowohl im Hinblick auf die Emittenten als auch in der Laufzeit (MBS: langfristig, bis zu 30 Jahre, PB: i.d.R. 5–10 Jahre), Tilgung (MBS: Tilgungsanleihen, Optionen auf vorzeitige Rückzahlung, PB: Rückzahlung in einer Summe bei Fälligkeit), Bilanzierung: (MBS: off-balance sheet, PB: on-balance sheet)

mortgage bonds US-Pfandbriefe □ Emissionen durch Kommunen und Bundesstaaten, deren Erlöse zur Bereitstellung von Hypothekendarlehen an Angehörige niedriger Einkommensschichten verwendet werden.

mortgage closing → closing

mortgage completion date Zeitpunkt des In-Kraft-Tretens der Hypothek und Auszahlung des Hypothekendarlehens; weitgehend identisch mit dem → legal completion date

mortgage constant Verhältnis zwischen dem jährlichen Zins-und Tilgungsaufwand und der Hypotheken-Darlehenssumme

mortgage correspondent Institut, das Hypothekenforderungen verwaltet. → mortgage servicing

mortgage deed Hypothekenbrief, Hypothekenurkunde

mortgage discount (discount points) Hypothekendisagio, → discount points

mortgagee Hypothekengläubiger, Grundpfandgläubiger, Inhaber einer durch ein Grundpfandrecht gesicherten Forderung

mortgagee in possession Hypothekengläubiger, der nach dem Zahlungsverzug des Schuldners/bisherigen Eigentümers dessen Aufgaben (z.B. Mieteinzug, Instandhaltung) bis zum Verkauf/Zwangsversteigerung der Immobilie wahrnimmt.

mortgagee insurance Hypothekenverlustversicherung □ Versicherung eines US-Hypothekengläubigers; schützt ihn vor Verlust seines Kapitals bei einer Insolvenz des Kreditnehmers oder wenn das als Sicherheit dienende Gebäude beschädigt oder zerstört wird. → mortgage indemnity guarantee

mortgagee's title policy → mortgage title insurance

mortgage foreclosure Hypothekenzwangsvollstreckung, Vollstreckung aus einer Hypothek

mortgage funding 1. Hypothekenfinanzierung, Fremdfinanzierung durch Hypothekengelder 2. Refinanzierung der Hypothekenausleihungen (des Hypothekengeschäfts)

mortgage guarantee insurance → mortgage indemnity guarantee

mortgage indemnity fee Kosten für eine Hypothekenausfallversicherung, → mortgage indemnity guarantee

mortgage indemnity guarantee (policy) Hypothekenausfallversicherung, Hypothekenverlustversicherung □ schützt den Kreditgeber/Hypothekengläubiger vor Verlusten bei Zahlungsverzug des Kreditnehmers; die in einer Summe erhobene Versicherungsprämie ist durch den Kreditnehmer zu tragen und wird von britischen Hypothekenkreditgebern bei Gewährung einer besonders hohen Beleihungsquote (über 75%) in Rechnung gestellt.

mortgage indenture 1. Hypothekenvertrag 2. Vertrag über die Emission hypothekarisch gesicherter Schuldtitel

mortgage insurance 1. Hypothekenversicherung, → mortgagee insurance, mortgage indemnity guarantee 2. Hypothekentilgungsversicherung, → mortgage redemption insurance

mortgage insurance premium Hypothekenversicherungsprämie □ wird als Pauschalbetrag beim → closing oder zusammen mit der monatlichen Zins- und Tilgungsleistung fällig.

mortgage interest relief at source direkte Anrechnung einer Steuervergünstigung auf die zu leistende Hypothekenzinszahlung

mortgage participation certificates fungible Hypothekeninstrumente □ Bei diesen Titeln handelt es sich um Anteile an einem geschlossenen Pool von Hypotheken, die in handelbare Instrumente umgewandelt wurden. Verkauft werden diese Papiere in erster Linie durch die großen US-Realkreditinstitute an institutionelle Anleger.

mortgage pass-throughs durch Hypothekenforderungen unterlegte Schuldtitel, bei denen alle Zins- und Tilgungsleistungen direkt an die Investoren fließen. → pass-through securities

mortgage pipeline Zeitraum von der Hypothekenantragstellung bis zur Valutierung

mortgage pool Hypotheken-Pool □ gleichartige Hypothekenforderungen, die zusammengelegt und im Sekundärmarkt (→ secondary mortgage market) verkauft werden.

mortgage redemption insurance Hypothekentilgungsversicherung □ Risikolebensversicherung mit einer der Hypothekentilgung entsprechend fallenden Versicherungssumme

mortgage relief 1. steuerliche Absetzbar-

mortgage securitisation

keit der Hypothekenzinsen 2. Entlastung des Hypothekenschuldners ☐ entweder durch Rückzahlung des Hypothekendarlehens oder Übernahme der Hypothek durch eine dritte Person

mortgage securitisation Verbriefung von Hypothekenforderungen, Umwandlung langfristiger Hypothekenkredite in handelbare Wertpapiere

mortgage servicing 1. Bedienung eines Hypothekendarlehens, Leistung der vereinbarten Zins- und Tilgungszahlungen durch den Kreditnehmer 2. Verwaltung von Hypothekenforderungen ☐ (a) Einzug der fälligen Zins-und Tilgungsleistungen, Bestellen und Löschen von Grundpfandrechten, Führung des → escrow account sowie gegebenenfalls Einleitung von Zwangsvollstreckungsmaßnahmen bei anhaltendem Zahlungsverzug (b) Weiterleitung von Zahlungen an die aktuellen Gläubiger, wenn Hypotheken am Sekundärmarkt durch die ursprünglichen Kreditgeber an Kapitalanleger verkauft wurden. Diese Forderungsverwaltung übernimmt der Kreditgeber entweder selbst oder eine von den Anlegern beauftragte Gesellschaft (mortgage correspondent, mortgage servicing company) gegen Zahlung einer entsprechenden Gebühr (mortgage servicing fee).

mortgages payable *(im Jahresabschluss)* Hypothekenkredite, Verbindlichkeiten aus Hypothekenkrediten

mortgages receivable *(im Jahresabschluss)* Hypothekenforderungen, Forderungen aus Hypothekenkrediten

mortgage tax relief Steuervergünstigung für Hypothekenkredite, Absetzbarkeit der Hypothekenzinsen vom steuerpflichtigen Einkommen

mortgage title insurance (policy) Rechtstitelversicherung des Hypothekengläubigers ☐ Versicherung, durch die ein Hypothekengläubiger sicherstellen kann, dass er eine Hypothek an einem bestimmten Grundstück rechtskräftig erworben hat.

Der Versicherer haftet für die von ihm festgestellten Eigentumsrechte und Belastungen.

mortgage underwriting Ausreichung eines Hypothekendarlehens

mortgage warehousing Zusammenfassung von Hypotheken(darlehen) zwecks Verkauf im Hypotheken-Sekundärmarkt, → secondary mortgage market

mortgaging out Gewährung eines Hypothekendarlehens, das den aktuellen Grundstückswert übersteigt.

mortgagor Hypothekenschuldner

most-favoured nation clause Meistbegünstigungsklausel ☐ Klausel, durch die sich ein Staat verpflichtet, den Waren des Partnerstaates auf seinem Territorium eine dem bevorzugtesten Land gleichgestellte Behandlung zu gewähren.

most likely scenario die für am wahrscheinlichsten gehaltene Entwicklung

motion Schriftsatz

motion and time study Arbeitsablaufstudie

motion for directed verdict Antrag der beklagten Partei auf Entscheidung des Falles durch den Richter und nicht durch die Geschworenen

motion for judg(e)ment on the pleadings Antrag auf Entscheidung nach Aktenlage

motion for a new trial Antrag (des Klägers) auf Ansetzung eines neuen Verfahrens, wenn ihm der durch die Geschworenen zugesprochene Schadenersatz als unzureichend erscheint.

motion for rehearing → motion for a new trial

motion for a summary judg(e)ment Antrag auf Entscheidung im summarischen Verfahren

motion in limine zu Beginn des Verfahrens gestellter Antrag

motion study Bewegungsstudie

motion to dismiss for lack of jurisdiction Antrag auf Klageabweisung mangels Zuständigkeit des angerufenen Gerichts

motion to stay the action Antrag auf Verfahrensaussetzung

motivational research Motivforschung
motor carriage Beförderung per Lkw, Lkw-Transport
motor carrier Fuhrunternehmer
motor underwriting income Beitragseinnahmen aus Kfz-Versicherungen
MOU → memorandum of understanding
movable property/movables bewegliche Sachen, bewegliches Vermögen, Mobilien
movant Antragsteller, Beschwerdeführer
movement certificate Warenbegleitschein
move note Terminkarte □ Teil der Fertigungsunterlagen
movent → movant
moving average gleitender Durchschnitt
moving of goods and services Disposition von Waren und Dienstleistungen
moving period budget planning rollierende Budgetplanung
moving targets sich kontinuierlich verändernde Zielvorgaben
M/P → memorandum of partnership
M-Payment → mobile payment
MPC/MPV → multipurpose carrier/vessel
MPL → maximum possible/probable loss
MPM → metra potential method
MPPF → merchandise purchase program financing
MPT → modern portfolio theory
MRCR → minimum regulatory capital requirements
MRO resources/supplies indirekte Bedarfsgüter für die Produktion □ Ressourcen/Ausrüstungsgüter, die der Wartung (maintenance), Reparatur (repair) und dem Betrieb (operation) von Produktionsanlagen dienen.
MRP → material(s) requirements planning, → material(s) resource planning
MRP II → manufacturing resource planning
MSP → management service provider
MSS → management support system
MT → metric ton
MTD → maritime transport document
MTM → methods time measurement
MTNs → medium-term notes
MTO → make-to-order, → multitransport operator
MTS → make-to-stock
MTU → maximum transmission unit
multiattribute attitude model multiattributives Einstellungsmodell □ Theorie, der zufolge die Bewertung eines Kaufobjektes durch eine Person zum einen auf ihren Einstellungen zu bestimmten Produkteigenschaften und zum anderen auf der Bedeutung basiert, die diese Eigenschaften für sie haben.
multibrand development Entwicklung von zwei oder mehreren Markennamen in der gleichen Produktkategorie durch den gleichen Hersteller.
multibrand strategy Mehrmarkenstrategie □ Marketingstrategie, die darauf ausgerichtet ist, mehrere Marken in der gleichen Produktkategorie zu vertreiben.
multibuyer policy Ausfuhrgewährleistung der US→ Export-Import Bank für Exporte an ausländische Käufer
multichannel approach Mehrkanal-Absatz, Nutzung unterschiedlicher Absatzwege
multichannel conflicts Multikanalkonflikte, Konflikte zwischen verschiedenen Absatzkanälen
multichannel customer relationship management kanalübergreifendes → customer relationship management
multichannel distribution system Mehrkanalsystem, Multikanalvertrieb, mehrgleisiger Vertrieb, Vertrieb über verschiedene Absatzkanäle
multichannel management Steuerung und Optimierung aller Kommunikations- und Vertriebskanäle zum Kunden □ Ziel ist es, dem Kunden die Möglichkeit zu geben, Produkte und Dienstleistungen überall abrufen und kanalübergreifend nutzen zu können.
multiclient survey Omnibusbefragung, Gemeinschaftsuntersuchung □ von mehreren Firmen in Auftrag gegebene Marktstudie
multicurrency management center Stabs-

multidimensional database management

abteilung, die für die Liquiditätssteuerung einer Unternehmung im Fremdwährungsbereich zuständig ist.

multidimensional database management system multidimensionales Datenbank-Managementsystem, System zur Organisation von Datenbeständen in multidimensionaler Form

multidimensional online analytical processing multidimensionales → online analytical processing

multidimensional scaling mehrdimensionale Skalierungstechnik □ Verfahren zur räumlichen Präsentation von Reizähnlichkeiten; wird in der Marktforschung zur Untersuchung des Konsumentenverhaltens eingesetzt.

multi-employer pension plan gemeinschaftliche Pensionskasse mehrerer Unternehmen

multifactor incentive scheme Prämienlohnsystem, bei dem die Höhe der Prämien durch unterschiedliche Faktoren bestimmt wird.

multiform corporations Konglomerate

Multilateral Investment Guarantee Agency Multilaterale Investitionsgarantie-Agentur □ Organisation der Weltbank zur Absicherung von Investitionen ausländischer Kapitalanleger in der Dritten Welt gegen verschiedene nichtökonomische Risiken (Risiken auf Grund der Unterbindung von Kapitaltransfers bzw. der Auferlegung von Devisenkontrollen, Verluste durch Enteignungen oder vergleichbare Maßnahmen, Behinderung in der Ausübung der Geschäftstätigkeit, Verluste auf Grund kriegerischer Auseinandersetzungen oder bürgerkriegsähnlicher Unruhen).

multiline enterprise Mehrproduktbetrieb

multiline insurer Kompositversicherer, Mehrspartenversicherer

multimanaged fund von mehreren Fonds-Managern verwalteter Fonds

multimedia technology Multimedia-Technologie, neue Informations-und Kommunikationstechniken

multimodal bill of lading → combined transport bill of lading

multimodal transport multimodaler (mehrstufiger) Transport □ Güterbeförderung mit mindestens zwei Transportmitteln

multimodal transport operator multimodaler Transportunternehmer

multiownership → time-sharing

multiparent captive Versicherungsgesellschaft, die sich im Besitz mehrerer Konzerngesellschaften befindet. → single-parent captive, → pure captive, → broad captive

multiperil lines Vielgefahrenversicherungen, kombinierte Versicherungen zur Deckung von Sach- und Haftpflichtrisiken

multiplatform approach Multiplattformansatz, Einsatz unterschiedlicher Kommunikationsinstrumente, multimediale Kommunikation

multiple 1. Verhältniskennzahl, Kennzahl zur Unternehmensbewertung, → multiples, → market multiple 2. Synonym für → price/earnings ratio 3. Ladenkette, Filialbetrieb

multiple advertising insertions Mehrfachschaltungen

multiple award Zuschlag an mehrere Bieter

multiple bond fondsgebundene Lebensversicherung, → insurance bond

multiple branding Verkauf identischer Produkte unter verschiedenen Warenzeichen

multiple budget Etat für mehrere Geschäftsjahre

multiple capital structure multiple Kapitalstruktur, Aufteilung des Aktienkapitals in mehrere Klassen (z.B. Class A, Class B stock)

multiple casualty coverage gebündelte Haftpflichtversicherung

multiple channel system → multichannel distribution system

multiple choice question Mehrfachauswahlfrage □ Frage mit mehreren vorgegebenen Antwortalternativen

multiple class securitization Verbriefung von Forderungen in Schuldtitel mit unter-

schiedlichen Rechten und Laufzeiten
multiple damages → treble damages
multiple distribution channels verschiedene Distributionskanäle, über die ein Produkt vertrieben werden kann.
multiple imposition Mehrfachbesteuerung
multiple line underwriter Universalversicherer, Kompositversicherer
multiple listing gleichzeitiges Angebot einer Immobilie durch mehrere Makler
multiple listing association Gruppe von Immobilienmaklern, die ihre Angebote untereinander austauschen.
multiple niching Mehrnischenstrategie ☐ auf die gleichzeitige Bearbeitung mehrerer Marktnischen ausgerichtete Strategie
multiple option facility Kreditfazilität, die dem Kreditnehmer die Aufnahme von Geldern auf der Basis unterschiedlicher Finanzierungsinstrumente (i.d.R. auch in verschiedenen Währungen) ermöglicht.
multiple organisation → multiple retailer
multiple peril insurance (policy) Vielgefahrenversicherung
multiple policy gebündelte (kombinierte) Versicherung
multiple product test Mehrfachtest, Test mehrerer Produkte zum gleichen Zeitpunkt
multiple prosecution Mehrfachverfolgung
multiple regression analysis Mehrfach-Regressionsanalyse
multiple response question Listenfrage; Frage, die mehrere Antworten zulässt.
multiple retailer (shop) Filialunternehmung ☐ Einzelhandelsunternehmen, das bis zu zehn Filialen unterhält. → large multiple retailer
multiples Multiplikatoren; das Vielfache bestimmter finanzieller Kennzahlen (z.B. Cashflow, Umsatz, EBIT) zur Ermittlung des Unternehmensschätzwertes, → market multiples approach
multiple segmentation approach Mehrfachsegmentierungsansatz, gleichzeitige Bearbeitung unterschiedlicher Marktsegmente mit unterschiedlichen Marketing-

instrumenten
multiple sourcing multiple Beschaffungsaktivitäten, Beschaffung von Werkstoffen und Betriebsmitteln aus einer Vielzahl von Quellen, Warenbezug aus unterschiedlichen Quellen, Inanspruchnahme mehrerer Lieferanten pro Beschaffungsobjekt
multiple subordination Mehrfachunterstellung, → functional organisation
multiple timeplan Prämienlohnsystem, bei dem verschiedene Zeitlohnsätze festgelegt werden.
multiple voting share Mehrstimmrechtsaktie
multiplicity of actions zahlreiche und unnötige Klagebegehren zum gleichen Streitpunkt/Themenkomplex
multiproduct company 1. Mehrproduktunternehmen 2. Mehrsortimentunternehmen
multiproduct pricing Mehrprodukt-Preisbildung (z.B. Ausarbeitung von Preispaketen)
multiproject management Multiprojektmanagement ☐ Planung und Steuerung mehrerer miteinander verbundener Projekte, Koordinierung der Ressourcenverteilung bei der gleichzeitigen Durchführung mehrerer Projekte
multiproject scheduling Multiprojektplanung
multipurpose carrier/vessel 1. Mehrzweckfrachter ☐ Schiff, das sehr unterschiedliche Ladungen (Stück-/Massengut, Container) aufnehmen kann. 2. Schiff, das unterschiedliche Techniken für Ladung und Löschung einsetzen kann.
multishot mailing campaign mehrstufige Mailing-Kampagne
multisourcing of funds Inanspruchnahme mehrerer (unterschiedlicher) Finanzierungsquellen
multistage area sample mehrstufige Flächenstichprobe, → area sample, → multistage sampling
multistage pricing stufenweise Preisbildung
multistage sample mehrstufige Auswahl

(Stichprobe), mehrere, aufeinander aufbauende bzw. hintereinander geschaltete Stichproben

multistage sampling Mehrstufenauswahlverfahren, mehrstufige Stichprobenerhebung

multistate corporation in mehreren US-Bundesstaaten tätiges Unternehmen

multistep competitive bidding Mehrstufenausschreibung

multitank container Mehrzweck-Tankcontainer (mit zwei oder mehr getrennten Tanks zur Aufnahme unterschiedlicher Flüssigkeiten)

multitasking Mehrprogrammbetrieb, Parallelausführung mehrerer Programme, gleichzeitige Abwicklung mehrerer Geschäftsprozesse

multitask systems Systeme, die verschiedene Aufgaben gleichzeitig ausführen.

multithreading paralleles Abarbeiten unterschiedlicher Programmabläufe, Ablauf mehrerer Prozesse in schneller Abfolge innerhalb eines einzelnen Programms

multi-tier distribution → multichannel distribution system

multi-tiered partnerships Personengesellschaften, die eine Gesellschafterfunktion in anderen Personengesellschaften wahrnehmen.

multi-tier market mehrgleisiger (gespaltener) Markt

multitransport operator auf den grenzüberschreitenden kombinierten Güterverkehr spezialisiertes Unternehmen

multitrigger insurance Versicherungskonzept, bei dem eine Leistungspflicht des Versicherers nur entsteht, wenn neben dem Schadenereignis (first trigger) ein oder zwei weitere Entwicklungen (second/third triggers) eingetreten sind.

multiuser systems Systeme, die die gleichzeitige Inanspruchnahme durch mehrere Nutzer erlauben.

multivariate multivariat, aus vielen Variablen bestehend

multivariate data analysis multivariate (Daten-)Analyse, Analyse der Zusammenhänge zwischen mehreren Variablen

municipal bonds Kommunalobligationen, Kommunalschuldverschreibungen, Emissionen der US-Gebietskörperschaften (Bundesstaaten, Regionalverwaltungen, Städte und Gemeinden).

muniments of title Eigentumsunterlagen (z.B. Kaufvertrag, Grundbuchauszug)

must start/finish erzwungener Beginn/Abschluss eines Projektvorganges

mutual association Genossenschaftssparkasse

mutual benefit association → mutual office (society)

Mutual Club auf Reederhaftpflichtversicherungen spezialisierter Versicherungsverein auf Gegenseitigkeit, → protection and indemnity insurance

mutual fund Investmentfonds □ Investmentfonds mit unbeschränkter Emissionshöhe, d.h. Anteile können in unbegrenzter Höhe emittiert werden. Gegensatz: → closed-end fund

mutual insurance Versicherung auf Gegenseitigkeit

mutualisation Umwandlung in ein genossenschaftliches Unternehmen

mutual loan association genossenschaftliche US-Bausparkasse

mutual office (society) Versicherungsverein auf Gegenseitigkeit, genossenschaftliches Versicherungsunternehmen

mutual rescission Vertragsauflösung im beiderseitigen Einverständnis mit gegenseitiger Haftungsfreistellung

MVA → market value added

MVL → members/shareholders voluntary liquidation

N

name → Lloyd's
named peril coverage Einzelrisikoversicherung
named point benannter Bestimmungs-/Lieferort
name (schedule) bond Vertrauensschaden-/Veruntreuungsversicherung □ Versicherung gegen vorsätzliche Schäden durch die im Versicherungsschein genannte(n) Person(en)
napkin sketch einfache, skizzenhafte Darstellung einer neuen Produktidee
narrative appraisal report schriftliche Begründung des ermittelten Schätzwertes
narrow money supply Geldmenge in der engeren Abgrenzung, → money supply
national accounts volkswirtschaftliche Gesamtrechnung
National Credit Union Administration US-Zulassungs- und Aufsichtsbehörde für die bundesweit ca. 6.500 federal credit unions (Kreditgenossenschaften). Die NCUA verwaltet ferner den Einlagensicherungsfonds der Kreditgenossenschaften (National Credit Union Share Insurance Fund) und die Central Liquidity Facility, die die Kreditgenossenschaften mit Liquidität versorgt.
national debt Staatsschuld, staatliche Gesamtverschuldung
National Debt Commissioners überwachen die Wirtschafts- und Haushaltsführung der britischen Regierung
National Debt Office zuständig für die Beschaffung und Verwaltung der Finanzmittel der britischen Regierung, → National Investment and Loans Office
national dividend → national income
national economy 1. Binnenwirtschaft 2. Volkswirtschaft
national expenditure öffentliche Ausgaben, Staatsausgaben

National Futures Association Selbstregulierungsorgan des US-Terminhandels
national income Volkseinkommen, Nettosozialprodukt zu Faktorpreisen
national introduction landesweite Produkteinführung zum gleichen Zeitpunkt
National Investment and Loans Office zentrale Verwaltungseinheit für das → National Debt Office, das → Office of HM Paymaster General und den → Public Works Loan Board
National Labor Relations Act regelt in den Vereinigten Staaten die Beziehungen zwischen Arbeitgebern, Gewerkschaften und Arbeitnehmern
National Labor Relations Board Aufsichtsbehörde für den Arbeitsmarkt □ gewährleistet die Umsetzung der Bestimmungen des → National Labor Relations Act
national output (product) Wertschöpfung, wirtschaftliche Leistung einer Volkswirtschaft
national wage-push inflation binnenwirtschaftliche Lohnkosteninflation
national wealth Volksvermögen
natural forum natürlicher Gerichtsstand
natural justice → rules of natural justice
natural observation Feldbeobachtung □ Beobachtung von Konsum- bzw. Verhaltensgewohnheiten in der natürlichen Umgebung. → observation techniques
natural premium Lebensversicherungsprämie, die automatisch mit jedem neuen Lebensjahr des Versicherungsnehmers steigt.
nature of expenditure (expense) method Gesamtkostenverfahren
nautical assessor Sachverständiger für Schifffahrtsfragen
NAV → net asset value
NBV → net book value
NC → network computing, → numerical control

NCND agreement → non-circumvention/non-disclosure agreement
NCUA → National Credit Union Administration
NCV → no commercial value
NDO → National Debt Office
near-critical activity quasi-kritischer Vorgang □ Vorgang mit einer geringen Pufferzeit, → float
near-money assets geldnahe Aktiva, leicht liquidisierbare Vermögenswerte
near-term activities *(in der Projektablaufplanung)* kurzfristige Vorgänge (Laufzeiten zwischen 30 und 90 Tagen)
near-term monetary policy kurzfristige Geldpolitik
ne bis in idem → double jeopardy
necessaries/necessities lebensnotwendige Güter
need competition Bedürfniswettbewerb
need-directed consumers bedürfnisgeleitete Verbraucher □ Verbraucher, die sich in ihrem Kaufverhalten an persönlichen Bedürfnissen orientieren. → inner-directed consumers, → outer-directed consumers
need-gap analysis Bedürfnislückenanalyse □ Feststellung latenter Verbraucherbedürfnisse durch Erhebungen, in denen Testpersonen um Schilderungen idealer Produkteigenschaften gebeten werden.
need-satisfaction selling bedürfnisorientierte Verkaufstechnik □ d.h. ein Produktangebot erfolgt erst nach Feststellung der Kundenbedürfnisse.
needs hierarchy Bedürfnishierarchie, → hierarchy of needs
needs statement Zusammenfassung der Verbraucherwünsche/-anforderungen an ein neues Produkt
ne exeat (writ) gerichtliche Verfügung, die es einer Person untersagt, ein Land, einen Bundesstaat oder den örtlichen Zuständigkeitsbereich eines Gerichtes zu verlassen.
negative advertising Negativwerbung, auf Schwächen von Konkurrenzprodukten abzielende Werbung

negative assurance eingeschränkter Bestätigungsvermerk eines Buchprüfers
negative cash flow negativer Cashflow (z.B. die Projektfinanzierungskosten liegen über den Projekterträgen, der Anstieg der Forderungen aus Lieferungen und Leistungen übersteigt den Nettozugang an flüssigen Mitteln)
negative confirmation request Saldenbestätigung, bei der der Empfänger nur um eine Antwort gebeten wird, wenn er mit dem Saldo nicht konform geht.
negative consolidation difference passiver Konsolidierungsausgleichsposten
negative correlation negative Korrelation, nicht gleich gerichtete Entwicklung, → correlation risk, → positive correlation, → correlation coefficient
negative covenant Unterlassungsverpflichtung, → covenants
negative demand negative Nachfrage, vollständige Ablehnung eines Produktangebotes
negative drivers Negativfaktoren in einer Kundenbeziehung (Retouren, Mängelrügen, Verlustabschreibungen)
negative easement negative Grunddienstbarkeit □ 1. Einschränkung der Nutzungsmöglichkeit eines Grundstücks 2. Grunddienstbarkeit, die ein Grundstückseigentümer dem Besitzer des Nachbargrundstücks eingeräumt hat.
negative equity 1. Unterbilanz, → negative net worth 2. Unterdeckung □ Situation, in der der Wert eines kreditfinanzierten Vermögenswertes (z.B. einer Immobilie) unter die Summe der entsprechenden Darlehensverbindlichkeiten gefallen ist. 3. → negative equity account
negative equity account 1. negatives Kapitalkonto eines Gesellschafters 2. (gesondert ausgewiesene) Verminderung der einbehaltenen Gewinne
negative externalities negative externe Effekte (Kosten durch den Konsum demeritorischer Güter), → de-merit goods
negative float *(in der Projektablaufplanung)*

negative Pufferzeit ☐ zeigt an, welcher Zeitraum aufgeholt werden muss, damit ein Vorgang/Projekt zum festgelegten Endzeitpunkt abgeschlossen werden kann. → positive float

negative goodwill negativer Goodwill, passiver Unterschiedsbetrag ☐ negativer Unterschied zwischen der für den Erwerb eines Unternehmens erbrachten Leistung und dem Wert der übernommenen Vermögenswerte abzüglich der übernommenen Verpflichtungen

negative income elasticity negative Einkommenselastizität ☐ dem Anstieg der Verbrauchereinkommen steht eine Verringerung der Nachfrage gegenüber.

negative interest 1. Negativzins ☐ von staatlichen Stellen erhobener Zins zur Abwehr spekulativer Geldzuflüsse 2. Vorschusszins ☐ Strafzins bei vorzeitiger Abhebung von Kündigungsgeldern, d.h. Verfügung vor dem vereinbarten Fälligkeitstermin

negative investment → disinvestment

negative leverage negative Hebelkraftwirkung ☐ 1. entsteht, wenn die Kosten des eingesetzten Fremdkapitals über der Gesamtrentabilität liegen 2. Situation, in der Kosten/Ausgaben schneller steigen als die entsprechenden Erträge/Einnahmen.

negative net worth Unterbilanz ☐ auf der Aktivseite der Bilanz ausgewiesener Verlust, d.h. die Summe der Passiva ist größer als die Summe der Aktiva.

negative operative cash flow negativer Cashflow aus operativer Tätigkeit

negative pledge Unterlassungsverpflichtung, → negative pledge clause

negative pledge clause Negativklausel ☐ Klausel, durch die sich ein Kreditnehmer oder Emittent verpflichtet, für die Laufzeit des Kredites bzw. der Anleihe, Vermögenswerte (Grundbesitz) nicht anderweitig zu belasten oder bei neuen Kreditaufnahmen bzw. Emissionen den bisherigen Kreditgeber in der Besicherung mit anderen Gläubigern gleichzustellen.

negative retained earnings Wertverlust auf Grund einer Neubewertung von Vermögenswerten

negative return on investment negative Eigenkapitalrendite ☐ liegt vor, wenn die auf das gesamte investierte Kapital erzielte Rendite unter den Kapitalkosten liegt.

negative spread Situation, in der die Geldbeschaffungskosten die Rendite aus einem Investment übersteigen.

negative yield curve → inverted yield structure

negativity bias Negativ-Bias ☐ Erkenntnis, dass im Kaufentscheidungsprozess negative Informationen stärker gewichtet werden als positive Erkenntnisse.

negligence 1. Fahrlässigkeit, fahrlässiges Verhalten 2. Verschuldenshaftung

negligent misrepresentation fahrlässig falsche Angaben, fahrlässige Falschdarstellung

negotiable conditions freie (frei vereinbare) Konditionen

negotiable documents begebbare (umlauffähige, negoziierbare, ankaufsfähige, durch Indossament übertragbare) Papiere ☐ Wechsel, Schecks, Eigenwechsel, Inhaberschuldverschreibungen, in Wertpapieren verbriefte Forderungen, Lagerscheine, Konnossemente

negotiable FIATA combined transport bill of lading begebbares Durchkonnossement für den kombinierten Transport der Internationalen Spediteursvereinigung FIATA

negotiable instruments → negotiable documents

negotiable warehouse receipt negoziierbarer Lagerschein ☐ an den Inhaber oder an eine bestimmte Person/Firma ausgestellter Lagerschein; ermöglicht die Übertragung der Eigentumsrechte an den Waren.

negotiated-contract buying Einkauf auf der Basis individuell ausgehandelter Verträge

negotiated procedure Ausschreibung, bei der nur Angebote ausgewählter Lieferanten abgegeben werden. → open procedure , → restricted procedure

negotiation credit Negoziationskredit, Negoziierungskredit ☐ Bei dieser Form des Dokumentenakkreditivs verpflichtet sich die Bank des Importeurs (Akkreditivbank), gegen Vorlage akkreditivkonformer Dokumente Tratten anzukaufen, die der Exporteur auf den Importeur oder auf eine Bank seiner Wahl zieht.
negotiation selling konsens- und problemlösungsorientierte Verkaufstechnik
neighbo(u)rhood affinity durch die Nachbarschaft geprägtes Kaufverhalten
neighbo(u)rhood center Einkaufszentrum, das bis zu zwanzig Einzelhandelsgeschäfte umfassen kann. → community center
neighbo(u)rhood store Nachbarschaftsladen
nemo judex in parte sua Grundsatz, dass eine Person nicht in einer Sache entscheiden kann, in der sie selbst Partei ist.
nesting Schachtelung
net absorption Nettovermietungsvolumen, neu vermietete Wohnfläche abzüglich des zwischenzeitlich frei gewordenen Mietraumes
net advances *(im Kreditgeschäft)* Neuzusagen abzüglich Rückflüsse
net advantage monetärer Nutzen, geldwerter Vorteil
net aggregate consideration der vereinnahmte Nettoerlös, Nettoverkaufspreis
net amount at risk Unterschied zwischen der Versicherungssumme und dem darauf entfallenden Rücklagenanteil
net area nutzbare Geschossfläche einer Immobilie
net asset position 1. Reinvermögen 2. Aktivüberhang
net assets Reinvermögen
net assets available for benefits *(bei Betriebsrentenversicherungen)* Nettovermögen zum Ausgleich der Anwartschaften
net asset value 1. Substanzwert ☐ Summe der Vermögenswerte abzüglich der Verbindlichkeiten 2. *(eines Investmentfonds)* Nettoinventarwert, Wert des gesamten Fondsvermögens
net asset value method Substanzwertverfahren ☐ auf dem Substanzwert basierende Unternehmenswertberechnung
net asset value per share 1. Buchwert einer Aktie ☐ Reinvermögen, geteilt durch die Anzahl der ausgegebenen Aktien. 2. Inventarwert eines Fondsanteils ☐ Börsenwert der Wertpapiere, die das Fondsvermögen bilden, geteilt durch die Zahl der im Umlauf befindlichen Anteile.
net audience Nettoreichweite, → unduplicated audience
net book amount of tangible fixed assets Restbuchwert der Sachanlagen
net book value Nettobuchwert, Restbuchwert ☐ Buchwert nach Abzug der aufgelaufenen Abschreibungen
net capital gains/losses Nettoveräußerungsgewinne/-verluste, Nettogewinne/-verluste aus der Veräußerung von Anlagewerten
net carrying value Nettobuchwert
net cash change Veränderung der liquiden Mittel
net cash flow 1. Netto-Cashflow ☐ Brutto-Cashflow/Mittelzufluss aus laufender Geschäftstätigkeit nach Abzug der Investitionen in das Sachanlage-/Finanzanlagevermögen 2. *(in einem Liquiditätsplan)* Zahlungsmittelsaldo aus laufenden Operationen
net cash from financing activities aus der Finanzierungstätigkeit erzielte Zahlungsmittel
net cash inflows/outflows Nettoeinzahlungen/-auszahlungen, Netto-Mittelzufluß/-abfluß
net cash investment Nettobarinvestitionswert
net cash used in investing activities für Investitionen eingesetzte Zahlungsmittel
net change in deferred taxes Veränderung der latenten Steuerposition
net charge stated ausgewiesener Nettoaufwand
net charge-off Nettoforderungsausfall, Nettokreditausfälle
net commitments *(im Jahresabschluss)*

Verpflichtungen saldiert
net cost of goods purchased Nettoaufwendungen für bezogene Waren und Leistungen, Nettowaren- und Nettomaterialeinsatz ☐ Bruttoaufwand nach Abzug von Gutschriften für Retouren und Nachlässe
net cover (coverage) Nettoreichweite ☐ Personen, die durch einen Werbeträger mindestens einmal erreicht wurden. Doppel- oder Mehrfachkontakte bleiben unberücksichtigt. → gross cover
net current assets Nettoumlaufvermögen ☐ Umlaufvermögen abzüglich kurzfristiger Verbindlichkeiten
net current cost *(im Jahresabschluss)* Restwert bei Ansatz der Wiederbeschaffungskosten
net current liabilities Überschuss der kurzfristigen Verbindlichkeiten
net current monetary assets monetäres Nettoumlaufvermögen
net displacement Wasserverdrängung des unbeladenen Schiffes
net disposal proceeds Nettoveräußerungserlös
net domestic product at market prices Nettoinlandsprodukt zu Marktpreisen
net earnings Nettoerträge, Reinertrag
net earnings settlement clause Klausel eines Kreditvertrages, die den Kreditnehmer bei überdurchschnittlichen Erträgen zu höheren Tilgungszahlungen verpflichtet.
net economic welfare gesamtwirtschaftlicher Nettonutzen
net effective rent Nettomietertrag je Quadratfuß
net estate Nettonachlassvermögen ☐ Nachlassvermögen nach Regulierung der Nachlassverbindlichkeiten und Nachlasskosten
net exposure 1. Nettoreichweite, → net cover 2. Nettorisikoposition
net external indebtedness Nettoauslandsverschuldung
net extraordinary items Ergebnis aus außerordentlichen Posten
net factor income Nettofaktoreinkommen

net income before taxes Jahresüberschuss vor Ertragssteuern
net income per share – fully diluted/without dilution Jahresüberschuss (Nettogewinn) je Aktie – unter vollständiger Einbeziehung/ohne Berücksichtigung der Wandlungs- und Optionsrechte
net increase in cash Nettoerhöhung der liquiden Mittel
net indebtedness Nettoverschuldung ☐ *(i.S. der US → generally accepted accounting principles)* kurz- und langfristige Finanzverbindlichkeiten abzüglich liquider Mittel
net interest bearing debt ratio Quotient aus der Summe aller Verbindlichkeiten gegenüber Finanzinstituten abzüglich Kassenbeständen und Guthaben bei Kreditinstituten zu → EBITDA
net investment in a lease Nettoinvestitionswert aus dem Leasingverhältnis
net investments 1. Nettoinvestitionen 2. Nettobeteiligungen 3. *(in einer Gewinn- und Verlustrechnung)* Nettobeteiligungserträge
net invisible earnings Dienstleistungserträge
net land, plant and equipment *(im Jahresabschluss)* Nettowert von Grundstücken und Gebäuden
net leasable area vermietbare Nettofläche
net lease (Immobilien-)Mietvertrag, bei der der Mieter neben dem Mietpreis auch alle Steuern/Abgaben zahlt (N lease). Übernimmt er zusätzlich die Versicherungsprämien, spricht man von einem double net (NN) lease. Entrichtet er neben Steuern und Versicherungsprämien auch die Instandhaltungskosten, ist ein triple net (NNN) lease gegeben.
net leasing Netto-Leasing ☐ beim Netto-Leasing werden Wartungs-, Reparatur- und Versicherungskosten in Verbindung mit dem Leasinggegenstand durch den Leasingnehmer getragen.
net level premium reserve Deckungsrückstellung

net liability position Passivüberhang, → net monetary liability position

net line 1. Nettorisikobetrag, Nettozeichnungssumme, Nettorisiko (Selbstbehalt) des Erstversicherers □ Risiko des Erstversicherers nach Abzug der in Rückdeckung gegebenen Summe 2. maximale Haftung, die ein Rückversicherer ohne eine Weiterrückversicherung übernimmt.

net liquidity Nettoliquidität □ Bruttoliquidität (liquide Mittel plus Wertpapiere) nach Abzug der Zahlungsverpflichtungen

net liquidity balance Saldo der Liquiditätsbilanz

net listing Beauftragung eines Maklers mit dem Verkauf eines Objektes, wobei der Makler den einen bestimmten Verkaufspreis überschreitenden Betrag als Provision erhält.

net long-term capital gains langfristige Nettoveräußerungsgewinne □ Betrag, um den die langfristigen Veräußerungsgewinne die entsprechenden Verluste in einem Steuerjahr übersteigen.

net long-term foreign investment *(Posten der US-Kapitalverkehrsbilanz)* Saldo der langfristigen Kapitalanlagen im Ausland

net loss Nettoverlust, Reinverlust, *(im Jahresabschluss)* Jahresfehlbetrag

net loss retention Eigenbehalt des Erstversicherers □ vom Erstversicherer zu tragender Verlust bevor die Haftung des Rückversicherers greift.

net margin Nettomarge, Nettogewinnspanne

net market maker Person/Firma, die Geschäftsabschlüsse im Internet vermittelt.

net marketplace internetbasierter (elektronischer) Marktplatz

net method Nettomethode, Erfassung von Rechnungsbeträgen nach Abzug aller Nachlässe

net monetary assets Nettogeldvermögen, → net monetary working capital

net monetary liability position Situation, in der die Finanzverbindlichkeiten einer Gesellschaft ihre finanziellen Forderungen übersteigen.

net monetary position Nettoposition der monetären Posten

net monetary working capital monetäre Aktiva, netto □ *(im Nichtbanken-Sektor)* Kassenbestände, Bankguthaben, Besitzwechsel, marktfähige Wertpapiere, kurzfristige Forderungen abzüglich Verbindlichkeiten und Rückstellungen; *(im Bankensektor)* Ausleihungen und sonstige monetäre Aktiva abzüglich Verbindlichkeiten aus Einlagen und ähnlichen Konten

net monthly lease rate factor → lease rate factor

net national debt Nettostaatsverschuldung

net national product at factor cost (at market prices) Nettosozialprodukt zu Faktorpreisen (zu Marktpreisen)

net new issues 1. Nettoemissionsaufkommen □ Neuemissionen abzüglich Rückzahlungen auf im Umlauf befindliche Emissionen 2. *(in der G+V)* Nettoerlös aus Neuemissionen

net of finance charges abzüglich Finanzierungskosten

net of tax nach Abzug von Steuern, unter Berücksichtigung der Ertragssteuerauswirkungen

net of tax method Berücksichtigung der erwarteten Steuerwirkung bei der handelsrechtlichen Abschreibung eines Vermögensgegenstandes

net operating assets Nettobetriebsvermögen □ Betriebsvermögen abzüglich Abschreibungen und zweifelhafte Forderungen

net operating income/loss Nettobetriebsgewinn/-verlust, *(net operating income/loss from a trade or business)* Gewinn/Verlust aus unternehmerischer Tätigkeit

net operating profit after tax Geschäftsergebnis (bereinigtes operatives Ergebnis) nach Steuern

net output Wertschöpfung □ Nettoergebnis der Produktionstätigkeit

net payload Nettoladungsgewicht, → actual payload

net pension assets Nettovermögen einer

Pensionskasse
net period(ic) benefit cost periodischer Nettoversorgungsaufwand, Nettoaufwand für die betriebliche Altersversorgung im Berichtszeitraum
net premium 1. Nettoprämie 2. technische Prämie, Bruttoprämie abzüglich Gewinnzuschlag
net present value Gegenwartswert, Netto-Barwert, der heutige Wert zukünftiger Zahlungen
net private domestic investment private Nettoinlandsinvestitionen
net productivity of capital Nettoproduktivität des Kapitals
net profit before interest and tax Nettogewinn vor Zinsen und Steuern
net profit margin (percentage, ratio) Nettogewinnspanne, Nettogewinnmarge □ Verhältnis von Nettogewinn zu Umsatzerlösen
net promotion Promotion (PR-Maßnahmen) für eine Website
net purchases *(in der G+V)* Nettowaren- und Materialeinsatz
net quick assets → net monetary assets
net reach → net cover (coverage)
net realisable value 1. realisierbarer Nettowert 2. Nettoveräußerungswert
net redemption yield Rückzahlungsrendite nach Steuern
net replacement value Nettowiederbeschaffungswert, Kontraktwert nach Saldierung aller Forderungen und Verpflichtungen gegenüber dem gleichen Kontrahenten
net results of operations Ergebnis der Geschäftstätigkeit
net retained line (liability) Eigenbehalt des Erstversicherers, der vom Erstversicherer zu tragende Schadenteil
net retention → net retained line
net return on sales Nettoumsatzrendite □ Verhältnis von Gewinn zu Umsatz
net sales Nettoumsatz, Nettoumsatzerlöse □ Umsatzerlöse nach Abzug von Erlösschmälerungen bzw. Preisnachlässen
net sample Nettostichprobe □ schließt nur die tatsächlich verfügbaren/befragten Testpersonen ein. → gross sample
net selling price Nettoveräußerungspreis
net settlement value Nettozahlungsverpflichtung
net spendable income 1. verfügbares Nettoeinkommen 2. Cashflow nach Steuern
net statutory income steuerpflichtiges Nettoeinkommen □ Einkommen nach Abzug der persönlichen Freibeträge
net surplus Reingewinn
net tangible assets ratio Verhältnis von Sachanlagen, abzüglich kurzfristiger Verbindlichkeiten und Minderheitsbeteiligungen, zu langfristigen Verbindlichkeiten
net taxed income Nachsteuergewinn
net terms *(allgemein)* Nettokonditionen, i.e.S. Transport-Dokumentenklausel, die eine Befreiung von den Umschlagskosten und den Kosten im Abgangs- und Empfangshafen vorsieht.
netting Aufrechnung, Verrechnung, z.B. von Forderungen und Verbindlichkeiten, Fremdwährungspositionen, konzerninternen Zahlungsströmen, → close-out netting, → payment netting, → novation
net trading profit before taxation Nettobetriebsgewinn vor Steuern
net transfer to current cost reserve in die Neubewertungsrücklage eingestellter Nettobetrag
net unamortised discounts and premiums Nettobetrag aus nicht zugeschriebenen Disagiobeträgen und nicht abgeschriebenen Agiobeträgen
net United Kingdom rate britischer Steuersatz nach Berücksichtigung der auf Grund eines Doppelbesteuerungsabkommens bestehenden Verrechnungsmöglichkeiten
netvertising Werbung in Online-Diensten
network Netzplan, grafische Darstellung der Abhängigkeiten (Anordnungsbeziehungen) zwischen Projektvorgängen
network activity Vorgang in einem Netzplan

network analysis (techniques) Netzplantechniken □ Verfahren zur Planung und Steuerung komplexer Projekte, wobei in einem grafischen Modell, dem Netzplan (network), Vorgänge bzw. Ereignisse (events) durch Knoten (nods) oder Pfeile (arrows) dargestellt werden; ermöglicht eine Steuerung der Projektabläufe unter Termin-, Kapazitäts-und Kostengesichtspunkten sowie das Erkennen und Beheben von Planabweichungen und Engpässen.
network-beginning event Beginn eines Vorganges im Netzplan
network computing Erstellung von Netzwerkkonzepten/Betriebskonzepten für Rechenzentren
network computing architecture (Computer-)Netzwerk-Architektur
network diagramming technique Netzplantechnik, → network analysis
networked units vernetzte Einheiten
network-ending event Ende eines Vorganges im Netzplan
networking Aufbau eines Beziehungsnetzwerkes, Erstellung von Netzwerken zwischen kooperierenden Unternehmen
net working capital Nettoumlaufvermögen, betriebsnotwendiges Kapital □ Umlaufvermögen abzüglich kurzfristiger Verbindlichkeiten
network logic Anordnungsbeziehungen in einem Netzplan, → logical relationships
network management Netzwerk-Management □ alle Maßnahmen zur Steuerung, Überwachung und Verbesserung der Leistungsfähigkeit von Netzwerken
network management center Netzwerkmanagement-Zentrum
network protocol bildet die Grundlage für die Kommunikation zwischen den Netzwerk-Mitgliedern
net worth Eigenkapital, i.w.S. Nettovermögenswerte
net worth statement 1. Eigenkapitalrechnung 2. Finanzstatus eines privaten Kreditnehmers
neutral advisor neutraler Berater, → minitrial
neutral evaluation Bewertung durch einen neutralen Dritten
neutral exchange branchenspezifischer elektronischer Marktplatz, dessen Betreiber jedoch nicht selbst handelt.
neutral leverage neutrale Hebelwirkung □ Situation, in der Erträge/Einnahmen im gleichen Umfang steigen oder fallen wie die entsprechenden Kosten/Ausgaben, → negative leverage
new buy situation → buy class
newco neu gegründete Gesellschaft □ häufig eine Übergangs- oder Zweckgesellschaft, die zu einem späteren Zeitpunkt mit einem anderen Unternehmen verschmolzen wird.
new economy neue Ökonomie □ Kennzeichen der New Economy sind Wachstum, neue Arbeitsformen, globaler Wettbewerb, i.w.S. Sammelbegriff für Unternehmen in innovativen Märkten, vor allem im Informations- und Kommunikations-Technologiesektor
new product acceptance (adoption) Annahme eines neuen Produktes im Markt
new product evaluation Bewertung (Prüfung) von Produktideen
new product failure rate Versagerquote neuer Produkte
new product idea generation Gewinnung von Neuproduktideen
new product planning Neuproduktplanung, Planung von Produktinnovationen
new product profitability analysis Wirtschaftlichkeitsanalyse eines Produktkonzeptes
new product screening Vorauswahl von Neuproduktideen
new public borrowing Neuverschuldung der öffentlichen Hand
new public management Übertragung privatwirtschaftlicher Managementansätze auf die öffentliche Verwaltung
nexus Verbindung einer natürlichen oder juristischen Person zu einem Ort, die die Wahl dieses Ortes als Gerichtsstand recht-

fertigt.
nexus rule *(Kriterium für die Feststellung der Steuerpflicht einer → multistate corporation)* Unternehmen sind in einem US-Bundesstaat nur steuerpflichtig, wenn zu diesem eine geschäftsmäßige Anbindung besteht.
nichemanship → niche strategy
niche marketing Nischenmarketing, auf eine Marktnische ausgerichtete Marketingaktivitäten
niche strategy Nischenstrategie, Ausrichtung der Geschäftspolitik auf Marktnischen
niching Aufspürung und Bearbeitung von Marktnischen
NILO → National Investment and Loans Office
ninety-day lease → deferred lease
N lease → net lease
NLPR → net level premium reserve
NLRA/NRLB → National Labor Relations Act/Board
NMC → network management center
NN/NNN lease → net lease
NOA → net operating assets
No bias *(in der Marktforschung)* Nein-Bias □ Neigung eines Probanden, Folgefragen mit »Nein« zu beantworten, wenn die Ausgangsfrage mit Nein beantwortet wurde.
no bill keine Anklageerhebung □ Formel, mit der eine Grand Jury das Fehlen ausreichender Beweise für eine Anklageerhebung feststellt.
no cash-out refinance Hypothekenrefinanzierung auf der Basis der ausstehenden Darlehensschuld. → cash-out refinance
no-claims bonus (discount) Schadenfreiheitsrabatt, Beitragsrückvergütung für schadenfreie Versicherungsnehmer
no commercial value *(Liefervermerk)* ohne Handelswert
no-dividend fund thesaurierender Investmentfonds □ Erträge werden automatisch reinvestiert.
no-evidence limit Summe und/oder Altersgrenze, bis zu der eine Lebensversicherung ohne ärztliche Untersuchung abgeschlossen werden kann.
no-fault adjustment verschuldensunabhängige Regulierung durch eine Versicherungsgesellschaft
no-fault proceedings Zivilverfahren, das nach einer Übereinkunft der Parteien ohne eine formale Schuldfeststellung abgeschlossen wird.
NOHP → not otherwise herein provided
NOIBN → not otherwise indicated by number/by name
NOI/NOL → net operating income/loss
NOL carryover operativer Verlustvortrag
no-lien affidavit eidesstattliche Erklärung hinsichtlich der Lastenfreiheit
nolle prosequi keine Strafverfolgung
no loc(ation) kein Lager-/Stellplatz verfügbar
No MI *(no mortgage insurance)* für ein auf diese Weise gekennzeichnetes US-Hypothekendarlehen werden die Kosten einer → mortgage insurance durch den Kreditgeber übernommen. Im Gegenzug zahlt der Darlehensnehmer einen leicht höheren Zinssatz.
nominal assets Buchwerte
nominal damages nomineller (symbolischer) Schadenersatz
nominal group process nominelles Gruppenverfahren (basiert im Gegensatz zu der üblichen mündlichen Diskussion auf einer schriftlichen Befragung der Gruppenmitglieder)
nominal party nominelle Verfahrenspartei
nominal scale Nominalskala □ stellt klassifikatorische Merkmale dar, d.h. Zahlen dienen zur Markierung von Ereignissen, Eigenschaften (z.B. 1=weiblich, 2=männlich etc.)
nominal stock Nominalkapital, Grundkapital
nominee 1. Nominee, Nominee-Gesellschaft □ Broker-Firma oder Treuhandgesellschaft, auf deren Namen die Wertpapiere von Kunden registriert werden. 2. weisungsgebundener Bevollmächtigter 3. no-

nominee shareholding mineller Empfänger von Zins- oder Dividendenzahlungen 4. Begünstigter, Bezugsberechtigter (von Versicherungsleistungen) 5. Insolvenzberater (→ insolvency practitioner), der nach dem in England und Wales geltenden Insolvenzrecht den Vergleichsvorschlag einer insolventen natürlichen oder juristischen Person prüft und an das zuständige Gericht zur Billigung weiterleitet. (→ individual, → company voluntary arrangement). Überwacht das sich anschließende Vergleichsverfahren.

nominee shareholding auf einen Dritten eingetragener Aktienbesitz, → nominee (1)

no money down Immobilienfinanzierung ohne oder mit einem minimalen Eigenkapitaleinsatz des Käufers

non-accredited investors Anleger, die die für → accredited investors geltenden Qualifizierungskriterien nicht erfüllen.

non-accrual loans zinslos gestellte (nicht bediente) Kredite

non-adjusting events Ereignisse nach dem Bilanzstichtag, die keinen Neuausweis individueller Posten, aber eine Erwähnung in den Anmerkungen zur Bilanz erforderlich machen.

non-admitted assets Versicherungswerte, die nicht dem gebundenen Vermögen des Versicherers hinzugerechnet werden dürfen.

non-apparent easement antragsabhängige Grunddienstbarkeit, → continuous easement

non-apportionable annuity private Rentenversicherung, bei der im Falle des Ablebens des Bezugsberechtigten keine Ausschüttung an die Erben erfolgt.

non-assented stock Kapitalanteile (Aktien, Anleihen), deren Inhaber ihre Zustimmung zu einer Änderung der Kapital- und/oder Organisationsstruktur der emittierenden Unternehmung verweigert haben.

non-assessable insurance (policy) nicht nachschusspflichtige Versicherung □ Versicherungspolice, bei der keine Nachprämien eingefordert werden können.

non-assumption clause Klausel eines Hypothekenvertrages, die eine Übertragung der Verkäufer-Hypothek auf den neuen Eigentümer ohne vorherige Zustimmung des Kreditgebers ausschließt.

non-binding indication unverbindliches (rein indikatives) Preis-/Konditionenangebot

non-business income betriebsfremder Ertrag, i.S. der US-Steuergesetzgebung: → passive income

non-business marketing Marketingaktivitäten für gemeinnützige Organisationen

non-cancellable insurance policy Versicherung, die der Versicherungsnehmer nur mit Zustimmung des Versicherers kündigen kann.

non-cancellable lease nicht vorzeitig kündbarer Leasingvertrag, d.h. er kann vor Ablauf der Grundmietzeit nicht gekündigt werden.

non-capitalisation rule Aktivierungsverbot

non-cash charges (items) nicht liquiditätswirksamer Aufwand, nicht ausgabenwirksame Posten, Abschreibung und Amortisation

non-cash resources nicht-monetäre Ressourcen

non-cash stock gegen Sacheinlagen emittierte Aktien

non-CFB promotion auf die Gewährung finanzieller Vergünstigungen ausgerichtete Verkaufsförderung (Preisnachlässe, Finanzierungshilfen); Gegensatz: → consumer franchise building (CFB)

non-circumvention/non-disclosure agreement Objektnachweis-Vereinbarung □ soll die Umgehung der Maklerprovisionsansprüche bzw. die Weitergabe der Objektadresse verhindern.

nonclaim affidavit notariell beglaubigte Erklärung hinsichtlich der Nichgeltendmachung von Forderungen/Ansprüchen

nonclaim statutes Bestimmungen der US-Bundesstaaten hinsichtlich des Verfalls

nicht fristgerecht angemeldeter Forderungen/Ansprüche
non-close company Gesellschaft mit einem breit gestreuten Aktienbesitz, → close company
non-commodity standard Papierwährung
non-commutable pension scheme nicht wandelbare private Rentenversicherung □ d.h. eine pauschale Auszahlung der Versicherungsleistungen in bar ist ausgeschlossen.
non-compensatory integration approach Entscheidungs-/Strategieansatz, der einen kompensatorischen Ansatz ausschließt.
non-competition clause Konkurrenzausschlussklausel
non-concurrent cover unterschiedliche Konditionengestaltung zwischen Erstversicherung und Rückversicherung, → back-to-back cover
non-conforming use eine im Flächennutzungsplan nicht vorgesehene Nutzung
non-consolidated subsidiary investments nicht konsolidierte Beteiligungen an Tochtergesellschaften
non-contentious jurisdiction freiwillige Gerichtsbarkeit
non-continuous easement → non-apparent easement
non-contribution clause Klausel einer Versicherungspolice, der zufolge im Falle einer Doppelversicherung keine Leistungen aus der Police erfolgen.
non-contributory pension scheme (plan) beitragsfreier (ausschließlich durch den Arbeitgeber finanzierter) Pensionsplan
non-controlled foreign corporation (i.S. des US-Steuerrechts) nicht beherrschte ausländische Kapitalgesellschaft
non-core assets nicht unternehmenstragende Vermögensteile
non-corporate shareholders Aktionäre, bei denen es sich nicht um juristische Personen handelt.
non-coverage error Stichprobenrahmenfehler □ Fehler durch die Nichterfassung aller Elemente der Grundgesamtheit

non-cumulative quantity discount einmaliger (individuell ausgehandelter) Mengenrabatt
non-current assets langfristige Vermögenswerte (Vermögensteile), z.B. Grundstücke und Gebäude, Maschinen und maschinelle Anlagen
non-current deferred tax assets/liabilities langfristige aktivische/passivische Steuerlatenzen
non-current investments langfristige Anlagen, Beteiligungen
non-current liabilities langfristige Verbindlichkeiten
non-current non-monetary assets nichtmonetäre Gegenstände des Anlagevermögens
non-current receivables langfristige Forderungen, *(einer Bank)* langfristige Ausleihungen
non-cyclical stock Aktien, deren Kursentwicklung nicht von den konjunkturellen Rahmenbedingungen abhängt.
non-deductibility steuerliche Nichtabzugsfähigkeit
non-deductible expenditure (steuerlich) nicht absetzbarer Aufwand
non-deliverable forward Termingeschäft, bei dem es bei Fälligkeit nicht zu einer Andienung/Lieferung des zu Grunde liegenden Gegenstandes/Finanzwertes, sondern zu einer Ausgleichszahlung in Höhe der Wertveränderung kommt.
non-dischargeable debt Verbindlichkeiten, für die keine Schuldbefreiung (Entlastung des Gemeinschuldners) möglich ist, z.B. Sozialversicherungsbeiträge, Zölle, dem Konkursgericht nicht angezeigte Zahlungsverpflichtungen. Eine Schuldbefreiung wird ferner verweigert, wenn dem Schuldner ein Konkursdelikt (z.B. Verschleierung von Vermögenstransaktionen) nachgewiesen wird.
non-disclosure agreement Geheimhaltungsvereinbarung
non-disclosure duty Geheimhaltungspflicht

non-disclosure of a material fact Verletzung der Anzeigepflicht in einem wesentlichen Punkt

non-discretionary trust → fixed fund

non-distributable property *(im Konkursverfahren)* ausgesonderte Vermögenswerte

non-disturbance agreement (clause) Besitzschutzvertrag, Besitzschutzklausel (z.B. Weiterführung bestehender Mietverträge bei einer Zwangsversteigerung der Immobilie bzw. einem Vermieterkonkurs)

non-domiciled taxpayer Steuerpflichtiger, der vorübergehend in Großbritannien ansässig ist, dessen Heimatland (domicile) aber nicht das Vereinigte Königreich ist.

non-durable goods kurzlebige Wirtschaftsgüter

non-economic damages Schadenersatz für immaterielle Schäden, Schmerzensgeld

non-equity investments Kapitalanlagen, bei denen es sich nicht um Beteiligungen handelt.

non est factum Einrede einer beklagten Person, dass sie auf Grund einer fehlenden Vertragsgrundlage nicht zur Vertragserfüllung verpflichtet ist.

non-essentials nicht lebensnotwendige Güter

non-executive director Mitglied des Verwaltungsrates (Board of Directors), das im Gegensatz zum → executive director nicht hauptberuflich in der Unternehmensleitung tätig ist □ in etwa einem deutschen Aufsichtsratsmitglied vergleichbar.

nonexempt property pfändbare Vermögenswerte; Vermögenswerte, die unter die Konkursmasse fallen, → homestead exemption

nonexempt securities 1. *(i.S. des US-Steuerrechts)* kapitalertragssteuerpflichtige Wertpapiere □ i.d.R. Titel, die nicht von Behörden des Bundes bzw. der Gebietskörperschaften emittiert werden. 2. alle Neuemissionen, die bei der → Securities and Exchange Commission registriert werden müssen. → registration statement

non-feasance liability Haftung für eine unterlassene Leistung/nicht erfüllte Verpflichtung

non-filer *(i.S. der US-Steuergesetzgebung)* Steuerzahler, der seine Steuererklärung nicht fristgemäß abgegeben hat.

non-financial assets Sachanlagen

non-financial statement portion allgemeiner Berichtsteil zum Jahresabschluss

non-food sector Non-Food-Bereich, Haushaltswaren- und Hartwarensortimentsbereich

non-forfeiture benefits (options) Rechte des Versicherungsnehmers bei vorzeitiger Beendigung des Versicherungsvertrages, d.h. Recht auf Auszahlung des Rückkaufswertes oder auf Abschluss eines neuen Vertrages mit einer reduzierten Versicherungssumme.

non-forfeiture clause Nichtverfallsklausel, automatische Verlängerungsklausel

non-forfeiture values Ansprüche, die auch bei einem Zahlungsverzug nicht verloren gehen.

non-franchise-building promotions Promotion-Aktivitäten, die auf eine unmittelbare Absatzsteigerung (und nicht auf eine langfristige Imagebildung) ausgerichtet sind.

non-freehold estate beschränkt dingliche Besitzrechte

non-full payout lease Teilamortisationsvertrag □ Im Gegensatz zum → full payout lease erhält der Leasinggeber bei dieser Vertragsform nur einen Teil seiner Anschaffungskosten zurück, d.h. der Leasingnehmer deckt mit seinen Zahlungen nur die Differenz zwischen dem Anschaffungswert des jeweiligen Wirtschaftsgutes und einem vorher kalkulierten Restwert ab. Die Deckung des nicht amortisierten Teils bzw. der Gewinnmarge des Leasinggebers erfolgt durch Weitervermietung bzw. Verkauf des Leasingobjektes an eine dritte Person. Gegebenenfalls wird ein Andienungsrecht vereinbart, d.h. nach Ablauf der Grundmietzeit kann der Leasinggeber dem Leasingnehmer das Wirtschaftsgut zu einem vorher vereinbarten Preis zum Kauf anbieten.

non-grantor trust unwiderrufliche Treuhandvereinbarung (Stiftung)

non-income receipts Erträge, die keinen Einkommenscharakter besitzen.

non-insured plan Pensionsplan, der nicht durch Lebensversicherungen unterlegt ist. → insured plan

non-interest expense zinsunabhängiger (zinsneutraler) Aufwand

non-inventory property immaterielles Vermögen

non-investment grade securities Wertpapiere, die die an erstklassige Anlagepapiere gestellten Anforderungen nicht erfüllen (gegebenenfalls erhöhte Ausfallrisiken).

non-joinder 1. Nichtbenennung einer Person als Verfahrenspartei (obwohl dies erforderlich gewesen wäre) 2. fehlerhaft unterlassene Klageeinreichung

non-judicial foreclosure sale außergerichtliche Versteigerung einer Immobilie durch einen Treuhänder aufgrund einer → deed of trust

non-judicial workout außergerichtliche Sanierung

non-lapse restriction zeitlich unbegrenzte Beschränkung, nicht aufhebbarer Sperrvermerk

non-leverage company Unternehmung, die ohne Fremdkapital arbeitet.

non-leveraged lease Leasingvertrag, bei dem das Leasinggut nicht fremdfinanziert wird. → leveraged lease

non-leverage fund Investmentfonds, der keine Fremdmittel zum Erwerb von Anlagen einsetzt.

non-leviable assets (property) pfändungsfreie Vermögenswerte, → exempt property, → homestead exemption

non-lien clause Pfandrechts-Verzichtsklausel

non-life insurance Nichtleben-Versicherung ☐ alle Versicherungszweige, die nicht unter die Lebens- und Krankenversicherungssparte fallen.

non-linear risks nicht lineare Risiken (bei Derivaten: Risiken, die nicht oder nur unmittelbar aus einer Preisveränderung des Basiswertes resultieren).

non-liquid short-term private capital flows Saldo der nicht liquiden kurzfristigen Kapitalbewegungen im privaten Sektor

non-marine insurance Binnentransportversicherung, → marine insurance

non-material assets → intangible assets

non-measured media Medien, die nicht den klassischen Werbeträgern (Printmedien, Rundfunk, Fernsehen) zuzuordnen sind.

non-merchantable title nicht rechtsbeständiger Eigentumstitel

non-monetary assets nicht monetäre Aktiva, Sachanlagen und immaterielle Anlagewerte

non-monetary measures *(in der Unternehmenssteuerung)* nicht monetäre Größen (z.B. Kunden-/Mitarbeiterzufriedenheit)

non-monetary method Sachwertmethode ☐ für die Fremdwährungsumrechnung im Konzernabschluss

non-monetary price nicht monetärer Preis ☐ nicht monetäre Faktoren, die eine Kaufentscheidung beeinflussen, z.B. Zeitaufwand, Risiko

non-mortgage loan ein nicht durch ein Grundpfandrecht besicherter Kredit

non-negotiable instruments nicht negozierbare Instrumente, Dokumente ohne Wertpapiercharakter, d.h. die Papiere können nicht durch Indossament übertragen werden.

non-negotiable warehouse receipt nicht negozierbarer Lagerschein ☐ erlaubt die Auslieferung der Ware nur an eine bestimmte Person oder Firma.

non-notifiable agreement nicht anzeigepflichtige Absprache

non-notification assignment stille Zession (Abtretung) ☐ Forderungsabtretung, die dem Lieferanten nicht angezeigt wird.

non-notification factoring stilles Factoring, → factoring

non-observation error Nichtbeobachtungsfehler □ entweder ein → non-coverage error oder ein → non-response error

non-operating assets immaterielles Betriebsvermögen

non-operating company 1. Holdinggesellschaft, Verwaltungsgesellschaft 2. Vermögensverwaltungsgesellschaft

non-operating deductions abzugsfähige (steuerlich absetzbare) betriebsfremde Aufwendungen

non-operating earnings/expenditure betriebsfremde Erträge/Aufwendungen

non-operating income das nicht operative Ergebnis □ Ergebnis aus Beteiligungen und Finanzergebnis

non-operating results betriebsfremde Rechnung, Ergebnis der betriebsfremden Posten

non-operating transactions nicht zum betrieblichen Kerngeschäft zählende Transaktionen

non-owner changes in equity nicht durch die Anteilseigner verursachte/nicht durch Kapitalerhöhungen bedingte Veränderungen des Eigenkapitals

non-participating assurance Lebensversicherung ohne Gewinnbeteiligung

non-participating creditor Gläubiger, der einen Vergleichs- bzw. Sanierungsvorschlag ablehnt.

non-participating insurance (policy) Versicherung ohne Gewinnbeteiligung (ohne Zahlung von Versichertendividenden)

non-participatory benefit plan beitragsfreier Versorgungsplan

non-partisan research organisation unabhängiges Forschungsinstitut

non-payout leasing Teilamortisations-Leasing, Restwertverträge □ Leasing, bei dem die Anschaffungskosten des Leasinggegenstandes nicht voll durch die Mietraten gedeckt werden. Der Restwert muss nach Ablauf des Vertrages durch Weitervermietung oder Verkauf realisiert werden. → full payout lease

non-pecuniary losses immaterielle Schäden

non-performance of contract 1. Nichterfüllung eines Vertrages, Nichterbringung der vertraglichen Leistung 2. (Zahlungs-)Verzug

non-performing loans (assets) Not leidende Kredite, drohende Forderungsausfälle

non-personal accounts Sachkonten

non-placeable risk nicht versicherbares Risiko

non-preferential debt nicht bevorrechtigte Konkursforderungen

non-price competition nicht-preislicher Wettbewerb (z.B. Wettbewerb durch intensive Werbung, Markt-/Produktdifferenzierung)

non-privileged debts → non-preferential debt

non-probability sample Nichtzufallsstichprobe, nicht nach dem Zufallsprinzip gezogene Stichprobe, d.h. die Stichprobe kommt durch eine Auswahlmethode zu Stande; Techniken: → convenience sampling, → judgement sampling, → quota sampling; Gegensatz: → probability sample

non-probate estate 1. (Nachlass-)Vermögenswerte, die ohne Einschaltung eines Testamentsvollstreckers auf einen neuen Eigentümer übergehen können. 2. Vermögenswerte des Erblassers, die nicht den erbschaftssteuerpflichtigen Nachlasswerten hinzugerechnet werden.

non-product advantages Wettbewerbsvorteile, die nicht unmittelbar mit dem Produktangebot zusammenhängen, z.B. Marktstanding des Herstellers, Qualität des Kundenservice

non-production costs Vertriebs- und Verwaltungskosten

non-productive buildings Büro- und Verwaltungsgebäude

non-profit making housing association gemeinnütziges Wohnbauunternehmen

non-profit pension contract private Rentenversicherung, bei der die Versicherungsgesellschaft die spätere Ausschüttung einer genau festgelegten Summe garantiert, → with-profits pension scheme

non-promulgated GAAP empfohlene (nicht verbindliche) → generally accepted accounting principles

non-proportional output law Gesetz über die abnehmende Grenzproduktivität

non-proportional reinsurance nicht proportionale Rückversicherung □ d.h. der Rückversicherer trägt den einen bestimmten Betrag übersteigenden Schaden.

non-provable debts nicht anmeldbare Konkursforderungen

non-pushdown accounting Weiterführung der Bilanzierung nach dem Anschaffungswertprinzip, → pushdown accounting

non-qualified assets Vermögenswerte, für die kein Erbschaftssteuerfreibetrag geltend gemacht werden kann.

non-qualified (pension) plan/stock option scheme *(i.S. der US-Steuergesetzgebung)* betrieblicher Pensionsplan/Mitarbeiteraktienplan, der die Voraussetzungen für eine steuerliche Begünstigung nicht oder nur teilweise erfüllt (z.B. bei Beschränkung auf eine bestimmte Gruppe von Mitarbeitern).

non-qualified preferred stock Vorzugsaktien mit einer variablen Dividendenausstattung (i.d.R. Koppelung an einen Referenzzinssatz) □ werden im Rahmen der steuerfreien Umwandlung einer Kapitalgesellschaft (→ corporate reorganization) als Zuzahlung angesehen und sind als Gewinn zu versteuern; der Emittent besitzt das Recht, die Papiere zurückzukaufen, und umgekehrt hat der Inhaber das Recht, den Emittenten zur Rücknahme der Papiere aufzufordern.

non-qualified stock options nicht steuerbegünstigte Aktienoptionen □ neben den fehlenden Steuervorteilen unterscheiden sie sich von → incentive stock options vor allem dadurch, dass die Emission der Papiere nicht auf Mitarbeiter eines Unternehmens begrenzt ist und sie jederzeit übertragbar sind.

non-qualifying buildings Gebäude, auf die keine Sonderabschreibung möglich ist.

non-quoted investments Beteiligungen an nicht börsennotierten Gesellschaften

non-random sample gezielte (nicht zufallsgesteuerte) Stichprobe, → random sample

non-random sampling gezieltes (bewusstes) Auswahlverfahren, Auswahl der Stichprobenelemente nach bestimmten Kriterien

non-recognised gain 1. steuerfreier (steuerneutraler) Gewinn 2. nicht ausgewiesener Gewinn

non-recognition deal steuerneutrale Transaktion

non-recognition treatment steuerneutrale Behandlung

non-recourse clause 1. Regressausschlussklausel 2. Klausel, die den Zugriff auf persönliche Vermögenswerte des Schuldners ausschließt. → non-recourse liabilities

non-recourse liabilities (loan) Verbindlichkeiten (Kredit) ohne Rückgriffsrecht □ im Falle der Zahlungsunfähigkeit des Kreditnehmers kann der Kreditgeber seine Ansprüche nur aus der zur Verfügung gestellten dinglichen Sicherheit befriedigen, d.h. ein Rückgriff auf das persönliche Vermögen des Schuldners ist ausgeschlossen.

non-recurrent charge/non-recurring expenditure 1. einmaliger Aufwand 2. aperiodischer Aufwand

non-recurring closing costs einmalige Abschlusskosten, → closing costs

non-renewable term policy nicht verlängerbare Risikolebensversicherung

non-resident alien (individual) gebietsfremder Ausländer, *(i.S. der US-Steuergesetzgebung)* natürliche Person, die weder US-Staatsbürger/-in noch in den Vereinigten Staaten ansässig ist.

non-residential mortgage loan gewerbliches Hypothekendarlehen

non-resident limited companies Gesellschaf-

ten mit beschränkter Haftung, die wohl in Großbritannien eingetragen, dort aber weder ansässig noch sonst in irgendeiner Form geschäftlich tätig sind.
non-response errors Fehler durch Ausfälle, z.B. wenn die für eine Stichprobe ausgewählten Personen nicht verfügbar sind oder die Teilnahme verweigert haben.
non-responsive bid → unresponsive bid
non-sampling error stichprobenfremder Fehler ☐ entsteht, wenn eine Person einer Befragung zustimmt, später aber zu einer Beantwortung der Fragen nicht fähig oder willens ist. → non-response errors
non-specific capital nicht zweckgebundenes Kapital
non-statutory capital reserves freiwillige Rücklagen
non-store retailing Versandhandel und ambulanter Handel
non-tariff barriers wirtschaftlich, rechtlich oder politisch bedingte Handelsbeschränkungen
non-tariff insurer Versicherungsunternehmen, das keinem zentralen Versicherungsverband angehört und daher bei der Prämienfestsetzung an keine Richtlinien gebunden ist.
non-tax lease Leasingvertrag, der so strukturiert ist, dass der Leasinggeber die ihm normalerweise zufließenden Steuervorteile nicht in Anspruch nehmen kann; im Sinne der US-Steuergesetzgebung kein → true lease.
nontendering shareholders Aktionäre, die ein Übernahmeangebot ablehnen.
non-trade notes receivable Wechselforderungen, denen keine Warengeschäfte zu Grunde liegen.
non-trading assets Finanzanlagen
non-traditional media → non-measured media
non-traditional reinsurance alternative Rückversicherung, z.B. Verbriefung von Versicherungsrisiken, → financial reinsurance, → traditional reinsurance
non-transferable debenture nicht übertragbarer Schuldtitel
non-utilization fee Gebühr für die Nichtinanspruchnahme einer bereitgestellten Kreditlinie oder eines Leasingobjektes
non-value-added activities alle die Wertschöpfung nicht direkt berührenden Tätigkeiten
non-valued policy nicht taxierte Versicherungspolice
non-variable expenditure Festkosten, feste Ausgaben
non-verbal response nicht verbale Reaktion, z.B. Mimik
non-vessel operating common carrier/non-vessel operator NVOCC-Spediteur, Sammelladungsspediteur ☐ Speditionsunternehmen, das keine eigenen Schiffe besitzt und Transporte mit gecharterten Schiffen durchführt bzw. über subcarriers (Unterfrachtführer) abwickelt.
non-vested benefits verfallbare Anwartschaften
non-waiver agreement clause Bestimmung einer Versicherungspolice, der zufolge die Bearbeitung eines Schadenfalls durch den Versicherer keiner Regulierungszusage gleichkommt.
non-warranty clause Freizeichnungsklausel, Haftungsausschlussklausel
no objections certificate Unbedenklichkeitsbescheinigung
NOPAT → net operating profit after tax
no points loan Hypothekendarlehen, bei dem keine → discount points in Rechnung gestellt werden. I.d.R. wird im Gegenzug der Kreditnehmer einen höheren Zinssatz zahlen.
NOR → notice of readiness
no-recourse transaction → non-recourse liabilities (loan)
no risk after shipment (after discharge) *(Versicherungs- bzw. Liefervermerk)* keine Risikodeckung/keine Haftung nach Verschiffung (Entladung) des Frachtgutes
normal curve Standardnormalverteilung
normal goods superiore Güter ☐ Güter, bei denen ein Anstieg (ein Rückgang) der Ver-

brauchereinkommen zu einem Anstieg (einer Verringerung) der Nachfrage führt. → inferior goods

normal logical relationship übliche Anordnungsbeziehung, Normalfolge, → logical relationships

normal operating cycle normaler Geschäftszyklus

normal overhead Normalgemeinkosten

normal resource limit *(in der Projektplanung)* der übliche maximale Ressourceneinsatz

normal tax rate Regelsteuersatz

normative influence *(in der Marktforschung)* normativer Einfluss □ von einer Bezugsgruppe ausgehender Einfluss/Druck auf andere Personen

notary public Notar □ In den Vereinigten Staaten ist der notary public ein Rechtspflegeorgan mit begrenztem Aufgabenbereich. Seine/ihre Tätigkeit beschränkt sich auf die Abnahme von Eiden, Beurkundungen, Unterschriftsbeglaubigungen, Aufnahme von Wechselprotesten. In Großbritannien ist der notary public i.d.R. mit einem solicitor identisch.

notary public bond Notar-Haftpflichtversicherung, Sicherheitsleistung für die korrekte Amtsführung eines Notars

note 1. Banknote 2. Schuldschein □ Urkunde, durch die ein Schuldverhältnis begründet wird bzw. in der sich der Schuldner zu einer bestimmten Leistung verpflichtet 3. Schuldtitel □ Bei den an den internationalen Finanzmärkten von Industrieunternehmen, Banken oder Regierungen begebenen notes handelt es sich um fest oder variabel verzinsliche Schuldtitel mit Laufzeiten von einigen Monaten bis zu mehreren Jahren. 4. Wechsel, → notes payable (receivable)

not earlier than/later than *(in der Netzplantechnik)* Hinweis auf den frühesten Anfangszeitpunkt/spätesten Endzeitpunkt eines Vorganges

note coverage Notendeckung, Deckung der im Umlauf befindlichen Banknoten

note issuance facility Fazilität, die eine Liquiditätsbeschaffung über die revolvierende Platzierung von Schuldtiteln ermöglicht.

notes and accounts receivable, trade Besitzwechsel sowie Forderungen aus Lieferungen und Leistungen

notes payable 1. Wechselverbindlichkeiten 2. (kurzfristige) Verbindlichkeiten gegenüber Banken 3. werden diese Verbindlichkeiten unter einer anderen Bezeichnung ausgewiesen, sind unter den notes payable Verbindlichkeiten aus Schuldscheinen (Schuldtiteln) zu verstehen.

notes payable to banks Verbindlichkeiten gegenüber Banken, → notes payable

notes receivable 1. Besitzwechsel, Wechselforderungen 2. Schuldscheinforderungen

notes to the accounts Anmerkungen zum Jahresabschluss

note tender Schuldscheinofferte, Zeichnungsangebot für Schuldtitel im Rahmen einer → note issuance facility

notice loan kündbarer Kredit □ Der Kreditgeber kann den Kredit unter Einhaltung einer vereinbarten Kündigungsfrist zur Rückzahlung fällig stellen. Umgekehrt kann er von dem Kreditnehmer unter Beachtung dieser Frist zurückgezahlt werden.

notice of abandonment 1. *(im Optionshandel)* Anzeige der Nichtausübung einer Option 2. *(in der Seeversicherung)* Abandonerklärung, → abandonment

notice of application Anzeige der Konkursantragstellung

notice of assessment Veranlagungsbescheid, Steuerbescheid

notice of breach 1. Mängelrüge 2. Anzeige des Vertragsbruches

notice of cancellation Kündigungsschreiben, Aufkündigung des Kredit-/Versicherungs-/Mietverhältnisses

notice of claim Schadenanzeige

notice of claim provision Klausel einer Versicherungspolice, die die Schadenanzeigepflicht und die dabei zu beachtenden Fristen regelt.

notice of coding Zuteilung der Steuerkennnummer, → tax code
notice of default Nichtbezahltmeldung, Benachrichtigung über den Verzugseintritt, Feststellung des Liefer-(Schuldner-)Verzugs
notice of determination of guarantee Garantieaufkündigung
notice of election and demand Zwangsvollstreckungsantrag
notice of grant award Zuschussgenehmigungsbescheid
notice of intended deposit Vermerk über die bevorstehende Hinterlegung von Eigentumsurkunden zur Sicherung eines Rechtstitels
notice of intent to make bulk transfer Ankündigung eines Kreditnehmers/Gemeinschuldners (häufig in Form einer Finanzanzeige), dass er sein gesamtes Betriebsvermögen verpfänden wird.
notice of loss → notice of claim
notice of non-responsibility Haftungsfreizeichnung
notice of opposition Anmeldung eines Einspruchs
notice of order annulment Bekanntmachung der Aufhebung eines Konkurseröffnungsbeschlusses
notice of pendency Rechtsanhängigkeitsvermerk
notice of pending action Prozessvormerkung
notice of pre-lien Ankündigung einer möglichen Pfandrechtsbestellung
notice of readiness Anzeige der Liefer-/Lade-/Löschungsbereitschaft
notice of rescission of contract Vertragsaufkündigung
notice of termination Kündigung, Aufkündigung
notice of the receiving order Veröffentlichung des Konkurseröffnungsbeschlusses im Amtsblatt
notice of violation amtlich registrierter Verstoß gegen Bauvorschriften
notice to company → notice of claim

notice to produce Aufforderung an die Gegenpartei zur Vorlage von Dokumenten
notification clause Zustellklausel
notification factoring offenes (notifiziertes) Factoring, → factoring
notification of claim (damage) Schadenanzeige
notification requirements (rules) Meldepflichten, Anzeigepflichten, Anzeigevorschriften
notification threshold Anzeigegrenzwert
notify address (party) Meldeadresse ☐ Person/Firma, der die Ankunft der Waren anzuzeigen ist.
noting score Wahrnehmungsrate ☐ Prozentsatz der Leser eines Print-Mediums, die eine Anzeige zur Kenntnis genommen haben.
notional principal contracts Kontrakte, die auf einem nominellen Kapitalbetrag (nominal principal) basieren.
notional profit 1. rechnerischer Gewinn, Buchgewinn 2. fiktiver Gewinn
notorious possession allgemein be- und anerkannter Besitz
not otherwise herein provided hier nicht anders vorgesehen
not otherwise indicated by number/by name keine anderweitige Zahlen-/Namensangabe
not-to-order clause negative Orderklausel, Rektaklausel ☐ Klausel, die eine Übertragung durch Indossament ausschließt.
not valued/no value declared ohne Wertangabe
n.o.v. → judgement notwithstanding the verdict (non obstante verdicto)
novation Novation, Schuldersetzung, Ersetzung eines Schuldverhältnisses durch ein anderes Vertragsverhältnis
no warranty deed → deed without warranty
NPBIT → net profit before interest and tax
NPM → new public management
NQSOs → non-qualified stock options
NRA → non-resident alien
n.r.a.d. → no risk after discharge
n.r.a.s. → no risk after shipment

NT → net terms
NTA → net tangible assets ratio
NTB → non-tariff barriers
nude pactum das bloße (Vertrags-)Versprechen
nuisance Besitzstörung, rechtswidrige Nutzung
numerical control numerische Kontrolle, → computerised numerical control

nuncupative will mündliches Vermächtnis
nursery finance langfristige Gelder für Unternehmensneugründungen (langfristige Bankkredite, Kapitalbeteiligungen)
n.v.d. → not valued/no value declared
NVO → non-vessel operator
NVOCC → non-vessel operating common carrier
NWC → net working capital

O

object engineering process objektorientierte Softwareentwicklung
objective and task method Budgetierung in einem dreistufigen Verfahren: (a) Zielsetzung, (b) Festlegung der Strategien und Aufgaben zur Umsetzung dieser Ziele, (c) Ermittlung der entsprechenden Plankosten.
objective budget appropriations zweckgebundene Mittelbereitstellung
object linking and embedding Softwarelösungen zur Verknüpfung und Einbettung von Objekten (Dateien) in andere Programme
object-oriented analysis objektorientierte Analyse
object-oriented programming objektorientiertes Programmieren
objects clause Definition des Unternehmenszwecks (Teil des → memorandum of association)
OBL → original bill of lading
obligating event verpflichtendes Ereignis
obligation netting Nettingvereinbarung (Aufrechnungsvereinbarung), bei der zu einem bestimmten Fälligkeitstermin alle durch die Vereinbarung erfassten Verpflichtungen zwischen den Kontrahenten zu einem einzigen Saldo verrechnet werden.
obligation of confidence Verpflichtung zur Geheimhaltung
obligatory reinsurance Vertragsrückversicherung, obligatorische Rückversicherung □ Großrisiken, bei denen eine Rückdeckung vorgeschrieben und der Rückversicherer zur Indeckungnahme verpflichtet ist. → facultative reinsurance, → semiobligatory reinsurance
obligatory treaty → obligatory reinsurance
obligee 1. Anleihegläubiger, Kreditgeber 2. der Verpflichtende, Leistungsempfänger 3. *(bei einer Vertragserfüllungs- bzw. Fertigstellungsgarantie)* Auftraggeber, Bauherr
oblige line aus Gefälligkeit gezeichnetes Risiko
obligor 1. Anleiheschuldner, Kreditnehmer 2. der Verpflichtete, zur Leistung verpflichtete Vertragspartei, Leistungserbringer 3. *(bei Vertragserfüllungs- bzw. Fertigstellungsgarantien)* Auftragnehmer/Lieferant/Bieter, für den eine Kautionsversicherungsgesellschaft oder ein Kreditinstitut eine Bürgschaft übernommen hat.
obligor country Schuldnerland
OBO → owner buyout
OBS → organisational breakdown structure
observation error Beobachtungsfehler □ Fehler einer Erhebung auf Grund einer falschen Fragestellung, ungenauer Antworten, mangelhafter Informationsverarbeitung, etc.
observation experiment Beobachtungsexperiment □ Beobachtung des Käufer-/Verkäuferverhaltens in einer bestimmten Kaufsituation
observation techniques Beobachtungstechniken □ Techniken der Marketingforschung, durch die Informationen über Konsum- bzw. Verhaltensgewohnheiten gewonnen werden. → direct/indirect observation, → disguised/undisguised observation, → contrived/natural observation
observed condition/depreciation durch einen Sachverständigen festgestellter (Gebäude-)Zustand/ermittelte Wertminderung
obsolescence technische (marktmäßige) Alterung
obsolescence hedge Absicherung gegen die Überalterung technischer Anlagen □ z.B. durch Abschluss eines Leasingvertrages
obsolescence rate Obsoleszenzrate; Zeitspanne, in der ein Produkt veraltet.

obstruction of justice Behinderung der Justiz
OBU offshore banking unit, → offshore banking
O.C. → open cover
OCC → Office of the Comptroller of the Currency
occupancy Aneignung, Besitzergreifung von herrenlosen Gütern
occupancy rate Nutzrate, Verhältnis von vermieteter Büro- oder Wohnfläche/von effektivem Mietertrag zu vermietbarer Gesamtfläche/zum möglichen Gesamtmietertrag
occupational pension scheme betriebliche Altersvorsorge
Occupational Safety and Health Act regelt das Arbeitsschutzrecht in den Vereinigten Staaten
occupiable (occupied) space nutzbare (genutzte) Lagerfläche
occurrence Zeitpunkt des Schadeneintritts
occurrence coverage → occurrence policy
occurrence limit *(in der Einzelschaden-Exzedentenrückversicherung)* Regulierungsobergrenze (maximale Haftung des Versicherers) je Schadenereignis
occurrence policy Versicherung, die unabhängig vom Zeitpunkt der Schadensmeldung alle während der Laufzeit der Police entstandenen Schäden/Verluste reguliert.
ocean (common) carrier Verfrachter, Frachtführer im Seeverkehr, Reederei
ocean marine insurance (coverage, policy) Seeversicherung, → marine insurance
ocean transports → marine transports
OCRM → operative customer relationship management
odd pricing theory Preisgestaltungstheorie, der zufolge Verbraucher günstiger reagieren, wenn Preise unter einer bestimmten psychologischen Schwelle festgesetzt werden.
odd time *(im Versicherungsgeschäft)* eine den üblichen Deckungszeitraum von 12 Monaten über- oder unterschreitende Zeitspanne

OEM → original equipment manufacturer
OE questions → open-ended questions
OER → operating expense ratio (percentage)
of counsel Bezeichnung für den Anwalt, der an der Vorbereitung bzw. Abwicklung eines Verfahrens mitwirkt, jedoch nicht der federführende Anwalt ist.
off-balance sheet financing instruments bilanzunwirksame Finanzierungsinstrumente □ Finanzierungsformen, die die Bilanz des Kreditnehmers nicht belasten.
off-balance sheet risks bilanzunwirksame (außerbilanzielle) Verpflichtungen □ z.B. in Form von Kreditbesicherungsgarantien, Zins- und Währungsswaps, Options- und Terminkontrakten.
off-card rates individuell vereinbarter (Werbe-)Tarif
offence in bankruptcy Konkurshandlung, Konkursdelikt
offer by prospectus Zeichnungsangebot, Zeichnungsofferte □ Bei dem offer by prospectus wird das Angebot zur Zeichnung von Wertpapieren dem Publikum direkt durch den Emittenten zu einem bestimmten Kurs unterbreitet. Der Emissionsprospekt muss in mindestens zwei nationalen Tageszeitungen veröffentlicht und den in den Verkauf eingeschalteten Banken und Brokern als Broschüre zur Verfügung gestellt werden.
offer document 1. Zeichnungsunterlagen 2. Übernahmeangebot (an die Aktionäre der Zielgesellschaft)
offeree 1. Empfänger eines Angebotes 2. *(in Verbindung mit Übernahmeangeboten)* Zielunternehmen, zu übernehmende Gesellschaft
offer for sale (Wertpapier-)Zeichnungsangebot, Zeichnungsofferte
offer for sale by tender Ausschreibung einer Emisson □ Bei diesem Emissionsverfahren werden die Titel auf schriftlich abzugebende Gebote den Meistbietenden zugeteilt.
offering circular (memorandum) verkürzter

Verkaufsprospekt ☐ Angebotsrundschreiben bei einer Anleiheemission, in dem die Anleihemodalitäten zusammengefasst werden.

offer of judg(e)ment Vergleichsangebot

offeror company *(in Verbindung mit Übernahmeangeboten)* bietendes Unternehmen; Unternehmen, das eine Übernahme anstrebt. → offeree (2)

offer to purchase Übernahmeangebot

office condominium Büro-Stockwerkseigentum

office equipment sector Bürowirtschaft

Office of Fair Trading britische Wettbewerbsaufsichtsbehörde

Office of Federal Housing Enterprise Oversight für die → Federal National Mortgage Association (Fannie Mae) und die → Federal Home Loan Mortgage Corporation (Freddie Mac) zuständige Aufsichtsbehörde.

Office of Finance Emissionsstelle des → Federal Home Loan Bank System

Office of HM Paymaster General verwaltet die Mittel der britischen Ministerien, führt die Rechnungslegung über Einnahmen und Ausgaben der britischen Regierung. Teil des → National Investment and Loans Office

Office of the Comptroller of the Currency Das OCC, eine der fünf US-Aufsichtsbehörden für das Kreditgewerbe (→ Federal Financial Institutions Examination Council), ist für die Zulassung, Regulierung und Kontrolle der durch Bundesbehörden zugelassenen Kreditinstitute (National banks) zuständig. Es überwacht ferner die Niederlassungen ausländischer Banken in den Vereinigten Staaten. An der Spitze der Behörde steht der Comptroller of the Currency, der durch den US-Präsidenten mit Zustimmung des Senats für eine fünfjährige Amtszeit ernannt wird.

Office of Thrift Supervision primäre Aufsichts- und Regulierungsbehörde für US-Sparbanken (savings banks) und Spar- und Darlehenskassen (savings and loan associations). → Federal Financial Institutions Examination Council

officer of court Vollstreckungsbeamter

officers 1. leitende Angestellte einer Unternehmung ☐ können, müssen aber nicht dem → Board of Directors angehören 2. Sachbearbeiter mit bestimmten Verantwortungsbereichen

Officers and Directors Liability Insurance Managerhaftpflichtversicherung

official bond → public official bonds

official map Bauleitplan, Flächennutzungsplan

official receiver amtlicher Konkursverwalter ☐ Vertreter des Department of Trade and Industry, der eines der 30 regionalen Büros für Insolvenzverfahren leitet. → compulsory liquidation

official reports Sammlung von Gerichtsentscheidungen

off-line carrier Frachtführer/Verfrachter, der Gütertransporte in Länder/Häfen übernimmt, die er nicht selbst anfliegt/anläuft.

off premises Ausdehnung des Versicherungsschutzes auf außerhalb des Versicherungsortes gelagerte Vermögenswerte

off risk Hinweis, dass der Versicherer das Risiko nicht mehr trägt.

offset statement → beneficiary statement

offsetting agreement Kompensationsabkommen, Verrechnungsabkommen

offshore banking Errichtung von Bankniederlassungen sowie Durchführung von Bankgeschäften in exterritorialen Finanzzentren/Offshore-Zentren. Diese Bankniederlassungen (off-shore banking units) dürfen jedoch keine Geschäfte mit Gebietsansässigen abwickeln, sondern nur mit Gebietsfremden oder anderen OBUs.

offshore captive konzerneigene Finanzierungs-/Versicherungstochter, die in einem → offshore centre domiziliert.

offshore centres Offshore-Zentren ☐ Zentren (Länder), die unter aufsichtsrechtlichen und steuerlichen Gesichtspunkten günstige Rahmenbedingungen für die An-

offshore corporation

lage von Geldern bzw. Abwicklung großer Finanztransaktionen bieten. Zu den bekanntesten Offshore-Zentren zählen die Bahamas und Bermudas sowie die Cayman- und Kanalinseln. Daneben wurden an großen Finanzplätzen, z.b. New York und Tokio, Fazilitäten geschaffen, die unter bestimmten Voraussetzungen die Abwicklung von Offshore-Geschäften ermöglichen.

offshore corporation 1. in einem → offshore centre domizilierendes Unternehmen 2. i.e.S. nicht unter den Geltungsbereich der nationalen Gesetzgebung fallendes Unternehmen

offshore escrow account → escrow acount (3)

offshore financing Offshore-Finanzierung □ Finanzierung auf einem exterritorialen Finanzmarkt

offshore markets exterritoriale Finanzmärkte, Währungsaußenmärkte, → offshore centres

offshore stock außerhalb der nationalen Grenzen emittierte Aktien

offshore trust Offshore-Trust □ in einem offshore centre domizilierender Trust (Stiftung mit treuhandschaftlichem Charakter); kann im Gegensatz zu einem onshore trust jederzeit in ein anderes Land transferiert werden. → onshore trust

offsite cost Anliegerkosten

offsite improvements Infrastrukturmaßnahmen in Verbindung mit einem Bauprojekt, Straßen und Kanalisationsanlagen

offsite improvements lien Pfandrecht der öffentlichen Hand für noch nicht beglichene Erschließungskosten

off-take contract Abnahmevertrag □ langfristiger Abnahme-/Liefervertrag, auf dem eine Projektfinanzierung basiert (dient dem Ausschluss des → off-take Risikos).

offtaker Abnehmer von Rohstoffen

off-take risk Risiko, dass aus einem Projekt keine angemessenen Erträge erwirtschaftet werden (d.h. Erträge, die mindestens zur Bedienung der aufgenommenen Kredite ausreichen).

OFHEO → Office of Federal Housing Enterprise Oversight

OFT → Office of Fair Trading

OIBD → operating income before depreciation and amortisation

oil bulk ore vessel (carrier) Spezialschiff für Erdöl-, Schüttgut- und Erztransporte

oil bunker surcharge → bunker adjustment factor

OLAP → online analytical processing

old-line factoring echtes Factoring, Standard-Factoring □ Beim echten Factoring erwirbt die Factoringgesellschaft Forderungen ihres Kunden aus Lieferungen oder Leistungen. Gleichzeitig bevorschusst sie die jeweiligen Rechnungen entweder vollständig oder bis zu einer vereinbarten Höhe, sodass der Kunde über sofortige Liquidität verfügt. Mit dem Kauf der Forderungen übernimmt die Factoringgesellschaft auch das Delkredere-Risiko, d.h. das Risiko des Forderungsausfalls. → maturity factoring, → with-recourse factoring.

old-line life insurance → level premium life insurance

OLE → object linking and embedding

OLTP → online transaction processing

omnibus charge 1. Pauschalbelastung 2. Sammelwertberichtigung

omnibus clause Klausel einer Haftpflichtversicherungspolice, die den Versicherungsschutz auf Personen/Organisationen ausdehnt, die mit dem Versicherungsnehmer in Verbindung stehen.

omnibus interview (survey) Omnibusbefragung □ Befragung durch ein Marktforschungsinstitut zu unterschiedlichen Themen und für verschiedene Auftraggeber

on approved account *(Angebotsvermerk)* Zahlungsziel wird vorbehaltlich guter Referenzen gewährt

on-board bill of lading Bordkonnossement □ bescheinigt die Übernahme der Ware an Bord des Schiffes, → received for shipment bill of lading

on-budget transaction Geschäft innerhalb

des budgetierten Rahmens

on-carriage Nachlauf, Weitertransport, Transport vom Empfangsspediteur zum Empfänger, Überlandtransport von Waren/Containern zum Bestimmungsort nach Entladung aus dem Schiff

on-carrier Frachtführer, der den Weitertransport von Frachtgut übernimmt.

on-consignment policy Versicherung für in Kommission genommene Ware

one face to the customer einheitlicher Unternehmensauftritt gegenüber Kunden

one hundred percent statement *(Unternehmensvergleichen dienender)* Finanzausweis, bei dem Einzelpositionen als Prozentsätze der Bilanzsumme ausgewiesen werden.

one-off charter Einzelcharter

one-off expenditure einmaliger Aufwand

one-on-one interview persönliche (mündliche) Befragung

one-person corporation Einmann-Kapitalgesellschaft

one-price policy Einheitspreispolitik ☐ keine Differenzierung nach Kundengruppen, → differential pricing

one-price selling Verkauf zu einem Einheitspreis

onerous contract Vertrag, bei dem die Kosten aus der Erbringung der vertraglichen Leistung die entsprechenden Erträge übersteigen. *(pl)* schwebende Geschäfte mit drohenden Verlusten

onerous covenants 1. Grunddienstbarkeiten 2. Auflagen für den Kreditnehmer, → loan covenants

onerous property 1. belasteter Grundbesitz 2. *(i.S. des → Insolvency Act)* nicht oder nur sehr schwer veräußerbare Vermögenswerte sowie sonstige Aktivposten und Lieferverträge, mit denen eine zeitlich nicht absehbare Belastung verbunden ist. Ihre Aufnahme in die Liquidations-/Konkursmasse kann der Liquidator/Konkursverwalter ablehnen.

one-shot advertising/mailing campaign einmalige Werbe-/Mailingkampagne

one-stage cluster sample einstufige Klumpenstichprobe

one-stage sampling einstufiges Auswahlverfahren, → cluster sampling, → two-stage sampling, → multistage sampling

one-step marketing approach einstufiger Marketing-Ansatz, → direct marketing

one-time charge against earnings einmalige Wertberichtigung

one-to-one marketing Dialogmarketing, auf einen spezifischen Kunden zugeschnittene Marketingmaßnahmen

ongoing research laufende Erhebung

online analytical processing Analyse großer Datenbestände auf der Grundlage eines schnellen Zugriffs auf unterschiedliche Datenschichten, multidimensionale Aufbereitung von Daten/Geschäftsanalysen

online trading Orderplatzierung/Handel via Internet

online transaction processing Online-Transaktionsverarbeitung, Bearbeitung eines gemeinsamen Datenbestandes in Echtzeit

on-market offer gesetzlich vorgesehene Form einer Firmenübernahme, nach deren Ankündigung alle Aktien des zu übernehmenden Unternehmens aufgekauft werden müssen, die im Verlauf eines Monats an der Börse angeboten werden.

onshore trust Onshore Trust ☐ unter den Geltungsbereich der nationalen Gesetzgebung fallender Trust. → offshore trust

on-site promotion → in-store promotion

onus is on the claimant Beweislast liegt bei dem Antragsteller

OOA → object-oriented analysis

OOC → Office of the Comptroller of the Currency

OOP → object-oriented programming

open account 1. offene Rechnung 2. offener Buchkredit, laufender Kontokorrentverkehr

open account business (dealings) Warenverkäufe auf Ziel

open and competitive bidding Preisbildung durch offene und konkurrierende Gebote

open captive konzerneigene Versicherungsgesellschaft, die neben den Risiken der Mutter auch die Risiken verbundener Dritter versichert.

open certificate → open cover

open charter Chartervertrag, der keinen Hinweis auf Ladung oder Bestimmungshafen enthält.

open competition freier Wettbewerb

open corporation Aktiengesellschaft mit großem Streubesitz, → close company (corporation)

open court *(hearing in -)* öffentliche mündliche Verhandlung

open covenant bond Bürgschaft in unbegrenzter Höhe

open cover offene Police, laufende Versicherung □ Der Versicherungsgegenstand wird bei Versicherungsabschluss nur der Gattung nach bezeichnet. Die Aufgabe der zu versichernden Gegenstände erfolgt bei Entstehung der Risiken.

open database connectivity offene Datenbankverbindung □ erlaubt den Zugriff auf Datenbanken unabhängig von Betriebssystemen.

open-end contract Auftrag mit unbestimmter Laufzeit und einem nicht fest fixierten Auftragsvolumen, d.h. die Liefermenge kann jederzeit auf Wunsch des Käufers zu den ursprünglich vereinbarten Konditionen erhöht werden.

open-end credit agreement Rahmenkreditvertrag, revolvierender Kredit □ d.h. die allgemeinen Kreditkonditionen werden vertraglich festgelegt. Die Höhe der Inanspruchnahme und/oder der Zinssatz werden von Fall zu Fall/in bestimmten Zeitabständen vereinbart.

open-end debenture Schuldtitel, der eine zusätzliche Verschuldung im gleichen Rang nicht ausschließt.

open-ended bridger (bridge-over) → bridger

open-ended investment company offener Investmentfonds □ die 1997 in Großbritannien eingeführten OEICs unterscheiden sich von den herkömmlichen unit trusts vor allem in zwei Punkten: zum einen in der Preisbildung (Einheitspreis bei OEICs; Doppelpreisstellung, d.h. unterschiedliche Preise für Verkauf und Rücknahme von Anteilen bei unit trusts) und zum andern in der Unternehmensform, d.h. OEICs unterliegen dem Gesellschafts- und nicht dem Trust-Recht. → open-end fund

open-ended questions offene Fragen, Fragen mit frei formulierbaren Antworten (keine Beeinflussung durch den Fragebogen oder den Interviewer), → closed-ended questions

open-end fund offener Investmentfonds □ Kennzeichen: Ausgabe von Anteilen in unbeschränkter Höhe, laufende Ausgabe und Rücknahme, freie Übertragbarkeit der Anteile, laufende Portefeuilleveränderungen im Einklang mit den Vertragsbedingungen.

open-end lease Leasingvertrag, bei dem der Leasingnehmer dem Leasinggeber einen Mindestrestwert zum Ende der Vertragslaufzeit garantiert. → closed-end lease

open-end mortgage aufstockbare Hypothek □ Rahmenhypothekenvereinbarung, d.h. der Schuldner kann während der Laufzeit des Hypothekenkredites zusätzliche Gelder unter der Voraussetzung aufnehmen, dass der festgelegte Beleihungswert der Immobilie nicht überschritten wird. → open mortgage

open-end mortgage bond durch ein Grundpfandrecht gesicherter Schuldtitel, der eine zusätzliche Verschuldung im gleichen Rang zulässt.

open-end mutual fund → open-end fund

open-end policy → open cover

opening backlog Auftragsbestand zu Beginn des Geschäftsjahres

opening balance sheet Eröffnungsbilanz, Anfangsbilanz

opening statements Eröffnungsplädoyer, einleitende Erklärungen der Anwälte

open interest offene Kontraktpositionen □ diese Zahl der noch nicht glattgestellten

Kontrakte gilt als Maßstab für die Liquidität und Tiefe des Marktes
open interview 1. freies Vorstellungsgespräch, → closed interview 2. offene Befragung, → open-ended questions
open knowledge → explicit knowledge
open lines Standleitungen ☐ z.b. eines Kreditinstitutes zur Abwicklung des Geschäfts-/Zahlungsverkehrs mit Großkunden
open listing gleichzeitige Beauftragung mehrerer Makler mit dem Verkauf einer Immobilie
open market offener (freier) Markt, Markt ohne Zugangsbeschränkungen
open market operations Offenmarktgeschäfte ☐ Geldmarktgeschäfte einer Zentralbank zur Steuerung der Bankenliquidität sowie der Kredit- und Geldmenge
open mortgage 1. Hypothek, die jederzeit und ohne Zahlung einer Vorfälligkeitsentschädigung vor dem Fälligkeitstermin vollständig oder teilweise zurückgezahlt werden kann. 2. zur Rückzahlung fällig gestellte Hypothek 3. → open-end mortgage
open period of account offener Abrechnungszeitraum
open policy → open cover
open price filing (system) Austausch von Produktions- und Preisunterlagen zwischen Firmen des gleichen Industriezweiges mit dem Ziel einer informellen Preisabsprache.
open pricing offener (durch Angebot und Nachfrage) bestimmter Preisbildungsprozess
open procedure öffentliches Ausschreibungsverfahren, Ausschreibung ohne vorherige Bieterauswahl, → negotiated procedure, → restricted procedure
open rate frei aushandelbare Frachtrate
open rate structure offene (an das Auftragsvolumen anpassbare) Anzeigen-/Werbetarife
open rating nicht genehmigungspflichtiges Tarifierungssystem, → prior-approval rating

open registry Registrierung eines Schiffes in einem Billigflaggen-Land
open shop Unternehmen, bei dem Betriebsangehörige nicht zum Gewerkschaftsbeitritt verpflichtet sind.
open side/open top container Container mit Tür- bzw. Dachöffnungen ☐ ermöglichen die Be- und Entladung per Kran durch die Türen oder von oben
open slip → open cover
open tendering öffentliches Ausschreibungsverfahren
operant conditioning instrumentelles (operantes) Konditionieren
operating activities laufende Geschäftstätigkeit
operating agreement 1. GmbH-Gesellschaftsvertrag 2. Geschäftsordnung
operating and office equipment Betriebs- und Geschäftsausstattung, i.e.S. Geschäftsinventar
operating asset ratio Verhältnis von Umsatz zu Betriebsvermögen
operating assets 1. Betriebsvermögen 2. i.e.S. Betriebsmittel ☐ alle für die Fertigung benötigten Güter (Gebäude, Betriebs- und Geschäftsausstattung)
operating audit → operational audit
operating budget i.e.S. funktionaler Teilplan, Budget eines funktionalen Bereiches wie Beschaffung, Produktion, Lagerhaltung; i.w.S. betriebliche Planungsrechnung einer kleineren Unternehmung
operating capacity usage Ausnutzung der Betriebskapazität
operating cash flow → operative cash flow
operating cash reserve Betriebsmittelrücklage
operating chart Arbeitsplan
operating company operative Gesellschaft
operating cost Betriebskosten, Betriebsaufwand, → operating expenses
operating cost ratio → operating expense ratio (percentage)
operating covenants Verpflichtungen im Hinblick auf das operative Management, → covenants

operating cycle Geschäftszyklus
operating debt 1. Betriebskredite (i.d.R. kurzfristige Bankkredite) 2. i.w.S. Betriebsschulden
operating division Unternehmensbereich, Sparte
operating earnings Betriebsertrag, betriebsbedingter Ertrag, Ertrag aus der betrieblichen Leistungserstellung
operating economy Wirtschaftlichkeit
operating expense budget Betriebskostenbudget □ Überblick über die projizierten Aufwendungen im Produktions-, Vertriebs- und Verwaltungsbereich
operating expense ratio (percentage) Betriebskostenquote, Verhältnis von Betriebskosten zu Nettoumsatzerlösen
operating expenses 1. Betriebskosten, Betriebsaufwand, betriebsbedingter Aufwand 2. *(einer Bank)* Personal- und Sachkosten
operating functions Linienfunktionen □ zentrale Aufgaben einer Unternehmung, z.B. Beschaffung, Produktion, Vertrieb
operating funds Betriebsmittel
operating income operatives Ergebnis, Ergebnis der gewöhnlichen Geschäftstätigkeit, Betriebsgewinn, Betriebsergebnis
operating income before depreciation and amortisation operatives Ergebnis vor Abschreibungen auf Anlagen und auf immaterielle Vermögenswerte
operating income statement Betriebsergebnisrechnung
operating lease Operating Lease □ Kennzeichen: kurz- bis mittelfristige Laufzeit, kann i.d.R. jederzeit durch den Leasingnehmer unter Beachtung einer bestimmten Frist gekündigt werden; der Leasinggeber trägt das objektbezogene Risiko und das Finanzierungsrisiko
operating long-life assets Sachanlagevermögen
operating loss Betriebsverlust, negatives Betriebsergebnis
operating margin operative Marge, Betriebsgewinnspanne, Betriebsergebnismarge □ Verhältnis von Ertrag vor Zinsen und Steuern (EBIT) zum Gesamtumsatz
operating organisation operative Gesellschaft
operating overhead(s) Betriebsgemeinkosten, die Fertigung betreffende Gemeinkosten
operating performance ratios Erfolgskennzahlen eines Unternehmens, z.B. → gross profit margin
operating premises Betriebsgrundstücke
operating profit Betriebsgewinn, positives Betriebsergebnis
operating profit margin Gewinnspanne □ Quotient aus Betriebsgewinn und Nettoumsatz
operating rate Kapazitätsnutzungsgrad
operating ratio 1. Erfolgskennziffer, Gewinnspanne □ Kennzahl zur Bestimmung der Ertragskraft bzw. der Wirtschaftlichkeit einer Unternehmung, → capital turnover, → debtor turnover, → stock turn 2. *(im Versicherungsgeschäft)* → combined ratio
operating result(s) operatives Ergebnis, Ergebnis der laufenden Geschäftstätigkeit
operating revenue Umsatzerlöse, Betriebseinnahmen
operating risk 1. Betriebsrisiko 2. Abwicklungsrisiko
operating statement Ergebnisrechnung, Gewinn- und Verlustrechnung
operating supplies Betriebsstoffe
operating surplus Betriebsgewinn, i.w.S. Jahresüberschuss
operating unit Betrieb, Betriebseinheit, operative Einheit
operational acceptance Betriebsabnahme, Abnahme eines Projektes
operational accounting Betriebsabrechnung
operational audit Systemprüfung, Prüfung der Ablaufsysteme einer Unternehmung □ Prüfungsgebiete: Material- und Absatzwirtschaft, Investitionsplanung, Forschung und Entwicklung. Ziel dieser audits ist es, die Leistungsfähigkeit und Rentabilität einer Unternehmung zu verbes-

sern.
operational data Betriebsdaten, Daten (Größen) zum Fertigungsprozess
operational exposures Betriebsrisiken
operational investments betriebliche Beteiligungen
operational planning kurz- bis mittelfristige (auf einzelne Unternehmensbereiche) abgestellte Planung
operational procedures operative Verfahren, Arbeitsabläufe, Tätigkeiten und Prozesse
operational qualification Nachweis für den spezifikationskonformen Betrieb
operational research → operations research
operational resilience Widerstandsfähigkeit gegen Systemausfälle
operation and maintenance contract Betriebs- und Wartungsvertrag
operation process chart Fertigungsablaufplan
operations cycle Produktionszyklus, Zyklus der Leistungserstellung
operation sequence Arbeitsschritt
operations liability Betriebshaftpflicht
operations research Unternehmungsforschung, Einsatz mathematischer Verfahren bei der Vorbereitung von Unternehmensentscheidungen
operations sheet Arbeitskarte, Belegungskarte
operative agreement rechtswirksamer Vertrag
operative cash flow operativer Cashflow, Geldmittelzufluss aus dem operativen Geschäft, Cashflow abzüglich Steuern und Ersatzinvestitionen, Innenfinanzierungskraft
operative cash flow to equity operativer eigenkapitalbezogener Cashflow
operative controlling operatives Controlling □ Planung, Steuerung und Überwachung der Betriebstätigkeit, Kosten- und Leistungssteuerung, Optimierung von Controlling-Systemen
operative customer relationship management operatives Kundenbeziehungsmanagement □ Akquisition und Auftragsbearbeitung, Implementierung von Marketing- und Vertriebsinformationssystemen, Organisation von → front office und → call center. → customer relationship management
operative employees Sachbearbeiter, Mitarbeiter mit ausführenden Tätigkeiten
operative holding (company) operative Holding □ steuert die operativen Aufgaben der Konzerneinheiten
operative logistics operative Logistik, Lager- und Distributionslogistik
operative marketing operatives Marketing □ am Tagesgeschäft orientiertes Marketingkonzept, Marketingaktivitäten für eine bestimmte Zielgruppe, → strategic marketing
operative part of a contract (deed) Kernstück eines Vertrages (Urkunde)
operative planning operative Planung □ Umsetzung der strategischen Planung in realisierbare Ziele und Maßnahmen
operative project management operatives (ausführendes) Projektmanagement
operative words Worte, durch die ein Besitz- bzw. Rechtstitel übertragen wird.
operator model Betreibermodell
Opex → operating expenses
OPG → Office of HM Paymaster General
OPIC → Overseas Private Investment Corporation
opinion 1. Gutachten 2. Prüfungsvermerk des Buchprüfers
opinion formers Meinungsbildner
opinion leader Meinungsführer, Imagemultiplikator
opinion of counsel Rechtsgutachten (eines Anwalts/einer zuständigen Behörde)
opinion of title Gutachten eines Anwalts hinsichtlich der Gültigkeit von Eigentumsrechten
opinion paragraph Abschnitt eines Prüfungsberichtes, der den Bestätigungsvermerk des Abschlussprüfers enthält.
opinion shopping Versuch einer Unternehmensleitung, durch den Wechsel von Ab-

opportunities to see Kontaktchancen (mit einem Werbeträger), Kontaktwahrscheinlichkeit → gross cover, gross rating points

opportunity cost Opportunitätskosten, Nutzenentgang, Kosten die durch entgangenen Nutzen von Kapital für andere Zwecke entstehen.

schlussprüfern einen für sie günstigen Bestätigungsvermerk zu erhalten.

opportunity management systems Softwaresysteme zur Aufspürung und Unterstützung von Markt-/Verkaufschancen

opportunity phase Entwicklungs- und Prüfungsphase, erste Phase im Projektlebenszyklus, → project life cycle

opposition Einspruch, Widerspruch, Opposition

oppression Missachtung der Rechte der Minderheitsaktionäre

OPS → one-price selling

optimal order frequency optimale Bestellhäufigkeit

optimal order quantity (size) optimale Bestellmenge

option 1. Option, Wahl, Wahlmöglichkeit 2. Option, Bezugsrecht □ Mit Optionen ist das Recht, nicht aber die Verpflichtung verbunden, einen Optionsgegenstand (Finanztitel oder Rohstoff) zu einem vereinbarten Kurs (Basispreis) gegen Zahlung einer Prämie zu kaufen oder zu verkaufen. Dieses Recht kann entweder innerhalb eines bestimmten Zeitraumes oder zu einem vereinbarten Endfälligkeitstermin ausgeübt werden. Optionsgeschäfte basieren entweder auf börsennotierten Kontrakten oder auf börsenfreien, vornehmlich von Banken angebotenen Instrumenten.

optional discharge bill of lading Konnossement, das ein Löschen der Ware in verschiedenen Häfen erlaubt.

optional dividend Dividende, die wahlweise in bar oder in Form zusätzlicher Aktien bezogen werden kann.

optionally renewable contract nach Wahl des Versicherungsnehmers verlängerbare Police

optional modes of settlement Auszahlungs-/Regulierungsalternativen

optional port Optionshafen; Hafen, dessen Anlaufen ungewiss ist.

optional principal redemption bond vorzeitig kündbare Anleihe, → optional redemption

optional redemption Recht eines Emittenten, seine Schuldtitel gegen Zahlung einer Prämie vorzeitig zu kündigen.

option dated forward contract Devisentermingeschäft, bei dem dem Kontraktinhaber hinsichtlich des Zeitpunkts der Erfüllung seiner Kauf- oder Verkaufsverpflichtungen eine Wahlmöglichkeit eingeräumt wird. Wie bei einem konventionellen Devisentermingeschäft (forward exchange contract) ist jedoch eine Vertragserfüllung erforderlich.

optionee Optionsnehmer, Optionsinhaber

optionor Optionsgeber

o.r. → owner's risk

oral arguments mündliche Ausführungen (Begründung)

oral binder mündliche Deckungszusage

o.r.b. → owner's risk of breakage

order backlog Auftragspolster

order bias Reihenfolge-Bias □ Beeinflussung des Antwortverhaltens durch Einhaltung einer bestimmten Reihenfolge, → position bias

order control Auftragssteuerung (während des Fertigungsprozesses)

order cycle time Auftragsabwicklungszeit, Auftragsdurchlaufzeit, Zeitraum von der Auftragserteilung bis zur Auftragserfüllung

order-driven market auftragsgelenkter Markt

order entry Zeitpunkt der Auftragserteilung durch den Kunden

order filling costs Auftragsabwicklungskosten

order for costs (Gerichts-)Kostenfestsetzungsbescheid

order for dissolution gerichtlich angeordnete Liquidation einer Unternehmung

order for foreclosure absolute endgültiges

Urteil, mit dem das Einlösungsrecht eines Schuldners (→ equity of redemption) ausgeschlossen wird.
order for leave to enforce/to issue execution Vollstreckbarkeitserklärung
order for possession → writ of possession
order for reinstatement Wiedereinsetzungsverfügung
order for relief einstweilige Verfügung, durch die Forderungsbeitreibungsmaßnahmen oder eine Zwangsvollstreckung vorläufig außer Kraft gesetzt werden; □ wird ein Gericht automatisch erlassen, wenn ein Antrag auf Einleitung eines Insolvenzverfahrens nach → Chapter 7/11,12,13 gestellt und angenommen wurde.
order for sale gerichtliche Anordnung der Zwangsversteigerung
order fulfillment Auftragsabwicklung, → fulfillment services
order generation costs Akquisitionsaufwand
order lead time Auftragsdurchlaufzeit, Zeitraum vom Auftragseingang bis zur Warenauslieferung
order line Positionszeile, Auftragsposition, Position im Kommissionierauftrag
order management Auftragsmanagement, Bestellmanagement, Gestaltung der Auftragsabwicklung
order of attachment Pfändungsbeschluss, Beschlagnahmeverfügung
order of committal Anordnung von Erzwingungshaft
order of discharge Entlastungsbeschluss □ Beschluss hinsichtlich der Entlassung des Gemeinschuldners aus seiner Haftung.
order of recording Reihenfolge der Eintragungen
order of sale Zwangsverkauf, Verkaufsbeschluss
order picking (Auftrags-)Kommissionierung □ Zusammenstellung unterschiedlicher Waren aus einem Sortiment für einen Kundenauftrag
order picking truck Kommissionierfahrzeug, Kommissionierwagen (mit einer zusätzlichen Plattform für den Kommissionierer)
order picking unit Kommissioniereinheit
order picking warehouse Kommissionierlager
order point kritischer Bestellpunkt in der Lagerhaltung
order point system Bestellpunktverfahren □ Warenbestellung bei Erreichen des → order point
order processing Auftragsbearbeitung, Auftragsabwicklung
order routing system computergestütztes Auftrags-Einspeisungssystem
order sanction Auftragsannahme
order size Bestellmenge
order system Bestellsystem, → pull system, → push system
order throughput time Auftragsdurchlaufzeit
order to delivery process Auftragsdurchlauf □ Prozess, der mit der Bestellung beginnt und mit der Auslieferung endet.
order to dismiss Klageabweisungsbeschluss
order to negotiate Negoziierungsanweisung, Negoziierungsauftrag □ Auftrag der Bank des Importeurs (Akkreditivbank) an ihre ausländische Korrespondenzbank, die vom Exporteur auf sie gezogenen Tratten anzukaufen.
order tracing (tracking) Auftragsverfolgung
o.r.det. → owner's risk of deterioration
ordinal scale Ordinalskala, ordinales Skalenniveau
ordinary activities gewöhnliche Geschäftstätigkeit
ordinary assets *(i.S. der US-Steuergesetzgebung)* Vermögenswerte, die im Rahmen der gewöhnlichen Geschäftstätigkeit ge- und verkauft werden.
ordinary bond Einzelzollbürgschaft
ordinary business 1. gewöhnliche (ordentliche) Geschäftstätigkeit 2. alle in der Unternehmenssatzung vorgeschriebenen Tagesordnungspunkte einer Hauptversammlung
ordinary care and diligence in business Sorgfalt des gewöhnlichen Geschäftsbetriebs

ordinary course of business gewöhnlicher Geschäftsverkehr
ordinary creditor nicht bevorrechtigter Gläubiger, Massegläubiger
ordinary debt nicht bevorrechtigte Forderung
ordinary expenditure (expenses) regelmäßige (betriebsbedingte) Ausgaben
ordinary gains (losses) Gewinne (Verluste) aus dem gewöhnlichen Geschäftsbetrieb
ordinary income 1. gewöhnliche Einkünfte, ordentliches (voll zu versteuerndes) Einkommen 2. → ordinary operating income
ordinary interest Zinsberechnung, die auf 360 Tagen pro Jahr basiert.
ordinary life assurance Großlebensversicherung, alle Formen der Erlebens-, Todesfall- oder Vermögensbildungsversicherung
ordinary losses alle Verluste (Kapitalverluste ausgenommen)
ordinary operating income (loss) regulärer Betriebsgewinn (Betriebsverlust)
ordinary receiver Alternativbezeichnung für einen Law of Property Act receiver, → receivership
ordinary repairs Erhaltungsaufwand
ordinary residence gewöhnlicher Aufenthalt
ordinary resolution mit einfacher Mehrheit gefasster Beschluss
ordinary risks berufsbedingte (betriebsbedingte) Risiken
ordinary shareholders' funds Eigenkapital, Grundkapital plus Rücklagen
ordinary share premium reserve Rücklage aus dem Agio auf Stammaktien
ordinary voting principle Prinzip, dem zufolge auf eine Aktie eine Stimme entfällt.
o.r.f. → owner's risk of fire
organic organization Unternehmen mit einer flexiblen Führungsstruktur
organisational audit Organisationsrevision, Organisationsprüfung □ Überwachung der Organisationsarbeit, Überprüfung aller Planungsprozesse und Arbeitsvorgänge im Organisationsbereich, Durchleuchtung der Unternehmensorganisation
organisational breakdown structure Organisationsstrukturplan
organisational buying behaviour industrielles Kaufverhalten
organisational cost (expenditure) 1. Organisationskosten, Kosten der organisatorischen Gestaltung 2. Gründungskosten
organisational design Organisationsgestaltung
organisational knowledge base organisationale Wissensbasis □ Kenntnisse und Fähigkeiten einer Unternehmung/Organisation
organisational marketing Marketingaktivitäten einer (gemeinnützigen) Körperschaft/eines Verbandes, i.w.S. Industriegütermarketing
organisational pattern Organisationsstruktur, organisatorischer Aufbau
organisational ranks Organisationsmitglieder, Organisationsteilnehmer
organisational relationships organisatorische Zusammenhänge (Tatbestände), Beziehungen der Organisationsmitglieder untereinander (Über- und Unterstellungen)
organisational units organisatorische Einheiten, Stellen und Abteilungen
organisation analysis Organisationsanalyse, Aufgaben- und Arbeitsanalyse
organisation certificate Gründungsurkunde
organisation chart Organisationsplan, Organisationsschaubild, Organogramm
organisation control Organisationskontrolle, Kontrolle der Organisationssysteme und -arbeit
organisation design organisatorischer Aufbau, organisatorische Gestaltung
organisation development Organisationsentwicklung, Entwicklung von Ablauf- und Aufbaustrukturen
organisation engineering tools Instrumentarium zur Analyse, Planung und Steuerung der innerbetrieblichen Arbeitsabläufe und Geschäftsprozesse
organisation investments Organisationsinvestitionen, Investitionen zur Verbesserung der Organisationsstruktur

organisation meeting Gründungsversammlung
organisation objectives Organisationsziele
organisation planning Organisationsplanung, Planung der Organisationssysteme
organisation procedures Tätigkeiten und Prozesse in der Organisation
organisation pyramid Unternehmenshierarchie, in Pyramidenform dargestellte Führungsstruktur einer Unternehmung
organisation research Organisationsforschung
organisation structure Organisationsstruktur, organisatorischer Aufbau
organisation theory Organisationstheorie, (Management- und) Organisationslehre
organised abandonment → planned cannibalisation
organised labor gewerkschaftlich organisierte Arbeitskräfte
organised securities market geregelter Wertpapiermarkt
original assured 1. ursprünglicher Versicherungsnehmer 2. *(bei Rückversicherungsgeschäften)* Erstversicherer
original bill of lading Original-Konnossement
original conditions 1. ursprüngliche Bedingungen 2. Konditionen des Erstversicherers
original cost less depreciation Anschaffungskosten (Gestehungskosten) abzüglich Abschreibung
original discounts *(im Rückversicherungsgeschäft)* vom Erstversicherer bewilligte Abschläge
original equipment manufacturer Hersteller, der Produkte/Ausrüstungen eines anderen Herstellers erwirbt und wieder verkauft oder sie in seine eigenen Erzeugnisse integriert.
original equity ursprünglicher Kapitaleinsatz, i.e.S. Eigenleistung (Eigenmittel) eines Immobilienerwerbers
original insurance Direktversicherung, Erstversicherung
original insurer's liability Haftung des Erstversicherers
original jurisdiction Zuständigkeit in der ersten Instanz
original line Zeichnungssumme des Erstversicherers, vom Erstversicherer übernommenes Risiko
original underwriter Erstversicherer
originating bank (house) 1. i.e.S. kreditausreichende Bank, Kreditgeber, Hypothekenbank 2. i.w.S. Emissionsbank □ Investment-Bank, die von einem Emittenten den Auftrag zur Durchführung einer Emission erhält. Sie stellt das Konsortium zusammen und führt alle Verhandlungen mit dem Emittenten. I.d.R. handelt es sich bei dem originating house um die Konsortialführerin 3. *(bei der Verbriefung von Kreditforderungen)* Darlehensverkäufer, das die Kreditforderungen verbriefende Institut
originating motion Klageerhebung
origin rail freight station Bahncontainer-Packstation am Versandort
OS&D → over, short or damage
OSHA Occupational Safety and Health Act
ostensible authority Anscheinsvollmacht
ostensible partner nomineller Gesellschafter
OTD → order to delivery process
other accruals sonstige Rückstellungen
other assets sonstige Vermögenswerte, i.e.S. nicht betriebsnotwendiges Vermögen
other capital surplus *(im Jahresabschluss)* sonstige Kapitalzuführungen zu den Rücklagen
other comprehensive income sonstige gesamtergebnisrelevante Posten □ umfassen erfolgsneutrale Wertveränderungen, d.h. Ergebnisse (Wertsteigerungen oder Wertverluste), die zum Bilanzstichtag absehbar sind, aber noch nicht in der Gewinn- und Verlustrechnung ausgewiesen werden, z.B. nicht realisierte Gewinne aus Währungsumrechnungen, Korrekturen der Ergebnisse vorangegangener Rechnungsperioden, Eigenkapitalveränderungen auf Grund von Gewinnausschüttungen.
other creditors/debtors sonstige Verbindlichkeiten/Forderungen

other current assets sonstige, dem Umlaufvermögen zuzurechnende Posten, deren Laufzeit auf zwölf Monate begrenzt ist.
other expenses/income sonstige (betriebsfremde) Aufwendungen/Erträge
other gains and losses sonstige betriebliche Gewinne und Verluste, → gains and losses
other income sonstige Erträge
other insurance clause Versicherungsklausel, die im Falle einer Mehrfachversicherung eine Verteilung der Schadensleistungen auf alle Versicherer vorsieht.
other investments sonstige Finanzanlagen
other long-term liabilities sonstige langfristige Verbindlichkeiten (z.B. aus Leasingverträgen, Leistungen an Mitarbeiter)
other stockholders' equity Kapitalrücklagen
OTS → Office of Thrift Supervision, → opportunities to see
ouster clause Vertragsklausel, die bei Streitigkeiten aus einem Vertrag die ordentliche Gerichtsbarkeit ausschließt.
outage cost 1. Kosten, die durch einen technisch bedingten Produktionsausfall entstehen 2. Kosten, die bei Nichteinhaltung des Liefertermins entstehen.
outage insurance Betriebsunterbrechungsversicherung
outbound call center die für ausgehende Anrufe zuständigen Mitarbeiter eines → call center, → outbound telemarketing, → inbound call center
outbound calls ausgehende (aktive) Anrufe
outbound consolidation zur Verschiffung bestimmte Sammelladung
outbound logistics Vertriebslogistik
outbound telemarketing aktives Telemarketing, Outbound-Telemarketing, Aktivitäten in Verbindung mit ausgehenden Anrufen, → inbound telemarketing
outclearance Ausklarierung
outcome *(bei der Bewertung von PR-Maßnahmen)* Maßnahmenwirkung
outdoor advertising Außenwerbung (z.B. Plakatwerbung, öffentliche Verkehrsmittel)
outdoor staff Außendienstmitarbeiter

outer-directed consumers außengeleitete Verbraucher □ Verbraucher, die sich stark durch allgemeine Wertvorstellungen/Verhaltensweisen beeinflussen lassen. → inner-directed, → need-directed consumers
outflow *(bei der Bewertung von PR-Maßnahmen)* Maßnahmenwert, erreichte Wertschöpfung
outflow of liquidity Liquiditätsabflüsse
outgoing call center → outbound call center
outgoing partner ausscheidender Gesellschafter
outgoings Ausgaben, Zahlungsausgänge, bestehende Zahlungsverpflichtungen
outlawed claim verjährter Anspruch
outlays for capital improvements Investitionen zur Anlagenmodernisierung
outlays on plant and equipment Anlageinvestitionen, Realinvestitionen
outlay taxes indirekte Steuern
out-of-court business reorganization außergerichtliches Sanierungsverfahren für ein in Zahlungsschwierigkeiten befindliches Unternehmen, das bei einem erfolgreichen Verlauf der Verhandlungen in ein → compromise settlement oder → extension agreement mündet. Alternative zu einem Verfahren nach Chapter 11 des US Bankruptcy Code. → reorganization
out-of-court settlement außergerichtlicher (freiwilliger) Vergleich
out-of-gauge cargo Frachtgut, bei dem das übliche Lademaß bzw. die Größe eines Container-Stellplatzes überschritten wird.
out-of-home advertising Außenwerbung
out-of-pocket expenses Nebenkosten □ z.B. von Konsortialführern in Rechnung gestellte Kosten für die Vertragsdokumentation, Druckkosten, Telefon- und Telexgebühren
outperformance überdurchschnittliche Entwicklung, i.e.S. eine über der Benchmark-Rendite liegende Portfolio-Rendite
outperformer Outperformer □ 1. Finanztitel, der eine bessere Wertentwicklung als der entsprechende Marktindex zu ver-

zeichnen hat. 2. Unternehmen mit einer deutlich über dem Branchendurchschnitt liegenden Ertragsentwicklung
outport additional Frachtzuschlag für das Anlaufen eines Nebenhafens, → additionals
output 1. Output, Ausstoß, Produktion, Ausbringungsmenge, ausgebrachte Menge (Leistung), Ertragsmenge, Arbeitsertrag 2. i.w.S. die gesamte betriebliche Leistungserstellung (Wertschöpfung)
output accounting Leistungsrechnung
output budget → production budget
output capacity maximale Ausbringungs-/Produktionsmenge, Produktionskapazität, Förderkapazität
output management Output-Steuerung, Planung und Steuerung der Leistungsausbringungsmenge
output per man-hour Produktion pro Beschäftigtenstunde
output policy → manufacturer's output policy
outright transactions definitive Offenmarktgeschäfte, Käufe und Verkäufe von Schuldtiteln des Europäischen Zentralbankensystems
outside directors Mitglieder des Verwaltungsrates (→ Board of Directors), die nicht hauptberuflich in der Unternehmensleitung tätig sind. In etwa den deutschen Aufsichtsratsmitgliedern vergleichbar.
outside services Fremdleistungen
outside stockholders' interests im Fremdbesitz befindliche Anteile
outside underwritings Versicherungsabschlüsse, die eine → captive insurance company nicht mit der Muttergesellschaft tätigt.
outsized cargo Frachtgut/Ladung mit Übergröße/Überlänge
outsourcing Outsourcing, Auslagerung von Unternehmensleistungen, Vergabe innerbetrieblicher Leistungserstellungsprozesse an externe Anbieter/Dienstleister
outstanding accounts unbezahlte Rechnungen, Außenstände
outstanding calls → outstanding subscriptions
outstanding capital ausstehendes Kapital □ ausgegebenes Kapital abzüglich eigener und eingezogener Anteile
outstanding claims angemeldete, aber noch nicht regulierte Schadensmeldungen
outstanding claims provision Schadenrückstellung
outstanding contracts schwebende Geschäfte, offene Positionen, → open interest
outstanding debt portfolio 1. Gesamtsumme der aufgenommenen Kredite und im Umlauf befindlichen Schuldtitel 2. Gesamtsumme der Außenstände
outstanding subscriptions 1. ausstehende Einlagen, noch nicht geleistete Einzahlungen auf das Grundkapital 2. ausstehende (im Umlauf befindliche) Zeichnungsrechte
outtasking *(Outsourcing-Variante)* Auslagerung bestimmter Aufgaben/Betriebsfunktionen, wobei jedoch Planung und Umsetzungskontrolle weiterhin betriebsintern erfolgen.
outturn 1. Ergebnis, Ertrag 2. Ist-Zahlen, Ist-Kosten 3. Gewicht der Ladung bzw. Stückzahl der Kolli bei Entladung
outturn report *(durch den Stauer erstellter)* Warenzustandsbericht
outward freight Hinfracht
outward investments Auslandsinvestitionen
outwards clearance Ausklarierung eines Schiffes
outwards manifest Ausfuhrladungsverzeichnis
OVA → overhead value analysis
overage Überfracht, Mehrladung
overage rent (income) *(bei Gewerbeimmobilien)* Zusatzmiete, Aufschlag auf die Grundmiete □ zusätzlicher, auf einem vorbestimmten Referenzergebnis (Gewinn, Umsatz) basierender Mietzins
overall corporate budget Gesamtbudget einer Unternehmung, → summary budget, master budget
overall load factor Nutzladefaktor

overall premium limit 1. Beitragslimit 2. maximaler Betrag, den ein Mitglied von → Lloyds of London zeichnen kann.
overall remuneration package Gesamtdotierung
overcapitalisation Überkapitalisierung, Überfinanzierung □ eine im Verhältnis zur Ertragskraft unangemessen hohe Kapitalisierung einer Unternehmung
overcarrier Frachtführer, der über die ihm durch die Schifffahrtskonferenz zugeteilte Quote hinaus Frachtgut befördert.
overcharge Überlast
overcoverage error Fehler in einer Erhebung durch Doppelbefragungen
overextended 1. zu hoch bewertet, überbewertet 2. im Bilanzwesen kennzeichnet der Begriff eine Situation, in der die kurzfristigen Verbindlichkeiten das Umlaufvermögen bei weitem übersteigen.
overflow eingehende Anrufe (→ inbound calls), die die Kapazität eines → call centers übersteigen.
overfull demand übersteigerte Nachfrage
overhead absorption Gemeinkostenauflösung
overhead accounting Gemeinkostenrechnung
overhead allotment Umlage der Gemeinkosten, innerbetriebliche Leistungsverrechnung
overhead apportionment Aufteilung (Zurechnung) der Gemeinkosten
overhead budgeting Gemeinkostenbudgetierung, → overhead planning
overhead charge Gemeinkostenzuschlag
overhead cost (overheads) Gemeinkosten □ Kosten, die dem Kostenträger nicht direkt, sondern über Bezugsgrößen zugerechnet werden.
overhead distribution summary Verteilung der Gemeinkosten auf die einzelnen Kostenträger
overhead forecast Gemeinkostenvorschau
overhead planning Gemeinkostenplanung □ Ermittlung von Vorgabewerten für Fertigungs-, Verwaltungs- und Vertriebsgemeinkosten
overheads 1. → overhead cost 2. zusätzlich übermittelte Daten
overhead value analysis Gemeinkostenwertanalyse
overhead variance Gemeinkostenabweichung
overheight cargo die Standardhöhe überschreitendes Frachtgut
overindebtedness Überschuldung □ Verbindlichkeiten werden nicht mehr durch das vorhandene Vermögen gedeckt bzw. der Jahresfehlbetrag liegt über dem ausgewiesenen Eigenkapital.
overissue Überhang-Emission □ d.h. das Emissionsvolumen übersteigt die Nachfrage.
overkill ein, das Gegenteil bewirkendes Zuviel an Maßnahmen □ z.B. zu viele Neuemissionen, die die Platzierung von Papieren erschweren bzw. unmöglich werden lassen oder zu intensive Werbung, die das Interesse an einem Produkt sinken lässt.
overland haulage Überlandtransport, → merchant's haulage
overlapping insurance Doppelversicherung, Mehrfachversicherung
overlay management getrenntes (i.d.R. externes) Management von Risiken, → overlay strategy
overlay strategy Überdeckungsstrategie, Überlagerungsstrategie □ Einsatz derivativer Instrumente zur Absicherung (gegebenenfalls auch Renditesteigerung) von Wertpapierportefeuilles oder sonstigen Finanzpositionen. Der Begriff leitet sich aus der Tatsache ab, dass mit Derivaten nur ein geringer Kapitaleinsatz verbunden ist und sie über die bestehenden Positionen gestülpt werden.
overlength cargo Frachtgut mit Überlänge
overleveraged zu hoher Fremdkapitalanteil, überschuldet
overline Betrag, der die Zeichnungskapazität bzw. Risikobereitschaft eines Versicherers oder Rückversicherers übersteigt.
overload 1. Über(be)ladung, Überbelegung

2. *(in der Projektplanung)* Überbelastung der Ressourcen □ Arbeits-, Finanz- und Sachmittel, die den Plan-Kapazitätsbedarf übersteigen. → resource planning
overlying mortgage zweite Hypothek, im Rang nachgestellte Hypothek
overmanning personelle Überbesetzung
overnight borrowing Aufnahme von Tagesgeld, *(pl)* Tagesgeldverbindlichkeiten
overpack Sammelpackung
overpayment rate von der US-Finanzverwaltung gezahlter Zinssatz auf Steuerrückerstattungsansprüche
override agreement 1. Rahmenvertrag 2. Vereinbarung über eine Provisionsteilung
overrider 1. Emissionsbank, Konsortialführer(in) 2. → overriding commission
overriding commission 1. Konsortialspanne, Führungsprovision 2. Vermittlungsprovision, Maklerprovision, i.e.S. Provision, die einem Generalagenten für Abschlüsse gezahlt wird, die von anderen Agenten in seinem Bezirk getätigt wurden. 3. *(im Rückversicherungsgeschäft)* Retrozessionsgebühr, → retrocession
oversaving theory Überspartheorie (zu hohe Ersparnisse führen zu einer Unterkonsumtion)
Overseas Private Investment Corporation US-Behörde, die private Investitionen in Entwicklungs- und Schwellenländern mit Direktkrediten und Kreditgarantien unterstützt.
overseas investment(s) 1. Auslandsinvestitionen 2. Beteiligungen im Ausland 3. ausländische Kapitalanlagen
overseas operations ausländische Niederlassungen
over, short or damage *(Differenzen zwischen den Konnossementsangaben und den effektiv gelieferten Waren)* over = im Konnossement nicht verzeichnete, aber gelieferte Waren; short = verzeichnete, aber nicht gelieferte Waren, damage = beschädigte Ladung
overstatement Überbewertung, zu hoher Wertansatz in der Bilanz

overstocking Überbevorratung
oversubscription of an issue Überzeichnung einer Emission, eine das Emissionsvolumen übersteigende Nachfrage
oversubscription privilege Vorrecht von Altaktionären, die bei einem Bezugsrechtsangebot nicht gezeichneten Aktien zu einem Vorzugskurs zu erwerben (zusätzlich zu den gezeichneten eigenen Titeln).
overtrading Ausübung einer Geschäftstätigkeit mit zu geringem Betriebskapital, zu starke Unternehmensexpansion
overvaluation of assets Überbewertung von Vermögenswerten (zu hoher Wertansatz in der Bilanz)
overwidth cargo Frachtgut, das das übliche Lademaß überschreitet.
overwriting Verkauf von Optionen, die nicht vollständig durch einen entsprechenden Deckungsbestand abgesichert sind.
overwriting commission → overriding commission
own brand Eigenmarke, Marke eines Handelsbetriebs □ Waren eines Herstellers, die unter eigenem Namen auf den Markt gebracht werden.
own equity instruments eigene Kapitalanteile
owner buyout *(i.d.R. steuerlich motivierte)* Übernahme eines Unternehmens durch eine Holding-Gesellschaft, hinter der die bisherigen Eigentümer stehen.
owner financing Verkäuferfinanzierung, Finanzierung/Annahme eines Schuldscheines (note) durch den Verkäufer/bisherigen Eigentümer
owner in substance eigentlicher Eigentümer
owner-lessor properties vom Eigentümer vermietete Grundstücke und Gebäude
owner occupation Eigennutzung, Nutzung durch den Eigentümer
owner participant → equity participant
owners and landlords liability insurance Eigentümer- und Vermieterhaftpflichtversicherung

owners' association Eigentümergemeinschaft (einer Eigentumswohnungsanlage)
owner's broker die Reederei vertretender Schiffsmakler
ownership claim Eigentumsanspruch, Anspruch auf ein Eigentumsrecht
ownership clause Eigentumsklausel ☐ Klausel einer Versicherungspolice, der zufolge der Policen-Inhaber und der Versicherungsnehmer nicht identisch sein müssen.
ownership in fee simple unbeschränkte Eigentumsrechte
ownership in severalty getrenntes Eigentum
ownership insurance → business insurance
ownership interest Eigentumsanteil, (Kapital-)Beteiligung
ownership provision → ownership clause
ownership records Grundbücher
owner's interest versichertes Interesse des Eigentümers
owner's risk Eigentümerrisiko, *(Liefervermerk)* auf Gefahr des Eigentümers/Reeders
owner's risk of breakage/of deterioration/of fire Bruch-/Wertminderungs-/Brand-Risiko zu Lasten des Eigners/Eigentümers
owner's title policy Eigentümer-Rechtstitelversicherung, → title insurance
owner trustee Treuhänder, der die Kapitalgeber (→ equity participants) in einem → leveraged lease vertritt.
owner-user properties vom Eigentümer gewerbsmäßig genutzte Grundstücke und Gebäude
own label → own brand

P

P2P → path to profitability, → peer-to-peer
P.A. → particular average
package design costs Verpackungsgestaltungskosten, Kosten der Entwicklung und Gestaltung von Verpackungen
package goods niedrigpreisige Massengüter
package insurance (policy) kombinierte Versicherung, Pauschalpolice
package merger Fusion mehrerer Unternehmen
package pay Gesamtvergütung, Gehalt plus Zulagen und Gewinnbeteiligung
packager Arrangeur □ 1. Investment-Bank, die eine Großfinanzierung koordiniert. 2. Leasing-Gesellschaft, die einen → leveraged lease zusammenstellt.
package rate → intermodal rate
packaging Verpackung, i.w.S. Konfektionierung, Verpackung und Etikettierung
packaging design Verpackungsdesign, Verpackungsgestaltung
packet exchange Austausch von Nachrichtenpaketen
packing credit Akkreditivbevorschussung □ Bei dieser Form des Dokumentenakkreditivs kann die avisierende Bank (i.d.R. die Hausbank des Exporteurs) Vorschusszahlungen an den Exporteur leisten. Die Haftung liegt bei dem akkreditiveröffnenden Institut (Bank des Importeurs).
PacMan defense Versuch der Abwehr einer Firmenübernahme durch einen Gegenangriff □ d.h. das Management des Zielunternehmens versucht seinerseits, den feindlichen Bieter zu übernehmen.
PAD → provisions for adverse deviation
page clicks Seitenaufrufe
page impressions Anzahl der Sichtkontakte mit einer werbungführenden Website
Page rule Regel, derzufolge bei einer Doppelversicherung beide Versicherer zu gleichen Teilen für den Schaden aufkommen.

page traffic Anzahl der Leser eines bestimmten Teils eines Printmediums im Verhältnis zur Gesamtleserzahl
page views → page impressions
page yield Nettoertrag pro Tausend → page impressions
paid-in capital Kapitalrücklagen
paid-in surplus eingebrachte Rücklagen, Rücklage aus Aufgeld
paid-loss retro plan Beitrags-/Prämienfestsetzung im Nachhinein auf der Basis der tatsächlichen Schadenentwicklung
paid-up additions regelmäßige Erhöhung der Versicherungssumme durch die einbehaltenen jährlichen Versichertendividenden
paid-up policy prämienfreie Police (d.h. die Prämienzahlungen wurden mit dem Kaufpreis abgegolten).
paired comparison Paarvergleich, paarweiser Produktvergleich
paired comparison scale Bewertungsskala, bei der der Proband zu jedem Punkt zwischen zwei Antworten wählen kann.
paired comparison test Paarvergleichstest □ Test, bei dem die Testpersonen zwei Produkte mit identischen Eigenschaften vergleichen.
paired depth interview persönliche Befragung von zwei Personen (gleichzeitig und zum gleichen Thema), → friendship pair interview
pallet load Palettenladung
pallet platform Palettenpritsche
pallet rack Palettenregal
panel Panel, Konsumenten-Jury □ Personengruppe, Haushalte, Unternehmen, die laufend befragt werden bzw. das eigene Kaufverhalten selbst aufzeichnen.
panel effect (conditioning) Panel-Effekt □ Veränderung der Verhaltensweisen der Panel-Mitglieder aufgrund ihrer Panel-

Beteiligung (kann zu einem Erhebungsfehler führen).

Panel on Takeovers and Mergers Übernahme- und Fusionsüberwachungsausschuss der Londoner City □ obwohl kein offizielles Regulierungsorgan, sind seine Richtlinien dennoch für alle an einem Übernahme-/Fusionsvorgang beteiligten Parteien verbindlich.

panel survey Panelerhebung, permanente Stichprobe durch eine ausgewählte Personengruppe, → panel

pantry audit Vorratskontrolle □ Methode der Informationsgewinnung in der Marktforschung, bei der durch Vorratskontrollen in Konsumentenhaushalten Aufschluss über Konsumgewohnheiten gewonnen wird. → observation techniques

paper bid (offer) Übernahmeangebot, bei dem das die Übernahme anstrebende Unternehmen den Aktionären des Zielunternehmens eigene Papiere im Tausch anbietet.

paperless order picking belegloses Kommissionieren, → picking

paperless processing of material flows beleglose Abwicklung der Materialflüsse

paperless purchasing belegloser Einkauf

paper loss (profit) rechnerischer Verlust (Gewinn)

parachutes → golden handshake/golden parachutes

paralegal 1. Kanzleiangestellte(r), Assistent(in) eines Anwalts 2. bei einem unabhängigen paralegal handelt es sich um einen unterhalb der Anwaltsebene tätigen Rechtsbeistand

parallel deal (contract) Parallelgeschäft □ Bei einem parallel deal verpflichtet sich der Exporteur, Waren im Land des Importeurs in Höhe des Auftragwertes zu kaufen. Es werden zwei getrennte Verträge ausgehandelt, die unabhängig voneinander erfüllt werden müssen. → counterpurchase transactions, → countertrade

parallel loan 1. Parallelkredit, → back-to-back loan 2. Parallelanleihe □ Schuldtitel, der gleichzeitig in mehreren Ländern emittiert wird.

parallel market Parallelmarkt □ inoffizieller (freier) Markt, der sich in Ergänzung zu einem originären (offiziellen) Markt gebildet hat.

parallel pricing gleich gerichtete Preisgestaltung (Preisbildung)

parallel processing paralleles Abarbeiten von Prozessen

parallel routing → parallel workflow processing

parallel shift in the yield curve parallele Veränderung der Renditekurve, gleiche Veränderung der Zinssätze in allen Fälligkeitsbereichen bei einer Veränderung der Leitzinsen

parallel standard Parallelwährung, Doppelwährung

parallel workflow processing parallele Ausführung betrieblicher Abläufe

paramount clause 1. Prioritätsklausel, Generalklausel 2. Klausel, in der festgelegt wird, dass die Haftung des Reeders auf die Einhaltung der Haager Regeln begrenzt ist.

paramount title vorrangiger Rechtstitel

parasol policy → difference-in-conditions coverage (insurance)

parcel identifier Parzellen-Kennnummer

parcel tax (pauschale) Parzellenabgabe

par delicto gleiches Verschulden der Parteien

parent brand Hauptmarke

parent company Muttergesellschaft

parent organisation Stammhaus, Dachorganisation

parent-subsidiary group Unternehmensgruppe, bei der die Muttergesellschaft in den zur Gruppe zählenden Tochtergesellschaften einen Kapitalanteil von mindestens 80% hält.

Pareto rule → eighty-twenty rule

pari delicto gleiches Verschulden

pari passu clause Gleichbesicherungsklausel, Gleichstellungsklausel □ mit dieser Klausel garantiert der Kreditnehmer dem Kreditgeber Gleichbehandlung bei der Ge-

währung von Sicherheiten für weitere Kreditgeber.
parity 1. Parität □ (a) Austauschverhältnis zwischen zwei Währungen (b) Gleichstellung (c) Situation, in der eine Option zu ihrem inneren Wert gehandelt wird und der Zeitwert bei null liegt. 2. Pariwert, Nennwert
parity clause → pari passu clause
parity debt mehrere Schuldtitel, die durch die gleiche Sicherheit unterlegt sind.
parity payments staatliche Ausgleichs-(Entschädigungs-)Zahlungen an die US-Landwirtschaft
parol contract mündliche Vereinbarung
parol evidence mündliche Beweismittel (Zeugenaussagen)
parol evidence rule Grundsatz, demzufolge eine schriftliche Vereinbarung alle zuvor getroffenen mündlichen Absprachen beinhaltet, d.h. die spätere Einführung von Beweisen zu anders lautenden Vereinbarungen ist ausgeschlossen.
part capital and interest Hinweis, dass eine Hypothekentilgung nur teilweise in Form der üblichen monatlichen Zins- und Tilgungsleistungen erfolgt (der andere Teil über Versicherungsleistungen oder ein → individual retirement account).
part charter Teilcharter, Split-Charter, Charter für Partien ab einer bestimmten Größe
part-endowment mortgage → split mortgage
part exchange teilweiser Tausch, → payment for equality
partial analysis Partialanalyse, partielle Analyse
partial average → particular average
partial compensation deal Teilkompensationsgeschäft □ Außenhandelsgeschäft, bei dem der Verkauf von Waren oder Dienstleistungen an ein Land an bestimmte Bezüge aus diesem Land gekoppelt ist, d.h. der Exporteur akzeptiert eine teilweise Bezahlung in Fremdwährung, der Rest wird als Kompensation abgewickelt (z.B. 30% Devisen, 70% Waren). → full compensation deal, → counterpurchase transactions.
partial drawing 1. Teilinanspruchnahme (Teilausnutzung) einer Kreditlinie 2. Teilauslosung (einer Anleihe)
partial interest 1. Anteil, Teilrecht 2. versichertes Teilinteresse
partial limitation clause Klausel einer Versicherungspolice, derzufolge Regulierungen nur ab einer bestimmten Schadenhöhe erfolgen.
partial loss Teilverlust, Teilschaden
partially amortizing loan Teil-Tilgungsdarlehen □ Darlehen mit niedrigen Tilgungszahlungen, d.h. bei Fälligkeit wird ein größerer Kapitalbetrag zur Rückzahlung fällig.
partial open-end lease Leasingvertrag, bei dem bei Vertragsausfertigung ein geschätzter Restwert für den Leasinggegenstand festgelegt wird. Liegt bei Ablauf des Vertrages der tatsächliche Wert (nach Schätzung oder Verkauf) unter der ursprünglichen Schätzsumme zahlt der Leasingnehmer die Differenz. Ein eventueller Mehrwert fließt an den Leasinggeber.
partial performance Teilerfüllung, teilweise Vertragserfüllung, Teilleistung
partial reinsurance → proportional reinsurance, → non-proportional reinsurance
partial release clause Teillöschungs-Klausel (Teillöschung eines Grundpfandrechtes/Teilfreigabe eines Sicherungsgegenstandes)
partial restraint zeitlich begrenzte Verfügungsbeschränkung
partial rolldown teilweise Fortschreibung einer Finanzposition
partial satisfaction 1. Teilbefriedigung der Gläubiger 2. Teillöschung eines Grundpfandrechtes
partial taking Teilenteignung, Enteignung eines Teilgrundstückes
partial tender offer Teilübernahmeangebot, → two-tier tender offer
participant observation teilnehmende Beobachtung □ Methode der Informations-

participating business (contracts)

gewinnung, bei der die Beobachtungspersonen/Interviewer in die zu beobachtende Gruppe integriert werden. → observation techniques

participating business (contracts) überschußberechtigte Verträge, Versicherungspolicen mit Anspruch auf eine Überschußbeteiligung

participating insurance 1. Versicherung mit Selbstbehalt 2. Versicherung, bei der eine Versichertendividende ausgeschüttet wird.

participating mortgage Hypothekenvereinbarung, die dem Kreditgeber einen Anteil an den Mieterträgen des Kreditnehmers oder am Verkaufserlös der Immobilie einräumt.

participating observation teilnehmende Beobachtung

participating profit policy Lebensversicherungspolice mit Gewinnbeteiligung

participation agreement Konsortialvertrag, Vertrag zwischen mehreren Kreditgebern/Investoren in Verbindung mit einem → leveraged lease

participation cap Zinsbegrenzungsvereinbarung mit Selbstbehalt des Cap-Erwerbers ◻ d.h. der Erwerber des Cap trägt einen Teil der Zinsmehrkosten, die bei Überschreitung des Cap-Satzes entstehen. Im Gegenzug stellt der Cap-Verkäufer eine niedrigere Prämie in Rechnung.

participation loan 1. Konsortialkredit, Gemeinschaftsdarlehen, von einer Kredit-/Investorengruppe bereitgestellter Kredit, → leveraged lease 2. (Hypotheken-)Darlehen, bei dem der Darlehensgeber nicht nur einen Anspruch auf Zins- und Tilgungszahlungen, sondern auch auf den Erwerb einer Kapitalbeteiligung besitzt. 2. Beteiligung der → Small Business Administration an einem Bankkredit.

participation mortgage → participating mortgage

participation rate Anteil der Erwerbspersonen an der Gesamtbevölkerung

participation rights Gewinnbeteiligungsrechte, Dividendenansprüche

participative budgeting kooperative Budgeterstellung, Budgetierung unter Einbeziehung aller Betroffenen

participative leadership/participative management style kooperativer Führungsstil

participator *(i.S. der britischen Steuergesetzgebung)* Aktionär, Gesellschafter, Inhaber von Optionsrechten, Anleihegläubiger

particular average besondere Havarei, Particular-Havarei

particular lien spezifisches (objektbezogenes) Pfandrecht, Zurückbehaltungsrecht des Verkäufers

particular loss Teilschaden, Teilverlust

particular partnership zeitlich begrenzter Zusammenschluss mehrerer Personen zur Abwicklung einzelner Geschäfte oder Durchführung eines bestimmten Projektes; oft eine → limited partnership

particulars 1. Klagebegründung 2. Unterlagen zur Konkretisierung des Verfahrensgegenstandes, Ergänzungen bzw. Erläuterungen zu einem Schriftsatz

particular sourcing Einzelbeschaffung

partition order gerichtlich verfügte Grundstücksteilung bei zwei oder mehr Eigentümern bzw. Anordnung der Versteigerung mit anschließender Teilung des Verkaufserlöses

part load Teillieferung

part load transportation Teilladungsverkehr

partly franked dividends aus teilweise versteuerten Gewinnen gezahlte Dividenden (d.h. der begünstigte Aktionär muss einen Teil der Steuerlast tragen). → franked dividends, → unfranked dividends

partly knocked down teilweise zerlegt

partner marketing Partner-Marketing, Kooperation kleinerer Unternehmen (Netzwerkbildung) im Marketingbereich

partner relationship management Maßnahmen zur optimalen Ausgestaltung und Ausschöpfung einer Kundenbeziehung, i.w.S. Steuerung und Optimierung der Geschäftsbeziehungen zu Mitgesellschaftern, Mitbewerbern; vergleichbar dem →

customer relationship management
partnership 1. Personengesellschaft □ ohne die Einschränkung limited handelt es sich bei einer partnership immer um eine general partnership (offene Handelsgesellschaft), → limited partnership, → limited liability partnership 2. Partnerschaft
Partnership Act regelt zusammen mit dem Limited Partnership Act das Recht der Personengesellschaften
partnership administration Zwangsverwaltung einer insolventen Personengesellschaft, → administration
partnership articles Gesellschaftervertrag
partnership assurance Teilhaberversicherung, → business life insurance
partnership at will für einen bestimmten Zeitraum gegründete Personengesellschaft, → particular partnership
partnership certificate Gesellschaftsvertrag □ ist bei Gründung einer US-Personengesellschaft bei den zuständigen Behörden zu hinterlegen.
partnership contributions Gesellschaftereinlagen
partnership debt Gesellschaftsverbindlichkeiten
partnership deed Gesellschaftsvertrag
partnership distributions Ausschüttungen an die Gesellschafter, Entnahmen durch die Gesellschafter (von Kapital oder Wirtschaftsgütern), Gewinnzuweisungen an die Gesellschafter
partnership entity agreement → buy-and-sell agreement
partnership property Gesellschaftsvermögen
partnership sourcing Beschaffung (von Werkstoffen und Betriebsmitteln) auf der Basis partnerschaftlicher Lieferantenbeziehungen
partnership voluntary arrangement Vergleich(sverfahren) nach dem englischen Insolvenzrecht zwischen einem zahlungsunfähigen Unternehmen (Personengesellschaft) und seinen Gläubigern.
partners' interests (investments) Anteile (Kapitaleinlagen) der Gesellschafter

part ownership Teileigentum, Miteigentum
part performance → partial performance
part-repayment mortgage → split mortgage
part shipment Teilverschiffung, Versand in Teilpartien
party entitled (named) Begünstigter
party in default in Verzug geratene (befindliche) Partei
party in interest interessierte (beteiligte) Partei, → related parties
party liable haftende (vertraglich verpflichtete) Partei
passing of property Eigentumsübergang, Eigentumsübertragung
passive activity *(i.S. der US-Steuergesetzgebung)* Vermietung und Verpachtung sowie ähnliche Tätigkeiten, an denen ein Steuerpflichtiger nicht aktiv beteiligt ist. → active income, → active participation
passive activity income *(i.S. der US-Steuergesetzgebung)* 1. Erträge aus Vermietung und Verpachtung 2. Erträge aus einer stillen Beteiligung
passive foreign investment company ausländische Kapitalanlagegesellschaft, deren steuerpflichtiger Gewinn zu 75% oder mehr aus → passive income besteht.
passive income *(i.S. der US-Steuergesetzgebung)* Kapitalerträge (Dividenden, Zinsen, Lizenzeinnahmen) sowie Gewinne aus Wertpapierverkäufen
passive intermediary passiver Absatzmittler □ verfügt im Gegensatz zum active intermediary nicht über die Eigentumsrechte an den Waren, die sich unter seiner temporären Kontrolle befinden.
passive investment strategy passive Anlagestrategie, an einem Aktienindex orientierte Portefeuillezusammensetzung, Indexnachbildung
passive investor → hands-off investor
passive loss steuerlich absetzbarer Verlust aus vermietetem Grundbesitz
passive portfolio management (strategy) passives Portefeuille-Management, passive Anlagestrategie □ Anlagestrategie, bei

passive trade balance

der sich der Portefeuilleaufbau weitgehend an einem Index orientiert (Indexnachbildung). An der ursprünglichen Zusammensetzung des Portefeuilles wird in der Folge weitgehend festgehalten (buy and hold strategy). → active portfolio management

passive trade balance passive Handelsbilanz

passive trust → bare trust

pass-through certificates Anteile an einem Hypotheken-Forderungspool, die von Hypothekenbanken an Anleger verkauft werden.

pass-through entity nicht steuerpflichtiges Rechtssubjekt (z.B. → S Corporation), das seine Gewinne an die Gesellschafter durchleitet und von diesen versteuert werden.

pass-through expenses Betriebskosten, die auf die Mieter umgelegt werden können.

pass-through securities Unter pass-through securities sind Wertpapiere zu verstehen, die durch Forderungen aus Hypotheken- oder Verbraucherdarlehen unterlegt sind. Diese Forderungen werden in einem ersten Schritt zu einem Pool zusammengefasst und in einen rechtlich selbständigen Treuhandfonds eingebracht, der dann die bei Investoren zu platzierenden Anteile ausgibt. Ihre Bedienung erfolgt durch die regelmäßigen Zins- und Tilgungszahlungen auf die Darlehen, die durch den Treuhänder oder eine andere zwischengeschaltete Stelle direkt an die Erwerber der Papiere durchgeleitet werden.

pass-through taxation Besteuerung durchgeleiteter Gewinne, d.h. von Unternehmensgewinnen, die als Einkommen der Anteilseigner zu versteuern sind.

pass-through treatment *(i.S. des US-Steuerrechts)* Durchleitung der Gewinne, → pass-through entity

past consideration in der Vergangenheit erbrachte Gegenleistung

past member ausgeschiedener Gesellschafter

past service cost *(in Verbindung mit einer betrieblichen Altersversorgung)* nachzuverrechnender Dienstzeitaufwand

Patent and Trademark Office dem Handelsministerium angegliederte US-Bundesbehörde für die Erteilung von Patenten und Anerkennung von Warenzeichen

patentee Patentinhaber

patent infringement Verletzung des Patentrechtes

patent pooling Vereinbarung zwischen mehreren Unternehmen über einen Austausch von Patenten bzw. Lizenzen

patent rolls Patentregister

patent specification Patentbeschreibung

path analysis Pfadanalyse, Dependenzanalyse

path dependent instruments pfadabhängige derivative Instrumente □ Derivate, deren Ausübungswert nicht durch den Kurs des Basiswertes zum Zeitpunkt des Verfalls, sondern durch die Kursentwicklung während der gesamten Laufzeit bestimmt wird (z.B. Durchschnittswert).

path to profitability Stufenmodell für die Ertragsgenerierung

patterned interview strukturiertes Interview, auf der Grundlage vorgegebener Fragen geführtes Gespräch

pattern of demand Nachfragestruktur

pawned property verpfändete Vermögenswerte

pawnee Pfandgläubiger, Sicherungsnehmer

pawnor Pfandschuldner, Sicherungsgeber

payables for investment securities purchased *(im Jahresabschluss)* Verbindlichkeiten aus Anlagewertpapierkäufen

payables to affiliates Verbindlichkeiten gegenüber verbundenen Unternehmen

payables to banks Verbindlichkeiten gegenüber Banken

payables, trade Verbindlichkeiten aus Warenlieferungen und sonstigen Leistungen

pay-as-you-earn system 1. System der Einbehaltung der income tax auf Löhne und Gehälter durch den Arbeitgeber 2. *(bei Investitionen)* Erfüllung von Schuldendienstverpflichtungen aus dem laufenden Ertrag der Investititon

pay-as-you-go plan Pensionsplan, bei dem die Leistungsansprüche der Mitarbeiter aus dem laufenden Gewinn bestritten werden (d.h. es erfolgt keine Vorfinanzierung).

payback 1. Rückfluss des bei einer Investition eingesetzten Kapitals, → payback method 2. der beim Verkauf einer Beteiligung realisierte Betrag, d.h. investierter Betrag plus Wertzuwachs

payback method Kapitalrückflussrechnung ☐ Ermittlung des Zeitraums, in welchem der Kapitaleinsatz einer Investition über die Erlöse wieder in die Unternehmung zurückgeflossen ist.

payback period Kapitalrückflusszeit, Amortisationsdauer, Kapitalwiedergewinnungsdauer, → payback method

payee Zahlungsempfänger, Begünstigter

payee statement Bescheinigung über erhaltene Zahlungen, Steuernachweis

payer (payor) 1. Schuldner, i.e.S. die durch einen Schuldschein/ein Grundpfandrecht zur Zahlung verpflichtete Person 2. Zahler ☐ Vertragspartei, die bei einem Zins-Swap die Festsatzzahlungen leistet, → receiver, → interest rate swap

payer swaption Mit einer payer swaption erwirbt der Käufer das Recht, nicht aber die Verpflichtung, bei Optionsausübung in einen Zins-Swap einzutreten, bei dem er auf der Basis eines nominellen Kapitalbetrages einen Festsatz zahlt und selbst einen variablen Satz erhält. Umgekehrt verpflichtet sich der Verkäufer der Swaption zur Entgegennahme eines Festsatzes und zur Zahlung eines variablen Satzes.

PAYE system → pay-as-you-earn system

paying agency agreement Zahlstellenvereinbarung, Vereinbarung über den Zahlstellendienst

payload Nutzlast

payment bond Zahlungsbürgschaft ☐ dokumentiert, dass der Auftragnehmer seinen Zahlungsverpflichtungen aus einem Projekt nachkommen wird.

payment by results system Akkordlohnsystem

payment default policy Kreditversicherung

payment factory zentrale Zahlungsstelle eines Konzerns

payment float 1. ausgestellte, aber noch nicht verrechnete Schecks 2. *(aus der Sicht eines Kreditinstitutes)* (inkassobedingter) Wertstellungserlös

payment for equality zusätzliche Barzahlung bei einem Tausch Sache gegen Sache

payment guaranteed Zahlung garantiert ☐ dieser Zusatz unter die Unterschrift des Mitunterzeichners eines Schuldscheines (cosigner/accommodation endorser) ist einer selbstschuldnerischen Bürgschaft gleichzusetzen, d.h. der Gläubiger kann seine Forderungen direkt bei dem Mitunterzeichner einklagen.

payment increase/decrease cap Obergrenze/Untergrenze für eine Erhöhung/Reduzierung der Tilgungsleistung

payment in kind 1. Zahlung in Sachwerten 2. Dividendenausschüttung in Form zusätzlicher Aktien

payment netting Aufrechnung zwischen zwei Kontrahenten von beiderseits geschuldeten gleichartigen Zahlungen

payment of claims clause Schadenregulierungsklausel ☐ bestimmt den Bezugsberechtigten/Begünstigten im Schadenfall

payment of interest and principal Zins- und Tilgungszahlungen

payments deficit/imbalance Zahlungsbilanzdefizit/-ungleichgewicht

payments from accrued provisions Zahlungen zu Lasten der Rückstellungen

payments received on account erhaltene Abschlagszahlungen

pay off 1. erwartete Rendite oder Gegenleistung 2. zentrale Werbeaussage, Hauptvorteile eines Produktes

pay-off letter *(bei einer beabsichtigten Hypothekenablösung bzw. -übertragung)* Bestätigung der Restschuldsumme durch den Hypothekengeber

pay-off period → payback period
payout period 1. *(bei Alters-/Lebensversicherungen)* Leistungszeitraum 2. → payback period
payout ratio (percentage) 1. Ausschüttungsquote, Quotient aus Dividendenausschüttung und Gewinn 2. Prozentsatz der angekauften Forderungen, den der Factor zur Verfügung stellt. → factoring
payout yield Ausschüttungsrendite, Rendite des investierten Kapitals auf der Basis der erfolgten Ausschüttungen
payroll deduction insurance Versicherung, bei der die laufenden Prämienzahlungen direkt vom Gehalt des Versicherungsnehmers in Abzug gebracht werden.
pay settlement Tarifabschluss, Tarifvertrag
pay-through securities → pass-through securities
pay-up zusätzlicher Mitteleinsatz
PBGC → Pension Benefit Guarantee Corporation
PB/L → port bill of lading
PBP → payback period
PC → packing credit, → percent complete
PCAs → Product Credit Associations
PCP → post-call processing
PCF ratio → price/cash flow ratio
PD → probability of default
PDD → project data document
PDM → product data management
peak load Spitzenbelastung, Spitzenauslastung in einem → call center
peak operating rate maximale Kapazitätsauslastung
pearls erstklassige Anlage- bzw. Beteiligungsmöglichkeiten
PECOS → project evaluation and cost optimization system
pecuniary consideration geldwerte Gegenleistung
pecuniary interest (direktes persönliches) finanzielles Interesse
pecuniary legacies Geldzuwendungen des Erblassers
pecuniary loss insurance Veruntreuungsversicherung

peer goal-setting gemeinsame Zielsetzung durch Personen, die in einem Unternehmen der gleichen Führungsebene angehören.
peer review Überprüfung durch externe Experten der gleichen Fachrichtung (z.B. Kontrolle der Tätigkeit eines Wirtschaftsprüfers durch eine zweite Prüfungsfirma)
peer-to-peer (Aktivitäten, Datenaustausch von) Gleich zu Gleich
peer-to-peer network Netzwerk mit Gleichberechtigung aller angeschlossenen Rechner, d.h. jeder Rechner kann sowohl Client- als auch Server-Funktionen übernehmen. → client server architecture
peer-to-peer networking Vernetzung zwischen Gleichgestellten
PEFCO → Private Export Funding Corporation
PEG → price/earnings growth, → prospective earnings growth
PEG ratio → price/earnings to growth ratio
PEL → permissible exposure limit
penal bond Verpflichtung zur Zahlung einer Vertragsstrafe bei Nichterbringung der vertraglich vereinbarten Leistung
penal damages → punitive damages
penal sum (penalty sum) 1. zu zahlende Vertragsstrafe 2. Betrag eines → penal bond
penalty bidding Kurspflege der Konsortialbanken für eine Neuemission (Abgabe von Geboten) zum oder unter dem Erstausgabekurs
penalty for late filing Versäumniszuschlag
pendency of a suit Anhängigkeit eines Rechtsstreites
pendente lite → trustee pendente lite
pendent (pendant) jurisdiction Zuständigkeit eines US → District Court in einer Streitsache, die eigentlich unter die sachliche Zuständigkeit eines einzelstaatlichen Gerichtes fällt, wenn ein enger sachlicher Zusammenhang mit einer anderen, dem Court vorliegenden Klage besteht.
pending action anhängiges Verfahren
pending at law rechtsanhängig

penetration 1. Grad der Produktakzeptanz, Verhältnis zwischen der Zahl der tatsächlichen und der Gesamtzahl der möglichen Nutzer 2. Prozentsatz der Personen/Haushalte, die in einem Testmarkt die Voraussetzungen für ein Feldexperiment erfüllen 3. Reichweite □ Verhältnis zwischen der Zahl der von einer Werbebotschaft berührten Personen und der Gesamtzahl der möglichen Kontakte, → coverage (2)
penetration policy/penetration pricing Niedrigpreisstrategie zur raschen Durchdringung eines Marktes
penetration rate → penetration
pension accruals Pensionsrückstellungen
Pension Benefit Guarantee Corporation US-Pensionssicherungsfonds □ garantiert Arbeitnehmern die Leistungen betrieblicher/privater Pensionskassen (→ defined benefit plan). Auch wenn es sich bei der PBGC um eine Bundesanstalt handelt, deren Verpflichtungen letztendlich durch die US-Regierung garantiert werden, finanziert sie sich ausschließlich aus ihren Prämieneinnahmen sowie aus Kapitalerträgen.
pension benefit obligations Pensionsverpflichtungen, Verpflichtungen aus der betrieblichen Altersversorgung
pension benefits Pensions-/Versorgungsleistungen, Versorgungsbezüge
pension costs Pensions-/Versorgungskosten, Aufwand für die betriebliche Altersversorgung
pension costs are funded as accrued für Pensionskosten werden, periodisch abgegrenzt, Sondervermögen gebildet.
pension fund Pensionskasse, Pensionsfonds
pension liabilities Pensionsverpflichtungen, Verbindlichkeiten aus betrieblichen Altersversorgungsplänen
pension mortgage/pension mortgage facility (scheme) an eine Betriebsrentenversicherung gekoppelte Hypothek □ Der Hypothekenschuldner bzw. Eigenheimkäufer zahlt während der Laufzeit des Hypothekenkredites nur Zinsen. Die eigentliche Hypothekentilgung erfolgt nach der Versetzung in den Ruhestand mit den steuerfreien Leistungen aus der betrieblichen Altersversorgung.
pension plan (scheme) 1. private Rentenversicherung eines Arbeitnehmers 2. Betriebsrentenversicherung, Pensionsplan, → vesting of pension benefits
pension plan allocations (jährliche) Zuführungen an einen Pensionsplan
pension pool eine von mehreren Unternehmen des gleichen Industriezweiges gemeinsam verwaltete Betriebsrentenversicherung
pension portability Übertragbarkeit erworbener Ansprüche aus einer betrieblichen Altersversicherung auf einen neuen Arbeitgeber
pension reserves Pensionsrücklagen
pension reversion Umwandlung eines Pensionsplanes
pension sponsor Träger eines Pensionsfonds
pension trust Pensionskasse
people meter elektronisches Aufzeichnungsgerät zur Ermittlung von Einschaltquoten
people pill *(Maßnahme zur Verhinderung einer feindlichen Firmenübernahme)* Drohung der Führungskräfte des Zielunternehmens mit einem kollektiven Rücktritt. → defensive measures
PEP → personal equity plan
peppercorn rent nominelle Rente
PER → price/earnings ratio
per capita consumption/income Pro-Kopf-Verbrauch/Einkommen
perceived quality wahrgenommene (subjektive) Qualität
perceived value pricing Preisgestaltung auf der Basis der mutmaßlichen Werteinschätzung des Produktes durch den Kunden
percentage charges prozentualer Gewinnaufschlag
percentage depletion prozentuale Absetzung für Substanzverringerung
percentage interest margin Verhältnis von Nettozinsmarge zur Bilanzsumme

percentage leasing (rentals) Leasing-Variante, bei der als Leasingrate/Mietzins eine Gewinn- und/oder Umsatzbeteiligung vereinbart wurde. → leasing

percentage-of-completion method Gewinnrealisierung nach dem Leistungsfortschritt/Fertigstellungsgrad □ Realisierung (Verbuchung) der Umsatzerlöse aus langfristigen Fertigungsaufträgen nach Maßgabe des Grades der Fertigstellung, d.h. Erlöse und Aufwendungen werden entsprechend des Grades der Fertigstellung des Gesamtprojektes den einzelnen Geschäftsjahren zugerechnet.

percentage of recovery 1. Konkursdividende 2. Verhältnis von Eingängen auf abgeschriebene Kreditforderungen zu den Gesamtausfällen im Kreditgeschäft

percentage-of-sales method umsatzorientierter Budgetansatz, Budgetierung auf der Basis des erwarteten Umsatzes

percentage-of-value deductible Selbstbeteiligung in Höhe eines bestimmten Prozentsatzes des Wertes, den der versicherte Gegenstand zum Schadenszeitpunkt besitzt.

percentage participation requirement → coinsurance requirement

percent complete Fertigstellungsgrad

percentile Perzentil □ Aufgliederung einer kumulierten Häufigkeitsverteilung in hundert gleich große Teile

perception by exception Förderung der Verbraucherwahrnehmung durch besondere Produktattribute/-vorteile (Voraussetzung für eine → unique selling position)

perceptual map Wahrnehmungslandkarte, kognitive Struktur, → perceptual mapping

perceptual mapping Erstellung einer Wahrnehmungslandkarte, grafische Darstellung von Verbraucherwahrnehmungen (Beurteilung einer Marke oder eines Konzeptes im Vergleich zu Alternativen)

perceptual process Wahrnehmungsprozess

per diem business interruption insurance Betriebsunterbrechungsversicherung mit pro Tag festgelegten Leistungen/Ertragsausfallzahlungen

peremptory challenge Antrag auf Ablehnung eines Geschworenen durch den Richter, ohne dass eine Begründung gegeben wird.

peremptory defense perem(p)torische Einwendung, rechtsvernichtende Einwendung

peremptory plea perem(p)torische Einrede, dauerhafte (zerstörende) Einrede, z.B. Verjährung

peremptory provision zwingende Vorschrift

perfect chain of title lückenlose Titelkette, → chain of title, → title insurance

perfect competition vollständige (polypolistische) Konkurrenz

perfected security interest wirksames Sicherungsrecht, → perfection of a security interest

perfect entry endgültige Zollerklärung

perfect hedge vollkommene Absicherung □ vollständige Kompensation des Verlustes aus einer Kassaposition durch einen gleich hohen Gewinn aus einer Terminposition

perfecting a title Beseitigung der Rechtsmängel bei einem Eigentumstitel

perfection of a security interest Sicherung der Durchsetzbarkeit eines Sicherungsrechtes □ durch Inbesitznahme des Sicherungsgegenstandes oder durch Registrierung der Rechte bei der zuständigen Behörde.

perfect market vollkommener Markt, Markt mit einem vollkommenen Wettbewerb

perfect tender rule Grundsatz der vertragskonformen Lieferung

perfect title rechtsbeständiger Titel, lastenfreier und frei veräußerlicher Rechtstitel

performance 1. Leistung, (Unternehmens-)Ergebnis, Erfolg 2. (Vertrags-)Erfüllung, Erbringung einer Leistung 3. Wertentwicklung einer Kapitalanlage/eines Index/Depots/Investmentfonds

performance analysis Ergebnisanalyse, Erfolgsbeurteilung

performance appraisal scale (Mitarbeiter-) Beurteilungsskala, Leistungsbewertungsskala
performance behaviour Leistungsverhalten
performance benchmark Erfolgsmesslatte, Beurteilungsmaßstab, → benchmark
performance bond Erfüllungsgarantie, Leistungsgarantie □ Der Garantiegeber (i.d.R. eine Bank) übernimmt die Gewähr für die ordnungsgemäße Erfüllung eines Vertrages.
performance compensation erfolgsabhängige Leistungsprämie
performance control Leistungskontrolle, Erfolgskontrolle, Ergebniskontrolle
performance controlling Leistungscontrolling, Erfolgscontrolling
performance control measurement Leistungsfortschrittsmessung
performance development Leistungsförderung
performance-driven activity *(in der Projektplanung)* leistungsgesteuerter Vorgang
performance drivers Leistungstreiber, Faktoren einer nachhaltigen Wertschöpfung
performance engineering Gewährleistung genau definierter Leistungsattribute bei der Entwicklung von Systemen
performance evaluation → performance rating
performance fund Investmentfonds, dessen Anlagepolitik auf einen möglichst hohen Wertzuwachs ausgerichtet ist.
performance graph Leistungskurve
performance guarantee → performance bond
performance holdback Teil der Darlehensvaluta, der bis zur Erfüllung spezifizierter Bedingungen durch den Kreditgeber zurückbehalten wird.
performance hurdle Erreichen von Erfolgszielen als Voraussetzung für die Ausübung von Optionsrechten
performance indicators Erfolgsindikatoren, Ergebniskennzahlen
performance level 1. Leistungsgrad, Leistungsstand 2. Kennzeichen für die Regulierung von Außenständen; unterschieden wird i.d.R. zwischen den folgenden drei performance levels: performing debt (ordnungsgemäß regulierte Außenstände/bedienter Kredit); sub-performing debt (Zahlungsverzug zwischen 30 und 120 Tagen); non-performing debt (Zahlungsverzug seit mehr als 120 Tagen)
performance loan Kreditfazilität, bei der die Tilgungsleistungen an ein bestimmtes, regelmäßig festgestelltes Ergebnis gekoppelt sind.
performance management Leistungsmanagement, Performance-Management □ alle Maßnahmen zur Messung und Verbesserung des Leistungsverhaltens
performance measure Leistungskennzahl
performance measurement Performance-Messung, Leistungsmessung, Leistungsbewertung
performance measurement baseline zeitbezogener Budgetplan, der als Grundlage für die Projektperformance-Kontrolle dient.
performance measurement techniques 1. Performance-Messtechniken, Verfahren zur Erfolgsmessung 2. → earned value analysis
performance motivation Leistungsmotivation
performance presentation standards Richtlinien, die zu einem international vergleichbaren Ausweis von Anlageergebnissen und somit zu einer objektiven Performance-Messung beitragen sollen.
performance qualification Leistungsqualifizierung
performance rating Leistungsbewertung, Leistungsbeurteilung, Beurteilung der Arbeitsleistung von Mitarbeitern
performance ratio Leistungskennziffer
performance record Leistungsnachweis, zurückliegende (Unternehmens-)Ergebnisse
performance-related pay leistungsbezogene Vergütung
performance reporting Gewinnausweis, periodengerechter Ergebnisausweis

performance responsibility Ergebnisverantwortung
performance review 1. Leistungsbeurteilung 2. Beurteilungsgespräch mit einem Mitarbeiter
performance risk 1. Leistungsrisiko, Erfüllungsrisiko 2. Produktions- und Lieferrisiko
performance scale Bewertungsmaßstab
performance selling Verkauf der Unternehmenskompetenz
performance shares Aktien, die ein leitender Angestellter bei Erreichen bestimmter Ertrags- oder Wachstumsziele erhält.
performance specification(s) Lastenheft
performance summary zusammengefasste Erfolgsrechnung
performance test Eignungstest, Eignungsprüfung
performance units Gewinnanteile für leitende Angestellte (Zuteilung erfolgt bei Realisierung der Planziele)
performance warranty Erfüllungsgarantie, Leistungsprämie, → performance bond
performing basis → performing loans
performing carrier Spediteur, der für einen → contracting carrier tätig ist.
performing loans ordnungsgemäß bediente Kredite □ Ausleihungen, auf die die vorgeschriebenen Zins- und Tilgungszahlungen geleistet werden.
performing organization die für die Auftragsabwicklung/Projektdurchführung zuständige Einheit
perimeter advertising Bandenwerbung
per incuriam durch mangelnde Sorgfalt
period certain feststehender Leistungszeitraum bei einer privaten Rentenversicherung, → annuity
period comparison Periodenvergleich, Vergleich bestimmter Ergebnisse zu zwei oder mehr unterschiedlichen Zeitpunkten
period costs Periodenkosten, zeitabhängige Kosten
periodic estate → estate from period to period
periodic expensing periodische Aufwandsverrechnung
periodic income benefits regelmäßig wiederkehrende Geldleistungen (Ertragsausschüttungen)
periodic inventory method → permanent inventory
periodic level-premium annuity → annuity
periodic market valuation periodisch vorgenommene Marktbewertung
periodic pension cost periodenbezogener Altersversorgungsaufwand
periodic premiums laufende Prämienzahlungen
periodic rate cap Obergrenze für Erhöhungen des Zinssatzes zwischen zwei Zinsanpassungsterminen
periodic revaluation of tangible assets regelmäßige Neubewertung der Sachanlagen
period of assessment Veranlagungs-, Bemessungszeitraum
period of credit Zahlungsziel, Zahlungsfrist
period of grace 1. Nachfrist □ zusätzlicher Zeitraum, der einer Vertragspartei zur Leistungserfüllung bzw. einem Schuldner zur Zahlung zur Verfügung steht 2. Respekttage □ Frist für die Einlösung eines Wechsels nach dem Fälligkeitstermin ohne nachträgliche Folgen für den Schuldner 3. Freijahre, tilgungsfreie Jahre □ Jahre, in denen keine Tilgungszahlungen erbracht werden müssen.
period of limitation Verjährungsfrist
period of redemption 1. Tilgungszeitraum, Rückzahlungsfrist 2. Zeitraum für die Geltendmachung eines → equity of redemption
period of restoration (bei Ertragsausfallversicherungen) Leistungszeitraum
period order quantity Periodenbestellmenge
period profit Periodengewinn, Periodenerfolg, Gewinn einer Rechnungsperiode
period profit accounting periodengerechte Gewinnermittlung, → accrual basis of accounting
perishables verderbliche Waren

perks geldwerte Nebenleistungen für Führungskräfte, z.B. Firmenwagen, Dienstwohnung

permanent assets Anlagevermögen, nicht zur Veräußerung vorgesehene Vermögenswerte einer Unternehmung, i.e.S. Sachanlagen

permanent capital Summe aus Stammaktien, Vorzugsaktien und einbehaltenen Gewinnen.

permanent current assets das für den Geschäftsbetrieb erforderliche Mindestumlaufvermögen

permanent differences permanente Ergebnisunterschiede □ Unterschiede zwischen dem Ergebnis vor Steuern einer Rechnungsperiode und dem zu versteuernden Einkommen, die im Berichtsjahr entstanden sind und sich in den Folgeperioden nicht umkehren werden. → temporary differences, → timing differences

permanent establishment Betriebsstätte

permanent facilities ständige Fazilitäten □ Oberbegriff für die → marginal lending facility und → deposit facility des Europäischen Zentralbankensystems

permanent financing 1. langfristige Finanzierung, Dauerfinanzierung, → permanent loan 2. Finanzierung durch die Emission langfristiger Anleihen

permanent injunction Unterlassungsurteil, abschließende (endgültige) Verfügung durch das Gericht

permanent inventory (method, management) permanente Inventur, fortdauernde (tägliche) Neubewertung des Lagerbestandes, Bestandsfortschreibung über ein Geschäftsjahr

permanent investment portfolio Beteiligungen einer Unternehmung

permanent loan (ein nach Abschluss aller Arbeiten gewährter) langfristiger Kredit, → floor-to-ceiling loan, → gap loan

permanent mortgage commitment langfristige Hypothekenzusage, → permanent loan

permanent open cover Versicherungspolice ohne zeitlich bestimmte Versicherungsdauer, → open cover

permanent trustee ständiger, bei der ersten Gläubigerversammlung bestellter Konkursverwalter

permeable gate Kontrollpunkt in der Produktentwicklung/Projektentwicklung, der die Genehmigung der nächsten Phase zulässt, auch wenn die Arbeiten in der laufenden Phase noch nicht abgeschlossen sind. → rigid gates

permissible exposure limit zulässige Haftungsgrenze

permission marketing Erlaubnismarketing, erlaubnisbasiertes Marketing, Direktmarketingaktivitäten mit Zustimmung des Empfängers □ Marketingmaßnahmen (z.B. Versand von Unternehmens- und Produktinformationen, Werbemails), die darauf abgestellt sind, den Kunden zu den Zeitpunkten und mit den Inhalten anzusprechen, die er selbst bestimmt.

permissive gate → permeable gate

permissive intervention Nebenklage

permissive wage-adjustment clause Tarifvertragsklausel, die Neuverhandlungen vor Vertragsablauf ermöglicht, falls sich ungewöhnliche Veränderungen im Lebenshaltungskostenindex ergeben.

permissive waste fahrlässig herbeigeführte Wertminderung eines Grundstücks

per occurrence limit Haftungsobergrenze je Schadenereignis

per occurrence reinsurance Ereignisschadenrückversicherung

perpetual annuity → purchased life annuity

perpetual debenture Schuldtitel ohne festen Rückzahlungstermin, Schuldschein ohne Laufzeitbegrenzung

perpetual existence unbegrenzte Existenz eines Unternehmens

perpetual insurance → permanent open cover

perpetual inventory method → permanent inventory

perpetual lease unkündbare Pacht

perpetuities Rechte mit unbegrenzter Gültigkeit

perquisites → perks
per risk excess agreement Einzelschadenexzedentenrückversicherung
per risk liability limit Haftungslimit eines Versicherers pro Risiko/Schaden, *(in der Schadenrückversicherung)* Haftstrecke
per share asset value → net asset value per share
persistent inflation schleichende Inflation
personal action persönliche Klage □ Klage eines Gesellschafters/Aktionärs im eigenen Namen, → derivative suit
personal allowance persönlicher Freibetrag
personal articles floater Wertsachenversicherung □ für spezifizierte persönliche Wertgegenstände, i.d.R. eine offene Police, → open cover
personal banking/personal banking business (operations) Privatkundengeschäft einer Bank
personal bond 1. Bürgschaft 2. Zahlungsverpflichtung
personal chattels persönliche Vermögenswerte (bewegliches Vermögen)
personal consumption on goods and services private Konsumausgaben für Güter und Dienstleistungen
personal defense persönliche Einrede
personal discretionary income verfügbares privates Einkommen
personal drawings Privatentnahmen eines Gesellschafters
personal effects floater → personal articles floater
personal equity plan auf Aktien basierendes staatliches Vermögensbildungsprogramm
personal estate bewegliches Vermögen
personal exemption persönlicher Freibetrag
personal fidelity insurance Personengarantieversicherung, Vertrauensschadensversicherung
personal finance company Teilzahlungskreditinstitut
personal hazard → moral hazard
personal holding company *(i.S. der US-Steuergesetzgebung)* Holdinggesellschaft ohne aktive Geschäftstätigkeit □ Kennzeichen: 50% oder mehr des Aktienkapitals befinden sich im Besitz von fünf oder weniger Personen. Der Bruttogewinn besteht zu mehr als 60% aus Kapitalerträgen (Zinsen, Dividenden, Mieteinnahmen, Lizenzgebühren, Honoraren).
personal information aggregation Erfassung der Daten von Website-Besuchern
personal information management system System zur Verwaltung persönlicher elektronischer Nachrichten
personal injury Personenschaden
personal insolvency procedure Insolvenzverfahren gegen eine natürliche Person
personal insurance Personenversicherung
personal interest expense (steuerlich nicht absetzbarer) Zinsaufwand für private Anschaffungsdarlehen
personal interview persönliche (mündliche) Befragung, → structured interview, → unstructured interview
Personal Investment Authority britisches Selbstregulierungsorgan der im privaten Anlagegeschäft tätigen Berater und Firmen. Nach dem zum Zeitpunkt der Drucklegung laufenden Gesetzgebungsverfahren sollen seine Aufgaben in Zukunft durch die → Financial Services Authority wahrgenommen werden.
personalisation Personalisierung □ Direktansprache potenzieller Kunden im Rahmen einer Direktwerbung durch individuelle Anpassung maschinell erstellter Angebote oder Infomationsmaterialien (ausgehend von gespeicherten Nutzerinformationen), i.w.S. alle Maßnahmen zur Sicherung der Rentabilität und Stabilität von Kundenbeziehungen
personalised customer approach individualisierter Kundenansatz
personality promotion Direktansprache des Konsumenten
personal jurisdiction Zuständigkeit eines US-Gerichtes gegenüber einem Beklagten (natürliche oder juristische Person), wenn dieser seinen Wohn- oder Geschäftssitz in

dem betreffenden Bundesstaat hat. → in rem jurisdiction, → long arm statutes
personal liability coverage Deckung der gesetzlichen Haftpflicht des Versicherungsnehmers
personal liability insurance (policy) Privathaftpflichtversicherung
personal life insurance trust Lebensversicherung, bei der im Versicherungsfall die Auszahlung der Versicherungssumme an einen Trust/Treuhänder folgt, der sie nach den Weisungen des Versicherungsnehmers verwalten oder ausschütten wird.
personal lines Versicherungen für Privatpersonen, Familienversicherungen, i.w.S. privates Mengengeschäft eines Versicherungsunternehmens
personal pension plan private Altersversicherung
personal portable pensions private Rentenversicherungen für Arbeitnehmer □ werden von den Arbeitgebern mitfinanziert; ein Arbeitsplatzwechsel hat keinen Einfluss auf erworbene Anwartschaften.
personal property bewegliche Vermögenswerte (Sachen), Sacheigentum □ grundsätzlich alle Vermögenswerte mit Ausnahme von Grundstücken und Gebäuden sowie grundstücksgleichen Rechten
personal property floater → personal articles floater
personal property interest 1. Besitzrecht 2. Nutzungsrecht des Mieters
personal property tax auf Sacheigentum erhobene Steuer
personal recognizance persönliche Verpflichtung, i.e.S. Haftverschonung ohne Kautionsleistung (basiert ausschließlich auf der Erklärung des Angeklagten, zum Verhandlungstermin zu erscheinen)
personal relief persönlicher Freibetrag
personal remedies Rechtsbehelfe einer natürlichen oder juristischen Person
personal representative persönlicher Vertreter, i.e.S. gerichtlich bestellter Nachlassverwalter
personal representative's deed durch einen Nachlassverwalter ausgefertigte → warranty deed
personal savings Ersparnisbildung der privaten Haushalte
personal service persönliche Zustellung
personal service income Einkünfte aus selbständiger und nichtselbständiger Tätigkeit
personal staff persönlicher Stab, adjutantive Stabsstelle, persönlicher Mitarbeiter, → general staff, → specialised staff
personal transfer payments *(Posten der US-Zahlungsbilanz)* private Einkommensübertragungen
personalty → personal property
personal wealth Privatvermögen
personnel appraisal → personnel rating
personnel budgeting Personalbestandsplanung
personnel development Personalentwicklung
personnel insurance (Lebens- und/oder Unfall-)Versicherungen für Mitarbeiter
personnel inventory card → inventory card
personnel leasing Personal-Leasing □ Bereitstellung von Arbeitskräften durch eine Personal-Leasingfirma für einen vertraglich vereinbarten (i.d.R. kurzfristigen) Zeitraum
personnel management 1. Personalleitung 2. Personalmanagement, Personalführung, Führung (Steuerung) des Personalwesens einer Unternehmung, i.w.S. Personalwirtschaft
personnel rating Leistungsbeurteilung von Mitarbeitern
personnel turnover Personalfluktuation
per stirpes succession Parentelen-Erbfolge □ d.h. die einzelnen Verwandtschaftslinien, die bei fehlender letztwilliger Verfügung nacheinander in die gesetzliche Erbfolge eintreten.
persuasive advertising (communication) auf Überzeugung ausgerichtete Werbung (Kommunikation)
persuasive authority Bindungswirkung durch die argumentative Überzeugungskraft

PERT → program(me) evaluation and review technique

per ton weight Frachtberechnung nach Gewichtstonne

per unit method auf der Ausbringungsmenge basierende Budgetplanung

PEST analysis Analyse unter politischen (political), wirtschaftlichen und ökologischen (economic/environmental), gesellschaftlichen (social) und technologischen (technological) Gesichtspunkten

petition *(to – the court for a discharge of debts)* die Schuldbefreiung des Konkursschuldners beantragen

petitioner Antragsteller, Kläger, Beschwerdeführer

petition for an administration order Antrag auf Eröffnung eines Insolvenzverfahrens, → administration order

petition for certiorari Revisionsbegehren, → writ of certiorari

petition for the winding-up (petition in liquidation) Antrag auf Eröffnung des Liquidationsverfahrens, → liquidation

petitioning creditor Gläubiger, der die Eröffnung des Insolvenzverfahrens gegen einen Schuldner beantragt.

petitory petitorisch, an das Recht zum Besitz anknüpfend

petitory claim petitorischer Anspruch

petrified products petrifizierte Produkte ☐ Produkte, die über einen langen Zeitraum hinweg unverändert am Markt verkauft werden

petty offense leichtes Vergehen

PFIC → passive foreign investment company

phantom income → soft taxable income

phased decision process mehrstufiger Entscheidungsprozess

phased review process → relay race process

PHC → personal holding company

phone banking Telefonbanking ☐ Serviceleistungen einer Bank, die per Telefon in Anspruch genommen werden können.

physical assets Sachanlagen

physical commodity Kassaware, effektive Ware

physical controls direkte Produktions- und Konsumlenkung durch die Regierung

physical delivery effektive Lieferung (von Wertpapieren, im Gegensatz zu einer stückelosen Übertragung)

physical depreciation i.e.S. kalkulatorische Abschreibung, i.w.S. Wertminderung bedingt durch Abnutzung und Verschleiß

physical distribution physische Distribution ☐ alle Maßnahmen, die mit der Verteilung und Zustellung von Produkten zusammenhängen, d.h. die technische bzw. logistische Seite der Güterzuführung.

physical distribution management physisches Distributions-Management ☐ Steuerung aller Maßnahmen/Entscheidungen in Verbindung mit dem Transport und der Lagerung von Waren

physical handling of goods Transport und Lagerung von Waren

physical inventory Warenbestand, Warenvorräte

physical life wirtschaftliche Nutzungsdauer

physically segregated securities getrennt aufbewahrte (in Streifbandverwahrung genommene) Wertpapiere

physical market Kassamarkt ☐ Markt, auf dem effektive Waren gehandelt werden.

physical stocktaking Warenbestandsaufnahme

physiological needs → hierarchy of needs

P&I → protection and indemnity insurance

PIA → Personal Investment Authority

PIC (pass investment tax credit) lease Leasingvertrag, bei dem der Leasinggeber seinen → investment tax credit an den Leasingnehmer weiterleitet. → RIC lease

pick Griff ins Regal (durch Mitarbeiter oder Roboter), i.e.S. Entnahmeeinheit, entnommener Artikel, → picking

picking Kommissionierung ☐ Zusammenstellung unterschiedlicher Waren aus einem Sortiment für einen Kundenauftrag, Entnahme aus dem Regal

pick(ing) by aisle Kommissionierung nach

Lagergang/Lagerreihe

pick(ing) by light/by voice Kommissionierung, bei der der Kommissionierer durch ein Lichtsignal auf einem Bildschirm/ durch eine Stimme auf den zu entnehmenden Artikel hingewiesen wird. → picking

picking list Pickliste, Entnahmeliste, Liste der zu entnehmenden Waren (i.d.R. identisch mit dem Lieferschein)

picking note Kommissionierbeleg

picking order Kommissionierungsauftrag

picking quantity Kommissioniermenge

picking rate Kommissionierleistung

picking unit Entnahmeeinheit, Greifeinheit, Kommissioniereinheit

pick/pack Kommissionierung, bei der die einzelnen Kundenaufträge direkt in die Versandkartons gepackt werden.

pick-to-belt Kommissionierverfahren, bei dem die aus dem Regal/Fach zu entnehmenden Artikel direkt auf ein Abförderband platziert werden.

pick-to-box automatische Kommissionierung mittels Tablartechnik

pick-up fee Gebühr für die Leercontainer-Stellung

pick-up order Abholungsauftrag/-ermächtigung

pick-up request Andienung einer Ladung, Aufforderung zur Abholung

piecemeal opinion Bestätigungsvermerk eines Abschlussprüfers, der sich nur auf einzelne Bilanzpositionen bezieht.

piece rates Akkordlohnsätze

piece rate system 1. Akkordlohnsystem 2. Berechnung der Löschkosten auf der Basis der gelöschten Kolli

piecework payment system Akkordlohnsystem

piercing the corporate veil Durchgriffshaftung, Durchbrechung der gesellschaftsrechtlichen Trennung zwischen Mutter- und Tochtergesellschaft, wenn die Kontrolle der Mutter- über die Tochtergesellschaft vollständig ist und keine getrennte Rechnungslegung erfolgt.

pier-to-pier Containertransport von Hafenpier zu Hafenpier

piggyback 1. Werbebeilage 2. → piggybacking, → piggyback service

piggybacking Vertrieb betriebsfremder Produkte zusammen mit den eigenen Erzeugnissen

piggyback loan Huckepackkredit ▫ langfristiger Kredit, der an die Gewährung eines nachrangigen Hypothekendarlehens gebunden ist.

piggyback service Huckepack-Transport

pignoration Verpfändung, Stellung einer dinglichen Sicherheit

pignorative contract Verpfändungsvertrag, Sicherungsabtretung

PIK → payment in kind

pilot gate meeting Informationstreffen zu Beginn eines Phasenprozesses, → stage-gate process, → control gates

pioneering advertising (flächendeckende) Produkteinführungswerbung

pipeline alignment Abstimmung von Projektbedarf und Ressourcenverfügbarkeit

pipeline management Pipeline-Management ▫ Planung, Koordinierung, Steuerung und Optimierung aller Projekt- und Produktentwicklungsaktivitäten

pipeline management enabling tools Systeme/Programme zur Unterstützung der Pipeline-Management-Prozesse

piracy 1. (Marken-, Produkt-)Piraterie 2. Abwerbung von Arbeitskräften

pit Ring, Bieterraum

PIW (period of incapacity for work) Dauer der Arbeitsunfähigkeit

p.k.d. → partly knocked down

place marketing 1. Standortmarketing, Werbung für einen bestimmten Standort/ eine Region 2. Marketingaktivitäten vor Ort

placement Platzierung ▫ 1. Verkauf von Neuemissionen, Unterbringung von Neuemissionen beim Publikum bzw. bei institutionellen Anlegern 2. *(im Versicherungsgeschäft)* Risikoplatzierung, Risikoaufteilung, Platzierung von Teilrisiken ▫ d.h. Abdeckung eines Risikos durch mehrere Versicherer, wobei jeder eine Quote der Versicherungssumme oder einen bestimmten Betrag übernimmt 3. *(in der Werbung)* Platzierung, Erscheinungsplatz einer Anzeige

placement test Test eines neuen Produktes in ausgewählten Regionen oder Geschäften

place of business Geschäftssitz

place of contract Ort bzw. Land der Vertragsausfertigung, i.w.S. Gerichtsstand, Erfüllungsort

place of incorporation Gründungsort (einer Kapitalgesellschaft)

place of performance Erfüllungsort

place of rest Anlieferungsstelle für Frachtgut in einer Container-Packstation

place strategy Standortstrategie

place utility Standortnutzen

placing memorandum Platzierungsmemorandum ☐ enthält alle wesentlichen Angaben 1. zum Anleiheschuldner bzw. Kreditnehmer und den zu platzierenden Titeln 2. zu dem abzusichernden Risiko

plain meaning rule Regel des klaren Wortlauts

plaintiff bond Klägerbürgschaft, → replevin bond

plain vanilla swap klassischer (traditionell strukturierter) Swap

PLAM → price-level-adjusted mortgage

plan Pensionsplan, Versorgungseinrichtung

plan assets *(in Verbindung mit einem betrieblichen Versorgungsplan)* Planvermögen, Deckungskapital ☐ Gelder, die eine Gesellschaft zur Erfüllung späterer Leistungen an einen externen Fonds transferiert hat.

plan benefits 1. *(bei einem Pensionsplan)* Anwartschaften 2. Planleistungen

planned balance sheet Planbilanz, projizierte Bilanz

planned cannibalisation geplante Produkteliminierung ☐ z.B. durch eine nachteilige Veränderung der Erscheinungsform, um die Nachfrage gezielt auf eine neue Produktversion oder ein anderes Produkt zu lenken. → cannibalisation

planned cost rate Plankostensatz

planned figures Planwerte, Vorgabewerte, Planzahlen, Sollzahlen

planned funds statement Plankapitalflussrechnung, Planbewegungsbilanz

planned obsolescence bewußt herbeigeführte Produktveralterung

planned performance 1. vorgegebene Leistung, Planleistung 2. projiziertes Ergebnis, Sollergebnis

planned profit Plangewinn, Planerfolg, Vorgabegewinn

planned profit contribution Plandeckungsbeitrag

planned sales Planumsatz, Umsatzvorgabe

planned start/finish date geplanter Anfangs-/Endzeitpunkt eines Vorganges, → network analysis, → logical relationships

planned unit development Erschließungsprojekt, bei dem verschiedene Flächennutzungsformen möglich sind.

planning approach Planungsansatz

planning commission/department (Bau-)Planungsausschuss/-behörde

planning depth Planungstiefe, Detaillierungsgrad einer Planung

planning engineer (officer) Leiter der Arbeitsvorbereitung

planning period Planperiode, Budgetperiode

planning permission Baugenehmigung

planning principles Planungsgrundsätze, Budgetierungsgrundsätze

planning review Überprüfung der Annahmen (der Vorgabewerte), die der Planung zugrunde liegen.

planning system Planungswesen, Budgetwesen

planning tools Planungsinstrumentarium

planning variable Planungsgröße

plan obligations Planverpflichtungen, Verpflichtungen aus der betrieblichen Altersversorgung

plan review Planüberprüfung, Plananpassung, Planrevision

plant accounting Anlagenrechnung
plant agreement Haustarifvertrag
plant and equipment *(im Jahresabschluss)* Anlagen, Betriebs- und Geschäftsausstattung
plant and equipment spending Bau- und Ausrüstungsinvestitionen
plant and machinery Maschinen und maschinelle Anlagen
plant capacity Anlagenkapazität, Betriebskapazität
plant engineering Anlagenbau, Anlagentechnik
plant factor Betriebskoeffizient
plant hire 1. → plant leasing 2. *(in der Gewinn- und Verlustrechnung)* Mieten für Werksanlagen
plant layout Anlagenlayout, Einrichtungslayout □ Anordnung von Produktionsflächen, Maschinen und Arbeitsplätzen
plant leasing (Industrie-)Anlagen-Leasing □ Vermietung und Verpachtung von Industrieanlagen und Verwaltungsgebäuden
plant location Unternehmensstandort
plant location study Standortstudie
plant maintenance Anlageninstandhaltung
plant overheads Betriebsgemeinkosten
plant, property and equipment, net *(im Jahresabschluss)* Sachanlagen nach Abzug der aufgelaufenen Abschreibung
plant replacement Anlagenerneuerung, Ersatzinvestitionen
plant sales subsidiary Werksvertretung, Auslieferungslager
plants under construction *(im Jahresabschluss)* Anlagen im Bau
plant turnover Quotient aus Nettoumsatz und Sachanlagen vor Abschreibung
plant utilisation factor Ausnutzungsgrad
platform 1. Hebe-/Ladebühne 2. Plattform-Container
platform bodies Pritschenaufbauten
platform semi-trailer Pritschenauflieger
plat/plat map Katasterplan
plausibility test Plausibilitätsprüfung
plea Einrede, Einwand, Klageerwiderung
plea bargaining Verhandlungen zwischen den Vertretern einer US-Anklagebehörde und den Verteidigern mit dem Ziel einer Verfahrensabkürzung. Im Rahmen einer entsprechenden Vereinbarung wird sich i.d.r. der Angeklagte zu einigen Punkten der Anklage für schuldig bekennen. Als Gegenleistung wird ihm eine geringere Strafe in Aussicht gestellt.
pleading requirement Verfahrensvoraussetzung
pleadings 1. Tatsachenvortrag 2. Schriftsatz, verfahrensvorbereitender Schriftwechsel
plea in bar → peremptory plea
plea in nullity Nichtigkeitseinrede
plea in reconvention Gegeneinrede
plea of autrefois acquit Einrede des Verbrauchs der Strafklage aufgrund einer vorangegangenen Verurteilung
plea of contestability Einrede der Anfechtbarkeit
plea of retention of title Einrede des Zurückbehaltungsrechts
pledge 1. Zusicherung, Versprechen 2. Pfand 3. Sicherungspfandrecht, Besitzpfandrecht
pledge administrator Verwalter (Treuhänder) eines Sicherungsgutes □ nimmt diese Funktion für die Gläubiger wahr
pledged securities 1. Lombardeffekten, Pfandeffekten □ Wertpapiere, die als Sicherheit für einen Kredit verpfändet (bei einer Bank hinterlegt) werden. 2. in Pension gegebene Wertpapiere, → repurchase agreement
pledgee Pfandgläubiger, Pfandnehmer, *(bei Pensionsgeschäften)* Pensionsnehmer
pledger/pledgor Pfandgeber, Pfandschuldner, *(bei Pensionsgeschäften)* Pensionsgeber
PLLP → professional limited liability partnership
plot plan Parzellen-/Flächennutzungsplan
plottage Zusammenlegung mehrerer kleinerer Parzellen zu einem Grundstück
plottage value Mehrwert (gesteigerter Nutzwert) durch Zusammenlegung von Parzellen

plowback rate Gewinneinbehaltungsquote, Reinvestitionsrate
plural executive management Unternehmensleitung, die ihre Entscheidungen nach dem Kollegialprinzip fällt.
plurality Pluralität, Mehrheit, Stimmenvorsprung
PMI → project information memorandum
PMIS → project management information system
PML → probable maximum loss
PMSR → purchased mortgage servicing rights
PMT → performance measurement techniques
P/N → promissory note
PoC → percentage-of-completion method
POD → proof of delivery
POD/POL → port of discharge/of loading
POI → point of interaction
poinding Pfändung beweglicher Vermögenswerte, *(poinded articles)* gepfändete Vermögenswerte
point of information (of interest) Informationsort
point of interaction Interaktionspunkt, Kontaktpunkt mit dem Kunden
point of presence Einwählpunkt zum Internet
point of purchase promotion Verkaufsförderung (Promotion) am Kaufort □ Aktionen wie Produktvorführungen, Verteilung von Zugaben und/oder Kostproben
point of purchase/sale advertising Werbung am Kauf-/Verkaufsort (Display-Material, Regalstopper, Sonderausstellungen)
point of sale information am Verkaufsort gesammelte Kundeninformationen
points deductibility steuerliche Absetzbarkeit eines Disagios, → discount points
point-to-point rate → intermodal rate
point-to-point transport *(in den Vereinigten Staaten übliche Bezeichnung für)* Haus-zu-Haus-Transport
poison pill Maßnahme zur Verhinderung einer feindlichen Unternehmensübernahme, → defensive measures

poison put Anleihebestimmung, die den Anleiheinhabern einen sofortigen Rückzahlungsanspruch im Falle einer feindlichen Übernahme verleiht.
policy advance Policendarlehen, Vorauszahlung eines Teils der Versicherungssumme
policy and premium provisions Deckungsrückstellungen
policy benefits Versicherungsleistungen
policy deductible (franchise) → deductible, → franchise
policy endorsement (rider) Versicherungsnachtrag
policy exceptions (exclusions) Risikoausschlüsse
policy extension Erweiterung des Versicherungsschutzes
policy fee Policenausfertigungsgebühr
policyholder's surplus Überschussbeteiligung des Versicherungsnehmers
policy inception date Tag des Versicherungsbeginns
policy liabilities versicherungstechnische Rückstellungen
policy term Policen-Laufzeit
policy year experience Policenergebnis per annum, vereinnahmte Prämien nach Schadenaufwand
policy-writing agent Abschlussagent
policy writings Versicherungsabschlüsse
Pollution Control Revenue Bonds *(den → Industrial Revenue Bonds vergleichbare)* projektgebundene Kommunalobligationen □ werden von kommunalen Stellen zur Finanzierung von privaten, dem Umweltschutz dienenden Investitionen emittiert.
pollution liability coverage form Umwelthaftpflichtversicherung, *(pollution liability extension endorsement)* Anhang zu einer allgemeinen Haftpflichtversicherung, durch den die Haftpflichtdeckung auf Umweltschäden erweitert wird.
POM → purchase order management
pool 1. Pool, Zusammenschluss 2. Versicherungs-Pool, Zusammenschluss mehrerer

Versicherer zur Aufteilung von Großrisiken
pool car operator Sammelladungsspediteur
pooling Pooling, Poolbildung, Zusammenlegung (z.b. von Kredit-/Hypothekenforderungen)
pooling agreement Pool-Vereinbarung, Vereinbarung über die Zusammenlegung (z.b. von Darlehensforderungen, Stimmrechten etc.)
pooling of interests method *(Form der buchmäßigen Behandlung von Unternehmenszusammenschlüssen)* Interessenzusammenführung □ Unternehmenszusammenschluss, bei dem die Eigentumsrechte an zwei Unternehmen durch den Austausch von Anteilsrechten in einem Unternehmen vereinigt werden. Die Buchwerte werden zusammengefasst, und es entsteht im Gegensatz zur → purchase method kein Goodwill, d.h. es werden keine gewinnmindernden Abschreibungen auf Firmenwerte erforderlich. Ein aus der Kapitalkonsolidierung entstehender Unterschiedsbetrag wird erfolgsneutral gegen die Konzernrücklagen verrechnet. Ein pooling of interests setzt voraus, dass die sich zusammenschließenden Unternehmen ungefähr gleich bewertet werden und mindestens 90% aller Aktionäre dem Zusammenschluss zustimmen.
pooling of profits Gewinnzusammenlegung, Gewinngemeinschaft
pooling of risk Einbringung von Einzelrisiken in einen Pool, Zusammenlegung von Risiken
pooling system 1. Pooling-System, Pool-Verfahren 2. Pfandpoolverfahren □ Sicherungsvereinbarung, bei der ein Kreditinstitut der Zentralbank als Sicherheit für Kreditinanspruchnahmen einen Sicherheiten-Pool zur Verfügung stellt, d.h. die einzelne Sicherheit ist nicht an eine bestimmte Kredittransaktion gebunden.
pool purchase → bulk purchase
pool scheme Versicherungspool, → pool syndicate

pool syndicate Poolkonsortium, Versicherungspool, Risikoaufteilungsgemeinschaft □ Versicherungsgemeinschaft zur Abdeckung hoher Wagnisse
POP → paperless order picking, → point of purchase, → point of presence
population Grundgesamtheit, Population, Universum □ Gesamtheit der Elemente (Personen, Haushalte, Unternehmen), aus der eine Stichprobe gezogen werden soll.
population element Einheit einer Grundgesamtheit, → sampling
portability Übertragbarkeit erworbener Betriebsrentenansprüche bei einem Arbeitsplatzwechsel
portable mortgage (auf eine andere Immobilie) übertragbare Hypothek
portable pension claims übertragbare Betriebsrentenansprüche (d.h. sie gehen bei einem Arbeitsplatzwechsel nicht verloren)
port additionals Hafenzuschläge, → additionals
portal Portal, Startseite, Einstiegsseite für Internet-Nutzer
port bill of lading Hafenkonnossement □ bescheinigt, dass die Ware zur Verschiffung in Empfang genommen wurde, die Verladung aber noch nicht erfolgt ist.
port charges (dues) Hafengebühren, Hafengeld (Lotsengeld, Kaigeld, Schlepperkosten etc.)
portfolio 1. Wertpapierportefeuille, Depot, Wertpapierbestand 2. Gesamtsumme der Unternehmensbeteiligungen 3. Kreditportefeuille, Kreditvolumen, Gesamtausleihungen 4. Versicherungsbestand, Summe der gezeichneten Risiken 5. Sparte, Unternehmensbereich 6. Ressort
portfolio analysis Portfolioanalyse □ 1. Analyse eines Wertpapierportefeuilles unter Rendite-/Risikogesichtspunkten 2. Analyse von Unternehmensbereichen/Geschäftsfeldern
portfolio appreciation Wertzuwachs (Wertsteigerung) eines Portefeuilles, Depotwertsteigerung

portfolio arrangements Portefeuilledispositionen

portfolio asset swap Zins-Swap, durch den ein Marktteilnehmer das Zinsprofil eines Bestandes festverzinslicher Wertpapiere verändert.

portfolio basis Bewertung von Beteiligungspapieren zum Niederstwertprinzip

portfolio benchmark Vergleichsmaßstab für eine objektive Portefeuille-Performancemessung

portfolio concept Betrachtung einer Unternehmung als ein Portfolio von strategischen Geschäftseinheiten

portfolio decision-making Treffen von Anlageentscheidungen

portfolio fund Portfoliofonds, Anlagezielfonds

portfolio hedging Portefeuilleabsicherung, Absicherung eines Portefeuilles/Bestandes gegen Kursverluste

portfolio insurance dynamische Absicherung, stetige Anpassung der Absicherung an die Marktentwicklung

portfolio investment Portfolioinvestitionen, → direct investments

portfolio leveraging Aufstockung eines Portefeuilles (Bestandsaufstockung) unter Inanspruchnahme von Fremdmitteln

portfolio management 1. Portfolio-Management, aktive Verwaltung eines Portefeuilles unter Ertrags- und Risikogesichtspunkten 2. Sparten-Management, Steuerung der Geschäftstätigkeiten eines Unternehmens

portfolio optimization Portefeuille-Optimierung, optimale Zusammenstellung eines Portefeuilles

portfolio plan *(einer Unternehmung)* Spartenplan

portfolio planning 1. Portefeuilleplanung, Bestimmung des Anlageziels, Planung der Käufe und Verkäufe 2. Spartenplanung

portfolio reinsurance Rückversicherung eines Schadenportefeuilles, Übertragung des gesamten Versicherungsbestandes auf einen Rückversicherer

portfolio restructuring 1. Portefeuilleumschichtung, Portefeuille-Restrukturierung, Restrukturierung der Geschäftsbereiche und/oder Beteiligungen einer Unternehmung

portfolio risk profile Risikoprofil (Risikoeigenschaften) eines Portefeuilles

portfolio securities Anlagepapiere, Anlagewerte, i.w.S. Wertpapiere des Anlagevermögens

portfolio switching Portefeuilleumschichtung, Umgruppierung (Umschichtung) von Wertpapierbeständen

portfolio theory 1. → modern portfolio theory 2. Theorie über die Kombination von strategischen Geschäftseinheiten zur Realisierung der Gesamtunternehmensziele

port of discharge Entladehafen, Löschhafen

port of entry Verzollungshafen

port of loading (of shipment) Verladehafen, Verschiffungshafen

port service charge(s) Umschlagskosten, Cargo-Handling-Kosten □ Kosten für die Behandlung der Ware, bevor und/oder nachdem sie die Schiffsreling passiert hat.

port-to-port bill of lading Seekonnossement (für den Transport von Gütern zwischen zwei Häfen)

POS → point of sale

POS database system System zur Speicherung von Abverkaufszahlen in einer Datenbank

position bias positionsbedingter Bias □ Fehler im Antwortverhalten von Probanden, die aus der Präferenz für Antworten resultieren, die an einer bestimmten Stelle stehen (am Anfang, in der Mitte, am Ende).

position bond Vertrauensschadenversicherung

positioning 1. Positionierung (eines Produktes am Markt) 2. Festlegung der absatzwirtschaftlichen Position einer Unternehmung

positioning claim → product positioning claim

positioning fee Gebühr für die (Leer-)Containergestellung
positioning statement Formulierung des Markt-/Angebotsanspruches
positioning system Ortungssystem
position limit Positionslimit, Obergrenze für offene Positionen, Obligolimit
position mapping → perceptual mapping
position media Plakat- und Verkehrsmittelwerbeträger
position risk Positionsrisiko ☐ Risiko, dass eine Finanzposition aufgrund von Kurs- oder Zinsveränderungen an Wert verliert.
position schedule bond Veruntreuungsversicherung ☐ Versicherung gegen vorsätzliche Schäden durch Personen, die die im Versicherungsschein genannten Ämter bekleiden.
positions manned Personaleinsatz
positions required Personalanforderung
position statement Bilanz, Finanzstatus
positive assurance uneingeschränkter Bestätigungsvermerk eines Abschlussprüfers
positive carry positive Zinskongruenz ☐ Unterschied zwischen erzielter Rendite und Geldeinstandskosten
positive cash flow requirement Voraussetzung eines positiven Cashflows, → positive covenants
positive correlation positive Korrelation, gleich gerichtete Entwicklung, → correlation risk, → negative correlation
positive covenants Anleihe- bzw. Kreditvertragsklauseln (→ loan covenants), die keine Unterlassungsverpflichtungen (negative covenants) oder Einschränkungen (restrictive covenants) enthalten, sondern mehr allgemeiner Natur sind, z.B. Verpflichtung zur Wahrung einer ausreichenden Kapitalbasis, zur Erzielung eines positiven Cashflows, zur Veröffentlichung regelmäßiger Berichte.
positive easement positive Grunddienstbarkeit, z.B. Nutzungsrecht an einem anderen Grundstück, Wegerecht, → servient, → dominant tenement
positive externalities positive externe Effekte (durch meritorische Güter), → merit goods
positive float *(in der Projektablaufplanung)* positive Pufferzeit ☐ Zeitspanne, um die der Beginn eines Vorganges verzögert werden kann, ohne dass sich der Projektfertigstellungstermin verschiebt.
positive income elasticity positive Einkommenselastizität ☐ die Nachfrage steigt mit dem Anstieg der Verbrauchereinkommen, → normal goods
positive leverage 1. positive Hebelkraftwirkung ☐ entsteht, wenn durch den Einsatz von Fremdkapital die Gesamtrentabilität erhöht wird. 2. Situation, in der die Erträge/Einnahmen schneller steigen als die entsprechenden Kosten/Ausgaben.
positive return on investment positive Eigenkapitalrendite ☐ liegt vor, wenn die auf das gesamte investierte Kapital erzielte Rendite die Kapitalkosten übersteigt.
positive wrong vorsätzliches Delikt
possession Besitzergreifung
possession utility besitzgebundener Nutzen
possessory claim Besitzanspruch, possessorischer Anspruch
possessory lien Zurückbehaltungsrecht, Unternehmerpfandrecht
possessory rights (title) Besitzrechte
post-acquisition process Verbraucherverhalten nach dem Produkterwerb
post-acquisition reserves nach der Übernahme gebildete Rücklagen
post-advertisement test Anzeigentest nach dem Erscheinen der Anzeige
post-call analysis Analyse eines Kundenbesuchs
post-call processing Nachbearbeitung der Anrufe in einem → call center
post-carriage Nachlauf, Transport von Gütern/Containern vom Umschlagplatz/Einfuhrhafen/vom Empfangsspediteur zum Empfänger, → pre-carriage
post-carrier Nachlaufspediteur
post-decisional frustration Infragestellung einer getroffenen (Kauf-)Entscheidung
post-effective period *(bei Wertpapieremis-*

post-employment benefit 434

sionen) der auf die Emissionsgenehmigung durch die → Securities and Exchange Commission folgende Zeitraum; mit dem In-Kraft-Treten dieser Genehmigung ist ein uneingeschränkter Verkauf der Titel möglich. → pre-filing period, → waiting period

post-employment benefit plan Altersversorgungsplan

post-employment benefits Ruhestandsvergünstigungen, Leistungen an ausgeschiedene Mitarbeiter

post-employment medical care Krankenversicherungskosten für ausgeschiedene Mitarbeiter

post-entry Nachverzollung

poster advertising Plakatwerbung

post-funding valuation Börsenkapitalisierung nach einer Bezugsrechtsemission, → post-money valuation

post-judg(e)ment interest Zinsen auf die gerichtlich zuerkannte Schadenersatzsumme

post-money valuation Unternehmensbewertung nach dem Zufluss neuer Investorengelder/nach einer Finanzierungsrunde

post-petition financing Finanzierung nach Stellung des Antrages auf Eröffnung eines Vergleichs- bzw. Sanierungsverfahrens, → reorganization

postponement letter Dokument, durch das sich die Mitglieder des Board of Directors einer Unternehmung für die Dauer eines Kreditverhältnisses verpflichten, die von ihnen bereitgestellten Darlehen nicht aus dem Unternehmen abzuziehen.

post-purchase advertising auf die Bestätigung von Kaufentscheidungen ausgerichtete Produktwerbung

post-purchase costs Folgekosten □ Kosten für die Nutzung, Wartung und Entsorgung eines Produktes

post-purchase dissonance → cognitive dissonance

post-retirement benefits betriebliche Sozialleistungen nach der Pensionierung, bei denen es sich nicht um Betriebsrenten handelt.

post-sale duties Produktbeachtungspflichten

post-shipment inspection Ladungskontrolle nach der Verschiffung

post-tax profits Gewinn nach Steuern, Nachsteuer-Gewinn

post-tender negotiations Verhandlungen mit Bietern nach Eingang der Ausschreibungsunterlagen

post-test Post-Test □ Messung der Werbewirkung nach Schaltung einer Anzeige/Ausstrahlung eines Werbespots

POTAM → Panel on Takeovers and Mergers

potential appraisal Beurteilung des mittel- bis langfristigen Leistungspotenzials eines Mitarbeiters

potential credit exposure potenzielles Kreditrisko, *(bei Derivate-Geschäften)* Eindeckungsrisiko

potential stock der noch zu emittierende Teil des Grundkapitals

pour-over will Testament, bei dem der größte Teil der Nachlasswerte auf einen Trust (Stiftung mit treuhandschaftlichem Charakter) übertragen wird, der schon zu Lebzeiten des Testators ins Leben gerufen wurde.

power of alienation (of sale) 1. Veräußerungsrecht, Verwertungsrecht 2. Verkaufsvollmacht

power of attorney 1. Vollmacht, Vertretungsvollmacht 2. Vollmachtsurkunde

power of discretion Ermessensvollmacht, Ermessensbefugnisse

power of distress Beschlagnahmebefugnis

power of eminent domain Enteignungsrecht des Staates

power of sale clause Klausel einer Hypothekenurkunde, derzufolge der Grundpfandgläubiger oder Treuhänder (→ deed of trust) bei einem Zahlungsverzug des Schuldners das Grundstück durch einen außergerichtlichen Verkauf verwerten kann.

power of the purse Finanzhoheit

power purchase agreement Stromabnah-

mevertrag
power to bind 1. Vertretungsbefugnis 2. Abschlussvollmacht
power to charge security Garantiefähigkeit, Vollmacht zur Belastung der Vermögenswerte einer Unternehmung
PP → production plan
PPA → power purchase agreement
PP&E → property, plant and equipment
PPI → producer price index
PPN → peer-to-peer network
PPO → private placement offering
PPP → personal pension plan, → public private partnership
PPS → performance presentation standards, → project planning and steering system
pre-acquisition audit → due diligence
pre-announcement purchase Aufkauf von Aktien des Zielunternehmens vor Bekanntgabe des Übernahmeangebotes
pre-answer motion to dismiss Antrag des Beklagten auf Klageabweisung vor Hinterlegung der Klageerwiderung
precarious possession bedingter Besitz, bedingte Innehabung, → precarious right
precarious right einem Dritten gewährtes Recht, das nach dem Ermessen seines Inhabers (Vollmachtgebers) jederzeit widerrufen werden kann.
pre-carriage Vorlauf □ Transport von Frachtgut/Containern vom inländischen Abgangsort zum Umschlagplatz/Ladebzw. Ausfuhrhafen, → post-carriage
pre-carrier Vorlaufspediteur
precatory trust Treuhandverhältnis, das nicht durch eine ausdrückliche Weisung, sondern durch eine Bitte bzw. Absichtserklärung begründet wurde. Die individuelle Treuhand-Ausgestaltung liegt in dem Ermessen des Treuhänders. Precatory trusts werden, klare Formulierung vorausgesetzt, i.d.R. von den Gerichten als ein rechtsverbindliches Treuhandverhältnis anerkannt.
precatory words Wörter/Formulierungen in Verträgen, die eine Absicht/einen Wunsch zum Ausdruck bringen.
precedence diagram Vorgangsknoten-Netzplan, → network analysis
precedence relationships *(in der Netzplantechnik)* Anordnungsbeziehungen, → logical relationships
preclosing Vorbereitung des → closing
preclusion clause Ausschlussklausel, Ausschlussbestimmung
preclusive buying systematischer Aufkauf von Betriebsstoffen durch eine Gesellschaft, um auf diese Weise Konkurrenzfirmen auszuschalten.
preclusive period Verfallsfrist, Ausschlussfrist □ Zeitraum, innerhalb dessen eine Rechtshandlung erfolgt sein muss, da ansonsten Verjährung eintritt.
pre-coded questions → closed-ended questions
predation Dumping, rigorose Preisunterbietung
predator → raider
predatory competition Verdrängungswettbewerb
predecessor activity vorangehender Vorgang, → logical relationships
predecessor in title Rechtsvorgänger, der frühere Besitzer
pre-delivery inspection Kontrolle (Abnahme) von Waren durch den Kunden vor ihrer Auslieferung
predetermined motion-time systems Systeme vorbestimmter Zeiten □ Verfahren zur Arbeitszeitermittlung aufgrund vorbestimmter Bewegungszeiten. Ziel dieser Verfahren ist die Ermittlung von Zeitvorgaben bzw. die Verbesserung der methodischen Arbeitsgestaltung.
predicate offenses (acts) in einem Gesetz aufgelistete Straftatbestände
predictive scheduling prädiktive Ablaufplanung, auf einer statischen Planungsumgebung basierende Ablaufplanung
predictive value Prognosequalität, Prognosetauglichkeit
predictor variable unabhängige Variable, Prädiktor-Variable

preemption 1. Recht einer Rundfunk-/TV-Station, die Ausstrahlung eines Werbespots bei aktuellen Nachrichten/Sondersendungen zu verschieben. 2. → preemptive right

preemption doctrine *(Grundsatz bei konkurrierenden Zuständigkeiten in der US-Gesetzgebung)* Bundesrecht bricht einzelstaatliches Recht

preemptive bid großzügiges Übernahmeangebot, das mögliche Mitbieter abschrecken soll.

preemptive right 1. Vorkaufsrecht 2. Vorzugszeichnungsrecht (Bezugsrecht) der Altaktionäre

preemptor Vorkaufsberechtigter

pre-export financing Exportvorfinanzierung □ Vorfinanzierung zukünftiger Warenexporte auf der Basis eines Liefervertrages zwischen einem Produzenten (Exporteur) und einem ausländischen Abnehmer (Importeur). Ausreichen wird die finanzierende Bank den Kredit entweder an den Exporteur (Vorschuss auf die zu erwartenden Exporterlöse) oder an den Importeur (Finanzierung der an den Exporteur zu leistenden Teilzahlungen).

pre-feasibility phase Konzeptphase, erste Phase im Projektlebenszyklus

preference capital Vorzugsaktienkapital

preference margin Präferenzspanne, Spanne zwischen dem allgemeinen Zolltarif und einem Präferenzzoll

preference of creditors Gläubigerbegünstigung

preference offering Zeichnungsangebot für Vorzugsaktien

preference segmentation Präferenzsegmentierung, Marktsegmentierung nach Verbraucherpräferenzen

preference shares Vorzugsaktien □ Die von britischen Unternehmen emittierten preference shares sind in ihrer Grundkonzeption mit den in den Vereinigten Staaten emittierten → preferred stock identisch.

preference system Präferenzsystem, gegenseitige Bevorzugung im Handelsverkehr

preferential assignment Gläubigerbegünstigung, → preferential transfer

preferential claims (debts) bevorrechtigte Forderungen, vorrangig zu befriedigende Konkursforderungen

preferential duties Präferenzzölle, Vorzugszölle

preferential transfer Gläubigerbegünstigung □ im US-Insolvenzrecht jede Übertragung von Vermögenswerten an einen Gläubiger innerhalb eines Zeitraumes von neunzig Tagen vor Konkurseröffnung

preferential union shop US-Unternehmen, in dem (a) den gewerkschaftlich organisierten Mitarbeitern besondere Vorrechte eingeräumt werden oder (b) das sich gegenüber einer Gewerkschaft verpflichtet hat, entweder nur Gewerkschaftsmitglieder einzustellen oder bei der Einstellung nicht organisierter Arbeitnehmer den Gewerkschaftsbeitritt zu verlangen.

preferred creditor status Vorzugsstellung bei der Kreditbedienung

preferred equity redemption stock Vorzugsaktien, die zu einem bestimmten Termin automatisch in Stammaktien umgewandelt werden.

preferred stock Vorzugsaktien, Vorzüge □ die mit dem stimmrechtslosen preferred stock verbundene Bevorrechtigung erstreckt sich vor allem auf die Ausschüttung von Dividenden (Zahlungen an die Inhaber von Stammaktien erfolgen erst nach Verteilung des auf die Vorzugsaktionäre entfallenden Reingewinns) sowie auf die Verteilung des Gesellschaftsvermögens im Falle einer Liquidation der Gesellschaft. Preferred stock wird wie common stock ohne festen Rückzahlungstermin ausgegeben. In den meisten Emissionsbedingungen sind jedoch Kündigungsoptionen zu bestimmten Kursen bzw. Rückkäufe vorgesehen, die zu Lasten der Erlöse aus Neuemissionen bzw. aufgelaufener Gewinne erfolgen. Preferrred stock kann ferner durch die Umwandlung in stimmberechtigte Stammaktien zur Abwehr von Firmenübernahmen eingesetzt werden.

pre-filing period *(bei Emissionsvorhaben)* Zeitraum zwischen einem Emissionsbeschluss und der Einreichung des förmlichen Antrags (→ registration statement) bei der → Securities and Exchange Commission

pre-foreclosure sale Verkauf einer Immobilie im beiderseitigen Einverständnis von Kreditgeber und zahlungsunfähigem Schuldner zur Vermeidung der Zwangsvollstreckungskosten

pre-funding valuation Unternehmenswert (Börsenkapitalisierung) vor einer Bezugsrechtsemission

pre-hearing conference Sitzung vor einem Gerichts-/Schiedsverfahren □ dient der Vorbereitung auf das eigentliche Verfahren

pre-injunction einstweilige (Unterlassungs-)Verfügung □ bis zur Entscheidung über eine → permanent injunction

pre-IPO financing Finanzierung unmittelbar vor einem Börsengang

prejudicial error → reversible error

pre-launch activities Marketingaktivitäten für ein Produkt vor seiner Markteinführung

preliminary cost estimate Kostenvoranschlag

preliminary costing Vorkalkulation

preliminary examination gerichtliche Voruntersuchung

preliminary expenses Gründungskosten, Aufwendungen für die Errichtung einer Gesellschaft

preliminary hearing gerichtliche Voruntersuchung

preliminary injunction einstweilige Verfügung

preliminary project stage Planungsphase

preliminary proof erster (vorläufiger) Schadensnachweis

preliminary ruling vorläufige Entscheidung

pre-loss funding Bildung eines Rücklagenfonds, aus dem künftige Schadenregulierungskosten bestritten werden.

pre-marketing 1. Voraus-Marketing, Marketing-Aktivitäten vor Produkteinführung 2. Ansprache von Schlüsselinvestoren in Vorbereitung eines Börsengangs

premature distribution Auszahlung der Versicherungssumme vor dem Fälligkeitstermin

premerger notification requirements (rules) Bestimmungen hinsichtlich der Anzeige bevorstehender Unternehmenszusammenschlüsse, → Hart-Scott-Rodino (Antitrust Improvements) Act

premises *(in der Bilanz)* Grundstücke und Gebäude, *(in der Gewinn- und Verlustrechnung)* Aufwendungen für Grundstücke und Gebäude

premises and equipment Sachanlagevermögen

premises and operations liability insurance Betriebshaftpflichtversicherung

premium 1. Prämie, Versicherungsprämie 2. Aufgeld, Agio □ Differenz zwischen dem Nennwert und einem höheren Kurs bzw. Rückzahlungspreis 3. Report □ Aufschlag auf den Devisen-Kassakurs bei Devisen-Termingeschäften 4. *(im Einzelhandel)* Zugabe □ Artikel, der mit dem Kauf eines anderen Produktes kostenlos erworben wird.

premium adjustment Beitragsanpassung, Anpassung der Prämienzahlungen an eine veränderte Aufwandssituation

premium adjustment clause Beitragsanpassungsklausel

premium assessment Prämienbemessung

premium bonus scheme Prämienlohnsystem

premium brand Marke mit einem hohen Qualitäts- und Preisniveau

premium deferral Prämienstundung, Aussetzung der Prämienzahlungen

premium deficiency Prämienmindereinnahmen, Beitragsdefizit

premium deposit fund Beitragsdepot

premium extension agreement Prämien-

premium holiday

stundung, Verlängerung der Prämienzahlungsfrist
premium holiday Prämienfreijahre ☐ Jahre, in denen keine Prämienzahlungen zu leisten sind.
premium loading Prämienaufschlag
premium loan Policendarlehen (zur Bestreitung fälliger Prämienzahlungen)
premium manufacturer Premium-Hersteller, Hersteller von Premium-/Spitzen-/Prestigeprodukten
premium note Schuldschein des Versicherungsnehmers im Hinblick auf zu leistende Prämienzahlungen
premium notice Prämienfälligkeitsbescheid
premium on acquisition of fixed asset investments written off ausgebuchtes Aufgeld aus dem Erwerb von Beteiligungen
premium on capital stock issued Aufgeld auf das ausgegebene Kapital
premium portfolio Versicherungsbestand
premium price 1. Prestigepreis, Preisaufschlag für erstklassige Produktqualität 2. Kurs über dem Nennwert
premium pricing 1. Premiumstrategie, bewusstes Festhalten an einem höheren Preis 2. Prämienermittlung
premium product Premium-Produkt, hochwertiges Produkt
premium promotion Zugabeaktion ☐ Verkaufsförderung durch Gewährung von Zugaben
premium protection rider Sondervereinbarung, durch die die Zahlung fälliger Versicherungsprämien gewährleistet wird.
premium rating 1. Prämienfestsetzung 2. erstklassige Bewertung, erstklassige Klassifizierung eines Schuldtitels
premium quality Premium-Qualität, Spitzenqualität
premium reduction dividend option Möglichkeit, die nach einer Policenerneuerung fälligen Beitragszahlungen mit den aufgelaufenen Versichertendividenden zu verrechnen.
premium refund (return) Prämienrückerstattung, Beitragsrückerstattung, Prämienrückgewähr
premium reserve 1. Agiorücklage ☐ der Rücklage zugeführter Teil eines Aufgeldes 2. Prämienreserve, Deckungsrückstellung
premiums due and unpaid Beitragsforderungen, ausstehende Prämienzahlungen
premium securities Agiopapiere ☐ Wertpapiere, die mit einem Aufgeld (Agio) zurückgezahlt werden.
premiums less claims Prämieneinnahmen abzüglich Schadensaufwand
premiums payable 1. fällige Prämien 2. zu zahlende Aufgelder
premiums received 1. Prämieneinnahmen 2. vereinnahmte Aufgelder
premium statement Prämienabrechnung
premium to the net asset value per share Aufschlag auf den Substanzwert je Aktie
premium trust fund Prämientreuhandfonds ☐ Fonds, in den die Mitglieder von → Lloyd's ihre Prämieneinnahmen einzahlen. Zu Lasten dieses Fonds erfolgt die Regulierung von Schadenfällen und die anteilsmäßige Gewinnausschüttung an die Mitglieder.
pre-money valuation Unternehmensbewertung vor dem Zufluss neuer Investorengelder/vor einer neuen Finanzierungsrunde
pre-offer defenses vorbeugende Maßnahmen eines Unternehmens zur Abwehr einer feindlichen Übernahme, → defensive measures
prepackaged bankruptcy Antrag auf Eröffnung eines Insolvenzverfahrens, mit dem gleichzeitig ein vom Gemeinschuldner und Gläubiger gemeinsam getragener Sanierungsvorschlag dem Gericht zur Billigung vorgelegt wird.
prepaid application von einer Prämienvorauszahlung begleiteter Versicherungsantrag
prepaid expenses aktive Rechnungsabgrenzungsposten, transitorische Aktiva ☐ dienen der periodengerechen Verrechnung von im voraus bezahlten Kosten, → pre-

payments (2)
prepaid income passive Rechnungsabgrenzungsposten, transitorische Passiva □ dienen der periodengerechten Verrechnung von im voraus erhaltenen Erträgen, → prepayments (3)
prepaid items 1. transitorische Posten der Rechnungsabgrenzung, → prepaid expenses (income) 2. vorausbezahlte Positionen, → closing cost
preparation on an historical cost basis Bilanzierung auf der Grundlage der historischen Kosten
prepayment penalty (charge) Vorfälligkeitsentschädigung (bei vorzeitiger Rückzahlung eines Kredites)
prepayment privilege Recht auf vorzeitige Rückzahlung
prepayment risk Ertragsausfallrisiko des Kreditgebers bei vorzeitiger Darlehensrückzahlung □ entsteht, wenn Schuldner ihre Kredite bei Zinssenkungen ohne Zahlung von Vorfälligkeitsentschädigungen umschulden können.
prepayments 1. Vorauszahlungen 2. *(Bilanz-Aktivseite)* transitorische Aktiva □ Beträge, die im Voraus gezahlt wurden, jedoch der nächsten Wirtschaftsperiode zuzurechnen sind (prepaid expenses). 3. *(Bilanz-Passivseite)* transitorische Passiva □ Beträge, die im Voraus empfangen wurden, jedoch erst der nächsten Wirtschaftsperiode zuzurechnen sind (prepaid income).
preponderance of evidence die überzeugenderen Beweise
pre-preferential debts besonders bevorrechtigte Forderungen □ Verbindlichkeiten, die noch vor Regulierung der bevorrechtigten Konkursforderungen eingelöst werden müssen (Konkursverfahrenskosten, Vergütungen für Auszubildende, Beiträge zu Versicherungsvereinen auf Gegenseitigkeit).
pre-production planning Arbeitsvorbereitung
prequalification Bonitätsprüfung (Prüfung der technischen/wirtschaftlichen Leistungsfähigkeit) des Auftragnehmers/des Lieferanten. → surety bond
pre-qualifying period 1. Karenzzeit, Wartezeit 2. die für den Eintritt in die betriebliche Altersversorgung erforderliche Betriebszugehörigkeit
presale Verkauf oder Verkaufsbemühungen vor Fertigstellung des Objektes
prescription Ersitzung
prescriptive building code Bauvorschriften (hinsichtlich der Bauweise und der zu verwendenden Materialien)
prescriptive easement Nutzungsrecht durch Ersitzung
pre-seed financing Finanzierung der Ideenfindung (von Ideen für besonders innovative Existenzgründungen)
pre-selection phase Vorauswahlphase
present conveyance sofort in Kraft tretende Übertragung
present enjoyment derzeitige Nutzung
present interest *(gift of a -)* Schenkung, mit der eine sofortige Nutzungsberechtigung verbunden ist.
presentment warranty mit der Vorlage verbundene Gewährleistungspflicht
present value Gegenwartswert, Barwert □ Wert künftiger Zahlungen, der durch die Abzinsung auf den gegenwärtigen Zeitpunkt ermittelt wird.
present value of future cash flows diskontierte Nettoeinzahlungsüberschüsse
present value of the minimum lease payments *(im Jahresabschluss)* Barwert der zu erbringenden Mindestleasingraten
preservation of property Erhaltung des Vermögens
pre-settlement default *(bei Derivaten)* Leistungs-/Zahlungsverzug eines Kontrahenten vor der Kontraktfälligkeit
pre-shipment charges Umschlagskosten vor der Verschiffung, Kosten für die Behandlung der Ware, bevor sie die Schiffsreling passiert.
pre-shipment inspection Ladungskontrolle vor der Verschiffung
pre-shipment risk Fabrikationsrisiko

pre-start *(bei Produktinnovationen, Unternehmensgründungen)* Explorationsphase, Abklärungsphase

prestige goods strategy Marketing-Strategie, die darauf ausgerichtet ist, neue Marktanteile durch das Angebot von Prestigeprodukten zu gewinnen.

prestige pricing Preisbildung, die sich an den Sozialprestigeerwartungen der Käufer orientiert.

prestige product Prestigeprodukt, Statusprodukt

prestige utility (value) Prestigewert, Prestigenutzen

presumption Annahme, prozessual relevante Vermutung, Tatsachenvermutung, Rechtsvermutung

presumption of agency Vollmachtsvermutung, Vertretungsvermutung, vermutete Vertretungsmacht

presumption of fact Tatsachenvermutung

presumptions of law rechtliche Folgerungen

pre-tax margin Bruttogewinnspanne vor Steuern

pre-tax profit Vorsteuer-Gewinn

pre-test 1. Voraustest □ einer geplanten Werbekampagne oder der Anzeigenwirkung vor dem Schalten der Anzeige 2. Probebefragung □ Kontrolle der Gültigkeit und Verständlichkeit eines Untersuchungsinstrumentes vor der eigentlichen Befragung

pre-trial conference verfahrensvorbereitende Gespräche, zu denen nach US-Recht ein Richter die Parteien einladen kann □ die Gespräche dienen der Verfahrenskoordinierung bzw. der Anbahnung von Vergleichsvereinbarungen.

pre-trial discovery vorprozessuales (einleitendes) Ermittlungsverfahren, prozessvorbereitende Beweisaufnahme □ sieht für die Parteien weitgehende Pflichten zur Offenlegung von Informationen vor

pre-trial hearing → pre-trial discovery/conference

pre-trial motions Anträge der Parteien im Rahmen des → pre-trial discovery

pre-trial order richterliche Anweisung vor Eröffnung der Hauptverhandlung

pre-trial proceedings Vorverfahren, → pre-trial discovery

prevailing party obsiegende Partei

prevailing rate gegenwärtiger (derzeit gültiger) Satz, *(im Rechnungswesen)* der zum Zeitpunkt der Abwicklung eines Geschäftes gültige Wechselkurs

preventive risk management vorbeugendes Risikomanagement

price association Preiskartell, Preisabsprache

price awareness 1. Preisbewusstsein, Preisempfinden 2. Preiskenntnis, Fähigkeit zur richtigen Einschätzung von Preisen

price/book ratio Kurs-Buchwert-Verhältnis □ Verhältnis von Kurs je Aktie zum Buchwert je Aktie

price boxed ex-works Preis ab Fabrik, einschließlich Verpackung

price bundling Preis-Bundling, Preisbündelung □ Zusammenlegung von Produkten und/oder Dienstleistungen zu einem preisgünstigen Leistungspaket.

price/cash flow (price/CF) ratio Kurs/Cashflow-Verhältnis □ Quotient aus Cashflow je Aktie und Aktienkurs

price decontrol Aufhebung der Preisbindung

price differentiation Preisdifferenzierung □ Festsetzung unterschiedlicher Preise für ein bestimmtes Produkt je nach Art des Absatzweges, Zeitpunkt des Verkaufs, Nachfragemenge, Verbrauchergruppe

price discount strategy Marketingstrategie, die darauf ausgerichtet ist, neue Marktanteile durch Preisnachlässe auf Qualitätsprodukte zu gewinnen.

price discovery Preisfindung, Preisfindungsprozess

price discrimination → price differentiation

price/earnings growth Kurs-/Gewinn-Wachstum

price/earnings ratio Kurs-/Gewinn-Verhältnis □ Gradmesser zur Bewertung der

Ertragskraft einer Unternehmung. Zur Ermittlung des Kurs-Gewinn-Verhältnisses wird der Aktienkurs einer Unternehmung durch den für das laufende Geschäftsjahr geschätzten Gewinn je Aktie dividiert.
price/earnings to growth ratio Relation von Kurs-/Gewinn-Verhältnis zum erwarteten Gewinnwachstum. Ein PEG von 1.0 deutet auf eine angemessene Bewertung, unter 1.0 auf eine Unterbewertung des Unternehmens hin.
price elasticity of demand/of supply Preiselastizität der Nachfrage/des Angebots
price escalator clause Preisgleitklausel
price fixing agreement Preisabsprache, Preisbindung
price fixing suit Verfahren wegen ungesetzlicher Preisabsprache
price incentive promotion Verkaufsförderung durch Sonderpreise
price leader Preisführer ☐ Unternehmen, das die Vorgabe für die Erhöhung bzw. Senkung von Preisen gibt.
price-level-adjusted mortgage Hypothek, bei der nicht der Zinssatz, sondern der vereinbarte monatliche oder vierteljährliche Tilgungsdienst der Entwicklung eines Referenzindex angepasst wird.
price-level adjustment *(im Jahresabschluss)* Berichtigung des Wertansatzes
price-level hedge Absicherung gegen Preissteigerungen, Inflationssicherung
price line Preislage, Preisklasse, Preisstufe
price lining Preislagenbildung ☐ Abdeckung des möglichen Preisspektrums für ein Produkt durch unterschiedliche Produktversionen (unter dem Gesichtspunkt der Erschließung möglichst großer Käuferschichten)
price maintenance Preisbindung, *(price-maintained goods)* preisgebundene Waren
price-off deal Sonderangebots-Aktion, Rabatt-Aktion
price perception Preiswahrnehmung, subjektive Wahrnehmung des Preises durch den Verbraucher
price reference point Eckwert, Richtpreis
price regulator Preisregulativ
price restraint Zurückhaltung in der Preispolitik
price ring Preisabsprache, Preiskartell
price sensitivity Preissensitivität ☐ zeigt an, wie die Nachfrage/der Verbraucher auf Preisänderungen reagiert.
price signal/signal(l)ing Preissignal/Einsatz des Preises als Qualitätsindikator
price skimming Preisabschöpfung, → skimming strategy (1)
price-to-sales ratio Quotient aus Aktienkurs und Umsatz je Aktie
price value of a basis point zeigt den Betrag an, um den sich der Preis eines Festzinstitels theoretisch verändert, wenn der Marktzins um einen Basispunkt anzieht bzw. nachgibt.
price-value relationship Preis-/Leistungsverhältnis
price variance Preisabweichung
pricing flexibility Flexibilität in der Preis-/Konditionengestaltung
pricing mix Instrumentarium zur Preisfestsetzung/Konditionengestaltung
pricing plateau Preisniveau, dessen Über- oder Unterschreitung eine steigende Preissensitivität auslösen kann.
primacy effect Primacy-Effekt ☐ Theorie, derzufolge Verbraucher jene Informationen speichern, die zu Beginn der Ausstrahlung eines Werbespots vermittelt werden.
prima facie evidence Beweis des ersten Anscheins, Anscheinsbeweis
primage Frachtzuschlag, Primgeld
primary activities → primary industry
primary advertising Primärwerbung, Werbung für eine Produktgattung und weniger für eine bestimmte Marke
primary audience Abonnenten/Käufer eines Print-Mediums
primary auditor Wirtschaftsprüfer der Mutter-/Holdinggesellschaft
primary beneficiary Erstbezugsberechtigter
primary carrier 1. Generalfrachtführer, → principal carrier 2. Erstversicherer

primary characteristics Grundsätze der Rechnungslegung, → relevance, → reliability, → consistency, → comparability principle

primary circulation Abonnentenzahl eines Print-Mediums

primary commodities Rohstoffe

primary contract Hauptvertrag, Rahmenvertrag

primary contractor Hauptlieferant

primary core business das traditionelle Geschäft

primary cost → prime cost

primary cover (coverage) Erstrisikoversicherung (im Gegensatz zur Rückversicherung)

primary data Primärdaten □ für ein bestimmtes Projekt bzw. eine bestimmte Untersuchung erhobene Daten

primary data collection Primärdatenerhebung

primary demand Primärnachfrage, Grundnachfrage

primary demand advertising Werbung zur Steigerung der allgemeinen Nachfrage nach einer bestimmten Produktgruppe

primary earnings per share → basic earnings per share

primary evidence primäre (unmittelbare) Beweismittel □ z.B. Originalschreiben gelten als primary, Fotokopien als secondary evidence.

primary financing primäre (durch eine erststellige Hypothek abgesicherte) Finanzierung

primary functional departments Bereiche, die in einer Unternehmung zentrale Aufgaben wahrnehmen (Beschaffung, Produktion, Vertrieb).

primary industry primärer Sektor (Landwirtschaft und Bergbau)

primary instruments Papiere des Primärmarktes, neu emittierte Titel

primary insurer Erstversicherer, Vorversicherer, Zedent

primary legal domicile Hauptgeschäftssitz

primary liability policy 1. Allgemeine Haftpflichtversicherung 2. Erstversicherung

primary liquidity Primärliquidität, liquide Mittel erster Ordnung

primary market 1. Primärmarkt, Markt für Neuemissionen (für neu emittierte Schuldtitel) 2. Markt für Erstversicherungen (im Gegensatz zum Rückversicherungsmarkt)

primary market area wichtiges Absatzgebiet

primary mortgage market Primär-Hypothekenmarkt, Erstausreichung hypothekarisch gesicherter Wohnbaukredite durch US-Kreditinstitute, → secondary mortgage market

primary obligation Hauptschuld, Hauptverpflichtung

primary obligor Hauptschuldner

primary period Grundmietzeit bei Leasingverträgen

primary processes primäre Geschäftsprozesse (Produktion, Logistik, Marketing)

primary producing countries rohstoffproduzierende Länder

primary readers → primary audience

primary requirements Primärbedarf, Bedarf an Fertigerzeugnissen

primary research → field research

primary reserves Liquiditätsreserven

primary sector 1. → primary industry 2. → primary market

primary spending primäre Konsumausgaben

primary survey Primärerhebung

primary underwriters 1. Erstversicherer 2. Führungsgruppe, Konsortialführer

primary utility Grundnutzen

prime contractor Generalunternehmer

prime cost primäre Kosten, ursprüngliche (einfache) Kosten □ die Summe der bei der Beschaffung von Gütern entstehenden Material- und Personalkosten

prime entry Einfuhrdeklaration für Waren, die für den Inlandsverbrauch bestimmt sind.

prime industrial properties erstklassige Industrieimmobilien

prime rate 1. Kreditzins für erstklassige Kunden 2. die prime rate plus Aufschlag bildet ferner die Zinsberechnungsgrund-

lage für eine Vielzahl von Kreditinstrumenten, einschließlich Hypotheken und Darlehen mit variabler Verzinsung
principal 1. Auftraggeber, Geschäftsherr 2. Vollmachtgeber 3. über eine Kontrollmehrheit verfügender Anteilseigner 4. Kapitalbetrag □ (a) investierter Betrag (b) Schuldsumme, geschuldeter Restbetrag (c) Versicherungssumme
principal-agent relationship Beziehung zwischen Auftraggeber und Auftragnehmer
principal carriage Hauptlauf □ Transport von Sammelladungen vom Versandspediteur zum Empfangsspediteur/vom Sammelpunkt zu einem Auflösepunkt
principal carrier Generalfrachtführer, Hauptspediteur □ verantwortlich für alle in Verbindung mit dem Transportauftrag zu ergreifenden Maßnahmen
principal, interest, taxes, and insurance *(regelmäßige Tilgungsleistung)* Kapital, Zinsen, Steuern und Versicherung
principal issue getrennt gehandelter Anleihemantel □ hervorgegangen aus der Trennung von Mantel- und Zinsscheinen eines Schuldtitels; sowohl Mantel- als auch Zinsscheine werden getrennt als Nullkupon-Papier verkauft.
principal obligor Hauptschuldner
principal place of business Hauptgeschäftssitz, Schwerpunkt der geschäftlichen Tätigkeit
principal residence Hauptwohnsitz
principal sum → principal 3,4
principle of conservatism Vorsichtsprinzip in der Rechnungslegung
principle of discretion Ermessensgrundsatz
principle of integrating interests Verkaufstechnik, bei der die Interessenlage des Käufers und weniger das Produkt im Mittelpunkt steht.
principle of judicial non-interference Grundsatz der Nichteinmischung von Gerichten in interne Unternehmensangelegenheiten
principle of separate valuation Einzelbewertungsgrundsatz
principle of substance over form → substance over form approach
principles of comity Völkergewohnheitsrecht
print advertising Anzeigenwerbung
print advertising space Printwerbeflächen
print space Anzeigenraum
prior-approval rating Prämientarif, der der vorherigen Genehmigung durch die zuständige Aufsichtsbehörde unterliegt. → open rating
prior charge vorgehende Belastung, vorrangiges Grundpfandrecht (Sicherungspfandrecht)
prior charge capital Vorzugskapital, Schuldverschreibungen und Vorzugsaktien
prior claimant (creditor) bevorrechtigter Gläubiger
priority claims (priorities) bevorrechtigte Forderungen
priority for wages and salaries Bevorrechtigung von Lohn- und Gehaltsforderungen im Konkursfall
priority of mortgages Hypothekenrangordnung
prior mortgage loan vorrangiges (im Rang vorgehendes) Hypothekendarlehen
prior period adjustments Fehlerkorrekturen früherer Geschäftsjahre
prior period items Vorjahresposten; Aufwendungen (Erträge), die der vorangegangenen Rechnungsperiode zuzurechnen sind.
prior redemption vorzeitige Tilgung, Tilgung vor dem Fälligkeitstermin
prior service cost *(in Verbindung mit einem Pensionsplan)* vorgelagerte Versorgungskosten
private acceptance Übernahme der Einstellungen und Verhaltensweisen der Gruppe durch das Individuum
private acquisition agreement Unternehmenskaufvertrag
private capital requirements Kapitalbedarf der Privatwirtschaft, Kapitalbedarf im privaten Sektor

private carrier Frachtführer □ Unternehmen, das die Auslieferung seiner Erzeugnisse selbst übernimmt. Im Gegensatz zum → contract/common carrier liegt hier keine gewerbsmäßige Güterbeförderung vor. Der private carrier haftet für den Verlust oder die Beschädigung der beförderten Güter nur bei eigenem Verschulden.

private company 1. in Großbritannien jede privatrechtliche Unternehmung, die nicht als → public limited company i.S. des Companies Act registriert ist. 2. in den Vereinigten Staaten identisch mit einer → close company

private company limited by guarantee → company limited by guarantee

private consumer demand private Verbrauchernachfrage

private corporation 1. privatrechtliche Unternehmung, Unternehmung des Privatsektors (im Gegensatz zu einer öffentlich-rechtlichen Unternehmung), → public corporation 2. → private company (2)

private current items Dienstleistungen des privaten Sektors

private debt private Kreditaufnahme, Kreditaufnahme (Verschuldung) der privaten Haushalte

private eHub privater elektronischer Marktplatz für die Mitglieder einer Lieferkette

private enterprise sector privatwirtschaftlicher Sektor

private equity privates Beteiligungskapital □ Eigenkapital, das jungen Wachstumsunternehmen zur Entwicklung neuer Produkte und Technologien zur Verfügung gestellt wird.

private equity financing Finanzierung mit privatem Beteiligungskapital

private equity fund Private Equity Fonds, (Kapital-)Beteiligungsfonds, Fonds zur Eigenkapitalfinanzierung von Unternehmen, Fonds für Anlagen in (nicht börsennotierten) Wachstumsunternehmen

private equity investments Beteiligungen an jungen, nicht börsennotierten Unternehmen, → private equity

private equity investors Eigenkapitalinvestoren

private equity market Markt für außerbörsliche Beteiligungen

private equity partnerships Gesellschaften, die Beteiligungen an jungen Unternehmen erwerben bzw. solche Beteiligungen für private Investoren vermitteln und verwalten.

Private Export Funding Corporation *(von privaten Geschäftsbanken gegründete)* Exportfinanzierungsbank, die US-Exporteure mit kurz- und mittelfristigen Krediten unterstützt, deren Bedienung durch die → Export-Import Bank garantiert wird.

private investment spending private Investitionsausgaben

private issuer Emittent des Privatsektors

private knowledge individuelles (privates) Wissen, → knowledge category

private label → own label

private letter ruling Stellungnahme zur Besteuerung einer Transaktion, die der US Internal Revenue Service auf Antrag eines Steuerpflichtigen abgibt.

private limited company private Handelsgesellschaft mit beschränkter Haftung

private limited partnership nicht bei der → Securities and Exchange Commission registrierte → limited partnership

private liquidation freiwillige Liquidation (Abwicklung) einer Unternehmung, → straight liquidation

private nuisance rechtswidrige Störung des privaten Grundeigentums

private offering privates Zeichnungsangebot, Privatplatzierung, → private placement

private pass-throughs → mortgage pass throughs, die durch privatwirtschaftliche Finanzinstitute und nicht durch agencies, wie → FNMA oder GNMA, verbrieft bzw. garantiert werden.

private pension scheme private Rentenversicherung

private placement (placement offering)

Privatplatzierung, nicht öffentliche Platzierung von Wertpapieren □ unterliegt nicht der Registrierungspflicht nach den Bestimmungen des US → Securities Act; die Titel werden bei einer begrenzten Zahl von Investoren platziert.

private placement depositary receipts Platzierung von → American Depositary Receipts im Wege einer Privatplatzierung

private repossession Wiederinbesitznahme (eines Eigenheims) ohne Einschaltung gerichtlicher Instanzen (nach Begleichung der Darlehensverbindlichkeiten)

privates individualisierte Massenprodukte

private savings private Ersparnisbildung

private sector 1. privater Sektor, Privatwirtschaft, Privatsektor 2. Privatkundengeschäft eines Finanzdienstleisters

private sector pay settlements Tarifabschlüsse in der Privatwirtschaft

private sector savings ratio Sparquote der privaten Haushalte

private seller's interest Eigenversicherung eines Exporteurs (zusätzlich zu einer staatlichen Versicherung oder einer Versicherung durch den Importeur)

private superannuation fund private Rentenversicherung, Pensionskasse

private warehouse firmeneigenes Lagerhaus, → public warehouse

private warehousing interne (innerbetriebliche) Lagerung, → public warehousing

private work bond Vertragserfüllungsbürgschaft, Ausführungsbürgschaft □ garantiert die Ausführung privater Bauaufträge

privatisation issue Emission in Verbindung mit der Privatisierung eines staatlichen Unternehmens

privatized agency frühere US-Bundesbehörde, die privatisiert und in eine Aktiengesellschaft umgewandelt wurde, jedoch weiter unter Bundesaufsicht tätig ist (z.B. → Federal National Mortgage Corporation).

privileged debt bevorrechtigte Forderungen

privilege of priority Bevorrechtigung in einem Konkursverfahren

privilege tax Lizenzabgabe

privity 1. Rechtsbeziehung 2. *(Grundsatz der US-Rechtssprechung)* Ansprüche bestehen nur zwischen den unmittelbaren Vertragsparteien 3. *(im Garantierecht)* direkte vertragliche Beziehung zwischen Verkäufer und geschädigter Partei

privity of contract Vertragsverhältnis, die aus einem Vertrag hergeleiteten Rechte

PRM → partner relationship management

pro-active change proaktive (antizipative) Veränderung, Strategieänderung in Erwartung einer neuen Marktentwicklung

pro-active investor → hands-on investor

pro-active marketing strategy proaktive Marketingstrategie □ Strategie, die künftige Wettbewerbsveränderungen vorwegnimmt.

probability distribution Wahrscheinlichkeitsverteilung

probability of default Wahrscheinlichkeit des Ausfalls

probability of occurrence Eintrittswahrscheinlichkeit

probability sample Random-Stichprobe, nach dem Zufallsprinzip gezogene Stichprobe □ jede Einheit der Grundgesamtheit hat die gleiche Chance, in die Stichprobe aufgenommen zu werden. → non-probability sample

probability sampling zufallsgesteuerte Stichprobenauswahl, → simple random sampling, stratified sampling, → cluster sampling

probability space Spektrum der möglichen Ereignisse/Ergebnisse

probable cause vermutliche Ursache, i.e.S. die einen hinreichenden Tatverdacht begründende Ursache

probable maximum loss wahrscheinlicher Höchstschaden

probate advance Bevorschussung eines Nachlasses □ Zwischenkredit zur Bestreitung der Nachlasskosten bis zur Erteilung des Testamentsvollstreckerzeugnisses (probate) bzw. bis zur Freigabe der Nachlasswerte

probate bond Kaution des Nachlassverwalters □ Sicherheitsleistung für die korrekte Ausübung seines Mandats
probate court Nachlassgericht
probate decree Entscheidung in einem streitigen Nachlassverfahren
probate estate Nachlasswerte
Probate Office Nachlaßgericht
probate officer *(für Nachlaßverfahren zuständiger)* Rechtspfleger
probate proceedings Nachlassverfahren
probationary period *(bei Kranken-/Lebensversicherungen)* Wartezeit, Karenzzeit
probationary provision Wartezeitklausel
problem management Problem-Management, Erkennen und Beheben von Störfällen
pro bono activity unentgeltliche Tätigkeit (eines Anwalts)
procedural irregularities Verfahrensfehler
procedural knowledge handlungsweisendes Wissen, Prozesswissen, Wissen über Abläufe und Strukturen, → knowledge category/knowledge management
procedural law Verfahrensrecht
procedural rules Verfahrensregeln
procedure agreement Schlichtungsverfahren bei Tarifstreitigkeiten
procedure for discharge (Hypotheken-)Löschungsverfahren
proceedings Verfahren, Prozess
proceedings at trial Hauptverhandlung
proceedings in bankruptcy Konkursverfahren, → straight liquidation
proceeds from common stock issued *(im Jahresabschluss)* Erlös aus ausgegebenen Stammaktien
proceeds from sale of investments Erlös aus dem Verkauf von Beteiligungen
process Prozess, Geschäftsprozess, Folge von Aktivitäten
process activities Prozessaktivitäten, Vorgänge in einem Geschäftsprozess, → workflow management systems
process administration Prozessverwaltung (legt die Abfolge der Prozesse fest)
process agent Zustellungsbevollmächtigter

process allowances *(bei Arbeitszeitstudien)* sachliche Verteilzeiten
process analysis Prozessanalyse □ Analyse von Geschäftsprozessen unter dem Gesichtspunkt einer Effizienzsteigerung
process assessment Prozessbeurteilungsverfahren, Prozessbewertung, Bewertung innerbetrieblicher Prozesse und Auslotung von Verbesserungsmöglichkeiten
process automation Prozessautomatisierung, Automatisierung von Geschäftsprozessen
process benchmarking Prozess-Benchmarking, Festlegung eines Messstabes für alle Prozessaktivitäten
process chain Prozesskette □ Folge von (Geschäfts-)Prozessen, i.w.S. Wertschöpfungskette vom Angebot bis zum Service
process chart Arbeitsablaufplan
process charting Erstellung von Arbeitsablaufplänen
process control Prozesskontrolle, Prozesssteuerung, Prozessüberwachung
process controlling Prozesscontrolling □ Entwicklung von Prozesszielen, Überwachung der Leistungsfähigkeit der Unternehmensprozesse
process control systems Prozesssteuerungssysteme, Softwarelösungen zur Steuerung und Überwachung technischer Prozesse
process cost analysis Prozesskostenanalyse
process costing Prozesskostenrechnung
process creation Einführung eines neuen Geschäftsprozesses
process definition Prozessdefinition, formale Beschreibung eines Geschäftsprozesses (der verschiedenen Prozessaktivitäten)
process development Prozess-/Verfahrensentwicklung
process elements Prozesselemente, Einzelvorgänge in einem Geschäftsprozess
process enactment Prozessimplementierung
process engineering Verfahrenstechnik
process evaluation Prozessbewertung, Prozessanalyse
process execution Prozessausführung
process improvement Prozessverbesserung, Effizienzsteigerung eines Geschäftspro-

zesses, i.w.S. Verbesserung aller Fertigungsprozesse
processing documents Produktionsunterlagen, Fertigungsunterlagen
processing entity Verarbeitungsentität
processing operations Arbeitsvorgänge, Fertigungsvorgänge
processing time for orders Auftragsdurchlaufzeit, → order lead time
process innovation → business reengineering
process instance Prozessinstanz, die konkrete Prozessausführung
process integration Prozessintegrierung ☐ Zusammenfassung bisher getrennter Abläufe zu einem einzigen Prozess
process management Prozessmanagement, Prozessgestaltung, Planung und Steuerung der Geschäftsprozesse
process management system Prozessmanagementsystem ☐ System zur Optimierung der betrieblichen Abläufe durch klare Vorgaben hinsichtlich der Prozessergebnisse und durch laufende Prozesskontrolle
process manager Prozessmanager, für die Prozessqualität verantwortlicher Mitarbeiter
process model (Geschäfts-)Prozessmodell, Vorgangskettenmodell
process or equipment departmentation Unternehmensgliederung nach Geschäftsprozessen oder maschinellen Anlagen
process organisation Ablauforganisation
process orientation Prozessorientierung, prozessorientierter Ansatz, Ausrichtung der innerbetrieblichen Organisation an den Geschäftsprozessen, Fokussierung auf die Geschäftsprozesse, Optimierung von Geschäfts-/Verwaltungsprozessen
process-oriented benchmarking prozessorientiertes Benchmarking, Vergleich mit identischen oder ähnlichen Geschäftsprozessen
process-oriented management prozessorientiertes Management, an der Optimierung der betrieblichen Ablaufprozesse

ausgerichtetes Management
process output Prozess-Output, Ergebnisse eines Prozesses
process owner Prozessverantwortlicher, Prozessmanager, Controllingeinheit für die Steuerung von Prozessaktivitäten
process perspective Prozessperspektive, → balanced scorecard
process planning Arbeitsvorbereitung, Fertigungsvorbereitung
process reengineering Neuausrichtung (Neugestaltung) von Geschäftsprozessen
process supply Prozessbereitstellung
process validation Prozessvalidierung, → validation
process value chain Wertschöpfungskette
procreator stage Stufe im Verkaufsprozess, auf der ein Käuferbedarf durch einen interaktiven Dialog zwischen Hersteller und Käufer ermittelt wird.
procuration/procuratory letters Vollmacht, Vollmachtsschreiben
procuration fee Vermittlungsgebühr, Provision
procurement Beschaffung (von Werkstoffen und Betriebsmitteln)
procurement addendum Nachtrag zu den Ausschreibungsunterlagen
procurement channels Beschaffungskanäle
procurement hub Beschaffungsplattform (internetbasierter Marktplatz) für Routine-Beschaffungsprozesse
procurement invitation Ausschreibung benötigter Güter/Dienstleistungen
procurement logistics Beschaffungslogistik ☐ alle Maßnahmen in Verbindung mit der Beschaffung von Roh-, Hilfs- und Betriebsstoffen
procurement management Beschaffungsmanagement
procurement marketing Beschaffungsmarketing, Pflege und Sicherung von Bezugsquellen
procurement process Beschaffungsablauf, i.e.S. Bestellvorgang
procurement risks Beschaffungsrisiken (Transportrisiken, politische Risiken)

procyclical investment behaviour prozyklisches Anlageverhalten (Investments im Einklang mit dem Markttrend)
produce broker Warenmakler, Produktenmakler
produce exchange Warenbörse, Produktenbörse
produce lending Warenlombard, Beleihung von Waren durch eine Bank, Kredite gegen Verpfändung von Waren
producer 1. Hersteller, Produzent 2. Kreditvermittler 3. *(im Versicherungsgeschäft)* Vermittlungs- oder Abschlussagent
producer brand Herstellermarke
producer commission Maklerprovision (im Rückversicherungsgeschäft)
producer goods Produktionsgüter, der Herstellung von Waren dienende Güter
producer market Produzentenmarkt, Investitionsgütermarkt
producer price index Erzeugerpreisindex
producer's surplus Produzentenrente
product abandonment Produktaufgabe, Produktelimination, Herausnahme eines Produktes aus dem Sortiment
product assortment Sortiment, Verkaufsprogramm, Produktprogramm
product assortment depth/width Sortimentstiefe/-breite
product-attribute association assoziative Verknüpfung von Produkteigenschaften mit der Marke durch den Verbraucher
product audit Produkt-Audit, Prüfung des Produkt-Mix
product augmentation Ergänzung eines Produktangebotes durch zusätzliche Dienstleistungen
product benefits (der für den Verbraucher entscheidende) Produktnutzen
product bundling Produktbündelung, Kombination mehrerer Produkte zu einem Leistungspaket
product buyback → buyback arrangement
product care kontinuierliche Marktpflege
product carrier auf die Beförderung von Raffinerieprodukten oder Rohstoffen spezialisierter Frachter

product class Produktklasse, Produktgattung (z.b. Computer, Pkws)
product clutter Produkte, die einem effizienten Marketing-Management im Wege stehen.
product configuration Produkt-Konfigurierung, Zusammenstellung der einzelnen Produktmodule
product configuration system Produktkonfigurationssystem □ Softwaretechnologie zum Angebot einer den Kundenbedürfnissen/-wünschen entsprechenden Produktkonfiguration
product contribution Deckungsbeitrag □ Differenz zwischen Umsatzerlösen und zurechenbaren Kosten
product costing Produktkostenrechnung
Product Credit Associations Agrarkreditbanken □ spezialisiert auf die Vergabe kurz- und mittelfristiger Agrarkredite, → Farm Credit System
product data management US-Produktdatenverwaltung
product deletion Produktaufgabe, Herausnahme eines Produktes aus dem Markt
product department Produktsparte
product departmentation Unternehmensgliederung nach einzelnen Produkten oder Produktsparten
product design Produkt-Design, Produktgestaltung
product development check list Auflistung der Produktentwicklungsaufgaben
product development process Produktentwicklungsprozess □ die verschiedenen Phasen der Produktentwicklung: Ideenentwicklung, Konzepterstellung, Prototypenentwicklung, Prüfphase, Anlaufen der Produktion
product differentiation Produktdifferenzierung □ 1. Unterscheidung von Produkten nach Merkmalen, Qualität, Preisen oder nach beabsichtigter Positionierung im Markt; Ziel ist die Abgrenzung der eigenen Produkte von den Produkten der Mitbewerber 2. Entwicklung mehrerer Versionen des gleichen Produktes für unter-

schiedliche Verbrauchergruppen
product discontinuation Produktaufgabe, Produkteliminierung
product discontinuation timeline Zeitplan für die stufenweise Herausnahme eines Produktes aus dem Markt
product diversification Produktdiversifizierung, Diversifizierung der Produktpalette
product division Produktsparte, Produktbereich, Produktbranche
product divisionalisation → product departmentation
product elimination Produktaufgabe, Produkteliminierung, Auslistung, Entfernung bestehender Produkte aus dem Markt
product evaluation Produktbewertung, Produktevaluierung
product failure rate Versagerquote bei (Neu-)Produkten
product flanking Produktflankierung, Fertigung/Verkauf von Produkten in unterschiedlichen Erscheinungsformen □ Marketingstrategie, die darauf ausgerichtet ist, die Attraktivität einer Marke durch unterschiedliche Produktformen und Verpackungsgrößen zu erhöhen.
product form competitors Konkurrenzfirmen, deren Produkte sich von den eigenen Erzeugnissen nur in der Erscheinungsform unterscheiden.
product group Produktgruppe □ umfasst gleichartige Produkte einer bestimmten Produktart.
product group segmentation Segmentierung nach Produktgruppen
product guiding Produktbetreuung
product image Produktimage, Erscheinungsbild eines Produktes, Produktimage, → brand image
product innovation Produktinnovation, Produktneuheit, Schaffung neuer Produkte
product-innovation strategy Marketing-Strategie, die darauf ausgerichtet ist, neue Marktanteile durch eine kontinuierliche Produktinnovation zu gewinnen.
product innovators Produktinnovatoren,
→ innovators
production breadth Produktionsbreite
production budget Produktionsbudget □ Übersicht über Produktionsvolumina und die damit verbundenen Aufwendungen; Teil der betrieblichen Planungsrechnung.
production budgeting Budgetierung des Produktionsbereiches, → production budget, → budgeting
production constraints Vorgaben für die Fertigung
production control Produktionskontrolle, Produktionssteuerung, Überwachung des Produktionsablaufes
production cost variance Produktionskostenabweichung, Differenz zwischen Plan-Produktionskosten und Ist-Produktionskosten
production depth Produktionstiefe
production disruption Produktionsunterbrechung
production due diligence → due diligence hinsichtlich aller mit der Produktion zusammenhängenden Aktivitäten
production engineering Fertigungsvorbereitung, Fertigungstechnik
production facility 1. Produktionsanlage 2. Fertigungsbetrieb
production factors Produktionsfaktoren □ Boden, Kapital, Arbeit und Unternehmerleistung
production line Produktionsbereich, Produktionszweig
production loan Produktivkredit
production logistics Produktionslogistik □ Gesamtheit der logistischen Aktivitäten zur Durchführung des Produktionsprozesses
production loss insurance Produktionsausfallversicherung, Versicherung gegen Verluste aus Produktionsausfällen
production management Produktions-Management □ Planung und Steuerung der Produktion
production office Versicherungs-/Kreditvermittlungsagentur

production of goods 450

production of goods and services Leistungserstellung
production order Fertigungsauftrag
production output Fertigungsausstoß
production overhead(s) Fertigungsgemeinkosten
production plan Produktionsplan □ enthält die Produktionsprogrammplanung und gegebenenfalls das Produktionsbudget. → production budget
production process Produktionsprozess, Leistungserstellungsprozess
production programme Produktionsprogramm, Leistungsprogramm, Absatzprogramm
production ring Produktionskartell
production scheduling Arbeitsvorbereitung, i.w.S. Produktionssteuerung
production segment (eigenständiger) Produktionsbereich
production smoothing Sicherstellung einer gleichmäßigen Ausnutzung der Produktionskapazitäten
production target price Erzeugerrichtpreis
production-unit method → units of production method of depreciation
production warehouse Produktionslager
productive assets *(im Jahresabschluss)* der Produktion dienende Gegenstände des Anlagevermögens
productive capacity Produktionspotential
productive infrastructural assets produktives Infrastrukturvermögen
productive life wirtschaftliche Nutzungsdauer
productive wages Fertigungslöhne
productivity Produktivität □ 1. Verhältnis der Produktionskosten zum Produktionsergebnis/zur produzierten Stückzahl 2. Beitrag der Produktionsfaktoren zum Ertrag an Gütern und Dienstleistungen einer Volkswirtschaft
productivity differential Produktivitätsgefälle
productivity returns Produktivitätserträge
productivity variance Produktivitätsabweichung, Differenz zwischen Plan- und Ist-Produktivität
product launch Produkteinführung
product liability Produkthaftung, Haftung des Herstellers für die durch seine Produkte verursachten Schäden
product liability claims Produkthaftpflichtansprüche
product liability risk Produkthaftungsrisiko
product life cycle Produktlebenszyklus □ introductory stage – Einführungsphase; growth stage – Wachstumsphase; maturing stage – Reifephase; saturation stage – Sättigungsphase; stage of decline – Degenerationsphase
product life cycle management Steuerung des Produkt-Lebenszyklus
product line Produktlinie, Produktfamilie □ Gruppe von Produkten mit ähnlichen Merkmalen oder einem gemeinsamen Markt, i.w.S. Angebotspalette, Sortiment
product line extension (stretching) Erweiterung einer Produktlinie
product line featuring Hervorhebung einzelner Produkte innerhalb einer Produktlinie
product line filling Abrundung einer Produktlinie durch neue Produkte
product line length Länge einer Produktlinie □ Anzahl der Produkte in einer Produktlinie
product line pricing Preisgestaltung einer Produktlinie
product management Produkt-Management, → product manager
product manager Produkt-Manager □ Der für ein bestimmtes Produkt bzw. eine Produktgruppe zuständige Produkt-Manager koordiniert alle produktbezogenen Aktivitäten, angefangen von der Marktforschung über die Produkt- und Preispolitik bis hin zur Terminplanung. Je nach Aufgabenstellung wird er auch die Bereitstellung der notwendigen Ressourcen sicherstellen, Produktionsabläufe überwachen, Absatzziele erstellen und Aktionsprogramme vorbereiten.
product map Produktplatzierungsdiagramm

product marketing plan produkt- oder produktgruppenbezogener Marketingplan
product master data Artikelstammdaten
product mix Produkt-Mix □ i.e.S. Leistungsprogramm, Produktprogramm, Gesamtheit aller Produktlinien eines Herstellers
product mix consistency Konsistenz des Produkt-Mix □ Umfang, in dem die geführten Produktlinien unter den Gesichtspunkten Herstellung und Distribution miteinander verbunden sind.
product mix depth Tiefe des Produkt-Mix (des Leistungsprogramms) □ kennzeichnet die Vielfalt der Produktvarianten und Qualitätsabstufungen innerhalb des Leistungsprogramms.
product mix policy (strategy) Programmpolitik (Programmstrategie)
product mix width Breite des Produkt-Mix □ kennzeichnet die Zahl der verschiedenen Produktarten des Leistungsprogramms
product modification Produktvariation
product obsolescence Produktüberalterung, Produktveraltung
product organisation produktbezogene Organisation des Außendienstes bzw. der Marketingaktivitäten
product orientation Produktorientierung □ Konzept, in dessen Mittelpunkt nicht der Marktbedarf, sondern die Produktqualität steht.
product payback period Amortisationsdauer der mit einem Neuprodukt verbundenen Investitionen
product placement Produktplatzierung, i.e.S. Platzierung von Markenprodukten oder Firmenzeichen in Fernsehsendungen, Spielfilmen oder Hotels
product planning Produktplanung □ umfasst u.a. Produktdefinition, Vorgabe von Produktentwicklungszielen, Marktbeobachtung
product portfolio Produktportfolio, Produktportefeuille □ die von einem Unternehmen hergestellten oder vertriebenen Produkte
product portfolio analysis Produktportfolioanalyse
product positioning Produktpositionierung, Positionierung (Herausstellung) eines Produktes, Fixierung eines Produktes im Vorstellungsrahmen der Verbraucher, Ausrichtung eines Produktes am Markt
product positioning claim Produktaussage, Leistungsaussage, Angebotsanspruch
product profitability control Produktrentabilitätskontrolle
product profitability measurement produktbezogene Kontrollrechnung
product profit contribution Produkt-Deckungsbeitrag
product proliferation strategy Marketing-Strategie, die darauf ausgerichtet ist, neue Marktanteile durch das Angebot einer großen Zahl von Produktvarianten zu gewinnen.
product protection 1. Produktschutz 2. Garantie, dass eine Anzeige/ein Werbespot getrennt von konkurrierenden Werbebotschaften geschaltet/ausgestrahlt wird.
product pruning Produktaussonderung, Produktelimination, Auslistung
product-push approach → push strategy
product range Produktpalette, Produktprogramm, Leistungsprogramm, Sortiment
product rating Produktbewertung
product recall Rückruf eines fehlerhaften Produktes
product recall insurance Produktrückrufversicherung (ersetzt Ertragsausfälle aufgrund von Produktrückrufaktionen)
product relaunch Wiederbelebung eines im Absatz stagnierenden Produktes durch eine Produktvariation
product repositioning Neupositionierung eines Produktes, Neuausrichtung eines Produktes im Markt
products and completed operations insurance Produkt- und Anlagenhaftpflichtversicherung
product specialist Einproduktunternehmen
product specification Produktbeschreibung

product stewardship Produktverantwortung, umweltbewusste Fertigung eines Produktes
product superiority Produktüberlegenheit
product supply Produktbereitstellung
product testing Produkterprobung
product timing strategy zeitoptimale Ausgestaltung einer Produktstrategie
product validation Produktvalidierung □ Nachweis, dass ein Produkt mit den vorgegebenen Spezifikationen übereinstimmt.
professional advertising auf Freiberufler ausgerichtete Werbung
professional and executive recruitment Vermittlung von Fach- und Führungskräften
professional aptitude Berufsbefähigung
professional association Berufsverband
professional charges Honorare, *(in einer Gewinn- und Verlustrechnung)* Kosten für Leistungen von Angehörigen freier Berufe
professional code Grundregeln (Ethos) eines Berufsstandes
professional corporation Partnerschaft □ US-Gesellschaftsform für Angehörige freier Berufe
professional fee Honorar
professional income Einkommen aus freiberuflicher Tätigkeit
professional liability (indemnity) insurance Berufshaftpflichtversicherung
professional licensing law Berufszulassungsrecht
professional limited liability partnership Partnerschaft mit begrenzter Haftung, → limited liability partnership
professional market (sector, customers) *(Kundengruppe eines Finanzdienstleisters)* freie Berufe, Selbständige
professional negligence insurance (policy) Berufshaftpflichtversicherung
professional partnership → professional corporation
professional reinsurer Rückversicherer, der ausschließlich in dem angegebenen Versicherungszweig tätig ist.
professionals Freiberufler, → professional market
professional service corporation → professional corporation
professional service LLC in der Rechtsform einer → limited liability company geführte → professional corporation. Die berufliche Haftpflicht der Gesellschafter wird durch den GmbH-Status nicht berührt.
professional services freiberufliche Leistungen, freiberufliche Tätigkeit
professional valuation Bewertung durch einen Sachverständigen
profiling Erstellung eines Profils, Zusammenfassung von Daten zu einem Profil
pro fisco Bejahung eines Steueranspruchs, Entscheidung gegen den Steuerpflichtigen
profitability analysis Rentabilitätsanalyse, Rentabilitätsrechnung, Wirtschaftlichkeitsrechnung
profitability measure (ratio) Profitabilitätskennzahl, Rentabilitätskennziffer, Erfolgskennzahl, Renditekennziffer
profit accountability Gewinnverantwortung
profit analysis Erfolgsanalyse, Ergebnisanalyse, Analyse des Jahresüberschusses
profit and loss account (statement) Gewinn- und Verlustrechnung, Ergebnisrechnung
profit and loss forecast Gewinnvorschau
profit and loss pooling agreement Ergebnisabführungsvertrag, Gewinnabführungs- und Verlustübernahmevertrag
profit appropriation Gewinnverwendung, *(profit appropriations)* 1. Gewinnzuweisungen 2. *(i.S. der Kostenrechnung)* Dividenden sowie alle auf Gewinnausschüttungen gezahlten Steuern
profit before loan interest, taxation and grants *(im Jahresabschluss)* Gewinn vor Darlehenszinsen, Steuern und Zuschüssen
profit breakdown Aufschlüsselung (Aufgliederung) des Gewinns
profit brought forward Gewinnvortrag
profit budget Ergebnisplan, Erfolgsplan, → budgeting
profit center Profit Center, organisatori-

sche Unternehmenseinheit mit eigener Ergebnisverantwortung ☐ Unternehmensbereich, der Erträge und Aufwendungen eigenverantwortlich steuert.
profit commission Gewinnmarge des Erstversicherers bei der Weitergabe von Versicherungen in Rückdeckung
profit contribution Deckungsbeitrag, Ergebnisbeitrag, Gewinnbeitrag
profit contribution control Deckungsbeitragskontrolle, Feststellung der Abweichungen der Ist-Deckungsbeiträge von den Planvorgaben
profit-earning capacity Ertragskraft; Fähigkeit einer Unternehmung, Erträge zu erwirtschaften
profit for distribution ausschüttbarer Gewinn
profit from operations Betriebsgewinn
profit level indicator Gewinnkennzahl ☐ z.B. → return on assets, → operating margin
profit-linked (profit-related) pay leistungsbezogene (gewinnabhängige) Lohn- und Gehaltszahlung
profit margin Gewinnspanne, Gewinn in Prozent des Umsatzes
profit markup Gewinnaufschlag
profit on ordinary activities Betriebsgewinn aus ordentlicher Rechnung
profit on redemption of securities Gewinn aus der Einlösung von Wertpapieren
profit-oriented pricing gewinnorientierte Preisgestaltung, an der Erzielung kurzfristiger Gewinne ausgerichtete Preisgestaltung
profit performance Ergebnis, Unternehmenserfolg
profit plan Ergebnisplan, Erfolgsplan
profit pooling Gewinnpooling, Zusammenlegung von Gewinnen, Gewinnaggregation
profit prior to consolidation Gewinn vor Einbeziehung in die Konsolidierung
profit push inflation gewinninduzierte Inflation
profit ratios Gewinnkennzahlen, Erfolgskennzahlen einer Unternehmung
profit recognition Gewinnausweis, Zurechnung des Gewinns zu einer bestimmten Periode, Vereinnahmung von Gewinnen
profit reprojections überarbeitete Gewinnvorausberechnungen
profit responsibility Ergebnisverantwortung, Gewinnverantwortung
profit retention Gewinneinbehaltung, (Gewinn-)Thesaurierung
profits after taxation Gewinn nach Steuern
profits and commissions insurance Gewinn- und Provisionsausfallversicherung
profits available to stockholders ausschüttbarer Gewinn
profits chargeable to corporation tax körperschaftssteuerpflichtiger Gewinn
profits from premiums *(im Jahresabschluss)* Agiogewinne
profit-sharing Gewinnbeteiligung, Erfolgsbeteiligung, Ergebnisbeteiligung, → gain sharing
profits method Ertragswertverfahren, ertragsorientierte Bewertungsmethode
profits on sale of trade investments *(im Jahresabschluss)* Gewinne aus der Veräußerung von Beteiligungen
profits shown Gewinnausweis, ausgewiesene Gewinne
profit statement Deckungsbeitragsrechnung, i.w.S. Gewinn- und Verlustrechnung, Ertragsrechnung, Erfolgsrechnung
profit summary 1. zusammengefasste Erfolgsrechnung 2. Gewinnvergleichsrechnung, Gegenüberstellung von Kosten und Erlösen
profit-taking strategy Gewinnmitnahmestrategie, → skimming strategy
profit-to-sales ratio Umsatzrentabilität, Gewinn in Prozent des Umsatzes
profit transfer agreement Gewinnabführungsvertrag, Ergebnisabführungsvertrag
profit variance Gewinnabweichung, Differenz zwischen Plan-/Vorgabegewinn und dem tatsächlichen Gewinn
profit/volume ratio 1. Umsatzrentabilität,

program and systems

→ profit-to-sales ratio 2. der zur Deckung der Fixkosten zur Verfügung stehende Betrag im Verhältnis zum Bruttobetriebsgewinn

program and systems engineering Entwicklung und Implementierung von Systemen

program(me) evaluation and review technique auf einem Ereignisknotennetz basierende Netzplantechnik, → network analysis

program flow chart Programmablaufplan

program rating Ermittlung der Einschaltquote für eine TV-Sendung

program selling durch Computerprogramme ausgelöste Verkäufe, → program trading

program trading Programmhandel, computergestützte Wertpapiertransaktionen □ Der Programmhandel basiert auf Computersystemen, die Kursentwicklungen an den Aktien-, Options- und Terminkontraktmärkten verarbeiten, im Trend fortrechnen und bei der Über- bzw. Unterschreitung einprogrammierter Schwellen Kauf- oder Verkaufsaufträge auslösen. Der massive Umfang dieser durch die Computersysteme ausgelösten Umsätze kann zu ausgeprägten Auf- bzw. Abwärtsbewegungen führen.

progress billings Abschlagszahlungen, *(im Jahresabschluss)* berechnete Teillieferungen

progress chasers (officers) Terminjäger □ Personen, die Produktionsrückstände feststellen und allgemein für die Beschleunigung der Auftragsabwicklung sorgen.

progress chasing (Auftrags-)Fortschrittskontrolle

progress department Terminkontrollabteilung

progress evaluation Bewertung des Arbeitsfortschritts

progressive rates Stufentarif

progressive scheme Prämienlohnsystem mit progressiv ansteigenden Prämien

progressive tax gestaffelte Steuer

progress measurement Arbeits-/Leistungsfortschrittsmessung

progress payment Fortschrittszahlung, Abschlagszahlung

progress payments received and receivable *(im Jahresabschluss)* erhaltene und angeforderte Fortschrittszahlungen/Anzahlungen

progress report Tätigkeitsbericht, Fortschrittsbericht

progress review Leistungsfortschrittsprüfung

progress schedule Produktionsterminplan

prohibited risks nicht versicherbare Risiken

prohibitive injunction/prohibitory order gerichtliche Unterlassungsverfügung

project accounting Projektkostenrechnung

project approval Projektgenehmigung, Genehmigung des Projektantrages, Projektfreigabe

project audit systematische Überprüfung aller projektrelevanten Tätigkeiten auf Übereinstimmung mit der Ausgangszielsetzung

project authorisation Genehmigung von Investitionsvorhaben, Projektbewilligung

project baseline Projekt-Basisplan □ dient als Vergleichsgrundlage für die Messung des Projektfortschritts, *(pl)* Projektausgangsdaten

project billing Abrechnung auf der Basis eines Einzelprojektes/Einzelauftrages

project budget Projektbudget, Kostenvoranschlag

project cargo Projektladung

project cash inflow projizierte Zahlungseingänge, projizierte Zuflüsse an Barmitteln

project charter Projektcharter, Projektauftrag

project closeout Projektabschlussarbeiten (einschließlich Erstellung des Projektabschlussberichts)

project completion report Projektabschlussbericht

project control Projektlenkung, Projektkontrolle, Steuerung und Kontrolle eines Projektes (der Projektphasen)

project control gates → control gates, → stage-gate process

project controlling Projekt-Controlling □ Planung, Steuerung und Kontrolle von Projekten (des Projektablaufs)
project costing Projektkostenrechnung
project data document Zusammenfassung des Projektplanes
project definition Projektdefinition, Festlegung der Projektaufgabenstellung
project deliverable Projektleistung, → deliverable
project development company Projektentwickler, Projektdeveloper □ übernimmt Planung und Abwicklung des Projektes
project development cost Projektentwicklungskosten
projected audience hochgerechneter (aufgrund einer Stichprobe ermittelter) Leser-/Hörer-/Zuschauerkreis
projected balance sheet Planbilanz, Vorschaubilanz
projected benefit obligations Plan-Leistungsverpflichtungen, Leistungsverpflichtungen zum Fälligkeitstermin
projected benefit valuation methods Anwartschaftsdeckungsverfahren □ versicherungsmathematische Bewertungsverfahren, die die Kosten der betrieblichen Altersversorgung auf der Grundlage der bisher erbrachten und noch zu erbringenden Dienste berechnen.
projected figures Planwerte, Vorgabewerte
projected funds requirements Prognose-Kapitalbedarf
projected income statement Planergebnisrechnung, Vorschauergebnisrechnung
projected profit and loss account Plan-Gewinn- und Verlustrechnung
projected sales Planumsatz, Umsatzvorgabe
projected segment income (loss) Planbetriebsergebnis einer Sparte
projected sources and application of funds statement Plan-Bewegungsbilanz
projected unit credit (actuarial cost) method Anwartschaftsansammlungsverfahren, Anwartschaftsbarwertverfahren □ versicherungsmathematisches Bewertungsverfahren auf der Grundlage einer Rückstellung, die während der Dienstzeit des Arbeitnehmers gebildet wird; sie ist so kalkuliert, dass sie bei Erreichen der Anspruchsberechtigung dem Barwert der an den Arbeitnehmer zu leistenden Zahlungen entspricht.
projected volume Planmenge
project evaluation Projektanalyse
project evaluation and cost optimization system Variante der Netzplantechnik, → network analysis
project fee Projekthonorar, Pauschalhonorar auf Projektbasis
project financing Projektfinanzierung □ Finanzierung von Investitionsvorhaben, bei der die Zins- und Tilgungsaufwand für gewährte Kredite auf den aus dem Projekt zu erwirtschaftenden Cashflow abgestellt ist, d.h. es handelt sich um eine Vorfinanzierung der künftigen Einnahmen aus einem in sich abgegrenzten Projekt (i.d.R. Infrastrukturvorhaben, Projekte im Energie- und Telekommunikationsbereich, Investitionen in Produktionsanlagen). Im Gegensatz zu den klassischen Finanzierungsformen kann bei der Projektfinanzierung nicht oder nur in einem begrenzten Umfang auf die Projektträger zurückgegriffen werden.
project float Projekt-Pufferzeiten, → float
project flow Projektablauf, Abfolge der einzelnen Projektphasen
project information memorandum Projekt-Informationsmemorandum □ enthält die wichtigsten wirtschaftlichen und technischen Projektdaten
project initiation Projektinitiierung, Festlegung der Rahmenbedingungen für die Projektdurchführung, Festlegung der Projektinhalte und -ziele
projection of profits Gewinnprognose, Gewinnvorausberechnung, i.w.S. Erfolgsplanung
projective techniques (Methode der Informationsgewinnung) projektive Techniken, projektives Marktforschungsverfahren, indirekte Befragung, → expressive pro-

jective technique, → word association test, → sentence completion test
projective test projcktiver Test, → projective techniques
project kick-off erste Projektsitzung, Festlegung von Projektinhalten, -terminen und -zielen
project life cycle Projektlebenszyklus □ besteht aus der Start-, Planungs-, Steuerungs- und Abschlussphase eines Projektes
project logic drawing graphische Darstellung der Anordnungsbeziehungen in einem Projekt, → logical relationships
project management information system rechnergestütztes Projektmanagement-Informationssystem
project management modules Projektmanagement-Module (Planung, Organisation,Steuerung, Ziele)
project milestones Projekt-Meilensteine, Ereignisse von besonderer Bedeutung im Projektverlauf
project network diagram Projekt-Netzplan, graphische Darstellung der Abhängigkeiten zwischen Projektvorgängen
project notes Schuldtitel, die zur Finanzierung bestimmter Projekte durch das US Department of Housing and Urban Development emittiert werden. I.d.R. handelt es sich dabei um Projekte der Kommunen, die mit Bundesmitteln gefördert werden.
project organisation Projektorganisation, Organisationsform eines Projektes
project overheads Projekt-Gemeinkosten (Mieten, Heizung, Strom etc.)
project overruns Projektmehrkosten
project planning and steering system auf einem Vorgangsknotennetz basierende Netzplantechnik, → network analysis
project portfolio Projekt-Portfolio, Zusammenstellung individueller Projekte
project portfolio management Steuerung des Projektportfolios verbunden mit einem projektübergreifenden Ressourcen-Management
project requirements planning Projektbedarfsplanung, → resource planning
project review 1. Überprüfung eines Projektes 2. Projektabschlusssitzung
project schedule Termin- und Ablaufplan ein Projektes
project scheduling Projektterminplanung, Projektablaufplanung
project sponsor Projektträger
project stage Projektphase, → project life cycle
project stakeholders Projektbeteiligte, alle am Projektergebnis interessierten Personen oder Personengruppen
project status Projektstand, Projektstatus
project-tied lendings Objektkredite, projektgebundene Kredite
project time management Projekt-Zeitmanagement □ Steuerung der Ablaufplanung, Festlegung der zeitlichen Anordnungsbeziehungen von Vorgängen bzw. der zeitlichen Reihenfolge von Ereignissen
promisee (Vertrags-)Partei, die eine Zusage erhalten hat; Empfänger/in eines Versprechens
promise under seal unter Siegel abgegebenes Versprechen
promisor (Vertrags-)Partei, die eine Zusage gegeben hat (Verpflichtung eingegangen ist); der/die Versprechende
promissory estoppel einklagbares Leistungsversprechen
promissory note Schuldschein, persönliches Schuldanerkenntnis, vertragliches Schuldversprechen, Solawechsel □ Beispiele für die Verwendung von promissory notes: 1. Bei Hypothekenbestellungen enthält die promissory note neben dem persönlichen Schuldanerkenntnis des Hypothekenschuldners i.d.R. eine genaue Auflistung der Hypothekenkonditionen, wie Zinssatz, Kreditlaufzeit, Tilgungsmodalitäten. 2. Promissory notes werden ferner in Verbindung mit Mietkaufverträgen durch Mieter ausgefertigt. Da die Papiere umlauffähig sind, kann der Begünstigte (z.B. ein Bauunternehmer) sie durch Indos-

sament übertragen und sich auf diese Weise bei seiner Bank finanzieren. 3. Bei der Finanzierung von Außenhandelsgeschäften werden promissory notes als Solawechsel (eigene Wechsel) bezeichnet. Dabei wird eine deutsche Bank auf Wunsch ihres Kunden (eines Exporteurs) ihre Korrespondenzbank im Ausland bitten, promissory notes auszustellen. Die notes werden indossiert und dem deutschen Exporteur zugesandt, die dieser bei seiner Bank zum Diskont einreicht. Die angesprochene Korrespondenzbank wird die Ausstellung der notes nur vornehmen, wenn die deutsche Bank ihrerseits die Haftung für die Bonität des Exporteurs übernimmt.

promissory warranties Verpflichtungen des Versicherungsnehmers

promoters *(im Unternehmensrecht)* Personen, die die Gründung einer Gesellschaft betreiben und für die Verbindlichkeiten der in Gründung befindlichen Unternehmung haften.

promoting syndicate 1. Gründungskonsortium 2. das eine Emission begleitende Bankenkonsortium

promotional ad(vertising) Anzeige zur Unterstützung einer Promotion-Kampagne, Verkaufsförderungswerbung

promotional aid Unterstützung in der Verkaufsförderung

promotional allowance Verkaufsförderungsnachlass □ Nachlass des Herstellers für Verkaufsförderungsmaßnahmen eines Absatzmittlers, Zuschuss zu den Promotion-Aktivitäten des Händlers

promotional budget setting Festlegung des Promotion-Etats

promotional expenditure 1. Verkaufsförderungskosten 2. Gründungskosten

promotional game Verbrauchertest

promotional management Promotion-Management, Steuerung und Kontrolle aller Verkaufsförderungsmaßnahmen

promotional mix Promotion-Mix, Verkaufsförderungs-Mix □ Gesamtheit der verkaufsfördernden Instrumente eines Unternehmens/der verschiedenen Promotion-Aktivitäten (Werbung, Direktmarketing, Verkaufsförderung, Öffentlichkeitsarbeit)

promotional platform Promotion-Konzept, Verkaufsförderungskonzept

promotional pricing Promotion-Preispolitik □ Absatzförderung durch das Ansetzen niedriger Preise

promotional pull/push activities Promotion-Aktivitäten zur Unterstützung einer → pull/→ push strategy

promotion appraisal Aufstiegsappraisal □ Beurteilung der Aufstiegswürdigkeit eines Mitarbeiters

promotion expenditure → promotional expenditure

promotion-from-within principle Prinzip der internen Aufstiegsbesetzung

promotion mix Auswahl und Einsatz der verschiedenen verkaufsfördernden Instrumente

promotion rebate Werberabatt, Einführungsrabatt

promotion response handling Bearbeitung telefonischer Kundenreaktionen auf Verkaufsförderungsaktionen, → inbound, → outbound telemarketing

Prompt Payment Act US-Bundesgesetz, das Institutionen des Bundes zur Zahlung von Zinsen auf Rechnungen verpflichtet, die nicht innerhalb von 30 Tagen nach dem Rechnungsdatum beglichen werden.

promulgated GAAP verbindliche, schriftlich fixierte → generally accepted accounting principles

prone to cyclical fluctuations konjunkturempfindlich

pronouncements (Richtlinien enthaltende) Verlautbarungen eines Regulierungsorgans

proof of claim (debt) i.e.S. Forderungsnachweis, i.w.S. Forderungsanmeldung im Konkursverfahren

proof of delivery Liefernachweis, Auslieferungsbestätigung

proof of ownership Eigentumsnachweis, Eigentumsurkunde

proof of service Zustellungsnachweis
propensity to consume Konsumneigung
proper accounting records ordnungsgemäße Konto-(Bilanz-)Unterlagen
proper care erforderliche Sorgfalt
proper evidence vor Gericht anerkannte Beweismittel
proper law herrschendes Recht
proper law of contract das auf einen (Handels-)Vertrag anwendbare Recht
properly applicable law das nach den gegebenen Umständen anwendbare Recht
properties 1. Liegenschaften, Immobilien, Immobilienwerte 2. Vermögenswerte, Vermögensteile
properties held for sale Liegenschaften im Handelsbestand
properties on leases *(im Jahresabschluss)* Gebäude auf fremdem Grund und Boden im Rahmen von Pachtverträgen
property account Anlagenkonto
property additions Immobilienkäufe, i.e.S. Anlagenzugänge, Aktivmehrungen
property adjuster Regulierer von Sachschäden
property and casualty insurer Schaden- und Haftpflichtversicherer
property apportionment Aufteilung (Teilung) eines Grundstückes
property assessment Festlegung des Einheitswertes einer Immobilie
property attachment Pfändung einer Immobilie
property bond fondsgebundene Lebensversicherung □ Die Höhe der Leistungen ist an die Wertentwicklung eines Investmentfonds gekoppelt, dessen Kapital in Immobilien angelegt ist. → property bond fund
property bond fund Sachwertfonds, Immobilienfonds
property bridger Zwischenkredit in Verbindung mit einem Grundstücksgeschäft, → bridger
property capital Realkapital
property charge Grundpfandrecht
property companies britische Immobilien-Aktiengesellschaften (den US → Real Estate Investment Trusts vergleichbar)
property conveyance Grundstücksübertragung, Besitzübertragung, Besitzumschreibung
property damage cover Sachschadendeckung, Deckung von Sach- und Vermögensschäden
property damage limit Schadenobergrenze, Schadenmaximum □ Betrag, bis zu dem Sach- und Vermögensschäden reguliert werden.
property deletions Immobilienverkäufe, i.e.S. Anlagenabgänge, Aktivminderungen
property developer → property development company
property development i.e.S. Grundstückserschließung, i.w.S. Bebauung
property development company Immobiliengesellschaft, Bauträger, Projektentwicklungsgesellschaft
property disposition Veräußerung von Vermögenswerten (Grundstücken und Gebäuden)
property divisible amongst the creditors Konkursmasse, Teilungsmasse
property exposure 1. Immobilieninvestments, Immobilienengagement 2. Immobilienrisiken
property finance Immobilienfinanzierung
property fund Sachwertfonds, Immobilienfonds
property held on trust Treuhandvermögen, treuhänderisch verwaltetes (Immobilien-)Vermögen
property improvement Wertsteigerung von Grundbesitz, → improvements
property in the goods Eigentumsrechte
property income 1. Einkünfte aus Kapitalvermögen, Vermögenseinkommen 2. i.e.S. Einkünfte aus Vermietung und Verpachtung
property increment tax Bodenwertzuwachssteuer
property industry Immobiliensektor
property insurance Sachversicherung
property inventory Vermögensverzeichnis

property investment and development group Immobiliengruppe
property investments Immobilienanlagen, Investitionen in Immobilien
property levy Vermögensabgabe
property liability insolvency association Sicherungsfonds der US-Sach- und Haftpflichtversicherer
property line Grundstücksgrenze, Trennungslinie zwischen zwei Parzellen
property lines Sachversicherungssparten, Sachbranchen
property loan charge-offs Ausfälle im Immobilienkreditgeschäft, Abschreibungen auf Immobilienkredite
property loss Sachschaden
property management 1. Immobilienverwaltung 2. Vermögensverwaltung 3. Management des Betriebsvermögens
property market Immobilienmarkt
property, plant and equipment Sachanlagen, Sachanlagevermögen; Grundstücke, Betriebs- und Geschäftsausstattung
property, plant and equipment, net of accumulated depreciation Sachanlagen nach aufgelaufener Abschreibung, Buchwert der Sachanlagen
property portfolio Immobilienbestand, Immobilienvermögen, i.w.S. Gesamtsumme der Vermögenswerte
property portfolio management Immobilien-Portfolio-Management □ Vermietung und Vermarktung sowie optimierte Finanzierung von Immobilien-Projekten
property register (records) → land register
property revenue i.e.S. Grundstückserträge, i.w.S. Besitzeinkommen
property rights Eigentumsrechte, Besitzrechte, Verfügungsrechte, Handlungsrechte
property sales Immobilienverkäufe, Anlagenabgänge, Aktivminderungen
property tax 1. Grundsteuer 2. Vermögenssteuer
property tax deduction Steuerabzug für gezahlte Grundsteuern
property torts Sachschäden

property trust 1. Immobilienfonds 2. Immobiliengruppe 3. Immobilien-Treuhandgesellschaft
property value Grundstücks-/Immobilienwert, Vermögenswert
proponent Partei, die die Beweislast trägt; i.w.S. Antragsteller
proportional cost of sales proportionale Herstellkosten
porportional reinsurance (coverage) proportionale Rückversicherung □ der Rückversicherer ist anteilsmäßig an Prämien und Schäden des Zedenten (Erstversicherers) beteiligt. → non-proportional reinsurance
proportionate consolidation Quotenkonsolidierung
proposal Vergleichsvorschlag nach dem kanadischen Insolvenzrecht; vergleichbar dem → Chapter 11 des US Bankruptcy Code
proposal bond Bietungsgarantie
proprietary brand Eigenmarke
proprietary capital (equity) Eigenkapital
proprietary company 1. Muttergesellschaft 2. Gesellschaft mit beschränkter Haftung
proprietary goods Markenartikel
proprietary life company (office) als Kapitalgesellschaft geführte Lebensversicherungsgesellschaft □ im Gegensatz zu einem Versicherungsverein auf Gegenseitigkeit (mutual company)
proprietary rights Eigentumsrechte
proprietary solution eigene (proprietäre, unternehmensspezifische) Lösung
proprietary tort Verletzung von Eigentumsrechten
proprietary trading systems private elektronische Handelssysteme
proprietorship 1. Eigentum, Eigentumsrecht 2. Einzelfirma
proprietorship ratio Eigenkapitalquote
proprietorship register → land register
pro rata consolidation Quotenkonsolidierung
pro rata distribution (liability) clause *(bei Doppel- bzw. Mehrfachversicherungen)*

Policenklausel hinsichtlich der anteilsmäßigen Leistungs-/Haftungspflicht
pro rata reinsurance proportionale Rückversicherung, → proportional reinsurance
proration anteilsmäßige Umlage (Zurechnung)
prorogation agreement Gerichtsstandsabrede
pro se in eigenem Auftrag, ohne Rechtsbeistand agierend
prosecutorial discretion Ermessen der Strafverfolgungsbehörde
prospecting (Kunden-)Akquisition
prospecting method Akquisitionsmethode
prospective data analysis Datenanalyse zur Prognose künftiger Trends, Verhaltensweisen oder Ereignisse auf der Basis historischer Daten
prospective earnings growth Wachstumserwartung
prospective excess of loss cover prospektive Schadenexzedentendeckung
prospective loss costs voraussichtlicher Schadenaufwand
prospective rating Festsetzung von Prämienzahlungen auf der Basis der zurückliegenden Schadensentwicklung
prospector stage Akquisitionsphase im Verkaufsprozess
prospects potentielle Kunden
prospectus 1. Börseneinführungs-/Emissionsprospekt ◻ muss alle Angaben enthalten, die für die Bewertung der Papiere bzw. der emittierenden Unternehmung relevant sind 2. Gründungsprospekt ◻ muss bei der Gründung einer Gesellschaft beim Registrar of Companies eingereicht werden und Angaben zu den Rechtsverhältnissen und der Kapitalstruktur der Gesellschaft enthalten.
prospectus issue öffentliches Zeichnungsangebot
protected-cell captive konzerneigene Versicherungs- oder Finanzierungsgesellschaft
protected earnings rate Pfändungsfreibetrag, nicht pfändbares Einkommen

protected in law gesetzlich geschützt
protected transactions Geschäfte, die ein Konkursschuldner noch abwickeln kann.
Protection and Indemnity Club (als Versicherungsverein auf Gegenseitigkeit organisierte) Reedervereinigung für die Versicherung von Schiffsrisiken
protection and indemnity insurance kombinierte Kasko- und Haftpflichtversicherung für Schäden, die am Schiff auftreten bzw. durch das Schiff verursacht wurden.
protection from execution Unpfändbarkeit, → homestead exemption
protection against double jeopardy Strafklageverbrauch
protection of industrial property gewerblicher Rechtsschutz
protective capital agreement Kapitalschutzabkommen
protective liability insurance Vorsorgehaftpflichtversicherung
protective order gerichtlich angeordnete Schutzmaßnahme
protective tariff Schutzzoll
protector Person, die die Tätigkeit eines Treuhänders hinsichtlich der Einhaltung der Trust-/Stiftungsrichtlinien überwacht; besitzt i.d.R. die Vollmacht, Treuhänder abzuberufen und Nachfolger zu ernennen.
protracted default Verzugstatbestand, i.e.S. Verzug (Nichtregulierung) auch nach einer eingeräumten zusätzlichen Zahlungsfrist
provable debt anmeldbare Konkursforderung
provider Dienstleister, der Anwendern den Zugang zum Internet zur Verfügung stellt.
provider image Anbieterimage
provider stage abschließende Phase in einem Verkaufsprozess, d.h. Entgegennahme des Auftrages und Auslieferung der Ware
proving a will Nachweis der Echtheit eines Testaments
provision accounting Rückstellungsbilanzierung
provisional acceptance certificate vorläu-

figes Abnahmeprotokoll
provisional cover vorläufige Deckungszusage
provisional declaration vorläufige Aufgabe (Deklarierung)
provisional injunction → interlocutory injunction
provisional liquidator vorläufiger Liquidator □ übernimmt im Insolvenzfall die Kontrolle über die Vermögenswerte und Geschäfte einer Unternehmung bis ein gerichtlicher Beschluss zur Liquidation ergeht.
provision for charges Aufwandsrückstellung
provision for taxes payable Rückstellungen für zu zahlende Steuern
provisioning Bildung von Rückstellungen, Risikovorsorge (im Kreditgeschäft)
provision of capital/of real security Kapitalbereitstellung/Stellung dinglicher Sicherheiten
provisions (Vorsorge-)Rückstellungen
provisions above the line bilanzwirksame Rückstellungen
provisions against investment portfolio 1. Wertberichtigungen auf Beteiligungen 2. Wertberichtigungen auf den Wertpapierbestand
provisions against specific debts Einzelwertberichtigungen
provisions against trade investments Wertberichtigungen auf Beteiligungen
provisions below the line bilanzunwirksame (nicht in der Bilanz ausgewiesene) Rückstellungen
provisions charged to annual accounts zu Lasten des Jahresergebnisses gebildete Rückstellungen
provisions charged to expense aufwandswirksame Zuführungen zur Wertberichtigung
provisions for adverse deviation Rückstellungen für eine starke Abweichung von den Erwartungswerten
provisions for bad and doubtful debts (for doubtful accounts) Rückstellungen für zweifelhafte (dubiose) Forderungen
provisions for contingencies Rückstellungen für Eventualverbindlichkeiten
provisions for depreciation and obsolescence Rückstellungen für Wertminderung und Überalterung
provisions for investment fluctuations Rückstellungen für Wertschwankungen der Beteiligungen
provisions for unearned premiums Beitragsüberträge im Versicherungsgeschäft
provisions for vested pension benefits Rückstellungen für unwiderrufliche Betriebsrentenansprüche
provisions provided from current profit zu Lasten der Gewinn- und Verlustrechnung vorgenommene Rückstellungen
proximate causation unmittelbare Schadensverursachung
proximate cause direkte (unmittelbare) Ursache, adäquate Kausalität (zwischen einer unerlaubten Handlung und dem daraus resultierenden Schaden)
proximity measure Proximitätsmaß
proxy 1. Stellvertreter, Bevollmächtigter, Stimmrechtsvertreter 2. Stimmrechtsvollmacht, Abstimmungsvollmacht, Vertretungsvollmacht
proxy abuse Missbrauch von Abstimmungsvollmachten
proxy battle → proxy fight
proxy card Vollmachtsformular, Stimmrechtsurkunde
proxy fight Kampf um Stimmrechte □ Unter einem proxy fight sind die Versuche von Personen oder Gruppen zu verstehen, sich die Stimmen von Aktionären zu sichern, die sich zu einem strittigen Tagesordnungspunkt der Hauptversammlung noch keine Meinung gebildet haben.
PRP → performance-related pay, → project requirements planning
prudent behaviour (man) rule Sorgfaltspflicht □ Grundsatz, demzufolge Treuhänder die ihnen anvertrauten Gelder in Titel anlegen müssen, die sie mit der Sorgfalt

eines ordentlichen Kaufmanns ausgewählt haben.
prudential ratios Kennzahlen zur Kapital- und Liquiditätsausstattung der Kreditinstitute
P's *(the four P's)* die vier Schlüsselfaktoren aller Marketingaktivitäten: product, price, place, promotion; in dieser Form häufig auch als Marketing-Mix verwendet.
PSBR → public sector borrowing requirements
PSC → port service charge(s)
PSE → program and systems engineering
PSEs → public sector entities
PSI → pre-shipment inspection
PSR → price-to-sales ratio
psycho drawing Marktforschungstechnik, bei der Probanden gebeten werden, ihre Einstellung zu bestimmten Marken durch Symbole, Formen, Farben wiederzugeben.
psychographic analysis psychografische Analyse, → AIO analysis
psychographics psychografische Eigenschaften von Einzelpersonen oder Gruppen (Lebensstile, Einstellungen)
psychographic segmentation psychografische Marktsegmentierung, Aufteilung eines Marktes in Verbraucher mit den gleichen Persönlichkeitsmerkmalen bzw. Charaktereigenschaften
psychological pricing psychologische Preisgestaltung, auf Preiswahrnehmung bzw. Preisverhalten/Kaufgewohnheiten der Verbraucher ausgerichtete Preisgestaltung
PTP → publicly traded partnership
p.t.w. → per ton weight
Pty. → proprietary company (2)
public adjuster unabhängiger Regulierungsbeauftragter
public administrator → administrator (2)
public agency öffentlicher Träger, Behörde, → public body
public body Körperschaft des öffentlichen Rechts, öffentlich-rechtliche Körperschaft
public company Publikumsgesellschaft, Kapitalgesellschaft
public company limited by guarantee Publikumsgesellschaft mit einem garantierten Mindestkapital
public corporation 1. öffentlicher Wirtschaftsbetrieb, öffentliche Unternehmung, kommunaler Eigenbetrieb 2. öffentlich-rechtliche Körperschaft, Körperschaft des öffentlichen Rechts 3. im allgemeinen Sprachgebrauch kann unter public corporation ferner eine börsennotierte Unternehmung verstanden werden.
public debt 1. Staatsverschuldung, Staatsschuld 2. staatliche bzw. kommunale Schuldtitel
public defender Offizialverteidiger
public dividend capital staatliches Beteiligungskapital für öffentliche Körperschaften
public domain staatlicher Grundbesitz, öffentliches Eigentum
public enterprise öffentlicher Sektor, öffentliche Wirtschaftsbetriebe
public examination Verhandlung vor dem Konkursgericht, bei der in Anwesenheit des Gemeinschuldners dessen Vermögensverhältnisse und Geschäftsgebaren erörtert werden.
public goods öffentliche Güter (z.B. Landesverteidigung, Parks, Straßenbeleuchtung)
public haulage contractor → common carrier
public housing sector öffentlicher Wohnungsbau
public-interest advertising → advocacy advertising
public investments Investitionen der öffentlichen Hand
public liability insurance Allgemeine Haftpflichtversicherung
public limited company Aktiengesellschaft
public limited partnership bei der → Securities and Exchange Commission registrierte → limited partnership
publicly held corporation Publikumsgesellschaft, Gesellschaft mit breit gestreutem Aktienbesitz
publicly traded partnership US → limited

partnership, deren Gesellschaftsanteile in einem geregelten Markt oder im Freiverkehr gehandelt werden; steuerlich einer Kapitalgesellschaft gleichgestellt.

public marketing alle Marketingaktivitäten, die auf das gesellschaftliche Umfeld des Unternehmens ausgerichtet sind.

public official bonds Sicherheitsleistungen für die ordnungsgemäße Amtsführung von Personen, die öffentliche Ämter bekleiden.

public ownership 1. Streubesitz, → publicly held corporation 2. öffentliches Eigentum, Besitz der öffentlichen Hand

public private partnership *(in Großbritannien bekannte Form eines)* Joint Venture zwischen einem öffentlich-rechtlichen und einem privatwirtschaftlichen Unternehmen

public records (office) 1. öffentliches Register, öffentlich einsehbare Urkunden 2. Grundbuchamt

public regulatory commission staatliche Regulierungsbehörde

public revenue öffentliche Einnahmen

public risk insurance Allgemeine Haftpflichtversicherung

public sector borrowing/borrowing requirements Kreditaufnahme/Kreditbedarf der öffentlichen Hand

public sector entities öffentliche Stellen

public undertaking öffentlicher Betrieb

public warehouse öffentliches Lagerhaus, Lagerhausunternehmen, Fremdlager, → private warehouse

public warehousing Einlagerung von Gütern in Fremdlagern/bei selbständigen Lagerhaltern

public work bond Vertragserfüllungsbürgschaft, Ausführungsbürgschaft (garantiert die Ausführung öffentlicher Bauaufträge)

Public Works Loan Board gewährt Kredite an Kommunen und staatliche Einrichtungen, → National Investment and Loans Office

PUD → planned unit development

puffery/puffing 1. unlautere Werbung, Übertreibung in der Werbebotschaft 2. verstecktes Mietbieten eines Verkäufers bei einer Auktion

puisne mortgage nachrangige Hypothek, bei der keine Übergabe der Eigentumsurkunden an den Hypothekengläubiger erfolgen muss. → mortgage

pull approach → pull strategy

pull marketing → pull strategy

pull ordering system Bestellsystem, bei dem jedes Lager die Bestandsdisposition eigenverantwortlich gegenüber dem Zentrallager wahrnimmt. → push ordering system

pull principle Pull-Prinzip, Hol-Prinzip, nachfrageorientierte Produktionssteuerung

pull strategy Pull-Strategie □ Marketingstrategie, die darauf abzielt, durch eine intensive Werbung die Nachfrage nach einem Produkt bei den Konsumenten so zu steigern, dass sich der Handel praktisch gezwungen sieht, das Produkt in sein Sortiment aufzunehmen. i.e.S. Marketingaktivitäten, die darauf ausgerichtet sind, Internet-Nutzer auf bestimmte Seiten zu ziehen. → push strategy

pull system auf die Gewährleistung eines Mindestbestandes ausgerichtetes Bestellsystem, i.e.S. → pull ordering system

pump priming Ankurbelung der Konjunktur

punch list Mängelliste

punishment and deterrence Bestrafung und Abrechnung □ Grundsatz der → punitive damages

punitive damages Schadenersatz mit Strafcharakter, Strafschadenersatz □ wenn der Schädiger mit grober Fahrlässigkeit, Arglist oder Sittenwidrigkeit gehandelt hat.

purchase accounting method → purchase method

purchase and make-to-order fertigungsbezogener Einkauf

purchase consideration Kaufpreis

purchase deed Kaufvertrag

purchased life annuity private Rentenversicherung, bei der der Versicherungsnehmer gegen Zahlung eines Kapitalbetrages

purchased mortgage servicing

(Einmalprämie) eine Rente auf Lebenszeit erhält. → annuity

purchased mortgage servicing rights von einem Kreditinstitut erworbene Rechte zur Verwaltung von Hypothekenforderungen, → mortgage servicing

purchase facilitation Erleichterung des Wareneinkaufs/Produktzuganges

purchase for the treasury Erwerb von Stammaktien für den Eigenbesitz

purchase fund Tilgungsfonds, zu dessen Lasten der Emittent Tilgungen bzw. die Rücknahme der Schuldtitel vornehmen muss, wenn der Kurs unter eine bestimmte Grenze gefallen ist.

purchase-GAAP US → GAAP, die bei Übernahme eines Unternehmens angewandt werden.

purchase group (Emissions-)Übernahmekonsortium

purchase in the open market freihändiger Rückkauf

purchase ledger accounting Kreditorenbuchhaltung

purchase method Erwerbsmethode, Ankaufsmethode □ Form der buchmäßigen Behandlung von Unternehmensübernahmen, bei der der Kaufpreis mit dem Verkehrswert der Nettovermögenswerte des übernommenen Unternehmens im Zeitpunkt des Erwerbs verrechnet wird. Der Unterschied (Geschäftswert) wird aktiviert und über die erwartete Nutzungsdauer abgeschrieben. Ein passiver Unterschiedsbetrag wird vom Sachanlagevermögen abgesetzt. Gegensatz: → pooling of interests method

purchase money mortgage Kaufpreis-Sicherungshypothek (zur Absicherung eines Verkäuferdarlehens), → purchase money security interest

purchase money security interest Kaufpreis-Sicherungsrecht □ Sicherungsrecht, das eine Kaufpreisforderung abdeckt, d.h. der Verkäufer lässt sich ein dingliches Recht am Kaufgegenstand zur Sicherung seiner Forderungen gegenüber dem Käufer eintragen.

purchase on margin Wertpapierkauf gegen Kredit, → margin trading

purchase order management Planung, Koordinierung und Steuerung der Einkaufs- und Bestellprozesse

purchase payment Zahlung des Kaufpreises, i.e.S. Kaufpreis einer privaten Rentenversicherung, → annuity (2)

purchase plan Einkaufsplan □ Übersicht über die erforderlichen Verbrauchsmengen an Roh-, Hilfs- und Betriebsstoffen

purchase returns Retouren, zurückgesandte Waren

purchase tax Verbrauchssteuer

purchasing budget Einkaufsbudget, Beschaffungsbudget □ Teil der betrieblichen Planungsrechnung; enthält das projizierte Einkaufsvolumen für die jeweilige Budgetperiode sowie die Ausgaben für die zu beschaffenden Materialien.

purchasing card firmeneigene Kreditkarte für den Einkauf

purchasing department Einkaufsabteilung

purchasing hub internetbasiertes Einkaufskontor

purchasing manager Leiter der Einkaufsabteilung

purchasing manager index *(wichtiges US-Konjunkturbarometer)* Index der NAPM (National Association of Purchasing Management) zu Produktionsentwicklung und Auftragseingängen der Industrie

purchasing member *(bei zwischengesellschaftlichen Transaktionen)* die erwerbende Konzerngesellschaft

purchasing patterns Kaufverhaltensmuster von Einzelpersonen oder Gruppen

purchasing policy Einkaufspolitik, Beschaffungspolitik

purchasing power parity theory Kaufkraftparitäten-Theorie □ Wechselkurstheorie, die davon ausgeht, dass der Wechselkurs zwischen zwei Währungen durch die Entwicklung der realen Kaufkraft in den jeweiligen Ländern bestimmt wird.

purchasing syndicate 1. (Emissions-)Über-

nahmekonsortium 2. Beschaffungskonsortium
pure annuity → purchased life annuity
pure captive konzerneigene Versicherungsgesellschaft, die nur die Risiken der Konzernmutter bzw. anderer Konzerneinheiten abdeckt.
pure competition → perfect competition
pure endowment insurance Erlebnisfallversicherung
pure fee → fee simple absolute
pure hedge reines Sicherungsgeschäft □ Hedge-Position am Terminmarkt, die die gleichen Ausstattungsmerkmale wie die abzusichernde Kassaposition aufweist.
pure personalty → chattels personal
pure premium 1. Nettoprämie 2. der zur Schadenregulierung verwandte Teil des Prämienaufkommens
pure recall test → unaided recall test
purpose loan zweckgebundenes Darlehen
purposive sample bewusste Stichprobe, Nichtzufallsstichprobe
pursuer Kläger
push approach → push strategy
pushdown Wertminderung, Abschreibung
pushdown accounting Bilanzierung des übernommenen Unternehmens auf der Basis eines Neuansatzes bzw. einer Neubewertung aller Vermögenswerte und Verbindlichkeiten
pushed barge Schubleichter
push marketing → push strategy
push money Verkaufserfolgsprämien für Mitarbeiter des Außendienstes
push ordering system Bestellsystem, bei dem ein Zentrallager die Bestandsdispositionsfunktionen für alle angeschlossenen Einzellager wahrnimmt.
push principle Push-Prinzip, Bringprinzip, planungsorientierte Produktionssteuerung
push strategy Push-Strategie, auf den Handel ausgerichtete Marketing-Strategie □ bei dieser Strategie versucht der Hersteller seine Produkte in die Regale zu drücken, d.h. verschiedene Anreize (optimale Konditionenpolitik, Werbekostenzuschüsse, Listungsgelder) sollen den Händler veranlassen, die Produkte des Herstellers in sein Sortiment aufzunehmen. i.w.S. Ideengenerierungsansatz, der von den Unternehmensstärken und weniger von den Markterfordernissen ausgeht. → pull strategy
push system auf den geschätzten Fertigungszeiten basierendes Bestellsystem mit genauer Festlegung der Liefertermine, i.e.S. push ordering system
push towing Schubschifffahrt
put 1. Verkaufsoption □ Mit einer Verkaufsoption ist für den Erwerber das Recht, nicht aber die Verpflichtung verbunden, einen bestimmten Basiswert (Finanzinstrument, Rohstoff oder Agrarprodukt) innerhalb einer bestimmten Frist (oder zu einem bestimmten Endfälligkeitstermin) zu einem festgelegten Kurs/Preis zu verkaufen. 2. Kündigungsrecht eines (Anleihe-)Gläubigers 3. *(bei Leasingverträgen)* Andienungsrecht des Leasinggebers □ d.h. der Leasinggeber kann von dem Leasingnehmer den Erwerb des Leasinggutes nach Ablauf der Vertragslaufzeit oder zu einem anderen Zeitpunkt zu einem vorbestimmten Preis verlangen.
putative mutmaßlich
put-out pricing Verdrängungspreisstrategie, Verdrängung von Mitbewerbern durch extrem niedrige Preise
put plan *(Maßnahme zur Abwehr einer feindlichen Unternehmensüberahme)* 1. Wirksamwerden eines → poison put im Falle einer feindlichen Übernahme 2. Recht der Aktionäre des Zielunternehmens auf Übernahme zusätzlicher Anteile des Bieters
put swaption → payer swaption
PV → present value
PVA → partnership voluntary arrangement
PVBP → price value of a basis point
PV ratio → profit/volume ratio
PWLB → Public Works Loan Board
PXL → prospective excess of loss cover

pyramiding 1. kontinuierlicher Zukauf einer bestimmten Aktie 2. systematischer Erwerb von Mehrheitsbeteiligungen an Holdinggesellschaften 3. Schneeballsystem □ z.B. (a) *(bei Börsentermingeschäften)* Erwerb von Kontrakten, wobei mit dem Gewinn aus bereits bestehenden Positionen die Einschusszahlungen für die neuen Positionen bestritten werden. (b) Aufnahme von Geldern zur Bedienung bereits bestehender Verpflichtungen

pyramid selling Schneeballvertriebssystem, Lawinensystem

Q

qualification laws Bestimmungen der US-Bundesstaaten hinsichtlich der Zulassung von Versicherungsmaklern/-agenten

qualification shares Pflichtaktien der Mitglieder des Verwaltungsrates □ Aktien, die Mitglieder des Verwaltungsrates vor ihrem Amtsantritt erwerben und als Sicherheit hinterlegen.

qualification statutes Bestimmungen der US-Bundesstaaten für die Gründung auswärtiger/ausländischer Gesellschaften, → foreign corporation

qualified accounts mit einem eingeschränkten Bestätigungsvermerk (qualified audit certificate) versehener Jahresabschluss

qualified business unit qualifizierte Geschäftseinheit □ i.S. des US-Steuerrechts jede klar abgrenzbare Geschäftseinheit bzw. gewerbliche Tätigkeit, für die nach den Bestimmungen des US → Internal Revenue Code Steuervergünstigungen in Anspruch genommen werden können.

qualified fee → fee simple defeasible

qualified guarantee eingeschränkte (mit Vorbehalten versehene) Garantie

qualified interest expenses steuerlich absetzbarer Zinsaufwand

qualified pension plan (i.S. der US-Steuergesetzgebung) betrieblicher Pensionsplan, bei dem die Arbeitgeberbeiträge steuerlich voll abzugsfähig sind □ Voraussetzungen: Der Plan darf nicht auf eine bestimmte Gruppe von Mitarbeitern begrenzt sein, das Planvermögen muss durch einen steuerbefreiten Trust verwaltet werden.

qualified plan steuerbegünstigter Pensions- oder Gewinnbeteiligungsplan, → qualified pension plan, → gain sharing

qualified prospects potenzielle Kunden, die selbst die Kaufentscheidung treffen

qualified report einschränkender Prüfungsbericht (da die Prüfung nur auf bestimmte Bereiche beschränkt war)

qualified residence (i.S. der Bestimmungen des US-Steuerrechts) Hauptwohnsitz sowie ein Zweitwohnsitz des Steuerzahlers

qualified residence interest steuerlich absetzbare Schuldzinsen für eine → qualified residence

qualified respondent → eligible respondent

qualified retirement plan (trust) → qualified pension plan

qualified sale 1. Verkauf, der durch Angebot und Nachfrage zustande kam und bei dem weder Käufer noch Verkäufer unter Zwang handelten. 2. i.e.S. Verkauf unter Eigentumsvorbehalt

qualified stock options an bestimmte Auflagen gekoppelte Aktienbezugsrechte für leitende Angestellte

qualified thrift lender zur Refinanzierung bei einer → Federal Home Loan Bank berechtigte Sparkasse

qualified title bedingte (eingeschränkte) Eigentumsrechte

qualified transfers steuerlich absetzbare Zahlungen für Ausbildung oder medizinische Versorgung

qualifying assets (in der US-Rechnungslegung) Anlagen/Vermögensgegenstände, die im Unternehmen selbst genutzt werden oder Aufträge, deren Fertigstellung längere Zeit in Anspruch nimmt (z.B. Fabrikationsanlagen, große Immobilienprojekte)

qualifying conditions 1. Zulassungskriterien 2. Voraussetzungen für den Erwerb von Ansprüchen/Anwartschaften

qualifying date Stichtag

qualifying distributions Ausschüttungen, auf die → advance corporation tax zu entrichten ist.

qualifying person 1. berechtigte Person 2. unterhaltspflichtige Person

qualifying policies Lebensversicherungen, bei denen Prämienzahlungen steuerlich absetzbar sind, d.h. Lebensversicherungen mit einer Laufzeit von mindestens zehn Jahren.

qualifying properties *(i.S. der US-Steuergesetzgebung)* in der Ausübung eines Gewerbes genutzte Grundstücke und Gebäude, für die steuerliche Vergünstigungen in Anspruch genommen werden können.

qualifying ratios Berechtigungskennzahlen, Berechtigungskriterien, Bewertungskennziffern, i.e.S. Kennzahlen zur Ermittlung der Kreditwürdigkeit, → front ratio

qualifying shareholding 1. Aktien- bzw. Anteilsbesitz, der zur Wahrnehmung bestimmter Rechte berechtigt. 2. (durch Mitglieder des Verwaltungsrates zu hinterlegende) Garantieaktien

qualifying stock options steuerbegünstigte Aktienoptionen, → incentive stock options

qualitative characteristics die wichtigsten Eigenschaften einer effizienten Rechnungslegung: Verständlichkeit, Relevanz, Zuverlässigkeit und Vergleichbarkeit.

qualitative media effect positive oder negative Beeinflussung einer Werbebotschaft durch den Werbeträger

quality assessment Qualitätsbewertung, → quality audit

quality assurance Qualitätssicherung

quality audit Qualitäts-Audit, Überprüfung der Qualitätssicherungsmaßnahmen/des Qualitäts-Managements, Analyse der Geschäftsprozesse unter Qualitätsgesichtspunkten

quality circle Qualitätszirkel ▫ kleine Gruppe von Mitarbeitern, die regelmäßig die Qualität der eigenen Arbeitsleistung untersucht.

quality control Qualitätskontrolle, Qualitätssteuerung, Qualitätslenkung

quality controlling Qualitäts-Controlling ▫ Steuerung und Überwachung aller Maßnahmen zur Sicherung der Effizienz im Qualitätsmanagement, Maßnahmen zur Gewährleistung eines prozessorientierten Qualitätsmanagements

quality engineering Qualitätskontrolle und -sicherung

quality evaluation → quality assessment

quality function deployment kundenorientierte Produktentwicklung ▫ Qualitätsoptimierung durch Ermittlung der Kundenanforderungen und Umsetzung dieser Ergebnisse in entsprechende technische Lösungen

quality grading Qualitätseinstufung

quality history → quality record

quality loop Qualitätskreis, Qualitätsspirale ▫ alle qualitätswirksamen Aktivitäten von der Entstehung bis zur Auslieferung eines Produktes.

quality management Qualitäts-Management ▫ Planung, Steuerung und Kontrolle der Qualitätssicherung

quality manager Leiter der Qualitätssicherung

quality measurement approach Qualitätsmessverfahren

quality record zurückliegende Prüfergebnisse, Qualitätsgeschichte

quality spiral → quality loop

quality spread bonitätsbedingter Renditeunterschied (z.B. zwischen Staatspapieren und Industrieanleihen)

quality surveillance Qualitätsüberwachung

quality survey Qualitätsbewertung

quality system Qualitätssicherungssystem

quality system audit Audit (Untersuchung) und Bewertung des Qualitäts-Managementsystems

quantity discount (rebate) Mengenrabatt

quantity supplied/requested Angebots-/Nachfragemenge

quantity surveyors unabhängige Sachverständige (prüfen Angebote bei öffentlichen Ausschreibungsverfahren)

quantity take-off *(in der Projektplanung)* erste Ermittlung der benötigten Ausrüstungen und Materialien

quantum Dauer der Eigentumsrechte an einem Grundstück, → estate for life, estate for years

quarterly accounts Quartalsabschluss, vierteljährlich erstellter Geschäftsabschluss

quartiles Quartile □ Aufgliederung einer kumulierten Häufigkeitsverteilung in vier gleich große Teile

quasi-contract 1. vertragsähnliches Verhältnis. 2. gesetzlich begründetes Schuldverhältnis, wenn keine schriftliche Vereinbarung getroffen wurde.

quasi-judicial bodies Behörden mit quasigerichtlichen Vollmachten

quasi-loan Quasi-Kredit, kreditähnliches Engagement □ z.B. Bürgschaft, Aval, Zahlungsversprechen

quasi-money Quasi-Geld, Beinahe-Geld, → near-money assets

quayage Kaigeld

Queensberry Rules Richtlinien der Londoner City für Unternehmenszusammenschlüsse

query tools Abfrage-Tools, Abfrage-Instrumentarium

questionnaire pretesting Probebefragung □ zur Überprüfung der Zweckmäßigkeit eines Fragebogens

questionnaire returns *(bei Befragungen)* zurückgesandte Fragebogen

QFD → quality function deployment

quick asset ratio → quick ratio

quick assets leicht realisierbare Aktiva (Vermögenswerte) □ Umlaufvermögen, das leicht in Bargeld umgewandelt werden kann, d.h. Kassenbestände, Bankguthaben, Forderungen

quick ratio Liquidität zweiten Grades □ Quotient aus Umlaufvermögen minus Vorräte und kurzfristigen Verbindlichkeiten

quick response marketing → just-in-time marketing

quick response systems Bestellsysteme mit hoher Reaktionsfähigkeit □ Zusammenarbeit zwischen Lieferanten und Handel, um schnell auf Kundenwünsche reagieren zu können.

quick tender Schnell-Tender □ Offenmarktgeschäft des Europäischen Zentralbankensystems, das innerhalb einer Stunde von der Tenderankündigung bis zur Bestätigung des Zuteilungsergebnisses durchgeführt wird.

quiet enjoyment 1. *(Recht des rechtmäßigen Eigentümers auf)* störungsfreien Besitz 2. *(Recht des Mieters auf)* ungestörte Nutzung

quiet period *(bei → initial public offerings)* beginnt mit dem Tag der Bestellung der Konsortialführerin und endet 25 Tage nach dem In-Kraft-Treten des Börsengangs. In dieser Zeit dürfen die Konsortialmitglieder keine Erklärungen abgeben, die nicht im Emissionsprospekt enthalten sind.

quiet title action (suit) Verfahren zur Feststellung der Eigentumsverhältnisse, i.e.S. Klage zur Wiedererlangung des Rechtes auf störungsfreien Besitz

quintiles Quintile □ Aufgliederung einer kumulierten Häufigkeitsverteilung in fünf gleich große Teile

quitclaim deed → deed without warranty

quittance Entlastung, Schuldenerlass

quorum 1. beschlussfähige Mitgliederzahl, Quorum 2. Beschlussfähigkeit

quota agreement 1. Quotenrückversicherungsvertrag, → quota share reinsurance 2. → quota ring

quota fixing Kontingentierung, Festlegung von Kontingenten (Quoten)

quota goods kontingentierte Waren

quota privilege Quotenvorrecht

quota ring Quotenkartell, Kontingentierungskartell

quota sampling Quotenstichprobenverfahren □ Auswahlverfahren, bei dem hinsichtlich der Auswahl der zu befragenden Personen/Gruppen/Haushalte bestimmte Quoten festgelegt werden, z.B. im Hinblick auf Alter oder Geschlecht der Befragten. → sampling

quota share reinsurance (quota share treaty) Quotenrückversicherung □ Rückversicherung, bei der der Rückversicherer einen bestimmten Prozentsatz der Risiken/des Versicherungsbestandes eines Erstversicherers in Rückdeckung nimmt.

quotation expiration date Tag, an dem ein Festangebot verfällt.

quoted (trade) investments 1. Beteiligungen an börsennotierten Unternehmen, börsennotierte Beteiligungen 2. *(im Jahresabschluss)* börsengängige Finanzanlagen

quotes Angebote, i.e.S. Notierungen, verbindliche Geld- und Briefkurse

QR → quick response marketing

R

Racketeer Influences & Corrupt Organizations Act US-Gesetz zur Bekämpfung des organisierten Verbrechens und der Wirtschaftskriminalität
racking level Regalebene
racking storage Regallagerung
rack jobber Regalgroßhändler ☐ übernimmt die Regalauffüllung und die Regalpflege in Einzelhandelsbetrieben.
rack rent lease befristetes Erbbaurecht
radius clause Klausel eines Arbeitsvertrages, durch die sich ein Arbeitnehmer verpflichtet, nicht vor Ablauf einer vereinbarten Frist zu einer Konkurrenzfirma in einem bestimmten Umkreis zu wechseln.
raging inflation galoppierende Inflation
raider überfallartig auftretender Aktien- bzw. Firmenaufkäufer
rail carriage Bahntransport, Güterbeförderung per Bahn
rail consignment note Bahnfrachtbrief
rail haulage Schienengüterverkehr
rail logistics Schienenlogistik
rail-truck *(Transport von Frachtgut/Containern zum Verladehafen per)* Bahn und Lkw
railway bill Bahnfrachtbrief
RAM → random access memory
ramp-up 1. Option des Wagnisfinanziers (→ venture capitalist), Vorzugsaktien oder Schuldverschreibungen des Unternehmung, an der er eine Beteiligung erworben hat, zu einem bestimmten Zeitpunkt in Stammaktien umzuwandeln. Das Umtauschverhältnis bzw. der Wandlungskurs richtet sich nach den zwischenzeitlich erzielten Unternehmensergebnissen. 2. Anlaufphase
random access memory Speicher mit wahlfreiem Zugriff
random dispersion Zufallsstreuung
random error Zufallsfehler

randomisation Randomisierung, Zuordnung (Aufteilung) nach dem Zufallsprinzip
randomised block design zufälliges Block-Design, Art der Experimentanordnung
randomised price changes durch einen Zufallsmechanismus generierte Kurs-/Preisänderungen
randomised response technique Zufallsantworttechnik ☐ Antworttechnik, bei der durch einen Zufallsmechanismus bestimmt wird, welche von zwei oder mehr Fragen der Befragte beantwortet.
random sample Zufallsstichprobe, nach dem Zufallsprinzip gezogene Stichprobe ☐ Stichprobe, bei der die zu befragenden Personen/Haushalte/Gruppen nach einem Zufallsverfahren ausgewählt werden. → quota sampling
random sampling Zufallsauswahlverfahren, zufallsgesteuerte Zuordnung der Stichprobenelemente
random selection Zufallsauswahl
random table Random-Tafel, Zufallszahlentafel
random variable Zufallsvariable
random walk theory Theorie, der zufolge die Kursentwicklung auch einem gewissen Zufallsmechanismus unterliegt.
range 1. Palette, Sortiment 2. Variationsbreite, Spannweite, Dispersionsbreite, Differenz zwischen dem größten und dem kleinsten Wert
range management Flächenbewirtschaftung
range of production/of services Produktionsprogramm, Leistungsprogramm/Dienstleistungspalette
range variation Schwankungsbreite
rank grading Rangeinstufung, Rangabstufung
ranking approach Entscheidungsfindung, die auf der Festlegung einer Rangfolge von Alternativen basiert.

ranking of creditors Rangfolge der Gläubiger
ranking system 1. Klassifizierungssystem 2. Festlegung einer Rangordnung, Rangordnungsverfahren, Rangreihung, Festlegung der zur Auswahl stehenden Alternativen
rapid prototyping Erstellung von Prototypen auf der Grundlage virtueller dreidimensionaler Modelle, → virtual reality
rapid response manufacturing Fertigungssystem mit hoher Reaktionsfähigkeit
RAPM → risk-adjusted performance measurement
RAROC → risk-adjusted return on capital
ratchet Vereinbarung, die eine Anpassung bestimmter Parameter in Abhängigkeit von dem erzielten Ergebnis vorsieht, z.B. das von einem Wagnisfinanzier (→ venture capitalist) in ein Unternehmen investierte Kapital erhöht oder verringert sich in Abhängigkeit von dem erzielten Betriebsergebnis.
rate 1. (Devisen-/Wechsel-)Kurs 2. (Zins-)Satz 3. (a) (Versicherungs-)Beitragssatz, (b) Prämienrichtzahl, Multiplikator zur Errechnung von Versicherungsprämien 4. → rates
rat(e)able distribution anteilsmäßige Aufteilung (Ausschüttung)
rat(e)able property abgabenpflichtige Liegenschaft
rat(e)able recognition (- *of income over the life of the agreement*) anteilsmäßige Abgrenzung der Erträge während der Laufzeit der Vereinbarung
rat(e)ably secured clause Ranggleichstellungsklausel
rate adjustment 1. Beitrags-/Prämienanpassung 2. Zinsanpassung, Konditionenanpassung
rate agreement Frachtraten-Vereinbarung
rate allowance Frachtrabatt bei Andienung größerer Partien
rate and term refinance → no cash-out refinance
rate anticipation swap Portefeuille-/Anleihetausch (Umschichtung) in Erwartung einer Zinsänderung
rate basis (point) Frachtberechnungsgrundlage, Ausgangsort für Frachtberechnungen
rate-hedged currency transactions kursgesicherte Währungsgeschäfte
rate-lock/rate lock-in festgeschriebener Zinssatz, Zinsfestschreibung, i.e.S. Festzinsangebot eines Kreditgebers für einen bestimmten Zeitraum
rate-of-return approach Planung (Entscheidungsfindung), die sich an der Rendite orientiert.
rates 1. Tarif, Konditionen 2. Gebühren, i.e.S. kommunale Abgaben
ratification (*im Unternehmensrecht*) nachträgliche Genehmigung der Handlung eines Agenten durch den Geschäftsherrn
rating 1. (bonitätsmäßige) Bewertung/Klassifizierung 2. (a) Leistungsbeurteilung, Beurteilung von Mitarbeitern (b) Festlegung der Leistungsgrade 3. (*bei Rundfunk- und TV-Sendungen*) Ermittlung der Einschaltquote/Reichweite, Hörer-/Sehbeteiligung, → rating points 4. Erstellung einer Rangordnung, → rating scale method 5. (*im Versicherungsgeschäft*) (a) Prämien-/Beitragsfestsetzung, Tarifierung (b) Erstellung von Prämienempfehlungen bzw. Ausarbeitung von Prämienrichtzahlen, → rating bureau
rating agency Rating-Agentur ▢ Organisation, die Wertpapiere nach der Bonität ihrer Emittenten klassifiziert. Bei den beiden wichtigsten rating agencies, den in den Vereinigten Staaten ansässigen, aber auch international operierenden Standard & Poor's und Moody's, reichen die Bonitätsabstufungen über zehn Stufen von → AAA bis → D bzw. über neun Stufen von → Aaa bis → C. Die genannten Rating-Agenturen, die nicht nur die Titel von Industriekonzernen und Großbanken, sondern auch von öffentlichen Körperschaften und staatlichen Kreditnehmern klassifizieren, gewährleisten ferner eine laufende Bonitätsüberwachung. Das Rating-Sys-

tem ist von zentraler Bedeutung für die Geld- und Kapitalmärkte.
rating authority Behörde, die Abgaben erhebt.
rating bureau Organisation, die aufgrund der von ihr gesammelten und ausgewerteten Daten Prämienempfehlungen für Versicherungsgesellschaften ausarbeitet.
rating class (Prämien-)Risikoklasse
rating points/ratings Einschaltquote □ ein rating point entspricht 1% der zugeschalteten Haushalte
rating scale method Rangordnungs-Verfahren □ Ratingverfahren, bei dem eine Testperson aufgefordert wird, Produkte auf einer mehrere Bewertungsstufen umfassenden Skala zu bewerten.
rating symbol Klassifizierungssymbol, Bewertungskennziffer, → rating agency
rating up Beitragserhöhung aufgrund eines erhöhten Risikos
ratio comparison Kennzahlenvergleich □ Vergleich zwischen Kennzahlen mehrerer Unternehmen der gleichen Branche
ratio covenant zu beachtende Kennzahl, → loan covenants
ratio decidendi Grund für eine Entscheidung
ratio measurement level Verhältnisskala, Ratioskala
rational appeal rationaler Werbeansatz
rational management Maßnahmen zur Gewährleistung der Rationalität in der Unternehmensführung, rationale Gestaltung von Entscheidungsprozessen
ratio of fixed assets to total assets Anlagenintensität, Anlagevermögen in v.H. des Gesamtvermögens
ratio of profit to sales Umsatzrentabilität, Umsatzergiebigkeit, Umsatzrendite, Gewinn in v.H. des Umsatzes
ratio of proprietors' funds to external liabilities Verschuldungskoeffizient, Verhältnis von Eigenkapital zu Fremdmitteln
ratio of sales to net worth Kapitalumschlag, Verhältnis von Umsatz zum Eigenkapital
ratio of sales to stock held → inventory turnover

ratio of shareholders' funds to total assets Eigenkapitalquote
raw land unerschlossener Grund und Boden
raw materials and supplies *(im Jahresabschluss)* Roh-, Hilfs- und Betriebsstoffe
raw materials cost budget Rohstoff- und Betriebsstoffkostenbudget □ Teil der betrieblichen Planungsrechnung, Aufstellung über die geplanten Käufe und die damit verbundenen Aufwendungen.
R/C → reconsignment
RCH → Recognised Clearing House
RCM → reliability centered maintenance
RCO → real cost of ownership
RCRS → real cost recovery system
RDAs → regional development agencies
RD(B)MS → relational database management system
RDC → regional distribution center
R&D expenditure → research and development expenditure
reach Reichweite □ Kontaktmesszahl eines Werbeträgers; Verhältnis von Personen, die mit einer Werbebotschaft/einem Werbeträger Kontakt hatten, zu der Gesamtzahl der Personen, die man hätte erreichen können. → gross cover (coverage)
reach curve Reichweitenkurve, grafische Darstellung der Reichweitenentwicklung
reacquisition Rückkauf, Rückerwerb
reactive bias Reaktions-Bias □ entsteht, wenn eine Testperson ihr Verhalten aufgrund der Teilnahme an der Befragung/einem Test ändert.
reactive scheduling reaktive Ablaufplanung, Anpassung der Planung an eine veränderte Planungsumgebung
readily realisable assets leicht realisierbare Aktiva
readiness to load Ladebereitschaft
readiness to serve costs Bereitschaftskosten
readjustment außergerichtliche Unternehmenssanierung und/oder -vergleich
ready delivery sofortige Lieferung, Lieferung sofort nach Auftragserhalt
ready made company → shelf company
ready money Bargeld

reaffirmation of debts Bestätigung von Verpflichtungen, i.e.S. Schuldverpflichtungen, die auch nach Abschluss eines Konkursverfahrens weiter bestehen.
real accounts Sachkonten
real action Realklage, dingliche Klage
real assets Sachanlagen
real capital Sachkapital, Realkapital □ in Betriebsanlagen, Fahrzeuge, Maschinen investiertes Kapital
real capital goods reale Kapitalgüter
real cash flow aus dem operativen Geschäft abgeleiteter Cashflow
real chattels → chattels real
real cost of ownership → total cost of ownership
real cost recovery system Abschreibungssystem, bei dem die Abschreibungsdauer der tatsächlichen wirtschaftlichen Nutzungsdauer angepasst wird.
real defense Einrede gegen die Rechtsverbindlichkeit
real disposable incomes verfügbares Realeinkommen
real estate appreciation debenture Immobilien-Schuldverschreibung, bei der der Inhaber neben den Zinsen eine Sonderausschüttung für die Wertsteigerung der zugrunde liegenden Immobilien erhält.
real estate assets Immobiliarvermögen, Liegenschaften, Liegenschaftsvermögen, Grundbesitz
real estate closing Übertragung der Eigentumsrechte an einer Immobilie vom Verkäufer auf den Käufer, → closing
real estate commission Immobilienaufsichtsbehörde eines US-Bundesstaates
real estate holdings Immobilienanlagen, Immobilienbestand
real estate indebtedness Grundverschuldung, Belastung des Grund und Bodens
real estate investment performance Ertrag aus einem Immobilien-Investment
Real Estate Investment Trusts börsennotierte US-Immobilienaktiengesellschaften □ REIT-Unternehmen erwerben Wohn- und/oder Gewerbeimmobilien, die von professionellen Immobilienmanagern verwaltet werden. Sie erwirtschaften die erforderliche Eigenkapitalrentabilität sowohl durch die langfristige Wertsteigerung ihrer Objekte als auch durch Portefeuilleumschichtungen. Erfüllt ein REIT bestimmte gesetzlich festgelegte Voraussetzungen (z.b. ein hoher Prozentsatz des Anlagevermögens muss in Immobilien oder grundpfandrechtlich gesicherten Krediten/Hypotheken angelegt sein), ist mit dem Erwerb von REIT-Anteilen eine Reihe von Steuervorteilen verbunden.
real estate leasing Immobilien-Leasing, Leasing von Grundstücken, Gebäuden oder Betriebsanlagen
real estate lending Realkreditgeschäft, Gewährung von Immobilienkrediten (Hypothekendarlehen)
real estate lien Grundpfandrecht
real estate listing Beauftragung eines Maklers mit dem Verkauf von Grundbesitz, → listing
real estate loan insurance Hypothekenkreditversicherung
real estate note durch Immobilien besicherter Schuldschein
real estate owned von einem US-Kreditinstitut im Rahmen von Zwangsvollstreckungsmaßnahmen erworbene Immobilien
real estate settlement → closing
Real Estate Settlement Procedures Act Gesetz, das den Abschluss von Immobiliengeschäften (→ closing) regelt; verpflichtet Kreditgeber u.a. zur Offenlegung der → closing costs
real estate syndicate Immobiliengruppe □ handelte es sich bei den real estate syndicates in den Vereinigten Staaten ursprünglich um geschlossene Immobilienfonds, so sind heute unter diesem Begriff Immobiliengruppen bzw. Bauträgergesellschaften zu verstehen. I.d.R. werden sie als → limited partnerships geführt.
real estate tax Grundsteuer
real estate title Eigentumsrecht an Grund-

besitz
real estate valuation Bewertung von Grundstücken und/oder Gebäuden
real estate waiver Verzicht auf die Geltendmachung (vorrangiger) grundpfandrechtlich gesicherter Ansprüche
real gross domestic product inflationsbereinigtes Bruttoinlandsprodukt
real growth of income Realeinkommenssteigerung
real growth rate Realwachstumsrate
real income(s) Realeinkommen, effektives Einkommen
real interest rate 1. effektiver Zinssatz 2. Realzinssatz □ um die Inflationsrate bereinigter Nominalzins
real investments Sachinvestitionen, → financial investments, → intangible investments
realisable value Veräußerungs-/Realisationswert, → realisation proceeds
realisation 1. Veräußerung, Verkauf, Verwertung 2. Realisierung von Gewinnen 3. Glattstellung von Wertpapierbeständen 4. Verwertung von Sicherheiten 5. Liquidation einer Unternehmung
realisation and liquidation statement Schlussrechnung des Insolvenzverwalters
realisation gains/losses Veräußerungsgewinne/-verluste
realisation gap Realisierungslücke □ Zeitraum vom Erkennen eines Marktbedarfs bis zur Deckung dieses Bedarfs durch ein entsprechendes Produkt
realisation principle Realisationsprinzip, Gewinnrealisierung bei Leistungserfüllung □ Grundsatz der Einnahmenrealisation, d.h. Einnahmen gelten als zu dem Zeitpunkt realisiert, zu dem die entsprechende Leistung erbracht wurde.
realisation proceeds Verkaufserlös, Verwertungserlös
realisation sale 1. Verkauf zur Verwertung eines Sicherungsgutes, i.w.S.: Versteigerung, Liquidationsverkauf 2. Verkauf von Wertpapieren zur Realisierung von Kursgewinnen

realisation value Realisationswert, Veräußerungswert
realised compound yield Rendite bei Wiederanlage aller Kuponerlöse
realised earnings → earned earnings
realised investment profits realisierte Gewinne aus Finanzanlagen
realised security gains (losses) realisierte Gewinne (Verluste) aus Wertpapiergeschäften
real net national product reales Nettosozialprodukt
real property Grundbesitz, Grundeigentum, Realvermögen, Liegenschaftsvermögen, Grundstücke und Gebäude
real property improvements → improvements
real rate of return effektive (inflationsbereinigte) Rendite
real remedies dingliche Rechtsbehelfe □ z.B. Zurückbehaltungsrecht (Rückforderung gelieferter Waren) bei Zahlungsunfähigkeit eines Käufers
real security dingliche Sicherheit, Realsicherheit
real servitudes Grunddienstbarkeiten, Reallasten
real-time data Echtzeitinformationen
real-time performance monitoring Echtzeit-Ergebnisüberwachung
real-time planning Echtzeit-Planung □ gewährleistet die sofortige Berücksichtigung neuer Informationen in der Planung
real-time processing Echtzeitbetrieb, Realzeitbetrieb
realtor durch eine Standesorganisation zugelassener Makler
realty → real property
real value of money Kaufkraft
real wages Reallöhne, Effektivlöhne
reappraisal lease Pacht-/Mietvertrag, der eine Überprüfung des vereinbarten Mietzinses in regelmäßigen Zeitabständen (durch einen unabhängigen Sachverständigen) vorsieht.
reasonable business needs principle Grundsatz, dem zufolge die für erforderliche Geschäftszwecke einbehalten Ge-

winne nicht der → accumulated earnings tax unterliegen.

reasonable compensation *(i.S. des US-Steuerrechts)* angemessene Vergütung ☐ Betrag, der für eine Dienstleistung üblicherweise im Geschäftsverkehr gezahlt wird.

reasonable estimate plausible (zuverlässige) Schätzung

reasonableness test Prüfung der Angemessenheit

reasonable notice angemessene Kündigungsfrist

reasonable value → fair market value

rebalancing Neugewichtung der → asset allocation

re-baselining Überarbeitung des Projektbasisplanes, Anpassung des Kosten- und Zeitrahmens an veränderte Projektziele

rebriefing erneutes → Briefing, bei der eine Werbeagentur/ein Consultingunternehmen ein Grobkonzept vorlegt.

rebuttable presumption widerlegbare Mutmaßung

rebuttal evidence Gegenbeweis

recall 1. Rückforderung zur Verfügung gestellter Gelder, (Darlehens-)Kündigung 2. Rückruf fehlerhafter Produkte 3. Aufhebung eines Urteils 4. Werbeerinnerung, Recall

recall test Erinnerungstest ☐ Verfahren zur Feststellung des Eindrucks, den eine Werbebotschaft hinterlassen hat.

recapitalisation 1. Rekapitalisierung, Sanierung durch Veränderung des Eigenkapitals, → restructuring 2. Umwandlung von Krediten in Eigenkapital

recapture 1. Wiedererlangung ☐ z.B. eines verlorenen Marktanteils 2. Rückforderung einer gewährten Steuervergünstigung durch die Finanzverwaltung, → depreciation recapture rules 3. Rückgängigmachung eines Mietvertrages durch den Vermieter, wenn der Mieter den festgelegten Mindestumsatz (→ percentage leasing) nicht erreicht.

recapture clause 1. Rückforderungsklausel, → recapture, → depreciation recapture rules 2. *(bei Kreditverträgen)* Vertragsklausel hinsichtlich der Neufestsetzung von Zinssätzen oder Kosten bei erhöhten Geldbeschaffungskosten 3. Bestimmung, die den Leasinggeber (a) unter bestimmten Umständen zur sofortigen Beendigung des Leasingvertrages berechtigt oder (b) ihm neben der Leasingrate eine zusätzliche Gewinnbeteiligung einräumt.

recapture of products insurance → product recall insurance

recapture rate jährliche Amortisationsrate, → payback

recasting Überarbeitung eines (Kredit-)Vertrages, Anpassung an veränderte wirtschaftliche Umstände (z.B. bei drohendem Zahlungsverzug)

recast payment den veränderten Marktverhältnissen angepasste monatliche Zins- und Tilgungsleistung

receipt clause Klausel einer Eigentumsurkunde, durch die der Erhalt der Gegenleistung bestätigt wird.

receipt location Bestimmungsort des Frachtgutes

receipt note Eingangsschein, Warenbegleitschein

receipt of goods terms Zahlungsziel, das mit dem Eingang der Waren beim Kunden beginnt.

receipt point → receipt location, i.e.S. Ort, an dem die Verantwortung für das Frachtgut auf den Frachtführer/Verfrachter übergeht.

receipts 1. Einnahmen 2. Umsatzerlöse

receivables financing Forderungsfinanzierung, Bevorschussung von Forderungen

receivables from sale of investment securities Forderungen aus dem Verkauf von Anlagewertpapieren

receivables from subsidiaries, net Forderungen gegenüber Tochtergesellschaften nach Abzug entsprechender Verbindlichkeiten

receivables hedge Absicherung von Forderungen (Zahlungseingängen)

receivables less allowances for doubtful

items Forderungen abzüglich Wertberichtigungen auf zweifelhafte Posten
receivables, net Forderungen abzüglich Wertberichtigungen
receivables pledged as collateral for a loan als Sicherheit für einen Kredit abgetretene Forderungen
receivables, trade Forderungen aus Warenlieferungen
receivables turnover Debitorenumschlag
received for shipment bill of lading Empfangskonnossement □ enthält die Bestätigung, dass die Waren zur Verschiffung übernommen wurden; bescheinigt nicht die Übernahme an Bord. → on-board bill of lading
receiver 1. Insolvenzverwalter, i.e.S. von Gläubigern zur Verwertung ihrer Sicherheiten bestellter Verwalter □ hierbei kann es sich um einen → administrative receiver oder um einen Law of Property Act receiver (→ receivership) handeln. 2. gerichtlich bestellter Treuhänder 3. Empfänger □ Kontrahent, der bei einem Zins-Swap die Festsatzzahlungen erhält. → payer, → interest rate swap
receiver by way of equitable execution Zwangsverwalter
receivership Insolvenzverwaltung □ Nach dem → Insolvency Act gibt es drei verschiedene Formen der Insolvenzverwaltung: 1. den administrative receiver, der durch den Inhaber einer → fixed oder → floating charge bestellt wird (i.d.R. ein Kreditinstitut, das vergeblich die Rückführung seiner Kredite verlangt hat). Aufgabe des administrative receiver ist es, die Forderungen des Gläubigers einzuziehen und in einem entsprechenden Umfang Vermögenswerte des Unternehmens zu veräußern 2. den gerichtlich eingesetzten receiver 3. den Law of Property Act receiver, der i.d.R. bei Insolvenzen von Bauträgern bzw. Immobilienunternehmen durch die Hypothekengläubiger eingesetzt wird.
receivership by way of equitable execution Zwangsverwaltung

receivership order Anordnung der Insolvenz-/Zwangsverwaltung
receiver swaption Mit einer receiver swaption erwirbt der Käufer das Recht, nicht aber die Verpflichtung, bei Optionsausübung in einen Zins-Swap einzutreten, bei dem er auf der Basis eines nominellen Kapitalbetrags einen Festsatz erhält und selbst einen variablen Satz zahlt. Umgekehrt verflichtet sich der Verkäufer der Receiver Swaption zur Zahlung eines festen und Entgegennahme eines variablen Satzes.
receive versus payment Anweisung, dass die Waren nur gegen Barzahlung ausgehändigt werden dürfen.
receiving agent Empfangsbevollmächtigter, Zustelladresse, → receiving carrier
receiving carrier Empfangsspediteur □ übernimmt die Sammelladung und die Zustellung der Einzelsendungen an die Empfänger
receiving department Wareneingangsabteilung
receiving note Ladeschein, Übernahmeschein, Schiffszettel
receiving order → receivership order
recency effect Theorie, der zufolge sich der Verbraucher jene Informationen am besten merkt, die mit einer Werbebotschaft zuletzt übermittelt werden.
recent acquisition approach vergleichende Unternehmensbewertung □ auf der Basis der bei der Übernahme vergleichbarer Unternehmen erzielten Preise
recharacterization Umwidmung
reciprocal buying Kompensationsgeschäft, → compensation transactions
reciprocal insurance Versicherung auf Gegenseitigkeit, gegenseitige Rückversicherung
reciprocal tax convention Doppelbesteuerungsabkommen
reciprocity clause Gegenseitigkeitsklausel, Reziprozitätsklausel □ Klausel, der zufolge Leistungen einer Partei nur bei gleichwertigen Gegenleistungen erbracht werden.

recission of contract Vertragskündigung (durch eine der Vertragsparteien aufgrund der Vertragsbestimmungen), Vertragsauflösung (im beiderseitigen Einverständnis)

recital clause (recitals) Einleitung, einleitende Erklärung, Präambel einer Urkunde bzw. einer Versicherungspolice

recklessness bewusste Fahrlässigkeit, Leichtfertigkeit

reclamation bond Bürgschaft, dass ein Bauträger/eine Projektentwicklungsgesellschaft den im Zuge seiner/ihrer Baumaßnahmen genutzten kommunalen Grund und Boden in den ursprünglichen Zustand zurückversetzen wird.

reclassification adjustments 1. Umbuchungen 2. i.e.S. Umwidmung von Ergebnisbeiträgen, Umbuchungen zwischen Ergebniskategorien

RCN → replacement cost new

recognise *(im Rechnungswesen)* ausweisen, ergebniswirksam erfassen, verbuchen

Recognised Clearing House durch die britische → Financial Services Authority regulierte Börsen-Clearingorganisation

recognised gain 1. steuerpflichtiger Gewinn 2. ergebniswirksam erfasster Gewinn

Recognised Investment Exchange durch die britische → Financial Services Authority regulierte und überwachte Börse. ☐ Zu den RIEs zählen der London Stock Exchange, Tradepoint, London International Financial Futures and Options Exchange, OM London Exchange, London Metal Exchange and International Petroleum Exchange

recognised investment income in die Gewinn- und Verlustrechnung eingestellte Kapitalerträge, i.w.S. steuerpflichtige Kapitalerträge

Recognised Professional Bodies durch die britische → Financial Services Authority anerkannte Standesorganisationen

recognition 1. Anerkennung der Handlungen eines Bevollmächtigten/Vertreters durch den Auftraggeber 2. erfolgswirksamer Ansatz, Erfassung in der Bilanz bzw. Gewinn- und Verlustrechnung

recognition criteria Ansatzkriterien, Kriterien für den Ansatz in der Bilanz, Voraussetzungen für die Aufnahme in die Bilanz bzw. Gewinn- und Verlustrechnung

recognition in the current period Erfassung (ergebniswirksame Verbuchung) in der laufenden Rechnungsperiode

recognition in the profit and loss account Einstellung in die Gewinn- und Verlustrechnung, ergebniswirksame (erfolgswirksame) Verbuchung

recognition of accretion Vereinnahmung (Erfassung) des Wertzuwachses

recognition of expenditure/income Aufwands-/Ertragserfassung

recognition of loan income Vereinnahmung (Ausweis) der Erträge aus dem Kreditgeschäft

recognition test (method) Wiedererkennungstest zur Messung der Werbewirksamkeit

recognizance *(in Verbindung mit straf- oder zivilrechtlichen Tatbeständen)* Eingehen einer Verpflichtung (vor Gericht), (Schuld-)Anerkenntnis

recognizee Person/Partei, gegenüber der eine Verpflichtung eingegangen wurde.

recognizor Person/Partei, die eine Verpflichtung eingegangen ist.

recommended bid Übernahmeangebot mit Zustimmung der Geschäftsleitung des Zielunternehmens

reconciliation 1. Abstimmung 2. Überleitung von Buchwerten, Errechnung des endgültigen Schätzwertes aus den Ergebnissen verschiedener Bewertungsansätze

reconciliation statement Überleitungsrechnung

reconditioning Umverpackung

reconditioning charges Kosten für die Wiederinstandsetzung

reconsignment Änderung des Empfängers/Bestimmungsortes von Frachtgut während des Transports

reconstruction scheme Sanierungsprogramm ☐ durch Veränderung der Kapitalverhältnisse, Umwandlung kurzfristiger Fazilitäten in langfristige Kredite, durch Abbau von Verpflichtungen bzw. teilweisen Forderungsverzicht etc.

reconveyance Rückübertragung ☐ auf den früheren Eigentümer (auf den Sicherungsgeber), → mortgage, → right of redemption

record registrieren, eintragen, *(to – as it accrues)* periodengerecht verbuchen, *(to – for financial reporting purposes at the fair market value)* in der Handelsbilanz zum Marktwert ausweisen, *(to – on a memorandum basis)* als Fußnote zur Bilanz gesondert ausweisen, *(to – on a retroactive basis)* rückwirkend ausweisen, *(to – through the revaluation reserve)* unter der Neubewertungsrücklage ausweisen

record-keeping requirement Erfordernis zur Führung bestimmter Rechnungsunterlagen

recoupment 1. Wiedererlangung, Zurückgewinnung 2. Wiedergutmachung, Entschädigung 3. Einbehaltung, Reduzierung eines fälligen Betrages um eine Gegenforderung

recourse agreement Regressvereinbarung, i.S. des britischen Consumer Credit Act: Vereinbarung zwischen einem Hersteller (Verkäufer) und einem Teilzahlungskreditinstitut, der zufolge sich der Hersteller bei einem Zahlungsverzug des Käufers zur Rücknahme der Waren verpflichtet.

recourse assignment Form der Abtretung von Forderungen, bei der im Verzugsfall des Schuldners der Abtretungsempfänger Rückgriff auf den Abtretenden nehmen kann.

recourse claim 1. Regressanspruch, Regressforderung, Rückgriffsforderung 2. Anspruch auf Schadenersatz

recourse factoring Factoring mit der Möglichkeit des Rückgriffs auf den Verkäufer der Forderungen

recourse in default of payment Rückgriff mangels Zahlung

recourse liabilities 1. Verbindlichkeiten, die einen uneingeschränkten Rückgriff auf die Vermögenswerte des Schuldners/Kreditnehmers ermöglichen. → non-recourse liabilities 2. Verbindlichkeiten, für die ein Gesellschafter haftet.

recourse loan Kredit mit Rückgriffsmöglichkeit (auf einen Dritten bei Schuldnerverzug)

recourse mortgage Hypothek mit Regresshaftung (☐ d.h. kommt es im Falle des Zahlungsverzugs des Schuldners zur Zwangsversteigerung einer Immobilie, kann der Gläubiger den Schuldner für jeden Forderungsausfall haftbar machen.

recourse to a prior endorser Sprungregress, Sprungrückgriff ☐ Rückgriff auf einen früheren Indossanten, ohne dass die Reihenfolge der Wechselverpflichteten eingehalten wird.

recourse to public funds Inanspruchnahme öffentlicher Mittel

recoverable amount 1. beitreibbarer Betrag 2. auslösbarer Betrag, der aus der Nutzung erzielbare Betrag 3. amortisierbarer Betrag, durch künftige Erträge gedeckter Kapitaleinsatz

recoverable debt 1. beitreibbare Forderung 2. der als Entschädigung (Schadenersatz) zu zahlende Betrag

recoverables *(im Versicherungsgeschäft)* 1. Rückerstattungsansprüche, Schadenersatzansprüche 2. Ansprüche aus der Rückversicherung

recovered expenses wieder zurückgeflossene Aufwendungen ☐ sind als Einkommen zu versteuern, wenn sie in vorangegangenen Rechnungsperioden einnahmenmindernd abgesetzt wurden.

recoveries 1. Kapitalrückflüsse 2. Eingänge aus abgeschriebenen Forderungen 3. Abschreibungen 4. erhaltene Schadenersatzleistungen 5. Zahlungen aus einer Rückversicherung

recovery financing 1. Sanierungsfinanzierung, Finanzierung einer → turnaround situation 2. Finanzierung des Aufschwungs

recovery of debt 1. Beitreibung (Einzug) von Forderungen 2. Forderungsrückführung, Einbringung bereits abgeschriebener Forderungen
recovery of land Wiederinbesitznahme von Grundbesitz, Rückübertragung der Eigentumsrechte nach Löschung der Grundpfandrechte, → right of redemption
recovery of title Wiedererlangung der Eigentumsrechte
recovery period 1. Abschreibungszeitraum 2. Amortisationsdauer, → payback period
recovery property abschreibbare Wirtschaftsgüter
recovery rate 1. Einbringungsquote, Erlösquote, Prozentsatz der realisierten Forderungsrückführung 2. Kostendeckungsquote 3. jährliche Amortisationsrate
recovery situation → turnaround situation
recruitment i.e.S. Personaleinstellung, i.w.S. Personalbeschaffung
recruitment channels Personalbeschaffungswege, → internal/external recruitment channels
recruitment cost Personalbeschaffungskosten
recruitment evaluation Analyse (Bewertung) der Beschaffungswege
recruitment reservoir Arbeitskräftereservoir
recurrent (recurring) expenditure regelmäßig wiederkehrende Ausgaben
recusal/recusation 1. Ablehnung eines Richters wegen Befangenheit 2. freiwillige Abgabe eines Verfahrens durch einen Richter wegen möglicher Befangenheit
red book umgangssprachlich für den → Takeover Code
red clause Akkreditivklausel, durch die die Bank ermächtigt wird, dem Begünstigten vor Einreichung der Dokumente unter dem in Frage kommenden Akkreditiv Vorschüsse zu gewähren.
redemption 1. Tilgung, Rückzahlung 2. Rücknahme, Rückkauf von (a) Fondsanteilen (b) Gesellschaftsanteilen 3. Auslösung eines Sicherungsgegenstandes, Löschung eines Grundpfandrechtes und Rückübertragung der Eigentumsrechte, → equity of redemption, mortgage
redemption period 1. Tilgungszeitraum, Tilgungsperiode 2. der für die Auslösung eines Pfandes zur Verfügung stehende Zeitraum, → right of redemption
redeployable wieder verwendbar durch andere Nutzer
redeployment of assets Umgruppierung von Anlagen
redesign Modernisierung (Anpassung, Umgestaltung) von Werbeelementen/von Produkten/des Firmenlogos etc.
redlining Ausgrenzung (z.B. bestimmter Risiken bei Versicherungsangeboten, bestimmter Kreditnehmergruppen bei Kreditangeboten)
redress 1. Wiedergutmachung, Schadenersatz 2. Abhilfe
reducing balance depreciation degressive Abschreibung
reduction certificate Bestätigung der Hypotheken-Restschuld
reduction in assets Verringerung der Vermögenswerte, i.w.S. Aktivminderungen, Bilanzverkürzung
reduction into possession Umwandlung von Forderungsrechten in besitzfähige Vermögensbestandteile
reduction of property, plant and equipment Verminderung der Sachanlagen
reductions in surplus Abnahme der offenen Rücklagen
redundancy scheme Sozialplan
reefer Kühlcontainer
re-enactment Wiederinkraftsetzung
re-entry Wiederinbesitznahme
refactoring charge Gebühr des Factor bei einer Rückübertragung von Forderungen
referee 1. Schiedsrichter, Schlichter 2. gerichtlich bestellter Gutachter/Sachverständiger □ besitzt das Recht der Zeugeneinvernahme, Anhörung der Parteien 3. *(- in case of need)* Notadresse □ Person, die gegebenenfalls in die Verpflichtungen eines Schuldners eintritt.

reference 1. Bestellung eines Schiedsrichters 2. Überweisung an ein anderes Gericht
reference date survey Stichtagserhebung
reference group Bezugsgruppe □ Gruppe, an deren Werten bzw. Einstellungen eine Person ihr eigenes Verhalten orientiert.
referral rate Prozentsatz der Neukunden, die aufgrund der Empfehlungen von Altkunden gewonnen werden konnten.
reflected in income erfolgswirksam verbucht
refloat Sanierung, Umstrukturierung
reformation gerichtlich angeordnete Berichtigung oder Abänderung einer Urkunde
refund claim 1. Rückerstattungsanspruch 2. Antrag auf (Steuer-)Rückerstattung
refusal rate/refusals *(in der Marktforschung)* Verweigerungsrate □ Prozentsatz/Anzahl der Personen, die die Mitwirkung an einer Befragung verweigert haben.
refutational message Werbeanzeige/-spot zur Widerlegung einer unsachlichen Produktkritik
regional development agencies regionale Wirtschaftsförderungs-Agenturen der britischen Regierung
regional distribution center regionales Zentrallager
regional selective assistance Fördermittel □ werden in Großbritannien an Unternehmen in → assisted areas für arbeitsplatzsichernde/-schaffende Investitionsprojekte oder Unternehmensneugründungen vergeben.
registered agent Zustellungsbevollmächtigter
registered capital Grundkapital, Nominalkapital
registered charge/collateral eingetragenes Grundpfandrecht/Sicherungspfandrecht
registered covenants eingetragene Beschränkungen, i.e.S. Einschränkung der Grundstücksnutzung
registered design Geschmacksmuster
registered land eingetragenes Grundstück, → land registration

registered land certificate Grundbuchauszug (gleichzeitig Eigentumsurkunde)
registered name 1. eingetragener Firmenname 2. eingetragenes Markenzeichen
registered office satzungsmäßiger Sitz eines Unternehmens
registered provident society eingetragene gemeinnützige Organisation □ z.B. Versicherungsverein auf Gegenseitigkeit, Treuhandfonds, Pensionskasse
registered public offering bei der → Securities and Exchange Commission registriertes öffentliches Zeichnungsangebot
registered security 1. Namenspapier, das auf den Namen des Inhabers ausgestellte Wertpapier 2. Wertpapier aus einer Emission, die bei der → Securities and Exchange Commission angemeldet wurde. → registration statement 3. eingetragene Sicherheit, eingetragenes Sicherungspfandrecht
registered title eingetragenes Besitzrecht, → land registration
registered trademark eingetragene Schutzmarke, eingetragenes Warenzeichen, → common law trademark
registered user eingetragener Nutzer eines Warenzeichens (bei dem es sich nicht um den Eigentümer handelt)
register of annuities Register, in das jährliche und grundpfandrechtlich abgesicherte Zahlungsverpflichtungen eingetragen werden. Teil eines → Land Charges Register
register of business names Firmenregister □ Eine Eintragung ist erforderlich, wenn der Firmenname nicht mit dem bzw. den Namen der Gesellschafter identisch ist.
register of charges 1. vom → Registrar of Companies geführtes Verzeichnis aller Sicherungspfandrechte, die auf den Vermögenswerten der bei ihm registrierten Unternehmen lasten und deren Registrierung nach dem britischen Companies Act erforderlich ist. Das Register, das unabhängig von Grundbucheintragungen besteht, kann von jedermann gegen Zahlung

einer Gebühr eingesehen werden 2. Von einer Unternehmung zu führendes Verzeichnis aller Sicherungspfandrechte, die auf den Vermögenswerten lasten. Nach den Bestimmungen des Companies Act ist dieses Verzeichnis am Gesellschaftssitz zu führen und allen Aktionären bzw. Gesellschaftern auf Wunsch zugänglich zu machen 3. → Land Charges Register

register of debenture holders am Gesellschaftssitz zu führendes Verzeichnis der Anleihegläubiger und grundpfandrechtlich abgesicherten Kreditgeber einer Unternehmung

register of deeds 1. Grundbuch 2. → Registrar of deeds

register of directors' shareholdings am Gesellschaftssitz zu führendes Verzeichnis der Kapitalbeteiligungen der Verwaltungsratsmitglieder

register of pending actions Register, in das rechtsanhängige Verfahren eingetragen werden. Teil des → Land Charges Register

register of trade marks Zeichenrolle

register of writs and orders affecting land Register, in das gerichtliche Verfügungen in Verbindung mit Grundstücken eingetragen werden. Teil des → Land Charges Register

registrable title eintragungsfähiges Besitzrecht

registrant 1. der/die Eintragende 2. gegenüber der → Securities and Exchange Commission berichtspflichtiges Unternehmen

Registrar 1. Registerführer, Urkundsbeamter 2. Leiter einer Registerbehörde/einer Verwaltung

Registrar of bills of sale Leiter der Registerbehörde für Übereignungsverträge und Verpfändungsurkunden

Registrar of Companies britische Gesellschaftsregisterbehörde ☐ Hauptaufgabe des Registrar of Companies ist die Registrierung von Unternehmensneugründungen. Nach Abschluss der Registrierungsformalitäten erstellt der Registrar das certificate of incorporation (Gründungs-urkunde). Vor Ausstellung dieses Zertifikats kann eine Unternehmung keine rechtswirksamen Geschäfte tätigen oder Bankkonten eröffnen. Der Registrar ist ferner für die Führung des → register of charges und für die Registrierung aller Informationen zuständig, die nach dem Companies Act eingetragene Unternehmen der Öffentlichkeit zugänglich machen müssen.

Registrar of deeds Urkundsbeamter, i.w.S. Leiter einer Registerbehörde/eines Grundbuchamtes

registration certificate 1. Registrierungsbestätigung, Registrierungsnachweis 2. Schiffsregisterbrief

registration exemption Befreiung von der Registrierungspflicht ☐ folgende US-Emissionen müssen bei der → Securities and Exchange Commission nicht angemeldet werden: Schuldtitel des Bundes, der Bundesstaaten und der Kommunen; kurzfristiges → commercial paper; von gemeinnützigen Organisationen emittierte Wertpapiere; Schuldtitel, die nach einer vom zuständigen Gericht gebilligten → reorganization ausgegeben werden; neue Wertpapiere, die gegen alte Titel des gleichen Emittenten ausgetauscht werden, sowie alle Papiere, auf die die Bestimmungen der → Regulation A und D der Securities and Exchange Commission zutreffen.

registration of title Eintragung eines Rechtstitels (Eigentumsrechtes)

registration period *(bei Neuemissionen)* Zeitraum zwischen dem Einreichen der Emissionsunterlagen bei der → Securities and Exchange Commission und dem Abschluss des Prüfungsverfahrens durch diese Behörde. → registration statement

registration requirement 1. Registrierungspflicht für Sicherungspfandrechte ☐ nach den Bestimmungen des Companies Act müssen Sicherungspfandrechte innerhalb von 21 Tagen nach Ausfertigung der entsprechenden Urkunden beim → Registrar of Companies registriert werden. Bei

Nichtregistrierung verliert das Pfandrecht seine Rechtswirksamkeit 2. Registrierungspflicht für Neuemissionen, → registration statement

registration statement Registrierungsantrag □ Dokument, mit dem eine Unternehmung eine Wertpapieremission bei der → Securities and Exchange Commission anmeldet. Nach den Bestimmungen des → Securities Act dürfen Neuemissionen in den Vereinigten Staaten erst nach ihrer Registrierung bei der SEC öffentlich zur Zeichnung angeboten werden. Für bestimmte Emissionen besteht eine ebenfalls gesetzlich geregelte Freistellung von der Registrierungspflicht (→ registration exemption). Das registration statement muss alle von der SEC vorgeschriebenen Informationen zur Unternehmensgeschichte sowie zur rechtlichen, kapitalmäßigen, wirtschaftlichen und finanziellen Situation der Gesellschaft enthalten. Sind die eingereichten Unterlagen nach Ansicht der SEC ungenau oder unvollständig, wird sie entsprechende Änderungen bzw. Ergänzungen verlangen (deficiency letter). Enthält das statement irreführende Angaben, ist die SEC verpflichtet, ein öffentliches Zeichnungsangebot zu untersagen (stop letter).

Registry of deeds Registerbehörde, Grundbuchamt

regression analysis Regressionsanalyse □ statistische Methode zur Erfassung und Messung der Abhängigkeitsbeziehungen zwischen quantitativen (endogenen und exogenen) Variablen

regression line Regressionsgerade

regroupage Zusammenstellung zu einer neuen Sammelladung

regs Abkürzung für regulations (Verwaltungsvorschriften)

regular withdrawal plan Anlageprogramm, bei dem die angesammelten Vermögenswerte von einem bestimmten Zeitpunkt an in gleich bleibenden Abständen und Beträgen an den Inhaber zurückgezahlt werden.

regulated investment company nach dem Investment Act registrierter und unter staatlicher Aufsicht stehender US-Investmentfonds

regulated price administrierter Preis

regulation 1. Bestimmung 2. Regulierung 3. *(regulations)* (a) Satzung einer → limited liability company (b) Anweisungen, Verordnungen □ Im Finanzwesen der Vereinigten Staaten zählen die auf entsprechenden Bundesgesetzen basierenden Regulations des Federal Reserve Board (FED) und der Securities and Exchange Commission (SEC) zu den wichtigsten Ausführungsbestimmungen:

Regulation A 1. Fed-Anweisung zur Mittelaufnahme der Kreditinstitute bei den Federal Reserve Banks 2. SEC-Bestimmungen zur Befreiung kleinerer Wertpapieremissionen von der Registrierungspflicht □ demzufolge sind öffentliche Zeichnungsangebote bis USD 5 Mio. innerhalb eines Zwölfsmonats-Zeitraums von der Registrierung ausgenommen. Es genügt die Unterrichtung der SEC sowie die Hinterlegung des Angebotsprospektes.

Regulation B Fed-Anweisung zur Gleichbehandlung von Kreditnehmern (Ausführungsbestimmungen zum Equal Credit Opportunity Act).

Regulation C 1. Fed-Anweisung zur Offenlegung der Konditionen für Hypothekendarlehen 2. SEC-Bestimmungen, die die Registrierung von Wertpapieremissionen und die Prospektpflicht regeln.

Regulation D 1. Fed-Anweisung zur Rücklagenbildung durch Kreditinstitute 2. SEC-Bestimmungen zu nicht registrierungspflichtigen Privatplatzierungen. Detailregelung: → Rule 504, → 505, → 506 offerings

Regulation E 1. Fed-Anweisung zum elektronischen Zahlungsverkehr 2. SEC-Bestimmungen zu nicht registrierungspflichtigen Emissionen durch → Small Business Investment Companies

Regulation F 1. Fed-Anweisung zur Begrenzung der Interbank-Verbindlichkeiten 2. SEC-Bestimmungen zu nicht registrierungspflichtigen Emissionen im Rahmen eines → compensatory benefit plan

Regulation FD SEC-Bestimmung zur Offenlegung bestimmter Informationen durch börsennotierte Unternehmen

Regulation G Fed-Anweisung zur Offenlegung aller Vereinbarungen in Verbindung mit dem → Community Reinvestment Act

Regulation H Fed-Anweisung zur Mitgliedschaft von → State banks im → Federal Reserve System

Regulation I Fed-Anweisung, die eine Kapitalzeichnungsverpflichtung für alle Kreditinstitute vorschreibt, die sich dem Federal Reserve System anschließen.

Regulation J Fed-Anweisung zum Inkasso von Schecks und sonstigen Handelspapieren durch die Federal Reserve Banks

Regulation K Fed-Anweisung zum Auslandsgeschäft der US-Kreditinstitute sowie zur Tätigkeit ausländischer Kreditinstitute in den Vereinigten Staaten.

Regulation L Fed-Anweisung zur Verflechtung von Vorstands- bzw. Verwaltungsratsmandaten im Kreditgewerbe

Regulation M 1. Fed-Anweisung zur Offenlegung der Konditionen bei Verbraucher-Leasinggeschäften 2. SEC-Bestimmungen zur Verhinderung von Unregelmäßigkeiten im Handel mit Neuemissionen

Regulation M-A SEC-Bestimmungen zu Fusionen und Übernahmen

Regulation N Fed-Anweisung zu den Geschäftsbeziehungen der Federal Reserve Banks mit ausländischen Kreditinstituten

Regulation O Fed-Anweisung zur Gewährung von Organkrediten durch die dem Federal Reserve System angeschlossenen Kreditinstitute

Regulation P Fed-Anweisung zum Schutz der Daten privater Kreditnehmer

Regulation Q Fed-Anweisung, die Zinszahlungen auf Sichteinlagen untersagt.

Regulation S 1. Fed-Anweisung zur Archivierung von Unterlagen aus dem Zahlungsverkehr sowie zur Gebührenberechnung der Kreditinstitute bei der Bereitstellung finanzieller Unterlagen. 2. SEC-Bestimmungen zu Angebot und Verkauf von Wertpapieren außerhalb der Vereinigten Staaten, für die keine Registrierung nach dem Securities Act aus dem Jahr 1933 erforderlich ist.

Regulation S-B SEC-Bestimmungen zu den Publizitätspflichten kleinerer Emittenten (small business issuers)

Regulation S-K SEC-Bestimmungen zu Art und Umfang der durch Emittenten zu hinterlegenden Unterlagen; gibt ebenfalls Aufschluss über die non-financial data, die in einem → registration statement enthalten sein müssen, d.h. Angaben zur Firmengeschichte, zur allgemeinen wirtschaftlichen Situation sowie zu den Rechts- und Besitzverhältnissen des emittierenden Unternehmens.

Regulation S-P SEC-Bestimmungen zum Verbraucher-Datenschutz

Regulation S-T SEC-Bestimmungen zu elektronischen Registrierungen

Regulation S-X SEC-Bestimmungen zu Form und Inhalt der von Emittenten einzureichenden Finanzausweise

Regulation T Fed-Anweisung zur Kreditvergabe durch US Broker-/Wertpapierhandelsfirmen

Regulation U Fed-Anweisung zur Vergabe von Effektenkrediten durch Banken oder Personen, bei denen es sich nicht um Broker-Häuser / Wertpapierhandelsfirmen handelt.

Regulation Y Fed-Anweisung zur Gründung und Tätigkeit von Bank-/Finanz-Holdinggesellschaften

Regulation W Fed-Anweisung zu Geschäften zwischen Banken und ihren Schwester-/Beteiligungsgesellschaften

Regulation Z Fed-Anweisung, in der einheitliche Verfahren zur Berechnung der Kreditkosten sowie zur Offenlegung der Kreditkonditionen festgelegt werden.

regulatory accounting procedures durch Aufsichtsbehörden vorgeschriebene Bilanzierungsverfahren
regulatory agency (authority, commission) Regulierungsbehörde, Aufsichtsbehörde
regulatory provisions aufsichtsrechtliche Bestimmungen, i.w.S. gesetzliche Ausführungsbestimmungen
regulatory risk Risiko, dass aufgrund von Verfügungen nationaler Regulierungsbehörden die Erfüllung eines Vertrages verzögert oder verhindert wird.
rehabilitation tax credit Steuervergünstigung für die Sanierung denkmalgeschützter Häuser
rehearing erneute Verhandlung
reimbursement credit Rembourskredit, Remboursakkreditiv □ Beim reimbursement credit handelt es sich um einen Akzeptkredit in Verbindung mit einem Dokumentenakkreditiv (documentary credit). Die Bank des Importeurs (Akkreditivbank) eröffnet in diesem Fall bei der Bank des Exporteurs (Remboursbank) ein Remboursakkreditiv zugunsten des Exporteurs. Nach Verschiffung der Ware zieht der Exporteur eine Tratte auf die Remboursbank, die diese gegen Vorlage akkreditivkonformer Dokumente akzeptiert. Das Akzept oder der Diskonterlös wird dem Exporteur zur Verfügung gestellt. Die Akkreditivbank, deren Schuldner wiederum der Importeur ist, verpflichtet sich zur Anschaffung des Wechselbetrages bei Fälligkeit.
reimbursement rights Rückgriffsrechte (Rückgriffsforderungen) gegenüber Dritten
reinforcement advertising auf die Marktanteilsfestigung ausgerichtete Werbung, → reminder advertising
reinstatement 1. Wiederherstellung, Wiedereinsetzung, Wiederinkraftsetzung 2. Heilung des Verzugs durch Erbringung fälliger Leistungen, z.B. Wiederherstellung des ursprünglichen Versicherungs-/Deckungsschutzes nach Behebung des Prämienverzugs oder des Kreditverhältnisses nach Erbringung der überfälligen Zins- und Tilgungsleistungen
reinstatement policy Police, durch die eine Versicherung wieder zu den ursprünglichen Bedingungen aufgenommen wird.
reinsurance Rückversicherung, Weitergabe von Versicherungen in Rückversicherung, → facultative/treaty reinsurance, excess of loss reinsurance
reinsurance association Rückversicherungs-Pool, → insurance pool
reinsurance assumed in Rückdeckung genommene Risiken des Erstversicherers
reinsurance captive konzerneigene Rückversicherungsgesellschaft
reinsurance carrier Rückversicherungsgesellschaft
reinsurance ceded in Rückdeckung gegebene Risiken
reinsurance claims experience Schadenquote (Schadenfrequenz) im Rückversicherungsgeschäft
reinsurance commission Rückversicherungsprovision □ Provision, die der Erstversicherer bei der Vergabe von Versicherungen in Rückdeckung als Verwaltungskostenersatz und als Gewinnmarge für sich in Anspruch nimmt. → reinsurance premium
reinsurance layer → layer, → layer concept
reinsurance pool Rückversicherungs-Pool, → insurance pool
reinsurance receivables Forderungen gegenüber Rückversicherern
reinsurance recoverables erstattete Regulierungsaufwendungen □ Zahlungen, die ein Erstversicherer aus seiner Rückversicherung erhält.
reinsurance slip Rückversicherungs-Deckungsbestätigung
reinsured der Rückversicherte, Erstversicherer
reinsurer's line von einem Rückversicherer gezeichnetes Risiko
reintermediation Zwischenschaltung neuer Lieferstufen
reinvestment of distributions at net asset

value Wiederanlage der Ausschüttungen zum Anteils-Inventarwert

reissue Wiederinkraftsetzung einer Versicherungspolice

REITs → Real Estate Investment Trusts

rei vindicatio Klage auf Sachherausgabe

related company nahe stehendes Unternehmen, → related parties, i.e.S. Beteiligungsgesellschaft, an der die Muttergesellschaft über 20% des Kapitals hält.

related direct costs direkt zurechenbare Kosten

related parties nahe stehende Unternehmen und Personen □ eine related-party-Beziehung ist gegeben, wenn ein Unternehmen einen maßgeblichen Einfluss auf die Geschäftsentscheidungen eines anderen Unternehmens nimmt.

related party disclosures Offenlegung (Darstellung in der Jahresrechnung) der Beziehungen zu nahe stehenden Personen/Unternehmen

related party transactions Geschäfte mit nahe stehenden Personen/Unternehmen

relational database management system relationales Datenbank-Managementsystem, in Relationen (in Form verknüpfter Tabellen) dargestellte Datenelemente

relational purchasing emotionale Kaufentscheidungen □ z.B. Präferenzen für bestimmte Hersteller bzw. Marken, → transactional purchasing

relationship building Aufbau einer Kundenbeziehung

relationship management Beziehungsmanagement □ Steuerung und Kontrolle von Geschäftsbeziehungen, Konzept für eine langfristige und personalisierte Kontaktpflege zu Kunden/Lieferanten

relationship marketing Beziehungsmarketing □ Marketingaktivitäten, die auf die Pflege von Beziehungen zu bestimmten Personen/Gruppen ausgerichtet sind, i.w.S. partnerschaftliches Marketing, das auf einer fortlaufenden Zusammenarbeit zwischen Unternehmen und Kunde basiert.

relationship pricing kundenorientierte Preispolitik, Festlegung der Konditionen für ein Einzelgeschäft unter Berücksichtigung der gesamten Kundenverbindung

relaunch Wiedereinführung eines Produktes nach erfolgter Variation, Anpassung einer Marke an neue Gegebenheiten □ Ziel ist eine neue Marktpositionierung oder eine Verlängerung des Produktlebenszyklus

relaxation allowance *(in der Zeitmessung)* Erholungszeit

relay race process Produktentwicklungsprozess/Projektabwicklung, bei dem/bei der jede Phase auf den Daten und Ergebnissen der Vorgängerphase aufbaut.

release by operation of law Freigabe (Löschung) kraft Gesetzes

release deed Löschungsbewilligung □ mit der ein aufgrund einer → mortgage auf den Kreditgeber rechtlich übertragenes Grundstück auf den Kreditnehmer zurückübertragen wird.

releasee Person (Partei), der eine Freigabe erteilt wird; Person (Partei), die durch einen Verzicht begünstigt wird.

release from liability Entlassung aus der Haftung, Haftungsfreistellung

release of documents/of goods *(im Akkreditivgeschäft)* Dokumentenfreigabe, Warenfreigabe

release of lien Löschung eines Grundpfandrechtes, Löschungsbewilligung, Freigabe einer Sicherheit

release of regulatory capital Eigenkapitalentlastung

release rates ermäßigter Frachttarif (nach einer teilweisen Haftungsbefreiung des Frachtführers)

release to the income statement ergebniswirksame Vereinnahmung

release value not exceeding Haftungsgrenze des Reeders/Verfrachters für verlorenes oder beschädigtes Frachtgut

releasor Person (Partei), die eine Freigabe erteilt bzw. einen Verzicht ausspricht.

relevance principle *(im Rechnungswesen)* Grundsatz der Entscheidungserheblich-

keit
relevant costs relevante Kosten, die für Entscheidungen im Unternehmensbereich relevanten Kosten
relevant set → consideration set
reliability *(in der Marktforschung)* Reliabilität, Grad der Genauigkeit von Messergebnissen bei wiederholten Untersuchungen
reliability centered maintenance Verfahren zur Optimierung von Instandhaltungsprogrammen
reliability method Reliabilitätsmethode, Verfahren zur Feststellung der Zuverlässigkeit eines Meßverfahrens
reliability principle *(im Rechnungswesen)* Grundsatz der Zuverlässigkeit
relief 1. Steuererleichterung (z.B. für Betriebsverluste), Steuervergünstigung 2. Anrechnung der im Ausland gezahlten Steuer 3. Rechtsbehelf 4. Rechtsschutz, gerichtliche Anordnung, einstweilige Verfügung
relief from creditors Schutz vor Gläubigerforderungen, → reorganization, Chapter 11
relief from judg(e)ment Wiederaufnahme des Verfahrens
relief from stay Aufhebung eines → automatic stay
relieve *(to – capital losses against capital gains)* Kapitalverluste mit Kapitalgewinnen verrechnen
relinquishment of a claim/of ownership Forderungsverzicht/Eigentumsverzicht
relitigation of an issue Wiederverhandlung eines bestimmten Tatbestandes
remainder Anwartschaft, Anwartschaftsrecht
remainderman 1. Anwartschaftsberechtigter 2. Person, auf die ein Recht bei Eintritt eines bestimmten Ereignisses zurückfällt.
remeasurement Umbewertung (von Vermögenswerten)
remediable default behebbarer (Leistungs-)Verzug
remedial action 1. Entschädigungs-/Schadenersatzklage 2. Nachbesserung
remedial statutes rechtliche Möglichkeiten, Rechtsmittel
remedy Rechtsbehelf, Rechtsmittel
reminder advertising Erinnerungswerbung
remittitur 1. Reduzierung des durch die Geschworenen zugesprochenen exzessiven Schadenersatzes durch den Richter 2. Zurückverweisung an die Tatsacheninstanz zwecks Neuverhandlung oder neuer Urteilsfindung auf der Basis der vom Berufungsgericht vorgegebenen Richtlinien
remote access service Zugriff auf einen entfernten Rechner
removal 1. Verweisung einer Klage von einem einzelstaatlichen Gericht an ein bundesstaatliches Gericht (→ District Court) oder umgekehrt. 2. Amtsenthebung
removal bond Zollbürgschaft
renewal basis of accounting aufwandswirksame Verbuchung der Kosten für Ersatzbeschaffungen, d.h. keine Abschreibung, sondern direkte Einstellung in die Gewinn- und Verlustrechnung der jeweiligen Rechnungsperiode.
renewal certificate Policen-Erneuerungsschein
renewals 1. Policenverlängerungen 2. Prämieneinnahmen aus verlängerten Policen
rental expenses Mietaufwand
rental income (receipts) Mieteinnahmen, Einkünfte aus Vermietung und Verpachtung
rental property vermietete Grundstücke und Gebäude
rental value insurance Mietverlustversicherung
rentcharges Erbzins, Grundrente
rent guarantee policy Mietausfallversicherung
rent-to-buy (rent-to-own) agreement Mietkaufvereinbarung bzw. Leasingvertrag, bei dem das juristische Eigentum bei Vertragsende gegen Zahlung eines nominellen Betrages auf den Eigentümer übergeht.
rent-up period Zeitraum von der Gebäude-

fertigstellung bis zur vollständigen Vermietung
REO → real estate owned
reopening 1. Wiedereröffnung 2. Neufestsetzung der Versicherungssumme 3. *(bei einer Emission)* Auflegung einer zusätzlichen Tranche
re-order level (point) Bestellpunkt, kritischer Lagerbestand □ Lagerbestandsziffer, bei deren Unterschreitung automatisch Nachbestellungen ausgelöst werden.
reorganization 1. Umorganisation, Umbau, Neugestaltung 2. Sanierung, gerichtliches Vergleichs- bzw. Sanierungsverfahren □ Die im US-Insolvenzrecht (Chapter 11 des → Bankruptcy Code) vorgesehene reorganization schützt in Zahlungsschwierigkeiten geratene Unternehmen vor der schnellen Einleitung eines Konkursverfahrens. Nachdem das zuständige Gericht dem Antrag auf Eröffnung von reorganization proceedings stattgegeben hat, wird der Gemeinschuldner als Debtor-in-possession die Geschäfte unter Aufsicht des Gerichts weiterführen. Ihm steht dann ein Zeitraum von 120 Tagen für die Ausarbeitung eines Vergleichs- bzw. Sanierungsplanes zur Verfügung. In den folgenden 60 Tagen muss der Plan angenommen werden. Während der Ausarbeitung des Sanierungsplanes ist der Gemeinschuldner berechtigt, Warenverkäufe auf Ziel zu tätigen und Gelder aufzunehmen, um den dringenden Betriebskapitalbedarf abzudecken. Der reorganization plan wird neben der teilweisen Befriedigung der Gläubigerforderungen eine Neuordnung der Kapitalstruktur (i.d.R. Ausgabe neuer Schuldtitel, → reorganization bond), eine Umstrukturierung der Geschäftstätigkeit und gegebenenfalls einen Eigentümerwechsel vorsehen. Bei Nichteinhaltung der genannten Fristen oder bei einem offenkundigen Missmanagement des Gemeinschuldners erfolgt die Bestellung eines Trustee durch das Gericht, der dann die Geschäfte führt und einen Sanierungsplan erstellt.
Der vom Debtor-in-possession oder dem Trustee ausgearbeitete reorganization plan ist für alle Beteiligten verbindlich, wenn er vom Gericht bestätigt wird und ihm anschließend die Mehrheit der Gläubiger zustimmt, d.h. in jeder Gläubigergruppe müssen mindestens 50% der Gläubiger, die mehr als zwei Drittel der Forderungen dieser Gruppe auf sich vereinigen, dem Plan zustimmen. Wird der Plan abgelehnt, erfolgt i.d.R. die Einleitung eines Konkursverfahrens (→ straight liquidation). Nur in Ausnahmefällen kann im Falle einer Ablehnung durch die Gläubiger eine Billigung durch das zuständige Gericht ausgesprochen werden. Betrifft die reorganization eine große Kapitalgesellschaft, wird auch die → Securities and Exchange Commission in das Verfahren eingeschaltet. Neben dem gerichtlichen Verfahren ist auch eine außergerichtliche Regelung möglich. → out-of-court business reorganization 3. Unternehmensfusion/-übernahme, → A-type, → B-type, → C-type reorganization
reorganization accounts Sanierungsbilanz
reorganization bond in Verbindung mit einer Sanierung (→ reorganization) ausgegebene Schuldverschreibung □ Zinsen werden nur bei Vorliegen eines Jahresüberschusses gezahlt; eine Nachzahlungsverpflichtung besteht nicht.
reorganization petition Antrag auf Eröffnung eines gerichtlichen Vergleichs- bzw. Sanierungsverfahrens
reorganization plan Vergleichs- bzw. Sanierungsplan, → reorganization
reorganization proceedings Vergleichs- bzw. Sanierungsverfahren, → reorganization
reorganization scheme Sanierungsprogramm, Vergleichsvorschlag
reorganization statement Sanierungsübersicht, Sanierungsbilanz
reorganization surplus Sanierungsgewinn □ durch Gläubigerverzicht entstandene Gewinne

reorganization trustee Vergleichsverwalter, → reorganization
REP → request for proposals
repackaged notes Schuldtitel, deren Konditionen (Zins und Tilgung) den Marktgegebenheiten angepasst wurden.
repairer's lien Werkunternehmerpfandrecht
repayment guarantee Rückzahlungsgarantie □ Garantie, die den Rückzahlungsanspruch eines Importeurs sichert, falls der Exporteur den erteilten Auftrag nicht vertragsgemäß abwickelt.
repeal Aufhebung (Außerkraftsetzung) eines Gesetzes/einer Verordnung
repeat interview (survey) Wiederholungsbefragung
repeat orders Nachbestellungen, Folgeaufträge
repeat purchase → buy class
repeat purchase behaviour Wiederholungskaufverhalten, Wiederholungskäufe ohne echte Markenbindung
replacement capital Ersatzkapital □ Übernahme der Kapitalanteile von Investoren/Gesellschaftern, die eine Abgabe ihrer Beteiligung anstreben.
replacement cost 1. Wiederbeschaffungskosten, Wiederbeschaffungspreis, Wiederbeschaffungswert , → current cost accounting 2. Eindeckungsaufwand, → replacement value
replacement cost new Neuwert
replacement cost insurance Neuwertversicherung
replacement expenditure 1. → replacement cost 2. → replacement investment
replacement investment Ersatzinvestitionen, Reinvestitionen, auf den Ersatz von Wirtschaftsgütern entfallende Investitionen
replacement product Ersatzprodukt, Substitutionsprodukt
replacement provisions Rückstellungen für Ersatzinvestitionen
replacement risk Eindeckungsrisiko □ Verlustrisiko, wenn bei Ausfall eines Kontrahenten (z.B. bei einer Swap-Transaktion) die aufgerissene Position zu anderen Konditionen wieder geschlossen werden muss.
replacement value Wiederbeschaffungswert, *(im Derivategeschäft)* Preis, den die Bank am Markt entrichten müsste, um bei Zahlungsunfähigkeit bzw. Verzug eines Kontrahenten ein entsprechendes Ersatzgeschäft abschließen zu können.
replenishment of stock Wiederbevorratung, Ergänzung der Lagerbestände, Lageraufüllung
replenishment process Warennachschub, Bestandsaufstockung, i.w.S. Warenversorgungsprozess, → collaborative planning, forecasting and replenishment
replevin action Klage auf Herausgabe (gepfändeter Gegenstände)
replevin bond Sicherheitsleistung des Klägers bei einer → replevin action, wenn bereits vor der Gerichtsentscheidung gepfändete Gegenstände an ihn zurückgegeben wurden.
replevisable property gepfändete Vermögenswerte, deren Herausgabe eingeklagt werden kann.
replevisor die auf Herausgabe klagende Partei
repliant/replicant der erwidernde Kläger
replication 1. Erwiderung, Replik (des Klägers auf eine Einlassung des Beklagten) 2. Index-Nachbildung (in der Zusammensetzung eines Portefeuilles)
reply brief Schrift des (Berufungs-)Beklagten
repo rate *(Refinanzierungssatz der Geschäftsbanken)* Repo-Rate, Repo-Satz, Zinssatz bei Geldleihe-/Pensionsgeschäften
report *(to - at the historical cost)* zu den Anschaffungskosten ausweisen, *(to - in stockholders' equity)* im Eigenkapital ausweisen, *(to - on title)* das Ergebnis der Rechtstitelüberprüfung vorlegen, → title insurance
reportable income 1. ausweispflichtige (publizitätspflichtige) Erträge 2. steuerpflichtiges (zu deklarierendes) Einkommen

reported claims (an)gemeldete Schadenfälle
reported loss (profit) ausgewiesener Verlust/Gewinn
reported value Bilanzansatz
reporter 1. Protokollführer eines Gerichts 2. Sammlung von Gerichtsentscheidungen
reporting 1. Berichterstattung, Erstellung von Berichten, Berichtsgenerierung, i.w.S. Berichts- und Informationswesen 2. Notifizierung, Meldung, Anzeige (z.B. von Großkrediten) 3. Schadenanzeige 4. Ausweis in der Bilanz
reporting company berichtende (berichtspflichtige) Gesellschaft
reporting currency Berichtswährung □ Währung, in der der Abschluss erstellt wird.
reporting for income tax purposes Ausweis in der Steuerbilanz
reporting letter *(bei einer Immobilientransaktion)* Bestätigung der Eigentumsübertragung durch den beauftragten Anwalt
reporting policy 1. Bilanzierungspolitik 2. → adjustable fire policy 3. → open cover
reporting practices 1. Berichtssystem 2. Notifizierungspraxis, Meldeverfahren 3. Bilanzierungsverfahren
reporting profits on an accrual basis periodengerechte Erfolgsermittlung
reporting tools 1. Melde-Tools 2. Berichtsgeneratoren
Reports Entscheidungssammlungen der US-Gerichte
repose statutes → statute of limitations
repositioning 1. Neupositionierung 2. Rückgabe von Leercontainern
repository Informationsspeicher, Datensammelstelle, zentrale Datenbasis eines Unternehmens
repository systems Systeme zur Abspeicherung von Vorgängen und Dokumenten
repossession 1. Wiederinbesitznahme 2. Zwangsübernahme von Wohnungseigentum durch den Hypothekengläubiger
representation agreement Vertretungsvereinbarung, → listing agreement
representational faithfulness Klarheit und Übersichtlichkeit in der Rechnungslegung
representation of fact Tatsachenvermutung
representations and warranties Erklärungen und Zusicherungen (des Verkäufers/ des Lieferanten/des Kreditnehmers)
representative action Klage im Namen eines Dritten/eines Unternehmens, → derivative suit
repricing risk Zinsneufestsetzungsrisiko □ Gefahr, dass bei einer zinsvariabel refinanzierten Festzinsposition eine Veränderung der Marktzinsen eine Zinsanpassung der variablen Position nach sich zieht und die beiden Positionen sich ertrags- und wertmäßig unterschiedlich entwickeln.
re-profiling *(in der Projektsteuerung)* Anpassung der Faktoreinsatzmenge an die verfügbare Kapazität
reprojected balance sheet überarbeitete Planbilanz (Vorschaubilanz)
reprojection of plans Plananpassung, Planrevision
repudiation of a claim 1. Zurückweisung (Ablehnung) eines Anspruchs 2. Ablehnung einer Versicherungsleistung
repudiation of contract 1. Aufhebung (Annullierung) des Vertragsverhältnisses 2. Erfüllungsverweigerung, Leistungsverweigerung
repudiatory breach eine Vertragsaufhebung bewirkender Vertragsbruch
repurchase agreement 1. Verkauf von Gütern/Finanzinstrumenten, der gleichzeitig an eine entsprechende Rückkaufsvereinbarung geknüpft ist. 2. i.e.S. Pensionsgeschäft □ Geldleihe durch einen Marktteilnehmer, der dafür Wertpapiere als Sicherheit stellt. Gleichzeitig vereinbart er die Rücknahme dieser Papiere nach Ablauf der vereinbarten Frist.
repurchase in the open market freihändiger Rückkauf, Rückkauf am Markt (an der Börse), → stock buyback
reputation management Kommunikationsaktivitäten zur Stärkung des Rufs eines

Unternehmens bei allen relevanten Zielgruppen

request for admission/for production Antrag auf Zulassung/auf Vorlage (von Beweisstücken, Dokumenten)

request for proposals/for quotes 1. Aufforderung zur Abgabe von Angeboten, Anforderung eines Kostenvoranschlags 2. Ausschreibung im Internet 3. Aufforderung zur Stellung von Geld- und Briefkursen

request for summons Ladungsgesuch

request-response synchroner Datenaustausch

required rate of return erforderliche (Investitions-)Rendite, Renditeerwartung

required treatment *(bei Anwendung der →IASC-Standards)* einzig zugelassene Methode

requirements analysis Bedarfsanalyse

requirements contract Vertrag, in dem sich ein Käufer verpflichtet, seinen gesamten Bedarf an einer Ware bei einem Lieferanten zu decken.

requirements engineering Erstellung von Anforderungsanalysen; Festlegung, Dokumentation und Prüfung von Anforderungen; Entwicklung und Darstellung der Systemanforderungen

requirements management Untersuchung und Planung des Kundenbedarfs

requirements profile Anforderungsprofil

requisition 1. (Material-)Anforderung 2. Beschlagnahme 3. → requisitions on title

requisition for goods Einkaufsauftrag, Beschaffungsauftrag

requisitions on title Auskunftsersuchen in Verbindung mit der Klärung von Rechtstiteln, → title search

resale loss policy Warenwertminderungsversicherung ☐ Der Versicherer erstattet die Verluste des Versicherungsnehmers, wenn dieser Waren wegen Zahlungsunfähigkeit des Käufers zurücknehmen und zu einem niedrigeren Preis weiterverkaufen muss.

resale price maintenance (price fixing) Preisbindung der zweiten Hand, vertikale Preisbindung, Einhaltung der vom Hersteller festgelegten Preise durch den Handel

rescheduling 1. Umschuldung 2. Neuplanung der Anfangs- und Endzeitpunkte im Netzwerk

rescheduling exposure Umschuldungsengagements, im Rahmen von Umschuldungsvereinbarungen bereitgestellte (zusätzliche) Gelder

rescission 1. Aufhebung, Annullierung, Widerruf, Rückgängigmachung 2. Vertragsrücktritt, Auflösung des Vertragsverhältnisses

rescissory action Aufhebungsklage

rescissory damages Schadenersatz in Form einer Wiederherstellung des ursprünglichen Zustandes

research and development expenditure Forschungs- und Entwicklungskosten, Investitionen im Forschungs- und Entwicklungsbereich

research and development limited partnership zur Durchführung von Forschungs- und Entwicklungsprojekten gegründete → limited partnership

research department 1. Forschungsabteilung 2. Analyseabteilung

research design *(in der Marketingforschung)* Untersuchungsdesign ☐ Festlegung von Art und Umfang der zu beschaffenden Informationen sowie Erstellung eines entsprechenden Arbeitsplanes

research partnership für Forschungszwecke gegründete → limited partnership

research tax credit Steuergutschrift für Investitionen im Forschungs- und Entwicklungsbereich

reservation of claim/of title Rechtsvorbehalt/Eigentumsvorbehalt

reservation price 1. Mindestverkaufspreis, Mindestgebot 2. Vorbehaltspreis

reservations clause Vorbehaltsklausel

reserve against losses on loans and from currency devaluations Rücklage für Verluste aus Darlehen und Währungsabwertungen

reserve against underwriting losses *(im Versicherungsgeschäft)* Schadenreserve, Schadenrückstellung
reserve allocation → reserve appropriation
reserve appropriation Einstellung in die Rücklagen, Reservezuweisung, Bedienung der Rücklagen, Rücklagendotierung
reserve assets Rücklagevermögen, Reserveguthaben
reserve for contingencies Rücklage für Eventualverbindlichkeiten, Rücklagenfonds
reserve for depletion Rücklage für Substanzverlust
reserve for depreciation Wertminderungsrücklage
reserve for replacements Rücklage für Ersatzbeschaffungen
reserve for sinking fund Tilgungsrücklage, → sinking fund
reserve for undistributed profits Rücklage für noch auszuschüttende Gewinne
reserve for unsettled claims Schadenreserve einer Versicherung
reserve inventory → safety stock
reserve liability Nachschusspflicht, Verpflichtung zur Bereitstellung zusätzlicher Mittel im Liquidationsfall
reserve management Reservehaltung, Gestaltung der Rücklagen
reserve of right notice Anzeige eines Rechtsvorbehalts, i.e.S. Vorbehalt des Versicherers, dass die Schadenprüfung nicht automatisch eine Schadenregulierungszusage impliziert.
reserve policy 1. Rücklagenpolitik einer Unternehmung 2. Mindestreservepolitik einer Zentralbank
reserve price → reservation price
reset frequency zeitlicher Abstand bei Zinsanpassungen
residence (Zweit-, Dritt-)Wohnsitz eines Steuerpflichtigen, zu unterscheiden von → domicile
resident agent inländischer Bevollmächtigter (Vertreter), Zustellungsbevollmächtigter

resident alien *(im US-Steuerrecht)* gebietsansässiger ausländischer Staatsbürger
resident convertibility Inländerkonvertibilität □ auf Gebietsansässige beschränkte Konvertibilität einer Währung
resident corporation inländische Gesellschaft, i.e.S. nach US-amerikanischem Recht gegründete Gesellschaft
residential appraiser Schätzer für Wohnimmobilien
residential construction privater Wohnungsbau
residential mortgage Wohn(ungs)bauhypothek, *(pl)* Hypotheken für den privaten Wohnungsbau
residual assets Vermögenswerte, die nach Begleichung der Forderungen der bevorrechtigten Gläubiger verbleiben.
residual dependence (nach den Leasingkonditionen) erforderlicher Restwert des Leasinggegenstandes.
residual economic life Restnutzungsdauer
residual equities *(im Jahresabschluss)* sonstiges Kapitalvermögen
residual insurance Restwertversicherung □ Versicherung, die einen bestimmten Restwert am Ende der Laufzeit eines Leasingvertrages garantiert.
residual method Residualwertmethode, auf dem Restwert basierendes Wertermittlungsverfahren
residual risk → unsystematic risk
residual sharing *(bei einem Leasingvertrag)* Vereinbarung über eine Aufteilung des Restwertes
residual value Restwert, Wert eines Leasinggegenstandes nach Ablauf der Nutzungsdauer
residual value agreement Restwertvertrag □ d.h. bei Abschluss des Leasingvertrages wird der Restwert des Leasingobjektes zum Laufzeitende festgelegt.
residuary account Verzeichnis des Testamentsvollstreckers über die nach Begleichung der Nachlassverbindlichkeiten verbliebenen Nachlasswerte (residuary estate)

residuary legacy Vermächtnis hinsichtlich der restlichen Vermögenswerte

residuary legatee Person, die nach Erfüllung der genau bezeichneten Zuwendungen den verbleibenden Überrest erhält.

res ipsa loquitur widerlegbare Vermutung der Fahrlässigkeit

res judicata rechtskräftig entschiedene Sache

resolution on the appropriation of profits Beschlussfassung über die Verwendung des Bilanzgewinnes

resolutory/resolutive condition auflösende Bestimmung

resource(s) Ressourcen, Einsatzmittel, Faktoreinsatzmenge □ Geld-, Sach- und Personalmittel, die zur Erstellung eines Produktes oder einer Dienstleistung bzw. zur Durchführung von Vorgängen, Arbeitspaketen oder Projekten benötigt werden.

resource allocation Ressourcen-Allokation □ Planung und Bereitstellung der finanziellen, materiellen und personellen Ressourcen

resource analysis Kapazitätsanalyse, → resource level(l)ing

resource assignment Ressourcen-Zuordnung, Zuordnung der Arbeits-, Finanz- und Sachmittelleistungen

resource availability Ressourcenverfügbarkeit

resource breakdown structure *(in der Projektplanung)* Ressourcenstrukturplan

resource calendar Ressourcen-(Faktor-)Einsatzplan, → resource planning

resource chart Ressourcen-Balkendiagramm, → bar chart

resource constraints Vorgaben hinsichtlich der Arbeits-, Finanz- und Sachmittelleistungen

resource-driven success factors ressourcenabhängige Erfolgsfaktoren, der durch die technische und personelle Ausstattung bestimmte Erfolg

resource drivers Ressourcen-Treiber □ zeigen an, in welchem Umfang Geld-, Sach- und Personalmittel durch die einzelnen Geschäftsaktivitäten in Anspruch genommen werden.

resource exploitation Ressourcenverbrauch

resource histogram Ressourcen-Histogramm, Belastungsdiagramm □ grafische Darstellung des Ressourcenbedarfs und der Ressourcenverfügbarkeit während eines bestimmten Zeitraumes.

resource level(l)ing Kapazitätsnivellierung, Nivellierung der Kapazitätsbelastung, i.w.S. Planung unter Berücksichtigung der maximalen Ressourcenverfügbarkeit, → resource-limited resource scheduling, → time-limited resource scheduling

resource-limited resource scheduling kapazitätskonforme (kapazitätstreue) Ressourcen-Planung □ d.h. Terminpläne werden gegebenenfalls verändert, um die vorgesehenen Faktoreinsatzmengen nicht zu überschreiten.

resource-limited schedule an der Ressourcenverfügbarkeit orientierter Projektablaufplan

resource limits maximaler Ressourceneinsatz, maximale Faktoreinsatzmenge

resource list Verzeichnis der für die Projektdurchführung verfügbaren Ressourcen

resource management Ressourcen-Management, Einsatzmittel-Management □ Steuerung der finanziellen, materiellen und personellen Ressourcen, termingerechte Sicherstellung der benötigten Kapazitäten

resource needs Ressourcenbedarf, die für die Projektdurchführung benötigten Ressourcen/Einsatzmittel

resource optimization Ressourcenoptimierung, → resource level(l)ing, → resource smoothing

resource overload Überbelastung der Ressourcen

resource periods Anzahl der Zeiträume, für die eine Ressource benötigt wird.

resource planning Einsatzmittelplanung, Ressourcenplanung, Kapazitätsplanung □ Ermittlung der für die Projektdurchfüh-

resource requirements

rung erforderlichen Arbeits-, Finanz- und Sachmittelleistungen (Menschen, Geld und Material)

resource requirements Einsatzmittelbedarf, Ressourcenbedarf □ die zur Erreichung der Projektziele erforderlichen Einsatzmittel

resource scheduling *(in der Projektplanung)* Zeitplanung des Ressourceneinsatzes, kapazitätsorientierte Vorgangsplanung (i.S. eines Kapazitätsausgleichs)

resources expended Ressourceneinsatz, bereitgestellte Einsatzmittel

resource smoothing Kapazitätsausgleich, Maßnahmen zur Gewährleistung einer gleichmäßigen Kapazitätsauslastung, Glättung der Kapazitätsbelastungskurve (durch neue Zeitpläne für die Projektvorgänge unter ausschließlicher Nutzung der Pufferzeiten)

resources of manpower Arbeitskräftereservoir

resource total die für einen Projektvorgang erforderlichen Gesamtressourcen (Faktoreinsatzmenge, Menschen und Material)

resource usage *(in der Projektplanung)* Ressourceneinsatz, Nutzung von Arbeits-, Finanz- und Sachmitteln, → resource management

RESPA → Real Estate Settlement Procedures Act

respite for principal (debt) repayments Tilgungsaufschub

respondeat superior Rechtsgrundsatz, der die Haftung des Auftraggebers für Handlungen seines Bevollmächtigten/Vertreters/Erfüllungsgehilfen festschreibt, z.B. Haftung einer Gesellschaft für das schuldhafte Verhalten ihrer Angestellten

respondent 1. Befragte/r, Testperson, Proband 2. Antragsgegner 3. (Berufungs-)Beklagter

respondent error → response bias

respondent fatigue fehlende Antwortbereitschaft befragter Personen aufgrund von Übermüdung/Gleichgültigkeit

respondent fee Vergütung für die Mitwirkung an einer Befragung

respondentia Bodmerei, Verpfändung der Schiffsladung als Sicherheit für ein Darlehen

respondentia bond Bodmerei-Brief, Seewechsel

respondent qualifications durch den Befragten/die Testperson zu erfüllende Voraussetzungen

response Reaktion (Resonanz) auf eine Werbekampagne/Mailing-Aktion, Anzahl der Antworten/der zurückgesandten Antwortkarten/Antwortkupons

response analysis Reaktionsanalyse, Analyse der Resonanz auf eine Marketing-/Werbekampagne

response bias Befragungsfehler, Erhebungsfehler, Antwort-Bias, Reaktions-Bias □ Systemfehler in Befragungen, z.B. die Neigung von Probanden, die Antworten zu geben, von denen sie glauben, dass sie der Interviewer erwartet.

response curve Response-Kurve, grafische Darstellung der eingehenden Antwortkarten

response elasticity Umfang, in dem Verbraucher auf eine Promotion- oder Werbekampagne reagieren.

response errors Antwortfehler □ Fehler, die sich bei einer Befragung durch nicht den Tatsachen entsprechende Antworten ergeben. → non-response errors

response handling → response telemarketing

response latency Verzögerung, mit der ein Proband eine Frage beantwortet. □ Messkriterium für die Zuverlässigkeit einer Aussage

response measurement Messung von Reaktionen

response per thousand Reaktion auf tausend versandte Mails/Antwortkarten

response rate 1. Antwort- bzw. Rücklaufquote □ Anzahl der Reaktionen auf die Gesamtzahl aller kontaktierten Personen/versandten Mails 2. Kennzahl zur Messung der Fähigkeit des Interviewers, Probanden zu einer Teilnahme an einer Studie zu überreden.

response scale Antwortskala, → rating scale method

response selling strategy Verkaufsstrategie, die ausschließlich auf die Befriedigung der aktuellen Nachfrage ausgerichtet ist (geringe Marketingaktivitäten).

response telemarketing reaktives Telemarketing, Bearbeitung von telefonischen Kundenanfragen nach Promotion-Aktionen

response time (durchschnittlicher) Zeitraum, den ein Unternehmen für die Beantwortung von Kundenanfragen benötigt.

responsibility accounting Verantwortlichkeitsrechnung, Kostenplanung nach Verantwortungsbereichen, Ermittlung des Gewinnbeitrags der einzelnen Teilbereiche

responsibility center betriebliches Verantwortungszentrum □ Geschäftsbereich, für den eine bestimmte Person oder Personengruppe die Ergebnisverantwortung trägt.

responsibility chart Funktionendiagramm, Kompetenzdiagramm, grafische Darstellung der Zuständigkeiten

responsibility planning (Aktivitäten- und) Verantwortungsplanung

responsible bid Gebot, bei dem der Bieter alle technischen, fachlichen und wirtschaftlichen Voraussetzungen (z.B. Knowhow, Lieferung) für die Projektausführung erfüllt.

responsible bidder Bieter, der über die für die Vertragserfüllung erforderlichen Voraussetzungen verfügt.

responsible carrier haftender Frachtführer, → principal carrier

responsive bid Gebot, das alle Formvorschriften erfüllt.

rest Hinweis, dass eine Verfahrenspartei alle Beweisstücke vorgelegt hat.

restart Unternehmensneubeginn mit einem neuen Konzept, Neustart nach erfolgter Sanierung (nach einer tief greifenden Umstrukturierung)

restated in current cost umgerechnet zu Wiederbeschaffungskosten, → current cost accounting

restated operating results bereinigtes (neu ausgewiesenes) Betriebsergebnis

restated to reflect discontinued operations um die eingestellten Geschäftstätigkeiten bereinigt

restatement 1. Neuansatz, Neuausweis, Berichtigung der Bilanzansätze 2. Umformulierung 3. (a) Zusammenfassung der durch die Rechtssprechung erfolgten Auslegungen eines Gesetzes in einer entsprechenden Novellierung (b) *(pl)* Richtlinien, die auf der Auswertung von Gerichtsurteilen basieren.

restitutio in integrum vollständige Wiederherstellung der Ausgangssituation, vollständiger Schadenersatz □ Rechtsgrundsatz, nach dem ein Urteilsgläubiger voll für den entstandenen Schaden zu entschädigen ist.

restitution Rückgabe (an den rechtmäßigen Eigentümer), Wiedergutmachung

restitutionary action Klage auf Herausgabe der Bereicherung

restitutionary damages Schadenersatz in Höhe der ungerechtfertigten Bereicherung infolge eines Vertragsbruches

restitution to the previous condition Wiederherstellung des ursprünglichen Zustandes, Wiedereinsetzung in den vorherigen Stand, → restitutio in integrum

restocking Lagerauffüllung

restorage Umlagerung, Wechsel des Lagerortes oder Stellplatzwechsel

restoration 1. Rückgabe, Rückerstattung 2. Wiederinkraftsetzung, Wiederherstellung des ursprünglichen Deckungsschutzes

restoration cost(s) Instandstellungskosten

restoration in full → restitutio in integrum

restoration premium Prämienzahlung, die bei Wiederinkraftsetzung einer Police zu entrichten ist.

rest period tilgungsfreie Jahre

restraining order Unterlassungsverfügung

restraining powers (durch den Vollmacht-

restraint of competition

geber verfügte) Vollmachtsbeschränkungen
restraint of competition (of trade) Wettbewerbsbeschränkung
restraint on alienation Beschränkung der Weiterveräußerung, Einschränkung der Verfügungsbrechtigung
restraints (Wettbewerbs-)Beschränkungen, → horizontal, → vertical restraints
restricted articles Gefahrgut
restricted cash für bestimmte Transaktionen (Anlagenkäufe) vorgesehene flüssige Mittel
restricted guarantee auf eine bestimmte Forderung beschränkte Garantie
restricted procedure Ausschreibung, bei der in einer ersten Runde eine Bietervorauswahl erfolgt.
restricted profit-sharing auf bestimmte Mitarbeitergruppen beschränkte Gewinnbeteiligung
restricted securities beschränkt übertragbare Wertpapiere, i.e.S. Wertpapiere, die nicht bei der → Securities and Exchange Commission registrierungspflichtig sind, aber auch nicht Gegenstand eines öffentlichen Zeichnungsangebotes sein dürfen. → Rule 144A
restricted subsidiary weitgehend weisungsgebundene Tochtergesellschaft
restricted surplus nicht ausschüttbarer Gewinn
restricted title eingeschränktes Besitzrecht
restrictive agreement on prices Preisabsprache, Preiskartell
restrictive covenants Einschränkungen, Auflagen, Unterlassungspflichten, vertraglich vereinbarte Wettbewerbsverbote, → covenants
Restrictive Trade Practices Court Kartellgericht
restrictive tendering öffentliches Ausschreibungsverfahren, das in der Praxis aber auf wenige Anbieter beschränkt bleibt.
restrictive trade agreements (trade practices) wettbewerbsbeschränkende Absprachen, Kartellabsprachen

restructuring Umstrukturierung, Restrukturierung, Umbau □ Unter restructurings sind unterschiedliche Maßnahmen zu verstehen, mit denen sich Unternehmen einem veränderten wirtschaftlichen oder finanziellen Umfeld anzupassen versuchen. Diese Maßnahmen reichen von einem breit angelegten Programm zur Konzernentflechtung (divestiture programme) über Rekapitalisierungen, Rückkauf eigener Aktien (→ stock buyback) bis hin zur Umwandlung von Publikumsgesellschaften in Privatunternehmen, meistens in Form von leveraged buyouts. In restructurings sehen viele Unternehmensleitungen aber auch die einzige Möglichkeit, sich unerwünschter Übernahmeversuche zu erwehren.
resulting trust 1. auf dem mußmaßlichen Willen einer Partei/eines Erblassers basierender Trust 2. kraft Gesetz entstandenes Treuhandverhältnis (z.B. Übergang auf die Erben bei fehlender testamentarischer Verfügung des Treuhandbegünstigten)
result-oriented management ergebnisorientiertes Management
results accounting (Erstellung der) Erfolgsrechnung
results from operating activities/result of operations Ergebnis der betrieblichen Tätigkeit, Betriebsergebnis, Betriebsergebnisrechnung
results on ordinary activities ordentliches Ergebnis
resyndication erneute Syndizierung, Neuzusammenstellung eines Konsortiums
retail buying group Einkaufsvereinigung □ Zusammenschluss von Einzelhändlern, die unter Wahrung ihrer juristischen und finanziellen Selbständigkeit den Wareneinkauf gemeinsam vornehmen.
retailer promotion Händler-Promotion, Verkaufsförderung bei Einzelhändlern
retail factoring Einzelhandels-Factoring, Ankauf von Forderungen aus Teilzahlungskreditgeschäften, → factoring
retailing 1. Vertrieb über den Einzelhandel

2. Verkauf an Privatanleger (an das breite Publikum)

retailing interests Beteiligungen im Einzelhandel

retail instalment financing Teilzahlungsfinanzierung

retail inventory method Bewertung von Warenbeständen zum Verkaufspreis

retail marketing Einzelhandelsmarketing, Marketingaktivitäten des Einzelhandels

retail middleman Einzelhändler, Absatzmittler

retail operations Privatkundengeschäft einer Bank

retail panel Einhandelspanel, → panel

retail positioning 1. Positionierung im Einzelhandel 2. Positionierung einer Bank im Privatkundengeschäft

retail price index (RPI) britischer Einzelhandelspreisindex □ (RPIX) Einzelhandelspreisindex ohne Hypothekenzinszahlungen, (RPIY) Einzelhandelspreisindex ohne Hypothekenzinsen und bestimmte indirekte Steuern (z.B. Kommunalabgaben, Mehrwertsteuer, Versicherungs- und Flughafensteuer)

retail tracking Absatzverfolgung, regelmäßige Untersuchung des Absatzes von Produkten auf den verschiedenen Einzelhandelsebenen

retainage bis zur vollständigen Leistungs-/Vertragserfüllung (Baufertigstellung) einbehaltener Betrag

retained benefits erworbene Leistungsansprüche

retained current cost profit for the year einbehaltener Jahresgewinn bei Ansatz von Wiederbeschaffungskosten

retained earnings (income) Gewinnrücklagen, einbehaltene (thesaurierte) Gewinne

retained interest zurückbehaltenes Recht

retained line *(im Rückversicherungsgeschäft)* Eigenbehalt des Erstversicherers, vom Erstversicherer zu tragender Schadenteil

retained premium Eigenbehaltsprämie

retained profit of the group transferred to reserves nicht ausgeschütteter Konzerngewinn, der den Rücklagen zurückgeführt wurde.

retained tax einbehaltene Steuer

retainer 1. Bestellung (Verpflichtung) eines Anwaltes/Beraters/Sachverständigen 2. → retainer fee

retainer fee Honorarvorschuss □ Vorauszahlung auf ein Erfolgshonorar, die auch bei Nichterreichen der gesetzten Ziele bzw. Nichtzustandekommen der Transaktion nicht zurückerstattet werden muss.

retaining lien Pfandrecht (Zurückbehaltungsrecht) eines Anwalts an Vermögenswerten seines Kunden bis zur vollständigen Regulierung seines Honorars.

retaliatory tariff Retorsionszoll, Vergeltungszoll

retender 1. erneute Andienung 2. *(bei der Belieferung von Futures-Kontrakten)* Weitergabe der Andienungspflicht

retention 1. Einbehaltung (von Gewinnen/Steuern/Abgaben) 2. Eigenbehalt, Selbstbehalt □ (a) Teil der Versicherungssumme, den der Versicherungsnehmer im eigenen Risiko behält, vom Versicherungsnehmer übernommener Schadenteil (b) *(im Rückversicherungsgeschäft)* Selbstbehalt des Erstversicherers □ Teil des Risikos, den der Zedent nicht rückversichert, sondern selbst behält. 3. einbehaltener Betrag (a) vom Kaufpreis – durch den Käufer/Auftraggeber bis zur vollständigen Vertragserfüllung oder zur Deckung möglicher Gewährleistungsansprüche (b) von der Darlehensvaluta – durch den Kreditgeber bis zur Erfüllung bestimmter Bedingungen (c) von den angekauften Forderungen – durch den Factor bis zur vollständigen Rechnungsbegleichung durch den Schuldner.

retention clause Einbehaltungsklausel

retention of loss Selbstbehalt des Erstversicherers, Priorität, → excess of loss reinsurance

retention of money bond Schlusszahlungsgarantie

retention of title Eigentumsvorbehalt

retention percentage → retention rate

retention period Aufbewahrungsfrist
retention rate (ratio) Gewinneinbehaltungsquote □ Verhältnis von einbehaltenen Gewinnen zum Jahresüberschuss nach Dividendenausschüttung
retention strategy Haltestrategie □ Strategie, die auf das Halten eines Kundenstamms bzw. eines Marktanteils ausgerichtet ist.
retirement annuity Rentenversicherung
retirement benefit costs Aufwendungen für die betriebliche Altersversorgung
retirement benefit plan (scheme) betriebliche Altersversorgungsregelung (Versorgungseinrichtung), Pensionsplan
retirement benefits Leistungen einer Altersversicherung
retirement of fixed assets Abgang von Gegenständen des Anlagevermögens
retractible bond Anleihe mit einer Laufzeitverkürzungsoption □ mit dem Erwerb eines retractible bond ist für den Inhaber das Recht verbunden, die Laufzeit des Titels zu einem bestimmten Zeitpunkt zu verkürzen. Der Vorteil liegt für den Anleger darin, dass er bei im Zeitverlauf steigenden Zinsen, d.h. fallenden Anleihekursen, zum vereinbarten Termin (retraction date) seine Option wahrnehmen und den Erlös des zum Nennwert zurückgezahlten Titels in eine andere Anlageform investieren kann.
retrieval position Entnahmeort
retrieval system Entladesystem
retrieval unit Entnahmeeinheit
retroactive insurance Rückwärtsversicherung, Deckungsgewährung für die Vergangenheit
retroactive restoration 1. Wiederaufnahme einer Versicherung zu den ursprünglichen Bedingungen 2. Wiederinkraftsetzung einer Bürgschaft mit der ursprünglich vereinbarten Haftungssumme
retroactive statute rückwirkende Verordnung
retroactive tax rückwirkend berechnete Steuer
retrocedant Retrozedent, → retroceding company
retroceding commission Retrozessionsprämie □ wird gezahlt, wenn ein Rückversicherer ein Risiko an einen anderen Rückversicherer weitergibt.
retroceding company Retrozedent, Weiterrückversicherungsnehmer □ Rückversicherer, der übernommene Risiken weiter rückversichert.
retrocession Retrozession, Folgerückversicherung, Weiterrückversicherung
retrocessional recoveries Zahlungen aus der Weiterrückversicherung (an den Rückversicherer)
retrocession market Retrozessions-Markt, Markt für Weiterrückversicherungen der Rückversicherer
retrocessionnaire Retrozessionär, Weiterrückversicherer □ Rückversicherungsgesellschaft, die Risiken eines Retrozedenten (→ retroceding company) übernimmt.
retrospective rating Prämien-/Beitragsfestsetzung im Nachhinein (i.d.R. bei Ablauf des Vertrages, auf der Basis der tatsächlichen Schadenentwicklung)
return cargo Rückfracht
returned goods Retouren, Rückwaren
returned shipment rate verbilligter Frachttarif für Leergut
return measurement Rendite-Kontrollrechnung
return of capital doctrine Grundsatz, dass Kapitalrückzahlungen nicht als Einkommen erfasst werden.
return on assets Gesamtkapitalrendite
return on assets managed Rendite der verwalteten Vermögenswerte, Portefeuillerendite
return on average equity Verzinsung des durchschnittlichen Eigenkapitals, → return on equity
return on capital employed Kapitalrendite, Rentabilität des Kapitaleinsatzes, Verzinsung des eingesetzten Kapitals, Rendite (Ertrag) des investierten Kapitals □ Gewinn vor Zinsen und Steuern dividiert durch das investierte Kapital

return on customer relationship Gewinn aus einer Kundenbeziehung
return on equity Eigenkapitalrendite □ Jahresüberschuss in Prozent des Eigenkapitals
return on idea Wert einer Produktidee
return on invested capital Rentabilität des investierten Kaptials, → return on capital employed
return on investment 1. Gesamtkapitalrentabilität □ Verhältnis von Gewinn zum Gesamtvermögen 2. i.e.S. Rentabilität (Ertrag) des investierten Kapitals, → return on capital employed 3. Anlageverzinsung
return on investment method Rentabilitätsrechnung □ Investitionsrechnungsverfahren, bei dem der durchschnittliche Jahresgewinn einer Investition zum Kapitaleinsatz ins Verhältnis gesetzt wird.
return on net assets Verzinsung des Nettovermögens □ Verhältnis von Nettovermögen zu eingesetztem Kapital
return on plan assets Ertrag des Planvermögens, → plan assets
return on risk-adjusted capital risikobereinigte Kapitalrendite, Verzinsung des risikoadjustierten Eigenkapitals
return on sales Umsatzrendite, Umsatzrentabilität, operative Gewinnmarge □ Gewinn vor Steuern und Zinsen in Prozent der Umsatzerlöse
return on securities Wertpapierrendite, Verzinsung von Wertpapieren
return on shareholders' (stockholders') equity Eigenkapitalrendite, → return on equity
return on time misst die Schnelligkeit, mit der Wissen in einem Unternehmen weitergegeben wird.
return order Gerichtsbeschluss, durch den die Rückgabe erworbener Waren an den Hersteller (Gläubiger) verfügt wird.
return premium Beitragsrückgewähr, anteilige Prämienrückerstattung (bei Aufhebung der Versicherung vor Vertragsablauf)
return ratio 1. Renditekennziffer 2. → response rate
returns 1. Retouren, Rückwaren 2. Anzahl der Reaktionen auf eine Direktmarketingaktion
returns clause (Prämien-)Rückerstattungsklausel
returns inwards Kundenretouren, von Kunden zurückgesandte (mangelhafte oder unverkäufliche) Waren
returns outwards Lieferantenretouren, an Lieferanten zurückgesandte Waren
returns to scale Skalenerträge □ Stückkostensenkung durch Erhöhung der Ausbringungsmenge
return to redemption Rückzahlungsrendite
return to rollover Zinsertrag aus einem zinsvariablen Kredit bzw. Schuldtitel bis zum nächsten → Rollover-Termin
revaluation accounting Bilanzierung neubewertungsinduzierter Wertsteigerungen
revaluation adjustment Berichtigung für Neubewertung
revaluation depreciation neubewertungsinduzierte Wertminderung
revaluation from cost to underlying net asset value Umbewertung von den Anschaffungskosten auf den Wert des zugrunde liegenden Nettovermögens
revaluation lease → reappraisal lease
revaluation of fixed assets/of landed property Neubewertung von Sachanlagen/ von Grundbesitz (Liegenschaften)
revaluation reserve → revaluation surplus (2)
revaluation surplus 1. Gewinn aus Neubewertung, Wertsteigerung gegenüber den Anschaffungskosten aufgrund einer Neubewertung 2. Neubewertungsrücklagen, Rücklagen durch Zuschreibungen zum Buchwert der Aktivposten
revalued net book amount der sich aus einer Neubewertung ergebende Restbuchwert
revenue 1. Einnahmen, Einkünfte 2. betriebliche Erträge, i.e.S. Umsatzerlöse 3. Staatseinnahmen, Steueraufkommen
revenue account 1. Erfolgskonto 2. Ge-

revenue and expenses

winn- und Verlustrechnung, Ertragsrechnung, Erfolgsrechnung
revenue and expenses Erträge und Aufwendungen ☐ aus der Lieferung von Waren bzw. der Erbringung von Dienstleistungen sowie aus Geschäften, die mit der betrieblichen Tätigkeit in einem unmittelbaren Zusammenhang stehen; in Abgrenzung zu → gains and losses.
revenue bonds Emissionen von US-Gebietskörperschaften, die der Finanzierung bestimmter Projekte dienen. Zinszahlungen und Tilgungen erfolgen aus den Einnahmen der finanzierten Projekte. → Industrial Revenue Bonds
revenue capital Erwerbskapital
revenue deficit 1. (Steuer-)Mindereinnahmen 2. Minderung der Umsatzerlöse
revenue deviation analysis Analyse der Erlösabweichungen (Differenz zwischen Ist-Erlösen und Planvorgaben)
revenue duties Finanzzölle, aus finanzpolitischen Gründen erhobene Zölle
revenue grants Aufwandszuschüsse
revenue participation Beteiligung eines Investors an den Umsatzerlösen
revenue plan Erlösplan, Gegenüberstellung von Plankosten und Planumsatzerlösen
revenue-producing activities ertragswirksame Tätigkeiten
revenue-raising power Steuerkraft
revenue recognition Ertragsausweis, Ertragsrealisierung, rechnungsmäßige Erfassung von Erträgen, Erfassung (Einbuchung) der Erlöse, Ausweis der Erlöse in der Erfolgsrechnung
revenue recognition principle Realisationsprinzip ☐ Erträge gelten als realisiert, wenn aus der gelieferten Ware bzw. der erbrachten Leistung der entsprechende Ertrag vereinnahmt wurde.
revenue regulations Rechts- und Verwaltungsverordnungen der US-Finanzverwaltung
revenue reserves freie (freiwillige) Rücklagen
revenue results (Betriebs-)Ergebnis

revenue ruling Steuererlass, Erlass der US-Finanzverwaltung
revenues i.e.S. Umsatzerlöse, i.w.S. Erträge aus der laufenden Geschäftstätigkeit, d.h. Umsatzerlöse und Finanzerträge
revenue sharing Finanzausgleich
revenue surplus 1. Einnahmenüberschuss, Mehreinnahmen 2. Zuwachs bei den Umsatzerlösen
revenue tariff → revenue duties
revenue ton Frachttonne
revenue transactions ergebniswirksame Geschäftsvorfälle
reversal of accruals Auflösung von Rückstellungen
reversal of an entry Stornierung, Stornobuchung, Umbuchung
reversal of provisions Auflösung von Rückstellungen (Wertberichtigungen)
reversal of the economic trend konjunkturelle Trendwende
reverse acquisition Übernahme eines größeren Unternehmens durch ein kleineres Unternehmen, Übernahme einer Publikumsgesellschaft durch eine Personengesellschaft, i.e.S. Übernahme des Firmenmantels einer börsennotierten Gesellschaft durch ein kleineres Unternehmen (um auf diese Weise ein zeit- und kostenintensives Börsenzulassungsverfahren zu umgehen)
reverse annuity mortgage auf ein unbelastetes Eigenheim aufgenommenes Darlehen, das in regelmäßigen Abständen einer Rente vergleichbar zur Auszahlung gelangt und beim Verkauf des Hauses zurückgezahlt wird.
reverse auction Einkaufsauktion, (internetbasierte) umgekehrte Auktion ☐ Auktion, bei der alle Bieter/Lieferanten die Angebote der Konkurrenz (Namen bleiben i.d.R. anonym) sehen und sofort unterbieten können; der billigste Anbieter erhält den Zuschlag.
reverse distribution channels umgekehrte Distributionskanäle ☐ Absatzwege, über die genutzte Produkte an den Hersteller

zurückfließen (zwecks Entsorgung oder Recycling).

reverse interest rate pattern inverse Zinsstruktur □ Situation, in der die Zinssätze im kurzfristigen Bereich über den Sätzen für langfristige Anlagen liegen.

reverse investment strategy eine konträr zu den üblichen Richtlinien entwickelte Anlagestrategie

reverse leverage → negative leverage

reverse logistics umgekehrte Logistikprozesse (z.B. Bearbeitung von Retouren, Kundenbeschwerden, Aussortieren veralteter Lagerbestände, Rücktransport leerer Transportbehälter)

reverse no-claims bonus Schadenfreiheitsrabatt, der bei Versicherungsbeginn von der ersten Prämienzahlung in Abzug gebracht wird; muss im Schadensfall zurückgezahlt werden.

reverse split umgekehrter Aktiensplit □ Umtausch mehrerer Aktien in eine einzige neue Aktie.

reverse takeover Übernahme der Gesellschaft, die eine Übernahme anstrebte, durch die von ihr ins Auge gefasste Zielgesellschaft. → reverse acquisition

reverse transactions befristete Transaktionen □ Offenmarktgeschäfte zur Liquiditätsbereitstellung, die das Europäische System der Zentralbanken entweder in Form von Pensionsgeschäften oder in Form von Pfandkrediten durchführt. Reverse transactions sind das wichtigste Offenmarktinstrument und können bei den folgenden vier Gruppen von Offenmarktgeschäften eingesetzt werden: → main refinancing operations, → longer-term refinancing operations, → fine-tuning operations, → structural operations

reverse triangular merger Unternehmenszusammenschluss, bei dem die übernehmende Gesellschaft (acquiring company) eine Tochtergesellschaft gründet, die auf die Zielgesellschaft (target company) verschmolzen wird. Nach Zusammenlegung der Aktiva und Passiva wird die Zielgesellschaft eine Tochtergesellschaft der übernehmenden Gesellschaft.

reversible error Verfahrensfehler, der zu einer Urteilsaufhebung durch ein Berufungsgericht führt.

reversing trade Gegengeschäft zur Schließung einer offenen Finanzposition

reversion Rückfall □ Rückübertragung von Eigentumsrechten/von dinglichen Mietrechten bei Eintritt eines vorbestimmten Ereignisses.

reversionary annuity private Rentenversicherung, bei der im Falle des Ablebens des Versicherungsnehmers regelmäßige Zahlungen an eine zweite Person auf Lebenszeit geleistet werden.

reversionary bonus jährliche Gewinnbeteiligung (Ertragsausschüttung) des Versicherungsnehmers

reversionary interest Rückfallrecht, Heimfallrecht, Rückfall von Rechten auf den früheren Inhaber bzw. seine Erben, → reversion

reversionary trust Trust, der nach einer bestimmten Anzahl von Jahren oder nach dem Tod des Treugebers rückgängig gemacht bzw. in einen → revocable trust umgewandelt werden kann.

reversionary value Wert einer Immobilie im Zeitpunkt einer → reversion

revesting in the original owner Rückübertragung an den ursprünglichen Eigentümer, → mortgage, → right of redemption

revival statutes Gesetze, die das Wieder-In-Kraft-Treten (Wiederaufleberlassen) bereits verjährter Handlungen, Verfügungen oder Dokumente regeln.

revocable beneficiary (bei Versicherungspolicen) Begünstigter, dessen Anspruchsberechtigung jederzeit durch den Policeninhaber widerrufen werden kann.

revocable credit 1. widerrufliches Akkreditiv □ Akkreditiv, das jederzeit, auch ohne Zustimmung des Akkreditivbegünstigten, abgeändert oder widerrufen werden kann 2. Kredit, der jederzeit durch eine Bank gekündigt werden kann.

revocable trust (nach dem Ermessen des Treugebers) widerrufbarer Trust
revocation in law Aufhebung (Annullierung) kraft Gesetzes
revocation of acceptance Annahmewiderruf, Widerruf der Annahme gelieferter Waren wegen Schlechtlieferung
revolving export merchandise program revolvierendes Warenankaufsprogramm, → merchandise purchase program financing
revolving leasing Austausch-Leasing □ d.h. Leasingobjekte können auf Wunsch des Leasingnehmers in bestimmten Zeitabständen ausgetauscht werden.
revolving multicurrency credit revolvierender Kredit, der in verschiedenen Währungen in Anspruch genommen werden kann.
revolving trade facility revolvierende außenhandelsgebundene Kreditlinie □ wird in Verbindung mit Umschuldungen eingerichtet.
reward marketing auf Treuebelohnung setzende Marketingaktivitäten
rezoning Änderung des Bebauungsplanes
RFP/RFQ → request for proposals/for quotes
RFS → road feeder service
RIC → regulated investment company
RIC (retained investment tax credit) lease Leasingvertrag, bei dem der Leasinggeber den → investment tax credit selbst nutzt. → PIC lease
rich client Software-Lösung, die → thick und → thin client Technologie miteinander verbindet.
RICO → Racketeer Influences & Corrupt Organizations Act
ride Gewinnanteil eines Investors bei einer positiven Unternehmensentwicklung
rider 1. Anhang (zu einer Versicherungspolice) 2. Zusatzvereinbarungen 3. Änderung des Bebauungsplanes
RIE → Recognised Investment Exchange
rightful claimant Forderungsberechtigter, Anspruchsberechtigter, Bezugsberechtigter
rightful owner rechtmäßiger Besitzer (Eigentümer)
right in action Forderungsrecht

right in rem dingliches Recht
right of access to records Recht auf Einsichtnahme in die Unterlagen der Gesellschaft
right of action Klagerecht
right of audience Recht auf richterliches Gehör
right of entry Recht der Inbesitznahme, Recht auf Besitzergreifung
right of escheat Heimfallrecht
right of exploitation 1. Nutzungsrecht 2. Pfandverwertungsrecht
right of first refusal Vorkaufsrecht
right of indemnity Schadenersatzanspruch, Anspruch auf Schadloshaltung
right of ingress or egress Recht auf freien Zugang und Ausgang
right of inspection Recht auf Einsichtnahme
right of reclamation 1. Rückforderungsrecht 2. (im Wertpapiergeschäft) Recht auf Rückgängigmachung von Abschlüssen bei später festgestellten Unregelmäßigkeiten
right of redemption Auslösungsrecht, Anspruch (Recht) auf Rückübertragung bzw. Rückgabe □ Recht des Schuldners auf Auslösung des Sicherungsgegenstandes durch Zahlung des geschuldeten Betrages
right of redemption pill Satzungsklausel zur Abwehr von Firmenübernahmen □ Nach dieser Klausel erhalten die alten Aktionäre zusätzliche Rechte, wenn ein der Unternehmensleitung nicht genehmer Investor einen größeren Kapitalanteil erworben hat. → defensive measures
right of re-entry Rückfallrecht, → equity of redemption
right of rescission Recht auf Vertragsrücktritt, Recht auf Rückgängigmachung (z.B. von Kaufverträgen innerhalb von drei Tagen nach Geschäftsabschluss)
right of separation (im Konkursverfahren) Aussonderungsrecht
right of setoff Aufrechnungsrecht, Verrechnungsrecht □ z.B. Recht des Kreditgebers, bei einem Zahlungsverzug des Schuldners, die von diesem geschuldeten Beträge mit gegebenenfalls vorhandenen

Guthaben zu verrechnen.
right of stoppage in transitu Rückrufsrecht des Verkäufers □ Recht des Verkäufers, von einem Spediteur die Rückgabe der zum Transport übergebenen und noch nicht bezahlten Waren zu verlangen, wenn eine plötzliche Zahlungsunfähigkeit des Käufers eintritt.
right of subrogation Eintrittsrecht eines Dritten
right of termination (Vertrags-)Auflösungsrecht, Kündigungsrecht
right of usufruct Nießbrauch
rights approximating to ownership eigentümerähnliche Rechte
right to appoint a receiver Recht des Hypothekengläubigers auf Bestellung eines Verwalters für den von ihm beliehenen Grundbesitz
right to bring action Klagerecht
right to conduct litigation Prozessfähigkeit
right to consolidate Recht eines Hypothekengläubigers auf Zusammenlegung von Hypotheken des gleichen Schuldners
right to cure Recht des Käufers auf Nachbesserung bzw. Nachlieferung, Recht auf Wiedergutmachung einer Vertragsverletzung
right to enjoyment of property Recht auf Nutzung von Grundbesitz
right to implead Recht auf Erhebung einer Drittklage, → impleader
right to possession of title deeds Recht des Inhabers einer erststelligen Hypothek, über die Grundstücks-Eigentumsurkunden zu verfügen.
right to rectification Anspruch auf Vertragsberichtigung
right to refuse performance Leistungsverweigerungsrecht
right to rescission Recht auf Vertragsaufhebung
right to tack → right to consolidate
right to trial court proceedings Rechtsweggarantie
right to voice in management Mitspracherecht in der Unternehmensführung

rigid gates Kontrollpunkte in der Produktentwicklung/Projektabwicklung □ Folgephasen können erst beginnen, wenn die bis zu einem Kontrollpunkt erforderlichen Arbeiten abgeschlossen sind. → permeable gate
rigid trust → fixed trust
ring Kartell
riparian rights Wasserentnahmerechte
rise and fall clause Preisgleitklausel
risk-adjusted discount rate risikobereinigte Diskontierungsrate, Kapitalisierungszinsfuß unter Berücksichtigung der Risikokosten
risk-adjusted performance risikobereinigte Performance, risikobereinigter Anlageerfolg □ Verhältnis von Portefeuillerendite zur Standardabweichung der Rendite
risk-adjusted performance measurement risikobereinigte Erfolgsmessung
risk-adjusted return on capital risikoadjustierte Kapitalrendite, risikobereinigte Kapitalverzinsung, Kapitalverzinsung unter Berücksichtigung der Risikokosten
risk assets Risikoaktiva □ zu den Risikoaktiva eines Kreditinstitutes zählen neben Krediten, Wertpapieren und Beteiligungen auch Finanz-Swaps, Termingeschäfte und Optionsrechte
risk-benefit balance Abwägung zwischen Risiko und Nutzen
risk-free asset risikoloser Vermögenswert (in den Vereinigten Staaten als ein kurzfristiger Titel des US Treasury definiert), Vermögensanlage mit im Voraus bekannter fester Rendite
risk-free interest rate risikofreier Zinssatz □ Zinssatz, mit dem kein Bonitätsrisiko verbunden ist.
risk-free rate of return Rendite einer risikolosen Kapitalanlage □ i.d.R. wird unter dem Begriff die Rendite von Staatspapieren verstanden.
risk intermediation Übertragbarkeit von Risiken auf Dritte
riskless asset → risk-free asset
risk management Risikomanagement, Risi-

kosteuerung, wirksames Begrenzen von Risiken (Absicherung von Risiken), Risikostreuung
risk prioritizing Risikoprioritisierung (im Hinblick auf zu ergreifende Risikoabsicherungsmaßnahmen)
risk ranking Einordnung von Risiken (nach Eintrittswahrscheinlichkeit)
risk rating Risikobewertung, Risikoeinschätzung
risk response development Einstellung auf neue Risikosituationen
risk retention 1. Risikoübernahme, Inkaufnahme eines Risikos 2. Selbstbeteiligung, Selbstbehalt (des Versicherungsnehmers)
risk retention group spezialisierter Zusammenschluss von Haftpflichtversicherern (i.d.R. auf der Basis eines Versicherungsvereins auf Gegenseitigkeit)
risk/return trade-off Risiko-Rendite-Austauschverhältnis
risk/reward function (ratio) Risiko-Nutzen-Funktion/Relation
risks and perils excluded Risikoausschlüsse, ausgeschlossene (nicht versicherte) Risiken
risk-sensitive assets/liabilities risikoreagible Aktiva/Verbindlichkeiten
risk tracking and reporting Risikoverfolgung und Risikoberichterstattung
risk-utility analysis Risiko-Nutzen-Analyse
risk-weighted assets risikogewichtete Aktiva
risk-weighting factor Risikoanrechnungssatz, Risikogewichtungsfaktor
risk-yield paradoxy negative Korrelation zwischen Risiko und Rendite
risk-yield-ratio Risiko-Rendite-Kennzahl, → Sharpe Ratio
rival brands konkurrierende Marken
river waybill Binnenschifffahrtsbrief
RNCB → reverse no-claims bonus
R/O → routing order
ROA → return on assets
roadblock strategy Werbeblockstrategie □ Ausstrahlung eines Werbespots zur gleichen Zeit bei verschiedenen Rundfunk-/TV-Stationen
road feeder service Zubringerdienste per Lkw (z.b. Güterbeförderung zwischen Flughafen und Bestimmungsort)
road freight transport Straßengüterverkehr
road haulage Lkw-Verkehr, Güterkraftverkehr, Straßengüterverkehr
road haulier Fuhrunternehmen, Spediteur
roadshow Produkteinführungs-Tournee
ROAM → return on assets managed
ROCE → return on capital employed
rocketing inflation galoppierende Inflation
ROCR → return on customer relationship
ROE → return on equity
ROG → receipt of goods terms
ROI → return on idea, → return on investment
ROIC → return on invested capital
ROIC/WACC spread Nettorendite des investierten Kapitals □ ergibt sich aus → return on invested capital abzüglich → weighted average cost of capital
role-based authorisation funktionsbasierte Berechtigung
rolled-over cargo auf ein später auslaufendes Schiff umgebuchte Ladung
rolling budget rollierendes Budget, Fortschreibungsbudget □ Budget (betrieblicher Teilplan), das (der) auf den Ist-Zahlen der jeweils vorangegangenen Budgetperiode basiert und laufend fortgeschrieben wird.
rolling capital → working capital
rolling cargo Ladung auf fahrbaren Untersätzen
rolling cash forecast rollierende Kassenprognose (Liquiditätsprognose) □ kurzfristige Liquiditätsvorschau, die laufend fortgeschrieben wird.
rolling planning rollierende Planung □ Form der Unternehmensplanung, bei der ein längerfristiger Unternehmensplan jährlich oder in einem anderen bestimmten Zeitabstand revidiert und fortgeschrieben wird.
rolling sampling rollierendes Auswahlver-

fahren, fortlaufend variierende Stichprobe
rolling stock Betriebsmittel/Transportträger eines Frachtführers (Fahrzeuge, Schiffe, Flugzeuge, Container)
rolling strike Schwerpunktstreik
rolling waveplanning rollierende, kurzfristige Detailplanung
roll on/roll off vessel Schiff, das Ladung über Bug- oder Hecktore aufnimmt und löscht.
rollout 1. Rollout, Systemstart, Systemimplementierung 2. Rollout, Start einer Mailing-Kampagne nach einem erfolgreichen Voraustest, automatisierte Verteilung 3. stufenweise und regionengebundene Einführung eines Produktes
rollout marketing/strategy Rollout-Marketing/-Strategie, → rollout (3)
rollover 1. Rollover, Prolongation, Fortschreibung 2. Umschichtung von Vermögensanlagen, i.e.S. steuerfreie Wiederanlage von Ausschüttungen in einem → individual retirement account
rollover budgeting Fortschreibungsbudgetierung, → rolling budget
rollover credit Rollover-Kredit, revolvierender Kredit □ Bei einem Rollover-Kredit verbindet die kreditgebende Bank eine mittel- bis langfristige Kreditzusage mit einer kurzfristigen Zinszusage, d.h. der Zinssatz wird in bestimmten Zeitabständen der aktuellen Marktlage angepasst.
rollover hedging Anschlusssicherungsgeschäfte
rollover of gain Gewinnübertragung, Übertragung eines Veräußerungsgewinns auf eine folgende Geschäftsperiode
rollover period Rollover-Periode, Verlängerungszeitraum □ Zeitraum, nach dessen Ablauf die Anpassung des Zinssatzes an die aktuelle Marktlage erfolgt.
rollover relief Steuererleichterung, die auf folgende Geschäftsjahre übertragen werden kann.
roll trailer Spezialtrailer für Roll-on-/Roll-off-Beladung
roll-up 1. Umwandlung einer → limited partnership in eine Publikumsgesellschaft 2. Aufschlag der Zinsen auf die Kapitalsumme
roll-up transaction Umorganisation oder Zusammenlegung von → limited partnerships, bei der die Investoren neue Wertpapiere erhalten.
Romalpa clause Eigentumsvorbehaltsklausel des Lieferanten (die Bezeichnung wurde von dem ersten diesbezüglichen Rechtsstreit abgeleitet).
root of deed erste Urkunde, die einen Rechts- bzw. Eigentumsanspruch begründet; erste Übertragung in der Eigentumskette
root of title (Eigentums-)Titelgeschichte, i.e.S. der grundsätzliche Eigentumsanspruch
RORAC → return on risk-adjusted capital
RO/RO → roll on/roll off (vessel)
ROS → return on sales
ROT → return on time
rotating panel rotierendes Panel □ sieht einen regelmäßigen Austausch der Panel-Mitglieder vor, → panel
rotation of directors turnusmäßiger Wechsel im Verwaltungsrat
rotation procedure Befragungstechnik, die unterschiedliche Reihenfolgen bei sich wiederholenden Befragungen gewährleisten soll.
route diagramme Ablaufdiagramm
route optimisation Routenoptimierung, Bestimmung der kürzesten Transportwege
router Router, zwischengeschalteter Rechner □ Rechner, der die Verbindung zwischen Computernetzen ermöglicht bzw. Datenpakete an den Zielrechner weiterleitet.
router system Router-System (verbindet unterschiedliche Netzwerke)
route sheet Begleitkarte, Laufkarte, → job set
routing 1. Weiterleitung, Durchleitung 2. Datentransport innerhalb eines Netzes 3. Leitungsverlauf 4. Leitweglenkung, Routenplanung, Zielansteuerung, Weiterlei-

tung von Anrufen in einem → call center nach festgelegten Kriterien.
routing order Versandvorschriften
routing system 1. Leitungssystem, *(in der Produktion)* Leitungslaufplan 2. Systeme zur Weiterleitung eingehender Anrufe (→ inbound calls, → call center) nach festgelegten Kriterien
royalties 1. Lizenzgebühren 2. Lizenzeinnahmen
royalty branch ausländische Tochtergesellschaft zur Verwertung und Verwaltung von Lizenzen
RP → repurchase agreement
RPBs → Recognised Professional Bodies
RPI/RPIX/RPIY inflation aus dem Einzelhandelspreisindex errechnete britische Inflationsrate. → retail price index
RPI-pay settlement an der Entwicklung des Einzelhandels-Preisindex orientierter Tarifabschluss
RPT → response per thousand
RRG → risk retention group
RRM → rapid response manufacturing
RRR → required rate of return
RSA → regional selective assistance
RSAs/RSLs → risk-sensitive assets/liabilities
RT → revenue ton
RTR → risk tracking and reporting
rubber baselining Überbrückung aktueller Finanzierungslücken mit Mitteln, die für spätere Planungsperioden vorgesehen waren.
Rugby process Produktentwicklungsprozess, bei dem es zu Überlappungen der einzelnen Entwicklungsphasen kommt.
Rule 13D Ausführungsbestimmung der → Securities and Exchange Commission zum entsprechenden Abschnitt des US-Securities Act □ regelt die Anzeigepflicht bei dem Erwerb von Unternehmensanteilen, die 5% des ausgegebenen Kapitals übersteigen.
Rule 14D Ausführungsbestimmung der → Securities and Exchange Commission zum entsprechenden Abschnitt des US-Securities Act □ regelt die Anzeige- und Offenlegungspflichten sowie die Rechte der Anteilseigner bei Übernahmeangeboten (z.B. Verpflichtung zur Offenlegung der Identität des Bieters, des Kaufpreises und seiner Finanzierung, Hinweis auf Rücktrittsrechte)
Rule 35 Bestimmung des → Takeover Code, der zufolge ein Unternehmen, das ein zurückgewiesenes Übernahmeangebot unterbreitet hat, zwölf Monate bis zur Unterbreitung eines neuen Angebotes verstreichen lassen muss.
Rule 144A Verordnung der → Securities and Exchange Commission □ regelt die Abgabe nicht registrierungspflichtiger Wertpapiere an qualifizierte institutionelle Investoren (qualified institutional buyers)
Rule 415 Verordnung der → Securities and Exchange Commission, der zufolge Unternehmen eine Rahmenregistrierung für ihre Schuldtitelemissionen bei der SEC beantragen können. Nach erfolgter Registrierung können die Emittenten bzw. die eingeschalteten Händlerfirmen die Papiere bis zur genehmigten Höhe und im Verlauf von maximal zwei Jahren nach Bedarf an den Markt abgeben. Vorteile für Emittenten: Die Pflicht, für jede einzelne Emission ein → registration statement hinterlegen zu müssen, entfällt. Emissionen können kurzfristig vorgenommen werden, der Emissionsaufwand verringert sich.
Rule 504 offerings Emissionen nach Rule 504 □ ermöglichen einem Unternehmen eine Kapitalaufnahme bis zu USD 1 Mio. pro Jahr; keine Publizitätspflicht, keine Begrenzung hinsichtlich der Zahl der Erwerber und keine Anlegerqualifizierung (→ accredited, → non-accredited investors).
Rule 505 offerings Emissionen nach Rule 505 □ dürfen USD 5 Mio nicht überschreiten; Publizitätspflicht, Zahl der → non-accredited investors ist auf 35 beschränkt.
Rule 506 offerings Emissionen nach Rule

506 ☐ keine betragsmäßige Begrenzung des Zeichnungsangebots; Publizitätspflicht; Zahl der → non-accredited investors ist auf 35 beschränkt, jedoch keine zahlenmäßige Beschränkung für → accredited investors.

rule against perpetuities Bestimmung gegen die zeitlich unbegrenzte treuhänderische Verwaltung von Vermögenswerten, d.h. jede testamentarisch verfügte Übertragung von Nachlasswerten wird rechtsunwirksam, wenn sie nicht spätestens 21 Jahre nach dem Tod des Erblassers oder einer anderen im Testament genannten lebenden Person vollzogen ist.

rule of absolute priority Grundsatz der absoluten Priorität bevorrechtigter Konkursforderungen

rule shopping Suche nach der günstigsten gesetzlichen Bestimmung

rules of civil procedure Verfahrensregeln für den Zivilprozess

rules of evidence Vorschriften hinsichtlich der Zulassung von Beweisstücken

rules of natural justice natürliche Prozessregeln, die von Schiedsgerichten zu befolgen sind.

rules of procedure Verfahrensregeln

rump Aktionäre des Zielunternehmens, die dem Übernahmeangebot nicht zustimmen.

run *(to -with the land)* als grundstücksgleiche Rechte angesehen werden

run-away flag Billigflagge

running days laufende Kalendertage (keine Berücksichtigung von Sonn- und Feiertagen)

running down clause Klausel einer Kaskoversicherungspolice, die die Haftpflicht des Reeders bei einem von seinem Schiff verursachten Zusammenstoß abdeckt.

running time Betriebszeit, Maschinenlaufzeit

run-off clause Nachhaftungsklausel

run-off management *(im Versicherungsgeschäft)* Bearbeitung noch nicht regulierter Schäden, Abwicklung gekündigter Verträge

run-off period Abwicklungszeitraum

run of paper jede Form von Print-Werbung

run rate auf der Basis der aktuellen Quartalsziffern hochgerechnetes Jahresergebnis

RWAs → risk-weighted assets

S

S-1 → Form S-1
SA → Securities Act
safe and soundness exam Prüfung der Finanz- und Wirtschaftslage eines US-Kreditinstitutes durch eine Aufsichtsbehörde
safe harbour provisions (rules) Schutzbestimmungen, Ausnahmebestimmungen, i.e.S. gesetzliche Bestimmungen, die entweder rechtlich zulässige Formen der Steuervermeidung oder einen Verkauf bzw. Abtretung von Steuervergünstigungen vorsehen.
safety loading → safety premium
safety needs → hierarchy of needs
safety premium Sicherheitszuschlag, Prämienaufschlag bei überdurchschnittlichen Risiken
safety stock 1. mündelsichere Wertpapiere 2. eiserner Bestand, Mindestbestand, Reservebestand, Sicherheitsbestand
said to contain soll enthalten ☐ Konnossements-Hinweis, dass es sich bei den Angaben zu Ladungsinhalt und -menge um Angaben des Abladers handelt.
said to weigh soll wiegen ☐ Vermerk in einem Transportdokument, durch den die Haftung des Frachtführers für die Gewichtsangabe der übernommenen Ware ausgeschlossen wird.
salary costs per unit of output Lohnkosten je Produktionseinheit
sale and leaseback Verkauf und Rückmiete ☐ Leasingvariante, bei der die Leasinggesellschaft Anlagegüter erwirbt und sie dann an den Verkäufer wieder vermietet.
sale and repurchase agreement Pensionsgeschäft, → repurchase agreement
sale and return (Ver-)Kauf mit einem zeitlich begrenzten Rückgaberecht des Käufers
sale as is → sale with all faults
sale by sample (Ver-)Kauf nach Muster ☐ der Verkäufer verpflichtet sich zur Lieferung einer Ware, die der eingesandten Probe entspricht. → sale on approval
Sale of Goods Act englisches Warenverkaufsrecht
sale of vessel clause Klausel einer Schiffskaskopolice, der zufolge die Versicherung bei einem Eigentümer- oder Managementwechsel automatisch endet.
sale on approval (Ver-)Kauf zur Probe (auf Probe) ☐ Kauf, bei dem der Käufer ein Rückgaberecht besitzt, wenn die Ware seinen Erwartungen nicht entspricht.
sale on commission (Ver-)Kauf auf Kommissionsbasis, kommissionsweise Überlassung
sale on credit 1. Kreditkauf, Zielkauf 2. Teilzahlungskauf, Ratenkauf
sale or return (Ver-)Kauf mit einem zeitlich begrenzten Rückgaberecht des Käufers ☐ i.d.R. im Hinblick auf zum Weiterverkauf bestimmte Waren; unterscheidet sich von der kommissionsweisen Überlassung (sale on commission) insofern, als der Käufer trotz des eingeräumten Rückgaberechts sofort Eigentümer der Waren wird.
sales-aid leasing Vertriebsleasing, Referenzleasing ☐ Zusammenarbeit von Händlern und Leasinggesellschaften, Anwerbung von Leasingnehmern durch Einschaltung von Händlern
sales and other operating revenues (im Jahresabschluss) Umsatzerlöse und sonstige Betriebseinnahmen
sales audit Sales-Audit, Kontrolle der Verkaufstätigkeiten und Analyse der Umsatzresultate
sales automation systems Vertriebs-Automationssysteme, Softwaresysteme zur Steuerung und Unterstützung des Vertriebs
sales-based ordering durch Verkaufsergebnisse ausgelöste Bestellvorgänge

sales branch Vertriebsniederlassung
sales budget 1. Absatzplan, → sales plan 2. Budget eines Außendienstmitarbeiters
sales call Kundenbesuch, Verkaufsbesuch
sales call frequency Besuchshäufigkeit, Besuchsfrequenz
sales call report Verkaufsbericht, Besuchsbericht
sales call standards Besuchsnormen □ Richtlinien im Hinblick auf Besuchsfrequenz, Besuchsintensität, Besuchszeit, spezifische Aufgaben
sales channels Vertriebswege, Vertriebskanäle, Absatzwege
sales commission 1. Vertreterprovision 2. Verkaufskommission □ Beauftragung eines Kommissionärs mit dem Verkauf von Waren.
sales company Vertriebsgesellschaft
sales comparison approach Festlegung des Marktwertes eines Objektes durch Vergleich mit den aktuellen Verkaufspreisen vergleichbarer Objekte
sales comparison method of depreciation Ermittlung des abschreibungsbedingten Wertverlustes auf der Basis der Verkaufspreise vergleichbarer Objekte
sales controller Vertriebs-Controller
sales coverage Absatzreichweite
sales deductions Erlösschmälerungen
sales elasticity Absatzelastizität, Veränderung des Absatzes bei Preisänderungen
sales evaluation Bewertung (Analyse) der Umsatzleistung
sales financing Absatzfinanzierung
sales folder Verkaufsförderungsmaterial (Mappe) für den Hineinverkauf in den Handel
sales force automation Softwarelösungen für Außendienst und Vertrieb (zur Automatisierung von Verkaufsprozessen), rechnergestützte Vertriebs- und Steuerungssysteme
sales force management Verkaufsaußendienstmanagement □ Auswahl, Ausbildung und Motivation von Außendienstmitarbeitern

sales force performance Umsatzergebnisse (Verkaufsleistung) der Mitarbeiter im Außendienst
sales force promotion Außendienst-Promotion, Absatzförderung durch Incentives für Außendienstmitarbeiter
sales forecast Absatzprognose, erwartetes Absatzvolumen, Absatzerwartungen
sales forecasting Erstellung von Absatz-/Verkaufsprognosen
sales funding requirements Absatzfinanzierungsbedarf
sales impact (Werbe-)Wirkung auf den Umsatz
sales incentives Leistungsanreize (monetäre Anreize) für Vertriebsmitarbeiter
sales indicators Absatzbarometer
sales/inventory ratio Lagerumschlag, Verhältnis von Umschlag zum durchschnittlichen Lagerbestand
sales ledger Forderungsbestand, Debitorenbestand
sales ledger accounting Debitorenbuchhaltung
sales ledger financing Forderungsfinanzierung, Bevorschussung von Forderungen
sales ledger management Debitorenverwaltung
sales ledger service Debitorenmanagement, Einzug von Forderungen durch ein Inkassobüro/einen Factor
sales load Verkaufsgebühr, Abschlussgebühr, i.e.S. Ausgabeaufschlag auf Fondsanteile
sales logistics Absatzlogistik, Logistikaktivitäten von der Fertigung bis zum Kunden
sales management 1. Verkaufsleitung 2. Absatz-Management □ Steuerung der Absatzleistung bzw. aller Maßnahmen, die den Verkauf der Produkte betreffen.
sales marketing Absatz-Marketing
sales mix absatzpolitisches Instrumentarium
sales-oriented marketing approach verkaufsorientierter Marketingansatz □ im Zentrum der Marketingpolitik steht ausschließlich der Verkaufserfolg

sales performance Verkaufsergebnis, Verkaufsleistung, Umsatzerfolg
sales performance control Vertriebsergebniskontrolle, Feststellung von Abweichungen zwischen tatsächlichen Ergebnissen und Planvorgaben
sales plan Absatzplan, Zielplan des Absatzbereiches □ enthält die Absatzziele für Produkte, Märkte und Kundengruppen; gibt Auskunft über Umfang und Zusammensetzung der erwarteten Verkäufe während eines bestimmten Zeitraumes.
sales potential Absatzpotenzial, Absatzmöglichkeiten, Potenzial eines Verkaufsgebietes
sales proceeds 1. Verkaufserlös 2. *(im Jahresabschluss)* Umsatzerlöse
sales promotion aids Verkaufshilfen
sales promotion budget Etat für verkaufsfördernde Maßnahmen
sales quota Absatzquote, Verkaufsquote □ Umsatzziel für eine Produktgruppe, einen Unternehmensbereich oder einen Mitarbeiter des Außendienstes
sales result accounting Verkaufserfolgsrechnung
sales return Umsatzrentabilität, Umsatzertrag □ Quotient aus Jahresüberschuss und Umsatzerlösen
sales returns Retouren □ mangelhafte, an den Lieferanten zurückgesandte Waren
sales revenue Umsatzerlöse
sales ring Absatzkartell, Vertriebskartell, Absprache mehrerer Unternehmen hinsichtlich ihrer Liefer- und Zahlungsbedingungen
sales scheduling Absatzvorbereitung
sales segment performance Verkaufsleistung in einem Absatzsegment
sales support Vertriebsunterstützung, unterstützende Direktverkaufs- und Vertriebsmaßnahmen
sales territory performance Umsatzleistung in einem Absatzgebiet (Verkaufsbezirk)
sales-type lease Leasingvertrag, bei dem Leasinggeber und Hersteller des Leasinggutes identisch sind. → direct leasing

sales unit Verkaufseinheit
sales variance Verkaufsmengenabweichung
sales volume analysis Umsatzanalyse
sales volume by customer category (by territory) Umsatz pro Kundengruppe (pro Verkaufsbezirk)
sales volume plans Umsatzpläne, Mengenpläne eines Absatzbereiches
sale to arrive Kauf von Waren vorbehaltlich der sicheren Ankunft des Schiffes
sale with all faults (Ver-)Kauf von Waren einschließlich aller Mängel □ d.h. der Käufer hat keine Gewährleistungsansprüche, es sei denn, der Verkäufer handelte in betrügerischer Absicht.
sale with right of redemption (Ver-)Kauf mit Rücknahmerecht des Verkäufers □ d.h. der Verkäufer behält sich das Recht vor, gegen Rückzahlung des Kaufpreises die Rückgabe der Waren zu verlangen.
salvage value Restbuchwert, Restwert
SAM → shared appreciation mortgage, → software asset management
sample efficiency Stichprobeneffizienz, Sampleeffizienz
sample elements Stichprobenelemente
sample error Stichprobenfehler, → sampling error
sample selection error Stichprobenauswahlfehler, Fehler bei der Auswahl der Stichprobenelemente
sample size Stichprobengröße, Stichprobenumfang
sample weighting Stichprobengewichtung, Anpassung an die Zusammensetzung der Grundgesamtheit
sampling Stichprobenauswahl, Stichprobenerhebung, → probability sample, → non-probability sample
sampling distribution Stichprobenverteilung
sampling error Auswahlfehler, Stichprobenfehler (durch Verwendung eines ungeeigneten oder fehlerhaften Stichprobenrahmens)
sampling frame Stichprobenrahmen, Auswahlgrundgesamtheit □ die in die Stich-

sampling plan

probe einbezogenen Elemente (Personen, Haushalte)
sampling plan Stichprobenplan □ Anweisung für die Auswahl der Probanden, der anzuwendenden Befragungstechnik etc.
sampling units Stichprobenelemente, → sampling frame
SAP → statutory accounting principles
satisfaction 1. Befriedigung von Forderungen 2. Freigabe/Löschung von Pfandrechten
satisfaction of judgement Begleichung der Urteilsschuld
satisfaction piece (Hypotheken-)Löschungsbescheinigung
satisfactory proof ausreichender Nachweis (Beweis)
saturation advertising Intensivwerbung
saturation campaign intensive Nutzung der Massenmedien im Verlauf einer einzigen Kampagne
saturation coverage konzentrierte Werbeanstrengung für einen kurzen Zeitraum
saturation stage Sättigungsphase, → product life cycle
save harmless clause Schadloshaltungsklausel, Freistellungsklausel
SB-1/SB-2 vereinfachte Versionen der Emissionsanmeldung (→ Form S1) für Emittenten der mittelständischen Wirtschaft □ SB-1 ist für Emittenten mit einem Zeichnungsangebot bis zu USD 10 Mio., SB-2 ist für die Registrierung eines unbegrenzten Betrages vorgesehen.
SBA → Small Business Administration
SBICs → Small Business Investment Companies
SBIIA → Small Business Investment Incentive Act
SBO → sales-based ordering
SBR → skill-based routing systems
SBS → Small Business Service
SBT → scan-based trading
SBU → strategic business unit
scalability Skalierbarkeit □ Anpassungsfähigkeit eines Programms an sinkende/ steigende Anforderungen
scalar principle *(Organisationsprinzip)* je klarer der Instanzenweg, desto effizienter die Entscheidungsfindung
scaled response Antwort auf der Grundlage einer vorgegebenen Antwortskala
scale economies → economies of scale
scaling back production Produktionskürzung, Zurückfahren der Produktion
scaling technique Skalierungsverfahren □ Verfahren zur Messung qualitativer Eigenschaften
scan-based trading Liefer-Zahlungssystem, bei dem der Lieferant seine Ware nicht bei Auslieferung, sondern erst zum Zeitpunkt des Verkaufs im Einzelhandel erhält, d.h. beim Scannen an der Kasse, abzüglich der Gebühr des Händlers für die Bereitstellung der Infrastruktur.
scanner panel Panel, dessen Teilnehmer einen Scanner für ihre Aufzeichnungen verwenden.
SCANS → scheduling and control by automated network systems
scatter graph Streudiagramm
scatter plan Streuplan für Werbespots
SCC → supply chain configuration
SCE → supply chain excellence, → supply chain execution
scenario analysis Gewichtung von Szenarien mit Wahrscheinlichkeiten
scenario management Szenario-Management □ Ausarbeitung möglicher Entwicklungen sowie Erstellung alternativer Strategieoptionen
schedule 1. Tabelle, Anhang, Dokument 2. Ablaufplan 3. Medienstreuplan
Schedule 13D Dokument, mit dem ein Erwerb von mehr als 5% des Aktienkapitals einer börsennotierten Gesellschaft bei der → Securities and Exchange Commission anzuzeigen ist.
Schedule 13E-4 Dokument für die Anzeige eines Angebots für den Rückkauf eigener Aktien
schedule analysis Ablaufplananalyse
schedule bond personen- oder positions-

gebundene Vertrauensschadenversicherung

schedule compression Straffung des Projektablaufplans, Verkürzung der Vorgangszeiten/der Projektdauer

schedule constraints 1. zeitliche Vorgaben 2. Notwendigkeiten in der Terminplanung

scheduled cash flows planmäßige Zins- und Tilgungszahlungen

scheduled coverage Versicherungsdeckung für einzeln deklarierte Vermögenswerte

scheduled creditor registrierter Konkursgläubiger

scheduled depreciation regelmäßige Abschreibung

schedule development Erstellung des Ablaufplanes

scheduled expenditure eingeplante (budgetierte) Aufwendungen

scheduled for offering zur Emission vorgesehen

scheduled limit Deckungsobergrenze für ein spezifisches Risiko

scheduled policy Police, bei der der Versicherungsnehmer eine Einzeldeckung für bestimmte Vermögenswerte in der von ihm gewünschten Höhe oder eine Versicherung von Einzelrisiken vereinbaren kann.

scheduled property Verzeichnis der versicherten Vermögenswerte

scheduled rent vertraglich vereinbarter Mietzins

scheduled start/finish geplanter Anfangs-/Endzeitpunkt eines Projektvorganges

schedule of insurance 1. Auflistung aller bestehenden Versicherungen 2. Zusammenfassung der wichtigsten Versicherungskonditionen

schedule performance index Verhältnis zwischen erbrachter und geplanter Leistung

schedule policy → scheduled policy

scheduler Zeitplaner (Person oder Programm)

schedule rating Festlegung von objektgebundenen Prämienrichtzahlen, → rating bureau

schedules of income tax Einkommensarten nach dem britischen Steuerrecht ☐ Schedule A: Einkünfte aus Vermietung und Verpachtung von Grundstücken und Gebäuden; Schedule C: Zinserträge aus britischen Staatspapieren; Schedule D: Case I – Einkünfte aus gewerblichen Unternehmen, Case II – Einkünfte aus selbständiger Arbeit in Großbritannien, Case III – Zinsen, Annuitäten und sonstige jährliche Einkünfte, Case IV – Einkünfte aus Beteiligungen/Wertpapieranlagen im Ausland, Case V – Einkünfte aus selbständiger Arbeit im Ausland, Case VI – Sonstige Einkünfte, soweit sie nicht durch die anderen Abschnitte erfasst werden; Schedule E – Einkünfte aus nichtselbständiger Arbeit, Schedule F – Dividendenzahlungen und sonstige Ausschüttungen

schedule variance Planabweichung ☐ 1. Differenz zwischen Plan- und Ist-Kosten 2. Terminabweichung, Unterschied zwischen den geplanten und tatsächlichen Endzeitpunkten von Vorgängen im Netzplan

scheduling Zeitplanung, Ablaufplanung, i.w.S. Termin- und Kapazitätsplanung, zeitliche Planung der Projektvorgänge, Projektablaufplanung

scheduling and control by automated network systems Variante der Netzplantechnik, → network analysis

scheme advertising → below-the-line advertising

scheme of arrangement Vergleichsvorschlag

science parks Produktionsstätten bzw. Forschungs- und Entwicklungszentren von Industrieunternehmen in unmittelbarer Nähe von Universitäten und Fachhochschulen

scientific management wissenschaftliche Unternehmensführung

SCI → supply chain integration

SCM → supply chain management

SCO → supply chain optimization
S-Commerce Silent Commerce □ Geschäftsabschlüsse, die ohne menschliche Mitwirkung ausschließlich über intelligente Softwaretechnologie abgewickelt werden.
scope (zu erbringende) Projektleistung, i.w.S. Projektumfang
scope paragraph Abschnitt des Prüfungsberichtes eines Wirtschaftsprüfers, in dem der Umfang der vorgenommenen Prüfungen erläutert wird.
SCOR → supply chain operational reference
scorecard → balanced scorecard
scorecard validation Testverfahren zur Feststellung der Zuverlässigkeit eines Punktebewertungsmodells
scoring/scoring method (model) Scoring-Verfahren, Punktebewertungsmodell □ z.B. zur Bewertung der Bonität eines Kreditnehmers, des Nutzens einer Investition
scoring probability Trefferwahrscheinlichkeit (mit Vorhersagemodellen)
scoring systems computergestützte Bonitätsprüfungssysteme □ basieren auf Bewertungszahlen, die die Risiken aus Kreditanträgen automatisch erkennen lassen.
SCOR offerings (securities) Aktienzeichnungsangebote kleinerer Unternehmen in den Vereinigten Staaten □ ein SCOR (small corporate registration offering) ermöglicht Unternehmen die Platzierung von Wertpapieren im Publikum ohne einen offiziellen (und kostenintensiven) Börsengang (initial public offering). Ein Unternehmen kann über SCOR offerings jährlich bis zu USD 1 Mio. an Kapital aufnehmen. Die Papiere können an eine unbegrenzte Zahl von Anlegern (→ accredited und → non-accredited investors) verkauft werden. Bei einem SCOR offering wird es sich immer um ein direktes Zeichnungsangebot (direct public offering) handeln, d.h. es wird keine Konsortialbank eingeschaltet. Von der Registrierung bei der → Securities and Exchange Commission befreit, muss ein SCOR offering jedoch in jedem Bundesstaat registriert werden (Formular U-7), in dem die Papiere verkauft werden sollen.
S Corporation *(steuerbegünstigte US-Unternehmensform)* Unternehmen mit 35 oder weniger Anteilseignern, deren Gewinne an die Anteilseigner weitergegeben werden und von diesen im Rahmen ihrer persönlichen Steuererklärung zu versteuern sind (nach Subchapter S des Internal Revenue Code. Die Haftung der Gesellschafter ist auf die Einlagen begrenzt). → C Corporation
scouts 1. Akquisiteure 2. Personen, die nach Erfolg versprechenden Investments bzw. Übernahmekandidaten Ausschau halten.
SCP → supply chain planning
scrambled assortment (merchandising) Mischsortiment, Ergänzung des Sortiments um sortimentsfremde Schnelldreher
scrap value Restbuchwert
scream and shout advertising Trommelfeuerwerbung
screen design Gestaltung einer Bildschirmseite
screening Auswahl (z.B. von Testpersonen), Prüfung (z.B. von Investitionsvorschlägen)
S-Curve *(in der Projektsteuerung)* Kapazitätsbelastungskurve, grafische Darstellung des zeitpunktbezogenen kumulativen Kapazitätsbedarfs
SDT → shipper's declaration for the transport of dangerous goods
SE → shareholders' equity, → simultaneous engineering
SEA → Securities Exchange Act
seabee Leichter
sealing Bestätigung der Vollstreckbarkeit
seaport logistics Seehafenlogistik
search of the land register Grundbucheinsicht, Einsichtnahme in das Grundbuch
seasonal bulge in sales saisonale Umsatzsteigerung
seasonally adjusted saisonbereinigt
seasonal tolerance clause Klausel eines US-

Tarifvertrages, die einen Arbeitgeber bei einer saisonbedingten starken Nachfrage berechtigt, Überstunden anzusetzen, ohne hierfür Sondervergütungen zahlen zu müssen.

seasonal unemployment saisonale (saisonbedingte) Arbeitslosigkeit

seasoned mortgages Hypotheken, die seit mehr als zwölf Monaten bestehen und ordnungsgemäß bedient werden.

seasoned securities 1. ordnungsgemäß bediente Schuldtitel, → seasoning 2. i.w.S. eingeführte (gängige) Titel

seasoning Anzahl der auf einen Schuldschein geleisteten monatlichen Zins- und Tilgungsleistungen □ von einem Schuldtitel wird beispielsweise als *to be seasoned 14 months* gesprochen, wenn seit 14 Monaten Schuldendienstzahlungen geleistet werden.

sea transport Transport von Gütern zu Wasser

sea waybill (einem Konnossement vergleichbare) Empfangsbestätigung des Verfrachters

SEC → Securities and Exchange Commission

secondary analysis Sekundäranalyse, erneute Untersuchung von Ergebnissen/Daten

secondary audience Nutzer (aber keine Käufer/Abonnenten) eines Print-Mediums

secondary banking organisations Finanzierungs- und Teilzahlungskreditinstitute

secondary beneficiary Zweitbezugsberechtigter

secondary boycott indirekte Streikmaßnahmen

secondary buyout erneute Übernahme nach einem kurz zuvor erfolgten → management/leveraged buyout

secondary cost sekundäre Kosten, Kosten für innerbetriebliche Leistungen, in dem Unternehmen entstehende Kosten

secondary creditor nachrangiger Gläubiger

secondary data Sekundärdaten, allgemein zugängliche Daten

secondary evidence sekundäre (mittelbare) Beweismittel, → primary evidence

secondary financing durch ein nachrangiges Grundpfandrecht gesicherte Finanzierung

secondary industry sekundärer Sektor, Industrie und produzierendes Gewerbe

secondary liabilities Eventualverbindlichkeiten

secondary liability Zweithaftung, subsidiäre Verbindlichkeit

secondary liquid assets (liquidity) Sekundärliquidität, sekundärliquide Mittel

secondary loan market Sekundär-Kreditmarkt □ Verkauf von Kreditforderungen durch Banken an andere Kreditinstitute, Abgabe von Kreditquoten, Vergabe von Kreditunterbeteiligungen. I.w.S. ist unter einem secondary loan market ein Zweitmarkt für Problemschulden der Dritten Welt zu verstehen, d.h. ein Markt, auf dem Banken ihre Problemkredite mit mehr oder minder starken Abschlägen an andere Institute verkaufen können.

secondary manufacturing industry Zulieferindustrie

secondary mortgage nachrangige (zweite) Hypothek

secondary mortgage market Sekundär-Hypothekenmarkt □ Markt für verbriefte Hypothekenforderungen, d.h. auf diesem Markt werden Hypotheken von den ursprünglichen Hypothekengläubigern an Investoren weiterveräußert. → primary mortgage market

secondary obligor Zweitschuldner □ Bürge, der die Einrede der Vorausklage geltend machen kann.

secondary placement Zweitplatzierung □ wenn nach einem erstmaligen Börsengang weitere Kapitalanteile im Publikum platziert werden sollen.

secondary process sekundärer Geschäftsprozess (Verwaltungsprozess)

secondary product Nebenprodukt

secondary production Industrieproduktion, → secondary industry

secondary purchase Übernahme der Kapitalbeteiligung eines Wagnisfinanziers durch einen anderen Finanzinvestor. → exit, → venture capital

secondary requirements Sekundärbedarf, Bedarf an Teilen und Werkstoffen

secondary research → desk research

secondary reserve requirements Anforderungen hinsichtlich der zu unterhaltenden Sekundärliquidität

secondary sector → secondary industry

secondary space frei werdende vermietbare Fläche

secondary strike Sympathiestreik

secondary survey Sekundärerhebung, sekundärstatistische Erhebung

secondary window zweiter Kapitaltopf, → common fund for commodities

secondee abgestellter Mitarbeiter

second generation franchise systems Franchising-Systeme der zweiten Generation □ d.h. Franchising im Hotel- und Gaststättengewerbe, im Bereich der persönlichen Dienstleistungen, etc. → first generation franchise systems

second-hand leasing Vermietung bereits genutzter Wirtschaftsgüter

second-hand testimony Aussagen Dritter, → hearsay rule

second level domain Name des Unternehmens/der Einrichtung, → domain, → first level domain

second level tax → branch level interest tax

secondment Abstellung von Mitarbeitern

second mortgage nachrangige (zweite) Hypothek, Nachgangshypothek

second mortgage loan nachrangiges Hypothekendarlehen □ in den Vereinigten Staaten i.d.R. ein → home equity loan

second-party logistics klassische (traditionelle) Logistikdienstleistungen (Spedition, Lagerung und Warenumschlag)

second round financing zweite Finanzierungsrunde für ein junges/wachstumsträchtiges Unternehmen □ Ziel ist die Bereitstellung von Mitteln (second stage capital) zur Deckung des Betriebsmittelbedarfs nach Produktionsaufnahme

second stage capital → second round financing

second-step merger Verschmelzung der übernehmenden Gesellschaft mit dem Zielunternehmen in einem zweiten Schritt nach vorheriger Übernahme der Mehrheit der ausgegebenen Aktien.

second-tier company (i.S. des US-Steuerrechts) Enkelgesellschaft, → first-tier, → third-tier company

second trust deed nachrangige Hypothek, → trust deed

secret assets → hidden assets

secrete (to – property) Vermögenswerte mit dem Ziel einer Gläubigerbenachteiligung verheimlichen oder auf einen Dritten übertragen.

secret reserves → hidden reserves

secret trusteeship verdecktes Treuhandverhältnis □ liegt vor, wenn Vermögenswerte auf eine natürliche Person übertragen werden und diese sich gleichzeitig mündlich oder schriftlich verpflichtet, sie treuhänderisch für einen Dritten zu verwahren.

secret warranty als eingeschlossen geltende Garantie (Gewährleistung)

section 1. Abschnitt 2. (in den Vereinigten Staaten) Grundstücksparzelle, die eine Quadratmeile oder 640 Acres umfasst.

Section 179 deduction → expensing

section 306 stock (i.S. des US Internal Revenue Code) in Form von Vorzugsaktien ausgeschüttete steuerfreie Stock Dividend; bei einer Veräußerung dieser Papiere ist der Erlös jedoch den steuerpflichtigen laufenden Einkünften hinzuzurechnen.

sectional budget Teilbudget, Budget für einen Unternehmensbereich

sector activity Branchenkonjunktur

sectoral benchmarking → industry benchmarking

sector-based pricing branchenorientierte Preisgestaltung (Preisbestimmung)

sector factoring Abschnitts-Factoring □

d.h. die Factoring-Gesellschaft bevorschusst nur Forderungen gegenüber bestimmten Käufergruppen oder Branchen
sector fund Branchenfonds ☐ Investmentfonds, der ausschließlich in Aktien einer bestimmten Branche investiert.
sector leader Branchenführer
secure collateral werthaltige Sicherheit
secure electronic transfer/transaction sichere elektronische Übertragung/Transaktion ☐ Verfahren zur Sicherung von Daten im E-Commerce/elektronischen Zahlungsverkehr
secured by a charge unterlegt durch ein Sicherungspfandrecht
secured by real estate grundpfandrechtlich gesichert
secured creditor abgesicherter Gläubiger
secured debenture 1. besicherte Schuldverschreibung 2. durch ein Grundpfandrecht unterlegter Schuldschein
secured transactions law Sicherungsrecht
Securities Act US-Gesetz aus dem Jahr 1933, das die Emission von Wertpapieren regelt. ☐ Ziel dieses auch als Truth-in-Securities Act bezeichneten Gesetzes ist der Schutz von Anlegern, die Papiere im Rahmen öffentlicher Zeichnungsangebote erwerben. Zu diesem Zweck sind die Emittenten des Privatsektors zur Offenlegung ihrer finanziellen und wirtschaftlichen Verhältnisse sowie zur Registrierung ihrer Emissionen bei der → Securities and Exchange Commission verpflichtet. → Securities Exchange Act
Securities and Exchange Commission US-Wertpapier- und Börsenaufsichtsbehörde ☐ Die durch den → Securities Exchange Act geschaffene Aufsichtsbehörde verfügt über eine starke Stellung im Finanzsektor der Vereinigten Staaten, da sie nicht nur Aufsichtsaufgaben wahrnimmt, sondern auch das gesetzlich begründete Recht besitzt, Vorschriften im Verordnungsweg zu erlassen. Ihre Aufgabenstellung wird durch den → Securities Exchange Act geregelt. Das Direktorium der SEC setzt sich aus fünf Mitgliedern zusammen, die vom US-Präsidenten mit Zustimmung des Senats ernannt werden.
Securities and Futures Authority Selbstregulierungsorgan der in Großbritannien tätigen Wertpapier- und Derivate-Händlerfirmen. Nach dem zum Zeitpunkt der Drucklegung laufenden Gesetzgebungsverfahren sollen seine Aufgaben in Zukunft durch die → Financial Services Authority wahrgenommen werden.
Securities and Investments Board britische Aufsichts- und Regulierungsbehörde für die Finanzmärkte, die 1997 in der → Financial Services Authority aufging.
securities arbitrage Wertpapierarbitrage, Effektenarbitrage ☐ Ausnutzung von Kursunterschieden durch den gleichzeitigen Kauf und Verkauf von Wertpapieren an verschiedenen Börsenplätzen.
securities at amortised value, plus interest accrued *(im Jahresabschluss)* Wertpapiere zum Buchwert, zuzüglich Stückzinsen
securities at market values *(im Jahresabschluss)* Wertpapiere zum Marktwert
securities bond Wertpapierfälschungsversicherung
Securities Exchange Act US-Börsengesetz ☐ Der Securities Exchange Act aus dem Jahr 1934, einschließlich des Änderungsgesetzes aus dem Jahr 1964, regelt das Börsengeschehen in den Vereinigten Staaten. Zu den wichtigsten Punkten dieses Gesetzes zählen: 1. Die Errichtung einer Wertpapier- und Börsenaufsichtsbehörde (→ Securities and Exchange Commission), die neben der Überwachung aller nationalen Börsen vor allem die folgenden Aufgaben wahrnimmt: Registrierung von Wertpapieremissionen (→ registration statement), Börsenzulassungen der Unternehmen, Kontrolle des Geschehens auf dem Börsenparkett, Regelung von Leerverkäufen 2. Börsennotierte Unternehmen müssen auch nach ihrer Zulassung laufend Unterlagen zu ihrer finanziellen und wirtschaftlichen Situation sowie zu den

securities held for

Besitz- und Kapitalverhältnissen bei der SEC einreichen. 3. Alle leitenden Angestellten einer bei der SEC registrierten Unternehmung sind verpflichtet, ihre Kapitalbeteiligung an dem Unternehmen gegenüber der SEC anzuzeigen. Leerverkäufe, denen Aktien des eigenen Unternehmens zugrunde liegen, sind dieser Personengruppe untersagt. 4. Alle im Wertpapiergeschäft tätigen Broker und Händler müssen sich bei der SEC registrieren lassen. Sie unterliegen ferner in ihrer Tätigkeit den SEC-Richtlinien.
securities held for investment der Anlage dienende Wertpapiere, Wertpapiere des Anlagevermögens
securities held for trading Wertpapierhandelsbestand
Securities Industry Association Standesvertretung der Wertpapierhäuser, Broker und Investmentfonds in den Vereinigten Staaten
securitisation 1. Verbriefung, wertpapiermäßige Unterlegung von Kreditforderungen, Substitution von Bankkrediten durch handelbare Wertpapiere 2. Verbriefung von Versicherungsrisiken (Großrisiken, z.B. Katastrophenrisiken)
security agent 1. Treuhänder, Verwalter des Sicherungsgutes 2. in einem Bankenkonsortium für die Sicherheitenverwaltung zuständige Bank
security agreement Sicherungsvereinbarung
security for costs Sicherheitsleistung zur Abdeckung der (Gerichts-)Kosten
security interest Sicherungsrecht, Sicherungsgegenstand □ Sicherungsgut, das die Leistung einer Zahlung oder die Erfüllung einer Verpflichtung sicherstellen soll.
SED → shipper's export declaration
seed capital Kapital zur Entwicklung einer Geschäftsidee
seed financing Saatfinanzierung □ Finanzierung eines Geschäftskonzeptes zur Umwandlung einer Produktidee in ein marktfähiges Erzeugnis, Finanzierung der Gründungsvorbereitungen, Vorstufe eines → start-up financing, → early stage financing, → expansion financing
see-through building weitgehend leer stehendes (unvermietetes) Bürogebäude
see-through lease Finanzierung, die als Leasinggeschäft strukturiert ist, steuerlich aber als Darlehen geltend gemacht wird.
segmental profit accounting Ermittlung (Erstellung) von Erfolgsrechnungen für einzelne Sparten, Spartenerfolgsrechnung
segmental reporting → segment reporting
segment assets Segmentaktiva
segmentation Segmentierung, Aufteilung nach Segmenten, Segmentbildung
segmentation bases Segmentierungsgrundlagen, → benefit, → geographical, → demographic, → psychographic segmentation
segment contribution rate Segment-/Sparten-Deckungsbeitrag
segmented operating results Betriebsergebnis nach Geschäftsbereichen (Sparten)
segment liabilities Segmentverbindlichkeiten
segment reporting Segment-Berichterstattung, Erstellung von Einzelabschlüssen für die verschiedenen Sparten/Unternehmensbereiche
segregate *(to – in the financial statements)* in der Bilanz getrennt ausweisen, *(to – in surplus)* als gesonderte Rücklage ausweisen
segregated appropriation zweckgebundene Bereitstellung von Geldern
segregated funds Sondervermögen
segregated pool of assets (in eine Zweckgesellschaft eingebrachtes) Sondervermögen, Zweckvermögen
segregation of duties Aufgabentrennung, Funktionstrennung, Ämtertrennung
seisin Besitz von Grund und Boden
seizure Sachpfändung
seizure for security Sicherungsbeschlagnahme
S election Antrag auf Besteuerung als → S

Corporation
selection bias/selection error Auswahl-Bias, Auswahlfehler, Erhebungsfehler durch eine falsche Auswahl der Probanden
selective advertising individuelle (selektive) Werbung
selective bidding Verfahren, bei dem nur ein kleiner Kreis von Anlegern zur Abgabe von Geboten aufgefordert wird.
selective distribution selektive Distribution, Verkauf in ausgewählten Outlets □ Vertrieb an wenige ausgewählte Händler, die die Qualitätsanforderungen des Herstellers erfüllen.
selective outsourcing Auslagerung von Teilleistungen
selective perception selektive Wahrnehmung □ Erkenntnis, dass nur bestimmte Informationen wahrgenommen und verarbeitet werden; häufig Informationen, mit denen ein gewisser Selbstbezug möglich ist.
selective positioning 1. selektive Positionierung (eines Produktes am Markt) 2. selektive Auswahl von Werbeträgern
selective promotion auf eine bestimmte Verbrauchergruppe ausgerichtete Verkaufsförderung
selective retention selektive Retention, selektive Speicherung von Produktinformationen □ Phänomen in der Kaufverhaltensforschung, dass Verbraucher im Wesentlichen nur Informationen speichern, die persönlichen Einstellungen und Gefühlen entsprechen.
self-actualization needs → hierarchy of needs
self-administered plan von einem US-Unternehmen selbst verwalteter Pensionsplan □ erfolgen Ein- und Auszahlungen über einen Treuhänder, handelt es sich um einen self-administered trusteed plan; in beiden Fällen jedoch ein → uninsured plan.
self-administered questionnaire selbst (ohne Mitwirkung durch einen Interviewer) ausgefüllter Fragebogen
self-administered trusteed plan → self-administered plan
self-amortizing loan sich aus einem erwarteten Cashflow selbst amortisierender Kredit
self-certification Selbstauskunft des Kreditnehmers/Hypothekenschuldners hinsichtlich seiner Einkommensverhältnisse
self-concept Selbstbezug (eines Individuums), → selective retention
self-created assets selbst erstellte Wirtschaftsgüter
self-dealing 1. Eigenhandelstransaktion 2. Insichgeschäft
self-employed professionals Selbständige, Freiberufler
self-employment income Einkünfte aus selbständiger Erwerbstätigkeit
self-employment tax von Selbständigen in den Vereinigten Staaten zu entrichtende Sozialversicherungsabgabe (auf die von ihnen erzielten Einkünfte)
self-financing strength Eigen-/Innenfinanzierungskraft
self image *(in der Kaufverhaltensforschung)* Eigenimage
self-insurance Selbstversicherung, Eigendeckung
self-insurance loans kurzfristige (i.d.R. unbesicherte) Betriebsmittelkredite □ werden durch spezifizierte Verkaufserlöse zurückgezahlt.
self-insured pension plan → self-administered plan
self-insured retention 1. Eigenbehalt des Versicherungsnehmers 2. durch den Erstversicherer rückgedeckter Betrag
self-liquidating offer sich selbst amortisierendes Sonderangebot
self-liquidating transaction sich selbst liquidierende Transaktion □ Transaktion, deren Finanzierung durch bestimmte Einnahmen zurückgezahlt wird, z.B. → structured trade finance
self-paced media Medien, bei denen Leser, Zuhörer oder Zuschauer selbst den Kontakt mit einem Werbeträger bestimmen können.

self-perception Selbstwahrnehmung □ Theorie in der Kaufverhaltensforschung, nach der ein Verbraucher aus den eigenen Handlungen seine Einstellungen und Überzeugungen ableitet.

self-regulating forces of the market Selbststeuerungskräfte des Marktes

self-regulatory organisation Selbstüberwachungsorgan

self service procurement system rechnergestütztes/automatisiertes Beschaffungssystem, Beschaffung ohne Einschaltung einer zentralen Einkaufsabteilung

self-supporting bond projektgebundener Schuldtitel, der aus dem Projekt-Cashflow zurückgezahlt wird.

self-sustained container ship Container-Schiff mit eigener Lade- und Löschausrüstung

self tender Tender-Offerte (Rückkaufsangebot) einer Gesellschaft für eigene Aktien □ Offerten dieser Art werden oft mit dem Ziel unterbreitet, ein unwillkommenes Kaufangebot von außen bzw. Übernahmeangebot abzuwehren.

self-unload Schüttgutfrachter, der über das für die Entladung erforderliche Geschirr verfügt.

seller carryback vom Immobilienverkäufer zur Verfügung gestelltes zweitrangiges Hypothekendarlehen □ Grund für eine solche, häufig mit einer Kaufpreiserhöhung, aber einem niedrigen Zinssatz verbundene Darlehensbereitstellung (Laufzeit i.d.R. maximal 5 Jahre) ist die Erleichterung der erstrangigen Hypothekenkreditaufnahme für den Immobilienkäufer. Bei Fälligkeit muss der Schuldner/Immobilienkäufer den Betrag entweder aus eigenen Mitteln oder durch ein anderes zweitrangiges Darlehen zurückzahlen.

seller's auction internetbasierte Verkäufer-Auktion □ Verkauf einer Ware durch den Verkäufer im Wege einer Auktion via Internet. Den Zuschlag erhält der Käufer mit dem höchsten Preisangebot. → buyer's auction

seller-servicer Institut, das Hypotheken im Sekundärmarkt (→ secondary mortgage market) verkauft und das → mortgage servicing übernimmt.

seller site Verkäufer-Website, Internet-Handelsplattform für Anbieter von Waren/Dienstleistungen, elektronische Kataloge

seller's lien Zurückbehaltungsrecht des Verkäufers

seller's loan/seller's note Verkäuferdarlehen, Stundung des Kaufpreises

seller take-back Finanzierung eines Immobiliengeschäftes durch den Verkäufer □ d.h. der Verkäufer akzeptiert eine Anzahlung und für die restliche Kaufpreissumme eine auf seinen Namen eingetragene Hypothek.

sell-in Bemühungen eines Herstellers um eine optimale Platzierung seiner Produkte im Einzelhandel

selling expenses Vertriebskosten

selling, general and administrative cost Vertriebs- und Allgemeine Verwaltungskosten

selling hedge zu Absicherungszwecken eingegangene Verkaufsposition

selling member *(bei zwischengesellschaftlichen Transaktionen)* liefernde Konzerngesellschaft

selling overheads Vertriebsgemeinkosten

selling proposition Verkaufsvorteil, der in einer Promotion-/Marketingkampagne besonders herausgestellte Produktnutzen

semantic concept *(in der Marktforschung)* semantisches Konzept □ Bedeutung, die Worten, Ereignissen, Gegenständen und Symbolen beigemessen wird.

semantic differential semantisches Differenzial, semantische Gegensatzpaare (z.B. preiswert/teuer, ausgezeichnet/schlecht)

semantic memory semantisches Gedächtnis □ Umfang, in dem mündliche Verkaufsargumente im langfristigen Gedächtnis abgespeichert werden.

semi-fixed fund Investmentfonds, dessen Wertpapieranlagen nur unter bestimmten

Voraussetzungen ausgewechselt werden dürfen.

semi-knocked down *(Auftragsvermerk)* in die Hauptteile zerlegt

semi-manufactured goods (semi-manufactures) Halbfertigerzeugnisse

semi-obligatory reinsurance fakultativ-obligatorische Rückversicherung □ während es dem Erstversicherer freigestellt bleibt, ob er die in Frage kommenden Risiken in Rückdeckung gibt, ist der Rückversicherer bei einem entsprechenden Angebot zur Indeckungnahme verpflichtet. → facultative reinsurance, → obligatory reinsurance

semiotics Semiotik □ Bedeutung von Zeichen/Symbolen für Verbraucher

semi-strong form efficiency → informational efficiency

semi-structured interview *(in der Marktforschung)* teilstrukturierte Befragung □ bestimmte Schlüsselfragen sind vorgegeben; ansonsten bleibt die Gesprächsführung weitgehend dem Interviewer überlassen.

senior claims bevorrechtigte Forderungen

senior creditor bevorrechtigter Gläubiger

senior debt vorrangiges Fremdkapital, vorrangig besicherte Bankkredite, → subordinated debt

senior interest vorrangiges Sicherungsrecht (Pfandrecht)

seniority 1. Dauer der Betriebszugehörigkeit, Anzahl der Dienstjahre 2. Vorrang, Bevorrechtigung

senior lien vorrangiges Sicherungsrecht (Pfandrecht)

senior loans vorrangig zu bedienende Kredite

senior staff leitende Mitarbeiter, Führungskräfte

sensitivity analysis Sensitivitätsanalyse, Empfindlichkeitsanalyse □ Verfahren zur Prüfung der Auswirkung von Änderungen entscheidender Parameter (z.B. Kosten, Absatz) auf das Unternehmensergebnis.

sensory retailing Erlebniseinzelhandel

sentence completion test Satzergänzungstest □ Form der indirekten Befragung, bei der eine Testperson gebeten wird, ein Satzfragment mit Begriffen/Gedanken zu vervollständigen, die ihr zuerst in den Sinn kommen.

separability clause Klausel, der zufolge die Aufhebung einer oder mehrerer Vertragsbestimmungen die Rechtswirksamkeit der anderen Bestimmungen nicht beeinträchtigt.

separate action Eigenklage, getrennte Klage, → class action

separate corporate entity selbständiges Unternehmen

separate corporate identity → concept of separate corporate identity

separate entity accounting method Rechnungslegungsverfahren, bei dem Geschäfte zwischen verbundenen Gesellschaften so bilanziert werden, als ob sie zwischen nicht verbundenen Gesellschaften abgeschlossen worden wären.

separate estate 1. Privatvermögen der Gesellschafter einer Personengesellschaft 2. getrenntes Vermögen der Ehegatten

separate legal entity rechtlich selbständige Einheit

separate legal personality getrennte Rechtspersönlichkeit

separate property → separate estate

separate return getrennte Steuererklärung, Einzelsteuererklärung, Einzelausweis

separate valuation Einzelbewertung

separation Aussonderung von Vermögenswerten im Konkursverfahren

separation rate Verhältnis zwischen der Gesamtbeschäftigtenzahl und den Abgängen von Mitarbeitern während eines bestimmten Zeitraumes

sequence planning Reihenfolgeplanung

sequential analysis Sequenzanalyse, Verlaufsanalyse

sequential bias → order bias

sequential marketing sequenzielles Marketing □ Einsatz aller Marketinginstrumente in einer bestimmten zeitlichen Abfolge

sequential monadic evaluation sequenzielle monadische Bewertung □ mehrere Stimuli (Produkt, Anzeige), die durch die gleiche Testperson einzeln und in einer bestimmten Reihenfolge bewertet werden.
sequential-pay CMO → clean CMO
sequential relationships Folgebeziehungen, Anordnungsbeziehungen, → logical relationships
sequential routing sequentielle Abarbeitung von Aktivitäten innerhalb eines Vorgangs, → activity
sequential sample sequenzielle Stichprobe, → sequential sampling
sequential sampling sequenzielles Stichprobenverfahren □ Ziehung mehrerer aufeinander folgender Stichproben
sequential segmentation sequenzielle Marktsegmentierung, mehrere aufeinander folgende Segmentierungen nach unterschiedlichen Kriterien, → segmentation
sequester 1. Gerichtsvollzieher 2. Sequester, Zwangsverwalter □ gerichtlich eingesetzter Verwalter, der die Möglichkeiten für die Rettung/Sanierung eines angeschlagenen Unternehmens prüft.
sequestered account durch Gerichtsbeschluss gesperrtes Konto
sequestered property Sequestervermögen, unter Zwangsverwaltung stehende Vermögenswerte
sequestration 1. Beschlagnahme 2. Sequestrierung, Zwangsverwaltung des Schuldnervermögens □ Vorstufe des Konkursverfahrens; während dieser Zeit haben Gläubiger keinen Zugriff auf das Firmenvermögen 3. Abschirmung/Abschottung von Geschworenen oder Zeugen
serial bonds (issues) Serienanleihen □ Anleiheemissionen, deren verschiedene Serien wohl zum gleichen Zeitpunkt aufgelegt, jedoch zu unterschiedlichen Terminen fällig werden (i.d.R. in einem Abstand von einem Jahr). Serial bonds, deren Verzinsung analog zu den unterschiedlichen Fälligkeitsterminen gestaffelt ist, werden in den Vereinigten Staaten vornehmlich durch Gebietskörperschaften emittiert. → series bonds
serial restructuring regelmäßige (i.d.R. jährliche) Umschuldungen
series Serie □ in Verbindung mit Aktien steht der Begriff series i.d.r. für eine Untergattung. Die Hauptgattung wird als class bezeichnet.
series bonds Anleiheemissionen, deren verschiedene Serien zu unterschiedlichen Zeitpunkten aufgelegt werden. In diesem Punkt unterscheiden sie sich von den → serial bonds, mit denen sie jedoch die abgestufte Verzinsung und die gestaffelten Fälligkeitstermine gemeinsam haben.
SERPS → state earnings related pension scheme
servant Verrichtungsgehilfe
served market 1. belieferter Markt 2. Zielmarkt
server-based computing → thin client computing
serviceability Servicefähigkeit
service agent Service-Agent □ übernimmt den treuhänderischen Einzug von Forderungen und die Überweisung der Gelder auf ein Treuhandkonto.
service agreement 1. Arbeitsvertrag, Anstellungsvertrag, Dienstleistungsvertrag 2. → service level agreement
service automation systems Service-Automationssysteme, Softwaresysteme zur Steuerung und Unterstützung des Kundendienstes
service-based loyalty auf besondere Service-Leistungen basierende Kundenbindung
service brand name Dienstleistungsmarke
service bundling Kombination mehrerer Dienstleistungen zu einem Leistungspaket
service bureau Computer-Leasingagentur
service center Organisationseinheit, die Leistungen für andere Kostenstellen erbringt (i.d.R. im Rahmen einer Leistungsverrechnungsvereinbarung)
service chain Dienstleistungskette, Organisation und Distribution von Dienstleistun-

gen
service contract Vertrag zwischen einem Reeder und einem Ablader (→ shipper), in dem sich Letzterer zur Buchung eines Mindestladeraumes für einen bestimmten Zeitraum verpflichtet.
service contract rates günstiger, an einen → service contract gebundener Frachttarif
service cost Dienstzeitaufwand
service diversification Diversifizierung der Dienstleistungspalette
service grade Dienstleistungsgüte
service industry Dienstleistungsgewerbe, Dienstleistungsbereich, tertiärer Sektor
service level 1. Service-Level, Servicegrad, → service level agreement 2. Kennzeichen für den Grad der Erreichbarkeit der Mitarbeiter in einem → call center; ausgedrückt in Prozent der Anrufe, die die Mitarbeiter während eines bestimmten Zeitraumes erreichen.
service level agreement Service-Level Vereinbarung, Vereinbarung über Umfang und Qualität der angebotenen (IT-) Dienstleistungen
service level management Planung und Bereitstellung der Dienstleistungen eines Service-Providers für seine Kunden
service life betriebliche Nutzungsdauer
service mark Dienstleistungsmarke
service marketing Service-Marketing, Dienstleistungsmarketing, Vermarktung von Dienstleistungen
service merchandiser Service-Merchandiser ◻ Großhändler, der im Auftrag eines Herstellers zusätzlich die Warenpräsentation und Regalpflege bei Einzelhändlern übernimmt und diese in Sortiments- und/oder Preisfragen berät.
service mix Dienstleistungs-Mix ◻ Kombination und Einsatz der verschiedenen, von einem Unternehmen angebotenen Dienstleistungen.
service of pleadings Zustellung der Schriftsätze
service of process Zustellung der Klageschrift (einer gerichtlichen Verfügung)

service organisation Kundendienstorganisation
service provider 1. Dienstleister, Diensteanbieter ◻ verschafft gegen Zahlung einer Gebühr einen Internet-Zugang 2. *(allgemein)* Leistungserbringer
service rent Mietaufschlag für Sonderdienstleistungen
services balance Dienstleistungsbilanz
service scheduling systems Systeme zur zeitlichen Planung von Dienstleistungen
services marketing → service marketing
services sector → service industry
service supply license US-Exportlizenz für die Lieferung von Zubehör- und Ersatzteilen
service wholesaler Großhändler, der seinen Kunden eine breite Palette ergänzender Dienstleistungen bietet. → service merchandiser
servicing cost 1. Schuldendienstaufwand 2. Bearbeitungsgebühren, → mortgage servicing 3. Kundenbetreuungsaufwand
servicing potential Betreuungskapazität
servient tenement (estate) dienendes Grundstück ◻ Grundbesitz, auf dem eine Grunddienstbarkeit/Wegerecht zugunsten einer anderen Parzelle lastet. → dominant tenement
servitude Grunddienstbarkeit, *(pl)* Nutzungsrechte an Grundstücken
session length Verweildauer ◻ gibt an: 1. wie lange ein Hörer/Zuschauer eingeschaltet bleibt 2. wie lange eine Website besucht wird.
SET → secure electronic transfer/transaction
SE tax → self-employment tax
set-back line Abstand zum Nachbargrundstück bzw. zur Straße
set meter dem TV-Gerät angeschlossenes Aufzeichnungssystem zur Ermittlung von Sehbeteiligungen
settlement costs → closing costs
settlement deed Trust-Errichtungsurkunde, Stiftungsurkunde
settlement defeasible on bankruptcy Ei-

gentumsübertragung, die bei Eröffnung des Konkursverfahrens rechtsunwirksam wird.
settlement dividend bei Fälligkeit der Police zur Auszahlung kommende Sonder-Versichertendividende
settlement for real estate → closing
settlement of action Beilegung eines Rechtsstreits (Vergleich) unmittelbar vor Beginn des Gerichtsverfahrens
settlement of claims Schadenregulierung
settlement of land (property) Übertragung von Grundbesitz (Vermögenswerten)
settlement options (provisions) Optionen des Versicherungsnehmers hinsichtlich der Auszahlung der Versicherungssumme, z.B. in einer Pauschalsumme oder in monatlichen Raten.
settlement risk Erfüllungsrisiko, Kontrahentenrisiko, Regulierungsrisiko □ Risiko, dass ein Kontrahent seine Verpflichtungen bei Fälligkeit nicht erfüllt.
settlement statement → closing statement
settling agent Regulierungsbeauftragter
settlor Treugeber, Errichter eines Trust (Treuhandverhältnisses), der/die Übertragende, Stifter
setup costs (expenditure) 1. Gründungskosten 2. Rüstkosten
setup time Rüstzeit, Dauer der Vorbereitung eines Geschäftsprozesses
seven Ps (7Ps) die sieben Grundpfeiler im Beziehungsmarketing: → four Ps plus people (Menschen), process (Methode), provision of customer service (Kundendienst)
severability of contract Teilbarkeit eines Vertrages
several action Einzelklage
several liability (obligation) Einzelhaftung, getrennte Haftung □ jeder Bürge haftet für die gesamte Hauptschuld. Das Vorgehen gegen einen Bürgen entbindet die anderen Bürgen nicht von ihrer Haftung.
severalty/severalty ownership getrenntes Eigentum
severance benefits 1. Entlassungsabfindung 2. Trennungsentschädigung 3. Leistungen aus einem betrieblichen Pensionsplan bei Beendigung des Arbeitsverhältnisses (vollständige oder teilweise Beitragsrückerstattung mit oder ohne Auszahlung der aufgelaufenen Zinsen)
severance damages 1. Trennungsentschädigung, Trennungsgeld 2. *(bei einer Teilenteignung)* Entschädigung für die Wertminderung des Gesamtgrundstücks
severance of action Abtrennung eines Verfahrens
severity rate durchschnittliche Schadenhöhe
SFA → sales force automation, → Securities and Futures Authority
SFLGS → Small Firms Loan Guarantee Scheme
SGA → Sale of Goods Act
SG&A → selling, general and administrative cost
shadow directors natürliche oder juristische Personen, die formell nicht dem Board einer Unternehmung angehören, nach deren Anweisungen der Board aber üblicherweise handelt.
shallow assortment flaches Sortiment
sham transactions *(i.S. der US-Steuergesetzgebung)* Scheingeschäfte zur Erlangung steuerlicher Vorteile
share capital held outside the group Anteil von konzernfremden Gesellschaftern am Aktienkapital
shared advertising Gemeinschaftswerbung
shared appreciation mortgage Hypothekendarlehen, bei dem dem Darlehensnehmer ein niedriger Zinssatz eingeräumt wird und der Darlehensgeber als Gegenleistung an einer künftigen Wertsteigerung der Immobilie partizipieren wird.
shared currency option under tender Variante einer börsenfreien Währungsoption, durch die sich die an einer Ausschreibung partizipierenden Unternehmen gemeinsam gegen Währungsrisiken absichern können.
share deal Übernahme eines Unternehmens

durch Aufkauf der Aktien bzw. der Gesellschaftsanteile. → asset deal

shared equity mortgage Hypothekendarlehen, bei dem der Kreditgeber nicht nur das Darlehen ausreicht, sondern auch die erforderliche Eigenleistung des Kreditnehmers übernimmt. Im Gegenzug erwirbt er einen Anteil an dem als Sicherheit dienenden Grundstück.

share dilution effect Verwässerungseffekt ☐ durch die Ausgabe von Wandelschuldverschreibungen und/oder Optionsscheinen auf Aktien

shared ownership Gemeinschaftseigentum

shared services gemeinsam genutzte Dienste ☐ z.B. Infrastrukturdienste, Kunden-/E-Mailverzeichnisse

shared services warehouse externes Lagerhaus, das mehrere Hersteller gemeinsam betreiben.

shareholder assets *(eines Investmentfonds)* Vermögenswerte der Anteilsinhaber

shareholder concessions Vergünstigungen, die ein Unternehmen seinen Aktionären bietet ☐ z.B. verbilligte Einkaufsmöglichkeiten.

shareholder of record eingetragener Aktionär

shareholder rights plan Aktienbezugsrechtsplan, i.e.S. Maßnahme zur Abwehr einer möglichen feindlichen Übernahme ☐ Die den Aktionären zugeteilten Vorzugsrechte berechtigen zum Erwerb von Stammaktien zu einem gegenüber dem aktuellen Marktkurs um die Hälfte reduzierten Preis. Sie werden jedoch erst ausübbar, wenn ein Investor/ein anderes Unternehmen 15% des stimmberechtigten Aktienkapitals erworben bzw. ein Übernahmeangebot unterbreitet hat. Der Board wird sich häufig das Recht vorbehalten, die eingeräumten Rechte zurückzuziehen, d.h. er kann vor dem Wirksamwerden eines Aktienerwerbs bzw. vor Veröffentlichung eines Übernahmeangebotes ein ihm genehmes Gebot akzeptieren. → dead hand provision

shareholders' agreement Aktionärsvereinbarung (regelt die Aktionärsrechte)

shareholders' deficit Kapitalunterdeckung

shareholders' equity (funds) Eigenkapital

shareholder suit von Aktionären angestrengte Klage

shareholder value Aktionärswert, Wert des Unternehmens für die Aktionäre/Eigentümer ☐ bietet eine Aktiengesellschaft ihren Aktionären immer dann, wenn ihr Management die Geschäftsführung derart ausübt, dass sich der Unternehmenswert auf lange Sicht positiv entwickelt, kontinuierlich eine angemessene Dividende gezahlt werden kann und eine Mitwirkung an übergeordneten strategischen Unternehmensentscheidungen gewährleistet ist.

shareholder value approach (concept) Konzept zur dauerhaften Wertsteigerung des Kapitaleinsatzes der Aktionäre, → shareholder value

shareholder value enhancement Steigerung des Aktionärswertes

shareholder value management auf die konsequente Steigerung des Unternehmenswertes ausgerichtetes Management, langfristige Maximierung des Unternehmenswertes für die Aktionäre

shareholding interest Beteiligung am Aktienkapital

shareholding links Kapitalverflechtung

share premium account (reserve) *(im Jahresabschluss)* Rücklage aus Aktienagios

share premiums received *(im Jahresabschluss)* erhaltene Aktienaufgelder

share purchase agreement Anteilserwerb, Anteilsübernahmevereinbarung

share qualification von Verwaltungsratsmitgliedern zu zeichnende Pflichtaktien (als Sicherheit hinterlegte Aktien)

share redemption reserve Rücklage für Aktienrückkäufe, → stock buyback

share reinsurance → proportional reinsurance (coverage)

shares issued for cash gegen Barzeichnung ausgegebene Aktien

share-the-work-plan Einführung von Kurzarbeit, um Entlassungen zu vermeiden.

shareware kostenlose, über das Netz erreichbare Software

shark repellants Vorkehrungen zur Abwehr von Übernahmeangeboten, → poison pill

Sharpe Ratio Die Sharpe Ratio (benannt nach dem Nobelpreisträger William Sharpe) ist eine Kennzahl für das Risiko-Ertrags-Verhältnis bzw. ein Maßstab zur Messung der Performance eines Portfolios oder eines Fonds. Die Kennzahl errechnet sich, indem die Rendite (d.h. die Mehrrendite gegenüber einer risikofreien Anlage) durch die Volatilität des Portefeuilles dividiert wird. Bei einer Sharpe Ratio über 1 wurde der Zinssatz der risikolosen Anlageform übertroffen. Eine Ratio unter 1 zeigt an, dass nicht einmal die Geldmarktverzinsung erreicht wurde. Je deutlicher die Sharpe Ratio über 1 liegt, desto besser die Performance.

shelf company Schubladengesellschaft ◻ von Anwälten vorgegründete Gesellschaft, die von Investoren übernommen wird, die sich die Neugründungsformalitäten ersparen möchten.

shelf exposure Sichtbarmachung im Regal

shelf life Lagerfähigkeit, Haltbarkeit

shelf management Maßnahmen zur Regalplatzoptimierung

shelf registration → Rule 415

shelf space Regalfläche

shelf space allocation Regalflächenzuteilung

shell (Firmen-)Mantel

shell corporation Mantelgesellschaft ◻ Die shell corporation übt keine Geschäftstätigkeit aus und verfügt über kein nennenswertes Eigenvermögen. Gründungszweck kann sein: die Erleichterung der Übernahme bzw. die Fusion mit einem anderen Unternehmen, die Nutzung steuerlicher Abschreibungsmöglichkeiten, die Vorfinanzierung von Großprojekten.

sheriff Vollstreckungsbeamter

sheriff levy Vollstreckungstitel

sheriff's sale Zwangsversteigerung

Sherman Act US-Kartellgesetz ◻ Verbot von Preis- bzw. Submissionsabsprachen, Marktaufteilungen und anderer Formen eines wettbewerbswidrigen Zusammenwirkens.

shifting of capital Kapitalumschichtung

shifting of income steuerinduzierte Verlagerung von Einkünften auf eine andere natürliche oder juristische Person

shifting of taxation Steuerüberwälzung, Übertragung der Steuerlast

shifting trust Trust (Stiftung mit treuhandschaftlichem Charakter), bei dem sich bei Eintritt vorbestimmter Umstände der begünstigte Personenkreis verändert.

shift in market shares Verschiebung der Marktanteile

Shinc/Shex (Sundays and holidays included/excepted) einschließlich/ausschließlich Sonn- und Feiertage

ship arrest Arrest in ein Seeschiff

ship broker Schiffsmakler, Frachtenmakler ◻ vermittelt Charterverträge, akquiriert und bucht Ladung für eine Reederei, übernimmt für diese die Ein- und Ausklarierung des Schiffes

ship chandler Schiffsausrüster

ship classification Schiffsklassifizierung ◻ Klassifizierung von Schiffen nach Größe, Tragfähigkeit und Ladetüchtigkeit

ship demurrage Überliegezeit eines Schiffes, → demurrage charges

ship hull policy Schiffskaskoversicherung

ship mortgage Schiffshypothek, Schiffspfandrecht

shipowner's liability Haftung des Reeders

shipowner's lien Pfandrecht des Reeders für nicht regulierte Seefrachten

shipped bill of lading Übernahmekonnossement, das durch die nachträgliche Bestätigung der Übernahme an Bord einem Bordkonnossement gleichgestellt ist.

shipped on board/on deck Konnossementsvermerk, dass die Ware an Bord/an Deck des Schiffes verladen ist.

shipper Ablader, Verlader, Befrachter □ d.h. der Exporteur oder der vom Exporteur beauftragte Spediteur

shipper-packed goods verladerseitig verpackte Waren

shipper's declaration for the transport of dangerous goods Deklaration des Abladers für den Transport von Gefahrgut

shipper's export declaration Ausfuhrerklärung des Abladers

shipper's letter of instruction Versandanweisungen des Abladers

shipper's load and count Ladungsangaben des Abladers/Absenders, die durch den Frachtführer nicht verifiziert wurden.

shipper's manifest → ship's manifest

shipper's papers → shipping documents

shipping agent 1. Schiffsagent, Vertreter einer Reederei im Hafen 2. Seehafenspediteur

shipping articles Heuervertrag

shipping bill Ladeliste, Ladeverzeichnis

shipping company's bill of lading von der Reederei ausgestelltes Seekonnossement

shipping conference Schifffahrtskonferenz, Zusammenschluss von Reedern zur Absprache gemeinsamer Frachtsätze

shipping cost Versandkosten

shipping documents Versanddokumente, Verschiffungspapiere, Frachtpapiere

shipping exchange Frachtenbörse, Schifffahrtsbörse

shipping note Schiffszettel

shipping office Schiffsausrüster

shipping operations i.e.S. Seefrachtgeschäft, i.w.S. Reedereibetrieb

shipping order 1. Versandauftrag 2. Schiffszettel

shipping papers → shipping documents

shipping point Versandort

shipping receipt Warenempfangsschein □ bestätigt die Übernahme von Waren an Bord eines Schiffes

shippings/shipping shares Schifffahrtswerte, Reedereiwerte

shipping unit Versandeinheit

shipping weight Verschiffungsgewicht, Verladegewicht

ship policy Schiffskaskopolice

ship's articles → shipping articles

ship's certificate of registry → ship's registration certificate

ship's days Liegetage, Liegezeit

ship's husband Reedereivertreter, Schiffsagent

ship's manifest Schiffsmanifest

ship's option Seefrachtkostenoption □ Berechnung der Schiffsfracht entweder nach dem Gewicht der Waren oder nach dem Umfang des in Anspruch genommenen Laderaums

ship's registration certificate Schiffszertifikat, Schiffsregisterbrief

ship's tackle Schiffsgeschirr, Ausrüstung für das Laden und Löschen der Ladung

ship supplier Schiffsausrüster

ship to line Lieferung direkt in die Produktion

ship to stock Lieferung an Lager

shoestring company finanzschwaches Unternehmen

shop agreement Haustarifvertrag, Einzeltarifvertrag

shop-in-the-shop system Konzept des Alles-unter-einem-Dach, Ansammlung mehrerer Fachgeschäfte unter einem Dach

shopping goods Güter des nicht allzu dringlichen Bedarfs, bei denen Preis- und Qualitätsvergleiche einem Kauf vorausgehen

shopping mall großes Einkaufszentrum □ überdachter Komplex von Supermärkten, Einzelhandelsfachgeschäften, Restaurants etc.

shop rules Betriebsordnung

shop steward gewerkschaftlicher Vertrauensmann □ Shop stewards werden von den gewerkschaftlich organisierten Mitarbeitern einer Unternehmung gewählt. Neben der Betreuung der Gewerkschaftsmitglieder fällt auch die Aushandlung von Haustarifverträgen und innerbetrieblicher Arbeitszeit- und Urlaubsregelungen unter den Zuständigkeitsbereich der shop stewards. Obwohl sie formal gegenüber ihren Gewerkschaftsorganisationen rechenschaftspflichtig sind, verfügen sie über eine große Eigenständigkeit.

shop stewards committee Betriebsrat

shortage management Steuerung aktueller oder erwarteter Materialknappheiten

short bill of lading Kurzform eines Konnossements

short closing Der Begriff kennzeichnet eine Situation, in der ein Versicherungs-Broker bei einer zu hohen Zahl von Deckungszusagen die von den Versicherern gezeichneten Summen anteilsmäßig reduzieren muss.

short delivery unvollständige Lieferung

shortfall risk Risiko von Mindereinnahmen

short form merger Fusion von zwei Unternehmen, zwischen denen bereits vor dem Fusionstermin enge kapitalmäßige Bindungen bestanden. Eine Zustimmung der Aktionäre ist in diesem Fall nicht erforderlich.

short freight Fautfracht, Fehlfracht (bei Vertragsrücktritt vor Transportbeginn, bei Nichtnutzung des gebuchten Frachtraums)

short haul Güternahverkehr

short haul discrimination Berechnung höherer Frachtraten für kurze Entfernungen

shorthold tenancy befristetes Mietverhältnis

short leaseholds kurzfristig geleaste Grundstücke und Gebäude, kurzfristige dingliche Mietrechte

short leases Leasing- bzw. Pachtverträge mit einer Laufzeit von unter drei Jahren

short line repräsentative Auswahl eines Herstellersortiments

short-lived capital goods kurzlebige Investitionsgüter

short period insurance unterjährige Versicherung

short-range cash forecast kurzfristige Liquiditätsvorschau

short (rate) premium Prämie für eine unter dem üblichen Beitragszeitraum liegende Zeitspanne, z.B. unterjähriger Beitragssatz

short sale 1. Leerverkauf □ Bei einem Leerverkauf veräußert ein Investor Finanztitel, die er zunächst nicht besitzt, in der Erwartung, dass er sich bei Eintritt einer rückläufigen Kursentwicklung zu einem günstigen Kurs eindecken kann. 2. Verkauf eines Hauses, mit dessen Erlös die ausstehende Hypothekenschuld nicht abgedeckt werden kann.

short shipment nicht vollständig verladenes Frachtgut, fehlendes Ladungsteil

short swing profits kurzfristige Gewinne, *(i.S. der Insider-Bestimmungen)* kurzfristige Gewinne, die durch das Ausnutzen von Insider-Wissen erzielt werden.

short-tail business Versicherungsgeschäft mit kurzfristiger Schadenabwicklung

short-term capital gain kurzfristiger Kapitalgewinn (Veräußerungsgewinn) □ ist gegeben bei einer Besitzdauer von weniger als sechs Monaten (in Großbritannien) oder weniger als zwölf Monaten (in den Vereinigten Staaten).

short-term capital movements kurzfristiger Kapitalverkehr

short-term debt → current liabilities

short-term debt capital kurzfristiges Fremdkapital □ d.h. kurzfristige Betriebskredite, Lieferantenkredite, Wechselkredite

short-term forecasting Erstellung kurzfristiger Prognoserechnungen

short-term governments kurzfristige Staatstitel

short-term insurance kurzfristige (i.d.R. unterjährige) Versicherung

short-term investment funds *(Geldmarktfonds vergleichbare)* Investmentfonds, die von den Trust Departments großer US-Banken aufgelegt werden.

short-term investment pools Investment-Pools (Geldmarktfonds), die in großem Umfang Geldmarktpapiere erwerben und Pool-Anteile an Investoren verkaufen.

short-term investments kurzfristige Finanzanlagen

short-term liabilities → current liabilities
short-term policy unterjährige Versicherung
short-term profit maximisation kurzfristige Gewinnmaximierung, → skimming strategy (1)
short-term reserves kurzfristige Rücklagen □ Anlagen in Festgeld, Geldmarktpapieren
short-term solvency ratios kurzfristige Liquiditätskennzahlen, → accounts receivable turnover ratio, → current ratio, → inventory turnover
short-term tax exempts *(von den US-Bundesstaaten und Kommunen emittierte)* kurzfristige kapitalertragssteuerfreie Schuldtitel
short-term trust kurzfristiger → reversionary trust
short ton 2.000 lbs (pounds), → long ton, metric ton
shut out cargo Ladung, die nicht an Bord genommen werden konnte.
SHV → shareholder value
sibling corporations Schwestergesellschaften □ Unternehmen, die durch die gleichen Aktionäre/Anteilseigner kontrolliert werden.
sidebar Besprechung von Richtern und Anwälten außerhalb des Sitzungszimmers
side-door container Container mit (herunterklappbaren) Seitentüren
signalling Offenlegung relevanter (Projekt-)Informationen
significance level Signifikanzniveau, Verlässlichkeitsniveau
significant holding *(i.S. des britischen Companies Act)* Besitz von 10% oder mehr des Aktienkapitals
significant influence maßgeblicher Einfluss (auf die Geschäftspolitik)
significant participation activity → material participation
sign-up fee Honorar, das der Berater einer großen Finanztransaktion für erste Analysen bei Auftragserteilung in Rechnung stellt. Wird i.d.R. mit einer späteren → success fee verrechnet.

silent commerce → S-Commerce
similar public company approach vergleichende Unternehmensbewertung □ auf der Basis von im laufenden Börsenhandel ermittelten Anteilspreisen
simple average einfache Havarie
simple contract einfacher (formloser) Vertrag
simple contract debt gewöhnliche Forderungen
simple deed → deed without warranty
simple random sample einfache zufallsgesteuerte Stichprobe, → simple random sampling
simple random sampling einfache zufallsgesteuerte Stichprobenauswahl □ jede Einheit der Grundgesamtheit hat die gleiche Chance, in die Stichprobe aufgenommen zu werden. Oberbegriff: → probability sampling
simple regression analysis Einfachregressionsanalyse
simple trust Treuhandverhältnis, bei dem sich die Aufgabe des Treuhänders auf die Wahrnehmung von Verwahrpflichten beschränkt.
simplified employee pension plan vereinfachter Pensionsplan □ durch Arbeitgeber- und Arbeitnehmerbeiträge gespeiste → individual retirement accounts
simulation Simulation, Nachbildung von realen Abläufen
simultaneous closing → closing
simultaneous engineering Parallelabwicklung (Parallelisierung und Synchronisierung) von Geschäftsprozessen, parallele Aktivitäten in den Bereichen Entwicklung und Fertigung zur Verkürzung von Entwicklungs- und Durchlaufzeiten
sine die Vertagung einer Sitzung ohne Festlegung eines neuen Termins
single agency Vertretung einer Vertragspartei
single asset property company Immobiliengesellschaft/-fonds, die/der nur ein Gebäude oder nur eine Gebäudegruppe besitzt.

single bond 1. → single-premium bond 2. reine Verpflichtungserklärung □ enthält keine Regressvereinbarungen

single brand Einzelmarke

single brand dealer Einzelmarkenhändler □ Händler, der ausschließlich die Produkte eines Herstellers vertreibt und demzufolge über Exklusivvertriebsrechte verfügt.

single brand strategy Singulärmarkenstrategie

single-buyer policy Ausfuhrgewährleistung der US → Export-Import Bank für Exporte an einen bestimmten ausländischen Käufer, → multibuyer policy

single-capital-structure company Gesellschaft, deren Kapital sich aus nur einer Aktiengattung zusammensetzt.

single channel distribution strategy eingleisige Vertriebs-/Distributionsstrategie

single debtor finance Bevorschussung einzelner Rechnungen

single-family mortgage revenue bonds kapitalertragssteuerfreie Kommunalobligationen zur Förderung des Eigenheimbaus

single interest policy Einzelversicherung, i.e.S. Versicherung, mit der bei Gemeinschaftsprojekten das Eigentum einer Vertragspartei/eines Gemeinschaftseigentümers versichert wird.

single liability Haftung eines Gesellschafters für Unternehmensverbindlichkeiten, die sich auf die eingebrachte Kapitalsumme beschränkt.

single limit of liability Gesamthaftungslimit □ im Gegensatz zu einem split limit, bei dem für jede Schadenform (Personen-/Sachschäden) eine Obergrenze festgelegt wird.

single-line company Einproduktunternehmen □ Gesellschaft, die sich auf die Herstellung eines Produktes beschränkt.

single-line policy Versicherung, durch die nur ein Risiko abgedeckt wird.

single-line store Fachgeschäft

single-loop learning individuelles Erfahrungslernen

single-managed fund von einem einzigen Fonds-Manager verwalteter Fonds

single-name paper Schuldschein, Solawechsel

single-niche strategy auf die Bearbeitung einer Marktnische ausgerichtete Marketingstrategie

single-parent captive konzerneigene Versicherungsgesellschaft, bei der die Muttergesellschaft die einzige Gesellschafterin ist.

single payment annuity durch Zahlung eines Einmalbetrages sofort beginnende Leibrente

single payment deferred annuity → deferred life annuity auf der Basis einer Einmalzahlung

single-premium annuity → annuity

single-premium bond auf einer einmaligen Prämienzahlung basierende fondsgebundene Lebensversicherung □ Die Höhe der Versicherungsleistungen ist an die Wertentwicklung eines Investmentfonds gekoppelt.

single-premium immediate annuity → immediate annuity

single-premium policy Einmalprämien-Police, → single-premium bond

single-price market Einheitsmarkt

single-product test → monadic test

single proprietorship Einzelfirma, Einzelunternehmen

single purpose company Objektgesellschaft, Einzweckgesellschaft □ für einen bestimmten Zweck bzw. für die Finanzierung eines bestimmten Projektes/einer Übernahme gegründete Gesellschaft, → asset-backed securities; die Haftung einer SPC ist auf die in die Gesellschaft eingebrachten Vermögenswerte und auf die Kapitaleinlagen der Gesellschafter beschränkt.

single sourcing Beschränkung auf einen Lieferanten pro Beschaffungsobjekt, Bezug von Werkstoffen und Betriebsmitteln aus einer Quelle, enge und langfristige

Bindung an einen Lieferanten
single-sum distribution → lump sum annuity
single-tier area sample einstufige Flächenstichprobe □ umfasst nur eine Gebietseinheit
single-tier cash tender offer Übernahmeangebot, das sich auf alle ausgegebenen und im Umlauf befindlichen Aktien bezieht. → two-tier (two-tiered) tender offer
single-unit costing Einzelkalkulation
single-unit production Einzelfertigung
single-use goods kurzlebige Konsumgüter
single-year term policy Risikolebensversicherung mit einer Laufzeit von einem Jahr
sinking fund Tilgungsfonds, Amortisationsfonds □ aus Mitteln des Emittenten gebildeter Fonds, zu dessen Lasten ein Schuldtitel getilgt (zurückgezahlt) wird.
SIR → self-insured retention
sistership identische Produktmängel bei Erzeugnissen des gleichen Herstellers
sistership clause Klausel, die die Kollisions-Schadenregulierung zwischen zwei Schiffen regelt, die sich im Besitz der gleichen Reederei befinden.
SITC → Standard International Trade Classification
site analysis (research) 1. Standortanalyse 2. Parzellennutzungs-Analyse
site audit Betriebsprüfung durch eine Steuerbehörde
site development Grundstückserschließung, i.w.S. Bebauung
site plan Flächennutzungsplan, i.w.S. Bebauungsplan
site selection Standortwahl
site value Grundstückswert
situational analysis Situationsanalyse
situational determinants situative Determinanten (des Kaufprozesses)
situs 1. steuerlicher Wohn- oder Geschäftssitz 2. Erfüllungsort
skewness schiefe Verteilung
skill-based routing systems Systeme zur Weiterleitung eingehender Anrufe (→ inbound calls, → call center) an die fachlich zuständigen Mitarbeiter
skill mapping Darstellung von Fähigkeiten in digitalen Landkarten
skimming policy Preisabschöpfungspolitik, → skimming strategy
skimming strategy Abschöpfungsstrategie □ 1. Preisgestaltung für ein neues Produkt, bei der der Hersteller am oberen Ende einer Preisspanne beginnt und den Preis sukzessive senkt, um auch andere Käuferschichten anzusprechen. 2. Strategie, die auf die Maximierung des Gewinns aus der Vermarktung eines Produktes oder aus einer auslaufenden Produktlinie ausgerichtet ist.
skim-the-cream pricing Preisaufschläge auf Produkte, die von Konsumenten der höheren Einkommensgruppen erworben werden.
skip directions (patterns) Anweisungen (Raster) für das Überspringen bestimmter Fragen (abhängig vom vorangegangenen Antwortverhalten des Befragten)
skip lease Leasingvertrag, der ein Überspringen der Leasingzahlungen in bestimmten Monaten vorsieht.
SKU → stockkeeping unit
skylock clause Klausel, die die Umwandlung eines variabel verzinslichen Kredites in eine Festsatzverbindlichkeit vorsieht, wenn das Zinsniveau eine bestimmte Obergrenze erreicht hat.
SLA → service level agreement
slack times Pufferzeiten im Netzplan
slander of goods (bewusste und wahrheitswidrige) Herabsetzung von Waren, Anschwärzung
SLC → standby letter of credit
SL&C/SL&T → shipper's load and count/ load and tally
sleeper effect Theorie, dass die Überzeugungskraft einer Werbebotschaft im Zeitverlauf zunimmt.
SLI → shipper's letter of instruction
sliding scale prices Staffelpreise
slip Deckungszusage, schriftliche Deckungs-

slippage

bestätigung, i.e.S. Risikoerklärung, Beschreibung des zu versichernden Risikos bzw. des Versicherungsgegenstandes
slippage 1. *(im Projektablauf)* Zeitverlust, Pufferzeitverzehr (→ float) aufgrund eines verspätet einsetzenden Vorgangs 2. Unterschied zwischen Plan- und Ist-Kosten/Ergebnissen
SLM → service level management
slot allocation Lagerplatzvergabe, Stellplatzvergabe
slot charter Charter für Laderaum bzw. Containerstellplätze □ Chartervertrag, bei dem eine bestimmte Anzahl von Containerstellplätzen oder Laderäumen für eine bestimmte Zeit gechartert wird.
slotting allowance Bonuszahlung für die Platzierung eines neuen Produktes in den Regalen eines Einzelhändlers
slow asset schwer realisierbarer Vermögenswert
slow intake of orders schleppender Auftragseingang
slow movers (slow-moving goods) Langsamdreher, Penner, Artikel mit einer niedrigen Umschlagshäufigkeit
SLT → spread loss treaty
sluicegate price Einschleusungspreis
small and medium-sized enterprises kleinere und mittlere Unternehmen □ zum Zeitpunkt der Drucklegung werden SMEs in Großbritannien und in den meisten EU-Ländern wie folgt definiert: small enterprises - Unternehmen mit weniger als 50 Angestellten und einem Umsatz bis zu 7 Mio. Euro oder einer Bilanzsumme bis zu 5 Mio. Euro; medium-sized enterprises - Unternehmen mit einer Mitarbeiterzahl zwischen 50 und 249 und einem Jahresumsatz bis zu 40 Mio. Euro oder einer Bilanzsumme bis zu 27 Mio. Euro → small business
small asset cases → summary administration
small bankruptcy level Grenze für Kleinkonkurse, → summary administration
small business In den Vereinigten Staaten werden unter dem Begriff Unternehmen mit bis zu 500 Beschäftigten verstanden. Für jeden Industriezweig gelten jedoch unterschiedliche Umsatzrichtwerte; sie werden durch das Office of Size Standards der → Small Business Administration festgelegt. → small and medium-sized enterprises
Small Business Administration US-Bundesbehörde, die für die Belange der Klein- und Mittelbetriebe zuständig ist.
Small Business Investment Companies US-Finanzierungsgesellschaften, die an Klein- und Mittelbetriebe Kredite vergeben bzw. junge Wachstumsunternehmen durch die Übernahme von Beteiligungen mitfinanzieren. Die SBICs stehen unter der Aufsicht der → Small Business Administration, bei der sie sich auch refinanzieren.
Small Business Investment Incentive Act Gesetz zur Förderung kleinerer und mittlerer Unternehmen □ eines der Hauptziele des Gesetzes ist es, diesen Unternehmen den Zugang zum Kapitalmarkt zu ermöglichen, → SCOR offerings
Small Business Service britische Regierungsbehörde zur Förderung der Belange der mittelständischen Wirtschaft in Großbritannien
small cap fund Investmentfonds, der seine Mittel vorwiegend in Aktien kleiner börsennotierter Unternehmen investiert.
small claims 1. *(im Versicherungsgeschäft)* kleinere Schäden, Bagatellschäden 2. Zivilsachen mit einem geringen Streitwert □ werden in Großbritannien vor den → County Courts verhandelt 3. In den Vereinigten Staaten werden Rechtsstreitigkeiten, bei denen es um relativ geringfügige Summen geht, vor den Small Claims oder Conciliation Courts verhandelt.
small claims procedure schiedsgerichtliches Verfahren vor einem County Court
small claims proceedings Verfahren mit einem Streitwert unter USD 2.000
small companies → small business

small corporate offering registration Registrierung des öffentlichen Zeichnungsangebotes eines mittelständischen Unternehmens, → SCOR offerings (securities)

small enterprise/smaller entities kleinere Unternehmen, → Financial Reporting Standards for Smaller Entities

small factoring Factoring für → small and medium-sized enterprises

Small Firms Loan Guarantee Scheme Kreditbürgschaftsprogramm der britischen Regierung für Ausleihungen an kleinere Unternehmen

small income relief Steuererleichterung für Bezieher niedriger Einkommen

small issues exemption Befreiung kleinerer Emissionen von der Registrierungspflicht, → Regulation A

small loan office (organization) Teilzahlungskreditinstitut

smart card Chipkarte □ Karte mit Prozessorchip, der die direkte Verarbeitung von Daten auf der Karte ermöglicht.

SMEs → small and medium-sized enterprises

smoothing Belastungsausgleich, Glättung, → resource smoothing

S/N → shipping note

sneak attack verdeckter Aufkauf eines größeren Aktienpaketes (Ausgangsbasis für einen → corporate raid)

snowball sampling Schneeballauswahlverfahren □ die ersten Testpersonen werden durch ein Zufallsauswahlverfahren ermittelt; die folgende Auswahl stützt sich auf Empfehlungen dieses ersten Personenkreises.

social accounting Sozialbilanz □ Erfassung der sozialen Kosten- und Nutzeneffekte, die von einer Unternehmung ausgehen.

social benefits soziale Erträge

social costs 1. volkswirtschaftliche Kosten 2. Sozialkosten

social marketing soziales Marketing □ Aktivitäten zur Schaffung eines gesellschaftlichen Problembewusstseins oder zur Minderung sozialer Probleme

social overhead capital Sozialkapital

social returns soziale Erträge

social surplus Produzentenrente

social wants Kollektivbedürfnisse

social wealth Volksvermögen

soft assets (nicht bilanzierte) immaterielle Anlagewerte, z.B. das in einem Unternehmen vorhandene Wissen

soft commodities nicht metallische Rohstoffe (z.B. Kakao, Getreide, Zucker)

soft-core loyals Verbraucher, deren Markentreue sich auf zwei bis drei Marken erstreckt.

soft cost Baunebenkosten (z.B. Architektenhonorare, Genehmigungs-, Registrierungsgebühren)

soft dollars Gelder, die ein Investor nicht aus den eigenen Rücklagen bereitstellen muss.

soft dollar services Nebenleistungen, die bei den Akquisitionsbemühungen um das Hauptgeschäft kostenlos angeboten werden.

softening economy rückläufige Konjunktur

soft factors nicht quantifizierbare Faktoren

soft goods kurzlebige Konsumgüter

soft letter of comfort weiche Patronatserklärung □ rechtlich unverbindliche Patronatserklärung, die lediglich eine Absichtserklärung der Patronin gegenüber dem Kreditgeber enthält.

soft loan Kredit mit einem niedrigen Zinssatz und/oder günstigen Rückzahlungskonditionen

soft market 1. Käufermarkt 2. durch einen Kurs- oder Preisrückgang geprägter Markt, stagnierender bis rückläufiger Markt 3. schnell verfügbare und/oder niedrig bepreiste Waren bzw. Dienstleistungen

soft money 1. steuerlich absetzbare Gelder 2. Gelder, an die keine Renditeerwartungen geknüpft sind. 3. → soft dollars

softs → soft commodities

soft skills (in der Personalbeurteilung) die sozialen Kompetenzen des Mitarbeiters (im Unterschied zu seinen fachlichen Qualifikationen), z.B. Teamfähigkeit, Verhandlungsgeschick, Konfliktmanagement

soft taxable income Erträge, die aus steuerlichen Gründen als vereinnahmt gelten, obwohl es noch zu keiner Zahlung gekommen ist.

soft terms günstige Konditionen, Preiszugeständnisse

software agent intelligentes Softwareprogramm, → agent

software asset management Verwaltung der eingesetzten Software

software chain mangement Steuerung der Wertschöpfungskette bei Software (Einkaufsprozesse, Installation/Betrieb und Pflege)

software engineering Design, Implementierung und Wartung von Software

SOL → shipowner's liability

sole actor doctrine Doktrin, der zufolge unterstellt werden muss, dass der Auftrag- bzw. Vollmachtgeber über alle Handlungen seines Vertreters informiert ist.

sole agency Alleinvertretung

sole and unconditional owner alleiniger und uneingeschränkter Eigentümer

sole brand Solitärmarke, einzige Marke eines Unternehmens

sole power of representation Alleinvertretungsrecht

sole proprietor (trader) alleiniger Eigentümer, Einzelkaufmann

sole proprietorship (tradeship) Einzelfirma, Einzelunternehmen

sole proprietorship insurance Kranken- und Lebensversicherung eines Einzelkaufmanns, → business life insurance

sole proximate cause einzige Ursache

solicitation 1. Akquisition 2. Anwerbung von Stimmrechtsvollmachten 3. *(im Projektmanagement)* Einholung von Angeboten

soliciting agent Vermittlungsagent, Versicherungsvertreter ohne Abschlussvollmacht

solicitor's accounts Treuhandkonten, Anderkonten

solicitor's lien Pfandrecht (Zurückbehaltungsrecht) des Anwalts für nicht regulierte Honorare

solicitor's undertaking Verpflichtung eines Anwalts zur Rückgabe der von ihm treuhänderisch verwalteten Vermögenswerte

solus agreement Alleinvertriebsvereinbarung, Ausschließlichkeitsvertrag

solus position → island position

solus users Verbraucher, die beim Kauf von Nahrungs- oder Genussmitteln immer die gleiche Marke wählen.

solvency declaration → statutory declaration of solvency

SOP → stock option plan, → statement of position

sophisticated investors *(i.S. des US Securities Act)* informierte und vermögende Privatanleger, Investoren mit ausreichenden Kenntnissen zur Beurteilung der finanziellen Chancen und Risiken eines Investments

sorting Angebot von sich gegenseitig ergänzenden Produkten

sound value Gesundwert □ Wert des versicherten Interesses bzw. Gutes in unversehrtem Zustand am Ablieferungsort. Gegensatz: → replacement value

source and application/disposition of funds Mittelverwendung

source-based taxation Besteuerung nach dem Quellensteuerprinzip

source credibility/expertise Glaubwürdigkeit/Kompetenz, die ein Verkaufsrepräsentant vermittelt.

source effect positive/negative Beeinflussung einer Werbebotschaft durch ihren Überbringer, Kommunikatorwerbung

sources and uses of funds statement Bewegungsbilanz □ Mittelherkunfts- und Mittelverwendungsrechnung

sources and uses of group funds Herkunft und Verwendung der Konzernmittel

source selection Lieferantenauswahl

sourcing Beschaffung, Lieferantensuche, Suche nach Beschaffungsmöglichkeiten

(Bezugsquellen)
sourcing cost Beschaffungskosten
sourcing diversification Streuung der Bezugsquellen und/oder der Beschaffungsregionen
sourcing logistics Beschaffungslogistik
sourcing policy Einkaufspolitik, Beschaffungspolitik
sourcing schedule Beschaffungsplan
sourcing terms Beschaffungskonditionen, Liefer-und Zahlungsbedingungen
sovereign debt Schuldtitel (Verbindlichkeiten) staatlicher Kreditnehmer
sovereign lending Ausleihungen an staatliche Kreditnehmer, Länderengagements, Länderkredite
SOW → statement of work
space Werbefläche
space buy Kauf von Werbefläche (Anzeigenraum)
space charter Raumchartervertrag
space management Verkaufsflächenmanagement, Maßnahmen zur Raum-, Flächen- und Regaloptimierung □ Optimierung der Verkaufsfläche durch eine computergestützte Regalplatzplanung und -kontrolle
space reservation Reservierung von Frachtraum (Laderaum)
spamming unaufgeforderte Übersendung von E-Mails mit Werbeinhalten
span of control (of management) Leitungsspanne □ Zahl der Stellen, die von einer übergeordneten Instanz geleitet werden.
spatial cognition Raumkognition, räumliches Denken
SPC → single/ → special purpose company
s.p.d. → steamer pays dues
SPDA → single payment deferred annuity
SPE → special purpose entity
special acceptance Erweiterung der Deckung auf ein Risiko, das durch die Standardpolice nicht abgedeckt wird.
special additions *(im Jahresabschluss)* Sonderzuschreibungen
special administration gegenständlich oder zeitlich beschränkte Nachlassverwaltung

special administrator Sondernachlassverwalter, Nachlassverwalter (Treuhänder) mit einem gegenständlich oder zeitlich begrenzten Mandat
special agent 1. Sonderbevollmächtigter, Vertreter (Bevollmächtigter) für ein bestimmtes Geschäft 2. Vermittlungsagent, Versicherungsvertreter ohne Abschlussvollmacht
special allocation *(i.S. der US-Steuergesetzgebung)* eine prozentuale Verlustzuweisung, die über den Gesellschaftsanteil des jeweiligen Gesellschafters hinausgeht.
special allocation to provision for retirement benefits *(im Jahresabschluss)* Sonderzuweisung an die Rücklage für Pensionsgeschäfte
special allowance 1. Sondervergütung 2. Sonderwertberichtigung, Einzelwertberichtigung 3. Sonderabschreibung
special audit Sonderprüfung, außerplanmäßige Prüfung
special bailiff Vollstreckungsgehilfe
special bracket Konsortialbanken, die in Finanzanzeigen (→ tombstone) nach den Konsortialführern und vor den restlichen Konsorten aufgelistet werden, um einen hervorgehobenen Status bzw. eine besondere Beziehung zum Emittenten/Kreditnehmer zu dokumentieren.
special call right *(bei Wertpapieremissionen)* Sonderkündigungsrecht des Emittenten (Schuldners)
special charges 1. Sonderkosten, *(in der Gewinn- und Verlustrechnung)* außerordentliche Aufwendungen 2. Sonderwertberichtigungen
special-commodities carrier Frachtführer, der Spezialguttransporte (verderbliche Waren, Gefahrgut) durchführt.
specific commodity rate Artikeltarif (i.d.R. für größere Sendungen)
special contract → specialty/specialty contract
special cover Sonderdeckung, nicht durch die Standarddeckung abgesichertes Risiko

special credits *(in der Gewinn- und Verlustrechnung)* außerordentliche Erträge

special damages 1. Schadenersatz für den tatsächlich entstandenen Verlust, → general damages 2. Schadenersatz zur Deckung der Nebenkosten der obsiegenden Partei, → punitive, → treble damages

special drawing right Sonderziehungsrecht ☐ Kredit- und Rechnungseinheit des Internationalen Währungsfonds

special equipment additional Frachtzuschlag für die Verladung von Frachtgut, die den Einsatz spezieller Ladetechniken erforderlich macht.

special facility 1. Sonderkredit 2. Sonderfazilität des Internationalen Währungsfonds, → buffer stock financing facility, → extended facility, → compensatory facility

special facts rule Bestimmung, die den Verwaltungsrat zur Offenlegung aller besonderen Umstände verpflichtet, die für eine Unternehmensbewertung relevant sind.

special guarantee auf eine bestimmte Person oder eine bestimmte Transaktion abgestellte Garantie, → general guarantee

specialised capital zweckgebundenes Kapital

specialised staff Fachstab ☐ Stabsabteilung, die eine oder mehrere Linienabteilungen in einer bestimmten Funktion unterstützt. → general staff, → personal staff, → staff department

specialist multiple chain Fachmarktkette

specialist retailer Facheinzelhändler

special levy Sondersteuer, Sonderabgabe

special lien 1. Pfandrecht an einer bestimmten Sache (einer bestimmten Parzelle) 2. Pfandrecht (Zurückbehaltungsrecht) eines Anwalts für nicht regulierte Honorare

special manager gerichtlich bestellter Mitkonkursverwalter, → compulsory liquidation

special meeting außerordentlicher Hauptversammlung

special multiperil policy Allgefahrenversicherung für Großunternehmen

special partner Kommanditist

special partnership Gelegenheitsgesellschaft, Gesellschaft zur Durchführung bestimmter Geschäfte, → limited partnership

special power of attorney Sondervollmacht, Einzelvollmacht

special priority besondere Bevorrechtigung, → liabilities having special priority

special purpose company 1. Objektgesellschaft ☐ separate Gesellschaft (i.d.R. Tochtergesellschaft), die in Verbindung mit großen Leasingtransaktionen (Flugzeugleasing, Immobilienleasing) vom Leasinggeber gegründet wird und als wirtschaftlicher und rechtlicher Eigentümer des Leasinggutes fungiert. 2. Zweckgesellschaft, z.B. in Verbindung mit → mortgage-backed securities 3. Projektgesellschaft, Gesellschaft zur Durchführung eines bestimmten Projektes 4. → insurance captives, die für den Transfer von Versicherungsrisiken auf die Kapitalmärkte gegründet werden.

special purpose entity rechtliche Einheit mit einem vorbestimmten Zweck

special purpose property *(bei Leasingverträgen)* Wert, der nur noch für den Leasingnehmer von Nutzen ist.

special purpose vehicle → special purpose company

special receiver Insolvenzverwalter ☐ von einem Gericht eines US-Bundesstaates eingesetzter Insolvenzverwalter, der für einen Gläubiger oder eine Gläubigergruppe handelt und nur ein bestimmtes Objekt des Gemeinschuldners (z.B. ein Hotel) verwaltet. → general receiver

special resolution außerordentlicher Beschluss der Anteilseigner/Aktionäre ☐ kann auf einer Gesellschafter-/Aktionärsversammlung nur nach einer Vorankündigung von 21 Tagen mit einer Dreiviertelmehrheit gefasst werden.

special scheme lendings Ausleihungen im Rahmen von Sonderkreditprogrammen

special situations trust Investmentfonds, der sein Vermögen in Werten mit besonderen Gewinn- und/oder Wachstumsaussichten anlegt.
special termination clause Klausel, die die sofortige Kündigung eines Kredit- bzw. Versicherungsvertrages bei Eintritt besonderer Umstände ermöglicht.
specialty/specialty contract gesiegelter Vertrag, Vertrag unter Siegel □ Vertrag, der durch Besiegelung der Vertragsurkunde bindet.
specialty debt kraft Gesetz oder durch einen gesiegelten Vertrag entstandene Schuld
specialty fund Spezialitätenfonds □ Investmentfonds, der seine Anlagen auf bestimmte Wertpapiere, Industriezweige oder Länder konzentriert.
specialty merchandise wholesaler Fachgroßhändler
specialty retailer (store) Facheinzelhändler (Fachgeschäft, Spezialgeschäft)
specialty retailing Facheinzelhandel
special use permit Sondernutzungsgenehmigung (für eine Parzelle), Befreiung von den bestehenden Bebauungsvorschriften
special use property zweckgebundene Vermögenswerte (Immobilie)
special valuation allowance Sonderwertberichtigung
special verdict Einzelentscheidung der Geschworenen zu bestimmten Verfahrenspunkten mit entsprechender Begründung. → general verdict
special warranty deed Eigentumsurkunde, mit der der Verkäufer garantiert, dass er der rechtmäßige Eigentümer ist; ansonsten übernimmt er keine Haftung, d.h. er haftet auch nicht für mögliche, von Vorbesitzern zu verantwortende Rechtsmängel. → statutory warranty deed
specific accounts policy Kreditversicherung, durch die die Forderungen gegenüber einem bestimmten Kunden abgedeckt werden.
specific assignment Einzelabtretung
specific capital zweckgebundenes Kapital
specific charge 1. außerordentlicher (einmaliger) Aufwand 2. dingliche Sicherung an einem bestimmten Vermögenswert
specific cost → direct cost
specific coverage Einzeldeckung, Deckung für einzeln deklarierte Vermögenswerte
specific customer specialist Unternehmen, das sich auf die Belieferung einiger ausgewählter Kunden spezialisiert hat.
specific disclosures bestimmte offen gelegte Haftungsrisiken
specific insurance Einzelrisikoversicherung, Einzelpolice
specific jurisdiction fallspezifische Zuständigkeit eines Gerichts in den Vereinigten Staaten
specific legacy/legatee Vermächtnis/Vermächtnisnehmer einer bestimmten Sache
specific lien → special lien
specific market spezifische Kundengruppe
specific performance *(to sue for -)* auf Vertragserfüllung (Erfüllung einer bestimmten Vertragsklausel) klagen
specific provision for bad and doubtful debts Einzelwertberichtigung
specific reinsurance Einzelschadenrückversicherung
specific risk spezifisches Risiko □ das einem Vermögenswert eigene, von den allgemeinen Marktveränderungen unabhängige Risiko, → systematic risk
specific tariff (duty) spezifischer Zoll □ je Mengeneinheit erhobener Zoll
specific valuation allowance Einzelwertberichtigung
specified accounts policy → specific accounts policy
specified peril insurance Einzelrisikoversicherung
speculative damages Ausgleichszahlung für mögliche finanzielle Verluste
speculative grade Hinweis auf hohe Ausfallrisiken
speech recognition Spracherkennung durch einen Computer, → interactive response
speed management Beschleunigung der Unternehmensprozesse

speed-up Steigerung der Produktionsleistung ohne zusätzlichen Lohnkostenaufwand

spending income verfügbares Einkommen

spending power Kaufkraft

spendthrift provisions Bestimmungen, die die Verfügungsrechte eines Stiftungsbegünstigten eingrenzen.

spendthrift trust Trust (Stiftung mit treuhandschaftlichem Charakter), bei dem durch die Begrenzung der Auszahlungen an den Begünstigten einer schnellen Vermögensauszehrung vorgebeugt werden soll.

spillage Ladungs-/Gewichtsverlust durch undichte Verpackung

spillover effect Auswirkung einer Werbung auf Konkurrenzprodukte

spin-off 1. Ausgliederung und Verselbständigung eines Unternehmensteils (Gründung einer selbständigen Tochtergesellschaft), Ausgliederung aus dem Konzern-/Firmenverbund 2. Gründung einer Gesellschaft durch eine Gruppe von Managern, die ihr altes Unternehmen verlassen und ihr Know-how in die Neugründung einbringen 3. → brand spin-off

spin-out Unternehmensgründung aus einer Forschungseinrichtung heraus

splintered authority fragmentierte Entscheidungs-/Weisungsbefugnisse

split ballot technique gegabelte (geteilte) Befragung □ Verwendung von zwei oder mehr Fragebogenversionen zur Untersuchung der gleichen Thematik

split charter Charter, bei der sich mehrere Kunden die gecharterte Fläche teilen.

split consignment Warensendung, die nach Ankunft am Bestimmungsort unter verschiedene Empfänger aufgeteilt wird.

split deductible nach der Schadensart oder der Schadenshöhe gestaffelte Selbstbeteiligung

split limit getrennte Haftungs-/Deckungsgrenzen für Sach- und Personenschäden

split mortgage Hypothek, die zum einen Teil durch regelmäßige Tilgungsleistungen (part-repayment mortgage) und zum andern durch den Erlös aus einer Kapitallebensversicherung (part-endowment mortgage) zurückgezahlt wird.

split rating unterschiedliche bonitätsmäßige Klassifizierung durch zwei → Rating-Agenturen

split runs Schaltung mehrerer Anzeigen mit unterschiedlichen Inhalten

SPM → space management

spoliation 1. widerrechtliche Vernichtung von Beweismitteln 2. Abänderung eines Vertrages/einer Versicherungspolice durch eine unbefugte Partei

sponsor 1. Sponsor, Förderer, Geldgeber 2. Träger, Trägergesellschaft 3. Projektträger, projekttragendes Unternehmen, das an einem Projekt wirtschaftlich interessierte Unternehmen 4. Initiator, Urheber eines Anlagekonzeptes 5. Börseneinführungsbank 6. Platzeur von Wertpapieren 7. Gründer- bzw. Vertriebsfirma eines Investmentfonds 8. Komplementär, der eine → limited partnership gründet und auflöst. 9. das bei einer Finanzierungstransaktion federführende Institut

sponsored issues → American Depositary Receipts

sponsored level I/II/III depositary receipts → American Depositary Receipts

sponsored spin-off Ausgliederung eines Unternehmensbereichs bzw. Einbringung einer Produktidee in eine Unternehmensgründung, wobei die Finanzierung durch die frühere Muttergesellschaft erfolgt bzw. gewährleistet wird (oft in Zusammenarbeit mit einer Wagnisfinanzierungsgesellschaft, → venture capital company).

sponsoring group 1. Projektträger 2. Gruppe, die eine → sponsorship übernommen hat 3. Übernahmekonsortium

sponsorship Unterstützung einer sportlichen oder kulturellen Veranstaltung durch ein Unternehmen mit Geld- oder Sachleistungen. Als Gegenleistung kann das Unternehmen mit seinem Engagement werben.

sponsor training Ausbildung neuer Mitarbeiter durch ältere Kollegen
spontaneous liabilities Verbindlichkeiten aus dem Tagesgeschäft
spot advertising durch eine lokale Fernsehstation ausgestrahlte Werbespots
spot commitments Kassaengagements, Verpflichtungen per Kasse, Verbindlichkeiten aus Kasseabschlüssen
spot commodity prompte Ware, Loko-Ware, Effektiv-Ware, Kassa-Ware □ zur sofortigen Lieferung bereitstehende Waren
spot contract 1. *(an Warenbörsen)* Promptgeschäft, Comptantgeschäft, Geschäft in prompter Ware 2. *(an Devisen-/Wertpapierbörsen)* Kassageschäft
spot market 1. Spotmarkt, Lokomarkt/Locomarkt □ Markt, auf dem die effektive Ware jederzeit zur sofortigen Lieferung gegen Kasse ge- und verkauft werden kann. 2. Forum für den kurzfristigen Handel mit Strom 2. (Devisen-/Wertpapier-)Kassamarkt
spot rate method Umrechung von Fremdwährungsposten zum Kassakurs
spot stock Waren, die bis zur Weiterverschiffung in einem öffentlichen Lagerhaus eingelagert werden.
spot transaction *(an einer Warenbörse)* Spotgeschäft, Lokogeschäft, Promptgeschäft □ Geschäft gegen sofortige Kasse und Lieferung
spot vessel sofort verfügbares Schiff
spot zoning Abänderung der Parzellennutzung
spousal rollover Übertragung von Leistungsansprüchen auf den Ehegatten
SPPIA → Standards for the Professional Practice of Internal Auditing
spreading agreement Ausdehnung einer Hypothekenvereinbarung auf weitere Grundstücke (aufgrund einer vom Kreditgeber geforderten Sicherheitenverstärkung)
spread lending Ausleihungen, deren Zinssätze an einen Aufschlag gekoppelt sind.
spread lock Swap-Konstruktion (→ interest rate swap), bei dem kein bestimmter Zinssatz, sondern nur der Aufschlag auf einen Referenzinssatz festgelegt wird.
spread loss treaty (reinsurance) Rückversicherungsvertrag, der die regelmäßige Prämienanpassung auf der Basis der beim Erstversicherer zu verzeichnenden Schadenentwicklung vorsieht.
spread sheet 1. Tabellenkalkulation □ Methode zur Informationsanalyse 2. Gliederungsbogen, Bilanzgliederung in Matrixform
springing durable power of attorney Vollmacht, die nur bei Geschäftsunfähigkeit des Vollmachtgebers in Kraft tritt.
sprinkling trust Stiftung mit treuhandschaftlichem Charakter, bei der allein der Treuhänder über die Anteile einzelner Begünstigter bei Ertragsausschüttungen entscheidet.
spurious correlation zufällige Korrelation □ gleichzeitige Veränderung zweier Variablen, obwohl keine kausale Beziehung zwischen ihnen besteht.
SPV → special purpose vehicle
squared deviations quadrierte Abweichungen
squeeze-out 1. Verdrängung eines Unternehmens vom Markt 2. Abfindung der Minderheitsaktionäre durch den Hauptaktionär gegen Gewährung einer angemessenen Barabfindung 3. erzwungenes Ausscheiden eines Gesellschafters
squeeze-out merger Unternehmensverschmelzung, bei der der Mehrheitsaktionär die Minderheitsaktionäre aus der fusionierten Gesellschaft verdrängt.
squeeze-out pricing Verdrängungspreisgestaltung □ Festsetzung von besonders niedrigen Preisen durch einen Hersteller, um Mitbewerber aus dem Markt zu verdrängen.
S/R → shipping receipt, → storage and retrieval system
SR&CC → strikes, riots and civil commotions
SRM → supplier relationship management

SRO → self-regulatory organisation
SSAP → Statements of Standard Accounting Practice
stacked bar code gestapelter Barcode □ besteht aus mehreren Zeilen mit Zwischenräumen
staff activities 1. Stabsaufgaben 2. Personalaufgaben einer Unternehmung, i.w.S. Personalwesen
staff additions Neueinstellungen
staff and line relationships Beziehungen zwischen Stabs- und Linienabteilungen, → line and staff organisation
staff appraisal (assessment) Personalbeurteilung, Leistungsbeurteilung von Mitarbeitern
staff benefit plan Versorgungsplan für Mitarbeiter
staff benefits Sozialleistungen bzw. Vergünstigungen für Mitarbeiter
staff department 1. Personalabteilung 2. Stabsabteilung □ eine der Unternehmensführung zuarbeitende Abteilung mit beratenden, verwaltenden oder kontrollierenden Aufgaben, z.B. Rechts-, Steuer-, Revisions-, Presseabteilung. → line and staff organisation
staff executive (officer) 1. leitender Mitarbeiter einer Personalabteilung 2. leitender Mitarbeiter einer Stabsabteilung, (mit Stabsaufgaben betrauter) Funktionsträger
staff functions Stabsfunktionen
staff grading (rating) → staff appraisal
staffhours/staffdays Mann-Stunden/Mann-Arbeitstage
staffing Personaleinstellung, Stellenbesetzung, i.w.S. Personalmanagement
staffing level Personalstärke, Anzahl der Beschäftigten
staff management Personalmanagement, Personalführung, Führung (Steuerung) des Personalwesens einer Unternehmung
staff organisation → line and staff organisation
staff procurement Personalbeschaffung
staff requisition Personalanforderung
staff resourcing Personalbeschaffungsplanung
staff retrenchment Personalabbau
staff turnover Personalfluktuation
stage acceptance report (Projekt-)Phasenabnahmebericht
stage assessment Überprüfung einer abgewickelten Projektphase
staged payments gestaffelte Zahlungen, Ratenzahlungen
staged product development Produktentwicklungsprozess mit klar abgegrenzten Stufen □ Ideengenerierungs-, Ideenprüf-, Strategieentwicklungs-, Fertigungs-, Test-, Einführungsphase
stage-gate process Projektabwicklung mit klar abgegrenzten Phasen und Entscheidungskontrollpunkten, → rigid gates, → permeable gate
stage manager Leiter einer Projektphase
stage of completion Grad der Fertigstellung (bei langfristiger Auftragsfertigung)
stage of completion method Gewinnrealisierung nach dem Fertigstellungsgrad
stage of decline Degenerationsphase, → product life cycle
stage planning (Projekt-)Phasenplanung
stage resource plan Kapazitätsplan für eine bestimmte Projektphase, → resource planning
staggered board *(Maßnahme zur Abwehr einer feindlichen Übernahme)* Board of Directors mit unterschiedlichen Mandatszeiten der Board-Mitglieder □ Durch eine zeitliche Staffelung wird erreicht, dass nicht immer alle Mitglieder bei einer Hauptversammlung zur Wiederwahl anstehen. Bei einer generellen Amtszeit von drei Jahren wird jeweils nur ein Drittel der Board-Mitglieder in einem Jahr zur Wiederwahl anstehen, sodass ein potenzieller Bieter mindestens zwei Hauptversammlungen benötigen würde, um einen Board mit einer ihm genehmen Mehrheit zu besetzen. → defensive measures
staggered drawdown of a credit stufenweise Inanspruchnahme eines Kredites
stagnation in the inflow of orders Auf-

tragsflaute, Stagnation im Auftragseingang
stakeholder(s) Anspruchsgruppe, Interessengruppe □ alle natürlichen und juristischen Personen/Personengruppen (Mitarbeiter, Lieferanten, Kunden), die ein Interesse an der Unternehmensentwicklung haben. → internal stakeholders, → external stakeholders
stakeholder audit Überprüfung der Interessen aller Anspruchsgruppen
stakeholder value für die Anspruchsgruppen maßgebender Unternehmenswert
stake option Beteiligungsoption, Option auf die Übernahme einer Beteiligung
stand-alone value Einzelwert
standard accounting practices Grundsätze ordnungsgemäßer Buchführung, übliche Bilanzierungspraxis
standard cargo unit Standardfrachteinheit
standard contribution margin Standarddeckungsbeitrag, Standardrohgewinn
standard cost Standardkosten, normierte Vorgabekosten, Plankosten pro Leistungsbzw. Erzeugniseinheit
standard cost card Standardkostenkarte □ enthält eine Auflistung der einzelnen Standardkostenwerte, die zusammen die Standardherstellkosten eines Produktes ergeben.
standard costing Standardkostenrechnung
standard deduction(s) *(im US-Steuerrecht)* Pauschalabzug, pauschal geltend gemachte abzugsfähige Ausgaben
standard deviation Standardabweichung, Abweichung einer Größe von ihrem Mittelwert □ Die Standardabweichung wird zur Messung des Anlagerisikos eingesetzt. Je höher die Variabilität der Rendite (Abweichung vom durchschnittlichen Wert nach oben oder nach unten), desto unsicherer ist das Erreichen des Anlageziels. Umgekehrt lässt eine niedrige Standardabweichung auf die Wahrscheinlichkeit schließen, dass auch künftige Renditen nahe am Durchschnitt liegen.
standard deviation system statistisches

Streuungsmaß, das die Streuung von Messergebnissen um ein arithmetisches Mittel misst.
standard error of the estimate Standardschätzfehler
standard error of the mean Standardfehler des arithmetischen Mittels
standard grade handelsübliche Qualität
standard industrial classification US-Standardklassifikation der Wirtschaftszweige
standard insurance clauses Standard-Versicherungsklauseln
Standard International Trade Classification Internationales Warenverzeichnis für den Außenhandel
standardised lendings normiertes Kreditgeschäft, Programmkredite
standardised marketing mix einheitlicher Marketing-Mix für alle Absatzgebiete/ Zielgruppen
standard level of output Normalleistung
standard material cost Standard-Materialkosten
standard of proof Beweismaß
standard overheads Standard-Gemeinkosten
standard policy Standardpolice, Einheitspolice
standard premium Tarifprämie, Regelbeitragssatz
standard price Einheitspreis, Standardpreis, fester Verrechnungspreis
standard product cost Standardproduktkosten
standard quantities Vorgabemengen
standard ratios die üblichen finanz- und betriebswirtschaftlichen Kennzahlen
Standards for the Professional Practice of Internal Auditing Grundsätze für die berufliche Praxis der internen Revision
standards of disclosure Offenlegungsrichtlinien
standards of performance Leistungskennzahlen
standards of presentation (reporting) Bilanzierungsgrundsätze
standards of proof Beweisanforderungen

standard specifications Standardbedingungen

standard tender Standard-Tender □ Offenmarktgeschäft des Europäischen Zentralbankensystems, das innerhalb von 24 Stunden von der Tenderankündigung bis zur Bestätigung des Zuteilungsergebnisses durchgeführt wird.

standard time Vorgabezeit

standard value 1. Standardwert, Verrechnungswert □ der für die Gesamtleistung aller Kostenstellen angesetzte Wert 2. Standardwert für die Ermittlung der Schadenreserve einer Versicherung

standby agreement (arrangement) 1. Standby-Zusage, Garantiezusage, Deckungszusage, → standby facility 2. Bereitschaftskreditabkommen, Kreditzusage des Internationalen Währungsfonds

standby controls Kontrollinstrumentarium, auf das bei Bedarf zurückgegriffen werden kann.

standby credit 1. klassische Form der kurzfristigen Kredithilfe durch den Internationalen Währungsfonds zur Überbrückung von Liquiditätsproblemen oder Zahlungsbilanzschwierigkeiten 2. Bereitschaftskredit, Beistandskredit, → standby facility

standby facility Standby-Fazilität, Standby-Zusage □ Zusage einer Bank, Kredite oder sonstige Fazilitäten bei Bedarf zur Verfügung zu stellen; Kreditlinie zur Absicherung gegen unvorhergesehene Liquiditätsengpässe; i.e.S. Fazilität, die der Absicherung einer anderen Finanzierungsform dient, z.B. als Deckungslinie für eine Emission kurzfristiger Schuldtitel.

standby letter of credit Kreditbesicherungsgarantie □ Zahlungsversprechen einer Bank für den Fall, dass ein Kunde seine Zahlungsverpflichtungen nicht erfüllen kann. Da es den Banken in den Vereinigten Staaten aufgrund gesetzlicher Bestimmungen untersagt ist, Garantien zur Verfügung zu stellen, wurde mit dem standby letter of credit ein Instrument geschaffen, das im Wesentlichen einer Garantie entspricht.

standing 1. Klagebefugnis, berechtigter Klageanspruch 2. Kreditwürdigkeit, Bonität

standing bond Zollbürgschaft für regelmäßig wiederkehrende Importe

standstill agreement Moratorium, Stillhalteabkommen

staple goods Massen- und Vorratsware

star erstklassige Kapitalanlage bzw. -beteiligung

stare decisis Grundsatz der bindenden Kraft von Präzedenzentscheidungen

start date Anfangszeitpunkt eines Vorgangs (→ logical relationships), i.w.S. Projektbeginn

start-out Neugründung, die auf dem Know-how eines bereits bestehenden Unternehmens basiert.

start-to-finish relationship *(in der Netzplantechnik)* Anfang-Ende-Beziehung, → logical relationships

start-to-start relationship *(in der Netzplantechnik)* Anfang-Anfang-Beziehung, → logical relationships

start-up company Unternehmensneugründung

start-up costs (expenditure) Gründungskosten, Anlaufkosten, i.w.S. Aufwendungen für die Inbetriebnahme des Geschäftsbetriebs

start-up financing Gründungsfinanzierung, Finanzierung der Gründungsphase □ auf das → seed financing folgende Finanzierungsphase, d.h. Finanzierung des Unternehmensaufbaus und der Produktvorbereitung

start-up losses Anlaufverluste, Anfangsverluste

state *(to – at cost plus attributable profits)* zum Kostenwert zuzüglich zuordenbarer Gewinne ausweisen, *(to – at historical rates)* (Vermögenswerte) auf der Grundlage der ursprünglichen Umrechnungskurse ausweisen, *(to – at the face amount)* zum Nennwert ausweisen, *(to – at the lower of cost or market)* zum Niederstwert ansetzen, den jeweils niedrigeren Wert von Gestehungskosten oder Marktpreisen ausweisen

State bank durch einen Bundesstaat konzessioniertes Kreditinstitut ◻ Das Nebeneinander der durch einzelstaatliche Behörden konzessionierten State banks und der durch den Bund zugelassenen National banks erklärt sich historisch aus der Zweiteilung der Vereinigten Staaten in bundes- und einzelstaatliche Autorität. Die ursprünglichen Vorteile aus der Konzessionierung durch einen Bundesstaat waren zum einen in den niedrigeren Eigenkapitalanforderungen und Reservesätzen und zum anderen in der weniger streng gehandhabten Aufsicht durch die einzelstaatlichen Behörden zu sehen. Andererseits war den State banks, sofern sie sich nicht freiwillig dem → Federal Reserve System angeschlossen hatten, der Zugang zum Dienstleistungsnetz der Fed, wie Refinanzierungsfazilitäten, elektronische Zahlungsverkehrs- und Scheckclearingsysteme, verschlossen. Mit dem Depository Institutions and Monetary Control Act aus dem Jahr 1980 verschwanden die Hauptunterschiede zwischen den beiden Zulassungssystemen insofern, als einheitliche Reservevorschriften für alle → depository institutions eingeführt wurden und das Federal Reserve System seine Fazilitäten allen Instituten zugänglich machen musste. Obwohl sich die State banks in ihrer Produktpalette nur unwesentlich von den National banks unterscheiden, d.h. das kommerzielle Bankgeschäft, das Trust- und Immobiliengeschäft bilden die Schwerpunkte, sind sie in ihrer geschäftlichen Tätigkeit stärker lokal bzw. regional ausgerichtet. So ist es auch zu erklären, dass es wohl doppelt so viele State banks wie National banks gibt, die erstgenannten aber nur 30–40% des Geschäftsvolumens aller Kreditinstitute auf sich vereinigen.

state bonds Schuldtitel (Anleihen) eines US-Bundesstaates ◻ zählen zu den → municipal bonds

state chartering Zulassung durch die Behörde eines US-Bundesstaates

State Commissioner Aufsichtsbehörde eines US-Bundesstaates

state corporate law Gesellschaftsrecht eines US-Bundesstaates

state corporation chartering Zulassung von Unternehmen durch bundesstaatliche Behörden ◻ im Gegensatz zu Kreditinstituten können gewerbliche und industrielle Unternehmen nur durch Behörden der Einzelstaaten zugelassen werden.

stated accounts bestätigter (anerkannter) Rechnungsabschluss

stated capital ausgewiesenes Kapital, Stammkapital, Grundkapital, i.e.S. Kapital, das die Gesellschaft nicht ausschütten oder zum Rückkauf eigener Aktien verwenden darf.

stated earnings ausgewiesene Gewinne (Erträge), Bilanzgewinn

stated meetings gesetzlich oder satzungsmäßig vorgeschriebene Sitzungen des → Board of Directors

stated value 1. Nennwert 2. Bilanzwert, ausgewiesener Wert 3. Versicherungssumme 4. Wert einer Quotenaktie

stated value benefits feststehende Versicherungsleistungen, → stated value policy

stated value policy Summenversicherung ◻ im Versicherungsfall wird, unabhängig von der Höhe des Schadens, eine vorher vertraglich vereinbarte Summe fällig.

state earnings related pension scheme verdienstabhängige staatliche Altersversicherung, Zusatzbetrag zum gesetzlichen Rentengrundbetrag (state pension) ◻ Neben der geringen staatlichen basic pension besitzen britische Arbeitnehmer Anspruch auf eine zweite Rente aus dem state earnings-related pension scheme. Anstelle dieser staatlichen Variante haben Arbeitnehmer die Möglichkeit, sich für eine betriebliche Altersvorsorge zu entscheiden.

→ final salary scheme, → money purchase scheme
state exemptions → state list of exempt property
State filing office Registerbehörde eines US-Bundesstaates
state-funded equity von der Behörde eines US-Bundesstaates bereitgestelltes (Beteiligungs-)Kapital
state income tax auf bundesstaatlicher Ebene erhobene Einkommensteuer □ kann in einigen US-Bundesstaaten von der federal income tax abgesetzt werden.
state inheritance tax von einem US-Bundesstaat erhobene Erbschaftssteuer
State Insurance Commissioner/State Insurance Department Versicherungsaufsichtsbehörde eines US-Bundesstaates
state list of exempt property Verzeichnis der in einem US-Bundesstaat nicht pfändbaren Vermögenswerte eines Schuldners (unterschiedliche Regelungen in den einzelnen Bundesstaaten)
statement analysis Bilanzanalyse
statement classification Bilanzgliederung
statement of accumulated net income Aufstellung über den aufgelaufenen Reinertrag
statement of actual versus budgeted expenses Vergleich zwischen den tatsächlichen Kosten und den Plan-/Vorgabekosten, Soll-/Ist-Kostenvergleich
statement of affiliated companies Abschluss der Beteiligungsgesellschaften, deren Bilanzzahlen nicht in der Konzernbilanz enthalten sind.
statement of application of funds Bewegungsbilanz
statement of assets and liabilities Vermögensaufstellung, Finanzstatus, i.w.S. Bilanz
statement of borrowings Übersicht über die Darlehens- bzw. Anleiheverbindlichkeiten
statement of cash flows (zahlungsstromorientierte) Kapitalflussrechnung
statement of changes in equity Eigenkapitalveränderungsrechnung

statement of changes in financial position Kapitalflussrechnung
statement of changes in returned earnings Verwendungsrechnung der Gewinnrücklagen, Rücklagenspiegel
statement of changes in shareholders' (stockholders') equity Eigenkapitalspiegel, Veränderungen des Eigenkapitals/der einzelnen Eigenkapitalposten
statement of changes in working capital Kapitalflussrechnung
statement of claim Klageschrift, Klagebegründung
statement of compliance (bei einer Konzernrechnungslegung nach IAS) Bestätigung, dass die Jahresrechnung in Übereinstimmung mit den IAS-Standards erstellt wurde.
statement of comprehensive income Gesamtleistungsrechnung
statement of condition 1. Bilanz 2. Vermögensaufstellung, Finanzstatus
statement of consolidated long-term debt Aufstellung über die konsolidierten langfristigen Verbindlichkeiten
statement of costs Kostenrechnung, Kostengliederung
statement of damages Schadensrechnung
statement of defence Klageerwiderung
statement of earned surplus Aufstellung über Veränderungen bei den einbehaltenen Gewinnen
statement of earnings Gewinn- und Verlustrechnung
statement of financial condition 1. Bilanz 2. allgemeiner Finanzstatus
statement of funds Bewegungsbilanz, Mittelherkunfts- und Mittelverwendungsrechnung
statement of income (and expenses) Ertragsrechnung, Gewinn- und Verlustrechnung
statement of liquidation Abwicklungsbilanz
statement of money exchanges with the government Aufstellung über geleistete Steuerzahlungen und erhaltene Subven-

tionen
statement of operations Betriebsergebnisrechnung
statement of owners' equity Eigenkapitalrechnung
statement of position Positionspapier
statement of premium on capital stock and other capital surplus Aufstellung über die Entwicklung des Aufgeldes und der obligatorischen Rücklagen
statement of profit and loss Gewinn- und Verlustrechnung
statement of purpose Erklärung über den Verwendungszweck (z.B. eines Kredites, wenn dieser durch Wertpapiere unterlegt wird)
statement of realization, liquidation and operations Schlussrechnung eines Treuhänders bzw. Vergleichsverwalters
statement of rest account Aufstellung über Veränderungen bei den Rücklagen und Rückstellungen
statement of retained earnings (of retained surplus) Gewinnrücklagenrechnung, Verwendungsrechnung der Gewinnrücklagen □ zeigt die Veränderungen der Gewinnrücklagen in der zurückliegenden Rechnungsperiode auf.
statement of revenue and expenses Gewinn- und Verlustrechnung
statement of risk Risikoerklärung, Beschreibung des zu versichernden Risikos
statement of shareholders' equity (funds) Aufstellung über Veränderungen beim Eigenkapital
statement of sources and application → statement of funds
statement of total recognised gains and losses → statement of changes in shareholders' (stockholders') equity
statement of work Pflichtenheft
Statements of Financial Accounting Concepts konzeptionelle Ausarbeitungen des US → Financial Accounting Standards Board (Verlautbarungen zu Theorien und Konzepten der Rechnungslegung)

Statements of Financial Accounting Standards Rechnungslegungsgrundsätze des US → Financial Accounting Standards Board
Statements of Standard Accounting Practice vom britischen → Accounting Standards Board erlassene Rechnungslegungsgrundsätze
state-of-being/state-of-mind segmentation → demographic, → psychographic segmentation
state partnership law Gesellschaftsrecht eines US-Bundesstaates
state rates von einer bundesstaatlichen Tarifierungsagentur festgelegte Beitragssätze
state regulatory agency Regulierungs-/Aufsichtsbehörde eines US-Bundesstaates mit der Berechtigung zum Erlass von Durchführungsverordnungen
state sales tax von den US-Bundesstaaten erhobene Umsatzsteuer
static pool analysis laufende Analyse einer bestimmten Darlehensgruppe ab einem bestimmten Zeitpunkt hinsichtlich Ausfallquoten, vorzeitige Rückzahlungen und Renditen
stating of debtors Wertansatz der Forderungen
stationary state economy Volkswirtschaft mit langfristig konstant bleibenden Variablen
status 1. Familienstand 2. (Finanz-/Liefer-) Status 3. Rechtsform einer Unternehmung
statute Gesetz, Verordnung, Vorschrift, *(pl)* (a) Gesetze, → statutory law (b) (Unternehmens-)Statuten, Satzung und Geschäftsordnung einer Unternehmung
statute-barred claim verjährter Anspruch
statute-barred right of action verjährtes Klagerecht
statute law Gesetzesrecht, kodifiziertes (in Gesetzestexten zusammengefaßtes) Recht
statute of distribution Teilungsvorschriften bei der gesetzlichen Erbfolge
statute of limitations (statute of repose) Verjährungsbestimmungen

statutory accounting principles/ requirements von einer Regulierungsbehörde erstellte Rechnungslegungsgrundsätze, i.e.S. Rechnungslegungsvorschriften für US-Versicherungsunternehmen

statutory agent 1. gesetzlicher Vertreter 2. bevollmächtigter Vertreter einer Unternehmung

statutory assignment → legal assignment

statutory audit gesetzlich vorgeschriebene Prüfung

statutory bond prozessuale Sicherheitsleistung □ Kaution der prozessführenden Parteien im Hinblick auf die Begleichung der Prozesskosten und anderer Verbindlichkeiten.

statutory books nach dem Companies Act zu führende Unternehmensregister □ z.B. Gesellschaftsregister (register of members), Verzeichnis der auf den Vermögenswerten lastenden Sicherungspfandrechte (register of charges), Verzeichnis der Beteiligungen der Verwaltungsratsmitglieder (register of directors' interests)

statutory capital reserves gesetzliche Rücklagen

statutory consolidation Verschmelzung durch Neubildung □ Unternehmensfusion, bei der die beiden fusionierenden Unternehmen ihre rechtliche Selbständigkeit aufgeben und sich zu einem neuen Unternehmen zusammenschließen. → statutory merger

statutory construction Auslegung von Gesetzestexten durch das Gericht

statutory corporation Gesellschaft des öffentlichen Rechts

statutory damages 1. gesetzlich vorgesehener Schadenersatz 2. Konventionalstrafe

statutory declaration 1. gesetzlich vorgeschriebene Erklärung 2. eidesstattliche Erklärung

statutory declaration of solvency Solvenzerklärung □ Bestätigung des Board of Directors einer Unternehmung, dass im Falle einer Liquidaton alle Verbindlichkeiten der Gesellschaft innerhalb von zwölf Monaten nach Eröffnung des Liquidationsverfahrens beglichen werden.

statutory demand amtliche (gesetzlich vorgeschriebene) Zahlungsaufforderung □ ist nach 21 Tagen keine Zahlung erfolgt, wird ohne weitere Vorankündigung ein Konkurs- oder Liquidationsverfahren eingeleitet. → bankruptcy, → liquidation (5)

statutory disclosure gesetzlich festgelegte Offenlegung, Publizitätspflicht

statutory duties Verpflichtungen der Mitglieder des Verwaltungsrates nach dem Companies Act

statutory earnings/losses nach den Richtlinien einer Regulierungsbehörde errechnete Erträge/Verluste

statutory exception gesetzlich vorgesehene Ausnahme

statutory filing fees gesetzlich festgelegte Registrierungsgebühren

statutory foreclosure durch einen Treuhänder abgewickelter Zwangsverkauf einer Immobilie □ ist in zahlreichen US-Bundesstaaten möglich, wenn bei Grundpfandrechtsbestellungen nicht Hypothekenurkunden (mortgage instruments), sondern → deeds of trust ausgefertigt wurden; statutory foreclosures müssen jedoch in Übereinstimmung mit den gesetzlichen Vorschriften und den Bestimmungen des Hypothekendarlehens erfolgen.

statutory funds of a life insurance company Deckungsstock einer Lebensversicherung

statutory homestead exemption → homestead exemption

statutory instrument Erlass, Verfügung, Verordnung

statutory landlord's lien gesetzliches Pfandrecht des Vermieters

statutory law Gesetzesrecht, → case law

statutory liability gesetzliche Haftung (Haftpflicht)

statutory lien gesetzliches Pfandrecht (Zurückbehaltungsrecht); aufgrund einer behördlichen Verfügung eingetragenes Grundpfandrecht

statutory merger Unternehmensfusion □ Fusion von zwei Kapitalgesellschaften, bei der ein Unternehmen in einem anderen Unternehmen aufgeht. → A-type reorganization, → statutory consolidation

statutory office eingetragener Gesellschaftssitz

statutory owner gesetzlicher Eigentümer

statutory partnership association in einigen US-Bundesstaaten übliche Bezeichnung für → partnership

statutory period of limitation gesetzliche Verjährungsfrist

statutory powers 1. gesetzliche Rechte 2. satzungsmäßige Rechte (Vollmachten)

statutory power to borrow 1. gesetzlich festgelegte Kreditbefugnis 2. in der Satzung geregelte Vollmacht zur Aufnahme von Krediten

statutory receipt Löschungsbestätigung □ Bestätigung der Darlehensrückzahlung auf der Hypothekenbestellungsurkunde

statutory redemption → statutory right of redemption

statutory register of members durch eine Unternehmung zu führendes Gesellschafter- bzw. Aktionärsregister

statutory reserve 1. satzungsmäßige Rücklage 2. gesetzliche (von einer Regulierungsbehörde) vorgeschriebene Rücklage

statutory right of redemption gesetzliches Auslösungsrecht (Tilgungsrecht), gesetzliches Recht auf Auslösung einer Hypothek □ Recht des Grundpfandschuldners, durch Tilgung der Forderung des Gläubigers das Eigentum an dem belasteten Grundbesitz zurückzuerhalten.

statutory share Pflichtteil des überlebenden Ehegatten

statutory tax rate Regelsteuersatz

statutory tenancy gesetzliches Mietverhältnis

statutory trust aufgrund gesetzlicher Bestimmungen eingerichtetes Treuhandverhältnis (z.B. bei Minderjährigkeit der gesetzlichen Erben)

statutory valuation rules handelsrechtliche Bewertungsrichtlinien

statutory warranty deed Eigentumsurkunde, bei der der Verkäufer garantiert, dass er der rechtmäßige Eigentümer ist und für alle etwaigen Rechtsmängel haftet.

statutory writing-off gesetzlich zulässige Abschreibung

stay of execution Aussetzung der (Zwangs-) Vollstreckung

stay of foreclosure of mortgage Aussetzung der Hypothekenzwangsvollstreckung

stay of proceedings Aussetzung (Ruhen) des Verfahrens

STC → said to contain

steady state economy → stationary state economy

steady state growth langfristiges dynamisches Wachstum

steamer pays dues alle Abgaben werden vom Schiff getragen

steamship guarantee Schadloshaltungsgarantie zugunsten der Reederei (Freistellung der Reederei von allen Ansprüchen) bei Aushändigung der Ware trotz nicht verfügbarer oder verloren gegangener Dokumente.

steering committee Lenkungsausschuss

step budgeting Form der flexiblen Planungsrechnung, → flexible budgeting, → budgeting

step-down lease Leasingvertrag mit sich im Verlauf der Grundmietzeit kontinuierlich verringernden Leasingraten.

step-down swap Swap, bei dem sich der zugrunde liegende nominelle Kapitalbetrag während der Laufzeit des Kontraktes sukzessive verringert.

step-in rights Eintrittsrechte

stepladder code → ladder code

stepped payment lease Leasingvertrag mit gestaffelten Leasingzahlungen

stepped rate mortgage Stufenzins-Hypothek □ Hypothek, deren Zinssatz in vorbestimmten zeitlichen Abständen angehoben wird.

stepping-stone country Land, das keine

oder nur geringe Steuern auf ausländische Kapitalerträge erhebt.

step-rate premium insurance/step-rate plan Versicherung mit gestaffelten Prämienzahlungen □ wobei i.d.R. der Versicherungsnehmer die Höhe seiner Prämienzahlungen selbst bestimmen kann.

step rates gestaffelter Tarif, gestaffelte Beiträge

step rentals gestaffelte Leasingraten, → step-up lease

step-up Aufstockung des Buchwertes von Wirtschaftsgütern

step-up lease Leasingvertrag, der nach niedrigen Anfangsraten eine stufenweise Anhebung der monatlichen Leasingzahlungen vorsieht.

step-up swap Swap, dessen nomineller Kapitalbetrag während der Laufzeit in regelmäßigen Zeitabständen erhöht wird.

stevedoring Stauerei

STF → structured trade finance

STIFs → short-term investment funds

stimulus 1. *(im Marketing)* Stimulus □ Farbe, Intensität, Verpackung, Markenname 2. *(- to business activity)* Konjunkturanreiz

STIPs → short-term investment pools

stipulated damages Konventionalstrafe

stipulated default value finanzielle Verpflichtung des Leasingnehmers bei einem Zahlungsverzug während der Grundmietzeit

stipulated insurance policy Versicherungspolice, bei der der Versicherer im Fall einer ungünstigen Schadensentwicklung die Möglichkeit zu einer Beitragsaufstockung bzw. zur Einforderung von Nachschusszahlungen hat.

stipulated loss value 1. Versicherungswert 2. Haftungssumme des Leasingnehmers bei Verlust oder Zerstörung des Leasinggegenstandes während der Vertragslaufzeit

stipulated premium insurance Versicherung, bei der neben einem festgelegten Beitragssatz (stipulated premium) Nachschusszahlungen eingefordert werden können.

stipulated termination value finanzielle Verpflichtung des Leasingnehmers bei vorzeitiger Vertragsbeendigung während der Grundmietzeit

stipulation Vereinbarung zwischen den Verfahrensparteien (zwischen den Anwälten der Prozessparteien)

stock 1. Aktie(n) □ Unter stock(s) werden in erster Linie Aktien, daneben aber auch Wertpapiere im Allgemeinen verstanden. In Großbritannien steht der Begriff ferner für festverzinsliche Schuldtitel (z.B. die von Industrieunternehmen emittierten loan stocks oder die staatlichen Exchequer stocks). I.w.S. kann sich der Begriff auf das Grundkapital einer Gesellschaft oder Teilbeträge dieses Kapitals beziehen. 2. Lager, Lagerbestand, Vorratsmenge, Warenvorrat

stock account 1. Kapitalkonto 2. Warenbestandskonto

stock acquisition Unternehmensübernahme durch den Erwerb der Anteile (Aktien)

stock analysis Aktienanalyse, Untersuchung der Ertragskraft einer Aktie

stock appreciation rights *(Beteiligung von Mitarbeitern und/oder Aktionären am Wertzuwachs einer Aktie)* Wertsteigerungsrechte □ Bei den stock appreciation rights handelt es sich um Optionen auf den Bezug von Aktien. Die Optionsinhaber haben jedoch zum Fälligkeitstermin die Möglichkeit, auf die Ausübung der Optionen zu verzichten und für die Differenz zwischen dem bei Einräumung der Rechte vereinbarten Basispreis und dem späteren Marktwert der Aktie einen Barausgleich oder andere Titel zu erhalten.

stock assessment auf Aktien zu leistende Nachschusszahlung

stock association in der Rechtsform einer Kapitalgesellschaft geführte Sparkasse

stock attribution rules → attribution rules

stock bailout → stock redemption

stock bonus plan → stock options scheme

stockbuilding Vorratsbildung, Lageraufsto-

ckung, Vorrätemehrung
stockbuilding purchases Vorratskäufe
stockbuilding requirements Lagerbedarf
stock buyback Rückkauf eigener Aktien □ Dem Rückkauf eigener Aktien durch ein Unternehmen können unterschiedliche Motive zugrunde liegen. So sehen viele Unternehmen in den angelsächsischen Ländern in einem stock buyback eine Möglichkeit, sich umfangreicher Liquiditätsüberschüsse zu entledigen (z.b. nach Konzernentflechtungen), eine unerwünschte Minderheitsbeteiligung abzulösen oder Gelder in einer anderen Form als Dividenden an die Aktionäre auszuschütten. Rückerworbene Aktien werden ferner zur Kurspflege oder bei dem Erwerb von Beteiligungen als Tauschobjekt eingesetzt. In den Vereinigten Staaten schließlich bedienen sich viele Unternehmen dieses Instruments, um unerwünschte Übernahmeversuche abzuwehren.
stock carried over Vorratsüberhang
stock collateral Sicherheit (Sicherheitsleistung) in Form börsengängiger Wertpapiere
stock company in der Rechtsform einer Aktiengesellschaft geführte Versicherungsgesellschaft
stock consolidation Aktienzusammenlegung (i.d.R. in Verbindung mit einer Herabsetzung des Grundkapitals)
stock corporation law Aktienrecht
stock cycles Lagerzyklen, Zyklen in der Lagerhaltung
stock depreciation 1. Kursverlust 2. Wertminderung der Vorräte
stock dilution effect Verwässerungseffekt □ durch die Ausgabe von Wandelschuldverschreibungen und Bezugsrechten
stock drawings Abbau der Vorräte
stock evaluation Vorratsbewertung, Bewertung der Lagerbestände
stock financing 1. Aktienfinanzierung, Finanzierung durch Aktienemissionen (durch die Ausgabe von Aktien) 2. Finanzierung der Lagerbestände, Lagerfinanzierung, Vorratsfinanzierung

stock-for-asset reorganization → C-type reorganization
stock-for-debt swap Umtausch von Aktien in (fest oder variabel verzinsliche) Schuldtitel
stock-for-stock deal (reorganization) Übernahme, bei der Aktionäre des Zielunternehmens durch Aktien der übernehmenden Unternehmung abgefunden werden. → B-type reorganization
stockholders' assessment liability Verpflichtung der Aktionäre zur Leistung von Nachschusszahlungen auf die in ihrem Besitz befindlichen Aktien
stockholders' equity Eigenkapital
stockholders' representative action → class action
stockholding period Lagerdauer □ Zeit, die eine Ware durchschnittlich am Lager verbleibt.
stock increase Bestandserhöhung, Aufstockung des Lagerbestandes
stocking distributor Distributor, der einen Lagerbestand für einen Hersteller unterhält.
stock in issue weighted on a time basis *(im Jahresabschluss)* im Umlauf befindliche Stammaktien, zeitlich gewichtet
stock insurance company in der Rechtsform einer Aktiengesellschaft geführte Versicherungsgesellschaft
stock-intensive industry vorratsintensiver Wirtschaftszweig □ Wirtschaftszweig, in dem hohe Lagervorräte gehalten werden müssen.
stock in treasury Aktien im Eigenbesitz der emittierenden Gesellschaft
stock investments Lagerinvestitionen, Investitionen in Vorratsvermögen
stockkeeping Lagerhaltung, Bestandsführung
stockkeeping unit 1. Artikel, Packstück, Mengeneinheit 2. Lagerposition, Inventarisierungsnummer
stockless purchasing lagerfreier Einkauf □ der Lieferant garantiert dem Käufer kurzfristige Lieferfähigkeit

stock level Lagerbestand, Höhe des Lagerbestandes

stock management Lagerhaltung, Lagerwirtschaft

stock of capital goods Kapitalgütermenge, Investitionsgütermenge

stock of goods Warenbestand

stock option 1. Aktienoption □ eine Aktienoption verleiht ihrem Erwerber gegen Zahlung des Optionspreises das Recht, eine bestimmte Anzahl von Aktien jederzeit vor dem Verfalltermin (oder nur zu einem bestimmten Zeitpunkt während der Laufzeit) zu einem vereinbarten Kurs zu kaufen oder zu verkaufen. 2. Aktienbezugsrecht, → stock option plan

stock option plan/stock options scheme Aktienbezugsrechtsprogramm □ Mitarbeitern (i.d.R. Führungskräften) eingeräumte Optionen auf den Bezug von Unternehmensaktien.

stock ordering Bestellungen zur Auffüllung des Lagerbestandes, Lagerdispositionen, Eindeckung

stock outage Null-Lagerbestand

stock-out costs Kosten/Verluste durch unzureichende Lagerhaltung

stock picking Auswahl von Aktienwerten, i.w.S. Anlagestrategie, die durch den gezielten Kauf von Aktien eine überdurchschnittliche Portefeuille-Performance zu erreichen versucht.

stockpiling Vorratshaltung, Vorratswirtschaft

stockpiling policy Vorratspolitik

stock placing Aktienplatzierung, Platzierung einer Aktienemission

stock policy Lagerversicherung, Warenbestandsversicherung

stock purchase/redemption agreement Aktienübernahme/-rücknahmevereinbarung, → buy-and-sell agreement

stock rebuilding Lagerauffüllung

stock redemption (repurchase) Rückkauf (Rücknahme) eigener Aktien, → stock buyback

stock registration 1. Anmeldung einer Aktienemission, → registration statement 2. Erfassung von Lagerbeständen, Führung der Lagerfachkartei

stock relief teilweiser Abzug der jährlichen Inventarwertsteigerung vom steuerlichen Geschäftsertrag

stock replenishment Auffüllung des Lagerbestandes

stock return 1. Aktienrendite 2. Warenbestandsverzeichnis

stock-taking Inventur, (Waren-)Bestandsaufnahme

stock-taking value Inventarwert

stock transfer restrictions Übertragungsbeschränkungen für Gesellschaftsanteile

stock turn/stock turnover rate (ratio) Lagerumschlag, Umschlagshäufigkeit des Warenlagers

stock valuation 1. Bewertung von Aktien 2. Bewertung von Lagerbeständen, Vorratsbewertung

stock value 1. Kurswert 2. Lagerbestandswert

stop 1. Kurslimit 2. Zahlungsstopp 3. Summe, bis zu der Betriebskosten vom Vermieter/Leasinggeber übernommen werden.

stop loss cover Schadenexedentenversicherung

stop-loss excess reinsurance Schadenexedenten-Rückversicherung □ rückgedeckt wird nur ein bestimmter Schadenüberschuss

stop-loss treaty → stop-loss excess reinsurance

stop-or-go sampling stufenweise Stichprobenerhebung, die abgebrochen wird, sobald Ergebnisse die gewünschten Erkenntnisse ermöglichen.

stoppage in transitu Stopp einer Warenauslieferung, Anhalten eines Warentransports □ Der über ein Zurückbehaltungsrecht verfügende Verkäufer kann einen solchen Stopp veranlassen, wenn ihm die Zahlungsunfähigkeit des Käufers mitgeteilt wird.

storable commodities lagerfähige Waren

storage allocation Lagerplatzzuordnung,

Lagerzuteilung
storage and retrieval system Beschickungs- und Entnahmesystem
storage code Lagerortkennzeichen
storage density Lagerverdichtung
storage facilities Lagereinrichtungen
storage fee 1. Lagergebühr 2. Verwahrungsgebühr
storage life Lagerdauer, Lagerfähigkeit
storage maintenance Lagerpflege
storage receipt Einlagerungsschein, Hinterlegungsbestätigung
storage slot Lagerplatz, Stellplatz
storage warehouse Lagerhaus □ für die mittel- bis langfristige Einlagerung von Gütern, → distribution warehouse
store brand Herstellermarke
store credit Kundenkredit, von einem Lieferanten gewährter Kredit
store design Ladengestaltung, Verkaufsraumgestaltung
store-door delivery Lieferung frei Haus
store logistics Lagerlogistik
store management 1. Lagerverwaltung 2. Planung und Durchführung aller Speicher- und Archivierungstätigkeiten
stores Vorräte, Warenbestand
stores control Lagerkontrolle, Bestandsüberwachung
stores issues Lagerabgänge, Materialabgänge
stores layout Lageranordnung
stores management Lagerhaltung, Lagerwirtschaft
stores requisition → material(s) requisition
store test probeweiser Verkauf eines Produktes in einigen Handelsgeschäften
stowage 1. Stauen, Beladen 2. Staugeld 3. Stauraum, Laderaum 4. Staufaktor
straddle carrier Portalhubwagen (für den Container-Umschlag)
straight bankruptcy → straight liquidation
straight bill of lading Rektakonnossement □ nicht übertragbares, auf den Namen ausgestelltes Konnossement
straight deductible Selbstbeteiligung des Versicherungsnehmers

straight exchange terms einfache Wandlungsbedingungen □ d.h. Wandlung eines Schuldtitels ohne zusätzliche Vergünstigungen, → kicker
straightforward performance bond Leistungsgarantie, die bei einer ernsthaften Vertragsverletzung des Exporteurs sofort und ohne Vorankündigung in Anspruch genommen werden kann.
straightforward preference shares nicht wandelbare Vorzugsaktien
straight income Grundeinkommen
straight lease Leasing-/Mietvertrag mit gleich bleibenden monatlichen Leasing-/Mietzahlungen
straight life annuity Leibrente □ auf die Lebenszeit des Berechtigten begrenzte regelmäßige Geldleistungen, → annuity
straight life insurance Todesfallversicherung, lebenslange Kapitalversicherung auf den Todesfall mit gleich bleibenden Prämienzahlungen
straight line basis lineare (gleich bleibende) Grundlage
straight line depreciation lineare Abschreibungsmethode □ Abschreibung in gleich bleibenden Jahresbeträgen während der Nutzungsdauer der in Frage kommenden Wirtschaftsgüter
straight line organisation Einlinien-System
straight liquidation Konkursverfahren □ Die im US-Insolvenzrecht (→ Bankruptcy Reform Act) vorgesehene straight liquidation bzw. straight bankruptcy ist dem deutschen Konkursverfahren gleichzusetzen. Sie kann sowohl auf Antrag des Gemeinschuldners als auch des Gläubigers eingeleitet werden. Die Abwicklung des Verfahrens erfolgt durch einen von der Gläubigerversammlung eingesetzten trustee. I.d.R. wird vor Einleitung der straight liquidation eine → reorganization versucht.
straight mortgage Hypothek, bei der der Hypothekenschuldner während der Laufzeit des Grundpfandrechtes nur Zinsen zahlt und das Kapital erst zum Fälligkeitstermin zurückgezahlt wird.

straight rebuy einfacher Wiederholungskauf

strapping Umreifen, Ladungssicherung durch Bänder

strategic asset allocation strategische Asset-Allokation, strategische (langfristig orientierte) Vermögensstrukturierung ▢ Portefeuille-Strukturierung, d.h. Festlegung der Anlageformen (Festgelder, Wertpapiere, Immobilien) und ihrer prozentualen Berücksichtigung, Festlegung der Währungs- und Branchenschwerpunkte, der Zeithorizonte, → tactical asset allocation

strategic budgeting strategische, d.h. langfristig ausgerichtete Budgetierung

strategic business line strategisches Geschäftsfeld

strategic business unit strategische Geschäftseinheit ▢ Organisationskonzept, bei dem bestimmte Leistungsarten zu so genannten strategischen Unternehmenseinheiten (oft identisch mit Produktsparten) zusammengefasst werden. Ziel des Konzeptes ist eine bessere Nutzung von Wachstumspotentialen bzw. Flexibilisierung der Produktpolitik.

strategic controlling strategisches Controlling ▢ Entwurf, Umsetzung und Kontrolle von Strategien

strategic family Unternehmen mit komplementären Geschäftsstrategien

strategic marketing strategisches Marketing, langfristig ausgerichtete Marketingaktivitäten/Marketingkonzepte, → operative marketing

strategic planning mittel- bis langfristige, das gesamte Unternehmen betreffende Planung, → operational planning

strategic sourcing Auswahl von Lieferanten mit dem Ziel der verstärkten Integrierung in die Wertschöpfungskette

stratification Schichtung, Aufgliederung der Grundgesamtheit in Schichten nach einem bestimmten Merkmal

stratified random sampling Ziehung von Zufallsstichproben aus den Schichten einer Grundgesamtheit

stratified sample geschichtete Stichprobe, → stratified sampling

stratified sampling geschichtete Stichprobenauswahl ▢ Form der zufallsgesteuerten Stichprobenauswahl, bei der die Grundgesamtheit in kleinere Einheiten aufgeteilt, d.h. geschichtet wird. → sampling

straw bond wertlose Bürgschaft (Garantie), Scheinbürgschaft

stream days Anzahl der Tage, an denen eine Anlage pro Jahr effektiv genutzt werden kann.

streaming Datenversand ohne Zwischenspeicherung

stretch Teil des Transportweges/der Transportkette

stretching maturities Streckung der Fälligkeiten, Tilgungsstreckung, Laufzeitenverlängerung

stretching the balance sheet Bilanzausweitung

stretch-out Steigerung der Produktionsleistung ohne entsprechende Sachkostenerhöhung

strict construction enge Auslegung von Gesetzestexten/Verträgen, → liberal construction

strict foreclosure automatischer Verfall der Eigentumsrechte ▢ Situation, in der der Schuldner nach Verstreichen der Zahlungsfrist alle Rückerwerbsrechte (→ equity of redemption) sofort verwirkt.

strict liability Gefährdungshaftung, i.e.S. Produkthaftung des Herstellers

strict liability in tort Gefährdungshaftung, verschuldensunabhängige Haftung

strike price 1. *(bei Optionen)* Basispreis ▢ Preis, zu dem der Optionsinhaber seine Option ausüben, d.h. eine bestimmte Basisgröße erwerben oder verkaufen kann. 2. Zuteilungskurs ▢ Kurs, zu dem die in einem Tenderverfahren emittierten Wertpapiere zugeteilt werden.

strike rate 1. Basissatz (einer Zinsbegrenzungsvereinbarung) 2. Prozentsatz des

Personenkreises, der nach einer informellen Kontaktaufnahme die Voraussetzungen für eine Befragung erfüllt.

strikes, riots and civil commotions Streiks, Aufruhr und bürgerkriegsähnliche Unruhen

strike suit unüberlegte oder auf Schädigung des Unternehmens ausgerichtete Aktionärs-/Gesellschafterklage, → derivative suit

stringent legal provisions strenge gesetzliche Vorschriften

stringent liquidity position angespannte Liquiditätslage

stringent monetary policy Politik des knappen Geldes

strip debt in mehrere Tranchen unterteilte Verbindlichkeiten, im Hinblick auf Fälligkeit und Höhe der Tilgungsleistungen gestaffelte Verbindlichkeiten

stripping 1. Container-Entladung, → stuffing 2. Stripping □ Aufteilung einer Anleihe in Anleihemantel und Kupons, die getrennt handelbar sind 3. → asset stripping

strong-arm clause Bestimmung des US-Konkursrechtes, die dem Konkursverwalter das Recht zur Anfechtung von Sicherungsrechten gibt, die zum Zeitpunkt der Konkurseröffnung noch nicht wirksam waren.

strong form efficiency → informational efficiency

structural adjustment facility Strukturanpassungsfazilität □ Kreditopf des Internationalen Währungsfonds zur Unterstützung von Entwicklungsländern, die nachhaltige Maßnahmen zur strukturellen Verbesserung ihrer Volkswirtschaften ergriffen haben.

structural demand-shift inflation durch strukturelle Nachfrageverschiebungen verursachte Inflation

structural excess capacity struktureller Kapazitätsüberhang

structural operations strukturelle Operationen □ Offenmarktgeschäfte des Europäischen Zentralbankensystems zur Beeinflussung der strukturellen Liquidität des Finanzsektors

structural survey ausführliches, die Bausubstanz einschließendes Gutachten

structural unemployment strukturelle Arbeitslosigkeit

structured commodity trade finance strukturierte Handelsfinanzierung, Finanzierung von Rohstofflieferverträgen, → structured trade finance

structured financing strukturierte Finanzierung, auf die Cashflow-Fähigkeit eines Projektes abgestellte Finanzierung (i.d.R. einzelprojektbezogene und maßgeschneiderte Finanzierungskonzepte)

structured group consultation strukturierte Gruppenbefragung, → Delphi technique

structured interview strukturierte Befragung □ Befragung, die auf einem Fragebogen mit genau formulierten Fragen in festgelegter Reihenfolge basiert. → unstructured interview

structured observation strukturierte Beobachtung, klare Festlegung der Beobachtungstechnik vor Beginn der Erhebung, Gliederung des Beobachtungsverfahrens

structured portfolio strategy strukturierte (z.B. auf künftige Zahlungsverpflichtungen abgestellte) Portefeuillestrategie

structured question strukturierte Frage, → closed-ended questions

structured questionnaire standardisierter Fragebogen, Fragebogen mit formulierten Antwortvorgaben

structured sample size fester vorgegebener Stichprobenumfang

structured settlement 1. stufenweise bzw. zeitlich gestreckte Schadenregulierung 2. außergerichtliche Vergleichsvereinbarung

structured trade finance (financing) strukturierte Handelsfinanzierung □ Finanzierung der Lieferung von Rohstoffen oder Halbfertigprodukten auf der Basis eines Liefervertrages zwischen einem Produzenten/Exporteur (i.d.R. in einem Entwicklungsland) und einem ausländischen Abnehmer/Importeur. Finanziert werden einzelne, sich selbst liquidierende Transaktionen, d.h. die Rückzahlung erfolgt aus den generierten Exporterlösen. Von zentraler Bedeutung für die Finanzierung ist somit weniger die Bonität des Produzenten, sondern seine Produktions-bzw. Lieferfähigkeit.

stub period 1. Rumpfgeschäftsjahr 2. Restlaufzeit 3. *(bei Swapgeschäften)* Laufzeit, die nicht durch eine gegengerichtete Position gedeckt ist.

stub policy unterjährige Versicherungspolice

stuffing 1. Container-Beladung, → stripping 2. Rückführung der Fremdmittelaufnahme aus Steuer- bzw. Bilanzgründen zum Jahresende mit anschließender Wiederaufstockung auf das gleiche Niveau im neuen Jahr.

stw → said to weigh

suability Einklagbarkeit

subagent Unteragent, Untervertreter, → agent

subception Wahrnehmung im Unterbewusstsein, → subliminal advertising

Subchapter S corporation US-Kapitalgesellschaft, die bei Erfüllung bestimmter Voraussetzungen steuerlich als Personengesellschaft behandelt wird ☐ d.h. Gewinne aus dem Unternehmen unterliegen der persönlichen Besteuerung. Haftungsrechtlich bietet diese Unternehmensform den Anteilseignern den gleichen Schutz wie jede andere Corporation.

subcharge Anteil an einem Sicherungspfandrecht

subclaim nachgeordnete Forderung

subcontract 1. Nebenvertrag, Nebenabrede 2. Zulieferauftrag

subcontracting Vergabe von Zulieferaufträgen

subcontractor Subunternehmer, Zulieferant, Unterlieferant

subdivision 1. Gliederung, Unterabteilung 2. Gebietskörperschaft 3. (in mehrere Parzellen unterteiltes) Baugebiet, i.w.S. Bauvorhaben 4. neue Wohnsiedlung

subdivision bond Erschließungsgarantie ☐ garantiert, dass ein Bauträger/eine Projektentwicklungsgesellschaft bestimmte (i.d.R. im öffentlichen Interesse liegende) Erschließungsmaßnahmen durchführen wird.

subdivision plan Teilungsplan

subdivision regulations Teilungsvorschriften

subdomain Unterbereich einer → domain

subflow → subprocess

subinterest Unterbeteiligung, Beteiligung eines Dritten am Gesellschaftskapital

subject matter jurisdiction sachliche Zuständigkeit von Gerichten

subject to confirmation bestätigungspflichtig, frei bleibend

subject to contract vorbehaltlich eines Vertragsabschlusses, vorbehaltlich der schriftlichen vertraglichen Fixierung

subject to mandatory arbitration schiedspflichtig

subject to permisson to deal Wertpapiertransaktion, für die die Genehmigung der Börsenbehörden noch aussteht.

subject to prior sale frei bleibend

sub judice *(to be -)* noch nicht entschieden sein, noch erörtert werden

sublease 1. Untervermietung, Unterverpachtung, Weitervermietung 2. Untervermietungsvertrag

subleasehold Untermietverhältnis

sublessee Untermieter, Unterpächter, Unterleasingnehmer

sublessor Untervermieter

sublicense Unterlizenz

sublicensee/sublicensor Unterlizenznehmer/Unterlizenzgeber

subliminal advertising subliminale (unterschwellige) Werbung, auf das Unterbewusstsein wirkende Werbebotschaft

subliminal perception sensorische (unbewusste) Wahrnehmung, Wahrnehmung im Unterbewusstsein des Verbrauchers

subliminal persuasion → subliminal advertising

sublimit 1. (Kredit-)Abzweiglimit 2. Deckungslimit für einzelne Vermögenswerte im Rahmen einer Allgefahrenversicherung

submarginal interest return unter der Inflationsrate liegende Verzinsung

submarginal land Grund und Boden, dessen Erschließung wirtschaftlich unrentabel ist.

submission 1. Vorlage, Einreichung, Unterbreitung 2. Unterwerfung 3. Anerkennung eines Schiedsspruches, → submission bond

submission bond Dokument, mit dem sich die Vertragsparteien zur Anrufung eines Schiedsgerichtes und Anerkennung eines Schiedsspruches verpflichten.

submission of a proof *(bei Konkursverfahren)* Anmeldung einer Konkursforderung

submission service Anmelde-Service für Websites

submitted business eingereichte, aber noch nicht bearbeitete Versicherungsanträge

submortgaging Verpfändung einer Hypothek durch den Inhaber dieses Grundpfandrechtes, i.w.S. Weiterverkauf von Hypothekenforderungen

subnet Teil-Netzplan, grafische Darstellung eines Teilprojektes, → network analysis

subordinated capital nachrangiges Haftkapital

subordinated capital note nachgestellter Kapitalschuldschein □ wird dem nachrangigen Haftkapital hinzugerechnet.

subordinated debentures nachrangige Schuldverschreibungen

subordinated debt 1. nachrangige Fremdmittel □ von Investoren/Beteiligungsgesellschaften zur Verfügung gestelltes nachrangiges Fremdkapital; Form des → mezzanine capital, → senior debt 2. nachgeordnete Verbindlichkeiten

subordinated financing Finanzierung (a) auf der Basis nachrangiger Sicherungspfandrechte (b) mit nachrangigen Fremdmitteln

subordinated loans nachrangige Kredite (mit eigenkapitalähnlichem Charakter)

subordination agreement Rangrücktrittserklärung (-vereinbarung), Nachrangabrede, Subordinationserklärung

subpartnership Unterbeteiligung an einem Gesellschaftsanteil

subpoena Vorladung unter Strafandrohung

subpoena duces tecum Vorladung unter Strafandrohung zur Vorlage von Dokumenten/Beweisstücken

subprocess Subprozess □ Prozess, der innerhalb eines anderen Prozesses ausgeführt wird. → process

subrogar Person, die ihre Rechte gegenüber Dritten auf eine andere Partei überträgt. → subrogation clause

subrogate in die Rechte einer anderen Person eintreten

subrogation Subrogation, Rechtseintritt

subrogation clause Subrogationsklausel □ gibt (a) einem Kredit-/Garantiegeber das Recht, in die Forderungen eines Kredit-/Garantienehmers gegenüber Dritten einzutreten, oder (b) einem Versicherer das Recht, in die Rechte eines Versicherungsnehmers gegenüber Dritten einzutreten, d.h. den Anspruch des Versicherten geltend zu machen.

subrogation recoveries Wiedereingänge (Zahlungen) aus der Geltendmachung von Subrogationsrechten

subrogation rights Subrogationsrechte, → subrogation clause

subrogee natürliche oder juristische Person, die in die Rechte einer dritten Person eintritt (z.B. Versicherungsgesellschaft, die in die Rechte ihres Versicherungsnehmers eintritt).

subroger → subrogar

subscription policy Subskriptions-Police (bei der Abdeckung eines Risikos durch mehrere Versicherer)

subsequent chargee nachfolgender Sicherungsnehmer

subsequent events Folgeereignisse □ wichtige Ereignisse (Transaktionen) zwischen

Bilanzstichtag und dem Datum des Berichtes der Abschlussprüfer
subsequent insurance Nachversicherung, Anschlussversicherung
subsequent layers folgende Deckungstranchen, → layer concept
subsequent measurement Bewertung nach erstmaliger Erfassung
subsequent mortgage nachrangige Hypothek, Nachgangshypothek
subsequent policy Nachversicherung
subsequent premium Folgeprämie
subsequent public offer (auf einen Börsengang folgendes) zweites Zeichnungsangebot
subsequent surety 1. Nachbürgschaft, für einen Bürgen (Vorbürgen) geleistete Bürgschaft 2. Nachbürge
subservient tenement Grundbesitz, auf dem eine Grunddienstbarkeit lastet.
subsidiary Tochtergesellschaft, → sub-subsidiary
subsidiary agreement Nebenabrede
subsidiary clause Subsidiärklausel
subsidiary commercial bank (i.S. der US-Bankengesetzgebung) Tochtergesellschaft einer ausländischen Geschäftsbank, die nach den Bankgesetzen der Vereinigten Staaten zugelassen ist und somit alle Bankgeschäfte abwickeln kann. (→ agency, → branch)
subsidiary conditions Nebenbedingungen
subsidiary undertakings Beteiligungsunternehmen
subsistence level Existenzminimum
substance of the transaction wirtschaftlicher Gehalt einer Transaktion
substance over form approach Grundsatz der betriebswirtschaftlichen Betrachtungsweise bei der Konzernrechnungslegung □ d.h. Transaktionen sind nach ihrem wirtschaftlichen Gehalt und nicht nach ihrer rechtlichen Form zu bewerten.
substandard 1. Klassifizierungskennzeichen der US-Bankenaufsichtsbehörde für einen unzureichend besicherten Kredit bzw. für ein Engagement, dessen Rückführung nicht gesichert erscheint. 2. → substandard risks
substandard risks überdurchschnittliche Risiken (Schadenerwartung), hohe Gefahrenklasse
substantial authoritative support Bindungswirkung
substantial benefit greifbarer Vorteil
substantial certainty mit sehr großer Wahrscheinlichkeit
substantial chargee Gläubiger, der Sicherungsrechte an dem größten Teil des Gesellschaftsvermögens besitzt.
substantial compliance Erfüllung der wesentlichen Vertragsbedingungen
substantial evidence überzeugender (stichhaltiger) Beweis
substantial nexus wesentliche Verbindung
substantial performance weitgehende Erfüllung der Leistungspflicht/der vertraglichen Verpflichtungen
substantial presence test Anwesenheitstest □ Prüfung, ob ein ausländischer Staatsbürger aufgrund eines längeren Aufenthaltes in den Vereinigten Staaten der US-Steuerpflicht unterliegt.
substantiated claim nachgewiesener (belegter) Anspruch
substantiation 1. Begründung 2. Nachweis, Erbringung eines Nachweises
substantive audit procedure Prüfung von Einzeltransaktionen/Einzelsalden durch den Abschlussprüfer
substantive interest 1. beherrschende Beteiligung 2. Sperrminorität
substantive law materielles Recht
substantive patent law treaty Vertrag über das materielle Patentrecht
substantive requirement materiell-rechtliches Erfordernis
substituted basis (i.S. des US-Steuerrechts) durch Bezugnahme auf einen Dritten ermittelte Bemessungsgrundlage
substituted service Ersatzzustellung □ ist die persönliche Übergabe amtlicher Dokumente nicht möglich oder wird sie verweigert, kann das Gericht einen substituted

service verfügen, z.B. Veröffentlichung dieser Dokumente in einer Lokalzeitung oder Übergabe an eine nahe stehende Person.

substitution Ersatz, Ersetzen, Substituierung

substitutionary evidence als Ersatznachweis dienende Dokumente

substitution goods Substitutionsgüter, substituierbare (gegenseitig ersetzbare) Güter

substitution provision Bestimmung eines Leasingvertrages, die den Austausch eines Leasingobjektes während der Vertragslaufzeit durch einen ähnlichen Gegenstand gestattet.

sub-subsidiary Enkelgesellschaft

subtenancy → sublease

subunderwriter 1. Unterkonsorte 2. Unterversicherer

success fee Erfolgshonorar

succession 1. Nachfolge, Rechtsnachfolge 2. Erbfolge 3. Nachlass

succession on intestacy gesetzliche Erbfolge

succession planning Nachfolgeplanung, Benennung von potentiellen Nachfolgern für Führungskräfte, Gewährleistung der Management-Kontinuität

successive assignment (assignation) Mehrfachabtretung

successor activity *(in der Netzplantechnik)* Nachfolgevorgang, → logical relationships

successor beneficiary (payee) *(bei einer Lebensversicherung)* Zweitbezugsberechtigte/r

successor in interest nachfolgender Besitzer (Eigentümer)

successor in title Rechtsnachfolger

successor liability Haftung der Nachfolgegesellschaft für Produktfehler

sue and labour Verpflichtung des Versicherungsnehmers zur Schadens-/Verlustminimierung

sufferance stillschweigende Zustimmung, Zustimmung durch Unterlassung

suggestion scheme Vorschlagswettbewerb für Mitarbeiter, betriebliches Vorschlagswesen

suggestive software intelligente Software, die den Wissensbedarfs eines Nutzers ermitteln und entsprechende Verknüpfungen herstellen kann.

suitability rule *(im britischen Wertpapierhandel)* gesetzliche Vorschrift, der zufolge eine auf dem Wertpapiersektor tätige Firma ihren Kunden nur Anlagevorschläge unterbreiten darf, die deren finanziellen Möglichkeiten entsprechen.

suit of exoneration Klage eines Bürgen, der aus einer Bürgschaft in Anspruch genommen wurde, gegen den Hauptschuldner.

suitor 1. Prozesspartei, Kläger 2. Bieter, bietendes Unternehmen

sum certain zahlbarer Betrag

summary administration summarisches Konkursverfahren nach dem Insolvency Act für England und Wales □ es findet Anwendung auf small asset cases, d.h. Insolvenzfälle, bei denen (a) der Wert der Vermögenswerte als auch der Verbindlichkeiten (gesicherte Forderungen ausgenommen) GBP 20.000 nicht überschreitet bzw. (b) der voraussichtliche Erlös aus der Verwertung der vorhandenen Vermögenswerte nur zur Abdeckung der Insolvenz-Verwaltungskosten ausreichen wird und somit keine Aussicht auf einen Verteilungserlös besteht.

summary budget Gesamtbudget, zusammenfassende betriebliche Plankostenrechnung □ setzt sich aus den Budgets der verschiedenen Teilbereiche (Teilbudgets) zusammen. Nach Billigung durch die Unternehmensleitung wird das summary budget als master budget bezeichnet.

summary judg(e)ment summarisches Urteil, Entscheidung im summarischen Verfahren, Sachurteil unter Abkürzung des Verfahrens

summary warrant Vollstreckungsbescheid

summary warrant diligence Pfändung auf der Grundlage eines Vollstreckungsbescheides

summation 1. Zusammenfassung 2. Schlussplädoyer

summative close Zusammenfassung der Produktvorteile am Ende eines Verkaufsgesprächs

summons 1. Einberufung (einer Aktionärs-/Gläubigerversammlung) 2. Vorladung, Ladung

summons to pay gerichtliche Zahlungsaufforderung

sum-of-the-units method of depreciation leistungsbedingtes (leistungsabhängiges) Abschreibungsverfahren

sum-of-the-years digits depreciation digitale Abschreibung, arithmetisch degressive Abschreibung

sundry debtors sonstige Debitoren

sundry revenue 1. sonstige (verschiedene) Einnahmen 2. außerordentliche Erträge

sunk costs unwiderbringliche Ausgaben

sunrise industry junger, dynamisch wachsender Fertigungs-/Industriesektor

sunset clause *(im Rückversicherungsgeschäft)* Klausel, die die Deckung durch den Rückversicherer auf Verluste beschränkt, die innerhalb eines bestimmten Zeitraumes nach einem festgelegten Stichtag gemeldet werden.

sunset industry Industriezweig ohne Wachstumspotenzial, mit strukturellen Schwierigkeiten kämpfender/von der technologischen Entwicklung überrollter Fertigungs-/Industriesektor

sunset provision zeitlich befristete Bestimmung/Vertragsklausel

sunshine laws US-Gesetze, die öffentliche Anhörungen zu Entscheidungen von Regulierungsbehörden vorsehen und die allgemeine Publizitätspflicht regeln.

sunshine requirements Publizitäts-/Offenlegungsvorschriften

superagencies international operierende Werbe- und Marketingagenturen

superannuation fund (scheme) Pensionsfonds, Pensionsplan

superannuation provisions Pensionsrückstellungen

supercargo Superkargo □ Bevollmächtigter des Versenders einer Schiffsladung (Vertreter des Charterers), der diese begleitet und am Bestimmungsort für den Verkauf der Waren sorgt.

supercommission Überprovision, Superprovision □ zusätzliche Provision eines Versicherungsvertreters oder Vergütung, die ein Generalvertreter für die Geschäfte seiner Untervertreter erhält.

super-critical activity superkritischer Projektvorgang, Vorgang mit einer negativen Pufferzeit, → negative float

superficies Erbbaurecht

superimposed clause zusätzliche (i.d.R. einschränkende) (Konnossements-)Klausel

superimposed plan zusätzliche (den Deckungsschutz) erweiternde Versicherung

superintendent of banking/of insurance Bankenaufsichtsbehörde/Versicherungsaufsichtsbehörde eines US-Bundesstaates

superior goods 1. hochwertige Wirtschaftsgüter 2. Güter, für die die Nachfrage mit wachsendem Wohlstand steigt.

superior title vorgehender Rechtsanspruch

supermajority besonders qualifizierte Mehrheit

supermajority provisions *(Bestimmungen einer Gesellschaftssatzung zur Abwehr einer feindlichen Übernahme)* nach diesen Bestimmungen sind die Veräußerung von wesentlichen Teilen des Firmenvermögens oder die Verschmelzung mit einem anderen Unternehmen von der Zustimmung der Anteilseigner abhängig, die eine große Kapitalmehrheit vertreten (i.d.R. mindestens 80%).

supersedeas bond Sicherheitsleistung zur Aussetzung der Urteilsvollstreckung

supersedere gerichtliche Verfügung oder private Vereinbarung zwischen Gläubigern zur Aussetzung einer Zwangsvollstreckung bei einem gemeinsamen Schuldner

superstructures Aufbauten

supervisor Insolvenz-Sachverständiger (→ insolvency practitioner), der ein Ver-

gleichsverfahren (→ individual, → company voluntary arrangement) überwacht.
supplemental appropriations nachträglich bewilligte Haushaltsmittel
supplemental instrument Nachtragsurkunde, zusätzlicher Schriftsatz
supplemental jurisdiction Zuständigkeit eines US → District Court auf Grund eines Sachzusammenhangs, → pendent jurisdiction
supplementary agreement (coverage) Zusatzdeckung, Versicherungsnachtrag
supplementary estimates Nachtragshaushalt
supplementary order der einen bestehenden Vollstreckungstitel ergänzende Beschluss
supplementary proceedings Verfahren zur Feststellung der Vermögenswerte des Gemeinschuldners
supplier audit Lieferantenaudit □ dient der Lieferantenauswahl und -bewertung
supplier breadth Breite der Lieferantenbasis
supplier credit Lieferantenkredit, Einräumung eines Zahlungsziels durch einen Lieferanten
supplier development Lieferantenförderung, aktive Unterstützung der Lieferanten
supplier evaluation Lieferantenbewertung, laufende Qualitätsbewertung von Lieferanten (Anbietern)
supplier hierarchy Lieferantenhierarchie, Zulieferpyramide
supplier leasing Hersteller-Leasing
supplier rating Lieferantenbewertung
supplier relationship management Steuerung der Beziehungen zu den Lieferanten/Bezugsquellen
supplier relationship policy Lieferantenpflege, Unterhaltung guter Beziehungen zu Lieferanten
supplier retention clause Eigentumsvorbehaltsklausel des Lieferanten
suppliers *(im Jahresabschluss)* Verbindlichkeiten aus Warenlieferungen

suppliers' discounts Lieferantenrabatte, Lieferantenskonti
supplier's lien Lieferantenpfandrecht, Pfandrecht des Lieferanten für nicht bezahlte Rechnungen
supplier warehouse Lieferantenlager
supplies Hilfs- und Betriebsstoffe
supplies budgeting Budgetierung des Beschaffungsbereiches
supplies division Beschaffungsabteilung, Beschaffungsbereich
supplies forecast Beschaffungsvorschau, Beschaffungsvorschaurechnung
supplies inventory Betriebsstofflager
supply agreement *(in Verbindung mit Projektfinanzierungen)* Vertrag zwischen einem Rohstofflieferanten und der Projektgesellschaft
supply bond Liefergarantie
supply by domestic production Angebot aus der Inlandsproduktion
supply chain Lieferkette, Beschaffungskette, Logistikkette □ aufeinander folgende Stufen in der Wertschöpfungskette, Gesamtheit aller Geschäftsprozesse zur Befriedigung der Nachfrage nach Produkten oder Serviceleistungen (von der Rohmaterialbeschaffung über die Herstellung und Lagerung bis zur Auslieferung der fertigen Produkte an den Kunden)
supply chain configuration Konfiguration der Lieferkette
supply chain design Gestaltung der Organisationsform der Wertschöpfungskette
supply chain eHub elektronischer Marktplatz (internetbasiertes Einkaufskontor) für die Mitglieder einer Lieferkette
supply chain excellence überragende Leistungen in der Wertschöpfungskette
supply chain execution Steuerung der einzelnen Prozesse in der Lieferkette (in erster Linie Distribution und Logistik)
supply chain integration Integration der Beschaffungsketten
supply chain management Lieferketten-Management □ Planung und Steuerung der Material- und Informationsflüsse ent-

supply chain mangement

lang der Lieferkette, d.h. unternehmensübergreifende Steuerung und Koordinierung der bestehenden Beschaffungs-, Produktions- und Distributionsnetze

supply chain mangement systems Softwaresysteme zur Steuerung von Lieferketten

supply chain operational reference Referenzmodell für Geschäftsprozesse in der Lieferkette

supply chain optimization Optimierung der Lieferkette (in erster Linie der Planungselemente)

supply chain planning Lieferkettenplanung □ Planung und Koordination der Geschäftsprozesse entlang der Lieferkette

supply chain responsiveness Anpassungsfähigkeit der Wertschöpfungskette

supply contract Liefervertrag

supply cut 1. Lieferbeschränkungen, Drosselung der Zufuhr 2. Angebotsbeschränkungen

supply from stock Lieferung ab Lager

supply industry Zulieferindustrie

supply monopoly Angebotsmonopol, Versorgungsmonopol

supply net (network) Liefernetzwerk; i.e.S. Netzwerk innerhalb einer Logistikkette

supply of capital/consumer goods Kapital-/Konsumgüterangebot

supply planning Planung des Einkaufs und der Beschaffung von Waren, Einkaufslogistikplanung

supply portfolio Angebotsportfolio

supply price Angebotspreis, Lieferpreis

supply price flexibility Preiselastizität des Angebots

supply scheduling Lieferplanung, Versanddisposition

supply shortage Angebotsverknappung

supply side Angebotsseite, i.e.S. Logistik und Lagerverwaltung

supply-side economics angebotsorientierte Volkswirtschaft

supply sourcing Beschaffung

support agreement (arrangement) 1. Stützungsverpflichtung 2. Kapitalintakthalteerklärung □ Verpflichtung der Muttergesellschaft, das Kapital der Tochtergesellschaft nicht zu verringern.

supported by documents/by real security unterlegt durch Dokumente/durch eine dingliche Sicherheit

supported loan scheme subventioniertes Kreditprogramm

supporting documents → evidential matter

supporting schedules ergänzende Angaben zu Bilanzposten

support level (in der Chart-Analyse) Stützungslinie □ Linie, in deren Nähe eine Abwärtsbewegung zum Stillstand kommt.

support process Unterstützungsprozess □ Prozess, der zur Entscheidungsfindung, Ressourcenbereitstellung oder Produktentwicklung in einem Unternehmen beiträgt.

support trust Trust (Stiftung mit treuhandschaftlichem Charakter), bei dem der Treugeber nur Beträge auszahlen darf, die für den Lebensunterhalt des Begünstigten erforderlich sind.

Supreme Court Bei einem Supreme Court handelt es sich in den Vereinigten Staaten entweder um das höchste Bundesgericht in Washington (Supreme Court of the United States) oder, in der überwiegenden Zahl der Fälle, um das oberste Berufungsgericht eines Bundesstaates. Eine Ausnahme bildet der Supreme Court of New York, bei dem es sich um ein erstinstanzliches Gericht mit allgemeiner Zuständigkeit handelt.

surcharged premium Tarifprämie plus Risikozuschlag

surety 1. (selbstschuldnerische) Bürgschaft, Garantie, Kaution, Sicherheit, Sicherheitsleistung □ im amerikanischen Rechtskreis handelt es sich bei einer surety um eine selbstschuldnerische Bürgschaft, d.h. die Einrede der Vorausklage ist ausgeschlossen. 2. Bürge, Garantiegeber, Selbstschuldner

surety agencies auf → surety bonds spezialisierte Versicherungsmakler/-agenturen

surety and fidelity insurance Vertrauensschadenversicherung
surety bond Bürgschaft, Bürgschaftsurkunde, Garantieerklärung, Ausfallbürgschaft ◻ surety bonds finden Anwendung als Personenkautions- bzw. Vertrauensschadenversicherungen (fidelity bonds) sowie bei der Ausführung von Bauaufträgen in den Formen der Vertrags-/Auftragserfüllungsbürgschaft, Bietungsgarantie oder Zahlungsbürgschaft (contract/performance bond, bid bond, payment bond).
surety bonding Bereitstellung (Übernahme) einer Bürgschaft, Bürgschaftsvergabe, *(surety bonding in the public sector)* Bürgschaften gegenüber öffentlichen Auftraggebern
surety bond producer auf → surety bonds spezialisierter Versicherungsmakler
surety claims Inanspruchnahmen aus Bürgschaften
surety commitments Bürgschaftsverpflichtungen, Avalverpflichtungen
surety company Kautionsversicherungsgesellschaft, Bürgschaftsversicherer
surety insurance Kautionsversicherung, Bürgschaftsversicherung
surety line Avallinie, Bürgschaftsrahmen
suretyship 1. Bürgschaft ◻ begründet im US-Recht eine Primärhaftung und ist einem Schuldbeitritt gleichzusetzen. 2. Bürgschaftsleistung, Sicherheitsleistung
suretyship insurance Kautionsversicherung, Garantieversicherung
suretyship rider Bürgschaftsanhang
surety's right of exoneration Recht des Bürgen auf Klage gegen den Hauptschuldner nach Erfüllung seiner Bürgschaftsverpflichtungen
surety underwriter 1. Bürgschaftsversicherer, Kautionsversicherer, Garantieversicherungsgesellschaft 2. Mitarbeiter einer solchen Gesellschaft
surface rights Flächennutzungsrechte, einschließlich Abbaurechte
surplus 1. Überschuss, Überhang 2. Gewinn 3. Rücklagen 4. nicht ausgeschüttete (einbehaltene) Gewinne 5. frei gewordenes Kapital, → surplus on revaluation 6. *(im Versicherungsgeschäft)* Exzedent, Schadenüberschuss
surplus account Rücklagenkonto, Rücklagenfonds
surplus accumulation Kumulierung einbehaltener Gewinne
surplus advance corporation tax → advance corporation tax, die nicht mit der Körperschaftssteuerschuld der jeweiligen Rechnungsperiode verrechnet werden kann.
surplus applications Überzeichnung einer Neuemission
surplus arising on exchange fluctuations Gewinn aus Wechselkursschwankungen
surplus brought forward vorgetragener Mehrgewinn
surplus capitalisation Überkapitalisierung, Überbewertung der Vermögenswerte
surplus cash (cash funds) Barmittelüberschuss, Zahlungsmittelüberschüsse, überschüssige Kassenmittel
surplus cover Überdeckung
surplus distribution 1. Ausschüttung der einbehaltenen Gewinne 2. *(im Versicherungsgewerbe)* Überschussbeteiligung 3. Nachtragsverteilung ◻ Verteilung der nach der Schlussverteilung noch anfallenden Konkursmasse
surplus earnings 1. Mehrgewinn 2. einbehaltene Gewinne
surplus funds 1. Überschussgelder, Überschussguthaben, Zahlungsmittelüberschüsse, Liquiditätsüberschüsse 2. Nettoerlös, Verkaufserlös einer Immobilie abzüglich ausstehender Darlehensverbindlichkeiten
surplus goods Überschussgüter
surplus in bankruptcy die nach der Schlussverteilung noch anfallende Konkursmasse
surplus in liquidation 1. Liquidationsüberschuss ◻ Überschuss, der nach Begleichung der Verbindlichkeiten der aufgelösten Unternehmung und nach Rückerstattung der Gesellschaftereinlagen verbleibt.

2. Liquidationsgewinn, Gewinn aus der Weiterführung des Betriebs während der Liquidation

surplus in taxes Steuermehreinnahmen

surplus less losses on realisation of investments and fixed assets *(im Jahresabschluss)* Rücklage abzüglich Verluste aus der Veräußerung von Beteiligungen und Sachanlagen

surplus line Zeichnungsüberschuss, → excess of line reinsurance

surplus line reinsurance Summenexzedenten-Rückversicherung, → excess of line reinsurance

surplus lines Versicherungen für die Abdeckung von Groß- und Sonderrisiken sowie Schadenüberschüssen

surplus management gewinnorientierte Steuerung von Finanztransaktionen

surplus markets Märkte mit Überkapazitäten

surplus money supply Geldüberhang

surplus of capital allowances den Betriebsgewinn überschreitende Abschreibungen

surplus of cost over fair values Mehrbetrag der Anschaffungskosten gegenüber dem Marktwert

surplus of revenue Einnahmenüberschuss, Mehreinnahmen

surplus on current account (on goods and services) Leistungsbilanzüberschuss

surplus on disposal of fixed assets → surplus on sale of fixed assets

surplus on revaluation Gewinn (Wertzuwachs) aus Neubewertung

surplus on sale of fixed assets *(im Jahresabschluss)* Gewinn aus dem Verkauf von Anlagen (aus dem Abgang von Gegenständen des Anlagevermögens)

surplus on sale of trade investments *(im Jahresabschluss)* Gewinn aus dem Verkauf von Beteiligungen

surplus on visible trade Handelsbilanzüberschuss

surplus primary reserves überschüssige Liquiditätsreserven

surplus produce Produktionsüberschuss

surplus production Überschussproduktion, die Marktnachfrage übersteigende Produktion

surplus profit Mehrgewinn

surplus receipts Mehreinnahmen, Überschusseinnahmen

surplus recycling Rückleitung (Rückführung) der Überschussgelder

surplus reinsurance Summenexzedenten-Rückversicherung □ durch diese Versicherung werden alle Risiken in Rückdeckung genommen, die den Eigenbehalt des Erstversicherers übersteigen.

surplus reserves Sonderrücklagen □ i.d.R. einbehaltene (nicht ausgeschüttete) Gewinne

surplus resources → surplus funds

surplus share reinsurance → proportional reinsurance

surplus supply Überschussangebot

surplus to policyholders Überschussbeteiligung der Versicherungsnehmer

surplus treaty → surplus reinsurance

surrender *v.* 1. *(to – the documents)* die Dokumente einreichen 2. *(to – a policy)* einen Versicherungsvertrag vorzeitig auflösen 3. *(to – profits)* Gewinne abführen 4. *(to – a right)* auf ein Recht (einen Anspruch) verzichten 5. *(to – advance corporation tax to a subsidiary)* den Verrechnungsanspruch für die von der Muttergesellschaft entrichtete → advance corporation tax auf eine Tochtergesellschaft übertragen

surrender charges Rücknahmegebühren, Gebühren beim Rückkauf einer Versicherungspolice

surrenderee 1. Person, die durch einen Verzicht begünstigt wird. 2. übernehmende Vertragspartei 3. Empfänger

surrender facility (privilege) Rückgaberecht, Möglichkeit der Auflösung eines Versicherungsvertrages vor dem Fälligkeitstermin

surrendering company Unternehmen, das einen Anspruch (z.B. auf einen Steuernachlass) an eine andere Gesellschaft abtritt.

surrender of preference Übertragung aller Rechte des bevorrechtigten Gläubigers auf den Konkursverwalter

surrender of profits Abführung (Übertragung) von Gewinnen

surrender of property 1. Eigentumsverzicht 2. Übertragung aller Vermögenswerte durch den Gemeinschuldner auf den Konkursverwalter

surrender of shares Rückgabe von Aktien, → stock buyback

surrender of title Eigentumsverzicht, Aufgabe eines Rechtstitels

surrenderor 1. Person, die auf einen Anspruch verzichtet. 2. Versicherungsnehmer, der einen Rückkauf seiner Police vornehmen lässt. 3. Einreicher

surrender value of a policy Rückkaufswert einer Versicherungspolice

Surrogate Court Nachlassgericht

survey 1. Erhebung, Befragung 2. Landvermessung

survey error Erhebungsfehler

surveyor 1. Gutachter, Sachverständiger 2. Havariekommissar 3. Landvermesser

survey pattern Befragungsmuster

survey report Sachverständigenzertifikat, Expertisenzertifikat

survey response rate Antwort- bzw. Rücklaufquote bei postalischen Befragungen

survival action Klageanspruch des Nachlasses

survival of a partnership Fortbestand einer (Personen-)Gesellschaft

survival package Sanierungspaket (für eine in Zahlungsschwierigkeiten geratene Unternehmung)

surviving corporation *(bei Fusionen)* die übernehmende Gesellschaft

survivorship annuity policy Hinterbliebenenversicherung, Überlebensrente (für Witwen und Waisen)

suspended losses auf folgende Steuerjahre vorgetragene Verluste

suspense entry (item) durchlaufender Posten

suspension 1. Aussetzung, Einstellung 2. vorübergehender Entzug der Anwaltszulassung

suspension of business Einstellung der Geschäftstätigkeit (des Betriebs)

suspension of coverage Deckungsaussetzung

suspension of interest payments (principal payments) Einstellung der Zinszahlungen (Tilgungszahlungen)

suspension of a right vorübergehende Aufhebung eines Rechtes

suspension of a statute vorübergehende Außerkraftsetzung eines Gesetzes

suspensive condition aufschiebende Bedingung

suspensive effect Suspensiveffekt, aufschiebende Wirkung

sustainability management Nachhaltigkeits-Management ☐ Maßnahmen zur Gewährleistung einer Entwicklung, die den sozialen und ökologischen Bedürfnissen der Menschen gerecht wird.

sustainable development nachhaltige Entwicklung, nachhaltig zukunftsverträgliche Entwicklung

swap Swap, Swap-Geschäft ☐ 1. Kombination von Devisenkassa- und Devisentermingeschäft, d.h. Kauf (Verkauf) einer Währung per Kasse und gleichzeitiger Verkauf (Rückkauf) per Termin 2. Swap ☐ Fazilität für Interventionen an den Devisenmärkten, → swap agreement 3. Tausch von Zinsverpflichtungen und/oder Währungspositionen. → currency swap, → interest rate swap, → cross currency interest rate swap.

swap agreement Swap-Abkommen ☐ Im Rahmen eines Swap-Abkommens vereinbaren nationale Notenbanken bzw. Währungsbehörden die Einrichtung von Kreditlinien, die es ihnen erlauben, gegen Hingabe der eigenen Währung die Währung einer Partnerbank zu erwerben.

swap exposure Swap-Risiko, Verlustrisiko bei Swap-Geschäften, Engagement am Swap-Markt

swap fund Investment-Fonds, der Wertpapierbesitzern die Möglichkeit einräumt, ihren im Wert gestiegenen Effektenbestand gegen Fondsanteile einzutauschen. Auf diese Weise lässt sich die auf den Wertzuwachs zu entrichtende Steuer umgehen.

swap points Swap-Satz □ Differenz zwischen dem Wechselkurs der Kassatransaktion und dem der Termintransaktion, → foreign exchange swap

swaption Mit einer Swaption ist für ihren Inhaber das Recht, nicht aber die Verpflichtung verbunden, zu einem bestimmten Zeitpunkt oder innerhalb einer bestimmten Frist in einen hinsichtlich der Konditionen genau spezifizierten Swap einzutreten.

sweat equity 1. Kapitalanteile für erfolgreiches Management 2. Wert der baulichen Eigenleistung

sweepstakes Verbraucher-Gewinnspiele

swing Swing, Kreditmarge □ wechselseitig eingeräumte Kreditlinie im internationalen Zahlungsverkehr

swinging agents Mitarbeiter eines → call center, die sowohl für eingehende als auch für ausgehende Anrufe zuständig sind. → inbound, → outbound calls

swingline facility Fazilität, die (a) eine Liquiditätsbeschaffung über unterschiedliche Instrumente ermöglicht oder (b) eine Inanspruchnahme durch den Kreditnehmer an unterschiedlichen Plätzen bzw. in unterschiedlichen Ländern vorsieht.

swing loan kurzfristiges Überbrückungsdarlehen □ z.B. für den Kauf einer Immobilie, das durch den Erlös aus dem Verkauf einer anderen Immobilie zurückgezahlt wird.

swing producer dominierendes Land in einem Rohstoffkartell □ bestimmt Produktions-/Fördermengen und die Preispolitik

switch Switch-Geschäft □ Warengeschäft mit dem Ausland, bei dem mangels direkter Verrechnungsmöglichkeiten die finanzielle Abwicklung und/oder der Versand der Ware unter Einschaltung eines Drittlandes erfolgt.

switching 1. Wechsel von Bezugsquellen 2. Umgruppierung von Wertpapierbeständen, Portefeuilleumschichtung 3. Umschichtung von Anlagegeldern von einem Fonds in einen anderen

switching cost Kosten durch Lieferantenwechsel; die mit dem Wechsel von Bezugsquellen verbundenen Kosten

switch option bei einer Switch-Option besitzt der Inhaber das Recht, nicht aber die Verpflichtung, die Option zu einem bestimmten Zeitpunkt oder während einer festgelegten Frist in einen anderen Optionstyp umzutauschen.

SWOT analysis SWOT-Analyse □ Analyse der Stärken (strengths), Schwächen (weaknesses), Möglichkeiten (opportunities) oder Gefahren (threats) eines Produktes/einer Dienstleistung/eines Unternehmens

symbiotic selling Verkauf eigener Produkte unter dem Markennamen eines anderen, am Markt eingeführten Herstellers

synallagmatic contract Vertrag auf der Basis von Leistung und Gegenleistung

synchronised production synchronisierte Produktion, Synchronisation von Produktion und Nachfrage

syndicated bid Gemeinschaftsgebot

syndicated credit syndizierter Kredit, Konsortialkredit □ Bei syndizierten Krediten erfolgt die Kreditvergabe durch ein Konsortium, dem je nach Umfang der einzuräumenden Fazilität fünf bis fünfzig Kreditinstitute angehören können. Die Zusammenstellung des Konsortiums erfolgt durch die vom Kreditnehmer eingesetzte Konsortialführerin (lead manager, lead-managing bank), die auch für die Konditionengestaltung und die Vertragsdokumentation zuständig ist. An der Spitze des Konsortiums kann auch eine aus mehreren Banken bestehende Führungsgruppe (lead management, management group) stehen, die Mitführerinnen (co-managers) und weitere Mitgliedsbanken (member banks, participants) einladen kann. Die Letztgenannten werden lediglich eine Quote des Krédites zeichnen und in ihre Portefeuilles übernehmen. Nach Abschluss der Syndizierung wird eine Agent-Bank (agent) bestimmt, die i.d.R. mit der Konsortialführerin identisch ist oder zumindest der Führungsgruppe angehört. Diese Agent-Bank übernimmt die technische Abwicklung, d.h. Auszahlung des Kredites, Überwachung der Zins- und Tilgungszahlungen.

syndicated data Ergebnisse einer Gemeinschaftserhebung

syndicated investment syndizierte Kapitalbeteiligung □ Kapitalbereitstellung erfolgt durch mehrere Wagnisfinanziers bzw. Wagniskapitalfonds, → venture capital fund, → venture capitalist

syndicated lending (loan business) syndizierte Ausleihungen, Konsortialkreditgeschäft, → syndicated credit

syndicated research gemeinsame (von mehreren Unternehmen in Auftrag gegebene) Erhebung □ Ergebnisse und Kosten werden geteilt.

syndicate leader (manager) 1. Konsortialführer, konsortialführendes (federführendes) Institut 2. Poolführer, federführender Versicherer, → insurance pool, → Lloyd's syndicate

syndicate member 1. Konsorte, Konsortialmitglied 2. Poolmitglied, → insurance pool

syndicate participation Konsortialquote, Beteiligungsquote

syndicate underwriter Pool-Mitglied, Mitglied eines Versicherungssyndikats

syndication 1. Syndizierung, Bildung (Zusammenstellung) eines Konsortiums, Vergabe eines Kredites (Kapitalbereitstellung, Begebung einer Anleihe) durch ein Konsortium 2. Zusammenschluss mehrerer Investoren/mehrerer Eigenkapitalgeber 3. gemeinsames Produktangebot zweier eigenständiger Hersteller 4. → content syndication

syndication risk Syndizierungsrisiko □ Risiko, dass nicht genügend Übernahmezusagen eingehen.

synectics Synektik, kognitive Innovationstechnik, Problemlösungsversuch durch freie Assoziation

synergy Synergieeffekte, erfolgspotenzierendes Zusammenwirken verschiedener Kräfte

synthetic lease → see-through lease

systematic bias systematischer Erhebungsfehler

systematic error systematischer (Befragungs-/Erhebungs-)Fehler, der sich durch die gesamte Untersuchung zieht (aufgrund einer falschen Fragestellung, Interviewereinfluss, etc.), → bias

systematic risk systematisches Risiko, Marktrisiko, sich aus Veränderungen des Gesamtmarktes ergebende Risiken, Sensitivität eines Finanzinstrumentes gegenüber den Ertragsschwankungen des Gesamtmarktes

systematic sample systematische Stichprobe

systematic sampling systematisches Auswahlverfahren □ jedes x-te Element aus einer Grundgesamtheit, z.B. jeder 100ste oder 500ste Leser wird in die Stichprobe aufgenommen.

system banks die einem Verbund angeschlossenen Institute, z.B. → Farm Credit System

system environment Systemlandschaft

system network architecture hierarchische Netzwerkarchitektur

systems design Systemgestaltung, Systementwurf, Systemplanung

systems development Systementwicklung

systems engineering Systemtechnik, Systementwicklung und Systemimplementierung, Projektierung von Datenverarbeitungssystemen

systems life cycle Lebenszyklus eines Systems

systems management Systemmanagement □ Planung, Steuerung und Kontrolle aller IT-Systeme und -Funktionen im Unternehmen

system sourcing systemgestützte Beschaffungsprozesse

T

TAA → tactical asset allocation
table A Mustersatzung des Companies Act, an der sich die → articles of association britischer Gesellschaften orientieren.
tachistoscope Tachistoskop □ Das Gerät erlaubt durch die sehr kurze Darbietung von Werbemitteln die Simulation der allmählichen Entstehung von Wahrnehmungen. Nach jeder Exposition werden die Testpersonen gefragt, was sie gesehen haben.
tacit acceptance stillschweigende (implizierte) Zustimmung
tacit hypothec (hypothecation) 1. Grundpfandrecht (Hypothek) kraft Gesetzes 2. durch Bestimmungen des Seerechtes begründetes Pfandrecht an einem Schiff oder einer Ladung
tacit knowledge stilles (implizites, verborgenes) Wissen, Erfahrungswissen □ Knowhow (Wissen, Kompetenz) der Mitarbeiter eines Unternehmens, → explicit knowledge
tacit mortgage Zwangshypothek, Sicherungshypothek
tacit renewal automatische (stillschweigende) Verlängerung
tacking Verlängerung der Vertragslaufzeit, *(i.S. der US-Steuergesetzgebung)* Erweiterung der Besitzdauer des aktuellen Eigentümers um die Haltezeiten des/der Voreigentümer
tactical asset allocation taktische Asset-Allokation (Vermögensaufteilung), Feinsteuerung der im Rahmen der → strategic asset allocation festgelegten Ziele und Schwerpunkte
tactical budgeting taktische, d.h. kurzfristig ausgerichtete Budgetierung
tactical pricing taktische Preisgestaltung □ kurzfristige Preisänderung (Reduzierung) zur Absatzförderung
Taft-Hartley Act US-Gesetz zur Regelung des Verhältnisses zwischen Gewerkschaften und Unternehmen □ Ergänzung des National Labor Relations Act. Kernbestimmungen: genaue Definition unfairer Praktiken seitens der Gewerkschaften; Recht des Präsidenten, bei einem die nationale Sicherheit der Vereinigten Staaten bedrohenden Streik über eine gerichtliche Verfügung eine Abkühlungsfrist, d.h. eine Streikaussetzung, bis zu 80 Tagen zu erwirken.
tag along rights 1. Recht auf Mitwirkung 2. → co-sale right
tagging Händlernennung in einer Produktanzeige
tail 1. Restansprüche, Restzahlung 2. → extended reporting period 3. → estate in tail
tailoring Abstimmung auf (Anpassung an) die Kundenanforderungen
take away provisions Vereinbarungen zwischen einer Unternehmensleitung und einem externen Investor, der zufolge Letzterer bei Nichterreichen eines bestimmten Performance- oder Renditeziels sein kapitalmäßiges Engagement beenden kann.
take-or-pay contract Vertrag, der den Abnehmer zur Bezahlung nicht abgenommener Mengen verpflichtet.
takeout financing/takeout loan Ablösungsfinanzierung, Ablösung einer Zwischenfinanzierung durch einen langfristigen Kredit
Takeover Code Übernahmekodex, Richtlinien für öffentliche Übernahmeangebote
takeover defense planning → defensive measures
takeover repellent Maßnahme zur Abschreckung feindlicher Bieter
takeover statutes Übernahmegesetzgebung der US-Bundesstaaten
taking 1. Enteignung von Grundbesitz 2. Flächennutzungsbeschränkungen, die die

Bebauung eines Grundstücks wirtschaftlich nicht sinnvoll erscheinen lassen.
taking a charge over assets Belastung von Vermögenswerten, Bestellung eines Grundpfandrechtes
taking against the will Beanspruchung eines Pflichtteils im Rahmen der gesetzlichen Erbfolge (konträr zu einer anders lautenden Verfügung des Erblassers)
taking an interest Beteiligungserwerb, Übernahme einer Beteiligung
taking a line Zeichnung (Übernahme) eines Risikos, → line
taking inventory Inventur, Warenbestandsaufnahme, Lageraufnahme
taking out a default summons Erwirkung eines Zahlungsbefehls
taking out a policy Versicherungsabschluss
taking possession of the collateral Inbesitznahme des Sicherungsgegenstandes
taking samples Entnahme von Stichproben
taking tenders for Einholung von Angeboten
taking to income ergebniswirksame Verrechnung, Einstellung in die Gewinn- und Verlustrechnung
taking to reserves Einstellung in die Rücklage
tale quale clause → tel quel clause
tallying Tallierung □ Kontrolle ein- oder ausgehender Ladung, Schadenfeststellung
tallyman Ladungskontrolleur
tally sheet Tallyschein
tandem companies 1. in Personalunion geführte Unternehmen 2. Unternehmen, die sich im Besitz der gleichen Gesellschafter befinden.
tangible (fixed) assets Sachanlagen, Sachanlagevermögen, materielle Werte des Anlagevermögens, Sachkapital
tangible benefits materielle Leistungen
tangible goods Sachgüter, materielle Güter
tangible inflation hedge Inflationsabsicherung durch Sachwerte
tangible investments Anlagen in Sachwerten
tangible net worth Betriebsvermögen

tangible personal property persönliche Habe □ Sacheigentum, ausgenommen Grundstücke und Gebäude
tangible product attributes sichtbare (physische, greifbare) Produktmerkmale
tangible property → tangible (fixed) assets
tangible security dingliche Sicherheit
tap issuing system Daueremissionsverfahren, bei dem Schuldtitel je nach Bedarf und Marktlage begeben werden. Die Platzierung erfolgt unter Umgehung der Börse direkt bei institutionellen Anlegern.
tare mass of container → tare weight (2)
tare weight 1. Verpackungsgewicht 2. Container-Leergewicht 3. Gewicht des leeren Eisenbahn-Waggons
target audience Zielpublikum (Leser, Hörer, Zuschauer), Zielgruppe
target audience rating points → gross rating points
target company Zielunternehmen □ (a) Unternehmen, das Gegenstand eines Übernahmeangebotes ist. (b) *(nach erfolgter Fusion)* übertragendes Unternehmen (c) *(aus der Sicht des Wagnisfinanziers)* Gesellschaft, an der eine Beteiligung erworben wurde oder erworben werden soll.
target cost Zielkosten □ der am Markt erzielbare Preis abzüglich Gewinnmarge
target costing Zielkostenrechnung □ Definition von Kostenzielen/Bestimmung eines Marktpreises auf der Basis der Zielkosten, → target cost
targeted banner zielgerichtete Einblendung eines Werbebanners
targeted production Produktionsziel, Produktionssoll, Produktionsvorgabe
targeted repurchase Rückkauf eigener Aktien zur Abwehr einer Firmenübernahme. → defensive measures
targeted stocks Aktien, bei denen die Gewinnbeteiligungsrechte der Aktionäre auf einen Anteil am Gewinn eines Geschäftsbereiches oder einer Tochtergesellschaft beschränkt sind.
target group index Zielgruppenbestimmung im Rahmen einer Konsum-Media-

Planung ☐ erfolgt durch die laufende Befragung einer Zielgruppe, bei der die Einkaufsgewohnheiten dieser Verbraucher in ein Verhältnis zur Zahl ihrer Medienkontakte gesetzt werden.
target issue im Hinblick auf eine bestimmte Anlegergruppe begebene Emission
target management Management der Zielgesellschaft
target margin on sales Zielgewinnspanne
target marketing auf eine bestimmte Zielgruppe/Marktnische ausgerichtete Marketingaktivitäten
target profile Zielgruppenprofil, demografische Merkmale einer Zielgruppe
target pyramid(ing) Zielpyramide, Darstellung der Unternehmensziele in Pyramidenform
target range Zielbandbreite, Zielkorridor
target rating points *(in der Medienwerbung)* Gesamtzahl der mit einem Werbeträger bei einer Zielgruppe erreichten Kontakte
target return pricing Zielrenditen-Preisbildung, von einer bestimmten Zielrendite ausgehende Preiskalkulation
target risks 1. Großrisiken, die (a) schwer zu decken bzw. schwer zu platzieren sind. (b) die von einer automatischen Rückversicherung ausgeschlossen sind 2. potenzielle Versicherungskunden
target start/finish *(in der Projektplanung)* nutzerbestimmter Anfangs-/Endzeitpunkt eines Vorgangs oder Projektes
target weighting Gewichtung (z.B. des Werbeaufwandes) nach der Bedeutung der Zielgruppe
tariff agreement 1. Zollabkommen 2. Tarifabsprache, Prämienabsprache
tariff category Tarifgruppe, Tarifklasse
Tariff Commission US-Bundesbehörde, die zoll- und handelspolitische Fragen untersucht und entsprechende Empfehlungen ausarbeitet ☐ an ihrer Spitze stehen sechs Personen, die vom Präsidenten für jeweils sechs Jahre bestellt werden.
tariff company (office) → tariff insurer
tariff disparities Zollunterschiede, Zolldisparitäten, Unterschiede in den Zolltarifen verschiedener Länder
tariff harmonisation 1. Zolltarifangleichung, i.w.S. Angleichung der Zollsysteme 2. Angleichung von Versicherungsprämien
tariff heading Zollposition
tariff information catalogue von der → Tariff Commission veröffentlichtes Nachschlagewerk über zollpflichtige Waren, Import- und Exportvolumina, Produktionskosten, ausländische Konkurrenz etc.
tariff insurer Versicherungsunternehmen, das einem zentralen Versicherungsverband angehört und bei Prämienfestsetzung und Ausstellung der Policen an die Verbandsrichtlinien gebunden ist.
tariff jurisdiction Zollhoheit
tariff legislation Zollgesetzgebung, Zollrecht
tariff list Verzeichnis über die beim Import von Waren zu entrichtenden Zölle, die zu beachtenden Formalitäten etc.
tariff nomenclature Zolltarifschema, Nomenklatur
tariff of charges Gebührenverzeichnis
tariff rates 1. Beförderungstarif, Frachttarif 2. von einem Versicherungsverband festgelegter Prämientarif
tariff regulations Zollordnung, Zollvorschriften
tariff ring 1. Zollkartell 2. Versicherungskartell
task Aufgabe, Prozess, Arbeitsschritt
task chain diagram Aufgabenkettendiagramm
task force Projektgruppe
task management (scheduling) Prozessverwaltung, i.w.S. rechnergestützte Systeme zur Aufgabenabwicklung
task method ausschließlich an der Aufgabenstellung orientiertes Verfahren
task-oriented leadership style aufgabenorientierter Führungsstil
task scheduling Prozessverwaltung
TAT → thematic apperception test
taxable capacity Steuerkapazität, Steuerkraft

taxable capital gains steuerpflichtige Kapitalgewinne (Kursgewinne)
taxable entity Steuersubjekt, steuerpflichtiges Rechtssubjekt (Unternehmen), steuerpflichtige Einheit
taxable equivalent net income um Steuereffekte bereinigter Nettogewinn
taxable estate steuerpflichtiger Nachlass, Nachlassvermögen abzüglich Nachlassverbindlichkeiten
taxable event steuerpflichtiger Vorgang
taxable gain steuerpflichtiger Veräußerungsgewinn
taxable gift steuerpflichtige Schenkung
taxable income 1. steuerpflichtiges (steuerliches) Einkommen, steuerpflichtige Einkünfte, → adjusted gross income 2. steuerlich ermittelter Jahresgewinn, steuerliches Ergebnis der Berichtsperiode, → accounting income
taxable income accounting steuerliche Einkommensermittlung, → tax accounting
taxable investment income steuerpflichtige Kapitalerträge
taxable loss steuerlicher Verlust
taxable pay steuerpflichtige Bezüge
taxable profit steuerpflichtiger Gewinn, Steuergewinn, in der Steuerbilanz ausgewiesener Gewinn
taxable sales (turnover) steuerpflichtiger Umsatz
taxable temporary differences steuerpflichtige temporäre Unterschiede, latente Steuern aufgrund passivischer Unterschiedsbeträge
tax accounting steuerliche Ergebnisermittlung (Bilanzierung), Erstellung der Steuerbilanz
tax accounts Steuerbilanz
tax accruals Steuerrückstellungen
tax-advantaged investment mit Steuervorteilen verbundene Kapitalanlage, → tax shelter
tax allocation basis of accounting/tax allocation method Bilanzierungsverfahren, bei dem auf Gewinne zu entrichtende Ertragssteuern in dem Ergebnis jener Rechnungsperiode berücksichtigt werden, in der diese Gewinne anfallen.
tax allowance 1. Steuerfreibetrag 2. steuerliche Abschreibung
tax amortisation Steueramortisation, Steuertilgung
tax and insurance escrow account → escrow account für die Entrichtung von Steuern und Abgaben
tax and loan accounts Konten der US-Regierung bei den Geschäftsbanken
tax anticipation bills vom US-Schatzamt emittierte Schatzwechsel mit Laufzeiten bis zu zwölf Monaten □ können von Unternehmen zur Begleichung fälliger Steuerzahlungen verwendet werden.
tax appeal Einspruch gegen einen Steuerbescheid
tax apportionment Steuerumlage
tax assessment Steuerbemessung, Steuerfestsetzung, Steuerveranlagung
tax assessment notice Steuerbescheid
taxation 1. Besteuerung, Steuerveranlagung 2. Festsetzung der Gerichtskosten
taxation at source Quellenbesteuerung, Einbehaltung der Steuer an der Einkunftsquelle
taxation of costs Festsetzung der Gerichtskosten
taxation of earnings (profits) Ertrags-/Gewinnbesteuerung
taxation overprovided in previous years zu hohe Steuerrückstellungen in den vergangenen Jahren
taxation power Steuerhoheit, Steuererhebungsrecht
taxation provisions Steuerrückstellungen
taxation relief Steuerbegünstigung, Steuererleichterung
tax audit Steuerprüfung
tax averaging Steuerausgleich, Finanzgleich, Verteilung des Steueraufkommens auf die verschiedenen Gebietskörperschaften
tax avoidance (rechtlich zulässige Form der) Steuervermeidung

tax-backed bond Anleihe, die durch Steuereinnahmen der emittierenden Körperschaft unterlegt ist.
tax base → tax basis
tax-based financing concept steueroptimierendes Finanzierungskonzept
tax basis 1. steuerlicher Wertansatz, Wertansatz in der Steuerbilanz 2. Besteuerungsgrundlage, Steuerbemessungsgrundlage □ Grundlage, auf der der steuerpflichtige Gewinn/Verlust ermittelt wird; *(bei Wertpapiergeschäften)* Kaufpreis der erworbenen Papiere plus gezahlter Courtage und sonstiger Kosten, *(bei Grundbesitz)* Kaufpreis plus Dokumentationskosten (→ closing cost), zuzüglich der wertsteigernden Einbauten und abzüglich Abschreibung
tax basis of inventories steuerlicher Wertansatz der Vorräte
tax benefits Steuervorteile, Steuervergünstigungen, *(operating loss after related tax benefits)* Betriebsverlust nach Berücksichtigung der Steuerminderung
tax book Steuerhebeliste
tax bracket Steuergruppe, Steuerklasse
tax carryback steuerlicher Verlustrücktrag, → carryback
tax carryforward steuerlicher Verlustvortrag, → carryforward
tax certificate 1. Steuerbescheinigung 2. Bescheinigung über die Eigentumsrechte, die der Ersteigerer bei einem → tax sale erwirbt. □ Wird das Zertifikat nicht innerhalb einer bestimmten Frist durch den Schuldner ausgelöst, erfolgt der endgültige Übergang der Eigentumsrechte auf den Ersteigerer und die Ausstellung einer → tax deed.
tax clawback Rückforderung gewährter Steuervergünstigungen (Steuervorteile)
tax code Steuerkennziffer □ Auf der Grundlage dieser vom Finanzamt für einen Arbeitnehmer unter Berücksichtigung der Freibeträge ermittelten Steuerkennziffer berechnet der Arbeitgeber die abzuführende Steuer.
tax consequences (of dividends) Steuereffekt von Dividenden
tax credit Steuergutschrift, Steuerguthaben, Steuervergütung, Steueranrechnung
tax credit carryforward vorgetragene Steuergutschrift □ gezahlte Mehrsteuern, die in einer zukünftigen Rechnungsperiode von den dann zu zahlenden Steuern in Abzug gebracht werden können.
tax-deductibles steuerlich absetzbare (abzugsfähige) Beträge
tax deduction 1. Steuerabzug, Einbehaltung einer Steuer 2. steuerlich absetzbarer Betrag
tax deed nach einem → tax foreclosure sale für den neuen Eigentümer ausgestellte Eigentumsurkunde
tax deferral (deferment) Steuerstundung, Stundung einer Steuerschuld
tax-deferred investment Kapitalanlage, die so strukturiert ist, dass steuerpflichtige Erträge erst zum Zeitpunkt einer Verringerung des steuerpflichtigen Gesamteinkommens (z.B. bei Eintritt in den Ruhestand) anfallen.
tax demand notice Steuerfestsetzungsbescheid
tax due diligence → due diligence
tax effect method of accounting → tax allocation basis of accounting
tax effect of securities transactions den Wertpapiergeschäften zuzurechnende Steueraufwendungen
tax efficiency concept Steueroptimierungskonzept
tax equalisation reserve Steuerausgleichsrücklage
Tax Equity and Fiscal Responsibility Act US-Gesetz zur Gewährleistung der Steuergleichheit und zur Verhinderung des Missbrauchs des Steuerabwehrinstrumentariums
taxes accrued Steuerschuld, aufgelaufene Steuern
tax escalation clause Klausel eines Miet-/Pachtvertrages, die eine Überwälzung aller Grundsteuer- bzw. Abgabenerhöhungen auf den Mieter vorsieht.

taxes payable *(im Jahresabschluss)* Steuerverbindlichkeiten
taxes reserved *(im Jahresabschluss)* Steuerrückstellungen
tax evasion Steuerhinterziehung, Steuerverkürzung, unerlaubte Form der Steuerabwehr; Gegensatz: → tax avoidance
tax-exempt assets steuerbefreite Wirtschaftsgüter
tax-exempt income 1. steuerfreie (steuerbefreite) Einkünfte 2. steuerfreier Gewinn
tax exemption Steuerbefreiung, Befreiung von der Steuerpflicht, Freistellung von einer Steuer
tax exemption notice Freistellungsbescheid
tax-exempt property grundsteuerfreier Immobilienbesitz
tax expense Steueraufwand
tax foreclosure sale Zwangsverkauf zur Beitreibung einer Steuerschuld
tax forward shifting Fortwälzung einer Steuer
tax-free allowance Steuerfreibetrag
tax-free exchange fund Investmentfonds, dessen Anteile gegen Einbringung von Wertpapieren gezeichnet werden können. □ Der zuvor bei den Wertpapieren erzielte Wertzuwachs muss beim Tausch gegen die Fondsanteile nicht versteuert werden.
tax-free rollover steuerfreie Wiederanlage, steuerfreier Übertrag eines Wertzuwachses, → tax-free exchange fund
tax home steuerlicher Wohnort
tax imputation Steueranrechnung
tax indemnity Schadloshaltung gegenüber Steuerforderungen, Freistellung von Steuermehrbelastungen
taxing authority (power) Steuerhoheit, Steuergewalt, Steuererhebungsrecht
taxing office Kostenfestsetzungsbehörde
tax investment incentives steuerliche Investitionsanreize
tax lease steuerorientierter Leasingvertrag
tax lien Steuerpfandrecht, Grundpfandrecht zugunsten einer Steuerbehörde □ d.h. das Grundstück haftet automatisch für alle nicht bezahlten Steuern.

tax load Steuerlast, Steuerbelastung, Steueraufwand, Steuerschraube
tax loss company Abschreibungsgesellschaft
tax loss selling → tax selling
tax notice of coding Steuerkennzifferbescheid, → tax code
tax offence Steuerdelikt, Steuerstraftat
tax on increment value Wertzuwachssteuer
tax option company Kapitalgesellschaft, die bei Erfüllung bestimmter Voraussetzungen steuerlich als Personengesellschaft behandelt wird.
tax owner wirtschaftlicher Eigentümer unter steuerlichen Gesichtspunkten
tax participation clause Klausel eines Miet-/Pachtvertrages, die eine teilweise (gegebenenfalls auch vollständige) Übernahme der auf ein Grundstück zu entrichtenden Steuern vorsieht.
tax planning Strategien zur Verringerung/Minimierung der Steuerlast
tax preference items bestimmte Erträge oder Aufwendungen, die bei der Berechnung der → alternative minimum tax bzw. des → adjusted gross income berücksichtigt werden.
tax-privileged capital expenditure steuerbegünstigte Investitionen
tax purchaser Ersteigerer von Vermögenswerten bei einem → tax sale
tax push Steuerdruck, Steuerschraube
tax pyramiding Mehrfachbesteuerung
tax rate (Regel-)Steuersatz
tax ratio Steuerquote □ Anteil der Einkommensteuern am Jahresüberschuss
tax realisation steuerliche Einnahmenrealisation
tax rebate 1. Steuernachlass 2. Steuerrückzahlung
tax receipt(s) Steuereinnahmen, Steueraufkommen
tax received *(im Jahresabschluss)* Steuerrückerstattungen
tax redemption 1. steuerinduzierte Tilgung 2. Auslösung von Vermögenswerten, die zur Beitreibung von Steuerrückständen gepfändet wurden. Die Auslösung erfolgt

durch Zahlung der Steuerrückstände und aller mit dem Beitreibungsverfahren verbundenen Kosten.
tax-related margin squeeze steuerlich bedingter Druck auf die Gewinnspannen
tax relief 1. Steuerbegünstigung, Steuererleichterung 2. *(carrying tax relief)* steuerlich begünstigt
tax relief mortgage steuerlich begünstigter Hypothekenkredit (d.h. steuerlich absetzbare Hypothekenzinsen)
tax revenue shortfall Steuermindereinnahmen
tax roll Steuerhebeliste
tax ruling Entscheidung/Zusage einer Steuerbehörde, → letter ruling
tax sale → tax foreclosure sale
tax selling 1. Verkauf von im Kurs gefallenen Wertpapieren, um den Wertverlust steuerlich geltend machen zu können 2. durch einen Steuertermin bedingte umfangreiche Wertpapierverkäufe
tax sharing Verteilung der Steuerlast, i.e.S. Verteilung des Steueraufkommens auf die verschiedenen Gebietskörperschaften, Finanzausgleich
tax shelter Steueroptimierungsmodell, Steuersparmodell ☐ rechtliche Gestaltungsmöglichkeit, deren Ziel es ist, die Steuerbelastung zu verringern oder Einkünfte/Gewinne auf legalem Weg ganz der Besteuerung zu entziehen (z.B. durch Anlage von Geldern im Ausland, Änderung der Unternehmensform bzw. des Unternehmensstandortes). Je nach Kontext können unter dem Begriff aber auch Abschreibungsgesellschaften, Steueroasen oder missbräuchliche Formen der Steuerabwehr verstanden werden.
tax shelter company Verlustzuweisungsgesellschaft
tax-sheltered accumulation of capital steuerfreie Vermögensbildung
tax-sheltered income steuerfreie Einkünfte
tax-shelter fund steueroptimierender Fonds ☐ Investmentfonds mit einer Anlagestrategie, die auf eine Minimierung der Steuerpflicht für ausgeschüttete Erträge ausgerichtet ist.
tax shelter investment 1. Kapitalanlage, deren Erträge teilweise oder vollständig steuerfrei sind. 2. Kapitalanlage, die aufgrund eines Steuerersparniseffekts besonders interessant ist.
tax shield 1. in Anspruch genommener Freibetrag 2. → tax shelter
tax-shifting 1. Steuerüberwälzung, Überwälzung einer Steuer auf den Endverbraucher 2. Steuerverschiebung, Verschiebung des steuerpflichtigen Gewinns in spätere Rechnungsperioden
tax stop Klausel eines Mietvertrages, die den Mieter zur Zahlung aller Steuern/Abgaben verpflichtet, deren Höhe eine vorab festgelegte Grenze übersteigt.
tax-supported bond → tax-backed bond
tax swap steuerlich motivierter Tausch, Tausch von Vermögenswerten zur Inanspruchnahme von Steuervorteilen
tax switching steuerlich bedinge Portefeuille-Umschichtungen
tax title Titel, den ein Ersteigerer bei einem Zwangsverkauf zur Beitreibung einer Steuerschuld erworben hat.
tax umbrella 1. → tax shelter 2. steuerlicher Verlustvortrag
tax valuation of property steuerliche Bewertung von Vermögenswerten
TBL → throughbill of lading
TBM → time-based management
T/C → time charter
t.c.f. → till called for
TCO → total cost of ownership
T-Commerce Umsätze, die durch Fernsehspots generiert werden.
TDC → total direct costs
T distribution T-Verteilung, symmetrische glockenförmige Verteilung
TDWAT → tons deadweight all told
tdwcc → tons deadweight cargo carrying capacity
T+E → transportation and exit
teaming agreement (Projekt-)Kooperationsvereinbarung

teaser rate Lockzinsangebot □ z.B. Hypotheken-Zinssatz, der in den ersten Jahren der Laufzeit besonders niedrig ist, in den folgenden Jahren jedoch überdurchschnittlich steigt.

technical charges versicherungstechnische Aufwendungen

technical default technischer Zahlungsverzug □ alle → events of default, bei denen es sich nicht um eine Zahlungseinstellung handelt.

technical due diligence Unternehmensprüfung (→ due diligence) unter technischen Gesichtspunkten, d.h. es wird geprüft, ob ein Unternehmen über die technologischen Voraussetzungen verfügt, die gesteckten Ziele zu erreichen.

technical insolvency Nichterbringung der vertraglichen Leistung zum vereinbarten Zeitpunkt

technical reserves *(einer Versicherungsgesellschaft)* Sonderrücklagen

technological due diligence → technical due diligence

technology enabled selling Einsatz von Softwaretechnologie im Verkauf

technology push durch neue Technologien ausgelöste Produktinnovationen

technology refresh option Option eines Leasingvertrages, der zufolge der Leasingnehmer zu bestimmten Zeitpunkten den Leasinggegenstand gegen technologisch weiterentwickelte Ausrüstungen austauschen kann. I.d.R. ist damit jedoch eine Verlängerung der Grundmietzeit verbunden.

TEFRA → Tax Equity and Fiscal Responsibility Act

telemarketing Telemarketing □ Marketing/Verkauf per Telefon (oder Fernsehen), alle auf die Kundenakquisition bzw. den Ausbau bestehender Kundenbeziehungen ausgerichteten Telemarketing-Aktivitäten, → inbound, → outbound telemarketing

tele operators Mitarbeiter eines › call center

telephone selling Direktverkauf per Telefon

telescoping error Erhebungsfehler aufgrund der falschen zeitlichen Einordnung eines Ereignisses durch den Probanden

tel quel clause Handelsklausel im Überseeverkehr □ Der Käufer hat die Ware so abzunehmen, wie sie ausfällt, d.h. der Verkäufer übernimmt keine Gewähr für eine bestimmte Qualität. Es muss sich bei den Waren jedoch um unbeschädigtes Handelsgut handeln.

temperature-controlled container temperaturgeführter Container

temporal method Zeitbezugsmethode □ Fremdwährungsumrechnung im Konzernabschluss, bei der von den Wechselkursen ausgegangen wird, die zum Zeitpunkt der Abwicklung der zugrunde liegenden Transaktionen festgestellt wurden. → closing rate method

temporary administrator gerichtlich bestellter vorläufiger Nachlassverwalter

temporary admission vorübergehende (zollfreie) Einfuhr

temporary annuity → temporary life annuity

temporary assurance Risikolebensversicherung

temporary cash investments *(im Jahresabschluss)* kurzfristige Finanzanlagen

temporary differences temporäre Differenzen □ zwischen Buchwert und Steuerwert von Vermögenswerten oder Verbindlichkeiten, die jedoch später ausgeglichen werden. → permanent differences

temporary importation under bond vorübergehende Einfuhrgenehmigung (für Güter, die zur Wiederausfuhr bestimmt sind).

temporary injunction einstweilige Verfügung

temporary life annuity zeitlich begrenzte Leibrente, → annuity

temporary perfection vorübergehender Rangschutz eines Sicherungsrechtes

temporary restraining order/temporary relief einstweilige (Unterlassungs-)Verfügung

temps Teilzeitkräfte
tenancy 1. Besitzrechte, Eigentumsrechte, → joint tenancy 2. zeitlich begrenzte Besitzrechte, Mietverhältnis, Pachtverhältnis 3. Mietdauer, Pachtdauer
tenancy agreement Mietvertrag, Pachtvertrag
tenancy at sufferance vertragswidrige Fortsetzung eines Mietverhältnisses durch den Mieter
tenancy at will jederzeit kündbares Miet- bzw. Pachtverhältnis
tenancy by the entirety (by entireties) Gütergemeinschaft, Gesamthandeigentum der Eheleute (bei Tod eines Ehepartners geht dessen Hälfte auf den überlebenden Ehegatten über)
tenancy for a period zeitlich begrenzte Besitzrechte, Miet- bzw. Pachtverhältnis
tenancy for life auf die Lebenszeit des Rechtsinhabers beschränktes Besitzrecht, Nießbrauchrecht
tenancy from month to month/from year to year sich monatlich/jährlich verlängerndes Miet-/Pachtverhältnis
tenancy from term to term (from period to period) Miet- bzw. Pachtverhältnis mit automatischer Verlängerung bei Nichtkündigung
tenancy in common Miteigentum nach Bruchteilen, Bruchteilsgemeinschaft
tenancy in common with the right of survivorship Miteigentumsanteile, die frei veräußerlich sind und im Falle des Todes eines Miteigentümers auf den oder die Erbberechtigten übergehen. Gegensatz: → joint tenancy
tenancy in fee simple unbeschränkte Besitzrechte
tenancy in severalty alleiniges Eigentum
tenant 1. Eigentümer (tenant in fee simple) 2. Pächter, Mieter (tenant from term to term)
tenanted property vermieteter Grundbesitz
tenant for life Rechtsinhaber auf Lebenszeit, → tenancy for life
tenant in common Miteigentümer, → tenancy in common
tenant in fee (in fee simple) Grundstückseigentümer
tenant law Mietrecht
tenant's fixtures Einbauten des Mieters
ten-day window Frist, innerhalb derer jede Transaktion der → Securities and Exchange Commission angezeigt werden muss, mit der ein Investor/Unternehmen mehr als 5% des stimmberechtigten Aktienkapitals einer anderen Gesellschaft erwirbt.
tender 1. Angebot, → tender offer 2. Ausschreibung 3. Andienung, unwiderruflich bekundete Absicht zur Vertragserfüllung 4. Tender, Tenderverfahren ▢ auktionsähnliches Bietungsverfahren für die Platzierung von Wertpapieren, bei dem nur ein bestimmter Mindestkurs festgelegt wird. Zeichner geben ihre Kurse zu höheren Kursen ab. Die Zuteilung erfolgt ausgehend vom höchsten bis zum niedrigsten Gebot. 5. → variable-rate foreign exchange swap tender, → variable-rate tender
tender award Zuschlag bei einer Ausschreibung
tender clause *(in der Schiffskaskoversicherung)* Tenderklausel ▢ Bei Eintritt eines Schadens kann der Versicherer verlangen, dass der Versicherungsnehmer verschiedene Angebote für die Reparatur einholt und die Wahl der entsprechenden Werft dem Versicherer überlässt.
tender guarantee Bietungsgarantie, → bid bond
tendering shareholders Aktionäre, die ihre Aktien einem Übernahmeangebot folgend zum Verkauf anbieten.
tender issue Emission im Tenderverfahren ▢ Emission, bei der die Zuteilung der Titel über ein Bietungskonsortium erfolgt. → tender system
tender of defense Andienung der Verteidigung, i.e.S. Streitverkündung
tender offer Übernahmeangebot, Tender-Offerte ▢ Bei einem tender offer, das i.d.R.

den Charakter eines öffentlichen Übernahmeangebotes hat, verpflichtet sich ein Investor (bietendes Unternehmen), alle oder einen bestimmten Teil der Aktien des Zielunternehmens zu einem bestimmten Kurs zu übernehmen. Um die Aktionäre zur Annahme des Angebotes zu bewegen, wird dieser Kurs über dem Markt- bzw. Börsenwert der jeweiligen Aktien liegen. Neben Barzahlung kann das bietende Unternehmen auch eigene Aktien oder sonstige Wertpapiere als Gegenleistung offerieren. → two-tier tender offer

tender of performance Leistungsangebot, Erbringung der vertraglichen Leistung

tender option bonds langfristige Anleihen, die zu bestimmten Zeitpunkten dem Emittenten oder einer Bank zur Rücknahme zum Nennwert angedient werden können.

tender panel Bietungskonsortium

tender panelist Mitglied eines Bietungskonsortiums

tender procedure 1. Ausschreibungsverfahren 2. Tenderverfahren, → tender (4)

tender rigging Manipulation von Ausschreibungen

tender specifications Lastenheft, Lieferungsbedingungen

tenements → dominant, → servient tenement

tenor of a deed Substanz (wesentliche Punkte, Zweck) einer Urkunde

ten times winner Unternehmen, das so erfolgreich arbeitete, dass ein Kapitalanleger bzw. Wagnisfinanzier seinen Kapitaleinsatz verzehnfachen konnte. → venture capitalist

tenure 1. Amtszeit 2. zeitlich befristetes Besitzrecht, Pachtrecht

ten-year property Wirtschaftsgüter, für die nach dem → accelerated cost recovery system ein zehnjähriger Abschreibungszeitraum gilt.

TEP → traded endowment policy

term assurance Risikolebensversicherung

term contracting Abschluss eines Liefervertrages für einen bestimmten Zeitraum (das Auftragsvolumen ist unbestimmt, es wird lediglich eine Mindestmenge festgelegt)

term funding befristete Finanzierung, Finanzierung zur Deckung der Cashflow-Erfordernisse eines bestimmten Zeitraumes

terminable contract (auf)kündbarer Vertrag

terminable interest befristetes dingliches Nutzungsrecht

terminable property Mietbesitz, Pachtbesitz, befristete Besitzrechte

terminal bonus Schlussdividende, bei Policen-Fälligkeit gezahlte zusätzliche (freiwillige) Versichertendividende

terminal delivery allowance Frachtvergütung für direkte Andienung oder Abholung des Frachtgutes am Terminal des Frachtführers/Verfrachters

terminal dividend *(im Versicherungsgeschäft)* Schlussüberschussbeteiligung

terminal handling charges Container-Handling-Kosten, Kaigebühren für das Container-Handling □ Kosten für die Behandlung der Container auf einem Terminal vor und/oder nach dem Passieren der Schiffsreling.

terminal operator Terminal-Betreiber

terminal payment 1. letzte Ratenzahlung 2. Entlassungsabfindung

terminal receipt Terminal-Empfangsschein

terminal rental adjustment clause → TRAC lease

terminal software Software für Datenendgeräte

terminal value 1. Restwert 2. Wert zum Fälligkeitstermin, häufig identisch mit dem Nennwert 3. *(in einer Shareholder-Value-Berechnung)* Residualwert

termination benefits Überbrückungsgelder, Abfindungen

termination clause Kündigungsklausel

termination events Beendigungsgründe □ Gründe, die eine Beendigung des Vertragsverhältnisses rechtfertigen.

termination features Vertragsbestimmungen, die eine sofortige Vertragsauflösung oder Kontraktliquidation nach sich ziehen.

termination interview → exit interview

termination of a power (proxy) Erlöschen einer Vollmacht

termination of contract Vertragsauflösung, Aufkündigung eines Vertrages, Beendigung des Vertragsverhältnisses

termination of employment Beendigung des Arbeits-/Beschäftigungsverhältnisses

termination payments Zahlungen, die eine Vertragspartei bei Auflösung oder Abtretung einer Swap- oder anderen Derivate-Position leistet.

termination provision Vertragsauflösungsklausel, Auflösungsbestimmung

termination rate Prozentsatz der Probanden, die eine Befragung/einen Test vorzeitig abbrechen.

termination schedule Anhang zu einem Leasingvertrag, in dem die Verpflichtungen des Leasingnehmers bei einer vorzeitigen Vertragsauflösung (z.B. bei unvorhergesehener starker Beanspruchung des Leasinggegenstandes) geregelt werden.

termination statement Erklärung hinsichtlich der Löschung eines Sicherungsrechtes

termination value vertraglich festgelegter Verkaufserlös, den der Leasinggeber erzielen muss, wenn der Leasingvertrag vor dem vereinbarten Ablauftermin durch den Leasingnehmer beendet wird.

term insurance i.e.S. Risikolebensversicherung, i.w.S. Zeitversicherung, befristete Versicherung

term interest zeitlich begrenzte Ansprüche

term loan Laufzeitkredit □ Ausstattungsmerkmale: Konsortialkredit mit Festsatzkonditionen oder variablen, an einen Referenzzinssatz gekoppelten Konditionen, Inanspruchnahme in mehreren Tranchen oder in einer Summe während einer bestimmten Ziehungsfrist, Rückzahlung in Teilbeträgen oder in einer Summe bei Fälligkeit.

term policy 1. Zeitversicherung 2. kombinierte Haftpflicht- und Vertrauensschadenversicherung, die i.d.R. auf drei bis fünf Jahre begrenzt ist.

term rate Kurztarif □ besonderer Tarif für außergewöhnlich kurzfristige Versicherungen

term rule Bestimmung hinsichtlich der Laufzeit der eingeräumten Versicherungsdeckung

terms extension Verlängerung des Zahlungsziels

term sheet 1. Konditionentableau 2. i.w.S. Grundsatzangebot, Vorvertrag □ enthält alle wichtigen Modalitäten der geplanten Kreditausreichung, d.h. Kreditart, Kreditbetrag, Kreditzweck, Laufzeit, Zinsen/Aufschlag, Entgelte/Kosten, Sicherheiten, → covenants, sonstige Vereinbarungen

terms implied on the grounds of statutes or trade customs Lieferbedingungen, die sich aus Gesetzen oder Handelsbräuchen ergeben.

terms of 2/30, net 60 *(Zahlungsbedingungen)* 2% Skonto bei Zahlung innerhalb von 30 Tagen oder 60 Tage netto

terms of 2/10, prox., net 60 *(Zahlungsbedingungen)* 2% Skonto bei Zahlung bis zum 10. des folgenden Monats oder 60 Tage netto

terms of arrangement/of composition Vergleichsbedingungen, → voluntary arrangement, voluntary settlement

terms of trade 1. Preisrelationen im Außenhandel, Austauschrelationen, Verhältnis der durchschnittlichen Exportpreise zu den durchschnittlichen Importpreisen 2. Marktklima, Marktbedingungen

term transfer Fristentransformation

term trust zeitlich begrenzter → closed-end fund

term value → residual value agreement

territorial bonds von US-Gebietskörperschaften emittierte Schuldtitel

territorial departmentation Unternehmensgliederung nach Ländern bzw. Regionen

territorialisation Aufteilung einer Region in Vertriebsgebiete (territories)

territorial profitability measurement Rentabilitätsanalyse für ein Vertriebsgebiet
territorial restraints Gebietsbindungen im Sinne einer vertikalen Vertriebsbindung
territory coverage Abdeckung eines Vertriebsgebietes
tertiary beneficiary Drittbegünstigter
tertiary industry tertiärer Sektor, Dienstleistungsindustrie
tertiary risks Ausleihungen oder Anlagen mit einem geringen Risiko
TES → technology enabled selling
testamentary capacity Testierfähigkeit
testamentary class gift Schenkung an eine bestimmte Personengruppe, deren Umfang und Zusammensetzung im Zeitpunkt der Errichtung des Testaments nicht bekannt ist.
testamentary disposition testamentarische Verfügung
testamentary paper (private, formlose) letztwillige Verfügung
testamentary power → testamentary capacity
testamentary trust Treuhandverhältnis, das mit dem Ableben des Treugebers in Kraft tritt.
testamentary trustee testamentarisch eingesetzter Treuhänder, i.w.S. Testamentsvollstrecker
testate succession testamentarisch bestimmte Erbfolge
testator (testrix) Erblasser (Erblasserin)
test check Buchprüfung, die sich auf Stichproben beschränkt.
test facility Prüfeinrichtung
testimonial advertising Testimonialwerbung, Werbung mit Prominenten und/oder Experten
testimonial evidence Zeugenaussage
testing bias Systemfehler in einem Testverfahren
testing cycle Testzyklus □ Tests, die nach Abschluss bestimmter Stufen in einem Produktentwicklungsprozess durchgeführt werden. → stage-gate process
testing schedule Testplan, Zeitplan für alle Testaktivitäten in einem Produktentwicklungsprozess
testing specification Testspezifikation, technische Beschreibung der Testaktivitäten
test management Test-Management □ Planung, Durchführung und Kontrolle von Tests
test of controls Prüfung interner Revisionsmaßnahmen durch den Wirtschaftsprüfer
test of detail Prüfung von Einzeltransaktionen durch den Wirtschaftsprüfer
test-retest reliability Produkttest mit ein- bis mehrmaligen Wiederholungen unter gleichen Bedingungen zur Erhöhung der Testgenauigkeit
TEU → twenty foot equivalent unit
TGI → target group index
THC → terminal handling charges
thematic apperception test thematischer Apperzeptionstest (Bildwahrnehmungs- und Interpretationstest) □ Testpersonen werden gebeten, eine bestimmte Bilderfolge (i.d.R. eine Konsumsituation) zu ergänzen oder zu kommentieren (cartoon test). Ziel ist es, Aufschluss über Einstellungen, Preis-/Qualitäts-Assoziationen zu gewinnen.
theme advertising 1. Werbung in den klassischen Werbeträgern, → above-the-line advertising 2. Themenwerbung
Theta der Theta-Faktor misst den täglichen Zeitwertverlust einer Option mit sinkender Restlaufzeit, d.h. je kürzer die Restlaufzeit, desto größer der Theta-Faktor.
The Three Cs *(character, capacity and capital)* die drei wichtigsten Faktoren bei der Beurteilung der Kreditwürdigkeit eines Unternehmens: Ruf, Produktionskapazität und Kapitalausstattung.
The Three Ls *(luxury, leisure and longevity)* Probleme einer Wachstumswirtschaft: Luxus, Freizeit, verlängerte Lebenserwartung.
The Three Ss *(simplification, standardisation and specialisation)* die drei wichtigs-

ten Faktoren zur Erzielung einer hohen Produktivität: Vereinfachung des Produktionsablaufes, Standardisierung, Spezialisierung

thick client (im Hinblick auf Betriebssystem und Ressourcen) gut ausgestatteter Rechner, → thin client

thin capitalisation unzureichende Kapitalausstattung einer Unternehmung, Unterkapitalisierung

thin client schlanker Rechner, Rechner mit einem kleinen Betriebssystem bzw. einem geringen Bedarf an lokalen Ressourcen, → thin client computing

thin client computing System, bei dem Anwendungen zu 100% auf einem Server bereitgestellt werden, sodass der Client selbst nur ein kleines Betriebssystem benötigt.

thin client (server) technology → thin client computing

thin corporation 1. unterkapitalisierte Gesellschaft, Unternehmen mit einer dünnen Kapitaldecke 2. Unternehmen, dessen Kapitalausstattung sich in erster Linie aus Gesellschafterdarlehen zusammensetzt.

things in action forderungsgleiche Vermögensbestandteile

things personal → personal chattels (property)

things real → real property

thin incorporation weitgehend mit Fremdmitteln finanzierte Gesellschaftsgründung

think links Gedankenverknüpfungen, Anregungen für divergentes Denken

third-line forcing unzulässige Kopplungsgeschäfte

third-party action Klage zur Durchsetzung von Regressansprüchen

third-party business Abschlüsse für Rechnung Dritter

third-party claims Ansprüche Dritter/gegenüber Dritten, Regressansprüche

third-party complaint Drittklage ▢ von einem Urteilsschuldner gegen eine dritte Partei angestrengtes Verfahren, die nach seiner Ansicht für die von ihm zu leistenden Schadenersatzzahlungen verantwortlich ist.

third-party documents *(im Inkasso-/Akkreditivgeschäft)* Drittparteidokumente ▢ d.h. in den Transportdokumenten wird eine andere Partei als der Akkreditivbegünstigte als Ablader genannt.

third-party guarantee Garantie (Bürgschaft) eines Dritten, *(in Verbindung mit Leasingverträgen)* Restwertversicherung durch eine von Leasinggeber und Leasingnehmer unabhängige Gesellschaft.

third-party liability Haftpflicht, Regresshaftung, Haftung Dritter

third-party liability insurance Haftpflichtversicherung

third-party logistics (3PL) Wahrnehmung von Logistikaufgaben durch einen externen Dienstleister

third-party logistics provider systemintegrierender Logistikdienstleister

third-party notification (notice) Streitverkündung, Involvierung einer dritten Person in einen Rechtsstreit durch den Beklagten

third-party only policy Haftpflichtversicherung

third person projective technique Drittpersonentechnik, → expressive projective technique

third round financing dritte Finanzierungsrunde für ein junges/wachstumsträchtiges Unternehmen ▢ Ziel ist die Bereitstellung von Mitteln (third stage capital) für Expansionsvorhaben, Produktdiversifikation, Übernahmen

third stage capital (financing) → third round financing

third-tier company *(im Sinne des US-Steuerrechts)* Urenkelgesellschaft, → first-tier company, → second-tier company

thirty-day wash rule Bestimmung der US-Finanzverwaltung, dass keine Kapitalverluste aus einem Wertpapierverkauf geltend gemacht werden können, wenn dreißig Tage vor oder nach dem Verkaufstermin gleichwertige Papiere erworben wurden.

three-D policy Vertrauensschadenversicherung, die Verluste aufgrund von dishonesty (Unehrlichkeit), disappearance (Verschwinden) und destruction (Zerstörung) deckt.

three-fourths value clause Klausel einer Versicherungspolice, die die Haftung des Versicherers auf drei Viertel des Barwertes des versicherten Eigentums beschränkt.

three hundred forty-one meeting Gläubigerversammlung □ benannt nach dem Artikel des US → Bankruptcy Code, der die Einberufung einer solchen Versammlung verlangt.

three PL (3PL) third-party logistics

three-position promotion plan Personalsystem, bei dem Mitarbeiter neben ihrer laufenden Tätigkeit für weiter reichende Aufgaben ausgebildet werden und gleichzeitig neue Mitarbeiter einarbeiten.

three-way profit split Aufteilung der Unternehmensgewinne unter drei Gesellschafter

three-year property Wirtschaftsgüter, für die nach dem accelerated cost recovery system ein dreijähriger Abschreibungszeitraum vorgesehen ist.

threshold criteria einfache, skizzenhafte Darstellung einer neuen Produktidee

threshold firms Unternehmen, die sich auf die Bearbeitung bestimmter Kundengruppen oder Marktnischen konzentrieren.

thrift institutions/thrifts US-Sparkassen und Kreditgenossenschaften □ zu den thrifts zählen savings and loan associations, mutual savings banks und credit unions.

throB/L/throughbill of lading Durch(fracht)-konnossement, Transitkonnossement □ Konnossement, das Umladungen vorsehen kann, jedoch den gesamten Transportweg der Ware vom Abgangsort/Einladehafen bis zum Bestimmungsort abdeckt.

through charge Durchgangsfracht (vom Abgangs- bis zum Bestimmungsort)

through container service durchgehender Containerverkehr

throughfreight shipment Durchfrachtverladung

through liability durchgehende Haftung des Verfrachters für die gesamte Transportkette

throughput 1. Verarbeitungsleistung, Zeitraum für die Herstellung einer Produkteinheit 2. Durchsatz, Daten-Übertragungsgeschwindigkeit

throughput agreement Vereinbarung über die Bereitstellung einer bestimmten Liefermenge während eines bestimmten Zeitraumes

throughput economy Durchlaufwirtschaft, Durchflusswirtschaft

throughput time Durchlaufzeit □ Zeitraum zwischen Anforderung und Erhalt einer Leistung, Zeitraum von Beginn der Bearbeitung bis zur Fertigstellung

throughput time analysis Durchlaufzeitanalyse

through rate → through charge

thrust marketing Marketingaktivitäten, die ausschließlich auf eine schnelle Umsatzsteigerung ausgerichtet sind.

thrust-upon monopoly Monopolstellung aufgrund überlegener Leistung

TIB → temporary importation under bond

ticketing Preisauszeichnung

TIE → times interest earned

tied agent *(i.S. des britischen → Financial Services and Markets Act)* Finanzberater, der nur die Produkte seines Arbeitgebers verkaufen kann. → independent financial adviser

tied company Hersteller, der bei seinen Käufen an einen Lieferanten gebunden ist. → tie-in arrangement

tied loan 1. zweckgebundenes Darlehen 2. Entwicklungshilfekredit, der an den Erwerb von Ausrüstungsgütern in dem Kreditgeberland gekoppelt ist.

tied product → tie-in arrangement

tied property schwer verkäuflicher Grundbesitz

tied-up assets festliegendes Vermögen

tied-up claims eingefrorene Forderungen

tie-in 1. → tie-in arrangement 2. Werbeverbund, zeitlich aufeinander abgestimmte Werbemaßnahmen unterschiedlicher Absatzmittler 3. Werbung, die auf ein bevorstehendes Ergebnis ausgerichtet ist. 4. Einbeziehung von Händlernamen in Werbespots des Herstellers

tie-in arrangement 1. Kopplungsgeschäft □ Der Käufer kann das von ihm gewünschte Produkt (tying product) nur erwerben, wenn er gleichzeitig ein anderes, von dem Verkäufer bestimmtes Produkt (tied product) erwirbt. 2. Vereinbarung, die einen Hersteller an einen bestimmten Lieferanten bindet. □ Je nach Ausgestaltung der tie-in arrangements kann es sich bei diesen Vereinbarungen um nach den Bestimmungen des → Clayton bzw. → Sherman Act rechtswidrige Knebelungsverträge handeln.

tie-in clause Kopplungsklausel, Abnahmeverpflichtung, → tie-in arrangement

tiered entities verschachtelte Unternehmen (Rechtssubjekte)

tier one eligible assets refinanzierungsfähige Sicherheiten (→ eligible assets) der Kategorie 1, d.h. marktfähige Schuldtitel, die die von der EZB festgelegten Zulassungskriterien erfüllen.

tier two eligible assets refinanzierungsfähige Sicherheiten (→ eligible assets) der Kategorie 2, d.h. marktfähige Schuldtitel, die für einen nationalen Finanzmarkt von besonderer Bedeutung sind und die dort geltenden Zulassungskriterien erfüllen.

tie-up 1. Bindung, Koppelung an 2. Betriebseinstellung bedingt durch längere Reparaturarbeiten, Streik oder Aussperrung

till called for *(Liefervermerk)* Lagerung bis auf Widerruf

time analysis *(in der Projektplanung)* Zeitanalyse, Ermittlung der frühestmöglichen Anfangs- und Endzeitpunkte von Projektvorgängen

time and motion study Zeit- und Bewegungsstudie

time bargain → time purchase

time-based competition Zeitwettbewerb

time-based management Zeitmanagement □ Management-Strategie, bei der die Zeit als kritischer Erfolgsfaktor im Vordergrund steht. → time management

time charter Zeitcharter □ von einer Zeitcharter wird gesprochen, wenn das gesamte Schiff für einen bestimmten Zeitraum angemietet wird. → voyage charter

time charterparty Zeitchartervertrag

time controlling Zeit-Controlling □ Einsatz von Zeitplanungs- und Überwachungsinstrumenten, Feststellung von Zeitüberschreitungen in Geschäftsabläufen

time cost accounting Zeitkostenrechnung

time definite service für einen bestimmten Zeitpunkt garantierte Lieferung

time element insurance 1. Versicherung gegen Verluste während eines bestimmten Zeitraumes, z.B. → business interruption insurance 2. Versicherung gegen Folgeschäden

time for notification of loss Schadenanzeigefrist

time insurance Zeitversicherung, zeitlich begrenzte Versicherung

time is of the essence Hinweis auf die vertragliche Verpflichtung zur pünktlichen Vertragserfüllung

time-limited resource scheduling termingetreue Ressourcen-Planung □ d.h. der Ressourcenplan wird verändert, weil Terminpläne nicht verändert werden können.

time limits Fristen, innerhalb derer Versicherungsansprüche angemeldet werden müssen.

timeliness *(principle of -)* Grundsatz der Zeitnähe in der Rechnungslegung

time loss insurance Betriebsunterbrechungsversicherung

time management Zeitmanagement □ Festlegung von Zeitvorgaben für Geschäftsprozesse, i.w.S. alle Maßnahmen und Techniken zur Beschleunigung bzw. optimalen zeitlichen Strukturierung von Geschäftsprozessen

time measurement Zeitmessung, Zeitauswertung

time measurement unit Zeitgröße, Zeiteinheit

time motion study Zeitbewegungsstudie

time of performance 1. Erfüllungstermin 2. Liefertermin

time on interim cover Dauer der provisorischen Versicherungsdeckung

time period rating Reichweite eines Senders zu einer bestimmten Tageszeit

time-phased budget zeitbezogenes Budget

time piecework Zeitakkord

time price Preis für Warenverkäufe auf Ziel

time price differential Unterschied zwischen Barzahlungspreis und dem Preis bei Zielverkäufen (Inanspruchnahme von Warenkrediten)

time purchase Terminkauf, Zielkauf, der auf Abnahme zu einem bestimmten Termin abgeschlossene Kauf

TIMES Sammelbegriff/Abkürzung für die Bereiche telecommunications, information technology, multimedia, entertainment, security

time-saved bonus scheme Prämienlohnsystem, bei dem sich die Prämie nach dem eingesparten Zeitaufwand richtet.

time-scaled logic drawing zeitbezogene grafische Darstellung der Verknüpfungen zwischen Projektvorgängen

time-scheduling constraints zeitliche Vorgaben

times covered Dividendendeckung □ zeigt an, wie oft eine Dividende durch den Gewinn überdeckt ist.

time segment Zeitsegment für die Ausstrahlung von Werbespots

time series analysis Zeitreihenanalyse

time/service rate auf der Transportdauer basierender Frachttarif, zeit-/nutzungsabhängiger Frachttarif

times fixed charges Fixkostendeckung

time-sharing Nutzung eines anteilsmäßigen und zeitlich begrenzten Rechtstitels □ vornehmlich in Verbindung mit Ferienwohnungen und -häusern, d.h. der Käufer erwirbt nicht das Grundstück direkt, sondern nur das Recht, das Haus bzw. die Wohnung für einen bestimmten Zeitraum im Jahr zu nutzen. Dieses Recht kann übertragen, verkauft oder vererbt werden.

time-sharing scheme Vereinbarung über zeitlich begrenzte Nutzungsrechte (Ferienwohnrechte), → time-sharing

time signature system digitales Zeitsigniersystem

times interest earned Zinsdeckung □ zeigt an, wie oft der Zinsaufwand durch den Gewinn überdeckt ist; Quotient aus Gewinn vor Zinsaufwand und Steuern (EBIT) und Zinsaufwand

time standard Vorgabezeit

time study (Arbeits-)Zeitstudie

time study observation sheet Zeitaufnahmebogen

time to close Zeitpunkt, zu dem die Emissionsvorbereitungen abgeschlossen sein müssen/ein Finanzierungskonzept stehen muss.

time to decay Verringerung des Zeitwertes einer Option bei sinkender Restlaufzeit

time to market Zeitraum von der Entwicklung eines Produktes bis hin zu seiner Marktreife, i.w.S. die in einer Zeitspanne ausgedrückte Fähigkeit eines Unternehmens, Produktinnovationen schnell umzusetzen.

time-to-market approach Strategie zur Optimierung der Durchlaufzeiten, um ein marktnahes Auftreten zu erreichen.

time-to-pay direction (order) gerichtlich verfügte Verlängerung der Zahlungsfrist

time value of money Geldzeitwert

time-weighted return zeitgewichtete Rendite

timing Timing, Bestimmung des zeitlichen Einsatzes, Wahl des richtigen Zeitpunktes für eine Kapitalanlage bzw. für den Verkauf eines Investments

timing differences zeitliche Ergebnisdifferenzen □ Unterschiede zwischen dem steuerlichen Ergebnis und dem Ergebnis nach den → International Accounting

Standards, die dadurch entstehen, dass einige Erlöse und Aufwendungen nicht periodengleich zugerechnet werden können.

timing differences in the recognition of income and expenses zeitliche Unterschiede in der Aufwands- und Ertragserfassung, → timing differences

timing of income Steuerung des Entstehungszeitpunktes von Gewinnen, Ertragsplanung unter steuerlichen Gesichtspunkten

title abstract Auflistung aller Eintragungen in Verbindung mit einem Rechtstitel (einer Immobilie)

title assurance Gewährleistung (Sicherung) der Rechtsbeständigkeit eines Rechtstitels, → title insurance

title binder *(in Verbindung mit einer → title insurance)* vorläufige Deckungszusage

title by adverse possession Erwerb von Eigentum durch Ersitzung

title certificate → title deed

title commitment Verpflichtung des Rechtstitelversicherers zur Ausfertigung einer Police nach Abschluss einer positiven → title search

title company → title insurance company

title conveyance → title transfer

title covenants Eigentumsgarantieklauseln

title deed Eigentumsurkunde ☐ enthält u.a. Aufzeichnungen bzw. Nachweise zu allen Rechtsgeschäften in Verbindung mit einem Grundstück

title defects Mängel eines Rechtstitels

title direction Anweisung des Käufers hinsichtlich der Form, in der die Übertragung der Eigentumsrechte auf seinen Namen erfolgen soll.

title documents 1. Eigentumspapiere, Eigentumsnachweis 2. Traditionspapiere

title examination Eigentumsprüfung, Überprüfung der Eigentumsrechte, Prüfung der Rechtsbeständigkeit eines Rechtstitels (der Eigentumsrechte)

title flow Übergang eines Rechtstitels

title history Rechtstitelgeschichte, → title insurance, → chain of title

title insurance Rechtstitelversicherung ☐ Käufer von Grundstücken und Gebäuden oder grundpfandgesicherte Kreditgeber können sich durch eine title insurance gegen Verluste absichern, die dann entstehen, wenn nach dem Abschluss der entsprechenden Kaufverträge Mängel an den übertragenen Eigentumsrechten festgestellt werden. Im Rahmen einer → title search überprüft die title insurance company alle Eigentumsrechte und Belastungen und haftet gegenüber dem Versicherungsnehmer für die Richtigkeit ihrer Prüfungsergebnisse.

title insurance binder Deckungszusage einer → title insurance company

title insurance company Rechtstitel-Versicherer; Gesellschaft, die Rechtstitel prüft und versichert. → title insurance

title insurance policy → title insurance

title investigation → title search

title of ownership Eigentumsanspruch

title opinion Rechtstitelgutachten, Gutachten (eines Anwalts) zur Rechtsbeständigkeit eines Titels

title plant alle öffentlich zugänglichen Unterlagen zu einem Eigentumstitel

title protection Rechtstitelschutz, Schutz von Eigentumsrechten, Eigentumssicherung

title report Prüfungsergebnis, Ergebnis einer → title search

title research → title search

title reservation by seller Eigentumsvorbehalt des Verkäufers

title retention 1. Eigentumsvorbehalt 2. Schutz von Eigentumsrechten durch Registrierung eines Sicherungspfandrechtes

title search Prüfung der Rechtsbeständigkeit von Eigentumsrechten (Rechtstiteln) ☐ d.h. chronologische Feststellung aller Eigentumsrechte und Belastungen im Hinblick auf ein bestimmtes Objekt.

title service company → title insurance company

title-theory states US-Bundesstaaten, in denen mit der Bestellung eines Grundpfandrechtes in Form einer → mortgage eine Übertragung der Eigentumsrechte auf den Gläubiger erfolgt. → lien-theory states

title to goods (property) Eigentumsrecht an Waren (Vermögenswerten, Grundbesitz)

title to settlement of a claim Anspruch auf Regulierung eines Schadens

title transfer Übertragung von Eigentumsrechten

T/L accounts → tax and loan accounts

TLD → top level domain

TLI → transferable loan instruments

TLO → total loss only

TMA → Trade Marks Act

TME → total managed expenditure

TMS → transport management systems

toehold purchase Ankauf von weniger als 5% der im Umlauf befindlichen Aktien einer Gesellschaft; wird dieser Prozentsatz überschritten, muss der Aufkäufer die → Securities and Exchange Commission informieren.

tolerable deviation rate zulässige Abweichung

tolling agreement Warenveredelungsvertrag □ d.h. Rohstoffe des Landes A werden einem Hersteller in Land B zur Verfügung gestellt, von diesem gegen Zahlung des vereinbarten Betrages verarbeitet, und wieder nach A geliefert.

tolling fee (charges) Warenveredelungskosten, Veredelungsgebühr, → tolling agreement

tolling finance Warenveredelungs-Finanzierung, Finanzierung von Warenveredelungsverträgen, Vorfinanzierung eines grenzüberschreitenden Verarbeitungsprozesses, → tolling agreement

toll revenue bond projektgebundene Kommunalobligation (wird mit den von den späteren Projektnutzern gezahlten Abgaben getilgt).

TOMA → top-of-mind awareness

tombstone Finanzanzeige (Veröffentlichung in der Finanzpresse), mit der der Abschluss einer größeren, bereits durchgeführten Finanztransaktion bekannt gegeben wird. □ z.B. Emission eines Schuldtitels, Syndizierung eines Kredits, Übernahme oder Fusion von Unternehmen. I.d.R. werden in der Anzeige nur Betrag, Kreditnehmer, Konsortium, Konsortialführer genannt.

tonality Stil (Ton) einer Werbung

ton displacement Wasserverdrängung

ton-mile Tonnenmeile

tons deadweight all told Ladefähigkeit

tons deadweight cargo carrying capacity maximales Ladegewicht

tools of the trade exemption Unpfändbarkeit von Gegenständen, die der persönlichen Arbeitsleistung dienen.

top assembly Endmontage

top bracket rate höchster Steuersatz

top down (Entscheidungsprozess, Ideenentwicklung und Vorgabe) von oben nach unten

top-down approach to planning Planung von oben nach unten, zentraler Planungsprozess mit Zielvorgabe durch die Unternehmensleitung und geringem Input seitens der nachgeordneten Ebenen. → top-down strategy, top-down method, → bottom-up approach to planning

top-down approach to sales promotion Verkaufsförderung, die sich in erster Linie an den geschäftspolitischen Zielen und weniger an den aktuellen Marktbedingungen orientiert.

top-down equity portfolio management Management eines Aktienportefeuilles oder eines Aktienfonds, bei dem ausgehend von allgemeinen Markttrends, wirtschaftlichen Rahmenbedingungen und/oder Länderquoten Erfolg versprechende Industriezweige bzw. Anlageländer ausgesucht werden und anschließend quotengemäß die entsprechenden Papiere erworben werden. → bottom-up equity portfolio management

top-down method stufengerechtes Herunterbrechen strategischer Ziele

top-down strategy nach Bestimmung der

allgemeinen Unternehmensziele erfolgt die Zielsetzung für die nachfolgenden (unteren) Ebenen
top-echelon parachutes → golden parachutes
top hat pensions betriebliche Altersruhegeld-Leistungen an Angehörige des Managements
top-heavy plan Pensions- oder Gewinnbeteiligungsplan, der in erster Linie für Führungskräfte eingerichtet wurde.
topical interview themenzentrierte Befragung
top level domain → first level domain
top level leads erste Gruppe der Führungsbanken
top line Umsatz, Umsatzerlöse (da er an der Spitze der Gewinn- und Verlustrechnung ausgewiesen wird)
top-line report Zusammenfassung der wichtigsten Ergebnisse einer Studie
top-loading clause Akkreditivklausel □ besagt, dass die Ware im Schiffsraum obenauf zu laden ist.
top-of-mind awareness erste Antwort eines Probanden bei einem Erinnerungstest
topping-up clause Klausel einer Sicherungsvereinbarung, der zufolge der Schuldner bei einem Wertverlust des Sicherungsgegenstandes zusätzliche Sicherheiten bereitstellen muss.
Torrens title system in einigen US-Bundesstaaten praktiziertes Verfahren, bei dem die Eigentumsübertragung durch Registrierung und nicht durch Übergabe der Eigentumsurkunden erfolgt. Die zuständige Gerichtsbehörde garantiert nach eingehender Prüfung die Rechtsbeständigkeit eines Titels durch Ausstellung eines certificate of title.
tort rechtswidrige (unerlaubte) Handlung, Delikt, deliktische Schädigung, deliktischer Schaden
tort claim Deliktsrechtsklage
tort-feasor 1. Täter, Schädiger 2. schadenersatzpflichtige Person
tortious interference deliktische Störung

tort law Deliktsrecht
tort liability Deliktshaftung
tort of conversion rechtswidriger Besitzentzug
tort of injurious falsehood Delikt der böswilligen Herabsetzung von Waren oder Leistungen, Anschwärzung
tort of negligence Verletzung der Sorgfaltspflicht
tort of slander (libel) Delikt der Verleumdung
tort of unfair competition Delikt des unlauteren Wettbewerbs
tort to person Körperverletzung
total allocated budget Summe aller für ein Projekt erstellten Einzelbudgets
total assets 1. Gesamtaktiva, Gesamtsumme der Aktiva 2. Bilanzsumme
total asset turnover Verhältnis von Nettoumsatzerlösen zur Bilanzsumme
total cost concept Gesamtkostenkonzept □ z.B. Konzentration auf Senkung der Gesamtkosten und nicht auf eine Verringerung von Einzelkosten
total cost of ownership 1. Gesamtbeschaffungskosten □ Einkaufspreis plus Kosten des Beschaffungsprozesses 2. Gesamtkosten eines Computersystems, d.h. Kosten für Planung, Hard- und Software, Installation, Instandhaltung
total direct costs Gesamtsumme der einem Projekt zurechenbaren direkten Kosten
total dollar return → total return
total domestic expenditure Gesamtausgaben für Konsum- und Investitionsgüter im Inland
total equity return Gesamtkapitalrendite
total error Gesamtfehler □ Summe aller Stichprobenfehler und stichprobenfremder Fehler in einer Erhebung
total float gesamte Pufferzeit □ maximale Zeitspanne, um die ein Vorgang in der Netzplantechnik verschoben werden kann, ohne dass dadurch der Projektabschlusstermin gefährdet wird. → network analysis
total investments Investitionsvolumen

total liabilities 1. Gesamtverschuldung, gesamte Verbindlichkeiten 2. Gesamtsumme der Passiva
total loss clause/total loss only nur Totalverlust □ die Versicherung wird nur bei einem Totalverlust wirksam.
total managed expenditure Gesamtausgaben der öffentlichen Hand
total market capitalisation Gesamtmarktkapitalisierung
total market potential Gesamtmarktpotential, maximale Umsatzhöhe innerhalb eines bestimmten Zeitraumes
total net worth gesamtes Kapitalvermögen
total performance statement umfassende Unternehmensergebnisrechnung, → comprehensive income statement
total productive maintenance Systeme und Maßnahmen zur optimalen Instandhaltung maschineller Ausrüstungen
total profit variance Unterschied zwischen Ist- und Plangewinn
total quality management umfassendes (ganzheitliches) Qualitätsmanagement, Qualitätsmanagement entlang der gesamten Wertschöpfungskette
total quality management approach strategischer Ansatz, der die Einbringung des Qualitätsgedankens in alle operativen Arbeits- und Entscheidungsprozesse und die Einbeziehung aller am Produktionsprozess beteiligten Parteien in den Qualitätssicherungsprozess zum Ziel hat.
total reserves gesamte Liquiditätsreserven
total return 1. Gesamtverzinsung 2. Gesamtperformance, Anlageergebnis □ Ausschüttungen, einschließlich realisierter und nicht realisierter Kurs- und/oder Währungsumrechnungsgewinne
total return swap Kreditderivat zur Absicherung von Forderungen oder Wertpapieren gegen Ausfall- oder Bonitätsrisiken. Auf der Basis einer entsprechenden Swap-Vereinbarung tauscht der Sicherungsnehmer in bestimmten Zeitabständen alle Zinszahlungen/Ertragsausschüttungen auf das der Vereinbarung zugrunde liegende Aktivum (Referenzaktivum) sowie alle aus dem Aktivum resultierenden Wertsteigerungen (Kursgewinne) gegen die Verpflichtung des Sicherungsgebers zur Zahlung eines variablen oder festen Bezugszinses und zum Ausgleich eintretender Wertminderungen des Referenzaktivums.
total return to shareholders Gesamtrendite □ Rendite unter Einbeziehung der Dividenden, sonstigen Ausschüttungen und Kurssteigerungen
total revenue 1. Gesamteinnahmen 2. Gesamtumsatzerlöse
total sales quality optimaler Vertrieb, umfassende Vertriebsoptimierung □ analog zum → total quality management
total scheme costs (geschätzte) Projektgesamtkosten
total security holder Gläubiger, der Sicherungsrechte an dem gesamten Vermögen der Gesellschaft besitzt.
total shareholder return → total return to shareholders
total shares outstanding Anzahl der im Umlauf befindlichen (frei handelbaren) Aktien
total slack Gesamtpufferzeit, → float
total traffic carried Gesamttransportvolumen
total work queue alle vorzunehmenden Arbeitsschritte, → activity
total written down book value of revalued assets abgeschriebener Gesamtbuchwert der neu bewerteten Sachanlagen
touch points Berührungspunkte, zentrale Interaktionspunkte (in den Beziehungen mit Lieferanten, Kunden, Mitarbeitern)
towage/towage bill Schleppergebühren/-abrechnung
tower's liability Haftung des Schlepperunternehmens
TP → tender panel
TPM → total productive maintenance
TQM → total quality management
T/R → trust receipt
traceability Möglichkeit, Kosten direkt ei-

nem Kostenobjekt (→ cost object) zuordnen zu können.
tracer Suchanzeige
tracing 1. Zuordnung ☐ von Kosten zu den Kostenobjekten/von Schuldzinsen zu einer bestimmten Investition bzw. Transaktion 2. → tracking and tracing
tracker/tracker mortgage zinsvariable Hypothek, deren Zinssatz sich an einem Referenzzinssatz orientiert.
tracking Ortung, Nachverfolgung, → tracking and tracing
tracking and tracing Verfolgen und Auffinden, Verfolgung einer Sendung vom Verlade- bis zum Bestimmungsort
tracking and tracing systems Softwarelösungen für die Verfolgung von Transaktionen/Geschäftsprozessen; Systeme/Softwarelösungen, die eine kontinuierliche Statusauskunft hinsichtlich aller aktuellen Lieferungen ermöglichen.
tracking error Abweichung von einem Referenzindex ☐ Kennzahl, die den Umfang beschreibt, in dem (a) die Rendite eines Indexpapiers hinter der Indexrendite zurückbleibt oder (b) die Portefeuille-Performance hinter der Benchmark-Entwicklung zurückbleibt. Je niedriger der tracking error ist, desto ähnlicher sind die Wertentwicklungen von Papier/Portefeuille und Vergleichsgröße.
tracking method mehrmalige Befragung einer bestimmten Verbrauchergruppe zur Ermittlung von Veränderungen in der Produkteinstellung
tracking stock Anrechte auf die Gewinne einer eigenständig berichtenden, rechtlich jedoch unselbständigen Unternehmenssparte ☐ Die Ausgabe von tracking stock erlaubt Unternehmensführung und Anlegern die individuelle Bewertung von Sparten, steigert bei einer vorteilhaften Gewinnentwicklung die Attraktivität einer Sparte und damit des gesamten Unternehmens.
tracking study Tracking-Analyse, Nachhalltests ☐ Befragung zur Ermittlung von Verbrauchermeinungen/-verhaltensweisen nach einer Produkteinführung, i.w.S. umfassende Werbewirksamkeitsanalyse
tracking systems Softwareprogramme zur Problemaufspürung und -lösung
track record Erfahrungen/Erfolge eines Unternehmens/eines Managers
track storage charges Standgeld (bei Überschreitung der Be- und Entladefrist im Eisenbahngüterverkehr)
TRAC lease im Kfz-Leasing vorkommende Vertragsform mit einer Klausel, der zufolge bei Zahlung des terminal rental adjustment das Eigentum an dem Leasinggegenstand auf den Leasingnehmer übergeht. I.d.R. wird diese Zahlung dem vom Leasinggeber angesetzten Restwert entsprechen.
tract Grundstücksparzelle
trade accounts payable (receivable) Warenverbindlichkeiten (Warenforderungen)
trade advertising Händlerwerbung, auf Einzel- und Großhändler ausgerichtete Werbung
trade allowance → trade discount
trade association Fachverband, Berufsvereinigung, Unternehmensvereinigung
trade clauses handelsübliche Klauseln, Handelsklauseln
trade credit Handelskredit, Warenkredit, Kauf (Verkauf) auf Ziel
trade credit insurance Warenkreditversicherung
trade creditors Kreditoren, Verbindlichkeiten aus Warenlieferungen
trade credit period Zahlungsziel, Zahlungsfrist
trade cycle Konjunkturzyklus
trade debt collection Einzug von Forderungen aus Warenlieferungen
trade debtors Debitoren, Außenstände, Forderungen aus Warenlieferungen
trade deficit Handelsbilanzdefizit, defizitäre Handelsbilanz
traded endowment policy Lebensversicherungspolice, die während der Laufzeit mit

Trade Description Act

allen verbundenen Rechten und Pflichten von einer anderen Person übernommen wird.
Trade Description Act englisches Warenkennzeichnungsgesetz
trade discount 1. Wiederverkäuferrabatt, Großhandelsrabatt 2. Handelsabschlag, Handelsrabatt □ Differenz zwischen Ein- und Verkaufspreis einer Ware
trade disparagement (defamation) (eine Konkurrenzprodukte) herabsetzende Werbung
trade diversion Handelsverlagerung
trade expenses Geschäftsaufwendungen, mit einer gewerblichen Tätigkeit zusammenhängende Ausgaben
trade facility kurzfristige Kreditfazilität zur Finanzierung des Außenhandels eines in Zahlungsbilanzschwierigkeiten geratenen Landes
trade figures Handelsbilanzzahlen
trade fixtures 1. dem Betriebszweck dienendes Zubehör 2. Einbauten des Mieters in gewerblich genutzte Gebäude
trade income gewerbliche Einkünfte
trade investments *(im Jahresabschluss)* Beteiligungen
trade liabilities Verbindlichkeiten aus Warenlieferungen
trade libel Herabsetzung von Konkurrenten bzw. Konkurrenzprodukten, Anschwärzung
trade liberalisation Liberalisierung des Warenverkehrs
trade licence Gewerbeschein, Konzession, Handelsberechtigung
trade margin Handelsspanne □ Differenz zwischen Nettoverkaufspreis und Einstandskosten
trade marketing Händlermarketing, Handelsmarketing □ an den Anforderungen des Handels orientierte Marketingmaßnahmen des Herstellers, auf Handelsunternehmen/Einzelhändler ausgerichtete Marketingaktivitäten
Trade Marks Act britisches Warenzeichenschutzgesetz

Trade Marks Registry Zeichenrolle
trade name 1. Firmenname, Firmenbezeichnung 2. handelsübliche Bezeichnung, Handelsname
tradeoffs Austauschbeziehungen
trade outstandings 1. Forderungen aus Warenlieferungen, Debitoren 2. Forderungen aus Handelskrediten
trade payables → trade creditors
trade practices rules Wettbewerbsordnung
trade promotion Händler-Promotion, auf den Einzelhandel ausgerichtete Verkaufsförderung
trade protection society (Handels-)Auskunftei
trade ratio *(im Versicherungsgeschäft)* → combined ratio
trade receivables → trade debtors
trade recovery Geschäftsbelebung, konjunktureller Aufschwung
trade sale Aufgabe einer Unternehmensbeteiligung durch direkte Veräußerung dieser Beteiligung an einen anderen Investor/ein anderes Unternehmen
trade style marktübliche Unternehmensbezeichnung (muss nicht mit der handelsregisterlich eingetragenen Bezeichnung übereinstimmen)
trade surplus Handelsbilanzüberschuss
trade terms international gebräuchliche (handelsübliche) Vertragsformeln
trade test fachlicher Eignungstest
trade ullage → ullage
trade warranty Gewährleistungsgarantie, i.e.S. Klausel einer Seeversicherungspolice, durch die der Verwendungszweck des Schiffes auf die in der Police genannten Punkte beschränkt wird.
trade-weighted average depreciation durchschnittliche Wertminderung – gewichtet nach dem Handelsvolumen
trading kurzfristiger Kauf und Verkauf von Finanzinstrumenten □ spekulative, auf die Erzielung schneller Gewinne ausgerichtete Transaktionen
trading account 1. Geschäftskonto 2. Betriebskostenrechnung 3. Handelsbestand

4. *(in der Gewinn- und Verlustrechnung)* Handelserträge 5. Konto, über das der Konkursverwalter alle Geschäfte des Gemeinschuldners abwickelt.

trading ahead illegale Handelspraxis, bei der ein Broker/Händler vor der Durchführung größerer Kundenaufträge selbst entsprechende Käufe/Verkäufe tätigt.

trading assets Betriebsvermögen

trading bodies öffentlich-rechtliche Handelsunternehmen in Großbritannien

trading capital Betriebskapital, Betriebsmittel, Geschäftskapital

trading contingencies Eventualverbindlichkeiten

trading down Niveauabsenkung, bewusste Senkung des Leistungs-/Qualitäts- und Preisniveaus □ Erweiterung des Sortiments um niedrigpreisige Produkte und/oder Verringerung des Dienstleistungsangebotes, bei gleichzeitiger Reduzierung des Präsentationsaufwandes.

trading income (loss) Betriebsgewinn (-verlust), Gewinn (Verlust) aus der laufenden Geschäftstätigkeit

trading margin Betriebshandelsspanne

trading multiples Marktvergleichsgrößen, die auf den Börsenkursen vergleichbarer Unternehmen basieren. → market multiples approach

trading on the equity Erhöhung des Fremdkapitaleinsatzes zur Steigerung der Eigenkapitalrendite

trading partnership in der Rechtsform einer Personengesellschaft geführter Handelsbetrieb

trading performance Betriebsergebnis, Geschäftsergebnis

trading power Dispositionsbefugnis, Verfügungsgewalt

trading receipts Einnahmen aus laufender Geschäftstätigkeit

trading surplus → trading income

trading up Niveauanhebung, bewusste Anhebung des Leistungs-/Qualitäts- und Preisniveaus □ Erweiterung des Sortiments um anspruchsvollere/hochpreisige Produkte bzw. umfangreichere Dienstleistungen, verbunden mit einer Verbesserung des Präsentationsaufwandes/der Ausstattung der Verkaufsräume.

trading warranty → trade warranty

traditional reinsurance traditionelle Rückversicherung □ Absicherung von Risiken des Erstversicherers durch einen Rückversicherer, → financial reinsurance, → nontraditional reinsurance

traditional stock option plan Aktienbezugsrechtsplan für Mitarbeiter einer Unternehmung □ Anzahl der Aktien und Kurse werden bei Einräumung der Rechte genau fixiert.

traffic Nachfrage nach einer Website

traffic building Optimierung des Interesses für eine Website (der Website-Nutzerzahl), stetiger Aufbau der Nutzerzahlen

traffic management Traffic Management, Koordinierung und Planung der Aktivitäten einer Werbeagentur, Steuerung der Verkehrs-/Waren- und Informationsströme

traffic rules *(in Verbindung mit Übernahmeangeboten)* verfahrensrechtliche Bestimmungen der → Securities and Exchange Commission, die Anteilseigner der Zielgesellschaft vor übereilten Entscheidungen schützen sollen.

training allowance Ausbildungsbeihilfe

training evaluation Bewertung betrieblicher Bildungsprozesse

training off the job externe Bildungsmaßnahmen

training on the job Ausbildung am Arbeitsplatz

training requirements analysis Bildungsbedarfsanalyse

training within industry innerbetriebliche Ausbildung

trainship kombinierter Bahn-/Schiffstransport

trait rating Beurteilung der Charaktereigenschaften eines Mitarbeiters

tranche funding Finanzierung in mehreren Abschnitten

tranching 1. Aufteilung in mehrere Tranchen/Stufen (z.B. Emissionen/Investitionsvorhaben) 2. → layering

transactional purchasing Kaufentscheidungen, denen ausschließlich wirtschaftliche Gesichtspunkte zugrunde liegen. → relational purchasing

transaction cost Transaktionskosten; i.e.S. Kosten, die neben dem Einkaufspreis bei der Beschaffung von Gütern oder Dienstleistungen anfallen.

transaction exposure (risk) Umrechnungsrisiko, Währungsrisiko □ in Verbindung mit einzelnen waren- bzw. dienstleistungsgebundenen Fremdwährungsgeschäften. Gegensatz: → translation exposure (risk)

transaction multiples Marktvergleichsgrößen (→ market multiple), die auf den Preisen für effektiv abgewickelte Unternehmensverkäufe basieren.

transactions at an undervalue Bestimmung des englischen Insolvenzrechtes, der zufolge ein Zwangsverwalter oder Liquidator die Rückgängigmachung bestimmter Transaktionen einklagen kann, die ein Gemeinschuldner bzw. ein zahlungsunfähiges Unternehmen in den zwei Jahren vor dem Beginn des Insolvenzverfahrens abgeschlossen hat. Dies gilt für Schenkungen (z.B. Übertragung von Grundbesitz auf den Namen der Ehefrau) sowie für die so genannten transactions at an undervalue, d.h. alle vertraglichen Vereinbarungen, durch die der Gemeinschuldner Vermögenswerte zu einem deutlich unter dem Marktpreis liegenden Wert übertragen bzw. veräußert hat.

transaction services Transaktions-Dienstleistungen, Unterstützung (Begleitung) wichtiger Unternehmenstransaktionen

transactions tax Umsatzsteuer

transcript Verfahrens-/Verhandlungsprotokoll

transferable claim übertragbare (abtretbare) Forderung

transferable loan instruments verbriefte, handelbare Kreditanteile

transferable put right übertragbares Veräußerungsrecht, übertragbare Verkaufsoption

transfer agent 1. Transferstelle, Transferagent □ I.d.R. eine Bank oder → Trust Company, die für eine Aktiengesellschaft die Ausgabe der Aktienzertifikate überwacht (gegebenenfalls auch gegenzeichnet), Übertragungen und Abtretungen von Zertifikaten registriert und Eigentumsumschreibungen sowie Aktientauschtransaktionen abwickelt. 2. Transferstelle (Abrechnungsstelle) eines Investmentfonds □ Aufgabenbereich: Abrechnung der Käufe und Verkäufe, Übertragung von Anteilen, Ausschüttung von Erträgen.

transfer agreement Transferabkommen □ zwischenstaatliches Abkommen über die Abwicklung des Zahlungsverkehrs

transfer book Aktienübertragungsregister, Transferregister

transfer cargo Übergabeladung/-fracht

transfer clause Transferklausel □ Klausel, die einem Schuldnerland unter bestimmten Umständen die Unterbrechung des Zins- und Tilgungsdienstes gestattet.

transfer earnings Transfereinkommen

transferee 1. Übertragungsempfänger, Abtretungsempfänger 2. Erwerber

transferee company übernehmende Gesellschaft

transfer from profit and loss account Übernahme aus der Gewinn- und Verlustrechnung

transfer from reserves/from retained profits Entnahme aus den Rücklagen/den einbehaltenen Gewinnen

transfer in blank Blankoübertragung, Blankoabtretung

transfer incomes Transfereinkommen □ z.B. Rentenzahlungen, Arbeitslosengelder

transfer inter vivos Übertragung (Abtretung) unter Lebenden/zu Lebzeiten

transfer licence Transferbewilligung, Transfergenehmigung

transfer of a reserve to the profit and loss

account ergebniswirksame Auflösung einer Rücklage

transfer of capital Kapitalübertragung, Kapitaltransfer

transfer of ownership/of title Eigentumsübertragung, Übertragung der Eigentumsrechte/eines Rechtstitels

transfer of ownership test Eigentumsübergangstest □ geht das rechtliche Eigentum an dem Leasingobjekt bei Ablauf des Vertrages auf den Leasingnehmer über, wird der Vertrag bei diesem bilanziert.

transfer of possession Besitzübertragung

transfer price Verrechnungspreis

transfer pricing method Bestimmung des Preises von Lieferungen und Leistungen zwischen Konzerngesellschaften

transferred from profits Zuweisung aus dem Gewinn

transferred-in costs Kosten, die von einem Geschäftsprozess auf den folgenden Prozess/Vorgang übertragen werden.

transfer risk Transferrisiko □ im internationalen Zahlungsverkehr: Gefahr, dass fällige Währungstransfers aufgrund staatlicher Eingriffe nicht mehr erfolgen können.

transfer standstill Transfermoratorium

transfer to allowance *(im Jahresabschluss)* Zuführung zur Wertberichtigung

transfer to reserves/to retained profits Einstellung in die Rücklagen/Zuführung zu den einbehaltenen Gewinnen

transformational advertising Werbung, die eine neue positive Produkterfahrung auslösen soll.

transformation of a company Umwandlung einer Gesellschaft, Änderung der Rechtsform

transhipment → transshipment

transit advertising Verkehrsmittelwerbung, Werbung in öffentlichen Verkehrsmitteln

transit agent Transitspediteur

transit cargo Transitladung, Durchgangsladung

transit clause Klausel einer Seewarenversicherungspolice □ Die Güter werden vom Verlassen des Lagers am Absendeort bis zum Lagerhaus am Bestimmungsort versichert.

transit duty Transitabgabe, Durchgangszoll, Durchfuhrzoll

transit floater Generaltransportversicherungspolice □ Der Versicherer verpflichtet sich zur Indeckungnahme sämtlicher Gütertransporte im Rahmen der vertraglich fixierten Grenzen.

transit freight Durchgangsfracht, Durchfuhrfracht

transit risks covered in Deckung genommene Transportrisiken

transit terminal Transit-Terminal, Verteilzentrum, → cross-docking point

transitu → stoppage in transitu

translate *(to - at historical rates of exchange)* zu den ursprünglichen Wechselkursen umrechnen, *(to - at the average rate for the period)* zum Durchschnittskurs der Rechnungsperiode umrechnen

translation adjustments Umrechnungsdifferenzen, umrechnungsbedingte Veränderungen, → translation differences

translation differences Umrechnungsdifferenzen, Unterschiedsbeträge aus der Fremdwährungsumrechnung

translation exposure (risk) 1. Umrechnungsrisiko, Währungsrisiko, Verlustrisiko aus Währungsumrechnungen □ Risiken, die sich bei der Umrechnung von im Ausland befindlichen Vermögenswerten (Sachanlagen, Beteiligungen) oder bei der Umrechnung von Fremdwährungsbilanzen bzw. der Konsolidierung ausländischer Niederlassungen ergeben. → transaction exposure (risk) 2. Risiko einer Währungsinkongruenz zwischen den Aktiva und Passiva einer Unternehmung

translation gains (losses) *(im Jahresabschluss)* Umrechnungsgewinne (Umrechnungsverluste)

transnational enterprise multinationales Unternehmen

transport advertising Verkehrsmittelwerbung

transport assets Fuhrpark einer Unternehmung

transportation and exit Beförderung ausländischer Waren durch die Vereinigten Staaten unter Zollverschluss bis zur Wiederausfuhr in einem anderen Hafen

transportation carrier Frachtführer, Verkehrsträger

transportation chain Transportkette, hintereinander gestaffelte Transporte

transportation industry Verkehrsgewerbe, verladende Wirtschaft

transportation insurance 1. Seeversicherung 2. i.w.S. Transportversicherung

transportation modes Transportmittel

transportation requirements planning (computergestützte) Transportbedarfsplanung

transportation services 1. Beförderungsleistungen, Verkehrsdienstleistungen 2. Verkehrsbetrieb, Verkehrsträger (Lkw, Bahn, Schiff, Flugzeug)

transport management Transportmanagement □ Planung, Steuerung und Kontrolle von Transportprozessen

transport management systems Softwarelösungen, die die Routen-/Tourenplanung, Frachtkostenabrechnung sowie die gesamte Transportabwicklung unterstützen.

transport monitoring Transportüberwachung, → tracking and tracing

transport pooling Zusammenlegung der Warentransporte verschiedener Lieferanten

transport unit Transporteinheit, Frachtträger (z.B. Container, Waggon)

transshipment (Waren-)Umschlag, Umladung

transshipment additional Umladezuschlag, → additionals

transshipment bill of lading Umladekonnossement

transshipment bridge Überladebrücke

transtainer Container-Umschlagsgerät

Treasurer Finanzdirektor, Finanzvorstand, Leiter des Finanz-Managements □ Hauptaufgaben: Steuerung der liquiden Mittel, Management von Zins- und Währungsrisiken, → treasury management

Treasury 1. Schatzamt, Schatzministerium 2. Unternehmensbereich Finanzen und Liquiditätssteuerung eines Industrieunternehmens, → treasury management 3. zentraler Geschäftsbereich eines Kreditinstitutes, dessen Aufgaben unterschiedlich weit gefasst sind. I.d.R. umfassen sie den Geld-, Devisen-, Wertpapier- und Derivatehandel, das Management von Zins- und Währungsrisiken, Optimierung der Fristentransformation sowie die Einhaltung der bankaufsichtsrechtlichen Bestimmungen 4. Bestand einer Gesellschaft an eigenen Aktien

treasury activities Aktivitäten in Verbindung mit der Gelddisposition und Liquiditätssteuerung einer Unternehmung, → Treasury, → treasury management

Treasury bill Schatzwechsel □ Bei den US Treasury bills handelt es sich um kurzfristige Schuldtitel, die das Schatzamt mit Laufzeiten von 3, 6 oder 12 Monaten emittiert. Sie werden im Rahmen eines Tenderverfahrens wöchentlich (im Falle der Drei- und Sechsmonatsfälligkeiten) oder monatlich (bei den Zwölfmonatspapieren) über die → Federal Reserve Banks an den Markt abgegeben. Die Stückelungen schwanken zwischen $10.000 und $1.000.000. Im Gegensatz zu den → Treasury bonds und den → Treasury notes werden die Schatzwechsel auf abgezinster Basis angeboten, d.h. sie werden mit einem Abschlag emittiert und zum Nennwert zurückgenommen. Im Durchschnitt umfasst eine wöchentliche Schatzwechselauktion mehrere Millionen Dollar. Der größte Teil des Emissionserlöses geht in die Rückzahlung fälliger Papiere, der Rest dient der Deckung des kurzfristigen Zahlungsmittelbedarfs der Regierung. Erworben werden die Papiere in erster Linie von Banken im Rahmen ihres Aktiv- und Passivmanagements, von Großunternehmen, die eine Anlage für kurzfristige Liquiditätsüberschüsse suchen, sowie von Sparkassen, Gebietskörperschaften, Pensionsfonds und sonstigen Großanlegern. Wie in den Vereinigten Staaten dient der Verkauf der britischen Treasury bills der Deckung des kurzfristigen Zahlungsmittelbedarfs der Regierung. Sie werden auf abgezinster Basis in einer Mindeststückelung von GBP 25.000 und mit Laufzeiten von 1 Monat (i.d.R. 28 Tagen), 3 Monaten (91 Tagen), 6 Monaten (182 Tagen) und 12 Monaten (bis zu 364 Tagen) durch das → Debt Management Office emittiert. Die Ausgabe erfolgt im Rahmen eines wöchentlichen Tenderverfahrens oder über ad hoc → tenders; Bieter sind die Treasury bill primary participants (erstklassige Kreditinstitute) sowie vom DMO anerkannte Kontrahenten (eine begrenzte Zahl von institutionellen Anlegern). Der Mindestnennwert der Gebote muss mindestens GBP 500.000 betragen.

Treasury bill tender Schatzwechsel-Tender, → tender

Treasury bond US-Schatzanleihe ☐ Bei den US Treasury bonds handelt es sich um Emissionen des US-Schatzamtes mit Laufzeiten von fünf bis dreißig Jahren. Im Hinblick auf Ausstattung und Käuferkreis weitgehend den → Treasury notes vergleichbar.

treasury buyback Rückkauf eigener Aktien, → treasury stock

treasury management Treasury Management ☐ Liquiditätssteuerung, kurz- und langfristige Finanzdisposition sowie Zins- und Währungsrisikomanagement, i.w.S. Optimierung der Finanzströme zur Verringerung der Kosten und Erzielung zusätzlicher Erträge

treasury management systems computergestützte Liquiditäts- und Finanzplanungssysteme, einschließlich Cash-Management-/Cash-Pooling- und Netting-Systeme

Treasury note US-Schatzanweisung ☐ Bei den vom US-Schatzamt emittierten Treasury notes handelt es sich um Schuldtitel mit Laufzeiten von einem Jahr bis zu zehn Jahren. Im Gegensatz zu den → Treasury bills sind sie mit einem Halbjahres-Kupon ausgestattet. Treasury notes, bei denen es sich sowohl um Inhaber- als auch um Namenspapiere handeln kann, werden über das → Federal Reserve System an den Markt abgegeben. Erworben werden sie in erster Linie von Geschäftsbanken, Sparkassen, Unternehmen, Gebietskörperschaften, Pensionskassen und sonstigen Großanlegern.

treasury operations → Treasury (2, 3)

treasury performance measurement Messung des Treasury-Erfolgs

treasury stock 1. eigene Aktien einer Unternehmung ☐ Eine US-Aktiengesellschaft kann ihre eigenen Aktien besitzen oder erwerben. Entweder hält sie authorised but unissued shares (zur Ausgabe genehmigte, aber nicht emittierte Aktien) für besondere Zwecke zurück oder sie erwirbt bereits ausgegebene Aktien von den Aktionären zurück. → stock buyback 2. britische Staatstitel, Emissionen des britischen Treasury ☐ i.d.R. Langläufer und in der Verzinsung an einen bestimmten Index gebunden.

treaty override Außerkraftsetzung eines zwischenstaatlichen Abkommens durch nationales Recht

treaty reinsurance obligatorische Rückversicherung, Vertragsrückversicherung ☐ Bei der obligatorischen Rückversicherung verpflichten sich der Erstversicherer und der Rückversicherer, bestimmte Teile des Erstversicherungsgeschäftes laufend in Rückversicherung zu geben bzw. zu nehmen. Gegensatz: → facultative reinsurance

treaty shopping Versuche von Steuerpflichtigen, Vorteile aus Doppelbesteuerungsabkommen zu ziehen. *(je nach Kontext auch)* Abkommensmissbrauch

treble damages 1. dreifacher Schaden-

treble derivative suit

ersatz □ wird in einem Urteil auf treble damages erkannt, erhält die geschädigte Partei neben einer Ausgleichszahlung in Höhe des nachgewiesenen Schadens/Verlustes Schadenersatz in dreifacher Höhe dieses Betrages. → compensatory, → general, → punitive, → treble damages 2. *(i.S. der US-Kartellgesetzgebung)* private Kartellrechtsklagen auf dreifachen Schadenersatz

treble derivative suit Gesellschafterklage, in die neben der Mutter-, auch eine Tochter- und Enkelgesellschaft einbezogen werden. → derivative suit

trend analysis Trendstudie, Trenduntersuchung

trend management Trendmanagement □ Maßnahmen zur frühzeitigen Erkennung von Trends bzw. zur Reaktion auf erkennbare Trends

trend market research Trendmarktforschung, Untersuchung der voraussichtlichen Entwicklung bestimmter Märkte unter qualitativen und/oder quantitativen Gesichtspunkten.

trespass Besitzstörung, → trespass to land

trespass to chattel Sachbeschädigung

trespass to goods Eingriffe in den Besitz an beweglicher Habe

trespass to land Eingriff in Grundstücksrechte

Treynor Ratio Bei der Treynor Ratio, einer Modifikation der → Sharpe Ratio wird die Überschussrendite (excess return) zum Beta-Faktor (→ Beta) ins Verhältnis gesetzt.

triad 1. persönliche Befragung von drei Personen – gleichzeitig und zum gleichen Thema 2. → triangle group 3. → triangle product test

trial brief Schriftsatz eines Anwalts

trial by the court Verhandlung vor einem Berufsrichter

trial court erstinstanzliches Gericht, Tatscheninstanz

trial de novo Neuverhandlung

trial judge Hauptverhandlungsrichter

trial objective *(Ziel einer Verbraucher-Promotion:)* Verbraucher zum Probieren eines neuen Produktes zu bewegen (z.B. durch Gewinnspiele, Zugabeartikel)

trial phase (stage) Probierphase; Phase, in der Verbraucher ein neues Produkt ausprobieren. → adoption process

trial purchase Probekauf

trialware Software, die vor dem Kauf getestet werden kann.

triangle group aus drei Personen bestehende → focus group

triangle product test drei Produkte umfassender Blindtest, Test zur Feststellung der Ausdrucksfähigkeit physischer Produktmerkmale (Geruch, Geschmack) □ Blindtest, bei dem eine Testperson drei Produkte bewertet, von denen zwei identisch sind. Aufgabe der Testperson ist es, das unterschiedliche Produkt herauszufinden.

triangle taste test → triangle product test

triangular A-type merger Unternehmensfusion □ Form einer → A-type reorganization, bei der das übernehmende Unternehmen die Übernahme über eine neu gegründete Tochtergesellschaft abwickelt, in der die Zielgesellschaft aufgeht.

triangular compensation deal/triangular trade Dreieckskompensationsgeschäft □ Bei einem triangular compensation deal handelt es sich um die Variante einer → compensation transaction, die auf Warenbewegungen zwischen drei Ländern basiert. Zu differenzieren ist in diesem Zusammenhang zwischen triangular compensation deals with hard currency goods und deals with weak currency goods. Bei den hard currency goods handelt es sich um gut verkäufliche Waren aus Hartwährungsländern, die Land B als Gegenleistung für Lieferungen des Landes A offeriert. Besteht für diese Waren im Land A keine Nachfrage, dafür aber im Land C, liefert B die Gegenwaren an C, während C den entsprechenden Fremdwährungsbetrag an A zahlt. Triangular compensation deals with weak currency goods unterscheiden sich von dem vorstehend geschilderten Verfahren nur insofern, als B an C Waren aus Weichwährungsländern liefert und C als Ausgleich bei seiner Zahlung an A eine Stützungsprämie in Abzug bringt.

triangular exchange Dreiwährungsarbitrage, Devisenarbitrage in drei verschiedenen Währungen

trickle-down theory Durchsicker-Theorie □ Wirtschaftstheorie, der zufolge auch niedrigere Einkommensschichten von einem florierenden Unternehmertum profitieren, da die von den oberen Gesellschaftsschichten vereinnahmten Gelder letztendlich ›nach unten‹ durchsickern.

Trier of act Richter oder Geschworenenobmann, der die Beweise zusammenfasst.

trigger clause Bestimmung eines Kreditvertrages, der zufolge ein Kredit bei Eintritt bestimmter Umstände (→ trigger event) sofort zur Rückzahlung fällig wird.

trigger event Ereignis (z.B. Leistungs-/Zahlungsverzug, deutliche Bonitätsherabstufung, Zinserhöhung/-senkung), das eine bestimmte Handlung/Maßnahme auslöst (z.B. Vertragskündigung, Kontraktliquidation, Änderung der Kreditkonditionen).

tri-party agreement Absprache zwischen drei Vertragsparteien

tri-party custodian → tri-party repo

tri-party repo Pensionsgeschäft (→ repo), bei dem eine Depotbank als dritte Vertragspartei (tri-party custodian) die Back-Office-Arbeiten von Pensionsgeber/-nehmer übernimmt, z.B. Abwicklung von Lieferung und Zahlung zwischen den Kontrahenten, Übernahme der Wertpapierverwahrung für den Pensionsnehmer, tägliche Sicherheitenbewertung mit der daraus resultierenden Einforderung weiterer Sicherheiten (margins calls) oder Freigabe von Sicherheiten (bei excess margins), Weiterleitung von Zins- und Dividendenzahlungen an den Pensiongeber.

triple-A claims-paying rating beste bonitätsmäßige Klassifizierung eines Versicherungsunternehmens (d.h. es ist die größte Regulierungssicherheit gegeben)

triple constraints Notwendigkeit der gleichzeitigen Erfüllung von Performance-, Zeit- und Budgetvorgaben

triple exemption Befreiung von allen Steuern und Abgaben in den Vereinigten Staaten, die durch den Bund, die Bundesstaaten oder die Kommunen erhoben werden.

triple net lease → net lease

TRO → temporary restraining order

trough Talsohle, *(peaks and troughs of the market)* Hochs und Tiefs des Marktes

TRP → target rating points, → transportation requirements planning

TRS → total return to shareholders

truck distributor Zustellgroßhändler

trucking operations Güterkraftverkehr, Landverkehr, Lkw-Transporte, Lkw-Verkehr

truck list (manifest) Frachtliste

truck wholesaler → truck distributor

true and fair view *(of the financial position)* eine den tatsächlichen Verhältnissen entsprechende Darstellung der Finanzlage

true lease *(i.S. der Bestimmungen des US-Internal Revenue Code)* echter Leasingvertrag □ d.h. der Leasingnehmer kann Leasingraten steuerlich absetzen und der Leasinggeber kann die mit seinen Eigentumsrechten verbundenen Steuervorteile (z.B. Abschreibung und → investment tax credit) nutzen.

true rate of interest Effektivzinssatz, effektiver (tatsächlicher) Zinssatz

trunking Container-Transport zwischen einem Container-Terminal und der Inlands-Packstation des Frachtführers

trunk line Hauptroute, Öl-Pipeline

trust 1. Treuhandverhältnis 2. Trust □ anglo-amerikanisches Rechtsinstitut, bei dem ein Treugeber das Eigentum an Vermögensgegenständen auf einen Treuhänder überträgt, der diese Werte zugunsten Dritter verwaltet; häufig eine Stiftung mit treuhandschaftlichem Charakter 3. Kartell 4. Investmentfonds 5. → business trust

trust agreement 1. Treuhandvertrag 2. Vereinbarung über die Auszahlung von Ansprüchen aus einer Lebensversicherung
trust and commission insurance Versicherung von anteiligen Eigentumsrechten
trust and fiduciary investment income Erträge aus Treuhand- und Vermögensverwaltungsgeschäften
trust assets 1. Treuhandvermögen, treuhänderisches Vermögen 2. Vermögensanlagen eines Investmentfonds
trust busting Kartellzerschlagung, Kartellentflechtung
trust center Stelle, die digitale Signaturen vergibt.
Trust Company 1. Treuhandgesellschaft 2. Vermögensverwaltungsgesellschaft □ Bei den US-Trust Companies handelt es sich um Finanz-Dienstleistungsunternehmen, die neben ihren traditionellen Aktivitäten, d.h. der treuhänderischen Verwaltung von Vermögenswerten und der Abwicklung von Nachlässen, eine Vielzahl sonstiger Dienstleistungen erbringen. Dazu zählen in erster Linie die Betreuung von Kapitalanlagen privater und institutioneller Anleger, die Übernahme der Aufgaben einer Transfer- bzw. Registerstelle (→ transfer agent), An- und Verkauf von Immobilien, Vermittlung von Immobiliengeschäften, Prüfung von Rechtstiteln (→ title research) und Ausstellung von Rechtstitelversicherungen (→ title insurance). Unter der Bezeichnung trustee werden die Trust Companies auch als Anleihetreuhänder tätig oder von Gerichten als Konkursverwalter (trustee in bankruptcy), Unternehmensabwickler (liquidation agent) bzw. Treuhänder bei Vergleichs- und Sanierungsverfahren (→ reorganization) eingesetzt. Von den großen Trust Companies, die auch Einlagen entgegennehmen und sonstige bankverwandte Geschäfte tätigen können, sind viele dem → Federal Reserve System angeschlossen.
trust corpus das in einen Trust eingebrachte Vermögen

trust creator → truster
trust deed 1. Treuhandurkunde, Treuhandvertrag, Vertrag über die Errichtung eines Treuhandverhältnisses 2. Vermögensverwaltungsvertrag 3. Vertrag, durch den eine Sicherheit auf den Namen eines Treuhänders bestellt bzw. der Treuhänder mit der Verwaltung einer Sicherheit beauftragt wird.
trust deed mortgage Hypothek, bei der das Eigentum an der belasteten Liegenschaft auf einen Treuhänder übertragen wird.
trust department income *(in der Gewinn- und Verlustrechnung)* Erträge aus Treuhand- und Vermögensverwaltungsgeschäften
trust deposits treuhänderisch verwaltete Gelder, Treuhandgelder
trusted access domains Netzwerk-Domänen
trusted third party vertrauenswürdige dritte Instanz (z.B. Zertifizierungsbehörde, Notar)
trusted third party services 1. *(allgemein)* Ausübung von Treuhänderfunktionen 2. i.e.S. werden unter diesem Begriff die Dienstleistungen von Zertifizierungsinstanzen verstanden. → certification authority
trustee 1. Treuhänder □ oft identisch mit einer → Trust Company 2. Vermögensverwalter 3. Nachlassverwalter 4. Vergleichs- oder Konkursverwalter 5. Mitglied des Gewährträgergremiums eines öffentlich-rechtlichen Kreditinstitutes 6. Treuhänder, Treuhandgesellschaft eines Investmentfonds □ Der trustee ist zuständig für die Verwaltung der Vermögensanlagen des Fonds sowie für die Ausgabe und Rücknahme von Anteilen. 7. *(trustees)* (a) Stiftungsvorstand (b) Gewährträgergremium eines öffentlich-rechtlichen Kreditinstitutes
trustee bond Sicherheitsleistung für die korrekte Amtsführung eines Treuhänders
trustee corporation Treuhandgesellschaft, → Trust Company

trusteed pension plan von einem Treuhänder (Bank oder → Trust Company) verwalteter Pensionsplan

trustee in bankruptcy Konkursverwalter ◻ identisch in Großbritannien mit dem → official receiver

trustee in reorganization (gerichtlich bestellter) Vergleichsverwalter (im Rahmen einer → reorganization)

trustee pendente lite Treuhänder, der Vermögenswerte, die Gegenstand eines Rechtsstreites sind, bis zum Abschluss des Verfahrens verwaltet.

trustee's deed → trust deed

trusteeship 1. Treuhänderschaft, Treuhandverhältnis, treuhänderische Verwaltung, Treuhandverwaltung 2. Vermögensverwaltung 3. Nachlassverwaltung

trusteeship in bankruptcy Konkursverwaltung

trustee's sale Zwangsverkauf einer Immobilie durch einen Konkursverwalter/einen Treuhänder gemäß den Bestimmungen der Treuhandurkunde

trustee under a deed of arrangement Vergleichsverwalter

trustee under a mortgage Treuhänder, auf den ein Grundpfandrecht registriert wurde.

truster (trustor) Treugeber, Begründer eines Treuhandverhältnisses

trust for sale zum Verkauf bestimmtes Treuhandvermögen

trust indenture (instrument) Treuhandvertrag, Treuhandurkunde, i.e.S. Anleihevertrag

Trust Indenture Act US-Gesetz, das den Inhalt von Anleiheverträgen und die Bestellung von Treuhändern regelt.

trust money Treuhandgelder

trust mortgage Sicherungshypothek ◻ auf den Namen eines Treuhänders registrierte Hypothek zur Besicherung einer Anleiheemission

trust office → Trust Company

trust performance 1. Ergebnis der Stiftung 2. Gewinnentwicklung eines Investmentfonds

trust property Treugut, Treuhandvermögen

trust protector überwacht im Auftrag des Treugebers die Tätigkeit des Treuhänders; kann diesen von seiner Aufgabe entbinden und einen neuen Treuhänder bestellen.

trust receipt Kreditsicherheit, bei der ein Käufer (Kreditnehmer) Wirtschaftsgüter treuhänderisch nutzen kann, die Eigentumsrechte jedoch bei der finanzierenden Bank verbleiben. In dem trust receipt unterwirft sich der Kreditnehmer (trustee) den Auflagen der Bank (Treugeber, entruster). Die Eigentumsrechte gehen auf den Kreditnehmer über, wenn alle Forderungen der Bank befriedigt sind. Bei der Verwendung im Außenhandel wird der Exporteur eine Bank beauftragen, Dokumente zum Inkasso zu übernehmen und gegen ein trust receipt dem inländischen Käufer auszuhändigen. In dem trust receipt verpflichtet sich der Käufer, mit den den Dokumenten zugrunde liegenden Waren nur nach Maßgabe der Bestimmungen dieses Papiers zu verfahren bzw. den Gegenwert zum vereinbarten Zeitpunkt an den Treugeber zu überweisen.

trust stock mündelsichere Wertpapiere

trust voidance Aufhebung (Annullierung) eines Treuhandverhältnisses

TS → total slack

TSC → total scheme costs

T+T → tracking and tracing

TTC → time to close

TT&L accounts Konten des US-Schatzamtes bei Kreditinstituten, auf die Steuerzahler ihre Zahlungen leisten können.

TTP → trusted third party

turnaround 1. Zeitspanne zwischen Einlauf- und Auslauftermin eines Schiffes 2. Umlaufzeit eines Containers

turnaround financing Sanierungsfinanzierung, Finanzierung der Sanierung und des Neuanfangs eines angeschlagenen Unternehmens.

turnaround situation 1. Aktienwert, bei dem nach starken Kursverlusten eine wieder steigende Tendenz zu erwarten ist 2. Unternehmen, das nach roten wieder schwarze Zahlen schreibt oder in Kürze schreiben wird.
turn-key contract Anlageerrichtungsvertrag, Auftrag zur schlüsselfertigen Abwicklung
turnover lease Mietvertrag mit Umsatzbeteiligungsklausel
turnover of receivables Debitorenumschlag
turnover rate (ratio) Umschlagshäufigkeit
twenty-five percent rule Grundsatz für die bonitätsmäßige Klassifizierung (→ rating) kommunaler Schuldtitel (→ municipal bonds). Demnach darf die Gesamtsumme der umlaufenden Titel einer Gebietskörperschaft nicht mehr als 25% ihres Jahresbudgets betragen.
twenty foot equivalent unit Zwanzig-Fuß-Containereinheit
two-charge rates → two-part tariff
two-dimensional grid zweidimensionales Verhaltensgitter
two-level channel zweistufiger Absatzweg (Kanal) □ Absatzkanal mit zwei Absatzmittlern (Einzelhändler und Großhändler) zwischen Hersteller und Endverbraucher
two-part tariff gespaltener Tarif
two PL (2PL) → second-party logistics
two-price system 1. gespaltenes Preissystem 2. Stellung von An- und Verkaufskursen
two-shot campaign Werbe-/Mailing-Aktion, die sich zweimal an den gleichen Personenkreis wendet.
two-stage sampling zweistufiges Auswahlverfahren □ Auswahl der Erhebungseinheiten in zwei Stufen
two-step marketing approach zweistufiger Marketingansatz □ Marketingaktivitäten, die in einer ersten Phase auf eine optimale Käuferauswahl und in der zweiten Phase auf die Umsatzgenerierung ausgerichtet sind.
two-step mortgage Hypothekendarlehen, dessen Zinssatz zunächst leicht unter den Marktsätzen liegt, nach Ablauf eines fest vereinbarten Zeitraumes jedoch den Marktbedingungen angepasst wird.
two-tier area sample zweistufige Flächenstichprobe
two-tier bid → two-tier tender offer
two-tier board company Gesellschaft, die nicht von einem → Board of Directors, sondern von einem Management Board (Vorstand) und einem Supervisory Board (Aufsichtsrat) geführt wird.
two-tier gold market gespaltener Goldmarkt
two-tier (two-tiered) tender offer zweistufiges Übernahmeangebot, zweiteilige Tender-Offerte □ (a) Übernahmeangebot, bei dem den Aktionären in der ersten Phase (first tier, front end) eine Abfindung in bar geboten wird, während in der zweiten Phase (second tier, lower end) eine Abfindung mit Schuldtiteln des übernehmenden Unternehmens vorgesehen ist. (b) das Angebot des übernehmenden Unternehmens basiert auf dem Erwerb von zunächst über 50% der ausgegebenen Aktien des Zielunternehmens und ist mit der Ankündigung der späteren Restübernahme oder Verschmelzung mit dem Zielunternehmen in einem zweiten Schritt verbunden.
two-to-one rule *(Grundsatz für die Beurteilung der Kreditwürdigkeit einer Unternehmung)* Das Verhältnis von Umlaufvermögen zu kurzfristigen Verbindlichkeiten muss mindestens zwei zu eins betragen.
two-tranche deal (issue) zweiteilige Emission, Emission in zwei Tranchen
two-way stretch (stretching) gleichzeitige Erweiterung einer Produktlinie um neue Produkte im unteren und oberen Preissegment
two-way voting getrennte Stimmabgabe bei einer Hauptversammlung nach Stammaktien und Vorzugsaktien
tying Kopplungsgeschäfte
tying arrangement (contract) → tie-in ar-

rangement

type I error Ablehnung der korrekten Null-Hypothese und Annahme der Alternativhypothese

type II error Ablehnung der korrekten Alternativhypothese und Annahme der Nullhypothese

U

uberrimae fidei → utmost good faith
ubiquitous computing flächendeckende Verbreitung von Rechnern
UCC → Uniform Commercial Code
u.c.e. → unforeseen circumstances excluded
UIBRS → uniform interagency bank rating system
ULCC → ultra large crude carrier
ULD → unit load device
ullage (für die Flüssigkeitsausdehnung erforderlicher) Leerraum in einem Flüssigkeitscontainer
ULLCA → Uniform Limited Liability Company Act
ULPA → Uniform Limited Partnership Act
ultimate balance *(in Verbindung mit Garantien/Bürgschaften)* Gesamtsumme, mit der ein Garantiegeber in Anspruch genommen wird (Kapital, Zinsen, Mahngebühren, mögliche Gerichtskosten).
ultimate net loss Netto-Schadenregulierungsaufwand □ geleistete Zahlungen nach Abzug der Leistungen aus der Rückversicherung und der durch die Ausübung von Subrogationsrechten vereinnahmten Beträge.
ultimate parent company Obergesellschaft
ultra large crude carrier Riesentanker mit einer Tragfähigkeit von 320.000 – 560.000 dwt., → very large crude carrier
ultra vires act Vollmachtsüberschreitung, Überschreitung der Befugnisse
ultra vires doctrine angloamerikanischer Rechtsgrundsatz, dem zufolge alle von einer Gesellschaft getätigten Geschäfte bzw. Rechtshandlungen unwirksam sind, die nicht mit dem in der Gesellschaftssatzung genannten Zweck übereinstimmen.
umbrella brand Dachmarke
umbrella brand strategy Dachmarkenstrategie □ Markenstrategie, bei der ein Unternehmen für Produkte verschiedener Produktgruppen einen Markennamen wählt.
umbrella cover Umbrella-Deckung □ (a) Zusammenfassung mehrerer Einzel(haftpflicht)risiken zu einer Police (b) Schadenexzedentenrückversicherung
umbrella fund Dachfonds □ Investmentfonds, unter dessem Dach verschiedene eigenständige Fonds zusammengefasst sind, d.h. dem Anleger werden unter einem gemeinsamen Schirm Anlagemöglichkeiten in verschiedenen Einzelfonds (Unterfonds, Subfonds) der gleichen Investmentgruppe geboten, wobei jeder dieser Einzelfonds einen besonderen Anlageschwerpunkt hat. Der Anleger partizipiert nur an der Wertentwicklung des Subfonds, in den er investiert hat.
umbrella liability insurance → umbrella cover
umbrella management Kontrolle und Steuerung der Netzwerkinfrastrukturen, Gewährleistung der Interoperabilität von Managementarchitekturen
umbrella organisation Dachverband, Dachorganisation, Spitzeninstitut
umpire dritter Gutachter/Schiedsrichter, auf den sich die in einem Rechtsstreit von den beiden Parteien benannten zwei Gutachter einigen.
unaided brand awareness ungestützter (aktiver) Bekanntheitsgrad einer Marke, spontane Markenbekanntheit, Erkennen ohne Gedächtnishilfe
unaided recall ungestützte Erinnerung □ Verbraucher werden gebeten, ohne Unterstützung durch den Interviewer Markennamen oder Werbeanzeigen zu nennen, die sie vor kurzem gesehen haben. → aided recall test
unaided recall test reiner Gedächtnistest,

unalienable title 602

Gedächtnistest ohne Gedächtnisstützen, → unaided recall
unalienable title nicht veräußerbarer Rechtstitel, nicht übertragbares Eigentumsrecht
unallocated assets nicht zugeordnete Vermögenswerte
unallocated bullion holding accounts Sammeldepots für Edelmetalle
unallocated claim expense Schadenaufwand, der sich nicht einem bestimmten Schadenfall zuordnen lässt.
unappropriated reserves freie Rücklagen
unappropriated retained earnings freie Gewinnrücklagen
unappropriated surplus 1. einbehaltener Gewinn 2. freie Rücklagen
unappropriated taxes nicht zweckgebundene Steuern
unassented stock Aktien, deren Inhaber die Zustimmung zu bestimmten Unternehmensentscheidungen verweigert haben.
unassisted selling Verkauf ohne Verkäufer (z.B. Geschäftstransaktionen via Internet)
unaudited accounts nicht geprüfter (nicht testierter) Abschluss
unawareness set Marken-/Produktgruppe, die der Verbraucher nicht kennt.
unbalanced positions offene Positionen
unbalanced scale nicht ausgewogene Ratingskala □ ungleiche Zahl von positiven und negativen Wertungskategorien
unbiased questions Fragen, die so formuliert sind, dass sie das Antwortverhalten der Befragten nicht beeinflussen. → biased question
unbudgeted expenditure außerplanmäßige (nicht vorhergesehene) Ausgaben
unbundled cover aufgeteilte Risikodeckung (von Risiken, die zuvor in einer Police zusammengefasst waren)
unbundling 1. Aufteilung eines Angebots in Kern- und Ergänzungsleistungen, Aufknüpfen eines Leistungspaketes in Teilleistungen 2. Zerlegung eines Finanzinstrumentes in Einzelkomponenten (z.B. einer Anleihe in getrennt handelbare Kupons und Mantel) 3. Entflechtung eines Konzerns
uncalled share capital of trade investments *(im Jahresabschluss)* noch nicht eingefordertes Kapital aus Unternehmensbeteiligungen
uncertificated bankrupt nicht entlasteter Konkursschuldner
uncertificated shares nicht durch effektive Stücke verbriefte Aktien/Anteile
unclean bill of lading → dirty bill of lading
unclean hands → doctrine of unclean hands
uncommitted funds frei verfügbare (nicht zweckgebundene) Mittel
uncompleted contracts *(im Jahresabschluss)* unfertige Leistungen
unconditional promise unbedingtes (Schuldner-)Versprechen
unconditional right unbedingter Rechtsanspruch
unconditioned (consumer) response unkonditionierte (natürliche) Reaktion eines Verbrauchers
unconditioned stimulus unkonditionierter Reiz □ löst eine → unconditioned (consumer) response aus
unconfirmed credit (documentary credit, letter of credit) unbestätigtes Akkreditiv □ wird dem Begünstigten durch eine Bank avisiert, ohne dass diese eine Zahlungsverpflichtung eingeht.
unconscionable clause unbillige Vertragsklausel, → doctrine of unconscionability
unconscionable contract sittenwidriger Vertrag
unconsolidated investments *(im Jahresabschluss)* nicht konsolidierter Anteilsbesitz, Beteiligungen an nicht konsolidierten Tochtergesellschaften
uncovered budget expenditure ungedeckte Haushaltsausgaben
uncovered liability claims ungedeckte Haftpflichtansprüche
underassessment 1. Unterveranlagung, Unterbesteuerung 2. Unterbewertung
underbanked 1. Region mit einer sehr nied-

rigen Bankstellendichte 2. Konsortiumsbildung, die aufgrund einer unzureichenden Teilnehmerzahl noch nicht abgeschlossen ist.

under bond unter Zollverschluss

under bond export entry Ausfuhrerklärung für unter Zollverschluss lagernde Waren

undercapitalisation Unterkapitalisierung, Missverhältnis zwischen Betriebs- oder Umsatzgröße und Kapitaldecke

undercharge advice Belastungsanzeige (Rechnung) für fälschlicherweise nicht in Rechnung gestellte Waren

underconsumption theory Unterkonsumptionstheorie

under contract *(property under contract)* Hinweis, dass für eine Immobilie ein Verkaufsvertrag vorbereitet wird.

underemployment equilibrium Unterbeschäftigungs-Gleichgewicht

underinsurance Unterversicherung, i.e.S. Nichterfüllung des → coinsurance requirement

underlier → underlying company

underload Unterbelegung, Unterauslastung, *(in der Projektplanung)* nicht genutzte Kapazitäten, → resource planning

underlying amounts *(in der Versicherungswirtschaft)* Grundbeträge, bei deren Überschreitung eine Anschlussdeckung erforderlich wird.

underlying commodity Basismenge □ Ware bzw. Warenmenge, auf der ein Warenterminkontrakt basiert.

underlying company (Konzern- bzw. Tochter-)Gesellschaft, die nur noch wegen nicht übertragbarer Rechte oder Konzessionen besteht; i.e.S. Firmenmantel

underlying equity 1. der zugrunde liegende (nominelle) Kapitalbetrag 2. Anteil am Reinvermögen

underlying insurance Erstversicherung (im Unterschied zu einer sich anschließenden Rückversicherung)

underlying interest Basiswert, Basisgröße, die einem Terminkontrakt zugrunde liegende Kassaware

underlying note bevorrechtigter Schuldtitel

underlying policy 1. Erstversicherungspolice 2. Rahmenpolice, Rahmenvertrag

underpayment penalty (rate) Zinssatz der US-Finanzverwaltung für nicht rechtzeitig gezahlte Steuern

underperformer Unternehmen, das in seiner Performance hinter der Marktentwicklung zurückgeblieben ist.

underpricing 1. Preisunterbietung 2. Unterbietung von Konditionen, unter dem Marktniveau liegende Konditionen

underreporting 1. unvollständige Deklarierung von Einkünften 2. Bilanz-/Wertansatz, der unter dem tatsächlichen Vermögenswert liegt.

underrun Unterschreitung der (Projekt-)Kostenschätzung

undersampled zu klein gewählte Stichprobe

underselling Verkauf unter Wert

understaffed unterbesetzt, zu wenig Personal

understandability principle *(im Rechnungswesen)* Grundsatz der Verständlichkeit

understatement 1. Unterbewertung, zu niedriger Wertansatz in der Bilanz 2. Steuerverkürzung

undersubscription Unterzeichnung einer Emission (die zum Verkauf gestellte Summe konnte nicht vollständig platziert werden)

undertaking 1. Zusage, Verpflichtung, Verpflichtungserklärung 2. prozessuales Versprechen 3. Unternehmen, Betrieb

undertaking of guarantee Garantiezusage, Garantieversprechen

undertaking to deliver 1. Lieferverpflichtung, Lieferzusage 2. Andienungsverpflichtung

undervaluation of the fixed assets Unterbewertung des Anlagevermögens

underwriter 1. Versicherer, Zeichner von Versicherungsrisiken 2. Abschlussagent □ Mitarbeiter einer Versicherungsgesellschaft, der verbindliche Deckungszusagen

underwriter's liability

abgeben kann. 3. Emissionsbank, Konsortialbank, Mitglied eines Emissionskonsortiums, Konsorte, *(pl)* Konsortium
underwriter's liability Haftung des Versicherers
underwriter's line das vom Versicherer gezeichnete Risiko, → line
underwriter's warrants Aktienbezugsrechtsscheine, die ein Konsorte als Vergütung erhält.
underwriting 1. Übernahme einer Versicherung, Zeichnung von Risiken 2. Übernahme einer Emission, Übernahme des Platzierungs- und Syndizierungsrisikos durch eine Bank
underwriting agent Abschlussagent, → underwriter (2)
underwriting association Versicherungs-Pool, → insurance pool
underwriting capacity Zeichnungskapazität, i.e.S. intern oder von einer Aufsichtsbehörde festgelegte Risiko-Zeichnungsgrenze
underwriting commitments 1. *(im Emissionsgeschäft)* Übernahmeverpflichtungen, übernommene Konsortialquote 2. *(im Versicherungsgeschäft)* Verpflichtungen aus gezeichneten Risiken, Zeichnungsverpflichtungen
underwriting customs Versicherungsusancen
underwriting deposits → Lloyd's underwriting deposits
underwriting exposure 1. Übernahmerisiko, Risiko aus Übernahmeverpflichtungen (Übernahmeverträgen), Risiko des Emissionsunternehmers 2. Risiko des Versicherers
underwriting group 1. Übernahmekonsortium 2. Versicherungskonsortium, Versicherungssyndikat
underwriting income 1. Erträge aus dem Emissionsgeschäft 2. Beitragseinnahmen (einer Versicherungsgesellschaft)
underwriting liabilities → underwriting commitments
underwriting members Mitglieder von Lloyd's, die im Gegensatz zu den non-underwriting members Versicherungsrisiken zeichnen. → Lloyd's underwriter
underwriting office Versicherer, Versicherungsunternehmen
underwriting pool Versicherungspool, Risikoaufteilungsgemeinschaft
underwriting premiums Versicherungsprämien
underwriting profit (loss) Gewinn (Verlust) aus dem Versicherungsgeschäft
underwriting reserves Schadenreserve, Schadenrücklagen
underwriting result Ergebnis aus dem Versicherungsgeschäft, *(underwriting results on life business)* Ergebnis im Lebensversicherungszweig
underwriting share Konsortialquote, → underwritten amount
underwriting syndicate → underwriting group, → Lloyd's syndicate
underwriting undertaking 1. (Emissions-)Übernahmeverpflichtung, Übernahmegarantie 2. Deckungszusage einer Versicherung
underwritten amount 1. Konsortialanteil, Konsortialquote, übernommener Betrag 2. Versicherungssumme, gezeichnetes Risiko
UNDG number UN-Gefahrgutkennnummer
undifferentiated marketing undifferenziertes Marketing □ Marketing, das auf den Gesamtmarkt und nicht auf einzelne Marktsegmente ausgerichtet ist.
undifferentiated products Massenprodukte, Serienprodukte
undirected interview → unguided interview
undischarged debtor (bankrupt) Gemeinschuldner, dem keine Schuldbefreiung gewährt wurde.
undisclosed agency mittelbare Stellvertretung, verdeckte Stellvertretung (Vertretungsmacht)
undisclosed assignment stille Zession □ Forderungsabtretung, die dem Schuldner nicht angezeigt wurde.
undisclosed factoring nicht notifiziertes

(stilles) Factoring, → factoring
undisclosed principal   nicht genannter Geschäftsherr
undisclosed profits   verdeckte (nicht ausgewiesene) Gewinne
undisclosed reserves   stille Rücklagen
undisguised observation   offene Beobachtung □ Beobachtung von Ereignissen/Konsum- bzw. Verhaltensgewohnheiten mit Zustimmung der Testpersonen
undistributable reserves   nicht ausschüttungsfähige Rücklagen
undistributed profits tax   Steuer auf einbehaltene Gewinne
undiversifiable risk   nicht diversifizierbares (systematisches) Risiko, Marktrisiko
undue hardship   außergewöhnlicher Härtefall
undue influence   unangemessene Einflussnahme
undue preference   Gläubigerbegünstigung
undue restraint of trade   ungerechtfertigte Handelsbeschränkung
unduplicated audience   Nettoreichweite, → unduplicated coverage
unduplicated coverage   Nettoreichweite, Reichweite ohne Überschneidungen □ Gesamtzahl der durch den Werbeträger erreichten Personen (Hörer, Zuschauer, Leser) ohne Berücksichtigung von Mehrfachkontakten, d.h. es wird je erreichte Person nur ein Kontakt gezählt. → gross cover
unearned discounts   transitorische Diskonterträge □ Diskonterträge, die im Voraus empfangen wurden, jedoch erst der nächsten Wirtschaftsperiode zuzurechnen sind.
unearned finance income   nicht realisierte Finanzerträge
unearned income   1. Besitzeinkommen □ Zinsen, Dividenden, Mieteinkünfte; Gegensatz: Erwerbseinkommen (earned income) 2. *(im Jahresabschluss)* abgegrenzte Erträge
unearned increment   nicht erdienter Wertzuwachs, → unearned surplus
unearned interest income   nicht realisierte Zinserträge
unearned premiums   Entgeltüberträge, Prämienüberträge □ stellen die Prämien für nach dem Bilanzstichtag entstehende Verpflichtungen aus Versicherungsverträgen dar, die bereits vor dem Bilanzstichtag vereinnahmt wurden.
unearned premiums reserve   Deckungsrückstellung
unearned surplus   1. Gewinn aus Neubewertung, Wertsteigerung aufgrund einer Neubewertung 2. Rücklage aus Aufgeld
unemployed capacities   freie Kapazitäten
unemployed funds   brachliegende (unverzinste) Gelder
unencumbered title   voller (unbelasteter) Rechtstitel
unenforceable contract   rechtlich nicht durchsetzbarer (nicht einklagbarer) Vertrag
unexpired policy portion   Restlaufzeit einer Versicherungspolice
unfair dismissal   sozial ungerechtfertigte Entlassung
unfair labor practices   unfaires bzw. ungesetzliches Verhalten von Arbeitgebern oder unlautere Formen des Arbeitskampfes seitens der Gewerkschaften.
unfair prejudice   unbillige Beeinträchtigung
unfair trading practices   unlauterer Wettbewerb
unfavourable balance of trade (current account)   defizitäre Handelsbilanz (Leistungsbilanz)
unfavourable variance   → adverse variance
unforced rating scale   Rating-Skala, bei der nicht zwischen vorgegebenen Antworten gewählt werden muss.
unforeseen circumstances excluded   nicht vorhersehbare Umstände ausgenommen
unfranked dividends   aus nicht versteuerten Gewinnen gezahlte Dividenden □ d.h. die Dividenden müssen durch die begünstigten Aktionäre versteuert werden. → franked dividends, → partly franked dividends

unfranked income Einkünfte aus Kapitalvermögen, die durch den Empfänger zu versteuern sind. → franked investment income
unfriendly bid (takeover) feindliche Übernahmeofferte (Übernahme)
unfunded accrued pension cost ergebniswirksam verrechneter, jedoch nicht durch Beiträge abgedeckter Altersversorgungsaufwand
unfunded benefit obligations Betrag, um den der Barwert der erdienten Anwartschaften den Wert des Fondsvermögens überschreitet.
unfunded liabilities Verbindlichkeiten, die nicht durch ein Sondervermögen gedeckt sind.
unfunded plan/unfunded defined benefit pension plan Pensionsplan, bei dem kein externes Fondsvermögen, sondern entsprechende Rückstellungen im Unternehmen selbst gebildet werden. → funded pension plan
unguaranteed residual nicht garantierter Restwert eines Leasinggutes, → guaranteed residual value
unguided interview freies Vorstellungsgespräch □ d.h. der Gesprächsablauf ist nicht vorgegeben. → patterned interview
unidentifiable intangible assets unbestimmbare (nicht einzeln bestimmbare) immaterielle Vermögenswerte
unified content management Kombination von → content management und → document management
unified credit *(i.S. des US-Steuerrechts)* Nachlass- und Schenkungssteuerfreibetrag
unified debt → consolidated debt
unified messaging elektronisches Postfach □ Zusammenfassung aller (per Telefon, Mail oder Fax) eingegangenen Nachrichten an einer zentralen Stelle
unified mortgage Einheitshypothek □ verschiedene Hypotheken, die zu einer Hypothek zusammengelegt wurden.
unified transfer tax auf Schenkungen erhobene Bundessteuer
uniform accounting policies (konzern-)einheitliche Bilanzierungs- und Bewertungsgrundsätze
Uniform Commercial Code US-Handelsrecht □ geltendes Recht in allen Bundesstaaten mit Ausnahme von Louisiana
uniform cover (form, policy) Standardpolice
uniform delivered price einheitlicher Auslieferungspreis für eine Ware, wobei die Entfernung bis zum Kunden keine Rolle spielt.
uniform interagency bank rating system (financial institutions rating system) einheitliches Prüfungsschema der US-Bankenaufsichtsbehörden zur Bewertung der Bonität von Kreditinstituten.
Uniform Laws (Acts) Modellgesetze, die von der Mehrheit der US-Bundesstaaten (oft auch von allen) als geltendes Recht verabschiedet wurden.
Uniform Limited Liability Company Act einheitliches US-GmbH-Gesetz
Uniform Limited Partnership Act Mustergesetz für die Regelung von Kommanditgesellschaften in den einzelnen US-Bundesstaaten (wurde von den meisten Einzelstaaten in Landesrecht transferiert)
Uniform Partnership Act Gesetz, das Offene Handelsgesellschaften und Joint Ventures in allen US-Bundesstaaten einheitlich regelt.
Uniform Product Liability Act einheitliches US-Produkthaftpflichtgesetz
Uniform State Laws → Uniform Laws (Acts)
uniform submission agreement Vereinbarung zwischen zwei Vertragsparteien über die Anrufung einer Schiedsinstanz (einschließlich Verpflichtungserklärung, sich dem Schiedsspruch dieser Instanz zu unterwerfen)
Uniform Trade Secret Act von den meisten US-Bundesstaaten verabschiedetes Gesetz zum Schutz von Geschäftsgeheimnissen
unilinear tariff Einheitszolltarif (das Ursprungsland der Waren spielt keine Rolle)

unimpaired stockholders Aktionäre, deren Rechte nicht eingeschränkt werden. I.e.S. Aktionäre, die bei einer Unternehmenssanierung keine Verluste erleiden. → reorganization

unimproved land (property) unbebaute Grundstücke; kann sich i.w.S. auch auf nicht erschlossenen Grund und Boden beziehen

unincorporated undertaking nicht als juristische Person organisierter Betrieb, Betrieb ohne eigene Rechtspersönlichkeit

unincorporated (voluntary) association nicht rechtsfähiger Verein

uninformed respondent error Befragungsfehler durch einen schlecht informierten Probanden

uninstructed trust funds Treuhandgelder, für die keine Anlagevorschriften seitens des Treugebers bestehen.

uninsured plan Betriebsrentenversicherung, bei der die Leistungen nur durch das Unternehmen und nicht durch eine Versicherungsgesellschaft garantiert werden.

uninsured risk nicht gedecktes (versichertes) Risiko

unintended investments Fehlinvestitionen aufgrund falscher Umsatzvorausberechnungen

union affiliation Gewerkschaftszugehörigkeit

union certification Anerkennung einer Gewerkschaft als Tarifverhandlungspartner durch den National Labor Relations Board

unionised labour gewerkschaftlich organisierte Arbeitnehmer

union security clause Klausel eines Tarifvertrages, durch die die Rechte einer Betriebsgewerkschaft gesichert werden.

union shop Unternehmen, bei dem alle neu eingestellten Mitarbeiter nach einer bestimmten Frist der Gewerkschaft beitreten müssen.

unique selling position Alleinstellungsmerkmal, einzigartiges (exklusives, entscheidendes) Verkaufsargument, Alleinstellungsanspruch einer Marke oder eines Produktes □ für Produkte oder Dienstleistungen, die sich aufgrund besonderer Eigenschaften (z.b. Nutzeffekt, Innovationsgrad) deutlich wahrnehmbar für den Kunden von Konkurrenzprodukten unterscheiden.

unissued stock (zur Ausgabe genehmigte, aber) noch nicht emittierte Aktien

unit 1. (Erzeugnis-/Leistungs-)Einheit 2. organisatorische Einheit, Abteilung 3. Betrieb, Tochtergesellschaft 4. Stück 5. Fondsanteil 6. kombinierter Wertpapierverkauf □ z.b. gleichzeitiger Verkauf von Aktien und Aktienbezugsrechten

unitary business *(i.S. der US-Steuergesetzgebung)* steuerlich einheitliches Unternehmen, zu einer Einheit zusammengefasstes Konzernunternehmen □ Voraussetzung für die Anerkennung als unitary business sind identische Eigentumsverhältnisse und Unterstellung unter ein zentrales Management. → unitary taxation

unitary income Gesamteinkommen, konsolidiertes Einkommen, → unitary taxation

unitary income tax einheitliche Einkommensteuer für den Gesamtkonzern □ d.h. in die Steuerbemessungsgrundlage werden die Ergebnisse aller mit dem Steuerschuldner verbundenen Unternehmen einbezogen.

unitary taxation in zahlreichen US-Bundesstaaten geltendes Besteuerungssystem, bei dem verbundene Unternehmen als steuerlich einheitliches Unternehmen behandelt werden und ein konsolidiertes Einkommen ermittelt wird. Das in dem jeweiligen Bundesstaat zu versteuernde Einkommen errechnet sich aus dem Anteil, der der Geschäftstätigkeit in diesem Bundesstaat zuzurechnen ist.

unit assurance fondsgebundene Lebensversicherung □ Prämienzahlungen werden in Investmentfondsanteilen angelegt. → insurance bond

unit brand Submarke eines Unternehmens, → corporate brand

unit contribution Deckungsbeitrag je Einheit/Produkt
unit cost Stückkosten, Kosten je Leistungseinheit
unit costing Stückkostenrechnung
unit cost(s) of production Produktionsstückkosten
United States Claims Court frühere Bezeichnung für den → United States Court of Federal Claims
United States Code Sammlung der US-Bundesgesetze
United States Code Annotated der United States Code in kommentierter Form
United States Court of Appeals Berufungsgericht □ für Berufungen gegen Urteile eines erstinstanzlichen Bundesgerichtes (US District Court)
United States Court of Federal Claims US-Gericht, das zur Durchsetzung finanzieller Klagen gegen den Bund angerufen werden kann.
United States Court of International Trade US-Außenhandelsgericht
United States District Court → District Court
United States Generally Accepted Accounting Principles allgemein anerkannte Rechnungslegungsgrundsätze in den Vereinigten Staaten
United States government agency bonds von US-Bundesbehörden emittierte Schuldtitel, → federal agency securities
United States government securities Schuldtitel der US-Regierung □ Unter den Begriff government securities fallen Emissionen des US-Schatzamtes (→ Treasury issues) sowie einige, nicht börsengängigen Sparbriefen in etwa vergleichbare Titel, z.B. Series EE bonds, Series HH bonds.
uniting of interests Interessenzusammenführung, → pooling of interests method
unitisation 1. Zusammenfassung mehrerer einzelner Packstücke zu einem einzigen Ladungsteil 2. Umwandlung eines geschlossenen Fonds in einen offenen Fonds
unitised cargo unitisierte Ladung, Einheitsladung
unitised contract fondsgebundene Lebensversicherung
unit labour cost Lohnstückkosten, Lohnkosten (Löhne und Gehälter) je Produkteinheit
unit-linked annuity fondsgebundene private Rentenversicherung
unit-linked savings plan auf einem fondsgebundenen Ansparplan basierende Lebensversicherung, → insurance bond
unit load Ladeeinheit
unit load device Lademittel □ für die schnelle Be- und Entladung, i.d.R. Paletten oder Container
unit of activity Beschäftigungseinheit
unit of analysis Erhebungseinheit
unit of sampling Stichprobeneinheit
unit owners Einzeleigentümer (bei einer Eigentumswohnungsanlage)
unit packing list Ladeliste
unit performance Stückergebnis
unit pricing Preisangabe je Stück/je Produkteinheit, Stückpreisfestsetzung
unit production cost Produktionsstückkosten
unit refund annuity Variante der Ehegatten- bzw. Überlebensversicherung, bei der im Falle des Ablebens des Versicherungsnehmers der Saldo zwischen Kaufpreis der Versicherung und den zwischenzeitlich erfolgten Leistungen in einer Summe an den Bezugsberechtigten zur Auszahlung gelangt.
unit sales stückmäßiger Absatz, → volume sales
units created (liquidated) ausgegebene (zurückgenommene) Fondsanteile
units of production method of depreciation auf der Produktionsstückzahl basierende Abschreibung
units of use method leistungsabhängiges Abschreibungsverfahren
unit sourcing Einzelbeschaffung, → multiple sourcing
unit trust portfolio Wertpapiervermögen eines Investmentfonds

unity of ownership (possession) *(bei Gemeinschaftseigentum)* Besitzeinheit, einheitliche (gleiche) Besitzrechte für alle Gemeinschaftseigentümer
unity of time zeitliches Zusammenfallen, Übertragung der Eigentums-/Besitzrechte auf alle Gemeinschaftseigentümer zum gleichen Zeitpunkt
unity of title Einheit des Rechtstitels, d.h. ein Gemeinschafterwerb muß auf dem gleichen Rechtstitel basieren.
universal agent Generalbevollmächtigter
universal life-type contract Lebensversicherungsvertrag mit flexiblem Beitrags- und/oder Leistungsverlauf
universal partnership Personengesellschaft, in die die Gesellschafter ihre gesamten, gegenwärtigen und künftigen Vermögenswerte einbringen.
Universal Product Code US-Artikelkennnummer (Strichcode-Standard)
universe Grundgesamtheit, Population, → sampling
unjust enrichment rule Grundsatz der Schadenersatzleistung/Wiedergutmachung bei ungerechtfertigter Bereicherung
unlawful detainer rechtswidrige Einbehaltung (Inbesitznahme/Nutzung)
unleveraged return ohne Einsatz von Fremdmitteln erzielte Rendite
unlimited company britische Gesellschaft, deren Gesellschafter mit ihrem gesamten persönlichen Vermögen für die Verbindlichkeiten des Unternehmens haften.
unlimited exemption → homestead exemption
unlimited policy Pauschalpolice, Generalpolice
unlimited power of attorney (proxy) unbegrenzte Vollmacht
unlimited surety unbeschränkte Bürgschaft
unliquidated claims 1. → unsettled claims 2. → unliquidated debt
unliquidated damages noch nicht ermittelter und festgesetzter Schadenersatz
unliquidated debt 1. nicht regulierte Verbindlichkeit, nicht beglichene Schuld 2. Verbindlichkeit(en) eines Gemeinschuldners, deren Rechtmäßigkeit oder Höhe umstritten ist.
unlisted equity interests (unlisted investments) Beteiligungen an nicht börsennotierten Unternehmen
unloading period Löschfrist
unloading point Entladestelle
unlocking provision Auflösungsklausel
unmarketable title unveräußerlicher Rechtstitel ☐ Eigentumstitel, der aufgrund von Ansprüchen Dritter nicht durch eine → title insurance company versichert wird.
unmatched (risk) positions offene Positionen ☐ Positionen, die nicht durch korrespondierende Gegenpositionen gedeckt sind.
unorganised labour nicht gewerkschaftlich organisierte Arbeitnehmer
unpatterned interview freies Interview, Gespräch ohne vorgegebenen Ablauf, → patterned interview
unplanned cannibalisation ungeplante Kannibalisierung (Produkteliminierung) ☐ aufgrund zu geringer Unterschiede zwischen zwei verwandten Produkten des gleichen Herstellers
unprompted response unbeeinflusste Antwort ☐ Antwortverhalten einer Testperson, das nicht durch eine bewusste oder unbewusste Einflussnahme des Interviewers bestimmt wird.
unqualified accounts mit einem uneingeschränkten Bestätigungsvermerk versehener Abschluss
unqualified audit certificate uneingeschränkter Bestätigungsvermerk (uneingeschränktes Testat) der Wirtschaftsprüfer
unqualified guarantee uneingeschränkte Garantie
unqualified lead → Lead, mit dem noch kein Kontakt aufgenommen wurde bzw. der noch nicht auf Kontaktversuche reagiert hat.
unqualified title uneingeschränkter Eigentumsanspruch (Rechtstitel)
unquoted equity interests (investments)

unrealisable assets

(im Jahresabschluss) nicht börsengängige Beteiligungen (Finanzanlagen)
unrealisable assets nicht realisierbare (verkäufliche) Vermögenswerte
unrealised appreciation 1. Buchgewinn, nicht realisierter Kapitalgewinn 2. stille Reserven
unrealised appreciation on investments *(im Jahresabschluss)* buchmäßiger Wertzuwachs der Finanzanlagen (Beteiligungen)
unrealised profits/losses Buchgewinne/-verluste, nicht realisierte Gewinne/Verluste
unrecognised gain nicht ergebniswirksam erfasster Gewinn
unrecognised service cost noch nicht verrechneter Versorgungsaufwand
unrecorded instrument nicht registrierte Urkunde
unregistered land nicht registriertes Grundstück (der Besitznachweis wird durch entsprechende Eigentumsurkunden erbracht). → land registration
unregistered offerings nicht registrierte (von der Registrierungspflicht nach dem US → Securities Act ausgenommene) Wertpapieremissionen ☐ Voraussetzung ist, dass sie kein öffentliches Zeichnungsangebot enthalten.
unregistered (unrecorded) title nicht registriertes Besitzrecht, nicht registrierter Rechtstitel
unrelated parties einander nicht nahe stehende (Vertrags-)Parteien/Personen/Unternehmen
unrelieved overseas tax ausländische Steuer, auf die im Inland kein Nachlass gewährt wird.
unrelieved trading loss Betriebsverlust, der steuerlich nicht abgesetzt wurde.
unremitted earnings of subsidiaries nicht ausgeschüttete Gewinne von Tochtergesellschaften
unreported claims (bekannte, aber) noch nicht angezeigte Schäden, → incurred but not reported losses

unreported income nicht deklarierte Einkünfte (Erträge)
unresponsive bid Gebot, das nicht den Ausschreibungsbedingungen entspricht.
unrestricted documentary credit (letter of credit) frei negoziierbares Akkreditiv ☐ d.h. der Akkreditivbegünstigte hat das Recht, die Dokumente bei einer Bank seiner Wahl zur Negoziierung vorzulegen.
unrestricted order to negotiate unbeschränkter Negoziierungsauftrag ☐ d.h. die Negoziierung muss nicht unbedingt bei der angegebenen Bank erfolgen.
unrestricted use agreement *(i.S. des britischen Consumer Credit Act)* Verbraucherkredit ohne festgelegten Verwendungszweck
unrestricted use facility nicht zweckgebundene Kreditfazilität
unscheduled debts vom Konkursschuldner bei Konkurseröffnung nicht angezeigte Verbindlichkeiten
unscheduled policy (property floater) laufende Police, Pauschalpolice ☐ die versicherten Interessen werden nur der Gattung nach bezeichnet. → scheduled policy
unseasoned issues Neuemissionen, Erstemissionen, i.e.S. Titel, auf die noch keine Schuldendienstzahlungen geleistet wurden.
unsecured creditor 1. nicht abgesicherter Gläubiger 2. nicht bevorrechtigter Konkursgläubiger
unsecured debt 1. ungesicherte Forderungen 2. ungesicherte Schuldtitel 3. nicht bevorrechtigte Konkursforderungen
unsecured note ungesicherter Schuldschein, unbesicherter kurzfristiger Schuldtitel
unsegmented marketing → undifferentiated marketing
unsettled accounts 1. unbezahlte (unbeglichene) Rechnungen, offene Positionen 2. Außenstände, Debitoren
unsettled claims unerledigte Schadenfälle (Schadensansprüche)
unsolicited application einem Versicherer

direkt, also nicht über einen Agenten zugegangener Versicherungsantrag
unsolicited offer (proposal) nicht angefordertes (erbetenes) Angebot
unsolicited tender offer unerwünschtes (feindliches) Übernahmeangebot
unsponsored issues → American Depositary Receipts
unstructured interview freie (nicht strukturierte) Befragung □ Befragung, bei der dem Interviewer wohl Themen und Ziel vorgegeben werden, Form und Reihenfolge der Fragen jedoch ihm überlassen bleiben. → structured interview
unstructured observation nicht strukturierte Beobachtung □ d.h. keine festen Vorgaben hinsichtlich der Beobachtungstechniken
unstructured questions → open-ended questions
unstuffing → devanning
unsystematic risk unsystematisches Risiko, Einzelrisiko, unternehmensspezifisches Risiko
untimely claims nicht fristgerecht angemeldete Forderungen/Ansprüche, → non-claim statutes
unused tax credits ungenutzte Steuergutschriften
unused tax losses ungenutzte steuerliche Verlustvorträge
unusual gains/losses ungewöhnliche Gewinne/Verluste, die mit der betrieblichen Tätigkeit in keinem unmittelbaren Zusammenhang stehen.
unvalued policy untaxierte (offene) Versicherungspolice □ der Wert der versicherten Interessen wird nicht bei Abschluss der Versicherung, sondern zum Schadenszeitpunkt ermittelt. → valued contract (policy)
unwarranted nicht bestätigt, nicht garantiert, ohne Gewähr
unweighted price index ungewogener Preisindex
unwillingness error Befragungs-/Erhebungsfehler aufgrund fehlender Kooperationsbereitschaft seitens der Befragten

up and down clause Preisgleitklausel
UPA → Uniform Partnership Act
UPC → Universal Product Code
upfront fees Abschlussgebühren □ bei Abschluss einer großen Finanztransaktion (Arrangierung eines Konsortialkredites, Anleiheemission) einmalig zu zahlende Gebühren
upgrade lease Leasingvertrag, bei dem zu einem bestimmten Zeitpunkt das Leasingobjekt gegen eine technologisch weiterentwickelte Version ausgetauscht wird.
upgrades *(im Rechnungswesen)* (aktivierbare) Verbesserungen
upgrading 1. Aufwertung der Produkt- oder Dienstleistungspalette/des Sortiments durch Anhebung des Qualitätsniveaus 2. (bonitätsmäßige) Höhereinstufung eines Emittenten/Kreditnehmers 3. Austausch des Leasingobjektes, → upgrade lease 4. → leasehold improvements
upkeep and improvements *(in der Gewinn- und Verlustrechnung)* Aufwand für Instandhaltung und wertsteigernde Einbauten
UPLA → Uniform Product Liability Act
up-market consumer goods höherwertige Konsumgüter, Güter des gehobenen Bedarfs
upper price range Preisoberklasse
upper-tier company Obergesellschaft
uprates Preiskorrekturen nach oben
upselling 1. aktive Präsentation höherwertiger Produkte 2. → upselling measures
upselling measures alle Maßnahmen, die auf eine gezielte Umsatzerhöhung pro Kunde ausgerichtet sind.
upset price Mindestgebot, Mindestpreis bei einer Versteigerung
upside leverage → positive leverage
upstream guarantee Garantie einer Tochtergesellschaft zugunsten der Muttergesellschaft
upstreaming 1. Datenversand 2. *(upstreaming funds)* Transfer von Gewinnen einer Tochtergesellschaft an die Muttergesellschaft

upstream loan Darlehen einer Tochtergesellschaft an die Muttergesellschaft
upstream merger Zusammenlegung (Fusion) der Tochter- mit der Muttergesellschaft
upstream processes Beschaffungsprozesse
upstream sales Lieferungen und Leistungen der Tochterunternehmen an die Muttergesellschaft
upstream sector *(in der Erdölindustrie)* Exploration und Förderung
upstream situation Unternehmenssituation, die umfangreiche Forschungs- und Entwicklungsinvestitionen erforderlich macht.
upstream system vorgelagertes System
upstream transaction Zahlungen/Gewinn- oder Vermögenstransfers von der Tochter- an/auf die Muttergesellschaft
upstream unit vorgelagerte Einheit
upward stretch Erweiterung des Leistungsprogramms (der Produktpalette) um hochpreisige bzw. qualitativ hochwertige Güter
urban planning Stadtplanung
usability (Be-)Nutzerfreundlichkeit
usage and customs (usage of trade) Handelsbräuche, Usancen
usage intensity (care) Nutzungsintensität
usage level *(in der Medienwerbung)* Aufteilung des Leser-/Hörer-/Zuschauerkreises nach dem Umfang, in dem diese Personen ein Produkt verwenden bzw. eine Dienstleistung in Anspruch nehmen
usage variance Mengenabweichung, Verbrauchsabweichung, Differenz zwischen Planverbrauch und Ist-Verbrauch
U.S.C. → United States Code
U.S.C.A. → United States Code Annotated
U.S.D.C. → United States District Court
use and occupancy insurance 1. Mietverlustversicherung 2. Betriebsunterbrechungsversicherung
used in the production of income produktiv genutzt
useful life betriebsgewöhnliche (wirtschaftliche) Nutzungsdauer
user interface Benutzerschnittstelle
user leaseback → sale and leaseback
user profile Nutzerprofil, Nutzerdaten
user value Nutzwert, Gebrauchswert
uses of funds (of working capital) Mittelverwendung (Teil der Bewegungsbilanz)
use tax in einigen US-Bundesstaaten erhobene Verbrauchssteuer
US-GAAP → United States Generally Accepted Accounting Principles
USITC United States → International Trade Commission
USNE/US net equity Nettovermögenswerte (Differenz zwischen Vermögenswerten und Verbindlichkeiten) der US-Betriebsstätte einer ausländischen Kapitalgesellschaft
USP products Produkte mit einem herausragenden Nutzenvorteil, → unique selling position
USPTO United States → Patent and Trademark Office
usual authority implizite Vollmacht (Vertretungsmacht)
usufruct/usufructuary right Nießbrauch, Nutznießungsrecht
usury laws Gesetze gegen Wucher □ enthalten Bestimmungen über Maximalzinssätze bei Darlehensgeschäften
utilisation of tax losses Anrechnung von steuerlichen Verlustvorträgen
utilisation rate Nutzungsgrad, Auslastungsgrad
utility analysis Nutzwertanalyse, Verfahren zur Bewertung von Handlungsalternativen
utmost good faith in absolut gutem Glauben (abgeschlossener Vertrag), in uneingeschränkter Offenheit
UTSA → Uniform Trade Secret Act

V

vacancy allowance factor Wertberichtigung für Verluste aufgrund von Nichtvermietungen
vacancy and collection losses leerstandsbedingte Verluste und Forderungsausfälle
vacancy ratio *(bei Immobilien)* Leerstandsquote
VAD → value added dealer
validation 1. Validierung □ Erbringung des Nachweises, dass ein Produkt oder Verfahren mit den vorgegebenen Spezifikationen übereinstimmt bzw. für den vorgesehenen Einsatzzweck geeignet ist. 2. Validierung □ von Befragungsergebnissen durch erneute Kontaktaufnahme mit den Befragten
validation certificate Validierungsnachweis
valid consideration rechtswirksame Gegenleistung
valid contract rechtsgültiger (rechtswirksamer, verbindlicher) Vertrag
validity 1. Gültigkeit, Rechtswirksamkeit 2. Validität □ Genauigkeit einer Messung, Genauigkeit in der Erfassung des Untersuchungsziels, Gütekriterium einer Messung/einer Untersuchung □ Umfang, in dem die Untersuchung die tatsächlichen Marktbedingungen widerspiegelt.
validity of sample Treffsicherheit einer Stichprobe
valid objection berechtigter Einwand
VALS → values and lifestyle segmentation
valuable assets (items) Wertgegenstände, Valoren
valuable consideration Kaufpreis, geldwerte Gegenleistung, Gegenwert, Entgelt
valuable security werthaltige Sicherheit
valuation 1. Bewertung, Wertbestimmung 2. wertmäßiger Ansatz in der Bilanz, Bilanzansatz 3. Ermittlung des Einheitswertes 4. Aufgabe des Versicherungswertes 5. Ermittlung des Inventarwertes pro Fondsanteil 6. Gutachten eines Immobiliensachverständigen 7. Schadenfeststellung durch einen Regulierungsbeauftragten oder Sachverständigen
valuation allowance 1. Bewertungsreserve, Sicherheitsabschlag in der Bewertung 2. Wertberichtigung
valuation approach (assumption) Bewertungsansatz
valuation at cost, at revalued amount Bewertung zu den Anschaffungskosten, berichtigt um Abzüge für Wertminderungen/Aufschläge für Wertsteigerungen
valuation at cost or market, whichever is lower/valuation at the lower of cost or market Bewertung zum Niederstwertprinzip
valuation at equity Bewertung zum anteiligen Eigenkapital, → equity method (of accounting)
valuation at prevailing market rates Bewertung zu den jeweiligen Marktkursen
valuation at replacement cost Bewertung zum Wiederbeschaffungspreis
valuation at the lower of cost or replacement price Bewertung zu den Anschaffungskosten oder dem Wiederbeschaffungspreis, je nachdem was niedriger ist.
valuation at the open market sale value Bewertung zum Verkehrswert
valuation based on current replacement cost Bewertung zu den Wiederbeschaffungskosten
valuation charge Wertfracht, nach dem Warenwert berechnete Frachtkosten
valuation for tax purposes steuerrechtliche Bewertung, Wertansatz in der Steuerbilanz
valuation haircut Bewertungsabschlag
valuation in components (in parts) Bewertung nach Einzelkomponenten
valuation method 1. Bewertungsverfahren,

valuation misstatement

Wertermittlungsmethode 2. Schadenfeststellungsverfahren
valuation misstatement Bewertungsfehler, Über- oder Unterdotierung
valuation of fixed assets Bewertung des Anlagevermögens
valuation of inventories Vorratsbewertung, Bewertung der Lagerbestände
valuation of landed property Bewertung von Liegenschaften (Grundbesitz)
valuation of long-term investments at cost Bewertung (Bilanzierung) langfristiger Anlagen zu den Anschaffungskosten
valuation of loss Schadenfeststellung
valuation of premises and equipment at cost less accumulated depreciation Bewertung von Gebäuden, Betriebs- und Geschäftsausstattung zu Anschaffungskosten abzüglich kumulierter Abschreibung
valuation of stock 1. Bewertung von Aktien 2. Vorratsbewertung
valuation on an individual basis (on an item-by-item basis) Einzelbewertung von Anlagen
valuation on a specific identified cost basis Bewertung auf der Grundlage einzeln nachgewiesener Anschaffungskosten
valuation option Bewertungswahlrecht, Bewertungsfreiheit
valuation policy Bewertungsverfahren, Bewertungspraxis
valuation premium technische Prämie, Bruttoprämie abzüglich Gewinnzuschlag
valuation price Inventarwert eines Fondsanteils ☐ Börsenwert der Wertpapiere, die das Fondsvermögen bilden, geteilt durch die Zahl der im Umlauf befindlichen Anteile.
valuation reserves Bewertungsrücklagen, stille Reserven
valuation standards Bewertungsmaßstäbe
valuation surplus Wertsteigerung durch Neubewertung
valuation trading Arbitragegeschäfte, bei denen Anleger anhand von Bewertungsmodellen festgestellte Über- bzw. Unterbewertungen von Optionen zu nutzen versuchen.
value *(to - at average cost of production)* zu den durchschnittlichen Produktionskosten bewerten, *(to - at the lower of cost or market)* nach dem Niederstwertprinzip bewerten, zum jeweils niedrigeren Wert aus Anschaffungs- bzw. Herstellungskosten oder Marktwert bewerten
value added Wertschöpfung, Nettoergebnis der Produktionstätigkeit
value added consumer orientation Wertorientierung der Verbraucher
value added costs Wertschöpfungskosten
value added dealer → value added reseller
value added network Mehrwertnetzwerk ☐ Netzwerk, das neben dem Austausch elektronischer Daten zwischen Handelspartnern weitere Dienstleistungen anbietet.
value added per person Wertschöpfung pro Mitarbeiter, Verhältnis von Umsatz zur Zahl der Beschäftigten
value added reseller Wiederverkäufer; (Einzel-)Händler, der Markenprodukte (Software) mit eigenen zusätzlichen Dienstleistungen verkauft.
value added services Mehrwertdienstleistungen, Zusatzdienstleistungen ☐ Leistungsbündel, das eine Primärleistung ergänzt, i.e.S. über den reinen Transport hinausgehende Dienstleistungen eines Frachtführers
value added statement Wertschöpfungsrechnung
value additivity principle Grundsatz der Wertadditivität
value analysis Wertanalyse, Funktionskostenanalyse ☐ Ziel der Wertanalyse ist es, die Kosten von Produkten zu senken und gleichzeitig ihre Qualität zu erhöhen.
value-at-risk *(Modell zur Risikoquantifizierung)* Verlustpotential bei einer Veränderung der Marktpreise, Summe der Risiken aus verschiedenen Positionen ☐ maximal mögliche negative Abweichung vom Erwartungswert bei vorgegebener Halteperiode
value-based brand management Konzept

zur Steigerung der Markenperformance
value-based management wertorientiertes Management, an einer langfristigen Steigerung des Unternehmenswertes orientiertes Management
value chain Wertschöpfungskette, Verknüpfung der in einem Unternehmen ablaufenden Geschäftsprozesse
value chain management Maßnahmen (Softwareprogramme) zur effizienten Gestaltung der gesamten Wertschöpfungskette □ Integration aller Geschäftsprozesse von Beschaffung, über Produktion und Logistik bis hin zur Abwicklung
value compensated Valuta kompensiert □ gleiche Wertstellung für Lieferung und Gegenlieferung, Erfüllung der beiderseitigen Schuldverhältnisse (Lieferverpflichtungen) am gleichen Tag
valued bill of lading Konnossement, bei dem der Wert eines jeden Frachtstückes angegeben wird.
valued clause Klausel einer Versicherungspolice, in der der Wert der versicherten Gegenstände festgelegt wurde.
valued contract (policy) Summenversicherungspolice, taxierte Versicherungspolice □ im Schadenfall gelangt unabhängig von der Schadenhöhe ein bestimmter Betrag zur Auszahlung
valued policy law in einigen US-Bundesstaaten geltendes Gesetz, das im Falle eines Totalschadens immer die Auszahlung der Versicherungssumme unabhängig vom Wert des Versicherungsgegenstandes zum Schadenszeitpunkt vorschreibt.
value driver Werttreiber, Wertgenerator, *(pl)* Beiträge zur Wertschaffung, alle den Cashflow beeinflussenden Faktoren
value engineering Konzeptwertanalyse, (Erstellung einer) Funktionskostenanalyse
value in use Nutzungswert, Wert aufgrund der fortlaufenden Nutzung, Gebrauchswert
value management → value-based management
value of debt Wert der Netto-Finanzverschuldung
value of equity 1. Marktkapitalisierung eines börsennotierten Unternehmens 2. Wert der Gesellschaftsanteile, Eigenkapitalwert □ Unternehmenswert abzüglich Nettoverschuldung
value of mediation *(bei einem Schiedsverfahren)* Streitwert
value perception Wertwahrnehmung (durch den Verbraucher)
value pricing wertorientierte Preisbestimmung
value reporting wertorientierte Unternehmensberichterstattung
value reporting form *(bei im Wert schwankenden versicherten Interessen)* offene Police □ der Versicherungsnehmer ist zur Wertdeklarierung in bestimmten Zeitabständen verpflichtet.
value retailing Einzelhandelsaktivitäten, in deren Mittelpunkt ein optimales Preis-/Leistungsverhältnis für den Kunden steht.
value-safeguarding clause Wertsicherungsklausel
values and lifestyle segmentation psychografische Marktsegmentierung □ Aufteilung des Marktes in Verbrauchergruppen mit bestimmten Wertvorstellungen und Lebensstilen
value stocks Wertpapiere mit Substanzcharakter, Wertpapiere mit einer überdurchschnittlichen Performance
value stream mapping Wertstromdesign
value surcharge Wertaufschlag
value-to-cost benefits Preis-Leistungs-Verhältnis
value to customer Kundennutzen
VAN → value added network
van container Standard-Container
vanilla issue Routineemission
vanishing premium insurance Versicherung mit nach einer hohen Anfangszahlung kontinuierlich auf null sinkenden Beitragszahlungen
vanning Beladen von Containern
VAP → value additivity principle, → value added per person

VaR → value-at-risk, → value added reseller
variability Variabilität, Streuung
variability measure Variabilitätsmaß, Streuungsmaß
variable Variable, variable Größe
variable annuity (variable annuity contract/plan) private Rentenversicherung mit variablen Leistungen, fondsgebundene private Rentenversicherung □ Bei den variable annuities werden die Zahlungen des Versicherungsnehmers (gegebenenfalls auch in Form einer Einmalprämie) in Aktien bzw. Fondsanteilen angelegt. Die später fällig werdenden regelmäßigen Leistungen basieren auf dem jeweiligen Wert der dem annuity contract zugrunde liegenden Papiere.
variable attribution Ausprägung einer Variablen
variable budgeting → flexible budgeting
variable cost variable Kosten, veränderliche (beschäftigungsabhängige) Kosten □ Teil der Gesamtkosten, dessen Höhe sich bei einer Veränderung der Ausbringungsmenge verändert.
variable costing Teilkostenrechnung
variable cost of goods manufactured variable Produktkosten
variable cost ratio Verhältnis von variablen Kosten zu Umsatzerlösen
variable life insurance (policy) Lebensversicherung mit variablem Policenwert □ fondsgebundene Lebensversicherung, bei der die Zahlungen des Versicherungsnehmers in Wertpapieren/Fondsanteilen angelegt werden.
variable limit flexible Deckungsgrenze □ regelmäßige Anpassung, z.B. an den gestiegenen oder gesunkenen Versicherungsbedarf oder an die Inflationsrate.
variable markup pricing → cost plus pricing (system)
variable-maturity mortgage fristenvariables Hypothekendarlehen
variable output plan variabler, weitgehend nachfragebestimmter Produktionsplan

variable overhead expenses variable Gemeinkosten
variable payments lease Leasingvertrag mit variablen Leasingzahlungen (üblicherweise Bindung an einen Referenzsatz)
variable premium insurance Versicherung mit flexiblen Beitragszahlungen □ d.h. innerhalb bestimmter Ober- und Untergrenzen ist die Höhe der Beitragszahlungen in das Ermessen des Versicherungsnehmers gestellt.
variable production overheads variable Fertigungsgemeinkosten
variable-rate demand bonds/notes/obligations zinsvariable Schuldtitel, die in regelmäßigen Zeitabständen (täglich, wöchentlich oder jährlich) dem aktuellen Zinsniveau angepasst werden. Mit dem Erwerb ist i.d.R. eine Rückgabeoption bei Festsetzung eines neuen Zinssatzes verbunden.
variable-rate foreign exchange swap tender Devisen-Swap im Wege eines Zinstenders □ Ausschreibungsverfahren, bei dem Kreditinstitute den Währungsbetrag und den Swapsatz bieten, zu dem sie mit einer Zentralbank Geschäfte tätigen wollen.
variable-rate liabilities zinsvariable Verbindlichkeiten
variable-rate tender Zinstender, Tender mit einem variablen Zinssatz □ Tenderverfahren (Ausschreibungsverfahren), bei dem Kreditinstitute Beträge und Zinssätze bieten, zu denen sie mit einer Zentralbank Geschäfte tätigen möchten.
variable strip variabel verzinslicher, getrennt handelbarer Zinskupon, → stripping
variable term lease Leasingvertrag mit unbestimmter Laufzeit □ d.h. der Vertrag kann nach Ablauf einer bestimmten Frist nach dem Ermessen des Leasingnehmers gekündigt oder verlängert werden.
variance 1. Varianz, quadratische Standardabweichung, *(Portefeuillerisikomessung)* Abweichung der einzelnen Erträge vom durchschnittlichen Ertrag während

einer bestimmten Zeitperiode 2. Differenz zwischen der Ist-Leistung und der Plan-/Vorgabeleistung

variance analysis Abweichungsanalyse, Varianzanalyse □ Analyse der Ursachen, die einer Abweichung zugrunde liegen.

variant management Varianten-Management, Steuerung der unterschiedlichen Ausgestaltungen eines Produkt-/Dienstleistungsangebotes

variation margin Schwankungsmarge □ wertmäßige Veränderung, die sich bei der täglichen Neubewertung einer offenen Kontraktposition im Hinblick auf den zu unterhaltenden Mindesteinschuss ergibt.

variation ratio Variationskoeffizient

variety-seeking buying behaviour vagabundierendes Kaufverhalten □ Neigung von Verbrauchern, neue Marken zu kaufen, auch wenn keine Unzufriedenheit mit den bisher erworbenen vergleichbaren Produkten vorliegt.

variety store Einzelhandelsgeschäft mit einem breiten Sortiment und niedrigen Preisen

vault cash Bestand an Bargeld (Kassenbestand) einer Bank

VBM → value-based management

VC → venture capital, → voyage charter

VCM → value chain management

V-Commerce → voice commerce

VCT → venture capital trust

Vega das Vega einer Option misst die Sensitivität des Optionspreises gegenüber Schwankungen der Volatilität des Basiswertes.

vehicle option source effect Kommunikatorwirkung, die mit dem gewählten Werbeträger verbunden ist.

velocity of innovation Innovationsgeschwindigkeit □ Geschwindigkeit, mit der ein Unternehmen neue Produkte entwickelt und auf den Markt bringt.

vendee Käufer

vendee's lien Käufer-Pfandrecht □ Pfandrecht des Käufers aufgrund einer von ihm geleisteten hohen Anzahlung

vendor Verkäufer, Anbieter, Lieferant

vendor assessment 1. Bewertung von Lieferanten 2. Evaluierung von Anbieterlösungen

vendor company verkaufende Gesellschaft, *(bei Fusionen)* einbringende Gesellschaft

vendor due diligence → due diligence seitens des Verkäufers

vendor finance Finanzierung durch den Verkäufer

vendor leasing Vertriebsleasing, Absatzleasing □ Leasing, das von Herstellern bzw. Händlern als zusätzlicher Service für Kunden angeboten wird.

vendor loyalty Lieferantenbindung, Bindung an bestimmte Hersteller/Lieferanten

vendor managed inventory Bestandsmanagement durch den Lieferanten, vom Lieferanten gesteuerte Lagerhaltung □ Vereinbarung, aufgrund derer ein Lieferant die Disposition seiner Erzeugnisse für den Kunden übernimmt, d.h. der Lieferant ist verantwortlich für die Bestandshöhe und die Verfügbarkeit im Lager des Kunden.

vendor rating Lieferanten-Rating/Beurteilung

vendor's assets eingebrachte Vermögenswerte, i.e.S. Anbietereigentum

vendor's lien Verkäuferpfandrecht, Eigentumsvorbehalt des Verkäufers

vendor take-back → seller take-back

vendor warranty Gewährleistungshaftung des Verkäufers

veniremen Bürger, die im Hinblick auf eine mögliche Bestellung als Geschworene zur Befragung vorgeladen werden.

venture capital Wagniskapital, Risikokapital □ Unter venture capital ist das Kapital zu verstehen, das wachstumsorientierten und innovationsfreudigen Unternehmen zur Verfügung gestellt wird. Die Kapitalgeber erhoffen sich einen Gewinn in der Form, dass sie ihre Beteiligungen später direkt oder über die Börse mit einem deutlichen Wertzuwachs verkaufen können.
→ exit channels

venture capital company Wagniskapitalgesellschaft, Kapitalbeteiligungsgesellschaft □ Gesellschaft, die sich am Eigenkapital kapitalschwacher, aber innovativer Unternehmen beteiligt. Venture capital companies sind oft als → venture capital funds organisiert.

venture capital fund Wagniskapitalfonds, (Kapital-)Beteiligungsfonds □ Fonds, aus dem Kapital für die Finanzierung junger Unternehmen bzw. für die Entwicklung innovativer Produkte und Technologien bereitgestellt wird. In den Vereinigten Staaten werden private venture capital funds i.d.R. als → blind pools aufgelegt. Verschiedene Bundesstaaten haben zudem public venture capital funds eingerichtet, um junge Unternehmen zu fördern bzw. Arbeitsplätze zu schaffen. Diese staatlichen venture capital funds nehmen keinen Einfluss auf die Unternehmensführung.

venture capital investments Wagniskapitalbeteiligungen

venture capitalist Wagniskapitalgeber, Wagnisfinanzier

venture capital limited partnership in Form einer → limited partnership geführte Wagniskapitalgesellschaft

venture capital trust steuerbegünstigter Kapitalbeteiligungsfonds in Großbritannien □ bei den VCTs handelt es sich um börsennotierte geschlossene Investmentfonds

venture manager Person, die für die Entwicklung einer neuen Unternehmens- bzw. Produktidee verantwortlich zeichnet.

venture nurturing aktive Unterstützung einer Unternehmensneugründung durch die Wagniskapitalgeber, z.B. Unterstützung im Produktions- und Marketingbereich

venture spin-off Zusammenfassung aller Venture-Capital-Aktivitäten in einer eigenen Gesellschaft

venue 1. örtliche Zuständigkeit des angerufenen Gerichts 2. Gerichtsstand

verbal rating scale verbale Rating-Skala □ Probanden werden um eine Beurteilung auf der Basis bestimmter mündlicher Wortvorgaben gebeten.

verbal stimuli verbale Stimuli (Wörter, Sätze)

verbatim statement genaue Wiedergabe der Aussage eines Probanden

verifiability principle *(in der Rechnungslegung)* Grundsatz der Überprüf- und Nachvollziehbarkeit

verification 1. Überprüfung, *(in der Qualitätskontrolle)* Verifizierung □ Bestätigung, dass spezifische Forderungen hinsichtlich eines Produktes oder einer Dienstleistung erfüllt wurden 2. Bestätigung der Richtigkeit von Angaben

versioning Entwicklung von Produktvarianten, die auf die Bedürfnisse unterschiedlicher Kundengruppen zugeschnitten sind.

vertical amalgamation vertikaler Zusammenschluss, → vertical merger

vertical carousel Umlaufregal nach dem Paternostersystem, → horizontal carousel

vertical channel conflict vertikaler Kanalkonflikt □ Interessenkonflikt zwischen Mitgliedern unterschiedlicher Vertriebskanäle, z.B. zwischen Hersteller und Großhändler oder zwischen Groß- und Einzelhandel

vertical combination vertikale Unternehmenskonzentration, → vertical merger

vertical competition vertikaler Wettbewerb □ Wettbewerb zwischen Unternehmen unterschiedlicher Wirtschaftsstufen, die jedoch in der gleichen Branche tätig sind.

vertical cooperation vertikale Kooperation, Kooperation zwischen Unternehmen vor- bzw. nachgelagerter Produktions- oder Handelsstufen/zwischen Partnern unterschiedlicher Absatz- bzw. Wertschöpfungsstufen

vertical cooperative advertising vertikale Gemeinschaftswerbung □ gemeinsame Werbung zwischen Unternehmen/Elementen unterschiedlicher Wirtschaftsstufen, z.B. von Herstellern und Handelsunternehmen

vertical diversification vertikale Diversifikation ☐ Programmerweiterung unter Einbeziehung vor- oder nachgelagerter Wirtschaftsstufen, d.h. Angliederung von Produkten oder Firmen, die dem bisherigen Leistungsprogramm bzw. Tätigkeitsbereich vorgelagert (backward integration) oder nachgelagert (forward integration) sind.

vertical growth vertikales Wachstum, → vertical diversification

vertical integration vertikale Integration ☐ (a) direkte Kommunikation/Integration von Informationssystemen über mehrere Hierarchieebenen hinweg (b) → vertical merger

vertical-level specialist Unternehmen, das sich auf eine bestimmte Ebene im Produktions- bzw. Distributionszyklus spezialisiert hat.

vertical marketing vertikales Marketing ☐ Marketingaktivitäten, die ein Hersteller in enger Zusammenarbeit mit den nachfolgenden Absatzstufen (Handelsunternehmen) durchführt.

vertical merger vertikale Fusion ☐ Fusion von Unternehmen, die vor- bzw. nachgelagerten Wirtschaftsstufen angehören.

vertical outsourcing vertikales Outsourcen ☐ Vergabe von Dienstleistungen an externe vorgelagerte oder nachgelagerte Glieder im Absatzweg.

vertical picking Umlaufkommissionierung

vertical price-fixing vertikale Preisbindung, Preisbindung der zweiten Hand ☐ Preisabsprachen zwischen Elementen unterschiedlicher Wirtschaftsstufen, z.B. zwischen Herstellern einerseits und Großhändlern, Vertriebsfirmen oder Einzelhändlern andererseits.

vertical product differentiation vertikale Produktdifferenzierung ☐ d.h. der Produktkern wird mehr oder minder stark verändert.

vertical relationship management Pflege der Geschäftsbeziehungen zu Lieferanten und Kunden

vertical restraints vertikale Wettbewerbsbeschränkungen ☐ wettbewerbsbeschränkende Absprachen zwischen Beteiligten unterschiedlicher Wirtschaftsstufen

vertical rotation Verteilung der Ausstrahlung eines Werbespots während eines Tages auf verschiedene Tageszeiten

vertical selling vertikaler Vertriebsansatz ☐ Konzentration auf ein relativ kleines Marktsegment

vertical VAR ausschließlich branchenspezifisch tätiger → value added reseller

very large crude carrier Supertanker mit einer Tragfähigkeit zwischen 200.000 und 320.000 dwt., → ultra large crude carrier

very short-term financing sehr kurzfristige Finanzierungsfazilität für Interventionen im Rahmen des Europäischen Währungsfonds ☐ können sich die EG-Notenbanken gegenseitig zur Erfüllung ihrer Interventionsverpflichtungen einräumen.

vessel manifest Ladungsverzeichnis

vest *(the approval powers are vested in the executive committee)* die Genehmigungsbefugnisse liegen beim Direktorium; *(the employees are 100% vested after the tenth year of service)* nach zehnjähriger Betriebszugehörigkeit verfügen die Mitarbeiter über unverfallbare Anwartschaften, → vesting of pension benefits; *(the instrument vests a life estate in XYZ)* durch die Urkunde wird XYZ ein Besitzrecht auf Lebenszeit verliehen.

vested benefits *(in Verbindung mit einer betrieblichen Altersversorgung)* unverfallbare Leistungsansprüche, von der Fortführung des Arbeitsverhältnisses unabhängige Leistungsansprüche

vested pension → vested benefits, → vesting of pension benefits

vested rights unverfallbare Rechte, rechtlich voll entstandene Ansprüche

vestibule training innerbetriebliche Ausbildung an betriebseigenen Aus- und Fortbildungszentren

vesting date Zeitpunkt, zu dem Ansprüche unverfallbar werden.

vesting deed (instrument) Übertragungsurkunde □ Urkunde, durch die ein Recht übertragen wird.

vesting of pension benefits Einräumung unverfallbarer Leistungsansprüche aus der betrieblichen Altersversorgung □ Der US Employee Retirement Income Security Act sieht verschiedene Vesting-Möglichkeiten vor, z.b. 100% vesting nach zehnjähriger Betriebszugehörigkeit, d.h. der Mitarbeiter hat seine Ansprüche erst nach diesem Zeitraum vollständig erworben, und er verliert sie nicht, wenn er das Unternehmen danach vor Erreichen der Altersgrenze verlassen sollte, oder 25% vesting nach fünf Jahren mit stufenweiser Anhebung auf 100% nach 15 Jahren.

vesting of powers Erteilung (Übertragung) von Vollmachten, Verleihung von Rechten

vesting of property Übertragung (Übergang) von Vermögenswerten auf eine Person

vesting order Gerichtsbeschluss oder Verfügung einer Behörde, durch den/die Eigentumsrechte übertragen werden.

vesting period 1. Frist für die Umwandlung von Anwartschaften in Vollrechte, Wartezeit 2. *(bei Belegschaftsaktienprogrammen)* Sperrfrist (nach deren Ablauf die Mitarbeiter über die Aktien verfügen können)

vesting schedule Zeitplan (a) der Mittelzuflüsse (b) für die Umwandlung von Anwartschaften zu Vollrechten

vetoing stock Aktien, mit denen keine Stimmrechte, sondern nur Mitspracherechte in bestimmten Unternehmensangelegenheiten verbunden sind.

viability study Machbarkeitsstudie

vicarious liability indirekte (mittelbare, stellvertretende) Haftung, i.e.S. Gehilfenhaftung □ Haftung für fahrlässiges Verhalten, unerlaubte Handlungen und Pflichtverletzungen von Verrichtungsgehilfen, d.h. Haftung des Arbeitgebers für die von Mitarbeitern verursachten Schäden.

vice propre inhärenter Fehler

vindictive damages → punitive damages

vintage analysis laufende Analyse einer bestimmten Gruppe, z.b. einer genau definierten Gruppe von Darlehensnehmern hinsichtlich Zahlungsrückstände bzw. Ausfallquoten

viral marketing Marketingmaßnahmen, die auf die schnelle Verbreitung von Produktinformationen ausgerichtet sind (z.B. Versand von E-Mails).

virtual community virtuelle Gemeinschaft □ Gleichgesinnte, die sich über das Internet informieren und miteinander kommunizieren.

virtual company virtuelles Unternehmen, i.e.S. loser Unternehmensverbund, der im Internet gegenüber Kunden als ein Unternehmen auftritt.

virtual exchange Handelsplattform im Internet

virtual issuing house virtuelles Emissionshaus □ Emissionshaus, das eine Emission über das Internet vornimmt bzw. eine Tranche im Rahmen eines → Initial Web Offering übernimmt.

virtual LAN virtuelles lokales Netzwerk

virtual private network vernetzt verschiedene Firmenstandorte miteinander

virtual reality virtuelle Realität □ interaktive, dreidimensionale Computerwelt; computersimulierte Umgebungen

virtual shopping basket virtueller Einkaufskorb, Einkaufskorb des Online-Käufers

visible exports (imports) Warenausfuhren (Wareneinfuhren)

vision statement Leitbild eines Unternehmens

visit rate/visits Anzahl der Besucher auf einer Website

vis major höhere Gewalt

visual coverage Bildberichterstattung

visual merchandising visuelle Verkaufsförderung, Verkaufsflächengestaltung, Präsentation der Waren

visual recognition test visueller Wiedererkennungstest

VLCC → very large crude carrier
VMI → vendor managed inventory
VOC → voice of customer
vocational training Berufsausbildung
voice commerce sprachgesteuerte Transaktionen, Geschäftsabwicklung über ein → call center
voice of customer Stimme des Kunden, Kundenanforderungen/-wünsche, Anforderungen an das Qualitätsmanagement
void ab initio von Beginn an null und nichtig
voidable preference Gläubigerbegünstigung, Vermögensübertragung auf einen bestimmten Gläubiger vier Wochen vor Stellung des Konkursantrages
voidable title anfechtbarer Rechtstitel
voidance 1. Annullierung, Aufkündigung eines Vertrages 2. (außerordentliche, fristlose) Kündigung des Versicherungsvertrages, Aufhebung des Versicherungsverhältnisses
voidance clause Kündigungsklausel, Aufhebungsklausel
void contract nichtiger (ungültiger) Vertrag
void judgement nichtiges Urteil
void period *(bei Immobilien)* Leerstandsdauer
volatility Volatilität, Schwankungsintensität
volatility break-out concept Handelskonzept, das auf der Nutzung kurzfristiger Volatilitätsschwankungen basiert.
volatility risk Risiko aufgrund nicht vorhersehbarer Veränderungen in der Volatilität des Basiswertes
volenti non fit injuria freiwillige Risikoübernahme (berechtigt nicht zur Geltendmachung von Schadenersatzansprüchen)
volume cap mengenmäßige Begrenzung
volume discount Mengenrabatt
volume sales mengenmäßiger Absatz, → unit sales
volume segmentation (Markt-)Segmentierung nach Umsatzvolumen
volume variance Mengenabweichung ☐ Differenz zwischen Plan- und Istmenge

bzw. projizierter und tatsächlicher Ausbringung
voluntary arrangement Vergleichsverfahren ☐ Nach dem für England und Wales geltenden Insolvency Act aus dem Jahr 1986 handelt es sich bei einem voluntary arrangement um ein Vergleichsverfahren zur Abwendung des Konkurses. In einem ersten Schritt wendet sich der zahlungsunfähige Schuldner an ein Gericht mit der Bitte um Erlass einer einstweiligen Verfügung (interim order). Wird dem Antrag stattgegeben, werden alle Zwangsmaßnahmen gegen den Schuldner ausgesetzt und es kann kein Antrag auf Eröffnung des Konkursverfahrens gestellt werden. Gleichzeitig wird ein so genannter Nominee ernannt, dessen Hauptaufgabe die Ausarbeitung eines angemessenen Vergleichsvorschlages ist. Stimmen die Gläubiger mit der gesetzlich vorgesehenen Mehrheit dem Vorschlag zu, wird der Nominee dem Gericht berichten und von diesem als Supervisor of the arrangement bestellt. Seine Aufgaben und Vollmachten basieren auf den Vergleichsbedingungen, können aber auch durch das Gericht festgelegt werden.
voluntary assignment → assignment (for the benefit of creditors)
voluntary association US-Vereinigung (Betrieb) ohne eigene Rechtspersönlichkeit ☐ jedoch einer Personengesellschaft insofern vergleichbar, als Mitglieder bzw. Gesellschafter unbegrenzt für die Verbindlichkeiten der association haften.
voluntary bankruptcy proceedings freiwilliges, vom Schuldner selbst angestrengtes Konkursverfahren, → Chapter 7 liquidation, → order for relief
voluntary buying group Einkaufsgenossenschaft auf freiwilliger Basis
voluntary chain freiwillige Kette ☐ Zusammenarbeit von Groß- und/oder Einzelhändlern im Hinblick auf Einkauf und Verkaufsförderung (gegebenenfalls mit einheitlichem Namen oder Zeichen), je-

doch unter Erhaltung der juristischen und finanziellen Selbständigkeit.

voluntary conveyance Schenkung

voluntary dismissal of an action Klagerücknahme

voluntary entry test Publizitätskonzept, dem zufolge mit einer Inanspruchnahme des US-Kapitalmarktes durch ausländische Emittenten die freiwillige Unterwerfung unter die dort geltenden Bestimmungen verbunden ist.

voluntary grade labelling freiwillige Qualitätseinstufung

voluntary lien mit Zustimmung des Eigentümers eingetragenes Grundpfandrecht (z.B. Hypothek), → involuntary lien

voluntary liquidation freiwillige Liquidation, → voluntary winding up

voluntary petition freiwilliger Konkursantrag, → Chapter 7 liquidation, → order for relief

voluntary plan termination betriebliche/private Altersversicherung, die nach dem Ermessen des Arbeitgebers/Versicherungsträgers beendet oder verändert werden kann.

voluntary reorganization vom Schuldner selbst gestellter Antrag auf Eröffnung eines gerichtlichen Vergleichsverfahrens, → reorganization

voluntary reserves *(eines Versicherungsunternehmens)* freiwillige Rücklagen, Sicherheitsrücklagen, Garantierücklagen

voluntary settlement freiwilliger (außergerichtlicher) Vergleich □ In den Vereinigten Staaten werden unter den voluntary settlements verschiedene Formen des außergerichtlichen Vergleichs verstanden. Zu den häufigsten zählen: 1. Ein extension (Stundungsvergleich), bei dem die Ansprüche der Gläubiger wohl voll erfüllt werden, jedoch eine langfristige Stundung fälliger Zahlungen eingeräumt wird. 2. Das composition arrangement, bei dem es zu einer anteilsmäßigen Erfüllung der Gläubigeransprüche kommt und das in vielen Punkten der gesetzlich vorgesehenen → reorganization vergleichbar ist. 3. Eine creditor control, bei der die Geschäftsführung bis zur Befriedigung der Gläubigeransprüche durch einen Gläubigerausschuss wahrgenommen wird. Wenngleich bei allen voluntary settlements die Unternehmensfortführung im Vordergrund steht, kann die in Zahlungsschwierigkeiten befindliche Gesellschaft auch eine freiwillige Liquidation (voluntary/private liquidation) mit ihren Gläubigern vereinbaren. Häufig sind in die Vergleichsverfahren so genannte adjustment bureaus als Vermittler eingeschaltet.

voluntary winding up freiwillige Auflösung (Abwicklung, Liquidation) einer Unternehmung □ Der englische Insolvency Act aus dem Jahr 1986 unterscheidet zwischen zwei Formen einer freiwilligen Liquidation, zwischen der members voluntary liquidation und der creditors voluntary liquidation. Im erstgenannten Fall müssen die folgenden Voraussetzungen erfüllt werden: Verabschiedung eines entsprechenden Beschlusses durch die Gesellschafter; Hinterlegung einer Erklärung der Directors beim Registrar of Companies, der zufolge das Unternehmen alle seine Verbindlichkeiten zuzüglich Zinsen innerhalb von zwölf Monaten nach Beginn des Liquidationsverfahrens begleichen kann. Bei dem von den Gesellschaftern bestellten Liquidator muss es sich um einen → insolvency practitioner handeln. Ist der Liquidator der Ansicht, dass das Unternehmen seine Verbindlichkeiten nicht voll erfüllen kann, oder kommen die Directors von sich aus zu diesem Schluss, wird eine creditors voluntary liquidation angestrebt, die in etwa dem deutschen Liquidationsvergleich entspricht. Zu diesem Zweck wird eine Gläubigerversammlung einberufen, der detaillierte Unterlagen über die Vermögenslage der Gesellschaft vorzulegen sind. Erstreckt sich die Abwicklung über einen Zeitraum von mehr als einem Jahr, muss der Liquidator jeweils zum Jahresende eine Gläubigerversammlung einberufen, in der er über die Geschäfte in dem abgelaufenen Jahr berichtet. Nach erfolgter Abwicklung wird eine Abschlussversammlung einberufen, in der die Liquidatoren die Liquidationsschlussbilanz vorlegen. Auch während des laufenden voluntary winding up haben die Gläubiger das Recht, bei Gericht die Einleitung eines Zwangsliquidationsverfahrens zu beantragen (compulsory company liquidation).

vote-gearing Verhältnis von stimmberechtigtem zu stimmrechtslosem Kapital

voting agreement Stimmrechtsvereinbarung, Vereinbarung über ein bestimmtes Abstimmungsverhalten, → pooling agreement

voting power (proxy) Stimmrechtsvollmacht, Stimmrechtsermächtigung

voting trust Übertragung von Stimmrechten auf einen Treuhänder, Abstimmungsgemeinschaft □ Aktionärsgruppe, die ihre Stimmrechte auf einen Treuhänder überträgt. Auch nach der Stimmrechtsübertragung verbleiben alle anderen Rechte bei den Aktionären. Ziel von voting trusts ist oft die Bindung von Stimmrechten im Hinblick auf einen → proxy fight.

vouchee 1. Partei, die zur Bestätigung (Verbürgung) eines Rechtstitels aufgefordert wird. 2. Streitverkündungsempfänger, der/die Streitverkündete

vouching-in Streitverkündung

vouching notice Streitverkündungsvorschrift

voyage charter Reisecharter □ bezieht sich auf einen einmaligen Transport oder auf gleiche Transporte in bestimmten Zeitabständen

voyage policy Reiseversicherung, Versicherung für eine bestimmte Seereise

VPN → virtual private network

VSTF → very short-term financing

VTC → venture capital trust

vulture investing Anlage von Geldern in notleidenden Wertpapieren oder in insolvenzgefährdeten Unternehmen.

W

WACC → weighted average cost of capital
waiting period 1. Karenzzeit, Anwartschaftszeit 2. Sperrfrist 3. *(bei Neuemissionen)* Vorlaufzeit □ Zeitraum zwischen Einreichung des förmlichen Antrags (registration statement) bei der → Securities and Exchange Commission und dem Wirksamwerden der Genehmigung durch diese Behörde (Emissionstermin)
waiver of lien Verzicht auf die Eintragung eines Pfandrechtes
waiver of premium clause Beitrags-(Prämien-)Befreiungsklausel □ stellt den Policeninhaber bei Berufsunfähigkeit von weiteren Prämienzahlungen frei.
waiver of restoration premium Prämienverzicht bei einem → reinstatement
waiver of sovereign immunity clause Kreditvertragsklausel, in der ein staatlicher Kreditnehmer auf die Geltendmachung von Immunitätsrechten verzichtet.
waiver of title Verzicht auf Eigentumsrechte (auf einen Rechtstitel)
walk-away lease Leasingvertrag, bei dem kein Rückgriff auf den Leasingnehmer genommen werden kann, wenn zum Ablauf des Leasingvertrages der Marktwert des Leasinggutes unter dem spezifizierten Restwert liegt.
want of authority fehlende Vollmacht, nicht vorhandene Kompetenz (Dispositionsbefugnis)
want of prosecution fehlende Prozessverfolgung
wantonness Mutwilligkeit
ward of court Mündel des Gerichts
warehouse 1. Lagerhaus 2. Zollniederlage, Zollgutlager 3. → data warehouse
warehoused goods (merchandise) 1. Lagergut, eingelagerte Güter, zur Einlagerung übernommene Waren 2. auf Lager eingeführte Waren aus dem Ausland

warehouse fee Lagergeld, Gebühren
warehousekeeper Lagerhalter, *(im Falle eines öffentlichen Zolllagers)* Niederlagehalter
warehousekeeper's charges Lagergeld, Lagergebühren
warehousekeeper's lien Lagerhalterpfandrecht, Pfandrecht (Zurückbehaltungsrecht) des Lagerhalters für nicht bezahlte Lagergebühren
warehousekeeper's receipt Lagerempfangsschein, Bestätigung des Lagerhalters über den Erhalt der einzulagernden Waren □ Im Gegensatz zu dem warehousekeeper's warrant handelt es sich bei dem warehousekeeper's receipt um kein document of title (Traditionspapier), d.h. es verbrieft keinen Herausgabeanspruch und kein dingliches Recht an einer Ware. Obwohl diese receipts nur den Empfang der eingelagerten Güter und keine Eigentumsrechte garantieren, werden sie in der Praxis, vor allem in den Vereinigten Staaten, Kreditgebern oft als Sicherheit übergeben. Verfügungen über die Waren können nur durch den Inhaber des Papiers getroffen werden. → warehousing arrangement, → warehousekeeper's warrant
warehousekeeper's warrant Lagerschein □ In Großbritannien lassen sich warehousekeeper's warrants in zwei Gruppen unterteilen: Zum einen warrants, die unter Bezugnahme auf einen Act of Parliament ausgestellt werden und als documents of title (Traditionspapiere) dingliche Rechte an einer Ware verbriefen, zum anderen warrants, die nicht auf einen Act of Parliament Bezug nehmen und demzufolge keine Traditionspapiere sind. Sollen sie bei Warenbeleihungen als Sicherheit verpfändet werden, werden sie auf die kreditgebende Bank übertragen, die dann neue

warrants auf ihren Namen ausstellen lässt. → warehousekeeper's receipt

warehouseman Lagerhalter, → warehousekeeper

warehouse management Planung und Organisation von Lagerstandorten.

warehousemen's legal liability insurance Lagerhalter-Haftpflichtversicherung

warehouse officer 1. Lagerhalter 2. Lagerzollstelle

warehouse operations Lagerbetrieb

warehouse receipt → warehousekeeper's receipt

warehouse stock control Lagerbestandsführung

warehouse system Lagerhauswesen, Netz von öffentlichen und privaten Lagerhäusern

warehouse throughput Lagerdurchsatz

warehouse-to-warehouse clause Klausel einer Seeversicherungspolice, der zufolge die Güter vom Verlassen des Lagers am Absendeort bis zum Bestimmungsort versichert werden.

warehouse warrant Lagerschein, → warehousekeeper's warrant

warehouse withdrawal Entnahme aus einem (Zoll-)Lagerhaus, (- for transportation) Entnahme von Zolllagergut, das von einem US-Hafen in einen anderen US-Hafen transportiert und dort verzollt wird; (- for transportation exportation) Entnahme von Zolllagergut, das in einen anderen US-Hafen transportiert und dort unverzollt wieder exportiert wird; (- for transportation immediate exportation) Entnahme von Zolllagergut in einem US-Hafen, das zur sofortigen Wiederausfuhr im gleichen Hafen bestimmt ist.

warehousing 1. Lagerung, Einlagerung 2. Lagergeschäft, gewerbsmäßige Lagerung von Gütern, Hereinnahme offener Swap-Positionen, Übernahme in den eigenen Bestand 3. Aufbau eines Hypothekenportefeuilles mit anschließendem Verkauf im Sekundärmarkt (→ secondary mortgage market)

warehousing arrangement Warenlombard, bei dem die als Sicherheit verpfändeten Waren in einem öffentlichen oder privaten Lagerhaus oder auf dem Betriebsgelände des Kreditnehmers, jedoch unter Kontrolle eines unabhängigen Lagerhalters eingelagert werden.

warehousing charges (costs) Lagergeld, Lagergebühren, Einlagerungskosten

warehousing company Lagerhausgesellschaft, gewerblicher Lagerbetrieb, privates Zolllager

warehousing entry Deklaration zur Einlagerung unter Zollverschluss

warehousing in bond Zollgutlagerung, Einlagerung unter Zollverschluss

warehousing unit Lagereinheit

warrant 1. Bezugsrecht, Bezugsrechtsschein 2. Optionsschein 3. Lager(empfangs)schein, → warehousekeeper's receipt/warrant 4. Durchsuchungsbefehl 5. Vollstreckungsbescheid, Vollstreckungsbeschluss, → warrant of distress/of execution

warrant discounting Lagerschein-Diskontierung □ Beleihung eingelagerter Güter durch Übergabe des Lagerscheines, → warehousekeeper's receipt

warrantee Garantienehmer, Garantiebegünstigter, Gewährleistungsnehmer

warrant of arrest Arrestbefehl

warrant of commitment Anordnung von Erzwingungshaft

warrant of delivery Anordnung eines → County Court auf Herausgabe beweglicher Sachen

warrant of distress Pfändungsbeschluss, Pfändungsanordnung, Vollstreckungsbefehl eines → Magistrates' Court

warrant of execution Vollstreckungsbefehl eines → County Court

warrant of possession → writ of possession

warrant of sale Anordnung der Zwangsversteigerung

warrantor Garantiegeber, Gewährträger

warrant sale Zwangsversteigerung, Zwangsvollstreckung aus einem Vollstreckungsbescheid

warranty 1. Garantie, Gewährleistung 2. vertragliche Zusicherung, → representations and warranties
warranty against faulty workmanship Sachmängelhaftung
warranty bond Gewährleistungsgarantie
warranty coverage Gewährleistung
warranty deed Eigentumsübertragungsurkunde □ bei dieser Form der Eigentumsübertragung garantiert der Verkäufer dem Käufer, dass der übertragene Titel frei von Rechtsmängeln ist. → bargain and sale deed, → general warranty deed, → special warranty deed
warranty guarantee Gewährleistungsgarantie
warranty of attorney 1. Vollmacht, Bevollmächtigung 2. Prozessvollmacht
warranty of fitness/of merchantability Garantie der Eignung/der Gebrauchsfähigkeit für einen bestimmten/produktspezifischen Zweck
warranty of possession 1. Besitzgarantie 2. Zusicherung der ungestörten Nutzung
warranty of title 1. Gewährleistungshaftung hinsichtlich eines Rechtstitels, Rechtsmängelhaftung, Haftung für unbelastete Eigentumsrechte 2. Gewährleistungshaftung hinsichtlich der Eignung der Waren für den vorgesehenen Zweck
waste 1. Wertminderung (z.B. durch Nichtinstandhaltung) 2. Verschleiß 3. unzulässige Veränderung einer Immobilie
waste circulation *(in der Medienwerbung)* Streuverlust, Fehlstreuung □ Kontakte, die bei Personen erzielt werden, die nicht der definierten Zielgruppe angehören.
waste coverage eine über das Zielpublikum hinausgehende Reichweite
waste logistics Entsorgungslogistik
wasting assets Wirtschaftsgüter, die einer natürlichen Substanzverringerung unterliegen.
wasting intangibles immaterielle Anlagewerte, die einer natürlichen Wertminderung unterliegen.
waterborne policy Klausel, der zufolge die Versicherungsdeckung auf den Zeitraum zwischen der Verladung der Waren an Deck und ihrer Entladung beschränkt ist.
waterway operator Binnenschifffahrtsunternehmen
waybill Frachtbrief □ zählt im Gegensatz zum Konnossement (bill of lading) nicht zu den → documents of title
WB → waybill
WBS → work breakdown structure
WBT → web-based training
WCM → web content management
WDEX → warehouse withdrawal for transportation immediate exportation
WDT → warehouse withdrawal for transportation
WDT&E → warehouse withdrawal for transportation exportation
WDV → written-down value
weak form efficiency → informational efficiency
wearable computer ein am Körper tragbarer Computer
wear and tear defense Einwand der normalen Abnutzung
wear and tear exclusion Deckungsausschluss für Schäden, die auf normale Abnutzung zurückzuführen sind.
wearout of an advertising message Abnutzung einer Werbebotschaft, nachlassende Werbewirksamkeit
weather working days Arbeitstage, an denen die Witterungsbedingungen einen vierundzwanzigstündigen Betrieb zulassen.
web-based selling system internetbasiertes Vertriebssystem □ gibt Kunden alle notwendigen Produktinformationen sowie die Möglichkeit zur Auftragserteilung
web-based training Lernen (Ausbildung) mit Hilfe des Internets
web content management Steuerung und Pflege von Website-Inhalten
web design Gestaltung eines Internet-Auftritts
web mall internetbasiertes Einkaufszentrum
web promotion Promotion (PR-Maßnahmen) für eine Website

webspace Speicherplatz im Internet
webucation Fort- bzw. Weiterbildungsangebote im Internet
webvertising Werbung im World Wide Web
weight cargo nach dem Gewicht berechnete Fracht
weight charge gewichtsabhängiger Frachttarif
weighted average cost of capital durchschnittlicher Kapitalkostensatz □ d.h. gewichteter Durchschnitt aus dem Fremdkapital- und dem Eigenkapitalkostensatz
weighted average of ordinary shares in issue gewogener Durchschnitt der im Umlauf befindlichen Stammaktien
weighted sample gewichtete Stichprobe, → sample weighting
weighting of assets Gewichtung der Aktiva (Ausleihungen)
weight or measurement Maß-/Gewichtsverhältnis, d.h. die Fracht wird nach dem Gewicht (Tonnen) oder den Abmessungen (Kubikmeter) der Ladung berechnet, je nachdem welche Berechnungsgrundlage für den Frachtführer günstiger ist.
weight shipped *(Frachtberechnungsgrundlage)* verschifftes Gewicht
weight ton → short, → long, → metric ton
wet lease Leasing von Flugzeugen, einschließlich Crew, Ausrüstung, Treibstoff
WFMS → workflow management system
WGA → whole of government accounts
wharfage (wharf dues) Kaigeld
wharfinger's receipt Kaiquittung, Kaischein
what-if analysis Bewertung alternativer Strategien
whereas *(bei Verträgen/Urkunden)* angesichts, in Anbetracht dessen
whfge. → wharfage
white knight Investor, der Aktionären ein Übernahmeangebot mit Zustimmung des Managements des Zielunternehmens unterbreitet. Das Management des betroffenen Unternehmens wird den white knight als einen ihm genehmen Partner akzeptieren, wenn es sonst keine andere Möglichkeit sieht, sich der Übernahmeversuche durch einen → black knight zu erwehren.
whole account policy → whole turnover policy
whole coverage vollständige Deckung
whole life assurance 1. Lebensversicherung auf den Todesfall 2. Großlebensversicherung
whole life cost alle Kosten, die während des Lebenszyklus eines Produktes anfallen (d.h. sowohl auf der Hersteller- als auch auf der Verbraucherseite)
whole of government accounts Gesamtrechnung des öffentlichen Sektors in Großbritannien
wholesale brand Großhandelsmarke
wholesale business 1. Großkundengeschäft 2. Großhandel, Großhandelsbetrieb
wholesale insurance Gruppenlebensversicherung mit individueller Policierung
wholesale life insurance Gruppenlebensversicherung, → wholesale insurance
wholesale marketing Großhandelsmarketing □ (a) auf den Großhandel ausgerichtete Marketingaktivitäten eines Herstellers (b) Marketing eines Großhandelsunternehmens, das sich an andere Distributoren richtet.
wholesaler's markup Gewinnzuschlag (Kalkulationsaufschlag) des Großhändlers
whole turnover policy Kreditversicherung für alle Forderungen aus Warenlieferungen und Dienstleistungen
wide area network Netzwerk, das weit auseinander liegende Standorte verbindet.
Wildcard exemption Unpfändbarkeit von Gegenständen in einem Insolvenzverfahren, die ein Gemeinschuldner auswählen kann. Diese Regelung besteht nur in einigen US-Bundesstaaten und dann begrenzt auf → personal property, → homestead exemption
wil(l)ful injury vorsätzlich verursachter Schaden
wil(l)ful negligence vorsätzliche Pflichtverletzung
wil(l)ful tort vorsätzlich rechtswidrige Handlung

Williams Act Regulierung öffentlicher Übernahmeangebote in den Vereinigten Staaten (Teil des → Securities Exchange Act)
windfall (windfall profits) 1. unerwartete Gewinne, z.B. Gewinne, die einer Unternehmung durch Veränderungen der Marktlage zufließen. 2. Spekulationsgewinne
winding up accounts Liquidationsbilanz
winding up by (the) court Zwangsliquidation, Abwicklung (Liquidation) durch einen gerichtlich bestellten Liquidator, → compulsory company liquidation
winding up by creditors Liquidationsvergleich, Abwicklung einer Unternehmung durch die Gläubiger, → voluntary winding up, → creditors voluntary liquidation
winding up by members Abwicklung durch die Gesellschafter, → voluntary winding up, → members/shareholders voluntary liquidation
winding up order Gerichtsbeschluss zur Eröffnung einer Zwangsliquidation
winding up sale Verkauf wegen Aufgabe des Geschäfts
window dressing Bilanzkosmetik, Maßnahmen zur Verbesserung der Bilanzstruktur zum Bilanzstichtag
window period Zeitraum für die Nutzung einer Option (z.B. Umwandlung einer zinsvariablen Hypothek in eine Festzinshypothek)
win-win situation Situation, in der alle Beteiligten einen Gewinn erzielen oder ein Gewinngefühl vermittelt bekommen (z.B. Geber und Nehmer von Beteiligungskapital, Anbieter und Nutzer von Internetangeboten).
WIP → work-in-progress (process)
withdrawal from contract Vertragsrücktritt
withdrawal of a power (proxy) Rücknahme (Widerruf, Annullierung) einer Vollmacht
withdrawal profits Stornogewinne □ Gewinne eines Versicherers, die sich aus der vorzeitigen Auflösung von Verträgen ergeben.
withholding agent (i.S. der US-Steuergesetzgebung) die abzugsverpflichtete Person
withholding at source Quellenabzug, Steuerabzug an der Quelle
withholding tax Quellensteuer □ wird von den US-Finanzbehörden auf Zins- und Dividendenzahlungen einbehalten; Befreiung für ausländische Inhaber von US-Papieren auf Antrag.
without dilution → net income per share - fully diluted/without dilution.
without-profits policy Lebensversicherung ohne Gewinnbeteiligung (Versichertendividende), → with-profits policy
without-recourse liabilities → non-recourse liabilities
with-profit(s) bond fondsgebundene Lebensversicherung □ die Gelder der Versicherungsnehmer werden in einen Investmentfonds des Lebensversicherers investiert, dessen Erträge an die Policen-Inhaber in Form eines annual bonus ausgeschüttet werden. Dieser bonus gelangt entweder in bar zur Auszahlung oder wird der Versicherungssumme hinzugeschlagen. → insurance bonds
with-profits pension scheme private Rentenversicherung mit Gewinnbeteiligung
with-profits policy Lebensversicherung mit Gewinnbeteiligung (Versichertendividende) □ Life assurances werden i.d.R. auf einer with-profits oder without-profits basis angeboten. Inhaber von with-profits policies haben als Gegenleistung für die von ihnen gezahlten höheren Prämien Anspruch auf eine Gewinnbeteiligung, die je nach Ausgestaltung der Police als aufgestockte Leistungen oder Barzahlung zur Ausschüttung gelangt. Der Prämienunterschied zwischen den beiden Versicherungsarten wird als bonus loading bezeichnet.
with-recourse factoring Factoring mit der Möglichkeit des Rückgriffs, → factoring
W/M → weight or measurement

WMS → workflow management system

word association test Wortassoziationstest □ projektive Technik in der Marketingforschung; Probanden werden gebeten, nach einer Wortvorgabe das Wort zu nennen, das ihnen zuerst in den Sinn kommt.

workable competition funktionsfähiger Wettbewerb

work acceptance Projektabnahme

work analysis Arbeitszerlegung, Arbeitsanalyse

work authorization Genehmigung des Projektantrages

work breakdown Aufgliederung (Strukturierung) der Projektarbeiten

work breakdown structure Projektstrukturplan

work calendar → project schedule

work creation scheme Arbeitsbeschaffungsprogramm

work elements → work items

worker-management relations Arbeitgeber-Arbeitnehmer-Beziehungen

workers' (workmen's) compensation insurance Arbeiterunfallversicherung

Workers' Compensation Laws Gesetze der US-Bundesstaaten, die die Ansprüche von Arbeitnehmern bei Arbeitsunfällen regeln.

worker's surplus Produzentenrente bei Arbeitnehmern

work factor system Work-Factor-Verfahren □ auf bestimmten Bewegungsabläufen und Einflussfaktoren (work factors) basierendes System vorbestimmter Zeiten, → predetermined motion-time systems

workflow Workflow, Arbeitsablauf, (Geschäfts-)Vorgang, i.w.S. automatisiert ablaufende Aktivitäten (Geschäftsprozesse), alle zur Erreichung eines bestimmten Ziels erforderlichen Arbeitsschritte

workflow activity Workflow-Aktivität, Arbeitsschritt in einem Workflow

workflow application systems Workflow-Anwendungssysteme □ Softwareprogramme, die die Abarbeitung der einzelnen Arbeitsschritte unterstützen.

workflow automation Automatisierung betrieblicher Abläufe, → workflow management system

workflow computing system → workflow management system

workflow engine Steuerungssystem für betriebliche Abläufe

workflow interoperability Fähigkeit von zwei Steuerungssystemen (→ workflow engine) zur Kommunikation

workflow loop wiederholte Ausführung eines Vorgangs

workflow management Workflow-Management, Vorgangssteuerung, Steuerung von Arbeitsabläufen □ Planung, Organisation, Automatisierung und Kontrolle von Geschäftsprozessen, d.h. alle Maßnahmen zur Gewährleistung effektiver und effizienter Prozessabläufe durch synchronisierte Informations- und Materialflüsse. Ziel ist die Verringerung der Durchlaufzeiten und Steigerung der Prozessqualität.

workflow management system Softwaresystem zur Unterstützung von Arbeitsabläufen/zur Planung und Steuerung automatisiert ablaufender Geschäftsprozesse

workflow model(l)ing Modellierung von Workflows, Entwicklung von Modellen zur Implementierung von Workflow-Anwendungen

workflow monitoring Überwachung betrieblicher Abläufe

workflow optimization Geschäftsprozessoptimierung

workflow organisation Ablauforganisation von Vorgängen, Gestaltung der Arbeitsabläufe, i.w.S. computergestützte Automatisierung von Geschäftsprozessen

workflow participant Workflow-Teilnehmer □ Person, Maschine, Computer, die/der vorgesehene Arbeitsschritte ausführt. → automated activity

workflow process definition Workflow-Prozssdefinition, formale Beschreibung der internen Abläufe innerhalb eines Vorgangs

workflow scheduler Arbeitsprozess-Koordinator
workflow script formale Beschreibung eines Workflows
workflow system Vorgangssteuerungssystem
workflow tracking Aufzeichnung betrieblicher Abläufe
workgroup computing Einsatz von Softwarelösungen zur Unterstützung von Gruppenarbeit
work incentive tax credit Steuergutschrift für Investitionen, die der Arbeitsbeschaffung dienen.
working account Betriebsrechnung
working assets → working capital
working balances 1. Zahlungsmittelbestände, die der Abwicklung des laufenden Zahlungsverkehrs dienen. 2. Salden von Verrechnungskonten
working capital Betriebskapital, Nettoumlaufvermögen, Umlaufvermögen abzüglich kurzfristiger Verbindlichkeiten
working capital funds Betriebsmittel
working capital ratio Verhältnis von Nettoumlaufvermögen zu kurzfristigen Verbindlichkeiten
working expenses Betriebskosten
working interests Abbaurechte
working population Erwerbspersonen, erwerbstätige Bevölkerung
working stock Betriebsmittelvorrat
work-in-progress (process) 1. laufende Arbeiten 2. *(in der Bilanz)* unfertige Erzeugnisse (Leistungen)
work-in-progress cover Versicherung gegen eine Insolvenz des Käufers während der von ihm in Auftrag gegebenen Arbeiten
work item pool/work items alle vorzunehmenden Arbeitsschritte
workload 1. Arbeitsbelastung 2. Auslastung 3. Faktoreinsatzmenge
workmanship Verarbeitungsqualität, Arbeitsausführung
work measurement technique (Arbeits-)Zeitermittlungsverfahren
work objects → work items

workout Regelung einer Kreditschuld, Abwicklung eines notleidenden Kreditengagements, i.w.S. (a) Umschuldung, Sanierung (b) außergerichtliche Vergleichsvereinbarung
work package Arbeitspaket, kontrollierbare Einheit in der Projektführung, unterste Ebene im Projektstrukturplan
work performed/scheduled erbrachte/geplante Leistung
work performer → workflow participant
workplace Unternehmensportal
work product rule Bestimmung der US-Zivilprozessordnung, nach der persönliche Aufzeichnungen in Verbindung mit einem Rechtsstreit nicht in das → discovery Verfahren einbezogen werden müssen.
work queue Liste der auszuführenden Arbeitsschritte
works analysis Betriebsanalyse, Aufgabenanalyse
work scope Umfang der Projektarbeiten
works departments technische Abteilungen einer Unternehmung
works manager Produktionsleiter, Betriebsleiter
work statements Beschreibung der Projektaufgaben
WORM → weight or measurement
worst-case credit exposure maximales Kreditrisiko, i.e.S. maximales Eindeckungsrisiko
WPB → with-profit(s) bond
W/R → warehousekeeper's receipt/warehouse receipt
wraparound mortgage Hypothek, die ein vorrangiges Pfandrecht mit umfasst.
wrap-up Nachbearbeitung eines Kundenanrufs in einem → call center
write-off on trade investments Abschreibung auf Beteiligungen
write-offs, net of recoveries abgeschriebene Forderungen, abzüglich Eingänge auf diese Forderungen
writer 1. Aussteller 2. Versicherer, Versicherungsunternehmen 3. Optionsverkäufer, Stillhalter

write-up 1. Höherbewertung 2. Erhöhung des Bilanzwertansatzes, (vorsätzliche) Überbewertung von Vermögenswerten
writing agent Abschlussagent
writing-down allowance Abschreibungsbetrag
writing down on a straight line basis lineare Abschreibung
writing down to residual values Abschreibung auf die geschätzten Restwerte
writing off to available reserves Abschreibung gegen vorhandene Rücklagen
writing off uncollectibles Abschreibung (Ausbuchung) uneinbringlicher Forderungen
writ in personam/in rem Prozessladung in Verbindung mit einer → action in personam/in rem
writ of attachment Pfändungsbeschluss
writ of certiorari Eingabe an den US → Supreme Court auf Überprüfung der Entscheidung eines → Circuit Court of Appeals bzw. zur Klärung grundsätzlicher Rechtsfragen, i.w.S. Entscheidung eines Rechtsmittelgerichts über die Annahme einer Revision
writ of delivery Herausgabeverfügung, gerichtlich angeordnete Herausgabe
writ of execution Vollstreckungsbefehl, Vollstreckungstitel
writ of fieri facias Sachpfändungsanordnung, Anordnung der Zwangsvollstreckung in die persönliche Habe
writ of mandamus/writ of mandate 1. gerichtlich angeordnete Handlung □ im Gegensatz zu einem → cease and desist order 2. Anweisung eines Rechtsmittelgerichts an einen Richter zur Ergreifung einer bestimmten Maßnahme
writ of possession Vollstreckungsbefehl zur Durchsetzung eines Räumungsbeschlusses
writ of sequestration Sequestrierungsbeschluss, Anordnung der Zwangsverwaltung
written binder schriftliche Deckungszusage
written-down value Restbuchwert, Nettobuchwert □ Buchwert nach Abzug der aufgelaufenen Abschreibungen
written interrogatory schriftliche Befragung der Gegenpartei
written line gezeichnetes Risiko, → line
written premiums Prämienaufkommen
written resolution schriftlicher (im Umlaufverfahren gefasster) Beschluss
wrong discharge unzulässige Kündigung
wrongful execution nicht gerechtfertigte Zwangsvollstreckung
wrongful intent rechtswidrige (verwerfliche) Absicht
wrongful trading widerrechtliche Geschäftstätigkeit □ Nach den Bestimmungen des Insolvenzrechtes aus dem Jahr 1986 für England und Wales sind unter wrongful trading alle Geschäftsabschlüsse zu verstehen, die ein Director in Kenntnis der drohenden oder bestehenden Unternehmensinsolvenz fahrlässig oder vorsätzlich zum Nachteil der Gläubiger tätigt.
W/W → warehouse warrant
WWD → weather working days

X

XCU *(explosion, collapse, and underground damage)* Hinweis in einer Haftpflichtversicherung auf den Ausschluss von Explosions- und Einsturzrisiken sowie von Fundamentschäden

x.l./XL → excess of loss
X-selling → cross selling
x.sh. → ex ship
x.wks. → ex works
XXPL → loss in excess of policy limit

Y

yearly renewable term insurance jährlich verlängerbare Risikolebensversicherung

year-to-date Zeitraum vom 1. Januar des laufenden Jahres bis zum aktuellen Kalendertag

yellow map → knowledge map

yellow pages elektronisches Wissens-Branchenbuch eines Unternehmens, → knowledge management

yes bias *(in der Marktforschung)* Ja-Bias ☐ Neigung eines Probanden, Folgefragen mit ›ja‹ zu beantworten, wenn die Ausgangsfrage mit ja beantwortet wurde.

yield curve risk Zinskurvenrisiko ☐ entsteht, wenn sich bei einer nicht kongruenten Refinanzierung einer Aktivposition (Refinanzierung in mehreren Tranchen) durch das Drehen der Zinskurve eine Preisänderung auf der Passivseite ergibt und sich beide Positionen ertragsmäßig unterschiedlich entwickeln.

yield enhancement Renditeverbesserung

yield management 1. Ertragsmanagement, alle Maßnahmen zur Gewährleistung einer optimalen Rendite 2. ertragsorientierte Preis-Mengen-Steuerung

yield-pick-up products Produkte, die einem Anleiheportefeuille beigemischt werden, um die Rendite des Gesamtportefeuilles zu erhöhen.

yield to worst Rendite unter Annahme einer Anleihetilgung zum ersten möglichen Kündigungstermin

YRT → yearly renewable term insurance

YTD → year-to-date

Z

zero base budgeting neue, nicht von bestehenden Strukturen ausgehende Planung
zero-beta portfolio Portefeuille mit einem → Beta von Null
zero bracket amount Pauschalfreibetrag
zero cost cap Nullkosten-Cap, → zero price collar
zero (coupon) bond Nullkuponanleihe, Zerobond □ Bei einer Nullkuponanleihe handelt es sich um einen Schuldtitel, dessen Zinsen voll abdiskontiert wurden, sodass der Ausgabepreis deutlich unter dem Rückzahlungskurs liegt. Die Differenz entspricht dem Zinsertrag bis zur Endfälligkeit.
zero float *(in der Projektablaufplanung)* Null-Pufferzeit □ Situation, in der kein zeitlicher Spielraum zwischen zwei Vorgängen besteht (→ critical activity). Wird die geplante Dauer eines Vorgangs überschritten, verzögert sich der Projektfertigstellungstermin.
zero level channel Absatzweg ohne Zwischenhändler
zero price collar Zinsbegrenzung nach oben (Cap) und nach unten (Floor), wobei die Kosten für den Cap durch die für den Floor vereinnahmte Prämie ausgeglichen werden.
zone campaign regionale Werbekampagne
zoning laws bauplanrechtliche Vorschriften
zoning ordinance Bauordnung, Bebauungsvorschriften